Formen und Recht der Demokratie im Verfassungsstaat

Europäische Hochschulschriften
Publications Universitaires Européennes
European University Studies

Reihe II
Rechtswissenschaft

Série II   Series II
Droit
Law

Bd./Vol. 4332

PETER LANG
Frankfurt am Main · Berlin · Bern · Bruxelles · New York · Oxford · Wien

Vera Slupik

Formen und Recht der Demokratie im Verfassungsstaat

PETER LANG
Europäischer Verlag der Wissenschaften

Bibliografische Information Der Deutschen Bibliothek
Die Deutsche Bibliothek verzeichnet diese Publikation in der
Deutschen Nationalbibliografie; detaillierte bibliografische
Daten sind im Internet über <http://dnb.ddb.de> abrufbar.

Gedruckt auf alterungsbeständigem,
säurefreiem Papier.

ISSN 0531-7312
ISBN 3-631-31791-3

© Peter Lang GmbH
Europäischer Verlag der Wissenschaften
Frankfurt am Main 2006
Alle Rechte vorbehalten.

Das Werk einschließlich aller seiner Teile ist urheberrechtlich
geschützt. Jede Verwertung außerhalb der engen Grenzen des
Urheberrechtsgesetzes ist ohne Zustimmung des Verlages
unzulässig und strafbar. Das gilt insbesondere für
Vervielfältigungen, Übersetzungen, Mikroverfilmungen und die
Einspeicherung und Verarbeitung in elektronischen Systemen.

Printed in Germany 1 2 3 4 5   7

www.peterlang.de

Inhaltsübersicht

Gliederung	5
Literaturverzeichnis	29
Vorwort	61
Einleitung: Das Thema "Demokratie" und seine Definition	71
Allgemeiner Teil: Grundlagen der Demokratie	95
Erstes Kapitel: Der Staat	95
Zweites Kapitel: Die Verfassung	211
Besonderer Teil A: Beschreibung sui generis	301
Drittes Kapitel: Begriff der Demokratie	301
Viertes Kapitel: Recht der Volksherrschaft	453
Besonderer Teil B: Folgerungen	555
Fünftes Kapitel: Formen der Demokratie	557
Sechstes Kapitel: Demokratie im System der Öffentlichen Rechts	613

Inhaltsverzeichnis

Literaturverzeichnis 29
Vorwort 61
Einleitung 71

§ 1 Abgrenzung des Themas 74
 I. Der Bestandteil "Formen" 79
 II. Der Bestandteil "Recht" 82
§ 2 Einführung in die Problematik 84
 I. Notwendigkeit einer Lehre von der Demokratie 89
 II. Begründung des Vorgehens 92

Allgemeiner Teil Grundlagen der Demokratie 95
Erstes Kapitel: Der Staat 95
Erster Abschnitt: Begründungen für den Staat 95

§ 3 Begriff und Bedeutung des Staates 96
 I. Entstehung von Staaten und Gemeinschaften 97
  1. civitas und societas: Entstehungsgründe und Konzeptionen . 97
  2. Verfaßtheit durch Recht 100
 II. Menschenbild und Staatstheorie 103
  1. Das Menschenbild als Grundlage
     von Auffassungen über den Staat 103
  2. Die Lehre vom Staat und ihre Vorstellung von dem Menschen . 108
 III. Staatszweck und Staatsaufgaben 110
  1. Staatszwecklehre und Zweckjurisprudenz 110
  2. Verfassungsvergleich
     nach einzelnen Staatszwecken und Staatsaufgaben 113
§ 4 Entwicklung des modernen Staatsbegriffs 122
 I. Elementenlehre 124
  1. Frühe Lehren 124
  2. Elementenlehre der klassischen Staatslehre 126

II.	Der Staat als Person	129
1.	Der Staat als Person oder Persönlichkeit	129
2.	Der Staat als Rechtspersönlichkeit	131
III.	Der Staat als Körper	133
1.	Handlungsfähigkeit, Organschaft und Staat als Körper	133
2.	Staatskörper und Gemeinschaft	134
IV.	Staat als Universum	135
1.	Universum und Ganzheitlichkeit als Vorstellung von dem Staate	135
2.	Universalismus und Abwehrrechte	135
V.	Staat als Idee und Ideal	136
1.	Staat als Idee der Gerechtigkeit	136
2.	Idealstaat.	138
IV.	Staat als Gotteswerk	138
1.	Genesis und Staat	138
2.	Staat und Theokratie	138
VII.	Staat als Wirklichkeit	139
1.	Staat als Phänomen des Seienden	139
2.	Rechtsrealismus und Staat	140
VIII.	Staat als Natur	141
1.	Entstehung des Staates aus der Natur	141
2.	Staat als das Künstliche	142
IX.	Staat als Inkarnation der Vernunft	143
1.	Staat als Resultat von Vernunft.	143
2.	Vernunft und Freiheit	144
X.	Staat als Geschichte.	144
1.	Staat in der Zeit	144
2.	Beispiele aus dem geltenden Recht	145
XI.	Staat als System	146
1.	System als Form des Staatsbegriffs	146

2.	Ordnung und System	146
§ 5	Der Staat als Rechtssubjekt	147
I.	Staat und Gesellschaft	149
1.	societas als Rechtssubjekt	149
2.	Staat als Rechtsperson und zugleich Rechtssubjekt	150
II.	Souveränitätslehren	151
1.	Rechtssubjektivität des Staates und Souveränität	151
2.	Souveränität und Individuum	153
3.	Beispiele für Gestaltung von Souveränität durch Verfassung	153
III.	Das Beispiel: Statutes	155
1.	Begriff und Bedeutung	155
2.	Inhalt und Interpretation	156
3.	Einzelne Statutes	157
	Zweiter Abschnitt: Staatsformen	159
§ 6	Welche Staatsformen gibt es?	159
I.	Republik versus Monarchie	161
1.	Republik als Staatsform	161
2.	Republik als konstituierter Staatsrechtsbegriff	162
3.	Monarchie, Republik und Staatsgewalt	163
4.	Zweiteilungslehre und Gemeinschaft	164
II.	Diktatur versus Demokratie	165
1.	Bedeutung und Stimmen in Literatur und Rechtsprechung	165
2.	Diktaturbeispiel	166
III.	Staatsformen im Wandel	167
1.	Die Alten	167
2.	Staatsbegriff und Staatsformen	168
§ 7	Entwicklung in der Staatsformenlehre	168
I.	Historische Abschnitte	169
1.	Machiavellis Position.	169

2.	Höchste Gewalt als Kriterium	170
II.	Staatsform und Herrschaftsform	170
1.	Unterschiede und Gemeinsamkeiten	170
2.	Unter Zugrundelegung von Kant.	174
3.	Staat, Herrschaft und das Freiheitsproblem.	171
III.	Moderne Staatsformenprobleme.	173
1.	Staatsformen in geltenden Verfassungen.	173
2.	Als Organisation souveräner Gewalt	175
3.	Begriff der Staatsform.	178
§ 8	Staatsfunktionen	179
I.	Dreiteilung der Staatsgewalt und Staatsformenlehre	180
1.	Souveränität und Staatsgewalt.	180
2.	Beschränkung der Staatsgewalt und Unteilbarkeitsgedanke	181
3.	Staatsform und Dreiteilungsgedanke	184
II.	Verhältnis der Staatsgewalten untereinander	187
1.	Als Reaktion auf den allgemeinen Staatszweck	187
2.	Bedeutung der Dreiteilungslehre	188
III.	Gewaltenteilungs- und Staatsfunktionslehre	189
1.	Konstitutionsbeispiele	189
2.	Subjekt des Staates und Dreiteilungslehre	192
3.	Verhältnis von Staatsgewalt und Staatsfunktion	193
	Dritter Abschnitt: Der Staat als Rechtsorganisation	195
§ 9	Legalität und Legitimität	195
I.	Bindung andas Gesetz	195
1.	Magna Charta Libertatum	195
2.	Art. 1 5.1 Niederländische Verfassung	197
3.	Art. 1 Schweizerisches Zivilgesetzbuch	197
II.	Rechtsstaat und Staatsgewalten	200
1.	Rechtsordnung und Rechtsstaat.	200

2.	Formen von Gesetzen in der Geschichte	201
3.	Gesetzespositivismus und seine Kritik	201
III.	Staatsorgane im Rechtsstaat	203
1.	Gesetz und Staatsorgane	203
2.	Bindung an den materiellen Rechtsstaat	204
3.	Grenzen staatsorganschaftlicher Rechtsmacht	205
§10	Ergebnis: Allgemeiner Teil	206
I.	Staat als Grundlage von Demokratie	206
II.	Staat als Rechtssubjekt	208
III.	Herrschafts- und Staatsformen	209
IV.	Elementen-, Teilungs- und Funktionslehren	209
	Zweites Kapitel: Die Verfassung	211
	Erster Abschnitt: Verfassung als Konstitution des Staates	211
§11	Begriff der Verfassung	211
I.	Entwicklung von dem Verfassungsbegriff	213
1.	Verfassung als Gesetz	213
2.	Verfassung als Vertrag	215
3.	Verfassung und Staatsgewalt	217
II.	Verfassungsauslegung	218
1.	Legitimation durch Verfassung	218
2.	Verfassung als Kompetenzordnung	218
3.	Gesetz, Recht und Verfassung als Begriff	220
III.	Auslegungstheorien	223
1.	Verfassung als Gesetzbuch	223
2.	Konstituierende Gewalt als Ausgangspunkt	225
IV.	Arten der Normen von Verfassung	226
1.	Kompetenznormen	227
2.	Normkompetenzen	228
§12	Bestandteile der Verfassung	230

I.	Inhaltsbestimmung der Verfassungssätze	230
1	Rechtsgüterschutz	231
2.	Einrichtungsgarantien	233
3.	Staatszielnormen	234
4.	Grundrechte	235
II.	"Einheit der Verfassung"	236
1.	Gesamtschau der Imperative der Grundgesetzes	236
2.	Verbindung der Verfassungsbestandteile	237
§ 13	Menschenrechte	237
I.	Grundrechte und Menschenrechte	237
1.	Menschenrechte als verallgemeinerte oder allgemeine Grundrechte	237
2.	Inkorporation in internationales und Völkerrecht	239
II.	Geschichte der Menschenrechte	240
1.	Hinweise in geltenden Verfassungen	240
2.	Übereinstimmung von nationalen und internationalen Menschenrechten	243
III.	Einzelne Menschenrechte, Völkerrecht und Grundrechte	244
1.	Kern der Menschenrechte.	244
2.	Menschenwürde	245
IV.	Menschenrechtsordnung	246
1.	Ordnung als Gesetz?	246
2.	Legitimität und Rang	247
	Zweiter Abschnitt: Westliche Verfassungen	248
§ 14	Frankreich	249
I.	Verfassungsdokumente	249
1.	Déclaration des Droits de l'Homme et du Citoyen du 26 août 1789	249
2.	Loi constitutionelle du 3 juin 1958.	250

II.	Herrschafts- und Staatsform in Frankreich	251
III.	Verfassung vom 18. Juni 1976	251
1.	Präambel.	252
2.	Einrichtungsgarantien	253
3.	Grundrechte	253
4.	Garantien für staatliche Einrichtungen	253
§ 15	Vereinigte Staaten von Amerika.	253
I.	Verfassung vom 17. September 1789 als Konstitution	253
1.	Inhalt der US-amerikanischen Verfassung	253
2.	Gliederung	254
II.	Geltung	255
1.	Bindungswirkung und Reichweite.	255
2.	Rechtsprechung	257
§ 16	Schweiz	259
I.	Darstellung der Bundesverfassung	259
1.	Einzelne Teile	259
2.	Besonderheiten	260
II.	Begründung und Wirkung	260
1.	Eidgenossenschaft	260
2.	Freiheitsrechte	261
§ 17	Österreich	262
I.	Verfassungsgeschichte	262
1.	Verfassung vom 10. November 1920	262
2.	Staatsvertrag vom 27. Juli 1955 und Neutralitätserklärung vom 26. Oktober 1955	262
II.	Bundesverfassungsgesetz	264
1.	Inhalt	264
2.	Auslegung	264
§ 18	England	265

I.	Magna Charta Libertatum	265
1.	Verfassungsdokumente	265
2.	Statutes und Common Law	267
II.	Vergleich mit kontinental-europäischen Verfassungen	267
1.	Geschlossener Verfassungskörper	267
2.	Eigenheiten	268
§ 19	Gemeinsamkeiten westlicher Verfassungen	268
I.	Konstitutionscharakter	268
II.	Potestas und Ratio	269

Dritter Abschnitt: Bundesdeutsche Verfassungen nach 1945   270

§ 20	Geschichte	270
I.	Bestand	270
1.	Geltung und Änderungen	270
2.	Bundes- und Landesverfassungen	271
II.	Überblick und einschlägige Normen	271
1.	Bund	271
2.	Länder	273
§ 21	Besonderheiten bundesdeutscher Verfassungen	283
I.	Grundgesetz	283
1.	Ewigkeitsgarantie	284
2.	Wiedervereinigungsgebot	285
3.	Trias: Rechtsstaat, Demokratie und Sozialstaat	287
II.	Landesverfassungen	289
1.	Entstehungszeitpunkt und -verfahren	289
2.	Konstituierungsgemeinsamkeiten	290
§ 22	Grundgesetzinterpretation	290
I.	Grundrechte	291
1.	Rolle der Menschenwürde	291
2.	Andere Grundrechte	291

II.	Bedeutung der Grundrechte im Grundgesetz	298
1.	Abwehrrechte	298
2.	Leistungs- und Teilhaberechte	298
III.	Andere Teile des Grundgesetzes	299
1.	Ausgestaltung des Staates	299
2.	Konstituierungseigenarten	300
	Besonderer Teil A: Beschreibung sui generis	301
	Drittes Kapitel: Der Begriff Demokratie	301
	Erster Abschnitt: Merkmale des Begriffs Demokratie	302
§ 23	Staatsgewalt, Staatseinheit und Gewaltenteilung	302
I.	Machtwechselchance	303
1.	Machtwechselchance und Aktivbürgerschaft	308
2.	Machtwechselchance und Souverän	310
3.	Machtwechselchance und Länderverfassungen	312
4.	Machtwechselchance in ausländischen Verfassungen	317
II.	Charakteristische Merkmale der Machtwechselchance	318
1.	Parlament, Regierung, Volk	318
2.	Regierung	319
III.	Volksherrschaft und Konstituierung in Verfassung durch das Volk	320
1.	Volk als souveräne Gewalt	320
2.	Republik, Demokratie und Volk	323
IV.	Staatseinheit und Gewaltenteilung	324
1.	Staatsbegriff und Staatseinheit	324
2.	Gewaltenteilung und Volk	325
3.	Beschränkungsgedanke	326
§ 24	Grundrechte	327
I.	Begründung von Grundrechten als Merkmal des Demokratiebegriffs	327

1.	Bedeutung der Grundrechte in der Demokratie	328
2.	Wirkung der Grundrechte zwischen den Menschen	330
3.	Charakter der Grundrechte als zwischen den Bürgern geltende	331
II.	Irrtumsmöglichkeit und Grundrechte	332
1.	Grundrechte und allgemeiner Staatszweck	332
2.	Grundrechte als Minderheitenschutz	332
§ 25	Volkssouveränität und Repräsentationsprinzip	333
I.	Volk als Bestandteil des Begriffs Volkssouveränität	333
1.	Volk als Gemeinschaft	334
2.	Schutzverbandseigenschaft und Volksherrschaft	335
II.	Souveräne Gewalt des Volkes und Volksherrschaft	336
1.	Volk als Ganzes	336
2.	Wille der Gesamtheit und Volksherrschaft	338
III.	Willenserklärung als Handlungsform im BGB	339
1.	Willenserklärung als Handlungsform von natürlichen und juristischen Personen	339
2.	Unterschiede zwischen natürlicher und juristischer Person und das Verhältnis zu der Gemeinschaftsbildung	340
IV.	Der Einzelne und sein Wille	343
1.	Staatliche Gemeinschaft	343
2.	Der freie Wille und die Gemeinschaft der Stimmbürger	344
3.	Der Wille des Einzelnen und die Vernunft a priori	346
V.	Wille des Stimmbürgers und die Vernunft als Grund für sein Aufgehobensein in der Gemeinschaft	348
1.	Der Wille und die Volksherrschaft	348
2.	Volk als souveräne Gewalt und Willensfreiheit	349
VI.	Repräsentationsprinzip und Wille des Einzelnen	351
1.	Wille des Einzelnen, Gemeinschaft und die Volksvertretung	351
2.	Die Gemeinschaft und ihre Repräsentation	359

3. Staatsbürger und Stimmbürger	366
§ 26 Richtigkeit des Mehrheitsprinzips	376
I. Theorien der Demokratie	377
1. Herrschaft durch alle	379
2. Herrschaft durch Repräsentation	379
3. Parteien und Herrschaft	381
II. Einzelne Verfassungen und Mehrheitsbegriff	382
1. Länderverfassungen	382
2. Deutsche Bundesverfassungen	383
Zweiter Abschnitt: In- und ausländische Verfassungen und ihre Gestaltung als demokratische	384
§ 27 Angelsächsischer Rechtskreis	384
I. Vereinigtes Königreich von Großbritannien	384
1. Machtausübung durch das Volk	384
2. Volksvertretung	386
3. Parteien, Zweikammerprinzip, Commonwealth	387
II. USA	388
1. Volk und Herrschaftsausübung	388
2. Vertretung des Volkes	389
3. Präsident	391
III. Besonderheiten	391
1. Case law	392
2. Unvollständigkeit von Gesetzen im öffentlichen Recht	393
3. Kontinuität der Verfassungstradition	393
§ 28 Romanischer Rechtskreis	394
I. Frankreich	394
1. Herrschaft des Volkes	394
2. Repräsentation des Volkes	396
3. Zentralstaat, Präsident, Conseil d'état und d'administration	399

II.	Italien	399
1.	Ausübung der Herrschaft durch das Volk	399
2.	Vertretung durch das Volk	400
3.	Zusammenspiel der Staatsorgane	400
III.	Besonderheiten	401
1.	Ursprünge	401
2.	Bedeutung	402
3.	Diskontinuität der Verfassungen	403
§ 29	Schweiz	404
I.	Geltende Verfassung	404
1.	Grundlegende Eigenschaften	404
2.	Regelungsschwerpunkte	405
3.	Veränderungen	406
II.	Zugehörigkeit zu welchem Rechtskreis?	407
1.	Romanischer Rechtskreis	407
2.	Angelsächsischer Rechtskreis	408
3.	Sui generis	409
III.	Direkte Demokratie und Volksrechte	410
1.	Bund	410
2.	Kantone	410
3.	Gemeinden	411
§ 30	Staatengemeinschaften	412
I.	United Nations Organisations	412
1.	Geschichte der Vereinten Nationen	412
2.	Demokratie und UNO	412
3.	UN-Charta und Rechtswirkungen	413
II.	Europäische Gemeinschaft	414
1.	Verträge	414
2.	Reichweite und Verbindlichkeit	416

3.	Verbindlichkeit für das Recht in dem Staate	417
III.	Commonwealth	418
1.	Konstituierung und Geschichte	418
2.	Charakter des Commonwealth	418
3.	Geltung von dessen Recht	419

Dritter Abschnitt: Ausgestaltung des Grundgesetzes der Bundesrepublik Deutschland und der Länderverfassungen als Demokratie 419

§ 31 Grundgesetz 419
- I. Demokratie als Begriff im Grundgesetz 419
  1. Grundsätzliche Vorschriften 419
  2. Vorschriften gegen Gefahren für die innere und äußere Sicherheit 419
  3. Bestandsschutzvorschriften 420
- II. Merkmale des Begriffs Demokratie im Grundgesetz 420
  1. Präambel der Verfassung 420
  2. Grundsätzliche Bestimmungen 421
  3. Selbstverwaltungsrecht der Gemeinden 421
- III. Einzelheiten demokratischen Vorgehens 422
  1. Volksabstimmung und Volksbegehren 422
  2. Staatsbürgerliche Rechte und Pflichten 423
  3. Grundrechte 424

§ 32 Länderverfassungen 425
- I. Bayern 425
  1. Grundlegende Bestimmungen 425
  2. Merkmale der Verfassung von Bayern 427
  3. Besonderheiten der bayerischen Demokratie 427
- II. Baden-Württemberg 428
  1. Grundlagen 428
  2. Merkmale der Verfassung von Baden-Württemberg 432

3.	Besonderheiten der baden-württembergischen Demokratie	432
III.	Saarland	433
1.	Begriffliche Konstituierung	433
2.	Merkmale	434
3.	Eigenheiten	434
IV.	Rheinland-Pfalz	435
1.	Grundlagen	435
2.	Merkmale	436
3.	Eigenheiten	436
V.	Bremen	437
1.	Grundlegende Bestimmungen	437
2.	Merkmale	438
3.	Besonderheiten	438
VI.	Hamburg	439
1.	Grundlegende Bestimmungen	439
2.	Merkmale	439
3.	Charakteristische Bestimmungen	439
VII.	Berlin	440
1.	Grundlagen	440
2.	Merkmale	441
3.	Eigenheiten	441
VIII.	Schleswig-Holstein	441
1.	Grundlagen	441
2.	Merkmale	442
3.	Eigenheiten	442
IX.	Niedersachsen	443
1.	Begriff	443
2.	Merkmale	444
3.	Eigenschaften	444

X.	Hessen	445
1.	Grundlegende Bestimmungen	445
2.	Merkmale.	445
3.	Eigenheiten	446
XI.	Nordrhein-Westfalen	446
1.	Grundlagen	446
2.	Merkmale	447
3.	Eigenheiten	447
§ 33	Gemeindeordnungen	447
I.	Bayern	447
II.	Nordrhein-Westfalen	448
III.	Baden-Württemberg	448
IV.	Hessen	448
V.	Niedersachsen	449
VI.	Zusammenfassung	449
1.	Satzungshoheit	449
2.	Satzungsgewalt	451
3.	Satzungsausübung	451
	Viertes Kapitel: Recht der Volksherrschaft	453
	Erster Abschnitt: Grundproblematik: Sein und Sollen	454
§ 34	Kodifikation und Imperativ	454
I.	Begriff	456
1.	Bedeutung des Begriffs	456
2.	Begriff und Ideenlehre	456
3.	Recht, Natur und Anschauung	458
II.	Lehre vom Typus	459
1.	Typus und Ideenlehre	459
2.	Begriff und Typus	459
3.	Merkmale des Begriffs und Topoi	460

III.	Objektivität des Rechts	460
1.	Objektive Maßstäbe	460
2.	Richtigkeit und Objektivität	462
3.	Subjektive Rechte und Objektivität des Rechts	464
§ 35	Das juristische Denken	466
I.	Rechtssatz	466
1.	Rechtssatz und Gesetz	466
2.	Tatbestand und Rechtsfolge	467
3.	Beispiel für einen Rechtssatz: Pacta sunt servanda	467
II.	Rechtssatz und Begriff	468
1.	Begriffsmerkmale und Auslegung	468
2.	Rechtssatz und Rechtsfolge	469
3.	Anwendungsfälle und Rechtssatz	469
III.	Auslegung des Rechtssatzes	471
1.	Begriff und Bedeutung	471
2.	Der Rechtssatz und andere Sätze	472
3.	Richtung des Rechtssatzes	472
4.	Geschichte des Rechtssatzes	473
§ 36	Geltung des Rechts	474
I.	Formeller und materieller Gesetzesbegriff	474
1.	Erzwingbarkeit und Geltung	474
2.	Gesetz im formellen Sinne	475
3.	Gesetz im materiellen Sinne	475
II.	Unterscheidung von Recht und Gesetz	476
1.	Recht versus Gesetz	476
2.	Gesetzespositivismus	478
3.	Recht als Wirklichkeit	481
	Zweiter Abschnitt: Gerechtigkeit	482
§ 37	Richtigkeit und Gerechtigkeit	482

I.	Recht und Sollen	482
1.	Sollen und Gerechtigkeit	482
2.	Recht und Volk	483
3.	Richtige Erkenntnis und Recht	484
II.	Rechtsstaat als Begrenzung der Demokratie	484
1.	Gesetzmäßiges Handeln	484
2.	Souveränität und Recht	485
3.	Gleichheit und Recht	486
§ 38	Grundsätze	491
I.	Rechtssatz und Grundsatz	491
1.	Sollen und Grundsatz	491
2.	Grundsatz als Imperativ?	497
3.	Beschreibung und Grundsatz	499
II.	Prinzip und Grundsatz	500
1.	Unvollständigkeitsdenken und Grundsatz	500
2.	Grundsatz und Typus	501
§ 39	Personale und menschenrechtliche Grundlagen	503
I.	Menschenbild und Gerechtigkeit	503
1.	Menschenbild und Imperativ	503
2.	Gerechtigkeit und Person	504
3.	Der Mensch und das Sollen	506
II.	Menschenrecht und Gerechtigkeit	508
1.	Person und Menschenrecht	508
2.	Menschenrecht und Richtigkeit	511
3.	Menschenrecht und das Bild des Menschen	514
§ 40	Begriff und Ontologie	515
I.	Gerechtigkeit und Begriff	515
1.	Erfassen der Gerechtigkeit	515
2.	Erkennen des Rechts	517

II.	Ontologie	518
1.	Lehre von dem Wesen und dem Begriff	518
2.	Ontologie und Gerechtigkeit	519
III.	Wesen und Natur	523
1.	Gerechtigkeit und Natur	523
	Dritter Abschnitt: Theorie der Gesetzesauslegung	523
§ 41	Gesetzgebung und Deutung de lege lata	524
I.	Überzeitlichkeit von Gesetzen	524
1.	Ihre Allgemeinheit	524
2.	Ihr Ursprung	526
3.	Anhaltende Geltung	527
II.	Überörtlichkeit von Gesetzen	530
1.	Gesetzgeber und überörtlichkeit	530
2.	Geltungsraum	533
§ 42	Rechtsanwendung und Rechtsquellenlehre	533
I.	Rechtsquelle und Geltung von Gesetzen	533
1.	Bedeutung der Rechtsquelle	533
2.	Auslegung der Rechtsquelle	534
II.	Rechtsquelle und Rechtsbegriff	536
1.	Auslegung des Rechtsbegriffs und Rechtsquelle	536
2.	Rechtsquelle und Gerechtigkeit	540
§ 43	Methodenlehre	543
I.	Auslegung im Öffentlichen Recht	544
1.	Staatsrecht und Auslegung	544
2.	Verfassungsrecht als höchstes Recht	547
II.	Gerechtigkeit und Demokratie	548
1.	Verfassung und Gerechtigkeitsdenken	548
2.	Demokratie in der Verfassung	549
III.	Recht der Volksherrschaft	551

1.	Kodex des öffentlichen Rechts	551
2.	öffentliches Recht und Demokratie	551
3.	Verfassung und Recht der Volksherrschaft	552
	Besonderer Teil B: Folgerungen (Conclusio)	555
	Fünftes Kapitel: Formen der Demokratie	557
	Erster Abschnitt: Die allgemeinen Merkmale der Demokratieformen	557
§ 44	Staatswillensbildung und Demokratie	557
I.	Wahlen und Abstimmungen	557
1.	Plebiszitäre Formen	557
2.	Mittelbare Formen	559
II.	Parlamentsrecht	560
1.	Rechte des Parlaments	560
2.	Rechte von Einrichtungen des Parlaments	561
3.	Rechte von Abgeordneten	562
III.	Volksvertretung und Regierungsrechte	564
1.	Wahl der Volksvertretung	564
2.	Zustandekommen der Regierung	570
3.	Unvereinbarkeit von Amt und Mandat	574
§ 45	Willensbildung von juristischen Personen des Privatrechts	574
I.	Staatliche und private Gemeinschaften.	574
1.	Unterschiede und Gemeinsamkeiten	574
2.	Gestaltungsweisen im Privatrecht	575
3.	Eignung für den Vergleich	575
II.	Einzelne juristische Personen des Privatrechts	580
1.	Verein	580
2.	Stiftung	581
3.	Genossenschaft	582
4.	Aktiengesellschaft	583

III.	Staat und juristische Personen des Privatrechts	584
1.	Vergleich	584
2.	Unterschiede	585
3.	Staat als juristische Person	586
	Zweiter Abschnitt: Einzelne Tatbestände von Demokratieformen und ihr Zusammenspiel	589
§ 46	Funktion und Aufbau der einzelnen Tatbestände	589
I.	Gesetzgebung	589
1.	Gesetzgebung und Volk	590
2.	Gesetzgebung durch Volksvertretung	592
II.	Regierung	595
1.	Regierung und Volk	595
2.	Regierung durch parlamentarisch gewählte Kabinette	596
III.	Rechtsprechung	599
1.	Rechtsprechung und Volk	599
2.	Rechtsprechung durch Gerichte	600
§ 47	Gegenseitige Ergänzung der Staatsgewalten	601
I.	Ergänzung aus Gründen der Legitimation	602
1.	Begründung von Demokratieformen	602
2.	Einschränkung	605
II.	Ergänzung aus Gründen der Vernunft	606
1.	Richtigkeit	606
2.	Begrenzung von Fehlern	606
III.	Ergänzung wegen Einhaltung der Form	607
1.	Form als Sicherheit	609
2.	Form als Garantie	610
	Sechstes Kapitel: Demokratie im System des öffentlichen Rechts	613
	Erster Abschnitt: Dogmatische Selbständigkeit des Demokratietatbestandes als Rechtsform	614

§ 48	Res publica und Rechtsordnung	614
I.	Öffentlichkeit	615
1.	Ihre Eigenschaften	615
2.	Ihre Folgen	617
II.	Meinungsfreiheit	617
1.	Inhalt	617
2.	Grenzen	618
III.	Religions- und Bekenntnisfreiheit	618
1.	Reichweite des Rechts	618
2.	Konsequenzen	618
IV.	Versammlungs- und Vereinigungsfreiheit, Freizügigkeit	619
1.	Versammlungsfreiheit	619
2.	Vereinigungsfreiheit	620
3.	Freizügigkeit	621
V.	Widerstandsrecht	621
1.	Bedeutung	621
2.	Folgen	621
VI.	Verfahrensgarantien	622
1.	Verfahren und Formen	622
2.	Verfahren und Demokratie	623
3.	Garantie und Form	624
VII.	Minderheitenschutz	625
1.	Im Staatsvolk	625
2.	Im Parlament	626
3.	Sonstige	626
VIII.	Grundrechte, die nicht zu dem Minderheitenschutz gehören	626
1.	Eigentumsfreiheit	626
2.	Allgemeines Persönlichkeitsrecht	627
3.	Recht auf körperliche Unversehrtheit	627

IX.	Mehrheitswechselchance	627
1.	Überprüfbarkeit der Entscheidung	627
2.	Revidierbarkeit der Entscheidung	628
	Zweiter Abschnitt: Eigenschaften von Demokratie im Verfassungsstaat	629
§ 49	Zusammenfassung der Grundlagen	629
I.	Der Staat	629
1.	Was ist der Staat?	630
2.	Wie wird der Staat tätig?	632
3.	In welchen Formen ist der Staat rechtlich konstituiert?	632
II.	Die Verfassung	635
1.	Was ist die Verfassung?	635
2.	Wie legt man die Verfassung aus?	637
3.	Besonderheiten geltender Verfassungen	639
§ 50	Zusammenfassung der Demokratieformen	642
I.	Demokratie als Begriff	642
1.	Staatsgewalt und Volk	643
2.	Repräsentation und Volkssouveränität	645
3.	Herrschaft	646
II.	Recht der Demokratie	648
1.	Kodifiziertes Recht	648
2.	Geltendes Recht	648
3.	Gerechtes Recht	649
III.	Demokratieformen	651
1.	Unmittelbare Formen	651
2.	Mittelbare Formen	653
3.	Gemeinsame Merkmale	655

Literaturverzeichnis

Wolfgang Abendroth, Demokratie als Institution und Aufgabe (1955), in: Ulrich Matz (Hg.), Grundprobleme der Demokratie, Darmstadt 1973, S. 156.

Norbert Achterberg, Die parlamentarische Demokratie als Entfaltungsraum für Bürgerinitiativen, in: NJW 1978, S. 1993.

Urs Affreter, Die rechtliche Stellung des Volkes in der Demokratie und der Begriff der politischen Rechte, Zürich 1948.

Heinrich Albertz und Joachim Thomsen (Hg.), Christen in der Demokratie, Wuppertal 1978.

Rudolf v. Albertui, Freiheit und Demokratie in Frankreich. Die Diskussion von der Restauration bis zur Résistance, Freiburg/München 1957.

Robert Alexy, Theorie der Grundrechte, Frankfurt a.M. 1986.

Karl v. Amira, Vom Wesen des Rechts (1906), in: Werner Maihofer (Hg.), Begriff und Wesen des Rechts, Darmstadt 1973, S. 69.

Julia Annas (Ed.), Oxford Studies in Ancient Philosophy, Vol. VIII, Oxford 1989.

Anonymus, Der Fall Barschel, ZRP 1988, S. 62.

Thomas v. Aquin, Über die Herrschaft der Fürsten, Stuttgart 1971.

Hans Herbert v. Arnim, Gemeindliche Selbstverwaltung und Demokratie, AöR 1988 (Bd. 113,1), 1.

Ders., Finanzierung der Politik. Abgeordnetenentschädigung, Parteien-, Fraktions- und Stiftungsfinanzierung, ZRP 1989, S. 257.

Aristoteles, Nikomachische Ethik (330 v. Chr.), Stuttgart 1969.

Ders., Politik (384 v. Chr.), Stuttgart 1989.

Aurelius Augustinus, Vom Gottesstaat (De civitate dei), 2. Aufl. 1977, Bd. I und II.

Peter Badura, Staatsrecht, München 1986.

Ders., Die parlamentarische Volksvertretung und die Aufgabe der Gesetzgebung, ZG 1987, S. 300.

Ders. Die politische Freiheit in der Demokratie, in: Willy Brandt, Helmut Gollwitzer (Hg.), Ein Richter, ein Bürger, ein Christ, Baden-Baden 1987, S. 193.

Richard Bäumlin, Die rechtsstaatliche Demokratie, Zürich 1954.

Detlef Bald/Matthias Zimmer, Sicherheits- und militärpolitische Anfragen im Bundestag. Indizien für gestiegenes Interesse und Kontrollbedürfnis der Öffentlichkeit, in: ZfP 1989, S. 94.

Ottmar Ballweg/Thomas-Michael Seibert (Hg.), Rhetorische Rechtstheorie: Zum 75. Geburtstag von Theodor Viehweg, München 1982.

Friedrich Barabas/Christoph Sachße, Armutspotential und Sozialhilfe in der Bundesrepublik, in: KJ 1976, S. 377.

Uwe Barschel, Bürgerinitiativen und parlamentarische Parteiendemokratie, in: ZRP 1977, S. 129.

Felice Battaglia, Die Souveränität und ihre Grenzen (1938), in: Hans Kurz (Hg.), Volkssouveränität und Volksrepräsentation, Köln 1965, S. 195.

Ulrich Battis/Christoph Gusy, Einführung in das Staatsrecht, 2. Aufl., Heidelberg 1986.

Arthur Baumgarten, Die Begriffsjurisprudenz (1939), in: Werner Krawietz, Theorie und Technik der Begriffsjurisprudenz, Darmstadt 1976, S. 286.

Ders., Juristische Konstruktion und konstruktive Jurisprudenz (1926), in: Werner Krawietz (Hg.), Theorie und Technik der Begriffsjurisprudenz, Darmstadt 1976, S. 238.

Ingo Beckedorf, Die Rechtsstellung des Betroffenen im parlamentarischen Untersuchungsverfahren, in: ZfP 1989, S. 35.

Ernst Beling, Vom Positivismus zum Naturrecht und zurück (1931), in: Werner Maihofer (Hg.), Begriff und Wesen des Rechts, Darmstadt 1973, S. 132.

Ernst Benda, Der Rechtsstaat in der Krise, in: Manfred Hohnstock (Hg.), Autorität und Glaubwürdigkeit der demokratischen Ordnung, Stuttgart., S. 30.

Ders., u.a. (Hg.), Handbuch des Verfassungsrechts I und II, Berlin/New York 1984.

Keebet, v. Benda-Beckmann, Ethnologie und Rechtsvergleichung, in: ARSP 67 (1981), S. 310ff.

Bernd Bender, Die Verbandsbeteiligung, in: DVBl. 1977, S. 708.

Wolfgang Benz (Hg.), Bewegt von der Hoffnung aller Deutschen. Zur Geschichte des Grundgesetzes. Entwürfe und Diskussionen 1941-1949, München 1979.

Wilfried Berg, Verbände in der parlamentarischen Demokratie, in: DVBl. 1971, S. 78.

Ders., Selbstverwaltung im ländlichen Raum und die Grundlagen des demokratischen Lebens, in: BayVBl. 1982, S. 552.

Wolfgang Berger, Die unmittelbare Teilnahme des Volkes an staatlichen Entscheidungen durch Volksbegehren und Volksentscheid, Freiburg i.Br. 1978.

Thomas Berger, Geschichte und Schranken der Strafvollzugsreform, in: KJ 1974, S. 237.

Herbert Bethge, Aktuelle Aspekte der Verfassungsgarantie der kommunalen Selbstverwaltung, in: Die Verwaltung Bd. 15, S. 205.

Richard Bett, Carneades' Pithanon: A Reappraisal of its Role and Status, in: Julia Annas (Ed.), Oxford Studies in ancient Philosophy, Vol. VII. 1989, S. 59.

Die Bibel. Die Heilige Schrift des Alten und des Neuen Bundes, herausgegeben v. d. Benediktinern der Erzabtei Beuron, 4. Aufl. Freiburg i. Br. 1965 (Imprimatur Freiburg i. B. 24. 8. 1965).

Ernst Rudolf Bierling, Der Begriff des Rechtes (1894), in: Werner Maihofer (Hg.), Begriff und Wesen des Rechtes, Darmstadt 1973, S. 97.

Julius Binder, Rechtsbegriff und Rechtsgeschichte (1932), in: Werner Maihofer (Hg.), Begriff und Wesen des Rechtes, Darmstadt 1973, S. 396.

Ernst Wolfgang Böckenförde (Hg.), Moderne deutsche Verfassungsgeschichte (1815-1914), 2. Aufl., Hanstein 1981.

Thomas Blanke, Autonomie und Demokratie, in: KJ 1986, S. 406.

Albert Bleckmann, Politische Aspekte der europäischen Integration unter dem Vorzeichen des Binnenmarktes 1992, in: ZRP 1990, S. 265.

Dieter Blumenwitz, Einführung in das anglo-amerikanische Recht, 3. Aufl. München 1987.

Ernst-Wolfgang Böckenförde (Hg.), Moderne deutsche Verfassungsgeschichte: (1815-1914), 2. Aufl. 1981.

Ders., Der Verfassungstyp der deutschen konstitutionellen Monarchie im 19. Jahrhundert, in: Ders. (Hg.), Moderne deutsche Verfassungsgeschichte (1815-1914), 2. Aufl. 1981, S.1ff.

Willi Blümel, Raumordnung und kommunale Selbstverwaltung, in: DVBl. 1973, S. 436.

Hans Hinrich Boie, Vorabentscheidungsverfahren vor dem Europäischen Gerichtshof, in: NJW 1978, S. 1095 (Bericht).

Dieter G. Bodenheim, Kollision parlamentarischer Kontrollrechte. Zum verfassungsrechtlichen Verhältnis von parlamentarischem Frage- und Untersuchungsrecht, Hamburg 1979.

Hartmut Borchert, Die Fraktion, in: AöR Bd. 102, S. 210.

Hermann Borghorst, Bürgerbeteiligung an Politik, Planung und Verwaltung von Berlin, Berlin 1980.

Jean Bourdon, Les Assemblées parlamentaires sous la Ve République, Paris 1978.

Emile Boutmy, Zur Frage der Volkssouveränität (1904), in: Hans Kurz (Hg.), Volkssouveränität und Staatssouveränität, Darmstadt 1970, S. 49.

Willy Brandt (Hg.), Festschrift für Helmut Simon. Ein Richter, ein Bürger, ein Christ, Baden-Baden 1987.

Willem Breedveld, Inquisiteur wider Willen. Parlamentarische Untersuchungsausschüsse in den Niederlanden, in: ZfP 1989, S. 66.

Eugen Bucher, Was ist "Begriffsjurisprudenz"?, (1966), in: Werner Krawietz, Theorie und Technik der Begriffsjurisprudenz, Darmstadt 1976, S. 358.

Karl Büchner, Einleitung, in: Cicero, Der Staat, München/Zürich, 4. Aufl., 1987.

Peter Büchner, Demokratisierung und Mitwirkung in Schule und Hochschule. Zum Bericht der Deutsch-Schwedischen Kommission, in: RdJB 1978, S. 211.

Winfried Brugger, Staatszwecke im Verfassungsstaat, in: NJW 1989, S. 2425.

Karsten Bugiel, Das Institut der Volksabstimmung im modernen Verfassungsstaat. Zur Verfassungslage und Rechtspraxis bürgerlicher Sachentscheidungsrechte, in: ZParl 1987, S. 394.

Hans Peter Bull, Mitwirkung des Volkes an der Verwaltung durch die Deputationen der Hamburger Fachbehörden in Hamburg, Deutschland, Europa. Beiträge zum deutschen und europäischen Verfassungs-, Verwaltungs- und Wirtschaftsrecht, in: Festschrift f. H.P. Ipsen zum 70. Geburtstag, 1. Aufl. 1977, S. 299.

Eckart Bulla, Die Lehre von der streitbaren Demokratie. Versuch einer kritischen Analyse unter besonderer Berücksichtigung der Rechtsprechung des Bundesverfassungsgerichts, in: AöR Bd. 98, S. 341.

Peter Busse, Streitbare Demokratie, in: Verwaltungsrundschau 12/80, S. 424.

Franz Bydlinski, Juristische Methodenlehre und Rechtsbegriff, Wien u.a., 2. Aufl. 1991, S. 353.

Axel Frhr. v. Campenhausen, Staatskirchenrecht, 2. Aufl., München 1983.

Claus-Wilhelm Canaris, Die Vertrauenshaftung im deutschen Privatrecht, München 1971.

Wilhelm Capelle, Die Vorsokratiker, 4. Aufl., Stuttgart 1968.

René Capitant, Der Konflikt zwischen der Parlamentssouveränität und der Volkssouveränität in Frankreich seit der Befreiung (1954), in: Hans Kurz (Hg.), Volkssouveränität und Staatssouveränität, Darmstadt 1970, S. 323.

B.N. Cardozo, The Nature of the Judicial Process, New Haven et. al. 1921.

Pierangelo Catalano, Il principo democratico in Roma, Studia et documenta historiae et iuris, Romae 28, 1962, p. 316.

Cicero, Vom rechten Handeln (De officiis) (44 v.Chr.), 3. Aufl. München 1987.

Ders., Der Staat (De re publica), München/Zürich 4. Aufl. 1987.

Ders., über die Rechtlichkeit (De legibus), (52 v. Chr.), Stuttgart 1969.

Ders., Rede für Milo (54-57 v. Chr.), Stuttgart 1972.

Ders., Drei Reden vor Caesar (45 v. Chr.), Stuttgart 1970.

Helmut Coing, Europäisierung der Rechtswissenschaft, in: NJW 1990, S. 937.

Ders., Grundzüge der Rechtsphilosophie, 3. Aufl., Berlin/New York 1976.

Ders., (Hg.), Handbuch der Quellen und Literatur der neueren europäischen Privatrechtsgeschichte, Bd. I-III, Frankfurt/Main 1986.

X.S. Combothecra, Der Begriff der Souveränität (1897), in: Hans Kurz (Hg.), Volkssouveränität und Staatssouveränität, Darmstadt 1970, S. 1.

Léotin-Jean Constantinesco, Das Recht der Europäischen Gemeinschaften, Bd. I, Baden-Baden 1977.

Dimitri S. Constantopoulos, Zwei Grundbegriffe der Souveränität (1957), in: Hans Kurz (Hg.), Volkssouveränität und Staatssouveränität, Darmstadt 1970, S. 397.

Collection of Protests of the House of Lords from 1242 to 1767, 2 Vol. 1767.

Carl Creifelds, Rechtswörterbuch, 10. Aufl., München 1990.

R. Peter Dach, Verfassungsrechtliche Aspekte der konsultativen Volksbefragung, in: ZG 1987, S. 158.

P. Dagtoglou, Partizipation Privater an Verwaltungsentscheidungen, in: DVBl. 1972, S. 712.

Erhard Denninger (Hg.), Freiheitliche demokratische Grundordnung: Materialien zum Staatsverständnis und zur Verfassungswirklichkeit in der Bundesrepublik, Frankfurt/Main 1977.

Ders., Staatsrecht I, Hamburg 1973.

Ders., Gewalt, innere Sicherheit und demokratischer Rechtsstaat, in: ZRP 1973, S. 268.

Alex Demirovic, Bürgerliche Demokratie-Ein historischer Kompromiß, in: ARSP 1987, S. 494f.

Arbed Deringer/Jochim Sedemund, Europäisches Gemeinschaftsrecht, in: NJW 1978, S. 1087.

Demokratie und Demokratisierung, in: DRiZ 1973, S. 334.

Deutscher Bundestag, Entwurf eines Gesetzes über Einsetzung und Verfahren von Untersuchungsausschüssen v. 26. 2. 88, Drs. 11/1896.

Ders., Gesetzesentwurf der Fraktion der SPD. Entwurf eines Gesetzes zur Regelung des Rechts der parlamentarischen Untersuchungsausschüsse (Untersuchungsausschußgesetz).

Ders. 11/2025 v. 18.3.88.

René Descartes, Von der Methode des richtigen Vernunftgebrauchs und der wissenschaftlichen Forschung, Bad Honnef 1960.

Die Vorsokratiker I und II, Auswahl der Fragmente, Stuttgart 1988.

Hans Dichgans, Macht und Funktion der Wirtschaftsverbände in der Demokratie, in: Der Staat 16 (1987), S. 201.

Karl Doehring, Die Autorität des Rechts als Maßstab für die Widerstandsfähigkeit unserer Demokratie, in: DRiZ 1987, S. 5.

Oliver Dörr/Susanne Rublack, Sondertagung der Staatsrechtslehrer in Berlin, in: NJW 1990, S. 1894.

Antony Downs, Ökonomische Theorie der Demokratie, Tübingen 1968.

Horst Dreier, Rechtslehre, Staatssoziologie und Demokratietheorie bei Hans Kelsen, Baden-Baden 1986.

Ralf Dreier, Was ist und wozu Allgemeine Rechtstheorie, Tübingen 1975.

Horst Dreier, Das Majoritätsprinzip im demokratischen Verfassungsstaat, in: Z. Parl. 86, S. 94.

Horst Dreier, Demokratische Repräsentation und vernünftiger Allgemeinwille, in: AöR 1988, S. 450.

Jacques Droz, Liberale Anschauungen zur Wahlrechtsfrage und das preußische Dreiklassenwahlrecht, in: Ernst-Wolfgang Böckenförde (Hg.), Moderne Verfassungsgeschichte, 2. Aufl., Königstein/Ts. 1981, S. 233.

Roland Dubischar, Jurisprudenz als Begriffsjurisprudenz (1968), in: W. Krawietz (Hrsg.), Theorie und Technik der Begriffsjurisprudenz, Darmstadt 1976, S. 416.

Ders., Einführung in die Rechtstheorie, Darmstadt 1983.

Günther Dürig, Das demokratische Prinzip im Grundgesetz (Aussprache), in: Veröffentlichungen der Vereinigung der Deutschen Staatsrechtslehrer, Heft 29, Berichte und Diskussionen auf der Tagung der Vereinigung der Deutschen Staatsrechtslehrer in Speyer am 8. und 9. Oktober 1970, Berlin 1971, S. 127.

Kenneth H.F. Dyson, Die Ideen des Staates und der Demokratie, in: Der Staat Bd. 19, S. 483.

Ingwer Ebsen, Bürgerbeteiligung durch die Gemeindevertretung und repräsentative Demokratie, in: DVBl. 1984, S. 1107.

Ders., Abstimmungen des Bundesvolkes als Verfassungsproblem, in: AöR 1985, S. 2.

Gregor Edlin, Begriffs-und Interessenjurisprudenz (1932/34), in: W.Krawietz (Hrsg.): Theorie und Technik der Begriffsjurisprudenz, Darmstadt 1976, S. 268.

Eugen Ehrlich, Der praktische Rechtsbegriff (1913), in: Werner Maihofer (Hg.), Begriff und Wesen des Rechts, Darmstadt 1973, S. 276.

Ders., Die juristische Konstruktion (1918), in: W.Krawietz (Hg.), Theorie und Technik der Begriffsjurisprudenz, Darmstadt 1976, S. 208.

Günther Ellscheid/Winfried Hassemer (Hg.), Interessenjurisprudenz, Darmstadt 1974.

Hans A. Engelhard, Stand und Perspektiven Deutsch-Deutscher Rechtsangleichung nach Inkrafttreten des Staatsvertrages, in: DtZ 1990, S. 129.

Karl Englisch, Die Idee der Konkretisierung in Recht und Rechtswissenschaft unserer Zeit, 2. Aufl., Heidelberg 1968.

Ders., Auf der Suche nach Gerechtigkeit.Hauptthemen der Rechtsphilosophie, München 1971.

Thomas Ellwein, Staatliche Steuerung in der parlamentarischen Demokratie, in: DÖV 1984, S. 748.

Rainer Erd, Entwicklungstendenzen im Aussperrungsrecht - eine Dokumentation, in: KJ 1978, S. 404.

Günther Esch/Dieter Schulze zur Wiesche, Handbuch der Vermögensnachfolge, 3. Aufl., S. 198ff

Josef Esser, Grundsatz und Norm in der richterlichen Fortbildung des Privatrechts, 3. Aufl., Tübingen 1974.

Tilman Evers, Mehr Demokratie durch Volksentscheid?, in: KJ 1986, S. 424.

Erich Feindt, Aspekte der Demokratisierung, Mitbestimmung und Partizipation, in: ZBR 1973, S. 353.

Paul Johann Feuerbach, Versuch über den Begriff des Rechts (1795), in: Werner Maihofer (Hg.), Begriff und Wesen des Rechts, Darmstadt 1973, S. 1.

Wolfgang Fikentscher, Methoden des Rechts in vergleichender Darstellung, München 1977, Bd. 1-5.

Stefan Forch, Die alliierte Beschwerdestelle für Berlin, in: NJW 1988, S. 1823.

Ernst Forsthoff, Lehrbuch des Verwaltungsrechts, 1. Bd. AT, 10. Aufl., München 1973.

Thomas Fleiner-Gerster, Allgemeine Staatslehre, Berlin u.a. 1980.

Günther Frankenberg, Ziviler Ungehorsam und rechtsstaatliche Demokratie, in: JZ 1984, S. 266.

Ders./Ulrich Rödel, Von der Volkssouveränität zum Minderheitenschutz. Die Freiheit politischer Kommunikation im Verfassungsstaat, untersucht am Beispiel der Vereinigten Staaten von Amerika, Frankfurt/Main 1981.

Ernst Fraenkel, Strukturdefekte der Demokratie und deren Überwindung (1964), in: Ulrich Matz (Hg.), Grundprobleme der Demokratie, Darmstadt 1973.

Karl Heinrich Friauf, Die Finanzverfassung in der Rechtsprechung des Bundesverfassungsgerichts, Festgabe 25 Jahre Bundesverfasungsgericht, S. 300.

Manfred Friedrich, Das parlamentarische Regierungssystem in den deutschen Bundesländern, in: JöR N.F.Bd.30, 1979, S. 197.

Ders., Anlage und Entwicklung des parlamentarischen Regierungssystems in der Bundesrepublik, in: DVBl. 1980, S. 505.

Friedrich Karl Fromme, Der Demokratiebegriff des Grundgesetzes, in: DÖV 1970, S. 518.

Werner Frotscher, Die parteistaatliche Demokratie-Krisenzeichen und Zukunftsperspektiven, in: DVBl. 1985, S. 917.

Ernst Fuchs, Begriffsjurisprudenz und soziologische Rechtswissenschaft (1910), in: Werner Krawietz (Hg.), Theorie und Technik der Begriffsjurisprudenz, Darmstadt 1976, S. 185.

Gablers Wirtschaftslexikon, 11. Aufl., Wiesbaden 1983.

Roland Geitmann, Volksentscheide auch auf Bundesebene, in: ZRP 1988, S. 126.

Constantin L.Geogopoulos, La Démocratie en danger: Sa structure actuelle, ses problèmes, Paris 1977.

Heide Gerstenberger, Staatliche Sozialpolitik als Instrument gesellschaftlicher Kontrolle, in: KJ 1976, S. 394.

Helmut Goerlich, Wertordnung und Grundgesetz, Kritik einer Argumentationsfigur des Bundesverfassungsgerichts, Baden-Baden 1973.

Albert Gnägi, Katholische Kirche und Demokratie.Ein dogmengeschichtlicher Überblick über das grundsätzliche Verhältnis der katholischen Kirche zur demokratischen Staatsform, Zürich u.a. 1970.

Heribert Golsong, Herbert Petzold, Hans Peter Furrer, Entscheidungen des Europäischen Gerichtshofes für Menschenrechte, Bd.1, Köln usw. 1970.

Eberhard Grabitz, Armin v. Bogdandy, Deutsche Einheit und europäische Integration, in: NJW 1990, S. 1073.

Daniel W. Graham, Two Systems in Aristotle, in: Julia Annas (Ed.), Oxford Studies in ancient Philosophy, Vol. VII., Oxford 1989, S. 215.

Andreas Greifeld, Erläuterte Entscheidung zu BVerfG 2 BvE 13/83, JA 1985, S. 357.

Ders., Das Wahlrecht des Bürgers vor der Unabhängigkeit des Abgeordneten, in: Der Staat Bd. 23, S. 501.

Ders., Volksentscheid durch Parlamente. Wahlen und Abstimmungen vor dem Grundgesetz der Demokratie, Berlin 1983.

Martin Gralher, Ruhendes Mandat und demokratisches Repräsentationsverständnis, in: ZRP 1977, S. 156.

Dieter Grimm, Reformalisierung des Rechtsstaates als Demokratiepostulat? in: JuS 1980, S. 704.

Ders., Das Grundgesetz nach vierzig Jahren, in: NJW 1989, S. 1305.

Otto v. Gierke, Naturrecht und Deutsches Recht (1883), in: (Hg.), Werner Maihofer, Begriff und Wesen des Rechts, Darmstadt 1973, S. 244.

Großkommentar zum Aktiengesetz, 3. Aufl., 1975.

Uwe Günther, Das Alte geht nicht mehr, das Neue geht noch nicht. Zum Dilemma der Parteienfinanzierung-Vorschläge zur Abhilfe, in: ZRP 1989, S. 265.

Hachenburg, Kommentar zum Aktiengesetz, 7. Aufl., Berlin u.a. 1975.

Peter Häberle, Das Menschenbild im Verfassungsstaat, Berlin 1988.

Ders., Präambeln im Text und Kontext von Verfassungen, in: Festschrift f. Johannes Broermann, 1982, S. 211.

Ders., Öffentlichkeitsarbeit der Regierung zwischen Parteien- und Bürgerdemokratie, in: JZ 1977, S. 361.

Ders., Die verfassungsgebende Gewalt des Volkes im Verfassungsstaat - eine vergleichende Textstufenanalyse, in: AöR Bd. 112, S. 54.

Ders., Das Mehrheitsprinzip als Strukturelement der freiheitlich-demokratischen Grundordnung, in: JZ 1977, S. 242.

Ders., Artenreichtum und Vielschichtigkeit von Verfassungstexten, eine vergleichende Typologie, Zürich 1989 (Festschrift für Häfelin), S. 225.

Ders., Öffentliches Interesse als juristisches Problem. Eine Analyse von Gesetzgebung und Rechtsprechung, Bad Homburg v.d.H., 1970.

Ders., Klassikertexte im Verfassungsleben, Berlin u.a. 1981.

Ders., Verfassung als öffentlicher Prozeß.Materialien zu einer Verfassungstheorie der offenen Gesellschaft, Berlin 1980.

Ders., Allgemeine Staatslehre, demokratische Verfassungslehre oder Staatsrechtslehre, in: Ders., Verfassung als öffentlicher Prozeß. Materialien zu einer Verfassungstheorie der offenen Gesellschaft, Berlin 1980, S. 270.

Ders., Demokratische Verfassungstheorie im Lichte des Möglichkeitsdenkens, in: AöR 102, 26.

Ulrich Häfelin, Die Rechtspersönlichkeit des Staates, Tübingen 1959.

Manfred Hättich, Das Toleranzproblem in der Demokratie (1965), in: Ulrich Matz (Hg.), Grundprobleme der Demokratie, Darmstadt 1973, S. 397.

H.L.A. Hart, Der Begriff des Rechts, Frankfurt/Main 1973.

Peter Claus Hartmann, Französische Verfassungsgeschichte der Neuzeit (1450-1980), Darmstadt 1985.

Theodore S. Hamerow, Die Wahlen zum Frankfurter Parlament, in: Ernst-Wolfgang Böckenförde (Hg.), Moderne Verfassungsgeschichte, 2. Aufl., Königstein/Ts. 1981, S. 252.

Malcolm Heath, The Unity of Plato's Phaedrus, in: Julia Annas (Ed.), Oxford Studies in ancient philosophy, Vol.VII, Oxford 1989,p.151.

Ders., The Unity of the Phaedrus: A Postcript, in: Julia Annas (Ed.), Oxford Studies in ancient philosophy, Vol. VII, Oxford 1989, p.189.

Philipp Heck, Interessenjurisprudenz und Gesetzestreue (1905), in: Günther Ellscheid/Winfried Hassemer (Hg.), Interessenjurisprudenz, Darmstadt 1974, S. 32.

Ders., Was ist diejenige Begriffsjurisprudenz, die wir bekämpfen? (1909), in: Günther Ellscheid/Winfried Hassemer (Hg.), Interessenjurisprudenz, Darmstadt 1974, S. 88.

Ders., Die Begriffsjurisprudenz (1912), in: Werner Krawietz (Hg.), Theorie und Technik der Begriffsjurisprudenz, Darmstadt 1976, S. 191.

Ders., Begriffsjurisprudenz und Interessenjurisprudenz (1929), in: Günther Ellscheid/Winfried Hassemer (Hg.), Interessenjurisprudenz, Darmstadt 1974, S. 88.

Ders., Rechtsnormen und Interessenschutz (1930), in: Günther Ellscheid/Winfried Hassemer (Hg.), Interessenjurisprudenz, Darmstadt 1974, S. 109.

Ders., Die Leugnung der Interessenjurisprudenz durch Hermann Isay. Eine Erwiderung (1933), in: Günther Ellscheid/Winfried Hassemer (Hg.), Interessenjurisprudenz, Darmstadt 1976, S. 235.

Ders., Die logische Analyse des juristischen Methodenstreits durch Richard Hönigswald.Eine Nachprüfung (1934), in: Günther Ellscheid/Winfried Hassemer (Hg.), Interessenjurisprudenz, Darmstadt 1976, S. 269.

Ders., Die neue Methodenlehre Müller-Erzbachs (1935), in: Günther Ellscheid/Winfried Hassemer (Hg.), Interessenjurisprudenz, Darmstadt 1976, S. 343.

Ders., Der Allgemeine Teil des Privatrechts. Ein Wort der Verteidigung (1941), in: Günther Eilscheid/Winfried Hassemer (Hg.), Interessenjurisprudenz, Darmstadt 1976, S. 425.

Friedrich Hase/Karl-Heinz Ladeur/Helmut Ridder, Nochmals: Reformalisierung des Rechtsstaats als Demokratiepostulat? JuS 1981, S. 784.

Hermann Heller, Politische Demokratie und soziale Homogenität (1928), in: Werner Krawietz (Hg.), Begriff und Wesen des Rechts, Darmstadt 1976, S. 7.

Reinhard Hendler, Partizipationsdemontage im Städtebaurecht, in: ZRP 1979, S. 194.

Wolfram Henckel, Richter im demokratischen und sozialen Rechtsstaat, in: JZ 1987, S. 209.

Gottfried Wilhelm Friedrich Hegel, Phänomenologie des Geistes (1807), Stuttgart 1987.

Wilhelm Henke, Verteidigung der Demokratie durch Parteiverbot oder Parteiquarantäne, in: JZ 1973, S.293.

Ders., Das demokratische Amt der Parlamentsmitglieder.Der Hintergrund des Streites um den Parteiwechsel von Abgeordneten, in: DVBl. 1973, S.553.

Ders., Staatsrecht, Politik und verfassungsgebende Gewalt, in: Der Staat 1980, S. 181.

Ders., Demokratie als Rechtsbegriff, in: Der Staat 1986, S. 157.

Ders., Zum Verfassungsprinzip der Republik, in: JZ 1981, S. 249.

Hans-Peter Hertig, Partei, Wählerschaft oder Verband: Entscheidungsfaktoren im eidgenössischen Parlament, Bern 1979.

Karl Hernekamp, Mehr direkte Demokratie? in: ZRP 1978, S. 232.

Roman Herzog, Allgemeine Staatslehre, Bd. 1, Frankfurt/Main 1971.

Konrad Hesse, Grundzüge des Verfassungsrechts der Bundesrepublik Deutschland, 16. Aufl., Heidelberg 1988.

Werner Heun, Das Mehrheitsprinzip in der Demokratie: Grundlagen - Struktur- Begrenzungen, Berlin 1983.

Friedrich August von der Heydte, Vom Heiligen Reich zur geheiligten Volkssouveränität (1955), in: Hans Kurz (Hg.), Volkssouveränität und Volksrepräsentation, Köln 1965, S. 350.

Erik Volkmar Heyen, Verfassungsaspekte einer Beteiligung von Ausländern an der Hamburger Bezirksversammlungswahl, in: DÖV 1988, S. 185.

Arnulf von Heyl, Wahlfreiheit und Wahlprüfung, Berlin 1975.

Thomas Hobbes, Leviathan (1651), Stuttgart 1970).

Richard Hönigswald, "Begriff" und "Interesse".Eine methodologische Skizze (1934), in: Günther Ellscheid/Winfried Hassemer (Hg.), Interessenjurisprudenz, Darmstadt 1976, S. 254.

M. Hoffmann-Becking, Münchener Handbuch des Gesellschaftsrechts, München 1988.

Hasso Hofmann, Die Grundrechte 1789-1949-1989, in: NJW 1989, S. 3177.

Arthur Homberger, Begriffsjurisprudenz und Interessenjurisprudenz (1932), in: Werner Krawietz (Hg.), Theorie und Technik der Begriffsjurisprudenz, Darmstadt 1976, S. 252.

Hendrik Jan Hommes, Zum Begriff der "Juristischen Konstruktion" (1965), in: Werner Krawietz (Hg.), Theorie und Technik der Begriffsjurisprudenz, Darmstadt 1976, S. 327.

Antony M. Honoré, Die menschliche Gemeinschaft und das Prinzip der Mehrheitsregel, in: Festschrift für H.Schelsky, Recht und Gesellschaft, S. 230.

I. Horn, Zum Begriff der Demokratie in der politischen Theorie des Prinzipats, Antiquitas graeco-romana ac tempora nostra, Acta congressus internationalis habiti Brunae diebus 12-16 mensis aprilis MCMLXVI. Prag 1968.

Eugen Huber, Das Wesen des Rechts (1922), in: Werner Maihofer (Hg.), Begriff und Wesen des Rechts, Darmstadt 1973, S. 292.

Bertold Huber, Formen direktdemokratischer Staatswillensbildung - eine Herausforderung an das parlamentarische System der Bundesrepublik Deutschland, in: ZRP 1984, S. 245.

Eugen Huber, Das Wesen des Rechts (1922), in: Werner Maihofer (Hg.), Begriff und Wesen des Rechts, Darmstadt 1973, S. 292.

Ronald Inglehard, Politische Kultur und stabile Demokratie, in: DVS 1988, S. 369.

Hermann Isay, Die Methode der Interessenjurisprudenz. Eine kritische Betrachtung (1933), in: Günther Ellscheid/Winfried Hassemer (Hg.), Interessenjurisprudenz, Darmstadt 1976, S. 222.

Josef Isensee, Republik-Sinnpotential eines Begriffs, in: JZ 1981, S. 1.

Ders., Grundrechte und Demokratie.Die polare Legitimation im grundgesetzlichen Gemeinwesen, in: Der Staat 1981, S. 161.

Ders., Widerstand gegen den technischen Fortschritt. Rückbesinnung auf das Selbstverständliche des demokratischen Verfassungsstaates, in: DÖV 1983, S. 565.

Ders., Kommunalwahlrecht für Ausländer aus der Sicht der Landesverfassung Nordrhein-Westfalens und der Bundesverfassung, in: Kritische Vierteljahresschrift 1987, S. 300.

Ders./Kirchhof (Hg.), Handbuch des Staatsrechts 1987, Bd.I.

Uwe Kai Jacobs,"Man soll die Stimmen wägen und nicht zählen" - Über fragwürdige Begrenzungen des Mehrheitsprinzips, in: NJW 1989, S. 3205.

Bernhard Jansen, EWG und DDR nach Abschluß des Grundlagenvertrages, Baden-Baden 1977.

Hans D. Jarass, Grundgesetz für die Bundesrepublik Deutschland, München 1989.

Gotthard Jasper, Die Krise der streitbaren Demokratie, in: DVBl. 1978, S. 725.

Jürgen Jekewitz, Parlamentarische Untersuchungsausschüsse und Minderheitenrechte, in: Recht und Politik 1987, S. 28.

Ders., Der Grundsatz der Diskontinuität in der parlamentarischen Demokratie. Zugleich eine Untersuchung auf rechtshistorischer und rechtsvergleichender Grundlage, in: JöR N.F. Bd. 27, S.75.

Georg Jellinek, Das Recht (1878), in: Werner Maihofer (Hg.), Begriff und Wesen des Rechts, Darmstadt 1973, S. 208.

Ders., Allgemeine Staatslehre, 3. Aufl., Berlin 1914.

Franz W.Jerusalem, System und Begriffsjurisprudenz (1948), in: Theorie und Technik der Begriffsjurisprudenz, Darmstadt 1976, S. 300.

Rudolph v. Jhering, Vertrauliche Briefe über die heutige Jurisprudenz.Von einem Unbekannten.1.Brief: über die civilistische Konstruktion, in: Günther Ellscheid/Winfried Hassemer (Hg.), Interessenjurisprudenz, Darmstadt 1976, S. 14.

Rudolph v. Jhering, Begriff des Rechts (1865), in: Werner Maihofer (Hg.), Begriff und Wesen des Rechts, Darmstadt 1973, S. 164.

Ders., Theorie der juristischen Technik (1858), in: Werner Krawietz (Hg.), Theorie und Technik der Begriffsjurisprudenz, Darmstadt 1976, S. 11.

Ders., Der Zweck im Recht (1877), in: Werner Maihofer (Hg.), Begriff und Wesen des Rechts, Darmstadt 1973, S. 176.

Werner Kadel, Mindestwahlbeteiligung als demokratisches Legitimationserfordernis? in: JR 1988, S. 54.

Werner Kägi, Rechtsstaat und Demokratie. Antinomie und Synthese (1913), in: Ulrich Matz (Hg.), Grundprobleme der Demokratie, Darmstadt 1973, S. 107.

Erich v. Kahler, Das Schicksal der Demokratie (1848/1952), in: Ulrich Matz (Hg.), Grundprobleme der Demokratie, Darmstadt 1973, S. 35.

Immanuel Kant, Grundlegung zur Metaphysik der Sitten (1785), Stuttgart 1988.

Ders., Metaphysische Anfangsgründe der Rechtslehre (1870), Hamburg 1986.

Ders., Kritik der reinen Vernunft (1787), Stuttgart 1973.

Ulrich Karpen, Ziviler Ungehorsam im demokratischen Rechtsstaat, in: Jura 1986, S. 417.

Ders., Kommunalwahlrecht für Ausländer, in: NJW 1989, S. 1012.

Alfred Katz, Staatsrecht, 8. Aufl., Heidelberg 1987.

Arthur Kaufmann, Rechtsphilosophie im Wandel. Stationen eines Weges, 2. Aufl., Köln u.a. 1984.

Ders., Gesetz und Recht (1962), in: Ders., Rechtsphilosophie im Wandel, 2. Aufl., Köln u.a. 1984, S. 131.

Ders., Die Aufgabe der Rechtsphilosophie im kybernetischen Zeitalter (1971), in: Ders., Rechtsphilosophie im Wandel, 2. Aufl., Köln u.a. 1984, S. 259.

Ders., Rechtsphilosophie in der Nach-Neuzeit, Heidelberg 1990.

Ders., Naturrecht und Geschichtlichkeit, in: Ders., Rechtsphilosophie im Wandel (1957), 2. Aufl., Köln u.a., 1984, S. 1.

Ders., Der Mensch im Recht (1958), in: Ders., Rechtsphilosophie im Wandel, 2. Aufl., Köln u.a. 1984, S. 23.

Ders., Recht als Maß der Macht (1958), in: Ders., Rechtsphilosophie im Wandel (1958), 2. Aufl., Köln u.a., 1984, S. 33.

Ders., Gedanken zur Überwindung des rechtsphilosophischen Relativismus (1960), in: Ders., Rechtsphilosophie im Wandel, 2. Aufl., Köln u.a. 1984, S. 51.

Ders., Rechtspositivismus und Naturrecht aus erkenntnistheoretischer Sicht (1961), in: Ders., Rechtsphilosophie im Wandel, 2.Aufl., Köln u.a.,1984, S. 69.

Ders., Die ontologische Struktur des Rechts (1962), in: Ders., Rechtsphilosophie im Wandel, 2. Aufl. Köln u.a. 1984, S. 101.

Ders., Zur rechtsphilosophischen Situation der Gegenwart (1963), in: Ders., Rechtsphilosophie im Wandel, 2. Aufl., Köln u.a.,1984, S. 167.

Ders., Recht und Sittlichkeit (1964), in: Ders., Rechtsphilosophie im Wandel, 2. Aufl., Köln u.a. 1984, S. 201.

Ders., Freirechtsbewegung – lebendig oder tot? Ein Beitrag zur Rechtstheorie und Methodenlehre (1965), in: Ders., Rechtsphilosophie im Wandel, 2. Aufl., Köln u.a. 1984, S. 231.

Ders., Martin Luther King.Gedanken zum Widerstandsrecht (1968), in: Ders., Rechtsphilosophie im Wandel, 2. Aufl., Köln u.a. 1984, S. 251.

Erich Kaufmann, Zur Problematik des Volkswillens, in: Ulrich Matz (Hg.), Grundprobleme der Demokratie, Darmstadt 1973.

Hans Kelsen, Allgemeine Staatslehre, Berlin 1925.

Ders., Vom Wert und Wesen der Demokratie, Aalen 1963 (Neudruck der 2.Auflage von 1929).

Ders., Reine Rechtslehre, 2. Aufl. 1960 (Wien).

Ders., Der Begriff des Rechts und die Lehre vom Rechtssatz (1934), in: Werner Maihofer (Hg.), Begriff und Wesen des Rechts, Darmstadt 1973, S. 149.

Ders., Der Wandel des Souveränitätsbegriffs (1931), in: Hans Kurz (Hg.), Volkssouveränität und Volksrepräsentation, Köln 1965, S. 164.

Otto Ernst Kempen, Zwischen Gemeinwohlpostulat und demokratischen Verfahrensgarantien. Das Urteil des Bundesverfassungsgerichts zur regierungsamtlichen Öffentlichkeitsarbeit, in: Der Staat 1979, S. 81.

Trutz Graf Kerssenbrock, Rechtspolitische Forderungen an die innere Ordnung der politischen Parteien, in: ZRP 1989, S. 337.

Otto Kimminich, Die Parteien im Rechtsstaat.Herausforderung durch die "Alternativen", in: DÖV 1983, S. 217.

Gunther Kisker, Gruppenmitbestimmung in der öffentlichen Verwaltung, in: DÖV 1972, S. 520.

Eckart Klein, Grundrechtliche Schutzpflicht des Staates, in: NJW 1989, S. 1633.

Ders., An der Schwelle zur Wiedervereinigung Deutschlands, in: NJW 1989, S. 1065.

Hans H. Klein, Verwaltungskompetenzen von Bund und Ländern in der Rechtsprechung des Bundesverfassungsgerichts, in: Festgabe 25 Jahre BVerfG, S. 277.

Ders., Demokratie und Selbstverwaltung, FS Ernst Forsthoff, S. 165.

Michael Kloepfer, Grundrechtstatbestand und Grundrechtsschranken in der Rechtsprechung des Bundesverfassungsgerichts – dargestellt am Beispiel der Menschenwürde, in: Festgabe 25 Jahre Bundesverfassungsgericht, S. 405.

Ulrich Klug, Juristische Logik, 3. Aufl., Berlin 1966

Paul v. Kodolitsch, Gemeindeverwaltungen und Bürgerinitiativen, in: Archiv f. Kommunalwissenschaften 1975, S. 264.

Ders./Ulla Kristina Schulerei-Hartje, Teilnahme der Ausländer am kommunalen Geschehen, in: ZfAusländerrecht 1987, S. 83.

Franz Knöpfle, Organisierte Einwirkungen auf die Verwaltung, in: DVBl. 1974, S. 707.

Hermann K.Kontorowicz, Die neue Auffassung von Recht (1906), in: Werner Maihofer (Hg.), Begriff und Wesen des Rechts, Darmstadt 1973, S. 268.

Wilhelm Korab, Tradition und Demokratie, in: Festschrift für Johannes Broermann, S. 126

Werner Krawietz, Theorie und Technik der Begriffsjurisprudenz, Darmstadt 1976.

Ders., Begriffsjurisprudenz (1971), in: Ders. (Hg.), Theorie und Technik der Begriffsjurisprudenz, Darmstadt 1976, S. 432.

Hans Kreller, Interessenjurisprudenz.Zum 80.Geburtstag von Philipp Heck (1938), in: Günther Ellscheid/Winfried Hassemer (Hg.), Interessenjurisprudenz, Darmstadt 1976, S. 418.

Martin Kriele, Das demokratische Prinzip im Grundgesetz, Veröffentlichungen der Vereinigung der Deutschen Staatsrechtslehrer, Berlin 1971.

Ders., Menschenrechte und Gewaltenteilung, in: EuGRZ 1986, S. 601.

Ders., Recht und praktische Vernunft, Göttingen 1979.

Klaus Kröger, Die Entstehung des Grundgesetzes, in: NJW 1989, S. 1318.

Hartmut Krüger, Die Entscheidungsbefugnis in der demokratischen Ordnung des Grundgesetzes, in: BayVBl.1988, S. 353.

Edwin Kube, Zur Notwendigkeit der Demokratisierung der Bebauungsplanung im ländlichen Raum, in: DÖV 1972, S. 118.

Günther Küchenhoff, Umwelt und Recht. Eine neue Art von Demokratie?, in: NJW 1972, S. 618.

Jörg-Detlef Kühner/Friedrich Meissner, Züge unmittelbarer Demokratie in der Gemeindeverfassung, Göttingen 1978.

Hans Kurz (Hg.), Volkssouveränität und Volksrepräsentation, Köln 1965.

Paul Laband, Das Staatsrecht der Deutschen Reiches, Bd.I-IV, Neudruck der 5. Aufl., Tübingen 1911.

Landtag Rheinland-Pfalz (Hg.), Protokoll der Enquete-Kommission "Wahlrecht und Kommunalverfassung", 8.Sitzung v. 14.2.1989 (II.Wahlperiode).

Ders., Drs.II/910; II/1260; II/1393; II/1546; II/1572, Zweiter Zwischenbericht der Enquete-Kommission "Möglichkeiten direkter Bürgerbeteiligung und -entscheidung in der repräsentativen Demokratie".

Siegfried Landshut, Volkssouveränität und öffentliche Meinung (1953), in: Hans Kurz (Hg.), Volkssouveränität und Volksrepräsentation, Köln 1965, S. 301.

Lang/Weidmüller, Kommentar zum Genossenschaftsgesetz (von Horst Baumann), 31. Aufl., Berlin/New York, 1984.

Johannes Lameyer, Streitbare Demokratie, in: Jahrbuch des öffentlichen Rechts, N.F. Bd. 30, 197, S. 147.

Christoph Lanz, Politische Planung und Parlament. Die Partizipation des Parlaments an politischen Planungen in der Schweiz, Bern 1977.

Karl Larenz, Methodenlehre der Rechtswissenschaft, Berlin/München 1975, 2. Aufl. und 1983, 5.Aufl (verkürzt).

Rudolf Laun, Mehrheitsprinzip, Fraktionszwang und Zweiparteiensystem, in: Gedächtnisschrift für Walter Jellinek, 1954/55, S. 175.

Eberhard Laux, Beratung der Politik, in: Die Verwaltung 1973, S. 219.

Franz Lehner, Ideologie und Wirklichkeit, Anm. zur Pluralismusdiskusssion in der Bundesrepublik, in: Der Staat Bd. 24, 1991, S. 91.

Gerhard Leibholz, Strukturprobleme der modernen Demokratie, Frankfurt am Main, 3. Aufl., 1974.

Ders., Freiheitliche demokratische Grundordnung (1960), in: Ulrich Matz (Hg.), Grundprobleme der Demokratie, Darmstadt 1973, S. 303.

Ders., Der Strukturwandel der modernen Demokratie (1958), in: Ulrich Matz (Hg.), Grundprobleme der Demokratie, Darmstadt 1973 S. 171.

Ders., Das Prinzip der Selbstverwaltung und der Art.28 Abs.2 Grundgesetz, in: DVBl. 1973, S. 715.

Ders./Rinck/Hesselberger, Grundgesetz, Bd. 2, 6. Aufl., Köln 1975/1987 .

Hans-Albert Lennartz, Die Vorschläge der "Enquete-Kommission Verfassungsreform" zur Verfassungsrevision. Bestandsaufnahme und Kritik, in: KJ 1977, S. 412.

Herbert Leßmann, Die Verbände in der Demokratie und ihre Regelungsprobleme, in: NJW 1978, S. 1545.

Ekkehard Lieberam, Staat, Demokratie und ideologische Auseinandersetzung, in: Staat und Recht 1988, S. 107.

Joachim Link, Sperrklauseln im Wahlrecht, in: Jura 1986, S. 460.

Hanns-Rudolf Lipphardt, Grundrechte und Rechtsstaat, in: EuGRZ 1986, S. 149.

Joseph Listl/Herbert Schambeck (Hg.), Demokratie in Anfechtung und Bewährung. Festschrift f. Johannes Broermann, Berlin 1982.

Nikolaus Lobkowicz, Was verspricht der Konservatismus?, in: Festschrift für Johannes Broermann, S. 85

Karl Loewenstein, Vorschläge zur Kontrolle der politischen Meinungsforschung, JZ 1971, S. 529.

Martin Luther, Von weltlicher Obrigkeit (1523), Stuttgart 1983, 4. Aufl..

Niccolo Machiavelli, Il principe (Der Fürst), (1532), Stuttgart 1986.

Ders., Discorsi. Gedanken über Politik und Staatsführung, 2. Aufl., Stuttgart 1977.

Siegfried Magiera, Politische Rechte im Europa der Bürger, in: ZRP 1987, S. 33.

Werner Maihofer (Hg.), Begriff und Wesen des Rechts, Darmstadt 1973.

Jacques Maritain, Der Begriff Souveränität (1950), in: Hans Kurz (Hg.), Volkssouveränität und Volksrepräsentation, Köln 1965, S. 44.

Ulrich Matz (Hg.), Grundprobleme der Demokratie, Darmstadt 1973.

K.A. Mühlaus, Das demokratische Element in Ciceros Mischverfassung, München 1968.

Theodor Maunz/Reinhold Zippelius, Deutsches Staatsrecht, 26. Aufl., München 1985.

Ders./Günther Dürig, Kommentar zum Grundgesetz, Bd.I und II, München 1990.

Ders., Die verfassungsgebende Gewalt im Grundgesetz (1953), in: Ulrich Matz (Hg.), Grundprobleme der Demokratie, Darmstadt 1973, S. 311 .

Theo Mayer-Maly, Das Recht als Ordnung menschlichen Verhaltens, in: Festschrift für Johannes Broermann, 1982, S. 23.

Christian Meier; Drei Bemerkungen zur Vor-und Frühgeschichte des Begriffs Demokratie, in: Festgabe Boujour 70.Geb. 21.8.1968, Dicordia Concors, Basel-Stuttgart 1968, S. l.

Friedrich Meißner, Die Menschenrechtsbeschwerde vor den Vereinten Nationen, Baden-Baden 1976.

Detlef Merten, Wahlrecht und Wahlpflicht, in: Festschrift f. Johannes Broermann, 1982, S. 301.

Christian-Friedrich Menger, Die Problematik des sogenannten kommunalrechtlichen Vertretungsverbotes, in: NJW 1980, S. 1827.

Karl-Ulrich Meyen, Autonome Satzung und demokratische Legitimation: Zur Rechtsprechung des Bundesverfassungsgerichts, in: DVBl. 1977, S. 593.

B. Mirkin-Getzewitsch, Die Souveränität der Nation (1936), in: Hans Kurz (Hg.), Volkssouveränität und Volksrepräsentation, Köln 1965, S. 179.

Gerhard Möbus, Autorität und Disziplin in der Demokratie (1959), in: Ulrich Matz (Hg.), Grundprobleme der Demokratie, Darmstadt 1973, S. 271.

Ulrich Mückenberger, Thesen zur Funktion und Entwicklung des Sozialrechts, in: KJ 1976, S. 341.

Rudolf Müller-Erzbach, Die Relativität der Begriffe und ihre Begrenzung durch den Zweck des Gesetzes. Zur Beleuchtung der Begriffsjurisprudenz (1912), in: Werner Krawietz (Hg.), Theorie und Technik der Begriffsjurisprudenz, Darmstadt 1976, S . 201.

Rudolf Müller-Erzbach, Das Recht des Besitzes aus der vom Gesetz vorausgesetzten Interessen-und Herrschaftslage entwickelt (1936), in: Günther Ellscheid/Winfried Hassemer (Hg.), Interessenjurisprudenz, Darmstadt 1974, S. 284.

Ingo von Münch (Hg.), Grundgesetz-Kommentar, Bd. 1 und 2, 3. Aufl., München 1985.

Wolfgang Naucke, Rechtsphilosophische Grundbegriffe, 2. Aufl., Frankfurt am Main 1986.

Hans Nawiasky, Von der unmittelbaren Demokratie;die Bereitschaft der Schweiz – die Zurückhaltung in Deutschland (1953), in: Ulrich Matz (Hg.), Grundprobleme der Demokratie, Darmstadt 1973, S. 347.

Joachim Neef, Demokratie und Demoskopie, in: JZ 1971, S. 16.

Rudolf Neumann, Der demokratische Dekalog: Staatsgestaltung im Gesellschaftswandel (1963), in: Ulrich Matz (Hg.), Grundprobleme der Demokratie, Darmstadt 1973, S.347.

Rudolf Neudart, Mehr demokratische Liberalität im Kommunalwahlrecht!, in: DÖV 1970, S. 623.

Klaus Obermayer, Führungselite im demokratischen Rechtsstaat, in: BayVBl. 1984, S. 641.

Claus Henning Obst, Chancen direkter Demokratie in der Bundesrepublik Deutschland: Zulässigkeit und politische Konsequenzen, Köln 1986.

Peter Olivet, Rechtsverständnis im Wandel. Rechtspositivismus und Überpositivität des Rechts heute, in: NJW 1989, S. 3187.

Helmut Ostermeyer, Demokratie und Demokratisierung, in: DRiZ 1974, S. 84.

Onora O'Neill, Constructions of reason.Explorations of Kant's practical philosophy, Cambridge et al. 1989.

Palandt, Otto, Kommentar zum Bürgerlichen Gesetzbuch, 48. Aufl., 1989, 40. Aufl. 1981, 32. Aufl. 1973, München.

Chaim Perelman, Über die Gerechtigkeit, München 1967.

Joachim Perels, Die Grenzmarken der Verfassung – Sicherung gesellschaftlicher Machtverhältnisse oder Rahmenregelung des demokratischen Prozesses? in: KJ 1977, S. 375.

Ders., Anwaltschaft und demokratische Rechtskultur, in: KJ 1987, S. 59.

Christian Pestalozza, Der Popularvorbehalt.Direkte Demokratie in Deutschland, Berlin u.a. 1981.

Ders., Startbahn frei für das Verwaltungs (akt)referendum!, in: NJW 1982, S. 1571.

Bodo Pieroth, Amerikanischer Verfassungsexport nach Deutschland, in: NJW 1989, S. 1333.

Platon, Der Staat (Politeia) (387 v. Chr.), Stuttgart 1958.

Ders., Die Gesetze (348/47 v. Chr.), Zürich/München 1974.

Ders., Apologie des Sokrates (392 v. Chr.), Stuttgart 1987.

Jost Pietzcker, Mitverantwortung des Staates, Verantwortung des Bürgers, in: JJ 1985, S. 209.

Karl Popper, The open society and its enemies, London/N.Y., Vol. 1+11, 1986.

Hugo Preuß, Zur Methode juristischer Begriffskonstruktion (1900), in: Werner Krawietz (Hg.), Theorie und Technik der Begriffsjurisprudenz, Darmstadt 1976, S. 157.

Ulrich K.Preuß, Das Landesvolk als Gesetzgeber.Verfassungsrechtliche Anmerkungen zum Volksgesetzgebungsverfahren aus Anlaß eines badenwürttembergischen Volksbegehrens, in: DVBl. 1985, S. 710.

Ders., Rechtsstaat und Demokratie, in: KJ 1989, S.1.

Georg Friedrich Puchta, Von dem Recht (1841), in: Werner Maihofer (Hg.), Begriff und Wesen des Rechts, Darmstadt 1973, S. 52.

Helmut Quaritsch, Staatsangehörigkeit und Wahlrecht.Zum Problem des Ausländerwahlrechts, in: DÖV 1983, S. 1.

Ders., Zur Entstehung der Theorie des Pluralismus, in: Der Staat Bd. 19,29 (1980), S. 29.

Ernst Rabel, Aufgabe und Notwendigkeit der Rechtsvergleichung, in: Ernst Rabel, Gesammelte Aufsätze III, 1966, S. 1.

Gustav Radbruch, Rechtsphilosophie, 8. Aufl., Stuttgart 1973.

Ders., Der Begriff des Rechts (1914), in: Werner Maihofer (Hg.), Begriff und Wesen des Rechts, Darmstadt 1973, S. 384.

Dietrich Rauschning, Das parlamentarische Regierungssystem des Grundgesetzes in der Rechtsprechung des Bundesverfassungsgerichts, in: Festgabe 25 Jahre BVerfG, S. 214.

John Rawls, Eine Theorie der Gerechtigkeit, Frankfurt am Main, 1975.

Günther Reuhl, Demokratie und Kulturgesellschaft als Komplementärbegriffe im Rahmen des Grundgesetzes, in: JZ 1983, S. 535.

Max Rheinstein, Einführung in die Rechtsvergleichung, 2. Aufl., München 1987.

Ingo Richter, Schule, Schulverfassung und Demokratie, in: RdJB 1987, S. 254.

Nicolás Ramiro Rico, Die Souveränität (1952), in: Hans Kurz (Hg.), Volkssouveränität und Volksrepräsentation, Köln 1965, S. 268.

Eibe H. Riedel, Theorie der Menschenrechtsstanddards: Funktion, Wirkungsweise und Begründung wirtschaftlicher und sozialer Menschenrechte mit exemplarischer Darstellung der Rechte auf Eigentum und Arbeit in verschiedenen Rechtsordnungen, Berlin 1986.

Helmut Rittstieg, Wanderarbeiter und Demokratie. Zum kommunalen Wahlrecht ausländischer Arbeitsnehmer, in: InfAuslR 3/88, S. 65.

Ders., Wanderarbeiter und Demokratie. Zum kommunalen Wahlrecht ausländischer Arbeitnehmer, in: DuR 1988, S. 14.

Ders., Juniorwahlrecht für Inländer fremder Staatsangehörigkeit, in: NJW 1989, S. 1018.

Wilfried Röhrich, Der Parteienstaat der Bundesrepublik Deutschland, in: NJW 1991, S. 2674.

Alexander Roßnagel, Kontrolle großtechnischer Anlagen durch Verwaltungsreferenda? in: ZParl 1986, S. 587.

Günther H. Roth, Gesetz betreffend die Gesellschaften mit beschränkter Haftung (GmbHG), 2. Aufl., München 1987.

Jean-Jacques Rousseau, Vom Gesellschaftsvertrag oder Grundsätze des Staatsrechts (Du contrat social; ou principe du droit politique) (Amsterdam 1762), Stuttgart 1979.

Christopher Rowe, The Unity of the Phaedrus: A Reply to Heath, in: Julia Annas (Ed.), Oxford Studies in ancient philosophy, Oxford 1989, Vol.VII., S. 175.

Bernd Rüthers, Die unbegrenzte Auslegung. Zum Wandel der Privatrechtsordnung im Nationalsozialismus, Tübingen 1968.

Gustav Rümelin, Juristische Begriffsbildung (1878), in: Werner Krawietz (Hg.), Theorie und Technik der Begriffsjurisprudenz, Darmstadt 1976, S. 83.

Ders., Eine Definition des Rechts (1881), in: Werner Maihofer (Hg.), Begriff und Wesen des Rechts, Darmstadt 1973, S. 222.

Ders., Werturteile und Willensentscheidungen im Civilrecht (1891), in: Werner Krawietz (Hg.), Theorie und Technik der Begriffsjurisprudenz, Darmstadt 1976, S. 136.

Walter Rudolf, Die Bundesstaatlichkeit in der Rechtsprechung des Bundesverfassungsgerichts, in: Festgabe 25 Jahre BVerfG, S. 233.

Helmut Rumpf, Die Staatsräson im demokratischen Rechtsstaat, in: Der Staat Bd.19 (1980), S. 273.

Hans Heinrich Rupp, Art.3 GG als Maßstab verfassungsgeschichtlicher Gesetzeskontrolle, in: Festgabe 25 Jahre Bundesverfassungsgericht, S .364.

Hans Ryffel, Grundprobleme der Rechts- und Staatsphilosophie, Neuwied/Berlin 1969.

Thomas Saretzki, Mehrheitsprinzip und Grundkonsens – eine Frage der Betonung? in: ZParl 1985, S. 256.

Eike von Savigny, u.a., Juristische Dogmatik und Wissenschaftstheorie, München 1976.

Friedrich Karl v. Savigny, System des heutigen römischen Rechts, Bd. I bis VIII. (1840), Aaalen 1973.

Ders., Allgemeine Natur der Rechtsquellen (1840), in: Werner Maihofer (Hg.), Begriff und Wesen des Rechts, Darmstadt 1973, S. 26.

Karl Albrecht Schachtschneider, Anspruch auf Demokratie. Überlegungen zum Demokratierechtsschutz des Bürgers, in: JR 1970, S. 401.

Herbert Schambeck, Entwicklung und System des österreichischen Parlamentarismus.Ein Beitrag zum Zweikammersystem und zum Demokratieverständnis, in: Festschrift für Johannes Broermann, 1982, S. 585.

Dian Schefold, Volkssouveränität und repräsentative Demokratie in der schweizerischen Regeneration 1830-1848, Basel und Stuttgart 1966.

Bruno Scherrer, Demokratie und richtige Rechtssetzung, Zürich 1977.

Ulrich Scheuner, Der Mehrheitsentscheid im Rahmen der demokratischen Grundordnung, in: Festschrift f. Kägi, Menschenrechte, Föderalismus, Demokratie, Zürich 1979, S. 301.

Ders., Art. 146 GG und das Problem der verfassungsgebenden Gewalt, in: Hans Kurz (Hg.), Volkssouveränität und Volksrepräsentation, Köln 1965, S. 288.

Alexander Schink, Kommunalwahlrecht für Ausländer?, in: DVBl. 1988, S. 417.

Hans-Hermann Schild, Kommunalwahlrecht für Ausländer? Verfassungspolitische und verfassungsrechtliche Probleme der Einführung des Kommunalwahlrechts für Personen, welche nicht Deutsche i.S.des Art.116 Abs.1 GG sind, in: DÖV 1985, S.664.

Klaus Schlaich, Das Bundesverfassungsgericht. Stellung, Verfahren, Entscheidung, München 1985.

Albrecht Schleich, Das parlamentarische Untersuchungsrecht des Bundestages, Berlin 1985.

Schleswig-Holsteiner Landtag (Hg.), Schlußbericht der Enquete-Kommission Verfassungs-und Parlamentsreform, Baden-Baden 1989.

Walter Schmidt, Bürgerinitiativen - politische Willensbildung - Staatsgewalt, in: JZ 1978, S. 293.

Edzard Schmidt-Jortzig, Frühzeitige Bürgerbeteiligung bei Planungen, in: DÖV 1981, S. 371.

Bruno Schmidt-Bleibtreu/Franz Klein (Hg.), Kommentar zum Grundgesetz für die Bundesrepublik Deutschland, 6. Aufl.

Carl Schmitt, Verfassungslehre (1928), Berlin, 5. Aufl. 1970.

Ders., Der Hüter der Verfassung (1929), 3. Aufl., Berlin 1985.

Ders., Legalität und Legitimität, Berlin (1932), 4. Aufl. 1988.

Walter Schmitt Glaeser, Stärkung der politischen Mitwirkungsrechte der Bürger.Zum Schlußbericht der Enquete-Kommission Verfassungsreform, in: DÖV 1977, S. 544.

Hans Schneider, Volksabstimmungen in der rechtsstaatlichen Demokratie. Gedächtnisschrift f. Jellinek, S. 155.

Hans-Peter Schneider, Entscheidungsdefizite der Parlamente, in: AöR 1980, S. 21.

Rupert Scholz, Krise der parteienstaatlichen Demokratie? "Grüne" und "Alternative" im Parlament, Berlin/New York 1983.

Ders., Ausschließliche und konkurrierende Gesetzgebungskompetenz von Bund und Ländern in der Rechtsprechung des Bundesverfassungsgerichts, in: Festgabe 25 Jahre BVerfG, S. 252.

Scholz, Kommentar zum GmbH-Gesetz, 7. Aufl., Köln 1988.

Walter Schmidt, Gesellschaftliche Machtbildung durch Verbände, in: Der Staat 17 (1978), S. 244.

Jörg Schoeneberg, Bürger- und Verbandsbeteiligung bei der Landesplanung, in: UPR 1985, S. 39.

Helmut Schulz-Schaeffer, Freiheit als demokratisches Verfassungsprinzip? in: DVBl. 1978, S. 903.

Hans Ulrich Scupin, Index praeceptor legis actoris? Gesetzgebungskontrolle als Rechts- und Sachkontrolle, nicht politische Verfassungsorgankontrolle, in: Festschrift f. Johannes Broermann, 1982, S. 555.

Klaus Seemann, Zur politischen Planung im "Demokratischen Rechtsstaat", in: Die Verwaltung 1980, S. 405.

Karl-Heinz Seifert/Dieter Hömig (Hg.), Grundgesetz für die Bundesrepublik Deutschland, Baden-Baden 1982.

Helmut Simon, Plädoyer für die rechts-und sozialstaatliche Demokratie, in: EuGRZ 1978, S. 100.

Werner v. Simson, Martin Kriele, Das demokratische Prinzip im Grundgesetz, Veröffentlichungen der Deutschen Staatsrechtslehrer Heft 29, Berlin/N.Y. 1971.

Klaus Seemann, Die Bürokratie der Exekutivspitze in der Parteiendemokratie als Kontrollproblem, in: Die Verwaltung Bd. 16, S. 133.

Michael Silagi, Direkte Demokratie in den U.S.Staaten, in: JöR, N.F. Bd. 31, 1982, S. 271.

Vera Slupik, Plebiszitäre Demokratie und Minderheitenschutz in der Bundesrepublik Deutschland, in: KritV 1987, S. 287.

Rudolph Sohm, Über Begriffsjurisprudenz (1909), in: Werner Krawietz (Hg.), Theorie und Technik der Begriffsjurisprudenz, Darmstadt 1976, S. 179.

Ders., Institutionen. Geschichte und System des römischen Privatrechts, Leipzig 1911.

Rudolf Stammler, Der Begriff des Rechts (1911), in: Werner Maihofer (Hg.), Begriff und Wesen des Rechts, Darmstadt 1973, S. 309.

Ders., Richtiges Recht (1928), in: Werner Maihofer (Hg.), Begriff und Wesen des Rechts, Darmstadt 1973, S. 356.

Felix Somló, Der Begriff des Rechts (1927), in: Werner Maihofer (Hg.), Begriff und Wesen des Rechts, Darmstadt 1973, S. 421.

Ernst Stampe, Rechtsfindung durch Interessenabwägung (1905), in: Günther Ellscheid/Winfried Hassemer (Hg.), Interessenjurisprudenz, Darmstadt 1976, S. 24.

Ernst Stampe, Rechtsfindung durch Konstruktion (1905), in: Werner Krawietz (Hg.), Theorie und Technik der Begriffsjurisprudenz, Darmstadt 1976, S. 172.

Christian Starck (Hg.), Bundesverfassungsgericht und Grundgesetz, Festgabe aus Anlaß des 25-jährigen Bestehens des Bundesverfassungsgerichts, Tübingen 1976, B.I und II.

Ders. (Hg.), Grundgesetz und deutsche Verfassungsrechtsprechung im Spiegel ausländischer Verfassungsentwicklung, Baden-Baden 1990.

C.N. Starcke, Bemerkungen zum Souveränitätsgedanken (1928), in: Hans Kurz (Hg.), Volkssouveränität und Volksrepräsentation, Köln 1965, S. 109.

Staudinger, Kommentar zum Bürgerlichen Gesetzbuch, 12. Aufl. 1978.

Winfried Steffani, Mehrheitsentscheidungen und Minderheiten in der pluralistischen Verfassungsdemokratie, in: ZParl 86, S. 569.

Ders., Zur Unterscheidung parlamentarischer und präsidentieller Regierungssysteme, in: ZParl 1983, S. 390.

Klaus Stern, Das Staatsrecht der Bundesrepublik Deutschland, Bd. I, München 1984, 2. Aufl., Bd.III/I, 1988.

Ders., Bundesrechnungshof und Finanzkontrolle aus verfassungsrechtlicher Sicht, in: DÖV 1990, S. 261.

Ekkehard Stein, Staatsrecht, 9. Aufl., 1984.

Rudolf Steinberg, Das Verhältnis der Interessenverbände zu Regierung und Parlament, in: ZRP 1972, S. 207.

Rudolf Steinberg, Elemente volksunmittelbarer Demokratie im Verfassungsstaat, in: Die Verwaltung 1983, S. 465.

Martin Stock, "Materielle Selbstverwaltung" der öffentlichen Schule?, in: AöR 96, S. 392.

Ders., Selbstverwaltung als staatsbürgerliches Recht, in: DÖV 1972, S.16.

Ders., Die Einrichtung der kommunalen Selbstverwaltung als staatspolitische Aufgabe, in: DVBl. 1973, S.1.

Moritz Stockhammer, Zur Souveränitätstheorie (1929), in: Hanns Kurz (Hg.), Volkssouveränität und Volksrepräsentation, Köln 1965, S. 131.

Claudia Stöhr, Anhörungen vor dem Petitionsausschuß als Kontrollinstrument der Opposition? in: ZfP 1989, S. 87.

Heinrich Stoll, Begriff und Konstruktion in der Lehre der Interessenjurisprudenz (1931), in: Günther Ellscheid/Winfried Hassemer (Hg.), Interessenjurisprudenz, Darmstadt 1976, S. 153.

Michael Stolleis, Heinz Schäffer und René A. Rhinow, Parteienstaatlichkeit - Krisensymptome des demokratischen Verfassungsstaats?, Veröff. der Vereinigung d. Dt. Staatsrechtslehrer Heft 44, Berlin u.a. 1986, S. 7.

Hans Erich Stier, Die klassische Demokratie, Köln 1954.

Rudolf Streinz, Bürgerbegehren und Bürgerentscheid. Zur Einführung von Plebisziten in die Kommunalverfassung, in: Die Verwaltung Bd. 16, S. 293.

Heinz Stürz, Bürgerinitiativen und parlamentarische Parteiendemokratie (Leserbrief), in: ZRP 1977, S. 264.

Gunther Teubner, Organisationsdemokratie und Verbandsverfassung, Tübingen 1978.

Werner Thieme, "Alle Staatsgewalt geht vom Volke aus" (1955), in: Hans Kurz (Hg.), Volkssouveränität und Staatssouveränität, Darmstadt 1970, S. 390.

Richard Thoma, Wesen und Erscheinungsformen der modernen Demokratie (1909), in: Ulrich Matz (Hg.), Grundprobleme der Demokratie, (1949) Darmstadt 1973, S. 66.

Adolf Trendelenburg, Die Definition des Rechts (1871), in: Werner Maihofer (Hg.), Begriff und Wesen des Rechts, Darmstadt 1973, S. 17.

Hans Troßmann, Parlamentsrecht des Deutschen Bundestages, München 1977.

Georg, Chr.V. Unruh, Demokratie und kommunale Selbstverwaltung. Betrachtungen über die Eigenart des Inhalts von Artikel 28 GG, in: DÖV 1986, S. 217.

Ders., Die Legitimation der hoheitlichen Gewalt als konstitutionelles Verfassungsproblem, in: FS Forsthoff, S. 433.

Ders., Dezentralisation der Verwaltung des demokratischen Rechtsstaates nach dem Grundgesetz, in: DÖV 1974, S. 649.

Ders., Selbstverwaltung als staatsbürgerliches Recht, in: DöV 1972, S. 16.

Ders., Die Einrichtung der kommunalen Selbstverwaltung als staatspolitische Aufgabe, in: DVBl. 1973, S. 1.

Arthur F. Utz, Das Mehrheitsprinzip in der Demokratie, in: ARSP 1987, S. 526f.

Verhandlungen des 55. Deutschen Juristentages, Hamburg 1984; Herausforderungen an die parlamentarische Demokratie. Eine Podiumsdiskussion, München 1984.

Veröffentlichungen der Vereinigung der Deutschen Staatsrechtslehrer Heft 29, Berichte und Diskussionen auf der Tagung der Vereinigung der Deutschen Staatsrechtslehrer in Speyer am 8. und 9. Oktober 1970, Berlin 1971.

Theodor Viehweg, Topik und Jurisprudenz, 5. Aufl., München 1954.

Rainer Wahl, Rechtliche Wirkungen und Funktionen der Grundrechte im deutschen Konstitutionalismus des 19.Jahrhunderts, in: E.-W. Böckenförde (Hg.), Moderne deutsche Verfassungsgeschichte, 2. Aufl. 1981, S. 46.

Rudolf Wassermann, Grundgesetz und soziale Zivilrechtspflege, in: H. Albertz/J. Thomsen (Hg.), Christen in der Demokratie, Wuppertal 1978, S. 293.

Ders., Abstimmungen des Volkes – hinreichende Gewähr für Teilnehmerdemokratie, in: ZParl 1987, S. 154.

Ders., Zur Rechtsordnung des politischen Kampfes in der verfassungsstaatlichen Demokratie, in: JZ 1984, S. 263.

Thomas Wawzik, Das Petitionswesen in Niedersachsen und Nordrhein-Westfalen, in: ZRP 1989, S. 72.

Albrecht Weber, Direkte Demokratie im Landesverfassungsrecht, in: DÖV 1985, S. 178.

Gerhard Weber, Auseinandersetzung statt Verbote. Über ein Grundprinzip in unserer Demokratie, in: Heinrich Albertz/Joachim Thomsen (Hg.), Christen in der Demokratie, Wuppertal 1978, S. 249.

Werner Weber, Mittelbare und unmittelbare Demokratie (1959), in: Ulrich Matz (Hg.), Grundprobleme der Demokratie, Darmstadt 1976, S. 245.

Ders., Selbstverwaltungskörperschaften in der Rechtsprechung des Bundesverfassungsgerichts, in: Festgabe 25 Jahre BVerfG, S. 331.

Ulrich Wenner, Sperrklauseln im Wahlrecht der Bundesrepublik Deutschland, Frankfurt a.M. u.a., 1986.

Ulrike Wendeling-Schröder, Mitbestimmung im öffentlichen Bereich und Demokratieprinzip, in: AuR 1987, S. 381.

Uwe Wesel, Rhetorische Statuslehre und Gesetzesauslegung der römischen Juristen (Diss.), Köln u.a. 1967.

C.J.F. Williams, Aristotele on Cambridge Change, in: Julia Annas (Ed.), Oxford Studies in ancient philosophy, Vol.III, Oxford 1989, S. 41.

Bernhard Windscheid, Recht und Rechtswissenschaft (1904), in: Werner Maihofer (Hg.), Begriff und Wesen des Rechts, Darmstadt 1973, S. 59.

Ders., Lehrbuch des Pandektenrechts, 5. Aufl., Frankfurt a. M. 1906.

Hans Wettling, Bürgerentscheid und Bürgerbegehren, in: BWVPr 7/ 1987, S. 151.

Eggert Winter, Ethik und Rechtswissenschaft. Eine historisch-systematische Untersuchung zur Ethik-Konzeption des Marburger Neukantianismus im Werke Hermann Cohens, Berlin 1980.

Ulrich Wussow, Zum Problem der Autorität im demokratischen Staat, in: DöD 1987, S. 295.

Ders., Die Verantwortung für Recht und Freiheit im demokratischen Staat, in: DöD 1987, S. 89.

Wolfgang Zeidler, Der Standort der Verwaltung in der Auseinandersetzung um das Demokratieprinzip, in: DVBl. 1973, S. 719.

Reinhold Zippelius, Die rechtsstaatliche parlamentarische Demokratie als Ergebnis geschichtlicher Lehren, in: JuS 1987, S. 687.

Ders., Das Wesen des Rechts, 3. Aufl. München 1973.

Nachtrag:

Erhard Denninger, Der gebändigte Leviathan, Baden-Baden 1990

Kurt Rebmann/Franz-Jürgen Säcker (Hg.), Münchener Kommentar zum Bürgerlichen Gesetzbuch, München, Bd. I, Allgemeiner Teil, 1. Aufl. 1978 (Franz-Jürgen Säcker, Red.).

Bruno Schmidt-Bleibtreu/Franz Klein (Hg.), Kommentar zum Grundgesetz der Bundesrepublik Deutschland, 7. Aufl. 1990, Neuwied; 6. Aufl. 1983.

L-D. Kühne/F. Meissner, Züge unmittelbarer Demokratie in der Gemeindeverfassung, Göttingen 1977.

Vorwort

Formen und Recht der Demokratie im Verfassungsstaat

Eine wissenschaftliche Veröffentlichung, deren Nachweise die neueste Literatur nicht berücksichtigt, zieht sogleich den Vorwurf auf sich, die aktuelle Debatte des Faches und der Öffentlichkeit nicht zu berücksichtigen. Allein, davon kann nicht die Rede sein, da in der vergangenen Dekade in Deutschland zu diesem Thema nichts Erhellendes oder auch nur Wesentliches in der Rechtswissenschaft publiziert wurde und auch die angrenzenden Bereiche der Staatswissenschaften nichts Neues beizutragen wußten. Rechtstheorie, Staats- und Verfassungstheorie und auch die Rechtsgebiete, die diese Bereiche thematisieren, grenzten vorzugsweise bekannte Standpunkte ab und wiederholten deren Interpretationsmuster. Die mangelnde Beliebtheit des Themas in der Wissenschaft kann nicht darauf beruhen, daß alle theoretischen Probleme des Demokratiebegriffs gelöst und alle praktischen Fragen beantwortet sind. Das Gegenteil ist der Fall. Diejenigen, die sich dem Thema widmen, werden häufig des Aufruhrs verdächtigt, revolutionärer Umtriebe und umstürzlerischer Absichten. Zwingend ist dieser Verdacht nicht. Auch ist aus dieser Perspektive wahrlich nicht einzusehen, weswegen einige Schriften von Kant zwar noch zu seinen Lebzeiten erschienen sind, aber wesentlich später, als es seine persönliche Absicht war.

Zwar finden sich in dieser Legislaturperiode Ansätze, das Plebiszit in der Bundesverfassung zu erweitern, eingedenk der Tatsache, daß die Landesverfassungen mittlerweile doch mehr direkt demokratische Bestandteile enthalten. Allerdings dürften die politischen Lager auf diesem Gebiet den Verfassungsmehrheiten nicht zuträglich sein. Legt man den Staatsbegriff des Kelsen zugrunde, der den Staat in drei Elemente – nämlich Gebiet, Volk und Hoheitsgewalt – teilt, so muß mindestens auf eines bezogen die plebiszitäre Bestimmungsmacht konstituiert sein. Das ist in der Bundesrepublik in der Bundesverfassung im Minimalstand der Fall. Die Legitimität politischer Mehrheiten in den gesetzgebenden Körperschaften wurde in politischen Streitfragen häufig mit dem Argument angezweifelt, das Volk wäre anderer Meinung. Von der Todesstrafe über die Wiederbewaffnung bis hin zur Einführung der Gesamtschule, Bau von Atomkraftwerken, Geltung der Gebietsabtretung an der Ostgrenze durch die Ostverträge, Abtreibungsgesetze, kommunale Ortsgrenzenänderungen und Bezirkszusammenlegungen in Großstädten sind und waren höchst umstritten und immer wieder argumentierten Beteiligte und Betroffene damit, das Volk sei nicht gefragt worden. Mit anderen Worten: plebiszitäre Demokratie ist keine Angelegenheit, die nur von jeweils einer Seite in Anspruch genommen wird oder werden kann. Darin liegt ihr Problem, zugleich aber auch ihre Chance. Die beste aller Staatsformen zu sein, bedeutet über dem Meinungsstreit zu stehen und der Richtigkeit der Entscheidung näher zu sein als andere Gestaltungen des Staatswesens. Die

Wiedervereinigung, Einführung des Euro, Wahl des Bundespräsidenten, Zutritt neuer Staaten zur EG, Bundeswehreinsätze im Ausland, Ökosteuer sind politische Streitfragen in denen die Stimme des Volkes in der einen oder anderen Weise nach dem Mehrheitsgrundsatz hätte entscheiden können. Um ein solches Votum zu erhalten, bedarf es des Auszählens und die eine oder die andere Seite hätte obsiegt. Für die Bundesrepublik konstituiert die Verfassung das Plebiszit, also die Anrufung des Volkes als Souverän und konkrete Macht der Entscheidung, aber ausschließlich für den Fall der Gebietsveränderung. Im Ergebnis ist daher festzuhalten, daß jede Änderung von Gebietsgrenzen auf dem Boden Deutschlands des mehrheitlichen Votums der betroffenen Bevölkerung bedarf. Da die Bundesverfassung nach der Auffassung der Bundesrepublik seit ihrem Bestehen in den Grenzen von 1933 gilt, waren alle Gebietsänderungen (Bund, Land, Gemeinde) plebiszitempfindlich – und zwar wegen des Vorrangs des Bundesrechts. Ein Mehr in Form anderer Plebiszite, z.B. Abwahl von Landesregierungen o.ä., ist natürlich ohne weiteres gestattet – ein Weniger keinesfalls. Solche Gestaltungen findet man daher auch in Landesverfassungen. Bezirksgebietsreformen, Änderung der Gemeinde- oder Landesgrenzen, Zusammenlegung von Bundesländern, Gebietsabtretungen an andere Staaten oder Landgewinn durch ausländische Gebiete bedürfen regelmäßig der Bestätigung durch die Bevölkerung. Eine Umgehung der Plebiszitbestimmung im Grundgesetz ist die Zusammenlegung von Behörden, wenn die betroffene Bevölkerung sich durch Volksentscheid – wie z.B. in Berlin und Brandenburg – ausdrücklich gegen ein gemeinsames Land ausgesprochen hat. Es ist zwar bloß die Hoheitsgewalt betroffen und nicht das Gebiet, jedoch ist die Bestimmungsmacht des Volkes in der Gebietsfrage weit auszulegen und als Votum für die Beibehaltung eigener Bundesländer nach dem Vollständigkeitsgrundsatz zu verstehen. So dürfen in einem solchen Fall Behörden nicht zusammengelegt werden, also auch nicht – wie vorgesehen – die Justizbehörden. Nach dem Parteiengesetz, das wegen des Gebotes innerparteilicher Demokratie in der Verfassung organisatorisch zu verstehen ist, sind Plebiszite auf allen Entscheidungsebenen der Parteien zulässig. Sie werden recht häufig aus Gründen legitimatorischer Absicherung veranlaßt und durchgeführt. Auch die neue Verfassung der EU sieht Abstimmungen der Bevölkerungen der Einzelstaaten vor. Fraglich ist, ob die internationale Verbindlichkeit weiter gehen darf als innerstaatliches Recht es vorsieht. Das wird im Ergebnis abzulehnen sein.

In der Verfassungsgeschichte der Bundesrepublik Deutschland, aber auch derjenigen der westlichen Welt in ihrer Gesamtheit, ist es jedoch um das Thema Demokratie seit dem zweiten Weltkrieg nicht mehr still geworden.[1]

---

1 Robbers NJW 1989, 1325; Kröger NJW 1989, 1318; Grimm NJW 1989, 1305; Pieroth NJW 1989, 1333; Diestelkamp NJW 1989, 1312; Hofmann NJW 1989, 3177; Jacobs 1989, 3205; Brugger NJW 1989, 2425.

Während in den fünfziger Jahren die Demokratie als Verteidigung der res publica in Deutschland zum ersten Mal entdeckt worden war,[2] schickte man sich in den Vereinigten Staaten bereits an, das case law der civil rights durch Rechtsprechung des Supreme Courts auf alle Bestimmungen der Verfassung auszudehnen und argumentativ zu komplettieren.[3]

In der Schweiz hielt man an der gewachsenen Kontinuität von plebiszitären und repräsentativen Normen auf Grundlage des Kodex fest.[4] Die englische Entwicklung in den fünfziger Jahren ist gekennzeichnet durch das Anlegen strengerer Maßstäbe an die Verankerung demokratischer Prinzipien in den Verfassungen der Commonwealthstaaten durch das House of Lords.[5] Frankreich erhielt durch Gründung des Conseil constitutionnel ein verfassungsrechtliches Korrektiv ("Contrôle de constitutionalité et délimination des compétences") zu den stärker auf die Belange des Staates selbst orientierten Administrationen und zum Conseil d'état.[6]

Die folgende Dekade der sechziger Jahre brachte für die Bundesrepublik Deutschland anhaltende Debatten über die Repräsentation des Volkes durch das Parlament, d.h., ob und inwieweit der Bundestag dem Willen der Staatsbürger in seiner Gesamtheit folgt. Dieses Problem einer Identität des volonté générale mit dem volonté de tous wurde auch in den anderen westlichen Staaten in unterschiedlicher Weise aktualisiert. In der Bundesrepublik führte dies zu einer lange währenden Debatte über den Sinngehalt des Art. 20 Abs. 2 S.1 GG, der besagt: "Alle Staatsgewalt geht vom Volke aus."

2 Vgl. dazu die beiden Parteiverbotsurteile: BVerfGE 2, 1ff. (12f.) und BVerfGE 5, 85 (140, 197).
3 Alison Reppy, Civil Rights in the United States, New York 1951.
4 J.-D. Kühner/F. Meissner, Züge unmittelbarer Demokratie in der Gemeindeverfassung, Göttingen 1977, S.25, 55-87; Berner, Die unmittelbare Teilnahme des Volkes an staatlichen Entscheidungen durch Volksbegehren und Volksentscheid, Freiburg 1978, S. 56, 204. Zur historischen Entwicklung: D. Schefold, Volkssouveränität und repräsentative Demokratie in der schweizerischen Regeneration 1830-1848, Basel/Stuttgart 1966.
5 Vgl. Jahrgänge ab 1950 in: Appeal Cases before the House of Lords (English-Irish-Scottish) and the Juridical Commitee of Her Majesty's most honourable Privy Council.
6 Conseil Constitutionnel, Contrôle de constitutionalité et délimination des compétence, Table analytique des Decisions, Paris 1984, S. 111; 733-769, 59-1 DC (14 mai 1959), 661; 59-2 DC (17, 18, 24 juin 1959), 384, 394, 398, 400, 402, 407, 410, 415f, 425, 435, 449f. , 459; 59-3 DC (24, 25 juin 1959), 384, 394, 408, 410, 435, 450, 455, 465, 476; 59-4 DC (24 juillet 1959); 59-5 DC (15 janvier 1960), 438. Favoreau/Loic, Les Grandes décisions du constitutionnel, Paris 1975.

Außerdem zielte die Debatte über die Repräsentation durch Parlamente in Deutschland auf eine verfassungsdogmatische Durchdringung der einschlägigen Grundrechtsnormen durch das Bundesverfassungsgericht.⁸ Dagegen wurde in den Vereinigten Staaten das Bestreben verstärkt, die Geltung der civil rights auch auf das Verhältnis zwischen Bürgern untereinander auszudehnen.⁹ Die hohe Legitimationskraft direkt demokratischer Elemente im Verfassungsrecht hielt in der Schweiz dem Zweifel am Repräsentationsgedanken stand, während in Frankreich das Dezentralisierungs- und Regionalisierungsstreben zunahm, als Verfassungsrecht proklamiert wurde und stärker in das Verwaltungsrecht Eingang fand.¹⁰

Die Förderung des Demokratiegedankens auf der einen Seite und Intensivierung der Kooperation zwischen dem House of Lords und dem House of Commons kann man Großbritannien bescheinigen, dessen parlamentarisches Organisationsprinzip der zwei Kammern damit auf die Infragestellung des Repräsentationsgedankens reagierte.¹¹ Die verfassungsrechtliche Überprüfung des Reprä-

7 Herzog in: Maunz-Dürig, Komm. z.GG., Art. 3 Rdnrn 10, 52-57; Stern, Das Staatsrecht der Bundesrepublik Deutschland, Bd. III/1, München 9, S. 599ff; BVerfGE 1, 19 (Leitsatz Nr. 34.)
8 BVerfGE 2, 1-59; BVerfGE 1, 241-261; BVerfGE 2, 10-15; BVerfGE 2, 68-79; BVerfGE 4, 102-111; BVerfGE 5, 133-147; BVerfGE 5, 194-207; BVerfGE 5, 223-235; BVerfGE 5, 376-380; BVerfGE 6, 88-99; BVerfGE 10, 10-21; BVerfGE 8, 110-123; BVerfGE 9, 278-291.
9 Für die fünfziger Jahre noch: U.S. v. Classic 313 U. S. 299; U.S. v. Saylor 322 U.S. 385; Fahly v. Mallonee 332 U.S. 245; MacDougall v. Green 335 U. S.281; U.S. v. Allied Oil Corp. 341 U.S. 1; Witkins v. U.S. 354 U.S. 178; Reynolds v. Sims 377 U.S. 533; Reynolds, Judge, et alt. v. Sims et al. 377 U.S. 533; Fortson v. Morris 385 U.S. 231 (Legislature electing governor (state governor)).
10 Zur Entwicklung in der Schweiz: Obst, Chancen direkter Demokratie, in der Bundesrepublik Deutschland, Köln 1986, S. 305; Kühner/Meissner, Züge unmittelbarer Demokratie in der Gemeindeverfassung, Göttingen 1977, S. 25, 84.Zu Frankreich: Hidien ZRP 1989, 214; Gras, La Reconstruction du citoyen, Paris 1964; Béranger, La démocratie sous l'Empire romain: les operations électorales de la Tabula Hebana et al "destinativ", Schweiz. Zeitschrift f. klass. Altertumswissenschaften, Basel 14 (1957), S. 216; Gasser, Die Volksrechte in der Zürcher Verfassung. Die Funktion der direkt-demokrat. Institution im modernen, kleinräumigen Verfassungsstaat, Winterthur 1966.
11 Edward Liso Mungoni and Attorney-General of Northern Rhodesia 1960, A. C. 836; Kabaka's Government and Yowana Petero Kabuye and Attorney-

sentationsprinzips war keine die Bundesrepublik und andere Einzelstaaten allein betreffende Angelegenheit, sondern führte in der westlichen Welt in den siebziger Jahren zu einer stärkeren Ausgestaltung der Grundordnungen von Staatengemeinschaften, etwa der Vereinten Nationen und der Europäischen Gemeinschaft durch Ausbau ihrer exekutiven, legislativen und judikativen[12] Gewalt.

Kennzeichen der siebziger Jahre in verfassungsgeschichtlicher Hinsicht war in Deutschland der Versuch, durch Aktivierung des Demokratiegedankens mittels Gesetzgebung auch außerhalb des Staates, aber durch staatlich gesetztes Recht, eine Verallgemeinerung dieses Anliegens herbeizuführen.[13]

General of Uganda and E. R. Norris 1966 AC. 1; Parliaments of the world: a comperative reference compendium prepared by the International Center for parliamentary documentation of the inter-parliamentary Union, 2nd ed., Aldershot, Gover 1986.

12 Georgopoulos, La Démocratie en danger: sa structure actuelle: ses problèmes, Paris 1977; auch Grabitz/v. Bogdandy NJW 1990, 1073; aber schon BGH NJW 1972, 383; Seidl-Hohenveldern, Das Recht der Internationalen Organisationen einschließlich der Supranationalen Gemeinschaften, 2. Aufl., Köln 1971; Ders., Lernprogramm Internationale Organisationen und Europäische Gemeinschaften, Köln 1971; Veröffentlichungen des Dokumentationsdienstes des EuGH (Hg.), Juristische Veröffentlichungen über die europäische Integration (in lauf. Folge), Luxemburg 1966, 1967, 1969; Bibliographie zur europäischen Rechtsprechung betr. die Entscheidungen zu den Verträgen über die Gründung der Europäischen Gemeinschaften (lauf. Folge), Luxemburg 1965, 1967, 1970; Deringer/Sedemund NJW 1972, 994; Zuleeg, Das Recht der Europäischen Gemeinschaften im innerstaatlichen Bereich, Köln 1969; Koller, Die unmittelbare Anwendbarkeit völkerrechtlicher Verträge und des EWG-Vertrages im innerstaatlichen Bereich, Bern 1971; EuGH NJW 1971, 2143, mit Anm. Emmerich in: EuR 72, 37; BVerfGE NJW 1971, 2122 mit Anm. G. Meier, mit Anm. Ipsen in: EuR 72, 57; Arnold, Das Protokoll über die Auslegung des EWG-Gerichtsstands- und Vollstreckungsübereinkommens durch den Gerichtshof in Luxemburg NJW 1972, 977; Golsong/Petzold/Furrer, Entscheidungen des Europäischen Gerichtshofes für Menschenrechte, Köln 1970; Boie, Vorabentscheidungsverfahren vor dem Europäischen Gerichtshof 1977, NJW 1978, 1095; Meißner, Die Menschenrechtsbeschwerde vor den Vereinten Nationen, Baden-Baden 1976; Jansen, EWG und DDR nach Abschluß des Grundlagenvertrages, Baden-Baden 1977; Constantinesco, Das Recht der Europäischen Gemeinschaften, Bd. I, Baden-Baden 1977; EuGH NJW 1978, 1101; Deringer/Sedemund, Europäisches Gemeinschaftsrecht NJW 1978, 1087; FG Hamburg NJW 1978, 512; VG Frankfurt NJW 1978, 512; EuGH NJW 1978, 1106.

13 Berger KJ 1974, 237; Erd KJ 1978, 404; Perels KJ 1977, 375; Lennartz KJ

Die Beziehung zwischen dem Präsidenten als Staatsoberhaupt und Regierungschef auf der einen Seite und dem Kongreß sowie beider zur Bevölkerung gestaltete das verfassungsrechtliche Konfliktszenario, in dem sich die amerikanische Verfassung als Organisationsstatut, einschließlich institutioneller Garantien, bewährte.[14] Verbesserung der Verfahren direkter Demokratie durch technische Entwicklungen wie etwa Auszählungsverfahren durch Computer, Medien etc. schuf die Schweiz ebenso wie die Verallgemeinerung des Wahlrechts als demokratische conditio sine qua non durch Begründung von Frauenwahlrechten.[15] England dagegen baute durch die Rechtsprechung den Minderheitenschutz aus und entwickelte wesentliche Bereiche des case law, vorwiegend im Gebiete der Wirtschaft, hin zu einer eher an die Systematik der Kodexauslegung erinnernden gerichtlichen Interpretationsweise. Dies kann als Reaktion auf die Mitte der sechziger Jahre getroffene Entscheidung des House of Lords verstanden werden, von vorher ergangenen Entscheidungen, also von principles, abzuweichen, wenn dazu Anlaß besteht.

Die strikte Selbstbindung des Gerichts an seine eigenen Entscheidungen, wie sie Mitte des achtzehnten Jahrhunderts als rule ausgesprochen worden war, wurde also durch eine eher an das Prinzip der Fallgruppenbildung erinnernde Ordnung abgelöst.[16] Ebenso wie in England verstärkte man in Frankreich den Minderheitenschutz aus menschenrechtlichen Erwägungen, aber auch als Korrektiv für

1977, 412; Mückenberger KJ 1976, 341; Barabas/Sachße KJ 1976, 359; zweifelnd Gerstenberger KJ 1976, 394.
14 Jones v. Hildebrant 432 U.S. 183; Mandel v. Bradley 432 U.S. 173; Briscoe v. Bell 432 U.S. 404; Morris v. Gressettte 432 U.S. 491; zentral Nixon v. Administrator of General Service 433 U.S. 426 (Separation of power); Bates v. State Bar of Arizona 433 U.S. 350; Zaccini v. Scripress-Howard Broadcasting Co. 433 U.S. 562; United States v. Sheffield Board of Comm'rs 435 U.S. 110; Ray v. Atlantic Richfield co. 435 U.S. 151; First National Bank of Boston v. Bellotti 435 U.S. 92; Helstroski v. Meanor 442 U.S. 500; Hutchinson v. Proxmire 443 U.S. 111; Crowell v. Macler 444 U.S. 505; Thompson v. United States 444 U.S. 248.
15 Scherrer, Demokratie und richtige Rechtssetzung, Zürich 1977; Hertig, Partei, Wählerschaft oder Verband: Entscheidungsfaktoren im eidgenössischen Parlament, Bern 1979; Lanz, Politische Planung und Parlament. Die Partizipation des Parlamentes an politischen Planungen in der Schweiz, Bern 1977; Zurkirchen, Die Instrumente des parlamentarischen Verstosses, Zürich 1979; Zwäken, Opposition in der direkten Demokratie, Zürich 1979; Zwyssig, Repräsentation, Zürich 1971.
16 Broome v. Cassell 1972 A. C. 1136; Reg. v. Manners 1979 A. C. 43; Sovmots Ltd. v. Environment Sec. 1979 A. C. 144.

Mehrheiten, allerdings nicht durch Vermehrung staatsbürgerlicher, sondern vornehmlich durch Verbesserung untergesetzlicher Rechte.[17]

Aber auch im vorletzten Jahrzehnt dieses Jahrhunderts – den achtziger Jahren – sind viele Neuerungen eingeführt worden, die das Thema "Demokratie" prägen. Die Gründung von Parteien, die die Privilegien des Art. 21 GG für sich in Anspruch nehmen wollten, stand in Deutschland ebenso im Vordergrund wie eine Verstärkung plebiszitärer Demokratie auf der Grundlage des Grundgesetzes und der Länderverfassungen, die – wegen der Erfahrungen mit der Weimarer Verfassung – stärker auf repräsentative Elemente hin ausgerichtet sind.[18] Diese verfassungsrechtliche Debatte hatte allerdings nur wenige gesetzgeberische Konsequenzen; immerhin ist sie bei Parlamentsreformen nicht folgenlos geblieben.[19]

Stärker als in Deutschland war in den anderen westlichen Staaten die lex fundamentalis vom Verfassungskonsens geprägt. Das zeigte sich vor allem an der integrativen Funktion direkter Demokratie in der Schweiz, deren Gesetzgebungsvorhaben daher in höherem Maße ein Wechselspiel zwischen Volk und Organ aushalten können. Gegenstand verfassungsrechtlicher Auseinandersetzung war in den USA vornehmlich das Verhältnis zwischen den Bundesstaaten, die Anwendung der civil rights auf Minderheiten und ihr außenpolitischer Bezug.[20] Da die europäische Integration gerade im Vereinigten Königreich England höchst

17 Representation of the People Act 1979, P. G.A. 1979, Part II, c. 40, p. 1037.Vgl. Rechtsprechung des Conseil d'état; Statut de la magistrature Conseil constitutionnel 76-77 DC (12 janvier 1977), 566; Georgopoulos, La Démocratie en danger: sa structure actuelle: ses Problèmes, Paris 1977; Boudet, Les Assemblées parlementaires sous la Ve République, Paris 1978.
18 Charakteristisch Pestalozza, Der Popularvorbehalt, Berlin 1981.
19 Die Präsidentin des Schleswig-Holsteinischen Landtages (Hg.), Schlußbericht der Enquête-Kommission Verfassungs- und Parlamentreform Baden-Baden 1989; Dies., Verfassungs- und Parlamentsreform in Schleswig-Holstein, Drucksache 12/218, Kiel 12/89; Schneider/Zeh, Parlamentsrecht und Parlamentspraxis in der Bundesrepublik Deutschland, Berlin u. a. 1989.
20 City of Rome v. United States 446 US 156; California Medical Association v. Federal Election Commission 453 US 181; Brown v. Hartlage 456 US 43; American Tabacco Co. v. Patterson 456 US 63; City of Lockhart v. United States 460 US 125; McCain v. Lybrand 465 US 236; California v. Harris 468 US 1003; Equal Employment Opportunity Commission v. Federal Labor Relations Authority 476 US 19; Bowsher, Comptroller General of the United States v. Synar, Member of Congress 478 US 714; Morrison, Independent Counsel v. Olson 487 U.S. 654; Michigan v. Jackson 475 U.S. 625; Nix v. Whiteside 475 U.S. 157; Moran v. Burbine 475 U.S. 412; Maine v. Moulton 474 U.S. 159; Hill v. Lockhart 475 U.S. 52; Cornelius v. NAACP Legal Defense & Ed. Fund, Inc. 473 US 788; McDonald v.

umstritten war, reagierte dort der parlamentarische Gesetzgeber mit einer Verstärkung der Gesetzgebungstätigkeit. Mit hoher Detailgenauigkeit wurden Bereiche des öffentlichen Lebens geregelt.[21]

In Frankreich dagegen erweiterte man die Rechtsprechung zum Recht der Nationalversammlung und zu den internationalen Verbindlichkeiten der 7. Republik.[22]

Ob die Verfassungsgeschichte der Demokratie nach 1945, wie sie hier kurz skizziert wurde, Grund genug ist, sich "Formen und Recht der Demokratie im Verfassungsstaat" zu widmen, mag dahinstehen. Anlaß könnte jedenfalls sein, daß die Universalisierung des Demokratiegedankens zunimmt, weil immer mehr Staaten demokratische Regierungssysteme wählen. Hinzu kommt, daß mit dem Schlagwort "Europäisierung" die Relativierung staatlicher Grenzen der westlichen Hemisphäre unter Assoziierung der USA voranschreitet und in Deutschland zugleich ein erneuter Schritt zur Bildung eines Nationalstaates im Sinne einer souveränen Nationenbildung gemacht wird.[23] Aber selbst dies erzwingt es noch nicht, den Blick des öffentlichen Rechts auf das Thema zu werfen. Allein die Tatsache, daß der Rechtsbegriff der "Demokratie" nach wie vor ungeklärt ist, vermag das zu rechtfertigen.

Smith 472 U.S. 479; Uhler v. AFL-CIO 468 U.S. 1315; California v. Harris 468 U.S. 1303; McCain v. Lybrand 465 U.S. 236; Munro v. Socialist Workers Party 479 U.S. 189; Tashjian v. Republican Party of Connecticut 479 U.S. 208; Bowsher v. Synar 478 U.S. 714; Hullman v. Wilson 477 U.S. 436; Kimmelman v. Morrison 477 U.S. 365; EEOC v. FLRA 476 U.S. 19; Los Angeles v. Preferred Communications, Inc. 476 U.S. 488; Arkansas Writers Project, Inc. v. Ragland 481 U.S. 221; Meese v. Keene 481 U.S. 465; Turner v. Safley 482 U.S. 78; Rankin v. McPherson 483 U.S. 378; San Francisco Arts & Athletics, Inc. v. United States Olympic Committee 483 U.S. 522; Havelwood School District v. Kuhlmeier 484 U.S. 260; Hustler-Magazine, Inc. v. Falwell 485 U.S. 46; Bennett v. Arkansas 485 U.S. 395; Puerto Rico Dept. of Consumers Affairs v. Isla Petroleum Corp. 485 U.S. 495; Schenidewind v. ANR Pipeline Co. 485 U.S. 293; Boos v. Barry 485 U.S. 312; Meyer v. Grant 486 U.S. 414; Lakewood v. Plain Dealer Publishing Co. 486 U.S. 750; Frisby v. Schultz 487 U.S. 474; Patterson v. Illinois 487 U.S. 285; Riley v. National Federation of Blind of North Carolina 487 U.S. 781.

21 Z.B. Her Majesty's Stationery Office, Water Act 1989, Chapter 15, 6th July 1989; Her Majesty's Stationery Office, Companies Act 1989, Chapter 40, 16th November 1989.
22 Conseil Constitutionnel 80-113 DC (6 mai 1980); 80-116 DC (17 juillet 1980); 80-124 DC (29 octobre 1980); 80-127 DC (19-20 janvier 1981); 82-138 DC (24 et 25 février 1982); 83-162 DC (19 et 20 juillet 1983) Démocratisation du secteur public; 84-170 DC (4 juin 1984).
23 Coing, Europäisierung der Rechtswissenschaft NJW 1990, 937; Klein, An

Im einzelnen ist unklar geblieben, ob der Begriff der Demokratie eine Staats- oder eine Verfassungsform oder bloß ein Regierungssystem bezeichnet. Ferner ist das Verhältnis des Einzelnen zur Gemeinschaft und deren Verhältnis wiederum zum Staat noch nicht zureichend geklärt. Weder ist das Repräsentationsprinzip verifiziert, noch die Stellung des einzelnen Staatsbürgers in seiner Beziehung zur Staatswillensbildung gänzlich erklärt. Selbst die Abgrenzung von Gesellschaft, also "societas", und Staat, also "res publica", ist uneindeutig. Auch die Qualität der Grundrechte als subjektiv-öffentliche Rechte, wie sie die deutsche Staatsrechtslehre kennt, enthält keine Aussagen über Möglichkeiten, als Korrektiv für eine nicht richtige Staatswillensbildung zu dienen. Das ist vor allem deshalb bedenklich, weil in westlichen Verfassungen Minderheitenschutz zusätzlich zwar auch vorgesehen ist, der Mehrheitswille in der parlamentarischen Entscheidung[24] aber regelmäßig die Richtigkeit derselben fingiert, unabhängig davon, ob diese Entscheidung dem Recht, der Gerechtigkeit und sogar der Verfassung entspricht. Eine Begründung für richtige Staatswillensbildung in Formen und Recht der Demokratie zu finden, ist also das zentrale Problem.

der Schwelle zur Wiedervereinigung Deutschlands NJW 1990, 1065; Engelhard, Stand und Perspektiven Deutsch-Deutscher Rechtsangleichung nach Inkrafttreten des Staatsvertrags, DtZ 1990, 129. Kritisch Isensee, Der Staat 1981, 163.

24 Stern, Das Staatsrecht der Bundesrepublik Deutschland, Bd. III/I, München 1988, S. 508-617; prozessual vgl. bei Kopp, VwGO § 42 Rdnr. 48ff; § 42, 53 ff.; 113, 20.

Einleitung

Das Thema und seine Problematik

Das griechische Wort "demos" und das Wort "kratein" sind die beiden Teile aus denen "Demokratie" zusammengesetzt ist.[1] Wörtlich heißt das "Volksherrschaft". In der staatsrechtlichen Diskussion wird es mit anderen Bezeichnungen zusammen genutzt wie sie z.b. von Stern mit dem Topos "Phänomenologie der Demokratien" beschrieben worden sind. Er zählt allein fünfundfünfzig solcher Wortzusammensetzungen für die neuere Diskussion auf.[2]

Ob diese, zum Teil durch die Staatslehre, zum Teil in der Tagespolitik verwendeten Begriffe geeignet sind, die grundsätzliche Frage zu beantworten, ob und wie der Staatswille durch Formen und Recht der Demokratie richtig gebildet werden kann, ist fraglich. Denn wenn selbst der Grundbegriff, bezogen auf die Staatswillensbildung, jedenfalls bisher nicht genug geklärt war, um den Gedanken der Richtigkeit des Mehrheitsprinzips, also seine Legitimität, zu begründen, dann können diese zusammengesetzten Begriffe nur hilfsweise herangezogen werden, um die Frage zu beantworten; Mehrheitsprinzip und Demokratie werden häufig miteinander verwoben. Geht man also von Volksherrschaft als der ursprünglichen Wortbedeutung aus, ergibt sich sogleich das Problem, wie man "Volk" und "Herrschaft" definiert und gegenüber anderen Worten der deutschen Sprache abgrenzt.

Möglich wäre zum Beispiel eine solche Wortbestimmung dadurch, daß man "Volk" Begriffe wie "Nation", "Bevölkerung", "Gruppe", "Klasse" oder auch "Bürgertum", "Adel", "Arbeiterschaft", "soziale Schichten" etc. gegenüberstellt. Auch Abgrenzungen gegenüber Worten aus anderen Sprachen sind möglich, wie z.B. "people", denn das könnte dienlich sein, um sich einer Worterklärung zu nähern und den Begriff genau zu bestimmen.

Auf den ersten Blick scheint es leichter, das Wort "Volk" auf diese Weise zu erklären und als Begriff zu bestimmen als das Wort "Herrschaft", denn ersteres ist Bestandteil der Verfassung der Bundesrepublik Deutschland und damit ein Rechtsbegriff, genauer: ein Begriff des Staats- und Verfassungsrechts. Es taucht in Art. 20 Abs. 2 S. 1 GG auf, aber auch in der Präambel des Grundgesetzes, dessen letzter Satz sagt; "Das gesamte Deutsche Volk bleibt aufgefordert, in freier Selbstbestimmung die Einheit und Freiheit Deutschlands zu vollenden."Art. 1 Abs. 2 GG spricht von den Menschenrechten, zu denen sich das "Deutsche Volk" bekennt. Nach Art. 21 Abs. 1 S. 1 wirken die Parteien "bei der politischen Wil-

---

1 Dazu z.B. v. Unruh, Demokratie und kommunale Selbstverwaltung im demokratischen Staat, DÖV 1986, 217, 219; Wussow, Die Verantwortung für Recht und Freiheit im demokrat. Staat, DÖV 1987, 89, 90
2 Stern, Staatsrecht, Bd. I, S. 590ff.. Dort auch z. Volkssouveränität.

lensbildung des Volkes mit."Auch Art. 25 S. 1, Art. 26 Abs. 1 S.1, Art. 28 Abs. 1 S.2, Art. 29 Abs. 2 bis 6, Art. 38 Abs. 1 S.2, Art. 118 S. 2, Art. 146 GG, aber auch andere Grundgesetzartikel sprechen von "Volk" oder "Völkern".

Dagegen wird das Wort "Herrschaft" im Grundgesetz und anderen, den Staat betreffenden Gesetzen der Bundesrepublik nicht verwendet, außer in dem der Staatswillensbildung ferner liegenden Bereich des Wirtschaftsverwaltungsrechts und zwar im Gesetz gegen Wettbewerbsbeschränkungen in den Vorschriften über Zusammenschlußkontrolle marktbeherrschender Unternehmen. "Marktbeherrschung" ist ein von "Herrschaft" abgeleiteter Begriff. Das Aktiengesetz kennt in § 17 Abs. 1 und § 18 Abs. 1 zwar den Begriff "herrschendes Unternehmen", auch "beherrschenden Einfluß" und den "Beherrschungsvertrag", da es sich aber um Wirtschaftsrecht, also Privatrecht, handelt, ist der Bezug zur Staatswillensbildung noch geringer.

Man wird sicherlich die Verwendung des Wortes "Herrschaft" in den genannten Gesetzen für eine Klärung des Demokratiebegriffs heranziehen müssen, da jede Nutzung durch den Gesetzgeber, die dieses Wort zum Rechtsbegriff macht, bedeutsam sein könnte. Womöglich aber ist von noch größerer Wichtigkeit eine Antwort auf die Frage, warum der Grundgesetzgeber in einer hohen Zahl von Bestimmungen nicht von Herrschaft, sondern von Gewalt, nämlich von "Staatsgewalt", spricht. Beide Worte – Gewalt und Herrschaft – können mit Macht assoziiert werden. Dieser Begriff taucht in Art. 74 Nr. 16 GG im Zusammenhang mit wirtschaftlicher Betätigung auf.

Das Thema bezieht Demokratie als Rechtsbegriff auf den Verfassungsstaat. Während der Begriff des Staates sogleich zum Beispiel im Namen der amerikanischen Verfassung als "The Constitution of the United States of America" auftaucht, bezeichnet sich dort die Schweiz als "Eidgenossenschaft" und in der bundesdeutschen Verfassung wird Deutschland als "Bundesrepublik" tituliert. Hier spricht allerdings bereits Art. 1 Abs. 1 S.2 GG von der Gewalt des Staates, die verpflichtet ist, die Würde des Menschen zu achten und zu schützen. Die rechtlichen Anknüpfungspunkte für eine Näherung an das, was man als einen Staat begreifen kann, ergeben sich womöglich aus den von den Staaten selbst gesetzten Normen. Sicherlich wird man aber auch noch die kontroverse Diskussion über den Begriff und das Wesen des Staates beachten müssen, wie sie in der Wissenschaft seit dem Altertum geführt wird.[3]

3 Überbl. b. C. Meier, Drei Bemerkungen zur Vor- und Frühgeschichte des Begriffs Demokratie, Festgabe 70. Geb. Boujour, Discordia Concors, 21.8.1968, Basel-Stuttgart 1968, S. 1; vgl. auch Mühlaus, Das demokrat. Element in Ciceros Mischverfassung, München 1965; I. Horn, Zum Begriff der Demokratie in der politischen Theorie des Prinzipats, Antiquitas graeco-romana ac tempora nostra, Acta congressus internationalis habiti Brunae die-

Weniger Schwierigkeiten als der Staatsbegriff in seinem Verhältnis zu Demokratie bereitet die Aussage über den Staat als Verfassungsstaat. Denn dieser ist bestimmt durch die Existenz einer geschriebenen oder ungeschriebenen Verfassung, die die Fundamentalnorm bildet.[4] Wenn auch der Inhalt der existierenden und historischen Verfassungen sehr unterschiedlich ist und die Inhaltsangabe einen maßgeblichen Gesichtspunkt für die Einteilung von verschiedenen Arten von Verfassungen darstellt, so kann doch, ohne daß man die Verfassungstheorien heranzieht, sogleich gesagt werden, daß nur solche Staaten Verfassungsstaaten sind, die auf ein Handeln in öffentlichen Angelegenheiten auf Grundlage einer Verfassung verpflichtet sind.[5] Gleichviel, um welche Staatsform es sich handelt und welcher Inhalt die Geschicke eines Staates, etwa seinen Aufbau, seine Organisation und Struktur, regelt, jedenfalls ist für den Staat als Verfassungsstaat entscheidend, daß er verpflichtet ist, in den Grenzen einer Verfassung zu handeln. Keine Rolle spielt dabei der Aufwand, der getrieben werden muß, um die Existenz einer Verfassung oder auch das Vorhandensein eines Staates nachzuweisen.[6]

Das gilt auch für den Interpretationsaufwand, wenn ein Staat und eine Verfassung existieren, um festzustellen, ob ein Staat[7] verfassungsmäßig gehandelt hat. Die tatsächlichen Verhältnisse im Bereich der Staatenbildung unterliegen nämlich seit alters her einem – jedenfalls in der Regel – raschen Wandel oder besser gesagt: im Weltmaßstab bezogen auf den Faktor Zeit werden fast ständig neue Staaten gebildet bzw. gegründet, unabhängig von der Frage, wie andere Staaten darauf reagieren, ob sie etwa diplomatische Beziehungen aufnehmen, sogar

bes 12-16 mensis aprilis MCMCXVI, Prag 1968, p 115; Catalano, Il principo democratico in Roma, Studia et documenta historiae et iuris, Romae 28 1962, p. 316; Affreter, Die rechtliche Stellung des Volkes in der Demokratie und der Begriff der politischen Rechte, Zürich 1948; Stier, Die klassische Demokratie, Köln 1954; V. Albertini, Freiheit und Demokratie in Frankreich. Die Diskussion von der Restauration bis zur Résistance, Freiburg/München 1957; Collection of Protests of the House of Lords from 1242 to 1767, 2 Vol., 1767.
4 Cicero, De re publ., lib. I, 33 (50), 56 spricht von der "Verfassung des Gemeinwesens" als "disciplina rei publicae" und 45 (69), 162 der "gemischten Verfassung des Gemeinwesens" als "permixta conformatione rei publicae" sowie 46 (70), 178 davon: "keines von allen Staatswesen ist nach Verfassung, Ordnung, Zucht" als "nullam omnium rerum publicarum aut constitutione aut discriptione aut disciplina conferendam".
5 G. Jellinek, Staatslehre, S. 499.
6 C. Schmitt, Verfassungslehre, 5. Aufl. 1954 zur "Lex fundamentalis".
7 Vgl. z.B. die Entwicklung seit "The Ku-Klux-Cases", Ex parte Yarbrough and others, 4 S. Ct. 152 (=110 U.S. 651) (1883) für die US-amerikanische Verfassung.

völkerrechtlich anerkennen usw..[8] Es kann also unter Umständen schwierig sein, im einzelnen herauszufinden, ob ein Staat und eine Verfassung vorhanden sind und ob der Staat auf dieser Basis tätig ist. Ein Ausspruch in der Verfassung, daß der Staat in seinem Handeln an sie gebunden sei, ist jedenfalls Indiz dafür, daß es sich um einen Verfassungsstaat handelt. Volksherrschaft in einem Staat, der auf verfassungsmäßiges Handeln in eigenen Angelegenheiten verpflichtet ist, – so läßt sich also das Thema beschreiben. Darauf, daß das Volk im Staat herrscht, ist dieser konstitutionell eingeschworen. Wie das Volk diese Herrschaft ausübt, mit welchen Mitteln und in welcher Weise, in welchem Ausmaß und in welchen Bereichen des Staates, ist Frage der Ordnung, die dem Staat dafür gesetzt ist, dem Volke die Ausübung seiner Herrschaftsmacht praktisch überhaupt erst zu ermöglichen.[9]

§ 1 Abgrenzung des Themas

Volksherrschaft im Staat kann, wie von der griechischen Polis bis hin zur schweizer Gemeindedemokratie, von der Wahl der Staatsanwälte und Richter durch die Einwohner der Städte in unterschiedlichn US-Bundesstaaten bis hin zu den Deputationen in der Freien und Hansestadt Hamburg zu zeigen ist, in grundsätzlich allen Bereichen des Staates stattfinden.[10]

Interpretiert man Art. 20 GG systematisch, ist in Absatz 1 der Verfassungsgrundsatz der Demokratie aufgehoben. Absatz 2 konkretisiert das insofern als "alle Staatsgewalt" vom Volke ausgeht. Auch die Rechtsprechung als Teil der Staatsgewalt wird – wie Satz 2 sagt – von diesem "ausgeübt". Abgrenzen könnte man das Thema demnach z.B. nach den unterschiedlichen Staatsgewalten, vornehmlich danach, ob in ihnen das Volk als Grundgesamtheit, d.h. alle Staatsbürger bzw. alle Angehörigen einer Nation jeweils ad personam,[11] beteiligt ist. Denn es könnte sein, daß Volksherrschaft dann im höchsten Maße verwirklicht ist, wenn alle entscheiden oder zumindest Entscheidungen – wie sie von Einzelnen oder

8 Daher Paulus, Römer 13, 1ff..
9 Kelsen, Allgemeine Staatslehre, Berlin 1925, S. 21f..
10 W. Fikentscher, Methoden des Rechts, Tübingen 1975, Bd. I, S. 235; Nawiasky, Von der unmittelbaren Demokratie; die Bereitschaft in der Schweiz – die Zurückhaltung in Deutschland, in: Matz, Grundprobleme der Demokratie, Darmstadt 1973, S. 147; Silagi, Direkte Demokratie in den US-Staaten, JöR 1982, S. 281; Moore v. People of State of New York 333 U.S. 565; Bull, Mitwirkung des Volkes an der Verwaltung durch die Deputationen der Hamburger Fachbehörden in Hamburg, Deutschland, Europa, in: Festschrift f. H.P. Ipsen zum 70. Geb., 1. Aufl. 1977.
11 D. Schefold, Volkssouveränität und repräsentative Demokratie in der schweizerischen Regeneration 1830-1848, Basel und Stuttgart, 1966, S. 11-17.

Vertretern getroffen werden – in Übereinstimmung[12] mit dem Willen der Staatsbürger stehen. Allerdings findet man die Teilung der Staatsgewalt und ihre Ausübung in den einzelnen Staatsgewalten (Legislative, Exekutive und Judikative) nicht überall und in jeder in demselben Maße ausgeprägt. Man findet z.b. in der judikativen Gewalt in der Bundesrepublik keine direkt demokratische Ausübung.[13] Die Schöffen als Laienrichter sind zwar Teil des Volkes, aber sie werden nicht direkt von der Bevölkerung gewählt, sondern nach den dafür in §§ 28 bis 58 GVG vorgesehenen Modalitäten; d.h. ein Ausschuß in dem auch Volksvertreter sind, bestimmt mit 2/3 Mehrheit die Schöffen nach der Schöffenliste. In diesem Ausschuß befinden sich gem. § 40 Abs. 3 S. 1 GVG Vertrauenspersonen, die als Vertreter des Volkes für die Schöffenwahl aus den Einwohnern des Amtsgerichtsbezirks ausgewählt werden. Die Wahl dieser "Vertrauenspersonen" wird von der Gemeindevertretung, also wiederum von der Volksvertretung des entsprechenden Verwaltungsbezirks vorgenommen. Damit wird Staatswillensbildung, wie sie ja auch in der Judikative stattfindet, in einem nicht unmittelbar demokratischen Verfahren (Gesamtbevölkerung als Wählergrundgesamtheit) auf einzelne Vertreter des Volkes rückübertragen. Besonderheit dabei ist, daß diese Vertrauenspersonen als Wahlmänner von der Volksvertretung gewählt werden, um selbst Volksvertreter, also Laienrichter, zu bestimmen. Das zeigt aber auch, daß das Gericht als Einrichtung Bestandteil der vom Volke ausgehenden Staatsgewalt ist, weil das Urteil "Im Namen des Volkes" ergeht.[14]

Das Volk stimmt selbst aber nicht über eine Rechtssache ab, sondern die Entscheidung wird durch einen Spruchkörper – ggfls. mit Laienrichtern – gefällt, der über den Inhalt entscheidet. Die Beteiligung der Laienrichter soll das Rechtsgefühl der Bevölkerung zum Zwecke eines möglichst an den konkreten Eindrücken und Werten des einzelnen citoyens orientierten Urteils einbinden. Gleichwohl zeigt der generelle Vorspruch, der jedem Urteil voransteht, daß sich dieses lediglich als Inkarnation des Volkswillens darstellt und nicht zu verwechseln ist mit seinem wirklichen Willen.[15] Aus der Tatsache, daß keine originäre Sachentscheidungskompetenz der Bevölkerung in der Judikative vorgesehen ist, kann man aber nicht schließen, daß die Bindung an den Demokratiegrundsatz, etwa bei der Schöffenwahl geringer ist als bei Abstimmungen wie sie etwa Art. 29 GG vorsieht, wo von einem Volksentscheid die Rede ist. Der Volksentscheid ist zwar eine Abstimmung über eine Sache und ersteres ist eine Wahl durch Vertreter des Volkes, aber die Intensität der Bindung an den Demokratiegrundsatz ergibt sich

12 Anders Rousseau, Vom Gesellschaftsvertrag oder Grundsätze des Staatsrechts (1762), Stuttgart 1977, S. 113 ("Daß der Gemeinwille unzerstörbar ist").
13 Vgl. C. Pestalozza, Der Popularvorbehalt, Berlin/New York 1981, S. 8, 29.
14 Vgl. das Formblatt.
15 Dazu Kant, Grundlegung zur Metaphysik der Sitten (1785), Stuttgart, 1988, S. 40f.; aber auch S. 61, 68, 113, inbes. S. 105.

nicht zwingend aus der Differenzierung des Begriffes Entscheidung in die Worte "Wahl" und "Abstimmung." Dasselbe – und dies zeigt die Forderung nach einem Verwaltungsreferendum – findet man deutlich in der vollziehenden Gewalt, deren Willensbildung als Ausdruck von Volksherrschaft zentral als Ausübung von Staatsmacht bedeutsam ist.[16] An maßgeblicher Bestimmung durch das Volk ist man hier, ebenso wie bei der Auslegung des Demokratiegrundsatzes, interessiert.

Allerdings sind beide Gewalten – Exekutive und Judikative – auch in ihren plebiszitären Bezugspunkten weniger geeignet, um das Thema der Volksherrschaft, auf die ein Staat durch Verfassung in seinem Handeln verpflichtet ist, abzugrenzen. Das liegt weniger an einem möglichen Mangel direkt demokratischer Elemente in der bundesdeutschen Verfassung, da man diese gegebenenfalls in Verfassungen anderer Staaten der westlichen Hemisphäre oder auch historisch finden kann. Entscheidend ist vielmehr, daß die Bindung an die Verfassung, wie sie im Verfassungsstaat obligatorisch ist, eine Bindung an ein Gesetz ist und damit auf die gesetzgebende Gewalt, also die Legislative, das Hauptaugenmerk gerichtet wird.

Selbst wenn man von ungeschriebenen Verfassungen oder Konstitutionen ohne Gewaltenteilung ausgeht oder die Staatsform der Theokratie in die Überlegungen einbezieht, stellt man fest, daß Verfassungen als bindende Konstitution durch einen Gesetzgeber geschaffen wurden, wie man sie durch die Rechtsethnologie aufgefunden hat.[17] Nicht immer muß in dem überlieferten Dokument der in der Verfassungsurkunde genannte Geber der Verfassung auch mit der Personenzahl – Aktivbürgerschaft – übereinstimmen. Die bundesdeutsche Verfassung zum Beispiel ist von den Volksvertretungen der Bundesländer und vom Parlamentarischen Rat verabschiedet worden.[18] Andere Verfassungen werden von der gesamten Bevölkerung abgestimmt.[19] In etwas abgewandelter Form gilt dies auch für die ungeschriebene Verfassung, die von einem Gesetzgeber konstituiert worden ist, wobei ihre Existenz und der Nachweis von wem sie stammt nicht unbedingt offensichtlich sein muß.

Daß das Thema auf Staatswillensbildung durch Gesetzgebung zielt, könnte auf den Einwand stoßen, im Verfassungsstaat sei zwar der Staat auf die Verfassung verpflichtet und daher auf ein Gesetz, der Verfassungsgeber könnte aber womöglich nicht identisch mit dem Gesetzgeber nach dem Inhalt der Verfassung

16 C. Pestalozza NJW 1982, 1571; Aristoteles, Politik, 1274 b, 1, 2. Abs..
17 Andeutend v. Benda-Beckmann ARSP 1981, S. 310; BVerfGE 1, 17, 18 (Leitsatz 21 und 27).
18 Badura, Staatsrecht, München 1986, A 17-23.
19 Vgl. z.B. für Frankreich 1802 bei Hartmann, Französische Verfassungsgeschichte der Neuzeit (1459-1980), Darmstadt 1985, S. 68; 4. Republik 1945, a.a.O., S. 121.

sein. Ob man dafür Beispiele in der Verfassungsgeschichte findet, mag dahinstehen; jedenfalls geht es ja um Volksherrschaft, auf die ein Staat durch Verfassung verpflichtet ist. Vielleicht ist es sogar zwingend, daß das Volk Verfassungsgeber sein muß, wenn von Volksherrschaft im Verfassungsstaat die Rede sein soll. Soweit muß man aber nicht unbedingt gehen, denn jedenfalls dürfte sogar bei Staaten ohne Teilung der Gewalten und Repräsentationsprinzip die Herrschaft durch das Volk sich auch in der Staatsmacht in Form der Gesetzgebung zeigen, sonst ist es womöglich keine solche.

In der Staatengeschichte der Moderne nämlich, mit Rekurs auf die Alten, ist das Gesetz und sein Rang im Verhältnis zum nichtgesetzlichen Recht, etwa Gewohnheitsrecht, zwar umstritten, aber daß sich – und zwar in zunehmendem Maße – die Staatswillensbildung in parlamentarischer Gesetzgebungstätigkeit zeigt, ist nicht von der Hand zu weisen.[20] Die Unterscheidung von Recht und Gesetz und damit auch die Kontroverse Gesetz versus Gewohnheitsrecht und die in den westlichen Verfassungen unterschiedlich geregelte Priorität der Staatsgewalten (z.B. Existenz von Verfassungsgerichtshöfen) mögen zwar nicht dafür sprechen, ausschließlich von der Herrschaftsausübung des Volkes durch Gesetzgebung auszugehen,[21] herkömmlicherweise wird der Begriff des Staatswillens und der Staatswillensbildung aber immer auf die Legislative bezogen, so daß die Abgrenzung in diese Richtung naheliegt.[22] Das ist Ergebnis einer Geschichte der Moderne, in der die Bindung an das Gesetz für den Staat und staatliches Handeln im Rechtsstaat in ihrer Entstehung zeitlich vor der Bindung an die Verfassung liegt. Weiteres spricht für den Blick auf die gesetzgebende Macht: Auch wenn nach unterschiedlichen Rechtskreisen der westlichen Welt die Bedeutung des Gewohnheitsrechts im Verhältnis zum Gesetzesrecht in unterschiedlicher Weise gewichtet wird, kann man durchgängig von einer Bindung der Einzelstaaten an das Gesetz sprechen.[23] Für die Verhältnisse des Rechts in der Bundesrepublik liegt dies auch deswegen auf der Hand, weil wegen des Rechtsstaatsprinzips (Art. 20 Abs. 3 GG) eine Bindung an das Gesetz als Maßstab ausdrücklich vorgesehen ist. Ist ein Staat auf Volksherrschaft durch Verfassung verpflichtet, spricht für ein In

---

20 "At the parliament holden at Westminster in the Utas of St. Hillary", Statutes 1400, 404. "Be it enacted by the Queen's most Excellent Majesty, by and with the advice and consent of The Lords Spiritual and Temporal, and Commons, in this present Parliament assembled, and by the authority of the same, as follows:-", Elisabeth II, 1989, c. 40.
21 Vgl. Art. 20 Abs. 3 GG; aber § 31 Abs. 2 BVerfGG. Goode v. Scott 1979 (H. L. (E)186). Grundlegend: A. Kaufmann, Gesetz und Recht (1962), in: Rechtsphilosophie im Wandel, 2.Aufl., Köln u. a. 1984, S. 131, 165.
22 E. Kaufmann, Zur Problematik des Volkswillens (1931), in: Matz (Hg.) Grundprobleme der Demokratie, Darmstadt 1973, S. 21.
23 Fleiner-Gerster, Allgemeine Staatslehre, Berlin u.a. 1980, § 28 Rdnr. 13.

nehalten bei der gesetzgebenden Gewalt, daß diese in der Hierarchie der Staatsgewalten am höchsten steht, so wird jedenfalls diskutiert. Das ist zwar gedanklich nicht zwingend, vorstellbar ist ein Staat in dem es auf andere Weise geregelt ist. Allein die wirkliche Gestaltung der westlichen Verfassungen spricht dafür.[24] Schließlich könnte man meinen, wenn von Volksherrschaft im Staat die Rede sein soll, daß auch solche Bereiche betroffen sind, die nicht den Staat als ihn selbst angehen, sondern außerstaatliche, aber womöglich durch staatliches Recht geregelte.[25] Das ist deshalb naheliegend, weil auch zum Beispiel in der Wirtschaft von Demokratie oder Demokratisierung die Rede ist. Das betrifft die Ausübung der Bestimmungsmacht in Aktiengesellschaften etwa durch die Aktionäre, die Verhältnisse zwischen Gesellschaftern oder Genossen in der Genossenschaft, also das Wirtschaftsrecht, aber auch das Arbeitsrecht, nämlich das kollektive Arbeitsrecht, das die Mitbestimmung der Beschäftigten in mitbestimmungsfähigen Angelegenheiten des Unternehmens umfaßt. Wenn freilich aus dem Recht, das

24 Vgl. Art. 26 Belgische Verfassung, der die gesetzgebende Gewalt vor der vollziehenden in Art. 29 und der rechtsprechenden in Art. 30 regelt. Ähnlich Art. 20 Abs. 2 GG, aber auch § 3 S. 1 der Verfassung des Königreiches Dänemark. Ganz deutlich die französische Verfassung in Art. 3 S. 1: "Die nationale Souveränität liegt beim Volk, das sie durch seine Vertreter und durch den Volksentscheid ausübt." Auch Art. 26 der Verfassung Griechenlands regelt in Absatz 1 zunächst die legislative, sodann in Absatz 2 die exekutive und in Absatz 3 die judikative Gewalt. In der Verfassung von Irland enthalten die Regelungen über "Verfassung und Gewalten" in Art. 15 Abs. 2 Nr. 1. die Bestimmung, daß das Gesetzgebungsrecht bei dem Parlament liegt. Ab Art. 28 sind dann erst Bestimmungen über die Regierung vorgesehen, die nach Abs. 2 die vollziehende Gewalt ausübt. Diesen Aufbau enthält auch die italienische Verfassung, die ab Art. 55 das "Parlament" in Art. 70 mit der gesetzgebenden Gewalt ausstattet und sodann erst im Titel 3 von der Regierung und ab Titel 4 von der Justiz spricht, die als Rechtsprechung nach Art. 102 S. 1 von ordentlichen Richtern ausgeübt wird. Anders allerdings die Verfassung von Luxembourg, wo Art. 33 bestimmt, daß der Großherzog allein die vollziehende Gewalt ausübt, Gesetzgebung erst in Art. 46, Rechtsprechung erst in Art. 49 konstituiert ist. Allerdings spricht bereits Art. 9 S. 1 von der "bürgerlichen Gesetzgebung" und Art. 10 S. 1 von der gesetzgebenden Gewalt. Auch die Verfassung der Niederlande regelt zunächst in Art. 5 Gesetzgebung und sodann Verwaltung und später in Art. 6 die Rechtsprechung. Auch in der Verfassung von Portugal ist als Teil III bei dem Aufbau der Staatsgewalt zunächst von der Gesetzgebung, sodann von der Regierung als vollziehende und später von der rechtsprechenden Macht die Rede. Auch die Verfassung von Spanien regelt ab Art. 66 die Rechte der Cortes Generales, die nach Absatz 2 die gesetzgebende Gewalt ausüben.
25 Teubner, Organisationsdemokratie und Verbandsverfassung, Tübingen 1978.

nicht den Staat selbst betrifft, wegen seiner Aufgehobenheit in der Gesamtrechtsordnung auch wirtschafts- bzw. privatrechtliche Regelungsgegenstände und Gesetzesvorschriften herangezogen werden, die vielleicht Anhaltspunkte bieten können, um die Demokratie im Staat zu erfassen, so muß das Thema dennoch haltmachen bei Demokratie als Form von Herrschaft in dem Staate selber.

I. Der Bestandteil "Formen"

1. Im Verfassungsstaat ist der Staat in Angelegenheiten der res publica auf ein Handeln nach der Verfassung verpflichtet. Es fragt sich also bei einem Staat in dem das Volk herrscht, in welchen Formen diese Herrschaft stattfindet.

Der Begriff der "Formen" wird im Recht in verschiedener Weise verwendet. Er ist zum Beispiel enthalten im "formellen Konsensprinzip", dem Grundsatz des Grundbuchrechts, der besagt, daß zur Eintragung in das Grundbuch die einseitige Bewilligung des Betroffenen in der Regel genügt (§ 19 GBO). Das HGB kennt den Formkaufmann, der, auch wenn kein Handelsgewerbe betrieben wird, diese Eigenschaft mit der Entstehung des Unternehmens erlangt.[26] Bekannt ist der Begriff des "förmlichen Verwaltungsverfahrens". Dieses ist ein besonderes Verwaltungsverfahren, das eine mündliche Verhandlung, die Anhörung von Betroffenen sowie die Mitwirkung von Zeugen[27] und Sachverständigen gesetzlich vorsieht. Allgemeiner taucht der Begriff "Form" auch unter "Formvorschriften" oder "Formzwang" auf. Die Gültigkeit von Rechtsgeschäften kann durch Rechtsvorschrift oder Vereinbarung der Beteiligten von den Wahrung einer bestimmten Form abhängig sein. Grundstücksgeschäfte bzw. der Grundstücksverkehr sind formbedürftig, während andere Verträge in der Regel häufig auch ohne bestimmte Form gültig sind. Vorgesehen ist die Schriftform, die öffentliche Beglaubigung der Unterschrift, die öffentliche Beurkundung u.a..[28] Formzwang ist die durch Formvorschrift zwingend angeordnete Form, deren Nichtbeachtung zur Nichtigkeit von Rechtsgeschäften[29] führt. Das Prozeßrecht etwa kennt den Begriff der "formellen Rechtskraft".[30] Das Urteil erhält den Rechtskraftvermerk, wenn kein Rechtsmittel mehr möglich ist, weil die Frist abgelaufen oder die letzte, gesetzlich vorgesehene Instanz erreicht ist.[31]

2. Aber auch in gesetzlich geregelten Materien, die dem Thema "Demokratie" näher liegen, findet man den Begriff der "Form". § 32 Abs. 1 BWO spricht von "Inhalt und Form der Wahlvorschläge". Abs. 2 bestimmt, daß der Bundeswahlleiter öffentlich bekannt macht, "wo und in welcher Frist und Form" der Aus-

---

26 Vgl. 1. Abschnitt des HGB, § 6 HGB..
27 §§ 68-71 VwVfG.
28 §§ 8, 40 BeurkG; charakteristisch § 2231 BGB.
29 § 125 BGB.
30 § 705 ZPO.
31 § 706 ZPO.

schluß von der Listenverbindung einer Partei erklärt werden kann. Diese Unterscheidung von Form und Inhalt entspricht auch dem üblichen Sprachgebrauch.

Die Nennung von "Frist" und "Form" in einem Satz verweist auf die zuvor dargestellte Verwendungsweise im Zivilrecht, das von Formvorschriften als Sicherungsmitteln spricht, die den Inhalt einer Willenserklärung schützen sollen.[32]

Nun könnte man gegen die Aussagekraft einer möglichen Gleichsetzung der Bedeutung im Zivilrecht und im öffentlichen Recht einwenden, daß historisch, vom Kontext der Rechtsvorschriften her und auch von dem Sinn der jeweiligen Sätze der Normen kein Zusammenhang besteht. Wenn schon etwa Platon im sechsten Buch der "Gesetze" genaue Modalitäten für das Wahlverfahren bis hin zur Fristsetzung von fünf Tagen nach denen die Liste der Kandidaten für die Ratherrenwahl auszuhängen ist, vorgeschlagen hat, mag vielleicht die begriffliche Zusammenschau nur von geringer Aussagekraft sein.

Dafür spricht auch, daß die Genese und Teleologie von "Form" und "Inhalt" verschieden sind, so daß ihre Gemeinsamkeiten sicherlich vor allem bei der Auslegung der einzelnen Vorschriften selbst beachtet werden muß. Für die Bestimmung des Merkmals "Form" als Teil des Themas, die diesen Gedanken aufnimmt, spricht, daß der Begriff zwar nach Regelungsmaterien und Rechtsgebieten in seinen verschiedenen Merkmalen verwendet wird, es aber dennoch ein gemeinsames Ganzes gibt:
Bei der Form steht die äußere Gestalt im Mittelpunkt der Aufmerksamkeit, die Beschaffenheit, die Art, das Gebilde. Die ursprünglichste gemeinsame Verwendungsweise ist die Bindung an festgelegte äußere Regeln, wie Schriftlichkeit, Mündlichkeit, Abgabe der Willenserklärung vor der Behörde, Beglaubigung und Beurkundung.[34]

3. Schon das "förmliche Verwaltungsverfahren" als Rechtsbegriff weicht davon ab, weil dort die Förmlichkeit Verfahren, also das Erfordernis der Anhörung und der Zeugenmitwirkung, lediglich aus dem Begriff des Förmlichen abzuleiten ist, obwohl es sich bloß um ein besonders ausgestaltetes Verwaltungsverfahren handelt, d.h. an Gesetzgebungsverfahren erinnert, in denen z.B. auch Sachverständigenanhörungen vorgesehen sind. Diese Abweichung im Gebrauch durch das Verwaltungsverfahrensgesetz ist problematisch, weil sie eine begriffliche Unklarheit mit sich bringt, die vielleicht zu Auslegungsschwierigkeiten führen könnte. Sie liegen vor allem darin, daß die Nähe des Wortes "Form" zu Sitte, Brauch, Regel, Art und Weise, Komment, Reglement und den vorgenannten "äußere Gestalt, Be-

---

32 Andeutend schon C. F. v. Savigny, System des heutigen römischen Rechts, Bd. I (1840), Aalen 1973, S. 111ff..
33 755 E5.
34 Heinrich-Palandt 32. Aufl. 4 vor 305; Sohm, Institutionen, 14. Aufl., Leipzig 1911, S. 91, 245, 364f..

schaffenheit etc." im Recht durch eine auf die Sicherungseigenschaft von Willenserklärungen gerichtete Begriffsbildung eingeschränkt ist. Sofern man den Formbegriff hin zu dem der Regelhaftigkeit erweitern will, dürfte das keine Schwierigkeiten bereiten, weil sich dieses Sicherungselement auch dort finden lassen würde. Verwischt man aber Verfahren und Form in einer Begriffsbildung, so wird der wesentliche Faktor dessen, was ein Verfahren ist, unklar. Verfahren wohnt – zieht man das prozessuale Verfahren, etwa auch Verwaltungsprozeßordnung, ZPO usw. heran – ebenso wie dem Begriff des materiellen Rechts ein Inhalt inne. Das unterscheidet den Begriff "Form" von allen anderen Begriffen. Der Begriff des Inhalts ist Gegenbegriff zu dem der Form. Jede Form hat zwar einen Inhalt und jeder Inhalt eine Form. Aber wenn man den Begriff des Inhalts in seine einzelnen Teile, Konkretionen, vollständig zerlegt, stellt man fest, daß der Gegenbegriff, also "Inhalt", niemals dessen Bestandteil sein kann.

Der Begriff des Verfahrens dagegen kennt Form und Inhalt, insbesondere der des förmlichen Verwaltungsverfahrens, weil dort dieses Verfahren im Unterschied zum sonstigen Verwaltungsverfahren in strengeren Formen geregelt ist. Von der Begriffsbildung her aber wird abgewichen von der sonst im Recht verwendeten Bedeutung. Im Ergebnis kann man daher sagen, daß die Form auch nicht der Oberbegriff für Verfahren ist, dieses also nicht Element der Form ist. Vielmehr dürfte man annehmen, daß die Form einen bestimmten Inhalt sichern soll. Das kann auch ein Verfahren sein. Aus diesem Grunde wird z.B. die Schriftform bei Testamenten vorgeschrieben, denn ein letzter Wille soll über den Tod hinaus Bestand haben und muß daher, weil die mündliche Überlieferung zu unsicher ist, schriftlich mitgeteilt werden.[35]

Blickt man auf das "förmliche Verwaltungsverfahren", so stehen die dort vorgesehenen Verfahrensregeln der Sicherung von Willenserklärungen ferner. Es handelt sich vielmehr darum, daß im Vorfeld der Entscheidung, also zum Zwecke der Willensbildung, Regeln vorgesehen sind. Die organisationsbezogenen Regeln kann man daher als Verfahren bezeichnen, während das Prozeßrecht als Verfahrensrecht das Recht ist, das die Durchsetzung von Rechtsansprüchen (ZPO-BGB; VwGO-Verwaltungsgesetze) in der Sache selbst sichern soll. Die Unterscheidung von materiellem Recht und Prozeßrecht hat diesen Ursprung. Allerdings enthält procedere, d.h. Verfahren, auch ein Element des Materiellen und zwar insofern als etwa die Vorschriften über die Klagefristen, Rechtskraft, wenn solche Fristen nicht eingehalten werden oder ein Urteil rechtskräftig ist, ein Anspruch, der dem Kläger sachlich zusteht, gar nicht mehr geltend gemacht werden kann und dann, wenn Wiedereinsetzung in den vorherigen Stand und Wiederaufnahme nicht erfolgreich waren, dieser Anspruch nach der Rechtsordnung nicht mehr existiert.[36]

35 Esch/Schulze zur Wiesche, Handbuch der Vermögensnachfolge, 3. Aufl., Berlin 1976 I. 15g-213.
36 Schon Sohm, Institutionen, S. 91.

4. Festhalten kann man danach, daß das Wort "Formen" zunächst als Rechtsbegriff in seiner ursprünglichen Verwendung, nämlich als Mittel, verstanden werden kann, der Sicherung von Willenserklärungen zu dienen. Zu erweitern ist die Bedeutung von "Form" für dieses Thema auf die Verbindung zu Volksherrschaft; es geht demnach darum, die Sicherungsmittel für die Erklärung des Volkswillens darzulegen. Anhand einzelner Beispiele ist das schon angeklungen wie etwa die Abstimmung durch die Bürger, die Art. 29 und 118 GG regeln. Ähnliche Vorschriften findet man auch in Art. 20, 42 und 88 Dän. Verf. 1953, Art. 71, 75, 132, 138 Ital. Verf. 1947, Art. 23, 87, 92, 167, 168 Span. Verf. 1978, Art. 118 Port. Verf. 1976/1982, Art. 27, 46, 47 Irl. Verf. 1937. Dabei handelt es sich um Verfassungsbestimmungen zum Volksentscheid und Volksbegehren. Damit soll das Volk seinen Willen in der Gesamtheit seiner Mitglieder, also alle citoyens, zum Ausdruck bringen. Allerdings wird hier der Begriff der Form schon in einem weiteren Sinne Anwendung finden; es handelt sich um unmittelbare Demokratie, d.h. der Wille des Volkes wird durch Abstimmung direkt zum Ausdruck gebracht und zeigt sich im Abstimmungsergebnis. Abgewichen wird so aber von dem engeren Begriff der Form in seiner Verwendung als Schriftform, mündliche, notarielle Form etc.. Anders als zum Begriff des Verfahrens, also procedere, hin, das einen Ablauf regelt zu dem einzelne Formen gehören und das selbst eine Form hat, sind Formen direkter bzw. unmittelbarer Demokratie Gestaltungsweisen, die für die Entscheidung des Volkes in öffentlichen Angelegenheiten vorgesehen und zwar solche, in denen das Volk, also alle einzelnen Staatsbürger, berechtigt sind. Die Ablaufregelung unterscheidet sich von der Sicherung des Willens durch einzelne Mittel dadurch, daß sie einen konkreten Aussagegehalt, womöglich wertenden, hat.
Umso mehr trifft das für die Differenzierung des Wortes "Form" zu, z.B. in mittelbare und unmittelbare Demokratieformen, damit wird die Herrschaft des Volkes und keine andere bezeichnet. Die Erweiterung zu dem üblichen Sprachgebrauch ist daher die einzig zulässige, aber nicht die hin zu anderen Begriffen. Über das Thema kann daher jetzt folgendes gesagt werden: Es geht um die Mittel zur Sicherung von Willenserklärungen unter den Bedingungen der Volksherrschaft, die in einem Staat existieren, der zu einem Handeln in den Grenzen der Verfassung in öffentlichen, d.h. mindestens immer in eigenen Angelegenheiten verpflichtet ist. Die Gesetzgebung steht dabei im Vordergrund.
Das Merkmal "Formen" ist also unmittelbar gerichtet auf Mittel der Herrschaftsausübung durch das Volk, die vorwiegend in seinen Willensentscheidungen liegt.

II. Der Bestandteil "Recht"

1. Sofern Demokratie im Verfassungsstaat beschrieben werden soll, bietet es sich an, – neben dem Merkmal "Formen" – auch das Recht der Demokratie zum Thema zu machen. Denn solche Begriffe wie "Rechtsform", "Staatsform", "Gesetzesform" weisen in ihrer Zusammensetzung auf die enge Verknüpfung von Recht und Formen hin. Dafür spricht auch, daß im Verfassungsstaat die Formen

in denen Herrschaft stattfindet, solche des Rechts sind. Denn der Verfassungsstaat ist ein Produkt der historischen Entwicklung des Rechtsstaates, dessen Verortung bei den Alten und in der Geschichte der Moderne früher anzusiedeln ist als die der Demokratie.[37] Begriffe des Rechts finden sich in Philosophie, Rechtswissenschaft und Wissenschaftsgeschichte in großer Zahl.[38] Die Frage, was Recht sei, beschäftigt die Menschheit seit Beginn von Sitten- und Erkenntnislehre.[39]

Um das Thema zu erläutern, ist es bloß erforderlich, daß man das Merkmal "Recht" als Eigenschaft von Demokratie beschreibt, um zu wissen, wovon die Rede sein wird.

Vornehmlich die Eigenart des Begriffs, die in einem "Sollen" liegt, in einem Imperativ, einem Ziel, kann vielleicht die Volksherrschaft genauer beschreiben. Das imperativische Element, das das Wort "Recht" unstreitig enthält, ist wegen seiner Eigenschaft, Teil des Themas zu sein, auf Sollensvorschriften, Imperative, also Normen, zu beschränken. Daraus ergibt sich sogleich ihr Bindungscharakter. Recht ist danach die bindende Norm. Daß sich daran die Frage anschließt, welche Bindung, welche Stärke, also Bindungsmächtigkeit, was Normativität ist und ob Recht in Beziehung zu Gerechtigkeit oder auch Richtigkeit[40] steht, mag dahinstehen. Denn schon jetzt zeigt der Inhalt des Demokratiebegriffs, wenn man auf ihn den Blick des Rechts wirft, daß das Sollen gemeint ist, nämlich daß die Herrschaft durch das Volk zu regeln sei. Wesentliche Eigenschaften solcher Bestimmungen im Unterschied zu nichtrechtlichen Regeln ist ihr Bindungs-, womöglich ihr Zwangscharakter bis hin zur Vollstreckung. Dagegen sind Formen der Demokratie die zur Sicherung der Willenserklärungen des Volkes vorgesehe-

---

37 Fikentscher, Methoden, Bd. II, S.134; Bd. IV, S. 584ff.; Rüthers, Die unbegrenzte Auslegung, Tübingen 1968, Einleitung; Esser, Grundsatz und Norm in der richterlichen Fortbildung des Privatrechts, 3. Aufl., Tübingen 1974, S. 242ff..
38 Schon Cicero, De Officiis, I, 23; jetzt Engisch, Die Idee der Konkretisierung in Recht und Rechtswissenschaft unserer Zeit, 2. Aufl., Heidelberg 1968; Klug, Juristische Logik, 3. Aufl., Berlin 1966, IX-XV m. w.N., S. 1f unter Berufung auf Kant; Radbruch, Rechtsphilosophie, Stuttgart 1973, 8. Aufl.; insbes. "Fünf Minuten Rechtsphilosophie" (1945), S. 327; "Gerechtigkeit und Gnade" (1945), S. 329; "Gesetzliches Unrecht und übergesetzliches Recht" (1946), S. 339; Coing, Grundzüge der Rechtsphilosophie, 3. Aufl., Berlin 1976; Viehweg, Topik und Jurisprudenz, 5. Aufl., München 1974 (1954); E. v. Savigny, Juristische Dogmatik und Wissenschaftstheorie, München 1976; Ryffel, Grundprobleme der Rechts- und Staatsphilosophie, Neuwied u. a. 1969.
39 Augustinus Buch II, Kap. 25, S. 41.
40 Überblick bei Engisch, Auf der Suche nach der Gerechtigkeit. Hauptthemen der Rechtsphilosophie, München 1971.

nen Mittel. Die Formulierung "dagegen" könnte nicht zutreffend sein, wenn man "Formen der Demokratie" bedenkenlos unter "Recht der Demokratie" subsumieren könnte. Vielleicht sind auch alle diese Formen dem Recht inkorporiert. Entscheidend aber – und das rechtfertigt das Wort "dagegen" – ist der Inhalt des Begriffs Form, dessen Kern bzw. Wesen sich auf etwas anderes bezieht als das Wort Recht. Charakteristisch für dieses Wort ist die Eigenschaft der aufgestellten Regeln, zwingend zu sein.[41] Auf diese kommt es bei Recht an. Bei den Formen jedoch geht es um die Konstruktion von Mitteln zum Zwecke der Sicherung des Inhalts der Willenserklärungen.

2. Grund für diese Nennung des Begriffs der "Formen" vor dem Wort "Recht" und im engen Verhältnis zu "Demokratie" ist die Nähe zur Staatswillensbildung und zum Mehrheitsprinzip, dessen indizierte Richtigkeit zu den nicht gelösten Problemen der Staatsrechtslehre gehört. Deshalb interessiert weniger die Bindungsmächtigkeit als eher das "Wie", also die Gestaltung. Hier gibt es Verbindungen zum Verfahren, dem procedere, also zur Mehrheitsregel.

§ 2 Einführung in die Problematik

1. Herzog spricht unter Berufung auf die beiden Parteiverbotsurteile des Bundesverfassungsgerichts davon, daß " um es mit einer hergebrachten Überspitzung auszudrücken" – "Demokratie Herrschaft der Mehrheit" sei.[42]

Darin liegen zwei Aussagen: Mehrheit als eine auf eine Gruppe – Aktivbürgerschaft – bezogene Teilmenge übt in einem demokratischen Staat die Herrschaft aus. Es wird also die Entscheidungsregel für Wahlen und Abstimmungen gleichgesetzt mit der Regierungsform, Herrschaftsform, Staatsform selbst, je nachdem wie man Demokratie als Begriff einordnet. Außerdem ist die Teilmenge durch den Sinngehalt des Wortes Mehrheit genauer bestimmt. Es handelt sich um eine numerische Größe, nämlich das zahlenmäßige Überwiegen.

Die Entscheidung nach dem Mehrheitsprinzip ist eine Regel, die im Recht häufig anzutreffen ist. So sagt Art. 121 GG, daß "Mehrheit der Mitglieder des Bundestages und der Bundesversammlung im Sinne dieses Grundgesetzes"[43] "die Mehrheit ihrer gesetzlichen Mitgliederzahl" ist.

Allerdings sind auch andere Normen für das Entscheiden üblich: z.B. Senioritätsprinzip, patria potestas, Stichentscheid, alle Formen der Entscheidung durch Einzelne.

---

41 Implizit Klug, a. a.O., S. 181 zum Formelbegriff.
42 Herzog in: Maunz-Dürig, Komm. z. GG, München 1990, Art. 20 Rdnr. 14; Gusy, Das Mehrheitsprinzip im demokratischen Rechtsstaat, AöR 1981, 329.
43 I. Ebsen, Abstimmungen des Bundesvolkes als Verfassungsproblem, AöR 1985, 5, 2, 3 mit Fn. 32.

Diese finden sich in allen Rechtsgebieten, da in allen Lebensbereichen, zu allen Zeiten und an allen Orten Entscheidungen gefällt werden müssen. Die Entscheidung durch Einzelne ist das Gegenmodell zu den Entscheidungen durch Gruppen. Bei denen durch Gruppen ist wesentlichster Gesichtspunkt, wer zu der Entscheidungsgruppe gehört. In der Demokratie ist die Aktivbürgerschaft die Grundgesamtheit für die Entscheidenden.

Nun werden aber nicht alle Entscheidungen in den historischen und gegenwärtigen Demokratien durch die Aktivbürgerschaft getroffen, d.h. durch diejenigen, die[44] ein Staatsbürgerrecht haben.

Auch andere westliche Verfassungen als die der Bundesrepublik kennen solche Bestimmungen wie z.B. Art. 121, 20 II, 70-82 GG, die entweder durch Zuweisung von Entscheidungskompetenzen oder in anderer Weise Gruppen Entscheidungsmacht zuweisen und darauf die Mehrheitsregel beziehen.[45]
Das Problem besteht darin, daß zumeist die Entscheidenden nicht identisch sind mit der Aktivbürgerschaft insgesamt. Dahingestellt kann bleiben, ob die Aktivbürgerschaft quasi deckungsgleich mit dem Volk ist, also beide Begriffe kongruent sind. Das Repräsentationsprinzip selbst nämlich ist es, von dem ausgesagt werden kann, daß der Mangel der Entscheidung ausgeglichen werden soll durch die Bildung besonderer, extra dafür vorgesehener Teilgruppen, die sich durch ihre Nähe zum Staat auszeichnen. Deren Legitimation rührt von ihrer Wahl durch das Volk her, d.h. die Zusammensetzung der Gruppe, die in dem dafür vorgesehenen Teil des Staatsapparates entscheiden darf, wird von der Aktivbürgerschaft bestimmt. Das Verhältnis des Einzelnen zur Gemeinschaft der Aktivbürger und deren Verhältnis wiederum zum Entscheidungsträger im Staat wird zwar durch Wahl legitimiert und Repräsentationsprinzip begründet.[46] Aber nach wie vor ist die Frage, ob und in welchem Maße der Wille des Einzelnen von der Gemeinschaft übergangen werden darf, nicht beantwortet, ebenso wie die, welche Rechtfertigungskraft von der Wahl durch die Aktivbürgerschaft – bzw. ihre Mehrheit – für staatliche Entscheidungsträger, insbesondere Gruppen wie Parlamente, Fraktionen usw., ausgeht. Das Recht zum Widerstand, wie es das Grundgesetz in Art. 20 Abs. 4 kennt,[47] rührt daher, daß der Wille des Einzelnen sich womöglich weder im Ergebnis der Wahlentscheidung wiederfindet, – unabhängig von der seit dem Altertum bekannten Methode des Wahlbetrugs, der Verfälschung von Wahlergebnissen und der Wahlmanipulation, für deren Bekämpfung durch das Recht

---

44 Vgl. Böckenförde (Hg.), Moderne Verfassungsgeschichte (1815-1914), Hanstein, 2. Aufl. 1986 (2. Teil S. 127-346 dokumentiert das).
45 Art. 24-33 österreichisches Bundesverfassungsgerichtsgesetz; auch Art. 44 Abs. 1; Art. 45-47; Art. 87, 88-89a Abs. 1-3, Art. 120, 121, 123 Schweiz. Bundesverfassung v. 1874; Art. 1 Sec. 1 Constitut. of the U.S.
46 Vgl. Rousseau, Gesellschaftsvertrag, S. 30.
47 Für die Bundesrepublik Deutschland vgl. Häberle JZ 1977, 241.

sich insbesondere in England und den Vereinigten Staaten, aber auch in Frankreich eindrucksvolle Beispiele finden lassen,[48] noch im Handeln der Gewählten und die Verfassungsgrundsätze des Art. 20 Abs. 1-3 GG nicht beachtet werden. Das ist nicht bloß eine Frage der Organisation oder Konstruktion von Handlungskörpern nach Größe und Berechnung der Repräsentationsintensität. Der Stand der Entwicklung im Bereich der Techniken, solche Vertretungskörper als handlungsfähige Apparate zu bilden, dürfte mittlerweile sehr hoch sein.[49]

Eher geht es darum, daß Volksherrschaft als eine Möglichkeit, das Verhältnis des Einzelnen zur Gemeinschaft zu bestimmen, und zwar zur staatlichen Gemeinschaft, nicht notwendig geeignet sein muß, um die grundsätzlichen Probleme der Bestimmungsmacht in Angelegenheiten der res publica zu lösen. Damit ist der gedankliche Ansatzpunkt genannt, der die zentrale Frage formuliert, ob und wie

48 7 H. 4 c. 15: "And because elections ought to be free, the King commandet upon great Forfeiture, that no man by Force of Arms, nor Malice, nor Menacing, shall disturb any to make free Election"; 4 Ed. 2 c. 14: "There shall be free Election of Dignities of the Church; " 2 E. 1 c. 5: "Elections shall be free"; 7 H. 4 c. 15; 6 H. 6.c. 4; 23 H. 6. c. 15; 1 W. & M. Ess. l.c. 1; 2 W.& M. Sess. l.c. 1. § 2; 1 W. &M. Sess. 2.c. 2; 7 & 8 W. 3.c. 4.; 7 & 8 W. 3 c. 25; 12 An. St. l.c. 5.; 8 Geo. 2.c. 30; 3 Geo. 3 c. l5; 3 Geo. 3 c. 24; 20 G. 3 c. 17 § 1, 2; 22 G. 3 c. 54; 26 G. 3 c. 100; 11 & 12 Vict. c. 17, 18; 57 & 58 Vict. c. 32; zuletzt Representation of the People Act 1979, c. 40., anders aber Pour Rate Representation of the People Act 1867, 30 & 31 Vict. c. 102.Rspr. Harris v. Amery 1 L. R. 148 (Borough Vote); Morish v. Harris 1 L. R: 155; Smith v. James 1 L. R. 138 (County Vote); Jones v. Jones 1 L. R. 140 (County Vote-Registration Act); Smith v. Holloway a.a.O. 1 L. R. 145 (County Vote). Für Frankreich neuestens C. C. n⁰ 59-206, 28. mai 1959 (Liste électorale); C. C. n⁰ 68-511, 11 octobre 1968 (candidatures, procédure); C. C. n⁰ 8-874, 12 juillet 1978 (opérations éléctorale); C. C. n⁰ 81-937, 5 novembre 1881, p. 184 (Élegibilité; Inscriptions sur la liste éléctorale). Gesetzgebung neuestens Code électoral 1989 (avec Loi n⁰ 88-1262 du 30 décembre 1988; Annexé aux décrets n⁰ 64-1086 et 64-1087 du 27 oct. 1964; J. O. 28 oct.; L. n⁰ 75-1330 du 31 déc. l975). Für die USA schon "The Ku-Klux Cases". Ex parte Yarbrough and others 110 U.S. 651 (Same election Laws); U.S. v. Brewer 11 S. Ct. 538 (Control of election); Wiley v. Sinkler 179 U.S. 58 (Right to Vote); Wise v. Lipscomb 437 U.S. 535 (Election of member of council); Frisby v. Schultz 487 U.S. 474 (Freedom of speech); Briscoe v. Bell 432 U.S. 404 (Voting Rights Act of 1965); Morris v. Gressette 432 U.S. 491 (Das.).

49 Kühne/Meissner, Züge, S. 75, 80; Greifeld, Volksentscheid durch Parlamente, Berlin 1983 erörternd im Vorwort und ab S. 113 b. d. Ergebnissen. Zum Repräsentationsproblem vgl. Karpen Jura 1986, 417; Frankenberg JZ 1984, 266.

es möglich ist, daß der Wille des Einzelnen sich aufgehoben fühlt in der Gemeinschaft der Stimmbürger und diese wiederum sich im Staat, also im Willensausdruck der Volksvertretung, zeigt.

2. Selbst wenn man aber – und das ist das zweite – in der Demokratie eine solche Lösung findet, die sie jeder anderen Art der Herrschaft vorzugswürdig erscheinen läßt, so muß das noch nicht heißen, daß der Irrtum ausgeschlossen ist. Irrtum ist die nicht von zerstörerischen Absichten oder entgegenstehenden Interessen geprägte Abweichung von der richtigen Entscheidung. Entschieden werden muß nicht, ob die richtige Entscheidung auch die gerechte oder gerechteste ist. Der Ausschluß falscher Entscheidungen ist, wie auch die Inkongruenz von dem Willen des Einzelnen mit dem Willen der Aktivbürgerschaft und dem Willen des gewählten Organs, zentrales Problem. Staatsrechtlich von größter Bedeutung ist der Ausschluß der falschen Entscheidung, vorausgesetzt, es ist möglich, eine richtige zu finden.[50] Denkt man aber über Demokratie nach, so ist das Problem, ob der Wille des Volkes mit dem seiner Vertretung übereinstimmt, wohl im Mittelpunkt des Themas angesiedelt.

Es können daher Zweifel an der Auffassung geäußert werden, ob Demokratie als Herrschaft der Mehrheit bezeichnet werden kann oder – nimmt man eine Definition an – auch nur, ob damit eine wesentliche Aussage über die Demokratie gemacht worden ist, die das Wesen oder den Kern dieses Begriffs trifft. Mehrheiten werden z.B. auch in anderen Formen von Herrschaft gebildet, die nicht das Volk als Souverän bzw. die Aktivbürgerschaft als Grundgesamtheit haben, wie etwa die von den Griechen bis hin zu Machiavelli als eine andere Form und auch als Gegenbegriff ins Spiel gebrachte Aristokratie.[51] Auch dort wird eine Gruppe als Träger von Herrschaft genannt. Deshalb wird man von der Auffassung, daß Demokratie Mehrheitsherrschaft sei, schon in dieser Weise abgehen müssen, daß das die immer gerade von dem Volke ausgehende Bestimmungsmacht in öffentlichen Angelegenheiten ist. Zentral ist, es muß das Volk sein, das herrscht und jede Form der Repräsentation wirft sofort das Problem auf, ob die Repräsentanten mit den Repräsentierten übereinstimmen oder nicht.

3. Selbst wenn man von der Aktivbürgerschaft als Volk spricht und dieses als Entscheidungsträger in allen öffentlichen Angelegenheiten begreift und eine Übereinstimmung der Vertreter mit den Vertretenen annimmt, also Demokratie gänzlich vorhanden sein müßte, ist fraglich, ob es der freie Wille des Einzelnen ist, der sich betätigt hat, ob dieser womöglich beeinflußt wurde, seine Schwächen ausgenutzt oder er selbst durch irgendeine Art und Weise eingeschränkt worden wäre. Auch könnte beachtlich sein, daß der Wille des Einzelnen sich verändern

50 Kant, Metaphysische Anfangsgründe der Rechtslehre (1870), Hamburg 1986, Einleitung § B 20.
51 Platon, Politeia, VIII 2 Aristoteles, Politika, 1279a, 35ff., Machiavelli, Il Principe, 1512.

kann, möglicherweise sogar in Sekunden veränderbar ist und auch derjenige der Gemeinschaft. Weil auch bei einer übereinstimmenden Entscheidung nicht sicher ist, ob sie die richtige, die gerechte Entscheidung ist, liegt es auf der Hand, daß sich die Entscheidung verändern kann, ja, es ist sogar wahrscheinlich. Selbst bei Übereinstimmung in demselben Moment ist das Repräsentationsproblem erst gelöst, wenn für die getroffene Entscheidung nicht nur bewiesen werden kann, daß alle sie tragen, sondern auch, daß sie ohne Stimmenkauf, Manipulation, Druck etc. zustandegekommen ist. Sogar dann ist fraglich, ob die Übereinstimmung eines Repräsentationskörpers, mag sie auch zu derselben Entscheidung kommen wie das Volk, dasselbe in jener vertritt. Worin ist der Einzelne denn vertreten? Ist es der Übereinstimmungsfall als der einzig mögliche, so ist das Volk in der Wirklichkeit von Demokratie womöglich fast nie repräsentiert. Sicherlich grundsätzlich wird man wohl nachweisen können müssen, daß die Voraussetzungen einer freien Willenserklärung gegeben sind wie man sie z.b. im Bürgerlichen Gesetzbuch vorfindet.

Bedenkt man dies, so scheint es paradox zu sein, wenn die Existenz von politischen Minderheiten in der Aktivbürgerschaft, aber auch in Parlamenten und Fraktionen, sogar als Beweis dafür genannt wird, daß der Wille der Entscheidenden frei betätigt werden kann.[52] Denn wenn sogar die Übereinstimmung des Willens aller kein Beweis für die Richtigkeit oder die Gerechtigkeit der Entscheidung sein muß, warum sollten dann alle übereinstimmen? Dann spricht das Vorhandensein von öffentlichen Abstimmungen, das Ausfüllen von Wahlzetteln außerhalb von Wahlkabinen, Akklamation statt Abstimmung in wichtigen Fragen eher dafür, daß im Vorfeld der Entscheidung bereits Absprachen getroffen worden sind, die[53] es verhindern sollen, daß der Wille frei ausgeübt wird.

Das Versprechen von Vorteilen oder die Drohung mit Nachteilen gegenüber Abgeordneten, die Abhängigkeit der Karrieren von Wohlverhalten bei Abstimmungen, die geheim sind, richten sich dagegen.[54]

Ein solches Verhalten ist auch aus dem privatrechtlich geregelten Bereich bekannt, etwa im Wirtschaftsrecht, in dem Entscheidungen, die durch Gruppen getroffen werden, derselben Gefahr unterliegen.[55]

52 Auch unter den Stichworten "Pluralismus" und "Toleranz" vgl. Lobkowicz, Was verspricht der Konservatismus?, in: Festschrift f. Johannes Broermann, 1982, S. 85, 96f; Korab, Tradition und Demokratie, in: Festschrift f. Broermann, S. 126, 127f.; Grimm JuS 1980, S. 704, 708. Deutlich Dürig, Redebeitrag Staatsrechtslehrertagung 1970, S. 127. Grds. zum Problem Henke, DVBl. 1973, 553.
53 Cicero, De re publica, I 28.
54 Andeutend Scholz, Krise der parteienstaatlichen Demokratie? Berlin u.a., S. 41 Fn. 117.
55 Vgl. etwa Grundsätze des Ordnungswidrigkeitenrechts bei Klug, in: Groß-

Daß die Rousseau'schen Gedanken über Demokratie,[56] wie sie durch das Repräsentationsprinzip formuliert worden sind, darauf zielen, die Freiheit des Willens allen gleich möglich zu machen, kann nicht die konstruktiven Probleme lösen, die darin liegen, es selbst zu begründen. Sie sind ein Beitrag dazu, das Höhlengleichnis zu überwinden.

I. Notwendigkeit einer Lehre von der Demokratie

1. Sich mit Demokratie und dem Rechtsbegriff der Demokratie zu beschäftigen, ist bereits als ein sinnvolles Unterfangen begründet worden. Allein die nicht gelösten, auch nicht durch Verfassungsrecht gelösten Probleme der Demokratie zu betrachten, ist hinlänglich Grund genug.Die soeben dargelegten Schwierigkeiten, Demokratie als Recht der Volksherrschaft zu bestimmen, haben das noch einmal gezeigt.

Warum aber eine Lehre von der Demokratie? Schon das Alte Testament spricht von den Propheten, die lehrten.[57] Ebenso ist von den Griechen überliefert, daß die Weisheit über die Dinge des Lebens im Gespräch, im Dialog, ja im Lehrgespräch vermittelt worden sind.[58] Die Lehre, also der belehrende, schulende Dialog, wie er im Alten Testament zu finden ist, zeigt die Absicht und den Inhalt, Zusammenhänge, Begebenheiten darzustellen, Ursachen aufzuzeigen und Schlüsse, Folgerungen, also Lehren daraus zu ziehen. Diese Art der Belehrung soll auf diejenigen einwirken, die dem schulenden Monolog zuhören, ihn in ihr Denken aufnehmen. Propheten, von denen berichtet wird, daß sie Botschaften verkünden, sprechen über Begebenheiten in der Art eines Vortrags.[59] Häufig wird eine Weisheit vermittelt, wenn von einem Gott die Rede ist, in dessen Namen sie sprechen oder von dem sie berichten. Dabei hat das Beispiel als eine Verdeutlichung der Essenz der Aussage große[60] Bedeutung. Das ist in den Dialogen der Griechen an

kommentar zum Aktiengesetz, 3. Aufl., 1975 § 405 Anm. 1, aber auch Übersicht: Unrichtige Bekanntmachung des Jahresabschlusses und des Geschäftsberichts, unterlassene und unrichtige Angaben zum Teilnehmerverzeichnis, Stimmrechtserschleichung, Stimmenkauf, Stimmenverkauf, Stimmeneinkauf.

56 Du contrat social; ou principes du droit politique (1762).
57 Vgl. 2. Vatikanisches Konzil, Dogmatische Konstitution über die göttliche Offenbarung, in: Die Bibel, Anhang, S. 2; Kritisch zu den Geschichtsbüchern S. 14.
58 Vgl. die editorische Einleitung zu Platon, Die Gesetze, von Gigon, VII-XLII.
59 Z.B. 1 Könige 22, 14.
60 Das zeigt der Aufbau: Aristoteles, Politika, ist nach Sachthemen, während Platon, Politeia, nach Gesprächen und Einzelpunkten aufgebaut ist. Das hat seine Ursache in der Ideenlehre.

ders gewesen, die den Austausch der Ideen mit Argumenten betrieben. Die Kunst und Technik des Arguments, Logik in unterschiedlicher Weise, finden sich hier aufgehoben. Wenn eine Entwicklung auch ins Auge fällt von der dialogischen Ideenaussprache, dem kontroversen Lehrgespräch, der Ideenlehre Platos bis hin zur Gerechtigkeitslehre des Aristoteles, die stärker den einzelnen Gedanken als Möglichkeit vollständiger Begriffsbestimmung faßt, so ist ihnen doch dieses gemeinsam. Begreift man diese Unterschiede, sozusagen verschiedene Welten in der Wiege des abendländischen Denkens, als unterschiedliche Schulen, kommt man dem Begriff der Lehre näher. Während man den Vortrag, wie er bei Aristoteles als Ableitung auftaucht, nicht vorwiegend als Belehrung verstehen muß, sondern dieses Denken eher den Charakter eines Systems trägt,[61] vielleicht sogar den eines geschlossenen Systems, kann man von der Lehre des Plato eher als von einer sprechen, die das Wesen des Begriffs im Blick hat, eine ontologische Vorstellung von dem Sein und der Idee, daß sich hinter den Dingen der Welt etwas verbirgt.[62] Dieses Denken folgt der Unvollständigkeitsregel.[63]

Die Lehre des Alten Testaments beruht auf der Methode, aus einem Beispiel einen Schluß moralischer, sittlicher, jedenfalls auf das Verhalten abzielender Natur zu ziehen. Die Verallgemeinerung des Beispiels führt zu dem moralischen Erkenntnissubstrat. Gerade das Alte Testament geht dabei wenig syllogistisch vor. Der belehrende, auf Überzeugungsintensität, Autorität, die von Gott abgeleitet ist, beruhende Charakter der Schrift ist der Hauptpunkt. Dagegen ist die Lehre Platos auf die Verbindlichkeit der Idee gerichtet und auf ihren begründenden Zusammenhang. Auch hier gibt es den moralischen Erkenntnisinhalt, den sittlichen Charakter, die Empfehlung beruhend auf der Autorität der Wahrheit und der Weisheit. Die Lehre des Aristoteles dagegen fußt noch stärker auf dem begründenden, moralischen oder sittlichen Schluß als Ergebnis einer durch stringentes Denken erworbenen Erkenntnis. Der Lehrende gewinnt die Autorität hier durch das Wissen.

Auf diese unterschiedlichen Lehren kann zurückgegriffen werden, fragt man, was eine Lehre von der Demokratie notwendig macht. Auf den ersten Blick scheint es nicht schwer zu sein, eine Antwort zu finden, denn die Lehre vom Staat – also Staatslehre oder auch Staatsrechtslehre – ist seit der Politeia ein eingebürgerter Begriff,[64] spätestens aber seit der Politika. Bei Platon taucht auch das Wort Demokratie als eine Staatsform auf, über die im achten Buch berichtet wird.[65]

61 Maleachi 1 1-14.
62 Siehe Fn. 60
63 Fikentscher, Methoden, Bd. I, S. 350.
64 Gespräch als Lehre: Heath, The Unity of Plato's Phaedrus, in: Oxford Studies in Ancient Philosophy, Vol. VII, 1989, S. 151.
65 555b.

Fraglich aber ist, woran die Lehre von der Demokratie orientiert sein soll, weil sich nicht sogleich erschließt, welchem Weg zu folgen oder welcher abzulehnen ist. Die Entscheidung wird jedenfalls nicht leichter, wenn noch andere Lehren herangezogen werden können und die Philosophie des Plato den Begriff der Demokratie erwähnt. Sie wird sogar noch schwerer, weil die Geschichte der Demokratie eine so alte ist.

2. Man könnte an den Gedanken anknüpfen, daß die ungelösten Probleme des Demokratiebegriffs zu rezipieren und in einen Zusammenhang zu stellen sind, der ihre Lösung nicht nur ermöglicht, sondern den Staat in den Mittelpunkt der Betrachtung stellt und diesen Begriff in das Recht der res publica einbettet. Man weiß aber nicht von vornherein, ob der moralische, sittliche, jedenfalls mit einem Sollen versehene Charakter solcher Lehren in der von der Demokratie seinen Platz findet.

Die Schriften der Alten nämlich sind von einem hohen Pathos getragen, insbesondere in den Dialogen. Sie enthalten eine stark ethische Komponente. Das zeigt, daß das belehrende Element sehr stark ist.[66]

Ob eine solche Lehre, die auch moralische und andere imperative Erkenntnisse enthält, Volksherrschaft erfassen kann, also eine Lehre von der Volksherrschaft existiert, nämlich eine Lehre zu ziehen, also Belehrung möglich war, ist ungewiß.[67]

Vielleicht aber könnten Probleme wie etwa plebiszitäre versus parlamentarische Demokratie, Repräsentation und direkte Bestimmung durch die Aktivbürgerschaft, Grundrechtsschutz und Menschenrechte als Korrektiv für mögliche Fehlentscheidungen, Minderheiteneinfluß und deren Funktion für die Staatswillensbildung gelöst werden, erkennt man das, was Demokratie ist. Wichtig ist sicherlich dabei die Bedeutung von Freiheitsrechten als historische Verbürgung der Freiheit vom Staat wie sie schon die Magna Charta[68] und die US-amerikanische Verfassung kennen. Das gilt vor allem für die Wahlfreiheit.[69] Daß man durch eine Lehre von der Demokratie solche Probleme lösen könnte, ist jedenfalls auch wegen einiger anderer Tatsachen nicht ganz unwarscheinlich: Die Geschichte der Staatenbildung und die Verallgemeinerung der Demokratie im Weltmaßstab bieten eine solche Fülle von Material, daß die Rechtsentwicklung als ein Teil der ersten, z.B. Gesetzes-, Normen- und Entscheidungstatbestände, damit Schritt halten kann. Die Tendenz zur Verallgemeinerung der Demokratie und der tragenden

---

66 Vgl. Formulierungen.
67 Auch Rowe, The Unity of the Phaedrus: A Reply to Heath, S. 175; Heath, The Unity of the Phaedrus: A Postscript, 189. Beide Fn. 64.
68 Magna Charta Libertatum 1215 I; vgl. Vorspruch dazu.
69 Art. 1 Sec. 1. Constitution of the United States.

Gedanken der Staaten der westlichen Welt bieten neue Anhaltspunkte zur Lösungalter Probleme.[70]

Beachtlich könnte auch sein, daß das öffentliche Recht als Rechtsgebiet seit Bestehen der Bundesrepublik, mit deren Gründung die zweite Verfassung in diesem Jahrhundert in Deutschland geschaffen worden ist, die für sich in Anspruch nimmt und auch nehmen kann, als Demokratie konstituiert zu sein, Grundfragen der res publica verfassungsrechtlich weitgehend durchdrungen hat. In Art. 20 Abs. 1 GG, Art. 1 S. 2 WRV nachgebildet, heißt es: "Alle Staatsgewalt geht vom Volke aus", "Die Bundesrepublik Deutschland ist ein demokratischer und sozialer Bundesstaat." Die Antwort auf solche grundsätzlichen Fragen findet man häufig in der umfangreichen Rechtsprechung des Bundesverfassungsgerichts und der Landesverfassungsgerichte.[71] Die Systembildung ist – vor allem in den Grundrechtstheorien – so vorangeschritten, daß eine Lehre von der Demokratie sich in ein solches System einfügen und darin seinen Platz einnehmen könnte.

II. Begründung des Vorgehens

Der Allgemeine Teil beschreibt die Grundlagen der Demokratie in zwei Kapiteln: Erstens der Staat und zweitens die Verfassung. Begriff und Bedeutung des Staates in seinem Verhältnis zum Gemeinwesen – communitas – werden historisch und anhand unterschiedlicher Erklärungen dargestellt. Da das nicht hinreicht, um Begriff und Bedeutung des Staates zu begründen, ist die Entwicklung des modernen Staatsbegriffs, vor allem die Rechtssubjektivität des Staates, die Staatsformenlehre und die Staatsfunktionslehre vorzustellen.

Wegen des Legalitäts- und Legitimitätsproblems kann man den Staat als Rechtsorganisation im Staatskapitel an hinterster Stelle erörtern, weil das die zentralen Fragen rechtlicher Begründung überhaupt sind, denen vieles vorangestellt werden muß. Freilich weil Demokratie hier bloß in dem Staatswesen von Interesse ist, also das Staatshandeln und der Staat als Platz und Organisation der Gemeinschaft zu begreifen sind, wird der Staat allem anderen vorangestellt.

Weil der Verfassungsstaat Ort der Demokratie ist, wird im zweiten Kapitel die Verfassung als Grundordnung des Staates verstanden. Begriff der Verfassung, Auslegung, Bestandteile der Verfassung, Menschenrechte, später die Modelle westlicher Verfassungen und das der bundesdeutschen Verfassung schließen sich an. So ist dann der Verfassungsstaat entwickelt.
Dabei steht die Kodexinterpretation der bundesdeutschen Verfassung im Vordergrund, während bei den westlichen Verfassungen es deren historische Entwicklung und ihre Organisationsprinzipien sind.

70 Für die EG erörternd: Bleckmann ZRP 1990, 265.
71 Vgl. schon 1976: Starck (Hg.), Bundesverfassungsgericht und Grundgesetz, Festgabe aus Anlaß des 25jährigen Bestehens des Bundesverfassungsgerichts, Tübingen 1976, Bd. 1; dort siehe vor allem die Aufsätze von Rauschning, Rudolf, Scholz, Hans H. Klein, Friauf, W. Weber, Rupp, Kloepfer.

Der Allgemeine Teil legt einen Grund, auf den man den Besonderen Teil bauen kann, indem man den Begriff der Demokratie als Rechtsbegriff vollständig in allen seinen Eigenschaften beschreibt. Hauptsache ist es, die einzelnen Eigenschaften des Begriffs aufzufächern.

Nach diesem dritten Kapitel in dem ersten Besonderen Teil wird im vierten Kapitel das Recht der Volksherrschaft entwickelt. Denn aus dem Rechtsbegriff folgen Rechte und Pflichten. Dort, wo das Wort Demokratie in einer Rechtsordnung verwendet wird und darauf Rechtsbeziehungen oder auch Rechtsverhältnisse gründen, können diese beschrieben werden. Daraus können Hinweise entnommen werden, die für die Antwort auf die Gerechtigkeitsfrage maßgeblich sind, der das Augenmerk gilt.

In dem Besonderen Teil B werden dann aus Verfassungsstaat und Demokratie und deren Recht die Folgerungen für Formen der Demokratie gezogen. Im Mittelpunkt stehen die allgemeinen Merkmale von Demokratie, die für die Staatswillensbildung von Bedeutung sind.

Für den Vergleich mit der Willensbildung im Staat werden juristische Personen des Privatrechts vorgestellt, deren Wille auch in privatrechtlichen Formen, gleichwohl aber auch nach Mehrheitsregel und meistens in einer Gruppe stattfindend, gebildet wird. Die Art und Weise, wie Entscheidungen getroffen werden, könnte auch für die staatliche Willensbildung von Bedeutung sein. Einzelne Tatbestände der Demokratieformen und ihre wechselseitige Ergänzung folgen.

Demokratie im System des öffentlichen Rechts bezieht konstruktiv das, was gesagt worden ist, auf das öffentliche Recht. Sicher ist ein Begriff des "Systems" des öffentlichen Rechts umstritten. In seiner Verwendung ist er weitgehend an das Privatrecht gebunden, dessen Verweildauer häufig länger ist, wenn man es in einer Rechtsordnung kodifiziert hat. In seiner heutigen Form ist dieses in Deutschland an die revidierende Aktualisierung der Pandektistik durch Carl Friedrich v. Savigny gebunden, der den Begriff dafür fruchtbar gemacht hat. Darauf gerichtet ist dann die dogmatische Selbständigkeit von Demokratie im öffentlichen Recht. Eine Begründung dafür führt zu einer unabhängigen rechtspraktischen Anwendung.

Im Ergebnis können dann die Eigenschaften von Demokratie im Verfassungsstaat aufgereiht werden.

Allgemeiner Teil

Grundlagen der Demokratie

Erstes Kapitel: Der Staat

Erster Abschnitt: Begründungen für den Staat

Was ist der Staat? Diese Frage ist ebenso alt wie umstritten. Kürzlich noch äußerte Oppermann auf der Sondertagung der Staatsrechtslehrer in Berlin die Auffassung, daß "allgemeine Übereinstimmung" hinsichtlich des "völkerrechtlichen Fortbestandes des Deutschen Reichs" bestehe.[1] Was aber ist das Deutsche Reich? Ist es ein Staat, eine Nation, ein Volk, ein Land? Art. 116 GG gibt – neben Art. 134 GG, der die Rechtsnachfolge des Reichsvermögens in dem Bundesvermögen regelt – Auskunft über die Eigenschaft bzw. den Begriff "Deutscher". Dort wird auf "Staatsangehörigkeit", "Volkszugehörigkeit" und auf die "Gebiete des Deutschen Reiches nach dem Stande vom 31. Dezember 1937" abgestellt. Was aber sagt das über den Begriff des Staates und seinen Gebrauch im öffentlichen Recht? Die Staatsangehörigkeit bzw. Volkszugehörigkeit, als Voraussetzung "Deutscher" zu sein, definiert einen Zusammenhang, der für die Möglichkeit, Grundrechte nach dem Grundgesetz in Anspruch zu nehmen, von Bedeutung ist, weil Art. 8 Abs. 1, Art. 11 Abs. 1, Art. 12 Abs. 1 ebenso wie Art. 16 GG nur für Deutsche gelten. Damit ist im Grundgesetz zwar nicht der Staat insgesamt definiert, aber Rechtsvor- bzw. Rechtsnachteile werden an Eigenschaften geknüpft, die jedenfalls mit dem Begriff "Staat" verbunden sind. In der Art und Weise eines Auffangtatbestandes wird die "Volkszugehörigkeit" eingeführt und in Absatz 2 Satz 1 die Möglichkeit der Wiedereinbürgerung konstituiert. Satz 2 von Absatz 2 nimmt die – ggfls. ausgesprochene – Ausbürgerung unter dort bestimmten Voraussetzungen zurück.

Festhalten kann man aber, daß die Begriffe Staat und Volk für die Verhältnisse unter der Herrschaft des Grundgesetzes eng zusammenliegen und dabei vorzugsweise ein Gebiet, ein Land von Bedeutung ist.

Freilich kann man daraus nicht schließen, daß der Staat sich in Begriff und Wesen ausschließlich aus dieser Erkenntnis erschließt. Der völkerrechtliche Fortbestand des Deutschen Reiches auf den Oppermann sich bezieht, kann womöglich nicht aus dem Gebiet, also dem Land, resultieren, da Teile dieses Gebietes unter der Hoheitsgewalt anderer Völkerrechtssubjekte stehen.[2]

Man wird, wenn man jetzt nicht stärker auf diese Frage eingeht, doch jedenfalls schon sagen können, daß der Begriff des Volkes für die Begründung ganz ent-

---

1 NJW 1990, 1896.
2 NJW 1990, 1894; Forch NJW 1988, 1823.

scheidend sein könnte, da – so schreiben Quaritsch und Tomuschat[3] – das Selbstbestimmungsrecht als Grundlage für die allgemeine Ansicht, daß das Deutsche Reich weiterbestehe, nur in der Bestätigung der Rechtssubjektivität des Volkes liegt. Denn von diesem geht nach Art. 20 Abs. 2 S. 1 GG alle Staatsgewalt aus.

§ 3 Begriff und Bedeutung des Staates

Für die allgemeine Staatslehre als Grundlage des Staatsrechts ist allerdings die Bestimmung des Art. 20 Abs. 2 S. 1 GG, wonach alle Staatsgewalt vom Volke ausgeht, nur ein Anwendungsbeispiel für die Art und Weise wie Staatsmacht konstituiert werden kann und durch das Grundgesetz konstituiert worden ist. Dabei wird allerdings nicht Staatssouveränität, sondern freilich Volkssouveränität geregelt, so daß eine Definition von "Volk" nach wie vor erforderlich ist.
"Vox populi" etwa, die "Stimme des Volkes", wird in der Debatte über Demokratie häufig als mögliches Argument herangezogen.[4]
Dafür spricht auch, daß die Staatsrechtslehre, so sie auf ihre Ursprünge bei den Alten zurückgeht, zentral den Begriff des Öffentlichen, – "forum", auch "forum romanum" – kennt. Dort und damals äußerte sich die Stimme des Volkes, obwohl – wie verbürgt – dort auch Geschäfte getätigt wurden, die dem wirtschaftlichen, vielleicht sogar dem gesellschaftlichen Bereich zuzurechnen waren, wie z.B. Handel oder Ehevermittlung. Die Einheit von Gesellschaft, Wirtschaft und Staat zeigt sich vielleicht sogar am stärksten zentriert oder fokussiert im Begriff des "forums". Dieser geht auf die Verhältnisse im Alten Rom zurück, in dem es, wie dann auch bis in die Industrialisierung des 18. und 19. Jahrhunderts hinein, keine Trennung des Privaten von dem Öffentlichen gab.
Cicero hat diese Verhältnisse in seinem fragmentarisch erhaltenen Werk "De re publica" gedanklich auf den Punkt gebracht. Dieser Titel wird mit "Der Staat" übersetzt.[5] Man kann aber füglich auch von den öffentlichen Angelegenheiten sprechen und damit den Staat als Gebilde charakterisieren. Nun aber sind Handel und Gesellschaftliches, wenn sie auf dem "forum"[6] stattfanden, ebenfalls Öffentliches, so daß es einer näheren Bestimmung dessen bedarf, was die öffentlichen Angelegenheiten als Bestimmung des Staates sind. Schließen kann man, daß es sich um solche handelt, die eben nicht Handel und Gesellschaftliches sind, auf dem "forum" stattfinden und über die Belange des einzelnen hinausgehen.
Fraglich aber ist, ob das zuletzt genannte Attribut dessen, was Staat sei, allein aus dem Begriff "res publica" herzuleiten ist. Dafür spricht, daß er in Ciceros Werk

---

3 NJW 1990, 1895.
4 Kriele, Das demokratische Prinzip im Grundgesetz, Veröffentlichung der Vereinigung der Dt. Staatsrechtslehrer, Berlin 1971, 56, 65.
5 Cicero, De re publica (Der Staat), München/Zürich, 4. Aufl. 1987.
6 Cicero, De officiis liber 1 (40) 145.

auch mit "Gemeinwesen" übersetzt,[7] dagegen zuweilen auch das Wort "Republik" als Staatsform daraus abgeleitet wird[8] und daß die Kommentierung der historischen Fragmente von einer "Begegnung des Griechischen mit dem Römischen"[9] spricht. Nimmt man das aber auf, so kommt für Begriff und Bedeutung des Staates hinzu, daß sich die griechische Staatstheorie der Alten an einem Ort, einem Platz, der polis,[10] orientiert. Die Stadt, polis, ist der Staat, zugleich das Politische, das, was den Menschen zum Bürger, zum Staatsbürger macht. Die viel spätere Unterscheidung in citoyen (Staatsbürger) und bourgois (Bürger in Gesellschaft und Wirtschaft) bringt das auf den Punkt. Die Stadt, also die polis, ist aber mehr gewesen als ein Platz im Sinne des forums, sie ist ein Schutzverband gegen die Auswärtigen, die Nichtzugehörigen. Dagegen ist "forum" lediglich der öffentliche Ort, womöglich in einer Stadt. Vorab kann also gesagt werden, daß es sich bei dem Staat um ein Gebilde handelt, das charakterisiert ist durch das Öffentliche und zwar die öffentlichen Angelegenheiten derart, daß es Belange sind, die über den Einzelnen und sein Interesse hinausgehen, weil sie sich an dem Gemeinsamen orientieren, vornehmlich ein Schutzverband gegen die, die an dem Ort, wo verhandelt wird, nicht zugehörig sind.[11]

I. Entstehung von Staaten und Gemeinschaften

1. civitas und societas: Entstehungsgründe und Konzeptionen

Schon Aristoteles spricht von dem Staat als einer Gemeinschaft, davon, daß die Bürger gemeinsamen Anteil an ihm haben.[12] Auch in Platons Staat wird dies als Gemeinschaft, und zwar auch als Gemeinschaft von Frauen und Kindern, betrachtet.[13] Es könnte, hat man die darin lebenden Menschen im Blick, auch weiteres über den Begriff des Volkes in Erfahrung gebracht werden.

Während Platon Konzeptionen von Gemeinschaften vorlegt, die ein Staat sein sollen, kritisiert Aristoteles die Idee der einheitlichen Gemeinschaft mit dem Argument, daß die Menschen unterschiedlich seien und daß es noch andere, etwa bürgerliche Gemeinschaften zwischen den Menschen gäbe.[14] Eine einheitliche Gemeinschaft als Staat und verschiedene Gemeinschaften, deren eine der Staat ist, kann man nach dem Begriffspaar "societas" und "civitas" einteilen. Denn societas ist jede Verbindung mit den Anderen, Teilnahme an Gemeinschaft in ihrer allgemeinen Bedeutung, während es im Besonderen politisches Bündnis sein

---

7 Cicero, De re publica L 16.
8 Popper, Die offene Gesellschaft und ihre Feinde, Bd. I, Bern 57, 76f..
9 Karl Büchner, Einleitung S. 282.
10 Platon, Politeia, I. 327c..
11 A.M. Honoré, Die menschl. Gemeinschaft und das Prinzip der Mehrheitsregel, FS Schelsky, S. 229.
12 Politika, 1261 a B1.
13 441 a-e.
14 1261 a B 2.

kann, aber auch Handelsgenossenschaft. Dagegen bezeichnet "civitas" das Bürgerrecht, die Gemeinde, die Stadt, den Staat. Platon setzt also societas mit civitas gleich, d.h. die Gemeinschaft ist der Staat und umgekehrt. Dagegen folgt Aristoteles der Unterscheidung von dem Allgemeinen "societas" zu dem Besonderen "civitas". Ob man nun der Auffassung ist, daß Platons Konzeption lediglich Ziel und Ideal, aber nicht Wirklichkeit ist, dagegen Aristoteles an der Wirklichkeit argumentiere, jedenfalls sein Einwand geeignet sei, die Idee zu zerstören oder als Gedanke zu widerlegen, oder das Gegenteil vertreten mag, aus der Entstehungsgeschichte der Staaten kann immerhin entnommen werden, daß die Trennung von Gemeinschaften oder diejenige in unterschiedliche historisch später liegt. Macchiavellis Discorsi,[15] aber auch Hobbes[16] und später Savigny[17] sowie in dieser Tradition mehr oder weniger Kelsen,[18] Schmitt,[19] Coing[20] und Fleiner-Gerster,[21] früher auch Laband,[22] stellen – entweder begrifflich oder illustrierend historisch – die Entstehung von Gemeinschaften und ihren Übergang zur Staatswillensbildung dar.

Machiavelli schildert den Ursprung von Stadtgründungen und ihre Entwicklung zu Staaten hin als Trutzverband gegen einen Feind, Zusammenballung der Menschen an einem Ort aus dem Gefühl der Unsicherheit, bessere Verteidigungsmöglichkeit[23] und bequemeres Leben. Dieses Denken ist weit abstrakter als der Vergleich des Staates mit einem Haus, wie ihn Aristoteles getroffen hat.[24] Kelsen fragt dagegen nach dem sozialen Bewußtsein als allgemeine Größe, als "Staatsideologie", deren Vorhandensein überhaupt erst das dauernde Zusammenleben einer größeren Menschenmenge und seine Entstehung erklären könnte. Als das Zweite interessiert ihn, wie aus einer "sozialen Ideologie", also einem auf die Gemeinschaft gerichteten Bewußtsein, eines auf die staatliche Ordnung sich richtendes wird.[25] Er bietet als Lehre von der "sogenannten Entstehung des Staates" die Familientheorie und die Klassenkampftheorie an.[26] Savigny brachte den Staat als leibliche Gestalt der geistigen Volksgemeinschaft[27] auf den Begriff. Co-

---

15 (1532), Stuttgart 1977, 2. Auflage.
16 Leviathan (1651), Stuttgart 1970.
17 System des heutigen römischen Rechts (1840), Aalen 1973, § 9.
18 Allgemeine Staatslehre, Berlin 1925, S. 21.
19 Verfassungslehre (1928), 5. Aufl. Berlin 1970, § 1, § 6.
20 Grundzüge der Rechtsphilosophie, 3. Aufl., Berlin u. a. 1977, 222ff..
21 Allgemeine Staatslehre, Berlin u. a. 1980, S. 7-14.
22 Das Staatsrecht des Deutschen Reiches, Bd. I (1876), Aalen 1964.
23 Discorsi, S. 7.
24 Politika, 1261 a, 2, 1261 b.
25 Allgemeine Staatslehre, 21ff, 24ff..
26 S. 23, 25.
27 S. 22.

ing spricht von der existenziellen Notwendigkeit des Zusammenlebens vieler Menschen auf einem Gebiet als Wurzel des Staates.[28] Hobbes sieht in dem Staat mehr oder weniger ein Mittel, Ordnung herzustellen, den Menschen in seinem Naturzustand der Freiheit zu bändigen, da dieser ein Krieg aller gegen alle sei.[29] Auch Fleiner-Gerster[30] wählt den Begriff der Gemeinschaft zur Beschreibung des Staates; er sieht in dem Staat eine Gemeinschaft von Menschen, die zurückgeht auf das Bedürfnis des Menschen zur Bildung derselben. Es sind fünf Stadien der Staatsentwicklung, deren Voraussetzung von ihm als die arbeitsteilige Gesellschaft beschrieben wird: Erste Ansätze bei Jägern und Sammlern, dann die Stufe der Pflanzer, Entwicklung zur Entstehung des modernen Territorialstaates, später der Staat der komplexen Industriegesellschaft, nämlich der Parteien- und Gesetzgebungsstaat und zuletzt die internationale Verflechtung unter Beobachtung abnehmender Staatsautonomie.[31]

Eine Rolle könnte die Rechtsnatur von Staatenverbänden spielen, die Laband in vertragsmäßigen (völkerrechtlichen) oder koporativen (staatsrechtlichen) Organisationen sieht.[32] Die korporativen sind durch ein Rechtssubjekt, also ihre Eigenschaft als juristische Person gekennzeichnet; die vertragsmäßigen durch ein Rechtsverhältnis.[33] Daß die Bildung von staatlichen Gemeinschaften später liegt als von anderen, zeigen die Ausführungen von Machiavelli, Kelsen, Hobbes, Coing und Fleiner-Gerster, ohne daß diese Aufzählung Vollständigkeit beanspruchen könnte. Schon Platon vertrat diese Auffassung und so wie er dieses darstellte, wird es von den genannten erklärt. So scheint es auch plausibel zu sein, daß Platons Unterscheidung von civitas und societas sich in ihrem Sinne nicht erschließt, weil das Besondere der res publica, wie es auch im Bürgerrecht der civitas seinen Ausdruck findet, der Schutzverband, der Charakter als Verteidigung nach außen ist, also die Sicherheitsstiftung.[34] Entwirft man aber ein Ideal, schreibt man eine Ideenlehre, so kann man das hinwegdenken, da die Schaffung des Gemeinwesens als Bändigung der grundsätzlichen Tragik der Welt, des Lebens, eben seiner Unvollkommenheit, verstanden wird. Nicht der Mensch ist Feind des Menschen, wie Hobbes meint, sondern das Leben selbst ist tragisch, weil unvollkommen. Daher bedarf es nach der Auffassung des Platon nicht der Sicherheitsstiftung Dritten gegenüber, sondern einer Organisation von Bedürf-

28 S. 223.
29 S. 119.
30 Allgemeine Staatslehre, S. 7; siehe auch Honoré, Die menschl. Gemeinschaft und das Prinzip der Mehrheitsregel, FS Schelsky, S. 237, 242.
31 § 3 a) 1-14; b) 15-58.
32 Laband, Staatsrecht, S. 55f.
33 S. 56f.
34 Vgl. S. 34, aber auch Machiavelli Fn. 23; allerdings liegt die Begriffsbildung später; die Bedeutung des Begriffs kann auch auf Platons Auffassung einwirken, deren Sinn dadurch erhellt wird.

nisbefriedigung für alle. Man weiß vielleicht, wenn man den Gedanken der Unterscheidung von vertragsmäßigen und korporativen Staatenverbänden und die historische Entwicklung der Staatenbildung betrachtet, mehr über den Staat in seinem Kern und Wesen. Weil es eine so lange Geschichte des Staates gibt, ist es sicher notwendig, zwischen Staaten und anderen Gemeinschaften zu unterscheiden. Denn so könnte man erkennen, was es ist, das den Staat als eine unter anderen Gemeinschaften kennzeichnet. Welches Merkmal des Staates nun den Vorrang genießen soll, seine Eigenschaft als Trutz- oder Schutzverband, könnte sich aus der Lage ergeben, in der sich das Staatswesen befindet.

Noch kann unentschieden bleiben, ob die Auffassung des Aristoteles die des Platon widerlegt, entscheidend für den Staat als eine Gemeinschaft ist allein der zusätzliche Gedanke, daß es noch andere Arten von Gemeinschaften gibt, die – wie der lateinische Begriff zeigt – sprachlich in einem Wort und als Rechtsbegriffe seit alters her existieren, wie z.B. die Familie. Die Entstehung des Staates aus der Familie oder aus Familien, wie Kelsen sie andeutet, spricht weder für noch gegen Platons Auffassung. Aber sie zeigt, daß beides – "civitas" und "societas" – existent ist. Daß civitas als Begriff für das Bürgerrecht Teil der res publica ist, liegt daran, daß man diesen als Ableitung von dem jus civile versteht. Schon damals waren auch dessen Bestandteile Rechtsfähigkeit, Arten von Personen (natürliche und juristische) und der Prozeß als rechtsförmiges Verfahren. Anders also als weite Teile des jus civile, die mit den alle angehenden Angelegenheiten nichts zu tun haben, sind das aber Rechtsregeln, die die Gemeinschaft ordnen, z.B. die Sicherheit des Rechtsverkehrs oder durch den Staat gesetztes Gerichtsverfahren zur Regelung privatrechtlicher Konflikte. Teile des jus civile sind daher besonders nahe dem Allgemeininteresse, so daß die begriffliche Nähe über die Teile der Bestände des Rechts civitas als öffentliche Angelegenheit verstehen läßt. "Die politische Einheit eines Volkes"[35] – wie Schmitt den Staat umreißt – ist deswegen auch in diesen Rechtsbegriffen des jus civile zu fassen, denn die Rechtsnatur von Staatenverbänden als korporative oder vertragsmäßige kann man auch auf den Einzelstaat, sogar den Staat als solchen als Gedanke richten. Tut man das, ist er ein Rechtssubjekt und als solches auch in den Kategorien des jus civile zu beschreiben, z.B. als Verein, dessen Grundlage die Satzung oder auch die Verfassung ist.[36]

2. Verfaßtheit durch Recht

Daß die öffentlichen Angelegenheiten als Sicherung eines Schutzverbandes durch Recht, also durch Verfassung geregelt werden können und geregelt werden, ist einleuchtend. Denn die Abgrenzung gegenüber dem Nichtzugehörigen,

---

35 Verfassungslehre, S. 3.
36 Laband, Das Staatsrecht des Deutschen Reiches, S. 57.

den anderen, gegenüber der Unsicherheit, erfordert Regeln, Maßstäbe, Normen. Wenn Hobbes von einem Krieg aller gegen alle spricht und das im Naturzustand der Freiheit, dann liegt dem die Vorstellung des Bösen als dem Menschen innewohnend zugrunde. Die Vorstellung vom Staat als Schutzverband und Sicherheitsspender meint damit notwendig auch den Nichtzugehörigen, d.h. den Außenfeind. Denn wenn die Menschen ihrer Natur nach einander feindlich gegenüberstehen, bedarf es zu ihrer Bändigung des Staates, der ihre Freiheit begrenzt und den Nichtzugehörigen nach Regeln ausschließt oder auch die Zugehörigkeit durch Regeln festlegt. Daher ist das Recht der Staatsangehörigkeit, das Bürgerrecht, auch eines der umstrittensten und begehrtesten Rechte.[37] In der Bundesrepublik Deutschland ist es an den Begriff des Volkes geknüpft wie Art. 116 GG ihn in seiner Zugehörigkeit als "Deutscher" festlegt.

Ob man den Begriff des Volkes, dem auch die Savigny'sche Volksgemeinschaft entstammt, nutzt, um die Zugehörigkeit als Bändigungsregel zu konkretisieren oder nicht, spielt für die Frage, wie Staaten als Gemeinschaften entstehen, civitas und societas sich verwirklichen, eine geringere Rolle als man auf den ersten Blick meinen mag. Denn nach Hobbes muß man das Sicherheitsargument als staatskonstituierend auch auf die in dem Staate selbst lebenden Personen anwenden. Wenn nämlich kein Außenfeind vorhanden ist und der Naturzustand der Freiheit zum Krieg der Bürger untereinander führt, so erwächst daraus auch hier die Notwendigkeit, zum Zwecke der Bändigung feindseliger Absichten und Handlungen, Recht einzusetzen.[38] Der Staat als Schutzverband gegen andere und damit für das Staatsvolk, also das Volk, das einen Staat als seinen Schutzverband gegen einen anderen gegründet hat, ist eine historisch plausiblere Vorstellung, weil verschiedene Schutzverbände, womöglich nach weltweit differierenden Entwicklungsstadien der Arbeitsteilung – wie Fleiner-Gerster sie andeutet[39] –, als Zusammenschluß gegen einen Außenfeind zum Zwecke größerer Kraft und Stärke geschaffen worden sind. Recht wird als Bändigungsmittel gegen den Krieg aller gegen alle in ihrer Freiheit nach außen und mit noch höherer Erkenntniskraft nach innen, nämlich für die Zustände in dem Staate selber, genutzt. Es kann unentschieden bleiben, ob die Vorstellung, daß der Mensch des Menschen Feind sei, richtig ist oder falsch. Der Absolutismus, der absolute Herrscher und seine Machtausübung beruhen zwar auf dieser Vorstellung, daß das Volk, die Menschen im Staat, einer absoluten Herrschaftsmacht aus solchen Gründen unterworfen sein müßten und noch der deutsche Liberalismus des 19. Jahrhunderts formulierte in dem Dualismus von Gesellschaft und Staat eine späte Anti-

---

37 Vgl. neuestens: Rittstieg DuR 1988, 14; Ders. InfAuslR 1988, 65; Ders. NJW 1989, S. 1018; Karpen NJW 1989, S. 1012; BVerfG NJW 1989, S. 3147.
38 Hobbes, Leviathan, S. 151.
39 Fleiner-Gerster, Allgemeine Staatslehre, S. 15.

these dazu.⁴⁰ Aber der Staat, wie ihn Platon konzipierte, also eine Gemeinschaft, d.h. civitas und societas in einem, enthält nicht als Voraussetzung die Vorstellung von dem freien Menschen als einem natürlichen Feind des anderen. Darin wird bloß die Konsequenz gezogen aus der Unvollkommenheit der Welt, der Tragik, aus der sozusagen das Beste zu machen sei. Gerade im Gegenteil wird man sagen können, daß das Bild einer friedlichen Gemeinschaft, eines harmonischen Lebens, eines guten Staates, Platons Konzept eher zugrundeliegt.⁴¹ Denn wenn der Staat ein Schutz gegen die Tragik des Lebens sein soll, so wird zwar jedenfalls in dem Leben etwas Gutes gesehen, unabhängig davon, ob die Freiheit als Naturzustand Grundlage des Kriegerischen im Menschen ist oder nicht.

Eine ähnlich positive Vorstellung enthält auch der Staat als Bändigung des Kriegerischen zwischen den Menschen. Auf der Hand liegt aber, daß ein Staat als Schutz gegen die Unvollkommenheit des Lebens Teil einer Harmonielehre ist und daher anders geartet sein muß als ein Staat, der naturhafte Feindschaft zwischen den Menschen bändigt.

Ist so das Recht ein Bändigungsmittel der Freiheit, die Grundlage für kriegerische Natur sein soll, oder als Mittel, Staat zu konstituieren, um der Unvollkommenheit, der Tragik, Herr zu werden, so muß das Öffentliche und zwar die res publica konstituiert und formuliert sein. Dabei ist unwichtig, wie und ob der Staat legitimiert oder begründet ist, ob zum Beispiel das Volk den Staat als Idee, als faktische Menge, als volonté générale, als Rechtsgemeinschaft oder als Träger des Rechtskonsenses rechtfertigt,⁴² entscheidend ist der imperativische Charakter, die Sollenseigenschaft des Rechts, die den Staat in der einen oder der anderen Weise konstituiert und verfaßt.

Wie kann diese Verfaßtheit des Staates durch Recht beschrieben werden? Welches Sollen wird geregelt und wessen Sollen? Welcher Imperativ wird gesetzt? Beantwortet werden können diese Fragen dann, wenn man erkennt, was den Staat in seinem Kern und Wesen, in seinem Innersten, zusammenhält. Nicht nur die öffentlichen Angelegenheiten sind es und Schutzverband, Bändigung womöglich des Tierischen im Menschen, sondern es ist das Allgemeine im Unterschied zu dem Besonderen, das, was alle dort an dem Orte Lebenden angeht, also das Gemeinsame, eben das Gemeinwesen. Verfaßtheit des Staates durch Recht heißt also, daß es Imperative gibt, die das Gemeinwesen in seiner Ordnung binden und bestimmen.

40 A. Kaufmann, Zur rechtsphilosophischen Situation der Gegenwart, in: Ders., Rechtsphilosophie im Wandel, 2. Aufl., 1984, S. 174.
41 Siehe Ausführungen in der Politeia zu dem Wächter- und dem Philosophenstaat.
42 Henke JZ 1981, S. 250.

II. Menschenbild und Staatstheorie

1. Das Menschenbild als Grundlage von Auffassungen über den Staat

Der "zoon politikon", also das zur Gemeinschaft fähige Wesen, kann in seinen vielen Eigenschaften verstanden werden:[43] Auf den ersten Blick fällt auf, daß in dem Begriff selbst nur die Aussage enthalten ist, daß er kein Einsiedler, kein nur auf sich selbst bezogenes Wesen ist, sondern im Kontakt, in Verbindung und im Zusammensein mit den anderen Menschen existiert. Besser noch könnte man sagen, daß er ein auf die politische Gemeinschaft hin angelegtes Wesen ist. Alle Staatstheorie und ihre Vorformen, die Auffassungen über den Staat, enthalten ein solches Bild von dem Menschen.

Geht man in der griechischen Vorstellung über den Staat, jedenfalls bei Plato, von einem Menschenbild aus, das die Unvollkommenheit der Welt und die Tragik der Erkenntnis darüber enthält, der durch Bildung von Gemeinschaften beizukommen sei, so bleibt man bei dieser Auffassung nicht stehen, wenn man in der Geistesgeschichte noch andere, dem Gemeinschaftlichen gegenüber weniger zwingend und dringlich formulierte Meinungen zur Kenntnis nimmt. Das Ideal des Plato enthält zwar nicht notwendig als seine Grundlage das Bild des guten oder bösen Menschen, die Politeia macht Ausführungen zu dem Guten und dem Bösen, der Mensch ist mit einer Seele ausgestattet und seine Gemeinschaftsfähigkeit ist wesentlich bestimmt durch Freundschaft und Feindschaft.[44] Die Gedanken von Aristoteles und erst recht später bei den Römern sind viel stärker ausgerichtet auf die Zielstrebigkeit, die Entelechie ist bedeutsam, die Zielgerichtetheit allen Seins, also auch die des Menschen, der von Natur aus nach Gemeinschaft strebe.[45] Diese anthoprologische Grundsicht steht nicht grundsätzlich gegen eine, die den Menschen von einem Gott oder einem anderen übernatürlichen Wesen, einer methaphysischen Letztdeutung und Transzendenz herleitet.[46] Entscheidend für die römischen und späten griechischen Bilder des Menschen ist Vernunftgerichtetheit, nämlich die Fähigkeit des Menschen zum rationalen, vernünftigen und zielstrebigen Handeln. Das unterscheidet den Menschen vom Tier.[47] Diese Eigenschaft des Menschen als anthoprologische Konstante wird in den verschiedenen Auffassungen über den Staat immer wieder betont: In der neu-

---

43 Politika 1253 a; auch Nikomachische Ethik 1097 b.
44 Politeia 331 e–338 d.
45 Aristoteles, Nikomachische Ethik 1094 a 1+2; Cicero, De officiis, I 20.
46 Vgl. den 1. Satz in: Platon, Die Gesetze, Zürich u. a. 1974, "Ist es ein Gott oder ein Mensch, ihr Gastfreunde, den man bei euch als den Urheber der Gesetze betrachtet?"; P. Häberle, Das Menschenbild im Verfassungsstaat, Berlin 1988.
47 Ryffel, Grundprobleme der Rechts- und Staatsphilosophie, Neuwied/Ber-

eren Debatte der Rechtstheorie, z.B. bei Rawls[48] und Hart,[49] aber auch in den Debatten, die die Moderne einleiteten [50] und die Aufklärung begleiteten,[51] bestand die Fähigkeit des Menschen zum geistesbestimmten Handeln, seine Vernunftbegabtheit im Vordergrund.[52] Gemeinschaftsfähigkeit trotz Unvollkommenheit der Welt, eine Seele mit der Fähigkeit das Gute von dem Bösen zu unterscheiden, Freundschaft und Feindschaft, Zielgerichtetheit, Transzendenz und Vernunftbegabtheit sind die Stichworte, die Menschenbild und Auffassungen über den Staat bestimmen.

Während aber die zentrale Vorstellung von dem Menschen als einem Gemeinschaftswesen, nämlich einer Gruppe von Freunden, die Unterscheidung von Gut und Böse und damit die Frage, wo die Gerechtigkeit liegt,[53] eher in den Hintergrund stellt, ist Hobbes der erste, der im 17. Jahrhundert eine säkulare, auf das Bild des Menschen, seine Natur, gerichtete Lehre, entwickelt, die im Leviathan eine das Schlechte im Menschen bändigende Kraft sieht.[54] Kant fügt dieser Auffassung später die Freiheit als zentralen Begriff hinzu, als Bedingung dafür, Sollensvorschriften einhalten und nicht einhalten zu können, also das darin vorgesehene, vielleicht Gute, zu tun.[55] Darauf gründet das Recht, welches in der Willensfreiheit seine Grundlage sieht, damit das in der Natur des Menschen liegende Böse gebändigt wird.[56]

Daß das Gute im Menschen die gemeinschaftsstiftende Kraft sei, ist eine Weiterentwicklung dieses Gedankens. Dagegen gehen Begründungsversuche für Staat, Gemeinschaften und die Rechte in diesen, also zum Beispiel Menschenrechte,

   lin/New York u. a. 1969, S. 103; Coing, Grundzüge der Rechtsphilosophie, 3.Aufl. 1976, S. 8; Herzog, Allgemeine Staatslehre, 1971, 77: "Souveränität des Menschen als Gattung"; aber auch Frankenberg/Rödel, Von der Volkssouveränität zum Minderheitenschutz, Frankfurt/M. 1981, S. 32.
48 Rawls, Eine Theorie der Gerechtigkeit, Frankfurt/M. 1979, S. 166.
49 Hart, Der Begriff des Rechts, Frankfurt/M. 1973.
50 Hobbes, Leviathan.
51 Z.B. R. Descartes, Von der Methode des richtigen Vernunftgebrauchs und der wissenschaftlichen Forschung, HH 1960 (1637) 1. Teil Rdnr. 20.
52 Siehe auch b. Kelsen, Reine Rechtslehre, S. 41f..
53 Häfelin, Die Rechtspersönlichkeit des Staates, 1. Teil, Tübingen 1959, S. 31. Früher schon Platon, Politeia, 358 a 6.
54 Hobbes, Leviathan, S. 151.
55 A. Kaufmann, Rechtsphilosophie in der Nach-Neuzeit, Heidelberg 1990, S. 27. Aus der Sicht des Neukantianismus: E. Winter, Ethik und Rechtswissenschaft, Berlin 1980, S. 387, aber schon Kant, Methaphysische Anfangsgründe der Rechtslehre, (1870), Hamburg 1986, S. 20f..
56 Schon Cicero, De officiis I 11f..

häufig von Bedürfniskonzeptionen aus. Das heißt, daß die Menschenrechte aus Basisbedürfnissen begründet werden.[57] Solche Grundbedürfnisse werden in Hinblick auf die Gemeinschaft angesprochen, es wird zuweilen die Gemeinschaftsbildung selbst sogar als Grundbedürfnis gesehen.[57a] Wenn der Mensch ein mit der Fähigkeit zur Gemeinschaftsbildung ausgestattetes Wesen ist, das im Staat in seinem Egoismus gebändigt werden soll, ist die Freiheit, das Gute, also Gemeinschaftsfördernde zu tun, nicht die einzige Möglichkeit, in dem Menschen selbst das zu bewirken. Stellt man sich den Menschen als nicht zur Freiheit fähig, nicht mit einem freien Willen ausgestattet, vor, eher als ein durch Zwang bestimmtes Wesen, so müßte der Leviathan, die Gemeinschaft, der Staat, mit einer Gewalt ausgestattet sein, die den möglichen Zwang zum Bösen, zum Schlechten, bändigt. Zwar findet man diesen Gedanken aufgehoben in dem Rechtsbegriff der hoheitlichen Gewalt des Staates,[57b] die zu dem Zwecke, inneren und äußeren Frieden herzustellen, eingesetzt werden kann, gleichwohl wirft die Bestimmung des Menschen als ein Wesen, das unfrei und nicht willensausgestattet ist, das Problem auf, wodurch dieser sich von dem Tier unterscheidet. Mit der Sicht auf den Menschen als ein Wesen, das einen freien Willen hat, trifft man aber eine Aussage, die eine solche begriffliche Differenzierung gestattet, daß sie in der Wirklichkeit wiedergefunden werden könnte. Damit ist die Bestimmung dieser Worte zu Rechtsbegriffen möglich.

Das ist nicht verwunderlich, weil das moderne Recht und seine Tradition in Deutschland seit Savigny durch die Willensbestimmung und die Person, die frei entscheiden kann, charakterisiert sind[57c] Darin ist die Vorstellung von der Vernunftgerichtetheit, also der Fähigkeit, vernünftig zu handeln, wie sie zuvor als Besonderheit des Menschen dargelegt worden ist, allerdings nur in Teilen aufgehoben, denn das Vernünftige zu tun, sich also für die Rationalität, die Vernunft zu entscheiden, heißt nicht zwingend, das Gute zu verwirklichen. Die Vorstellung von dem Menschen als einem freien, auch vernunftbestimmten Wesen ist eingebettet in die Hoffnung, daß die mögliche gemeinschaftsstörende, zerstörerische Kraft gebändigt werden kann und, geht man von dem freien Willen aus, daß der Mensch sich dafür entscheidet und damit der Unvollkommenheit der Welt begegnet, sie also verbessert wird.

Dieses nicht auf Dichotomien angelegte Denken, das als Aussage anthropologische Konstanten enthält, kann zwar im Widerspruch zu dem auf das Transzen-

---

57 Zippelius, Das Wesen des Rechts, München 3. Aufl. 1973, S. 143; Badura, Die politische Freiheit in der Demokratie, in: Brandt/ Gollwitzer/Henschel (Hg.), Ein Richter, ein Bürger, ein Christ, Baden-Baden 1973, S. 75. Aber T. Mayer-Maly, Das Recht als Ordnung menschlichen Verhaltens, in: Festschrift f. Broermann, S. 25f.
57a Riedel, ab S. 170.
57b Art. 20 Abs. 2 S.1 GG spricht von der "Staatsgewalt".
57c Savigny, System des heutigen römischen Rechts, 1840.

dente und Theologische ausgerichtete Denken stehen, wenn man nach der Gültigkeit von Letztursachen fragt. Denn das säkulare Denken bezieht nicht die Existenz eines Gottes ein, sondern sieht den Menschen als einen freien und vor allem denjenigen, der letztendlich die Geschicke des Lebens und der Welt bestimmt. Das theologische Denken dagegen, etwa die Vorstellungen von einer christlichen Demokratie,[57d] wie es vorzugsweise in den romanischen Ländern üblich ist, begreift den Menschen in seinen Eigenschaften und Möglichkeiten in Abhängigkeit von einem Gott und versteht auch den Staat so. Die Fragen, die das christliche Denken seit dem Mittelalter zu beantworten sucht, sind gerade solche, wie das Verhältnis zwischen einem Gott und dem Menschen und zu dem Staate als eine weltliche Gemeinschaftsbildung erklärt werden kann. Schon Augustinus hat von der Geschichte der beiden "Bürgerschaften", dem "Gottesstaat" und dem "Weltstaat" gesprochen und in seiner altchristlichen Apologetik den Ursprung der beiden Staaten in der [58] Engelwelt vermutet. Später schrieb Luther über die Zwei-Reiche-Lehre und er behauptete, daß man im Reich der Welt Schwert und Obrigkeit braucht.[59]

Diese christlichen Lehren über den Menschen in seinem Verhältnis zu Gott enthalten den Konflikt zwischen dem säkularen und dem methaphysischen Denken, aber sie erzwingen keine Entscheidung zwischen Eigenschaften des Menschen, die womöglich die Gemeinschaft stiften. Dennoch sind diese Lehren geeignet, der tragischen Erkenntnis von einer unvollkommenen Welt, die Hoffnung auf ein besseres Leben, also eines, das an christlichen Werten ausgerichtet ist, entgegenzusetzen. Diese in den christlichen Lehren begründete Hoffnungsstiftung ist ein Versuch – begreift man die Menschheit in einem historischen Kontinuum von ihren Ursprüngen an – das Unvollkommenheitsproblem im Menschenbild zu lösen, das die Gemeinschaftsfähigkeit des Menschen an einen Maßstab ausrichtet, der mehr enthält als eine Vorstellung von Gerechtigkeit, bestimmt durch Freundschaft. Zielstrebigkeit oder Entwicklungskontinuität sind bloß Hilfsbegriffe, entscheidend ist das mögliche Gute im Menschen als Kreatur, die von einem Gott als Krone der Schöpfung geschaffen worden ist. Darin gleichen die Menschen einander. Sie sind also nicht ihrer Natur wegen gleich, sondern vor Gott.

Das durch die Moderne sich entwickelnde Denken in der Staatslehre war ein diesem Denken entgegengesetztes, nämlich der Versuch einer Säkularisierung. Es ist von dem Bestreben geleitet, ohne ein Gottesbild und ohne Transzendenz, die Welt auf den Begriff zu bringen. Das Dilemma, daß der Mensch auf der Welt

---

[57d] A. Gnägi, Katholische Kirche und Demokratie. Ein dogmengeschichtlicher Überblick über das grunds. Verhältnis der kath. Kirche zur demokratischen Staatsform, Zürich, u.a. 1970.
[58] A. Augustinus, Vom Gottesstaat (426 n. Chr.), Mü. 2.A., 1985, 1. Bd. XVI.
[59] M. Luther, Von weltl. Obrigkeit (1523, Stuttgart 1983. 4.A.,S. 18, 20.

nicht alleine lebt, sondern einer Gattung angehört, also zur Gemeinschaft gezwungen ist,[60] wird freilich in den säkularen Menschenbildern etwas anders gelöst als in den christlichen. Willensfreiheit, Vernunftfähigkeit und Bedürfnisbestimmtheit sind die entscheidenden Zuschreibungen von Eigenschaften im Menschenbild. Sie greifen zurück auf die Naturbedingtheit, auf eine Natur des Menschen.

Die Freiheit des Willens des Menschen steht im Gegensatz zur Bestimmtheit von ihm durch Bedürfnisse. Beide Begriffe könnten in einem dichotomischen Verhältnis zu dem der Vernunft stehen. Die Freiheit des Willens oder auch die Freiheit, seinen Willen betätigen zu können, muß nicht eine vernünftige Entscheidung zur Folge haben.[61] Diese kann zwar Bedürfnissen entsprechen, muß es aber nicht. Jedenfalls ist sie nicht determiniert; es bleibt also eine Entscheidung auch gegen Bedürfnisse möglich. Die Bestimmtheit durch Bedürfnisse läßt eine freie, gegen sie gerichtete Entscheidung nicht zu.

Denn das ist ihre Eigenschaft als ein Gedanke, wie man die Welt erklären kann. Aus dieser Sicht kann Vernunft höchstens Einsicht in die Notwendigkeit bedeuten, nämlich die Notwendigkeit, einem Bedürfnis folgen zu müssen. Das heißt aber, daß die Vernunft und das Bedürfnis als Begriffe denselben Inhalt hätten. Weil das unmöglich ist, fragt man, was das Merkmal von Vernunft als Begriff ist, das diese von anderen Begriffen unterscheidbar macht. Es könnte ihre Eigenschaft sein, das Richtige zu denken. Damit ist sie der Willensfreiheit Voraussetzung. Prinzipiell sind Vernunft und Willensfreiheit bei Bedürfnisbestimmtheit nicht mehr möglich. Jeder dieser drei Begriffe steht also nicht im Gegensatz zu jedem anderen von ihnen. Da aber das abendländische Denken auf den Pfeilern der freien Willensbetätigung und Vernunft beruht, weil nur so die Gattungshierarchie widerspruchsfrei und in Worten, die fähig sind, Rechtsbegriffe zu sein, begründet werden kann, sind bloß freier Wille und Vernunft Inhalt des Menschenbildes. Dagegen ist die Bedürfnisbestimmtheit als ihr möglicher Bestandteil entbehrlich.

Fraglich ist aber, ob das Schlechte im Menschen, das durch den Leviathan gebändigt werden soll, in diesem Menschenbild seinen Platz hat. Möglich ist das dann, wenn die Gemeinschaft nicht mehr bloß als Sicherungsverband gegen die Tragik der Welt verstanden wird, sondern als Sicherung gegen das Böse aus Eigennutz oder weil es dem Einzelnen vernünftiger scheint. Das Gute könnte sein,

60 Daher: v. Aquin, Über die Herrschaft der Fürsten, 1. Buch, 2. Kap.; heute W. Böckenförde, Der Verfassungstyp der deutschen konstitutionellen Monarchie im 19. Jahrhundert, in: Ders. (Hg.), Moderne deutsche Verfassungsgeschichte (1815-1915), 2.A., S. 160f..
61 I. Kant, Kritik der reinen Vernunft, S. 52, 73. Ders., Metaphysische Anfangsgründe der Rechtslehre, I. Rdnr. 20-33, Rdn. 1-35; Ders. Grundlegung zur Metaphysik der Sitten, S. 19.

was dem anderen oder auch der Gemeinschaft nützt. Es könnte zugleich das Vernünftige sein. Umgekehrt wird angenommen, daß der Egoismus, womöglich das Böse aller Menschen, das Gemeinwohl ergibt. Welche Rolle dieser Gedanke spielt, muß hier nicht geklärt werden, denn jedenfalls ist das Schlechte in den Menschen, begreift man es nicht als bloß bestimmt durch Bedürfnisse, vereinbar mit dem Begriff der Vernunft und auch dem der Freiheit des Willens. Eine Entscheidung gegen das Vernünftige bleibt damit nämlich möglich.[62]

2. Die Lehre vom Staat und ihre Vorstellung von dem Menschen

Beläßt man es zunächst bei der tragischen Erkenntnis von der Unvollkommenheit der Welt, wenn man Gemeinschaft in Form des Staates begründet, liegt die Frage auf der Hand, ob die Lehre von dem Staat für die Rechtfertigung staatlicher Gemeinschaft noch zusätzlich Aussagen treffen müsse.

Eine solche Aussage ist dann getroffen worden, wenn man den Staat auch als Sicherungsverband gegen das Böse im Menschen begreift. Denn als Ursache für die staatliche Gemeinschaftsbildung ("civitas") wird eine in dem Menschen selbst liegende Eigenschaft oder ihr Ergebnis gesehen, nämlich der Krieg aller gegen alle.[63] Damit steht nicht mehr dahin, warum die Welt unvollkommen ist, sondern es wird eine Letztursache genannt. Ob eine solche Aussage aber gebraucht wird, um den Staat im Menschenbild zu begründen, muß nicht entschieden werden. Jedenfalls kann sie getroffen werden. Denn wesentlich ist, daß staatliche Gemeinschaftsbildung so begründet worden ist und auch so begründet werden kann. Es ist nämlich das Böse im Menschen, das in jedem Fall das Gemeinschaftsfeindliche ist. Es ist zerstörerisch, vernichtend, unabhängig von seiner Ursache, die vielleicht der freien Willensentscheidung oder einem dem Menschen innewohnenden Trieb entspringt.[64]

Vernunft hat zu ihrer Voraussetzung immer einen freien Willen, nämlich das Denken, d.h. Alternativen. Das Vernünftige zu dem der Mensch fähig ist, muß nicht unbedingt das Gemeinschaftsfördernde sein. Vernunft als die Form der Rationalität kann – orientiert an einem nicht gemeinschaftsfördernden, eigensüchtigen Ziel – zur Zerstörung von Gemeinschaften führen Die Existenz von Vernunft als ein Begriff, der den Menschen charakterisiert, zeigt bloß seine Fähigkeit zu dem Denken an, obwohl in der Geschichte der Moderne die Vernunft als Ideal und Fähigkeit des Menschen als eine gemeinschaftsfördernde Eigenschaft, als wesentlichster, höchster Wert, genannt worden ist. Auf diese Art und Weise wurde nämlich das Apriori des theologischen Denkens, die Existenz eines Gottes, säkularisiert und zu einem Teil des Menschen gemacht.

---

62 Z.B. I. Kant, Kritik der reinen Vernunft, S. 541.
63 Hobbes, Leviathan, S. 151.
64 Beispielsreich das deutoronomische Gesetzbuch (121-26,5)

Wenn auch die moderne Staatslehre ihre Ursprünge in Auffassungen über den Staat hat, die nicht die Existenz eines Gottes als Gedanke voraussetzen, sondern darin der Staat als Schutzverband gegen das dem Menschen innewohnende, triebhafte Böse begreifen und zugleich säkular sind, so können diese Erklärungen nicht das Besondere gerade der staatlichen Gemeinschaft der Menschen erklären. Die auf Willensfreiheit und Vernunft gründenden Lehren dagegen sind einem positiven Menschenbild, einer Höchstwertvorstellung vom Menschen verpflichtet.[65] Ob sie als Philosophien in ihrer Fähigkeit, die Welt erklären zu können, mit den theologischen Erklärungen, nämlich solchen, die die Existenz eines Gottes begrifflich enthalten, konkurrieren können, mag ungewiß sein. Vielleicht aber ist es nicht unbegründet, die Anfänge der modernen Staatslehre in den Auffassungen über den Menschen als einem nicht durch Transzendenz bestimmten Wesen zu sehen, das in seinem Handeln nicht durch ein Gottesbild beeinflußt ist. Denn es könnte sein, daß die moderne Staatslehre oder auch Staatsrechtslehre als selbständige Lehre zu existieren begann als sie die Gemeinschaftsbildung, die im Staate liegt, durch die Geschicke der Menschen bedingt, erklären konnte, dessen Gründung wegen der Notwendigkeit, das Schlechte des Menschen im gesellschaftlichen und wirtschaftlichen Leben zu bändigen, gar nicht mehr zu umgehen war. Ursache für das im gesellschaftlichen oder wirtschaftlichen Leben überhandnehmende Böse könnte die Bedürfnisdetermination oder der freie Wille des Menschen sein. Erst als man diese Einsicht gewonnen hatte, entstand die Notwendigkeit zur Bändigung als öffentliche Angelegenheit, die nicht bloß als eine solche, sondern als eine weltliche begriffen worden ist.

Das kann in den Ursprüngen der modernen Staatslehre als Kritik an solchen Kräften verstanden werden, die als Teil der societas nicht das Gute, sondern das Böse förderten. So war ein Menschenbild geschaffen worden, das die Freiheit, ungezügelt seinen Leidenschaften nachzugehen und das auf Kosten der Gemeinschaft zu tun, also Böses anzurichten, als eine natürliche Eigenschaft begreift. Dieser schlechten, weil gemeinschaftsfeindlichen Eigenschaft des Menschen, seiner Einordnung als bloßes Naturwesen, wurde der Staat als Bändigungseinrichtung entgegengesetzt, die die Freiheit begrenzen soll. Damit erhielt er einen Wert, den er zuvor nicht besaß.[66] Später, erst mit Vernunftfähigkeit und Willensfreiheit, die die Entscheidung zwischen Gut und Böse ermöglichen, enthielt das Denken über den Staat seine Begründung als eine besondere Gemeinschaft, die über die öffentlichen Angelegenheiten konstituiert ist.[67] Denn so wurde in der Lehre von dem Staat die Chance Teil des Menschenbildes, sich aus der Summe aller Möglichkeiten mit derselben Wahrscheinlichkeit für das Gute oder für das

---

65 Kant, Grundlegung zur Metaphysik der Sitten. Siehe Einl. S. 11.
66 Hobbes, Leviathan, S. 155. Vgl. dagegen früher Platon, Der Staat und auch Cicero, De re publica.
67 Z.B. Rousseau, Gesellschaftsvertrag.

Böse zu entscheiden oder wegen der auf die Gemeinschaft gerichteten Vernunftfähigkeit womöglich sogar mit höherer Wahrscheinlichkeit das Gute, also Gemeinschaftsfreundliche, vorzuziehen. Dieses Denken gab dem Menschen selbst in die Hand, der Tragik der Unvollkommenheit der Welt durch den Staat als Sicherungsverband zu begegnen, weil er nichts sah über sich, das ihm hätte helfen können. Das Wissen über seine eigenen Möglichkeiten wurde so vielleicht erweitert.

III. Staatszweck und Staatsaufgaben

1. Staatszwecklehre und Zweckjurisprudenz

Die Belange, die über dem Einzelnen und seinen Interessen stehen, also die öffentlichen Angelegenheiten, charakterisieren das Gemeinwesen als Staat. Die moderne Staatslehre hat in dem Staat eine Eigenschaft gesehen, die das Wesen des Gemeinschaftlichen als Bildung von Orten gegen die tragische Erkenntnis von der Unvollkommenheit der Welt übersteigt. Diese wird als Bändigungsgrund begriffen. Es ist das dem Menschen innewohnende Freiheitsstreben, auf Kosten der Gemeinschaft tätig zu sein und Böses aufgrund eigener Entscheidung zu bewirken; es erfordert Hoheitsgewalt, also staatliche Gewalt.[68]

In seiner Eigenschaft als Sicherungsverband gegen die Tragik braucht der Staat keine hoheitliche Gewalt auszubilden, denn es wird nicht gesagt, welche Ursache die Unvollkommenheit hat. Blickt man aber auf die Eigenschaft, Trutzverband zu sein, ist die staatliche Gewalt vonnöten, weil in den Nichtzugehörigen der Feind gesehen wird. Man muß also nicht, man kann aber einen Zweck in dem Staate sehen, weil man eine Ursache für die Tragik vermutet. Wenn man einen Zweck in dem Staate sehen möchte, könnte man es bei diesem Gedanken der hoheitlichen Gewalt des Staates belassen. Zweck des Staates wäre danach die Ausübung, die Betätigung seiner Gewalt als Mittel, Belange der res publica zu vertreten.

Vielleicht findet man noch andere Staatszwecke, eine Frage, die aber zurückgestellt werden kann bis man die von Kelsen behauptete Selbstzweckhaftigkeit des Staates, die er der allgemeinen Staatslehre entnimmt, betrachtet hat.[69]

Nicht nach dem Zweck des Staates zu fragen, diesen bloß als konkrete Zwangsordnung zu begreifen, die keiner Rechtfertigung bedürfe und die durch den Begriff der Souveränität des Staates zum Ausdruck komme, bedeutet, den einzelnen, existierenden Staat mit Staat als Begriff der Staats- und Rechtslehre gleichzusetzen oder auch in der Souveränität von Staaten die Rechtfertigung des Staates überhaupt zu sehen.

---

68 W. Brugger, Staatszwecke im Verfassungsstaat, NJW 1989, 2425.
69 H. Kelsen, Allgemeine Staatslehre, S. 40.

Den Begriff des Staates mit konkreten Einzelstaaten gleichzusetzen, scheint nicht gerechtfertigt zu sein. Diese unterscheiden sich nicht nur in ihrer historischen Abfolge, nach geographischer Lage, unterschiedlichen Verfassungen, sondern auch darin, ob eine Verfassung vorhanden ist oder nicht.[70] Sicherlich ist es möglich, einen einzelnen vorhandenen Staat, vor allem einen Verfassungsstaat, als eine konkrete, staatliche Zwangsordnung zu begreifen, die durch die Souveränität dieses staatlichen Gebildes als eine Herrschaftsmacht nach innen und außen begründet ist. Weder ist aber so der Begriff des Staates bestimmt, noch begründet, warum es keiner Zweckbestimmung bedarf und auch nicht, warum der Staat Selbstzweck ist.

Den Staat als bloße Zwangsordnung zu begreifen, übersieht, daß unsicher ist, worauf die Unvollkommenheit der Welt gründet. Ist es nicht das Schlechte im Menschen, so bedarf es keiner Bändigung und auch keines Staatszwecks, der darin liegt. Dennoch gäbe es auch dann einen Staat, der die Merkmale des Begriffs des Staates erfüllen könnte. Es bedarf bloß keiner Zweckbestimmung.

Als Selbstzweck ist der Staat nur dann vorstellbar, wenn er über die Gründe für seine Errichtung hinaus noch Ziele und Wege aufweisen kann. Als Sicherungsverband gegen die Tragik der Erkenntnis der Unvollkommenheit der Welt liegt in seiner Ursache zugleich das Ziel. Es ist die Verminderung der Unvollkommenheit. Das als Selbstzweck zu verstehen, würde bedeuten, alles hat einen solchen. Diese Aussage aber enthält keinen neuen Gedanken. Begreift man das Wort Staat als Rechtsbegriff, so enthält es ein Sollen. Versteht man den Staat in dieser Art und Weise, so ist ihm als Rechtsbegriff ein Selbstzweck beigegeben. Dieser ist aber bloß derselbe, den alle anderen Rechtsbegriffe auch besitzen.

In der Diskussion findet man noch andere Staatszwecke bzw. Versuche, diese einzuordnen: Es ist von dem limitierenden und dem expandierenden Staatszweck die Rede, aber auch von Rechtszwecken, Macht-, Kultur- und Freiheitszwecken.[71] Grundsätzlich nämlich ist es möglich, wenn man der Zweckjurisprudenz in ihrer ursprünglichen Form folgt, wie von v. Jhering erdacht,[72] eine unendliche Zahl von Zwecken als solche den einzelnen Staaten beizugeben. Man muß ihm dabei nicht folgen, wenn er den Zweck als etwas verstehen möchte, das dem einzelnen Begriff als eine Besonderheit anhaftet, weil der Zweck im Recht nicht dem Begriffe entstammt, sondern seiner Eigenschaft Rechtsbegriff zu sein.

---

70 Vgl. Rheinstein, Einführung in die Rechtsvergleichung, 2. Aufl. München 1987, § 14.
71 H. Kelsen, Allgemeine Staatslehre 1 S. 40-44.
72 V. Jhering, Der Zweck im Recht (1877), in: W. Maihofer (Hg.), Begriff und Wesen des Rechts, Darmstadt 1973, S. 176. U. K. Preuß, Zur Methode juristischer Begriffskonstruktion, S. 166: "..trotz alledem aber die Hinzuziehung des Zweckmoments in der juristischen Begriffskonstruktion für deren Selbstauflösung halten."

So gesehen, kann ein Verfassungsgeber womöglich dem einzelnen Staat viele Zwecke geben und eine Einteilung in begrenzende und ausweitende Staatszwecke, aber auch solche wie sie als Rechts-, Macht-, Kultur- und Freiheitszwecke benannt sind, scheint möglich. Nach der alten Vorstellung von dem Weg, der zu einem Ziel führt, nämlich dem Recht, dem bestimmte Zwecke innewohnen, ist das konsequent.

Können grundsätzlich unbegrenzt viele Zwecke dem Staat beigegeben werden, die sich alle dem allgemeinen Staatszweck unterordnen lassen, führt eine Aufzählung dieser vielleicht nicht zu einer tieferen Erkenntnis über den Staat selbst, sondern bloß zu einer über die Motive der Staatsgründer, z.B. der Verfassungsgeber. Überschneidungen zu dem Begriff der Staatsaufgaben können sich nicht ergeben, denn diese konkretisieren die besonderen Staatszwecke der Verfassung für den einzelnen Staat.

Schließlich ist für die Bestimmung der Bedeutung des Staates wesentlich, daß von vornherein kein anderer Zweck ersichtlich ist als der genannte, der die Ausübung hoheitlicher Gewalt beschreibt, der dieselben Eigenschaften zukommen wie dieser. Durch sie soll die Betätigung des Menschen im wirtschaftlichen und gesellschaftlichen Leben, Nutzen auf Kosten der Gemeinschaft zu erzielen, eingeschränkt werden.

Zwar wird auch durch diesen Zweck die Bedeutung dessen, was der Staat sei, begrenzt.[73] Das geschieht aber nicht im Sinne einer Festlegung in Alternativen. Man könnte als Ursache für die Tragik der Erkenntnis der Unvollkommenheit der Welt, statt dem Bösen im Menschen, auch an Naturgewalten denken, die, z.B. als Naturkatastrophen, eine Vervollkommnung verhindern. Das würde aber die Besonderheit des Staates als res publica nicht erklären, der gerade durch die Öffentlichkeit der Angelegenheit bestimmt ist. Sie müssen also gerade das Öffentliche im Unterschied zu dem Nichtöffentlichen erfordern. Diese Eigenschaft fehlt aber der Naturkatastrophe, die unterschiedslos alle trifft. Sieht man Ziel und Zweck fast synonym, allerdings dem Zwecke ein Element von Kausalität anhaftend, das der Begriff Ziel nicht kennt, könnte man wegen der Unveränderbarkeitsgarantie des Art. 79 Abs. 3 GG die in Art. 1 und Art. 20 GG aufgeführten Verfassungssätze als besondere Staatszwecke der Bundesrepublik Deutschland begreifen, weil sie im Schrifttum unter dem Stichwort "Staatsziele" rezipiert werden.[74] Die Formulierungen, insbesondere die des Art. 1 GG, sprechen aber gegen diese Einordnung; dort ist von der "Verpflichtung" staatlicher Gewalt und

---

73 Müller-Erzbach, Die Relativität der Begriffe und ihre Begrenzung durch den Zweck des Gesetzes (1912), in: Krawietz (Hg.), Theorie und Technik der Begriffsjurisprudenz, Darmstadt 1976, S. 201. Anders Radbruch, Der Begriff des Rechts, in: Maihofer, a. a.O., S. 276.

74 Stern, Das Staatsrecht, § 4 II 3, 4, S. 121f.

vom "Bekenntnis des Deutschen Volkes" sowie von der Bindung der Staatsgewalten an die Grundrechte die Rede. In Betracht kommt das eher für die Bestimmung in Art. 20 GG, der die Bundesrepublik als Demokratie, Sozialstaat und Bundesstaat konstituiert.[75] Auf den ersten Blick scheint es nicht unmöglich, daß es besondere Zwecke von Staaten geben kann, die sich aus dem allgemeinen Staatszweck ergeben. Üblicherweise werden in einer staatsrechtlichen Betrachtungsweise Republik und Demokratie als Staats- und Herrschaftsform eingeordnet. Bei den Staatszielbestimmungen als Begriffe des Verfassungsrechtes wird eine Einordnung getroffen, die ihren Bindungscharakter und ihre Wirkungsrichtung als Verfassungsgrundsätze oder Verfassungsdirektiven erklärt. Aus diesem Grunde beschreiben sie nicht den Staatszweck. Auch sind sie solche Eigenschaften eines Staates, wie sie in einer Verfassung konstituiert sein können, aber nicht müssen. Sie sind also schon deswegen nicht allgemeiner Staatszweck und stehen auch als Hilfsbegriffe bloß unter demjenigen der Staatsgewalt als Folge des Bändigungszwecks. Denn ist dem Staat ein Zweck gegeben, so muß es einer sein, der jedem Staate innewohnt oder nur ausnahmsweise wegen einer besonderen staatsrechtlichen Lage fehlt. Das trifft für die in Art. 20 GG genannten Grundsätze nicht zu.

Im Ergebnis kann man festhalten, daß die Zweckjurisprudenz des v. Jhering zwar geeignet ist, den Blick auf die Möglichkeiten der Zwecksetzung für Staaten zu richten; sie vermag jedoch nicht über den allgemeinen Zweck des Staates, Belange der res publica durch hoheitliche Gewalt zu vertreten, hinausgehend, der Staatszwecklehre einen Gedanken beizufügen. Der Zweck des Staates ist also in seinem Begriff aufgehoben.

2. Verfassungsvergleich nach einzelnen Staatszwecken und Staatsaufgaben

Sieht man diesen Zweck des Staates, versperrt das nicht den Blick auf die durch Verfassungsgeber in den Konstitutionen festgelegten, besonderen Staatszwecke, bzw. die dort für den einzelnen Verfassungsstaat genannten Staatsziele. Man wird sich bei ihrer Formulierung an dem Begriff der hoheitlichen oder öffentlichen Gewalt oder auch dem der Staatsgewalt orientiert haben.

In der Verfassung der Bundesrepublik Österreich vom 10. November 1920 in ihrer jetzt geltenden Fassung findet man keine ausdrücklich als "Zwecke" bezeichneten Verfassungsbegriffe. Allerdings deutet die im Anhang in Nr. 1. a) § 1 S. 1 genannte Bestimmung, die die zuvor geltenden Gesetze und Vollzugsanweisungen außer Kraft setzt, sofern sie mit der Einrichtung der Republik Österreich als Bundesstaat im Widerspruch stehen, darauf hin, daß ein Zweck dieses Staates Österreich sein könnte, ein Bund zu sein, wie es auch die Formulierung im Titel der Verfassung und in Art. 2 Abs. 1 ausgesprochen wird. Wenn auch sicherlich nicht gleichrangig in ihrer Aussagekraft für das Selbstverständnis des

---

75 A. a.O..

Staates Österreich, ist aber auch die Bestimmung des Art. 1 S. 1 und 2 des Staatsvertrages betreffend die Wiederherstellung eines unabhängigen und demokratischen Österreich vom 27. Juli 1955 als Annex zu der Verfassung beachtlich. Darin ist Österreich als freier und unabhängiger Staat wiederhergestellt worden, dessen Souveränität, Unabhängigkeit und Demokratieförmigkeit durch die "Allierten und Assoziierten Mächte" anerkannt wird. Daß das in Vertragsform ausgesprochen worden ist, zeigt, daß es als Aushandlungsergebnis im Verhältnis zu anderen Staaten Geltung besitzen soll. Daher liegt sein Erkenntniswert für Zwecksetzungen, die der Einzelstaat sich selbst gegeben hat und die konkret, womöglich historisch, bedingt sind, etwas anders als bei den Konstitutionen. Obwohl die Neutralitätserklärung Österreichs durch Bundesverfassungsgesetz vom 26. Oktober 1955 eine einseitige Willenserklärung anderen Staates gegenüber ist, könnte man meinen, Österreich habe hier mit derselben Aussagekraft eine Bestimmung über sich als Staat getroffen. Das ist aber nicht der Fall. Denn dieses Gesetz hat keinen völkerrechtlichen Bindungscharakter. Es schränkt bloß die Freiheit, Trutzbund zu sein, nach innen hin ein. Allein, das aber muß nicht den Staatszweck berühren, der die hoheitliche Gewalt als Staatsgewalt mit Bändigungscharakter für die Gemeinschaft selbst umfaßt. Eine Begrenzung derselben durch einseitige Erklärung mag vielleicht aber auch den Staatszweck berühren, nämlich einschränken. Völkerrechtlich gewichtiger ist aber der Staatsvertrag, der Staatszwecke enthält.

Die Bundesverfassung der Schweizerischen Eidgenossenschaft vom 29. Mai 1874 in ihrer jetzt geltenden Fassung enthält in Art. 2 ausdrückliche Zweckbestimmungen. Es ist die "Behauptung der Unabhängigkeit des Vaterlandes gegen außen, Handhabung von Ruhe und Ordnung im Innern, Schutz der Freiheit und der Rechte der Eidgenossen und Beförderung ihrer gemeinsamen Wohlfahrt", die der Bund der Eidgenossen, nämlich die Eidgenossenschaft, wie es die Präambel vorschreibt, als besondere Zwecke sieht.[76a] Allgemeine Zwecke sind Bund und Genossenschaft.

Anders als die Verfassung der Schweiz, enthält diejenige der Vereinigten Staaten von Amerika bereits in der Präambel eine Aufzählung unterschiedlicher Zwecke: "We the people of the United States, in order to form a more perfect union, establish justice, insure domestic tranquility, provide for the common defense, promote the general welfare, and secure the blessings of liberty to ourselves and our posterity, do ordain and establish this constitution for the United States of America." Bei der Interpretation dieses Vorspruchs zur Verfassung ist sicherlich zu berücksichtigen, daß diese genannten Zwecke auf den Erlaß ("establish") der Verfassung gerichtet sind und nicht auf die Gründung der Vereinigten Staaten.

76 Stern a.a.O. S.121.
76a Zur Bindungswirkung von Präambeln in Verfassungen vgl. P. Häberle, Präambeln im Text und Kontext von Verfassungen, in: J. Listl/H. Schambeck (Hg.), Festschrift für Broermann, Berlin 1982, S. 240ff.

Vielleicht sollte man daher eher von Verfassungszwecken sprechen. Gesondert als Staatszwecke genannte Verfassungsbegriffe sind dort nicht vorfindbar.
In der Verfassung des Königreiches Belgien vom 7. Februar 1831 in der jetzt geltenden Fassung sind keine ausdrücklichen Bestimmungen zu besonderen Staatszielen oder Staatszwecken enthalten. Allerdings könnte man aus dem Aufbau dieser Verfassung, die die Gliederung des Staatsgebietes allen anderen Bestimmungen, auch den Grundrechten und Organisationsnormen, voranstellt, den Schluß ziehen, daß die in Art. 3 S. 1 genannte Einteilung des Königreiches Belgien als eines Staates, der drei Gemeinschaften umfaßt, konkreter Staatszweck ist. Schon der Begriff Gemeinschaft erlaubt die Einordnung als ein Staatszweck Belgiens. Die Einfügung an den Anfang der Verfassung deutet darauf hin, daß die Staatsgewalt sich in der Gliederung des Staatsgebietes zeigt und daher diese umfaßt.
In der Reihenfolge der Verfassungen Frankreichs enthält die Verfassung der Republik Frankreich vom 4. Oktober 1958 in ihrer geltenden Fassung im ersten Satz der Präambel eine Bestimmung über die Verbundenheit des französischen Volkes mit den Menschenrechten und den Grundsätzen der nationalen Souveränität. Das wird man wohl als Staatszweckbestimmung einordnen können. Der Satz 2 der Präambel und auch Art. 1 der Verfassung enthalten Bestimmungen über das Verhältnis zwischen der Republik Frankreich und den überseeischen Gebieten, ebenso wie der 12. Titel der Verfassung, der den Mitgliedstaaten der Gemeinschaft Autonomie zuweist. Damit werden Staatszwecke konstituiert.
So auch Art. 2 Abs. 2 der Verfassung der Republik Griechenland, wonach Griechenland, nämlich der griechische Staat, bestrebt ist, unter Beachtung der allgemein anerkannten Regeln des Völkerrechts, den Frieden, die Gerechtigkeit und die Entwicklung freundschaftlicher Beziehungen zwischen den Völkern zu fördern. Die Formulierung "bestrebt ist" deutet auf eine solche besondere Zweckbestimmung hin, die, anders als Art. 2 Abs. 1 dieser Verfassung,[76b] nicht als Staatspflicht ausgestaltet ist.
Ausdrückliche Staatszweckbestimmungen enthält die Verfassung der Republik Irland vom 1. Juli 1937 in der geltenden Fassung. Die Präambel spricht, ähnlich wie die der US-amerikanischen Verfassung, von dem irischen Volk, das bestrebt ist, das allgemeine Wohl zu fördern mit dem Ziel, Würde und Freiheit des Individuums zu gewährleisten, damit eine gerechte soziale Ordnung erreicht, die Einheit des Landes und die Eintracht mit anderen Nationen begründet werde. Zuvor allerdings ist die Bindung des irischen Volkes an die "Allerheiligste Dreifaltigkeit" konstituiert. Alle Handlungen der "Staaten wie der Menschen" müssen an diesem "letzten Ziel" ausgerichtet sein.[77] Das ist eine besondere Zwecksetzung

---

76b Siehe A. Kimmel (Hrsg.), Die Verfassungen der Mitgliedstaaten, 2. Aufl. München 1990, S. 118.
77 Siehe A. Kimmel, a.a.O., S. 172f.

des Staates Irland, nämlich der irischen Republik. Es ist eine religiöse, und zwar eine katholische. Die staatliche Gewalt hat sich nach diesem Zweck zu richten, der mit der Staatszwecklehre vom Bändigungscharakter im Einklang steht.
Die Verfassung der Republik Portugal vom 2. April 1976 in der jetzt geltenden Fassung konstituiert in Art. 1 das Ziel der Republik, nämlich Portugals. Das ist die Errichtung einer freien, gerechten und solidarischen Gesellschaft. Auch die Präambel enthält eine Bestimmung, die man als Staatszwecksetzung, nämlich als Setzung besonderer Staatszwecke, verstehen kann. Darin wird die Entschlossenheit des portugiesischen Volkes bestätigt, die "nationale Unabhängigkeit zu verteidigen, die Grundrechte der Staatsbürger zu garantieren, die wesentlichen Grundsätze der Demokratie festzulegen, den Vorrang der Rechtsstaatlichkeit zu sichern und den Weg für ein sozialistisches Gesellschaftssystem unter Beachtung des Willens des Volkes zu eröffnen, im Hinblick auf die Errichtung eines freien, gerechteren und brüderlichen Lebens." [77a] Auch Art. 1 und 2 enthalten solche Zielbestimmungen: ". . . Errichtung einer freien, gerechten und solidarischen Gesellschaft; ". . . Verwirklichung wirtschaftlicher, sozialer und kultureller Demokratie" und "Vertiefung der partizipativen Demokratie".
Die Verfassung des Königreiches Spanien vom 29. Dezember 1978 in ihrer geltenden Fassung sieht in der Präambel auch einige Zwecke vor. Es sind Gerechtigkeit, Freiheit und Sicherheit, die hergestellt werden sollen und das Wohl aller Bürger ist zu fördern. Das demokratische Zusammenleben soll gewährleistet, der Rechtsstaat gefestigt, die "Herrschaft des Gesetzes" als Ausdruck des Volkswillens sichergestellt werden. Ausübung der Menschenrechte und Pflege spanischer Kultur, Tradition, Sprache und Institution, Förderung des Fortschritts von Wirtschaft und Kultur, um würdige Lebensverhältnisse für alle zu sichern sind weitere Zwecke. Die Errichtung einer fortschrittlichen, demokratischen Gesellschaft, Mitwirkung bei der Stärkung friedlicher und von guter Zusammenarbeit gekennzeichneter Beziehungen zwischen allen Völkern der Erde sind Ziele, die die Präambel auch enthält. Dort ist aber weder von dem spanischen Volk, noch von Staats- oder Verfassungszwecken die Rede, sondern von der "spanischen Nation", die sich solche Ziele gibt. Der Begriff "Nation" in der Verfassung des Königreiches Spanien enthält als Merkmal den Staat.[77b] Dieser ist durch die Verfassung auch in seinen Zielen konstituiert. Spricht die Verfassung von der "Nation", so ist diese, wenn sie keine Vorgängerin hat, mindestens uno actu mit der Staatsgründung durch diese Verfassung entstanden, wenn es zuvor nicht einen Staat gab, der womöglich kein Verfassungsstaat war.
Die Verfassung der Republik Italien vom 27. Dezember 1947 in ihrer geltenden Fassung läßt keine besonderen Staatszwecke erkennen. Das gilt auch für die Verfassung des Großherzogtums Luxemburg vom 17. Oktober 1868 in der geltenden

77a Ebenda S. 280f.
77b Ebenda S. 367f.

Fassung und für diejenige des Königreiches der Niederlande vom 17. Februar 1983. Wegen des vor der Präambel in Satz 1 beschriebenen Verfahrens, könnte man Deutschland als Republik in Form eines Bundes in seinem Charakter als durch den Bund von Ländern bestimmte staatliche Gemeinschaft einordnen, die so diesen besonderen Staatszweck enthält. Denn die Volksvertretungen deutscher Länder haben dieses Grundgesetz als Verfassung angenommen. Das "Deutsche Volk in den Ländern" hat sich die Verfassung gegeben und das zeigt sich auch in dem Begriff "Bundesrepublik". Der hohe Rang dieses besonderen Staatszweckes in der Bundesrepublik Deutschland zeigt sich auch in Art. 37 GG (Bundeszwang) und der Tatsache, daß er von der Unveränderbarkeitsgarantie des Art. 79 Abs. 3 GG wegen Art. 20 Abs. 1 GG umfaßt ist.

Auch in den Verfassungen der Länder der Bundesrepublik Deutschland findet man Beispiele für die Konstituierung von Staatszwecken. Ausdrücklich als Staatsziele in Art. 65 Landesverfassung der Freien Hansestadt Bremen vom 21. Oktober 1947 gekennzeichnete Zwecke sind das Bekenntnis dieses Bundeslandes zu "Demokratie, sozialer Gerechtigkeit, Freiheit, Schutz der natürlichen Umwelt, Frieden und Völkerverständigung." Der Vorspruch zu dieser Verfassung enthält eine Absage an den Nationalsozialismus verbunden mit der Absichtserklärung der Bürger Bremens, eine Ordnung des gesellschaftlichen Lebens zu schaffen, in der soziale Gerechtigkeit, Menschlichkeit und Frieden gepflegt werden sowie der Schutz vor Ausbeutung und Sicherung des menschenwürdigen Daseins. Das ist aber keine Bestimmung von Zwecken des Staates, sondern eine solche der Bürger, nämlich des Souveräns. Man wird aber wegen der Eigenschaft des Landes Bremen, eine durch Verfassung konstituierte Demokratie zu sein, die Selbstbindung des Souveräns so verstehen müssen, daß der Staat ihr nicht entgegen handelt, sondern diesen Zielen auch verpflichtet ist.

Die Verfassung des Landes Baden-Württemberg vom 11. November 1953 in der jetzt geltenden Fassung enthält in Art. 1 Abs. 1 S. 1 einen Verfassungssatz einen Auftrag, dem Staat die Aufgaben zu erteilen, den Menschen bei der Erfüllung des christlichen Sittengesetzes seinem und der anderen Wohl zu dienen. Diese Bestimmung von Aufgaben wird in Art. 1 Abs. 2 S. 2 durch Zwecke ergänzt, nach denen der Staat die Menschen, die in seinem Gebiet leben zu einem geordneten Gemeinwesen zusammenfaßt, ihnen Schutz und Förderung gewährt und durch Gesetz und Gebot einen Ausgleich der wechselseitigen Rechte und Pflichten bewirkt.

Die Verfassung des Freistaates Bayern vom 2. Dezember 1946 in der jetzt geltenden Fassung enthält die besondere Staatszweckbestimmung in Art. 3 Abs. 1 S. 2, daß der Staat dem Gemeinwohl dient. Eine allgemeine Staatszweckbestimmung, nämlich die Inkorporation des Bändigungszweckes mittels Staatsgewalt durch Erwähnung des Begriffs Gemeinwohl in der Verfassung, kommt nicht in Betracht. Denn seine Konstituierung als ein Rechts-, Kultur- und Sozialstaat, die Satz 1 enthält, darf im Zusammenhang mit dieser Zielsetzung gesehen werden.

S. 2 ist im Sinne dieser Vorschrift auszulegen, weil sie in demselben Artikel der Verfassung daran angeschlossen formuliert worden ist. Die konstituierten Eigenschaften des Staates sind aber diejenigen, die ihn als den durch diese Verfassung geschaffenen charakterisieren.
Bereits der Vorspruch der Verfassung von Berlin, daß sich diese Stadt eine Verfassung in dem Willen gibt, "Freiheit und Recht jedes einzelnen zu schützen, Gemeinschaft und Wirtschaft demokratisch zu ordnen, dem Geiste des sozialen Fortschritts und des Friedens zu dienen, und in dem Wunsche, die Hauptstadt eines neuen geeinten Deutschlands zu bleiben", enthält Staatszwecke unbeschadet möglicher Einschränkungen der Staatssouveränität aus staatsrechtlicher und völkerrechtlicher Sicht zum Zeitpunkt des Entstehens dieser Verfassung. Aus diesem Grunde war der Text des Vorspruchs der Verfassung von Berlin von Anfang an eindeutig und – zieht man Art. 2 Abs. 1 heran – staatsrechtlich widerspruchsfrei.
Die Verfassung der Freien und Hansestadt Hamburg vom 6. Juni 1952 in der jetzt geltenden Fassung schafft in ihrem Vorspruch besondere Staatszwecke. Hamburg hat – wie Absatz 1 des Vorspruchs zeigt – "Freiheit des Wettbewerbs und genossenschaftliche Selbsthilfe" konstituiert, um den "wirtschaftlichen Bedarf aller" zu decken. Um dieses Ziel zu erreichen, soll die Wirtschaft durch Förderung und Lenkung befähigt werden.
Die Präambel der Verfassung für das Land Nordrhein-Westfalen vom 28. Juni 1950 enthält Verfassungszwecke als Willensäußerung "der Männer und Frauen des Landes Nordrhein-Westfalen". Es sind die Überwindung der "Not der Gegenwart", "Frieden", "Freiheit, Gerechtigkeit und Wohlstand für alle".
In dem Vorspruch zu der Verfassung für Rheinland-Pfalz vom 18. Mai 1947, wie sie jetzt gilt, ist formuliert, daß das Volk "Freiheit und Würde des Menschen" sichern will. Es will das Gemeinschaftsleben ordnen, den "wirtschaftlichen Fortschritt aller "fördern und "ein neues demokratisches Deutschland als lebendiges Glied der Völkergemeinschaft" formen. Das sind Verfassungzwecke.
Keine Staatszweckbestimmung enthalten die neue Verfassung von Schleswig-Holstein, nämlich dessen Landessatzung vom 13. Juni 1990, die Verfassung des Saarlandes vom 15. Dezember 1947, die Vorläufige Niedersächsische Verfassung vom 13. April 1951 und die Verfassung des Landes Hessen vom 1. Dezember 1946.
Es konnte gezeigt werden, daß sich besondere Staatszwecke in einzelnen Verfassungen finden lassen. Sie stehen in einem historischen, aber auch geographisch bedingten, womöglich aber auch sonst anders einzuordnenden Verhältnis zueinander, wie es der einzelne Verfassungsgeber konstituiert hat. Auch in ihnen kann sich der allgemeine Staatszweck des Bändigungsaspekts zeigen. Manche von ihnen lassen sich als fernere, manche als nähere Verdeutlichung oder Konkretisierung des allgemeinen Staatszwecks verstehen. Aus diesem Grunde ist es durch Auslegung möglich, zu erkennen, welchen Inhalt der allgemeine Staatszweck für den einzelnen Staat haben soll, ist er durch Konstituierung besonderer Staatszwecke verfaßt worden. Solche Aussagen über die Eigenarten des einzelnen

Staates können auch getroffen werden, wenn man erfährt, wie der Verfassungsgeber den allgemeinen Staatszweck für den im Verfassungsdokument konstituierten Staat verstanden wissen will. Für Staaten ohne Verfassung oder ohne geschriebene Verfassung muß die Erkenntnis über die besonderen Staatszwecke, wenn es solche geben sollte, auf andere Art und Weise gewonnen werden. Jedenfalls kann gezeigt werden, daß an unterschiedlichen Orten und zu verschiedenen Zeiten der allgemeine Staatszweck gelegentlich durch besondere Staatszwecke in Verfassungen konstituiert ist.

Vielleicht läßt sich dieser Gedanke auch in den Staatsaufgaben finden, die eine dienende Funktion für die Staatsziele haben. Auch Staatsaufgaben sind in den Verfassungen verankert.

Es sind aber nicht alle Verfassungen solche, die Staatsaufgaben enthalten. In der Verfassung der Vereinigten Staaten von Amerika in ihrer geltenden Fassung mit allen Zusätzen, in der Bundesverfassung der Schweizerischen Eidgenossenschaft vom 29. Mai 1874 und in derselben der Bundesrepublik Österreich vom 10. November 1920 findet man Staatsaufgaben nicht gesondert aufgeführt oder mit diesem Begriffe bezeichnete Verfassungsbestandteile. Auch viele Staaten der Europäischen Gemeinschaft haben keine Staatsaufgaben konstituiert. Aber Italien und Portugal taten dies.

Art. 3 Satz 2 der Verfassung der Republik Italien vom 27. Dezember 1947 sagt[77c]: "Es ist Aufgabe der Republik, die Hindernisse wirtschaftlicher und gesellschaftlicher Art zu beseitigen, die die Freiheit und Gleichheit der Bürger tatsächlich einschränken, und die volle Entfaltung der menschlichen Persönlichkeit und die wirksame Teilnahme aller Arbeitenden an der politischen, wirtschaftlichen und sozialen Gestaltung des Landes verhindern."

Die Verfassung der Republik Portugal vom 2. April 1976 in ihrer geltenden Fassung enthält in Art. 9 Bestimmungen über die "wesentlichen Aufgaben des Staates." Es sind "nationale Unabhängigkeit, Gewährleistung von Grundrechten und Grundfreiheiten, Verteidigung der politischen Demokratie, Schaffung von Lebensqualität und Wohlbefinden des Volkes, Bewahrung des Kulturgutes sowie Lehre und" dauerhafte Wertschätzung der portugiesischen Sprache.[77d]

Unter den Verfassungen der Länder der Bundesrepublik Deutschland sind es bloß drei, die den Begriff "Aufgaben" nennen, die des Landes Baden-Württemberg, die der Freien und Hansestadt Hamburg und die von Rheinland-Pfalz. Als seinen ersten Satz hat der Vorspruch der Hamburger Verfassung zum Inhalt:"Die Freie und Hansestadt Hamburg hat als Welthafenstadt eine ihr durch Geschichte und Lage zugewiesene, besondere Aufgabe gegenüber dem deutschen Volk zu erfüllen. Sie will im Geiste des Friedens eine Mittlerin zwischen allen Erdteilen und

---

77c Ebenda S. 207f.
77d Ebenda S. 280f.

Völkern der Welt sein."
Die Verfassung von Baden-Württemberg sagt in Art. 1 Abs. 2 S. 1, daß der Staat die Aufgabe hat, den Menschen dabei zu dienen, "in der ihn umgebenden Gemeinschaft seine Gaben in Freiheit und in Erfüllung des christlichen Sittengesetzes zu seinem und der anderen Wohl zu entfalten."
Art. 1 Abs. 2 der Verfassung von Rheinland-Pfalz bestimmt: "Der Staat hat die Aufgabe, die persönliche Freiheit und Selbständigkeit des Menschen zu schützen sowie das Wohlergehen des Einzelnen und der innerstaatlichen Gemeinschaften durch die Verwirklichung des Gemeinwohls zu fördern."
Der Begriff der Staatsaufgaben könnte aus dem allgemeinen Staatszweck und seinen besonderen Ausprägungen in einzelnen Verfassungen entnommen werden, um auch solche zu erkennen, die in den Verfassungen nicht durch das Wort "Aufgaben" auf den ersten Blick zu sehen sind, aber auch, um die Bedeutung derer in den Verfassungen, die es zum Inhalt haben, noch stärker zu erfassen.
Zum Zwecke der Bändigung der gemeinschaftsfeindlichen Bestrebungen und Möglichkeiten der Menschen betätigt der Staat hoheitliche Gewalt. Dieser allgemeine Staatszweck läßt sich auch in den besonderen, einzelnen Staatszwecken finden. Die Staatsaufgabe als ein Rechtsbegriff hat zu ihrem Merkmal, daß die öffentlichen Angelegenheiten konkreter in ihnen bezeichnet sind. Sie dient der Verwirklichung der besonderen Staatszwecke und damit auch dem allgemeinen Staatszweck.

Nahe liegt es als grundlegende Staatsaufgabe die Erziehung des Menschen zu begreifen, denn die Bändigung ist gegen das Böse im Menschen, nämlich das gemeinschaftsfeindliche, gerichtet. Es liegt auf der Hand, daß Erziehung die Gemeinschaftsfeindlichkeit mildern und den Menschen zu einem guten Wesen machen könnte, setzt er dem keinen Widerstand entgegen. Deutlicher noch sagt der Begriff Kultur, der in seinem Kern Pflege, aber auch Wachsen und Werden bedeutet, etwas über das Streben, das Schlechte zu bändigen und das Gute zu befördern.

Wie könnte das Gemeinschaftsfeindliche gebändigt werden, wenn man erkennt, daß es wegen des Widerstandes des Einzelnen vielleicht gar nicht durch Erziehung gemildert werden kann?

Als eine zweite Staatsaufgabe kommt aus diesem Grunde die Rechtsordnung in Betracht, nämlich die Ordnung, die einen imperativischen Gehalt in sich trägt, also Zwangscharakter hat.

Finanzen,[77e] das ist im wesentlichen die Erhebung von Steuern, um Mittel dafür zu erhalten, die staatliche Gewalt zu organisieren. Die dritte Staatsaufgabe ist es,

---

77e Vgl. Begriffe wie "Finanzverfassung", "Finanzhoheit" in: Gabler, Wirtschaftslexikon, 11. Aufl. 1983.

mit dieser "Anweisung auf das Sozialprodukt", [78] Einkünfte zu erzielen, um den Staat zu erhalten.

In eine Reihenfolge gebracht, wird man zunächst die Rechtsordnung, dann die Finanzen und zuletzt die Erziehung nennen dürfen. Der imperativische Charakter des Rechts ist das entscheidende, um die Bändigung zu bewirken. Finanzen sind als das Zweite zu formulieren, denn sie sind nicht nur in ihrem nehmenden, sondern auch in ihrem gebenden Charakter bedeutungsvoll. Durch die Ausgaben aus dem staatlichen Haushalt in Gestalt von Aufträgen, Finanzierung von Vorhaben und Subventionen wirken sie direkt und indirekt auf Wirtschaft und Gesellschaft ein und erhalten den Staat als Institution. Erziehung, d.h. auch Kultur, ist zwar dem Bändigungsaspekt gedanklich am nähesten, liegt aber dem einheitlichen, der Staatsgewalt, der öffentlichen Gewalt als Zwangsgewalt, am fernsten. Das sagt z.B. auch Art. 6 Abs. 2 S. 1 GG.

Rechtsordnung, Finanzen und Erziehung sind in allen erwähnten Verfassungen in mehr oder minder deutlicher Art und Weise, etwa in ihrer Gliederung nach Abschnitten, Titeln und Kapiteln, konstituiert.

In den Verfassungen, in denen das Wort Staatsaufgaben genannt wird, werden diese hier benannten konkretisiert. Die Begriffe Rechtsordnung, Finanzen und Erziehung sind also allgemeiner als jene. Die Aufgabe der Republik Italien etwa, Hindernisse wirtschaftlicher und gesellschaftlicher Art zu beseitigen, die Freiheit und Gleichheit der Bürger einschränken, ist zu verstehen als Feld von diesen dreien. So verhält es sich auch mit der in der Verfassung genannten vollen Entfaltung der menschlichen Persönlichkeit.

Probleme bereiten allein die Verfassung von Hamburg und von Baden-Württemberg. In dem Vorspruch der ersteren ist eine Staatsaufgabe enthalten, die sich auf die Trutzbundeigenschaft dieses Stadtstaates richtet. Fraglich ist, ob wegen des Inhalts dieser Aufgabe der Staat selbst gemeint ist und nicht bloß der allgemeine Staatszweck, der Ziel der Erfüllung dieser Aufgaben ist. Der allgemeine Staatszweck, der freilich das Gemeinschaftsfördernde, das Gute umfaßt, enthält den Bändigungsaspekt, der zur Ausbildung hoheitlicher Gewalt führt. Die Staatsgewalt des Stadtstaates ist Teil des Staates, dessen Trutzbundeigenschaft wegen der sich selbst zugewiesenen Mittlerrolle zurückgenommen wird. Es ist also die Staatsgewalt in ihrer Eigenschaft als hoheitliche Gewalt in ihrem Verhältnis zu dritten Staaten zurückgenommen worden.

Für den Staat Baden-Württemberg bestimmt die Landesverfassung, daß es Staatsaufgabe ist, dem Menschen bei der Erfüllung des christlichen Sittengesetzes dienlich zu sein. Dieses ist nach der Lehre der christlichen Kirchen kein weltliches, sondern ein von Gott geschaffenes. Es ist fraglich, ob der Staat dem Menschen dabei überhaupt behilflich sein kann, eine überweltliche Norm zu erfüllen.

78 Vgl. ebenda "Geld". Aufschlußreich der Zusammenhang zu dem "Sozialstaat"; siehe dazu Art. 3 Abs. 1 S. 1 BayVerf..

Vielleicht ist es gedanklich von vornherein schon ausgeschlossen, daß ein säkularer Staat überhaupt eine solche Bestimmung treffen kann, die ihn außerhalb seines eigenen Gewaltbereiches verpflichtet. Das ist dann der Fall, wenn nur säkulare Verfassungssätze möglich sind. Ob dies hier entschieden werden muß, ist fraglich. Denn man könnte einen Ausschluß schon dann vertreten, wenn formuliert worden wäre, daß der Staat Baden-Württemberg dem christlichen Sittengesetz dient. Wie könnte eine bloß weltliche Rechts-, Finanz- und Kulturordnung das für sich beanspruchen? Weil der Verfassungssatz, der die Aufgabe bestimmt, sich auf den Menschen richtet, dem der Staate dient, ist eine Inkorporierung wegen des personalen Bezugs möglich.

Denn, daß der Mensch etwas ist, auf den sich die Aufgabe des Staates richten kann, wird niemand ernstlich bestreiten wollen. Ein Zugriff auf das, was die "Erfüllung des christlichen Sittengesetzes" ist, könnte aber weitgehend ausgeschlossen sein.

§ 4 Entwicklung des modernen Staatsbegriffs

Um noch genauer zu erfahren, was der Staat ist und welche Eigenschaften er hat oder haben könnte, nachdem die Staatsaufgaben und der Staatszweck noch genauer bestimmt worden sind, kann man die Entwicklung des modernen Staatsbegriffs aufzeigen, wie er sich in der Lehre über den Staat zeigt. Denn es gibt unterschiedliche Vorstellungen darüber, was man unter dem Begriff Staat verstanden hat, versteht und verstehen kann und was letztlich der Inhalt des Staatsbegriffs ist.

Über den Staat ist zu sagen, daß er aus Anlaß von zwei Sicherungen existiert. Die öffentlichen Angelegenheiten – res publica – konstituieren sich als Verband gegen Dritte, d.h. diejenigen, die dem Orte, wo die Gemeinschaft sich gebildet hat, nicht angehören. Dieser Trutzverbundseigenschaft voraus geht aber die Gemeinschaftsbildung als Schutz gegen die Tragik der Erkenntnis der Unvollkommenheit der Welt, also auch des Lebens ohne die anderen, deren Existenz freilich eine Hoffnung wecken könnte, mit ihnen gemeinsam das Leben zu vervollkommen. Diese öffentliche Gemeinschaftsbildung kann man als eine ursprüngliche Schutzverbandseigenschaft begreifen, die den Staat grundsätzlich kennzeichnet. Damit ist er bereits charakterisiert. Allerdings kann er, aber das muß nicht der Fall sein, eine Zweckbestimmung erhalten, nämlich diejenige, zur Bändigung der Gemeinschaftsfeindlichkeit, des Bösen, zu dienen. Eine Gemeinschaftsfreundlichkeit ist mit diesem Zweck verbunden, die sich aber gegen den Nichtzugehörigen, den von außen richtet, wenn der Staat in seiner Eigenschaft als Trutzverbund gefordert ist. Da die Schutzverbandsbestimmung des Staates gegen die Tragik gerichtet ist, existiert zwischen ihr und einem vielleicht möglichen Staatszweck keine Verbindung. Dann, wenn es um die Bändigung der Gemeinschaftsfeindlichkeit geht, gerät der Staatszweck in den Blick.

Er beschreibt allgemein das mögliche Ziel von Staaten. In den besonderen Staatszwecken, wie sie sich etwa in Verfassungen finden lassen, zeigt sich, wie einzelne Staaten in der Geschichte der Staatsbildung ihre besonderen Zwecke setzen. Wie sie zu verstehen sind, zeigt der allgemeine Staatszweck.

Anders sind die Staatsaufgaben zu begreifen, die als Rechtsbegriff zwar im Lichte des allgemeinen Staatszwecks zu betrachten, aber Folge des Inhalts der öffentlichen Angelegenheiten sind. Denn die genannten allgemeinen Staatsaufgaben, die freilich Anhaltspunkt für das Verständnis der in den Verfassungen genannten Staatsaufgaben sind, werden zwar besonders deutlich, sieht man sie in dem Bändigungsaspekt aufgehoben; ihr voller Sinn erschließt sich aber erst angesichts dessen, was das Öffentliche und zwar das, was die Sache der Gemeinschaft ist, nämlich die öffentlichen Angelegenheiten im Unterschied zu den Interessen des Einzelnen und seinen Belangen. Damit ein Staat ein Staat ist, muß das Öffentliche geschaffen und dann erhalten bleiben, es muß Regeln haben und man darf ihm den Wirkungswillen nicht versagen.

Jetzt weiß man über den Staat bereits soviel, daß es möglich sein könnte, ihn auf den Begriff zu bringen. Wenn Kaufmann etwa vom Altertum, vom Mittelalter, von der Neuzeit und dann von einer namenlosen, später als kybernetisches Zeitalter bezeichneten historischen Kontinuität spricht und als Ausgangssituation eine Zeitenwende markiert, so werden Aussagen über den Staat getroffen, die vielleicht für den Staatsbegriff bedeutungsvoll sind und zwar so, daß für diese Zeiträume das, was der Staat ist, bestimmt werden kann.[79] Es könnte sein, daß diese Aussagen, ist von Zeitaltern die Rede, das enthalten, was für diese wichtig war und ist.

Das Altertum kann man verstehen als eine Hinwendung und Suche nach dem, wovon sich die Menschheit, je länger sie existierte, immer mehr entfernte, nämlich dem Überirdischen, zu Gott hin. Auch der Begriff "Alter" spricht dafür, daß es die historisch früheste Zeit in der Geschichte der Menschheit bezeichnet. Das Altertum kann man begreifen als Versuch, die Schöpfungsgeschichte zurückzugewinnen. In dem Mittelalter dagegen begann man sich stärker auf die Suche nach dem Menschen zu begeben und die Moderne ist ein vollzogener Abschied von dem geistigen Streben nach Gott als einem überirdischen Wesen, als eine quasi endgültige Hinwendung zu dem Menschen oder auch der Beginn einer die Geistesgeschichte prägenden säkularen Richtung. Der Mensch als Ziel seiner selbst, also auch als Ziel seines eigenen Strebens, ist seitdem nicht mehr wegzudenken. Man kann deswegen über die Moderne sagen, daß – da die Menschheit nicht mehr ausschließlich zu ihren Ursprüngen im Überirdischen zurückkehre – der Mensch als Bild für die Menschheit zurückgewonnen werden sollte. Die Neuzeit schuf nämlich viele Bilder von dem Menschen als dem Herrscher über die Welt und dieser stand im Zentrum ihres Denkens. Postmoderne könnte man

---

79 A. Kaufmann, Rechtsphilosophie in der Nach-Neuzeit, Heidelberg 1990, S. 3 f..

als eine Hinwendung des von dem Menschen enttäuschten Menschen zu der Natur begreifen. Bleibt man aber bei dem Gedanken, der diesen Verlauf der Menschheitsgeschichte charakterisiert, so heißt das auch, der Mensch wendet sich der bereits verlorenen, zerstörten Natur zu. Im Übergang von der Neuzeit in die Nachneuzeit nimmt man Abschied von dem Bild des Menschen als dem unbeschränkten Herrscher der Welt, der alle Möglichkeiten hat, d.h. eine unendliche Zahl, nämlich grenzenlose. Gleichzeitig ist diese Hinwendung zu der Natur, also der Abschied von dem Menschen als dem Mittelpunkt der Welt, verbunden mit einer Annäherung an dieselbe. Für diese ist aber, in der Sprache der Technik formuliert, der Regelkreis kennzeichnend. Man kann die Natur nämlich in Regelkreisen beschreiben. Ihre Übersetzung in Technik geschieht in der Wissenschaft von der Information, also der Informatik.

Es liegt auf der Hand, beschreibt man den Staatsbegriff, auch wenn auf ihn aus unterschiedlichen Blickwinkeln geschaut wird, daß diese verschiedenen Zeitalter interessant sind. Denn außerhalb eines Zeitalters ist ein Staat gar nicht vorstellbar.

I. Elementenlehre

1. Frühe Lehren

Bereits von den Vorsokratikern ist überliefert, daß, zum Beispiel bei Anaximandros, Vorgänge, die man an der unbelebten Materie beobachten kann, in Elementen beschrieben worden sind.[80] Man liest bei Aristoteles, daß man die Einteilung von Dingen, also von Natur, nach Elementen vornehmen kann.[81]

Die drei Elemente, die schon in der vorsokratischen Naturphilosophie genannt werden, sind das Feuer, die Luft und das Wasser.[82] Weil man die Welt als Ganzes betrachten kann, ist es möglich, diese Elemente zu beschreiben, wie es die Physik tut, aber auch, die von Ihnen ausgehenden Veränderungen in den Stoffen der Materie darzulegen. Das macht die Chemie. Dazu bedient sie sich einer anderen Bestimmung dessen, was ein Element sei; es wird nämlich in der Chemie eine Elementetafel aufgestellt und alle auf der Welt vorfindbaren Stoffe sollen in diese eingeordnet sein. Von der früheren Vorstellung der drei Elemente, wie sie genannt worden sind, kann man aber auch noch zu anderen Aussagen kommen. Eine solche mögliche Aussage ist, daß man wegen der Welt als Ganzes und ihrer Beschreibung als solche mehr als die bloß der Anschauung entnommenen Dinge mitteilen kann. Erkennt man einen Ursprung, d.h. einen Anfang, so sind diese Elemente in einer Entwicklung, einem zeitlichen Prozess, zu verstehen. Der Anfang, zugleich das Unbeschränkte, das Unsterbliche, ist zugleich das Göttliche.

80 W. Capelle, Die Vorsokratiker, Stuttgart 1968, S. 81f..
81 Für Verfassungen siehe Aristoteles, Politika, 1298 a.
82 W. Capelle, a. a.O., S. 189.

Wegen der Art und Weise, wie Aussagen über die Welt getroffen worden sind, deswegen auch, weil diese allgemeinen, grundsätzlichen Charakter haben, kann man von philosophischen Aussagen sprechen. Man kann aber fragen, ob sie wegen ihrer Zielrichtung auf genau bezeichnete Naturvorgänge nicht auch den einzelnen Wissenschaften angehören, wie das oben angedeutet worden ist. Vielleicht ist ihre Besonderheit aber, das, was ihr Wesen kennzeichnet, nicht nur dort, sondern auch in Vorgängen des menschlichen Lebens zu finden. Dafür spricht der Gebrauch durch Aristoteles. Wenn man in dem menschlichen Leben nämlich dieselben Elemente vorfindet, kann man den Begriff des einzelnen Elementes so erweitern, daß er sich auch auf das dort vorfindbare richtet und daher mehr beinhaltet als zuvor. Auch könnte man, liegt das nicht vor, das Wort Element mit seinem Begriffsinhalt dort suchen, wo es die vorsokratische Naturphilosophie nicht ausgesprochen hatte.

Vielleicht kann man das menschliche Leben mit diesem Begriff, womöglich den Staat, mit ihm beschreiben. Das menschliche Leben, nämlich das Zusammenleben der Menschen, die sich an einem Orte befinden, an dem öffentliche Angelegenheiten verhandelt werden, ist vielleicht aber in seiner Wesenheit den in der unbelebten Materie beobachtbaren Vorgängen gar nicht verwandt. Es gibt vielleicht nichts, was ihnen gemeinsam ist, so daß ein identischer Begriff sich nicht anbietet. Feuer, Wasser und Luft sind die Mittel mit denen die experimentelle Physik arbeitet. Sie verändern nicht die Stoffe, die in der Chemie Elemente genannt werden. Wo aber findet man im Staat oder sonst im menschlichen Leben das Feuer, das Wasser und die Luft? Daß auch die Menschen, wie alle Lebewesen, das zur Aufrechterhaltung ihres Lebens benötigen, ist nicht zu bestreiten. Wo aber findet man das Gemeinsame, das Grund wäre, diese Elemente auch für Vorgänge im menschlichen Leben oder im Staat als Begriff zu verwenden?

Da das – jedenfalls von vornherein – nicht ersichtlich ist, könnte vielleicht die Bedeutung des Wortes Element in seiner begrifflichen Substanz weiterführen. Damit begibt man sich hin zu dem Wesen des Begriffs oder auch dem Begriffskern des Wortes Element. Element bedeutet Anfang, Ursprung, Grundlage. In dieser Bedeutung ist es schon von Anaximandros[82a] ausgesprochen worden. Sieht man also bloß das Wort Element, so entfernt man sich von der dargestellten Verwendung und begreift es als Abstraktum.[83] Es kann deshalb zur Einteilung, also als Ordnung, dienen.

Kann man mit dem Begriff Element nicht nur unbelebte Natur beschreiben, sondern auch anderes, so muß begründet werden, ob dieser Begriff dort überhaupt geeignet ist, Lebensvorgänge zu beschreiben, womöglich sogar Recht zu erklären.

82a Siehe S. 130, Fn. 80.
83 U. Klug, Juristische Logik, 3. Aufl. 1966, Berlin u. a., S. 88.

2. Elementenlehre der klassischen Staatslehre

Man mag freilich bestreiten können, ob es überhaupt etwas gibt, also ob etwas existiert, das von der Anschauung entfernt ist. Der Kern des Begriffes Element mag von einer solchen Anschauung entfernt sein. Es gibt aber auch andere Begriffe von denen gesagt werden kann, daß man sich zwar ein Bild von ihnen macht oder machen könnte, wie zum Beispiel Gott oder auch der Begriff Atom, gleichwohl findet man im menschlichen Leben dieses nicht in der Anschauung.[84]

Die Berichte, zum Beispiel in der Bibel, enthalten Darstellungen von den Taten Gottes, obwohl er nicht sichtbar ist. Es bedarf also, weil Gott nicht sichtbar ist, sondern nur von ihm berichtet wird und Darstellungen über ihn vorzufinden sind, eines Glaubens, um seine Existenz für wahr zu halten. Das gilt auch dann, wenn sein Vorhandensein die höchste Plausibilität aller philosophischen Begriffe besitzen mag. Man kann schon wegen der Zeitdifferenz von den Berichten nicht auf eine Existenz hier und heute schließen. Das ersetzt auch nicht die Anschauung.

Aber auch die Anschauung ist nicht das, was allein den Begriff kennzeichnet. Wegen der Möglichkeit des Irrtums, auch, weil zum Beispiel das Phänomen der Fata Morgana existiert, sich die Anschauung als falsch herausstellt, ist der Einwand, daß man das, was den Begriff bezeichnet, nicht in der Anschauung findet, keine Widerlegung. Denn sonst gebe es nur die Anschauung und gar keine Begriffe. Dieser Einwand deutet aber daraufhin, daß – ist eine Anschauung möglich – diese in dem Begriff nicht ausgeschlossen sein darf. Sollte das der Fall sein, ist der Begriff keiner, der das bezeichnet, wovon die Rede ist.

Bei dem Begriff Element gibt es dieses Problem gar nicht, weil z.B. Vorgänge der unbelebten Materie existieren, die durch ihn bezeichnet werden. Zieht man zunächst den Kern des Begriffs Element heran, um sich wegen der Besonderheit, den Staat näher zu bestimmen, der Anschauung zu entledigen, so kommt man zu der Einteilung als in dem Kern des Begriffes enthalten. Die Einteilung in drei Elemente könnte eine solche außerhalb der Anschauung liegende sein. Die Zahl abstrahiert bereits von dem Sichtbaren, dem Phänomen.

Von dem Staat weiß man, daß er charakterisiert ist durch das Öffentliche und zwar die öffentlichen Angelegenheiten derart, daß es Belange sind, die über den Einzelnen und seine Interessen hinausweisen, weil sie sich an dem Gemeinwesen, nämlich dem Gemeinsamen, orientieren, vornehmlich ein Schutzverband gegen die, die nicht anwesend sind. Auch gegen die Tragik ist daher ein solches Gemeinwesen gegründet und zwar gegen die Tragik der Unvollkommenheit der Welt. Zweck des Staates ist es, staatliche Gewalt auszuüben; eine solche ist aber für den Begriff des Staates in seiner staatsphilosophischen Grundlegung nicht zwingend, wie schon gesagt.

---

84 Johannes 1, 18.

Dagegen wird in der allgemeinen Staatslehre und sogar der Staatsrechtslehre die staatliche Gewalt, nämlich die Staatsgewalt, als ein Element genannt, was der Staat sei, allerdings als dessen drittes Element.[85] Georg Jellinek erwähnt in seinem Werk die drei Elemente des Staates, von denen das erste das Staatsgebiet, das zweite das Staatsvolk und das dritte die Staatsgewalt ist.[86] Schon der US-amerikanische Supreme Court hat in Texas v. White entschieden:
"The word state describes sometimes a people or community of individuals united more or less closely in political relations, inhabiting temporarily or permanently the same country; often it denotes only the country or territorial region, inhabited by such a community; not unfrequently it is applied to the government under which the people live; at other times it represents the combined idea of people, territory, and government." [87]

Es könnte sein, daß mit diesen drei Elementen der Staatsbegriff noch genauer beschrieben ist als zuvor. Vielleicht aber – und das ist in den Gedanken aufzunehmen – ist die Zahl Drei nicht Bestandteil des Kerns oder des Wesens des Begriffs Element. Die Elemente einer Reihe, wie sie in der höheren Mathematik bekannt sind, aber auch die chemischen Elemente, kennen höhere, jedenfalls andere Zahlen. Womöglich ist daher die Identität der Zahl bei der Einteilung der Elemente der unbelebten Materie der vorsokratischen Naturphilosophie und dieselbe bei der Einteilung des Staates zufällig. Das muß aber hier nicht entschieden werden, denn jedenfalls wird das Wort Element als eines mit Anschauungsinhalt verwendet und auch in seinem abstrakten Bedeutungsgehalt.

Wendet man sich nun der Einteilung in drei Elemente des Staates zu, so ergibt das Gesagte, daß die einzelnen Elemente zu dem bisherigen Wissen über den Staat passen. Der Ort nämlich, an dem sich diejenigen versammeln, wo diese leben, deren öffentliche Angelegenheiten von Belang sind, wo diese verhandeln, wo diese ein Gemeinwesen gründen, ist das Staatsgebiet. Das ergibt sich daraus, daß sie sich gegen die Unvollkommenheit der Welt zusammenschließen, die nicht notwendig von Dritten herrühren muß, sondern andere Gründe haben kann. Jedenfalls befinden sie sich an einem Ort auf der Erde. Das Gebiet ist damit also ein Wort, das den Staat genauer kennzeichnet.[88]

Auch das Wort Volk als Element des Staates erweitert das Wissen über den Staat, weil es die Personen, die Menschen bezeichnet, die Bürger des Staates sind, also

---

85 H. Kelsen, Allgemeine Staatslehre, Berlin 1925, S. 95.
86 G. Jellinek, Allgemeine Staatslehre, 3. Aufl. 1914, S. 334ff., 429ff..
87 74 U. S. 700.
88 Rspr. "land" des House of Lords. Vgl. The Great Western Railway Company v. The Swindon and Cheltenham Extension Railway Company 9. App. Cas. 787 (1884) ; Corporation of the City of Toronto v. Consumers' Gas Company of Toronto [1916] 2 A. C. 618; Sovmots Ltd. v. Environment Sec. [1979] A. C. 144.

das Staatsvolk. Man mag einwenden, daß nicht alle, die an dem Ort leben oder gelebt haben, auch Bürger sind oder es waren. Zum Beispiel sind Sklaven keine Bürger, auch keine Menschen, sondern Sachen. Auch Ausländer sind keine Bürger und gehören nicht zu dem Staatsvolk. In einem sehr allgemeinen Sinne wird der Begriff Volk verwendet, etwa als plebs oder ähnlich. Damit wird eine Rangfolge, eine Unterscheidung der Menschen in dem Staat markiert. Allerdings hat das mit den Verhältnissen bei Staatsbildung, Staatendefinition und mit der Bildung des Begriffs Staat nichts zu tun. Wenn in Henry IV. 1400, Cap. XX steht, "our said sovereign lord the King of his special grace hath released and pardoned generally his special people of England", so sind damit die Engländer gemeint. Das Volk ist jeder dort mit Rechten und Pflichten ausgestattete Mensch. Aber das Staatsvolk sind nur diejenigen, die Rechte und Pflichten im Verhältnis zu dem Staate haben, zum Beispiel das Recht, Waffen zu tragen, das Haus verlassen zu dürfen, um sich in die Öffentlichkeit zu begeben usw..
Auch die "Déclaration des Droits de l'Homme et du Citoyen du 26 août 1789" (placée ensuite en tête de la constitution de 1791) unterscheidet – wie schon im Wortlaut angedeutet – zwischen Menschen und Bürgern oder auch Staatsbürgern. Dort ist im ersten Satz auch von dem "peuple francais" die Rede.
Es sprechen auch die Präambeln von bundesdeutschen Länderverfassungen, die heute gelten, von dem Volk. Man redet auch von "Deutschengrundrechten", also solchen Rechten, die bloß den Deutschen und nicht den anderen zustehen. Aus völkerrechtlicher Sicht gilt das Abstammungsprinzip, das sich auch im Grundgesetz durchgesetzt hat. In Art. 116 Abs. 1 GG ist von "deutscher Volkszugehörigkeit" die Rede. Diese ergibt sich aus der Abstammung, d.h. der Staatsangehörigkeit von Eltern und Großeltern. Das zeigt auch das Schulbeispiel, wenn während eines Überseefluges ein Kind geboren wird, dessen Eltern womöglich unterschiedliche Staatsangehörigkeit besitzen oder dessen Vater gar nicht bekannt ist.

Schwierigkeiten bereitet die Staatsgewalt als das dritte Element, das den Staat als Begriff noch näher bestimmen könnte. Herzog, aber auch andere Staatsrechtslehrer, sagen, daß die Staatsgewalt sogar Zentral- , also Hauptpunkt, dieser Elementenlehre sei.[89] Das liegt vielleicht auch an dem Zeitpunkt, an dem die von Jellinek entwickelte Elementenlehre entstand. Die Gewichtigkeit des Obrigkeitlichen, des Zwanges, eben der Gewalt, wurde dadurch verstärkt. Ohne auf die mögliche Frage einzugehen, ob historische Vorläufer der Jellinek'schen Elementenlehre das in einem anderen Licht erscheinen lassen oder ob die Gewichtigkeit der Staatsgewalt als eines Elementes nicht auch anders begründet werden könnte, ist jedoch zu vergegenwärtigen, daß die Staatsgewalt freilich nur Staatszweck ist und zwar allgemeiner Staatszweck, deswegen aber nicht zwingend Bestandteil eines Staates sein muß. Das ist ausgeführt worden. Denn Belange der res publica zu vertreten, im Sinne der Bändigung des Bösen, der Gemeinschaftsfeindlich

---

89 R. Herzog, Allgemeine Staatslehre, Frankfurt/M. 19, 71, S.229. Mungoni v. Attorney-General of Northern Rhodesia /[1969]JA. C.337.

keit, geht von einer unbewiesenen Annahme aus. Nicht nur, daß die Eignung der Staatsgewalt, zu bändigen, zweifelhaft sein kann, entscheidend ist, daß man nicht notwendig diesen Zweck in dem Staate sehen muß. Die Erkenntnis der Unvollkommenheit als tragische ist gemeinschaftsstiftend, ob diese herrührt aus dem Bösen, ist nicht bewiesen. Die Ausbildung von Staatsgewalt als allgemeiner Zweck des Staates – so ist dargelegt worden – ist nicht Merkmal, also Bestandteil des Wesens des Staates. Möglicherweise gibt es zur Zeit zwar bloß Staaten, in denen Staatsgewalt existiert. Auch spricht für die Hineinnahme der Staatsgewalt in eine Annäherung an das, was der Staat ist, daß, um ein vollständiges Wissen über den Staatsbegriff zu erhalten, das Element näher zu charakterisieren ist. Gewalt des Staates, im Sinne von potestas, ist als Kraft, als Macht zu verstehen. Weniger gewichtig ist dagegen seine obrigkeitsstaatliche Überhöhung im wilhelminischen Deutschland. Bedeutsam ist die Bändigungsvorstellung des Hobbes und die Antwort auf die Frage, ob Staatsgewalt mit Souveränität oder Hoheitsgewalt gleichzusetzen ist. Mit Blick auf die Drei-Elementenlehre des Jellinek ist entscheidend, daß bereits der Begriff der öffentlichen Angelegenheiten, – res publica –, das Öffentliche im Unterschied zum Privaten, nämlich eine aus dem nichtöffentlichen Leben hinausstrebende Kraft markiert. Dieses Gemeinschaftsbildende kann man sicherlich schon als nucleus von Staatsgewalt begreifen.

II. Der Staat als Person

1. Staat als Person oder Persönlichkeit

Häfelin hat die Lehren von der Rechtspersönlichkeit des Staates dargestellt.[90] Von ihren Anfängen an gründen sie auf dem Gedanken, den Staat als etwas zu begreifen, das handeln kann. Auch die Unterscheidung zwischen natürlichen und juristischen Personen, wie man sie in zivilrechtlichen Gesetzbüchern findet, gründet darauf, daß Rechte und Pflichten von einem Subjekt ausgehen. Dieses entsteht entweder in natürlicher Art und Weise ("Vollendung der Geburt" gem. § 1 BGB) oder durch einen Rechtsakt. Aus diesem Grunde findet man in einem Kodex dasjenige, das handeln können soll, in dem ersten Teil des Buches.

Die Lehre von dem öffentlichen Recht kennt solche Rechtsakte als Gründungsakte für den Staat. Selbst dann aber, wenn der Staat womöglich als juristische Person entsteht, weiß man noch nicht, worin die Rechtspersönlichkeit des Staates liegt und auch nicht, ob darüber gestritten werden kann. Platon sagt in der Politeia:"Wie sich also ein Staat zum anderen in Vollkommenheit und Glück verhält, so verhält sich auch ein Mann zum anderen." [91] Er behauptet damit, daß "der Mensch dem Staate ähnlich ist." [92] Folgt man ihm, so könnte der Staat als Person

---

90 U. Häfelin, Die Rechtspersönlichkeit des Staates, 1. Teil, Tübingen 1959, 40f..
91 576c.
92 577d.

und auch als Persönlichkeit vorstellbar sein. Weil der Mensch eine Person ist und eine Psyche hat, ist er eine Persönlichkeit.

Begreift man den Staat als Persönlichkeit, so setzt das voraus, daß er eine Person ist. Häfelin stellt dar, wie die Staatsrechtslehre den Staat als Person versteht und in welcher Art und Weise sich seine Persönlichkeit, also sein Charakter, beschreiben läßt.[93] Genauer noch, es ist das Verständnis für Rechtsperson und Rechtspersönlichkeit, das in diesen Lehren entwickelt wird. Der Staat wird darin als "Kollektiveinheit" [94] und "Endpunkt der Zurechnung" [95] begriffen. Als Kollektiveinheit versteht man ihn, weil er nicht bloß einzelner Mensch ist, sondern viele zu ihm gehören, nämlich alle, die die Aktivbürgerschaft besitzen. Endpunkt der Zurechnung heißt, daß der Staatsperson die Souveränität zugerechnet wird. Man versteht den Staat als etwas, das souverän ist. Kein anderer Staat soll in ihm herrschen dürfen. Souveränität ist aber auch als Ergebnis von Säkularisierung zu verstehen. Der weltliche Staat duldet keine geistliche Macht über sich. "Normenpersonifikation" sei der Staat als juristische Person.[96] Man begreift den Staat als juristische Person, weil er keine natürliche ist und versteht ihn als Normenpersonifikation, nämlich als Wille. Sind in dem Staat Normen personifiziert? Ist er bloßer Wille?

Dagegen spricht, daß der Staat ohne Staatsgewalt auch vorstellbar ist, nämlich in seiner Eigenschaft als Sicherungsverband gegen die Erkenntnis der Tragik der Unvollkommenheit der Welt. Wenn es aber keine Staatsgewalt geben muß, so kann der Staat nicht Wille sein, weil es für diese eines solchen bedarf. Denn er ist Staatszweck, dem also Kausalität innewohnt. Und causa der Staatsgewalt ist der Wille zur Bändigung der Schlechtigkeit der Menschen. Hielte man den Staat für eine Personifikation von Normen, so geriete aus dem Blick, daß die Gründung von Staaten nicht nur als constitutio, sondern auch als institutio möglich ist.[97] Daß gegenwärtig Staaten durch Verfassung gegründet werden und nicht durch institutio, macht es nicht unmöglich, den Staat als instituio zu begreifen. Ist die Verfassung eine Willenserklärung, so ist der Staat nicht schon gegründet, wenn der Wille z.B. durch Abstimmung in der verfassungsgebenden Versammlung geäußert worden ist, sondern erst durch Verbriefung in der Verfassungsurkunde, üblicherweise durch Veröffentlichung im Gesetzblatt des Staates. Vor der Feststellung des Abstimmungsergebnisses in der verfassungsgebenden Versammlung durch den Leiter der Versammlung und die Aufnahme im Protokoll oder dieselbe durch den Leiter der Volksabstimmung und Veröffentlichung des

---

93   U. Häfelin, a. a.O., S. 48-169.
94   G. Jellinek, Gesetz, S. 193f.
95   H. Kelsen, Allgemeine Staatslehre, S. 71.
96   H. Kelsen, a. a.O.
97   K. Stern, Das Staatsrecht der Bundesrepublik Deutschland, Bd. III/1, S. 177.

Ergebnisses der Abstimmung über die Verfassung ist der Staat nicht konstituiert in der Verfassung. Es verhält sich mit dem Staat nicht anders als mit anderen juristischen Personen, die nicht schon durch bloße Willensäußerung der Mitgliederversammlung gültige Bestimmungen treffen. Selbst dann, wenn man den Staat als durch Verfassung konstituiert versteht, ist er also nur sehr eingeschränkt als Personifikation von Normen zu begreifen.

In den Persönlichkeitslehren wird der Mensch als ein Subjekt verstanden, das – anders als der Mensch – durch Rechtsakt entsteht. Darin zeigt sich aber noch nicht, wie und warum er handeln kann. Vergleicht man den Staat mit dem Menschen, wie es Platon tut, könnte das möglich sein. Handlungsfähigkeit ist Voraussetzung für die Entstehung von Staatsgewalt. Um handlungsfähig zu sein, müßte der Staat als Subjekt konstituiert werden. Denn er ist als Person oder Persönlichkeit nicht nur die Gemeinschaft derjenigen, die in ihm leben.[98]

2. Staat als Rechtspersönlichkeit

Die Fähigkeit zum Handeln und ihre Rechtfertigung sind nicht dasselbe wie die Staatsgewalt. Auch ist der Staat als Person oder Persönlichkeit nicht bloß das Volk. Die Begriffe der Elementenlehre sind daher nur begrenzt auf die der Persönlichkeitslehre anwendbar:
"Diese öffentliche Person, die so aus dem Zusammenschluß [99] aller zustande kommt, trug früher den Namen Polis."
Das sagt im Sinne von Rousseau, der Staat ist als eine öffentliche Person Gemeinschaft, nämlich Zusammenschluß.

Der Begriff "öffentliche Person" deutet auf eine mögliche Rechtsfähigkeit hin.
"Wenn der Staat oder die Polis nur eine moralische Person ist, deren Leben in der Einheit ihrer Glieder besteht, und wenn die wichtigste ihrer Sorgen die Selbsterhaltung ist, bedarf sie einer allumfassenden, zwingenden Kraft, um jedes Teil auf die für das Ganze vorteilhafteste Art zu bewegen und auszurichten." [100] Rousseau zieht hier eine Parallele von der Person als Mensch zu der Person als Staat. Wenn von der Zentripetalkraft die Rede ist, so denkt man an die Staatsgewalt.
In der Staatsrechtslehre wird der Staat als juristische Person verstanden.[101] Daher hat er eine eigene Rechtspersönlichkeit, wenn es sich um einen Staat handelt.

---

98 Kurz, Volkssouveränität und Staatssouveränität, XI. Laband, Das Staatsrecht des Deutschen Reiches, Bd. I, §10, Fn. 1.
99 J. J. Rousseau, Contract social, S. 18.
100 Rousseau, Contract social, S. 32.
101 Z.B. in der Theorie der realen Verbandspersönlichkeit des Otto v. Gierke, Das deutsche Genossenschaftsrecht, 4 Bde. 1868-1913 (Neudruck Darmstadt 1954); Johannes Althusius und die Entwicklung der naturrechtlichen Staatstheorien, zugleich ein Beitrag zur Geschichte der Rechtssystematik, Breslau 1880 (3. Aufl., Breslau 1913; 5. Aufl. Aalen 1958).

Das Verständnis von dem Staat als Person ist womöglich geeignet, den modernen Staatsbegriff genauer zu bestimmen. Als Schwierigkeit erweist sich aber, daß man den Staat zwar – wie Häfelin – als Person verstehen bzw. die unterschiedlichen Erklärungen des Staates so darlegen kann, der Staat damit aber in die Personenlehre eingeordnet wird. Die Handlungsfähigkeit als Anlaß für die Personenlehre wird in die Lehre von dem Staat inkorporiert. Der Begriff der Staatsgewalt aus der Elementenlehre enthält von vornherein die Möglichkeit und Fähigkeit zum Handeln. Wenn man dieses Wissen über den Staat mit der Personenlehre verbindet, so ergeben sich zwei Fragen: Folgt die Handlungsfähigkeit schon aus der Konstituierung der Person, ist sie ihr vorausgesetzt oder tritt noch etwas hinzu? Wie kann also die Handlungsfähigkeit genauer begründet werden? Wenn gewiß ist, daß der Staat handeln kann, welche Eigenschaften als Person bzw. als Rechtspersönlichkeit hat der Staat?

In dem Art. 20 Abs. 2 S. 2 GG heißt es, daß "besondere Organe der Gesetzgebung, der vollziehenden Gewalt und der Rechtsprechung" die Staatsgewalt ausüben, aber auch das Volk übt diese in Wahlen und Abstimmungen aus. Durch das Wort "Organ" wird auf die Eigenschaft des Staates als Handelndem hingewiesen. Das zeigt sich in den einzelnen Staatsorganen und auch Verfassungsorganen, damit diese Träger von Rechten und Pflichten sein und im Streitfall klagen und verklagt werden können. Damit kann der Staat also handeln. Jedoch bleibt – weil es bloß eine einzelne Verfassung ist – im unklaren, warum die Staatsgewalt gerade in der Weise ausgeübt wird bzw. gerade diese Bestimmung getroffen worden ist. Nicht nur, daß in anderen Verfassungen andere Regelungen formuliert worden sind, diese Bestimmungen deuten bloß darauf hin, daß der Staat so handeln können soll. Es liegt aber wegen der Eigenschaft des Staates als eines Wesens, das eine juristische Person ist, nicht auf der Hand, daß er handeln kann. Dieses Problem, warum eine juristische Person handeln kann, ist nicht gelöst und zwar weder für die juristischen Personen des privaten, noch für die juristischen Personen des öffentlichen Rechts. Aus diesem Grunde gibt man durch Rechtssetzung juristischen Personen Handlungsfähigkeit durch Konstruktion, z.B. von Handlungsorganen. Vielleicht stellt sich dieselbe Frage sogar für die Rechtsfähigkeit.

Art. 20 GG eignet sich womöglich aber besser, um zu zeigen, daß der Staat als Person die Eigenschaft hat, in bestimmten, durch diese Verfassung genannten Organen zu handeln. Dadurch, daß er in diesen Organen tätig ist und daß bestimmt wird, wer die Staatsgewalt innehat, ist er als Person charakterisiert. Denn die Eigenschaft, einen Körper zu haben, ist Bedingung dafür, eine Person sein zu können. Deutlicher zeigt sich aber in dem Satz, daß alle Staatsgewalt vom Volke ausgeht, daß es souverän sein soll. Das könnte so zu verstehen sein wie ein Merkmal von Persönlichkeit, denn das Volk ist, z.B. stimmt es ab, quasi Staatsorgan. Zwar ist es bloß der Staat, der souverän ist, aber das Volk bestimmt in diesem Staate und verkörpert daher die Staatssouveränität, denn über ihm steht niemand.[102] Person zu sein, ist Voraussetzung für Persönlichkeit.

III. Der Staat als Körper

1. Handlungsfähigkeit, Organschaft und Staat als Körper

Die Bestimmung in Art. 20 GG ist durch das Wort "Organ" in dem Bereich der Vorstellung von dem Staat als einem Körper angesiedelt. Denn ein Körper enthält Organe. Es ist ein juristischer Körper. In diesem Begriff ist jedenfalls die logische Quintessenz des Körpers vorfindbar.[103] Der Staat könnte daher auch ein corpus, nämlich eine Körperschaft als solche, sein.[104]

Die Auffassung von dem Staat als Person erhellt sich nur im Lichte des Verständnisses von der Bedeutung der res publica. Die große Zahl von Menschen, die sich im Sicherungsverband gegen die Tragik zusammengeschlossen haben und zwar an einem öffentlichen Ort (forum), wird verstanden als in einer Person zusammengefaßt. So spricht z.B. Leibniz von der persona civilis.[105] Die Bürger finden sich dort zusammen. Ihre Handlungsfähigkeit als Rechtssubjekte könnte sich vielleicht in dem Begriff "Person" verallgemeinern und zwar so, daß die Person des Staates die Summe der Rechte der einzelnen Rechtssubjekte sein könnte. Das wäre deswegen möglich, weil ihre juristische Handlungsfähigkeit abhängig ist von der natürlichen Entwicklung. Ist ein Kind mit Vollendung der Geburt rechtsfähig und wird es geschäftsfähig, weil es ein bestimmtes Alter erreicht hat, so ist die mögliche Handlungsfähigkeit vorausgesetzt. Zwar ist die Chance, Rechtssubjekt sein zu können, abhängig davon, daß eine Rechtsordnung vorhanden ist oder es erwächst in demselben Moment in dem sie entsteht, z.B. durch constitutio oder institutio, die Eigenschaft, Rechtssubjekt zu sein.

Aber, wenn die Handlungsfähigkeit als Naturkonstante Bedingung ist, kann man daraus schließen, daß bei der juristischen Person Staat womöglich auch eine vorgelagerte Bedingung erfüllt sein müßte. Denkbar ist z.B. eine dolche in der Fähigkeit des Volkes, sich eine Verfassung zu geben oder den Staat anders zu errichten. Grundsätzlich aber entstehen die Rechte der einzelnen Rechtssubjekte erst mit Konstituierung durch den Staat.

Vielleicht gibt es auch noch andere Möglichkeiten, den Schritt von der natür-

---

102 Grundsätzlich zur Souveränität Bodin, Six Livres de la République, 1576 (o. 1577)
103 V. Jhering, Theorie der juristischen Technik, S. 60f.
104 R. Sohm, Institutionen, 14. Aufl., 1911, S. 224.
105 Contra Severinum de Monzambano (in: Werke, hrsg. v. O. Klopp, 1. Reihe, Bd. 1, Hannover 1864), S.162.

lichen zu der juristischen und auch noch zu der juristischen als einer staatlich verfaßten zu erklären. In den frühen Vorstellungen von den Alten finden sich Gedanken über das, was die Welt sei. Dort wird auch von der Erde als ein Körper gesprochen. Begreift man den Staat als einen Körper, so zieht man die Parallele zu dem Körper der Lebewesen. Organtheorien,[106] wie sie Häfelin nennt, werden so aufgestellt. Die Auffassung von dem Staat als Körper trägt auch dem Grundsatz Rechnung, daß von einem Gebilde gesprochen wird, das lebt und leben kann, das – zwar nicht wie ein Apparat – aber wie ein in sich abgeschlossenes Wesen funktioniert. Das heißt nämlich, die Teile des Körpers sind miteinander harmonisch verbunden. Man findet in der Vorstellung von dem Staat den Begriff des Körpers gelegentlich, z.b. schreibt Hobbes im Leviathan in der Einleitung, daß der Staat "ein Kunstwerk" oder ein "künstlicher Mensch" sei.[107] In diesem Zusammenhang erwähnt er auch den Körper, nämlich den Leib des Menschen. Diesem wohnt aber als Wesen aus Fleisch und Blut eine gewisse Wärme inne. Weil Hobbes den Staat aus dem Bändigungsgedanken entwickelt, könnte dem Staat die Wärme fehlen, ist die Bändigung doch gerade der Notwendigkeit erwachsen, den Krieg aller gegen alle zu beenden. Die Kälte des Staates, bändigen zu müssen, Leidenschaften und Freiheit einzuschränken, damit Frieden zwischen den Menschen sei, drückt sich aus in dem Wort "künstlich". Das Künstliche ist nämlich leblos und deswegen stimmt das Bild von dem Staat als Körper nicht vollkommen.

Der Staat als Körper mag auf den ersten Blick dem Begriff der res publica entgegenstehen, auch dem der Bändigungsvorstellung, wie gerade beschrieben. Res publica heißt öffentliche Angelegenheit oder auch öffentliche Sache. Mag man den Körper als Sache verstehen, so ist es das Bestreben des Menschen, aber auch anderer höherer Gattungswesen, ihn zu bedecken, also ihn gerade nicht der Öffentlichkeit preiszugeben. Das Merkmal der Begrenztheit des Körpers ist eines, das auch den Staat charakterisiert, dem als ein Merkmal auch eine Grenze innewohnt, die die Umwelt schlechthin markiert; es ist eine Gemeinsamkeit und daher kann man den Körperbegriff auch auf den Staat anwenden. Denn es ist auch das Öffentliche, das begrenzt ist.

2. Staatskörper und Gemeinschaft

Nimmt man die Vorstellung von dem Staat wieder auf, so verstärkt die Lehre von dem Staat als Körper auch das Gemeinschaftsbildende. Polis und res publica sind Begriffe, die das Zusammenfinden von Menschen an einem Ort des öffentlichen Lebens, dem forum, enthalten. Der Körper des Menschen ist grundsätzlich in sich abgeschlossen und funktioniert als ein Regelkreis. Seine einzelnen Teile sind hen, verstehen die Erde als einen Körper. Dieser Begriff beinhaltet das Belebte.

106 Rechtspersönlichkeit des Staates, S. 105ff.
107 S. 5.

aufeinander abgestimmt und ein Zusammenspiel. Sie bilden daher, also jeder Körper für sich, eine Gemeinschaft von Körperteilen. Ob das auch von unbelebter Materie, z.B. von Steinen, gesagt werden kann, ist ungewiß. Die frühen Vorstellungen in der griechischem Philosophie, die in der Erde einen Weltkörper se

Aber ist der Staat wirklich belebt? Nach der Bändigungsvorstellung, wonach die Freiheit des Menschen eingeschränkt werden muß, weil seine Schlechtigkeit so groß sei, schränkt dieser den Menschen ein und begrenzt daher das Leben der Menschen. Aber wird die Tragik gebändigt, eine Vorstellung, die den Staat bildet und nicht zwecksetzend ist, so ist das lebenschaffend und lebenerhaltend. Der Staat als Körper ist also die Lehre von dem Gemeinschaftsbildenden, der Tragik entgegengesetzten.

Auch kann der Staat durch die Lehre von ihm als Körper als ein Phänomen verstanden werden, das eine Form besitzt. Aus dem bisherigen Gedanken ergibt sich das nicht notwendig. Da der menschliche Körper geformt ist, bietet es sich an, auch den Staat als in einer Form zu verstehen. Das ist die Staatsform.

IV. Staat als Universum

1. Universum und Ganzheitlichkeit als Vorstellung von dem Staate

Fraglich ist, ob man den Begriff des Staates, wenn ein Merkmal von ihm seine Form ist, als Universum begreifen kann. Das ist das All, das Ganze, die Ganzheitlichkeit. Vergleicht man historische und geltende Verfassungen, so stellt man fest, daß das Begreifen des Staates als Universum Schwierigkeiten macht. Wird damit nicht behauptet, daß es außerhalb des Staates anderes nicht gibt, also nur der Staat existiert und wäre das nicht eine falsche Aussage, weil anderes vorhanden ist? Weil man diese Frage mit Ja beantworten muß, ist die Vorstellung von dem Staate als Universum abzulehnen. Vielleicht hilft der Begriff Gemeinschaft weiter, der womöglich universalistischen Charakter hat. Wenn auch die Gemeinschaft umfassender ist als der Staat, denn es gibt außerhalb und innerhalb desjenigen auch noch andere Gemeinschaften, so ist auch diese kein Universum. Es ist aber vielleicht das Universum von der Ganzheitlichkeit als unterschiedlich zu begreifen. Wo wäre denn im Begriff des Staates die Vorstellung von ihm als einem Ganzen angesiedelt? Der Gedanke, daß der Staat ein ganzer und kein halber Staat ist, bedeutet bloß, daß der Begriff alle Merkmale vollständig enthält. Diese Eigenschaft aber teilt er mit allen Begriffen.

2. Universalismus und Abwehrrechte

Die Verfassung der Bundesrepublik enthält in ihrem Grundrechtskatalog Abwehrrechte der Bürger dem Staat gegenüber. Es soll gerade der Einflußbereich des Staates begrenzt werden. Solche Rechte, die staatliche Macht einschränken, findet man auch in anderen Verfassungen. Z.B. die Déclaration des Droits de l'Homme et du Citoyen du 26 août 1789 (placée ensuite en tête de la Constitution de 1791) formulieren Rechte, die gegen die Macht des Staates geltend gemacht werden konnten und die wegen ihrer Inkorporierung in die Präambel der gegenwärtigen Verfassung Frankreichs nach wie vor wirken können.

Das findet man auch in der Constitution du 24 juin 1793 mit ihrer Déclaration des Droits de l'Homme et du citoyen und in Cap. I der Confirmation of Liberties.[108]:"First, we have granted to God, and by this our prefend Charter have confirmed, for us and our Heirs for ever, that the Church of England shall be free, and shall have all her whole rights and liberties invioble. (2) We have granted also, and given to all liberties under-written, to have and to hold to them and theirs Heirs, of us and our Heirs, of us and our Heirs for ever."

So widerstreben diese Rechte einer Vorstellung von dem Staat als dem Allumfassenden, also dem Ganzen, dem Vollständigen. Das entspricht der Auffassung, die Kaufmann über das Allgemeine äußert:" Das Allgemeine existiert nicht als solches; "ante rem" ist es allein als Schöpfungsgedanke Gottes".[109] Auch äußert er sich über den Universalienstreit als der Debatte über das Verhältnis vom Allgemeinen zum Einzelnen. Folgt man diesem Gedanken, so kommt man – wenn das Vollständige das Allgemeine sein soll – darauf, den Staat als universell abzulehnen. Weil der Staat ein Schutzverband gegen die Tragik der Unvollkommenheit des Lebens ist, worauf sie auch gründen mag, aber auch ein Trutzverband gegen diejenigen, die der Gemeinschaft nicht angehören, ist er als das jedenfalls Öffentliche, als res publica, als polis, sicher nicht jedwede Gemeinschaft. Der Staat ist also nicht als Universum zu begreifen.

Für den Begriff bzw. den Rechtsbegriff des Staates könnte man den Gedanken aber aufnehmen und zwar in der Hinsicht, daß in ihm das, was der Staat als Rechtsform ist, möglichst umfassend beschrieben sein mag.

V. Staat als Idee und Ideal

1. Staat als Idee der Gerechtigkeit

Weil die Idee das Unvollständige im Unterschied zu dem Gedanken als dem Vollständigen ist, kann man sie als Ursprung des Ideals betrachten. Dieses nämlich ist das Erstrebenswerte, also das Unerreichte.

Soll der Staat als Begriff in allen seinen Merkmalen beschrieben werden, so könnte man den Staat als ein Ideal, vielleicht auch eine Idee, in die Überlegungen hineinnehmen, denn in der Geistesgeschichte hat man schon sehr früh – und zwar in der Ideenlehre des Platon – den Staat aus der Idee der Gerechtigkeit entwickelt. Er spricht in der Politeia von dem Wächterstaat und dem Philosophenstaat.[110] Die Ideenlehre enthält als "main-point" die Gerechtigkeit, die dem Staat zugrundeliegt.

108 2 Inst. 1.2.3.4., 52 H. 3.c. 5 & 42 Ed. 3.c. 1.
109 Die ontologische Struktur des Rechts, S. 111; Recht und Sittlichkeit, S. 221.
110 Buch II-VII.

Als Problem stellt sich, daß – ebenso wie bei den Gedanken über den Staat als Universum – der Staat eine dienende Aufgabe oder auch Funktion hat. Die Ideen stehen nämlich in einem Verhältnis zueinander, weil es sich um eine Ideenlehre handelt. Die Ideenlehre des Platon enthält im 1. Buch Gespräche über die Gerechtigkeit. Der Wächterstaat ist eine Resultante der Gerechtigkeit. Darum ist der Staat eine bloß abgeleitete Idee.

Allerdings kann man den Staat als erstrebenswert verstehen, wenn er der Idee der Gerechtigkeit verpflichtet ist. Ein Zeichen dafür, ob eine solche Verpflichtung vorliegt, kann in den Verfassungsurkunden vorhanden sein. In den Verfassungen vieler Staaten findet man Sätze, die solche Verpflichtungen aussprechen.

Die US-amerikanische Verfassung ist – neben der Freiheit – geprägt von der Gerechtigkeit, allerdings die Rechtsprechung des Supreme Court zu dem US-Staat und seinen Bundesstaaten in noch höherem Maße.[111]
Auch in der Rechtsprechung der englischen Gerichte, die Fälle des Staats- und Verfassungsrechts entschieden haben, ist häufig der Begriff streitentscheidend. Aber auch die Gesetzesgeschichte von Großbritannien enthält Beispiele, in denen das Ideal der Gerechtigkeit seinen Platz gefunden hat.[112]

Zieht man das vorhandene Wissen über den Staat heran, so fügt man jetzt hinzu, daß dieser – jedenfalls nach der Ideenlehre des Platon – womöglich aus Mangel an Gerechtigkeit, der Ursache für die Tragik sein könnte, Schutzverband und auch Trutzverband ist. Nicht jede Gemeinschaft ist eine staatliche oder staatenbildende. Wenn aber eine Gemeinschaft eine solche ist, so könnte sie auf diesem Mangel beruhen. Denn die Tragik ist dann eben in anderen Gemeinschaften entstanden und um sich gegen diese zusammenzuschließen, wird eine staatliche Gemeinschaft gegründet. Selbst dann, wenn man dahinstehen läßt, ob der Mangel an Gerechtigkeit Ursache für die Unvollkommenheit der Welt ist, kann man doch

---

111 Vgl. z.B. Präambel der Verfassung. Rspr. Cummings v. The State of Missouri 71 U.S. 277; Western Union Telegraph Company v. The State of Kansas 216 U.S. 1f.; Selover, Bates & Co. v. Walsh 226 U.S. 112; Gompers v. United States 233 U.S. 604; Sloam v. New York Life Ins. Co. 228 U.S. 364; Stowe v. Taylor 241 U.S. 659; Callagham v. Massachussetts 241 U.S. 667; Baltimore v. United Railways 241 U.S. 671; 241 U.S. 394; 281 U.S. 90; 308 U.S. 519; MacDougall v. Green 335 U.S. 963; 389 U.S. 327; 394 U.S. 358; 448 U.S. 725; 451 U.S. 355; 475 U.S. 625; 475 U.S. 157; 475 U.S.412; 474 U.S. 159; 475 U.S. 52; 472 U.S. 479; 477 U.S. 436; 487 U.S. 285; 432 U.S. 183.
112 Stevens v. Tillett L.P. 6 C. P.147 (1870); Kabaka's Gouvernment v. Att.-Gen. of Uganda [1966] A. C. 1; Broome v. Cassell & Co. No. 2 [1972] A. C. 1136. Z.B. "An Act to accelerate the Registration of Parochial Electors in England and Wales in the present year 57 & 58 Vict. CH. 32.

wegen der Schutz- und Trutzverbandseigenschaft, die in jedem Falle einem Mangel geschuldet ist, nämlich dem an Vollkommenheit, darauf schließen, daß die Gerechtigkeit geeignet sein könnte, diesen Mangel auszugleichen, auch wenn er nicht auf der Ungerechtigkeit beruht. So wird sie zum Inhalt des Staatsbegriffs.

2. Idealstaat

Es könnte zu dem Staat gehören, daß er einem Ideal verpflichtet sein kann. Ob es das Ideal der Gerechtigkeit sein muß, mag unentschieden bleiben. Folgt man der klassischen Ideenlehre, ist es das Ideal der Gerechtigkeit. Das Wort "Verpflichtung" – Ausrichtung, Bindung des Staates – erlaubt, von einem "Ideal" zu sprechen. Es ist etwas, woran man sich ausrichtet, was man erstrebt. Nach der Ideenlehre des Platon ist ein Staat erstrebenswert, wenn er diesem Ideal folgt.[113] Damit wird gesagt, daß ein Staat überhaupt an einem Ideal ausgerichtet sein kann.[114]

VI. Staat als Gotteswerk

1. Genesis und Staat

In der Schöpfungsgeschichte ist von dem Staat nicht die Rede. Darin wird von Städten, Völkern und Königen gesprochen. Weil die Namen von Städten und Völkern, aber auch von ihren Oberhäuptern genannt werden, könnte es sein, daß staatliche Gebilde so doch erwähnt werden. Der Feldzug der vier großen Könige, wie er in Genesis 14, 1 und 2 beschrieben wird, wo der Trutzverband angesprochen ist, zeigt, daß nach der Dreielementenlehre doch Staaten vorhanden waren. Wenn auch nicht ausdrücklich, so ist doch schon hier das Staatliche vorhanden. Ist damit aber etwas über den Staat als Gotteswerk gesagt?

Weil in der Offenbarung in 1, 1 steht: "Im Anfang schuf Gott den Himmel und die Erde" und 1, 27: "Und Gott schuf den Menschen nach seinem Bilde" und das die Anfänge der Welt und der Menschheit waren, kann man darauf schließen, daß auch die Staaten Gotteswerk sind. Die Heilige Schrift enthält also, weil alles von Gott geschaffen ist, auch Sätze, denen das durch Deutung entnommen werden kann.

Diesen Gedanken liegt zugrunde, daß es einen Gott gibt, von dem als dem höchsten Wesen, das existiert, alles ausgeht und deswegen auch der Staat als Menschenwerk letztendlich doch der Schöpfung Gottes entspringt.

2. Staat und Theokratie

Die Vorstellungen von Theokratie und Gottesstaat,[115] aber auch über die christliche Demokratie sowie der Streit über die Bedeutung der Religion und des Staates, sind davon geprägt, daß zwischen Gott und Staat ein Verhältnis besteht.

113 Hauptgespräch (II, 10-IV, 19).
114 Baut man aus einem Ideal ein Modell, so wird es zur Utopie. Beispiel: Thomas Morus, Utopia, Löwen 1516 (Faksimile Leeds 1966).
115 Augustinus, De civitate dei, 426 n. Chr.

Die Theokratie ist eine Staatsform in der weltliche und geistliche Herrschaftsmacht an ihrer Spitze in einer Hand liegen. Gottesstaat heißt, daß eine Differenz, nämlich die Unterscheidung des Staates von der Religion, nicht existiert, denn es gibt nur die Religion als Grundlage der Staatsform. Augustinus hat in dem "Gottesstaat" aber nicht diese Bedeutung gemeint, sondern er beschreibt, von der Offenbarung geleitet, daß der Weltstaat und der Gottesstaat, die beiden Bürgerschaften, zwar in Fehde miteinander liegen, der Gottesstaat aber ein Reich Gottes zu seinem Inhalt hat, der außerhalb des Irdischen liegt und der das weltliche Leben nur als Möglichkeit für eine Annäherung an einen Gottesstaat sieht.[116] Gott und Welt sollen eines sein. Dagegen spricht Luther über die Berechtigung der weltlichen Obrigkeit, aber auch über die Grenzen weltlicher Obrigkeit.[117] Luther gesteht dem Staat nicht nur eine besondere Berechtigung zu, sondern für ihn ist die weltliche Macht auch eine von der geistlichen unabhängige.[118] Dieser Eigenraum, der für den Staat als einen weltlichen formuliert wird, ist eine Stimme im Streit um das Verhältnis zwischen Staatsmacht und Gottesmacht, überzeugt aber nicht, bedenkt man, daß nach der Heiligen Schrift des Alten und des Neuen Bundes alles, auch der Staat, Gotteswerk ist.

Wenn auch die Heilige Schrift von den Werken Gottes spricht, so ist Gott doch unfaßbar, weil er nicht der Welt angehört, sondern ihr Schöpfer ist. Daher kann der Staat als Gotteswerk nur sehr begrenzt als ein Merkmal in den Begriff des Staates als Rechtsbegriff aufgenommen werden. Auch – wie Machiavelli in den "Discorsi" schreibt: "Aus zahllosen Handlungen des gesamten römischen Volks oder einzelner Römer sieht man, daß die Bürger sich mehr scheuten, einen Schwur zu brechen als die Gesetze zu verletzen, da sie die göttliche Macht höher achteten als die der Menschen" [119] – der höhere Rang des Glaubens an die göttliche Macht gegenüber dem Glauben an die staatliche Macht, ermöglicht nicht, den Begriff des Staates so zu erweitern. Denn ein Begriff ist immer faßbar.

VII. Staat als Wirklichkeit

1. Staat als Phänomen des Seienden

Ihring,[120] Pound,[121] Holmes,[122] für Deutschland vorwiegend Philip Heck[123] haben gegen ein Recht, das fern dem Leben und der Wirklichkeit, also den Vorgängen in der societas, sei, die Realität, die Wirklichkeit, als Kritik formuliert.

116 Teil II. C. 19, Kap. 17.
117 Luther, Von weltlicher Obrigkeit, 216; 262; 247.
118 251.
119 43.
120 Der Kampf ums Recht, Wien 1872.
121 24 Harv. L.R (1911) 591; 25 Harv. L.R. (1911/12) 140, 489.
122 Common Law, 1881.
123 Begriffsjurisprudenz und Interessenjurisprudenz (1929)

Das aber hat Tradition. Ehrlich meint: "Erst die Glossatoren... begannen (...) die Begriffe als etwas Seiendes, die juristischen Begriffe mit Einschluß der Rechtsbegriffe als juristische Wirklichkeit zu behandeln.[124] Ehrlich stellt diese Auffassung bloß dar, denn er selbst vertritt auch die entgegengesetzte Position, die die Wirklichkeit außerhalb des Rechtsbegriffs als Kritik an diesem versteht. Der Unterschied zwischen Recht und Wirklichkeit liegt darin, daß Recht imperativisch ist, also ein Sollen enthält. Die Wirklichkeit enthält ein solches nicht. Man kann aber das Leben außerhalb des Rechtes als Kritik an diesem formulieren, wenn man es als ein Maßstab formuliert. Dieses Vorgehen ist der Gegensatz zu dem, was die Glossatoren taten, die sich bewußt wurden, daß Rechtsbegriffe eine eigene Wirklichkeit haben, nämlich z.B. ein System bilden, jedenfalls im Zusammenhang zueinander stehen, wie die Atome der unbelebten Materie zueinandergeordnet sind.

Für den Staat kann man sagen, daß er womöglich bloß in einem anderen Sinne Wirklichkeit ist. Denn er ist nicht von vornherein imperativisch, sondern wird es erst, blickt man auf den Staatszweck. Konstituiert er sich als juristische Person, liegt darin eine Fiktion; aber nicht nur diese, sondern auch anderes beschreibt den Staat. Denn ist er ein solcher geworden, kann man ihn auch als Wirklichkeit verstehen.

In seiner Eigenschaft als durch Recht oder im Rechte konstituiert, fällt es schon schwerer, sich den Staat vorzustellen, wie er dem Seienden angehört. Denn seine Gründung als eine rechtliche ist nur dann Phänomen des Seienden, wenn das Sollen dem Sein innewohnt. Das ist wohl so, denn nichts anderes hat Solmo gemeint als er schrieb: "Der Rechtsbegriff ist also ein empirischer, nur kein rechtsinhaltlich-empirischer Begriff, er ist ein relatives Apriori der Rechtswissenschaft.[125] Ohne ihn kann es keine Rechtswissenschaft geben.

Was aber sagt das Sollen, wenn es doch dem Sein innewohnt? Das heißt nur, daß der Begriff, z.B. der Staatsbegriff, eine Zahl bestimmter und daher bestimmbarer Merkmale enthält und ein Ding nicht das ist, was der Begriff bezeichnet, sind nicht alle Merkmale vorhanden. Sind Folgen daran geknüpft, ob ein Ding alle Merkmale erfüllt oder nicht, so ist das imperativisch. Man kann also den Tatbestand von der Rechtsfolge unterscheiden, dennoch gehört auch diese zu dem Seienden.

2. Rechtsrealismus und Staat

Wenn der Begriff des Staates als Rechtsbegriff angesprochen werden soll und auch der Staat in dem öffentlichen Recht formuliert wird, haben die Rechtsrea-

---

124 Die juristische Konstruktion, S. 218f.
125 Somlo, Der Begriff des Rechts als Erfahrungsbegriff, S. 430.

listen Kritik an diesem Recht, aber auch an dem Recht des Staates, geäußert. Daß Staaten existieren, wird nicht bestritten, aber der Staat als Wirklichkeit andersverstanden als seine bloße Existenz.
Die Wirklichkeit wird unterschieden von dem Recht. Zwar ist auch das Recht wirklich, aber Recht und Wirklichkeit sind nicht nur unterschiedliche Begriffe; in dem Vorgang der Rechtsgewinnung zeigt sich das Problem, daß im Einzelfall ein Sachverhalt vorhanden ist, der nicht die Merkmale des Tatbestandes eines Rechtssatzes erfüllt. Es kann auch sein, daß in den Begriffen des Gesetzes sich z.B. nicht alle Merkmale finden lassen, die vorhanden sein müßten, um den Einzelfall zu erfassen.

Versteht man das kritisch, so ist es deswegen problematisch, weil nicht jede Realität in einem Rechtsbegriff, bzw. in einem Rechtssatz, vorfindbar sein kann. Das würde nämlich bedeuten, daß die Wirklichkeit gleich dem Recht sei. Diese Kongruenz vernachlässigt aber den imperativischen Charakter des Rechts.

Die Kritik des Rechtsrealismus deutet auf die Unterschiede der verschiedenen Staaten hin. Die Eigenschaften von den einzelnen Staaten, wie sie so zutage treten, vervollständigen das Bild von der Entwicklung des Staates, weil sich die Eigenschaften jetzt von denen früher unterscheiden. Um das Wort "Staat" als Rechtsbegriff genauer zu bestimmen, erhält man hier den Gedanken, daß man sich seinem Wesen als Wirklichkeit nähern muß. Sonst bliebe es bei einem bloßen Namen, einer Benennung.

VIII. Staat als Natur

1. Entstehung des Staates aus der Natur

In der frühen Naturphilosophie, z.B. bei Xenophanes, wird über die Welt und die Menschen gesagt: "Erde und Wasser ist alles, was entsteht und wächst. Denn wir sind alle aus Erde, und alles endet aus Erde."[126] Begründet wird Leben und Menschheit. Aber ist der Staat der Natur angehörig oder ist er aus Natur entstanden? Weiß man über den Staat etwas, das ihn mit der Natur verbindet? Kann man den Staat als Natur begreifen?

Aristoteles schreibt in der Politika: "Denn der Staat ist das Ziel jener Gemeinschaften, die Natur bedeutet jedoch Ziel. Wie nämlich jedes nach Vollendung seiner Entwicklung ist, so nennen wir dies die Natur eines jeden, etwa die des Menschen, des Pferdes und des Hauses. Ferner ist das Weswegen und das Ziel das Beste." [127] Nach Aristoteles ist der Staat die vollendete, die fertige Gemeinschaft.

So gesehen, sind Staat und Natur miteinander verbunden. Der Begriff Natur ähnelt hier dem Begriff des Wesens, nämlich der Natur, die Charakter hat.

126 1-3, in: Die Vorsokratiker I, S. 215.
127 1252 b 31.

Es wird also kein Unterschied gemacht zwischen dem, was von Menschenhand geschaffen worden ist oder von dem Geist des Menschen erdacht wurde, zu dem, was wächst, blüht, je nach Jahreszeiten oder geboren wird. Verkennt das nicht, daß der Mensch einen Geist hat und seine Gemeinschaften unterschieden werden müßten, von denen, die die Tiere bilden?

Ähnlich argumentiert Cicero: "Wenn aber die Natur selber uns das Recht festgesetzt hätte", "nichts also hat das Recht von Natur." [128] "Das Recht ist nicht von der Natur, sondern nach Sitten und Zeiten verschieden vom Nutzen gesetzt." [128a]

Somlo nimmt den Begriff der Natur, wie er von Aristoteles geprägt worden ist, auf und sagt über das Naturrecht:"Unter Naturrecht verstehen wir mithin die Bestimmung des Rechtsbegriffs durch einen schlechthin, also nicht nach einem übergeordneten Prinzip als richtig erkannten Norminhalt." [129] Zwar spricht Cicero von dem Recht und nicht von dem Staat, aber er bringt den Gedanken ins Spiel, daß Sitten, Zeiten, aber auch Recht nicht ohne Zutun gewollter Handlungen, sondern mit und durch sie entstehen. Daher unterscheidet auch Kant in der Grundlegung zur Methaphysik der Sitten die Physik, die die Gesetze der Natur und der Ethik, die die Gesetze der Freiheit beschreibt.[130] Man könnte Aristoteles aber auch so verstehen, daß er mit dem Wort Ziel das Entstandene, das Fertige, meint. Erst, ist etwas entstanden, existiert es. So ist Natur und Existenz, Sein und Ziel, Sein und Sollen dasselbe. In dieser grundsätzlichen Interpretation, in der das Sollen in dem Sein aufgehoben ist oder sogar das Sollen das Sein ist, gibt es nichts, das nicht existiert oder nur Stufen und Vorformen der Existenz. Das, was nicht natürlich ist, wäre dann das Unfertige.

Über den Staat weiß man jetzt aber zusätzlich nur, daß die Gemeinschaften auf ihn hinstreben. Das fügt sich in den Staat als Sicherungsverband gegen die Tragik der Unvollkommenheit der Welt.

Dennoch ist die Unterscheidung von Freiheit und Natur weiterführend, auch der Gedanke, daß der Staat als in hohem Maße von Menschenhand gemacht ist. Die Entscheidung gegen ein Ziel oder auch für einen anderen Staat, eine andere Gemeinschaft, bleibt nämlich möglich. Als Schutz- und Trutzverband, als Gemeinschaft, gerade als res publica, ist er Ergebnis eines von den Menschen erkannten Mangels. Man mag über andere Gemeinschaften der Menschen sagen mögen, sie seien dem Biologischen geschuldet, aber der Zusammenschluß der Menschen in der Öffentlichkeit und als Öffentliche, als Bürger, ist aus ihrem Willen bestimmt, der Tragik zu entrinnen.

---

128 De re publica, III, 14.
128a S. 187 (Ed. Ergänzung.)
129 Der Begriff des Rechts, S. 431, in: Maihofer (Hg.), Begriff und Wesen des Rechts.
130 S.19.

2. Staat als das Künstliche

Sogar Hobbes redet im Leviathan im ersten Satz von dem Staat als einem "künstlichen Tier".[131] Der Begriff Kunst spricht gegen die Definition des Staates als Natur. Wenn auch, weil alles aus dem Werden stamme, so die Naturphilosophie, die Natur als das Ziel zu verstehen ist und der Staat als Ziel von Gemeinschaften betrachtet werden kann, so wäre damit noch nichts erklärt, was den Staat als Begriff der Sprache über das Wort Gemeinschaft hinaus charakterisiert. Hobbes, der kein Vertreter der Naturphilosophie ist, hat, anders als Rousseau, das Künstliche, später sogar das Bild von der Maschine im Blick; damit grenzt er die Elemente aus. Das gilt sogar dann, wenn man den von Hobbes hervorgehobenen Aspekt der Bändigungsnotwendigkeit wegen der Schlechtigkeit des Menschen gar nicht als zu dem Wesen des Menschen zugehörig begreift, sondern diesen bloß aufgehoben sieht in dem allgemeinen Staatszweck. Denn für die Entwicklung des modernen Staatsbegriffs ist bedeutungsvoll, daß die Vorstellung von dem Staat als Natur, wenn Staatenbildung, neue Gemeinschaften erklärt werden sollen, durch den des Künstlichen, des durch den Willen Geprägten, um einen Gedanken bereichert wird. Die im Grunde harmonische Vorstellung der Vorsokratiker steht im Gegensatz zu dem Bild von dem Menschen, der sich von der Natur entfernt, nämlich im Sinne von dem Sein, dem Erreichten, um eine Gemeinschaft gegen die Tragik zu bilden. Diese Emanzipation des Menschen vom Trieb, demjenigen, das nicht durch seinen Willen bestimmt ist, hin zu einem neuen Ziel, ist ein Gedanke, der grundlegend für die moderne Staatstheorie ist.

IX. Staat als Inkarnation der Vernunft

1. Staat als Resultat von Vernunft

Von Kant ist in der Geistesgeschichte die Vorstellung von dem Menschen als zur Vernunft fähigen und vernunftbegabten entwickelt worden.[132]

Man findet in der Staatslehre Gedanken darüber, daß auch der Staat ein Ergebnis von Vernunft ist: Das öffentliche, das staatliche Gebilde, kann als das Vernünftige verstanden werden, als Substrat von Erkenntnis, weil der Staat gerade das Fehlsame, das nicht rational gelöste, nämlich die Tragik der Unvollkommenheit des Lebens, durch Bildung der staatlichen Gemeinschaft befrieden soll. Er unterscheidet sich von anderen Gemeinschaften gerade dadurch, daß er eine Öffentliche ist, dem die Menschen aus anderen Gemeinschaften zustreben. Damit ist die Hoffnung verbunden, daß der Mangel behoben, das Leben vollkommener ist und die Tragik der Erkenntnis der Unvollkommenheit des Lebens abgelöst würde von dem Glück der Erkenntnis der Vollkommenheit des Lebens. Ob sich die Hoffnung erfüllt, steht dahin.

---

131 S.5.
132 Kritik der reinen Vernunft (1781); Grundlegung zur Methaphysik der Sitten (1785).

Weil in der Kritik der reinen Vernunft, aber auch in den "Methaphysischen Anfangsgründen der Rechtslehre", das Recht und als seine Grundlage, die Fähigkeit des Menschen, Sollvorschriften einzuhalten, also Subjekt des kategorischen Imperativs zu sein, dargestellt werden, zeigt sich, daß auch ein Verhältnis zwischen dem Staate und der Vernunft bestehen könnte, folgt man dem.[133] Man weiß also jetzt, daß die Vernunft jedenfalls dem Staate nicht entgegenstehen muß. Wenn der Staat der Vernunft nicht entgegenstehen muß, so könnte er auch ein Ergebnis derselben sein. Dann würde ihm Vernunft innewohnen, denn diese wäre in ihn eingegangen als ein Teil von ihm.

2. Vernunft und Freiheit

Die Vernunft setzt Freiheit voraus, nämlich Willensfreiheit, und die Hoffnung auf ein vielleicht vernünftiges Ergebnis ihrer Betätigung. Kant schreibt, daß Freiheit als Eigenschaft des Willens aller vernünftigen Wesen vorausgesetzt werden muß.[134] Freiheit heißt, daß Alternativen vorhanden sind und die Chance für die eine oder andere, eine Entscheidung zu treffen. Wenn Gedanken als Handeln der Vernunft entwickelt werden, so kann der Mensch, weil er frei ist, die eine oder die andere Möglichkeit wählen. Diese Rationalität ist als Begriff im Bereich dessen, was man eine richtige Staatswillensbildung nennt. Wenn der Mensch sich in Gemeinschaft begibt, die öffentlich ist, so kann das eine Entscheidung sein, die aus Vernunft erwächst. Ist sie vernünftig, so ist sie vielleicht eine logische Entscheidung und könnte deswegen die richtige sein.

Weil eine richtige Entscheidung möglich ist, so kann eine solche auch getroffen werden, wenn der Wille des Staates zustandekommt. Das geschieht vielleicht, wenn die Aktivbürgerschaft abstimmt oder wählt oder dann, wenn ihre Repräsentanten dies tun. Aus diesem Grunde ist eine richtige Staatswillensbildung möglich. Vernunft kann nämlich den Willen leiten, der sich in Freiheit dafür entscheidet. Daß solche Entscheidungen getroffen werden, setzt voraus, daß der Staat einen Willen haben kann, der gebildet wird. Ist das der Fall, so könnte das Recht dafür eine große Zahl von Möglichkeiten zur Verfügung stellen, in denen derjenige, der die Geschicke des Staates bestimmt, seinen Willen äußert. Denn es könnte nicht nur eine, sondern viele richtig sein.

X. Staat als Geschichte

1. Staat in der Zeit

Daß der Staat nur als in der Zeit vorstellbar ist, also innerhalb eines Zeitalters, ist in der Einführung zur Entwicklung des Staatsbegriffs bereits gesagt worden.[135]

---

133 Deutet sich an in: Kritik S. 551 (2. Teil, 2. Abteilung, 2. Buch, 8. Abschnitt); formuliert in: Grundlegung S. 40, 68 (401f; 421).
134 Kant, Grundlegung zur Methaphysik der Sitten (1785), S. 105.
135 Siehe S. 128ff.

Danach ist der Staat zeitbezogen. Das ist auch verständlich, weil der Staatsbegriff als ein rechtlicher an der Debatte über den Gedanken teilnimmt, daß Gewohnheitsrecht der Gesetzgebung vorgelagert und damit womöglich mit stärkerer, aber jedenfalls zu beachtender, Bindungskraft versehen ist.

Den Staat als in der Zeit zu begreifen, nimmt den Gedanken des Aristoteles von dem Weg und dem Ziel auf. Der Weg ist eine Strecke. Sie hat einen Anfang und ein Ende. Das Ende ist das Ziel. Um das Ziel zu erreichen, ist die Strecke zurückzulegen. Es muß also Kraft aufgewendet werden. Was geschieht, wenn der Weg hin zum Ziel beschritten wird? Es gibt ein Vorher und ein Nachher. Die Differenz, der Unterschied zwischen diesen beiden Begriffen, kann nur mit dem Begriff Zeit erklärt werden.

2. Beispiele aus dem geltenden Recht

Von Bedeutung für Gewohnheitsrecht ist das Argument von Savigny, im Recht das zeitliche Kontinuum zu berücksichtigen.[136] Das zeigt sich z.B. im Grundgesetz der Bundesrepublik Deutschland: Die Präambel im vorletzten und letzten Satz, vorwiegend aber Art. 116 Abs. 1 und 2 GG, Art. 117 Abs. 1 GG, Art. 120 Abs. 2 GG, Art. 123 Abs. 1 und 2 GG, Art. 124, 125 GG, Art. 126 bis 129 GG, Art. 131 GG, Art. 132 Abs. 1 und Abs. 2 GG, Art. 135, 135 a, 139 GG und Art. 140 und Art. 142 GG, Art. 146 GG, aber auch die in Art. 33 Abs. 5 GG genannten "hergebrachten Grundsätze des Berufsbeamtentums" regeln zeitliche Unterschiede in der Geltung vorgängiger rechtlicher Regelungen. Das Bundesverfassungsgericht hat dazu häufig judiziert, aber auch inzident Tradition, zeitlichen Ablauf angesprochen, z.B. in einer der grundsätzlichen Entscheidungen zur Gleichberechtigung und zur Wissenschaftsfreiheit.[137] Dort hat es entschieden: "Die Garantie der Wissenschaftsfreiheit hat weder das überlieferte Strukturmodell der deutschen Universität zur Grundlage, noch schreibt sie überhaupt eine bestimmte Organisationsform des Wissenschaftsbetriebes an den Hochschulen vor." [137a]

Die "hergebrachten Grundsätze des Berufsbeamtentums" sind ein Rechtsbegriff, weil er in der Verfassung vorhanden ist. In der Bundesverfassungsgerichtsentscheidung zur Wissenschaftsfreiheit wird bloß erwogen, ob das "überlieferte Strukturmodell" Grundlage des Wissenschaftsbetriebes sei. Die Zeitdifferenz prägt diese verfassungsrechtlichen Überlegungen, denn die Tradition wird in Erwägung gezogen, Garantie der Wissenschaftsfreiheit zu sein. Es ist das historische Argument, d.h. die Geschichte, die entscheidungserheblich berücksichtigt worden ist, wenn auch im Ergebnis abgelehnt wurde, dem zu folgen. Ob es im

---

136 Savigny, System des heutigen römischen Rechts, Berlin 1840, Bd. 1 § 18, § 21, § 33, § 42.
137 BVerfGE 15, 337, 349.
137a BVerfGE 35, 79.

Ergebnis richtig oder falsch ist, muß hier nicht entschieden werden, aber es begreift die Zeit als einen Ablauf, ein Kontinuum, als Verlauf. So nimmt es teil an dem nicht widerlegten Gedanken, daß in der Geschichte der Menschheit Gewohnheitsrecht, häufig resultierend aus früherem Gesetzesrecht, bloß durch Gesetzgebung derogiert wird. Es kann ungeschriebenes, aber auch geschriebenes, aber jedenfalls durch häufige Wiederholung in langen Zeiträumen geprägtes Recht sein.[138] Zugrunde liegt dieser Auffassung der Bestandsschutzgedanke.[139]

XI. Staat als System

1. System als Form des Staatsbegriffs

Die aristotelische Auffassung von der Reihung, der vollständigen Aufzählung der Merkmale eines Begriffs, legt es nahe, daran zu denken, das als ein System zu verstehen. Savigny nennt daher sein Werk "System des heutigen römischen Rechts." Dort ist alles, was er für wesentlich hielt, beschrieben.

Das System ist mit dem Wort Begriff gleichzusetzen, wenn es nicht eine unterschiedliche Bedeutung hat. V. Jhering sagt: "Das System ist die anschaulichste, weil plastische Form des Stoffes."[140] Das ist mißverständlich, weil das Wort System so als konkreter bestimmt wird, vergleicht man es mit dem Wort Begriff. Das aber ist sicher falsch. Denn das Wort System teilt mit dem des Begriffs die Eigenschaft der Vollständigkeit, aber ihm könnte noch eine andere innewohnen.

Ist es die Geschichtlichkeit? Man könnte Schwierigkeiten darin sehen, daß die Geschichte die Veränderung beschreibt und enthält, aber ist auch der Begriff etwas, das sich verändert und spielt das eine Rolle für den Staat?

2. Ordnung und System

Wenn man den Staat als System verstehen wollte, fragt sich, in welchem Verhältnis das zu dem Staatsbegriff steht oder ob Staatsbegriff und System des Staates synonym gebraucht werden können. Eine solche Auffassung ist dann abzulehnen, wenn das Wort Begriff nicht das Merkmal Ordnung enthält, während in dem System dieses vorhanden ist. Das System kann als Ordnung verstanden werden, denn es sind unterschiedliche Begriffe, deren Merkmale verschiedene sind. System und Begriff aber differieren weder durch Geschichtlichkeit noch durch Ordnung. Sie können sich aber durch die Anschaulichkeit unterscheiden. Dann wäre der Begriff konkreter als das Wort System.[141]

---

138 Genesis 1 28, 29; 1 16, 17.
139 Binder, Rechtsbegriff und Rechtsgeschichte, in: Maihofer, Begriff, 408.
140 V. Jhering, Theorie der juristischen Technik, S.78.
141 K. Engisch, Die Idee der Konkretisierung in Recht und Rechtswissenschaft unserer Zeit, 2. Aufl., Heidelberg 1968, S. 41. U. Klug, Juristische Logik, 3.Aufl., Berlin u.a. 1966, S. 88.

Der Begriff ist die vollständige Reihung, aber das System ist etwas, das Ordnungals ein Merkmal enthält. Es ist aber vielleicht möglich, dieses Merkmal auch als eines zu verstehen, das der Begriff enthält. Warum sollte der Begriff des Staates in der Art und Weise nicht verstanden werden können, daß auch die Ordnung als ein Merkmal in ihm Platz erhält? Das ist ohne weiteres möglich, denn in der Vollständigkeit, die dem Begriffe eigen ist, liegt vielleicht die Ordnung. Es ist dann allein der Konkretisierungsgedanke, der Begriff und System unterscheidet.

Versteht man den Begriff Staat als Summe von Merkmalen, die zugleich Unterbegriffe sind, so könnte das System des Staates, nämlich die Summe der Unterbegriffe der Begriff Staat sein. Das Gemeinsame der Unterbegriffe ist der Gedanke, der das System bildet.

§ 5 Der Staat als Rechtssubjekt

Um den Staat noch genauer zu beschreiben und ihn zu begründen, ist die Lehre von dem Staatsrecht sicherlich hilfreich. Denn sein Handeln kann nur verstanden werden, wenn er im Rechtsverkehr tätig wird.

Man fragt darum, ob der Staat Rechtssubjektivität, also die Eigenschaft, Rechtssubjekt sein zu können, erwirbt wie jedes andere Rechtssubjekt.[142] Voraussetzung dafür ist die Rechtsfähigkeit. Diese erwirbt die juristische Person des privaten Rechts durch einen Akt der öffentlichen Anerkennung: § 21 BGB spricht von "der Eintragung in das Vereinsregister", § 22 BGB von der "Verleihung". Das sind staatliche Anerkennungsakte, aber die Anerkennung eines Staates als Staat erfolgt, wie Hans Kelsen schreibt, durch "Völkerrechtsordnung"[143] Damit ist der "Geburtsfehler" aller juristischen Personen gerade für den Staat in Richtung der Fiktion fortgesetzt.[144] Die Rechtsfähigkeit des Menschen, die dieser "mit der Vollendung" der Geburt erwirbt, läßt sich an einem natürlichen, einem biologischen Vorgang feststellen. Die Eintragung in das Geburtsregister bei dem Standesamt hat nur deklaratorischen Charakter, nicht konstitutiven. Ein Mensch, der niemals dort eingetragen worden ist, wird dadurch in seiner privatrechtlichen Handlungsfähigkeit nicht begrenzt und kann sogar Abgeordneter werden. Von diesem Gedanken ausgehend, ist die Anerkennung durch andere Staaten und die Völkergemeinschaft weit entfernt.

Auch die Gründung eines Staates ist weder mit dem einen, noch dem anderen gleichzusetzen. Der Gründungsakt eines Staates durch Verfassungsgebung bei Vorliegen der Voraussetzungen dessen, was ein Staat ist, verschafft diesem bloß gegenüber seinen Bürgern Anerkennung und auch das ist nicht zwingend. Selbst

---

142 Laband, Das Staatsrecht des Deutschen Reiches, Bd. I, (Neudruck d. 5. Aufl., Tübingen 1911), Aalen 1964, § 8, vorletzter Absatz.
143 Allgemeine Staatslehre, Berlin 1925, S. 66.
144 Savigny, System 11, 2.

die Volksabstimmung muß noch nicht Anerkennung bedeuten. Sie verschafft bloß Legitimation. Anerkennung heißt dagegen, daß der Staat im Rechtsverkehr der societas behandelt wird wie jeder andere und auch so handeln kann. Daraus erst könnte sich seine Eigenschaft, Rechtssubjekt zu sein, ergeben. Die juristische Person des römischen Rechts ist der "selbständig rechtsfähige Verband.[145] So zeigt sich, daß dieser ein anderes, ein Mehr ist als die "Verbundenen".[146] Rechtssubjektivität könnte jedenfalls Teil des Staatsbegriffs sein.

Auf den ersten Blick könnte man meinen, die Debatte über die Genossenschaft, die Bildung von Vereinen, wie sie im Deutschland des vorigen Jahrhunderts wegweisend war, trage bei zu einem Verständnis dessen, was die Rechtssubjektseigenschaft des Staates sei. Denn v. Gierke hat die Konstituierung von juristischen Personen des privaten und öffentlichen Rechts grundlegend nach der damaligen Rechtslage beschrieben und außerdem die Genossenschaft als diejenige juristische Person geschaffen, die versuchte, die Mitgliedsrechte am stärksten auszugestalten.

Gerade an dem Punkt aber, wo die Besonderheit der Staatenbildung als Rechtsfrage angesprochen ist, die mit der Eigenschaft, Rechtssubjekt zu sein, in Zusammenhang steht, unterscheiden sich die beiden Rechtsbegriffe. Die Rechtssubjektivität ist ein Problem der Handlungsnotwendigkeit.

Nur der Rechtsfähige ist Rechtssubjekt und nur das Rechtssubjekt ist rechtsfähig. Der Staat aber, wie er bislang beschrieben wurde, ist womöglich schon durch seine Eigenschaft, Schutz- und Trutzverband zu sein, bestimmt. Die Staatsgewalt ist zwar Element des Staatsbegriffs, aber bloß allgemeiner Staatszweck, ist also in ihrer Gewichtigkeit weit geringer als die beiden anderen Elemente, obwohl sie z.B. in dem Deutschland des letzten Jahrhunderts als wichtigste Bedeutung des Staates verstanden worden war. Wenn der Staat schon durch das Öffentliche, die öffentlichen Angelegenheiten, in seinem Wesen bestimmt ist, so ist die Handlungsfähigkeit des Staates als Voraussetzung für Staatsgewalt nicht entscheidend. Sie könnte vielleicht auch ohne Rechtssubjektseigenschaft ausgeübt werden. Die Möglichkeit in einer verbrieften Ordnung, die gesetzt worden ist, Grenzen und Chancen für das Tun des Staates zu ersehen, könnte aus staatsrechtlicher Sicht den Staat als Rechtssubjekt verstehen lassen.[147] Wenn ein Staat nämlich verfaßt ist und zwar möglichst in Form eines Dokuments, so kann man daraus – wie aus einer Satzung, einem Statut oder einem ähnlichen Regelwerk – ersehen, daß der Geber dieser Ordnung ein Subjekt ist, z.B. ein Staats- bzw. Verfassungsorgan. Kommt hinzu, daß daneben die Elemente des Staates vorhanden sind, so kann man daraus schließen, daß der Staat ein Rechtssubjekt ist.

---

145 R. Sohm, Institutionen des römischen Rechts, Leipzig 1911, 14.Aufl., S.224.
146 A.a.O.
147 P. Badura, Staatsrecht, München 1986, A 16.

Noch in höherem Maße gilt das z.B. dann, wenn ein monarchisches Staatsoberhaupt das Gesetz anerkennt. Damit wird die Rechtssubjekteigenschaft des Staates begründet. Die Formulierung etwa, daß ein König anerkennt, unter "Gott und dem Gesetz" zu stehen, zeigt – neben den vorhandenen Elementen eines Staates – seine Qualität als Rechtssubjekt. Denn nur diese Hierarchie, die im Gegensatz zu der Äußerung "L'état, c'est moi" steht, gibt dem Staat als Urheber der Gesetze seine Eigenschaft als ein Rechtssubjekt.[148] Ergänzt wird das durch Coing, der sagt, daß als juristische Person auch der "Fiskus" verstanden wird.[149] Juristische Personen und Rechtsfähigkeit sind nicht identisch. Andere Staaten könnten Rechtsfähigkeit durch Anerkennung geben.

I. Staat und Gesellschaft

1. Societas und Rechtssubjekt

Nachdem der Staat als Begriff bestimmt worden ist, kann für seine Bedeutung und Begründung vorab gesagt werden, daß die Rechtssubjekteigenschaft des Staates zwar anders geartet ist als die anderer Rechtssubjekte, aber jedenfalls eine solche – noch näher zu bestimmende – vorhanden ist, während societas, also die Gesellschaft, kein Rechtssubjekt ist, es sei denn man versteht diesen Begriff als Rechtsbegriff des Gesellschaftsrechts als einen Teil des Wirtschaftsrechts.[150] Begriffe wie "gute Gesellschaft", "gesellschaftliches Leben" usw. bezeichnen eher eine Gruppe, nämlich die Oberschicht, die weder Rechtssubjekt noch rechtsfähig ist. Beiden gemeinsam ist, daß sich gesellschaftliches Leben in der Öffentlichkeit abspielt und der Staat durch das Öffentliche wesentlich charakterisiert ist.

"Wirtschaftlich angesehen bedeutet die juristische Person das Mittel für die Schaffung von sozialem Zweckvermögen, d.h. von Vermögen, welches für die Zwecke der Gesellschaft bzw. eines bestimmten gesellschaftlichen Verbandes rechtlich gebunden ist".[151] Könnte bei dieser Definition die juristische Person vielleicht Bindeglied zwischen Rechtsperson und Rechtssubjekt im Verhältnis zu dem Staat sein?

Die juristische Person ist von Sohm unabhängig von der Eigenschaft, Rechtssubjekt zu sein, bestimmt worden. Das heißt genauer, selbst Subjekt eines Rechtes zu sein und dieses auch geltend machen zu können. Die Debatte über die Reichweite des subjektiv-öffentlichen Rechtes, die Frage, ob eine Person Rechte geltend machen kann und daher aktiv legitimiert ist, bringt das zum Ausdruck.

---

148 A. Kaufmann, Recht und Sittlichkeit, S. 204f.
149 Staudinger-Coing, Kommentar zum BGB, 12. Aufl. 1978, Einl § 21- 89, 1.
150 Zur Entwicklung vgl. H. Coing (Hg.), Handbuch der Quellen und Literatur der neueren europäischen Privatrechtsgeschichte, Bd. 3, Teilband 3, 3058.
151 R. Sohm, Institutionen des römischen Rechts, S. 218.

Rechtssubjekt zu sein, ist nämlich ein Weniger als Rechtsperson oder umgekehrt: Wer nicht Rechtsperson ist, kann auch nicht Inhaber eines subjektiven Rechtes sein. Das zeigt zum Beispiel, daß eine Gesellschaft im Konkurs – ob es sich nun um eine Kapitalgesellschaft oder eine Personengesellschaft handelt – unter Umständen an Rechtssubjektivität verliert, also nicht im selben Maße klagen oder verklagt werden kann wie zuvor. Auch die natürliche Person verliert durch Entmündigung ebenso wie die noch nicht mündige etwas von ihrer Rechtssubjektivität, weil sie nicht mehr geschäftsfähig, noch nicht geschäftsfähig oder jedenfalls nicht voll geschäftsfähig ist. Obwohl Rechtsfähigkeit und Personeneigenschaft vorhanden sind, gilt das.

2. Staat als Rechtsperson und zugleich Rechtssubjekt

Kann man danach sagen, daß die Eigenschaft des Staates, Rechtssubjekt sein zu können, ebenfalls unter der Rechtspersoneneigenschaft steht oder ein anderes Verhältnis zu ihr besteht? Das ist nur möglich, wenn, ohne Widerspruch zu erzeugen, ein gemeinsames Merkmal zwischen dem Staat und anderen juristischen Personen vorhanden ist, das sogar auf die natürliche Person hinweist. Keine Rolle spielt, daß die Eigenschaft des Staates, Person zu sein, – anders als bei der natürlichen Person – bloße Fiktion ist. Gemeinsames Merkmal von Staat und anderen juristischen Personen ist die Eigenschaft, Gemeinschaft zu sein.

Die Einmann-GmbH ist Ausnahme. Daher sagt Coing auch, daß die "Gesellschaft geschichtlich"..."ihren Ursprung in der Erbengemeinschaft" hat.[152] So konnte auch Aristoteles in der Politika sagen, daß der Staat "Ziel jener Gemeinschaften", nämlich der aus Dörfern und Häusern zusammengesetzten, ist.[153] Das weist auf die Gemeinschaft der Menschen hin, wie sie Platon in der Politeia beschreibt, wonach Vertrags- und Handelsgeschäfte auf einer gewissen Gemeinschaft beruhen: "In welcher Gemeinschaft ist nun der Gerechte ein besserer Teilnehmer als der Baumeister und der Zitherspieler, wie dieser umgekehrt im Zitherspiel besser ist als der Gerechte? Im Geldverkehr."[154]

Ähnlich wie Aristoteles, begründet auch Rousseau den Staat "aus den ersten Gesellschaften"[155] und zwar aus der Familie. Um die Geschicke des Gemeinwesens zu bestimmen, bietet er den Gesellschaftsvertrag als einen Begriff an, der die Übereinkunft der Gesellschaftsmitglieder beschreibt. Rousseau gebraucht das Wort "Gemeinschaft" synonym mit dem Wort "Gesellschaft".[156]

Auch in der Rechtsprechung wird die Eigenschaft des Staates, Rechtssubjekt zu sein, als eine Fähigkeit zur Gemeinschaft beschrieben. Der Supreme Court der

152 Einl. zu § 21-89.
153 1252 b 31.
154 333 b 5 und 6.
155 Du contract social ou principes du droit politique (Amsterdam 1762), S. 6.
156 "Du contract social ou principes du droit politique" wird mit "Gesellschaftsvertrag" übersetzt. Das ist zweifelhaft.

Vereinigten Staaten von Amerika entschied in United States v. Insurance Companies:
"Corporations created by the legislatures of rebel States while the States were in armed rebellion against the government of the U.S., have power, since the suppression of the rebellion, to give in the Federal courts, if the acts of incorporation had no relation to anything else than the domestic concerns of the State." [157]
Früher schon entschied der Supreme Court in The American Insurance Company and The Ocean Insurance Company of New York v. Bales of Cotton: "The court erected by the territorial legislature of Florida to try and determine cases salvage, is in conformity with the constitution and laws of the United States." Und: "Wether the power of congress to govern the territories is derived from the right of the United States to acquire territory, or from that clause in the Constitution which empowers congress to make all needful rules and regulations concerning the territory and other property of the United States, the possession of the power is unquestional." [158] In beiden Entscheidungen bestimmt der Supreme Court nicht nur, was staatliche Gewalt sei, sondern trifft auch Aussagen über die Reichweite des communum bonum und sein Verhältnis zu anderen Mächten in dem Bundesstaat oder dem beginnenden Bundesstaat. [159]
Auch das House of Lords entschied in The Great Western Railway Company v. The Swindon and Cheltenham Extension Railway Company über die Befugnisse von Gesellschaften im Verhältnis zu der Ausübung staatlicher Hoheitsmacht durch Gesetz.[160]

II. Souveränitätslehren

Könnte der Staat als Rechtssubjekt die Eigenschaft haben, souverän zu sein? Ist Souveränität ein wesentliches Merkmal des Staates?

1. Rechtssubjektivität des Staates und Souveränität

Nach der Souveränitätstheorie des Bodin ist der Staat seinem Wesen nach souverän.[161] Diese Auffassung, nach der der Staat der Gesellschaft als einem anderen, dieser übergeordneten gegenüber tritt, enthält den Gedanken einer absoluten Staatsmacht, die nach innen und nach außen hin, also den Bürgern und anderen Staaten, übergeordnet ist. Ist diese Meinung zwingend? Man kann auch die Auffassung vertreten, daß Souveränität sich bloß darin zeigt, daß über dem Staat keine andere Gewalt, keine weltliche Macht steht. Der Begriff stammt von

---

157 89 U.S. 99.
158 7 U. S. 685.
159 H. Kelsen, Allgemeine Staatslehre, S.116.
160 9 App. Ca. 78 (1884).
161 J. Bodin, Six livres de la République, 1576 (o. 1977).

"sous", d.h. über. Man spricht von souveränen Staaten, den souveränen Herrschern oder Machthabern oder dem Volk als Souverän wie es durch Art. 20 Abs. 2 S. 1 GG konstituiert ist.

Ein souveräner Staat mag sich daran zeigen, daß er sich als solcher konstituiert hat. Das ist zum Beispiel möglich, wenn die Staatsgewalt durch die Bürger selbst ausgeübt wird und zwar nicht nur durch einzelne Bürger, sondern durch alle Bürger, also die Aktivbürgerschaft, nämlich das Volk. Niemand steht über dem Staat, wenn es auf seinem Gebiet kein anderes Volk gibt. Es hat nämlich die Hoheitsgewalt. Souveräne Herrscher oder Machthaber dagegen sind solche wie sie der Bodin'schen Vorstellung von der Souveränität entnommen sind.[162] Das Volk als Souverän dagegen steht über den Staatsgewalten, die etwa für die Bundesrepublik Deutschland Legislative, Exekutive und Judikative bilden und so durch Verfassung konstituiert sind, die der Montesquieu'schen Gewaltenteilungslehre folgt. Nicht der dem Menschen gegenübertretende Staat ist der Souverän, sondern Souveränität folgt aus der des Volkes, von dem alle Staatsgewalt ausgeht. Der Inkarnationsgedanke verbindet Staatssouveränität mit Volkssouveränität. Er ist aber für den Staat als Begriff nicht charakteristisch, sondern die Eigenschaft des Staates als einer unter anderen, der Übermacht des Nachbarstaates oder eines dritten Staates, zu widerstehen.

Auch soll in dem Staate niemand anders herrschen als er selbst oder das Staats- und Verfassungsorgan, das dafür konstituiert ist. Die Bodin'sche Souveränitätslehre markiert den Übergang zu dem modernen Staat, der nichts über sich duldet. Im Absolutismus ist die Vorstellung von dem Staat und seiner Souveränität so formuliert worden, daß dieser auch dem Volke gegenüber als übergeordnet verstanden worden ist. Das ist aber nicht notwendig Teil des Staatsbegriffs, denn sogar die Staatsgewalt als allgemeiner Staatszweck muß nicht Teil eines Sicherungsverbandes gegen die Tragik der Erkenntnis der Unvollkommenheit der Welt sein. Ist der Ort keiner in dem Menschen leben, die eine öffentliche Gemeinschaft bilden können, so kann es dort keinen Staat geben. Sind dort etwa von außen kommende eingefallen, die verhindern, daß die Menschen ihre Häuser verlassen können, so ist dort keine Öffentlichkeit derjenigen vorhanden. Dem Gedanken ist nur zu entnehmen, daß der Sicherungsverband, den die Gemeinschaft öffentlich bilden kann, auch im Verhältnis zu dem Einzelnen Staatsgewalt ausbildet, wenn ein Staat vorhanden ist, der diese innehat. Das geschieht als Teil des Bändigungsaspekts. Souveränität ist aber die Bewährung staatlicher Gewalt nach außen.[163]

162 Ebenda.
163 Selbst die Neutralitätserklärung (Bundesverfassungsgesetz vom 26. Oktober 1955 über die Neutralität Österreichs) des Staates Österreich enthält in Art. 1 Abs. 1 S.1 einen Hinweis darauf: "Zum Zwecke der dauernden Behauptung

2. Souveränität und Individuum

Nimmt man an, daß Souveränität Absolutismus sei, so überstrapaziert man diesen Begriff. Denkt man über Souveränität als wesentliches Merkmal eines Staates nach, so stellt man den Staat über den Menschen. Nicht jede Gemeinschaft steht über dem Menschen, sondern bloß der Staat. Auf diese Weise wird das frühere Verhältnis zwischen Mensch und Staat, bzw. dem Staat als einer besonderen Gemeinschaft und dem Menschen, umgedreht. Um der tragischen Erkenntnis von der Unvollkommenheit der Welt etwas entgegenzusetzen, wurde die öffentliche Gemeinschaft, die res publica, geschaffen. Ihre Souveränität ergibt sich aus 100%iger Rechtssubjektivität. Sonst wäre von der Souveränität nicht als von einem Rechtsbegriff zu sprechen oder auch: Souveränität ist wegen der Bändigung als Merkmal des Staates wesentlich, denn er ist als eine besondere Gemeinschaft gegenüber jeder anderen unabhängiges und in jeder Hinsicht handlungsfähiges Subjekt. Damit wird dem Säkularen Rechnung getragen. Das liegt darin, den Staat unabhängig von einem höheren Wesen, unabhängig von Gott zu denken. Das versteht man nicht nur aus der Zeit Bodins, es könnte sich auch aus dem Versuch ergeben, sich die Erde untertan zu machen.[164] Daher ist die moderne Staatsrechtslehre eine säkulare Lehre. Ihr Dreh- und Angelpunkt für die Debatte über den Staat ist das weltliche Denken.

3. Beispiele für Gestaltung von Souveränität durch Verfassung

Diese Überlegungen haben aber z.B. die Mitgliedstaaten der Europäischen Gemeinschaften und auch die Mehrheit der Bundesländer der Bundesrepublik Deutschland nicht daran gehindert, eine auf Gott gerichtete Verpflichtung entweder des Staates oder der Menschen in dem Staat auszusprechen oder jedenfalls durchgängig Bestimmungen ähnlicher Art zu konstituieren:
Die Verfassung des Königreiches Dänemark enthält in § 4 die Festlegung, daß die "Evangelisch-lutherische Kirche" "Volkskirche ist" und als solche vom Staat unterstützt wird. Das Staatsoberhaupt, der König, soll gem. § 6 der Evangelisch-lutherischen Kirche angehören.[164a]

Das Grundgesetz der Bundesrepublik spricht in der Präambel von dem Deutschen Volk, das "Im Bewußtsein seiner Verantwortung vor Gott und den Menschen" sich die Verfassung gegeben hat.

Die Verfassung von Frankreich trifft in Art. 2 S.1 die Bestimmung, daß es eine laizistische Republik ist.[164b]

Die Verfassung der Republik Griechenland spricht in Art. 3 Abs. 1 davon, daß

> seiner Unabhängigkeit nach außen und zum Zwecke der Unverletzlichkeit seines Gebietes erklärt Österreich aus freien Stücken seine immerwährende Neutralität". Grenzhoheit ist eine Andeutung dessen.

164 Genesis 1, 20.
164a A. Kimmel, Die Verfassungen der EG-Mitgliedstaaten, 2. Aufl. S. 29.

"Vorherrschende Religion in Griechenland" die Östlich-Orthodoxe Kirche ist. In Absatz 3 S.1 steht sogar: "Der Text der Heiligen Schrift bleibt unverändert erhalten." [164c]

Die Präambel der Verfassung der Republik Irland sagt zu Beginn: "In Namen der Allerheiligsten Dreifaltigkeit, von der alle Autorität kommt" (...) "anerkennen Wir, das Volk von Irland, in Demut alle unsere Verpflichtungen gegenüber unserem göttlichen Herrn, Jesus Christus, der unseren Vätern durch Jahrhunderte der Heimsuchung hindurch beigestanden hat." [164d]

Art. 8 der Verfassung der Republik Italien enthält in Absatz 1 folgende Bestimmung: "Alle religiösen Bekenntnisse sind vor dem Gesetz gleichermaßen frei. Die von der katholischen Konfession abweichenden Bekenntnisse haben das Recht, sich nach ihren eigenen Statuten zu organisieren, soweit diese nicht im Widerspruch zur italienischen Rechtsordnung stehen.[164e] "Unter Umständen könnte man aus dieser Bestimmung den Schluß ziehen, daß die katholische Religion sogar das Recht haben könnte, entgegen der italienischen Rechtsordnung, kirchliche Rechtsnormen zu schaffen.

Die Verfassung des Großherzogtums Luxemburg sagt in Art. 4, daß die Person des Großherzogs "heilig" ist.[164f] Damit wird über das Staatsoberhaupt eine Bestimmung getroffen, die nicht weltlichen Charakter hat und bedeutsam für die Souveränität ist.

Die Regenten-bzw. Königseide oder Gelöbnisse der Verfassung des Königreichs der Niederlande werden nach Art. 44, 53, 54, Art. 86 Abs. 5 und 6, jeweils letzter Satz, mit einer Anrufung von Gott als Helfer ausgesprochen. Dasselbe gilt für Art. 97, vorletzter Satz.

Die Verfassung des Landes Baden-Württemberg enthält im Vorspruch als ersten Satz: "Im Bewußtsein der Verantwortung vor Gott und den Menschen" (...) "hat sich das Volk von Baden-Württemberg" (...) "diese Verfassung gegeben". Damit ist es einer höheren Macht verpflichtet.

Auch die Verfassung des Freistaates Bayern spricht im ersten Satz von Gott: "Angesichts des Trümmerfeldes, zu dem eine Staats- und Gesellschaftsordnung ohne Gott" (...) "geführt hat". So wird eine Staats- und Gesellschaftsordnung mit Gott als wünschenswert konstituiert.

Ähnlich wie in der Verfassung für das Land Baden-Württemberg, enthält auch diejenige für das Land Nordrhein-Westfalen in der Präambel die Aussage: "In

164b A.a.O. S. 96.
164c A.a.O. S. 118.
164d A.a.O. S. 172.
164e A.a.O. S. 207.
164f A.a.O. S. 235.

Verantwortung vor Gott und den Menschen" (...) "haben sich die Männer und Frauen des Landes Nordrhein-Westfalen diese Verfassung gegeben."
So hat auch Rheinland-Pfalz in dem Vorspruch zu seiner Verfassung geregelt: "Im Bewußtsein der Verantwortung vor Gott, dem Urgrund des Rechts und Schöpfer aller menschlichen Gemeinschaft".

Man könnte meinen, daß Gott in einer Verfassung nicht erwähnt werden dürfte, weil der Mensch keine Bestimmungen in einer Verfassung zu treffen vermag, die das Überweltliche in das weltliche Sollen inkorporieren. Wie wollte der Mensch das erfassen, was z.B. Verantwortung vor Gott sei, wo doch Gott nicht von dieser Welt, sondern ihr Schöpfer, gerade nicht faßbar ist, jedenfalls nicht als säkularer Begriff. Es sind aber weltliche Verfassungen und die, die sie schaffen, weisen der Religion, nämlich ihrem Mittelpunkt, einen Platz zu. Das ist vom Standpunkt der Staatsrechtslehre zweifelhaft, denn die Erfaßbarkeit steht dahin. Denn im Verfassungsstaat steht der Staat unter seiner Verfassung. Sie muß also geeignet sein, von dem Menschen in dem Staate erfaßt werden zu können. Souveränität heißt auch, daß der Mensch sich über Gott stellt und ihm einen Platz zuweist.

III. Das Beispiel: Statutes

1. Begriff und Bedeutung

Das römische Recht kennt die drei status als Stufen menschlicher Rechtsfähigkeit.[165] Liest man Wesel über rhetorische Rechtslehre und Gesetzesauslegung der römischen Juristen, so begreift man status als Stand, als Zustand.[166] Nach Isensee ist Status der Staat.[167]
Vielleicht könnte der lateinische Begriff status aber auch Gesetz oder das Gesetzte bedeuten. Der Begriff erinnert an das Statut, die Vorform der Satzung, denn es regelt die inneren Angelegenheiten.[168]
Vielleicht ist es möglich, mit diesen Erläuterungen die "Statutes" zu verstehen. In der konstitutionellen Geschichte Englands spielen die Statutes eine wesentliche Rolle. Von der Magna Charta 1215 bis zu dem laufenden werden sie nach den Regierungszeiträumen der Könige herausgegeben. Von diesem Zeitpunkt an zählen auch die Parlamente. Übersetzen kann man den Begriff "Statutes" mit Gesetzblatt. Weil dort aber auch "local and private acts" abgedruckt sind, auch Verträge, mag man meinen, das träfe nicht zu. Entscheidend ist aber nur, daß eine

---

165 Sohm, S. 192.
166 Rhetorische Statuslehre und Gesetzesauslegung der römischen Juristen, Köln u. a. 1967, S. 28.
167 Republik – Sinnpotential eines Begriffs, JZ 1981, 4.
168 Gabler Wirtschaftslexikon, 11. Aufl.

öffentliche Bindungswirkung durch Verkündung erzielt werden soll.
Die Statutes werden in unterschiedlichen Sammlungen herausgegeben, z.B. in den Law Reports 1894, autorisiert durch die Krone ("cum privilegio"), gedruckt von einem königlichen Drucker, wobei die Formulierung "printer to her majesty of all acts of parliament" erstaunt, weil damit die übliche Formulierung "of" zugunsten der auf die Majestät und die Akte des Parlaments hinweisenden Ausdrucksweise durchbrochen wird. Die Abbildung des Wappens bzw. des Signums mit der Aussage "Dieu et mon droit" vor den Gesetzen und auf den Statues zeigt an, daß der König oder die Königin unter Gott und seinem Recht stehen. Anders als Kriele meint, ist das keine Souveränitätsbeschränkung, also daß es im angelsächsischen Rechtsdenken keinen Souverän geben konnte.[169] Daß auch der Monarch nur die ihm durch Recht zugewiesenen Kompetenzen hatte, widerspricht nämlich nicht der bis heute verwendeten Formel: "Dieu et mon droit". Gott, aber auch "mein Recht" stehen über dem Monarchen bzw. sind seine Orientierung. Recht ist weder gleich Gesetz, noch ist es das Recht als Recht[170] an sich, also der Begriff. Selbst wenn die Gesetze vom Parlament gemacht werden, so steht über ihnen das Wappen, also die Krone, die es inkorporiert und quasi zum Recht ihrer Majestät macht. Wesentlich könnte sein, daß sich der Monarch selbst unter Gott und sein Recht stellt, er ist in der Art und Weise souverän als er – sieht man die englische Konstitutionsgeschichte an – von seiner Rechtssubjektivität Gebrauch gemacht hat und Gebrauch macht. Daß er an seine eigenen Gesetze gebunden ist, sich unter sein Recht stellt, hindert Souveränität nicht, sondern sagt bloß, daß es nicht die absolutistischer Prägung ist. Vielleicht ist das auch in den Statutes nachweisen. Souveränität ist auch bei einem konstituierten Rechtsstaat möglich.

2. Inhalt und Interpretation

7 Ed.1.c.1., Anno Dom 1279, enthält die Bestimmung, "to all Parliaments and Treaties every Man shall come without Force and Arms"! Waffen sollten also nicht getragen werden, traf man sich an einem öffentlichen Orte zum Zwecke der Bestimmung über die Geschicke des Staates. In dem Statute ist nicht von Parlament, sondern von "our parliament" die Rede. Diese Formulierung deutet auf den Pluralis majestatis hin, ein besitzanzeigendes Fürwort. Erhärtet wird die Tendenz dadurch, daß unter (2) von "our Royal Seigniory" und unter (3) "...they are bound to aid us as their Sovereign Lord to all seasons, when need shall be " geschrieben steht. Die Beschreibung als souverän und die Verwendung des Wortes "Seigniory", das heißt Herrschafts- bzw. Zeichnungsmacht, charakterisieren die

---

169 Das demokratische Prinzip im Grundgesetz, S. 55.
170 In den Statutes Queen Victoria 1894 Vol. XXXI, Chapter 32:
"Be enacted by the Queen's most Excellent Majesty, by and with the advice and consent of the Lord Spiritual and Temporal, and Commons, in the present Parliament assembled, and by the authority of the same, as follows."

Stellung des Königs. In dem Wort "our" erscheint, daß nicht bloß als Staatsoberhaupt, sondern auch als Gemeinschaft, nämlich für sie, gezeichnet wird.

In (1) zu Beginn spricht der König Grüße an seine "justices", seine Richter, aus. Aus der Überschrift mit dem Begriff Parlament schließt man auf die bloß gesetzgebende Macht, allein rechtsprechende und gesetzgebende sind hier wirklich gemeint. Parlament ist Oberbegriff.

Die neben der altenglischen abgedruckte altfranzösische Fassung ist nicht gänzlich identisch mit ersterer. Sie beginnt mit dem Satz: "Edward par la grace de Dieu Roi D'engleterre." Darin könnte eine gewisse Souveränitätsbeschränkung liegen, weil die Königseigenschaft auf die Gnade Gottes zurückgeführt wird. Nicht nur die Existenz, sondern auch die Kausalitätsbeziehung ist damit genannt. Es ist allerdings keine weltliche und das Wort "Gnade" deutet an, daß die Königseigenschaft des Edward auf einem geistigen Akt Gottes beruht. Es ist die Auslegung möglich, daß die Souveränität, also 100%ige Rechtssubjektivität, durch das Verhältnis, nämlich die Rückführung des Edward auf Gott, erweitert werden könnte, weil seine Legitimation daher rührt. Weil Gnade nicht Recht ist, auf sie also kein Anspruch besteht, könnte die weltliche Stellung des Edward dadurch sogar noch eine stärkere sein, hat er doch etwas erhalten, das er gar nicht verlangen durfte, nämlich ein Geschenk. Deshalb wird seine weltliche Stellung, die das ist, was dem Staate innewohnt, vielleicht gestärkt.

3. Einzelne Statutes

Im Vorspruch zu dem Stat. Westminster heißt es: "At the parliament holden at Westminster in the Utas of St. Hillary, the second year of the reign of King Henry the Fourth, the same our lord the King, by the assent of the prelates, dukes, earls, and barons, and at the special instance and request of the commons assemble at this present parliament, hath caused to be ordaines and stablished certain statutes and ordinances in form following." [171] Auch in diesem Statute findet man die Verbindung von Regierung und Parlament, weil die folgenden Gesetze eingeleitet werden durch die Bemerkung, daß das Parlament in der Regierungszeit des Königs tagt. Nicht nur bezeichnet das Jahr den Zeitpunkt, wann die Gesetze geschaffen worden sind, es enthält auch die Beschreibung, daß es der König ist, der dies tat.

Daß der König anderen Rechte gibt und damit seine Macht beschränkt, sich zugleich an diese Bestimmung halten will, zeigt sich auch in dem Folgenden: "A confirmation of liberties. Each person may pursue the law, or defend it." (...)

"First, That holy church have her rights and liberties; (2) and that all the lords spiritual and temporal, and all the cities, boroughs, and towns enfranchised, which they have lawfully used, and which they have of the grant of his noble progenitors and predecessors King of England; (3) and that the Great Charter, and

---

171 2 Henry 4 (1400).

the Charter of the Forest, and all other good ordinances and statutes made in his time, and in the time of his noble progenitors, not repealed, be firmly holden and kept in all points: (4) and that all his liege people and subjects may freely and come to his courts, to ursue the laws, or defend the same, without disturbance or impediment of any: (5) and that full justice and right be done, as well to the poor as to the rich, in his courts aforedaid".[172]

"An exposition of part of the statute of 1 Hen. IV. c. 6. touching the mentioning of other gifts which a petitioner hath received of the King or his predecessors".[173] Hier wird die Bindungswirkung von Rechtsakten in der Dynastie bejaht.

Im Stat. Kenelworth heißt es: "A statute of award, agreement, and composition, between the King and his noblemen and commons." [174] Es könnte sein, daß hier eine Vereinbarung als Statute begriffen werden muß, der vielleicht nicht nur Geltung inter partes zukommt, sondern weil die später im House of Lords und House of Commons vertretenen angesprochen werden, könnte gesetzesähnliche Geltung, also Wirkung gegen jeden vorhanden sein. Es ist die Bezeichnung als Statute, die dafür spricht. Die Veröffentlichung in der Sammlung von Statutes deutet darauf hin. Voraussetzung ist aber, daß es schon damals diejenigen waren, die für die anderen sprechen durften.

"The King's ministers, &c. acting against the Great Charter, &c. shall answer in the parliament, &c..[175] Dort wird bestimmt, daß die Minister des Königs verpflichtet sind, dem Parlament Rede und Antwort zu stehen.

"If any statute be made contrary to the Great Charters, it shall be holden for none." [176] Die Geltung von The Great Charter wurde nicht tradiert, sondern jedes statute, das ihr widerspricht, außer Kraft gesetzt.

Daß die Rechte des Parlaments gewahrt bleiben müssen, sagt dieses Gesetz: "Lords and spiritual persons purchaising lands that were wont to be contributary to the expence of the knights of parliament, the same shall be contributory as before. [177]

In dem folgenden Satz wird ausgesagt, daß es der König ist, der die Staatsmacht innehält: "The lords and commons in parliament promise the King to defend the liberties of his crown against all foreign subjection." [178]

172 2 Hen. 4 c. 1.
173 1 Hen. 4 c. 2.
174 51 Henry 3. St. 7. vol. I.
175 15 Ed. 3 St. I.c. 3.c. 4 Vol. 2.
176 42 Ed. 3 c. 1.vol. 2.
177 12 R. 2.c. 12. vol. 2.
178 16 R. 2.c. 5. vol. 2.

Die Entscheidungsgewalt der Gerichte wird durch folgenden Satz bestätigt: "While judgement given in the King's courts is unreversed by error, &c. the parties shall be in peace, and not come before the King, council or parliament." [179] "The King's proclamation to have the effect of act of parliament, saving inheritance, liberties, &c." [180] zeigt die Macht des Königs. So ist es auch in der folgenden Bestimmung zu sehen: "The Lords and commons remit to the King money borrowed by him upon loan, &c. by privy feal, &c. and if any money so borrowed has been repaid, the party receiving the same shall refund." [181] Stärker noch bestimmt das: "No legislative power in either or both houses of parliament without the King; and all orders or ordinances of both or either houses for raising taxes, arms, &c. without royal assent, are void, and saying that the parliament 16 Car. I. is in being, shall incur premunire".[182]

Auch die Folgenden zeigen das an: "The King's absence from England, not to dissolve the Parliament".[183] "No action, &c. against the King's immediate debtor, &c. shall be stayed by privilege of parliament, but the person of such member, &c. not liable to be arrested, &c.[184] Process against the King's immediate debtor shall not be stayed by privilege of parliament, but such person not be arrested".[185] Der Rechtsstaat ist also keine Souveränitätsbeschränkung.

Zweiter Abschnitt: Staatsformen

§ 6 Welche Staatsformen gibt es?

In der Politeia spricht Platon von fünf Staatsformen, der aus der Aristokratie entwickelten Timokratie, der daraus entstehenden Oligarchie, die wiederum die Demokratie hervorbringt, die durch Verfall zu der Tyrannis wird: [186] "Im vollkommen verwalteten Staat herrscht Gemeinschaft der Frauen, Kinder und aller Erziehung, ebenso aller Tätigkeit in Krieg und Frieden, ihre Könige aber sind jene Männer, die sich in der Philosophie und im Krieg am meisten auszeichnen."Der Mensch, der der Staatsform – oder "Staatsverfassung" wie Platon sagt – gemäß sei, ist der Aristokrat, also der Edle, dem die Aristokratie seinen Namen verdankt. Dieser Idealstaat bildet Zerfallsformen, deren Resultat die oben genannten Staatsformen sind. Sie stehen zueinander in dem Verhältnis einer zeitlichen Entwicklung, so daß die eine die andere hervorbringt.

In der Timokratie entsteht Eigenbesitz durch Verkennung der richtigen Zeugungszeit, Geburt der Geldgier, die in der Oligarchie übertrieben und damit zur

179 4 Henry 4.c. 23.vol. 2.
180 31 H. 8.c. 8.vol. 4. Repealed by I Ed. 6 c. 12. § 5. vol. 5.
181 35 H. 8.c. 12.vol. 5.
182 13 Car. 2.c. I. § 2, 3, vol. 8.
183 2 W.& M. Sess. I.c. 6. § 3 vol. 9..
184 12 & 13 W. 3.c. 3. § 4 Vol. 10.ll. Geo. 2 c. 24. § 4 Vol. 17.
185 11 Geo. 2.c. 24. § 4. Vol. 17.
186 Buch VIII.-IX.

Habgier wird. Geld ist dort Maßstab der Ämterzuteilung. Das Wesen der Oligarchie ist bestimmt durch Besitz, statt Kenntnisse, als Maßstab für Ämter, innere Zerspaltung zwischen arm und reich, Aufgeben des Prinzips der reinen Facharbeit, Verschleuderungsfreiheit des Besitzes. In der Demokratie – Entstehung durch "Verfall der Reichen infolge Geld- und Vergnügungssucht" – bricht der Grundsatz durch: gleiches Recht für alle Bürger. Dort setzt sich das Prinzip der Freiheit und die Beseitigung jeden Zwanges durch, gleichzeitig setzt eine "Vernachlässigung einer geregelten Erziehung" ein. Aber "auch die Demokratie geht an dem unersättlichen Streben nach ihrem höchsten Gut zugrunde." [187] Wegen der Überspitzung des Freiheitsprinzips entsteht Anarchie in Staat und Privatleben, der Tyrann kämpft dauernd gegen alle und seine Freunde und die, die ihn bewachen, sind "Sklaven und Fremde". Der schlechteste Staat ist der tyrannische.

Aristoteles spricht von vier "Staatsverfassungen", von denen drei identisch sind mit den oben genannten, allein Timokratie ist durch Aristokratie ersetzt. Oberbegriff ist "Politie", ein jetzt ungebräuchliches Wort, bezeichnend politisches im Sinne der Vielheit von Herrschaft.[188] Die Definition der Aristokratie liegt in der Tugend, die der Oligarchie im Reichtum und die der Demokratie in der Freiheit. Daß "die Mehrzahl beschließt", ist allen dreien gemeinsam.[189] Bei den Alten wird zusätzlich von Zwischenformen gesprochen, die aus den Abweichungen von den einzelnen Formen entstehen. Auffällig aber ist, daß Cicero von dem Königtum als gesonderte Form spricht [190] und "auch die erste Entstehung des Tyrannen, denn das ist der Name für den ungerechten König, wie die Griechen wollten", aufzeigt. [191] Das ist anders bei Platon und Aristoteles, die die Königsherrschaft nur mit Einschränkungen gelten lassen wollen.[192]

Weshalb wird aus dem Idealstaat "Aristokratie" der Oberbegriff "Politie" und an dessen Stelle eine andere Form gesetzt? Wie kann man die Staatsformen im einzelnen bestimmen und welche Besonderheiten weist das Königtum auf?

Der Idealstaat des Platon beruht auf einer Idee aus der die Staatsformen entwickelt werden. Aristoteles bringt die Formen auf den Begriff. Wie aber kann der Idealstaat zugleich bloße Staatsverfassung sein? Das geht nur deshalb, weil die Idee so zu dem Möglichen wird. Bleibt man dabei, so weiß man noch nicht, warum die Königsmacht nicht gesondert erwähnt wird. Vielleicht kann man zeigen, daß das Königtum keine Zerfallsformen nach Platon bildet, daher auch die vier

187 562 b 6.
188 Politika 1293, 40; siehe aber v. Aquin, 1. Buch, 2. Kapitel.
189 1294 a 10.
190 De re publica S. 87.
191 S. 139.
192 Platon, der Staat, 445 d 2, 4; Aristoteles 1271 a 19.

dort genannten nicht vervollständigen muß. Ist es aber in dem Idealstaat aufgehoben, so fragt sich, warum es Aristoteles nicht erwähnt. Es könnte daran liegen, daß er die Vielheit von Herrschaft geordnet hat und zwar so, daß jede Form von Herrschaft erfaßt werden könnte. Warum wird dann aber das Königtum nicht eingeordnet? Es könnte sein, daß für das Königtum eine andere Einordnung, eine andere Bestimmung vorgenommen wird und daß erklärt werden kann, warum sie bei Aristoteles nicht auftaucht.

I. Republik versus Monarchie

1. Republik als Staatsform

Die Art und Weise wie der Staat gestaltet ist, ergibt die Staatsform. Mit Zugriff auf die Alten wird unterschieden zwischen Einherrschaft, Mehrherrschaft und Volksherrschaft. Die Einherrschaft ist die Monarchie, die Mehrherrschaft die Aristokratie und Demokratie ist die Volksherrschaft.[193]

Schon bei Machiavelli zeigt sich allerdings, daß die Sonderstellung des Königtums zu einem Erkenntnisgewinn führt. Er sagt, daß alle Staaten, alle Reiche, die über Menschen Macht hatten und haben, Republiken oder Fürstenherrschaften waren oder sind.[194]

Dieser Einteilung Republik versus Monarchie liegt der Gedanke zugrunde, daß es sich um "ererbte Staaten" handelt, Hauptmerkmal der Monarchie also die Dynastie, an die das Staatsoberhaupt gebunden ist. So wird Monarchie als eine Staatsform verstanden, in der das Staatsoberhaupt auf Lebenszeit auf dynastischer Grundlage berufen und es so oder "von Gottes Gnaden" begründet wird.[195] Aber Republik ist eine Staatsform, die auf einer Legitimation durch das Volk beruht, nämlich daß das Staatsoberhaupt vom Volke gewählt wird.[196]

Was spricht dafür, das Königtum der Republik gegenüberzustellen und sie als Staatsformen einzuordnen? Trifft Einherrschaft, Mehrherrschaft und Volksherrschaft nur Aussagen über die Zahl derer, die herrschen, lebt die Zweiteilung von der Begründung des Staates. Die eine Form gründet auf Geburt und Gott, die andere auf dem Volke. So schreibt Hobbes:"Die Verschiedenheit der Staaten hängt von den Personen ab, welche im Besitz der höchsten Gewalt sind.[197] Er begründet also die Unterschiede zwischen den Staaten anders als zuvor beschrieben,

---

193 Maunz/Zippelius, Dt. Staatsrecht, 27. Aufl., Mü 1988 §10.
194 Machiavelli, Il Principe, 1. Satz.
195 C. v. Unruh, Die Legitimation als konstitutionelles Verfassungsproblem FS Forsthoff, S. 456; 457 zur deklaratorischen oder konstitutionellen Bedeutung der Gottes-Gnaden-Formel.
196 Schnapp-v. Münch, GG-Kommentar zu Art. 20 GG Rdnr. 5; Stern, Staatsrecht der Bundesrepublik, Bd. 1, § 17.
197 19.Kapitel, 1. Satz.

trifft aber womöglich keine Aussage über die Staatsformen, sondern bloß darüber, daß die höchste Gewalt in dem Staate von Bedeutung ist. In einer Republik nämlich ist das Volk als Aktivbürgerschaft auch der Souverän.

2. Republik als konstituierter Staatsrechtsbegriff

In der Bundesrepublik Deutschland ist die Stellung des Staatsoberhauptes – nämlich Bundespräsident – und der Souverän – nämlich Volk – nicht identisch. Staatsoberhaupt ist in der Bundesrepublik der Bundespräsident, da er das höchste Amt im Staate hat. Er wird von der Bundesversammlung gewählt, die teils mittelbar, teils unmittelbar vom Volke legitimiert ist. Daß er Staatsoberhaupt ist, zeigt sich auch daran, daß er nach Art. 59 Abs. 1 GG die völkerrechtliche Vertretungsmacht besitzt. Sogar wenn Anordnungen und Verfügungen des Bundespräsidenten zu ihrer Gültigkeit der Gegenzeichnung durch den Bundeskanzler oder durch den zuständigen Minister bedürfen, so kann er seine Zeichnung verweigern. Entscheidend für die Stellung des Staatsoberhauptes ist nicht einmal unbedingt das Ernennungsrecht (Exekutive) und das Begnadigungsrecht (Judikative). Wegen der Gewaltenteilungslehre, die in der Legislative die höchste der drei Staatsgewalten sieht, ist es das Recht des Bundespräsidenten gem. Art. 82 Abs. 1 S.1 GG Gesetze nach Gegenzeichnung auszufertigen und zu verkünden, das Spitze legislativer Macht bildet. Denn der formelle Gesetzesbegriff ist zwar umstritten, aber jedenfalls müssen mindestens dessen Voraussetzungen vorliegen, damit ein Gesetz ordnungsgemäß zustandekommt und also rechtliche Wirkung als Gesetz entfalten kann. Der Bundespräsident hat damit notarielle Funktion. Zwar ist seine Stellung schwächer ausgestaltet als die des US-amerikanischen Präsidenten, der Aufgaben als Staatsoberhaupt in diesem Sinne, aber auch Tätigkeiten wahrnimmt, die in der Bundesrepublik durch den Bundeskanzler ausgeübt werden. Allerdings ist der amerikanische Präsident durch gesonderte Wahlmänner gewählt, die vom Volke bestimmt sind. Die Stellung des amerikanischen Präsidenten nach der Verfassung ist als ein Versuch zu begreifen, sich von der westeuropäischen, weniger der kontinentalen Verfassungstradition, abzugrenzen. Das zeigt noch grundsätzlicher Martin v. Waddell's Lessee: "The English possessions in America, were not claimed by right of congress, but of discovery, and were held by the king, as the representative of the nation, for whose benefit the discovery was made. (..) The grant from Charles the second to the Duke of York, of the territory which now forms the state of New Jersey, passed to the duke the soil under the navigable waters as one of the royalities incident to the powers of government, which were also granted, to be held by him in the same manner and for the same purposes as the soil had been previously held by the crown; and the same is the true of the grants under the duke. When these grantes surrendered to the crown all the powers of government, the title to this soil passed to the crown, and at the Revolution become vested in the State of Jersey.[198]

---

[198] 14 U. S. 345.

Allerdings ist die Rechtsprechung des Supreme Court zur presidential power weniger umfänglich als zu den Rechten des Kongresses. In der Frühzeit der USA wurde dazu wenig judiziert, z.B. aber in The Grapeshot: "The president had power as commander-in-chief during the late rebellion, to establish Provisional Courts." [199]

Ricand v. American Meta [200] beschreibt das Verhältnis von Regierung und Souveränität: "Who is a sovereign de jure or de facto of a foreign territory is political question the determination of which by the political department of government conclusively binds the judges."

Die Macht des Präsidenten als Staatsoberhaupt einer Republik beschreibt United States v. Allied Oil Corp.: "President empowered to autorize substitution of United States for Administrator as party plaintiff in actions under § 205 (e) after decontrol." [201]

Erst aber das Urteil Nixon v. Administrator of General Service gibt Auskunft nicht bloß über die Separation of Power-Frage, sondern über presidential privileges und ihre Grenzen.[202]

3. Monarchie, Republik und Staatsgewalt

Das Verhältnis von Volkswillen und Inhaberschaft der Staatsgewalt beruht in der Monarchie auf einem Nullum. Es ist nicht vorhanden. Denn die Monarchie basiert auf genus, auf der Geburt. Der Volkswille hat Bedeutung in der Republik, weil dort das Staatsoberhaupt und zwar die Person des Staatsoberhauptes vom Volke bestimmt wird. Entscheidend sind also die staatsbildenden Kräfte oder Mächte.

Souverän und Staatsoberhaupt sind Begriffe mit unterschiedlicher Bedeutung. Der Souverän bestimmt allerdings immer das Staatsoberhaupt oder ist selbst Staatsoberhaupt. Sonst würde nämlich von dem Staatsoberhaupt immer die Staatsgewalt ausgehen. Das ist aber in der Republik nicht vorgesehen. Das moderne Staatsoberhaupt einer Republik hält Staatsgewalt, wie beschrieben, nur in einem eingeschränkten Sinne. Man kann also unterscheiden zwischen dem Staatsoberhaupt als Institution eines Staates und als Person und dem Souverän. Es vereinigt sich in der Person des Souveräns (oder den Personen) alle Staatsgewalt, aber nicht immer ist es das Staatsoberhaupt, in dem sich alle Staatsgewalt inkorporiert zeigt. Z.B. in der Republik sind die Verhältnisse so wie beschrieben. Deswegen wird auch der Begriff "Staatsorgan" verwendet.

199 76 U.S. 129.
200 246 U.S. 304.
201 341 U.S. 1.
202 433 U.S. 425.

4. Zweiteilungslehre und Gemeinschaft

Versteht man die Gedanken zur Staatsform als Erklärung des Staates als Rechtssubjekt, so zeigt dies, daß die Rechtsmacht des Staates in der Dreiteilungslehre anders begründet wird als in der Zweiteilungslehre. Wie kann das mit dem Staatsbegriff in Einklang stehen? Für den Staatsbegriff ist die Schutz- und Trutzverbandseigenschaft maßgeblich und das Merkmal als res publica, besondere, d.h. öffentliche Gemeinschaft zu sein. Während die Einteilung in drei Staatsformen Antwort auf die Frage gibt, wer das Volk regiert bzw. von wem es regiert wird, beantwortet die Zweiteilung die Frage, worauf die Regierung ihre Macht gründet. Beschreiben beide Begriffe also Staatsformen? Das Wesen des Staates als ein Schutz-und Trutzverband der Menschen ist das öffentliche, nämlich res publica zu sein. Das ist zugleich der Kern des Begriffs Staat. Im Unterschied zu nichtöffentlichen Gemeinschaften ist er dadurch bestimmt. Sieht man das, ist die Bestimmungsmacht und ihre Genese zweitrangig, freilich von Interesse. Das ist zwar nicht notwendig für den Staat schlechthin, aber doch für das Besondere von unterschiedlichen Staaten. Sie könnten nämlich unterschiedliche Formen haben und das Wissen darüber, von wem die Bestimmungsmacht herrührt und wer sie innehat, charakterisiert die Staaten. Die Antwort auf die Frage, wer die Bestimmungsmacht ausübt, ist Definition von Herrschaft. Das ist Inhalt der von den Alten stammenden Staatsformenbestimmung mit der Endung -kratie.[203] Ist aber das Wesen des Staates das Öffentliche, so muß auch die Staatsform das Öffentliche markieren. Aber auch außerhalb der res publica, z.B. in Gesellschaft, Wirtschaft, in anderen Gemeinschaften, wird geherrscht. Auch in der Familie gibt es Herrschaft. Gesellschaftsrecht und anderes Wirtschaftsrecht zeigen dies, wie man es an dem Streit über Organisationsdemokratie und Verbandsverfassung sieht, den Teubner beschrieben hat.[204] Aus diesem Grunde könnte die Dreiteilungslehre weniger geeignet sein, Staatsformen zu bestimmen. Denn die Zweiteilung beschreibt etwas, das nur den Staat selbst bestimmt. Republik versus Monarchie, als unterschiedliche Genese der Form des Staates, ist daher dem Begriff der Staatsform näher, trifft seinen Inhalt. Nicht etwa das Gouvernementale, government, ist gemeint, sondern die Unterscheidung von Monarchie und Republik ist grundlegender. Sie ist nämlich vollständig: Gott, Geburt und Volk, von denen Unterbegriffe gebildet werden können. Staatsformen einteilen heißt, die Gestalt des Staates bestimmen, die

---

203 K. Dyson, Die Ideen des Staates und der Demokratie, Der Staat Bd. 19, 488; E. Rabel, Gesammelte Aufsätze III, S. 15, Aufgabe und Notwendigkeit der Rechtsvergleichung: "Das deutsche Staatsleben hat die Diagonale zwischen den Befugnissen des Einzelnen und der Gemeinschaft immer stärker zugunsten der genossenschaftlichen Idee verschoben."
204 G. Teubner, Organisationsdemokratie und Verbandsverfassung, Tübingen 1978.

Art und Weise, die Unterscheidung zu einem Inhalt.[204a]
Gegensatz zu Monarchie ist Republik nicht nur, weil ihre Genese unterschiedlich ist, sondern auch wegen ihres verschiedenen Charakters: res publica wird nämlich nicht nur mit öffentlichen Angelegenheiten, sondern auch mit dem Begriff Republik gleichgesetzt.[205] Damit ist der Rechtsstaat gemeint, aber nicht in seiner bloß freiheitsgewährenden, durch Grundrechte als Abwehrrechte materialisierten Seite, sondern als Einhaltung von Regeln, also als Abwehr von Willkür. Grimm schreibt, daß der Rechtsstaat als Kampfbegriff auftritt gegen den fürstlichen Absolutismus, der beanspruchte, das Verhalten der Bürger umfassend zu bestimmen, wie es sich in dem Ludwig XIV. zugesprochenen Satz "L'état, c'est moi" ausdrückt.[206] Daher wird auch von einem Gegensatz der Republik [207] zu dem Obrigkeitsstaat gesprochen, wie es in dem Begriff "Freistaat" der Bayerischen Verfassung v. 2. Dezember 1946 zum Ausdruck kommt. Auch wenn die Dreiteilungslehre dem Begriff "Staatsform" weniger nahe ist, so kann doch festgehalten werden, daß die Kennzeichnung als Herrschaftsformen eine mögliche Bedeutung für den nichtstaatlichen Bereich nicht zum Inhalt hat. Dieser ist begrenzt auf die in dem Staat ausgeübten Formen von Herrschaft. Das sagt schon das Wort "Volk", denn das bezieht sich auf Gebiete, also Orte, nicht auf andere Merkmale. Wenn auch Formen von Herrschaft nicht nur im Staate vorhanden sind, die erwähnten sind es aber.

Die Unterscheidung in Monarchie und Republik kommt dem Begriff der Form näher, weil sie auf die äußerlich sichtbare Gestalt des Staates abstellt. Auch kann eine Republik undemokratisch sein, während eine Monarchie nicht zur Tyrannis entarten muß, sondern aristokratisch sein kann. Das aber beschreibt schon die nähere Ausgestaltung des Bändigungsaspekts.

Die Bändigung bei der Zweiteilung beruht darauf, daß durch Geburt, Gott oder Volk die höchste Person im Staate bestimmt wird. Mit der Dreiteilung werden alle möglichen Personen, die herrschen könnten (Einer, Gruppe, alle), zahlenmäßig erfaßt.

II. Diktatur versus Demokratie

1. Bedeutung und Stimmen in Literatur und Rechtsprechung

Kant schreibt in den methaphysischen Anfangsgründen der Rechtslehre, daß in der Demokratie alle zusammen über einen jeden, mithin auch über sich selbst gebieten.[208] Dagegen kann man von der Diktatur sagen, sie besteht aus einer Ab-

---

204a A. Kaufmann, Rechtspositivismus und Naturrecht, S. 83ff.
205 Isensee, Republik – Sinnpotential eines Begriffs JZ 1981, 4; Henke, Zum Verfassungsprinzip der Republik JZ 1981, 249.
206 Reformalisierung des Rechtsstaats als Demokratiepostulat, JuS 1980, 705.
207 Daher umfaßt von der Ewigkeitsgarantie d. Art. 79 Abs. 3 GG. Siehe Maunz/ Zippelius, Dt. Staatsrecht, 27. Aufl., Mü 1988, S.63.
208 Kant, Methaphysische Anfangsgründe der Rechtslehre, Hamburg 1986, S. 135.

wandlung der Tyrannis. In der Rechtsprechung findet man viele Beispiele für eine Regelung der Rechte von Parlamenten, die Demokratie als eine repräsentative beschreiben: Z.B. The speaker of the legislative Assembly of Victoria v. Hugh Glass, eine Entscheidung des House of Lords, die wegweisend für die westliche Auffassung von der Demokratie ist:
"By the Constitution Act for the Colony of Victoria. The Imperial Statute 18/19 Vict. c. 55, p. 35, and the Colonial Act, 20th Vict. No. 1, power is given to the Legislative Assembly of Victoria to commit by a general Warrant for contempt and breach of privilege of that Assembly. (..) Special leave to appel granted on the ground, that question raised was one of public interest, insolving the constitutional rights of a Colonial Legislative Assembly.[209] Während die Rechtsprechung des amerikanischen Supreme Court sich – wie schon angedeutet – von ihren Anfängen an mit den Rechten des Kongresses auseinandergesetzt hat, und zwar zunächst in den grundsätzlichen Bereichen der Konstituierung des Nationalstaates USA und später in Abgrenzung zu den Rechten der Bundesstaaten, des Senats und des Kongresses, war hier vorwiegend das Budgetrecht betroffen.[210] Auch die Entscheidungen des noch sehr jungen französischen Conseil Constitutionnel zeigen gerade in der Anfangszeit, daß über die materiellen Rechte und Verfahren der l'Assemblée nationale entschieden wurde.[211] Ohne im einzelnen die Tragweite der Entscheidungen zu erläutern, beschreiben sie doch alle das Parlament als Repräsentant des Volkes in seinen Rechten und Pflichten in dem Staat, wie ihm eine zentrale Bedeutung zukommt.

Hält man sich das vor Augen, so ist die Existenz einer Volksvertretung jedenfalls Merkmal von Demokratie. Sogar dann, wenn in einem Staate eine Institution als Parlament bezeichnet wird, keine durch das Volk gewählte Vertretung aber darin beheimatet ist, wird in dem Staate nicht demokratisch geherrscht.

2. Diktaturbeispiel

Weil in der Bundesrepublik Deutschland das Parlament das einzig unmittelbar volksgewählte Organ nach Art. 38 GG [212] in dem Verfassungsgefüge der Bundes-

---

209 Law Rep. 3 P. C.560 (1871).
210 Kay v. U.S. 303 U. S. 1; United States v. Cruikshank et. al., 542; United States v. Reese et. al. 214 Sup. Ct. Oct. 1875; Dred Scott v. Sandford 60 U. S.393.
211 59 - 1 DC (14 mai 1959), 59 - 2 DC (17, 18, 24 juin 1959), 59 - 3 DC (24, 25 juin 1959), 59-5 DC (15 janvier 1960), 60 - 10 DC (20 décembre 1960), 61 - 12 DC (30 mai 1961), 62 - 18 DC (10 juillet 1962, 63 - 24 DC (20 décembre 1963), 63 - 25 DC (21 janvier 1964), 64 - 26 DC (15 octobre 1964), 64 - 32 DC (11 mai 1967), 69 - 37 DC (20 novembre 1969), 69 - 38 DC (15 janvier 1970), 77 - 86 DC (3 novembre 1977), 80 - 113 DC (6 mai 1980), 80 114 DC (17 Juin 1980), 80 - 118 DC (17 juillet 1980).
212 Stern, Das Staatsrecht der Bundesrepublik Deutschland, Bd. I, 2. Aufl. 1984, S. 609.

republik ist, aber auch andere Staaten ähnliche Bestimmungen kennen, wird man nicht bestreiten können, daß das Grundgesetz eine Demokratie vorsieht.

Das in der Geschichte vielleicht deutlichste Beispiel für eine Diktatur, die eine rechtstextliche Grundlage gefunden hat,[213] ist die Regierungszeit des Nationalsozialismus gewesen, die im Gesetz über das Staatsoberhaupt v. 1.8.34 Adolf Hitler als "Führer" ad personam unumschränkte Machtbefugnisse verliehen hatte.[213a] Die Einschränkung der Gesetzgebungsbefugnisse eines Parlamentes, die gesetzgebende Macht in den Händen eines Einzelnen, das Nichtvorhandensein einer Volksvertretung und die Unmöglichkeit stattdessen Gesetzgebungsmacht direkt durch das Volk selbst wahrzunehmen, sind Zeichen von Diktatur.[214] Auch wenn die Chance zu einem Machtwechsel nicht besteht, welcher Grund auch immer dafür ausschlaggebend gewesen sein mag, spricht man von einer Diktatur. Denn dann ist das Volk nicht mehr ausschlaggebende politische Machtquelle.[215]

III. Staatsformen im Wandel

1. Die Alten

Nicht zufällig spricht Plato in der Politeia von fünf Staatsformen und Aristoteles von vier Staatsverfassungen. Der Begriff Staatsformen geht stärker auf die Gestalt, auf das "Wie", die Art und Weise ein; das Wort "Verfassung" nimmt den Bändigungsaspekt auf. Wenn der Staat sich bildet oder gebildet wird aus der Tragik der Unvollkommenheit der Welt, nämlich um diese zu verringern, die Möglichkeit, das Schlechte als Innen- und Außenfeind der Gemeinschaft zu bändigen,so sind dessen Formen noch nicht auf den imperativen Charakter des Rechts eingestellt. Das Wort Verfassung dagegen deutet immer an, daß es sich um einen Rechtsbegriff handelt, sogar dann, wenn es kein Begriff des Rechts, sondern nur seine bloße Bedeutung als Begriff ist, der nicht im Recht Verwendung gefunden hat.

Freilich spielt das für die Bestimmung des Staates als Grundlage der Demokratie, wovon die Rede ist, keine entscheidende Rolle, weil die Demokratie als ein

---

213 Vgl. P. Häberle, Artenreichtum und Vielschichtigkeit von Verfassungstexten, eine vergleichende Typologie, Festschrift für Häfelin, Zürich 1989, S. 225.

213a Vor. war das Gesetz zur Erhebung der Not von Volk und Reich v. 24.3. 1933 RGBl. I, S. 141.

214 E. Kaufmann, Zur Problematik des Volkswillens, in: U. Matz (Hg.), Grundprobleme der Demokratie, Darmstadt 1973, S. 23.

215 M. Silagi, Direkte Demokratie in den US-Staaten, JöR, N. F. Bd. 31, Tübingen 1982, S. 271; vgl. auch BVerfGE 1, 18 (Leitsatz 29.)

Rechtsbegriff in der Staatsformensystematik recht früh auftaucht und wegen des von Aristoteles verwendeten Begriffs "Staatsverfassungen" auf den Bändigungscharakter anspielt. Denn Recht ist immer imperativisch. Aber Plato meint mit den einzelnen Staatsformen gerade nicht etwas rechtliches, er beschreibt Zerfallsformen des Idealstaates. Anders als die späteren Auffassungen wird daher nach der Ideenlehre auch kein erstrebenswertes Bild für die einzelnen Staatsformen gewählt. Dagegen enthält der Idealstaat, nämlich der vollkommen verwaltete Staat, eine Gemeinschaft, in der diejenigen herrschen, die am ehesten in der Lage sind, möglichen Ursachen der Tragik entgegenzuwirken, nämlich die besten Krieger und die besten Philosophen, weil diese in der Lage sein könnten, die Tragik der Erkenntnis der Unvollkommenheit durch den richtigen Gedanken zu vermindern, gegen Dritte zu kämpfen oder das Böse oder andere Gründe der Unvollkommenheit der Welt zu erklären. Eine solche Systematik oder innere Logik enthalten die späteren Auffassungen nicht.

2. Staatsbegriff und Staatsformen

Der Zusammenhang zwischen dem Staat, nämlich seiner Form, und dem Inhalt des Begriffes Staat in sonstiger Weise, ist bei den klassischen Auffassungen naheliegend, offensichtlich. Diese haben zu ihrem Dreh- und Angelpunkt den Staatsbegriff, der beschreibt, daß es ihn gibt. Fleiner-Gerster zweifelt, ob sich die moderne Staatenwelt noch mit der aristotelischen Staatstypologie erfassen läßt.[216] Das ist sicher nur dann möglich, wenn man auch die Form der Herrschaft als Teil der Staatsformenlehre gelten läßt. Von Fleiner-Gerster aber werden die Staatsformen eingeteilt nach der "Organisation der souveränen Gewalt", die er zum "maßgeblichen Einteilungskriterium" macht und mit dem er die entsprechenden Kapitel seiner Allgemeinen Staatslehre [217] überschreibt.

§ 7 Entwicklung der Staatsformenlehre

Bäumlin schreibt, daß die rechtsnormative Staatsformenlehre die Staatsform mit der Organisationsform der Verfassung gleichsetzt.[218]

Henke ist der Auffassung, daß das Merkmal "Formalität" Demokratie gegen ein radikales und utopisches Verständnis von Demokratie abgrenzt.[219] Denn das Verlangen nach wahrer, materialer Demokratie wende sich gegen die Form schlechthin. Dagegen bildet Herzog das Kriterium, wer Träger der Staatsgewalt sei.[220]

Gemeint ist bei Henke – anders als Herzog es beschreibt –, daß der Demokratie als einem Rechtsbegriff Formalität anhaftet, während Herzog für alle Staatsfor-

---

216 Fleiner-Gerster, Allgemeine Staatslehre, 1980 S. 218.
217 S.216.
218 R. Bäumlin, Die rechtsstaatliche Demokratie, 1954, S. 11.
219 Demokratie als Rechtsbegriff, Der Staat 2/1986, S. 157.
220 Allgemeine Staatslehre, 1980, S.197.

men die Staatsgewalt entscheidendes Kriterium sein lassen möchte. Henke spricht also gar nicht von der Demokratie als einer Staatsform. Davon ist aber in der Staatsformenlehre die Rede, die man von den Alten kennt. Nun könnte man Henkes Gedanken verallgemeinern und zwar dahin, daß ein zu starkes Übergewicht des Materialen die Form grundsätzlich infragestellt, denn er spricht dem zuende gedachten Mangel an Form dem Hobbes'schen Naturzustand zu, nämlich den Krieg aller gegen alle.[221]
Wenn das für die der Demokratie vergleichbaren Rechtsbegriffe auch zutrifft, spricht das grundsätzlich für eine Formenlehre des Staates. Um den Staat als Grundlage der Demokratie zu erfassen, braucht man daher auch eine gesonderte Bestimmung seiner Form. Dann schließt sich aber die Frage von Fleiner-Gerster an, ob sich die moderne Staatenwelt noch mit der aristotelischen Staatstypologie erfassen läßt.

I. Historische Abschnitte

Da in der Geschichte der Menschheit Staaten häufig gebildet werden, die Staatenbildung also ein übliches Phänomen ist, fragt sich, warum die Einteilung des Aristoteles nicht nach wie vor Bedeutung, nämlich Wirksamkeit entfalten kann, ja, man mit dieser nicht auch jetzt die Formen des Staates erfasst. Jedenfalls spricht für die Staatsformeneinteilung des Aristoteles, daß sie einer auf den Staat gerichteten Lehre folgt. Die Formen sind also grundsätzlich geeignet, Staatliches zu erfassen, auch wenn durch sie Herrschaft systematisiert wird, daher die Verwendung der gebildeten Begriffe außerhalb der Staatsformenlehre außer Frage steht. Zweifelhaft aber ist, weil die Zahl der Gemeinschaften im Laufe der Geschichte immer mehr ansteigt, ob diese Vielfalt, auch wenn bloß Staaten gemeint sind, noch erfaßt wird oder ob der Aussagegehalt nicht zu gering sein könnte.

1. Machiavellis Position

Dieses Argument trifft jedenfalls die auf Machiavelli zurückgehende Einteilung in zwei Staatsformen. Die Differenziertheit in der Staatenbildung, verbunden mit ihrer Kodifizierung durch Verfassung, aber auch die häufige Bezeichnung von neuen Staaten als "Republik" in ihrer Verfassung, sprechen für eine Erweiterung auf differenzierte Unterbegriffe. Die Aussagekraft des Begriffs wird dann nämlich durch die Differenzierung gesteigert. Gerade weil die Zweieinteilung dem, was Staatsform ist, in höherem Maße entspricht, Republik oder Monarchie nur das Staatliche beschreibt, sie aber jede andere Gemeinschaft nicht im Blick hat, also keine andere Gemeinschaft als Eigenschaft trifft, kann man nicht auf sie verzichten. Das spricht eher dafür, sie in differenzierten Unterbegriffen zu formulieren und ihre Gemeinsamkeiten mit der Dreieinteilung und der Einteilung des Aristoteles zu beschreiben.

221 A a.O. S.37.

2. Höchste Gewalt als Kriterium

Da die höchste Gewalt notwendig einem einzigen, mehreren oder allen zukommen muß, fragt es sich, warum die Unterscheidung zwischen mehreren und allen sich nicht in der Unterscheidung von Republik und Monarchie findet. Diese Unterscheidung resultiert aus der Begründung für die Inhaberschaft der Staatsleitung. Danach ist, sofern das Volk betroffen ist, ebenfalls daran zu denken, unter Volk auch zu verstehen, daß nicht jeder und auch nicht der Sklave, der eine Sache ist, Bestandteil des Volkes sein muß.

Auch kennen die Vorschriften für die Wahl des Staatsoberhauptes Eingrenzungen, danach nicht jeder die Aktivbürgerschaft besitzt. Die Unterscheidung zwischen mehreren und allen spielt bloß für die Legitimation und nicht für den Begriff selbst eine Rolle. Wenn man – wie Kant – in der frühen klassischen Staatsformenlehre als Staatsformen Demokratie, Aristokratie und Monarchie sieht, weil sie dem Dreierschema am besten entsprechen, so fragt sich, ob es nicht eine überkommene Einteilung ist.[222] Fleiner-Gerster behauptet, das ergebe sich daraus, daß heute fast jeder Staat für sich in Anspruch nimmt, eine Demokratie zu sein und daher die bloße Bezeichnung als solche vom Aussagegehalt her gering ist.[223] Der Begriff Typologie ist falsch, denn es ist eine begrenzte, genau bestimmbare Zahl.

Der Unterschied zwischen Monarchie und Republik zeigt noch nicht, daß auch eine Gruppe es sein kann, die das Staatsoberhaupt bestimmt.

Man wird unterscheiden können zwischen der Inhaberschaft höchster Gewalt und derjenigen, Staatsoberhaupt zu sein. In der Monarchie ist Inhaber der Staatsgewalt auch das Staatsoberhaupt. In der Republik bestimmt das Volk bloß das Staatsoberhaupt.

II. Staatsform und Herrschaftsform

1. Unterschiede und Gemeinsamkeiten

Es wird nicht immer entschieden, welche Einteilung, die Zwei- oder Dreiteilung der Staatsformen, geeigneter oder zureichender ist, oder ob man diese Frage überhaupt stellen und sogar beantworten muß.[224] Gleichwohl konnte hier gezeigt werden, daß es möglich ist, beide Einteilungen zu betrachten und ihr Verhältnis zueinander zu bestimmen, und nicht nur diese, sondern auch ihre klassischen Vorbilder.

Wendet man sich den drei klassischen Formen selbst zu, obwohl diese dem Begriff Staat ferner liegen als dem Begriff Herrschaft, so fragt sich, ob diese wegen ihrer Umfassenheit, da sie zahlenmäßig nämlich alle Möglichkeiten einschließen,

---

222 Kant, Methaphysische Anfangsgründe der Rechtslehre, S. 135 spricht allerdings von "autokratisch" statt von "monarchisch".
223 T. Fleiner-Gerster, Allgemeine Staatslehre, Berlin u. a. 1980, S. 216.
224 H. Kelsen, Allgemeine Staatslehre, Berlin 1925, S. 328f.

noch mehr beinhalten als bereits gesagt. Nimmt man den Standpunkt des einzelnen Menschen ein, könnte man seiner Natur wegen, seines Wunsches oder seines Bestrebens, frei zu sein, nämlich keinen Willen über sich dulden zu müssen, der von anderen herrührt, grundsätzlich jede Herrschaft verwerfen.

Freilich ist unbewiesen, ob der Mensch von Natur oder Sozialität frei oder nicht frei ist. Denn in der amerikanischen Unabhängigkeitserklärung heißt es: "All men are created equal." Das ist ein Rechtssatz, daß heißt alle Menschen sollen frei sein.

Vielleicht zeigt sich die Freiheit erst in der Begrenzung; gleichwohl aus welchem Grunde, es ist jedenfalls möglich, sich einen freien Willen des Menschen vorzustellen, denn darauf basiert die Rechtsordnung in ihrer heutigen Form. Die Geschichte Europas, das westliche Denken und die westliche Zivilisation beruhen darauf, den Menschen als einen freien zu begreifen. Die Gattungshierarchie ist so begründbar.

Es ist auch dem Staatsbegriff in seinem Kern und Wesen die Herrschaft nicht als notwendig oder zwingend eingeschlossen. Das Merkmal des allgemeinen Staatszwecks, als Herrschaft des Staates über den freien und in seiner Freiheit womöglich schlechten Menschen, ist erst Mitte des siebzehnten Jahrhunderts durch den Leviathan in die staatsrechtliche Diskussion gekommen und begründet die moderne Staatslehre.

2. Unter Zugrundelegung von Kant

Ist der Wille des Menschen frei, könnte jede Herrschaft, unabhängig von der Form, diesen einschränken und ist daher besonders begründungsbedürftig. Kant stellt in seiner Grundlegung zur Methaphysik der Sitten den kategorischen Imperativ auf, der lautet: "Handle nur nach derjenigen Maxime, durch die du zugleich wollen kannst, daß sie ein allgemeines Gesetz werde" [225] und später den allgemeinen Imperativ: "Handele so, als ob die Maxime deiner Handlung durch deinen Willen zum ALLGEMEINEN NATURGESETZE werden sollte." [226] Damit soll gerade das freie, gleichwohl vernünftige Handeln geeignet sein, den Staat, ja, sogar das menschliche Leben insgesamt zu bestimmen.

Das geht freilich die Dreiteilung der Staatsformen an, die sagen, wer über wen herrscht. Warum sollte es der Freiheit in höherem Maße innewohnen, wenn alle über jeden, aber auch über alle zusammen, einige über alle herrschen oder einer alle beherrscht.

3. Staat, Herrschaft und das Freiheitsproblem

Keine dieser Staats- bzw. Herrschaftsformen entrinnt dem Dilemma, aus der Sicht des Einzelnen, jedenfalls Einschränkung von Freiheit zu sein. Diese For-

---

225 Kant, Grundlegung zur Methaphysik der Sitten (1785), S. 421.
226 A.a.O.

men stammen nämlich von der Staatsgewalt ab, die der Bändigung des Schlechten in den Menschen dient.

Einwenden könnte man dagegen, daß ein Staat ohne Staatsgewalt, der bloße Sicherungsverband gegen die Tragik der Unvollkommenheit der Welt, dann ein Staat ohne Herrschafts- und ohne Staatsform ist. Daß er ohne Herrschaftsform ist, liegt auf der Hand, denn wo nicht geherrscht nicht, gibt es keine Form der Herrschaft. Dieser Staat müßte aber eine Form haben, denn ohne eine solche wäre der Staat nicht vorhanden. Im Unterschied zu einem Staate, der Staatsgewalt ausgebildet hat des Schlechten wegen, das er bändigen soll, ist der Staat als Sicherungsverband gegen die Tragik der Erkenntnis der Unvollkommenheit der Welt auf das forum, den öffentlichen Platz, gedanklich rückzuführen. Diese Art und Weise, sich zu verbinden, sich öffentlich zusammenzufinden, ist die Form des Staates als Sicherungsverband gegen die Tragik der Erkenntnis der Unvollkommenheit der Welt. Zusätzliche Formen sind aus diesem Grunde nicht nötig. Die genannten Staatsformen sind solche, die in der Lehre von dem Staat geschaffen worden sind, weil es Möglichkeiten geben soll, wie die Bändigung verwirklicht werden kann.

Um zu vermeinden, daß geherrscht wird, ohne den Einzelnen zu beteiligen, denn je mehr beteiligt sind, desto höher ist die Chance, daß eine richtige Entscheidung gefunden wird, könnte man alle an der Herrschaft teilnehmen lassen. Wenn alle beteiligt sind, entgeht man aber damit nicht dem Problem, daß geherrscht wird. Daß bei Kongruenz des wirklichen Willens aller mit dem Willen des Staates nicht mehr von Herrschaft gesprochen werden kann, wird niemand ernsthaft behaupten. Dies ist vielleicht dann der Fall, wenn alle einer Meinung sind und ein Einzelner von einer Maßnahme des Staates beeinträchtigt oder begünstigt wird und sogar mit der Belastung einverstanden wäre. Dabei wäre auf den wirklichen Willen abzustellen. Aber auch dann könnte man Bedenken haben, weil es vielleicht wegen des Bändigungszwecks, der der Gemeinschaftsfeindlichkeit entgegengesetzt ist, Bereiche geben muß, die diesem Willen entzogen sind, z.B. kann man die Todesstrafe und ihre Abschaffung im Grundgesetz in Art. 102 GG als ein Beispiel nennen, das diesen Gedanken anschaulich macht.

Die staatlichen Entscheidungen sind solche in denen man einen Willen über sich dulden muß, denn man muß erstens überhaupt entscheiden und zweitens enthält der aus dem Willen aller gebildete Wille eine andere Form; es ist, weil man von Staate spricht, der Wille in Form des Staatswillens. Auch wenn in dem einem Fall daran zu denken wäre, daß der Einzelne keinen Staatswillen über sich dulden müsse, sondern wegen der gleichlaufenden Willen es möglich wäre, von einem Erhalten der Freiheit zu sprechen, so ist das problematisch. Existierte der Staat nicht, müßte nicht entschieden werden, so bräuchte der Einzelne keinen Willen über sich dulden. Man wird also folgern dürfen, daß der Einzelne in seiner Freiheit durch den Staat eingeschränkt wird, unabhängig davon, wie der Staatswille gebildet wird. Es ist also auch das Majoritätsprinzip, die Mehrheitsregel,[227] des-

---

227 C. Gusy, Das Mehrheitsprinzip im demokratischen Staat, AöR 1981, S. 337; A.M.Honoré, FS für Schelsky, S.229, 246.

sen absoluter Grenzfall Einstimmigkeit ist, keine Lösung des Freiheitsproblems. Einstimmigkeit oder Majorität als ein Erfordernis für wirksame Entscheidungen löst wohl eher Gleichheitsprobleme. Daß ein Staat existiert und dieser mit dem Staatswillen, der als Grundlage staatlicher Gewalt gebildet wird, die Freiheit des Einzelnen einschränkt, ist begrenzt durch die Konstituierung des Staates in einer Verfassung, wenn es ein Verfassungsstaat ist. Die Herrschaft des Staates wird also durch die Verfassung begrenzt. So bleibt dem Einzelnen Freiheit vorbehalten. Das Maß der Freiheit ist in ihr verbürgt. Der pouvoir constitué ist an den Willen des pouvoir constituant gebunden. Denn die Änderung der Verfassung ist die Ausnahme, weil die Verfassung das höchste Gesetz ist und so Grundlage aller anderen, nämlich der einfachen Gesetze. Die Souveränität eines Staates und auch die eines Volkes zeigt sich an der Fähigkeit, eine Verfassung zu haben, in der er, womöglich durch das Volk, konstituiert ist und in der das Volk seinen Willen als verfassungsgebende Gewalt kundgetan hat, wenn es das Volk war, das die Verfassung geschaffen hat.[228]

III. Moderne Staatsformenprobleme

Die Probleme bei der Einteilung von Staatsformen, wie sie sich heute stellen, liegen vornehmlich darin, daß es Mischformen zwischen den genannten Staatsformen und Formen von Herrschaft sind oder auch differenzierte Organisationen der souveränen Gewalt. Das kann man in unterschiedlichen Verfassungen zeigen.

1. Staatsformen in geltenden Verfassungen

Belgien und Dänemark, aber auch England sind konstitutionelle Monarchien und zugleich Demokratien, letzeres auch noch zusätzlich eine Aristokratie.[229] Die Bundesrepublik Deutschland ist eine Republik und eine Demokratie.[230] Dasselbe gilt für Griechenland und Frankreich.[231] Griechenland hat seiner Verfassung eine "Vertreterformel" vorangestellt, nämlich "Im Namen der Heiligen, Wesensgleichen und Unteilbaren Dreifaltigkeit."[232] Der Staat, bzw. seine Konstituierung, leiten sich von Gott her und zwar gem. Art. 3 Abs. 2 wegen der Bezeichnung der östlich-orthodoxen Kirche Christi als vorherrschende Religion aus dem Christentum. Das ergibt sich auch aus dem Begriff "Dreifaltigkeit".[233] Ein solches the-

---

228 H. Kurz (Hg.), Volkssouveränität und Staatssouveränität, Darmstadt 1970, Einl X; BVerGE 1, 17 (Leitsatz 21).
229 Art. 26 - 29, 30, Art. 47 BelgVerf; §§ 2, 3, § 29 DänVerf.
230 Art. 20 Abs. 1 GG.
231 Art. 1 GriechVerf.; Art. 2 S.1, Art. 3 S. 1 FranVerf..
232 Vgl. Wortlaut Präambel.
233 Vgl. Wortlaut Präambel.

okratisches Element enthält auch die Verfassung von Irland, die eine Republik und zugleich eine Demokratie ist. Art. 6 Abs. 1 sagt, "alle Regierungsgewalt, die gesetzgebende, vollziehende und rechtsprechende, gehen nächst Gott vom Volke aus." Italien ist eine Republik und zugleich eine Demokratie?[234] Ähnlich wie die Ewigkeitsgarantie, die im Grundgesetz der Bundesrepublik Deutschland in Art. 79 Abs. 3 GG geregelt ist, enthält auch die Verfassung von Italien eine Souveränitätsbeschränkung in Art. 1 Satz 2: "Die Souveränität liegt beim Volk, das sie in den Formen und Grenzen der Verfassung ausübt." Luxemburg ist ein Großherzogtum, also eine Art Monarchie, die demokratisch verfaßt ist.[235]

Die Niederlande sind ein Königreich und eine Demokratie.[236] Portugal ist Demokratie und Republik zugleich.[237] Nach Art. 1 Abs. 3 seiner Verfassung ist Spanien eine "parlamentarische Demokratie", also demokratisch und monarchisch regiert.[238]

Weil in der Republik das Staatsoberhaupt von dem Volke gewählt ist und Demokratie die Herrschaft des Volkes ist, liegen Staats- und Herrschaftsform hier dicht beieinander. Die Macht in dem Staate wird von dem Volke so betätigt, daß es selbst durch Volksabstimmung Sachentscheidungen trifft, Vertreter wählt, die es im Parlament repräsentieren sollen und das Staatsoberhaupt zugleich durch Wahl direkt durch die Aktivbürgerschaft oder durch die Volksvertretung, womöglich auch die Vertretung der Länder bei Bundesstaaten bestimmt wird. Es ist also bei dieser Kombination von Staats- und Herrschaftsform nicht genus, sondern die Gemeinschaft der Menschen an einem Orte, nämlich das Volk, das die Macht erhält, das Geschehen in dem Staate und seine Vertretung nach außen zu regeln. Die Monarchie als Staatsform wird verbunden mit der Herrschaftsform Demokratie, wenn in dem Staate das Volk herrschen, aber das Staatsoberhaupt nicht von ihm bestimmt werden soll. Wegen der Eigenschaft, Dynastie zu sein, sichert die Monarchie die Kontinuität eines Staatswesens, weil von dem Vater auf den Sohn, von der Mutter auf die Tochter, von dem Vater auf die Tochter oder von der Mutter auf den Sohn und auch in anderen verwandtschaftlichen Beziehungen geerbt wird, also auch der Thron vererbt wird oder schon zu Lebzeiten die Regentschaft abgegeben werden kann.

Man könnte meinen, daß die Verbindung von Staats- und Herrschaftsform oder auch nur ihr Verhältnis, wenn ein solches besteht, nicht nur in dem Staate, etwa in seiner Verfassung, vorzufinden sein muß, sondern auch gedanklich zwischen diesen eine Beziehung existiert. Das liegt auch deshalb nahe, weil beide als

---

234 Art. 1 ItalVerf.
235 Art. 32-45 LuxembVerf; Art. 50 S. 1 LuxembVerf.
236 Art. 44 NiederlVerf (Zusatz 1972); Art. 49, 47, 77I, Art. 8 I NVerf; Art. 54 NVerf.
237 Art. 1 und 2 PortVerf
238 Art. 1 SpanVerf.

Staatsformen in der Staatsformenlehre bezeichnet worden sind. Sie aber zu trennen und die einen als Herrschaftsformen zu erfassen, hat seinen Grund darin, daß sie einen unterschiedlichen Bedeutungsinhalt haben. Weil von der Position des Staatsoberhauptes die Staatsform abhängig ist und die Frage, wer die Staatsgewalt in seinen Händen hält, ausübt oder diejenigen bestimmt, die sie betätigen, durch die Form der Herrschaft beantwortet wird, bot es sich an, sie als in unterschiedlichen Begriffen enthalten, zu verstehen. In der Staatsformenlehre finden beide aber ihren Platz, weil in der Staatsform schon ein nucleus von Herrschaft enthalten ist und die Herrschaftsform die Gestalt der Herrschaft bestimmt. Beide verbindet nicht nur der Begriff Herrschaft oder auch Macht, sondern die Inkarnation von Staatsgewalt in ihnen, die die Bändigung als Staatszweck beabsichtigt.

2. Als Organisation souveräner Gewalt

Die einzelnen Verfassungen lassen erkennen wie verschiedene Staaten konstituiert sind.[239] Aus dem Zusammenspiel von Herrschafts- und Staatsform, wie es in den Einzelverfassungen angelegt ist, kann man die Organisation der souveränen Gewalt verstehen, in der Art, die von dem pouvoir constituant geschaffen worden war. Es zeigt sich darin etwa, so präsentieren die eben beschriebenen Verfassungen, wie Demokratie als Verfahren für die Bestimmung des Staatsoberhauptes funktioniert, wenn eine Republik konstituiert worden ist, aber auch, wie Dynastie als Ordnung des genus geregelt wurde.

Die Herrschaftsformen, die Demokratie oder Aristokratie oder andere sind, in denen die Zuordnung von Macht entweder für alle an einem Orte oder bloß für einen Teil enthalten ist, können in den Konstitutionen auch zu finden sein. Als ein grundlegendes Gesetz ist die Verfassung diejenige in dem solche Regelungen ihren Platz haben.[240]

Organisation souveräner Gewalt, die das Ergebnis oft jahrhundertelanger Streitigkeiten und Auseinandersetzungen darüber ist wie staatliche Herrschaft beschaffen sein muß, damit sie überhaupt als solche ausgeübt und anerkannt werden kann und welches Maß an Bestimmungmacht denjenigen, die der Herrschaft unterworfen sind, zuerkannt wird, ist in den Verfassungen beschrieben.

Die Verfassung von Belgien gesteht den Bürgern nach Art. 47 das Recht zu, die Mitglieder der Abgeordnetenkammer, d.h. das Parlament, zu wählen. Diese direkte Wahl wird ergänzt durch die Bestimmung in Art. 53, die sagt, daß auch der Senat, der die Provinzen repräsentiert, mittelbar durch die Bürger bestimmt wird.

Da eine gewisse Teilung der Staatsgewalten besteht, üben König, Abgeordnetenkammer und Senat nach Art. 26 die gesetzgebende Gewalt aus. Belgien ist also

---

239 Vgl. z.B. Friedrich, Anlage und Entwicklung des parlamentarischen Regierungssystems in der Bundesrepublik, DVBl. 1980, 505.
240 C. Schmitt, Verfassungslehre, 5.Aufl., Berlin 1970 (1928), S. 20, 42; Ders., Der Hüter der Verfassung, 3.Aufl. Berlin 1985 (1931, S.36-48).

eine Demokratie mit Einschränkungen. Die vollziehende Gewalt steht nach Art. 29 dem König zu, während die Rechtsprechung zwar von den Gerichten ausgeübt wird, aber nach Art. 30 Satz 2 im Namen des Volkes vollstreckt wird. Man spricht also nicht im Namen des Volkes Recht, denn Belgien ist eine Monarchie. Dafür spricht auch, daß die Person des Königs nach Art. 62 unverletzlich ist. Allerdings ist seine Regierungsgewalt dadurch begrenzt, daß nach Art. 64 seine Verfügungen durch einen Minister gegengezeichnet werden müssen, eine Einschränkung, die dadurch aber abgeschwächt wird, daß er nach Art. 65 seine Minister ernennen und entlassen kann. Er ist auch Oberbefehlshaber der Streitkräfte. Daß es eine konstitutionelle Monarchie auch im materiellen Sinne ist, das Königtum also nicht nur durch Verfassung als Staatsform vorgeschrieben sei, sondern dieses der lex fundamentalis rechtlich auch mit bindender Wirkung inkorporiert ist, sagt Art. 78, der vorschreibt, daß der König keine andere Gewalt hat als die, "die ihm die Verfassung und die aufgrund der Verfassung eigens ergangenen besonderen Gesetze ausdrücklich übertragen" hat.[240a] Monarchie als Staatsform wird eingeschränkt durch Art. 78, der sagt, daß alle Gewalten "von der Nation" ausgehen. Nation ist ein Begriff des Völkerrechts ("statu et nativo").[240b] Er bezeichnet die Abstammung aus einem bestimmten Gebiet, also Geburt, an einem Ort von Eltern, die an diesem Orte leben. Volk und Gebiet, für Belgien nach Art. 3 Satz 1 die Zusammenfassung der drei Gemeinschaften unter einem gemeinsamen Dach, ist die Nation.

In Dänemark gibt es allerdings nur eine Kammer, nämlich das Folketing, das die gesetzgebende Macht ausübt und zwar gemäß § 3 Satz 1 gemeinsam mit dem König. Anders als in der Verfassung von Belgien hat der König nach § 12 "mit den in dieser Verfassung festgesetzten Einschränkungen die höchste Gewalt in allen Angelegenheiten des Königreiches und übt diese durch die Minister aus." [240c] Sie sind also seine Organe, so daß die Königsmacht auch in Dänemark durch den König ad personam ausgeübt wird.

Griechenlands Verfassung enthält in Art. 3 S. 1 die Bestimmung, daß es eine republikanische, parlamentarische Demokratie sein soll. Nach Abs. 2 ist Grundlage der Staatsform die Volkssouveränität. Dieser Absatz bringt den ersten auf den Begriff. Volkssouveränität heißt, daß das Volk der Souverän ist und die Souveränität durch seine Organe ausübt. Das bedeutet, daß Griechenland eine Republik und Demokratie ist. Absatz 3 sagt dies deutlich, denn es heißt dort, daß alle Gewalt vom Volke ausgeht, für das Volk und die Nation besteht und daß diese verfassungsgemäß betätigt wird. Daß sie für das Volk besteht, heißt, daß sie dem

---

240a A. Kimmel Die Verfassungen der EG-Mitgliedstaaten, 2.A., S.16.
240b A.a.O., S.16.
240c A.a.O., S. 30.

Volke zu dienen hat, aber auch der Nation, also Griechenland als einem Land und einem Volk und daß zugleich eine Bindung und damit eine Grenze für die Ausübung der Staatsgewalt durch die Verfassung gesetzt wird.
Die Verfassung von Griechenland ist wegen des Begriffs "Volkssouveränität" in ihrer Zielrichtung als erstes und wichtigstes Merkmal des Staates Griechenland demokratisch konstituiert. Stärker, als in allen anderen Verfassungen der westlichen Welt, ist Volksherrschaft unverbrüchliche Norm.
Frankreichs Verfassung enthält in Art. 3 S. 1. die Bestimmung, daß die nationale Souveränität beim Volk liegt, "das sie durch seine Vertreter und durch den Volksentscheid ausübt." [240d] Person des Staatsoberhauptes ist nach Art. 5 und 6 der von dem Wahlvolk gewählte Präsident. Sein Einfluß auf die Gesetzgebung zeigt sich z.B. daran, daß nach Art. 18 dieser mit beiden Kammern des Parlaments durch Botschaften verkehrt, "die er verlesen läßt und über die keine Aussprache stattfindet." [240e] Diese Bestimmung und Art. 10 Abs. 2 S.1, daß er vor Ablauf der 15-Tagefrist nach Übermittlung des Gesetzes an ihn eine neue Beratung von dem Parlament verlangen kann, sowie Art. 12 mit dem weitergehenden Recht, die Nationalversammlung aufzulösen, erinnern an fast monarchische Befugnisse, jedenfalls für die Dauer der Amtsperiode.

In der Verfassung von Italien wird in Art. 7 eine Souveränitätseinschränkung konstituiert, an die der Staat und das Volk gebunden sind. Es heißt dort, daß der Staat und die katholische Kirche, "jeder in seinem eigenen Bereich", unabhängig und souverän sind. Der Kirche wird durch die Verfassung nicht nur ein eigener Bereich, also eigenes Recht, zugestanden, sie wird auch als unabhängig und mit einer eigenen Herrschaftsmacht, eigener Gewalt ausgestattet, anerkannt. Das ist mehr als die bloße Konstituierung einer Volkskirche oder einer Staatskirche. Es kommt der völkerrechtlichen Anerkennung nahe. Es könnte auch sein, daß die Herrschaftsform betroffen ist, denn in der Souveränitätseinschränkung mag eine Begrenzung der Herrschaft des Volkes liegen, weil die Kirche in dem Staate als eigene Herrschaftsmacht anerkannt ist. Art. 7 S. 2 enthält den Hinweis auf die Lateranverträge als völkerrechtliche Verträge, bestätigt also die Deutung von Satz 1.
Die Verfassung der Vereinigten Staaten von Amerika enthält in ihrem Vorspann die Wendung:"Blessings of liberty", d.h. Segnungen der Freiheit, die das amerikanische Volk sich und seinen Nachkommen erhalten möchte. Dieser Begriff der Segnungen hat ein religiöses, auf eine höhere Macht verweisendes Element. Die Worte in der Präambel sind eine Bestätigung oder auch Vergewisserung der eigenen Souveränität. Stärker noch, als die französische Verfassung, hat die amerikanische das Recht des Präsidenten ausgestaltet. Nach Art. II Sec. 1 hält dieser die "executive power". Er kann auch Gesetzesvorschläge ablehnen, die dann von

240d S. 96.
240e A.a.O., S. 100.

den beiden Kammern des Kongresses jeweils mit Zweidrittelmehrheit angenommen werden müssen. Dieses echte und seit 1789 bestehende Vetorecht führt praktisch zu einem hohen Druck auf Senat und Repräsentantenhaus, zwar nicht Einigkeit, aber doch fast Einverständnis zu erzielen, denn der Präsident ist zugleich Staatsoberhaupt und Regierungschef. In den Vereinigten Staaten ist Herrschaftsform und Staatsform im Präsidenten vereinigt, weil dieser einen Teil der Staatsgewalt in den Händen hält, die höchste exekutive Macht und auch legislative, zugleich aber auch Staatsoberhaupt ist.

3. Begriff der Staatsform

Wenn der Begriff Staatsform die Einteilung in Monarchie und Republik besser erfaßt als die anderen, auf klassische Vorbilder zurückgehenden Möglichkeiten, so ist in ihnen, wendet man sie im geltenden Recht an, also als kodifizierte Organisation der souveränen Gewalt, vieles über die Staaten gesagt, was man sonst nicht wissen würde. Freilich erst gibt die Zusammenschau mit dem Wissen über die Staatsform in der Zweiteilung die Kenntnis, den einzelnen Staat in seinen besonderen Formen der Herrschaft zu erkennen. Auch Versuche über die Bildung zusammengesetzter Begriffe, etwa "Volkssouveränität", zu einer Verschmelzung der Begriffe Republik und Demokratie zu gelangen, zeigen dort ihre Wirkung, wo republikanische und demokratische Merkmale des Staates in der Verfassung aufgehoben sind. Dieses Gemeinsame könnte sogar geeignet sein, Konflikte zwischen denen auf das eine oder das andere Merkmal zurückzuführenden Organen des Staates auszutarieren oder Entscheidungsmaßstäbe zu bilden.

Das gilt für den Begriff der Organisation der souveränen Gewalt in noch stärkerem Maße, sind in diesem doch alle Staats- und Herrschaftsformen enthalten. Souverän ist diese Gewalt, weil niemand über ihr steht. Die konkrete Ordnung der souveränen Gewalt ist ihre Organisation. Gerade in Fällen der Rechts- und Gesetzgebungspraxis zeigt sich die Reichweite von dem, was in einem Staat durch Macht, z.B. nach der demokratischen Herrschafts- oder der republikanischen Staatsform, geschaffen worden ist. Es konstituiert die Bundesverfassung der Schweiz von 1874, daß der Bund nach Art. 13 nicht berechtigt ist, stehende Truppen zu halten und die Bundesbehörde den Kantonen mehr als 300 Mann stehende Truppen gesondert bewilligen muß. Damit liegt die Waffengewalt, und das wird komplettiert durch Art. 18 vorletzter Satz, der sagt, daß die Waffe in den Händen des Wehrmannes verbleibt, in nur sehr eingeschränktem Maße in der Hand des Staates. Es ist wegen dieser Ausgestaltung ein großer Teil der Staatsgewalt in den Händen der Bevölkerung und zwar der ausschlaggebenste.[241] Republik heißt hier, daß wegen des faktischen Besitzrechtes sich die höchste Gewalt insofern in den Händen des Volkes befindet, als daß damit auch gegen eine Änderung der Republik als Staatsform eine starke Gewalt der gedienten Bevöl-

---

241 R. Herzog, Allgemeine Staatslehre, Frankfurt/M. 1971, S. 155 "Staatsgewalt durch das Phänomen des physischen Zwanges."

kerung zukommt, um das Recht, das Staatsoberhaupt selbst in demokratischer Weise zu bestimmen, abzusichern. So wird zugleich exekutive Gewalt in die Hände des Volkes gelegt, das demokratisch herrschen und dieses so verteidigen kann. Auch zeigt sich in Art. 11, der sagt, daß keine Militärkapitulation geschlossen werden darf, daß die schweizerische Bundesgenossenschaft als Staat über sich niemals eine andere Souveränität anerkennt, selbst dann, wenn sie militärisch unterworfen sein sollte, denn gerade für diesen Fall trifft die Verfassung der Schweiz jene Bestimmung. Da sie eine Republik ist, wird die Schweiz als dieser konkrete Staat nicht nur als ein Trutzverband bestätigt, sondern auch in seinem Bestand gegen jeden und sogar in dem gefährlichsten Fall. Das sind Bestimmungen über den Staat in seiner Eigenschaft als Organisation souveräner Gewalt.

Wie weit Demokratie als Herrschaft durch das Volk sich durchsetzen soll, zeigen etwa Judikate über Wahllisten und Einschreibungspraktiken, z.B. die Entscheidung des conseil d'état aus dem Jahre 1859: "Le refus fait par un maire de recevoir des pièces tendant à inscription sur les listes éléctorales, ledit refus fondé sur ce que les délais de production fixés par la loi seraint expisés, a-t-il tous les caractères d'une decision sur la demande en inscription? Si la contestation, au lieu d'être sonnige au juge de paix, conformément à cet article, a été partée devant le tribunal civil, le préfet n'est pas fondé à élever le conflit." [241a]

Erst die Begrenzung der Macht durch den Rechtsstaat könnte es sein, die garantiert, daß die Formen von Staat und Herrschaft eingehalten werden.
Im Ergebnis wird man festhalten dürfen, daß Staats- und Herrschaftsform Teil des Staatsbegriffs sind, aber nicht ein Merkmal im Sinne einer conditio sine qua non.

§ 8 Staatsfunktionen

Auf Grundlage der klassischen Staatsformenlehre hat Montesquieu Mitte des 18. Jahrhunderts die Lehre von der Dreiteilung der Staatsgewalt zunächst für die Monarchie entwickelt.[242] Auf der Lehre von der Gewaltenteilung beruht die Einteilung von Staatsfunktionen zu Beginn dieses Jahrhunderts durch Georg Jellinek, der die Funktionen des Staates in Legislative, Exekutive und Judikative eingeteilt und auf diese Weise die Gewaltenteilungslehre des Montesquieu "apparatisiert", d.h. auf die Vorstellung von dem Staat als einen Apparat mit besonderen, abschließend zu beschreibenden Funktionen, zugeschnitten hat. Das ist auch in ständiger Rechtsprechung durch das Bundesverfassungsgericht bezeichnet mit dem Begriff der funktionellen Theorie – für die Entscheidung von

---

241a Tribunal de conflits, 50, p. 831.
242 C. Montesquieu, Esprit des Lois (1748) ; auch J. Locke, Two Treaties of government (1689), der aber föderative, statt judikative Gewalt nennt. Anders Combothecra, in: Kurz, S. 2.

Rechtsstreitigkeiten zwischen Staatsorganen als Leitmaßstab verwendet worden.[243]

Wie kommt man zu einer Dreiteilung der Staatsgewalt, d.h., was sind Ursache und Bedeutung der Dreiteilung der Staatsgewalt und wie verhalten sich diese zu der Staatsformenlehre?

I. Dreiteilung der Staatsgewalt und Staatsformen

1. Souveränität und Staatsgewalt

"Darum richteten sie, weil sie königliche Herrschaft nicht ertrugen, sich jährlich wechselnde Führung und zwei Befehlshaber ein, die Konsuln – von consulere = sorgen –, nicht Könige oder Herren – von regieren und herrschen abgeleitet –, genannt worden sind," [244] schreibt Cicero in "De re publica". Das Verlangen, nicht regiert oder beherrscht zu werden, entspricht dem Kern des Begriffes des Staates als einem Schutzverband, der im Öffentlichen liegt. Der allgemeine Staatszweck der Bändigung der Gemeinschaftsfeindlichkeit, der Freiheit als Naturzustand des Krieges aller gegen alle einschränken soll, wird in der Dreielementelehre zu einem Element des Staates und in der Personenlehre eine Resultante des Willens, nämlich die Staatsgewalt. Das ist nicht abhängig von der Art und Weise wie diese konstituiert ist. Ihre Organisation und ihre Form ist unterschiedlich beschrieben worden. In der Entscheidung Kilburn v. Thompson hat der U.S.-amerikanische Supreme Court entschieden: "The constitution divides the powers of the government which it establishes into the three departments – the executive, the legislative, and the judical – and unlimited power is conferred on no department or officer of the government." [245] Anders beschreibt das House of Lords Staatsgewalt in der Entscheidung Mungoni v. Attorney-General of Northern Rhodesia: "Held, that the power and the duty under regulation 16 (1) were so interwoven that it was not possible to split the one from the other so as to put the duty on one person and the power in another; the regulation contained not so much a duty, but rather a power compled with a duty, and he who exercised the power hat to carry out the duty. In delegating his functions under regulation 16 (1) the Governor could delegate both the power and duty together to one and the same person, he could not delegate the power to another and keep the duty to himself.[246]

Begreift man das Gemeinschaftsfeindliche als naturbedingt, so kann eine entgegengesetzte Bändigungsabsicht bloß als von dem Willen des Menschen ge-

---

243 Schon Aristoteles, Politika IV, 1297b 40-1298a 1; BVerfGE 49, 89, 124ff; 67, 100, 130; 68, 1, 85.
244 11. 31.
245 168 Sup. ct. 1880.
246 1960 A. C. 336.

steuert, bzw. der Vernunft als ein Ergebnis des Geistes des Menschen entsprungen verstanden werden. Vernunft kann so begriffen werden als Emanzipation des Menschen von der schlechten Natur und als Versuch der Rückkehr zu einer guten.

Versteht man den Staat als Person, womöglich sogar als Persönlichkeit, so muß man auch diesen als mit einem Willen ausgestattet erkennen. Das ist der Staatswille. Dieser wird häufig als übergeordnet, als souveräner Wille, verstanden. Sieht man in der Souveränität Kompetenzhoheit, die zugleich höchste Macht, freilich aber nicht unbeschränkte Staatsgewalt ist, so beschreibt man einen Zusammenhang zwischen dem Staatswillen und der Staatsgewalt. Staatsgewalt bedeutet nicht etwa Geltung einer Rechtsordnung; die Rechtsordnung entstammt der Staatsgewalt und schränkt diese in der Regel im Verhältnis zu dem Bürger ein.[247] Jede Souveränitätseinschränkung ist zugleich Einschränkung auch von Staatsgewalt.

Man könnte behaupten, daß jede von den Menschen im Staat selbst gesetzte Beschränkung der Staatsgewalt Zeichen ihrer Macht ist, weil sie selbst es sind, die die Einschränkung vornehmen und damit Ausdruck von Souveränität. Jedenfalls aber dann, wenn Einschränkungen von Staatsgewalt auf der Übermacht der anderen beruhen, also veranlaßt sind von einem übermächtigen Trutzverband, z.B. Ergebnis von Kriegen, die nicht zu erneuter Staatsbildung oder zu unvollständigen Staaten geführt haben, wird man von Souveränitätseinschränkungen sprechen können.

Ob aber der Begriff Souveränität überhaupt notwendig ist, um zu der Staatsgewalt zu gelangen, ist zweifelhaft. Man kann sie auch als bloßes Willensergebnis begreifen oder als eine Kraft, die von Gott herrührt, weil die Menschen von Gott geschaffen worden sind. Die Staatsgewalt muß nicht dreigeteilt sein. Für sie ist aber conditio sine qua non die Souveränität. Das gilt auch dann, wenn Souveränitätseinschränkungen und solche der von Staatsgewalt häufig vorkommen mögen. Staatsgewalt ist zwar ein Merkmal des Staatsbegriffs und wird als sein drittes Element verstanden. Bloß der Staat als Sicherungsverband gegen die Tragik der Unvollkommenheit der Welt, die der Einzelne erkennt, bildet keine Staatsgewalt aus.

2. Beschränkung der Staatsgewalt und Unteilbarkeitsgedanke

Staatsgewalt kann beschränkt oder unbeschränkt sein. Die Selbstbeschränkung in der Verfassung ist keine Souveränitätsbeschränkung, aber diejenige durch Gewalt anderer Staaten ist Begrenzung von Hoheitsgewalt und deswegen Einschränkung von Souveränität.

---

247 A.A.C. Schmitt, Verfassungslehre, 5. Aufl., Berlin (1928), 1970.

Man könnte der Auffassung sein, daß in einer Selbstbeschränkung der Staatsgewalt ihre Teilung liegt. Jedenfalls ist lange vertreten worden, sie sei unteilbar und auch in jetzt geltenden Verfassungen wird durchgängig von einem Subjekt gesprochen, von dem sie ausgeht, entweder von Gott, von dem Volk, von der Nation, von dem König.[248]

Dieser Gedanke kommt dem nahe, was z.B. von Platon und von Thomas von Aquin gesagt worden ist, das Königtum sei die beste Form der Herrschaft des Staates, denn sie sei am wirkungsvollsten, da die Macht in einer Hand liege.[249] Zu entscheiden ist freilich, ob der Unteilbarkeitsgedanke sich in jedem Subjekt der Staatsgewalt, dem er angehört, in derselben oder in anderer Weise verwirklicht. Das Königtum, in seiner ursprünglichen Form heute wohl der Oberbefehlshaberschaft zu vergleichen, beruht auf der Einheit der Staatsgewalt in einer Hand und die Organisation der Staatsgewalt erfolgt im Wege der Delegation und die Herrschaft wird durch Befehl ausgeübt. Gesetze sind bei dieser Betrachtungsweise verschriftlichte Befehle. Nimmt man den Satz hinzu, daß alle Staatsgewalt vom Volke ausgeht, kann man die Einteilung in die drei Staatsgewalten, wie sie Art. 1 Abs. 3 und Art. 20 GG vornimmt ("durch"), ebenfalls als Delegation bzw. Vertretung begreifen. Im Unterschied zu dem Königtum, fehlt aber das persönliche Merkmal. Es handelt sich nicht um eine Person, die Inhaber der Staatsgewalt ist und von der diese ausgeht, die diese im Zweifel auch selbst ausübt, sondern um eine Mehrzahl, eine Vielzahl von Personen.

Man könnte also meinen, daß in der Vielzahl eine Aufsplittung, eine Teilung der Staatsgewalt liegt. Jedenfalls realisiert sich die Staatsgewalt unterschiedlich. Daher kann der Begriff von der Unteilbarkeit der Staatsgewalt, wegen der höheren Chance, daß dadurch die Macht des Staates vermindert wird, sich womöglich nur begrenzt auf die oben genannten Formen in gleicher Weise anwenden lassen. Weil es aber immer eines ist, von dem die Staatsgewalt ausgeht bzw. eine oder eine Gesamtheit es ist, die etwas gemeinsames verbindet, auch eine Vielzahl, z.B. wie das Volk, ist eine Zuordnung der Staatsgewalt als einheitliche möglich.

Vorwiegend spricht man aber von der Einheit der Staatsgewalt, weil diese eng mit der Souveränität verbunden ist, die grundsätzlich nichts über sich duldet. Im Staatsrecht und im Völkerrecht spricht man daher vor allem von souveränen Staaten, die nicht von dritten in ihrer Hoheitsgewalt eingeschränkt sind. Aus diesem Grunde wird von einem königlichen Staatsoberhaupt auch als von dem Souverän gesprochen und ebenfalls das Volk in einer Republik, die eine Volksvertretung hat und in der demokratisch geherrscht wird, wird als der Souverän genannt.

Auch mit Blick auf das staatliche Leben, nämlich das Leben in dem Staate, kann von einer Einheit der Staatsgewalt gesprochen werden, weil jemand oder viele, eine Person oder das Volk oder der König entweder die Staatsgewalt inne-

---

248 Fleiner-Gerster, Allgemeine Staatslehre, 1980, § 14 Rdnr. 33.
249 Platon, Politeia, IX., 576c und e; Thomas v. Aquin, Über die Herrschaft der Fürsten (1224), S. 11.

hat bzw. -halten oder nicht. Trotz Demokratie existiert aber das staatliche Gewaltmonopol in vielen Staaten, das es dem Staat als Einrichtung ermöglicht, allein die tatsächliche Gewalt auszuüben. Das Volk ist daher in einem solchen Staate zwar der Souverän, von dem alle Staatsgewalt ausgeht, aber der Einzelne ist der staatlichen Gewalt unterworfen. Er bestimmt zwar z.B. durch Abstimmungen und trifft so Sachentscheidungen oder wählt seine Repräsentanten, ist aber dann ihrer Machtausübung ausgesetzt.[250] Stellt man sich diese praktisch vor und zwar als ein Handeln, also ein Tätigwerden, des Staates, so zeigt sich, daß Entscheidungen, z.b. Verwaltungsentscheidungen, einheitlich ergehen, etwa im Grenzbereich des polizeilichen Handelns, bei der unmittelbaren Ausführung ist das der Fall. Man spricht dann von "Einheit der Verwaltung.[251] Weil eine einheitliche Entscheidung ergeht, sogar dann, wenn nicht alle einverstanden sind, kann man das mit dem Begriff Einheit erfassen. Das Bundesverfassungsgericht hat entschieden, daß es zum Wesen einer Abstimmung gehört, daß der Abstimmende jede gestellte Frage bejahen oder verneinen kann.[252] Es wird also eine Entscheidung in die eine oder andere Richtung gefällt. Es gibt demnach bloß eine Entscheidung und auch die Summe der Stimmen, die für oder gegen etwas gestimmt haben, kann festgestellt werden und die Mehrheit ist dasjenige Resultat, nämlich die Entscheidung. Das ist nicht bloß für die Verwaltungsentscheidungen, sondern für alle anderen auch zutreffend.

In dem modernen Staat wird die Einheit der Staatsgewalt dem Gedanken der Einheit der Rechtsordnung entnommen, wie sie sich aus dem Rechtsstaatsprinzip im Verfassungsstaat ergibt, das verlangt, Recht im Einzelfall unter Berücksichtigung aller infrage kommenden gesetzlichen Grundlagen und widerspruchsfrei auszulegen. Wegen der Rechtssicherheit als tragende Säule des Rechtsstaatsprinzips, kann die Einheit der Staatsgewalt so begründet werden. Auch wenn die Auffassungen über die Einheit der Staatsgewalt auch früher geäußert worden sein mögen als das Rechtsstaatsprinzip, das die Lehre von der Dreiteilung der Gewalten aus Kontrollgründen schuf, muß der Einheitsgedanke beibehalten werden. Der Gedanke von Kant macht das im einzelnen deutlich. Er spricht davon, daß die Dreiteilung der Staatsgewalt aus der Einheit des Staates einem Subsumtionsschluß nachgebildet ist und damit den Gerechtigkeitsgedanken für die Staatsmacht konkretisiert: "..die Herrschergewalt (..), in der des Gesetzgebers, die vollziehende Gewalt (..), in der des Regierers (..) und die rechtsprechende Gewalt (..) in der Person des Richters (..), gleich den drei Sätzen in einem praktischen Vernunftschluß: dem Obersatz, der das Gesetz jenes Willens, dem Untersatz, der das Gebot des Verfahrens nach dem Gesetz, d.i. das Prinzip der Subsumtion unter

---

250 BVerfGE 1, 19 (Leitsatz 34.). R. Bäumlin, Die rechtsstaatliche Demokratie, Zürich 1954, S. 13.
251 E. Forsthoff, Lehrbuch des Verwaltungsrechts, I, München 1973, S.16
252 BVerfGE 1, 19.

denselben, und dem Schlußsatz, der den Rechtsspruch enthält, was im vorkommenden Fall Rechtens ist." [253]

Der Unteilbarkeitsgedanke, der die Einheit der Staatsgewalt erfaßt, geht zurück auf Staaten an deren Spitze Könige standen. Aber auch die Dreiteilung der Staatsgewalt, die schon in den Insignien der Macht des Monarchen sichtbar wird, ist historisch frühen Ursprungs. Die Bändigung erfolgte auch schon im Königtum als einheitliche, aber sich in ihren unterschiedlichen Bereichen der Staatsmacht kontrollierende. Auch die Dreiteilungslehre, die dem Rechtsstaatsgedanken nahe liegt, ist auf den Kontrollgedanken zurückzuführen. Dieser ist in den Staaten, deren Staatsgewalt nicht in der Hand eines Einzelnen liegt, umso stärker, so daß gerade in Demokratien der Rechtsstaat, wenn man die Dreiteilungslehre ihm nahe sieht, häufig auch konstituiert wird. Der Unteilbarkeitsgedanke wird aber beibehalten, weil der Staat dem Einzelnen gegenüber mit einer Stimme spricht und Letztentscheidungen über die Geschicke des Staates ungeteilt sind, nämlich als eine einzige ergehen. Die Dreiteilungslehre widerlegt also nicht den Unteilbarkeitsgedanken und durchbricht ihn auch nicht.

3. Staatsform und Dreiteilungsgedanke

Die Dreiteilung der Staatsgewalt in eine gesetzgebende, als die höchste Gewalt in dem Staate, die ausführende als die, die das bewerkstelligt, was die höchste Gewalt vorschreibt und die rechtsprechende, die die ausführende Gewalt kontrolliert, bilden gemeinsam eine einheitliche Staatsgewalt. Man könnte meinen, daß die Parallele, die Kant zwischen dem Subsumtionsschluß und dem Zusammenhang der drei Staatsgewalten untereinander zieht, den Staat so beschreibt, daß er nur auf diese und keine andere Weise gedacht werden kann. Vielleicht ist es aber auch möglich, die Dreiteilung der Gewalten aus Unterschieden und Gemeinsamkeiten von Staats- und Herrschaftsformen zu erklären. Das kommt dem Funktionsgedanken sehr nahe.[254] Die Dreiteilung in eine gesetzgebende, eine ausführende und eine rechtsprechende ist vielleicht die Antwort auf Leitungsprobleme komplizierter und größer werdender Schutz- und Trutzverbände bei gleichzeitiger Kontrolle der Ausübung von Staats- und Herrschaftsmacht.

Kant spricht davon, daß jeder Staat in sich drei Gewalten vereinigt, sie also schon in ihm vorgefunden werden, auch wenn von einer Dreiteilungslehre oder einer ausdrücklichen Organisation des Staates in dieser Art und Weise nicht die Rede sein kann.[255] Das ist möglich, aber erklärt noch nicht, aus welchem Grunde später dann die Dreiteilung von Gewalten durch Verfassung formuliert und aus-

---

253 I. Kant, Methaphysische Anfangsgründe der Rechtslehre (1870), § 45.
254 Vgl. N. Luhmann, Die Systemreferenz von Gerechtigkeit, Rechtstheorie 5 (1974) 101.
255 Methaphysische Anfangsgründe § 45.

drücklich vorgeschrieben worden ist. Jedenfalls spricht er von der gesetzgebenden Gewalt als von der Herrschergewalt, der Souveränität.[256] Das trägt dem Gedanken Rechnung, daß die Gesetze imperativischen Charakter haben und vorschreiben, was in dem Staate geschehen soll. Aus diesem Grunde kann man die Gesetzgebung mit dem Begriff Souveränität beschreiben, aber die Bindung an das Gesetz, also der Rechtsstaat, ist dafür eine Voraussetzung. Im Verhältnis zu dem anderen Staat zeigt sich die Souveränität aber auch in der Spitze exekutiver Macht, nämlich der Regierungsgewalt und auch im Staatsoberhaupt. Es erscheint daher zweifelhaft, ob Souveränität bloß auf die Legislative beschränkt ist oder ob nicht der Staat als ganzer souverän ist, weil keine Macht über ihm steht. Im Verhältnis zu den Bürgern und in eigenen Angelegenheiten spricht auf den ersten Blick nichts gegen die Auffassung von Kant.

Auch dann, wenn jeder Staat in sich drei Gewalten trägt, könnte der Kontrollgedanke oder auch das Teilen der Staatsgewalt eine Reaktion auf den Bändigungsaspekt sein, daß der allgemeine Staatszweck nämlich den Kampf der Einzelnen gegeneinander einschränken soll, aber nicht den Einzelnen in seiner Freiheit beeinträchtigen, handelt er nicht gemeinschaftsschädlich. Der Kontrollgedanke oder auch das Aufkommen der Idee, daß die Macht des Staates durch die Dreiteilung der Gewalten begrenzt wird, könnte gerade dann bedeutsam werden, wenn die Einschränkung von Freiheit zu groß zu werden droht. Der übermächtige Staat könnte durch diese Kontrolle wieder stärker seinem Kern und Wesen nahekommen. Ebenso wie es Königreiche gibt, die zugleich Demokratien sind, gibt es auch Republiken, die zugleich Diktaturen sind. Staaten können also ihre Gewalt differenziert organisieren. Weil – wie das zeigt – Staats- und Herrschaftsform nicht identisch sind, in dem Staat aber – wie in jeder Gemeinschaft – geherrscht wird, versteht man ihn als einen mit dem allgemeinen Zweck der Bändigung geschaffenen, kann die Herrschaftsmacht, weil es diese besondere Gemeinschaft ist, nämlich die res publica, als Staatsgewalt geteilt werden. Denn das Wesen des Öffentlichen ist die Sichtbarkeit, die Zugänglichkeit und die Durchschaubarkeit.

Die Organisation der souveränen Gewalt in drei Staatsgewalten bedeutet nicht nur eine mögliche Kontrolle der Staatsgewalten untereinander, sondern auch eine solche durch die res publica als Gemeinwesen, als einen öffentlichen Ort. Das könnte auch die Auffassung von Kant, der die Parallele zwischen dem Subsumtionsverfahren und der Dreiteilung der Staatsgewalt zieht, stützen. Denn die Legislative, also gesetzgebende Macht, kann auch als ein öffentliches Verfahren ausgeübt werden, z.B. durch Abstimmung der Bevölkerung an einem Ort, etwa auf dem Marktplatz durch Handheben oder Hammelsprung. Kants Auffassung beruht auf der Vorstellung von der Legislative, die den beiden anderen Gewalten übergeordnet, an deren Gesetze sie gebunden sind; die Exekutive führt das von

---

256 A.a.O.

der Legislative geschaffene Gesetz aus und die Judikative prüft, ob das Handeln der Exekutive gesetzesgemäß ist, entscheidet aber auch in Streitigkeiten zwischen den Bürgern auf Grundlage des Gesetzes, damit jedem das Seine nach dem Gesetz zuerkannt wird. Darin ist aber mehr enthalten als die bloße Dreiteilung der Gewalten, denn der Staatswille oder auch der Herrschaftswille muß sich nicht zwingend in einem Gesetz äußern. Doch, selbst dann, wenn er es tut, was wohl der Normalfall ist – siehe etwa die Wesentlichkeitstheorie –, drückt der Wille des Staates sich auch in den anderen Gewalten aus, in Einzelentscheidungen der Verwaltung und in Urteilen der Gerichte. Wie stark die Bindung an die Gesetze ist, wird nicht in der Dreiteilungslehre gesagt. Der Monarch, der alle diese Gewalten in seiner Hand hält, mag vielleicht abweichen von einem Gesetz, das er selbst erlassen hat oder ein Urteil fällen, das im Widerspruch zu dem Gesetz steht. Sind in jeder Staatsgewalt, sogar in jedem Staate, nach der Meinung von Kant, diese Gewalten enthalten, so ist die Hierarchie unter ihnen als Bindung an das Gesetz bestimmt nach dem Maß des Rechtsstaates, dem diese als Element im Kern innewohnt. Zwar bildet nicht jeder Staat tatsächlich Staatsgewalt aus, wenn er das aber tut, so könnte er dies in der beschriebenen Weise.

Wie sich Gesetze direkt an den Bürger oder jeden Anwesenden richten können, so ist der Gewaltenteilung nicht notwendig zu eigen, daß die vollziehende Gewalt den Willen des Gesetzgebers ausführt. Das erscheint zwar sinnvoll wegen der Rechtssicherheit, weil es aber ein Teil der Staatsgewalt ist, kann dieser auch unabhängig handeln, nämlich in seiner Eigenschaft als Gewalt des Staates, der mit eigener Herrschaftsmacht ausgestattet ist.

Bei konstituiertem Rechtsstaat, wie z.B. in der Bundesrepublik Deutschland, könnte man die Richtlinienkompetenz des Bundeskanzlers und auch seine Oberbefehlshaberschaft im Kriegsfall als Durchbrechung der Lehre von der Gewaltenteilung verstehen, weil darin ein hohes Maß von Herrschaft liegt. Aber auch hier gilt Art. 20 III GG, der selbst im Kriegsfall nicht suspendiert ist. Versteht man die Hierarchie unter den Gewalten im Rechtsstaat als Teil der Dreiteilungslehre, so ist die Gewaltenteilung durch die Existenz von Supreme Court und Bundesverfassungsgericht durchbrochen, die bindend für die Legislative über die Verfassungsmäßigkeit von Gesetzen entscheiden können und sogar Gesetze selbst für eine Übergangszeit schaffen dürfen, bis der Gesetzgeber, nämlich das Parlament, neue Regelungen verabschiedet hat.

Die Hierarchie zwischen den Staatsgewalten ist Teil des Rechtsstaates und nicht Teil der Lehre von den Staatsgewalten. Ob die Wahrscheinlichkeit höher ist, daß ein Monarch sich an seine eigenen Gesetze hält oder Mitte des 18. Jahrhunderts hielt oder eine bürgerliche Regierung an die von dem Parlament geschaffenen, muß nicht entschieden werden, ebensowenig, ob bei einer Republik mit einer starken, womöglich fast sogar monarchisch ausgestalteten Stellung des Staatsoberhauptes durch Verfassung, dieser sich nicht an die Gesetze hält oder Gesetze verabschiedet werden, die im Nachhinein ein vorher nicht gesetzmäßiges, exekutives Handeln gesetzmäßig machen. Man kann das noch stärker verdeutlichen: Nach Art. 103 Abs. 2 GG kann eine Tat nur bestraft werden, wenn die Strafbarkeit gesetzlich bestimmt, bevor die Tat begangen war. Eine Bestrafung entgegen dieser Regelung durch ein Gericht ist kein Verstoß gegen die Gewaltenteilung, denn dem Gericht als Teil der Rechtsprechung ist die Gewalt zugewiesen, Recht im Einzelfall zu sprechen.

Es muß also die Frage beantwortet werden, in welchem Verhältnis die einzelnen Staatsgewalten zueinander stehen und ob dieses nach Merkmalen geordnet ist, die außerhalb des Begriffs der Staatsgewalt liegen.

II. Verhältnis der Staatsgewalten untereinander

1. Als Reaktion auf den allgemeinen Staatszweck

Die Dreiteilung der Staatsgewalt, als Reaktion auf den allgemeinen Staatszweck, ist eine Lehre, die den Inhalt der Staatsgewalt vollständig beschreibt. Das ist die gesetzgebende Gewalt, die ausführende und die rechtsprechende. Die Macht, diese Gewalten auszuüben, rührt von dem Staate her. Wenn zwar nicht notwendig Staatsgewalt ausgeübt werden muß, damit ein Staat als solcher begrifflich bezeichnet werden kann, so ist doch dieses in einem Staate möglich und verhält sich dann als eine Gewalt, die die grundlegenden Imperative setzt, die aber auch Entscheidungen im Einzelfall treffen kann, die die Ausführung der Geschäfte des Staates übernimmt und im Streit zwischen den Bürgern, aber auch im Streit zwischen dem Staat und dem Einzelnen entscheidet.

Nirgendwo wird die autoritas des Staates so deutlich wie in der Strafe, also bei der Bestrafung von Menschen durch das Strafgericht. Denn ohne daß man in dem Staat höchste Macht sieht, kann sein Strafanspruch nicht begründet werden. Die Strafe geht über Kern und Wesen des Staates als Gemeinschaft hinweg und ist nur noch bloße Staatsgewalt als Bändigung. Daß der Geist des Menschen, sein Verstand nämlich, begrenzt ist, also die Möglichkeit des Irrtums immer besteht und daß der Mensch nicht nehmen darf, was Gott gegeben hat, ist Grund dafür gewesen, die Todesstrafe durch das Grundgesetz in Art. 102 GG abzuschaffen. Es zeigt das Strafrecht gerade, daß selbst bei Einhaltung der Hierarchie zwischen den Staatsgewalten, die Eingriffe in die Freiheit der Menschen durch den Staat am stärksten sind, wenn die dritte Gewalt als Strafgewalt spricht. Das Maß der Macht ist also nicht bedingt durch die Hierarchie zwischen den Staatsgewalten, wie sie die Dreiteilungslehre nach Merkmalen des Rechtsstaates formuliert. Die Hierarchie ist Teil des Rechtsstaates und Kontrolle und Bindung an das Gesetz. Die Intensität der Bändigung ist also nicht abhängig von der Hierarchie.

Die Bindung an das Gesetz ist für die ausführende Gewalt entscheidend, aber auch für die rechtsprechende, die die ausführende kontrolliert, und die das staatliche Gewaltmonopol als Hindernis für Gewalt zwischen den Bürgern sichert. Kontrollaufgabe und Bindung an das Gesetz charakterisieren aber nicht die Legislative. Ihre Bindung an das Gesetz ist diejenige an die Verfassung. Der pouvoir constitué ist gebunden an die Entscheidung des pouvoir constituant und zwar auch dann, wenn die verfassungsgebende Macht der verfaßten Macht die Möglichkeit gibt, die Verfassung zum Beispiel mit verfassungsändernder Mehrheit zu novellieren.[257]

In der Entscheidung des Bundesverfassungsgerichts wird von "überpositiven Rechtsgrundsätzen" und "überpositiven Recht" gesprochen, die die verfassungsgebende Versammlung und Bundesverfassungsgericht binden. Man könnte in dem Begriff "verfassungsmäßige Ordnung", der in Art. 20 Abs. 3 GG die Bindung des Gesetzgebers daran formuliert, auch den Imperativ in diesem Sinne sehen.

2. Bedeutung der Dreiteilungslehre

Die Dreiteilungslehre beschreibt die Staatsgewalt als Herrschaftsmacht vollständig, ist aber auch geeignet, darzustellen, wie die Staatsform als Staatsmacht organisiert ist.

Neben ihrer Eigenschaft als eine Ordnung, die den Staat als Apparat wirksamer gestalten kann, ist sie womöglich schon in jedem Staate in der einen oder anderen Art und Weise zu finden. Sie ist vielleicht geeignet, die Bändigung der Menschen durch Staatsmacht, damit sie den Kampf gegeneinander unterlassen und das Gemeinschaftsfreundliche tun, zugunsten ihrer Freiheit zu modifizieren oder auch zurückzudrängen.[258] Denn die Teilung in mehrere Staatsgewalten durch Konstitution, die sich gegenseitig begrenzen, führt zu einer erhöhten Kontrolle.[259] Damit sind aber die einzelnen Staatsgewalten nicht nur beschränkt, sie sind wegen der größeren Zahl der damit befaßten Personen stärker der Öffentlichkeit ausgesetzt. Daher steht die Gewaltenteilung vor allem auch im Gegensatz zu dem absoluten Staat und ist auch historisch als eine Antwort der Staatslehre auf den Absolutismus zu verstehen. Sie ist auf diese Art und Weise gerichtet gegen Willkür und Unfreiheit, wenn man ihre Einzelteile in einer Hierarchie begreift. Es ist nicht bloß die Dreiteilung selbst, sondern die Festlegung, welche Gewalt über der anderen steht.

So gesehen, ist die Dreiteilungslehre eng verbunden mit dem Rechtsstaatsgedanken und erhält für die moderne Staatslehre erst durch ihn ihre Möglichkeit, die Staatsmacht im Verhältnis zu dem Bürger und im Staate selbst durch stärkere Kontrolle zu begrenzen. Daß die erste Gewalt nur dann die Imperative für ein geordnetes Staatswesen setzen kann, wenn die anderen Gewalten verpflichtet sind, ihnen zu folgen, liegt auf der Hand. Auch Beispiele in der Geschichte, die zei-

---

257 BVerfGE 1, 17 (Leitsatz 21.)
258 BVerfGE 9, 268 (279f); 12, 180 (186); 22, 106 (111), 34, 52 (59). Grimm, Die politischen Parteien, in: E. Benda u. a. (Hg.), Handbuch des Verfassungsrechts, Berlin u.a. 1984, S. 322.
259 Vgl. auch E. Schnapp zu Art. 20 Rdnr. 32, in: GG-Kommentar v. Münch.

gen, daß diese Bindung nicht Teil des Staates war, dennoch der Staat Bestand hatte, widerlegen dies nicht.

Denn die Staatsmacht als Staatsgewalt hat ihre Ursache in dem Bändigungszweck. Nicht jede Freiheit soll beschränkt, sondern bloß diejenige eingeschränkt werden, die das Böse im Menschen als Voraussetzung für den Kampf gegen die anderen unangetastet läßt. Die öffentlichen Angelegenheiten, res publica, bilden das Gemeinwesen und der Bändigungszweck reicht nicht weiter als dieses. Die Staatsmacht darf aus diesem Grunde nicht einschreiten, wenn Belange der res publica nicht betroffen sind. Definiert man aber durch Gesetz, was des Staates ist, so wird durch Willkür der ausführenden dieser ein anderer Staat. Das aber läßt sich mit dem Gemeinschaftlichen nicht vereinbaren. Häufig wird die Dreiteilung der Gewalten des Montesquieu als Folge des Gerechtigkeitsgedankens diskutiert.[260] Man wird aber Zweifel haben, ob die Gewaltenteilung so begründet werden kann, denn die bloße Organisation des Staates in drei Gewalten führt nicht zu mehr Gerechtigkeit, sondern zu größerer Freiheit der Menschen. Historisch wurde die Dreiteilung aber verknüpft mit dem Gedanken der Hierarchie der Gewalten untereinander und erhielt so ihre Bedeutung für den modernen Staat als Gemeinwesen. Die Gewaltenteilung bei konstituierter Hierarchie in einem Staate fördert also Freiheit und Gerechtigkeit.

III. Gewaltenteilungs- und Staatsfunktionslehre

1. Konstitutionsbeispiele

In den Verfassungen von Staaten der westlichen Welt ist die Gewaltenteilung konstituiert und zwar in unterschiedlicher Art und Weise. Von der Gewaltenteilung sind die Staatsformen und auch die Herrschaftsformen betroffen. Die Staatsform ist begründet in der Unterscheidung danach, wer oder durch was das Staatsoberhaupt bestimmt wird. Auch das Staatsoberhaupt ist Teil der Staatsgewalt. Versteht man seine Bedeutung, wie der Bundespräsident in der Bundesrepublik Deutschland konstituiert ist, so ist er Notar oder jedenfalls notariell tätig. Inkarniert darin ist ein Teil jeder der drei Staatsgewalten, wie man in der Begnadigungsaufgabe, Ausfertigungs- und Gegenzeichnungsaufgabe und dem Ernennungsrecht sehen kann. Die völkerrechtliche Vertretungsmacht, wenn sie mit dem Parlament als Einrichtung, die die Wirksamkeit von Verträgen beschließen kann, abgestimmt sei, ist eine besondere Gewalt, die den drei Staatsgewalten nicht von vornherein zugeordnet werden kann, es sei denn, man versteht die völkerrechtliche Vertretungsmacht als bloße Vertretung des Parlaments, das das Volk repräsentiert.

Völkerrechtlich hat bereits die Unterschrift des Staatsoberhauptes eine Bindungswirkung für Verträge, außer Vorbehaltsklauseln sind Teil des Vertrages. In

---

260 C. Montesquieu, De l'Esprit des Lois, 1748; M. Kriele, Menschenrechte und Gewaltenteilung, EuGRZ 1986, 601.

einer bedarf es aber regelmäßig der Bestätigung des mit einem anderen Staat ausgehandelten Vertrages oder einer Abmachung mit geringerer Bindung, damit das Abkommen in seiner Legitimation vom Volk bestätigt wird. Anderes mag gelten, wenn eine gesonderte Wahl des Staatsoberhauptes durch Wahlmänner oder direkt erfolgt ist. Bei einer Direktwahl oder einer Wahl durch eigens bestimmte Wahlmänner könnte man von einer solchen Bestätigung absehen, weil das besondere Verfahren und die Nähe zu der Aktivbürgerschaft größer ist, als wenn es bloß z.B. die Bundesversammlung ist, die das Staatsoberhaupt bestimmt. Man wird also auch die völkerrechtliche Vertretungsmacht als Teil legislativer Funktionen verstehen können, die sogar über das Parlament hinaus Imperative setzen darf.[261]

Wie der Verfassungsgeber für die einzelnen Staaten die Teile der Gewalten geregelt hat, zeigt sich in den Verfassungen selbst. In der deutschen Übersetzung wird für die griechische Verfassung im dritten Teil von "Organisation und Funktionen des Staates" gesprochen und in Art. 26 Abs. 1 die gesetzgebende Funktion Parlament und Präsident der Republik zugewiesen, in Abs. 2 die vollziehende Funktion dem Präsidenten und der Regierung und in Abs. 3 die rechtsprechende Funktion den Gerichten, die Urteile im Namen des Volkes vollstrecken. In den anderen Verfassungen von Staaten der Europäischen Gemeinschaft ist dagegen von den "Gewalten" oder "Staatsgewalten" die Rede, allerdings in einer Weise, die es erlaubt, diese Begriffe als synonym zu verstehen.

Nach der Verfassung von Belgien wird gemäß Art. 26 die gesetzgebende Gewalt unter dem Titel III – Die Gewalten – von dem König, von der Abgeordnetenkammer und dem Senat ausgeübt. Nach Art. 29 steht die vollziehende Gewalt dem König zu und die rechtsprechende Gewalt nach Art. 30 wird von den Gerichten ausgeübt. Man könnte wegen der Zuordnung der Staatsgewalt zu mehreren meinen, daß dadurch die Staatsgewalt geteilt und der Unteilbarkeitsgedanke so aufgegeben wird. Dem Volke, aber auch anderen Staaten und dem einzelnen gegenüber in dem Staate tritt die Gewalt, die gemeint ist, aber so auf, wie zuvor die Unteilbarkeit der Staatsgewalt beschrieben worden ist, nämlich als eine einheitliche. Zwischen den Subjekten, denen die einzelne Gewalt zugeordnet ist, besteht nach den Verfassungen eine darin konstituierte Kompetenzverteilung, also Organisation von Bereichen der Ausübung von staatlicher Gewalt und wer sie im Einzelnen wirksam betätigt. Der ursprüngliche Unteilbarkeitsgedanke, daß alle Macht in einer Hand liegt, ist darin aber aufgegeben.

Auch für Frankreich ist die Gewaltenteilung durch die Präambel formuliert, wie man in Art. 16 der Déclaration des Droits de l'Homme et du Citoyen du 26 août 1789 festgelegt hat: "Toute societé dans laquelle la garantie des droits n'est pas assure, ni la separation des pouvoirs determinée, n'a point de constitution."

---

261 Anders "pouvoir neutre", vgl. bei A. Katz, Staatsrecht, 8. Aufl., Heidelberg 1987, Rdnr. 380f; U. Battis/C. Gusy, Einführung in das Staatsrecht, 2. Aufl., Heidelberg 1986, Rz. 39-43.

Für die Bundesrepublik Deutschland bestimmt Art. 20 Abs. 2 GG, daß alle Staatsgewalt vom Volke ausgeht. "Sie wird vom Volke in Wahlen und Abstimmungen und durch besondere Organe der Gesetzgebung, der vollziehenden Gewalt und der Rechtsprechung ausgeübt" heißt es in Abs. 2 Satz 2; Abs. 3 lautet:"Die Gesetzgebung ist an die verfassungsmäßige Ordnung, die vollziehende Gewalt und die Rechtsprechung sind an Gesetz und Recht gebunden". Der Souverän behält die Staatsgewalt also nur zu Teilen in seinen Händen, nämlich bei Wahlen und Abstimmungen. Sonst üben die drei Staatsgewalten sie aus, die an Verfassung, Gesetz und Recht gebunden sind. Vielleicht könnte es ein Problem sein, daß die Staatsgewalt, die doch von dem Volke ausgeht, sich gegen dieses selbst wenden darf, obwohl es der Souverän ist. Die Verfassung steht also über dem Volk, sie ist das höchste Gesetz. Wenn sie gilt, ist sie auch dem Volke gegenüber wirksam, das sich in ihr verpflichtet hat, ist die Verfassung von ihm geschaffen.[261a]

Nach Art. 6 Abs. 1 der Verfassung von Irland geht alle Regierungsgewalt, die gesetzgebende, vollziehende und rechtsprechende, nächst Gott vom Volke aus, dessen Recht es ist, "die Regierenden des Staates zu bestimmen und in letzter Instanz aller Fragen der nationalen Politik in Einklang mit den Erfordernissen des Gemeinwohls zu entscheiden." [261b] Absatz 2 sagt, daß diese Regierungsgewalten nur durch die in dieser Verfassung begründeten Staatsorgane oder in ihrem Auftrag ausgeübt werden. In dieser Verfassung verbleibt dem Volk eine Sachkompetenz, nämlich Fragen der nationalen Politik zu entscheiden. Es ist aber an das Gemeinwohl, das der Gemeinschaft Freundliche, das Gute, gebunden.

Art. 33 der Verfassung von Luxemburg sagt, daß der Großherzog allein die vollziehende Gewalt ausübt und nach Art. 34 die nach Art. 46 mit Zustimmung der Abgeordnetenkammer geschaffenen Gesetze billigt und verkündigt. Nach Art. 38 hat der Großherzog auch das Recht, "die durch die Richter verhängten Strafen zu erlassen oder herabzusetzen, vorbehaltlich der für die Regierungsmitglieder bestehenden Bestimmungen." [261c] In dieser Verfassung ist dem Staatsoberhaupt ein großer Teil der drei Staatsgewalten in die Hände gegeben. Exekutive, Judikative und einen Teil der legislativen Gewalt sind ihm vorbehalten. Dennoch gibt es einen Teilung der Gewalten in verschiedene Einrichtungen des Staates, die Richter, die Abgeordneten.

Auch die Verfassung von Portugal nach Art. 114 Abs. 1 bestimmt, daß die Hoheitsorgane die von der Verfassung festgelegte Teilung und Verschränkung der Gewalten zubeachten haben. Eine Gewaltenteilung ist also nicht vorgesehen.

261a A. Kimmel, a. a.O., S. 129.
261b A. Kimmel, Die Verfassungen der EG-Mitgliedstaaten, 1990, S. 173.
261c A.a.O, S. 239.

Die Constitution of the United States enthält in Art. I Sec. 1 die Bestimmung: "All legislative Power herein granted shall be vested in a Congress of the United States, which shall consist of a Senate and House of Representatives. "Art. II Sec. 2: "The executive Power shall be vested in a President of the United States of America." Art. III Sec. 1: "The juridical Power of the United States, shall be vested in one Supreme Court, and in such inferior Courts as the Congress may from time to time ordain and establish." Die exekutive Macht liegt in den Händen des Präsidenten, die rechtsprechende ist dem höchsten Gericht zugeordnet und die Legislative hält der Kongress. Er ist die wichtigste und erste Gewalt in dem Staate. Die Stellung des Supreme Court ist ausdrücklich als Judikative bezeichnet. Weil aber der Supreme Court über Verfassungsstreitigkeiten entscheidet, wird man davon sprechen dürfen, daß er die Hierarchie zwischen den Gewalten, wie sie durch die Reihenfolge der Sätze angedeutet ist, durchbricht, denn er kann z.B. darüber bestimmen, ob eine Präsidentenanklage rechtmäßig, nämlich verfassungsgemäß, ist, aber auch, ob ein vom Kongress verabschiedetes Gesetz mit der Verfassung in Einklang steht. Er kann aber doch als dritte Gewalt eingeordnet werden, denn die Judikative und das gilt auch für den Supreme Court, der kein Instanzgericht ist, wird erst tätig, wenn bereits durch Exekutive oder Legislative gehandelt worden ist. Die Initiative liegt also bei der Legislative und dann folgt die Exekutive. Im Zweifel ist die Judikative aber in der Lage, das von den beiden anderen Gewalten geschaffene rückgängig zu machen. Daher durchbricht die Judikative, wie sie in den USA konstituiert worden ist, durch Existenz des Supreme Court die Hierarchie zwischen den Gewalten. Eine solche Gestaltung ist nicht zwingend. Es ist auch möglich, daß eine Verfassung bestimmt, die Gerichte haben auf Grundlage der Gesetze zu entscheiden und die Frage, ob sie mit der Verfassung übereinstimmen, ist ihrer Kompetenz entzogen oder sie dürfen keine Rechtsfolge aussprechen, die lautet, daß ein Gesetz unwirksam ist.[262]

2. Subjekt des Staates und Dreiteilungslehre

Die einzelnen Verfassungsbestimmungen europäischer Länder und die der USA zeigen, daß die Staatsgewalten in der Praxis der Verfassungsgebung in die gesetzgebende, die vollziehende und die rechtsprechende geteilt sind, aber als einheitliche Staatsgewalt einem einzigen oder mehreren Subjekten zugeordnet sind. Auch gibt es Verfassungen, die eine der drei Gewalten mehreren Trägern zuordnen. Doch können sie als einheitliche in der Betätigung der Staatsgewalt verstanden werden.

Der Begriff "Staatsgewalt" deckt sich mit dem der "Staatsfunktion", wenn – wie Ellwein schreibt – ein Nebeneinander des Gewaltenteilungs- und des Rechtsstaatsprinzip zu beobachten ist.[263] Das Rechtsstaatsprinzip bildet die Hierarchie

---

262 Vgl. M. Rheinstein, Einführung in die Rechtsvergleichung, 2. Aufl., München 1987, S. 158.
263 T. Ellwein, Gesetzgebung, Regierung, Verwaltung, in: E. Benda u.a. (Hg.), Handbuch des Verfassungsrechts, Berlin u.a. 1984, S. 1096f.

zwischen den Staatsgewalten, vor allem die Bindung an das Gesetz, nämlich an das höchste Gesetz, also die Verfassung. Man mag meinen, daß auch Verfassungsgerichte an das Gesetz gebunden sind und bloß wegen ihrer Aufgabe, zu sagen, was Inhalt dieses Gesetzes sei, durchbrechen sie noch nicht die Hierarchie der Gewalten. Institutio ist hier aber stärker als constitutio, denn die dritte Gewalt setzt Recht bindend, unabhängig von seinem Inhalt. In dem Urteil ist Staatsgewalt enthalten und die anderen Gewalten müssen sich dem fügen.

Die Staatsgewalt wird häufig dreigeteilt und zwar in institutioneller Form und bildet die einzelnen Organe aus. Das Nebeneinander von Rechtsstaat und Staatsgewalt hebt sich auf in dem Begriff der Staatsfunktion, die in gewisser Weise Verschmelzung von beiden ist. Dann läßt sich die Staatsfunktion bis zu den einzelnen Zuordnungen materieller und formeller Kompetenzen des Staatshandelns konkret und anschaulich nachweisen.[264] Schwierigkeiten macht auf den ersten Blick, daß der Begriff der Staatsfunktionen ein finaler ist, aber die Staatsgewalt diese Eigenschaft nur über den Staatszweck erhält. In dem Begriff Funktion sind Weg und Ziel angedeutet, auch das Wort Zweck ist so zu verstehen, daß etwas, das über das vorhandene hinausweist, in ihm enthalten ist. Staatsgewalt und Staatszweck sind aufeinander gerichtet, denn der Staatszweck ist die Bändigung des Schlechten, deren Mittel Staatsgewalt ist. Der Begriff Staatsfunktion ist deswegen für die Beschreibung von den Tätigkeiten in dem Staat, die die Staatsgewalten ausführen, geeignet, weil das Rechtsstaatsprinzip als ein Merkmal in ihm Platz findet, das imperativisch gestaltet ist. Staatsfunktionen enthalten ein Sollen, wie der Staat zu sein hat. Materielles Recht als Bestandteil einer Rechtsordnung, die den Staat bindet, ist aber wegen seines imperativischen Charakters aus dem Begriff der Staatsgewalt verständlich. Zwar weiß man nicht genau, ob die Ursprünge des Rechts aus dem Staate herrühren, jedenfalls aber bei vorhandenem Rechtsstaatsprinzip in der Verfassung, ist der Begriff der Staatsgewalt unverzichtbar.[265] Freilich bietet die Funktionenlehre eine detailliertere Beschreibung des Staates von seinem Aufbau bis hin zu dem einzelnen Staatshandeln an.

3. Verhältnis von Staatsgewalt und Staatsfunktion

Welche Veränderungen nun bringt der Übergang von dem Begriff der Gewaltenteilungslehre zu dem der Staatsfunktionslehre mit sich, wie ist dieser von den Staatsaufgaben abzugrenzen und was kann die Staatsfunktionslehre heute erklären?

264 K. Engisch, Die Idee der Konkretisierung in Recht und Rechtswissenschaft unserer Zeit, 2. Aufl., Heidelberg 1988.
265 Roman Herzog, Allgemeine Staatslehre, Frankfurt/M. 1971, S. 155.

Die Staatsfunktionslehre des Georg Jellinek ist in der Lage, die Gewaltenteilungslehre mit dem Rechtsstaatsprinzip zu verbinden.[266] Gesetzgebung, Regierung und Verwaltung als Staatsfunktionen enthalten nicht bloß die Staatsgewalten, sondern sind rechtsstaatlich konstituiert. Es gibt also kein Nebeneinander von Rechtsstaat und Gewaltenteilung, sondern die Gewaltenteilung ist im Rechtsstaat wegen der hohen Bedeutung, die das Gesetz genießt, hierarchisch organisiert, so daß die Gesetzgebung als erste, die Regierung als zweite und die Verwaltung als dritte Gewalt bezeichnet wird. Auf diese Art und Weise ist es möglich in einem Staate nicht bloß wegen der Ausbildung von Staatsgewalt als Mittel zur Bändigung des Bösen der Menschen die drei Gewalten zu teilen, sondern auch die gewaltenteilige Organisation mit der Bindung an das Gesetz zu vereinigen. Freiheit und Gerechtigkeit in differenzierten und größeren Staatswesen wird so verstärkt oder auch erst ermöglicht.

Die Teilung der Gewalten mag vielleicht bloß die Organisation der schon in jedem Staatswesen angelegten drei Gewalten als institutionelle sein, damit auf diese Art und Weise ein wirkungsvolleres staatliches Leben gewährleistet wird. Es könnte aber – fügt man der Gewaltenteilung die Bindung an das Gesetz hinzu – auch der Staat als eine Gemeinschaft gestärkt werden.

In dieses Bild fügt sich die Staatsaufgabe als Konkretisierung des allgemeinen Staatszwecks ein, wie sie bereits zuvor beschrieben worden ist.[267] Es ist möglich, die Staatsaufgaben, sind sie in einer Verfassung konstituiert, den Staatsgewalten zuzuordnen. Man kann dann von jeder Staatsaufgabe sagen, welche Staatsgewalt tätig werden muß. Der Begriff konkretisiert allerdings die Staatsgewalt in anderer Weise als die Lehre von der Gewaltenteilung. Diese Lehre versteht den Staat als Person, nämlich als Wille, Ausführung und Kontrolle. Ihr liegt die Personeneigenschaft des Staates als Rechtssubjekt zugrunde. Dagegen ist die Staatsaufgabe die Bestimmung konkreter Tätigkeiten des Staates in der durch eine Verfassung historisch für die res publica konstituierten Art und Weise. Die Staatsaufgaben können sehr unterschiedlich sein und sind häufig sehr unterschiedlich. Ist nun das Verhältnis von Staatsgewalt, Gewaltenteilungslehre und Staatsaufgaben mit Blick auf den Rechtsstaat entworfen worden, bleibt noch die Frage zu beantworten, was die Staatsfunktionslehre heute erklären kann. Vielleicht ist es möglich, mit der historisch viel später aufgekommenen Apparatevorstellung, – daher rührt der Funktionsbegriff nämlich –, differenziert das Zusammenspiel der Staatsorgane und die Aufgaben, die in dem Staate erfüllt werden, zu beschreiben und zu erklären. Weil die Komplexität des modernen Staatswesens immer mehr zunimmt und mit dem Begriff der Staatsfunktionen der Staat als System dargestellt werden kann, das viele Facetten und Nuancen hat, wird der Begriff Staatsfunktionen in der staatsrechtlichen Diskussion gebraucht.

266 G. Jellinek, Allgemeine Staatslehre, Kap. 18: Die Funktionen des Staates, 2. Aufl., 1905, S. 580ff.
267 Siehe S. 68

Dritter Abschnitt: Der Staat als Rechtsorganisation

§ 9 Legalität und Legitimität

Begreift man den Staat als von dem Recht bestimmt oder durch das Recht bestimmt, beschreibt man das Verhältnis zwischen Staat und Recht. Das Recht wird in Rechtsbegriffen gesetzt, also nicht in Begriffen der Philosophie oder anderer Geisteswissenschaften, sondern in Rechtsbegriffen, die die Wissenschaft von dem Recht erklärt und ihre Beziehung zueinander bestimmt.[268] Betrachtet man den Zusammenhang von Recht und Staat, ist vielleicht ein Wissen zu erwerben, das den Staat noch genauer charakterisiert, als das bisher geschehen ist.
Um das Verhältnis von Staat und Recht zu beschreiben, könnte man sich der Diskussion über Legalität und Legitimität von Gesetzen oder sonst staatlichem Handeln bedienen. In dem Begriffspaar Legalität und Legitimität oder auch Legalität versus Legitimität könnte die Problematik des Staates als Rechtsorganisation fokussiert sein. Allerdings findet sie ihre Lösung in dem Begriff des Gesetzes, wenn man nicht bloß die formellen, sondern auch die materiellen Merkmale des Gesetzesbegriffs zuläßt. Nimmt man also den materiellen und formellen Gesetzesbegriff in den Begriff des Gesetzes auf und läßt die Wertfrage als Frage nach der Zuordnungsintensitat [269] nur als Frage nach der Vollständigkeit der Merkmale des Begriffs zu, könnte sich abschließend skizzieren lassen, wie der Staat zu begründen ist.[270] Aus dieser Sicht ist, wie Isensee schreibt, die Legitimationsfrage eine solche, die auf Kompetenzen in dem Staate hinzielt.[271]

I. Bindung an das Gesetz

Die Bindung an das Gesetz, was dieses im formellen und materiellen Sinne ist, läßt sich am besten an den modernen Ursprüngen des Rechtsstaates in Europa aufzeigen, die zwar aus dem Vereinigten Königreich England herrühren, gleichwohl die Wurzel des Rechtsstaates auch für das kontinentaleuropäische Denken bilden.

1. Magna Charta Libertatum

Die Magna Charta Libertatum aus dem Jahre 1215 kann man als das erste Dokument in der Geschichte des modernen Europas begreifen, in dem der Rechtsstaat verbrieft ist. Es ist das Gesetz und zwar im formellen wie im materiellen

---

268 Dazu R. Hönigswald, "Begriff" und "Interesse", in: G. Ellscheid/ W. Hassemer (Hg.), Interessenjurisprudenz, Darmstadt 1974, S. 254ff.
269 Anders F. E. Schnapp, in: I. V.Münch, GG-Kommentar, zu Art. 20 Rdnrn. 3, 11.
270 Zum Rechtsstaatsprinzip: E. Denninger, Staatsrecht I, Hamburg 1973, S. 91ff; auch: D. Grimm, Reformalisierung des Rechtsstaats als Demokratiepostulat, JuS 1980, S. 704.
271 J. Isensee, Grundrechte und Demokratie, Der Staat 1981, S. 161.

Sinne, weil es als solches von dem König als Äußerung seines Willens in grundsätzlicher Form und daher mit Verfassungscharakter veranlaßt worden ist, d.h. aufgeschrieben und verkündet, mit der Absicht, die darin erwähnten und alle anderen Zugehörigen zu binden. Im materiellen Sinne ist es ein Gesetz, weil es Recht enthält. Das zeigt sich daran, daß der König von seinem Recht abgibt und sich selbst durch das Zugeständnis der Rechte anderer, der Kirche, der Bürger etc., insbesondere Rechte, die seine Freiheit, zu handeln wie er womöglich es wollen könnte, einschränkt. Diese Selbstbeschränkung ist Zeichen des Rechtsstaates, bzw. seine verfassungswerte Konstituierung.

Besonderes Gewicht erhält sie dadurch, daß die Einhaltung Gott gelobt, d.h. mit einer minderen Form des Eides versehen und ihre Einhaltung für alle Zukunft, also alle Nachfolger, versichert wird.

Bedeutsam aber ist, daß "The Great Charter" in der späteren Regierungszeit, das war 1400, bestätigt wurde. "A confirmation of liberties. Each person may pursue the law or defend it" ist eine in der Sache weitergehende Fassung, auch wegen ihrer demokratischeren Form, d.h. sie wurde von dem Parlament in Westminster "established". [271a]

Der Vorspruch zu der Magna Charta lautet: "The Great Charter, Made in the Ninth Year of King Henry the Third, and confirmed by King Edward the First in the Five and twentieth Year of his Reign." [272] Anders die Vorstellung der Gesetzgebung unter Henry IV.: "At the parliament holden at Westminster in the Utas of St. Hillary, the second year of the reign of King Henry the Fourth, the same our lord the King, by the assent of the prelates, dukes, earls, and barons, and at the special instance and request of the commons assembled at this present parliament, hath caused to be ordained and stablished certain statutes and ordinances in form following." [273]
Freilich spielt das Parlament zu Westminster und der weitergehende Inhalt weniger eine Rolle als das wiederholende. So ist es derselbe Staat, also Statute, obwohl in einer anderen, zeitlich später liegenden Periode, nach den Regierungsjahren eines neuen Königs gezählt wird. Versteht man Statute in ganz einfacher Weise, so heißt Statute Staat. Das, was Form und Inhalt dieses Dokuments ist, was in ihm geschrieben steht, ist der Staat, nämlich die Staatsgewalt in ihrer Ausprägung als gesetzgebende.
Hinzu kommt auch eine indirekte Zusicherung, daß niemandes Recht oder Gerechtigkeit verkauft, verweigert oder verzögert wird.[274] Das zwar ist freilich bloß

271a   2 Hen. IV vor c. 1.
272   Vgl. 9 Hen. 3 vor c.1. (Revidierte Fassung. Vgl. G. R.C. Davis Magna Carta, Dorchester, 6. A. 1989, b. 9)
273   2 Hen. 4 vor c. 1.
274   Im Begriff "liberties" vor c. 1. und in c. 1 enthalten.

die Zubilligung von Rechtsstaatlichkeit in einem negativen Sinne, aber wegen der Errichtung eines Kontrollorgans für die Einhaltung von "The Great Charter" durch sich selbst, kommt das einem Zugeständnis gleich, Willkür zu unterlassen. Wegen des Begriffs "liberties" [275] ist auch die Aufzählung, welche einzelne Willkür unterlassen wird, zu erweitern auf eine Selbstbeschränkung, die einem Bestandsschutz gleichkommt.

2. Art. 1 S. 1 Niederländische Verfassung

Das Wesen des Rechtsstaates ist die Abwesenheit von Willkür. Es ist Merkmal des Begriffs Gerechtigkeit.[276] Aus diesem Grunde ist in Art. 1 Satz 1 der geltenden Verfassung des Königreiches der Niederlande formuliert: "Alle, die sich in den Niederlanden aufhalten, werden in gleichen Fällen gleich behandelt." Dieser Rechtssatz sagt, daß eine unterschiedliche Behandlung durch den Staat nicht zulässig ist. Nicht nur die Staatsbürger, sondern auch alle anderen, die sich in den Niederlanden aufhalten, werden gleich behandelt. Diese Gleichbehandlung ist eine solche, die für gleiche Fälle vorgesehen sind. Unterschiedliche Fälle können auch unterschiedlich behandelt werden. Es kommt also darauf an, daß deutlich wird, welche Fälle dieselben sind wie andere. Dieser Vergleich ist Grundlage für die Gleichbehandlung. Weil dieser Satz als erster in der Verfassung konstituiert worden ist, ist er von größerer Bedeutung als andere Sätze. In ihm ist ein Grundrecht enthalten, das allen Menschen zusteht und von allen Menschen geltend gemacht werden kann. Der Staat hat sich also in der Weise gegenüber den Bürgern gebunden, daß Willkür ausgeschlossen und die Behandlung aller in den gleichen Fälle als gleiche bestimmt worden war. Auf diese Art und Weise ist es möglich, daß die Gerechtigkeit als Ausschluß der Ungleichheit verwirklicht wird.Unabhängig von Staats- und Herrschaftsform, gilt dieser Satz in dem Verfassungsstaat Niederlande. Für diese Verfassung ist also charakteristisch, daß sie den Rechtsstaat nicht nur durch die Existenz eines solchen Gesetzes gründet, sondern ihn auch als besonders hochrangige, womöglich sogar wichtigste Vorschrift für die Geschicke in dem Staate vorsieht.

3. Art. 1 Schweizerisches Zivilgesetzbuch

Ein anderes Beispiel für die Bindung an das Gesetz aus dem geltenden Verfassungsrecht ist das Verhältnis von Art. 1 ZGB zu der Bundesverfassung. Nach dieser Bestimmung, die das Schweizerische Zivilgesetzbuch vom 10. 12. 1907 einleitet, gilt das Folgende: "Das Gesetz findet auf alle Rechtsfragen Anwendung, für die es nach Wortlaut oder Auslegung eine Bestimmung enthält. Kann dem Gesetze keine Vorschrift entnommen werden, so soll der Richter nach Gewohnheitsrecht und, wo auch ein solches fehlt, nach der Regel entscheiden, die er als Gesetzgeber aufstellen würde. Er folgt dabei bewährter Lehre und Überlieferung."

275 Siehe Fn. 274.
276 Aber K. Engisch, Auf der Suche nach der Gerechtigkeit, München 1971, S.186; H. L. Hart, Der Begriff des Rechts, Frankfurt/Main 1973; J. Rawls, Eine Theorie der Gerechtigkeit, Frankfurt/Main 1979; C. Perelmann, Über Gerechtigkeit, München 1967.

Diese Vorschrift stellt klar, daß das Schweizerische Zivilgesetzbuch kein Kodex ist. Denn ein Kodex, d.h. ein Gesetz, das ein System ist, findet auf jede Rechtsfrage Anwendung für die es einen Tatbestand enthält, weil die einschlägige Bestimmung alle infrage kommenden Fälle lösen kann. Zwar ist es nicht ersichtlich, daß der erste Absatz mit der Bundesverfassung kollidieren könnte. Vielleicht ist das bei dem zweiten anders. Wenn nämlich dem Gesetz keine Bestimmung entnommen werden kann, weil es unvollständig ist, so hat der Richter das Gewohnheitsrecht anzuwenden. Schon diese Bestimmung könnte der Kompetenzzuweisung für den Bund nach Art. 64 der Bundesverfassung widersprechen, aber auch Art. 4, wonach alle Schweizer vor dem Gesetz gleich sind. Allerdings ist das Gewohnheitsrecht eine anerkannte Rechtsquelle, wenn generell sein Rang auch, nämlich, ob es einer gesetzlichen Bestimmung vor- oder nachgeht, unklar ist. Seine gesetzliche Anerkennung liegt aber vor und, wenn es sie nicht gäbe, so ist die Anwendung von Gewohnheitsrecht als subsidiäre Rechtsquelle unproblematisch, vertritt man nicht die wenig aussichtsreiche Auffassung, daß nur solches Recht als Teil des Rechtsbegriffs Beachtung verdient, das nicht durch Gewohnheit, sondern durch Positivierung Beachtung verdient, nämlich dadurch, daß man es schriftlich in einem Gesetzgebungsverfahren oder einem anderen Rechtssetzungsverfahren abgefaßt und zuvor verabschiedet hat.

Wegen der Eigenschaft von Gewohnheitsrecht, keine gesetzliche Grundlage zu haben, wird aber seine Rechtsstaatlichkeit bestritten, vor allem dann, wenn – wie in Art. 4 – bloß die Gleichheit vor dem Gesetz konstituiert ist. Man wird wohl nicht von einer Verletzung des Art. 4 sprechen können, weil das Gewohnheitsrecht kein Gesetz ist, aber durch seine Erwähnung in einem Gesetz in dieses quasi inkorporiert ist.

Es könnte allerdings die Bestimmung des Art. 64 Abs. 2 tangiert sein. Der Bundesgesetzgeber hat sich aber freiwillig eines Rechtes durch Konstituierung in Art. 1 SZG begeben. Das ist möglich, weil Gewohnheitsrecht anerkannte Rechtsquelle ist.[277] Es ist also keine Durchbrechung des Rechtsstaatsprinzip, obwohl an die Stelle eines möglichen Gesetzes Gewohnheitsrecht tritt. Diese ergänzende Funktion des Gewohnheitsrechtes dürfte hinzunehmen sein, beachtet man Art. 2 der Bundesverfassung.

Auch die Souveränitätsbestimmung des Art. 3 ist wegen der Gesetzgebungskompetenz des Bundes nicht verletzt.

---

277 V. Gierke, Naturrecht und Deutsches Recht, in: W. Maihofer (Hg.), Begriff und Wesen des Rechts, Darmstadt 1973, S. 244f. Grundsätzlich zur allgemeinen Natur der Rechtsquellen, W. Maihofer (Hg), a.a.O., S.27 (Vorwort).

Was die 2. Alternative angeht, so ist die Zulassung einer Gesetzgebungskompetenz – hier mit dem Begriff "Regel" benannt –, allerdings bloß für den Einzelfall, jedenfalls eine Durchbrechung des Prinzips der Gewaltenteilung. Darf ein Richter eine Regel aufstellen, ohne daß ein Gesetz vorhanden ist, handelt er als Gesetzgeber, ist es nicht bloß Analogie. Freilich ist entscheidend, daß die Gleichheit vor dem Gesetz, wie sie für alle Schweizer gilt, verletzt sein könnte, denn es gibt keinen Rechtssatz, aus dem hergeleitet werden kann, daß bei gleichen Sachverhalten der Richter an das gebunden ist, was ein anderer zuvor als Regel aufgestellt hat. Selbst wenn jeder Richter bewährter Lehre und Überlieferung folgt, ist es nicht ausgeschlossen, daß unterschiedliche Entscheidungen gefällt werden.[278]

Sind aber Regeln aufgestellt, ist fraglich, ob sich der Bundesgesetzgeber soweit seiner Gesetzgebungsmacht begeben darf, daß er es den Gerichten überläßt, gesetzesähnliche Regeln aufzustellen. Diese sind nämlich vielleicht nicht legitimiert, wohingegen dem Bund, also der Eidgenossenschaft, die Gesetzgebungsmacht aufgrund demokratischer Legitimation durch das Bundesvolk zusteht. Es ist vielleicht die Gesetzgebungskompetenz verletzt. Das Recht, Gesetze zu schaffen, ist begründet aus dem Begriff der Eidgenossenschaft souveräner Kantone. Zwar ist die Souveränität dieser in Art. 3 durch die Bundesverfassung beschränkt, wenn aber Gesetzgebungsmacht an den einzelnen Richter übertragen wird, so begibt sich der Bund eines Rechtes, das ihm die Kantone, bzw. die Völkerschaften dieser, aus ihrer souveränen Gewalt übertragen haben. Deshalb ist er an Art. 2 seiner Verfassung gebunden, die seinen Zweck setzt. Teil dieses Zwecks ist der Schutz der Eidgenossen. Ein Recht der Eidgenossen aber ist nach Art. 4 die Gleichheit vor dem Gesetz. Bewährte Lehre und Überlieferung bei nicht vorhandenem Gewohnheitsrecht können diesen Mangel nicht ausgleichen, der darin liegt, daß der Bund seine Gesetzgebungskompetenz zweckwidrig eingesetzt haben könnte.

Rechtsmethodisch liegt das Problem darin, daß dem Kanon der Auslegungstechnik von Gesetzen, selbst bei ausdrücklicher Aufnahme des Gewohnheitsrechtes in das Gesetz als Mittel zur Ausfüllung einer Lücke, nicht die Möglichkeit gelassen wird, jeden Fall mit diesem Gesetz zu lösen.[279] Das aber ist Kennzeichen dafür, dieses Gesetzbuch nicht als Kodex zu verstehen, obwohl es dem französischen Code Civil, aber auch dem BGB von dem Aufbau und den Regelungsmaterien her nicht so weit entfernt zu sein scheint. Die Gewalten- und Gesetzgebungskompetenzverteilung aber könnte durchbrochen sein.

278 Für die Bundesrepublik Deutschland W. Henckel, Richter im demokratischen und sozialen Rechtsstaat, JZ 1987, 209-215.
279 Lipphardt, EuGRZ 1986, S. 150; R. Müller-Erzbach, Rechtsfindung auf realer Grundlage, in: W. Maihofer (Hg.), Begriff und Wesen des Rechts, Darmstadt 1973, S.37.

II. Rechtsstaat und Staatsgewalten

Zuvor ist, anders als häufig dargelegt, eine Kausalität zwischen Staatsgewalten im Sinne der Lehre von der Dreiteilung der Staatsgewalt und dem Rechtsstaatsprinzip abgelehnt worden.[280] Für die Dreiteilungslehre ist der Rechtsstaat also nicht zwingende Voraussetzung.

1. Rechtsordnung und Rechtsstaat

Fleiner-Gerster sagt, daß der Staat kraft seiner Souveränität Ursprung der Rechtsordnung sei.[281] Rechtsordnung heißt aber nicht Rechtsstaat. Rechtsstaat ist nicht Existenz von dem Rechte überhaupt, sondern die Bindung des Staates an das von ihm selbst gesetzte Recht, wie es zuvor bereits als Abwesenheit der Willkür charakterisiert worden ist. Rechtsordnung freilich ist nichts anderes, als daß nach einem übergreifenden Leitmaßstab (=Ordnung) Recht gesetzt, d.h. Imperative geschaffen werden. Solche können, z.B. dem Staat, auch mehr Rechte verschaffen als er hatte, also nicht freiheitsfördernd oder -sichernd, sondern einschränkend sein.

Dreiteilungslehre bedeutet allerdings nur, daß die Staatsgewalt in drei unterschiedlichen Teilen organisatorisch, institutionell, womöglich personell aufgeteilt ist. Der Kontrollgedanke, der dem zugrundeliegt, kommt der Vorstellung von Rechtsstaat deswegen nahe, weil Kontrolle als Funktion von Öffentlichkeit und Beteiligung mehrerer willkürverhindernd wirken könnte. Das ist aber in dem sonst synonymen Funktionsgedanken nicht enthalten.

Die Verbindung von Rechtsstaat und Staatsgewaltenteilungslehre könnte auf diese Weise den Staat freiheitsfördernd gestalten. Liegt die Rücknahme von möglicher Machtausübung durch Selbstbindung gerade darin, daß die Staatsgewalt geteilt wird, geschieht das, wie z.B. im Grundgesetz in Art. 1 Abs. 3, Art. 20 Abs. 3 GG, wo die Bindung der drei Gewalten an das Gesetz, das Recht und das Verfassungsgesetz, eben die Verfassung, festgeschrieben ist. Auch in anderen westlichen Verfassungen taucht eine solche Gesetzesbindung der Gewalten auf, allerdings in unterschiedlicher Weise.

Man könnte dagegen die Auffassung vertreten, daß jeder Staat an seine Rechtsordnung gebunden ist, da er sie sonst nicht geschaffen hätte. Allein, dem ist nicht so, weil es auch Gesetze geben kann, die sich bloß an die Staatsbürger oder Dritte richten. Man kann Freiheitsrechte nämlich auch so verstehen, daß von dem Staate bloß Kompetenzen verteilt werden, die dem Kompetenzinhaber zugewiesen sind und der Staat schützt bloß davor, daß Dritte ihn nicht entmachten. Daß sich der Staat verpflichtet, diese Freiheiten nicht einzuschränken, muß nicht zwingend aus ihrer Konstituierung folgen.

Indiz für das Vorhandensein eines Rechtsstaates ist die Gewährung von Grund-

---

280 Siehe S. 202 bis 209.
281 § 14 Rdnr. 37.

rechten, die gleiche Rechte, Gleichheit vor dem Gesetz, etc. aussprechen und die dritte Gewalt daran binden. Komplementär auf der Verfahrensebene müssen deshalb Justizgewährungsrechte vorhanden sein. Der Staat darf freilich nicht nur diese für das Verhältnis der Bürger untereinander, sondern vor allem auch für den von dem Staatshandeln beschwerten Bürger konstituieren. Daß der Staat Rechtsfrieden schaffen möge, gehört zwar hinsichtlich des Verhältnisses zwischen den Bürgern womöglich sogar zu seiner Schutzverbandseigenschaft, zu seiner Eigenschaft als Rechtsstaat gehört die Justizgewährung ihm selbst gegenüber und zwar dort, wo er nicht wie jeder im Rechtsverkehr, sondern hoheitlich handelt.[282]

2. Formen von Gesetzen in der Geschichte

Von einer naturrechtlichen Position (lex naturalis) aus, hebt sich die dargelegte Bestimmung des Gesetzes im materiellen Sinne ab, wie sie heute gängig verwendet wird. Gleichviel, ob sie sich aus der Natur, womöglich aus Gott ableiten läßt, ist ihr mit dem Rechts- und Gesetzesbegriff, wie er bislang dargelegt worden war, bloß das imperativische Element gemeinsam. Dieses ist freilich, jedenfalls aus der Sicht des Staates, nicht oder doch nicht von dem Staat gesetzt.

Die von den Rechtsgenossen vereinbarte Satzung, eben die Vereinbarung einer Gemeinschaft, kann auch als Gesetz begriffen werden. Genossenschaft ist eine Form, die das geltende Recht als juristische Person kennt, aber auch der Begriff des Rechtsgenossen, d.h. der, der sich mit rechtlichem Bindungswillen mit anderen zu einer Gemeinschaft zusammenschließt, ist von alters her bekannt.[283] Die Statutes wurden zu dem Zeitpunkt Gesetz in der genannten Weise, als sich auch in der verbrieften Form zeigte, daß nicht bloß der König allein, sondern auch andere Urheber des Inhalts der Bestimmung waren.

Drittens kann man die, dagegen ausschließlich von einem Herrscher als dem Staat erlassenen Gesetze nennen. Diese ist von der eben genannten, genossenschaftlichen Gesetzesentstehung dadurch zu unterscheiden, daß nur und ausschließlich der König Urheber und Verantwortlicher ist, also Machthaber in absoluter Form. Das ist in dem, noch immer häufig zitierten, dem Sonnenkönig Ludwig XIV. zugeschriebenen Satz "l'état, c'est moi" enthalten.

3. Gesetzespositivismus und seine Kritik

Stammler fragt: "Woher entstammt das Recht? Ist es ein Erzeugnis von Macht und Gewalt, ruft der staatliche Gesetzgeber es frei hervor, erschafft es der Volksgeist, entspringt es dem Rechtsgefühl des Einzelnen, oder wie tritt es sonst ins Leben?" [284]

282 Aristoteles, Politk, IV. Buch 1297b-1298a.
283 Z.B. bei Cicero, res publica, I 42, 47, 49.
284 R. Stammler, Der Begriff des Rechts, in: W. Maihofer (Hg.), Begriff und Wesen des Rechts, Darmstadt 1973, S. 309.

Die Frage ist zwar beantwortet, wenn man nur von dem Gesetz als etwas rechtlichem spricht, die Kritik an dem Gesetzespositivismus ist aber eine solche, die die in der Form des Gesetzes positivierten Regeln, d.h. verfaßten oder auch gesetzten wegen ihrer Auslegung ausschließlich an dem positivierten Inhalt infragestellt.[285]

Legt man den Begriff des Gesetzes zugrunde, der herrührt aus der Entstehung dieser durch Rechtsgenossen in Form der Satzung oder durch eine Person, die die absolute Staatsgewalt innehat, so handelt es sich doch immer um ein Gesetz als eine durch Staatsgewalt geschaffene, imperativische Sollensregelung, die geschrieben ist und bekannt gemacht, d.h. schriftlich oder mündlich verkündet wird. Dieses Aufgehobensein in der Schriftform drückt zugleich auch eine Verbindlichkeit aus, damit sich darauf jeder berufen kann. Auch die Tatsache, daß es sich um einen Text handelt, zeigt beabsichtigte Bindungswirkung. Die Verfahrensregeln in dem bundesdeutschen Parlamentsrecht, d.h., einschlägige Artikel des Grundgesetzes, Geschäftsordnung des Deutschen Bundestages, u.ä., aber auch in solchen anderer Staaten der Europäischen Gemeinschaft und auch in den USA, sind stark daran orientiert, ein Verfahren zu garantieren, das nicht nur dem Staat als einem demokratischen gerecht werden, sondern rechtsstaatlichen Garantien im Gesetzgebungsverfahren selbst entsprechen soll.

Die Auslegung des Gesetzes als Anwendung des Rechts im Einzelfall ist dann positivistisch, wenn sie sich an dem Gesetz selbst, seinem Inhalt nach dem Kanon der Auslegungsmethoden orientiert.[286] Sinn und Zweck der rechtlichen Regelung ist dabei stets an dem Wortlaut selbst zu ermitteln und durchgängig, d.h., wenn nicht besondere Umstände vorliegen, ist der Wortlaut die Grenze der Auslegung. Für das Strafrecht gilt die Wortlautgrenze immer, einschließlich des Analogieverbotes. Ansonsten ist nur in eng umgrenzten Fällen, niemals willkürlich preater oder noch seltener contra legem auszulegen. Auch die rechtliche Regelung selbst ist nicht willkürlich, sondern immer nach ihrem Sinn und Zweck zu deuten. Diese, freilich an dem Rechtsstaat als Begriff der Staatslehre gedanklich angelegten, Ausführungen können aber nicht darüber hinwegtäuschen, daß Gesetzespositivismus keineswegs identisch mit diesem Begriff ist. Allerdings ist der Rechtsstaat eine Verstärkung des Gesetzespositivismus. Er ist die Zusicherung an den Bürger, daß dieser sein Recht nicht nur erhält, sondern auch, daß er es nicht anders erhält als jeder andere Rechtsgenosse.

Von dem Standpunkt des Naturrechts aus,[287] aber auch vom Rechtsgefühl des Einzelnen her, aus der Sicht der Vernunft oder auch aus einer sich auf Gott berufen-

---

285 E. Stampe, Rechtsfindung durch Interessenabwägung, in: G. Ellscheid/ W. Hassemer (Hg.), Interessenjurisprudenz, Darmstadt 1974, S. 25; A. Kaufmann, Zur rechtsphilosophischen Situation der Gegenwart, S. 194.
286 B. Rüthers, Die unbegrenzte Auslegung, Tübingen 1968, S. 13 (1. Kap.); J. Esser, Grundsatz und Norm, Tübingen 1974, S.14.
287 Kritisch W. Maihofer, Vorwort, S. 1, in: W. Maihofer (Hg.), Begriff und Wesen des Rechts, Darmstadt 1973.

den Auffassung, ist es möglich, den Gesetzespositivismus zu kritisieren, weil man damit seine Legalität anzweifelt. Eben nicht der bloße Inhalt des Gesetzes soll Richtschnur des Handelns sein, sondern Naturgesetze, das – durch was auch immer – gebildete Rechtsgefühl des Einzelnen oder eine aus dem Gottesglauben herrührende Auffassung.

Zwar ist aus der Position des Staates gesehen, das nicht zulässig, weil damit seine Souveränität bestritten wird, jedenfalls aber wird so die Legalität von Zeugnissen des Gesetzespositivismus bestritten. Hingegen kann man die Legitimität des Gesetzespositivismus dadurch bestreiten, daß man den Inhalt eines Gesetzes als nicht mit den Naturgesetzen, usw. vereinbar erklärt. Freilich ist sogar die Behauptung schon gefallen, es sei überhaupt unmöglich, abschließend in Gesetzen zu regeln, so daß es immer zusätzlicher Normen bedürfe, um zu einem Ergebnis im Einzelfall zu kommen. Allen diesen Auffassungen gegenüber hat der Gesetzespositivismus als rechtsphilosophische wie auch methodische Position den Vorzug, daß eine für den menschlichen Geist in hohem Maße kontrollierbare Grundlage für das Recht vorliegt und so auch für das rechtmäßige Handeln.[288] Schon die Existenz eines Gesetzes ist stärker der Sicherheit angenähert als ihre Nichtexistenz.

Die hohe Legitimation des Gesetzes kann auch daher rühren, daß es aus Rechtssätzen besteht. Diese enthalten einzelne Worte.[289] Das Wesen des Wortes ist die Bedeutung. Das Wesen des Begriffs ist das Wort. In ihm sind die Merkmale enthalten, die das Wesen eines Gegenstandes bestimmen.[290]

Kennzeichnend für das Gesetz ist es, daß es aus Worten besteht. Den hohen Wert des Wortes, wenn nicht den höchsten Wert überhaupt, erhält es durch den Prolog des Johannesevangeliums 1, 1, bis 18. Es beginnt mit den Sätzen: "Im Anfang war das Wort, und das Wort war bei Gott, und Gott war das Wort. Dieses war im Anfang bei Gott. Alles ist durch es geworden, und ohne es ist nichts geworden. Was geworden ist – in ihm war das Leben, und das Leben war das Licht der Menschen." Diese Beschreibung der Bedeutung des Wortes erklärt sein Gewicht für das Gesetz.

III. Staatsorgane im Rechtsstaat

1. Gesetz und Staatsorgane

Gesetzespositivismus bedeutet nicht Rechtsstaat, aber in dem Rechtsstaat gibt es in jedem Falle die Orientierung an dem durch Gesetz positivierten Recht. Seine ontologische Struktur freilich ist geprägt durch den Rechtsstaat oder auch von

---

288 K. Larenz, Methodenlehre der Rechtswissenschaft, S. 243f.
289 A. Kaufmann, Naturrecht und Geschichtlichkeit, S. 18f mit Verweis,
290 U. Klug, Juristische Logik, 3. Aufl. S. 86.

dem rechtsstaatlichen Charakter. Die Auslegung der Gesetze ist also nicht bloße Deutung der Rechtsbegriffe, sondern zu diesem Inhalt kommt der materielle Rechtsstaat, liegen die formellen Geltungsvoraussetzungen vor.

Es könnte sein, daß der Gleichheitssatz, der Merkmal des Rechtsstaates ist, Gemeinsamkeiten mit dem Kodex, nämlich dem Gesetzbuch aufweist – als einer Sammlung von Gesetzen – oder, der ein einzelnes Gesetz ist, das vollständig den Bereich regelt für den es geschaffen worden ist. Das ist vielleicht deswegen von Bedeutung, weil das Gesetz durch die Staatsorgane im Rechtsstaat für alle gleich angewendet werden muß und, daß womöglich der Kodex, der alle infrage kommenden Fälle regelt, ähnliche Eigenschaften wie diese Gleichheit hat.

Die Gleichheit ist ein Imperativ, keine Unterschiede in gleichen Fällen zu machen. Ist also ein Sachverhalt derselbe wie ein anderer, kommt nur die Anwendung desselben gesetzlichen Tatbestandes in Betracht. Für diesen gibt es, ist er Teil eines Rechtssatzes in einem Gesetzbuch oder Kodex, bloß denselben Tatbestand als Grundlage für die Anwendung des Rechts, d.h. auch, daß dieselbe Rechtsfolge eintritt. Man wird also jedenfalls annehmen dürfen, daß die Gleichheit den Kodex ergänzt. Wenn alle Fälle, die gleich sind, durch denselben Rechtssatz geregelt werden, so ist für alle in dem Rechtsgebiet in Betracht kommenden Fälle, bei Existenz eines Gesetzbuches, eine Regelung vorzufinden.

Gemeinsamkeit zwischen Gleichheit als Imperativ für die Anwendung des Rechts durch die Staatsorgane und dem Kodex als Gesetzbuch, das Gesetze für den Regelungsbereich enthält, ist also die Vollständigkeit. Es wird weder bei der Gleichheit noch bei dem Kodex, d.h. dem Gesetzbuch, das alle Rechtssätze enthält, eine Ausnahme zugelassen. Gleichheit als Gleichheitssatz in der Verfassung schreibt vor, alle Fälle gleich zu behandeln, die gleich sind. Ließe man die Ausnahme zu, so wäre der Gleichheitssatz überflüssig. Auch das Gesetzbuch als Kodex enthält keine Ausnahme. Man würde sonst von dem Gedanken abgehen, daß nur das Gesetz sein kann, das Grundlage staatlichen Handelns ist, wenn man Gewaltenteilung und Hierarchie zwischen den Staatsgewalten vorgesehen hatte. In einer Demokratie hat es damit auch noch eine andere Bewandnis. Die Staatsgewalt geht vom Volke aus und zwar meistens durch Wahl von Repräsentanten oder Abstimmung. Die demokratische Legitimation von Beamten- und Richterschaft ist aber geringer als die des Parlaments, so daß aus Legitimationsgründen eine Regelung durch Gesetz notwendig ist. Anerkannt ist daher auch, daß dort, wo keine Regelung vorhanden ist und die Methoden der Rechtsfortbildung nicht zu einer Anwendung von Rechtssätzen führen können, weil in den Begriffen des Rechtssatzes kein Tatbestand vorzufinden ist, das Gesetz nicht Grundlage des Handelns sein kann.

2. Bindung an den materiellen Rechtsstaat

Die Wesentlichkeitstheorie, daß nämlich der Staat alle wesentlichen rechtlichen Fragen in den Sachbereichen staatlichen Handelns durch das Parlament regeln lassen muß, führt zu dem Parlamentsvorbehalt, der die Grundlage für staatliche Eingriffe schafft.[291] Nur dort, wo das Parlament ein Gesetz geschaffen hat, darf z.B. ein belastender Verwaltungsakt ergehen. Das Kodexprinzip, das die Gewaltenteilung für das Setzen von Imperativen in dem Staate, als in einer Hierarchie aufgebaut, durchsetzt, ist also die zu dieser Auffassung vorgesehene Art und Weise der Regelung.

Spricht man von dem materiellen Rechtsstaat, nämlich dem Gesetz im materiellen Sinne in einem Staat, der sich als Rechtsstaat konstituiert hat, so müssen die materiellen Geltungsvoraussetzungen vorliegen. Bei dem materiellen Rechtsstaat handelt es sich um Werte, d.h. das Materielle ist kein Geldwert sondern ein geistiger Wert.[292] Darin liegt gerade sein Faßbarkeit, mag dies auf den ersten Blick auch als Widerspruch erscheinen. Vollständig ist der Gesetzesbegriff in allen seinen Merkmalen nur dann erfüllt, wenn auch das Gesetz im materiellen Sinne in ihm verwirklicht ist. Dieser geistige Wert, der ein Merkmal des Rechtsstaates ist, findet sich womöglich auch in den Staatsorganen, die für das Handeln der Staatsgewalten geschaffen werden.[293] Wenn es sich um einen durch Verfassungstaat handelt, sind es zugleich immer auch Verfassungsorgane. Diese sind in einem Rechtsstaat wertverpflichtet.

Das Gesetz im materiellen Sinne, als Merkmal des Rechtsstaates, ist die Beachtung der Grundrechte. Es sind die Grundrechte, die auch in der Demokratie als diejenigen Rechte der Minderheiten ihre Wirksamkeit entfalten und die als geistige Werte, auch im Sinne der westlichen Zivilisation, den Einzelnen vor der Übermacht des Staates und der anderen schützen. Die staatliche Handlungsmacht wird so begrenzt, weil der Staat als Sicherungsverband gegen die Tragik der Erkenntnis der Unvollkommenheit der Welt, bildet er Staatsgewalt aus, auf dem Gedanken gründet, daß diese auf das Böse im Menschen rückführbar ist. Ob das eine richtige Erkenntnis ist, steht dahin. Wegen der Ungewißheit darf die staatliche Handlungsmacht nicht unbegrenzt, sondern sie muß durch die Rechte der Individuen begrenzt sein.

3. Grenzen staatsorganschaftlicher Rechtsmacht

Es konnte gezeigt werden, daß es in einem Rechtsstaat nicht beliebig ist, um welche Werte es sich handelt, die der Begriff "Rechtsstaat" als ein Merkmal enthält. Es müssen gerade die Eigenschaften des Staates als Rechtsstaat sein, der sie zu entnehmen sind. Das heißt zum Beispiel, daß die Staatsorgane nicht alles tun dürfen, was in ihrer Macht steht. Denkt man so, entnimmt man die Grundrechte und die Grundrechtsbindung des Staates nicht nur der Demokratie als Form der Herr

291 BVerfGE 49, 126f.; AK-GG-Bäumlin/Ridder Art. 20 Abs. 1-3 III 62.
292 G. Jellinek, Das Recht, in: W. Maihofer, S. 208, spricht von dem ethischen Minimum.
293 X.S. Combothecra, Der Begriff der Souveränität, in: H. Kurz (Hg.), Volkssouveränität und Staatssouveränität, Darmstadt, 1970, S. 16f.

schaft. Eine Anzahl von Grundrechten und Menschenrechten ist daher begründet.[294]

Vielleicht ist aus der Sicht des Staates als einer konstituierten Gemeinschaft noch hinzuzufügen, daß die Staatsorgane auch voneinander durch die Staatsorganisation begrenzt sind. Nicht nur Grundrechte, sondern auch Gewaltenteilung begrenzen die Rechtsmacht der Staatsorgane. Die der Legislative angehörenden sind an die Verfassung gebunden und können Gesetze schaffen und verändern.

Die der Exekutive zugeordneten Staatsorgane handeln ausführend und sind an die Gesetze und auch das höchste Gesetz gebunden und die Judikative, also richtende Gewalt, kontrolliert deren Einhaltung im Verhältnis zwischen Staat und Bürgern und zwischen den Bürgern.

Durch das Staatsorganisationsrecht ist das Verhältnis der Gewalten in den Staatsorganen untereinander begrenzt.[295] Diese Begrenzung ergibt sich nicht nur aus den Grundrechten, sondern sie ist auch Folge der Gewaltenteilung und ihrer organisatorischen Verwirklichung in dem Staate.

Es könnte sein, daß auch sie die Aufgabe der Begrenzung von Staatsmacht hat, weil die Staatsorgane sich untereinander kontrollieren. Diese Kontrolle könnte ähnliche Ergebnisse zeigen wie diejenige der Begrenzung durch die Grundrechte, die Freiheiten der Bürger garantieren. Jedenfalls wird durch sie Handlungsmacht eingeschränkt. So wird das staatliche Leben durch Staatsorganisation und Grundrechte gestaltet.

§ 10 Ergebnis: Allgemeiner Teil

I. Staat als Grundlage von Demokratie

Zu den Grundlagen der Demokratie gehört der Staat, denn Demokratie heißt Volksherrschaft und wird in dem Staat ausgeübt. Damit freilich über Demokratie Aussagen getroffen werden können, müssen Begriff und Bedeutung des Staates zunächst bestimmt werden. Das heißt, der Begriff Staat als ein Rechtsbegriff und die Wirkung seines Wesens ist dargelegt.

Für den Staat ist Voraussetzung und zugleich Entstehungsgrund die Gemeinschaft und zwar die besondere, eben die staatliche Gemeinschaft, bestimmt als Schutz- und Trutzverband. Schutzverband ist sie insofern, als sie die Tragik der Unvollkommenheit der Welt durch Bildung von Gemeinschaft bändigt, gleichviel woher diese rührt. Trutzverband ist sie dergestalt, als sie auch gegen diejenigen gegründet ist, die nicht anwesend sind, also die Nichtzugehörigen. Ihr Wesen und das, was sie zu dem Staate macht, ist sie als res publica, d.h., als öffentliche Angelegenheit. Genauer: das Öffentliche macht sie zu dem Staat. Da

---

294 A. Kaufmann, Gesetz und Recht, in: Rechtsphilosophie im Wandel, 2. Aufl. 1984, S. 148.
295 P. Badura, Staatsrecht, München 1986, A 7.

mit ist sie nicht societas, also Gesellschaft, sondern die Zugehörigkeit zu ihr ist civitas, d.h. Bürgerrecht.

Der Staat als Schutzverband und in seiner Eigenschaft als Trutzverband kann verfaßt sein durch Recht, d.h. bindende Regeln, also Imperative für das Geschehen in dem Staate. Einleuchtend ist das wegen seiner Entstehungsgründe und seinem Sein, aber auch, weil die Auffassung vertreten wird, man müsse nicht bei der tragischen Erkenntnis von der Unvollkommenheit der Welt stehenbleiben, sondern könne als Ursache für diese das Böse des Menschen sehen, nämlich sein Bestreben, gegen alle anderen Krieg zu führen. Dieser Gemeinschaftsfeindlichkeit entgegengesetzt ist das Recht als Imperativ, aber auch der allgemeine Zweck des Staates (Allgemeiner Staatszweck), Staatsgewalt auszuüben. Recht als Imperativ mit Bindungskraft durch die Staatsgewalt setzt voraus, daß der Mensch nicht nur gemeinschaftsfähig ist, – das ist Eigenschaft des Menschenbildes als Voraussetzung des Staates überhaupt –, sondern auch in der Lage, dem Imperativ entsprechend zu handeln, sich also gegen das Schlechte, damit für das Gemeinschaftsfreundliche, zu entscheiden. Willensfreiheit und Vernunftfähigkeit prägen daher die Debatte über das Menschenbild in der Staatslehre entscheidend. Konkretisieren läßt sich der allgemeine Staatszweck und die Aufgabe des Staates als Resultante der res publica an den Verfassungen der Staaten, wie es geschehen ist.

Genaueres noch über den Staat und die Staatenbildung ergibt sich aus der Entwicklung des modernen Staatsbegriffs. Die Elementenlehre, die den Staat als in drei Elemente geteilt sieht, – Staatsvolk, Staatsgewalt und Staatsgebiet-, gewichtet nicht die Bedeutung dieser im Verhältnis zueinander. Während Staatsvolk und Staatsgebiet im Wesen des Staates als seine Entstehungsvoraussetzung aufgehoben sind, gehört die Staatsgewalt zwar nicht diesem, jedoch als allgemeiner Staatszweck seinem Begriff in sonstiger Weise an.

Wegen der Eigenschaft des Staates, als einer Gemeinschaft unter vielen, bedarf es der Zusammenschau mit sonstigen Gemeinschaften in ihrer rechtlichen Handlungsfähigkeit. Dafür bietet sich der Begriff der juristischen Person an. Ihr können Eigenschaften als eigene Rechtspersönlichkeit zukommen. Für den Staat als Körper, wie ihn die Lehre vom Staat vorstellt, wird dessen Handlungsfähigkeit durch Organe, also parallel zu dem menschlichen Körper entwickelt. Diese ist konkretisiert durch den Begriff der Staats- bzw. Verfassungsorgane, in denen die Staatsgewalt handelt.

Begreift man freilich den Staat als Universum, so kann die Vorstellung von der Ganzheitlichkeit mit den Abwehrrechten kollidieren, die den Einflußbereich des Staates gerade begrenzen wollen. Der Staat als Universum ist als eine Gemeinschaft zu verstehen, die alle anderen umfaßt.

Der Staat als voraussetzungsloser Einfall, aber auch als Ideal mit bestimmtem Inhalt, womöglich Utopie, ist Resultante der Gerechtigkeit. Staat als Ideal und Idee sind dem Bestreben nach der Gerechtigkeit geschuldet. Es wird der Staat auch als

Gotteswerk verstanden, denn damit ist er auf Gott, genauer, die Schöpfung Gottes zurückgeführt. Die Staatsform der Theokratie bedeutet, daß die Religion der Staat ist und umgekehrt, also kein säkularer Staat existiert. Damit ist der allgemeine Staatszweck der Bändigung des Bösen im Menschen überholt durch ein Verständnis der Macht des Staates aus der Transzendenz.
Dem Begriff Staat ist aber auch das Seiende, die Wirklichkeit, das Materielle, Diesseitige und Faßbare innewohnend. Er ist juristische Wirklichkeit und unterscheidet sich bloß durch seinen imperativischen Charakter von anderen Begriffen. Der Rechtsrealismus, nimmt man ihn für den Begriff Staat in den Blick, so deutet er auf das Problem, daß es außerhalb des Rechts Wirklichkeit gibt. Diese kann nur soweit in ihm aufgehoben sein, wie die Sollenseigenschaft das zuläßt.

Über den Staat kann weiterhin gesagt werden, daß er in hohem Maße als von Menschenhand gemacht, also nicht als Natur, erscheint. Man wird nicht leugnen können, daß er künstlich ist, also Reaktion auf tragische Erkenntnis und in seinem allgemeinen Zweck bändigungsorientiert gegen das Böse, womöglich gegen eine dem Menschen innewohnende schlechte Natur hin gerichtet.
Versteht man den Staat als Inkarnation der Vernunft, so mag die Vorstellung von einer schlechten Natur dem Begriff Vernunft entgegengesetzt sein, denn Vernunft als Verstandesfähigkeit heißt Freiheit, also Entscheidungsfreiheit. Man muß freilich eine Natur- bzw. Triebgebundenheit zwingend als freiheitsausschließend begreifen, aber der Bereich der Triebgebundenheit ist im Verständnis des westlichen, zivilisierten Denkens als recht klein beschrieben.
Schließlich wird der Staat in der Zeit, also immer als in einer Epoche, als in der Geschichte verstanden. Daraus ergibt sich seine Wandelbarkeit und sein beständiger Wandel, der sich vorwiegend an Änderungen des Rechts zeigt.
Der moderne Staatsbegriff schließlich läßt sich nicht verstehen, ohne seine einzelnen Merkmale in eine Ordnung zu bringen. Diese Ordnung ist das System. Dessen Realdefinition besteht nur in der Unterscheidung zu anderen Begriffen derselben Gattung, deren einzelne Merkmale, so ihnen in der Aufreihung Vollständigkeit zukommt, das System bilden.

II. Staat als Rechtssubjekt

Um die Handlungsfähigkeit des Staates im Recht zu erkennen, wird er als Rechtssubjekt interpretiert. Er wird verstanden wie jede andere juristische Person und in seinen einzelnen Merkmalen mit diesen verglichen, z.B. mit solchen konkreten Formen wie dem Verein oder der Genossenschaft.

Vergleichbar mit dem Staat ist die Gesellschaft, nämlich societas, als ein Rechtssubjekt nicht, weil diese juristisch nicht existent ist. Aber die Formen, die sich wirtschaftliche und gesellschaftliche Zusammenschlüsse geben, liegen in ihrer Gestalt nicht so weit entfernt von denen des Staates, sondern dienen diesem, sogar als Vorbild. Bloß Staatsbegriff und allgemeiner Staatszweck sind von solchen, dem gesellschaftlichen Leben angehörenden, zu unterscheiden.

Für die Weiterentwicklung spielte historisch das Aufkommen einer Vorstellung von absoluter Souveränität über das Staatswesen eine große Rolle. Als stärkste Gewalt wird diese häufig verstanden, jedoch ist ihre eigentliche Bedeutung in hundertprozentiger Rechtssubjektivität des Staates selbst zu sehen. Damit ist er nicht nur zugleich säkular, er kann so auch erst anderen als vollständig rechtlich handlungsfähiges Subjekt gegenübertreten, zum Beispiel den Individuen.

III. Herrschafts- und Staatsformen

An Beispielen aus den Verfassungen, aber vor allem an den Statutes, die die Wiege des modernen abendländischen Staatswesens darstellen, ist das Verhältnis von dem Staat zu dem Einzelnen, aber auch zu anderen, womöglich souveränitätseinschränkenden, Mächten beschrieben. Die englische Verfassungsentwicklung ist in den Statutes verbrieft und wird seit ihrem Beginn dort dokumentiert. An ihr zeigt sich, wie Herrschaft in der Staatsform aufgehoben sein kann.

Seit alters her wird über das Verhältnis von Herrschaft und staatlicher Machtausübung in unterschiedlichen Formen gestritten. Es ist bestimmt durch Antworten auf die Frage, wer regiert das Volk und worauf gründet die höchste Macht in dem Staate. In der Zwei- und Dreiteilungslehre, die an dem ihnen Gemeinsamen, nämlich der Gemeinschaft, ihre Dissonanz auflöst, finden sich die Gegensätze von Diktatur versus Demokratie und Monarchie versus Republik auf den begrifflichen Nenner gebracht.

An den Staatsformen im Wandel destilliert sich der Begriff der Organisation der souveränen Gewalt, der den Staat nicht als Schutz- und Trutzverband zum Inhalt hat, sondern die Unabhängigkeit des Staates und seine Eigenschaft beschreibt, als Bändigungsinstrument tätig zu sein.

Die Art und Weise wie die höchste Gewalt tätig werden kann, ist Kriterium für eine Erweiterung der Begriffe der Staatsformenlehre, die von den Alten begründet und wegen der häufigen Veränderungen im Bereich der Staatenbildung durch Unterbegriffe mit Differenzierungen angefüllt wird. Staats- und Herrschaftsformen lassen sich auf einen gemeinsamen Bestand an in dem Staate lebenden Menschen reduzieren, dem man den kategorischen Imperativ entgegensetzen kann, daß jeder mit seinem Handeln zugleich Gesetze für die Allgemeinheit schaffen können soll. Damit wird die Freiheit des Einzelnen und sein Wille der staatlichen Herrschaft entgegengesetzt, von welcher Art von Obrigkeit sie auch immer ausgeübt sein mag.

IV. Elementen-, Teilungs- und Funktionenlehren

Diese Stellung des Menschen, die eine andere als die des Staates ist, wird auch berücksichtigt in der Lehre von der Dreiteilung der Staatsgewalt als eines Elementes in der Dreielementenlehre.

Gegen einen übermächtigen Staat beschreibt Rousseau die Staatsgewalt dahin, sie, als in drei Gewalten – Legislative, Judikative und Exekutive – aufgespalten, zu verstehen und diese Vorstellung wurde später "apparatisiert", d.h. in Funktionen zugeschnitten. Damit wird die Souveränität des Staates nicht beschränkt, sondern der Wille, versteht man den Staat als Person, wird in drei Richtungen gelenkt. Allerdings könnte man in der erhöhten Kontrolle auch eine gewisse Machteinschränkung sehen.

Das Verhältnis der drei Staatsgewalten untereinander ist eine Reaktion auf den allgemeinen Staatszweck. Sie beschreiben die Staatsgewalt als einen Begriff vollständig, d.h. abschließend, bilden also die Summe aller Möglichkeiten des Begriffs. Der Gerechtigkeit trägt er Rechnung, indem dadurch nicht mehr Gleichheit, sondern mehr Freiheit geschaffen wird.

Weiß man das über den Staat und seine Eigenschaften, so kann die Gewaltenteilungs- und Staatsfunktionslehre Beispiele von Konstitutionen präsentieren, darin Staaten verschieden konstituiert sind. Für deren Verständnis bietet die Lehre von den Staatsfunktionen eine detailliertere Beschreibung, weil die Dreiteilungslehre ihre Finalität nicht direkt aus dem Begriffe selbst, sondern bloß aus dem allgemeinen Staatszweck erhält. Häufig werden Rechtsstaat und Dreiteilungslehre zusammen genannt oder in eines gesetzt. Die Dreiteilung der Staatsgewalt ist aber auch ohne Rechtsstaat vorstellbar, während der Rechtsstaat immer als ein gewaltenteiliger organisiert ist.

Das Problem, daß Legalität nicht Legitimität sein muß, also die bloße Anwendung eines legalen Gesetzes nicht zugleich seine Rechtfertigung in sich trägt, findet seine Lösung in dem materiellen Gesetzesbegriff, d.h. der Berücksichtigung des Wertgehaltes. Diese und keine andere Bindung an das Gesetz, und damit die Geltung des formellen und materiellen Gesetzesbegriffes, ist im konkreten Fall nicht immer leicht zu ermitteln. Jedenfalls aber sind die Staatsorgane als Handlungsquelle an den materiellen Rechtsstaat gebunden, in dessen Werten die Grenze ihrer legitimen Herrschaftsmacht liegen. Das sind Grundrechte und Gewaltenteilung als Staatsorganisation.

Zweites Kapitel

Die Verfassung

Erster Abschnitt: Verfassung als Konstitution des Staates

Was ist eine Verfassung? Antwort auf diese Frage kann nur die Verfassungslehre geben, die in diesem Jahrhundert sehr stark entwickelt worden ist, denn jeder Staat gibt sich mitlerweile bei Neu- und Umgründung eine geschriebene Verfassung und wird – so man das zuläßt – Mitglied einer überstaatlichen Gemeinschaft, z.B. in den Vereinten Nationen oder einer kleineren Einheit wie etwa in der Europäischen Gemeinschaft.

Carl Schmitt hat in seiner Verfassungslehre davon geschrieben, daß die Verfassung eine lex fundamentalis ist, nämlich ein fundamentales Gesetz, anders gesagt, eine grundlegende Norm.[1] Allein, diese Antwort befriedigt noch nicht, denn sie erhellt nicht vollständig, was Begriff und Wesen der Verfassung sind. Entscheidend für den Inhalt des Begriffs Verfassung könnte die Rechtsnatur derselben sein.

Vielleicht ist es möglich aus der Rechtsnatur des Staates, der Gemeinschaft und zugleich Sicherungsverband ist, auch auf den möglichen oder notwendigen Inhalt der Verfassung zu schließen, nämlich auf den Inhalt des Begriffs.

Freilich bietet es sich ebenso an, aus Beispielen von einzelnen Verfassungen, also so bezeichneten Rechtsdokumenten, auf den Inhalt dessen, nämlich des Verfassungsbegriffs, zu schließen.

Jedenfalls handelt es sich um Recht, also eine imperativische Gestaltung, daher dürfte auch der Gesichtspunkt des Wertes, ob dem Begriff Verfassung ein Wert beigegeben, ist bzw. diesem innewohnt, angesprochen werden müssen.

Weil die Verfassung der Bundesrepublik als "Grundgesetz"[2] bezeichnet wird, ein Begriff, dem doch schon die Bedeutung als wichtigstes oder höchstes Gesetz anzusehen ist, wird man auf diesem Wissen bauend, Demokratie im Verfassungsstaat weiter beschreiben dürfen.

§ 11 Begriff der Verfassung

"Die Gesetze", Platons umfangreichster Dialog, enthält im 4. Buch die Aussage der Athener: "Was wir aber aufgezählt haben, sind keine wirklichen Verfassungen, sondern bloß städtische Gemeinschaftsgebilde, die von einzelnen ihrer Teile beherrscht werden und ihnen untertan sind und deren jedes seinen Namen nach der Macht bekommt, die in ihm regiert."[3]

Cicero spricht im ersten Buch "De re publica" von den "Formen des Gemeinwe

---

1 C. Schmitt, Verfassungslehre, 5. Auflage, Berlin 1970 (1928), S. 42.
2 C. Schmitt, Verfassungslehre, S. 42.
3 712 D-713 B S. 147.

sens", die zugleich seine Verfassung sein sollen.[4] Er setzt also, wie es schon bei Aristoteles geschehen ist, Formen des Gemeinwesens, des Staates nämlich, mit dem Begriff Verfassung gleich.

Weil Verfassung ein Begriff des Rechts ist und Recht jedenfalls in irgendeiner Beziehung zu der Gerechtigkeit steht, dürfte von Bedeutung sein, was Cicero in Officiis Liber sagt: "Grundlage aber der Gerechtigkeit ist die Zuverlässigkeit, das heißt die Unveränderlichkeit und Wahrhaftigkeit von Worten und Abmachungen." [5]

Ist also der Staat als Gemeinwesen in seinen verschiedenen Formen gleichzusetzen mit der Verfassung? Man wird wohl zu der Auffassung gelangen, daß Verfassung nicht dasselbe ist wie Staats- oder Herrschaftsform. Der Staat konstituiert sich bloß in der Verfassung. Es ist die Kodifikation, die rechtliche Bindung, daher auch die Form, nämlich die Art und Weise wie der Staat sich selbst gebunden hat und worin er konstituiert ist. Dieses sagt zugleich, daß die Verfassung ein Gesetz ist, also mindestens dem formellen Gesetzesbegriff entsprechen muß, um als solche bezeichnet zu werden.

Die unterschiedlichen Staatsformen können in einem Verfassungsgesetz konstituiert sein und so ist wohl zu erklären, daß Aristoteles unterschiedliche Formen des Gemeinwesens mit dem Begriff Verfassung gleichsetzt. Ähnlich kann man auch den Satz 2 der Entscheidung des US-Supreme Courts aus dem Jahre 1868 verstehen, in dem es heißt: "In the Constitution the term State most frequently expresses the combined idea just noticed, of people, territory, and government. A State, in the ordinary sense of the Constitution, is a political community of free citizens, occupying a territory defined boundaries, and organized under a government sanctioned and limited by a written constitution, and established by the consent of the governed.[6] Und weiter: "It is the union of such states, under a common constitution, which that Constitution designates as the United States, and makes of the people and states which compose it one people and one country." [7]

In diesen Sätzen des Supreme Courts der Vereinigten Staaten von Amerika zeigt sich, daß der Staat in seinen drei Elementen in der Verfassung gebunden, d.h. aufgehoben, ist. Weiterhin ist auch das gerade für die US-amerikanische Verfassung so zentrale Unions-, also Bundesstaatsprinzip, berührt und gesagt, wie aus der Einheit von Staaten durch Verfassung ein Volk und ein Land entsteht. Man kann ja sogar in dem Bundesstaatsgedanken – nach Locke – [8] eine andere Art der Gewaltenteilung sehen, neben oder die Montesquieu'sche Gewaltenteilungslehre überschneidend. Das ist deshalb schon nur anzureißen, weil die Dreiteilungslehre

4 I. 45.
5 I. 23.
6 Texas v. White Sup. Ct. 700.
7 S.721.
8 J. Locke, Two Treaties of government, 1689.

des Montesquieu von der Vorstellung der Staatsgewalt in einer Hand ausging, die dann durch den Gedankengang und auch in ihrer historischen Entwicklung dreigeteilt worden ist.[9] Der Bundesstaat als Addition von Menschen, Gebieten und Gemeinschaften ist Ergebnis einer solchen Zusammenfügung. Der umgekehrte Vorgang, nämlich Teilung von Gebieten, um die Staatsgewalt zu kontrollieren, sie vielleicht wegen der Freiheit der Menschen in unterschiedlichen Formen ausüben zu lassen, entspricht nicht dem historischen Gang der Dinge. In Deutschland etwa gab es seit dem Germanischen Reich starke Einzelländer und landsmannschaftliche Prägung, in noch höherem Maße gilt das für die USA. Auch die Rechtskreise, Sprache und Kultur sind verschieden, so daß man von Deutschland, anders als von Frankreich, England und Italien, sagen kann, daß es erst eine sehr späte Entwicklung hin zum Nationalstaat gemacht hat. Bringt man die beiden Auffassungen von der Dreiteilung so zusammen, daß die Dreiteilung der Staatsgewalt in Judikative, Exekutive und Legislative durch das Bundesstaatsprinzip nicht berührt wird, so hat das seine Ursache darin, daß es in jedem Bundesland nicht nur dieses eine als den Staat, sondern zusätzlich den Bund noch als Staat gibt.

I. Entwicklung von dem Verfassungsbegriff

1. Verfassung als Gesetz

Grundlegend für den Begriff Verfassung ist das Gesetz, d.h., daß die Verfassung ein Gesetz sei. Es fragt sich aber, was die Verfassung zusätzlich noch für Eigenschaften hat, die sie von anderen Gesetzen unterscheidet.

Zunächst ist sicher zu sagen, daß eine Verfassung wohl nicht nur den formellen, sondern auch den materiellen Gesetzesbegriff erfüllen soll, also auch sollensbestimmte Merkmale enthalten, wie sie sich in vielen Verfassungen zeigt. Häberle hat Präambeln im Text und Kontext von Verfassungen gedeutet und dargelegt, daß für ihren Inhalt ein hoher Wertgehalt charakteristisch ist.[10] Das ist Kennzeichen gerade für den imperativischen Charakter des Rechts der Verfassung, denn ein Sollen ohne Ziel kann wegen der in den Rechtssätzen notwendigen Rechtsfolgen nicht geschaffen worden sein.

Was aber unterscheidet die Verfassung von anderen Gesetzen? Es fällt auf, daß die Verfassung niemals in Zusammensetzung mit dem Wort "Buch" auftaucht, also der Kodexcharakter, wie er sich aus dem Wort "Bürgerliches Gesetzbuch", Code civil, o.ä. ergibt, sich unmittelbar jedenfalls nicht aus der Bezeichnung selbst erschließt. Spricht das dafür, daß man die Verfassung als etwas nicht abgeschlossenes begreifen kann, als unvollständiges Recht? Man wird nicht bestreiten können, daß Verfassungen in ihrem Text häufig Teile enthalten, die Kom-

---

9 C. Montesquieu, Esprit des Lois, 1748.
10 P. Häberle, Demokratie in Anfechtung und Bewährung, in: Festschrift für Broermann, 1982, S. 231.

petenzen regeln, z.B. Gesetzgebungskompetenzen. Kompetenzbestimmungen sind solche, die bloß sagen, wer befugt ist, z.b. ein Gesetz zu einem genannten Regelungsbereich zu verabschieden. Auch Grundrechtskataloge, die häufig Inhalt von Verfassungen sind, zeichnen sich dadurch aus, daß ihr Inhalt, nämlich die Zahl der Bestimmungen, meistens kurz ist und wenig ins einzelne gehend formuliert. Ist das aber Unvollständigkeit im Sinne eines unvollständigen, nicht abgeschlossenen Gesetzes? Man könnte die Unabgeschlossenheit auch so verstehen, daß der Gesetzescharakter der Verfassung zweifelhaft ist. Nicht immer nämlich wird eine Verfassung als ein Gesetz beschrieben; gerade historisch wird es als höhere oder höchste Ordnung, Konstitution, u.ä. bezeichnet, weil es über den Gesetzen in einem Staate stehen, ja, ihr Zustandekommen regeln soll. Ob es sich aber um ein Gesetz handelt, hängt davon ab, ob es als solches zustandekommt.

Das ist weder nur abhängig von dem Verfassungsgeber, denn dieser muß die Verfassung bloß machen und verabschieden, noch von der Legitimation desselben, denkt man an den formellen Gesetzesbegriff.
Auch ist pouvoir constitué nicht immer identisch mit pouvoir constituant. Die Macht, eine Verfassung zu schaffen, muß nicht identisch sein mit der konstituierten Macht. Wenn es im Grundgesetz heißt, daß nach Art. 20 GG alle Staatsgewalt vom Volke ausgeht, das Grundgesetz aber nicht vom Volke durch Abstimmung legitimiert ist, sei die Legitimation der Verfassung vom Volke aus nur in minderer, indirekter Form vorhanden. Darin liegt aber nicht die Annahme, daß ein solches Verfassungsgesetz, wie z.B. das Grundgesetz, weniger befolgt wird, weniger wertstiftend ist, sogar über die Staatsmacht hinaus, etwa bei der Beachtung der Menschenrechte, nicht dem Rechtsgefühl der Bevölkerung entspricht oder deshalb womöglich vom Staat in Gestalt seiner Organe nicht ausgeführt würde.

Antwort auf die Frage, ob eine Verfassung als Gesetz zustandekommt, gibt die Prüfung seines formellen und materiellen Zustandekommens. Woran soll die materielle Rechtmäßigkeit einer Verfassung geprüft werden, ob sie als Gesetz, nämlich als höchstes Gesetz, rechtmäßig ist? Weil es den Staat aus eigener konstituierter Rechtsmacht durch Verfassung noch gar nicht gibt, weiß man nicht, woran die materielle Rechtmäßigkeit der Verfassung und damit des Zustandekommens des Verfassungsstaates zu prüfen ist. Man könnte das Völkerrecht als über dem einzelnen Staate in Verbindung mit dem Staatsrecht als das Recht verstehen, das Aussagen über die Rechtmäßigkeit einer Verfassung machen kann. Die Verbindlichkeit einer solchen Auslegung für den Staat selbst kann sich aber erst daraus ergeben, daß der durch Verfassung konstituierte Staat in dieser die Völkerrechtsordnung anerkennt. Zur materiellen Rechtmäßigkeit könnten z.B. Menschenrechte gehören.

Selbst wenn die Völkerrechtsordnung wegen der Nochnichtexistenz des konkreten Verfassungsstaates von diesem noch nicht anerkannt sein kann, so ist man nicht daran gehindert, den dann zustandegekommenen Staat und die Verfassung, die ihn schuf, an der Völkerrechtsordnung zu messen. Die Geschichte zeigt viele Beispiele, wie auf Staaten reagiert wird, deren Konstituierung durch Verfassung nicht der Völkerrechtsordnung entspricht, z.B. weil die Menschenwürde nicht beachtet wird oder eine Überfülle von Macht ad personam in die Hände eines Einzelnen gelegt werden, wie es zum Beispiel die Tyrannenherrschaft kennzeichnet, die sogar das Abstammungsprinzip und damit die Familie als Kontrolle mißachtet.

Eine Verfassung, die nicht als Gesetz zustandekommt, kann zwar als solche bezeichnet werden, ist aber keine Verfassung, wenn sie nicht vollständig ist. Das wäre eine Falschbezeichnung. Denn die Verfassung wird als solche nicht bloß willkürlich als Gesetz bezeichnet, sondern sie mag ihrem Wesen nach auch ein solches mit Bindungswirkung versehenes Recht sein. Gerade das ist ihr Wesen, während ihr Kern die höchste der möglichen Bindungswirkungen wohl für den Staat hat. Die Verfassung wäre damit sozusagen Supergesetz.
Das gilt auch dann, wenn sie auf eine noch höhere Ordnung verweist, nämlich auf Gott oder eine göttliche Ordnung. Selbst wenn von dieser und nicht von dem Volk die Macht im Staat abgeleitet wird, so ist die Verfassung für das staatliche Gebilde maßgeblich und daher auch ihre Gesetzeseigenschaft.

Wenn die einzelnen Verfassungen als bloße Texte gelesen werden, zeigt sich schon gleich, z.B. bei der der Republik Portugal oder der des Königreiches Dänemark oder der Republik Frankreich, daß es sich um Gesetze handeln könnte, weil sie wie Gesetze aufgebaut sind.[11]

Freilich ist es umstritten, ob man die Rechtsnatur der Verfassung als Grundnorm oder Grundgesetz oder auch Verfassungsgesetz, jedenfalls Gesetz formuliert oder ob man sie als einen staatsbegründenden Vertrag versteht. Sogar wenn Verfassungen wie Gesetze aufgebaut sind, könnte es doch sein, daß sie gar keine sind, sondern ihre Rechtsnatur vertraglich ist. Sie würden dann bloß durch Gesetz mit Geltung versehen, ähnlich wie Staatsverträge.

2. Verfassung als Vertrag

Während die Verfassung als Grundnorm oder Verfassungsgesetz aus dem positivistischen Gedanken entwickelt wird, entstammt die Vorstellung von dem staatsbegründenden Vertrag aus naturrechtlicher Lehre. Begreift man den Staat als eine Gemeinschaft, deren Wesen in ihrer Eigenschaft als res publica, als öffentliche Angelegenheit besteht, so bereitet der Begriff Vertrag Schwierigkeiten. Ein Vertrag besteht darin, daß übereinstimmende Willenserklärungen der Beteiligten vorliegen, die nach einer Verhandlung zustandegekommen sind.

11 K. Kröger, Die Entstehung des Grundgesetzes, NJW 1989, 1318. D. Grimm, Das Grundgesetz nach vierzig Jahren, NJW 1989, 1305.

Dieser Gedanke paßt nicht zu dem Normalfall der heutigen Verfassungsgebung, wonach eine verfassungsgebende Versammlung diese schafft und sie dann durch Plebiszit bestätigt wird. Erinnert man sich daran, daß in der Demokratie von der Identität des Willens aller mit dem Willen der Gesamtheit die Rede ist, so könnte dieses auch hier, als ein dem Vertrag ähnlicher Gedanke, bedeutsam sein. Ob eine solche Identität möglich oder vorhanden ist, kann unentschieden bleiben, aber der Vertrag als Resultat konkludenter Willenserklärungen würde ja doch voraussetzen, daß alle mit allen verhandelt haben, daß eine Einigung erzielt wurde und dann diese die Verfassung ist. Das entspricht aber weder dem procedere der Verfassungsgebung, wie man es vorfindet, noch genügt es dem Inhalt von Verfassung als in einem Staate höchste Norm. Die bloße Abstimmung mit "ja" oder "nein" ist nicht zu vergleichen mit einem sonst stattfindenden Vertragsabschluß. Beides ist unterschiedlich. Die Rechtsfiguren, die sonst das Denken über den Vertrag begleiten wie Kündigung, Fristen etc., sind auf die Verfassung nicht zu übertragen. Das zeigt sich zum Beispiel in der Entscheidung des US Supreme Court Texas v. White in der es heißt: "When slavery was abolishes, the new freemen necessarily became part of the people; and the people still constituted the State: for States, like individuals, retain their identity, though changed, to some extent, in their constituent elements. And it was the State, thus constituted, which was now entitled to the benefit of the constitutional guaranty." [12] Problem ist, ob ein Sklave, wird er frei, den Staat mit konstituieren kann, war dieser doch schon vor ihm existent.

Von einem Vertrag als Rechtsnatur der Verfassung kann nur dann gesprochen werden, wenn man Verfassung mit Demokratie und Republik gleichsetzt. Denn auf den Willen der in dem Staate lebenden Bürger kommt es nur bei Volksherrschaft und durch das Volk legitimiertem Staatsoberhaupt an. Nicht notwendig ist eine Verfassung konstituierend für solche Staats- bzw. Herrschaftsform. Allerdings wird man vielleicht die Verfassung in einem sehr allgemeinen Sinne als Vertrag verstehen können, dort nämlich, wo es bloß um die rechtliche Bindung geht. Gesetz und Vertrag haben gemeinsam, daß rechtliche Bindung gewollt ist. Das Gesetz ist eine Willenserklärung und zu dem Vertrage gehören zwei derselben.

Versteht man den Staat als Schutz- und Trutzverband, dessen Wesen das Öffentliche ist, die öffentliche Angelegenheit, so sticht unmittelbar ins Auge, daß es bei der Frage, ob Gesetz oder Vertrag einschlägig ist, vor allem auf zwei Dinge ankommt: Das Gesetz steht fraglos über dem Vertrag und nicht nur das, er wird dadurch bestimmt. Der Wille möglicher Vertragsschließender wird schon durch das Vorhandensein eines vielleicht einschränkenden Gesetzes tangiert. Verfassung aber ist die höchste normative Bindung in dem Staat. Entscheidend freilich ist

---

12 701 Sup. Ct. 1968.

die unterschiedliche Form, das procedere, das Verfahren. Eine wichtige Rolle spielt dabei das Öffentliche. Dem Gesetz, ebenso wie der Verfassung, ist das Öffentliche selbstverständliches Merkmal. Schon seit alters her werden Gesetze verkündet. Z.B. der Herold verkündete nicht nur Entscheidungen in Einzelfällen oder Gerichtsentscheidungen, sondern auch Gesetze. Gerade wegen ihrer Wirkung gegen jeden, den es angeht, anders als Verträge, die womöglich geheim sind und nur die vertragschließenden Parteien binden, ist das Gesetz eher dem entsprechend, was eine Verfassung ist, als der Vertrag. Beides ist zwar imperativisch, aber das Gesetz entspricht stärker den Gebotsvorstellungen und dem, was in ihm inkarniert ist, die Staatsgewalt.

3. Verfassung und Staatsgewalt

Was ist die Staatsgewalt? Diese, als geronnene Bändigung dessen, was man als Bezwingung des Schlechten, des Bösen in dem Menschen, dessen Gemeinschaftsfeindlichkeit sieht, ist von rechtsphilosophischer Warte aus gesehen das, was Gemeinschaftsfreundlichkeit ergibt, wenn dadurch Höchstwerte gesetzt sind. Das Maß und die Art und Weise wie, bestimmt die einzelne Verfassung. Die Staatsgewalt nämlich ist eine Folge der Gemeinschaft als ein Verband gegen das Böse, nämlich der besonderen öffentlichen Gemeinschaft Staat. Sie folgt daher dem Willen des einzelnen Menschen nur in Teilen, denn dieser ist, leitet man die Staatsgewalt als Herrschaft aus der Bändigungsvorstellung ab, nur aus Gründen der Vernunft bereit, die aber seine Freiheit einschränken, das Gemeinschaftsfeindliche zu tun, auf Kosten der anderen tätig zu sein, einer Gewalt außerhalb seiner eigenen Möglichkeiten, einer ihm dann auch übergeordneten Gewalt zuzustimmen. Daß die Gemeinschaft dann zweifellos mehr Gewalt als der Einzelne hat, egal, ob das Maß der Gewalt die Summe der Gewalt von Einzelnen oder mehr ist, kann – weil diese sich gegen ihn richten könnte – nur teilweise auf seine Zustimmung rechnen. Es ist daher möglich, die Staatsgewalt und die über ihr stehende, aus der Gemeinschaft gebildete, übergeordnete, verfassungsgebende Gewalt sogar als ein Weniger gegenüber der Summe der Gewalt der Einzelnen zu begreifen.

Die Auffassung von Adam Smith, daß der Egoismus aller das Gemeinwohl ergibt, negiert den Staat überhaupt. Die Bändigungsvorstellung nämlich geht von einer möglichen gemeinschaftsfeindlichen Triebhaftigkeit des Menschen aus. Der Staat als ein Schutzverband braucht einen Grund, eine Ursache, weswegen er gebildet wird. Wenn aus dem Egoismus aller tatsächlich das Gemeinwohl folgt, gibt es keinen solchen Grund. Läßt man aber die Ursache für die Unvollkommenheit der Welt dahinstehen, so bleibt der Grund für die Entstehung des Staates als Gemeinschaft, es bedarf jedoch keiner Staatsgewalt. Aber auch damit ist nicht bewiesen, daß es wirklich der Egoismus aller ist, der das Gemeinwohl ergibt. Während die Unvollkommenheit der Welt schon wegen der Endlichkeit des Lebens der Menschen unmittelbar einleuchtet, liegt der Schluß von dem Egoismus aller auf das Gemeinwohl ferner. Im Gegenteil, schon der Akt der Geburt ist ein sozialer, schon dort wird Gemeinschaft gebildet, die der Ichbezogenheit, dem unmittelbaren Eigeninteresse, demnach dem bloßen Interesse an sich selbst entgegensteht. Egoismus liegt – hat man den Staat im Blick – gerade dem Allgemeinen, vor allem dem gemeinen Wohl ferner.

Verfassungsgebende Gewalt, wird sie tätig, ist zwar immer säkular, wenn dadurch Verfassungsstaat konstituiert wird, aber der Vergleich einer Verfassung mit Geboten, die sich aus einer methaphysischen Vorstellung, einem Glauben ergeben, also mit von Gott gesetzten Normen, spricht zusätzlich dafür, Verfassung als Gesetz zu verstehen. Denn aus der Sicht des Staates handelt es sich bei der Verfassung um seinen Höchstwert, denn er ist als ein Verfassungsstaat durch diese konstituiert.

II. Verfassungsauslegung

1. Legitimation durch Verfassung

Isensee schreibt, daß die Verfassung höchste Legitimationsebene der staatlichen Rechtsordnung bildet.[13] Damit wird ein Grund geschaffen, daß etwas rechtliche Anerkennung verdient. Die Verfassung sagt also, was höchste Anerkennung genießt. Seiner Ansicht nach ergibt sich solche nur aus der Kompetenz, nämlich der Kompetenz als inhaltsleerer, letzter Grund des Handelns über den hinaus die staatliche Rechtsordnung nicht mehr befragt werden muß.[14] Von dem Grundgesetz sagt er, daß solcher in den Grundrechten und in der Demokratie liegt.

Wenn die Verfassung tatsächlich auf der Legitimationsebene angesiedelt ist, so fragt sich, wie man sie auslegen, ob sie wie jedes Gesetz oder in anderer Weise gedeutet wird oder gedeutet werden kann. Gerade weil keine Normen über ihr sind, könnte es sein, daß sie anders auszulegen ist, selbst wenn sie die Völkerrechtsordnung anerkennt.

Womöglich kann man das höchste Gesetz eines Staates oder auch die Lex Fundamentalis desselben nur so verstehen, daß man die Auslegung an eine Instanz, eine Einrichtung, ein Organ weitergibt. Von diesem Gedanken sind die Überlegungen getragen, die Carl Schmitt zu den Hütern der Verfassung anstellt.[15] Da die Verfassung als ein Gesetz wirken soll, muß man fragen, ob für ihre Auslegung auch die Kompetenzvorstellung des Isensee gilt.[16] Er leitet aus der Verfassung als Kodex alle Kompetenzen ab.

2. Verfassung als Kompetenzordnung

Grundrechte sind also die Spielräume der Einzelnen und der dort aufgeführten Gemeinschaften; Demokratie ist der Wille, bzw. die Herrschaft des Volkes. Be-

---

13 J. Isensse, Grundrechte und Demokratie, in: Der Staat 1981, S. 161f.
14 J. Isensee, a.a.O., S. 162.
15 C. Schmitt, Die Hüter der Verfassung, 3. Aufl. 1985 (1931).
16 J. Isensee, a. a.O., S. 165, 173.

fugt für die Auslegung der Verfassung sind die Gerichte, die Judikative, vor allem die Verfassungsgerichte, wie es sich in dem Supreme Court der USA, aber auch in anderen zeigt. Dieses Verständnis der Verfassung, auch die Zuweisung von Kompetenzen als Zuständigkeiten für Auslegung zu begreifen, ist ohne weiteres vereinbar mit der Vorstellung, daß nicht nur dem Volke und den Einzelnen Rechte gegeben, sondern über das Ausmaß dieser für jede Art von Verfassung Aussagen getroffen werden können, vielleicht sogar müssen.

Kann man demnach Kompetenz verstehen als Möglichkeit, in einem vorgegebenen Soll-Rahmen zu handeln, aber auch, wer überhaupt handeln darf, so ist für die Verfassungsauslegung bedeutsam, ob beides notwendig ist.

Carl Schmitt kommt in seiner Schrift über die Hüter der Verfassung zu dem Vorschlag, den Reichspräsidenten zu dem Hüter von ihr zu erklären, ihn als neutrale Gewalt zu verstehen, die zugleich durch die Verfassung konstituiert ist.[17] Ob diese pouvoir neutre dem Aufsichtsratsvorsitzenden, dem Schlichter vergleichbar ist, kann man nicht bezweifeln. Der Reichspräsident als Staatsoberhaupt stand ja nicht über der Verfassung wie zum Beispiel das ebenfalls angesprochene Verfassungsgericht. Er ist auch nicht politisch neutral gewesen und auch in dem Grundgesetz der Bundesrepublik nicht so konstituiert. Der Präsident als Staatsoberhaupt, sei er nun mit Regierungsgewalt wie der US-amerikanische nach Art. 2 der Verfassung versehen, wonach er die exekutive Gewalt ausübt oder ohne eine solche ausgestattet ist, steht jedenfalls nicht über der Verfassung, wiewohl er ihr Hüter sein kann, weil er Oberhaupt des Staates ist.

In noch höherem Maße allerdings könnte zur Auslegung der Verfassung das damals schon in der Diskussion besprochene Verfassungsgericht befugt sein, denn das Gericht ist es nicht nur zur Auslegung der Verfassung bestellt, wie zum Beispiel die US-amerikanische und die bundesdeutsche dies vorsehen, sondern es ist eine aus der Judikative gebildete Durchbrechung der Gewaltenteilung. Freilich mag dieser Begriff zu stark seine Herkunft aus der Rechtsprechung verleugnen, aber weil über Ausmaß und Grenzen dessen, was verfassungsrechtlich geboten und zulässig ist, nicht nur entschieden wird, sondern auch alle Staatsorgane als Verfassungsorgane und die drei Gewalten daran gebunden sind, wird man wohl doch davon sprechen können, daß Verfassungsgerichte die Teilung der Gewalten als Kontrolle der staatlichen Tätigkeit an dem Maßstab der Verfassung aufheben.

Ob sie zur Auslegung der Verfassung allerdings conditio sine qua non sind, muß bezweifelt werden, weil der Charakter der Verfassung als höchstes Gesetz alle bindet, die Adressaten dieses Gesetzes sind. Die Rechtsunterworfenen, also das Volk, sind an die Verfassung gebunden, weil der Staat darin konstituiert und je-

---

17 C. Schmitt, Verfassungslehre, S. 132.

der einzelne Bürger Teil des Staatsvolkes ist. Auch die Staatsgewalt ist in der Verfassung gebunden, sie ist sogar noch enger und stärker eingebunden, denn die Verfassung ist ein den Staat konstituierendes Gesetz.
Wer, wenn nicht zuallererst der Staat selbst, ist an die Verfassung als das ihn konstituierende Gesetz gebunden? Und, wenn das höchste Gesetz nicht bindet, muß gefragt werden, was überhaupt binden soll, denn die Verfassung als Gesetz ist die Inkarnation des Rechtsstaates.

Zwingend ist die Existenz eines Verfassungsgerichts für die Auslegung der Verfassung wohl nicht, weil nicht nur auch andere Gerichte diese interpretieren, sondern auch andere Kontrollorgane oder anderes denkbar scheint, um die Einhaltung der Verfassung zu sichern. Zum Beispiel kann ein Verfassungsrat über deren Einhaltung wachen oder eine Kommission kann das tun. Allerdings spricht der hohe Rang der Verfassungsgerichtsbarkeit in der westlichen Welt dafür, der sich aus der Geschichte dieses Gerichts in Verbindung mit der Verfassungsgeschichte erklärt, einem solchen die Einhaltung der Verfassung zur Überprüfung zu überlassen.

3. Gesetz, Recht und Verfassung als Begriff

Der Begriff Verfassung enthält bislang folgendes: Verfassung ist besonders bedeutungsvolles Recht, das für das Leben in dem Staate von entscheidender Bedeutung ist. Es wird sogar gesagt, daß sich hier Politik und Recht treffen, obwohl es gerade Merkmal des Politischen ist, keine Bindungswirkung zu entfalten.[18]

Die unterschiedlichen Auffassungen von der Verfassung als Recht beginnen mit derjenigen, die sie als Weltgesetz, also als etwas unveränderbares aufzufassen (Vorsokratiker, Logos).[19]
Verfassung ist veränderbar, aber nur unter besonderen Bedingungen, die im Vergleich zu einfachen Gesetzen schwerer sind.
Allerdings wird die Verfassung auch als Gesamtheit einzelner Prinzipien staatlicher Organisation verstanden. Sie ist aber auch höchste Norm in einem System von rechtlichen Bestimmungen, also einer Rechtsordnung.
Wie es dargelegt worden ist, kann man die Verfassung als Summe von organisatorischen Regeln, als Kompetenznormen [20] verstehen, also als Zuständigkeitsvorschriften. Sogar die Freiheitsrechte sind schon so verstanden worden.[21]
Weitergehend ist die Verfassung das Gesetz zur Beschränkung staatlicher Befugnisse oder Tätigkeit.
Verfassung ist Grundgesetz, das letzte, einheitliche Prinzip der politi-

---

18 W. Henke, Staatsrecht, Politik und verfassungsgebende Gewalt, Der Staat 1980, S. 181.
19 C. Schmitt, Verfassungslehre, S. 42.
20 Siehe S. 223f.
21 Siehe S. 224.

schen Einheit und Gesamtordnung. Das hat seine Ursache darin, daß zur Voraussetzung alles Recht das Gesetz hat.[22] Anders ist eine höchste Bindungswirkung nicht zu erzielen.
Verfassungsauslegung ist aber auch die Auslegung von einzelnen Sätzen der Verfassung, also Auslegung von Recht. Kann man die Verfassung ebenso wie anderes Recht auslegen oder gibt es durch den besonderen Charakter derselben Eigenarten, die dafür bedeutsam sind? Diese Frage ist wichtig, weil man so vielleicht die Merkmale von Verfassung als Recht erkennt, denn jedenfalls ist sie Recht.
Besonderheit ist, daß es eine verfassungskonforme Auslegung für die Verfassung selbst nicht gibt. Stattdessen existiert das Prinzip der Einheit der Verfassung, also eine systematische Auslegung, die den Kodexcharakter der Verfassung würdigt, zugleich aber auch, daß die Verfassung nicht an höherrangigem Recht ausgelegt werden kann.

Nach der Rechtsprechung des Bundesverfassungsgerichts ist das Recht der EG, der UNO und Menschenrechtspakte sowie andere völkerrechtliche Verbindlichkeiten am Grundgesetz zu messen.[23] Das liegt daran, daß die Souveränität des Einzelstaates, wenn nicht ausdrücklich die innerstaatliche Geltung der Norm inkorporiert ist und mit diesem übereinstimmt, als angegriffen verstanden wird.
Die Verfassung wird nicht an einer höherrangigen Norm geprüft, wenn man der Rechtsprechung des Bundesverfassungsgerichts folgt.[24] Allein das Völkerrecht kann zwar bemüht werden, das läßt aber nicht die verfassungskonforme Auslegung, sondern durch den Internationalen Gerichtshof zum Beispiel eine Prüfung an den Menschenrechten zu.

Die Auslegung der Verfassung ist an die Kodexinterpretation mit den vier klassischen Auslegungsmethoden gebunden. Auch die im angelsächsischen Rechtskreis übliche Case Law-Praxis trifft nicht die Verfassungsauslegung, da die Verfassung das höchste Gesetz ist und daher zwar eine Kasuistik durch Entscheidung mehrerer ähnlicher Fälle und dann entsprechende Fallgruppenbildung entsteht. Aber es ist das Gesetz selbst, das wegen seiner Höchstrangigkeit den imperativischen Charakter oder – wenn man so sagen will – die Teleologik in sich trägt.[25]
Daher ist die Fallgruppe oder auch die Entscheidung neuer Fälle und die Bindung an die eigenen Entscheidungen über den Inhalt der Verfassung nicht mehr als die Anwendung von Recht mit den Mitteln der Auslegung. Eine Rechtsfortbildung der Verfassung, also eine richterliche Rechtsfortbildung, ist das nur soweit, wie ein neuer Fall, also ein neuer Sachverhalt, entschieden wird. Wegen des Rechts-

22 A. Kaufmann, Gesetz und Recht, S. 154.
23 BVerfGE 6, 309, 363; 31, 58, 72ff; 37, 271, 279.
24 BVerfGE 1, 18 (bloß das überpositive Recht wird als höherrangig akzeptiert).
25 U. Klug, Juristische Logik, S. 176.

staatsprinzips kann man von einer Schaffung neuen Rechts nur in dieser Art und Weise sprechen, daß für den nächsten folgenden Fall mit demselben Sachverhalt dasselbe Subsumtionsergebnis erzielt wird. Eine vorhergehende Entscheidung hat also nur Vorbildcharakter. Daher ist eine Auslegung contra legem oder praeter legem nicht zulässig. Daß es der höchste Rang ist, den eine Verfassung in einem Staat als Gesetz hat, macht eine solche Auslegung unmöglich, weil kein Imperativ vorhanden ist, der eine neben dem Gesetz oder gegen das Gesetz erfolgte Auslegung gestattet. Warum sollte eine solche Auslegung auch anerkannt werden, ist doch kein noch höheres Gesetz in einem Staate vorhanden.
Zunächst scheint es möglich, die klassischen Auslegungsmethoden, nämlich die wörtliche, die systematische, die teleologische und die historische in der gleichen Weise zu betätigen wie es bei der Auslegung von anderen Gesetzen stattfindet. Läßt man Interpretation der Verfassungssätze nicht zu, die contra oder praeter legem sein könnte und lehnt man auch eine verfassungskonforme Auslegung ab, so spricht gegen die Interpretation des höchstrangigen Gesetzes in einem Staat in seinen eigenen Grenzen gar nichts, weil der Charakter der Verfassung als ein Gesetz entscheidend ist. Das ist eine systematische Auslegung und zwar die Einheit der Verfassung.

Allerdings können Probleme auftauchen, wenn man die Verfassungen zum Beispiel der Europäischen Gemeinschaft, etwa die des Königreiches Belgien, des Königreichs Dänemark oder der Republik Griechenland betrachtet, im Vergleich dazu aber den Water Act 1989 [26] oder den Companies Act 1989 [27] von Großbritannien. Die Verfassungen sind nicht nur viel kürzer, enthalten also weniger Paragraphen und Artikel als einfache Gesetze. Sie sind zugleich auch allgemeiner formuliert, nämlich in Generalklauseln verfaßt. Das kann dazu führen, daß bei der Konkretisierung der Verfassung, also den einzelnen verfassungsgesetzlichen Vorschriften, wenn ein Verfassungsproblem zu lösen ist, eine Subsumtion stattfindet, die bei der teleologischen Auslegung mit der Tatsache leben muß, daß das teleos, das Ziel, also das Wesen des Sollens, der Inhalt des Imperativischen ausschließlich an den Begriffen der Verfassung ausgelegt werden muß. Es kann also keine andere normative Grundlage gefunden werden, obwohl die Verfassungen häufig auf Werte oder Normen und Bindungen außerhalb der Konstitution selbst verweisen. Diese können dann ja auch als Bestandteil der Verfassung selbst Grundlage sein, aber man kann die Verfassung eben nur als Endpunkt, als Ziel des Rechts und der Rechtsordnung in einem Staat begreifen.

Wenn man den Weg dahin finden will, ist eine Orientierung an anderen in dem einzelnen Staat geltenden rechtlichen Regeln nicht möglich, weil sie alle unter der Verfassung selbst stehen. Enthält zum Beispiel die Verfassung der Republik Griechenland in Art. 1 Abs. 2 den Satz, daß Grundlage der Staatsform die Volkssouveränität ist, so ist der Begriff Volkssouveränität an der Verfassung selbst aus-

26 c. 15.
27 c. 40.

zulegen. Man kann etwa die Wahlgesetze anschauen und aus ihnen die Repräsentation des Volkes, in welcher Weise seine Souveränität, nämlich die Unabhängigkeit und Eigenschaft als höchste Macht in dem Staat und wie diese gestaltet sein soll, darin ersehen. Aber diese sind freilich doch bloß die Folge von dem Begriff der Volkssouveränität selbst, wie er als Verfassungsbegriff in diese aufgenommen worden ist. Umgekehrt kann man demnach die Wahlgesetze an dem Begriff Volkssouveränität auslegen, wie er in der Verfassung auftaucht, und diese in seinem Lichte verstehen.

Es ist zwar möglich, den Begriff Volkssouveränität wie jeden anderen Begriff auszulegen und vollständig seinen Inhalt zu ersehen, aber das Ontologische ist aus dem Begriff als dem Maßstab des Richtigen zu ersehen. Es bleibt deswegen der einzelnen Bestimmung des Begriffs überlassen, der sich aber von denselben der gleichen Gattung durch besondere Merkmale unterscheiden muß. Solche müssen dann aber Verfassungsbegriffe sein und weil Verfassungen nicht viele Begriffe enthalten und diese sehr unterschiedlich sind, kann ihre teleologische Auslegung Schwierigkeiten bereiten. Dagegen, daß sie aber so ausgelegt werden können, spricht nicht, daß sie nicht Gesetz und damit nicht Recht seien, weil ihre Bindungswirkung unterschiedlich, je nach Verfassung, historisch und auch vom Willen des Verfassungsgebers her nicht von der gleichen Intensität ist. Zwar wird behauptet, daß gewisse Bestandteile der Verfassung bloß deklaratorisch seien oder jedenfalls nicht allen Menschen in dem Staate und auch der Aktivbürgerschaft nicht Rechte verschaffen und nicht jede Verfassung Justizgewährungsrechte enthält. Ob es sich um eine Verfassung handelt oder nicht, hängt aber nicht davon ab, wer aus welcher Verfassungsbestimmung Rechte entnehmen kann und ob jede Verfassung Grundrechte als subjektive Rechte gewährt. Das Maß der Rechtsgewährung ist nicht entscheidend, denn der Verfassungsstaat ist zwar immer Rechtsstaat, aber nicht jeder Rechtsbegriff ist zugleich Verfassungsbegriff.

III. Auslegungstheorien

1. Verfassung als Gesetzbuch

Wenn man die Verfassung wie jedes andere Gesetz auslegen kann, so ist für diese auch bedeutsam, was für andere Gesetze gilt. Die imperativische Form des Rechts, so v. Jhering, gebietet es, dieses zu interpretieren; er spricht aber auch davon, daß die logische Quintessenz des Körpers der Begriff ist, nimmt also das Wort Körper, um das Recht zu beschreiben.[28]

Als corpus wird der Begriff des Gesetzbuches verstanden; Gesetzeskörper, corpus juris, sind in der Gesetzesgeschichte verwendete Begriffe. Weil das Buch ein körperlicher Gegenstand ist, leuchtet unmittelbar ein, daß man ihn als corpus be

---

28 R. v. Jhering, Theorie der juristischen Technik, in: W. Krawietz (Hg.), Theorie und Technik der Begriffsjurisprudenz, Darmstadt, S. 56f.

zeichnet. Man sieht es, man kann es anfassen. In seiner Appeal-Entscheidung Reg. v. Manners erwähnt das House of Lords diesen Begriff so: "Held, dismissing the appeals, that a body in public ownership which had public or statutory duties to perform and which performed those duties and carried out its transactions for the benefit of the public and not for private profit was a "public body" within the meaning of those words in the Prevention of Corruption Acts as defined in section 4 (2) of the Act of 1916; and that the gas board had accordingly been a public body for the purposes of those Acts." [29]
Wenn damit auch nur eine in öffentlichen Handlungsformen tätige Gesellschaft oder Einrichtung gemeint ist, so paßt der Begriff Körper auf die Verfassung in hohem Maße. Dieser soll nämlich als ein abgeschlossenes Regelwerk, als das die staatlichen Geschicke leitendes Gesetz, eben als Verfassungsgesetzbuch verstanden werden. Ist die logische Quintessenz des Körpers der Begriff, so ist es doch erlaubt, den Körper als eine weitere Beschreibung, was die Verfassung ist, zu verwenden. Der Begriff Organ und auch Einheit der Verfassung stammen davon ab. Das kommt vor allem Überlegungen zugute, die sich mit der Auslegung der Verfassung als Ergebnis von Entscheidungen über Interessen- und Begriffsjurisprudenz auseinandersetzen. In dem Begriffe nämlich kann der Körper aufgehoben sein, dagegen fällt es schwer, sich einen Zusammenhang zwischen dem Körper und dem Wort Interesse vorzustellen. In der Auseinandersetzung um die Begriffs- und Interessenjurisprudenz geht es darum, zu entscheiden, nach welcher Vorstellung von dem Recht die Verfassung ausgelegt wird. Die Begriffsjurisprudenz bestimmt, daß das Wort im Mittelpunkt der Auslegung steht, während bei der Interessenjurisprudenz das Interesse die Deutung des Rechts bestimmt.

Die Interessenjurisprudenz ist im Grunde nichts anderes, als Zielkonflikte zwischen den Beteiligten eines Rechtsverhältnisses nicht durch Interpretation oder Konstruktion zu lösen, sondern durch Prüfung derselben zu einem Ergebnis bei der Betrachtung des Rechts zu kommen.[30]
Der Rechtssatz wird begriffen als eine Aussage über womöglich divergierende Interessen. Solche nämlich können als unterschiedliche Ziele, Zwecke in einem Gesetz verstanden werden. Allerdings ergibt sich das Problem, daß das gar nicht dem Rechtssatz innewohnend, sondern dem Sachverhalt als Inhalt gegeben ist. Nicht der Rechtssatz ist Ausdruck divergierender Interessen, sondern das Sein. Das Sollen, nämlich der Verfassungssatz, kann zwar durch den Kompromiß zwischen unterschiedlichen Interessen im Wege der Gesetzgebung entstehen, aber erhat eine Richtung und legt man ihn teleologisch aus, so zeigt sich seine Sollensbestimmung.
Das Interesse ist in dem Begriff aufgehoben, sonst ist dieser nicht vollständig erfaßt. Allerdings kann man, um eine Lücke in einem Gesetz festzustellen, Inter

---

29 Reg. v. Manners (C. A.) [1978] 43.
30 P. Heck, Interessenjurisprudenz und Gesetzestreue, in: G. Ellscheid/ W. Hassemer (Hg.), Interessenjurisprudenz, Darmstadt 1974.

essen von Rechtsbeteiligten aussprechen und so die Füllung der Lücke überhaupt erst ermöglichen. Das könnte auch für die Verfassung gelten, sollte sie Lücken haben oder sollten auch solche rechtlichen Regelungen als Verfassung bezeichnet werden, die unvollständig sind, weil man sie so belassen wollte oder so geschaffen hatte.
Ihrem Wesen nach ist die Verfassung Gesetz, also Bindungsmacht. Vor allem ist ihr hervorstechender Charakter die höchste Normqualität, die sie über alle anderen Teile der Rechtsordnung stellt. Sie ist also notwendig vollständig, es sei denn der Verfassungsgeber ist einem Redaktionsversehen erlegen. Selbst wenn sie aus unterschiedlichen Dokumenten besteht und im Laufe der Zeit gelegentlich verändert und mit neuen, zusätzlichen oder novellierenden Vorschriften versehen wird, z.B. dem Staatsziel Umweltschutz o.ä., so ist doch zu dem Zeitpunkt, an dem die Verfassung ausgelegt wird, gerade diese das höchste Gesetz und daher aus ihr jeder Wert, also das Sollen des Staates zu entwickeln.
Man wird wohl sagen können, daß die Auslegung nach dem Interesse aufgehoben ist in der Auslegung nach dem Begriff.

2. Konstituierende Gewalt als Ausgangspunkt

Diskutiert wird, ob denn die verfassungsgebende Gewalt eine überpositive Befugnis des Volkes zur Bestimmungen der positiven Verfassung sei, wie Henke schreibt.[31] Selbst wenn man als den Verfassungsgeber nicht zwingend das Volk sehen muß, weil das nicht notwendig Bestandteil von Verfassung, sondern von Demokratie sei, so kann es doch sein, daß es womöglich einer überpositiven Befugnis zur Bestimmung der positiven Verfassung bedarf. Das klingt auch einleuchtend; wenn eine Verfassung als Dokument noch gar nicht da ist, so kann der pouvoir constitué darin auch nicht begründet bzw. gerechtfertigt werden.

Die verfassungsgebende Gewalt ist die Macht, die eine Verfassung schafft, aber ihre Macht rührt nicht aus der Verfassung selbst her. Diese ist ihr vorausgesetzt in der Verfassungsgebung. Die verfassungsgebende Gewalt rührt aus der Gemeinschaft, die sich in dem Sinn und Zweck vollendet, Staatsmacht, also Staatsgewalt zu konstituieren. Sie ist nicht positiv, also geschrieben, weil geschrieben erst die Verfassung sein kann. Die Staatsgewalt wird ja erst erforderlich aus dem Bändigungszweck und dieser kann verfaßt, d.h. auch positiviert werden.
Am deutlichsten zeigt sich das an der Ewigkeitsgarantie des Grundgesetzes, die eine Änderung der in den Artikeln 1 und 20 genannten Grundsätze und die Bundesstaatsaufgliederung für unzulässig erklärt. Das ergibt sich aus der Eigenschaft des Verfassungsgebers als verfassungsstiftende Gewalt der Gemeinschaft. Staatsmacht und ihre Voraussetzung Staatsgewalt erhält ihre Kraft daraus, daß sie konstituiert ist. Der Bändigungszweck, der auf der Erkenntnis des Bösen im Menschen beruht, ist der Vernunft der Menschen, ihrer Einsicht zu verdanken,

---

31 W. Henke, Staatsrecht, Politik und verfassungsgebende Gewalt, S. 192.

daß die Gemeinschaft sonst womöglich nicht mehr existieren kann. Gemeinschaft ist dem Grunde nach der Bändigung und ihren Feinden entgegengesetzt. Dem Schlechten, der Gemeinschaftsfeindlichkeit, zu widerstreben, ist die Kraft, die verfassungsgebende Gewalt schafft. Wenn der Grundgesetzgeber sich also seiner Änderungsgewalt begibt, um die Grundfesten der Verfassung zu schützen, so zeigt dieser Verzicht auch an, daß er im Besitze der verfassungsgebenden Gewalt ist. Man kann das verstehen als Antwort auf die Frage nach dem Ursprung der Verfassung.

Liegt dieser in der Gemeinschaft, so erhält er seine Legitimation aus dieser. Der Begründungs- und Rechtfertigungsgehalt ist aber so einfach nicht beschaffen. Weil das Schlechte des Menschen, das Böse, als Ursache der Unvollkommenheit der Welt, nicht zweifelsfrei angenommen werden kann, steht auch die Legitimation der verfassungsgebenden Gewalt immer unter dem Vorbehalt, daß die Gemeinschaft der Menschen, die res publica ist, in ihrer Eigenschaft als Sicherungsverband gegen die Tragik der Erkenntnis der Unvollkommenheit der Welt, Staatsgewalt nicht unbedingt enthalten muß. Deshalb muß sie verfassungsgebende Gewalt nicht bilden. Denn eine Verfassung ist die Konstituierung der Staatsgewalt in einem Staat; sie ist auch dieselbe des Staates, denn ein Element des Staates ist dessen Gewalt. Es gibt freilich auch Staaten ohne Verfassung und nicht jeder staatlichen Gemeinschaft wohnt der Bändigungszweck inne. Sogar die Trutzverbandseigenschaft fehlt gelegentlich.

Die verfassungsgebende Gewalt ist überpositiv, d.h. nicht durch staatliches Recht positiviert, also ungeschrieben.

Versteht man verfassungsgebende Gewalt als Begriff, der den Ursprung der Verfassung benennt, so ist neben der Gemeinschaft als Quelle der verfassungsgebenden Gewalt zu erwägen, ob diese nicht aus dem Transzendenten oder der Methaphysik stammt. Solche Ursprünge aber, selbst wenn sie, wie zum Beispiel Gott, die höchste dem Menschen vorstellbare Macht überhaupt verkörpern, sind nicht auf den Staat gerichtet, sie können als Ursprung allen Seins betrachtet werden und daher wird keine Aussage getroffen über den Staat als Begriff im Unterschied zu anderen Begriffen.

Die verfassungsgebende Gewalt aber rührt aus der Entwicklung der Menschheit selbst, weil der Staat als Bändigung des Krieges aller gegen alle vonnöten sein könnte. Sie wählt für die Staatenbildung dann ein Mittel, das wegen seiner Verkörperung in einer Urkunde, nämlich der Verfassungsurkunde, dem Gedanken der Sicherheit und damit der Rechtssicherheit für die Unterworfenen in besonders hohem Maße Rechnung trägt. Denn das spielt nicht nur für diejenigen eine Rolle, die die Gemeinschaft bilden.

IV. Arten der Normen von Verfassung

Der Begriff Verfassung ist bestimmt durch seine Eigenschaft als Rechtsbegriff.[32] Er ist als ein solcher auslegbar und wird in den einzelnen Verfassungen als dem höchsten Gesetz in einem Staate auch so interpretiert.

32 P. Badura, Staatsrecht, München 1986, S. 6-17.

Es kann aber gefragt werden, ob der Begriff der Verfassung nicht noch genauer als ein Rechtsbegriff bestimmbar ist und zwar nach Arten von Normen der Verfassung. Danach könnte sich nämlich richten, welche Eigenschaften sie haben, die dann bei der Auslegung von Bedeutung sein mögen.

1. Kompetenznormen

In den Verfassungen findet man Rechtssätze in denen Kompetenzen geregelt sind. Isensee spricht von Kompetenzen als letzte Gründe des Handelns, also von letztbegründenden Kompetenzen.[33] Dieses Verständnis von der Kompetenz unterscheidet nicht zwischen der Befugnis zu dem Handeln und dem, wozu der Befugte berechtigt, welcher Handlungsbereich ihm erschlossen wird. Dieser Kompetenzbegriff kann als Macht zum Handeln oder auch als Grund des Handelns verstanden werden.

Solche Kompetenzen sind in verschiedenen Verfassungssätzen zu finden. Isensee nennt Demokratie und Grundrechte.[34] Diese sind im Grundgesetz in Art. 1 bis 19 GG (Grundrechte) und Art. 20 GG (Demokratie) geregelt. Dort kann man vorfinden, was in der Bundesrepublik verfassungsrechtlich erlaubt und verboten sein soll. Grundrechte werden verstanden als Kompetenzen des Staates, des Einzelnen und der Zusammenschlüsse von Einzelnen. Außerdem ist die Volksherrschaft als Kompetenz des Volkes konstituiert.

Man kann aber die Verfassung in den Kompetenzen, die sie gibt, noch in feinere Teile zerlegen, also noch stärker ins Einzelne gehend Aussagen über Sätze in der Verfassung treffen. Es ist nämlich möglich, die Befugnis, überhaupt handeln zu dürfen, also Urheber einer letztbegründenden Kompetenz zu sein und welche Befugnis selbst dieser hat, zu unterscheiden. Das freilich bietet sich bloß aus einem Grunde an: So werden dann die Verfassungssätze zum Beispiel über Plebiszite, also Volksabstimmungen und über Wahlrechte und in welchen Sachbereichen solche stattfinden, auseinandergehalten. Damit weiß man aber, was wer machen darf, also wer zu welchem Handeln befugt ist. Nicht nur, daß man nach den einzelnen Staatsformen und Herrschaftsformen solche Feststellungen treffen kann, ebenso ist das oberste Gesetz als Summe von Verfassungssätzen in dieser Weise aufzugliedern. Auch kann man daran nachweisen, welche Staats- und Herrschaftsformen überhaupt in der Verfassung geregelt sind.

In Art. 1 der Verfassung von Österreich heißt es, daß Österreich eine demokratische Republik ist. In ihrem Satz 2 steht: "Ihr Recht geht vom Volk aus." Hier ist ausdrücklich die Staats- und die Herrschaftsform genannt. Als Kompetenznorm muß ihr Sinn erst erschlossen werden. Volksherrschaft heißt, daß das Volk in dem

---

33 J. Isensee, Grundrechte und Demokratie, S. 162.
34 J. Isensee, a.a.O., S. 164f.

Staat herrscht und die obersten Regeln unter der Verfassung erstellt. Ob es direkt oder indirekt dieses macht, wird darin nicht gesagt. Die Formen der Ausübung von Staats- und Herrschaftsmacht sind darin folglich jetzt nicht festgelegt. Republik heißt jedenfalls, daß das Volk das Staatsoberhaupt bestimmt. Das gilt unter Einhaltung der Regeln, daß der Einzelne, also der Staatsbürger, seine Stimme in dem Wahlakt wiederfindet. Es ist daher eine Kompetenznorm, die Republik und Demokratie festlegt, die zwar letztbegründend ist, bei der sich aber die Befugnis zu dem Handeln, wer im einzelnen befugt ist, nicht genau erschließt. Es wird zwar in dem Verfassungssatz die Kompetenz zum Handeln genannt, anders als in Art.1 Abs.1 S.1 GG, wo bloß von der Unantastbarkeit der Menschenwürde gesprochen wird. Eine ausdrücklich ausgesprochene, formelle Bestimmung darüber, wer handeln darf und wie weit das Handeln geht, ist darin nicht enthalten.

Die Bestimmung ist so allgemein, daß man bloß auf den Begriff verwiesen ist. Das hindert die Auslegung desselben natürlich nicht. Aber diese Bestimmung ist in ihrer Zuständigkeitsregelung zwar eindeutig, aber nicht vergleichbar solchen Regelungen wie man sie in der schweizer, aber auch in der bundesrepublikanischen Verfassung findet, wo die Verteilung der Zuständigkeit für Bund und Länder, bzw. Kantone, die Kompetenz für einzelne Gesetzgebungsmaterien regelt. Damit ist freilich nicht gesagt, daß "das Volk, das herrscht," eine weniger genaue Formulierung ist, aber die gesamte Herrschaftsmacht muß erst aus dem Wort ermittelt, dessen Inhalt, werden.
Dabei kommt es zu Streit über das, was tatsächlich Inhalt des Begriffs, des Wortes sei. Wenn aber eine Kompetenznorm konkreter ist, so fällt die Auslegung leichter. Zum Beispiel ist das bei einer bloßen Zuständigkeitsregelung der Fall.

2. Normkompetenzen

Normkompetenzen sind solche, die zum Ausdruck bringen, welche Aussagen eine Kompetenzbestimmung hat, die den Inhalt der Handlungsmacht beschreibt. Die Bestimmung, daß die Würde des Menschen unantastbar sein soll, ist eine solche Normkompetenz. Sie ähnelt dem Begriff des materiellrechtlichen Merkmals. Die Normkompetenz nämlich bezieht ihre Legitimation aus dem Recht der Handlung selbst. Dieses als Inhalt ist zwar auch einem Adressaten zugewiesen, wesentlich aber ist überhaupt ihr Bedeutungsgehalt. Nimmt man zum Beispiel das Wort Freiheit, so ist es Unabhängigkeit, Autonomie, Selbstbestimmung usw.. Das ist Normkompetenz. Wichtig ist, wer frei sein soll. Das beschreiben Normkompetenzen, wenngleich diese häufig instrumenteller formuliert sind, also zum Beispiel wie im VII. Abschnitt des Grundgesetzes, der Gesetzgebungskompetenzen regelt und mitteilt, in welcher Sachmaterie wer für die Gesetzgebung zuständig ist.

Die Unterscheidung in organisationsrechtliche und materiell-rechtliche, wie sie Stern für Regelungen trifft,[35] ist nicht dieselbe wie sie in Normkompetenzen und Kompetenznormen zu finden ist.

35 K. Stern, Staatsrecht I, 2. Aufl. 1984, S. 117.

Organisationsrecht gibt zwar an, wer handeln darf, aber die Abgrenzung zu dem materiell-rechtlichen Merkmal bleibt unklar. Wenn darunter solche Normen zu verstehen sind, die Verfahren (procedere der Staatsorgane), Kompetenzen (Befugnisse und Zuständigkeiten) und Kreationsbestimmungen (Schaffung von Organen) zum Inhalt haben, ist der Unterschied zu dem materiell-rechtlichen Merkmal so als wenn man zwischen Kompetenznormen und Normkompetenzen unterscheidet. Geht man von dem allgemeinen Kompetenzbegriff des Isensee aus, von Handlungsgründen, so erscheint der Begriff des Organisationsrechts als ein Wort, das den Inhalt von Formbestimmungen zu wenig abdeckt. Darin sind Verfahren, Zuständigkeiten etc. genannt, die Kompetenzen, überhaupt handeln zu dürfen.

Aber vor allem ist der Begriff des Organisationsrechtes nicht auf den Inhalt des Verfassung selber in ihrem imperativischen Charakter abgestimmt. Er betont zu sehr das Gerüst der Handelnden und die Wege, die ihr Handeln nehmen wird. Allein, das Imperativische selber, also der Inhalt des Sollens, ist darin aufgehoben. Dagegen betont der Begriff Kompetenznorm als das Kleinere im Vergleich zu Kompetenz nach Isensee, daß letztlich doch der Grund des Handelns gemeint ist. Es wird darin auch gezeigt, daß die Form nicht etwa im Inhalt oder der Inhalt in der Form aufgehoben ist, sondern sich beides in dem Grunde des Handelns vereint. Dieser ist immer Rechtsgrund.

Weil die Verfassung das höchste Gesetz ist, nämlich das höchstrangigste Gesetz in dem Staate, entscheidet sich an der Kompetenz in ihrer Sollenseigenschaft, Handlungsgrund für eine eigens in der Verfassung eröffnete Möglichkeit zu dem Handeln zu sein, welche Formen dafür bereitgestellt sind. Man mag auf den ersten Blick meinen, damit sei das Organisationsstatut gemeint. Ein solches ist zum Beispiel die Verfassung der Freien und Hansestadt Hamburg, weil darin bloß – abgesehen von den staatlichen Grundlagen in Art. 1 bis 5 – die Bürgerschaft, der Senat, die Gesetzgebung, die Verwaltung, Rechtsprechung, Haushalts- und Finanzwesen geregelt sind. Sie enthält keinen Grundrechtskatalog und wird wegen ihrer bloß auf die Kompetenz zum Handeln ausgerichteten Artikel als Organisationsstatut bezeichnet. In dieser ausgeprägten Art und Weise ist diese Form, staatliches Tätigwerden zu organisieren, in der Bundesrepublik eher selten zu finden. Aber das Organisationsstatut als ein Begriff, der das, was Inhalt der Verfassungist, näher beschreiben könnte, eignet sich womöglich auch, um Teile von Verfassungen zu charakterisieren.

Weniger das Wort Organisation als der Begriff Statut besticht hierbei. Denn ein Statut ist bloße Regel, die Form in der ein Handeln stattfinden kann und für den Fall des Streites auch stattzufinden hat. Gemeint ist nicht, daß das Statut nicht eingehalten werden müsse, wenn jemand darauf besteht. Grundlegende Imperative sind immer einzuhalten, damit die Möglichkeit überhaupt geboten wird, auf Einhaltung der Form zu bestehen. Das vorauseilende Außerkraftsetzen von Formen, die eingehalten worden sind, damit entschieden werden kann, verbietet daher schon die Verfassung wegen ihrer Eigenschaft als ein Statut. Insofern sie Statut ist, bestimmt sie die Form. Jedenfalls spricht von vornherein nichts dagegen, den Begriff Organisation, verbunden mit dem Wort Statut, zur Beschreibung von Verfassungen oder Verfassungsteilen zu verwenden. Ohne diesen erinnert er zu sehr an seine ethymologische Herkunft, die von dem Begriff des Organs abgeleitet ist. Das scheint für Formen des Handelns, überhaupt für Formen, als zu wenig durch den Menschen gemacht, produziert, hergestellt. Deswegen bietet sich die Verbindung mit dem Begriff "Statut", als etwas durch den Menschen fabriziertes an.

§ 12 Bestandteile der Verfassung

I. Inhaltsbestimmung der Verfassungssätze

Wenn man die Verfassung in Kompetenznormen und Normkompetenzen einteilen kann, die Befugnisse als Handlungsgründe konstituieren, so beschreibt das noch nicht ganz die Bestandteile der Verfassungen als ein Gesetz, sondern bloß allgemein die Möglichkeiten in denen Rechtssätze formuliert werden, die dort vorzusehen sind. Solche Bestandteile könnten aber nach den Rechten vorzufinden sein, wie man sie in diesen nach einem gemeinsamen Ganzen gebündelt hat.

Weil der Begriff Verfassung ein staatskonstituierendes Gesetz zum Inhalt hat, daher auch eine vollständige Konstituierung Inhalt der Verfassung ist, dürfte man unschwer die Teile dieses grundlegenden oder auch höchsten Gesetzes in seiner Ordnung noch genauer beschreiben können. Das vermag in Begriffen des heutigen Verfassungsrechts geschehen und Kompetenznormen und Normkompetenzen könnten in diesen ausfindig gemacht werden.

Diese Ordnung ist in fünf Begriffen vorgesehen: Der Rechtsgüterschutz, die Einrichtungsgarantien, die Institute, die Staatszielnormen und die Grundrechte. Solche unterschiedlichen Teile von Verfassungen kann man in den Verfassungsrechtssätzen vorfinden.

Der Schutz der Rechtsgüter, also derjenige von der Verfassung durch Recht geschützten Güter, ist ein solcher Bestandteil, in dem die Rechtsordnung zum Ausdruck bringt, was und wie sie es durch das höchstrangige Gesetz geschützt wissen will. Die Einrichtungsgarantien konstituieren die von dem Verfassungsgeber gewollten Einrichtungen in der Weise, daß sie diese in ihrem Bestand sichern. Institute ergeben sich aus den in der Verfassung ausdrücklich formulierten Rechtssätzen. Es sind Rechtsbegriffe, die – in Rechtssätzen enthalten – die Kraft von Garantien entfalten. Staatszielnormen in der Verfassung formulieren Ziele des konstituierten Staates hin zu besonderen Staatszwecken. In den Grundrechten sind die Freiheiten der Menschen verbrieft, die in dem Staate leben.

1. Rechtsgüterschutz

In den Verfassungen ist der Schutz von Rechtsgütern verbürgt. Es sind solche des Staates oder solche, die den Bürgern des Staates oder den anderen auf dem Staatsgebiet lebenden Menschen gehören. Was ein Gut ist, erscheint unmittelbar einleuchtend. Zunächst stellt man sich darunter etwas faßbares, nichtgeistiges vor. Allein seine Eigenschaft als Rechtsgut, nämlich als ein Recht, das durch sichtbare Elemente verankert ist, gibt ihm die Kraft über die bloße Sollensbestimmung hinaus, von einer Verfassung geschützt zu werden.

Der Rechtsgüterschutz ist die vielleicht stärkste Verankerung von Bändigungsaufgaben oder -eigenschaften des Staates.
In der Verfassung von Belgien findet man Bestimmungen, die Rechtsgüter der Bürger und anderer Menschen schützen. Solche sind dort vorwiegend in dem Titel II dieser Verfassung geregelt. In Art. 4 und Art. 5 ist die Staatsangehörigkeit eingefügt. Die dänische Verfassung enthält in § 44 eine Bestimmung zu der Staatsangehörigkeit. Auch Art. 16 der Verfassung der Bundesrepublik Deutschland konstituiert die Staatsangehörigkeit. Art. 4 Abs. 3 der Verfassung von Griechenland trifft Regelungen über die Staatsangehörigkeit.[36] In dem Art. 9 der Verfassung von Irland sind Erwerb und Verlust der Staatsangehörigkeit von Irland festgelegt. Art. 22 der Verfassung von Italien spricht die Staatsangehörigkeit an. Art. 9 und Art. 10 der Verfassung von Luxemburg regeln die Eigenschaft, Luxemburger zu sein. In der Verfassung des Königreiches der Niederlande hat man in Art. 2 die niederländische Staatsangehörigkeit konstituiert. Nach Art. 4 der Verfassung von Portugal ist portugiesischer Staatsbürger, wer von Gesetzes oder völkerrechtlicher Vereinbarung wegen als solcher betrachtet wird. Wer Spanier oder wer Ausländer ist, bestimmen Art. 11 bis 13 der Verfassung von Spanien.

So unterschiedlich im einzelnen diese Bestimmungen formuliert sind, gemeinsam ist ihnen, daß das Rechtsgut, eine Staatsangehörigkeit zu besitzen, in ihnen geregelt ist. Allerdings ist die Eigenschaft der Staatsangehörigkeit, Rechtsgut zu sein, nicht mit derselben Eindeutigkeit auf den ersten Blick feststellbar wie die des Eigentums. Das Eigentum zum Beispiel wird gegen jeden, auch gegen andere Staatsbürger und Dritte geschützt, sogar gegen den Staat selber, versteht man das Grundrecht als Abwehrrecht. Es ist dem Staate aber weniger nahe als die Staatsbürgerschaft.

Ist diese überhaupt Rechtsgut? Das ist nur dann zweifelsfrei, wenn man diese als Zugehörigkeit zu einem Ort, dem Ort des einzelnen Staates, also dem Staatsgebiet versteht. Die Zuordnung der Staatsbürgerschaft zu dem Gebiet des Staates verankert das Recht, an dem Orte zu sein über die bloße Freizügigkeit als Ein-

---

36 Z.B. Dritter Teil der Verfassung der Republik Griechenland.

reise- und Ausreisefreiheit erheblich. Das zeigt sich schon daran, daß an die Staatsangehörigkeit das Wahlrecht geknüpft ist. Damit wird ein Einfluß auf die Herrschaft in dem Gebiet an das Gebiet gebunden. Im Ausland lebende Deutsche haben deswegen das Recht, in ihrer Heimatgemeinde zu wählen und wenn sie ihre Stimme für die Wahlen zum Bundestag abgeben, wird die Stimmabgabe erst wirksam, wenn der Stimmzettel den Boden oder den Luftraum der Bundesrepublik erreicht.

Diese Auffassung ist aber schon sehr weitgehend, denn sie verankert die Rechtsguteigenschaft an einem allgemeinen Orte und verbrieft das in dem Paß. Sogar dann, wenn der Einzelne in dem Staat keinen Grund und Boden hat, wird nach heutigem Recht in den westlichen Staaten jedem Staatsbürger das Wahlrecht gegeben, während früher das aktive und passive Wahlrecht an die Eigenschaft, Eigentümer von Grund und Boden zu sein, geknüpft worden ist und es auch heute noch Staaten gibt, die solche Bedingungen in ihren Wahlrechten verankert haben.[37]

Bei der Staatsbürgerschaft ist die Eigenschaft, Rechtsgut und damit von der Verfassung geschützt zu sein, auch deswegen besonders zu betrachten, weil das Recht, Staatsbürger zu sein, eigentlich kein Gut ist. Das Recht aus dem Papier (Paß) folgt aus dem Recht am Papier. Es ist ein Recht, aber seine Verbriefung (Paß) ist nicht an eine Sache gebunden.

Das wird in gewisser Weise ausgeglichen durch die Stärke des Rechts und den Charakter der Staatsbürgerschaft als an den Staat, also den öffentlichen Ort, gebunden. Denn es ist das Recht zu dem Aufenthalte in dem Staate damit verbunden. Der Begriff des Ausgleichs mag das Wesentliche nicht ganz treffen, denn der Staat ist, sieht man von seinem allgemeinen Zweck ab, an den öffentlichen Ort, das Forum gebunden. Man könnte daher sagen, daß das Verhaftetsein mit der res publica sogar noch stärker ist. Denn das Forum ist Eigentum des Staates, also das Gut der Allgemeinheit.

Wenn der Staat Freiheit des Einzelnen schützt, kann er das im Verhältnis zu den anderen Bürgern, also Dritten gegenüber nur, weil der allgemeine Staatszweck betroffen ist, also seine Bändigungseigenschaft. Das Rechtsgut der Freiheit, die gegenüber dem anderen, dem Bürger geschützt wird, bezieht die Eigenschaft das zu sein, aus dem Öffentlichen. Im Zweifel heißt das auch der öffentliche Ort. Grenze des privaten Nothilferechts auf der einen Seite und auf der anderen Seite das Notwegerecht ist der öffentliche Platz und der nicht der Öffentlichkeit zugehörige Ort in einem Staat. Der Staat kann daher die Freiheit des Einzelnen nur garantieren, weil es einen öffentlichen Ort gibt. Im Rechtsgüterschutz findet man Kompetenznormen und auch Normkompetenzen, weil sich beides in den Grundrechten vereinigt. Der Anteil der geregelten Normkompetenzen ist z.B. im Grundgesetz hoch, weil dort ein Recht der Bürger formuliert ist, nicht nur han-

---

37 Norwich Election Petition Law Rep. 6 C. P. 147; Kensington Law Rep. 6 C. P. 309; Abel v. Lee Law Rep. 6 C. P. 365.

deln zu dürfen, sondern auch ein Schutz dagegen, daß der Staat in diesen Bereichen handelt.[38]

2. Einrichtungsgarantien

Durch die Einrichtungsgarantien werden die von dem Verfassungsgeber für den Staat gewollten Einrichtungen geschaffen und in ihrem Bestand gesichert. Man spricht auch von institutionellen Garantien, also von Institutionen. Auf diese Art und Weise werden staatliche Einrichtungen geschaffen. Es sind, vergleicht man den Staat mit einem Gebäude, die tragenden Wände oder auch Pfeiler auf denen das Haus steht. Für die Verfassung der Bundesrepublik sind diese der 2. Titel, nämlich der Bund und die Länder, der 3. Titel, also der Bundestag, der 4. Titel, der Bundesrat, der gemeinsame Ausschuß, der 5. Titel der Bundespräsident und der 6. Titel die Bundesregierung. Die Verfassung von Dänemark konstituiert in § 5 das Folketing, nämlich das Parlament. In diesem Königreich wird durch die Verfassung das Parlament in derselben Weise als eine Einrichtung verankert wie der Bundestag in dem Grundgesetz der Bundesrepublik Deutschland.

Weder ist die Institution des Staates, also seine Einrichtung, deren Existenz garantiert wird, eine Staatsgewalt, denn diese ist eine aus dem Bändigungsgedanken in Verbindung mit der Freiheit der Bürger geteilte Macht, noch ist sie Staats- oder Herrschaftsform. Der Verfassungsgeber verbrieft in der Verfassung Einrichtungen des Staates und errichtet damit diesen einzelnen Staat. Als Einrichtungen des Staates werden also Parlament, Ländervertretungen etc. geschaffen. Man könnte meinen, daß das Königtum dann auch eine Institution des Staates ist, wenn doch der Bundespräsident als Einrichtung des Staates verstanden werden kann. Das ist aber falsch, denn die Staatsform ergibt sich aus dem Begriff Königtum, während die Staatsform Republik sich daraus nicht ergibt. Erst die Regelungen im einzelnen zeigen, daß der Bundespräsident die Republik verkörpert. Es ist auch nicht entscheidend, denn ein Königreich ist schon durch diesen Begriff konstituiert wie es sich in dem Namen der dänischen Verfassung ausdrückt.

Das Wesen des Begriffs der Einrichtungsgarantie besteht nämlich darin, daß der Staat sich seine Einrichtungen durch Verfassung schafft und sie daher als eigene einen Bestandschutz genießen. Dieser gibt ihnen nicht nur eine eigene Rechtsfähigkeit, er verschafft ihnen auch die Sicherheit, als Einrichtungen des Staates fortzubestehen. Die Garantie, nämlich die durch Verfassung verbriefte Sicherheit, Einrichtung des Staates zu sein und es zu bleiben, ist entscheidend für das, was der Staat geschaffen hat. Solche Entscheidungen, Einrichtung eines Staates zu sein, haben Verfassungsrang auch dann, wenn es keine geschriebene Verfassung gibt.

Die Einrichtungsgarantie ist der Kompetenznorm näher als den Normkompetenzen. Institutionelle Garantien sind in der Regel Kompetenznormen.

---

38 H.-R. Lipphardt, Grundrechte und Rechtsstaat, EuGRZ 1986, 149.

3. Staatszielnormen

Die Ziele, die in der Verfassung für den Staat vorgesehen sind, nennt man Staatszielnormen.[39] Von dem Verfassungsgeber werden Rechtsgüter benannt in denen ein Recht ausgedrückt ist. Nicht nur, daß der Staat seine Einrichtungen schafft und schützt, er garantiert auch ihren Fortbestand.
Es ist aus diesem Grunde zu fragen, welchem Ziel die von der Verfassung geschaffenen Rechtsgüter folgen. Worin sind sie zu schützen? Mit welchem Ziel sind die Häuser, nämlich Einrichtungen des Staates, gebaut, die an dem Weg liegen, den die Menschheit nimmt?
Die Ziele des Staates können an verschiedenen, in der Verfassung selbst konstituierten Rechtssätzen beschrieben werden. Zum Beispiel enthält Art. 1 Abs. 1 S. 1 und 2 die Sätze: "Die Würde des Menschen ist unantastbar. Sie zu achten und zu schützen ist Verpflichtung aller staatlichen Gewalt." Das Ziel der staatlichen Gewalt ist also Schutz der Menschenwürde.
In einem durch Verfassung konstituierten Staat ist die Staatsgewalt Teil des Verfassungsstaates. Sie ist zwar nicht Wesen oder Kern des Staates, aber in einem Verfassungsstaat ist sie immer gegenwärtig und zwar in die Verfassung eingebunden. Staatsziel ist demnach Schutz der Menschenwürde und so vereinbar und nahe dem allgemeinen Staatszweck der Bändigung des Schlechten im Menschen zum Zwecke der Gemeinschaft und des Guten.
Die Präambel des Grundgesetzes enthält als Ziel, die nationale und staatliche Einheit zu wahren und als gleichberechtigtes Glied in einem vereinten Europa dem Frieden der Welt zu dienen. Das Königreich Belgien hat in seiner Verfassung das Ziel des Staates konstituiert, drei Gemeinschaften zu einem Staate zu vereinigen. Diese sind bestimmt durch Orte und Sprachen.
Die Verfassung von dem Königreich Dänemark könnte Staatszielnormen enthalten, z.B. in dem Satz des § 2 S. 1: "Die Regierungsform ist beschränkt monarchisch". Die Selbstbeschränkung des konstituierten Staates als Teil der in der Verfassung enthaltenen Rechtssätze ist charakteristisch für verfaßte Monarchien, nämlich konstitutionelle Monarchien. Die Staatsgewalt wird in der Verfassung konstituiert und zugleich begrenzt. Diese Begrenzung findet gemeinhin durch Grundrechte statt. Es könnte aber möglich sein, daß die Regierungsform der beschränkten Monarchie ein Ziel des Staates ist, nämlich die exekutive Macht des Staatsoberhauptes zugunsten stärker an der Willensbildung des Volkes orientierten Regierungsweise einzuschränken. Das muß auch nicht im Widerspruch zu dem allgemeinen Staatszweck stehen, der gerade der Bändigung des Schlechten im Menschen und ihres Krieges untereinander dienen soll. Dieser wird gerade wegen der Freiheit der Menschen zurückgenommen durch Konstituierung von Grundrechten. Auch die Beschränkung anderer Regierungsformen zugunsten ei-

---

39 K. Stern, Staatsrecht I, S. 121.

ner vom Volke legitimierten Regierung, könnte in diese Richtung gehen. Damit wird doch nur gesagt, daß ein Staatsziel die Beschränkung seiner eigenen Kraft zugunsten der Wirkung vom Volke legitimierter Staatsorgane ist. Staatszielnormen sind also solche, die die in dieser Verfassung verbrieften Ziele als imperativische Gestaltung zum Inhalt haben. Die Staatsziele sind daher konstituierte Bestandteile von der Verfassung.
Ihre Eigenschaft, Ziel des Weges zu sein, den der Staat einzuschlagen hat, läßt sie vorwiegend als Normkompetenzen verstehen.

4. Grundrechte

In den Grundrechten sind die Freiheiten der Bürger von dem Staat als Abwehr der Bürger dem Staate gegenüber konstituiert. Diese Rechte sind aber nicht solche, die der Aktivbürgerschaft, den Bürgern, Freiheit vor staatlichen Eingriffen verschaffen, sondern auch solche, die ihre Freiheit als Einzelne durch Verpflichtung des Staates auf eine gleiche Behandlung sichern.
Solche Gleichheit, zu der der Staat in seinem Handeln als Staat verpflichtet ist, befreit die Menschen vor den Angriffen der anderen auf ihr Gut (Rechtsgüterschutz). Als eine allgemeine Maxime des Handelns für den Staat über die Einhaltung von Eingriffen in die Freiheitsräume der Bürger hinaus, gibt es so eine Verpflichtung, die Bürger des Staates gleich zu behandeln, damit der Krieg aller gegen alle nicht die Gemeinschaft selbst angreift oder zur Vernichtung der Menschen durch ihren gegenseitigen Egoismus führt.
Die Grundrechte sind damit Abwehrrechte der Bürger, aber auch anderer, in dem Staate lebender Menschen gegenüber der Staatsgewalt. Unter Umständen können es auch die, die Gemeinschaft bildenden, Rechte sein, die als Grundrechte der Bürger geschützt werden. Zum Beispiel das Recht auf freie Meinungsäußerung als das die Öffentlichkeit überhaupt erst schaffende Recht, aber auch Meinungsfreiheit, Versammlungsfreiheit und Vereinigungsfreiheit.
In ihnen zeigt sich die Gemeinschaft als Schutzverband gegen die Tragik der Erkenntnis der Unvollkommenheit der Welt. Diese Freiheitsrechte stiften überhaupt erst die Gemeinschaft; sie werden gebraucht, damit diejenigen, die an dem Orte versammelt sind, sich verständigen können.

Die Verfassungen Europas kennen Grundrechtskataloge wie zum Beispiel Titel II der Verfassung von Belgien, Kapitel VIII der Verfassung von Dänemark, Titel I des Grundgesetzes, Déclaration des Droits de l'Homme et du Citoyen du 26 août 1789 (placée ensuite en tête de la Constitution de 1791), Preambule Constitution du 27 octobre 1946, Zweiter Teil der Verfassung der Republik Griechenland, Art. 40 bis 44 einschließlich der Verfassung von Irland, die Rechte und Pflichten der Staatsbürger wie sie in Titel I (Die bürgerlichen Freiheiten), Titel 2 (Ethisch-soziale Beziehungen), Titel 3 (Wirtschaftliche Beziehungen), Titel 4 (Politische Beziehungen) der Verfassung von Italien vorfindbar sind. In dem Kapitel II sind die Grundrechte der Luxemburger geregelt, während die Verfassung des Königreiches der Niederlande schon in Kapitel 1 die Grundrechte konstituiert hat. Teil I der Verfassung von Portugal in den Art. 12 bis 79 enthält Grundrechte und Grundpflichten. Titel I (Grundrechte und Grundpflichten) enthält in Art. 10 bis Art. 55 der Verfassung von Spanien solche Rechtssätze.

Charakteristisch für Grundrechte, die zugleich Rechtsgüterschutz bedeuten, also die Abwehr- und auch die Garantieseite des Rechtes aus der Verfassung bedeuten, ist Cap. I der Magna Charter (The Great Charter) von 1225. Dort heißt es: "First, we have granted to God, and by this our present Charter have confirmed, for us and our Heirs for ever, That the Church of England shall be free, and shall have all her whole rights and liberties invioble. (2) We have granted also, and given to all the freemen of our realm, for us and our Heirs for ever, these liberties under-written, to have and to hold to them and their Heirs, of us and our Heirs for ever." [40] Darin wird die Freiheit der Kirche als ein Rechtsgut, aber auch als ein Zugeständnis der Nichteinmischung, also als Abwehrrecht formuliert. Auch die Freiheiten, die alle freien Menschen als einen Freiheitsspielraum erhalten sollen, in den der Staat nicht eindringen will, sind dort vorgesehen. Die Freiheiten der Menschen werden aber nicht nur als Recht, daß der Staat dort nicht eindringt, um sich der Güter und Rechte zu bemächtigen, formuliert, sondern auch, daß der Staat gegen die vorgeht, die sie angreifen.

II. "Einheit der Verfassung"

1. Gesamtschau der Imperative des Grundgesetzes

Von der Einheit der Verfassung wird gesprochen, wenn man vom Grundgesetz in einer Zusammenschau seiner Artikel und ihrem Bedeutungsgehalt spricht, der nicht widersprüchlich, sondern einheitlich konstituiert ist.[41] Die Ausnahme des Redaktionsversehens,[42] wie sie die Methodenlehre kennt, hindert nicht die Erkenntnis, daß bei unterschiedlichen Artikeln der Verfassung in einem Fall die Auslegung ein Ergebnis für dessen Lösung ergibt, das die Verfassung, als eine dem Sollen entsprechende, bestehen läßt. Denn auch das Redaktionsversehen rührt vom Verfassungsgeber her.

Dieses Sollen kann gefunden werden, wenn die Verfassung als ein Gesetz verstanden wird, das nicht bloß in einem förmlichen Verfahren zustandegekommen ist, sondern dessen Sollen darin seine Gestalt gefunden hat. Freilich ist die Verfassung als Gesetz wegen der Verfahrensgebundenheit schon bestimmt; daß es das höchstrangigste ist, das es gibt, ist als zweites Merkmal von Bedeutung. Allein die Gesamtschau der Imperative und daher die Einheit der Verfassung als Begriff, über die Bündelung der Gedanken zu einem Oberbegriff hinaus zu einer

---

40 9 Hen. 3. Stat. 1.
41 BVerfGE 1, 15.
42 K. Larenz, Methodenlehre der Rechtswissenschaft, Berlin u.a. 1983, S. 274.

Verbindung der Verfassungsbestandteile, führt zu einer Erkenntnis der Verfassung selbst.

Solches Denken zeigt aber auch, daß die Bestandteile der Verfassung von unterschiedlicher Bedeutung für ihre Auslegung sein können. Unter ihnen, d.h. auch zwischen den Rechtssätzen, kann eine Hierarchie herrschen. Jeder Verfassungssatz ist für diese selbst nicht von gleicher Bedeutung, denn dem einen Satz kommt womöglich eine größere Bedeutung zu als dem anderen.

2. Verbindung der Verfassungsbestandteile

Es bietet sich an, die Bestandteile der Verfassung durch den Gedanken miteinander zu verbinden, daß dieselbe das höchstrangigste Gesetz ist, das es gibt. Sie ist der Wille des Verfassungsgebers; pouvoir constitué ist in diesem Moment identisch mit pouvoir constituant.

Dieser Rang der Verfassung kann deren Bestandteile womöglich miteinander verbinden. Wie sollte der Rechtsgüterschutz gegen die Einrichtungsgarantien, etwa auch gegen Grundrechte oder Staatszielnormen gerichtet sein? Zwar ist es möglich, daß gemeinsame Merkmale dieser Begriffe als Teile der Verfassung vorhanden sein können, z.B. ist die Bindungswirkung der Grundrechte als dem Staate gegenüber wirksam ähnlich gelagert wie die des Rechtsgüterschutzes. Solche gemeinsamen Merkmale hindern nicht die selbständige Bedeutung des Begriffs, aber deuten auf eine innere Verbindung hin, die sich nur aus dem gleichen Rang ergeben kann. Die Verfassungsbestandteile werden dann ausgelegt mit Blick auf ihre Bedeutung für die Anwendung der Verfassung als Maßstab für das einfache Gesetz und in dessen Folge einfaches Recht. Nicht nur die Verfassung als das den Staat konstituierende Gesetz, sondern auch als das in dem Staate höchste Gesetz, ist daher ein Gedanke, der für die Auslegung wichtig ist.

§ 13 Menschenrechte

I. Grundrechte und Menschenrechte

1. Menschenrechte als verallgemeinerte oder allgemeine Grundrechte

Die Menschenrechte kann man als verallgemeinerte oder besser allgemeine Grundrechte womöglich beschreiben. Vielleicht stehen sie in einem Verhältnis zueinander.[43] In ihrer Bedeutung gehen sie weit über diese Rechte hinaus, weil die Völkerrechtsordnung ihre Anerkennung verlangt.[44] Auf ihnen gründet die

---

43 Andeutend M. Kriele, Menschenrechte und Gewaltenteilung, EuGRZ 1986, 601.

44 E. H. Riedel, Theorie der Menschenrechtsstandards: Funktion Wirkungsweise und Begründung wirtschaftl. und sozialer Menschenrechte mit exemplar. Darst. d. Rechts auf Eigentum u. Arbeit in verschiedenen Rechtsordnungen, Berlin 1986, S. 25, 35.

Vorstellung von westlicher Zivilisation und sie sind Folge des abendländischen Denkens, das die Moderne und auch noch die Postmoderne bestimmt.[45]

Die Menschenrechte lassen sich in ihrer kontinentaleuropäischen Tradition der Moderne auf die Déclaration des Droits de l'Homme et du Citoyen du 26 août 1789 zurückführen. Diese gelten nach wie vor durch ihre Inkorporierung in der Präambel der geltenden französischen Verfassung vom 18. Juni 1976, wo es heißt, daß das französische Volk feierlich seine Verbundenheit mit den Menschenrechten verkündet, wie sie in der Erklärung von 1789 niedergelegt worden sind.[46]

Frühe Anfänge des Menschenrechtsgedankens, die die angelsächsische Geschichte nachweist, sind zum Beispiel in der Magna Charta von Henrici III. 1225 vorhanden,[47] nämlich die Einreise- und Ausreisefreiheit für Fremde: "All Merchants (if they were not openly prohibited before) shall have their safe and sure Conduct to depart out of England, to come into England, to tarry in, and go buy and sell without any manner of evil Toets, by the old and rightful Customs, except in Time of War. (2) And if they be of a land making War against us, and be found in our Realm at the beginning of the Wars, they shall be attached without harm of body or goods, until it be known into us, or our Chief Justice, how our Merchants be intreated there in the land making War against us; (3) and if our Merchants be well intreated there, theirs shall be likewise with us."

Die Einreise- und Ausreisefreiheit für den Fremden ist ein Recht, das seine Freiheit, sich zu bewegen, dorthin zu gehen, wohin er möchte, konstituiert. Weil es ein Fremder ist, geht der Staat von seiner Trutzbundeigenschaft weg. Er stellt auf die Eigenschaft des Menschen ab, seiner Fortbewegungsfreiheit, seinem Drang, Orte wechseln zu können, den Vorrang zu geben, spielt der Handel dabei einer Rolle, nämlich wirtschaftliche Interessen. Sich seiner körperlichen Möglichkeiten bedienen zu dürfen, weil der Staat das Ein- und Ausreisen gestattet, ist etwas, das jeder Mensch tun kann. Aus diesem Grunde ist die Verfassung in dieser Vorschrift nicht nur für die Bürger des Staates, sondern auch für alle anderen formuliert, auf die der Tatbestand zutrifft.

Weil diese Regelung alle angeht, könnte man sie als Menschenrecht verstehen, denn Menschenrechte sind verallgemeinerte Grundrechte. Sie sind universell. Arthur Kaufmann sagt über das Universalienproblem, daß das Allgemeine in re, als in dem Einzelnen bestimmbare Wesenseinheit vorhanden ist.[48] Als nucleus oder gemeinsames Merkmal muß aus diesem Grunde das Menschenrecht, ist dieser Begriff einschlägig, auf etwas zurückzuführen sein, das alle Menschen als ein gemeinsames Merkmal haben.

45 A. Kaufmann, Recht und Sittlichkeit, S. 209; Ders. Rechtsphilosophie in der Nach-Neuzeit, S. 3f f.
46 Vgl. Wortlaut.
47 Cap. XXX.
48 A. Kaufmann, Recht und Sittlichkeit, S. 222.

2. Inkorporation in internationales und Völkerrecht

Der Begriff "Menschenrechte" ist nicht bloß Begriff der Rechtsprache, sondern auch Begriff des geltenden Rechts. Er ist zu finden in der Allgemeinen Erklärung der Menschenrechte in der von der Generalversammlung der Vereinten Nationen am 10. Dezember 1948 beschlossenen Fassung.

Die Präambel beginnt mit dem Satz, daß die Generalversammlung die vorliegende Allgemeine Erklärung der Menschenrechte verkündet, weil die "Anerkennung der allen Mitgliedern der menschlichen Familie innewohnende Würde" und ihrer gleichen und unveräußerlichen Rechte die Grundlage der Freiheit, der Gerechtigkeit und des Friedens in der Welt bildet." [49]
Als Folge dieser Vorschrift ist in 29 Artikeln ein Menschenrechtskatalog formuliert. In Art. 1 wird Freiheit, Gleichheit und Brüderlichkeit konstituiert. Das Verbot der Diskriminierung ist in Art. 2 enthalten. Recht auf Leben und Freiheit gründet auf Art. 3. Sklaverei und Sklavenhandel verbietet der Art. 4. Die Folter ist nach Art. 5 verboten. Als Rechtsperson findet der Mensch Anerkennung durch Art. 6. In Art. 7 ist die Gleichheit vor dem Gesetz geschaffen worden. Anspruch auf Rechtsschutz enthält Art. 8. Der Schutz vor Verhaftung und Ausweisung wird durch Art. 9 geltendes Recht. Art. 10 hat den Anspruch auf rechtliches Gehör zum Inhalt. Die Unschuldvermutung bis zum Nachweis gemäß des Gesetzes und daß keine Strafe ohne Gesetz ausgesprochen werden darf, sind Inhalt von Art. 11. Die Freiheitssphäre des Einzelnen bestimmt Art. 12. Freizügigkeit und Auswanderungsfreiheit gründen auf Art. 13. Das Asylrecht gewährt Art. 14. Das Recht auf Staatsangehörigkeit ist in Art. 15 vorgesehen. Die Freiheit der Eheschließung und der Schutz der Familie werden durch Art. 16 konstituiert. Art. 17 gewährleistet das Eigentum. Die Freiheit des Gewissens und der Religion ist in Art. 18 verankert. Daß Meinungen frei geäußert werden, Informationen erhalten und verbreitet werden dürfen, sagt Art. 19. Die Freiheit, sich zu versammeln und zu einem Verein zusammenzuschließen, ist in Art. 20 formuliert. Das allgemeine und gleiche Wahlrecht verlangt Art. 21. Soziale Sicherheit ist in Art. 22 vorgesehen. Recht auf Arbeit und gleichen Lohn und auch Koalitionsfreiheit bestimmt Art. 23. Erholung und Freizeit gestattet Art. 24. Soziale Betreuung ist in Art. 25 vorgesehen. Elternrecht und kulturelle Betreuung verlangt Art. 26. Die Freiheit des Kulturlebens eröffnet Art. 27. Eine angemesse Sozial- und Internationalordnung verlangt Art. 28. Drei Grundpflichten sieht Art. 29 vor. Der Mensch hat Pflichten der Gemeinschaft gegenüber. Beschränkungen in der Ausübung seiner Rechte und Freiheiten dürfen nur durch Gesetz vorgesehen werden, wegen der Freiheiten anderer, der Moral, der öffentlichen Ordnung und der allgemeinen Wohlfahrt in einer demokratischen Gesellschaft.

Ziele und Grundsätze der Vereinten Nationen sind zu beachten und nach Art. 30 dürfen diese Bestimmungen nur so ausgelegt werden, daß Freiheiten und Rechte

---

49 Vgl. Wortlaut.

darin nicht vernichtet werden.
Diese einzelnen Menschenrechte schaffen die Möglichkeit zu einem in ihnen vorgesehenen Handeln und verbieten zugleich, daß andere darin eingreifen. Sie sind Teil des Völkerrechts, denn als Erklärung der Unterzeichnerstaaten sollen sie zwischen ihnen und auch im Verhältnis zu den anderen gelten. Sie sind allgemein und binden daher die Staaten.
Das gilt auch für die Konvention zum Schutze der Menschenrechte und Grundfreiheiten europäischer Länder vom 4. November 1950. Die Schutzgarantie der Vertragstaaten erstreckt sich auf das Recht aller auf Leben (Art. 2), das Verbot der Folter (Art. 3), das Verbot der Sklaverei und Zwangsarbeit (Art. 4)[50] und die Bestimmung, daß keine Strafe ohne Gesetz ausgesprochen erfolgen darf (Art. 7), das Gebot der Achtung der privaten Sphäre (Art. 8), die Gedanken-, Gewissens- und Religionsfreiheit (Art. 9), das Recht der freien Meinungsäußerung (Art. 10), die Versammlungs- und Vereinsfreiheit (Art. 11), das Recht auf Ehe und Familie (Art. 12), Beschwerdemöglichkeit bei Verletzung der Rechte oder Freiheiten der Konvention (Art. 13), das Verbot der Diskriminierung (Art. 14), Einschränkung der Rechte und Freiheiten in Kriegs- und anderen Notstandsfällen (Art. 15) und das Mißbrauchsverbot in Art. 18.

Das Problem von solchen internationalen oder völkerrechtlichen Bestimmungen ist, daß die Durchsetzung des Rechtes des einzelnen Bürgers in einem Staate und auch ein subjektives Recht des Bürgers aus einzelnen Bestimmungen nicht vor einem nationalen Gericht erklagt werden können. Es sind die Staaten untereinander verpflichtet und aus diesem Grunde ist die Bindungswirkung hin zu dem einzelnen Menschen womöglich nicht sehr stark.

II. Geschichte der Menschenrechte

1. Hinweise in geltenden Verfassungen

In den geltenden Verfassungen von EG-Mitgliedstaaten, aber auch in außereuropäischen, kann man Hinweise auf die Menschenrechte finden. Dort, wo das Wort "Mensch" in einem Rechtssatz verwendet wird und der Mensch in dieser Eigenschaft etwas erhält, nämlich dem Staat aufgegeben wird, dem Menschen etwas zu verschaffen, was ihm gerade deshalb zusteht, weil er ein Mensch ist, spricht man von Menschenrechten. Von dem Menschen wird also nicht etwas verlangt, sondern es soll ihm etwas gegeben werden.

In Art.1 Abs.1 S. 1 GG ist geregelt, daß die Würde des Menschen unantastbar und sie zu schützen, Verpflichtung aller staatlichen Gewalt ist. Nach Absatz 2 dieses ersten Artikels des Grundgesetzes bekennt sich das Deutsche Volk, von dem nach Art. 20 Abs.2 S. 1 GG alle Staatsgewalt ausgeht, zu den unverletzlichen und unveräußerlichen Menschenrechten als Grundlage jeder menschlichen Gemeinschaft, des Friedens und der Gerechtigkeit in der Welt.

50 Vgl. Art. 5 und 6.

Schon erwähnt worden ist, daß die Erklärung der Menschen- und Bürgerrechte vom 26. August 1789 in Frankreich wie ein Grundrechtskatalog gilt. Das gilt jedenfalls dann, wenn man Präambeln von Verfassungen oder jedenfalls dieser Präambel bindende Wirkung zuschreibt.[51] In der Präambel der Verfassung heißt es: "Le peuple français prochant solennellement son attachement aux Droits de l'Homme et aux principes de la souveraineté nationale tels qu'ils ont été définis par la Déclaration de 1789, confirmée et complétée par la préambule de la Constitution de 1946."
Das ist Vorbild für andere Bestimmungen über Menschenrechte, weil darin das Recht jedes Menschen formuliert ist. Solche Rechte, die für die Teilnahme am Leben in dem Staate bestimmt sind, könnten Voraussetzung für das öffentliche Leben sein.

Aus der res publica erwächst dem Menschen ein Recht auf Schaffung von Fähigkeiten, die in ihm und außerhalb von ihm zu entwickeln sind, um an der Gemeinschaft teilzunehmen. Menschenrechte sind Freiheitsrechte, nämlich Freiheit von staatlicher Gewalt, die diese zugleich zu sichern hat, aber auch die Teilnahme an der Gemeinschaft als res publica für alle Menschen zuläßt. So heißt es nämlich in der Déclaration des Droits de l'Homme et du Citoyen du 26 août 1789, daß "l'oubli ou le mepris des droits de l'homme sont les seules causes des malheurs publics et de la corruption des Gouvernements, ont resolu d'exposer, dans une déclaration solennelle, les Droits naturels, inalienables et sacres de l'homme."
Weil es dem Staate nicht gelungen ist, die Staatsgewalt zum Wohle der Menschen zu betätigen und damit sein Ziel erreicht zu haben, muß man dem Menschen aus dieser Gewalt quasi etwas zurückgeben. Das Schlechte zu bändigen und das Gemeinwohl zu schaffen, konnte nicht erreicht werden. So wird vielleicht die Hoffnung der Menschen auf die Schutzverbandseigenschaft der Gemeinschaft als Verband gegen die Tragik der Erkenntnis der Unvollkommenheit der Welt gestärkt. Z.B. muß die Staatsgewalt als solche, nämlich die Staatsgewalt aller Staaten, dann für den Fall, daß nicht die Schutzverbandseigenschaft des Staates, sondern seine Trutzverbandseigenschaft gefordert ist, etwas abgeben. Das sind die Menschenrechte, die auch im Kriegsfall zu beachten sind.

Die französische Menschenrechtserklärung enthält siebzehn Artikel.[52] In dem ersten ist die Freiheit und Gleichheit der Menschen, als in dem Recht von Geburt an vorhanden, verankert. Unterschiede zwischen ihnen sind auf das Gemeinwohl gegründet. In dem zweiten Artikel ist als Ziel aller politischen Vereinigungen die Erhaltung der natürlichen und unveräußerlichen Menschenrechte beschrieben.

51 P. Häberle, Präambeln im Text und Kontext von Verfassungen, in: J. List/H. Schambeck (Hg.), Demokratie in Anfechtung und Bewährung, Berlin 1982, S. 240f.
52 Vgl. Wortlaut.

Das sind die Freiheit, das Eigentum, einschließlich des Besitzes, die Sicherheitsmacht und der Widerstand gegen die Unterdrückung. In dem dritten Artikel findet man die Aussage, daß das Prinzip aller Souveränität wesenhaft in der Nation liegt. Keine Körperschaft, kein Einzelner kann Herrschaftsmacht ausüben, die nicht ausdrücklich ausgeht von ihr. Der vierte Artikel bestimmt die Grenzen der Freiheit durch das Recht auf Freiheit des anderen Menschen. Solche Grenzen können nur durch das Gesetz bestimmt werden. In dem fünften Artikel ist bestimmt, wo die Grenzen der Gesetzgebung liegen, dort nämlich, wo Handlungen für die Gemeinschaft nicht mehr schädlich sind. Nur das Gesetz bestimmt die Pflichten und was es nicht aufgibt, muß nicht getan werden. Der sechste Artikel beschreibt das Gesetz als Ausdruck des "volonté générale". Dem citoyen wird das Recht gegeben, selbst oder durch Vertreter an seiner Gestaltung mitzuwirken. Das Gesetz hat für alle gleich zu sein und vor den Augen des Gesetzes sind die Bürger gleich und daher zu allen Würden, Stellen oder Ämtern zugelassen. Artikel sieben enthält Habeas Corpus. In dem Artikel acht ist die Grenze der Straffestsetzung durch Gesetz auf das unbedingt und offenbar notwendige beschränkt worden. Ebenso ist es mit nulla poena sine lege. Artikel 9 enthält die Unschuldvermutung bis zur Aburteilung und eine strenge Anordnung der Verhältnismäßigkeit, also Konkretisierung von Habeas Corpus. Meinungsfreiheit, auch in religiösen Fragen, bis zur Grenze der gesetzlich konstituierten, öffentlichen Ordnung gewährt Art. 10. Artikel 11 beschreibt dieses Recht für die Mittel, in denen Meinungen geäußert werden, nämlich mit Worten, schriftlich und gedruckt, vorbehaltlich der durch Gesetz bestimmten Fälle. Art. 12 konstituiert eine "force publique", die nach Art. 13 durch einen Beitrag der Bürger, der sich nach der Höhe ihres Vermögens richtet, unterhalten wird. Die Bürger sind berechtigt, zu bestimmen, wie im einzelnen die Abgabe geregelt wird. Das ist Inhalt von Art. 14. Art. 15 sagt, daß die Gemeinschaft berechtigt ist, Rechenschaft über die Amtsführung aller "agent public" zu verlangen.
Art. 16 beschreibt, daß eine Verfassung durch Rechtsstaatsprinzip und Gewaltenteilung charakterisiert ist.
Art. 17 „La proprieté", ist ein heiliges und unverletzbares Recht, das niemandem genommen werden darf.

In der französischen Menschen- und Bürgerrechtserklärung wird der Begriff "societé" verwendet, also Gesellschaft. Ist die Gesellschaft die Gemeinschaft als Verband, der den Staat bildet? Das ist deshalb nicht zu bejahen, weil die societas die nichtstaatliche Gemeinschaft bildet. Auch diese kann in der Öffentlichkeit zum Ausdruck kommen, ist aber nicht Schutzverband gegen die Tragik der Unvollkommenheit der Welt, gleichviel worauf sie beruht, noch Trutzverband, sondern Gemeinschaft anderer Art. Diese beiden eben genannten sind aber die öffentliche Angelegenheit, res publica. Die Menschenrechtserklärung der Franzosen geht so weit, daß wegen des allgemeinen Staatszwecks, also der Bändigung des Schlechten der Menschen, die nicht bewiesen ist, Unterschiede in dieser Gemeinschaft nur wegen des Nutzens für alle gemacht werden dürfen.

Darin ist die Vorstellung enthalten, daß trotz der angeborenen Freiheit und Gleichheit an Rechten, es zu gesellschaftlichen Unterschieden kommen kann und diese wegen des Gemeinwohls gebändigt werden müssen. Kommt es nämlich zu gesellschaftlichen Unterschieden als Ergebnis des Kampfes aller gegen alle, nimmt das Schlechte im Menschen überhand. Dann aber steht das Gemeinwohl auf dem Spiele und der Schutz- und Trutzverbund selber ist betroffen.

Der Zusammenhang zwischen dem möglichen Schlechten der Menschen und gesellschaftlichen Unterschieden wird also so stark angenommen, daß diese nur durch l'utilité commune begrenzt werden können. Damit ist ein Menschenbild vorgestellt, daß diesen zwar als frei und gleich an Rechten geboren konstituiert, zugleich aber schon für die nichtstaatliche Gemeinschaft einen bändigenden Imperativ setzt.

Verboten werden nur gesellschaftsschädliche Handlungen, wie Art. 16 sagt. Es soll also das Schlechte im Menschen nicht soweit gehen dürfen, daß die nichtstaatliche Gemeinschaft in Mitleidenschaft gezogen wird. Allerdings wird in Art. 16 etwas über die Verfassung ausgesagt, das sie in Verbindung zu der Gesellschaft bringt: "Eine Gesellschaft, in der weder die Gewährleistung des Rechts gesichert noch die Gewaltenteilung festgelegt ist, hat keine Verfassung." [53] Diese Übersetzung hat folgendes Original als Grundlage: "Toute societé dans laquelle la garantie des droits n'est pas assurée, ni la separation des pouvoirs determinée, n'a point de constitution".[54] "Toute societé" ist als "jede Gesellschaft" zu verstehen und wohl mit dem Staate als res publica gleichzusetzen oder jedenfalls für jede Art der Verbindung, jeden Verband, jede Zahl von Menschen, die über 1 hinausgeht zu begreifen und erhält daher als Begriff denselben Bedeutungsgehalt wie Gemeinschaft. Mit der Zahl 2, die bereits Gesellschaft zu ihrem Inhalt hat, ist aber die staatliche Gemeinschaft, res publica, nicht bezeichnet. Die öffentliche Gemeinschaft setzt voraus, daß die Zahl 2 überschritten und sich mindestens 3 Menschen an einem Orte außerhalb des Hauses aufhalten.

2. Übereinstimmung von nationalen und übernationalen Menschenrechten

Die griechische Verfassung enthält in Art. 25 Abs. 1 und 2 Bestimmungen über die Menschenrechte: "Die Rechte des Menschen als Einzelner und als Mitglied der Gesellschaft werden vom Staate gewährleistet; alle Staatsorgane sind verpflichtet, deren ungehinderte Ausübung sicherzustellen. (2) Die Anerkennung und der Schutz der grundlegenden und immerwährenden Menschenrechte durch den Staat ist auf die Verwirklichung des gesellschaftlichen Fortschritts in Freiheit und Gerechtigkeit gerichtet."

---

53 Vgl. in: A. Kimmel (Hg.), Die Verfassungen der EG-Mitgliedstaaten, 2. Aufl., München 1990, S. 96.
54 M. Duverger (Ed.), Constitutions et Documents politiques, 12. ed. 1989, S. 17f.

Nach Art. 40 Abs. 1 Nr. 1 und 2 VerfIrl sind "als Menschen" (...) "alle Bürger vor dem Gesetz gleich. Das bedeutet nicht, daß der Staat in seinen Gesetzen nicht die gebührende Rücksicht auf die unterschiedlichen körperlichen und geistigen Fähigkeiten und die unterschiedlichen sozialen Funktionen nehmen muß." Es dürfen also keine zusätzlichen Merkmale hinzukommen, die Staatsgewalt soll bloß den allgemeinen Staatszweck konkretisieren.

Nach Art. 16 Abs. 2 erfolgt die Auslegung und Anwendung der die Grundrechte betreffenden Verfassungs- und Rechtsvorschriften in Übereinstimmung mit der Allgemeinen Menschenrechtserklärung, bestimmt die Verfassung von Portugal. Es soll also eine Deutung und Anwendung erfolgen, in der die Grundrechtsartikel der Verfassung von Portugal wie die Menschenrechte selbst ausgelegt werden. Dabei ist das Kapitel I des Teil I nach Art. 17 wie ein Allgemeiner Teil zu verstehen. Es heißt dort, daß das System der Rechte, Freiheiten und Garantien Anwendung auf die in Kapitel II genannten Rechte und auf die ihrer Natur nach analogen Grundrechte findet.

Nach Art. 10 der Verfassung von Portugal sind die Würde des Menschen, die unverletzlichen Rechte, die ihr innewohnen, die freie Entfaltung der Persönlichkeit, die Achtung des Gesetzes und der Rechte anderer Grundlagen der politischen Ordnung und des sozialen Friedens. Der Absatz 2 dieses Artikels sagt, daß die Normen, die sich auf die in der Verfassung anerkannten Grundrechte und Grundfreiheiten richten, in Übereinstimmung mit der Allgemeinen Erklärung der Menschenrechte und den von Spanien ratifizierten internationalen Verträgen und Abkommen über diese Materie auszulegen sind.

Es ist wohl jede einzelne Vorschrift auszulegen und mit dem Inhalt der anderen zu vergleichen. Ob eine Übereinstimmung der nationalen und der internationalen Regelungen vorgesehen ist, entscheidet sich nach diesem Gedanken.

Ist die internationale Ordnung oder auch das Völkerrecht durch innerstaatliches Recht in dieses inkorporiert, so gilt es in diesem als das Recht des Staates selbst.

III. Einzelne Menschenrechte, Völkerrecht und Grundrechte

1. Kern der Menschenrechte

Welche sind die Rechte, die man als die entscheidenden nennen kann? Den Kern der Menschenrechte bilden die dem Menschen seiner Natur nach innewohnende Freiheit und Gleichheit im Recht. Der Imperativ, das Sollen, ist darin das Sein. Seinem Wesen beigegeben, nämlich dem des Menschenrechtes als Begriff, sind die in Art. 2 der Déclaration genannten Rechte, die da sind Freiheit, Eigentum, persönliche Sicherheit und Widerstand gegen Unterdrückung. Sie sind Wesen des Menschenrechts.

Willensfreiheit und die Gleichheit, die daraus entsteht, daß jeder Mensch von einer Mutter geboren ist und ihn die Art und Weise, wie er die Rechtsfähigkeit erlangt, nicht von den anderen unterscheidet, zeigen, daß das ein gemeinsames

Merkmal der Menschen ist. Aus dieser Sicht hat von vornherein keiner dem anderen gegenüber einen Vorteil. Die Menschen sollen gleich von der Staatsgewalt behandelt werden, weil sie so geboren sind.

Die Freiheit, von der in Art. 2 S. 2 der Déclaration gesprochen wird, ist dem Menschen ebenso aus Natur gegeben. Eigentum, persönliche Sicherheit und der Widerstand gegen Unterdrückung sind ihm äußerlich, aber sie entsprechen seiner Natur und sollen nicht veräußert werden. Die Politik, wenn sie durch Vereinigungen betrieben wird, hat den Zweck, diese Menschenrechte zu sichern, gerade weil sie dem Menschen nicht angeboren, sondern beigegeben werden. Verlören die Menschenrechte eines von diesen, so wäre ihr Wesen dahin. Der Staat ist also aufgefordert, die Freiheit des Menschen zu schützen, seinen Willen nicht zu brechen, sein Eigentum zu respektieren, seine persönliche Sicherheit zu garantieren und sogar Widerstand gegen Unterdrückung zu respektieren. Denn gibt es Staatsgewalt, die auf dem möglichen Irrtum des Schlechten im Menschen beruht, so muß diese wegen der Möglichkeit, daß sich dies als falsch herausstellen könnte, den Widerstand gegen Unterdrückung als unveräußerliches Menschenrecht zulassen.

Daß die Menschenrechte heute als Völkerrecht gelten, zeigt in welchem hohen Maße sie über die Grenzen der einzelnen Staaten hinaus Anerkennung genießen. Die portugiesische Verfassung hat das ebenso wie die spanische Verfassung erwähnt und sogar die Deutung der für den Staat konstituierenden Verfassung an diese Rechte gebunden. Häufig wird diskutiert, daß aus der Sicht des Staates Souveränitätseinschränkungen vermieden werden sollen und gelegentlich wird supranationales Recht so verstanden. Ist in der Verfassung selbst aber auf das Völkerrecht verwiesen worden, nämlich auf die andere Rechtsquelle, so ist dieses Recht ausdrücklich zu einem Teil des innerstaatlichen geworden, also inkorporiert. Völkerrechtsverletzungen gelten als von der Völkerrechtsordnung sanktioniert und inkriminiert. Aus diesem Grunde ist ihre Inkorporation, wie man es in der Verfassung von Spanien und Portugal gemacht hat, eine Art und Weise der Regelung von Tatbeständen der Menschenrechte als eigenes Recht des Staates.

2. Menschenwürde

Das Grundgesetz konstituiert in Art. 1 Abs. 1 S. 1 und 2 GG, daß die Würde des Menschen unantastbar und sie zu schützen Verpflichtung aller staatlichen Gewalt ist. Der Schutz der Menschenwürde ist auch in Art. 1 AllgErklMenschenR verankert, dort allerdings formuliert als Natureigenschaft, nämlich daß die Menschen gleich an Würde geboren sind.

Die Würde des Menschen ist die Fähigkeit, einander mit Achtung zu begegnen und der Eigenwert des anderen Menschen, als ein menschliches Wesen und zugleich ein unverwechselbares, einzigartiges zu sein, ist ein mit der westlichen Zivilisation unverrückbar verbundener Gedanke.[55] Darin enthalten ist die Vorstel-

---

55 BVerfGE 45, 187, 228.

lung von dem Menschen als einem gemeinschaftsfreundlichen, einem Wesen, das nicht zerstört, sondern aufbaut und dem anderen zugewandt ist. Daß die Menschen eineinander mit Würde begegnen sollen, ist daher ein Gedanke, der dem allgemeinen Staatszweck nicht fremd ist. Sogar dann, wenn die Menschenwürde bloß darauf beruht, daß der Mensch die Krone der Schöpfung ist, weil vernunftbegabt und willensfähig und die Möglichkeit zum verstandesgeleiteten Handeln ihn von allen anderen Lebewesen unterscheidet, ergibt sich nichts anderes. Die Hoffnung, die mit dem allgemeinen Staatszweck verbunden ist, nämlich, daß das Schlechte gebändigt wird oder auch die Unvollkommenheit der Welt besiegt, folgt aus der Eigenschaft des Menschen, vernunftbegabt und willensfähig zu sein.

Der Gedanke, daß die Menschenrechte verallgemeinerte Grundrechte oder allgemeine Grundrechte sind, wird durch diese Überlegungen um ein Merkmal bereichert. Grundreche dienen in ihrer Eigenschaft als Abwehrrechte der Freiheit vom Staat, nämlich ohne staatliche Einflüsse zu handeln. Der Staat gibt aber auch Freiheiten im Sinne von Kompetenzen zum Handeln, nämlich die Erlaubnis, tätig sein zu dürfen. Die Menschenwürde als Eigenschaft, einander mit Achtung zu begegnen, ist aber auch Schutzauftrag oder Zweck von Staatsgewalt. Es soll nicht nur gesichert werden, daß der Mensch frei sein darf, es soll auch gesichert werden, welche Möglichkeiten er ihm eröffnet und daß der Staat selbst es ist, der sich in der Staatsgewalt als Menschenwürdeschutz bindet.[56]

IV. Menschenrechtsordnung

1. Ordnung als Gesetz?

Der Grund, warum man die Grundrechte, wie es die Verfassung von Portugal auch ausspricht, mit Blick auf die Menschenrechte auslegen soll, ist, daß sie so Bestandteil einer innerstaatlichen Rechtsordnung werden. Sie erlangen auf diese Weise dieselbe Geltungskraft wie die Grundrechte, die die Verfassung dem Staate selbst gibt. Außerdem können deswegen auch Dritte ihre Einhaltung verlangen.

Wenn man Grundrechte als subjektive Rechte versteht, die Justizgewährung genießen, sind diese in ihren unterschiedlichen Geltungsformen einklagbar und zwar als Abwehrrechte gegen staatliche Eingriffe.

Zwar steht die Ordnung der Menschenrechte aus der Sicht des Völkerrechts über den aus der Verfassung sich ergebenden Rechten, sind aber in dieser jene enthalten, so gelten sie als innerstaatliches und supranationales Recht.

Der Begriff Menschenrechtsordnung faßt die Menschenrechte in einer Ordnung zusammen. Menschenrechte sind benannt und beschrieben worden. Man spricht

---

56 A. Kaufmann, Gedanken zum Widerstandsrecht, S. 256; R. Bäumlin, Die rechtsstaatliche Demokratie, Zürich 1954, S. 95.

von derselben, weil es eine Menschenrechtsverfassung nicht gibt. Grund dafür ist, daß auf der Erde viele Staaten konstituiert sind und nicht bloß ein einziger, ein, dann als Weltstaat zu bezeichnender, Staat.

Auch die Vereinten Nationen sind nicht durch eine Verfassung statuiert. Freilich kann man auch hier von einer Ordnung sprechen, weil dieser Begriff das Verfahren und den Inhalt des Imperativischen mit geringerer Sollensintensität formuliert.[57] Vergleichbar vielleicht dem Begriff der Rechts- oder auch Verfassungsordnung, wird der regelnde Charakter zwar betont, aber seine Bindungsstärke ist geringer als bei dem Begriff Verfassung oder dem des Gesetzes. Daher spricht man auch von Rechtsordnung, weil Recht und Ordnung nicht miteinander identisch sind.

Eine Ordnung ist nicht immer dem Rechte entsprechend, während das Recht immer auch eine Ordnung ist, also ein Regelungszusammenhang. Gerade bei der Ordnung der Menschenrechte ist das Ordnende so bedeutungsvoll, weil darin auch Elemente einfließen, die die Rechte der Menschen in einen sortierenden Kontext bringen. Das verschafft ihnen eine höhere Legitimität als sie es hätten, wenn man diese, zum Beispiel in der Charta der Vereinten Nationen, nicht als Ordnung verstehen könnte. Sie bedürfen dieser deswegen, weil sie gerade nicht durch die Staatsgewalt des einzelnen Staates gesichert sind, denn die internationalen Organisationen, wie z.B. EG oder UNO sind kein Staatenbund.

2. Legitimität und Rang

Ist das Menschenrecht als Ordnung konstituiert, so ist darin die Bindungswirkung aufgehoben, die dem Recht als Imperativ innewohnt und zugleich das Verhältnis der einzelnen Rechte der Menschen zueinander regelt.

Die Bindungswirkung des Rechts ist aus seiner Sollenseigenschaft geboren, die ihre Legitimation erhält durch den Geber des Rechts, denjenigen, der es geschaffen hat und durch seinen Inhalt selbst, nämlich den Schlechten entgegengesetzt zu sein.

Es könnte sein, daß derjenige, der die Verfassung schafft, ihr die höchste Legitimation vermittelt, der er selbst unterworfen ist, sie also für ihn selbst gilt.

Vergleicht man die Menschenrechtsordnung mit einer Verfassung, so ist das gemeinsame Merkmal, daß sie Gesetz sein könnten. Die Menschenrechtsordnung ist aber nicht in einem Gesetz verfaßt, sondern man findet sie in völkerrechtlichen Verträgen oder Abmachungen, jedenfalls Verbindlichkeiten, die nicht als Gesetz konstituiert sind. Die Gemeinsamkeit ist also nicht die Eigenschaft, Gesetz zu sein.

Es mag aber das Merkmal gemeinsam sein, daß Menschenrechtsordnung und Verfassung Recht sind. Jedenfalls als Europäische Menschenrechtskonvention

---

57 Vgl. Gabler Wirtschaftslexikon 11. Aufl. II, Wiesbaden 1982, S. 570: "Ziel des Organisierens."

und Charta der Vereinten Nationen sind die Menschenrechte geltendes Recht und eine Verfassung ist als Gesetz dieses auch. Weil es viele sind, die sich zusammengetan haben, um den Menschenrechten Wirksamkeit zu verleihen, könnte der Rang von solchem Recht hoch sein. Denn es sind Staaten, die sich in ihrer Eigenschaft als Völkerrechtssubjekte deswegen zusammengeschlossen haben. Als Staaten sind sie ihnen unterworfen, weil sie sich durch Vertrag dazu verpflichtet haben. Die Geltung für die Menschen in dem Staate und ihre Möglichkeit, sie dem eigenen und anderen Staaten gegenüber durchzusetzen, ist aber geringer als die Bindung der Staaten selbst. Darin liegt ihre Grenze.

Dem Schlechten entgegengesetzt zu sein, ist Inhalt der Menschenrechte, die, z.B., das Ziel haben, das Überleben der Menschen zu sichern, Folter, Grausamkeiten und Körperbeschädigungen nicht zu dulden, Haß und Habsucht in Grenzen zu halten und den Neid der anderen nicht zu einer Zerstörung der Gemeinschaft gedeihen zu lassen. Das Bewußtsein, dem Gemeinschaftsfeindlichen entgegenzuwirken, könnte sich in den Präambeln von Menschenrechtskonvention und UNO-Charta zeigen, weil über die Grenzen der Staaten hinaus, ihre Verbindung im Kampf gegen die Zerstörung der Menschen und ihrer Möglichkeiten darin deutlich wird.[58]

Zweiter Abschnitt: Westliche Verfassungen

Ist der Begriff Verfassung und seine Bedeutung dargelegt, können die einzelnen Verfassung von westlichen Staaten als Beispiel dienen, wie sich der pouvoir constituant geäußert hat. Er brachte seinen Willen in unterschiedlicher Weise zum Ausdruck und zeigte damit, daß er zu unterschiedlichen Zeiten, an unterschiedlichen Orten Staaten durch Verfassung gründet oder gegründet hatte.

Die Bildung der Staaten unterliegt einem mehr oder weniger schnellen Wandel, ebenso ihr Untergang. Freilich kann in westlichen Verfassungen gezeigt werden und an ihrer Geschichte, daß der pouvoir constituant fest im Hergebrachten verankert ist.

In diesem zeigen sich die grundlegenden Spuren abendländischen Denkens, wie sie in der Moderne und der Nachneuzeit in den Verfassungen der westlichen Staaten verankert sind. Man findet sie auf dem Kontinent, aber auch in dem Vereinigten Königreich England und den Vereinigten Staaten von Amerika. In allen diesen Verfassungen kann man das zivilisatorische Minimum von Menschenrechten als Grundrechte nachweisen. Diese Gemeinsamkeit sichert den Menschen vor einem zu stark eingreifenden Staat und verpflichtet ihn zugleich, die anderen zu bestimmen, die grundlegenden Rechte desjenigen zu respektieren.

Die westlichen Staaten sind durch Verfassungen in der Neuzeit gegründet, deren Wurzeln im Mittelalter liegen. Man findet aber auch schon erste Verfassungs-

58 W. Maihofer, in: E. Benda/W. Maihofer/H.-J. Vogel (Hg.) , Handbuch des Verfassungsrechts, Bd. 1 Berlin 1984, S. 194 zur Geschichte.

dokumente in dieser Zeit des Mittelalters.[59] Warum kann man gerade von dem 18. und 19. Jahrhundert sagen, daß damals das Konstitutionszeitalter angebrochen war?

In den europäischen Staaten des Westens hatte die Moderne viele Bilder von dem Menschen, als einem Herrscher über die Welt, geschaffen. Weil die Menschen nicht mehr selbstverständlich zu ihren Ursprüngen im Überirdischen zurückkehrten, mußten sie sich als Vernunftwesen durch die Anstrengung der Konstituierung der Staaten in Verfassung verwirklichen.[60]

Der Absolutismus des Staates, bzw. desjenigen, der der Staat war oder desjenigen, der ihn darstellte, wurde zugunsten von Rechten für die Menschen, die in dem Staate leben, zurückgedrängt; besonders solche Rechte für die Aktivbürgerschaft waren damit gemeint. Die Bändigung des Schlechten des Menschen, als Ursache der Unvollkommenheit der Welt, wurde wegen des Gedankens gelockert, daß dem Menschen das Gute, das Gemeinschaftsfördernde, zuzutrauen sei, er sich also seiner Vernunft nicht gemeinschaftsschädlich bedienen und seinen freien Willen nicht gegen andere richten wird.

Eine solche Hoffnung war verbunden mit einem Menschenbild, das den einzelnen Menschen als einen willensbestimmten entdeckt hatte, der freilich seinen Willen zu einer vernünftigen Entscheidung bestätigt.[61]

Daß eine solche nicht gegen die Gemeinschaft und den anderen Menschen gerichtet sein muß, weil das Gute womöglich für den Einzelnen von Vorteil sein könnte, wohnt dem Konstitutionsgedanken dieser Zeit inne. Die Verbindung von Rechtsgüterschutz als dem Schutz absoluter Rechte, Grundrechten als Rechte vornehmlich gegen den Staat, auch besonderen Zwecken oder Zielen des Staates und Einrichtungen von ihm, in denen er in seiner Staatsgewalt konstituiert und garantiert ist, bildet die Verfassung.

§ 14 Frankreich

I. Verfassungsdokumente

1. Déclaration des Droits de l'Homme et du Citoyen du 26 août 1789

Die französische Verfassungsentwicklung kann eine große Zahl von solchen Dokumenten aufweisen, in denen ihre Konstitutionsgeschichte verkörpert ist. Als ein rechtliches Ergebnis der großen französischen Revolution ist die Déclaration des Droits de l'Homme et du Citoyen du 26 août 1789 zu nennen, die nach wie vor als Teil der heute geltenden Verfassung, nämlich des Loi constitutionelle

---

59 Z.B. England.
60 Siehe S. 120 zu den Voraussetzungen.
61 I. Kant, Grundlegung zur Methaphysik der Sitten (1785), Stuttgart 1988, S. 113f.

du 3 juin 1958, gilt.[62] Dies hat seinen Grund darin, daß sie schon "placée ensuite en tête de la Constitution de 1791" war.[63]

Diese Constitution du 3 septembre 1791 schuf in Frankreich den Beginn einer Demokratie durch einen corps legislatif (Sec. I ière, Art.1er) und die Assemblées éléctorales (Sec. III Art.1er). Das bestimmte die Assemblée Nationale ebenso wie Titre II: "De la Division du Royaume, et de l'état des citoyens.[64]
Décret du 21 septembre 1792 und Décret des 21-22 septembre 1792 und Déclaration du 25 septembre 1792 konkretisierte, aber veränderte diese freilich entscheidend durch Abschaffung der Monarchie und Bestimmung von Frankreich zu einer Republik.[65] Ob die Qualität des Rechts in seinem Bindungscharakter bei einer Constitution nicht erheblich höher als bei einem Décret und erst recht bei einer Déclaration ist, daher womöglich auch eine verfassungsfeste Änderung gar nicht eingetreten war, kann freilich erwogen werden. Sogar dann, wenn der pouvoir constituant identisch ist mit dem pouvoir décrétant oder dem pouvoir déclarant, gilt das.
Die Constitution girondine, nämlich der Plan de Constitution présentée de la Convention nat des 15 et 16 février 1793, an II de la République ist das nächste Ereignis in der Verfassungsgeschichte von Frankreich.[66] Danach folgen die Constitution du 24 juin 1793, die Constitution du 5 Fructidor an III (22 août 1795) und die Constitution du 22 frimaire an VIII (15 décembre 1799), Sénatus-consulte du 14 thermidor an X (1 août 1802), Sénatus-consulte organique du 28 floreal an XII (18 mai 1804) und die Charte constitutionelle du 4 juin 1814, auch die Acte additionnel aux constitutions de l'Empire du 22 avril 1815.[67] Die zweite Charte constitutionnelle datiert aus dem Jahre 1830, nämlich du 14 août 1830.[68]
Bis zum Ende des 18. Jahrhunderts prägten noch andere Rechtsakte die französische Verfassungsgeschichte: Constitution du 4 novembre 1848, Proclamation du 14 janvier 1852, Sénatus-consulte du 7 novembre 1852, Sénatus-consulte fixant la Constitution de l'Empire du 21 mars 1870, Loi du 31 août 1871, Loi constitutionnelles de 1875 und les révisions de la Constitution de 1875.[69]

2. Loi constitutionnelle du 3 juin 1958

Zwischen 1940 und 1958 liegt eine nächste, nämlich die neueste Periode in der Geschichte französischer Verfassungsdokumente: Les Actes constitutionnels du

---

62 Vgl. Wortlaut.
63 Vgl. Wortlaut.
64 Vgl. Wortlaut.
65 Vgl. Wortlaut.
66 Vgl. Wortlaut.
67 Vgl. Wortlaut.
68 Vgl. Wortlaut.
69 Vgl. Wortlaut.

Gouvernement de Vichy, le projet de Constitution du marechal Pétain, L'organisation de la France Libre, Les autorités provisoires en Afrique du Nord (1942-1943), Le Comité francais de la Liberation nationale et le Gouvernement provisoire de la République (1943-1946), Projet de Constitution du 19 avril 1946, Constitution du 27 octobre 1946, Avis du Conseil d'Etat rélatifs aux articles 13 et 90 de la Constitution (6 février 1953), Loi constitutionelle du 3 juin 1958.[70]

Die französische Verfassungeschichte ist also durch einen häufigen Wechsel von Verfassungen zu charakterisieren.

II. Herrschafts- und Staatsform in Frankreich

In der französischen Verfassungsgeschichte sind unterschiedliche Herrschafts- und Staatsformen aufgehoben, so daß als gleichbleibendes Element bloß auffällt, daß der Staat in seinen unterschiedlichen Einrichtungen möglichst als Bestand gesichert werden sollte.[71] Die Verfassungen, die Republik und Demokratie kontituiert haben, zeigen, wie stark in dem verfassungsverbürgten Recht, Menschenrechte als solche des Individuums ihre Wirkung entfalten sollen.

Ihre Geltung ist in solchen, die Konstitutionsgeschichte von Frankreich prägenden, Dokumenten verbürgt, die demokratische und republikanische Bestandteile zu ihrem Inhalt haben. Menschenrechte, die wegen ihrer Stellung in der Verfassung zu Beginn des Verfassungtextes wie ein Grundrechtskatalog zu verstehen sind, dienen der Sicherung der Rechte des Einzelnen auch gegen einen vom Volke beherrschten Staat, dessen Oberhaupt womöglich sogar von diesem bestimmt wird. In dieser Eigenschaft sollen sie jeder Staatsgewalt gegenüber die Menschenrechte für den Einzelnen sichern.[72]

III. Verfassung v. 18. Juni 1976

Die Verfassung vom 18. Juni 1976 hat 87 Artikel. Sie ist in fünfzehn Titel aufgeteilt, denen eine Präambel vorangestellt ist, die die Erklärung der Menschen- und Bürgerrechte von 1789 und die Präambel der Verfassung von 1946 inkorporiert.

Der Titel I enthält Bestimmungen über die Souveränität, der Titel II solche über den Präsidenten der Republik, der Titel III konstituiert Regelungen über die Einsetzung der Regierung, Titel IV trifft Aussagen über das Parlament, Titel V regelt die Beziehungen zwischen Parlament und Regierung, Titel VII konstituiert den Verfassungsrat, Titel VIII enthält Rechtssätze über die ordentliche Gerichtsbarkeit, Titel IX regelt die Einrichtung eines Hohen Gerichtshofes, Titel X trifft Be-

70 Vgl. Wortlaut.
71 Vgl. Rspr. des Conseil d'Etat: Tribunal de conflits, 50, p. 831; 1932, p. 115; 1908, p. 830; p. 1079, 1923.
72 Siehe schon Déclaration des Droits de l'Homme et du Citoyen du 26 août 1789.

stimmungen über le conseil économique et social, Titel XI solche über des collectives territoriales, Titel XII ist überschrieben mit "de la communautée". [72a]

1. Präambel

Es ist umstritten, ob Präambeln dieselbe verfassungsrechtliche Bindungswirkung entfalten wie es sonstige Rechtssätze der Verfassung tun, denn Präambeln sind nicht in jedem Falle bindungsmächtig, sondern entfalten häufig, wie Häberle schreibt, bloß Bindungswirkung von Programmsätzen.[73] Allerdings gibt es auch solche, die die staatlichen Gewalten binden, die eben nicht nur unverbindliche Ziele sind, sondern aus dem Begriff selbst normative Kraft entfalten. Dafür gibt es verschiedene Voraussetzungen.[74] Annehmen kann man solches für die Geltung der Menschenrechte und der Präambel von 1946, die dadurch die Kraft der Verfassungssätze erhalten, die auch in den nachfolgenden liegt. Das hat drei Gründe:

Auch in Art. 2 sind Grundrechte formuliert, die en nuce Gehaltvolles der in Satz 1 inkorporierten Menschenrechtserklärung und Präambel von 1946 als Erweiterung derselben enthalten.

Außerdem ist in dem zweiten Satz der Präambel die Trias Freiheit, Gleichheit, Brüderlichkeit als ein Ideal genannt, wie man es in den beiden zur Rede stehenden Rechtsdokumenten auch aufgehoben findet.

Eine weitere Besonderheit, die für echte Verfassungssätze spricht, ist die Gliederung der Verfassung in Artikel, von denen der erste nicht dem Titel I unterfällt, sondern der Präambel.

Warum sollte aber Art. 1 der französischen Verfassung geringere Bindungswirkung entfalten als Artikel 2? Auch der Satzteil "Le peuple français proclame" spricht freilich sogar für eine stärkere Bindung im Sinne von einer übergreifenden Kraft, weil in Art. 2 letzter Satz der Grundsatz formuliert ist: "gouvernement du peuple, par le peuple et pour le peuple." [75]

Auch die nationale Souveränität liegt beim Volk, wie es Art. 3 bestimmt. Hat aber das Volk die Macht im Staate, so kann es auch mit Bindungskraft proklamieren. In der Verwendung, wie man sie sonst vorfindet, ist "proclamer" eher ein dem Politischen zurechenbarer Begriff, während die Übersetzung als "verkünden" im Recht vorwiegend die formelle Bindung bedeutet. Es heißt nach "Außen geben". Verkündet das Volk also etwas, so bindet es sich als pouvoir constitué und zwar als eine Verkündung für den Staat selbst und der Welt, nämlich Dritten, gegenüber, aber a maiore ad minus auch als Bindung der Staatsgewalt. Denn in der De-

---

72a Vgl. Wortlaut.
73 P. Häberle, Artenreichtum und Vielschichtigkeit von Verfassungstexten, eine vergleichende Typologie, Zürich 1989 (Festschrift für Häfelin), S. 225.
74 A. a. O.
75 Vgl. Wortlaut.

mokratie und der Republik liegen oberste Staatsgewalt und Herrschaftsmacht in der Hand des Volkes.

2. Einrichtungsgarantien

Die Einrichtungsgarantien, die die französische Verfassung kennt, sind solche, die beschreiben, welche Einrichtungen die Verfassung zuläßt. Es sind nicht solche, die von dem Staat geschaffen oder seine eigenen sind, sondern bloß diejenigen, deren Existenz er gewährt und zuläßt. Auf diese Art und Weise ist der Bereich angesprochen, der die Sphäre der Bürger angeht.

Man wird erwägen dürfen, ob es nicht gerade die Freiheiten auch sind, die der französische Staat seinen Bürgern läßt, die als Institute, nämlich Einrichtungen, verstanden werden können. Damit kann die Freiheit als Handlungsspielraum gemeint sein, nämlich die Gewähr, nicht gegen Aktivitäten der Bürger, z.B. im wirtschaftlichen Bereich, einzuschreiten.

3. Grundrechte

Neben den Menschenrechten als Grundrechten enthält die Verfassung von Frankreich die in Art. 2 S. 2 gewährleistete Rechtsgleichheit. Es ist die Verkörperung des Rechtsstaatsprinzip als Staatszielnorm, bzw. die staatskonstituierende Seite des Grundrechts. Es ist von "assurer" die Rede; man könnte es als einen verstärkenden Ausdruck für die Konstituierung des Grundrechts nehmen.

Auch die Staatsziele haben Bedeutung für die Grundrechte. Staatsziele sind solche, in denen sich die Staats- und Herrschaftsform im einzelnen ausdrückt. Die unteilbare, säkulare, nicht religiös gebundene, soziale Republik, die zugleich den Imperativ als Rechtsbegriff enthält, so sein zu sollen, hat zum Ziel, Freiheit, Gleichheit und Brüderlichkeit zu verwirklichen.

4. Garantien für staatliche Einrichtungen

Titel II, III, IV, V, VII, VIII, IX, X, XI und XII konstituieren Staatseinrichtungen. Das heißt, sie garantieren die dort genannten Institutionen. Es sind die Nationalflagge, die Nationalhymne, der Präsident der Republik, die Regierung, das Parlament, der Verfassungsrat, ordentliche Gerichtsbarkeit und der Hohe Gerichtshof, der Wirtschafts- und Sozialrat, die Gebietskörperschaften, die Gemeinschaften.[75a]

§ 15 Vereinigte Staaten von Amerika

I. Verfassung vom 17. September 1789 als Konstitution

1. Inhalt der US-amerikanischen Verfassung

Die Verfassung der Vereinigten Staaten von Amerika vom 17. Sepetmber 1789 entstand erst nachdem die USA ihre Unabhängigkeit am 4. Juli 1776 erklärt hat-

---

75a Vgl. Wortlaut.

ten.⁷⁶ Die Declaration of Independence ist die Souveränitätserklärung, die zugleich Staatsgründung zum Inhalt hat. Der Begriff "Independence" wird in seiner Bedeutung als Autonomie oder auch Unabhängigkeit von anderen Staaten verstanden. Dann, wenn eine solche Unabhängigkeit erklärt wird, nämlich uno actu, konstituiert sich der Staat, der das tut.

Weil aber die Konstituierung der Vereinigten Staaten von Amerika so nur nach außen erfolgt ist, während nach innen hin, nämlich für die staatliche Gemeinschaft und ihre Schutzverbandseigenschaft selbst, keine Regelungen getroffen worden sind, entstand sie als Verfassungsstaat erst mit ihrer Konstitution vom 17. September 1787, in der dann auch die Rechte und Pflichten der Staatsorgane geregelt wurden.

In der seit ihrem Bestehen durch sie geltenden Verfassung der Vereinigten Staaten von Amerika findet man die zuvor vorgestellten Bestandteile von Verfassungen. Die civil rights, die charakteristisch sind für das US-amerikanische Verfassungsrecht, hat man freilich in der Declaration of Rights und in den, der Verfassung selbst, folgenden Zusätzen, den Amendments, konstituiert.

Man kann aber auch die Bestimmungen in Art. 1, Sec. IX, in Art. IX, Sec. II als Grundrechtsvorschriften bezeichnen. Das Besondere an der US-amerikanischen Verfassung allerdings ist ihr Charakter als ein Organisationsstatut. Sie ist von Einrichtungsgarantien beherrscht und enthält auch einige Staatszielnormen, die geleitet sind von der Gliederung der Verfassung nach Artikeln, die die Staatsgewalten ordnen.

In ersten Artikel werden die Vertretungen der einzelnen Bundesstaaten (unions) und der Abgeordneten des Volkes direkt konstituiert. Das Repräsentantenhaus und der Senat bilden den Kongreß. Welche die Rechte des Kongresses bei der Gesetzgebung sind und welche die des Präsidenten als Inhaber der Regierungsgewalt und als Staatsoberhaupt, wird dort festgelegt.

2. Gliederung

Der Vorspruch zu der Verfassung enthält Staatsziele. Er lautet: "We The People of the United States, in Order to form a more perfect Union, establish Justice, insure domestic Tranquility, provide for the common defence, romote the general Welfare, and secure the Blessings of Liberty to ourselves and our Posterity, do ordain and establish this Constitution for the United States of America."

Es folgen zunächst sieben Artikel, die von George Washington als Präsidenten und "deputy from Virginia" unterschrieben worden sind. Unterzeichnet haben diese sieben Artikel, als "Constitution of the United States", "deputies of twelve States": John Langdon, Nicolas Gilman (New Hampshire), Nathaniel Gorham,

---

76 D. P. Currie, Die Verfassung der Vereinigten Staaten von Amerika, Frankfurt a. M. 1988, S. 9.

Rufus King (Massachusetts), Wm. Saml. Johnson, Roger Sherman (Connecticut), Alexander Hamilton (New York), Will Livigston, David Brearley, Wm. Paterson/John Dayton (New Jersey), B. Franklin, Robert Morris, Thomas FitzSimons, James Wilson, Thomas Mifflin, Geo. Clymer, Jared Ingerson, Gouv Morris (Pennsylvania), George Read, John Dickinson, Jacob Brom, Gunning Bedford jun., Richard Bassett (Delaware), James MacHenry, Daniel Carrol, Dan of St. Thomas Jenifer (Maryland), John Blair, James Madison Jr. (Virginia), Wm. Blount, Hugde Williamson, Richard Dobbs Spaight (North Carolina), J. Ruthledge, Charles Pinckney, Charles Cotesworth Pinckney, Pierce Butler (South Carolina), William Few, Abraham Baldwin (Georgia).
Dann folgen die später verabschiedeten Verfassungszusätze: "Articles in Addition to, and Amendment of, the Constitution of the United States of America, proposed by Congress, and ratified by the Legislatures of the several States pursuant to the fifth Article of the original Constitution."
Es sind sechzehn Zusatzartikel, die in Abteilungen, nämlich "sections" aufgeteilt sind, ebenso wie die Artikel der Ursprungsverfassung.

II. Geltung

1. Bindungswirkung und Reichweite

Die Verfassung der Vereinigten Staaten von America bringt zum Ausdruck, daß sich darin die Bundesstaaten zu einem Staat vereinigt haben. Charakteristisch ist für diese Verfassung nicht nur ihre Eigenschaft als Organisationsstatut, sondern ihre Bedeutung als Organisation souveräner Gewalt durch Volkssouveränität, wie sie im Vorspruch der Verfassung zum Ausdruck kommt.

Man wird also sagen dürfen, daß die Verfassung der Vereinigten Staaten von Amerika vom 17. September 1789 von einer Gemeinschaft geschaffen worden ist, das heißt von dem Souverän geschaffen wurde und die Mehrheit der in dem Lande lebenden Amerikaner sie gebilligt hat. Der Souverän, der die Verfassung schuf, ist also das Volk gewesen. Die Macht, eine solche staatliche Gemeinschaft zu bilden, ergibt sich aus der Souveränität. Die Möglichkeit, das zu tun, ist Folge der Eigenschaft des Staates als ein Sicherungsverband, also ein Zusammenschluß von Menschen mit dieser Absicht. Wegen der Zeitgebundenheit der Konstituierung könnte die Frage gestellt werden, ob es einen Vorgänger des Staates gegeben hat oder Dritte, die die Geltung der Verfassung beschränken könnten.

War das Volk der Vereinigten Staaten von Amerika ohne Vorgänger und gab es keine Dritten, die seine Macht in Form des Staatsverbandes einschränkten? Muß man die Frage verneinen, so könnte man von einer eingeengten Geltung sprechen, weil es solche gibt, die die Bindungswirkung womöglich nicht anerkennen und ihre Reichweite damit begrenzen würden. Die Declarations als der Verfassung vorgelagert drücken den Unabhängigkeitswillen und deswegen auch das darin enthaltene Streben aus, souverän sein zu wollen. Sie haben so bereits staatskonstituierenden Charakter.

Allerdings entschied erst die dann später von anderen Staaten anerkannte Verfassung der USA und die Aufnahme diplomatischer Beziehungen durch Austausch von Botschaftern, daß dieser Staat, als Verbindung von Einzelstaaten konstituiert, auch von Dritten als ein solcher anerkannt ist. Freilich heißt das bloß, daß sie als für die USA und ihre Bürger bindend verstanden wird, denn das ist Teil der Anerkennung eines Staates. Das Recht des anderen Staates wird so als fremdes anerkannt und gewinnt durch den Respekt der anderen Staaten Geltung. Die Ureinwohner der USA haben die Vereinigten Staaten als eine staatliche Gemeinschaft nicht als die ihrige anerkannt und leben in Reservaten. Kann man deswegen von einer Einschränkung der Hoheitsgewalt sprechen? Eine solche kommt womöglich in Betracht, fraglich aber, ob sie gewichtig ist. Aus der Sicht des Völkerrechts ist eine solche Konstituierung durch alle Bürger bzw. Menschen, die in einem Lande leben, nicht zwingend.[77] Die Hoheitsgewalt ist zwar in den Reservaten eingeschränkt, aber außerhalb dieser Gebiete gibt es eine solche Beschränkung nicht.

Man mag aus diesem Grunde, weil die Indianer vielleicht als Volk im Sinne der Summe von Stämmen bezeichnet werden können, von völkerrechtlichen Beziehungen sprechen können.

Außerdem wird die Staatsgewalt, die der Bändigung des Krieges aller gegen alle dient, durch starke Rechte des Einzelnen in ihre Grenzen gewiesen.

Das Individuum erhält civil rights, die ihm die Möglichkeit geben, an Gemeinschaft als Schutzverband gegen die Tragik der Unvollkommenheit der Welt teilzunehmen und auf diese Weise auch in der Öffentlichkeit, nämlich auf dem forum, anwesend zu sein. Solche Rechte wirken gegen alle anderen Individuen.

Besonderheit für die US-amerikanische Verfassungsentwicklung ist weiterhin wegen der starken Stellung des Supreme Court eine Entwicklung der civil rights durch diesen.[78] Das Verfassungsgericht der Vereinigten Staaten hat seit seiner Entstehung die Rechte aus der Verfassung für den Staat und einzelne Menschen

---

77 Wengler, Völkerrecht, S. 71.
78 Marchioro v. Chanes 442 U.S. 191; Teachers v. Hudson 475 U.S. 292; Cornelius v. NAACP Legal Defense & Ed. Fund, Inc. 473 U.S. 788; Los Angeles v. Preferred Communications, Inc. 476 U.S. 488; Arkansas Writers Project, Inc. v. Ragland 481 U.S. 221; 481 U.S. Meese v. Keene; Turner v. Safley 4 482 U.S. 78; Rankin v. McPherson 483 U.S. 378; San Francisco Arts & Atheletics, Inc. v. United States Olympic Commitee 483 U.S. 522; Havelwood School District v. Kuhlmeier 484 U.S. 260; Hustler Magazine Inc. v. Fallwell 485 U.S. 46; 485 U.S. 312 Bovs v. Barry 485 U.S. 312; Meyer v. Grant 486 U.S. 414; Cakewood v. Plain Dealer Publishings Co. 486 U.S. 750; Frisby v. Schultz 487 U.S. 474; Riby v. National Federation of of North Carolina 487 U.S. 781.

judiziert.[79] Von der Entscheidung darüber, wie groß der Einfluß des Rechtsvorgängers der Vereinigten Staaten auf dem [80] Boden dieses Staates sein soll, den Status der Ureinwohner, die Stellung von wirtschaftlichen Körpern [81] bis hin zur Ausformulierung der civil rights nach dem gescheiterten Amendment für die Rechte der Frauen durch Entscheidung dieses Gerichts und die Bedeutung derselben für Minderheiten wie Puertorikaner und andere. [82]

Die Reservate wären dann nicht in demselben Maße Teil der Vereinigten Staaten von Amerika wie andere Gebiete dieses Kontinents.

Entscheidend aber mag wohl sein, daß die Ureinwohner niemals einen eigenen Staat geschaffen haben, so daß der Staat USA und damit die Geltung der Verfassung durch sie auch nicht eingeschränkt werden konnte. Befindet sich ein Volk, und selbst das ist für die Indianer nicht zweifelsfrei, auf dem Gebiete eines Staates, so kann es in dieser Eigenschaft die staatliche Konstituierung nicht beeinträchtigen, bildet es selbst keinen Staat. Die Begrenzung der Geltung der Verfassung als Staatskonstituierung ist aber nur durch Staaten oder Angehörige anderer Staaten möglich. Civil war, also der Bürgerkrieg, war ein Krieg zwischen den Nord- und den Südstaatlern. Deren Eigenschaft als Bürger der USA ist niemals bestritten worden.

Für die Nichteinschränkung von Hoheitsgewalt und Souveränität spricht auch, daß Ureinwohner Bürger der USA durch Erhalt eines Passes werden können.

2. Rechtsprechung

Die Anerkennung anderer Nationen in dem Verhältnis zu den Vereinigten Staaten und auch zu unterschiedlichen Menschen an verschiedenen Orten ist ein Merkmal der Rechtsprechung des Supreme Court.[83] Welche Reichweite durch die USA, zum Teil auch in Gestalt von Privaten gesetztes Recht hat,[84] wenn in vertraglichen Verhältnissen Streit entsteht, wie die USA ihre Staatsgewalt als Hoheitsgewalt bestimmen,[84a] welche Rechte Ureinwohner haben,[85] ist durch die Ju-

---

79 Z.B. "The Ku-Klux Cases" Ex parte Yarbrough ans others 152 U.S. 651; Texas v. White et. al. [Sup. Ct. Dec. 1868]
80 M'Ilvaine v. Coxe's 278 Lessee Cranch 3.
81 Samuel A. Worcester, Plaintiff in Error, v. The State of Georgia 6 P. 515; Cole v. La Grange Sup. Ct. 1884 1; Dow et al. v. Beidelman Sup. C. Rep. Vol 12, 1028.
82 Equal Employment Opp. Com. v. Federal Taler 476 U.S. 19.
83 William Marbury v. James Madison 1803 Cranch 135; 1804 Cranch 278; 4 Law Ed. 1819, p. 499 (The Trustees of the Philadelphia Baptist Association et. al. v. Harts Executors); Republica v. Molder Dall. 1, 25 (1778).
84 Stevenson v. Pemberton, Dall. 1, 1760, p. 11.
84a Slocum v. Mayberry, 4 Law. ed. 1817, p. 169. Jackson, Ex Dem. The People of the State of New York v. Clarke 4 L. ed. 319; The star, Dickenson et al., Wheat. 3; 388 (1818).
85 60 U.S. Howard 19, 394, Dred Scott v. Sandford.

dikatur entschieden worden. Die Entwicklung hin zu einer Verstärkung von Rechten als Staatsbürger darf als abgeschlossen betrachtet werden.[86]

Das Verhältnis zu anderen angelsächsischen Ländern hat die Rechtsprechung lange beschäftigt.[87]

Häufig in diesem Jahrhundert ist der US-amerikanische Supreme Court mit dem Charakter der Verfassung als Organisationsstatut und dem Streit zwischen den Staatsorganen befaßt worden, dem, zwischen dem Kongreß und dem Präsidenten, bis hin zum Amtsenthebungsverfahren.[88]

In Texas v. White heißt es: "Exact definitions, within which the acts of a State government, organized in hostility to the Constitutions and government of the United States, must betreated as valid or invalid, need not be attempted. It among citizens, such, for example, as acts sanctioning and protecting marriage and the domestic relations, governing the course of descents, regulating the conveyance and transfer of property, real and personal, and providing remedies for injuries to person and estate, and other similar acts, which would be valid if emanating from a lawful government, must be regarded in general as valid when proceeding from an actual, though unlawful government; and that acts in furtherance or support of rebellion against the United States, or intended to defeat the just rights of citizens, and other acts of like nature, must, in general, be regarded as invalid and void." [89] Die Entscheidung beschäftigt sich mit der Antwort auf die Frage, aus welchen Gründen Handlungen oder Entscheidungen von Regierungen eines Staates der USA dann weiterbestehen, nämlich bestätigt werden können oder ihre Gültigkeit behalten, wenn diese Staaten Feinde der Verfassung und Regierung der USA sind.

Für die Beschreibung von staatlicher Gewalt, wie sie durch Verfassungsrecht anerkannt sein soll, ist entscheidend, welche Sachbereiche für die Fortgeltung des Rechts in Betracht kommen. Es sind solche, die in dem Zivilrecht liegen in dem Privatautonomie auch in den Vereinigten Staaten herrscht und dem Staat bloß notarielle Funktion zukommt. Gemeint sind, wie der Inhalt der Entscheidung ersehen läßt, z.B. Eheschließungen, Rechte und Handel mit Eigentum und ähnliche staatliche Akte mit Rechtsqualität. Die Eigenschaft, Rechtsstaat zu sein, schafft Bestandschutz über eine unrechtmäßige Regierung hinaus. Dieser wird von der Regierung der USA nach dem Urteil anerkannt, weil die Privatautonomie der Bürger anders nicht zu schützen ist.

---

86 487 U.S. 781.
87 Z.B. M'Culloch v. The State of Maryland et al. 4 L. ed. 579 (1819).
88 Siehe Nixon v. Administrator of General Service 433 U.S. 425
89 Sup. Ct. 1868, 700.

§ 16 Schweiz

I. Darstellung der Bundesverfassung

1. Einzelne Teile

Die Verfassung der Schweiz ist die Bundesverfassung der schweizerischen Eidgenossenschaft vom 29. Mai 1874. Sie ist in drei Abschnitte aufgeteilt: Allgemeine Bestimmungen, Bundesbehörden und Revision der Bundesverfassung. Darin sind 123 Artikel und 10 Artikel als Übergangsbestimmungen enthalten.

Die allgemeinen Bestimmungen beschreiben den Bund der Eidgenossen in den Kantonen. In Art. 2 ist eine Zweckbestimmung enthalten. Sie ist Staatszielnorm. Es sind die Zwecke: Behauptung der Unabhängigkeit des Vaterlandes gegen außen, Handhabung von Ruhe und Ordnung im Innern, Schutz der Freiheit und der Rechte der Eidgenossen und Beförderung ihrer gemeinsamen Wohlfahrt.

Außerdem ist in den Allgemeinen Bestimmungen noch die Souveränität der Kantone mit ihrer Grenze in der Bundesverfassung geregelt. Das Rechtsstaatsprinzip mit einem ausdrücklichen Ausschluß der Untertanenverhältnisse, also des Gehorsams ohne Rechtsanspruch, ist auch Teil dieser Allgemeinen Bestimmungen. Darin liegt eine Sicherung der Freiheit als Rechtsgut: Die 70 Artikel des ersten Abschnitts konstituieren vorzugsweise Rechte im Verhältnis zwischen Bund und Kantonen, nämlich Gesetzgebungs- und andere rechte der Staatsgewalt in der Schweiz. Das rührt daher, daß in Art. 1 eine Einrichtungsgarantie für die Kantone konstituiert wird, in denen die im Bund existierenden Völkerschaften leben. Jedes Volk behält durch Anerkennung der Bundesverfassung seinen Kanton.
Nach Art. 22 ist das Eigentum gewährleistet, also für dieses Gut Rechtsschutz in der Verfassung verankert. In der Formulierung zwar anders, aber mit einer ähnlichen Strenge konstituiert wie in der Déclaration des droits de l'homme, schützt diese Bestimmung das Eigentum nicht bloß als Recht, sondern es selbst, nämlich als Sache. Deshalb ist es möglich, von einer Statuierung zu sprechen.

Andere Grundrechte enthält der erste Abschnitt in Art. 31, wo die Handels- und Gewerbsfreiheit geregelt ist. Art. 36 Abs. 4 gewährleistet die Unverletzlichkeit des Post- und Telegraphengeheimnisses. Art. 44 regelt das Abwehrrecht des schweizer Bürgers gegen Ausweisung aus der Schweiz und dem Heimatkanton. Art. 45 regelt die Niederlassungsfreiheit.
In Art. 49 wird die Glaubens- und Gewissensfreiheit geschützt, aber auch Ausübung politischer Rechte. Art. 50 regelt die Religionsfreiheit. Nach Art. 54 steht das Recht zur Ehe unter dem Schutze des Bundes. Art. 55 gewährleistet die Pressefreiheit, Art. 56 das Recht, Vereine zu bilden; Art. 57 konstituiert das Petitionsrecht.
Das Recht auf Leben geht soweit, daß wegen politischer Vergehen kein Todesurteil gefällt und körperlich nicht bestraft werden darf.

In dem zweiten Abschnitt werden die Bundesbehörden konstituiert. Dort findet man Einrichtungsgarantien für die Bundesversammlung, bestehend aus dem Nationalrat und dem Ständerat und deren Befugnissen. Die zweite Institution, die man garantiert hat, ist der Bundesrat, die dritte die Bundeskanzlei, die die Geschäfte bei der Bundesversammlung und beim Bundesrat betreibt. Der Bundeskanzlei ist eine Art Beamter unterstellt oder auch – sieht man es von der Funktion her – "Kanzleivorsteher" der vollziehenden Gewalt, freilich muß er für die Belange der obersten Gewalt, nämlich der gesetzgebenden, zur Verfügung stehen und zwar unter Aufsicht des Bundesrates.

Art. 106 bis Art. 114 treffen Bestimmungen über die gesetzgebende Gewalt, die so eingerichtet ist.

2. Besonderheiten

Die Verfassung der Schweiz enthält als das höchste Gesetz drei Besonderheiten, die sie charakterisieren: Die Eidenossenschaft ist es, die im Vergleich mit anderen Verfassungen einzigartig ist. Nicht nur, daß die Schweizer eine Genossenschaft als Rechtsform des Staates bilden; ihre Konstituierung wird auch bekräftigt durch den Eid.

Das Merkmal, Volksherrschaft als Herrschaft des Volkes in seiner eigenen Hand zu sein, nämlich durch direkte Bestimmung der Geschicke von Kanton und Gemeinde durch Abstimmungen und Wahlen, ist sehr ausgeprägt.

Die Verfassung der Schweiz regelt in der größten Zahl der Einzelbestimmungen Kompetenzen, d.h. es werden in ihr Einrichtungen des Staates geschaffen. Diese Installierung von staatlichen Institutionen gibt ihnen nicht nur Aufgaben, sondern auch die Handlungsmacht und schützt sie in ihrer Existenz als Einrichtungen des Staates.

II. Begründung und Wirkung

1. Eidgenossenschaft

Die Verfassung der Schweiz mit ihrer seit 1874 andauernden Geltung ist geprägt durch den Begriff der Eidgenossenschaft. Die "Eidgenossenschaft" als Rechtsbegriff gibt dieser Bundesverfassung eine besondere Begründung.

In "De officiis" sagt Cicero:"Marcus Atilius Regulus wurde, als er, zum zweiten Mal Konsul, in Afrika durch eine List in Gefangenschaft geraten war" (..) "zum Senat geschickt, durch einen Eid gebunden, daß er selber" (..) "nach Karthago zurückkehren sollte." .. "Er kam in den Senat, legte seinen Auftrag dar, weigerte sich seine Meinung abzugeben. Solange er durch den Eid gegenüber den Feinde gebunden sei, sei er nicht Senator." ... "wie eben dies ehrenvoll scheint, zur Marter zurückzukehren, um den Eid zu halten, aber nicht ehrenvoll wird, weil nicht gültig hätte sein dürfen, was unter der Gewalt der Feinde getan worden sei." [90](..)

---

[90] 3, 99-100.

"Juppiter braucht nicht gefürchtet zu werden, daß er in seinem Zorn schade, daß er weder zürnen noch zu schaden pflegt. Dieser Gedankengang richtet sich ebensosehr gegen den Eid des Regulus wie gegen jeden Eid. Aber beim Eid muß man erkennen, nicht welche Furcht besteht, sondern welches seine Kraft ist. Ist doch der Eid eine heilige Versicherung. Was du aber hoch und heilig, gleichsam mit Gott als Zeugen sprichst, das ist zu halten. Hat das doch nichts mehr mit der Götter Zorn, den es nicht gibt, zu tun, sondern mit Gerechtigkeit und Zuverlässigkeit. Denn vortrefflich sagt Ennius: Segnende flügeltragende Fides und Eidesschwur bei Zeus. Wer also den Eid verletzt, der verletzt die Verläßlichkeit, die auf dem Kapitol nach dem Willen unserer Vorfahren die Nachbarin des Juppiter maximus optimus ist, wie in einer Rede Catos zu lesen steht".[91]

Schon in dem Begriff des Staates ist das Merkmal der Gemeinschaft enthalten, so auch in dem durch die Bundesverfassung der Schweiz konstituierten Staat. Dieses Merkmal des Begriffs findet man auch in dem der Eidgenossenschaft, weil das Wort Genossenschaft dieses als sein Wesen innehält. Nun aber findet man bei dem Begriffe "Eidgenossenschaft" die Verbindung mit dem Wort "Eid" vor. Der Eid ist nach Cicero eine "heilige Versicherung". Die Eidgenossen sind daher solche, die auf eine Gemeinschaft eingeschworen sind, d.h. sie haben sich gegenseitig ihrer Gemeinschaft heilig versichert, also mit dem Hinweis auf Gott. Dieses Merkmal der Versicherung, nämlich der Fides, ist in dem Begriff der Eidgenossenschaft enthalten.

2. Freiheitsrechte

Der Bund der Eidgenossen hat, wie es in Art. 2 steht, neben anderem, den Zweck, die Freiheit der Eidgenossen zu schützen. Es wäre keine Besonderheit der Verfassung der Schweiz, wenn nicht in den folgenden Artikeln der Verfassung, häufig bis in Einzelheiten, die Einschränkungen geregelt worden wären. Daraus kann man den Schluß ziehen, daß der freiheitsgewährende Charakter der Verfassung besonders hoch bzw. stark sein soll, denn dem Staat ist dann bloß in diesen so genau bezeichneten Grenzen gestattet, von den Bürgern zu fordern.

Von der Schweiz wird man sagen können, daß es nicht nur die Freiheitsrechte als Abwehrrechte der Bürger dem Staate gegenüber sind und die Rechte der Kantone und Kantonsbürger im Verhältnis zur Staatsgewalt, sondern es ist auch die Freiheit des Staates Schweiz, nämlich die Freiheit der Eidgenossenschaft als ein Staat im Verhältnis zu anderen Staaten und zu denjenigen, die die Herrschaftsmacht des Volkes in dem Staate anzugreifen gewillt oder sogar nur in der Lage sein könnten, die konstituiert worden ist.

---

91 Cicero, De officiis, 3, 104.

§ 17 Österreich

I. Verfassungsgeschichte

1. Verfassung vom 10. November 1920

In der Zeit, in der Europa in seinen Einzelstaaten Verfassungen schuf, im 19. Jahrhundert, ist auch der Beginn der Verfassungsgeschichte von Österreich angesiedelt.

Österreich schuf bereits im Jahre 1920 eine Verfassung, die Demokratie als Herrschafts- und Republik als Staatsform enthielt. Diese Verfassung konstituierte einen österreichischen Staat, der keine Monarchie und auch nicht die Aristokratie duldete, die eine besondere Gruppe mit Herrschaftsrechten ist.
Diese Verfassung folgte der Weimarer Reichsverfassung vom 11. August 1919, die in ihrem Artikel 1 bestimmte, daß das Deutsche Reich eine Republik ist und alle Staatsgewalt vom Volke ausgeht. Die Zeitdifferenz von bloß einem Jahr deutet an, daß es in beiden Staaten eine gleichförmige Entwicklung gibt. Der Wechsel von Staats- und Herrschaftsform, wie man sie in diesen beiden Verfassungen vorfindet, vergleicht man sie mit Vorgängern, kommt auch zum Ausdruck in solchen Bestimmungen, die dem Repräsentationsprinzip folgen und ein gewähltes Staatsoberhaupt konstituieren.

Wie groß die Bedeutung dieser Verfassung ist, zeigt sich darin, daß sie als Verfassung von Österreich mit Zusätzen die Verfassungswirklichkeit auch nach dem zweiten Weltkrieg bestimmt hat. D.h., jetzt gilt in Österreich die Verfassung vom 10. November 1920 in ihren 151 Artikeln mit einem Anhang, der Übergangsbestimmungen konstituiert und mit dem Staatsvertrag betreffend die Wiederherstellung eines unabhängigen und demokratischen Österreichs vom 27. Juli 1955 und die Neutralitätserklärung vom 26. Oktober 1955.

2. Staatsvertrag vom 27. Juli 1955 und Neutralitätserklärung vom 26. Oktober 1955

Der Staatsvertrag und die Neutralitätserklärung sind Teile der Verfassung, weil in dem ersten, nämlich dem Staatsvertrag, die Einigung mit Dritten über die Wiederherstellung von Souveränität in Form eines demokratischen Staates geschaffen worden ist und in dem zweiten die Neutralität des Staates als Verzicht auf die Trutzbundeigenschaft verlautbart wurde.

Fraglich ist, ob Souveränität auf diese Art und Weise, nämlich durch Staatsvertrag, geschaffen werden kann. Betrachtet man zunächst die einseitige Willenserklärung, so kann man Beispiele für einen Zusammenhang zwischen der Souveränität nach außen und dieser finden. Die amerikanische Unabhängigkeitserklärung, Declaration of independence, als bloß einseitige Willenserklärung, die auf den Zugang an Dritte gerichtet ist, zeigt diesen gegenüber an, daß man sich für unabhängig von anderen Staaten erklärt; man ist demnach souverän. Wegen des nach außen gerichteten Charakters der Erklärung geht man von einer Konstituierung des Staates durch seine Verfassung ab. In der Weise, sich gegenüber dritten Staaten abzugrenzen, liegt die Konstituierung. Daß aber überhaupt eine solche Erklärung erfolgen muß oder eben erfolgt, ist womöglich Zeichen, daß es eines solchen Rechtsaktes bedarf. Jedenfalls mit der Bestandskraft des Hergebrachten kann man die Souveränität nicht rechtfertigen. Sie folgt bloß aus der Erklärung desjenigen, von dem sie ausgeht. Ihr Inhalt beschränkt sich auf die Unabhängigkeit gegenüber anderen Staaten. Es könnte folglich sein, daß durch einseitige Erklärung Souveränität hergestellt werden kann.

Der Vertrag als zwei- oder mehrseitige Willenserklärung könnte ebenfalls Unabhängigkeit erklären oder Souveränität schaffen. Er wäre dann Zeichen dafür, daß sich ein Staat durch Verhandlung und ihr Ergebnis konstituiert, das der Vertrag ist. Er würde dann für Österreich seine Souveränität wegen vormaliger Staatsgewalt eines anderen über ihn durch Abmachungen mit Dritten wiederherstellen. Zweifel tauchen auf, weil in der einseitigen Willenserklärung bloß ein Wille enthalten und daher derjenige, der ihn äußert, unabhängig von anderen ist. Aus diesem Grunde könnte man die Qualität der einseitigen Willenserklärung als souveränitätsstiftend verstehen. Anders die zweiseitigen, nämlich vertraglichen Willenserklärungen: Sie setzen eine Einigung voraus, in der Regel einen Kompromiß oder ein Aufeinanderzugehen. Das Wesen des Vertrages besteht in der Einigung. Es könnte sein, daß die Einigung bereits als ein Abgehen von Unabhängigkeit verstanden werden kann, weil man überhaupt in Verhandlungen tritt. Vor allem dann, wenn der Verhandlungsgegenstand die Souveränität eines Vertragspartners ist.

Zu überlegen ist auch, ob ohne Souveränität staatliche Konstituierung vorhanden ist. Ist sie nicht vorhanden, so ist fraglich, ob mit Dritten über Souveränität verhandelt werden kann. Womöglich ist Souveränität aus der Macht des Staates geschaffen und die Verhandlung über sie ein Zeichen unvollständiger staatlicher Konstituierung.

Bedenken ergeben sich auch, weil die Legitimation nicht aus den Verhältnissen in dem Staate rührt, sondern sich aus den Verhandlungen ergibt, sieht man davon ab, daß die Einigung eventuell ein Nachgeben bei den eigenen Positionen zum Inhalt hat. Hält ein Staat die Hoheitsgewalt in seinen Händen, ist er souverän auf seinem Gebiet. Dann bedarf es keiner Verhandlungen. Besitzt er aber die Hoheitsgewalt nicht, so kann die Souveränität, die er als Ergebnis von Verhandlung erhält, nur eine solche sein, die nicht bloß seiner eigenen Macht oder gar seiner eigenen Gewalt nicht entspringt. Jedenfalls ist das eine untypische Art und Weise Souveränität zu erhalten, die nur dann in Betracht kommt, wenn man dem Völkerrecht staatskonstituierende Bedeutung zukommen läßt.

II. Bundesverfassungsgesetz

1. Inhalt

Das Bundesverfassungsgesetz mit seinen 151 Artikeln ist in sieben Hauptstücke gegliedert. In dem ersten Hauptstück findet man Allgemeine Bestimmungen, in dem zweiten Gesetzgebung des Bundes, in dem dritten Vollziehung des Bundes, in dem vierten die Gesetzgebung und Vollziehung der Länder, in dem fünften Rechnungs- und Gebarungskontrolle, in dem sechsten Garantien der Verfassung und Verwaltung und in dem siebenten die Schlußbestimmungen.

In dem ersten Hauptstück des Bundesverfassungsgesetzes befinden sich Allgemeine Bestimmungen, die Österreich als Demokratie, Republik und Bundesstaat errichten. Dort sind noch weitere Bestimmungen enthalten über die Einrichtung von Bundesorganen und ihre Aufgaben. Die Geltung von Recht, die Landessprache u.a. sind dort geregelt.

Das zweite Hauptstück enthält die Gesetzgebung des Bundes. Sie wird ausgeübt vom Nationalrat und dem Bundesrat. Auch die Bundesversammlung ist hier konstituiert. Sie ist die Versammlung, die sich bildet aus Nationalrat und Bundesrat. Auch der Weg, den die Gesetzesvorschläge nehmen müssen bis sie ein Gesetz werden, ist darin vorgeschrieben. Unter E. hat man bestimmt, wie der Nationalrat und der Bundesrat an der Vollziehung des Bundes mitzuwirken hat. Danach ist die Stellung der Mitglieder des Nationalrates und des Bundesrates beschrieben.

Die Vollziehung des Bundes ist in dem Dritten Hauptstück geregelt. Die Verwaltung durch Bundespräsident, Bundesregierung, Bundesheer und Schulbehörden des Bundes und später die Gerichtsbarkeit sind darin enthalten.

Im Vierten Hauptstück hat man allgemeine Bestimmungen über Gesetzgebung und Vollziehung der Länder geschaffen. Auch die Bundeshauptstadt Wien und die Gemeinden sind darin erwähnt.

Das fünfte Hauptstück enthält die Rechnungs- und Gebarungskontrolle.

In dem sechsten Hauptstück, wo die Garantien der Verfassung und Verwaltung ausgesprochen sind, werden Verwaltungs- und Verfassungsgerichtshof errichtet. Es folgen die Schlußbestimmungen.

2. Auslegung

Die Verfassung von der Republik ist auszulegen wie jeder andere Kodex. Allerdings hat die Verfassung Besonderheiten, auf die hinzuweisen von Bedeutung ist, weil das Land Österreich in ihnen außergewöhnlich konstituiert ist. Es ist der Art. 149, der eine solche rechtliche Bindung und Errichtung des Staates vorsieht.

Durch statische Verweisung gibt Art. 149 den in dieser Vorschrift genannten Ge-

setzen und Beschlüssen, z.B. Staatsgrundgesetz v. 21. Dezember 1867 und dem Beschluß der Provisorischen Nationalversammlung vom 30. Oktober 1918, Verfassungsrang und sogar haben sie als Teil der Verfassung zu gelten, denn Art. 149 spricht von "Verfassungsgesetzen".
Die statische Verweisung auf alte Gesetze vor dem Geltungszeitpunkt, Inkrafttreten, ist verfassungsrechtlich nicht zu beanstanden. Allerdings müssen sie wirksam inkorporiert werden. Die statische Verweisung ist grundsätzlich ein taugliche Mittel, weil die Gesetze oder andere Regelungen genau und abschließend bezeichnet sind. Vor allem ist das bei solchen der Fall, die in der Vergangenheit liegen. Diese sind nämlich abgeschlossen, so daß die Rechtssicherheit nicht beeinträchtigt werden kann.
Allerdings sagt Art.149 Abs.1, daß diese genannten Regelungen im Sinne des Art.44 Abs.1 als Verfassungsgesetze zu gelten haben. Art.44 Abs.1 spricht aber bloß davon, daß mindestens die Hälfte der Mitglieder des Nationalrates anwesend sein müssen, damit Verfassungsbestimmungen geändert werden können.

Man wird also die Geltung von den in Art.149 genannten Vorschriften sogar dann annehmen müssen, wenn sie sonst in der Verfassung vorhandene Rechtssätze ändern sollten. Ihre Geltung im übrigen ergibt sich aus der statischen Verweisung.

§ 18 England

I. Magna Charta Libertatum

1. Verfassungsdokumente

Für das Vereinigte Königreich von Großbritannien kann auf die Magna Charta Libertatum zurückgegriffen werden.[92] Zuweilen wird die Petition of Rights (1627) als Verfassungsdokument von Großbritannien vorgestellt.[93] Wie allerdings schon das Wort "Petition" sagt, das "Bittschrift" heißt, kann man nicht von einem Gesetz sprechen. Es ist eine Bitte, ein Petitum.
Das geht auch aus dem Inhalt des Dokuments hervor. Darin wird tatsächlich eine Bitte geäußert, gewisse Gesetze etc. einzuhalten. Es handelt sich aus diesem Grunde nicht um ein Gesetz, sondern es wird von einem Recht Gebrauch gemacht, nämlich dem in der englischen Rechtsgeschichte in den Statutes verbürgten Recht auf Petition. Darin hat sich der Souverän nicht geäußert, sondern an diesen wird eine Bitte herangetragen.
Dagegen ist die Bill of Rights vom 7. Juni 1628 Verfassungsdokument, aber auch die Bill of Rights vom 13. Februar 1689, wohl auch der Habeas-Corpus-Act von 1679.

92 Rev. Vision: 9 Hen. 3 Stat. 1. (1215).
93 Z.B. in A. Kimmel (Hg.), Die Verfassungen der EG-Mitgliedstaaten, München 2. Aufl. 1990, S. 417.

Man wird den Parliament Act vom 18. August 1911 (Veto-Bill), freilich auch das Parlamentsgesetz von 1949, als Teil der britischen Verfassung, in Erwägung ziehen müssen.
Daß diese Gesetze womöglich Verfassungscharakter haben, könnte man daraus ersehen, daß sie solche Rechte formulieren, die Imperative über nähere Einzelheiten der Befugnisse und Möglichkeiten des Parlaments schaffen. Solche sind aber schon in der Magna Charta und den folgenden Charters in den Statutes vorzufinden. Allerdings sind dort auch petitions gedruckt. Es ist im Grunde eine Rangfrage, ob alle dort abgedruckten Bestandteile höchstes Gesetz, einfache Gesetze oder Bestimmungen anderer Art sind. Bei der Petition ist das Gesetz oder auch die Verfassungseigenschaft deswegen abzulehnen, weil die Bitte zwar schon ihre Gewährung beinhalten könnte, freilich aber der Begriff derselben letztere nicht enthält.

Die Magna Charta Libertatum und auch die Bill of Rights sind zweifellos Gesetze, die grundsätzliche Rechte regeln und die auch sonst alle Bestandteile in sich tragen, die man in den Verfassungen vorfindet.

Ihr grundsätzlicher Charakter als höchste Gesetze kann zwar für die Bill of Rights infragegestellt werden, weil es nicht der König selbst gewesen ist, der es ausdrücklich gebilligt hat und sie als sein Recht anerkannte. Für die Magna Charta Libertatum ist dies unbestritten. Daß das Staatsoberhaupt als Verfasser des Gesetzes kenntlich gemacht ist und es eine Versammlung und darin die Einzelnen waren, die für sich in Anspruch nehmen, zu dieser Gesetzgebung legitimiert zu sein, spricht auch dafür.

Zwar ist auch die Bill of Rights "cum privilegio" gedruckt, aber das sind auch die petitions. Sie ist zwar grundsätzlich formuliert, in ihrem Legitimationsgehalt aber geringer. In der Sache selbst wird man freilich an ihrem Verfassungscharakter nicht zweifeln können. Auch die Bezeichnung als "Bill", ein Begriff, der z.B. mit Gesetz übersetzt werden kann, legt es nahe, von einem Gesetz zu sprechen.

Schon früh wurden die Rechte von dem Parlament festgelegt, insbesondere seine Einberufung und Fristen sowie andere Kautelen des procedere;[94] solches findet sich auch in den Acts of Parliament von 1911 und 1949. Zustimmungserfordernisse von House of Lords und His Majesty sind darin vorgeschrieben.[95]

Es ist sogar so, daß ein Gesetzesentwurf zum Gesetz erst durch Zustimmung des Monarchen wird.[96] Das geht also die Gesetzgebung in ihrem Kern und Wesen an. Deshalb könnte es sich um Verfassungstexte handeln.

---

94 6 W. & M. c. 2. § 3. vol. 9.; 1 Geo. 1. St. 2. c. 38. vol. 13.; 7 & 8 W. 3. c. 15. vol. 9.; 4 An. c. 8.; 6 An. c. 7. § 4, c. vol. 11; 7 & 8 W. 3. c. 25. § 1. vol. 9; 1 Geo. 1. St. 2. c. 38 vol. 38.
95 Vgl. Wortlaut.
96 Vgl. Veto-Bill Nr. 1. Abs. 1.

2. Statutes und Common Law

Die Statutes sind die Gesetze und gesetzesähnliche Veröffentlichungen des Staates. Ihr Charakter ist allgemein und sie gelten für alle, nämlich diejenigen, die in ihnen erwähnt sind und die aus ihnen Rechte ableiten, aus ihnen verpflichtet werden oder in anderer Weise von einer Rechtsfolge berührt sind.

Das Common Law dagegen ist die aus der Sicht des Prozeßrechts formulierte Bezeichnung für die Rechtsgrundlage des Prozesses. Ursprünge davon findet man in den Writs, nämlich dem Königsbrief. Es ist im Blick der kontinentalen Rechtstradition eine rechtsschützende actio und zwar die Klage selbst und ihre prozessuale Einleitung. Entscheidend ist, daß dieser Begriff dem Privatrecht angehört. Man kann ihn übersetzen mit gemeinem Recht. Der Gegenbegriff ist Equity. Equity heißt Billigkeit im Unterschied zu dem Gesetzesrecht, das ursprünglich aus den Institutionen der Writs gebildet worden ist.

Zwar wurde das gemeine Recht aus den Klagen und ihrer Behandlung im Prozeß entwickelt und zu einem Zusammenhang von actio als institutio und Richterrecht als case law.[97] Weil dieses Recht seine Grenzen in der praktischen Anwendung fand, schließlich auf seiner Grundlage nicht mehr alle Fälle gelöst werden konnten, wurde wegen der Prärogative des Staates als Inhaber von Staatsgewalt die Billigkeit in Zweifelfällen als Rechtsgrundlage verwendet. Die Abwägung, die in der actio nicht enthalten ist, es sei denn man nennt sie ausdrücklich, ist das Merkmal, das den Kern des Begriffs Equity zu seinem Inhalt hat. Es wird abgewogen zwischen Belangen, Interessen der streitenden Prozeßparteien. Die Billigkeit ist Rechtsbegriff und aus diesem Grunde ein Wort, das in seinem Inhalt geeignet ist, andere Merkmale, zu enthalten, als z.B. der Begriff des gemeinen Rechts. Häufig und mitlerweile meistens wird der Begriff Common Law auch als Oberbegriff für das anglo-amerikanische Recht insgesamt genannt und zwar wegen seiner im Gewohnheitsrecht fußenden Grundlagen.

Für die Einordnung der Verfassung von England aber ist entscheidend, daß die Statutes Gesetze sind und in ihnen Angelegenheiten der res publica geregelt werden. Es ist in ihnen öffentliches Recht enthalten und darin Verfassungsrecht, Verfassungsgesetze und einfaches Recht, das das staatliche Geschehen unmittelbar berührt.

Wenn auch das Common Law vorzugsweise Zivilrecht ist, so sind Annexe von ihm, die in den Statutes veröffentlicht sind, öffentlich-rechtlicher Natur und dann Rechtsgrundlagen im Verfassungsrecht, wenn sie Verfassungssätze enthalten.

II. Vergleich mit kontinental-europäischen Verfassungen

1. Geschlossener Verfassungskörper

Es wird bei dem Vergleich von europäischen Verfassungen miteinander zuweilen davon geredet, daß die englische nicht einen in sich geschlossenen Verfassungs-

---

97 D. Blumenwitz, Einführung in d. anglo-amerikanische Recht, 3. Aufl., München 1987, S. 5-8.

körper bildet, sondern sich "statute" und "common law" im öffentlichen Recht treffen und auch ergänzen, wichtige Grundsätze nicht dem Gesetzesrecht, sondern dem ungeschriebenen Common Law innewohnen; es wird auch von Konventionalregeln als Ergebnis von Richterrecht gesprochen.

In den der englischen Verfassung angehörenden Gesetzen sind freilich alle Bestandteile von Verfassungen zu finden: Schon in der Magna Charta kann man Vorschriften von Habeas Corpus ersehen, nämlich in Nr. 39. Dieses Grundrecht ist aber nicht das einzige, dort statuierte. Nr. 12 hat eine Begrenzung der Abgabenerhebung geregelt. Auch Nr. 14, Nr. 20 und Nr. 21 und auch Nr. 38 begrenzen die Strafgewalt, also die Macht der Judikative. Nr. 40 konstituiert das Rechtsstaatsprinzip. Rechtsgüterschutz und Freiheit als Abwehrrecht werden der Kirche zugestanden, Bestandschutz für frühere Freiheiten für die Stadt London und andere Städte (Nr. 13). So wurde sogar schon damals die Grundrechtsfähigkeit solcher Rechtssubjekte konstituiert, die nicht Individuen, sondern Körperschaften sind. In 60. kann man eine Bestimmung über die Drittwirkung der Grundrechte sehen. Nr. 41 und 42 konstituieren die Einreise- und Ausreisefreiheit.

2. Eigenheiten

Gegen die Eigenschaft, Verfassung zu sein, könnten Bedenken geltend gemacht werden, wenn man feststellt, daß jedenfalls zu Beginn der Konstituierung die Einrichtungen des Staates nicht als einzelne mit ausdrücklichen Rechten ausgestattet wurden, vergleichbar neueren Verfassungen.

In neueren Verfassungen findet man häufig umfangreiche Kataloge mit Kompetenzabgrenzungen und Beschreibungen staatlicher Einrichtungen. Die Rechte der Staatsorgane sind darin enthalten.

Für die Konstituierung in Großbritannien durch Verfassung wird man sagen dürfen, daß sie durch die Erwähnung des Begriffes in der Verfassung erfolgt. Ist von dem König die Rede, so handelt es sich um eine Monarchie. Das Königtum, oder auch die Monarchie, ist schon durch den Begriff in der Verfassung konstituiert.

Dasselbe gilt auch für andere Einrichtungen des Staates oder auch Staatsorgane. Die Merkmale von Begriffen kann man durch Auslegung ermitteln. Konkret muß nicht bestimmt werden, wie sie konstituiert sind. Jedenfalls ist das nicht notwendig, um einen Staat durch Verfassung zu konstituieren, obwohl es den Anforderungen des Gewaltenteilungsprinzips eventuell nicht entspricht oder man aus Gründen des Rechtsstaates vielleicht eine bestimmtere Kompetenzabgrenzung verlangen mag.

§ 19 Gemeinsamkeiten westlicher Verfassungen

I. Konstitutionscharakter

In den westlichen Verfassungen zeigt sich der Bindungswille des Verfassungsgebers, nämlich der verfassunggebenden Macht. Diese Konstituierungseigenschaft, die der Verfassung als dem höchsten Gesetz in dem Staate innewohnt, ist immer gewichtiger im Rechtssinne als die Gründung eines Staates ohne eine Verfassung, nämlich ohne Recht.

Freilich rührt die höhere Legitimation des Staates mit einer Verfassung nicht aus dem Inhalte des Verfassungsgesetzes; dieser kann von hohem Wert sein, muß es aber nicht zwingend. Schon und allein die Festlegung auf eine imperativische Gestaltung, nämlich ein Gesetz, verschafft diesem Staate die Grundlage dessen, was Rechtsstaat genannt wird. Ob dieser, soll der Begriff in allen seinen Merkmalen erfüllt sein, solche Rechte enthalten muß, wie sie die westlichen Verfassungen kennen, nämlich Menschenrechte als Grundrechte etc., ist womöglich zu bejahen, braucht hier aber letztendlich nicht entschieden werden. Denn schon die Rechtstradition, als Verfassungstradition der Festlegung der höchsten Imperative in einem Staat, rührt aus der Geschichte der westlichen Verfassungen. Weil sie aber zusätzlich die anderen Merkmale erfüllt, umfaßt sie auch mögliche andere Gestaltungsweisen für Verfassungen. Dann erst sind alle Merkmale des Begriffs Verfassung vorhanden.

II. Potestas und Ratio

Der Bändigungsaspekt, der auf dem Gedanken beruht, dem Schlechten in den Menschen begegnen zu müssen, schafft die Staatsgewalt und ist zugleich ihr Entstehungsgrund. Freilich ist in Verfassungen als Grundlage für den Staat auch die Begrenzung der Staatsmacht geregelt, das sind Menschenrechte im Dienste der Freiheit des Menschen, die der Staat sogar vor seiner eigenen Macht schützen muß. Potestas der besonderen Staatszwecke ist errichtet durch die bloße Existenz der Verfassung, wohl auch die des allgemeinen. Ist in ihr nicht die Willkür festgeschrieben, so enthält sie das jedem Rechte innewohnende Sicherheitselement. Konstituierte Tyrannenherrschaft steht nicht in Einklang mit westlicher Verfassungstradition und entbehrt der Begründung. Die Hoffnung, daß die Menschen als freie sich ihres Verstandes zugunsten der Gemeinschaft bedienen, spricht für Begrenzung der Staatsmacht durch Verfassung. Ratio begrenzt also potestas.

Daß dies möglich ist, kann erklärt werden mit dem freien Willen der Menschen, dessen Existenz die Chance enthält, sich für das Gute und gegen das Böse zu entscheiden. Die Erkenntnisfähigkeit, was das eine oder das andere ist, sich also des Verstandes bedienen zu können, ist Voraussetzung für die freie Entscheidung in die eine oder andere Richtung.[98] Aus diesem Grunde ist eine Verfassungsentwicklung möglich, wie man sie in der westlichen Tradition kennt. Weil man nicht weiß, wie die Entscheidung des einzelnen lautet und wie die anderen sich entscheiden, hat die Verfassung auch den Charakter, gemeinschaftsfeindliche Mög-

---

98 I. Kant, Grundlegung zur Methaphysik der Sitte (1785), Stuttgart 1988, S. 113.

lichkeiten, die solche Freiheit enthält, auszuschalten oder ihrer Verwirklichung zu widerstreben. So könnte die dem westlichen Denken fremde, staatliche Willkürherrschaft, konstituiert durch höchstes Gesetz, den Begriff Verfassung nicht in allen seinen Merkmalen ausfüllen.

Dritter Abschnitt: Bundesdeutsche Verfassungen nach 1945

§ 20 Geschichte

I. Bestand

1. Geltung und Änderungen

Die Verfassungen der Bundesrepublik Deutschland sind solche des Bundes und der Länder.
Die Verfassung des Bundes ist das Grundgesetz der Bundesrepublik Deutschland vom 23. Mai 1949.[99] Diejenigen der Länder sind die Verfassung des Landes [100] Baden-Württemberg vom 11. November 1953, Verfassung des Freistaates Bayern vom 2. Dezember 1946,[101] Verfassung von Berlin vom 1. September 1950,[102] Landesverfassung der Freien und Hansestadt Bremen vom 21. Oktober 1947,[103] Verfassung der Freien und Hansestadt Hamburg[104] vom 6. Juni 1952, Verfassung des Landes Hessen vom 1. Dezember 1946,[105] Vorläufige Niedersächsische Verfassung vom 13. April 1952 i. d. F. des Gesetzes vom 23. Dezember 1958,[106] Verfassung für das Land Nordrhein-Westfalen[107] vom 28. Juni 1950, Verfassung für Rheinland-Pfalz vom 18. Mai 1947,[108] Verfassung des Saarlandes vom 15. Dezember 1947,[109] Landessatzung für Schleswig-Holstein vom 13. Dezember 1949.[110] in der Fassung der Bekanntmachung vom 7. Februar 1984 [111] und mit dem Gesetz zur Änderung der Landessatzung für Schleswig-Holstein vom 13. Juni 1990 [112].

99 BGBl. 1. S. 1.
100 GBl. S. 173.
101 BayRS 100-1-S.
102 VBl. 1, S. 433.
103 SaBremR 100-a-1.
104 Sammlung des bereinigten hamburgischen Landesrechts 100-a.
105 GVBl. S. 229.
106 Nieders. GVBl. Sb I 100.
107 GS. NW. 100 S. 3.
108 VBl. S. 209.
109 BS Saar 100-1.
110 GVOBl. 1950 S. 3.
111 GVBl. S. 53.
112 GVBl. 835.

2. Bundes- und Landesverfassungen

Die Verfassungen des Bundes und der Länder sind alle nach dem 2. Weltkrieg geschaffen worden, haben also ähnliche Entstehungszeitpunkte und sind durch Konstituierung als Demokratien gekennzeichnet. Diese Verfassungen gelten durch die staatskonstituierende Prärogative des Bundes unter Maßgabe des Art. 28 GG, der vorschreibt, daß die verfassungsmäßige Ordnung in den Ländern den Grundsätzen des republikanischen, demokratischen und sozialen Rechtsstaates im Sinne dieses Grundgesetzes entsprechen muß.

Weil in dem Art. 28 von den Landesverfassungen die Rede ist, kann man eine Geltung von ihnen annehmen, die an den Grundsätzen dieser Artikel zu messen ist, selbst wenn die Verfassungen vor Inkrafttreten des Grundgesetzes schon bestanden haben.

Die Verfassungen der Länder und des Bundes sind zwar in Einzelheiten häufig geändert worden.[113] Sie haben nicht die grundsätzlichen Teile dieser Konstitutionen verändert. Man wird daher von einer Verfassungskontinutität sprechen können und auch von einer Beibehaltung ihrer Grundlagen, die in ihrem Bestand dargestellt werden können.

II. Überblick und einschlägige Normen

1. Bund

Das Grundgesetz enthält 146 Artikel. Es ist in elf Abschnitte aufgeteilt; der erste konstituiert Grundrechte, der zweite regelt das Verhältnis zwischen Bund und Ländern, der dritte den Bundestag, der vierte den Bundesrat, der nächst folgende IV. a den Gemeinsamen Ausschuß, der fünfte den Bundespräsidenten, der sechste die Bundesregierung, der siebente die Gesetzgebung des Bundes, der achte

---

113 Vgl. für Grundgesetz (BGBl. III Nr. 100-1) vor dem Text Änderungsindex mit 35 Änderungsgesetzen: Strafrechtsänderungsgesetz v. 30. 8. 51, Gesetz zur Einführung eines Art. 120a in das GG, Gesetz zur Änderung des Art. 107 des GG, Gesetz zur Ergänzung des GG, Zweites Gesetz zur Änderung des Art. 107 GG, Finanzverfassungsgesetz, Gesetz zur Ergänzung des GG, Gesetz zur Änderung und Ergänzung des Art. 106 GG, Gesetz zur Einfügung eines Art. 135a in das GG, Gesetz zur Ergänzung des GG, Gesetz zur Einfügung eines Artikels über die Luftverkehrsverwaltung in das GG (11. Änderung des GG), 12. ÄndG, 13. ÄndG, 14. ÄndG, 15. ÄndG, 16. ÄndG, Siebzehntes Gesetz zur Ergänzung des GG, 18. ÄndG (Artikel 76 und 77), 19. ÄndG, 20. ÄndG, 21. ÄndG (Finanzreformgesetz), 22. ÄndG, 23. ÄndG, 24. ÄndG, 25. ÄndG, 26. ÄndG (Artikel 96), 27. ÄndG, 28. ÄndG, 29. ÄndG, 30. ÄndG (Artikel 74 GG-Umweltschutz), 31. ÄndG, 32. ÄndG (Artikel 45c), 33. ÄndG (Artikel 29 und 39), 34. ÄndG (Artikel 74 Nr. 4a), 35. ÄndG (Artikel 21 Abs. 1).

die Ausführung der Bundesgesetze und die Bundesverwaltung, der nächst folgende Villa. Gemeinschaftsaufgaben von Bund und Ländern, über neunte die Rechtsprechung, der zehnte das Finanzwesen, X. a den Verteidigungsfall und XI. Übergangsvorschriften und Schlußbestimmungen.

In dem ersten Abschnitt sind die Grundrechte geregelt. An erster Stelle ist die Menschenwürde zu nennen, auf deren Achtung und Schutz alle staatliche Gewalt verpflichtet ist. Dann kommen die Freiheitsrechte und die Gleichheit vor dem Gesetz. Die Glaubensfreiheit, die Meinungs- und Pressefreiheit, die Freiheit der Kunst und der Wissenschaft sind in dem Grundrechtskatalog auch enthalten. Ehe, Familie, Mutterschaft und nichteheliche Kinder stehen unter dem Schutz des Staates. Das Recht, vom Staat in einer Schule unterrichtet zu werden, ist ein Grundrecht und auch das Recht der Eltern bis zu dem 13. Lebensjahr des Kindes einschließlich, über die Teilnahme an dem Religionsunterricht zu entscheiden. Die Versammlungsfreiheit, die Vereinigungsfreiheit, Brief-, Post- und Fernmeldegeheimnis, ebenso die Freizügigkeit für Deutsche im Bundesgebiet, die Freiheit der Berufswahl, das Kriegsdienstverweigerungsrecht, aber auch das Recht zum Dienst in den Streitkräften, im Bundesgrenzschutz oder in einem Zivilschutzverband tätig sein zu dürfen, sind in der Verfassung konstituiert.

Die Unverletzlichkeit der Wohnung, das Eigentum und das Erbrecht, die deutsche Staatsangehörigkeit, aber auch das Petitionsrecht, sind weitere Grundrechte. Von diesen Grundrechten sind einige auch von dem Rechtsgüterschutz umfaßt und daher absolute Rechte. Die Menschenwürde ist als Rechtsgut geschützt und sie ist daher absolutes Recht. Man findet ihren Schutz auch in den Generalklauseln des Bürgerlichen Gesetzbuches. Das, was gegen Menschenwürde gerichtet ist, verstößt gegen die guten Sitten.

Schwierigkeiten macht freilich, wie man die Menschenwürde als ein Rechtsgut begründet, ist sie doch bloß in dem Menschen selbst als einem faßbaren verankert und nicht außerhalb von ihm. In der französischen Menschenrechtserklärung und auch in Großbritannien ist das Eigentum stärker geschützt. Die Menschenwürde ist im Vergleich dazu etwas geistiges. Wenn man die Würde des Menschen nicht aus etwas Höherem als ihm selbst resultierend begreift, so kann sie nur aus seinem Geist folgen. Das Besondere an dem Geist des Menschen ist der freie Wille.

Man wird diesen als ein Merkmal des Menschenbildes und auch den Verstand als Fähigkeit zur Erkenntnis als zweites Merkmal hinzufügen müssen. Aber es ist an dem Menschen nicht nur das Geistige, das geschützt wird, sondern auch die Menschenwürde als Schutz vor körperlicher Mißhandlung, Folter usw.. Menschenwürde als Rechtsgut ist also auch etwas Sichtbares und nicht nur Erkennbares. Der körperliche Schutz und der Körper des Menschen erlauben es daher, ohne Probleme von der Menschenwürde als Rechtsgut zu sprechen.

Das Recht auf Leben ist ebenfalls wegen des Verbotes der Todesstrafe und wegen des Verbotes, jemanden zu töten, absolut geschützt.

Aber auch der Körper, die körperliche Unversehrtheit, die Freiheit und das Eigentum sind solche Rechtsgüter, die allerdings von der Verfassung nicht in dem gleichen Maße geschützt werden.

Einrichtungsgarantien für staatliche Institutionen sind in dem Abschnitt III., der Bundestag, dem Abschnitt IV. der Bundesrat, dem Abschnitt V. der Bundespräsident, dem Abschnitt VI. die Bundesregierung, dem Abschnitt IX., die Rechtsprechung aufgehoben. Das sind die Einrichtungen des Staates.

Staatszielnormen dieser Verfassung sind solche, die das Ziel dieses Staates als Verfassungsstaat verdeutlichen. Für einen Staat ist zwar die Staatsgewalt als allgemeiner Staatszweck nicht conditio sine qua non, weil sie nicht zu dem Kern des Begriffes Staat gehört. Wenn sie jedoch in einem Verfassungsstaat konstituiert ist, so stellt sie nicht nur den allgemeinen Staatszweck dar, sondern dieser erhält einen besonderen Charakter als verfaßte Staatsgewalt. Ihr wohnt, die in der Verfassung konstituierte, Staats- und Herrschaftsform inne. Ihre Beibehaltung ist nicht conditio sine qua non von Verfassung überhaupt. Aber die Ewigkeitsgarantie des Art. 79 Abs. 3 GG bestimmt das für das Grundgesetz der Bundesrepublik Deutschland. Es sind die in Art. 20 GG niedergelegten Grundsätze.

2. Länder

Die Verfassung des Landes Baden-Württemberg vom 11. November 1953 enthält 94 Artikel in zwei Hauptteilen, von denen der erste "vom Mensch und seinen Ordnungen" und der zweite "vom Staat und seinen Ordnungen" benannt ist.

Abschnitt I. konstituiert "Mensch und Staat", II. "Religion und Religionsgemeinschaften" und III. "Erziehung und Unterricht". Der zweite Hauptteil enthält "Die Grundlagen des Staates", II. "Der Landtag", III. "Die Regierung", IV. "Die Gesetzgebung", V. "Die Rechtspflege", VI. "Die Verwaltung", VII. "Das Finanzwesen". Dann folgen die Schlußbestimmungen.

Der zweite Teil, abgesehen von VII., enthält Einrichtungsgarantien, in Art. 23 Staatszielnormen, aber auch in Art. 1 Abs. 2 S. 1 eine solche, wonach der Staat die Aufgabe hat, den Menschen bei der Erfüllung seiner Berufung, nämlich der Entfaltung seiner Gaben, zu dienen. Das ist grundlegende Staatszielnorm.

Sie verkörpert den allgemeinen Staatszweck in besonderer Art und Weise und zwar stärker als in allen anderen Verfassungen der Bundesrepublik. Dem Menschen zu dienen heißt, daß er so zu dem in Art. 1 Abs. 1 als dem für diese Verfassung konstituierten Guten angehalten wird. Der konstituierte Staat wird so unter den Menschen gestellt, als sein Diener.

Das ist auch konsequent, denn wenn er das in Art. 1 Abs. 1 konstituierte Gute verwirklichen soll, materialisiert sich hier der Bändigungszweck, weil die Schlechtigkeit des Menschen als Annahme conditio sine qua non für die Konstituierung von Staatsgewalt überhaupt ist.

In Art. 2 steht, daß die Grundrechte des Grundgesetzes der Bundesrepublik inkorporiert sind, nämlich als solche des Landesverfassungsrechts und zusätzlich das Menschenrecht auf Heimat als ein unveräußerliches.
In Art. 3 sind die Feiertage durch Verfassung konstituiert. Im Umkehrschluß ergibt sich daraus ein Recht darauf, an allen anderen Tagen im Jahr arbeiten zu dürfen. Weitere Grundrechte sind in Art. 11, Art. 15 Abs. 3, Art. 17 Abs. 1 und 4, Art. 20 geregelt, soweit die Hochschule als Einrichtung grundrechtsfähig ist. Auch Art. 26 regelt das.

Die Verfassung von Bayern vom 2. Dezember 1946 enthält vier Hauptteile: Der erste ist überschrieben mit "Aufbau und Aufgaben des Staates", der zweite mit "Grundrechte und Grundpflichten", der dritte mit "Das Gemeinschaftsleben" und der vierte mit "Wirtschaft und Arbeit". Einschließlich der Schluß- und Ubergangsbestimmungen enthält diese Verfassung 188 Artikel. Es ist ein Freistaat, der durch sie konstituiert worden ist.
In dem ersten Abschnitt sind die Grundlagen des Bayerischen Staates geregelt, in dem zweiten der Landtag (Einrichtungsgarantie), in dem dritten der Senat, in dem vierten die Staatsregierung (beide Einrichtungsgarantien), ebenso wie der fünfte Abschnitt (Der Verfassungsgerichtshof), der siebente, die Verwaltung, der achte, die Rechtspflege, der neunte, die Beamten, konstituiert worden sind.

Grundrechte und Grundpflichten enthalten die folgenden Artikel bis Artikel 123, aber auch die im dritten Hauptteil in dem ersten Abschnitt geregelten Art. 124 bis Art. 127 und in dem 2. Abschnitt Art. 128, Art. 129 und Art. 132, ebenso Art. 136 Abs. 1, Abs. 3 und Art. 137.

Art. 140 und Art. 141 sind Staatszielnormen. Art. 144 ist ebenfalls Grundrecht; Art. 146 gilt bei Grundrechtsfähigkeit von Religionsgemeinschaften etc. als Rechtsgüterschutz und Grundrecht.
Der vierte Abschnitt, der die Wirtschaftsordnung regelt, enthält in seinen Bestimmungen von Art. 151 bis Art. 157 eine Konkretisierung der allgemeinen Handlungsfreiheit des Art. 101, die sie für den wirtschaftlichen Bereich im einzelnen beschreibt, aber auch ihre Beschränkungen. Der zweite Abschnitt über das Eigentum enthält, außer in Art. 162, freilich bloß solche. Der dritte Abschnitt über die Landwirtschaft schützt das bäuerliche Eigentum. Es ist die Verkehrsfreiheit, die allgemeine Handlungsfreiheit als Recht, sich von dem Landstück zu entfernen, zugleich die Gewährleistung von Grund und Boden, ein Zweckentfremdungsverbot, sehr enge Enteignungsmöglichkeiten, geringere als bei nicht landwirtschaftlichem Eigentum, eine Förderungsklausel für die Landwirtschaft und eine verfassungsrechtliche Konstituierung, Überschuldung zu verhindern, d.h. einen besonderen Rechtsgüterschutz für den landwirtschaftlichen Betrieb durch einen Auftrag an den einfachen Gesetzgeber.
Auch der vierte Abschnitt über die Arbeit konkretisiert die allgemeine Handlungsfreiheit und ihre Grenzen für den Bereich der Arbeit.

Die Verfassung von Berlin vom 1. September 1950 ist in 89 Artikel und neun Abschnitte gegliedert.

Der erste Abschnitt enthält die Grundlagen des Staates Berlin. Der zweite Abschnitt regelt die Grundrechte, der dritte Abschnitt konstituiert die Volksvertretung (Einrichtungsgarantie), der vierte die Regierung (Einrichtungsgarantie), der fünfte die Gesetzgebung (Einrichtungsgarantie), der sechste die Verwaltung (Einrichtungsgarantie), der siebente die Rechtspflege (Einrichtungsgarantie), der achte das Finanzwesen und der neunte die Übergangs- und Schlußbestimmungen.

Staatszielnormen sind in dem Vorspruch der Verfassung enthalten, Grundrechte in dem entsprechenden Abschnitt II. Einrichtungsgarantien sind in Art. 1, 2, 3 und 4 enthalten.

Die Besonderheit dieser Verfassung besteht darin, daß an der Eigenschaft von Berlin, ein Staat zu sein, Beschränkungen vorgenommen worden sind, wie man in den Übergangs- und Schlußbestimmungen sehen kann. Das zeigt sich vor allem in Art. 87, 87a und Art. 88 Abs. 2.

Die Landesverfassung der Freien und Hansestadt Bremen enthält Staatszielnormen in ihrem Vorspruch und die in Art. 65 genannten "Bekenntnisse". In diesem 1. Abschnitt des 3. Hauptteils sind ansonsten von Art. 64 bis 68 Einrichtungsgarantien.

Insgesamt enthält die Verfassung von Bremen 155 Artikel in drei Hauptteilen. Der erste Hauptteil ist mit Grundrechten und Grundpflichten bezeichnet. Der zweite Hauptteil konstituiert die Ordnung des sozialen Lebens.

In dem ersten Abschnitt ist die Familie als Grundrecht und Einrichtung garantiert, in dem zweiten Abschnitt Erziehung und Unterricht und in dem 3. Abschnitt Arbeit und Wirtschaft, der vierte Kirchen und Religionsgemeinschaften.

Der dritte Hauptteil regelt den Aufbau und die Aufgaben des Staates, der erste Abschnitt das Allgemeine, der zweite Abschnitt Volksentscheid, Landtag und Landesregierung, dort der 1. Titel den Volksentscheid, der 2. Titel den Landtag (Bürgerschaft) in einer Einrichtungsgarantie und in dem 3. Titel die Landesregierung (Senat) auch in einer solchen. Der dritte Abschnitt konstituiert die Rechtssetzung, der vierte die Verwaltung und der fünfte die Rechtspflege, die beiden letzten als Einrichtung, ebenso wie der sechste die Gemeinden.

Nach Art. 152 ist die Landesverfassung von Bremen dem Grundgesetz untergeordnet, der Rang der Landesverfassung wird durch diese selbst festgestellt und zwar so, daß das Recht einer Bundesverfassung dem Rechte aus der Landesverfassung vorgeht.

Die Verfassung der Freien und Hansestadt Hamburg vom 6. Juni 1952 enthält in ihrem Vorspruch Staatsziele. Sie ist in sieben Abschnitte aufgeteilt, deren erster die staatlichen Grundlagen konstituiert, deren zweiter die Bürgerschaft als Einrichtung garantiert, ebenso den Senat als dritter, die Gesetzgebung als vierter, die Verwaltung als fünfter, die Rechtsprechung als sechster. In dem siebenten Abschnitt ist das Haushalts- und Finanzwesen eingerichtet und geregelt. Die Schluß- und Übergangsbestimmungen sind in dem achten Abschnitt enthalten. Diese Verfassung wird als Organisationsstatut bezeichnet. Sie enthält aber über die Einrichtungsgarantien hinaus einen Hinweis auf die Geltung der Bundesverfassung, weil in Art. 1 Hamburg als ein Land der Bundesrepublik Deutschland genannt wird. Deswegen gelten die Grundrechte des Grundgesetzes auch in Hamburg, aber nicht als eigenes Landesrecht. Allerdings sind eigene Grundrechte in der Verfassung in geringem Umfang vorgesehen. Das geht aus der Konstituierung als demokratischer und sozialer Rechtsstaat hervor. Auch das Wahlrecht aus Art. 6 Abs. 2 in Verbindung mit dem Art. 3 ist darin als Grundrecht verfaßt. Allerdings fehlen als Grundrechte ausformulierte Rechte. Deswegen leitet sich z.B. die Rechtsgleichheit bloß aus dem Rechtsstaat ab.

Die Verfassung für das Land Nordrhein-Westfalen vom 28. Juni 1950 enthält in ihrer Präambel eine Staatszielnorm. In ihrem ersten Teil sind die Grundlagen des Landes geregelt, ähnlich wie in anderen Verfassungen. In dem zweiten Teil sind Rechtssätze zu dem Gemeinschaftsleben und der Ordnung des Gemeinschaftslebens enthalten. Dort, in einem ersten Abschnitt, werden die Grundrechte konstituiert, in dem zweiten die Familie (Institutsgarantie). Der dritte Abschnitt regelt Schule, Kunst und Wissenschaft, Religion und Religionsgemeinschaften. In dem vierten schuf der Verfassungsgeber von Nordrhein-Westfalen Bestimmungen darüber, wie Wirtschaft und Umwelt rechtlich verfaßt sein soll.

Der dritte Teil regelt die Organe und Aufgaben des Landes. In einem ersten Abschnitt wird die Einrichtung des Landtages garantiert. Der zweite beschreibt die Einrichtung der Landesregierung. In dem dritten ist die Gesetzgebung geregelt. Die Rechtspflege ist als Einrichtung in dem vierten Abschnitt konstituiert. Der fünfte Abschnitt schafft den Verfassungsgerichtshof als Institution, der sechste die Verwaltung. Der siebente Abschnitt betrifft das Finanzwesen. Art. 1 der Verfassung enthält eine Einrichtungsgarantie, die beiden folgenden Staatszielnormen.

Art. 4 inkorporiert die Grundrechte des Grundgesetzes als Grundrechte der Landesverfassung. Art. 5 ist eine institutionelle Garantie der Familie. Art. 6 enthält eine Staatszielbestimmung. In Art. 8 hat man die Grundrechte konstituiert, die Elternrecht und Schulpflicht formulieren.

Auch der vierte Abschnitt im zweiten Teil der Verfassung Nordrheinwestfalens enthält Grundrechte, nämlich zu "Arbeit, Wirtschaft, Umwelt".

In dem dritten Teil und dort im ersten Abschnitt (ab Art. 30) ist eine Einrichtungsgarantie für das Bestehen des Landtags enthalten. In dem zweiten Abschnitt ist diese für die Landesregierung geschaffen worden. Die Rechtspflege wird in dem vierten Abschnitt konstituiert, zuvor ist die Gesetzgebung verfaßt worden. In dem fünften Abschnitt regelte man die Errichtung des Verfassungsgerichtshofes und in dem sechsten die Verwaltung.

Die Verfassung von Hessen vom 1. Dezember 1946, die, wie Nordrhein-Westfalen, einen Flächenstaat konstituiert, enthält 160 Artikel und ist in zehn Abschnitte aufgeteilt, denen die Übergangsbestimmungen als letzter Bestandteil folgen. Der erste Hauptteil enthält die Rechte des Menschen und zwar in zwei Abschnitten, nämlich Gleichheit und Freiheit in einem ersten und Sicherung der Menschenrechte in einem zweiten Abschnitt. Diese sichern im wesentlichen Grundrechte. In dem dritten Abschnitt sind die sozialen und wirtschaftlichen Rechte und Pflichten geschaffen. Auch diese haben Grundrechtscharakter.

Art. 48 als erstem Artikel des 4. Abschnitts über den Staat, Kirchen, Religionsgemeinschaften folgt der 5. Abschnitt, dessen Art. 55 das Grundrecht auf Erziehung enthält. Alle diese Grundrechte sind nach Art. 63 unantastbar.

Im zweiten Hauptteil ist der Aufbau des Landes konstituiert. Das Land Hessen ist Einrichtungsgarantie, Staatszielnorm in II. und die Konstituierung der Staatsgewalt als Einrichtungsgarantie, jedoch soweit sie die Herrschafts- bzw. Staatsform festlegt als Staatszielnorm.

In IV. ist der Landtag durch Einrichtungsgarantie konstituiert, in V. die Landesregierung, die Rechtspflege in VII., der Staatsgerichtshof in VIII. und die Staats- und Selbstverwaltung in IX.; Art. 134 regelt das Grundrecht, Zugang zu öffentlichen Ämtern zu erhalten.

Keine Besonderheiten weist die vorläufige Verfassung von Niedersachsen vom 13. April 1951, i. d. F. des Gesetzes vom 23. Dezember 1958 auf. Bloß Art.1 Abs.1 ist ungewöhnlich. Dort ist der Ursprung des Landes Niedersachsen beschrieben worden, nämlich aus welchen Ländern es hervorging. Diesen ersten Artikeln folgen 60 weitere.

Im ersten Abschnitt sind die Grundlagen der Staatsgewalt geregelt, in dem zweiten der Landtag (Einrichtungsgarantie), dem dritten Abschnitt die Landesregierung (Einrichtungsgarantie), im vierten die Gesetzgebung, im fünften Abschnitt Verfassungsänderungen, im sechsten die Rechtspflege (Einrichtungsgarantie), im siebenten Verwaltung (Einrichtungsgarantie), im achten das Finanzwesen und im neunten die Übergangs- und Schlußbestimmungen.

Grundrechte sind in dieser Verfassung nicht geregelt, es sei denn man versteht die staatsgerichteten Rechte, z.B. das Wahlrecht, als ein solches staatsbürgerliches Grundrecht. Es ist dann aber auch vom Rechtsgüterschutz umfaßt, weil es zwar kein Abwehrrecht dem Staate gegenüber ist, aber ein Recht zum Handeln in dem Staate.

Die Verfassung von Rheinland-Pfalz vom 18. Mai 1947 ist umfangreicher als diejenige von Niedersachsen. Sie enthält in ihrem Vorspruch Staatszielnormen. Auch hat sie zwei Hauptteile, nämlich Grundrechte und Grundpflichten als den ersten Hauptteil und Aufbau und Aufgaben des Staates als den zweiten Hauptteil.

Der erste Hauptteil hat sieben Abschnitte. Der erste Abschnitt ist überschrieben mit: Die Einzelperson, Titel 1, die Freiheitsrechte, Titel 2, die Gleichheitsrechte. Das sind die Grundrechte. Titel 3 regelt die öffentlichen Pflichten. Der zweite Abschnitt über Ehe und Familie enthält eine institutionelle Garantie und zugleich Grundrechte. In dem Abschnitt III. zu Schule, Bildung und Kulturpflege sind Grundrechte und institutionelle Garantien enthalten. In dem Abschnitt IV. sind Regelungen über Kirchen und Religionsgemeinschaften vorgesehen. Art. 44 enthält Rechtsgüterschutz für das kirchliche Eigentum. Institutionelle Garantie der Gemeinden und Gemeindeverbände ist in dem Abschnitt V. vorgesehen. In dem Abschnitt VI., der die Wirtschaftsordnung konstituiert, sind Grundrechte enthalten.

In dem zweiten Hauptteil und dort dem ersten Abschnitt sind Einrichtungsgarantien zu den Grundlagen des Staates enthalten, aber auch Staatszielnormen und Grundrechte. Die Organe des Volkswillens, der Landtag und die Landesregierung sind dort geregelt.

Im dritten Abschnitt findet man die Gesetzgebung und das Finanzwesen. Im Abschnitt sechs ist die Verwaltung eingerichtet.

Die Verfassung des Saarlandes vom 15. Dezember 1947 ist in 133 Artikel und drei Hauptteile aufgeteilt. Der erste Hauptteil konstituiert Grundrechte und Grundpflichten der Einzelperson, Ehe und Familie und garantiert diese institutionell, regelt Erziehung, Unterricht, Volksbildung, Kulturpflege in dem 3. Abschnitt mit Grundrechten und Staatszielen.
In dem vierten Abschnitt ist das kirchliche Eigentum in Art. 38 gewährleistet, eine Rechtsgüterschutzbestimmung konstituiert.

Der zweite Hauptteil (II.) formuliert im ersten Abschnitt Grundlagen, Staatszielnormen und Einrichtungsgarantien, in dem 3. Abschnitt Organe des Volkswillens, also Einrichtungen wie den Landtag, im zweiten Kapitel die Landesregierung, dann den Verfassungsgerichtshof. Nach dem 4. Abschnitt, der Gesetzgebung und Finanzwesen verfaßt, wird im 6. Abschnitt die Rechtspflege institutionell garantiert und im 7. Abschnitt Verwaltung und Beamte. In dem 8. Abschnitt ist die kommunale Selbstverwaltung als Einrichtung vorgesehen.

Nach Art. 62 Abs. 2 wird das Landeswappen durch Gesetz bestimmt. Ist eine solche Regelung, die die Festlegung dem einfachen Gesetzgeber überläßt, mit staatsrechtlichen und verfassungsrechtlichen Grundsätzen zu vereinbaren? Kann dieses Gesetz wirksam sein oder verstößt es gegen Staats- oder Verfassungsrecht?
Nimmt man den Gedanken auf, daß der Staat durch höchstes Gesetz konstituiert ist, dem alle anderen untergeordnet sind, so muß man zunächst fragen, welche Bedeutung das Landeswappen hat. Außer für das Saarland, findet man auch für Hessen und für Schleswig-Holstein, aber auch für die Bundesrepublik selbst

keine Landeswappenregelung in der Verfassung. Allerdings hat z.B. das Land Hessen ein Wappen, den Löwen. Weil in der Verfassung von Hessen dort dieses Wappen nicht konstituiert ist, könnte es bloß durch einfaches Gesetz oder Tradition errichtet worden sein. Hält man diese Art und Weise der imperativischen Gestaltung für rechtmäßig, nämlich staatsrechtlich für einwandfrei, so mag das auch für das Saarland gelten, ist dort doch sogar davon die Rede, daß es jedenfalls ein Gesetz sein muß, das das Landeswappen bestimmt.

Dagegen spricht aber, daß eine gesetzliche Regelung vorgesehen ist, der Verfassungsgeber also ausschließen wollte, traditionelle oder nichtgesetzliche Vorschriften als Konstituierung zuzulassen. Unabhängig von der Antwort auf die Frage, ob für die Gründung eines Staates durch Verfassung oder in anderer Weise ein Wappen notwendig ist, mag man Zweifel daran haben, ob ein Wappen durch einfaches Gesetz den Staat als ein Zeichen von ihm konstituiert, ist ein solches jedenfalls für diesen Staat vorgesehen. Nicht nur, daß das Gesetz unter der Verfassung steht, mag man für ein Problem halten können. Dieses könnte nämlich ausgeräumt werden durch Einklang des Gesetzes mit der Verfassung, also Übereinstimmung. Die Mehrheiten für einfache Gesetze sind zwar nicht besonders vorgesehen, allerdings bestimmt Art. 74 Abs. 2 Satz 1, daß zu einem Beschlusse des Landtages die "Mehrheit der abgegebenen Stimmen" erforderlich ist. Weil nach Art. 74 Abs. 1 der Landtag schon beschlußfähig ist, wenn die Hälfte der Mitglieder anwesend sind, bedeutet das, daß 25% der Mitglieder des Landtages (+1) bereits das Landeswappen bestimmen könnten. Die Verfassungsänderung bedarf dagegen nach Art. 101 Abs. 1 S. 2 einer Zustimmung von zwei Dritteln der Mitglieder des Landtages, also 75%. Diese unterschiedlichen Mehrheiten sind der Grund, warum man bei dem Wappen, als konstituiert bloß durch einfaches Gesetz, Zweifel an der verfassungsrechtlichen und staatsrechtlichen Haltbarkeit der Regelung anmelden kann.

Bei der Lösung des Problems allerdings wird man differenzieren dürfen. Ist das dann bestimmte Wappen ein solches, das schon durch Tradition eine gewisse Geltung besitzt, wird man sich an der bloß einfachen Gesetzesqualität nicht stoßen dürfen. Denn würde das Wappen schon aus Gründen der Tradition gelten, so verschaffte die einfache Mehrheit durch den Landtag nur noch zusätzliche Legitimation. Anders ist es womöglich für den Fall, daß das Wappen gegen bisherige Tradition neu geschaffen wird. Die Verfassung jedenfalls könnte immer gegen die Tradition entscheiden. Weil auch einfaches Gesetz imperatisch ist, also auch mit der legalen Bindungskraft versehen und daher seine Legitimität bezieht, mag der Rechtsgrund des Gesetzes stärker sein als der der Tradition, selbst wenn es ungeschriebenes oder jedenfalls nicht gesetzliches Recht ist.

Wird dadurch aber die Verfassung, die ja den Staat konstituiert, nicht unvollständig oder weil sie dieses Hoheitszeichen nicht regelt in ihrem Rang herabgesetzt? Muß wegen der staatsrechtlichen Bedeutung der Hoheitszeichen dieses eine auch durch Verfassung bestimmt werden? Im Grundgesetz ist nur die Bundesflagge geregelt und andere durch Bekanntmachung des Bundespräsidenten vom 20. 1. 1950 [114] festgelegte Hoheitszeichen.

Die Symbolisierung der Staatshoheit durch Hoheitszeichen ist durch Verfassung nicht nur möglich, sondern sicherlich ihrer Bedeutung dem Range nach staatsrechtlich nicht zu beanstanden. Allerdings wird eine Verfassung nicht unvollständig, weil sie bestimmt, durch einfaches Gesetz ein Hoheitszeichen regeln zu lassen, denn es ist so auch von der Einrichtungsgarantie des höchsten Gesetzes in dem Staate erfaßt. Weil das Wort in einem Verfassungssatz als Rechtssatz eine Rechtsfolge auslöst, nämlich ihre Einrichtung als Staatssymbol, ist es selbst durch den Begriff als Verfassungsbegriff Teil der Konstituierung des Staates.

Die Landessatzung von Schleswig-Holstein vom 13. Dezember 1949 enthält in ihrem Art. 35 die Bestimmung, daß sie nur durch ein Gesetz geändert werden kann, das ihren Wortlaut ausdrücklich ändert oder ergänzt.[115] Nach Absatz 2 bedarf ein solches Gesetz der Zustimmung von zwei Dritteln der Mitglieder des Landtages. Eine solche Bestimmung ist auch im Grundgesetz enthalten. Nach Art.79 Abs.1 S.1 GG kann das Grundgesetz nur durch ein Gesetz geändert werden, das den Wortlaut ausdrücklich ändert oder ergänzt. Nach Absatz 2 bedarf ein solches Gesetz der Zustimmung von zwei Dritteln der Mitglieder des Bundestages und zwei Dritteln der Stimmen des Bundesrates.

Der Schleswig-Holsteinische Landesgesetzgeber hat am 13. Juni 1990 ein Gesetz zur Änderung der Landessatzung für Schleswig-Holstein geschaffen.[116] Das Gesetz beginnt mit dem Satz: "Der Landtag hat das folgende Gesetz beschlossen; Artikel 35 der Landessatzung ist eingehalten." War der Landesgesetzgeber von Schleswig-Holstein befugt, diesen Satz als den ersten Satz des Gesetzes zu formulieren? Wenn der Landesgesetzgeber befugt war, trifft diese Feststellung auch zu, d.h. ist sie rechtmäßig, landesverfassungsgemäß?

Fraglich könnte die Befugnis des Landesverfassungsgesetzgebers deswegen sein, weil mit der Auslegung von Recht, und das könnte dieser Satz zum Inhalt hat, nach der Landessatzung in der Fassung der Bekanntmachung vom 7. Februar 1984 nach Abschnitt V. bloß die Rechtspflege und nicht die Legislative betraut ist. Allerdings ist sie nicht streitentscheidend und ein Streitverhältnis ist nicht erkennbar. Mit der Auslegung von Gesetzen ist auch die Exekutive betraut und zwar nach Absatz III dieser Landessatzung. Dann nämlich, wenn sie durch Gesetz im Einzelfall verpflichtet oder berechtigt ist, das zu tun. Das ist hier aber nicht der Sachverhalt. Denn der Gesetzgeber war nicht verpflichtet, sondern womöglich berechtigt und es ist auch kein Einzelfall, der zu entscheiden war, wie

---

114 BGBl. 26. Vgl. C. Creifelds, Rechtswörterbuch, 10. Aufl., München 1990 zu dem Begriff "Hoheitszeichen".
115 GVOBl. S. 53.
116 Gesetz-und Verordnungsblatt für Schleswig-Holstein v. 20. 6. 90, Nr. 16, Ausgabe 835/1990.

er charakteristisch für ausführende Tätigkeit ist.

Man könnte den Teil des Satzes nach dem Semikolon bloß für eine protokollähnliche Feststellung und nicht für Gesetzesauslegung halten, die wegen ihrer redaktionellen Funktion dem Landesgesetzgeber zukommt, weil er auf diese Art und Weise feststellt, daß sein Gesetz, das so im Gesetz-und Verordnungsblatt verkündet wird, dem ermächtigenden Art. 35 auch entspricht.

Der Landesgesetzgeber ist sicherlich ermächtigt, die Verkündung des Gesetzes in demselben festzustellen.[117] Das ist eine Feststellung, die die Einhaltung der für die Geltung von Gesetzen vorgesehenen Form zum Inhalt hat. Fehlt aber etwa ein Teil des Gesetzes oder ist in dem Protokoll des Landtages ein anderer Text festgestellt und von dem Präsidenten desselben auch zur Kenntnis genommen, so ist die Feststellung falsch, weil es sich um ein anderes Gesetz handelt als das, das der Gesetzgeber verabschiedet hat.

Vergleichbar der Verkündung als Rechtsbegriff ist die Feststellung, ob Art.35 Abs.2 VerfSlHol eingehalten worden war, der die Höhe der Mehrheit für Landessatzungsänderungen bestimmt. Ist das aber auch bei Abs.1 der Fall? Art.35 Abs.1 VerfSlHol ist allerdings eine ebensolche Formvorschrift, denn es muß ein Gesetz sein, das die Landesverfassung ausdrücklich in ihrem Wortlaut ändert oder ergänzt. Die Frage, ob dieser Satz eine zusätzliche materiellrechtliche Bedeutung hat und dann auch so verstanden und ausgelegt werden muß, kann vielleicht deswegen dahinstehen, weil die Landessatzung von 1949, in ihrer Fassung von 1984, im Titel nicht Landesverfassung, sondern Landessatzung genannt worden ist. Zwar ist es die Landesverfassung, nämlich die Konstitution von Schleswig-Holstein, aber wegen des Begriffs "Satzung" und dieser Bezeichnung mit dem Rechtsbegriff Landessatzung könnte eine in der bundesdeutschen Verfassungslandschaft einmalige Landesverfassungsrechtslage geschaffen worden sein. Satzung eben heißt Statut und wird für die Konstituierung etwa von Vereinen etc. verwendet. Der Satzungsbegriff stellt die Landesverfassung nicht nur in eine Reihe mit anderen Landesverfassungen, sondern mit anderen Satzungen. Zweifellos haftet dem Satzungsbegriff ein stärker formales Merkmal an, weil er eher von der Satzungshoheit als von einem Gebrauchenmachen des privaten und den Inhabern exklusiv zustehenden Rechtes geleitet ist, von dem sie alle anderen ausschließen können.[118]

Ob eine solche Bezeichnung als Landessatzung, die diesen Bedeutungskern hat, der ein anderer ist, als der des Begriffs Verfassung, rechtlich in jeder Hinsicht ge-

---

117 Vgl. für Bundesrecht Bschl. v. 23. Februar 1965 nach § 24 BVerfGG. Ermächtigung eines Bundesministers zur Bekanntmachung eines geänderten Gesetzes gestattet lediglich die deklaratorische Klarstellung dieses Gesetzestextes. BVerfGE 18, 389; 16, 16-20.

118 O. Fischer, in: E. Ebert, H. Schneider u. a. (Hg.), BGB Handausgabe, 9. Aufl., München 1912, zu 25.

lungen ist, bleibt unklar. Staatsrechtlich kann sie jedenfalls möglich sein. Wegen dieses Begriffskerns von dem Wort Landessatzung ist es auch möglich, den Landesgesetzgeber für befugt zu halten, die Einhaltung des Artikel 35 der Landessatzung in dem Gesetz festzustellen.
Fraglich aber ist, ob diese Feststellung zutrifft. Man könnte die Auffassung vertreten, daß sie deswegen nicht zutrifft, weil ein Fall des Art. 35 gar nicht vorliegt. Vielleicht ist die Landessatzung eine vollständig neue Verfassung und die Regelungskompetenz des Art. 35 umfaßt nicht das Recht zur Neukonstituierung. Ob die Landessatzung eine andere Verfassung als ihre Vorgängerin ist, zeigt sich an ihrem Text, der in seinen Bestandteilen anders gestaltet sein müßte als die Landessatzung von 1949.
Ist das Gesetz zur Änderung der Landessatzung für Schleswig-Holstein vom 13. Juni 1990 eine vollständig neue Verfassung? [119] Ermächtigt Art. 35 zu einer Neukonstituierung des Staates Schleswig-Holstein, d.h. darf wegen dieser Vorschrift der pouvoir constitué zum pouvoir constituant werden?
Es bleibt Schleswig-Holstein eventuell überlassen, sich als Staat neu zu konstituieren, aber dem Wortlaut nach ermächtigt Art. 35 bloß zu Änderungen und Ergänzungen der Landessatzung. Es ist vielleicht nicht möglich, diese Begriffe so zu verstehen, daß die Ermächtigung für eine gänzlich neue Verfassung erteilt worden ist. Die Neuschaffung ist eher ein aliud zur Änderung und Ergänzung. Wenn ein solches vorhanden ist, könnte die Feststellung in dem ersten Satz des Gesetzes in dem Gesetz- und Verordnungsblatt für Schleswig-Holstein [120] unzutreffend und deswegen rechtswidrig sein.
Die frühere Landessatzung hatte 53 Artikel, die jetzige 60. Die frühere war eingeteilt in acht Abschnitte, die jetzige in neun. Es ist der Abschnitt "Initiativen aus dem Volk, Volksbegehren und Volksentscheid" hinzugekommen. Die drei ersten Artikel sind dieselben geblieben, die beiden ersten sind Einrichtungsgarantien, die dritte ist Staatszielnorm.
Art. 4, der Kandidatur bzw. Wahlurlaub regelt, ist neu gefaßt.
Art. 5, der einen Verfassungssatz über nationale Minderheiten enthält, ist in dieser Form neu.

Die Förderung der Gleichstellung von Mann und Frau ist in Art. 6 eingefügt, ebenso wie Art. 7, der den Schutz der natürlichen Lebensgrundlagen statuiert. Beides sind Staatszielnormen.
Fast ganz neu formuliert sind die Einrichtungsgarantien des Abschnitt II, der Landtag, und auch Abschnitt III, die Landesregierung. Die Gesetzgebung hat sich grundlegend wegen der Einführung plebiszitärer Demokratieformen geändert.

---

119 GVOBl. 835/90.
120 Vgl. Wortlaut.

Das zeigt sich gerade sehr deutlich bei dem Art. 40, der eine Verfassungsänderung als Gesetz durch Volksabstimmung möglich sein läßt, wenn auch der pouvoir constitué freilich bloß dieselben Möglichkeiten hat, eine solche zu bewirken wie die Zweidrittelmehrheit im Landtag. In dem Abschnitt V, jetzt VI, ist die Rechtspflege eingerichtet. Enthalten ist in der neuen und in der alten Verfassung eine Zuständigkeit des Bundesverfassungsgerichts für Streitigkeiten über die Landessatzung. Ob man eine solche zulassen kann, ist fraglich. Denn damit wird ein Teil der Staatsgewalt an eine Einrichtung des Bundesstaates delegiert.

In dem folgenden Abschnitt wird die Verwaltung als Institution zugelassen. Auch diese Vorschriften sind ebenso wie die über das Haushaltswesen neu gefaßt.

Wegen der Einführung von Formen direkter Demokratie wird man von einer Neufassung der Landessatzung, daher einer völlig neuen Verfassung sprechen dürfen.

Allerdings könnte diese Neufassung, die eine Neukonstituierung des Staates selbst zu ihrem Inhalt haben mag, dann unbedenklich sein, so von der Änderungskompetenz des Art. 35 umfaßt, wenn man bedenkt, daß in diesem Begriff auch eine grundsätzliche Umgestaltung erlaubt sein könnte, bleiben bloß die Grundfesten der Verfassung erhalten. Die Ewigkeitsgarantie des Grundgesetzes soll nur sichern, daß die Änderungen des Grundgesetzes solche sein mögen, die die grundlegenden Bestimmungen nicht berühren, etwa Demokratie, Bundesstaat und Republik und auch die Menschenwürde.

Zwar ist die Verfassung als Landessatzung in der Art und Weise umgestaltet worden, daß die direkte Demokratie Volksherrschaft in neuer Weise konstituiert, aber diese selbst wird nicht zu einer neuen und anderen Herrschaftsform, sondern bloß andere Merkmale des Begriffs Demokratie sind gefordert worden. Hält aber die neue Verfassung sich im Rahmen dessen, was auch für das Grundgesetz vorgesehen ist, wird man zwar von einer Neufassung, aber nicht von einer grundsätzlich anderen Verfassung als Konstituierung neuer Staats- und Herrschaftsform sprechen können. Aus diesem Grunde kann man den Begriff der Änderung, wie ihn Art.35 der früheren Landessatzung kennt, noch gerade anwenden und zwar von einer Neufassung sprechen, aber nicht von einer staatsrechtlich anderen Konstituierung durch Verfassung.

§ 21 Besonderheiten bundesdeutscher Verfassungen

I. Grundgesetz

In der Verfassung der Bundesrepublik Deutschland, die geprägt ist von dem Denken der westlichen Demokratie und der westlichen Zivilisation und auf dieser Grundlage seit vierzig Jahren das höchste Gesetz in Deutschland ist, zeigen sich drei Charakteristika, die sie zu einer besonderen im Spektrum der Verfassungen macht.

Die erste Besonderheit ist die Ewigkeitsgarantie des Art. 79 Abs. 3 GG, die zweite ist der Wiedervereinigungsauftrag der Präambel und der Art. 146 GG, der sagt, wann das Grundgesetz außer Kraft tritt, folglich seine Gültigkeit verliert, weil eine Verfassung in Kraft tritt, die dann die Konstituierung des Staates ist durch den der Wiedervereinigungsauftrag erfüllt wird. In dieser zweiten ist der besondere Staatszweck der Bundesrepublik inkorporiert. Dieser ist es, ein Bund zu sein und in der Präambel spricht man vom Deutschen Volk, das "in den Ländern" (...) "beschlossen" hat, wie es sich auch aus Art. 144 GG als Gültigkeitsvorschrift ersehen läßt. Die dritte Besonderheit ist die Eigenschaft der Bundesrepublik Deutschland als ein Staat, der als Demokratie, Sozialstaat und Rechtsstaat konstituiert ist.

1. Ewigkeitsgarantie

Die "Ewigkeitsgarantie" in Art. 79 Abs. 3 GG lautet: "Eine Änderung dieses Grundgesetzes, durch welche die Gliederung des Bundes in Länder, die grundsätzliche Mitwirkung der Länder bei der Gesetzgebung oder die in den Artikeln 1 und 20 niedergelegten Grundsätze berührt werden, ist unzulässig". Das heißt: solange dieser Verfassungsstaat existiert, es ein Bundesstaat sein wird, nämlich ein Staat, der aus dem Bund des Deutschen Volkes in seinen Ländern, geschlossen worden ist. Diese staatsrechtliche Besonderheit, nämlich der Zusammenschluß eines Volkes in seinen Ländern, nicht wie in der Schweiz derjenige in seinen Völkern, ist unveränderbar. Sie zeigt auch, daß in der Bundesrepublik Deutschland es das Volk ist, von dem auf dem Hintergrund der Drei-Elemente-Lehre gesagt werden kann, seine Konstituierung als Verfassungsbegriff sei sehr stark ausgestaltet. Das ist auch aus Art. 116 GG zu ersehen. Darin wird die Staatszugehörigkeit an die Volkszugehörigkeit gebunden.

Am stärksten wird das deutlich in Art. 116 Abs. 2 GG, der – anders als die in den eckigen Klammern sich befindende Kurzbezeichnung, die allerdings auch nicht amtlich ist – die deutsche Staatszugehörigkeit als Staatsangehörigkeit, die Staatsbürgerschaft, als ununterbrochen bestehend fingiert, wenn diejenigen vor dem 30. Januar 1933 diese hatten und sie ihnen dann bis zu dem 8. Mai 1945 aus politischen, rassischen oder religiösen Gründen entzogen worden war. Allerdings müssen sie nach dem 8. Mai 1945 einen Wohnsitz in Deutschland und einen entgegengesetzten Willen nicht geäußert haben.

Von der Ewigkeitsgarantie auch umfaßt ist das Recht der Länder, bei der Gesetzgebung mitzuwirken. Das ist die Konstituierung der zweiten Kammer als an der Gesetzgebung beteiligte. Damit ist die Staatsgewalt als erste Gewalt, so als höchste Gewalt, nicht nur durch die Demokratie, sondern durch den Bundesstaat charakterisiert. Obwohl nach den Verfassungen der Länder dort die Regierungen durch ein vom Volke gewähltes Parlament bestimmt werden, diese dann die zweite Kammer, den Bundesrat bilden, ist wegen der geringeren Nähe dieser Kammer zum Volk, auch und gerade zu dem Landesvolk, deren demokratische Legitimation geringer. Das ist wohl auch nicht Kern des Bundesstaates. Der Bundesstaat ist ein Vertrag zwischen den an dem Bund beteiligten Ländern. Durch diese wird er gebildet. Darum bestimmen sie seine Gesetze mit.

Verändert werden dürfen auch nicht die in Art. 1 und 20 GG niedergelegten Grundsätze. In Art. 1 GG wird die Menschenwürde als höchster Wert konstituiert. Aus diesem Grunde ist es systemlogisch, daß das Grundgesetz in Art. 79 Abs. 3 GG bestimmt, daß Art. 1 GG nicht verändert werden darf.
Im Art. 20 GG sind die tragenden Verfassungsgrundsätze geregelt. Es ist die Eigenschaft des konstituierten Staates, eine Republik zu sein. Das sagt schon der Name des Staates im Titel der Verfassung. Dort heißt es: "Grundgesetz der Bundesrepublik". Außerdem ist die Bundesrepublik eine Demokratie. Das ist der dritte Verfassungsgrundsatz. Der vierte ist die Eigenschaft der Bundesrepublik, Sozialstaat zu sein. Der fünfte Verfassungsgrundsatz ist in Abs. 3 geregelt, wonach die Staatsgewalt in der Bundesrepublik im Rechtsstaatsprinzip fußt.

Das Recht auf Widerstand ist in dem vierten Absatz von Art. 20 GG geregelt. Es ist ein Grundrecht.

Was Demokratie in der Bundesrepublik Deutschland bedeutet, sagt Art.20 Abs. 2 GG. Pouvoir constitué ist das Volk. Satz 1 sagt, daß alle Staatsgewalt vom Volke ausgeht. Wie, sagt Satz 2, durch Wahlen und Abstimmungen, besondere Organe der Gesetzgebung, vollziehenden Gewalt und der Rechtsprechung. Es sind also Werkzeuge des Volkes, die von ihm ausgehen.

2. Wiedervereinigungsgebot

Die zweite Besonderheit ist das Wiedervereinigungsgebot, der Auftrag an das deutsche Volk, die Einheit und Freiheit Deutschlands in freier Selbstbestimmung zu vollenden. Mit dem gesamten Deutschen Volk sind alle Deutschen im Sinne des Art. 116 GG gemeint. Freie Selbstbestimmung heißt Plebiszit, d.h. Volksabstimmung. Einheit heißt ein einziger Staat, der Deutschland genannt wird und Freiheit bedeutet Souveränität. Daß dieser Auftrag nicht bloß deklaratorisches Recht, sondern konstitutives ist, also bindungsmächtig dem Volke selbst gegenüber, ergibt sich aus Art. 146 GG, der bestimmt, daß das Grundgesetz so lange gilt, wie nicht eine andere Verfassung in Kraft tritt, die das deutsche Volk in freier Entscheidung beschlossen hat.

Zwar ist der Auftrag in der Präambel, einen einheitlichen deutschen Staat zu gründen, nicht in Art. 146 GG erwähnt. Gleichwohl ist dort von einer Verfassung die Rede, die das deutsche Volk in freier Entscheidung beschlossen hat. Das kann aber nur die Konstituierung des in der Präambel erwähnten "Deutschland" sein. Die Einheit und Freiheit, die in dem letzten Satz der Präambel erwähnt sind, bedeuten die Verwirklichung des aus den Begriffen hervorgehenden Rechts nach dem Deutschenbegriff des Art. 116 GG. Durch die Einheit würde, begreift man sie als eine nach dem Art. 146 GG gebildete, ein neuer Staat durch eine neue Verfassung geschaffen. Weil das Grundgesetz aber in Satz 1 der Präambel von dem Wahren der staatlichen Einheit spricht, gibt es für die in dem letzten Satz genannte Vollendung derselben andere Mittel als die des Art. 146 GG, der eine Neukonstituierung zur Folge hätte.

Die Präambel selbst sagt nicht, wie die "Einheit und Freiheit Deutschlands zu vollenden" ist. In welcher Weise das geschehen soll, ist nicht ersichtlich. Weil alle Staatsgewalt nach Art. 20 GG von dem Volke ausgeht, dieses der Souverän ist, steht es im Belieben desselben, wann und wie es diesen Auftrag verwirklicht. Ausdrücklich ist das deutsche Volk selber angesprochen, d.h. vor allem, daß Legislative, Exekutive und Judikative bloß verpflichtet sind, nichts zu tun, was dem entgegenstehen könnte. Vom Bundesverfassungsgericht wird diese Pflicht allerdings weiter ausgelegt.[121] Das Deutsche Volk selbst steht in dieser Rechtsprechung weniger im Mittelpunkt als die Gewalten.
Jedoch ergeben sich aus den Übergangs- und Schlußbestimmungen des Grundgesetzes von Art. 116 bis Art. 146 GG Verpflichtungen des Staates, Kriegsfolgelasten, Rechte aus der Zeit vor dem 24. 5. 1949, aber auch Rechte von Deutschen außerhalb des Bundesgebietes und von Flüchtlingen und Vertriebenen zu beachten. Und das, was in dem Grundlagenvertrag zwischen der Bundesrepublik Deutschland und der Deutschen Demokratischen Republik vom 21. Dezember 1972 geregelt worden ist, stammt aus der Verpflichtung des Art. 116 i.V.m. der Präambel und dem Art. 146 GG. Deshalb hat die Bundesrepublik Sorge dafür zu tragen, daß wegen der Eigenschaft der dort lebenden Menschen, Deutsche zu sein, gewisse Leistungen für diese erfolgen. Damit darf aber keine, wie im Grundlagenvertragsurteil vom Bundesverfassungsgericht festgestellt worden ist, Anerkennung eines anderen Staates, nämlich der "DDR", verbunden sein.[122] Damit würde nämlich dem Wiedervereinigungsauftrag entgegengewirkt. Diesem ist, und das ist ungewöhnlich an dieser Bestimmung im Grundgesetz, kein anderes Recht in der Verfassung gleichgestellt, auch keine andere Pflicht. Wiedervereinigung kann so und nur so stattfinden, wie dort vorgesehen.
Ein Beitritt einzelner Länder zum Bundesgebiet, wie z.B. durch das Saarland vollzogen wurde, ist dem nicht gleichzusetzen. Außerdem müßten bei einem solchen Beitritt von neuen Bundesländern, die nicht die vierzigjährige, freiheitliche, westliche Tradition genossen haben, besondere Anforderungen an die Freiheit der Wahl und den Ausschluß jeder Beeinträchtigung demokratischer Freiheiten gestellt werden. Das gilt für den Beitritt, der Wiedervereinigung nicht ersetzt, aber in noch stärkerem Maße für diese. Denn weil dort aus der Sicht des Grundgesetzes kein eigener Staat existiert, fehlt es naturgemäß auch an seinem Kern, dem Öffentlichen.

Das schafft besondere Bedingungen für den pouvoir constituant einer künftigen Verfassung. Dieser muß den Anforderungen des Grundgesetzes entsprechen, denn er ist durch seine Erwähnung an dieses gebunden. Weil das Grundgesetz vergleichsweise wenig Elemente direkter Demokratie besitzt, diese nur ausnahmsweise vorgesehen sind, ist aus dieser Verfassung in ihrem Zusammen-

---

121 BVerfGE 36, 1.
122 BVerfGE 36, 1.

hang als ein Gesetz zu ersehen, was für eine solche durch das Grundgesetz legitimierte Verfassung vorgesehen sein kann. Die Verfassung ist in diesem Rechtsgedanken ähnlich aufgebaut wie die Verfassung von Irland.

Nach dem Wortlaut der Präambel kann das Deutsche Volk auch in seinen Ländern tätig werden. Der im Grundgesetz enthaltene, besondere Staatszweck der Bundesrepublik ist es doch, ein Bund zu sein. Das könnte auch für Art. 146 GG gelten. Allerdings ist aus der Stellung des Präambelauftrags die Deutung naheliegender, daß es sich um das Volk selbst handeln müßte. Wenn es bei der Konstituierung kraft seiner verfassungsgebenden Gewalt in seinen Ländern handelt, das Grundgesetz beschlossen hat, so spricht jedenfalls von vornherein nichts dagegen, daß es auch so dem Verfassungsauftrag nachkommt. Weil die andere Möglichkeit nach der Stellung naheliegender ist, muß die mögliche Wirkung dieser anderen Gestaltung, anders als bei der Schaffung des Grundgesetzes, auf die Zeit nach dem Konstitutionsakt als ein Staatsgründungsverfahren beschränkt bleiben. Dagegen ist die andere Gestaltung, die den pouvoir constituant als das Deutsche Volk in Gestalt der Aktivbürgerschaft verstanden wissen will, an alle im Grundgesetz vorgesehenen Bestimmungen und Regeln in noch höherem Maße gebunden, auch und gerade an solche, die die politischen Rechte des Einzelnen betreffen. Das liegt an Art. 116 GG.

3. Trias: Rechtsstaat, Demokratie und Sozialstaat

Als Drittes ist die Besonderheit des Grundgesetzes zu nennen, das einen Staat als Demokratie, Sozialstaat und Rechtsstaat konstituiert.
Diese Trias beschreibt Volksherrschaft, einen ähnlichen Grundsatz, wie er auch in Art.1 der französischen Menschenrechtserklärung enthalten ist, daß gesellschaftliche Unterschiede nur im gemeinen Nutzen begründet sein dürfen und den Rechtsstaat als nicht nur im Verfassungsrecht verankertes Willensresultat des pouvoir constituant, sondern als Bindung für den pouvoir constitué.

Der imperativische Charakter der Verfassung als höchstes Gesetz des Staates ist nicht hinwegzudenken, wenn man von Volksherrschaft im Verfassungsstaat spricht. Es wird dem Volke damit aufgegeben, zu herrschen. Sollte es bereits herrschen, so ist das als Sicherung zu verstehen, daher als Bestandsschutz. Art. 20 Abs. 2 S.1 GG, der freilich nicht bloß Demokratie, sondern auch eine mögliche Grundlage der Demokratie als Inhalt hat, bestimmt nicht nur, daß die Staatsgewalt vom Volke ausgeht, sondern dieses Sollen, dieser Imperativ wird umfaßt, ist aufgehoben in dem Sein, wie es der Satz auch aussagt. Daß es ein Imperativ ist, ergibt sich erst dann, wenn man weiß, daß es ein Rechtsstaat ist.

Als ein Zweites in der Trias ist dort der Sozialstaat enthalten. Nach § 1 SGB ist es die Menschenwürde, die vom Sozialstaat geschützt werden soll. So ist der Sozialstaat eine Folge aus Art. 1 GG. Gesellschaftliche Unterschiede dürfen ein zivilisatorisches Minimum nicht unterschreiten, weil das dem Nutzen aller schädlich wäre. Weil die Staatsgewalt, als der allgemeine Staatszweck, das Schlechte

der Menschen bändigen soll, müssen gerade denjenigen Wirkungen des Kampfes aller gegen alle Grenzen gesetzt werden, die zu einer solchen Schädlichkeit führen. Das ist in dem Begriff Sozialstaat das Merkmal des Staatlichen.
Und es gibt auch das Merkmal des Inhaltes des Begriffs, das den Einzelnen angeht. Weil die Menschenwürde eine Eigenschaft der einzelnen Person ist, Zentrum ihrer Personalität, hat das Individuum daraus ein Recht auf Erhalt derselben. Damit könnte vielleicht dem möglichen Bösen, als jeder Gemeinschaft schädlich, entgegengewirkt werden. Das entspricht dem gemeinen Wohl. Weil aber die Unvollkommenheit der Welt auch als Grund für die Staatsbildung überhaupt vorhanden ist, stellt das Gemeinwohl als ein Rechtsbegriff den Versuch dar, diese mit einer Vorstellung, einer Imagination von Vollkommenheit zu ersetzen.

Als ein Drittes wohnt der Trias der Rechtsstaat inne. Der Rechtsstaat als ein Rechtsbegriff bestimmt, daß auch Recht bindet, das nicht aus der Verfassung selbst hervorgeht, d.h. es genießt den konstitutionellen Schutz der Verfassung. Deshalb steht in Art. 20 Abs. 3 GG, daß die Gesetzgebung an die verfassungsmäßige Ordnung, mehr eben als an die Verfassung selber, gebunden ist, die vollziehende Gewalt und die Rechtsprechung an Gesetz und Recht. Am stärksten zeigt es sich in Abs. 4, dem Widerstandsrecht, das dem Aktivbürger und nicht nur diesem, sondern allen Deutschen, also jedem Einzelnen, das Recht erhält, die Konstitution der Bundesrepublik gegen ihre Beseitigung zu schützen. Das Widerstandsrecht ist daher gesetzlich geschützt, und zwar durch das höchste Gesetz.
Die Gewalten sind folglich an den Rechtsstaat gebunden. Der Einzelne erhält ein verfassungsmäßiges Widerstandsrecht und nach Art. 3 GG gleiches Recht.

An dieser Trias des Grundgesetzes ist vor allem der Zusammenhang, der gemeinsame Gedanke, entscheidend. Dieser zeigt sich in der an die Staatsgewalt gerichteten Seite von allen dreien, aber auch an derjenigen, die an den Einzelnen und an Zusammenschlüsse von Einzelnen gerichtet ist. Sie stehen neben diesem Gemeinsamen aber auch nicht zusammenhanglos, sondern sie verbindet, daß die Volksherrschaft als Herrschaftsform des Staates gerade wegen der Eigenschaft der Aktivbürgerschaft, die die Summe der einzelnen Staatsbürger bildet, die Menschenwürde nicht unbeachtet lassen sollte. Diese Verbindung der Herrschaftsform und der Menschenwürde als eine Besonderheit der Verfassung der Bundesrepublik Deutschland nach der Tyrannenherrschaft, die die Personalität des Einzelnen durch das Führerprinzip quasi abgedungen hatte, ist konsequent.[122a]

Zwar ist der Sozialstaat nur ein Merkmal in dem Begriff der Menschenwürde, aber die Herrschaft des Volkes ist mit diesem auf eine dem Grundgesetz eigene

---

122a Vgl. Gesetz zur Sicherung der Einheit von Partei und Staat vom 1. Dezember 1933 RGBl. I S. 1016; v. 3 7 34 RGBl. I S. 529; Gesetz über das Staatsoberhaupt d. dt. Reiches v. 1. 8. 34 RGBl. I S. 747.

Art und Weise verbunden. Man mag nämlich fragen, wie z.B. der Einzelne seinem aktiven oder passiven Wahlrecht nachkommen kann, andere staatsbürgerliche Rechte auszuüben, ohne die Volksherrschaft nicht denkbar ist, wenn man seine Menschenwürde beeinträchtigen dürfte. Das ist doch unmöglich, weil das Menschenbild, das dem Begriff des Staates innewohnt, seine Gemeinschaftsfähigkeit und als dessen Voraussetzung seine Willensfähigkeit, den freien Willen, zum Inhalt hat.

Die Verbindung zu dem Rechtsstaat folgt aus der Eigenschaft des Grundgesetzes, eine Konstitution des Staates Bundesrepublik Deutschland zu sein und als solche den pouvoir constitué festzulegen.

Damit wird eine Bindung an das Gesetz geschaffen und zugleich bestimmt, daß ohne Ansehen der Person, nur nach dem Begriff des Gesetzes selbst entschieden werden darf. Das ist deswegen so bedeutungsvoll, weil der Sozialstaat durch einfaches Gesetz kodifiziert ist. Das ist im Vergleich zu anderen Rechtsordnungen nicht selbstverständlich, auch im Vergleich zur Volksherrschaft nicht, deren grundlegende Ausgestaltung der Verfassung vorbehalten geblieben ist. Und um nicht dem formalen Gesetzesbegriff zu erliegen, hat der Grundgesetzgeber den Rechtsstaat auch als Bindung der Exekutive und Judikative an Recht und Gesetz formuliert.

II. Landesverfassungen

1. Entstehungszeitpunkt und -verfahren

Die Landesverfassungen der Bundesrepublik Deutschland sind alle in einem ähnlichen Zeitpunkt geschaffen worden und können aus einer gemeinsamen geschichtlichen Entwicklung verstanden werden, die diesen Zeitraum prägt.

Es sind Landesverfassungen, die nach dem 2. Weltkrieg entstanden, als der Bundesstaat Bundesrepublik Deutschland im Werden war. Die Konstituierung fand in dem Bewußtsein statt, Teil eines Nationalstaates zu sein und die Eigenschaften staatlicher Gemeinschaft, Trutzbund zu sein, selbst nicht zu binden, sondern dieses dem Nationalstaat zu überlassen. Daß es Staaten sind, zeigt sich an ihrer Gründung durch Verfassung. Das Absehen von der Trutzbundeigenschaft ist wegen der Übernahme durch den Nationalstaat unschädlich. Obwohl die Gründung der Bundeswehr und Einfügung der dafür vorgesehenen Vorschriften später erfolgten, lag das jedenfalls nicht in der Kompetenz der Länder, weil die Verteilung der Aufgaben zwischen dem Bund und den Ländern durch das Grundgesetz es für den Bund vorsieht. Das sagt Art. 73 Nr. 1 GG.

Die meisten Länder schufen ihre Verfassungen in den Jahren 1946 und 1947. Sie entstanden in einem Gesetzgebungsverfahren, das auf gesetzgebende Versammlungen zurückgeht, die von dem Volke in dem einzelnen Land bestimmt worden sind. Die konstituierende Macht ist deswegen eine, die ein Merkmal von Volksherrschaft erfüllt, ungeachtet möglicher Genehmigung durch Besatzungsmächte wegen eingeschränkter Souveränität.[123]

2. Konstituierungsgemeinsamkeiten

Daß die Verfassungen der Länder diese als Staaten konstituieren, ist bloß eine Gemeinsamkeit. Es ist aber auch die Staats- und die Herrschaftsform, die ihnen gemeinsam ist. Zwar sind sie nicht als Republiken konstituiert in der Weise, daß ein vom Volke gewähltes Staatsoberhaupt mit dieser Aufgabe betraut ist, wie man es von dem Bundespräsidenten, dem Präsidenten der Vereinigten Staaten von Amerika oder dem König in dem Königreich Dänemark kennt. Bloß die Regierungen mit ihrem Ministerpräsidenten oder Ersten oder Regierenden Bürgermeister, die Funktionen eines Staatsoberhauptes in einigen Bereichen übernehmen, enthalten so ein republikanisches Merkmal, nämlich Ausfertigung, Verkündung usw. von Gesetzen. Ernennung von Soldaten oder völkerrechtliche Vertretungsmacht und auch Gnadenakte werden von den Ländern nicht getätigt.

Gemeinsames Merkmal ist die Eigenschaft, Demokratie zu sein. Auch die Rolle der Grundrechte, sei es durch eigene Formulierung in der Verfassung, sei es durch Übernahme, Inkorporierung oder Verweis auf die Bundesverfassung, als Teil des Rechtsstaates, ist in den einzelnen Verfassungen gewährleistet. Dazu gehört auch die Gewaltenteilung und die Einrichtung der Staatsorgane, nämlich Parlament, Regierung und Gerichtsbarkeit.

§ 22 Grundgesetzinterpretation

Das Grundgesetz der Bundesrepublik Deutschland ist als Verfassung dieses Staates seit mehr als vierzig Jahren in Kraft.[124] In dieser Zeit wurde die Verfassung in einer großen Zahl von Fällen als Gesetz Grundlage staatlichen Handelns. Staatliches Handeln ist erst wegen des Grundgesetzes ein solches.

Ist das Grundgesetz, das als Verfassung einen Staat konstituiert, in seinen Abschnitten und darin den Artikeln durch Rechtsprechung schon so deutlich als Rechtsgrundlage des Staates markiert, daß seine Rechtsbegriffe in ihrem Bedeutungsinhalt weitgehend bindend feststehen?
Die Grundrechte sind durch die Rechtsprechung des Bundesverfassungsgerichts seit ihrem Inkraftsetzen durch den Verfassungsgeber in ihren einzelnen Bestimmungen ausgelegt und ihre Bedeutung als Rechtssätze steht nach fast einem halben Jahrhundert Verfassungsgeschichte fest.[125]

---

123 C. Pestalozza, Einführung, in: Ders. (Hg.) Verfassungen der deutschen Bundesländer, 3. Aufl., München 1988, S. 11.
124 Starck (Hg.), Grundgesetz und dt. Verfassungsrechtsprechung im Spiegel ausländischer Verfassungsentwicklung, Baden-Baden 1990, Vorwort S. 5.
125 Vgl. BVerfGE Bd. 1-81.

I. Grundrechte

1. Rolle der Menschenwürde

Die zentrale Rolle der Menschenwürde als dem personalen Grundrecht für die Menschen, die von der Geltung des Grundgesetzes berührt sind, ist in einigen Entscheidungen dargelegt worden.[126] Es sind fünf unterschiedliche Teile, die in den Schutz der Menschenwürde eingehen: sie darf nicht zur Durchsetzung staatlicher Ziele mißbraucht werden; die Menschen dürfen nicht gedemütigt, erniedrigt und bloßgestellt werden; keine grausamen Strafen dürfen verhängt werden und das allgemeine Persönlichkeitsrecht soll nicht verletzt und auch die Intimsphäre darf nicht angetastet werden.[127]
Alles das schützt Art. 1 GG, in dem die obersten Ordnungsgrundsätze wegen Art. 79 Abs. 3 GG bereits enthalten sind.

2. Andere Grundrechte

In Art. 2 GG, der die Freiheitsrechte regelt, ist das Recht auf freie Entfaltung der Persönlichkeit und die allgemeine Handlungsfreiheit geschützt. "Jeder" heißt jeder Mensch, nämlich alle. Art. 2 ist ein Auffangtatbestand, der bestimmt, daß alles erlaubt ist, was nicht in die Rechte anderer eingreift, insgesamt die verfassungsmäßige Rechtsordnung.[128] Absatz 2 gibt jedem ein Recht auf den biologisch-physiologischen Zustand des Lebendigseins, der auch eine soziale Bewertung, d.h. Leben als Kommunikationsfähigkeit einschließt.[129] Der Begriff "Gesundheit" hat zum Inhalt, daß der Mensch keine Schmerzen erdulden muß;[130] auch der Schutz vor Verunstaltungen ist enthalten.[131] Es ist von einer unangemessenen, üblen Behandlung von nicht unbeträchtlichem Gewicht die Rede, die der Einzelne nicht hinnehmen muß.[132]

In Art. 3 GG ist die Gleichheit vor dem Gesetz enthalten, die durch Art. 20 Abs. 3 GG, der das Rechtsstaatsprinzip konstituiert, ergänzt wird.[133] Ausdrücklich Absatz 2 legt die Gleichberechtigung von Männern und Frauen fest. Der Absatz 3 enthält ein Bevorzugungs- und Benachteiligungsverbot.[134] Ein ein-facher Gesetzesvorbehalt, wie ihn Art. 2 Abs. 2 S. 2 GG kennt, ist hier nicht vorgesehen.

126 BVerfGE 45, 187, 228; 30, 1, 27; 1, 157, 161; 5, 85, 205; 35, 202, 235f.; 9, 89, 95; 45, 187, 245, 259f.; 49, 286, 297ff.; 24, 119, 144; 32, 54, 72.
127 A. a. O.
128 BVerfGE 55, 159, 165.
129 BVerfGE 9, 78, 80.
130 BVerfGE 52, 214, 220f; 56, 54, 74ff.
131 Maunz/Dürig/Herzog/Scholz Art. 2 Abs. 2 Rz. 30.
132 BVerfGE 17, 108, 117.
133 Vgl. Wortlaut.
134 Vgl. Wortlaut.

Der Art. 4 GG spricht eine Verpflichtung des Staates[135] zur Neutralität in Glaubens- und Gewissensfragen aus. Der Bestand der Kirchen ist in Art. 140 i. V. m. Art. 136, 139 WRV geregelt. Art. 4 GG ist ein Freiheitsrecht, das auch in Art. 3 Abs. 3, 7 Abs. 2 und Art. 33 Abs. 3 GG seine staatsabwehrende Seite zum Ausdruck bringt. Art. 4 Abs. 2 GG umfaßt das Wort und das Tun, Handeln und Sprechen. Beschränkungen dürfen nur nach dem Immanenzgedanken vorgenommen werden.[136] Forum und internum sind gemeint.

Die Meinungs- und Pressefreiheit, auch die der Kunst und der Wissenschaft sind in Art. 5 GG geschützt. Das Ergebnis wertender Denkvorgänge genießt Schutz, so ist der Begriff "Meinung" zu verstehen.[137] Die freie Presse als Einrichtung wird garantiert. Das hat seine Ursache darin, daß das Wesen des Staates, der Kern des Staatsbegriffs, das Öffentliche ist. Weil es vorhanden sein muß, damit ein Staat als solcher überhaupt existiert, ist die Presse als Medium von Meinung frei. Das korrespondiert mit der Versammlungsfreiheit. Jedoch enthält Art. 5 Abs. 2 GG eine Schrankenregelung. Auch Jugendschutzbestimmungen u. a. erlauben keine Vorzensur. Allerdings gibt es einen Genehmigungsvorbehalt vor Veröffentlichungen in Einzelfällen.[138] Der Absatz 3 umfaßt auch die Universität als Einrichtung, so daß von Art. 20 der Baden-Württembergischen Verfassung kein Gegensatz dazu geschaffen worden ist, denn darin heißt es in Abs. 1 bloß, daß die "Hochschule" frei ist in Forschung und Lehre. Die Kunst, die Wissenschaft, die Forschung und die Lehre sind als frei garantiert. Das wird als subjektives Recht verstanden.[139] Beschränkungen dürfen hier nur nach dem Immanenzgedanken vorgenommen werden.

Für Kunst und Wissenschaft, Forschung und Lehre gilt das gleichermaßen. Diese Begriffe sind in ihrem Bedeutungsinhalt durch die Rechtsprechung erschlossen.[140] Kunst ist die – wie auch immer geschaffene – Gestaltung eines geistig-seelischen Erlebnisses.[141]

Art. 6 GG konstituiert Ehe und Familie als Einrichtungen. Es sind nicht bloß solche des gesellschaftlichen Lebens, sondern auch des staatlichen. In Art. 6 Abs. 1 GG ist eine institutionelle Garantie errichtet worden. Der Absatz 2 regelt das Elternrecht und seine Grenze, wenn die staatliche Gewalt gegen seinen Mißbrauch einschreitet. Der Absatz 3 bestimmt, wann Beschränkungen des Elternrechts gegen den Willen derselben vorgenommen werden dürfen. Das ist nur auf Grund eines Gesetzes möglich und dieses muß sich im Rahmen der beiden in Absatz 3

---

135 Vgl. Wortlaut.
136 BVerfGE 12, 1, 4; 28, 243, 261; 44, 37; 52, 223; 41, 29; 41, 88, 107f.
137 BVerfGE 61, 7,
138 BVerfGE 30, 336, 347; 57, 109, 117. §17 GjS.
139 BVerfGE 15, 263f; 35, 112; AK-GG-Denninger Art. 5 Abs. 3 Rz. 27.
140 BVerfGE 35, 113, 112; 30, 173, 193.
141 BVerfGE 30, 173, 188f.; 31, 229, 338f.

genannten Tatbestände halten. In Absatz 4 ist ein status positivus geregelt. Das ist kein Abwehrrecht wie es in Absatz 2 formuliert ist. Es ist womöglich eine Art Rechtsgüterschutz, denn der Verfassungssatz konstituiert eine Leistungspflicht des Staates.[142] In Absatz 5 ist ein Verfassungsauftrag an den Staat gesetzt, ein Gesetzgebungsauftrag, also ein Verfassungsauftrag an die Legislative.

Art. 7 GG enthält zwar keine Einrichtung eines staatlichen Schulwesens, aber eine Staatszielnorm.[143] In Absatz 2 ist ein Abwehrrecht enthalten. Abs. 3 S. 1 enthält eine Einrichtungsgarantie für den Religionsunterricht, S. 3 ein Abwehrrecht der Lehrer. Art. 7 Abs. 4 S. 1 GG schafft eine institutionelle Garantie für private Schulen mit Genehmigungsvorbehalt; S. 4 freilich setzt den Versagungstatbestand.

Art. 8 GG regelt das Grundrecht der Versammlungsfreiheit. Mindestens drei Personen können sich – sagt Absatz 1 – versammeln und dieses Recht darf nur mit dem Immanenzgedanken eingeschränkt werden, weil es ein Recht ist, das das Wesen des Staates, zugleich den Kern des Staatsbegriffs berührt. Denn die Versammlungsfreiheit ist gerichtet auf den Zweck der öffentlichen Diskussion.[144] Auch darf das Recht auf Versammlungen unter freiem Himmel, wie es in Art. 8 Abs. 2 GG geregelt ist, beschränkt werden, wenn das ein Gesetz tut oder dies auf Grund eines Gesetzes geschieht.

Art. 9 regelt die Vereinigungsfreiheit. Es ist ein Abwehrrecht. In Absatz 1 ist es für alle Deutschen geschaffen worden. Sie können Vereine und Gesellschaften gründen. Mindestens zwei Personen, die dauerhaft und übereinstimmend eine Gemeinschaft bilden, die Unterwerfung unter organisierte Willensbildung, der private Charakter, der von den Rechtsgrundlagen herrührt, die im BGB geregelt sind, ergeben die Eigenschaften der Vereinigungsfreiheit als ein Grundrecht, sich zusammenzuschließen. Das Gründen, Auflösen und Beitreten, darin Arbeiten, freilich auch das negative Recht, nicht beitreten zu müssen, das kollektive Recht auf Bestand und vereinigungsrechtliche Betätigung sind die Merkmale des Verfassungsrechts auf freie Vereinigung als Recht des Einzelnen. Die Schranke, die Art. 9 Abs. 2 GG für die Vereinigungsfreiheit darstellt, ist im Vereinsgesetz konkretisiert. Der Freiheitsraum in Absatz 3 umfaßt Fortbestand, Autonomie, typische Betätigung der individuellen, d.h. der positiven und der negativen, und der kollektiven Koalitionsfreiheit.[145] In diesen Rechtssätzen ist der private Zusammenschluß von Personen geregelt. Solche Vereinigungen sind überbetrieblich, gegnerfrei und frei von wirtschaftlicher, sogar jeder ökonomischen und kirchlichen Abhängigkeit. Der Arbeitskampf ist, wie der Satz 2 bestimmt, typisches Mittel der Selbstverwaltung der Wirtschaft.

142 Rechtsgut ist das Kind.
143 BVerfGE 23, 347; 27, 360; 27, 195.
144 BVerwGE 56, 63, 69.
145 BVerfGE 4, 96, 106; 18, 28.

Art. 10 GG regelt das Brief-, Post- und Fernmeldegeheimnis. Das ist ein Freiheitsrecht, nämlich ein Abwehrrecht. Es könnte auch ein Rechtsgut sein, das geschützt wird, nämlich das Geheimnis der Mitteilung. In Absatz 2 Satz 1 ist ein gesetzlicher Schrankenvorbehalt enthalten. Das Rechtsstaatsprinzip wird in Art. 10 Abs. 2 S.2 GG so modifiziert als daß es bloß die Vertretung des Souveräns, daher des Volkes selbst ist, die solche Beschränkungen vornimmt. Dieser Verfassungssatz erlaubt aber den Schluß, das Brief-, Post- und Fernmeldegeheimnis sei nicht als ein Rechtsgut geschützt. Denn die Staatsgewalt als eine, die durch diesen Verfassungssatz das Recht auf Geheimnis regelt, gibt dem Einzelnen keine Möglichkeit, sein Rechtsgut zu verteidigen. Damit wird die Bändigung, auf der die Staatsgewalt im Staatsbegriff beruht, in so hohem Maße für notwendig erachtet, daß dem Einzelnen das Recht, Geheimnisschutz zu bewirken, gänzlich genommen ist.

Man mag argumentieren, daß es ja die Staatsgewalt in ihrer höchsten Form, schließlich die Gesetzgebung ist, die tätig werden darf, damit wegen der Wahl der Volksvertretung durch das Volk die größtmögliche Nähe zu diesem erzielt wird. Aber das verkennt den absoluten Charakter des verfassungsrechtlichen Rechtsgüterschutzes, der über ein bloßes Abwehrrecht hinausgeht, folglich anders gelagert ist. Der Rechtsgüterschutz ruht auf dem Gedanken der stärksten Möglichkeiten, das Gut zu schützen, das Recht auf dieses zu erhalten und daher nicht von der Staatsgewalt vor sich selbst geschützt zu werden. Die geltende Regelung gibt kein subjektiv-öffentliches Recht. Zwar gilt die in dem Absatz 2 Satz 2 genannte Beschränkung nur begrenzt, wegen der Möglichkeit, dem Betroffenen durch Gesetz die Information über die Einschränkung zu verwehren und ihm auch noch den Rechtsschutz zu nehmen, wird der Staatsschutz so hoch wie bei keinem anderen Grundrecht gewichtet.[146]

Die Freizügigkeit ist in Art. 11 GG geregelt. Dieses Grundrecht ist ein Freiheitsrecht. Es umfaßt die Einreisefreiheit. Die Ausreisefreiheit ist in Art. 2 GG konstituiert. Daß die Freiheit, einzureisen, in Art. 11 GG auch enthalten ist, beruht auf dem Gedanken, daß Freizügigkeit im Bundesgebiet für alle Deutschen nur dann möglich ist, wenn eingereist worden war. Eingeschränkt werden darf dieses Recht nur durch Gesetz oder auf Grund eines Gesetzes, wie Abs. 2 sagt. Es muß einer der zehn Tatbestände eingreifen, die die Verfassung vorsieht: Freizügigkeit darf nur für die Fälle eingeschränkt werden, in denen eine ausreichende Lebensgrundlage nicht vorhanden ist und daher die Allgemeinheit besondere Lasten tragen müßte. Auch für den Fall, daß diese Einschränkung zur Abwehr einer drohenden Gefahr für den Bestand des Bundes erforderlich ist, aber auch eines Landes, gilt das. Die freiheitliche-demokratische Grundordnung des Bundes oder des Landes ist ebenfalls Einschränkungsgrund.

Zur Bekämpfung der Seuchengefahr, Naturkatastrophen oder besonders schweren Unglücksfällen ist eine Einschränkung der Freizügigkeit auch gestattet. Das

---

146 BVerfGE 30, 1.

sind die Tatbestände sechs, sieben und acht. Wenn der Schutz der Jugend vor Verwahrlosung oder um strafbaren Handlungen vorzubeugen, Einschränkungen der Freizügigkeit erforderlich macht, ist ein, von der Verfassung, vorgesehener, Tatbestand erfüllt.

In Art. 12 GG hat der Verfassungsgeber die Berufsfreiheit in drei Absätzen als Grundrecht konstituiert. Es gilt nach wie vor die Dreistufentheorie.[147] Am wenigsten darf nach Art. 12 Abs. 1 S. 2 GG der Antritt einer Ausbildung eingeschränkt werden, damit der Zugang zu dem Beruf, der Zentrum der Berufsfreiheit ist, nicht versperrt wird. Das ist die Leistungsseite des Abwehrrechts. Danach ist der Zutritt zu dem Beruf selbst gemeint, der nicht beschränkt werden darf, weil die Freiheit der Berufswahl dann nicht zu verwirklichen ist. Es ist die Eingriffsmöglichkeit, stärker noch als die Regelungsmöglichkeit, bei der Berufsausübung selber größer, weil damit nur die näheren Umstände und Bedingungen der Berufstätigkeit gesetzgeberisch ausgestaltet werden können. Der Beruf selbst, jede auf Dauer angelegte und nicht nur vorübergehende, der Schaffung und Erhaltung der Lebensgrundlagen dienende Tätigkeit, ist bei solchen Regelungen nicht berührt. Die Freiheit der Berufswahl geht so weit, dies sagt Abs. 2, daß Arbeitszwang nur im Rahmen einer herkömmlichen, allgemeinen, für alle gleichen Dienstleistungspflicht, wie man sie z.B. in Art. 12a GG geschaffen hat, erlaubt ist. Das ist eine Einschränkung der Berufswahlfreiheit. Der Absatz 3 gestattet Zwangsarbeit nur bei einer gerichtlich angeordneten Freiheitsentziehung.

In Art. 12a GG sind Wehrpflicht und andere Dienstverpflichtungen geregelt. Absatz 1 enthält die Wehrpflicht für Männer. In Absatz 2 wird das Recht auf Verweigerung des Kriegsdienstes mit der Waffe bei gleichzeitiger Pflicht zu einem Ersatzdienst statuiert. Dies ist ein Recht, das nur die bundesdeutsche Verfassung kennt, für das es freilich im Völkerrecht, z.B. in Art. 33 UNO rechtfertigende Anhaltspunkte gibt.[148] Es wird nach dem Absatz 2 Satz 3 durch Gesetz geregelt, dessen Inhalt in der Freiheit der Gewissensentscheidung seine Schranke hat und Ersatzdienst außerhalb der Streitkräfte vorsehen muß. Der Absatz 3 sieht besondere Bestimmungen für den Verteidigungsfall vor. Die Dienstpflicht der Frauen in diesem regelt Absatz 4, der freilich in Satz 2 einen Dienst mit der Waffe verbietet. Absatz 5 enthält den Tatbestand für die Zeit vor dem Verteidigungsfall. Daß die Berufsfreiheit der Deutschen deswegen eingeschränkt werden kann, regelt Absatz 6, aber auch für diesen selbst.

In Art. 13 GG wird das Grundrecht der Unverletzlichkeit der Wohnung konstituiert. Es ist als Freiheitsrecht zugleich Abwehrrecht. Da das Besitzrecht an der Wohnung absolut geschützt und nur unter sehr engen Voraussetzungen eingeschränkt werden oder darin eingegriffen werden darf, liegt es nahe, von Rechtsgüterschutz zu sprechen. Es handelt sich um ein Sachenrecht, das in der Tradi-

---

147 BVerfGE 7, 377.
148 Vgl. Wortlaut.

tion der Rechtswissenschaft in Deutschland, aber auch in anderen Ländern, von weniger starker Wirkung ist als das Eigentum. Jedoch nimmt das zivilrechtliche Recht, in dem Besitz nicht gestört zu werden, dort einen sehr gewichtigen Platz ein. Zweifel können daher rühren, daß die tatsächliche Sachherrschaft sich in ihrem Rang gegenüber dem Eigentum als einem Recht nicht durchsetzt, daher dieses mit eindeutigerer Rechtsgüterschutzeigenschaft versehen ist. Im Vergleich zu Art. 14 GG ist Art. 13 GG aber ausschließlich Abwehrrecht gegen den Staat und in seinen Schranken nach Absatz 2 und 3 deswegen in Tatbeständen formuliert, die stärker ins einzelne gehen. Ob eine Auslegung, die Rechtssätze aus Gesetzen in den Gedanken aufnimmt, möglich ist, die nicht der Verfassung, sondern dem einfachen Recht entstammen, kann jedenfalls dann bejaht werden, wenn es solches Recht ist, das aus der Zeit vor Entstehung der Verfassung stammt, weil der Grundgesetzgeber das in seiner konstituierenden Tätigkeit mitbedenken konnte. Für den Streitfall treffen Art. 123, 124 GG Regelungen. Rechtsgüterschutz als ein Begriff, der Bestandteile von Verfassungen charakterisiert, ist für die Unverletzlichkeit also auch in Erwägung zu ziehen.

In Art. 14 GG ist das Grundrecht auf Eigentum und auf das Erbe gewährleistet. Es ist nicht nur Abwehrrecht, sondern mit Drittwirkung versehen ein Freiheitsrecht. Eigentumsfreiheit und Erbrecht, zuerst das Eigentum und in seiner Folge das Erbrecht, sind dem Rechtsgüterschutz inkorporiert. Stärker ist das Recht auf Eigentum, denn es ist das Dingliche selbst, das der Verfügungsgewalt der Person zugeordnet ist; etwas anders das Erbrecht, das im Grundgesetz als Verfügungsgewalt des Erblassers und Aneignungsrecht des Erben geschützt wird, aber bloß zu dem Zwecke der Sicherung des Erbes. Art. 14 Abs. 2 und 3 GG und Art. 15 GG sind Schranken und Eingriffsmöglichkeiten. Im Art. 14 Abs. 1 S. 2 GG ist das Recht des einfachen Gesetzgebers vorgesehen, das zu bestimmen, was Eigentum und Erbrecht zum Inhalt haben. Dieser Begriff "Inhalt" deutet darauf hin, daß eine privatrechtliche Einrichtungsgarantie in der Verfassung vorgesehen ist, d.h. als ein Institut des Privatrechts wird das Eigentum anerkannt, aber auch das Erbrecht. Dabei wird man "Institut" in dem Sinne verstehen dürfen, daß solche Begriffe wie Eigentum und Erbrecht Teil der verfassungsmäßigen Rechtsordnung sind und es bleiben müssen, derjenigen, die das Grundgesetz schafft.

Art. 16 GG enthält das Recht auf eine Staatsangehörigkeit, das Auslieferungsverbot und das Asylrecht. Es sind Grundrechte. Der Verlust der Staatsangehörigkeit darf nicht zur Staatenlosigkeit führen. Das Asylrecht gilt für politisch Verfolgte.

Art. 17 GG ist als Grundrecht vorwiegend ein Verfahrensrecht; es enthält eine Einrichtungsgarantie, die das Petitionsrecht als Recht der Bitten und Beschwerden aus der Zusammenschau mit dem Rechtsstaatsprinzip konstituiert.
Die drei letzten Grundrechtsartikel 17a, 18 und 19 im Grundrechtsteil des Grundgesetzes enthalten Bestimmungen über die Grenzen der Grundrechte, wenn die dort genannten Tatbestände einschlägig sind.

Art. 17a GG regelt Grundrechtseinschränkungen bei Wehr- und Ersatzdienstleistungen.

Art. 18 GG bestimmt, daß Grundrechte verwirkt werden können, wenn sie zum Kampf gegen die "freiheitliche demokratische Grundordnung mißbraucht" werden. Es ist das Bundesverfassungsgericht, das eine solche Verwirkung ausspricht, wie Art. 18 S.2 GG sagt. Diese Kompetenzzuweisung zum Bundesverfassungsgericht ähnelt der Bestimmung für Parteiverbotsverfahren in Art. 21 Abs. 2 S.2 GG, danach über die Frage der Verfassungswidrigkeit von Parteien das Bundesverfassungsgericht entscheidet.
Weil die in Art. 18 GG genannten Grundrechte vorwiegend solche sind, die das Öffentliche charakterisieren, dürfte ihre Verwirkung wegen des Rechtsstaatsprinzips nur deswegen hinzunehmen sein, weil wegen der Ewigkeitsgarantie des Art. 79 Abs. 3 GG der Schutz der Menschenwürde als auf den Einzelnen zielendes Grundrecht seine Existenz als Staatsbürger eventuell sichern könnte. Auch gilt trotz Verwirkung von den dort genannten Grundrechten Art. 20 GG, so daß wegen Art. 33, 38 GG auch aus der Sicht des Staatsbürgerrechts selbst solche Rechte bleiben. Freilich sind die Freiheitsrechte, die das Öffentliche erst zu demselben machen, dann für denjenigen außer Kraft gesetzt. Das die Demokratie als Herrschaftsform bestimmende Recht, das Wahlrecht, bleibt.

Art. 19 GG spricht von den Grundrechten als einschränkbaren Rechten. Jedenfalls darf keines in seinem Wesensgehalt angetastet werden. Das heißt, das Besondere an einzelnen Grundrechten darf durch einschränkende Gesetze nicht verlorengehen. Der Begriff "Wesen" deutet auf die Persönlichkeitstheorie hin, auf die Psyche oder auch das Geistige. Dieses muß dem Grundrecht bleiben. Nach Absatz 3 sind die Grundrechte auch auf inländische juristische Personen anwendbar, wenn es möglich ist, also ihr Wesen das zuläßt.[149]
Eine Rechtsweggarantie ist in Absatz 4 vorgesehen. Nach Satz 2, eine Auffangklausel, ist der ordentliche Rechtsweg gegeben, wenn kein anderes Gericht zuständig ist.

Auch die in Art. 33 GG konstituierten staatsbürgerlichen Rechte, die jedem Deutschen in gleicher Weise zustehen, gehören zu den Grundrechten, obwohl sie in Abschnitt II. über den Bund und die Länder enthalten sind. Das hat seinen Grund darin, daß dort vorwiegend institutionelle Garantien den Staat, und das heißt nach dieser Bezeichnung des 2. Abschnitts den Bundesstaat, errichten.

Art. 103 GG enthält die Grundrechte des Angeklagten im Prozeß, die durch Art. 104 GG ergänzt werden, der die Rechte bei Freiheitsentziehung festlegt.[150] Diese beiden Artikel stehen, neben der Abschaffung der Todesstrafe, in Abschnitt IX., der die Rechtsprechung im Staat einrichtet. Sie sind also systematisch zugeordnet,

149 Vgl. d. zweiten Titel des BGB § 21 bis 89 BGB.
150 Habeas Corpus.

weil sie bloß diesen Teil der Staatsgewalt berühren. Die Abschaffung der Todesstrafe ist nicht nur eine Begrenzung der Macht des Staates, sondern auch eine Verstärkung des Rechts auf Leben, das Art. 2 Abs. 2 S. 1 GG geschaffen hat.

II. Bedeutung der Grundrechte im Grundgesetz

1. Abwehrrechte

Zunächst war die Eigenschaft der Grundrechte als Abwehrrechte der Bürger und anderer Menschen dem Staate gegenüber das, was den Grundrechtsbegriff bestimmte. Das Verhältnis zwischen dem Staat und den Bürgern ist darin als eines aufgehoben, das den Bürgern Gelegenheit zur Freiheit innerhalb und außerhalb des Staatlichen, des Öffentlichen und des Privaten gibt.
Letzteres spricht die Frage an, ob die Grundrechte auch zwischen Privaten Geltung besitzen. Das bejaht man für einige in unterschiedlicher Weise mit verschiedenem Umfang.[151]
Es erhebt sich auch die Frage, ob die Grundrechte neben ihrer abwehrenden noch eine andere Eigenschaft haben. Dies könnte sich daraus daraus ergeben, daß jedes Grundrecht ein Gut zu schützen hat, das Schutzgut des Grundrechts.
Zu unterscheiden davon ist der Rechtsgüterschutz als Bestandteil von Verfassung, der nicht deckungsgleich mit dem Grundrecht ist, auch keine anderen Verfassungsartikel meint und als ein anderer Begriff zur Einteilung von Verfassungsteilen dient. Jedes Grundrecht hat ein Gut vor Eingriffen des Staates zu schützen, das im Mittelpunkt des Wesens des Grundrechts liegt. Dieses ist aber bloß teleos, denn es soll sein. Rechtsgüterschutz, als Begriff zur Bestimmung von Verfassungssätzen, konstituiert den Schutz des Rechtsgutes gegen jeden, damit auch in jede Richtung und in jeder Art und Weise, die die Staatsgewalt auszuüben in der Lage ist. Er kann sich nicht nur auf das Recht des Einzelnen oder der juristischen Person des Privatrechts erstrecken, sondern auch auf Öffentliches. Aber im Unterschied zur Einrichtungsgarantie sind nur solche Güter geschützt, die weniger ein Recht, tatbestandsmäßige Sollensmacht als Handlungskompetenz meinen, als vielmehr das Innehaben einer Sache und wenn es sich um den eigenen Körper handelt, der etwa durch Art. 2 Abs. 1 und 2 GG in der Art und Weise gebraucht werden darf, wie es dem Einzelnen beliebt.

2. Leistungs- und Teilhaberechte

Neben der Abwehrseite des Grundrechts und seiner Geltung in gewissen Fällen auch zwischen Bürgern gibt es die Leistungs- und Teilhabeseite des Grundrechts. Leistung des Staates an den Einzelnen als Pflicht des Staates kann sich aus der Menschenwürde, der körperlichen Unversehrtheit in Verbindung mit dem Sozialstaatsprinzip ergeben, wenn eine Person mittellos ist. Unter Umständen ist sie dann sozialhilfeberechtigt. Der Staat kann auch zur Wiedergutmachung, zum

---

151 AK-GG-Rittstieg Art. 14/15 Rz. 51ff.

Mutterschutz, zur Gewährung von Schulunterricht verpflichtet sein. Die Teilhabeseite des Grundrechts verpflichtet den Staat zur ökonomischen Ausnutzung seiner Kapazitäten, z.B. von Studienplätzen bis hin zur Grenze seiner Möglichkeiten. Ergänzt wird das Grundrecht in seiner Bedeutung als Verfassungsrecht mit Teilhabecharakter durch die institutionellen Garantien der Verfassung als Einrichtungen des Staates selbst.

III. Andere Teile des Grundgesetzes

1. Ausgestaltung des Staates

Die Grundgesetzauslegung hat nicht nur die Grundrechte als Teilhaberechte anerkannt und auf diese Weise sogar einen gewissen Anspruch des Einzelnen und anderer in derselben Lage auf Bestände des Staates und ihre Ausgestaltung zugestanden; das Verhältnis der Einrichtungen des Staates in ihrer Eigenschaft als Staats- und Verfassungsorgane mit eigener Rechtspersönlichkeit, vom Bund oder den Ländern über den Bundestag, den Bundesrat, den Bundespräsidenten bis hin zu den Bundesoberbehörden untereinander und ihre Möglichkeit, Rechte gegeneinander geltend zu machen, ist durch die Rechtsprechung des Bundesverfassungsgerichts weitgehend geregelt. Auch das Verhältnis des Bundeskanzlers als Regierungschef zum Parlament ist durch die Entscheidungen zum konstruktiven Mißtrauensvotum klar gestellt worden.

Die Parteien in ihrer Rolle als Mittler, sogar "ein Surrogat der direkten Demokratie im modernen Flächenstaat", "eine rationalisierte Form der plebiszitären Demokratie" zu schaffen,[152] der den Begriff "Parteiendemokratie" rechtfertigen könnte, ist neben den Leistungsansprüchen derselben, wie sie höchstrichterlich anerkannt worden sind, durch die Entscheidung bestätigt worden, dieselben als Fraktion im Parlament vor Gericht als klagebefugt zu akzeptieren.[153] Solche Mittlerfunktion weist den Parteien eine Stellung zu, die sie zwar nicht zu einem Staatsorgan macht, aber funktionell eine starke Rolle in der Öffentlichkeit bis hin zu den Einrichtungen des Staates selber kreiert.

Das Verhältnis zwischen Bund und Ländern, wie es durch Art. 28, 30, 31, 32, 35, 36, 70-75, 83-91, 91a und 91b geregelt wurde, ist in den Entscheidungen des Bundesverfassungsgerichts durchweg als ein Kompetenzproblem entschieden und damit abschließend bestimmt worden.[154] Offen ist noch die Entscheidung über die Frage, welche Geltung die Landesverfassung und welche die Bundesverfassung hat. Es ist erst angesprochen worden, welches Recht im Kollisionsfalle vorrangig ist.[155]

---

152 G. Leibholz, Strukturprobleme der modernen Demokratie, Frankfurt/M. 1967, S. 93f.
153 BVerfGE 70, 324.
154 BVerfGE 6, 309, 340ff.; 55, 274, 346ff.; 56, 298, 322.
155 BVerfGE EuGrZ 77, 66, 83ff.

Im Abschnitt IX. hat der Verfassungsgeber die Rechtsprechung als Institution des Staates Bundesrepublik Deutschland geschaffen. Die Beziehungen zwischen den Gerichten, ihre Zuständigkeit, die Einheitlichkeit der Rechtsprechung und vor allem das Grundrecht des Angeklagten auf rechtliches Gehör, das das Bundesverfassungsgericht schon häufig beschäftigt hat, stehen fest, weil schon die Regelungen in der Konstitution die Aufteilung der Kompetenzen und anderes bis ins einzelne vorgeschrieben haben.

Auch das Finanzwesen ist in seiner Eigenschaft als Zuständigkeitsbereich durch die Rechtsprechung durchdrungen. Stärker gilt das noch für den abwehrrechtlichen Aspekt, die Streitfälle, in denen Bürger gegen den Staat wegen der Belastung mit Steuern und anderen Abgaben klagt.
Das hat das Bundesverfassungsgericht häufiger beschäftigt als die Haushaltsverteilung zwischen Bund und Ländern.[156] Das Haushaltsrecht als Recht des Parlaments, als das Budgetrecht, ist institutionenrechtlich erfaßt.[157]

2. Konstituierungseigenarten

Die in dem XI. Abschnitt vorgesehenen Regelungen, die in Verbindung mit der Präambel auch das Problem der Konstituierung der Bundesrepublik, als einen Staat in der Nachfolge seines Vorgängers behandeln, sind in verschiedenen Entscheidungen, von dem Begriff des "Deutschen" bis hin zun Grundlagenvertragsurteil, judiziert worden.[158] Danach hat die Bundesrepublik Deutschland zu keinem Zeitpunkt einen anderen Staat, abgesehen von der UdSSR und den Westmächten, auf dem Gebiete des Deutschen Reiches in den Grenzen von 1937 anerkannt. Staatsrechtlich gesehen, bestimmt sie sich weniger aus der Staatsgewalt als aus dem Gebiet, dem Land. Daher definiert schon der Verfassungstext denjenigen, der ein "Deutscher" ist, also die Zugehörigkeit zum Volk, die Staatsangehörigkeit bzw. die Staatsbürgerschaft. Beide Begriffe, Staatsangehörigkeit und Staatsbürgerschaft, sind so gut wie identisch. Wer dem Staate angehört, ist auch Staatsbürger, das ergibt sich aus Art. 33 GG.
Art. 33 ist auch ein Grundrecht, das über Art. 20 GG an der Ewigkeitsklausel des Art. 79 Abs. 3 GG teilnimmt. Die staatsbürgerlichen Rechte, die dort konstituiert sind, umfassen das aktive und passive Wahlrecht, die Zulassung zu öffentlichen Ämtern und die Tätigkeit, hoheitliche Befugnisse auszuüben (Beamtentätigkeit, Schöffen und öffentliche Wahlhelfer).

---

156 Z.B. schon BVerfGE 2, 292.
157 BVerfGE 1, 85, 117, 144, 299.
158 BVerfGE 36, 1, 23.

Besonderer Teil A

Beschreibung sui generis

Drittes Kapitel: Der Begriff Demokratie

Bekannt ist schon von dem Begriff "Demokratie", daß er dem Staats- und Verfassungsrecht entnommen und seine Bedeutung "Volksherrschaft" ist. Es ist ein Begriff, mit dem man eine Form von Herrschaft in dem Staate oder auch in Ländern bezeichnet.[1] Entnimmt man dem Wort Volk, daß eine besondere Menge von Menschen gemeint ist, schließlich die, die eine auf ein Gebiet hindeutende Eigenart hat, so trifft der Begriff Land noch genauer als das Wort Staat dasjenige, was der Herrschaftsform Demokratie vorausgehen muß. Es hat demnach in dem Land zunächst der Staat geschaffen zu werden, damit man in ihm herrschen kann.

Wenn in einem Staat das Volk die Herrschaft innehaben soll und es handelt sich um eine imperativische Gestaltung, ist von dem Rechtsbegriff "Demokratie" und nicht bloß von dem Begriff die Rede, kann man fragen, wie dieser Staat beschaffen sein muß, damit man eine solche vorfindet. In einem Verfassungsstaat dürfte das durch die Verfassung geregelt und so als Form der Herrschaft in dem Staat durch diese konstituiert sein. Das Recht des Volkes aus der Verfassung müßte so stark sein, daß es dessen Herrschaft ermöglicht.[2] Mittels Anwendung und Auslegung der Verfassung müßte man die Herrschaft des Volkes gänzlich erkennen können. Dabei stößt man nicht auf die Schwierigkeit, Staats- und Herrschaftsform gegeneinander abzugrenzen, denn die Demokratie ist Herrschaftsform in dem Staat. Das rührt daher, daß schon der Begriff "Volk" als ein Merkmal das Öffentliche, nämlich das durch das Öffentliche bestimmte, in sich trägt. In ihm könnte es sogar als das Ganze, als res publica, enthalten sein, weil damit alle Zugehörigen gemeint sind und es nur diese Gemeinschaft gibt.[3]
Die Herrschaft durch das Volk oder auch die Herrschaft des Volkes zeigt sich in Merkmalen des Rechtsbegriffes Demokratie, der als Wort in der Verfassung ausdrücklich genannt ist, weil dann nur ein Verfassungsstaat konstituiert worden ist, der als demokratisch eingeordnet werden darf. Man könnte Zweifel haben, ob der Begriff selbst erwähnt sein sollte, weil vielleicht schon die Merkmale von ihm, in der Verfassung enthalten, ausreichen, er selbst daher nicht notwendig genannt werden muß. Der Schluß von dem Begriff auf seine Merkmale ist immer möglich. Das könnte aus Gründen der Rechtssicherheit notwendig sein, weil einzelne seiner Merkmale unter Umständen identisch sein können mit denjenigen eines

---

1   T. Maunz/R. Zippelius, Deutsches Staatsrecht, 26. Aufl. 1985, S. 73; Herzog in: Maunz/Dürig u.a., Kommentar zum GG, Art. 20 Rdnr. 5.
2   W.v.Simson, Das demokratische Prinzip im Grundgesetz, Veröffentlichungen der Vereinigung der Deutschen Staatsrechtslehrer, Berlin 1971, S. 7-10.
3   Vgl. BVerfGE 8, 114f.

anderen, so daß man nicht sogleich festzustellen vermag, auf welchen Begriff sie zurückzuführen sind. Wegen der Eigenschaft der Verfassung als dem höchsten Gesetz in dem Staate mag es erforderlich sein, den Begriff selbst zu nennen, weil er die Spitze einer Pyramide darstellt oder auch das Band um die Reihe der Worte, die vollständig seinen Inhalt erfassen. Dann kann aber die ausdrückliche Erwähnung aller Merkmale des Begriffs ihn selbst in der Verfassung nicht ersetzen. Zwar ist zu dem Zeitpunkt der Konstituierung der Schluß auf ihn möglich. Das könnte aber im nächsten Moment schon anders sein. Weil häufig mit der Verfassung als dem höchsten Gesetz neue Sachverhalte geregelt werden müssen, für deren Beurteilung die bloße Erkenntnis aus den Merkmalen des Begriffs, wie man sie zum Zeitpunkt der Verfassungsgebung hatte, nicht ausreicht, so gibt es weitergehende Erkenntnis über seinen Inhalt jedenfalls dann, wenn er selber in der Verfassung vorzufinden ist. Sind nur seine Merkmale genannt, die auf dem Wissen im Zeitpunkt der Konstituierung beruhen, so ist gerade das nicht möglich und für die Lage, daß zuvor nicht antizipierte Sachverhalte vorliegen, könnten diese nicht durch die Demokratie beherrscht werden. Das ist der Grund, weshalb der Begriff "Demokratie" in der Verfassung selbst zu finden sein muß. Er muß also Verfassungsbegriff sein.

1. Abschnitt: Merkmale des Begriffs Demokratie

§ 23 Staatsgewalt, Staatseinheit und Gewaltenteilung

Über den Begriff Demokratie wird gesagt, er enthalte zwei Merkmale, die ihn charakterisieren. Das könnte heißen, daß sein Kern, das ist das Wesen des Wortes Demokratie, in dieser Weise bestimmt ist: Grundrechte als unentziehbare Rechte des Menschen, dem Naturrecht entsprungen und der Gerechtigkeit verpflichtet, deren Ontologie sie hervorgebracht hat, werden als Bestandteil von Demokratie genannt. Solche Rechte, die ihre volle Wirkung erst als Minderheitenrechte entfalten mögen, sind Inhalt der Herrschaftsform Demokratie; zweites Merkmal soll die Mehrheitsentscheidung sein.[4]
Zwar hat bei einer Wahl oder Abstimmung jeder Einzelne die Chance, die Geschicke des Volkes zu bestimmen, so daß man nach Rousseau diese als Teil von einem Gesellschaftsvertrag verstehen könnte.[5] Weil jeder Aktivbürger diese hat, wäre es möglich, die Grundrechte für entbehrlich zu halten; in dem Abstimmungsergebnis zeigt sich dann nicht nur die Auffassung des Volkes je nach Mehrheit bis hin zur absoluten oder Zweidrittelmehrheit oder Einstimmigkeit. Es drückt sich zunächst einmal darin aus, daß alle die Chance zur Herrschaft hatten, die teilweise sogar als Pflicht ausgestaltet ist oder jedenfalls ein Quorum vorsieht,

---

4 W. Fikentscher, Methoden des Rechts in vergleichender Darstellung, Bd. I, Tübingen 1975, S. 274, 279.

5 J. J. Rousseau, Vom Gesellschaftsvertrag oder Grundsätze des Staatsrechts, Stuttgart 1977 (Amsterdam 1762)

dessen Nichteinhaltung zur Ungültigkeit führt. Gibt man zusätzlich zu dieser Möglichkeit Grundrechte als unentziehbare, könnte das als das Gegenteil von Demokratie, eben Volksherrschaft, verstanden werden. Dagegen spricht, daß das Volk, die Mehrheit oder sogar alle, vielleicht irren könnte und deswegen dem Einzelnen ein Bestand von Grundrechten zugestanden werden muß.

I. Machtwechselchance

Die Mehrheitsentscheidung als einziger Bestandteil des Demokratiebegriffs könnte zur Folge haben, daß Grundrechte von Minderheiten nicht mehr gegen den Willen der Mehrheit geschützt sind. Der Mehrheitsbeschluß bzw. -wille ist unter Umständen gegen solche unentziehbaren Rechte gerichtet; vielleicht müßten diese aber, weil die Mehrheit als solche immer eine auf Zeit ist, bestehen bleiben. Es mag sein, daß nur dann das Volk als ein Ganzes in dem Staate herrscht. Die Änderung der Mehrheit müßte deswegen immer möglich, die Chance zum Machtwechsel ständig gegeben sein. Der Grund für dies ist nicht das Mehrheitsprinzip, sondern die Änderbarkeit des Volkswillens. Damit das Volk herrschen kann und Mehrheit und Minderheit durch Wahlentscheidung gebildet werden, muß es zu Abstimmungen kommen können, die die Chance zum Machtwechsel in sich tragen. Wenn man das Mehrheitsprinzip nicht als Bestandteil des Demokratiebegriffs versteht, sondern als Entscheidungsregel, kommt die Machtwechselchance als Merkmal der Volksherrschaft ggffs. in Betracht.[6] Dies liegt daran, daß das Volk nicht nur seine Meinung zu ändern vermag, sondern in der Aktivbürgerschaft von einzelnen Aktivbürgern unterschiedliche Auffassungen vertreten werden oder jedenfalls vertreten werden können. Einhelligkeit dürfte die Ausnahme sein. Daher muß der in einer Abstimmung unterlegenen Minderheit die Chance gegeben werden, sich die Macht zu verschaffen.

Die Machtwechselchance ist insofern in jedem Falle Inhalt des Demokratiebegriffs und nach dem bislang Gesagten ist es das Mehrheitsprinzip nur in dem Maße, wie es dieselben begrifflichen Merkmale wie diese enthält.

Wenn man über den Demokratiebegriff bislang nur weiß, daß jedenfalls die Machtwechselchance als Teil des Mehrheitsprinzip Merkmal von ihm ist, so ist über die als wesentlich erwogenen Unterbegriffe "Grundrechte" und das "Mehrheitsprinzip" mit seinen anderen Bestandteilen noch mehr zu erfahren, wenn man andere Stimmen aus Rechtsprechung und Lehre zu Wort kommen läßt: Das Bundesverfassungsgericht hat im SRP-Urteil judiziert, daß sich die freiheitlich-demokratische Grundordnung als eine solche Ordnung bestimmen läßt, "die unter

6   U. Scheuner, Der Mehrheitsentscheid im Rahmen der demokratischen Grundordnung, in: Festschrift f. Kägi, Menschenrechte, Föderalismus, Demokratie, Zürich 1979, S. 301; R. Laun, Mehrheitsprinzip, Fraktionszwang und Zweiparteiensystem, in: Gedächnisschrift f. W. Jellinek, 1954/55, S. 175; C. Gusy, Das Mehrheitsprinzip im demokratischen Staat, AöR 1981, S. 329.

Ausschluß jeglicher Gewalt- und Willkürherrschaft eine rechtsstaatliche Herrschaftsordnung auf der Grundlage der Selbstbestimmung des Volkes nach dem Willen der jeweiligen Mehrheit und der Freiheit und Gleichheit darstellt." [7] Von ihr wird weiter gesagt, daß zu dieser Ordnung mindestens gehören: "Die Achtung vor den im Grundgesetz konkretisierten Menschenrechten, vor allem vor dem Recht der Persönlichkeit auf Leben und freie Entfaltung, die Volkssouveränität, die Gewaltenteilung, die Verantwortlichkeit der Regierung, die Gesetzmäßigkeit der Verwaltung, die Unabhängigkeit der Gerichte, das Mehrparteienprinzip und die Chancengleichheit für alle politischen Parteien mit dem Recht auf verfassungsmäßige Bildung und Ausübung einer Opposition".[8] Hier werden noch zusätzliche Merkmale von "Demokratie" genannt oder die schon erwähnten erläutert. In ähnlicher Art und Weise beschreibt sie Henke: "Demokratie im Rechtssinne ist die gleiche Verteilung der Rechte zur Teilnahme am politischen Leben, Freiheit, aber in Gestalt der Meinungs-, Presse- Versammlungs- und Vereinigungsfreiheit u. a. mit den gebotenen Beschränkungen als subjektive Rechte, ferner die rechtsförmige Wahl der Parlamente und die Verantwortlichkeit der Regierung, wie sie im Grundgesetz und in anderen Gesetzen stehen." [9]

In "Demokratische Verfassungstheorie im Lichte des Möglichkeitsdenkens" schreibt Häberle, daß das Möglichkeits-, das Wirklichkeits- und das Notwendigkeitsdenken Teil des Verständnisses von Demokratie sei, nämlich Antwort auf die Frage nach den Alternativen zu dem Bestehenden (Mehrheitswechselchance), diejenige nach dem Wirklichen (Verfassungsprinzipien wie z.B. Parteienstaat, Öffentlichkeit, Opposition, Entwicklung vom liberalen zum sozialen Rechtsstaat, leistungsstaatliches Grundrechtsverständnis, d.h. soziale Grundrechte mit dem Blick auf die tatsächlichen Voraussetzungen der Grundrechte) und die nach der Notwendigkeit (Leistungsstaat, Gemeinwohl, Verhältnismäßigkeit, Zweck-Mittel-Relation) zu beantworten sucht.[10] Diese Verfassungsprinzipien entstammen der Prinzipienlehre und diese beruht auf der Ideenlehre. Diese ist gekennzeichnet durch das Unvollständigkeitsdenken und könnte daher Probleme aufwerfen. Unvollständigkeitsdenken heißt, daß nicht alle Merkmale des Begriffs erfaßt werden und mehr noch, daß nicht alle Begriffe zu erkennen sind. Es könnte aber sein, daß die erwähnten wenigstens Teil des Demokratiebegriffs sind.

Isensee spricht in "Grundrechte und Demokratie" über die Individualfreiheit, die ihre verfassungsrechtliche Form in den liberalen Grundrechten und dem Willen

---

7 BVerfGE 2, 12f.
8 BVerfGE 2, 12f.
9 W. Henke, Staatsrecht, Politik und verfassungsgebende Gewalt, in: Der Staat 1980, S. 203.
10 P. Häberle, Demokratische Verfassungstheorie im Lichte des Möglichkeitsdenkens, in: AöR 102, S. 27-68.

des Volkes findet. Dieser ist in der Demokratie der Imperativ, der von der souveränen Gewalt gesetzt wird. Demokratie ist eine Art und Weise, wie politische Herrschaft ausgeübt wird. Jede Äußerung der Staatsgewalt muß in der Volksherrschaft auf das Volk zurückzuführen sein und die Grundrechte werden gewährleistet. Für Isensee bedeutet das: Begründung der Herrschaft "von unten", von dem Volke her, zeitliche Begrenzung und Notwendigkeit periodischer Erneuerung des demokratischen Mandats, Durchschaubarkeit der Ausübung von Macht, Legitimation von Kritik und Kontrolle, Notwendigkeit der Opposition für das System von Grundrechten und Demokratie, Minderheitenschutz, Angewiesenheit der Regierenden auf Vertrauen und Konsens der Regierten, Gespräch und Kompromiß als Weise des Regierens, Bürgernähe.[11] Nach dieser Auffassung vereint die freiheitliche Demokratie in sich zwei verfassungsrechtliche Systeme. Es sind das Repräsentationssystem und das Plebiszitärsystem, d.h. "tagtägliches" Plebiszit aller Bürger und gesellschaftlichen Kräfte. Es sind also die Bürger selbst, die tätig werden, aber auch die Volksvertretung ist beteiligt. Nicht nur von Isensee wird Demokratie als politische Herrschaft begriffen. Dyson versteht den Staat selbst sogar als Herrschaft und als Machtapparat, auch als Genossenschaft.[12] Das rührt daher, daß in dem Staate selbst, wie in jeder anderen Gemeinschaft, geherrscht wird. Deswegen spricht man von der Herrschaftsform, der Art und Weise wie man dort herrscht. Nur die Form der Herrschaft in dem Staate heißt die politische. Das Politische ist im Unterschied zum Rechtlichen nicht bindend. Anders als andere Rechtsbegriffe, meint Henke, enthält der Demokratiebegriff Personalität, d.h. die konkreten Beziehungen zwischen Personen, aber auch Geschichtlichkeit, einen möglichen Wandel der Zeiten.[13] Personalität könnte in einer Verbindung zu den Grundrechten stehen. Geschichtlichkeit ist wohl eine gedankliche Voraussetzung für die Machtwechselchance. Schulz-Schaeffer spricht in seiner Kritik an Grabitz von dem verfassungsmäßigen Freiheitsprinzip, das im rechtsethischen Gemeingeist wurzele.[14] Die Fähigkeit des Menschen zur freien Willensentscheidung dürfte Voraussetzung sein, dieses überhaupt konstituieren zu können. Zwischen der Mehrheitsentscheidung und der Freiheit als ein Recht ist nach Auffassung von Kelsen eine Beziehung vorhanden. Er meint, daß "das Prinzip der absoluten Majorität die relativ größte Annäherung an die Idee der Freiheit" bedeutet.[15] Diese Mehrheit ist also frei im Handeln und muß sich keinem fremden Willen unterwerfen. Jedoch ist sie durch die Entscheidung schon gebunden und daher, nachdem diese erfolgt ist, nicht mehr frei. Der Zwang, überhaupt entscheiden zu müssen und die Bindung an die

---

11 J. Isensee, Grundrechte und Demokratie, in: Der Staat, 1981, S. 162ff.
12 K. H. F. Dyson, Die Ideen des Staates und der Demokratie, S. 488.
13 W. Henke, Demokratie als Rechtsbegriff, in: Der Staat, 1986, S. 159.
14 H. Schulz-Schaeffer, Freiheit als demokratisches Verfassungsprinzip, in: DVBl. 1978, S. 903.
15 H. Kelsen, Vom Wert und Wesen der Demokratie,

einmal getroffene Entscheidung könnten Gründe sein, von einer relativen Annäherung zu sprechen. Gegen Kelsen ist zu bedenken, daß die Freiheit im Einzelnen liegt, der sich entscheiden kann wie er will. Aus der Mehrheit, dem Majoritätsprinzip, zu folgern, den Schluß zu ziehen, es gäbe eine Annäherung an die Freiheit, ist dann nicht möglich. Jeder ist in seiner Entscheidung frei; wenn sie aber getroffen ist, tritt die Bindung ein. Für Kelsen spricht, daß er versucht, Mehrheitsentscheidung und Willensfreiheit oder Freiheit allgemein in einem Verhältnis zueinander zu sehen. Man könnte das verstehen als eines, das die Summe der Willensentscheidungen, die die Mehrheit bildet, als Resultat, als Ergebnis der Zustimmung begreift. Weil weniger Aktivbürger wurden oder Vorschläge abgelehnt worden sind, hat man ein höheres Einverständnis erzielt. Das heißt, das Geschehen in dem Staate richtet sich nach dem Willen der Gemeinschaft, deren Mitglieder wegen ihrer hohen Zahl den Verlauf der Geschichte bestimmen könnten.

In seiner Einleitung schreibt Matz unter Hinweis auf Tocqueville, daß die Demokratie im allgemeinen politischen Bewußtsein unserer Epoche zur universell akzeptierten und deswegen einzig legitimen politischen Verfassungsform geworden sei.[16] Er bestimmt die Legitimität der Herrschaftsform im Verfassungsstaat danach, ob sie in den Gedanken der Menschen angenommen wird. Das hieße auch, daß alle anderen abgelehnt werden. Ursache dafür könnte vielleicht sein, daß nur hier das Volk als Gesamtheit der Aktivbürger herrscht.

Es könnte auch der Volkswille zu beachten sein. Erich Kaufmann meint, daß der Volkswille den Volksgeist voraussetze und zwar dann, wenn man die Problematik des Volkswillens ontologisch behandelt.[17] Ist das Wesen des Volkswillens der Volksgeist, wie ihn schon Savigny dargestellt hat, heißt das, daß der Wille Resultat des Geistes ist oder sich aus dem Geist entwickelt?[18] Es mag sein, begreift man das Volk als Person im Sinne der Persönlichkeitstheorie, wählt man dieses Bild, daß das Volk einen Geist, einen spiritus sanctus oder einen spiritus rector, hat. Das ist nicht zwingend. Die Gemeinschaft der Menschen, die das Volk bilden, könnte z.B. einen Willen entwickeln, der nicht aus dem Geist, son-dern aus der Persönlichkeit entstammt. Der Geist als die Fähigkeit zum Denken ist dann bloße Voraussetzung für die Betätigung des Willens als Eigenschaft des und Möglichkeit für den Menschen, Entscheidungen zu treffen.
Die Auffassung von Matz spricht gegen die Legitimität anderer Herrschafts- und Staatsformen, z.B. die der Monarchie oder die der der Aristokratie. Diese beruhen, wie Erich von Kahler schreibt, auf einer überpersönlichen, traditionellen

---

16 U. Matz, Einleitung, in: Ders. (Hg.), Grundprobleme der Demokratie, Darmstadt 1973, S. 1.
17 E. Kaufmann, Zur Problematik des Volkswillens, in: U. Matz (Hg.), Grundprobleme, Darmstadt 1973, S. 20 (1931).
18 F. K. v. Savigny, System des heutigen römischen Rechts, Bd. I, Aalen 1973 (1840), S. 18-21.

Elite, dem vorbildlichen Ausdruck eines religiösen oder nationalen Lebensstils.[19] Er sagt von der Demokratie, daß sie gerade nicht auf Tradition, sondern auf Institution beruhe. Denn das Volk braucht wegen der hohen Zahl seiner Angehörigen oder Zugehörigen die Einrichtung einer Form von Herrschaft. Tradition ist es, die Regeln gebildet hat, die überkommene Art und Weise, das "Wie" als Ergebnis regelmäßiger Übung einer kleinen Zahl von Menschen. Wegen der hohen Zahl und weil die Demokratie allen an einem Ort lebenden Bürgern, die Chance zu herrschen oder sogar die Herrschaft selbst in die Hand geben will, sie sogar dazu zwingt (Wahlzwang), könnte es notwendig sein, diese Einrichtung als einen Willensakt, ähnlich der Konstituierung z.B. durch Verfassung, zu verstehen. Während Tradition ein Règlement durch ständige Übung hervorbringt, die auf einen langen Zeitraum zurückblicken kann, ist Demokratie durch die Entscheidung des Volkes eingerichtet. Sogar wenn das Demokratische schon lange währt, wie z.B. in der Schweiz oder auch in der griechischen Polis, die nämlich historisch alten Ursprungs ist, begreift man es als Institution im Sinne eines Festgelegten, Festumrissenen und nicht bloß als etwas Überkommenes. Man kann die Institution mit einem Bau oder einem Bauwerk vergleichen. Tradition und Institution sind, wie schon bekannt, Begriffe, deren Merkmale sich sehr stark voneinander unterscheiden. Kern des Begriffs Tradition ist das Überkommene, die Geschichte, die Übergabe von Hand zu Hand, der einer Generation in die der nächsten. Institution enthält als Begriff in seinem Kern das Feststehende. Begreift man Tradition imperativisch, so ist es die Entwicklung und inkarniert im Gewohnheitsrecht. Institution, im Gegensatz dazu, ist im System eines seiner Bestandteile. Von Kahler behauptet, daß die Universalisierung von Demokratie eine Kodifizierung der Menschenrechte und Menschenpflichten sei, die den Gesetzbüchern aller Staaten einverleibt und deren Wahrung durch die internationale Völkerorganisation kontrolliert werden mußte.[20]

Auch Kägi rechtfertigt in ähnlicher Weise die Demokratie als Idee der Volkssouveränität im Kampf gegen die Fürstensouveränität.[21] Es ist nicht mehr der Wille des Monarchen, der als Ausdruck der Gerechtigkeit verstanden wird, sondern der Wille des Volkes. Folgt man Kägi, ist die Volksherrschaft zugleich gerechte Herrschaft, eine solche, die dem Imperativ für das Recht selbst, also der Gerechtigkeit, gehorcht. Ob die souveräne Gewalt folglich immer an dieser ausgerichtet, d.h. notwendig gerecht ist, kann nicht so ohne weiteres gesagt werden. Dieser Gedanke von Kägi enthält bereits die Weiterführung seines Gedankens, daß Demokratie nicht nur Volksherrschaft bedeute, sondern darin sich zugleich Gerech-

---

19 E. v. Kahler, Das Schicksal der Demokratie, in: U. Matz (Hg.), Grundprobleme der Demokratie, S. 38ff..
20 E. v. Kahler, a.a.O., S. 64.
21 W. Kägi, Rechtsstaat und Demokratie, in: U. Matz (Hg.), Grundprobleme, S. 124.

tigkeit ausdrücke. Dann ist für den Rechtsstaat als Inkarnation der Gerechtigkeit begrifflich kein Platz mehr. Das hätte die Konsequenz, den Rechtsstaat seines Wesens zu entledigen und ihn zum bloßen Gerüst des Bauwerks Demokratie zu machen. Damit wird verkannt, daß der Begriff Rechtsstaat in seinem Kern Gerechtigkeit enthält. Ist dieser gedanklich nicht mehr vorhanden, so bleibt die bindende Regel als Eigenschaft des Rechtes.

Der Bindungscharakter des Rechtes, seine unbedingte Einhaltung, ist vielleicht dasselbe, was Kägi mit Objektivität bezeichnet.[22] Es könnte der Gegensatz zu dem Willkürlichen, dem im Belieben der Person Stehenden, zu der Subjektivität sein. Womöglich enthalten Demokratie und Rechtsstaat ein gemeinsames Merkmal, die Gerechtigkeit. Diese steht im Gegensatz dazu. Jedenfalls befürchtet Kägi, es könnte eine Verabsolutierung der Demokratie entstehen, wenn der Rechtsstaat relativiert würde.[23] Das muß überprüft werden. Der Rechtsstaat ist nach dessen Auffassung dann nur bloße Technik und nicht mehr Ordnungsidee. Von ihm werden so Formalisierung, Technisierung und Relativierung, d.h. das Abstrahieren vom Materiellen, verlangt, das gleichbedeutend ist mit der Steigerung von Objektivität.

1. Machtwechselchance und Aktivbürgerschaft

Wenn nur in der Demokratie als Form von Herrschaft die Staatsgewalt als Macht vom Volke ausgeübt wird, müßten vielleicht auch alle Veränderungen berücksichtigt werden, die in der Aktivbürgerschaft, dem Volke, stattfinden. Weil sich die Volksherrschaft in der Berücksichtigung aller Veränderungen verwirklichen könnte, besitzt die Machtwechselchance als Merkmal der Demokratie eine besonders hohe Plausibilität. Anders bei Tyrannenherrschaft oder Aristokratie: Die Tyrannenherrschaft ist die Herrschaft eines Einzelnen und daher machtwechselfeindlich. Zu ihr gehört gerade, daß sie keinen Machtwechsel gestattet. In der Aristokratie ist ein Machtwechsel zwar in der Art und Weise möglich, daß der Adel eine neue Regierung wählt oder bestimmt. Die Machtwechselchance ist jedoch im Vergleich zu der in der Demokratie beschränkt: Die Zugehörigkeit zum Volke erwirbt man mit der Staatsbürgerschaft oder durch Volljährigkeit, wenn man die Staatsbürgerschaft bereits besitzt. Die Zugehörigkeit zur Aristokratie erwirbt man regelmäßig durch Geburt. Denn man wird in diesen hineingeboren oder man wird in den Adelsstand erhoben. Außerdem ist diese Gruppe von Menschen klein, so daß die Veränderungshäufigkeit geringer sein dürfte als die der Aktivbürgerschaft in der Demokratie.
Bislang ist zu sagen, daß die Möglichkeit, die Regierung auszutauschen, die Machtwechselchance, zwar nicht nur, sondern auch charakteristisch für die Demokratie ist. Für diese ist sie aber bedeutungsvoller als andere Formen der Herrschaft. Das liegt daran, daß die Staatsgewalt in der Demokratie nicht wie in je-

22 W. Kägi, a.a.O., S. 136.
23 W. Kägi, a.a.O., S. 136.

der anderen Form von Herrschaft legitimiert ist, sondern sich auf das ganze Volk zurückführen lassen muß. Wegen der geringen Zahl ist die Machtwechselchance z.B. in der Aristokratie weniger einleuchtend.

Die Machtwechselchance ist auch in den Verfassungen konstituiert. Man findet sie dort z.b. als Amtsperiode von Regierungen. Belanglos ist, ob diese bloß die Spitze exekutiver Macht als Staatsgewalt bilden, oder ob diese Regierungen zugleich judikative oder legislative Macht ausüben. Das heißt ja nur, daß diejenigen, die die Macht ausüben, auch ihre Parteien, Gruppen, Listen oder Verbände, ausgewechselt werden, z.b. auch in Wahlperioden von Richtern, Staatsanwälten, Abgeordneten und Regierungsmitgliedern. Sie zeigt sich aber besonders deutlich bei der Regierung, der Spitze exekutiver Macht. Entscheidend ist das Innehaben der Staatsgewalt, die zwar vom Volke ausgehen mag, weil dieses aber nicht selbst der Staat ist, wird sie auch dem Volke gegenüber oder anderen Staaten, z.b. durch Gesetze der Aktivbürgerschaft, betätigt. Der Satz, den das Grundgesetz kennt, daß alle Staatsgewalt vom Volke ausgeht, kann nicht so verstanden werden, daß die Machtwechselchance etwa im Auswechseln des Volkes bestehen könnte, von dem doch alle Macht in der Bundesrepublik Deutschland als einer Demokratie nach Art. 20 Abs. 2 S. 1 GG herrührt. Dieser Satz der Verfassung des Grundgesetzes verlangt allein, wie aus der Rechtsprechung des Bundesverfassungsgerichts erkennbar, daß bis zum Staatsorgan eine ununterbrochene Kette der demokratischen Legitimation vom Volke aus vorhanden sein muß.[24] Das ist vorwiegend die Regierung, die in der Bundesrepublik Deutschland die exekutive Macht innehat. Die Staatsgewalt wird vom Volke ausgeübt, aber zum geringsten Teil handelt es selbst, sondern seine Organe. Sie geht zwar vom Volke aus und wird von ihm selbst und durch seine Organe ausgeübt. Diese können die Staatsgewalt aber, so wie in jedem Staate, auch gegen es selbst betätigen. Der Begriff Organ, Staats- und Verfassungsorgan, sagt nur, daß wegen der Bändigungsaufgabe der Staatsgewalt gegen das nicht gemeinschaftsfähige Handeln, gegen das Schlechte des Menschen, das Organ des Volkes als Ganzes, nämlich eines ganzen Körpers, betätigt werden kann. Zugleich sind Staatsorgane dann auch Verfassungsorgane, wenn sie durch die Verfassung selbst konstituiert sind.[25]

Die Machtwechselchance, vor allem der Regierungswechsel, ist im Grundgesetz an der Amtsperiode des Bundeskanzlers nach Art. 69 Abs. 2 GG zu erkennen. Dort wird bestimmt, daß das Amt des Bundeskanzlers mit dem Zusammentritt eines neuen Bundestages endet oder – wie Art. 67 GG bestimmt – durch Wahl eines neuen Kanzlers. Weil die Bundesregierung nach Art. 62 aus dem Bundeskanzler und aus den Bundesministern besteht und die Amtszeit der Bundesminister nach Art. 69 Abs. 2, 64 GG an die Amtsperiode des Bundeskanzlers gebunden ist, liegt die Machtwechselchance darin, daß ein neuer

24 BVerfGE 44, 138; 20, 56 für die Willensbildung.
25 Isensee, Grundrechte und Demokratie, a. a. O., S. 162f.

Bundestag nach Art. 63 GG einen neuen Bundeskanzler wählt oder dem alten das Mißtrauen durch Wahl eines neuen nach Art. 67 GG ausspricht.[26] Charakteristisch für die Möglichkeit des Machtwechsels ist vor allem das in dem zuletzt erwähnten Artikel konstituierte konstruktive Mißtrauensvotum, das zum Zwecke hat, eine Zeit ohne Regierungschef und nach den besonderen Bestimmungen der Verfassung dann auch ohne Regierung zu verhindern. Art. 67 Abs. 1 S. 1 und 2 GG soll davor schützen, daß es gar keine Regierung gibt. Das zeigt sich auch in Art. 69 Abs. 3 GG. Die Auflösungsfeindlichkeit des Bundestages wird vom Bundesverfassungsgericht so ausgelegt, daß der Bundeskanzler zwar die Vertrauensfrage nicht stellen darf, wenn dessen ausreichende Mehrheit außer Zweifel steht, ihm allerdings ein Einschätzungsspielraum dafür zusteht, ob "eine Lage vorliegt, die eine vom stetigen Vertrauen der Mehrheit getragene Politik nicht mehr sinnvoll ermöglicht." [27] Damit ist die sichere Möglichkeit der Mehrheitsfindung, die für die Betätigung der Richtlinienkompetenz nach Art. 65 GG erforderlich ist, zum Maßstab gemacht worden, ob die Vertrauensfrage gestellt und damit die Auflösung des Bundestages als Vertretung des Volkes oder auch ein Wechsel an der Spitze der Exekutive riskiert wird. Grundsätzlich, wäre es keine Demokratie, könnte der Machtwechsel auch auf andere Art und Weise erfolgen, durch Erbfolge oder Wahl durch das Volk selbst, wie die amerikanische Verfassung es vorsieht. Zwar ernennt der Bundespräsident den Bundeskanzler, so daß man in der nach Art. 63 GG vorgesehenen Ernennung tatsächlich auch eine Machtwechselchance sehen könnte. Es zeigt sich auch in Art. 69 Abs. 3 GG. Welche Möglichkeiten der Bundespräsident hat, den Rechtsakt der Ernennung auszuüben oder nicht, kann dahinstehen, weil die Wahl des Bundeskanzlers durch die Volksvertretung, den Bundestag, das Wesen des vom Grundgesetz vorgesehenen Bundeskanzlerbegriffs bildet. Ohne eine Wahl durch den Bundestag darf niemand zum Bundeskanzler ernannt werden. Die Auflösungsfeindlichkeit des Bundestages wird daher ergänzt durch eine grundsätzlich an die Legislaturperiode gebundene Amtszeit der Regierung; das wird ausdrücklich in Art. 69 Abs.2 GG gesagt. Deswegen kann man davon sprechen, daß auch die Bundesregierung als auflösungsfeindlich in der Verfassung konstituiert ist.

2. Machtwechselchance und Souverän

Die Machtwechselchance als die Möglichkeit des Regierungswechsels scheint aber unvollkommen zu sein, wenn sie nicht in einem Verhältnis zu dem Souverän steht. Der Souverän ist in der Bundesrepublik Deutschland nach Art. 20 Abs. 2 S. 1 GG das Volk.[28] Seine Vertretung ist, dem Repräsentationsprinzip folgend,

26 Vgl. aber BVerfGE 27, 44; 22, 277.
27 BVerfGE 62, 1f.
28 M. Kriele, Das demokratische Prinzip im Grundgesetz, in: Veröffentlichungen der Vereinigung der Deutschen Staatsrechtslehrer, Heft 29, Berlin 1971, S. 55; G. Frankenberg/U. Rödel, Von der Volkssouveränität zum Minderheitenschutz, Frankfurt/M. 1981.

der Bundestag, der als Einrichtung in den Art. 38 bis 49 GG geschaffen worden ist. Die Legislative hält in ihrer Hand als Staats- und Verfassungsorgan die rechtlichen Regelungen, die ihr die Macht verschaffen, den Bundeskanzler nach Art. 63 Abs. 1 GG zu bestimmen und in einer Legislaturperiode, wie das Wort beinhaltet, leges, also Gesetze des Staates nach Art.78 ff. GG zu verabschieden. Der Bundestag setzt sich zusammen aus den Abgeordneten, existiert aber als Einrichtung – wie Art. 38 Abs.1 S.1 GG sagt – der Verfassung. Dort heißt es: "Die Abgeordneten des Deutschen Bundestages..".
Fragt man zunächst nach dem Verhältnis zwischen der Bundesregierung und dem Bundestag, so ist es nicht nur durch den schon erwähnten Art. 63 GG charakterisiert. Weil die vollziehende Gewalt, die Exekutive, an Gesetz und Recht nach Art. 20 Abs. 3 GG gebunden ist, die Gesetzgebung, die Legislative, lediglich an die verfassungsmäßige Ordnung, besteht eine Hierarchie zwischen diesen beiden. Die Legislative steht über der Exekutive, weil diese sich an die von der ersteren verabschiedeten Gesetze halten muß.[29] Aber nicht nur in dieser Bestimmung zeigt sich die Überordnung der Legislative über die Exekutive. Art. 43 GG bestimmt, daß Bundestag und Ausschüsse die Anwesenheit jedes Mitglieds der Bundesregierung verlangen können. Das ist nicht nur zu dem Zweck geregelt worden, Große oder Kleine Anfragen nach §§100 bis 104 GeschO BT zu beantworten. Die Rechenschaft, die die Regierung dem Parlament schuldet, kann so weit gehen, daß der Bundestag von seinem Recht nach Art. 67 GG Gebrauch macht und dem Bundeskanzler das Mißtrauen durch Wahl eines anderen ausspricht. Dieses stärkere Mittel in der Hand der Volksvertretung ist zwar so ausgestaltet, daß wegen Art. 67 Abs. 2 GG achtundvierzig Stunden zwischen der Wahl und dem Antrag liegen, aber die Neuwahl als Abwahl des früheren Kanzlers ist nur möglich, wenn die Anwesenheit der Bundesregierung vom Bundestag verlangt werden, dieselbe Zutritt zu den Sitzungen haben kann.
Die Anwesenheit des Bundeskanzlers muß verlangt werden können, damit es möglich ist, ihn aufzufordern, Stellung zu nehmen. Es ist ein Plenums- bzw. Präsenzparlament (Art.39 Abs.2 GG). Das Recht der Volksvertretung, sich zu informieren, ist so stark ausgestaltet, daß eine solche Präsenz gefordert werden kann, weil auf diese Art und Weise die Ausübung der Staatsgewalt vom Volk als Souverän über sein Vertretungsorgan bis zu dem Kanzler hin betätigt wird.
Das Recht, den Kanzler zur Rechtfertigung aufzufordern, damit ein solcher Antrag gestellt oder nicht gestellt wird, gehört zu dem, was die Volksherrschaft verlangt, wenn man sie als eine durch Repräsentanten und geteilte Gewalten konstituiert. Durch die Überordnung der Gesetzgebung über die Exekutive und die Repräsentation des Volkes durch die Abgeordneten nach Art. 38 Abs.1 S. 2 GG könnte eine Lage entstehen, die Abgeordnete veranlaßt, vom Kanzler Rechenschaft zu verlangen und die an gewisse Aussagen die negative Folge des Antrags nach Art. 67 GG knüpft. Zwingend ist diese Möglichkeit nach Art. 43

---

29 Vgl. Art. 75 GeschO BT.

Abs. 1 GG vorgesehen, weil der Kanzler die Richtlinien der Politik bestimmt und die Geschäfte der Bundesregierung leitet. Das sagt Art. 65 S.1 und S.3 GG. Noch deutlicher ist das ausführend in §1 Abs.1 und 2 Gescho BReg bestimmt. Weil nur er dieses Recht hat, muß der Bundeskanzler, jedenfalls wenn man in der Verfassung ein konstruktives Mißtrauensvotum konstituiert, wegen der Demokratie als Herrschaft des Volkes bzw. des auf es zurückzuführenden Staats- bzw. Verfassungsorgans, zur Anwesenheit und damit zur persönlichen Rechtfertigung verpflichtet sein. Kontrolle als geringere Form von Herrschaftsausübung ist sonst gar nicht möglich.

Wenn Art. 43 Abs. 2 GG bestimmt, daß die Mitglieder der Bundesregierung Zutritt zu Sitzungen von Bundestag und Ausschüssen haben und jederzeit gehört werden müssen, gründet das allerdings weniger auf dem Demokratiebegriff des Grundgesetzes als auf dem Rechtsstaat. Dieser verlangt es, daß der dem Parlament als Volksvertretung untergeordneten Regierung, damit sie im Amte bleiben kann, ein Informationsrecht und zugleich ein Recht, zu sprechen, gewährt wird.

3. Machtwechselchance und Länderverfassungen

Auch in den Verfassungen der Bundesländer sind in ähnlicher Art und Weise Vorschriften über die Machtwechselchance enthalten. Die Verfassung von Baden-Württemberg bestimmt in Art. 46 Abs. 1, daß der Ministerpräsident vom Landtag gewählt wird. Nach Abs. 3 bedarf die Regierung zur Amtsübernahme der Bestätigung durch den Landtag. In Art. 49 ist die Richtlinienkompetenz des Ministerpräsidenten geregelt. Das konstruktive Mißtrauensvotum ist in Art. 54 enthalten. Mit dem Zusammentritt eines neuen Landtages endet das Amt des Ministerpräsidenten und der übrigen Mitglieder der Regierung. Minister- und Ministerpräsidentenanklage sind auf Beschluß des Landtags nach Art. 57 möglich. Abgesehen von der in Art. 57 geregelten Anklage, sind die Bestimmungen ähnlich wie im Grundgesetz.

Die Verfassung des Freistaates Bayern sieht in Art. 44 Abs. 1 vor, daß der Ministerpräsident spätestens innerhalb einer Woche nach seinem Zusammentritt vom neuen Landtag gewählt wird. Nach Art. 45 beruft und entläßt der Ministerpräsident mit Zustimmung des Landtags die Staatsminister und Staatssekretäre. Das gilt auch für den Stellvertreter des Ministerpräsidenten nach Art. 46. Die Richtlinienkompetenz ist in Art. 47 Abs. 2 geregelt. Nach Art. 47 unterbreitet der Ministerpräsident dem Landtag die Vorlagen der Staatsregierung. Wegen Verfassungs- oder Gesetzesverletzung ist der Landtag berechtigt, den Ministerpräsidenten oder Minister anzuklagen. Das konstruktive Mißtrauensvotum fehlt.

In der Verfassung von Berlin ist vorgesehen, daß der Regierende Bürgermeister mit der Mehrheit der abgegebenen Stimmen vom Abgeordnetenhaus gewählt wird. Auch die Wahl des Bürgermeisters und der Senatoren erfolgt durch das Abgeordnetenhaus. Das ist in Art. 41 Abs. 2 VerfBerl geregelt. Im Unterschied zu den anderen bundesdeutschen Verfassungen wird jedes einzelne Regierungsmitglied gesondert gewählt. Das bedeutet, daß sich die demokratische Legitimation auch auf jedes einzelne Regierungsmitglied erstreckt. Dies zeigt sich auch an dem nach Art. 42 vorgesehenen Mißtrauensvotum, denn nach Abs. 3 S. 2 kann ein Mißtrauensantrag auch gegen einzelne Mitglieder des Senats, Senatoren, wegen ihrer Amtsführung gestellt werden. Die Richtlinienkompetenz ist wegen Art. 43 Abs. 2 S. 1 VerfBerl dadurch eingeschränkt, daß die Richtlinien im Einvernehmen mit dem Senat bestimmt sind und nach S. 2 der Billigung des Abgeordnetenhauses bedürfen. Das Mißtrauensvotum ist zwar nicht als ein konstruktives, als Abwahl durch Neuwahl, ausgestaltet, aber wegen Art. 42 Abs. 3 S. 4, der die Wirksamkeit des Mißtrauensvotums annuliert, wenn nicht binnen 21 Tagen eine Neuwahl erfolgt, ist das konstituierte stark auf Regierungsfähigkeit zugeschnitten. Ausdrücklich wird in keinem Verfassungssatz davon gesprochen, daß die Amtsperiode an die Wahlperiode des Abgeordnetenhauses gebunden ist, aber nach Art. 42 Abs. 1 bedarf der Senat des Vertrauens des Abgeordnetenhauses. Wenn die Wahlperiode nach Art. 39 Abs. 1 und 5 endet und eine neue beginnt, ist mit einer erneuten Wahl der Regierungsmitglieder zu rechnen, denn so kann das Abgeordnetenhaus als Volksvertretung der Regierung das Vertrauen aussprechen.

In Bremen dagegen ist die Amtszeit der Landesregierung nach der Wahlperiode der Bürgerschaft bestimmt. Dies ist in Art. 107 geregelt. Das Mißtrauensvotum nach Art. 110 sieht vor, daß es nur rechtswirksam wird, wenn ein neuer Senat oder ein neues Senatsmitglied gewählt wird. Dem Senatsmitglied kann nach Abs. 4 durch Beschluß die Mitgliedschaft entzogen werden, wenn es gesetzliche oder Geschäftsordnungsverbindlichkeiten mißachtet, der Geheimhaltungspflicht zuwiderhandelt oder die dem Senat oder seiner Stellung schuldige Achtung verletzt. Art. 118 gibt, anders als in anderen Verfassungen, nicht dem Bürgermeister, sondern der Bürgerschaft das Recht, Richtlinien zu schaffen, die vom Senat einzuhalten sind.

Auch in Hamburg bestimmt der Senat, die Landesregierung, nach Art. 33 die Richtlinien der Politik. Die Bürgerschaft, das Landesparlament, nach Art. 6 Abs. 1, wählt die Senatoren, wie es Art. 34 Abs. 1 bestimmt. In Art. 35 Abs. 2 ist das konstruktive Mißtrauensvotum geregelt. Die Vertrauensfrage des Senats, die Legitimation vom Tätigwerden exekutiver Staatsgewalt durch die Volksvertretung, kann durch diese mit der Wahl einer neuen Regierung, dem Machtwechsel, beantwortet werden, der Bestätigung des amtierenden Senats oder der Selbstauflösung. Diese letzte nach Art. 36 Abs. 1 Nr. 3 in der Hamburger Verfassung vorgesehene Alternative für die Bürgerschaft, sich als Repräsentationsorgan des Volkes selbst aufzulösen, zeigt am deutlichsten, daß zwischen der Regierungsfähigkeit, für die Vertrauen Voraussetzung ist, und der Fähigkeit, die dafür erforderliche Mehrheit in der Bürgerschaft zu bilden, eine enge Beziehung besteht. Wenn eine Einigung nicht möglich ist, macht die Bürgerschaft von dem Recht zur Selbstauflösung Gebrauch oder sie entscheidet sich für keine dieser Alternativen, muß die Regierung, der Senat, sogar die Bürgerschaft auflösen. Dieses Recht steht dem Bundespräsidenten nach Art. 68 Abs. 1 GG für den Bundestag zu. Das Staatsoberhaupt ist aber nicht gewaltenteilig organisiert, sondern vereinigt als Verfassungsorgan in sich alle Formen der Staatsgewalt. Anders der Senat oder die Bürgerschaft, die nicht in dieser Weise gestaltet sind: Der Senat und der Bundespräsident haben gemeinsam, daß sie exekutive Funktion ausüben. Ob der Bundespräsident in dieser Eigenschaft die Auflösung des Parlaments betreiben darf, kann dahinstehen. Jedenfalls hat der Senat dieses Recht, weil die demokratische Legitimation seiner eigenen Einrichtung ansonsten nicht gewährleistet ist. Diese geht nämlich vom Parlament in einer parlamentarischen Demokratie aus. Daher kann der Senat die Auflösung der Bürgerschaft betreiben. Wer, wenn nicht dieser, möge das sonst tun? Weil es in dem Stadtstaat und in den anderen Bundesländern an einem Staatsoberhaupt in separater Funktion fehlt, wie schon Art. 41 Abs. 1 S. 1 sagt, der von dem Ersten Bürgermeister als durch den Senat gewählten Präsidenten spricht, kann ein solcher es nicht tun. Folgerichtig muß die Einrichtung, die der demokratischen Legitimation bedarf, die Möglichkeit haben, durch Auflösung derselben und Neubestimmung durch den Souverän, sich diese zu verschaffen, wenn das keine andere Einrichtung vermag. Die dienende Funktion der Legislative für die Exekutive ist aber begrenzt durch ihre Fähigkeit, diese auszuüben. Man mag erstaunt sein darüber, daß es gerade der Senat ist, der dieses Auflösungsrecht haben soll, weil er die Möglichkeit bekommt, eine ihm Legitimation vielleicht nicht verschaffende Regierung aufzulösen. Das verkennt zwei Argumente: Die Bürgerschaft hatte zuvor Gelegenheit, die anderen genannten Alternativen zu verwirklichen, einen neuen Senat zu wählen oder den alten zu bestätigen oder sich selbst aufzulösen. Wenn sie keine davon in Anspruch nimmt, kann es zu keinem regierungsfähigen und zugleich legitimierten Senat kommen. Man mag zwar die legislative Funktion für die bedeutungsvollste halten, aber diejenige, exekutive Macht zu legitimieren, ist wegen deren besonderem Charakter hier zu betrachten. Die vollziehende Gewalt in Gestalt der Regierung kann eingreifen und sie tut es auch. Damit ist ihre Möglichkeit gemeint, durch einzelne Handlungen, z.B. als Ausführung von Gesetzen, in die Sphäre der Bürger einzugreifen, während Gesetze, die originären Handlungen der Legislative, das nur durch Verteilung von Rechten und Pflichten tun. Außerdem sind Einzelfall- und Maßnahmegesetze nicht gestattet. Dieses Handeln in Form von Bescheiden und Tätigwerden ist aber nicht nur in jeder Sekunde erforderlich, das gilt auch für seine Legitimation. Die stetige Legitimationsbedürftigkeit ist wegen der Begrenzung der Staatsgewalt durch Staatsorganisation und gegenseitige Machtbeschränkung notwendig. Die Nähe zum Bürger, damit auch die Chance, Staatsgewalt zu dessen Lasten unlegitimiert auszuüben, ist bei der Exekutive höher. Ihre Nichtlegitimation durch die Legislative entzieht ihr das Handlungsrecht, das aus Gründen des Gemeinwohls wahrscheinlich aber verlangt ist. Daher muß es die Möglichkeit der Auflösung des Parlaments im Fall der Untätigkeit desselben geben.

Die Hessische Verfassung konstituiert in Art. 100 die Landesregierung, das Kabinett, welches aus dem Ministerpräsidenten und den Ministern besteht. Die starke Stellung des Ministerpräsidenten in Hessen zeigt sich in der Vorschrift des Art. 101 Abs. 2, der vorsieht, daß der Ministerpräsident die Minister ernennt und ihre Ernennung dem Landtag bloß anzeigt. Zwar leitet nach Art. 102 S.2 innerhalb der Richtlinien des Ministerpräsidenten jeder Minister sein Ressort selbständig und in eigener Verantwortung gegenüber dem Landtag, aber in der Verfassung ist keine Wahl der Landesregierung oder auch nur ein Bestätigungsakt vorgesehen. Die Richtlinienkompetenz ist sichtbar durch die bloß vermittelte demokratische Legitimation sehr ausgeprägt. Die Amtsperiode der Landesregierung ist ausdrücklich an die Legislaturperiode gebunden. Das bestimmt Art. 113 Abs. 2, der den Rücktritt von Ministerpräsident und Landtag vorsieht, wenn ein neugewähltes Parlament erstmalig zusammentritt. Die Anklage von Mitgliedern der Landesregierung ist in Art. 115 geregelt. Auch sieht die Hessische Verfassung ein Mißtrauensvotum gegen den Ministerpräsidenten vor, in dem durch Beschluß das Vertrauen entzogen oder es durch Ablehnung eines Vertrauensantrages versagt wird. Wird das Vertrauen nicht ausgesprochen, so muß er zurücktreten.30 Daß es sich nicht um ein konstruktives Mißtrauensvotum handelt, sagt Art. 114 letzter Satz. Wenn dem alten Ministerpräsidenten das Vertrauen entzogen worden ist und dieser zurücktreten muß, ist der Landtag aufgelöst, wenn er nicht binnen zwölf Tagen einer neuen Regierung das Vertrauen ausspricht. Auch hier tritt also die Folge ein, daß zum Zwecke der Bildung einer Volksvertretung, die imstande ist, einen neuen Ministerpräsidenten zu legitimieren, erstere aufgelöst wird. Allerdings geschieht das nicht im Wege des Rechtsaktes durch die nur noch geschäftsführende Regierung o.ä., sondern als gesetzlich vorgesehene Folge.

In Niedersachsen ist der dritte Abschnitt der Verfassung derjenige, der die Einrichtung der Landesregierung regelt. Sie besteht nach Art. 19 Abs. 1 aus dem Ministerpräsidenten und den Ministern und übt nach Absatz 2 die vollziehende Gewalt aus. Nicht nur der Regierungschef wird vom Landtag gewählt, sondern auch Berufung und Entlassung der Minister bedürfen seiner Zustimmung. Die Wahl des Regierungschefs ist in Art. 20 Abs. 1 geregelt, die Berufung und Entlassung von Ministern in Abs. 4. Absatz 3 bestimmt, daß die Landesregierung zur Amtsübernahme der Bestätigung durch den Landtag bedarf. Die Machtwechselchance ist an die Legislaturperiode gebunden, wie Art.21 Abs.1 sagt. Wenn die Mehrheit der vom Volk gewählten, neuen Abgeordneten keinen Ministerpräsidenten wählt und keine Landesregierung bestätigt, so beschließt sie über ihre Auflösung. Wird die Auflösung abgelehnt, ist derjenige Ministerpräsident nach Absatz 2, der die meisten Stimmen erhält. Die Regierungsbildung findet dann so statt, wie Art. 21 Abs. 2 S. 2 es bestimmt. Allerdings bedarf es zur Amtsübernahme keiner Bestätigung durch den Landtag. Art. 23 regelt das konstruktive Mißtrauensvotum. Nach Art. 24 Abs. 2 muß der Ministerpräsident zurücktreten, wenn ein neugewählter Landtag zusammentritt. Die Amtsperiode der Landesregierung ist also an

30 Vgl. Wortlaut.

die Wahlperiode gebunden. Das ergibt sich aus Art. 24 Abs. 3 i. V. m. Abs. 2. Die Richtlinien der Politik werden vom Ministerpräsidenten bestimmt. Das schreibt Art. 28 Abs.1 S.1 vor. Die Ministeranklage ist in Art. 31 geregelt.

In der Verfassung von Nordrhein-Westfalen ist die Regierungsbildung in Art. 52 geregelt. Nach Absatz 1 wird der Ministerpräsident vom Landtag gewählt. Er ernennt nach Absatz 3 Satz 1 die Minister und bestimmt nach Art. 55 die Richtlinien der Politik. Die Ministeranklage ist in Art. 63 wegen Verfassungsverletzung vorgesehen. Es ist ein konstruktives Mißtrauensvotum geschaffen worden. Die Amtsperiode des Ministerpräsidenten ist nach Art. 62 Abs. 2 1. Halbsatz an die Legislaturperiode gebunden, die der Minister ebenfalls, aber nach 2. Halbsatz auch an die Amtszeit des Ministerpräsidenten. Diese Verfassung weist keine Besonderheiten auf.

In Rheinland-Pfalz regelt die Verfassung im 2. Abschnitt die Organe des Volkswillens, darunter im 2. Titel die Landesregierung. Nach Art. 98 ist eine demokratische Legitimation des Ministerpräsidenten und der Minister vorgesehen. Nach Satz 2 wird der Ministerpräsident gewählt, die Regierung muß zur Übernahme der Geschäfte ausdrücklich durch den Landtag bestätigt werden. Um einen Minister zu entlassen, bedarf es nach Art. 98 letzter Satz der Zustimmung des Landtags. Eine Ministeranklage ist nicht vorgesehen. Nach Art.104 S.1 bestimmt der Ministerpräsident die Richtlinien der Politik. Das Mißtrauensvotum kann zu einem Regierungswechsel führen, wie er in Art. 99 jedenfalls als Abwahl der amtierenden Regierung vorgesehen ist. Muß aber die nach Abs. 4 geschäftsführende Regierung länger noch als vier Wochen tätig sein, so wird nach Absatz 5 der Landtag aufgelöst, weil er keiner neuen Regierung das Vertrauen ausgesprochen hat.

Im dritten Abschnitt sieht die Verfassung des Saarlandes Organe des Volkswillens vor, darunter im 2. Kapitel die Landesregierung. Sie besteht nach Art. 86 aus dem Ministerpräsidenten und den Ministern. Auffälligkeiten im Vergleich zu den anderen Verfassungen von bundesdeutschen Ländern gibt es im Saarland nicht. Nach Art. 87 Abs. 1 wird der Ministerpräsident vom Landtag gewählt. Der Landtag muß der Ernennung und Entlassung der Minister zustimmen. Wahlperiode und Amtsperiode fallen nach Art. 87 Abs. 3 zusammen. Nach Art. 88 Abs. 1 und 2 kann die Vertrauensfrage von der Landesregierung gestellt werden, der Antrag auf Erklärung des Mißtrauens nur von einer ganzen Fraktion.

Die Landessatzung von Schleswig-Holstein bestimmt in Art. 26, daß die Landesregierung im Bereich der vollziehenden Gewalt oberstes Leitungs-, Entscheidungs- und Vollzugsorgan ist. Der Ministerpräsident oder die Ministerpräsidentin werden nach Art. 26 Abs. 2 S. 1 vom Landtag gewählt. Amtsperiode und Legislaturperiode sind nach Art. 27 Abs. 1 gleichlaufend. Richtlinienkompetenz liegt nach Art. 29 Abs. 1 bei dem Ministerpräsidenten oder der Ministerpräsidentin. Ein konstruktives Mißtrauensvotum sieht Art. 35 vor. Allerdings fehlt in Schleswig-Holstein die Ministeranklage.

4. Machtwechselchance in ausländischen Verfassungen

Auch im Ausland ist in Verfassungen der Machtwechsel geregelt. In der belgischen Verfassung ist in Art. 90 davon die Rede, daß die Ministeranklage zulässig ist. Allerdings sind Minister nach Art. 88 Abs. 1 und 2 berechtigt, im Parlament anwesend zu sein, dort angehört zu werden und auch dieses kann ihre Präsenz verlangen. Daß der Minister die Verantwortung für sein Amt übernimmt, zeigt sich daran, daß eine Verfügung des Königs nur Wirksamkeit erlangt, wenn nach Art. 64 der Minister zugestimmt hat. Selbst ein Befehl des Königs kann den Minister nicht von seiner Verantwortung befreien. Nur deswegen ist auch die Ministeranklage durch die Volksvertretung möglich. Machtwechsel bedeutet, daß die verfassungsmäßige Gewalt des Königs durch Erbfolge, also Tod des Vorfahren, auf die leibliche und legitime Nachkommenschaft übergeht. Das sagt Art. 60. Ähnlich ist es für den Fall geregelt, daß der König nicht in der Lage ist, die Herrschaft auszuüben. Das ist in Art. 82 geregelt.

Die Verfassung von Dänemark sieht vor, daß der König die höchste Gewalt durch die Minister ausübt. Zwar ernennt und entläßt der König die Minister und den Ministerpräsidenten nach § 14 S. 1. Nach § 15 Abs. 2 ist ein Mißtrauensvotum gegen den Ministerpräsidenten bzw. die Regierung durch das Folketing, nämlich das Parlament, möglich. § 14 Abs. 1 sieht vor, daß kein Minister im Amt bleibt, wenn das Folketing ihm sein Mißtrauen ausgesprochen hat. Auch der einzelne Minister bedarf also der demokratischen Legitimation und nicht nur die Regierung insgesamt oder nur der Ministerpräsident. Diese Lösung ist auch konsequent, denn die Beschlüsse der Regierung, wenn sie das einzelne Ressort angehen, haben nur Gültigkeit, wenn nicht nur der König, sondern auch der Minister diese unterschrieben hat. Die Minister können durch das Parlament oder vom König angeklagt werden (§ 16).

In Frankreich regelt der Titel III die Rechtsverhältnisse der Regierung. Nach Art. 49 Abs. 1 hat der Premierminister der Nationalversammlung sein Regierungsprogramm zur Vertrauensfrage vorzulegen. Wenn ein Mißtrauensantrag angenommen oder Regierungsprogramm und -erklärung abgelehnt sind, muß der Premierminister bei dem Präsidenten den "Rücktritt der Regierung einreichen". Nach Art. 8 ernennt und entläßt der Präsident den Premierminister und die anderen Regierungsmitglieder. Gem. Art. 31 haben die Regierungsmitglieder Zutritt zum Parlament. Der Präsident der Republik, der Aufgaben des Staatsoberhauptes und des Regierungschefs in großen Teilen wahrnimmt (Art. 10, 15), wird in seiner Eigenschaft als Exekutive nach Art. 7 vom Volk für die Dauer von sieben Jahren gewählt, wie es Art. 6 bestimmt. Das Volk bestimmt ihn also nicht nur, sondern die Machtwechselchance ist durch die verfassungsmäßig verbürgte Amtsperiode garantiert. Der Präsident ist der Regierung zwar übergeordnet und kann diese aus dem Amt entfernen, wenn sie die Legitimation der Volksvertretung nicht mehr besitzt, seine Stellung ist aber unabhängig von dieser und auch der Regierung direkt durch das Volk legitimiert. Dieses kann bei jeder Wahl einen anderen Präsidenten wählen. Allerdings müssen seine Verfügungen durch den Premierminister oder ggfls. die verantwortlichen Minister gegengezeichnet werden, wie es Art. 19 vorsieht.

Nach der Verfassung von Griechenland wird der Präsident nach Art. 30 Abs. 5 gewählt. Die Wahl erfolgt durch das Parlament, wie Art. 32 es beschreibt. Dort in Absatz I ist die Wahl durch namentliche Abstimmung geregelt. Nach Art. 81 Abs. 1 S. 1 besteht die Regierung aus dem Ministerpräsidenten und den Ministern. Diese bilden gemeinsam den Ministerrat. Die Richtlinienkompetenz kommt der Regierung nach Art. 82 Abs. 1 zu. Nach Absatz 2 allerdings stellt der Ministerpräsident die Einheitlichkeit der Regierung sicher und leitet deren Tätigkeit. Das Parlament kann nach Art. 84 Abs. 1, aber auch Absatz 2, der Regierung, dem Ministerpräsidenten und jedem einzelnen Minister, das Vertrauen entziehen. Vertrauensfrage und Mißtrauensantrag sind als Institute zugelassen. Nach Art. 86 ist die Ministeranklage durch das Parlament möglich.

II. Charakteristische Merkmale der Machtwechselchance

Betrachtet man Verfassungen, wie sie die Demokratie in ihrer Eigenschaft als Chance zum Machtwechsel konstituieren, fällt ins Auge, daß sie dafür Vorschriften zur Verfügung stellen, die einander ähneln. In den Verfassungen sind solche enthalten, die einen Regierungswechsel vorsehen, ist ein neues Parlament gewählt worden. Regelmäßig fallen Amtsperiode und Wahlperiode zusammen.

1. Parlament, Regierung, Volk.

Der Sinn und Zweck, den Staat so zu gestalten, ist, der gesetzgebenden Macht, die die Regierung wählt, wenn nicht das Volk selbst es tut, die Möglichkeit zu geben, dann eine neue Regierung zu bestimmen. Weniger spielt dabei eine Rolle, welche Länge die Wahlperiode hat, wie lang die Wahlperiode ist, sondern daß überhaupt eine solche Neuwahl vorgesehen ist, damit die Regierung das Vertrauen des Parlaments besitzt.

Sind die Personen, die in das Parlament gewählt worden sind und dort als Abgeordnete das Volk vertreten, andere als vor der Wahl dieses Parlamentes und führt die Verständigung unter ihnen zu anderen Ergebnissen, leuchtet ein, daß sie das Recht haben, eine neue Regierung zu wählen, z.B. wegen eines Mehrheitswechsels.[30] Denn die Legislative steht über der Exekutive.

Wenn nicht die Volksvertreter, sondern direkt das Volk die Regierung wählt, gibt es Gründe dafür, nach festgelegten Zeiträumen Machtwechsel vorzusehen, d.h. Neuwahlen. Es ist die bereits erwähnte Veränderungshäufigkeit als

---

30 U. K. Jacobs, "Man soll die Stimmen wägen und nicht zählen" – Über fragwürdige Begrenzungen des Mehrheitsprinzips, NJW 1989, S. 3205.

Folge der hohen Zahl der Bürger, die die Aktivbürgerschaft bilden. Weiterhin spielt eine Rolle, daß die Aktivbürgerschaft sich durch Volljährigkeit und Tod, aber auch durch Verlust und Erwerb der Staatsbürgerschaft in anderer Weise in ihrer Zusammensetzung ändert.

Neuwahlen zuzulassen, hat noch einen anderen Grund. Weil es in der Demokratie das Volk selbst ist, das herrschen soll, könnte sich jede Änderung auf den Volkswillen und damit auf die Bestimmung, wer die Staatsgewalt innehat, auswirken. Sollte sich zum Beispiel seine Zusammensetzung so stark ändern, daß zahlenmäßig die Chance für eine Änderung der Bildung der Regierung deshalb schon besteht, so muß es Neuwahlen allein schon aus diesem Grunde geben. Sonst wäre es nicht mehr das Volk, das herrscht, denn sein Wille würde in der Zusammensetzung der Regierung oder der Regierung als Einrichtung nicht mehr vorzufinden sein. Solche Aussagen gelten, wenn überhaupt gewählt worden ist. Sie sind nicht abhängig davon, ob etwa das Mehrheits- oder Verhältniswahlrecht vorgesehen ist und wie die Stimme des Einzelnen sich auf das Ergebnis der Wahl selbst auswirkt.

2. Regierung

Ist die Regierung gewählt, gibt es noch andere Merkmale des Machtwechsels. Die Richtlinienkompetenz, die als Befugnis der Regierung, des Regierungschefs oder des Präsidenten in den Verfassungen vorzufinden ist, Maßstäbe oder Regeln, auch Leitlinien für die Politik zu setzen, rechtfertigt sich aus seiner demokratischen Wahl. Wenn sie, wie das Grundgesetz es vorsieht, als dem Kanzler allein vorbehaltene Normkompetenz ausgeübt wird, muß es die Möglichkeit geben, diesen als Regierungschef während einer Legislaturperiode abzuwählen. Denn der Volksvertretung oder dem Volke selbst ist keine andere Chance gegeben, wenn die bestimmten Richtlinien keine Zustimmung finden, zu herrschen. Im Gegenteil, es herrscht dann gerade nicht. Weil die Richtlinienkompe-tenz dem Kanzler das Recht gibt, die Richtlinien der Politik zu bestimmen, ist diese nach der Verfassung nicht durch ein anderes Handeln zu ersetzen, z.B. durch Gesetze oder anderes. Wie Henke schreibt, ist "Politik der Bereich des Streits im Ungewissen" im Unterschied zum Recht, dem Bereich des vorentschiedenen Streits.[31] Diese Ungewißheit des Politischen, mit Sicherheiten zu versehen, als Befugnis dem Kanzler zugewiesen, könnte im Gegensatz zu dem Begriff der Volksherrschaft stehen, wenn es nicht in der Verfassung vorgesehen wäre, durch ein Auswechseln des oder der Machtausübenden, zu erreichen, daß die Herrschaft des Volkes selbst gesichert bleibt. Das geschieht durch Vertrauensfrage oder Mißtrauensvotum. Damit hat das Volk die Chance, den Kanzler oder die Regierung allgemein auszuwechseln oder seine Repräsentanten haben sie. Gerade das Ungewisse am Politischen, das durch die Richtlinienkompetenz in der Hand eines

31 W. Henke, Staatsrecht, Politik und verfassungsgebende Gewalt, Der Staat, 1980, S. 200.

Einzelnen vermindert wird, dort aber selbst geringer ist als wenn es in den Händen eines Kabinetts liegt, erzwingt die Machtwechselchance für diejenigen, die die Herrschaft ausüben und nach dem Begriff der Demokratie auch ausüben sollen. Es ist das einzige Mittel außerhalb des Wechsels nach einer Amtsperiode, die nach der Legislaturperiode gestaltet ist, die Herrschaft des Volkes wiederherzustellen, bzw. den Willen der Volksvertretung mit dem der Regierung in Übereinstimmung zu bringen.[31a]

Ein anderes, durchgängig vorgesehenes Mittel des Machtwechsels ist die Ministeranklage.[32] Während das Mißtrauensvotum oder die Vertrauensfrage aber den Spielraum für die Richtlinienkompetenz und die Führung der Regierungsgeschäfte mit demokratischer Kontrolle ausfüllen, sind die Voraussetzungen für die Ministeranklage engere. Bloß der Verfassungsbruch oder eine Gesetzesverletzung können Grund für eine solche Anklage sein, die als Folge die Entfernung aus dem Amt haben könnte. Dabei kommt es nicht an auf die Übereinstimmung mit dem Volk, eine identische Auffassung zu den aktuell wichtigen Fragen, sondern auf die Einhaltung der Gesetze, vor allem die des höchsten Gesetzes, der Verfassung.

III. Volksherrschaft und Konstituierung in Verfassung durch das Volk

1. Volk als souveräne Gewalt

Spricht man von Volksherrschaft, die durch eine Verfassung konstituiert ist, so fragt sich, ob und wie weit es das Volk selbst war, das sie errichtet hat. Der Ursprung der Verfassung, wenn es eine Verfassung sein sollte, die Demokratie konstituiert, ist wohl regelmäßig im Volk zu suchen. Denn die Verfassung ist ein Gesetz und zwar das höchste Gesetz. Es ist nicht so ohne weiteres vorstell-bar, daß eine Verfassung, die Demokratie konstituiert, gerechtfertigt sein kann, wenn sie nicht selbst von dem Volke ausgeht, von ihm geschaffen ist. Stellt man das Repräsentationsproblem erst einmal zur Seite, die Frage, ob und wie das Volk später in der Volksvertretung repräsentiert sein mag, so müßte man für die verfassungsgebende Gewalt, den pouvoir constituant, verlangen, daß er sich vielleicht aus dem Volk bildet, von ihm ausgeht oder von ihm legitimiert wird. Dann wäre der Verfassungsbruch durch die Regierung Zeichen dafür, daß diese nicht mit dem übereinstimmt, was vom Volke konstituiert sein könnte. Ist der Verfassungsgeber, der pouvoir constituant, immer auch zugleich die verfaßte Gewalt? Wenn pouvoir constituant auch pouvoir constitué ist, das Volk sich selbst als Inhaber von Staatsgewalt in der Verfassung bindet, so muß es sich nicht zwangsläufig

---

31a Art. 65 S. 1.
32 Z.B. Art. 75 VerfBad-Württ.
33 Sénatus-Consulte du 7 novembre 1852, portant modification à la Constitution; Sénatus-Consulte fixant la Constitution de l'Empire du 21 mars 1870. § 1 Abs. 2 S. 2 EinhGi.V.m. Präambel DBG und § 1 und § 2 StOberhG.

um eine Demokratie handeln. Der Machtverzicht des Volkes ist dann möglich, wenn es z.B. einen Tyrannen legitimiert, etwa auf ewige Zeiten eine Person einsetzt.[33] Fraglich ist aber, ob das Volk danach noch herrscht oder es sich nicht seiner Herrschaft begeben hat. Ist eine Verfassung vorhanden, ist der Staat durch die Verfassung gegründet, d.h. geschaffen, konstituiert. Das ist der Verfassungsstaat. Seine Form, die Staatsform, ist darin bestimmt. Das trifft auch zu für die Art und Weise wie Herrschaft in dem Staat ausgeübt werden soll. Für die Republik, die Staatsform ist, wird man immerhin sagen können, daß pouvoir constituant jedenfalls das Volk sein muß, denn man kann keinen Staat konstituieren, dessen Oberhaupt vom Volk gewählt wird, der aber selbst nicht vom Volke geschaffen ist. In der Hierarchie der Gewalt müßte diese seiner Macht entspringen. Dann, wenn man theokratische Vorstellungen sieht, in denen der Staat und so die Staatsgewalt und Herrschaftsmacht von einem Gott ausgeht, würde es anders sein. Bleibt man bei dieser Vorstellung, ist allerdings auch in dieser Republik das Volk nur pouvoir constituant im Verhältnis zu anderen Staaten und souveräne Gewalt, die durch das Theokratische begrenzt wird, nämlich durch den Willen Gottes.

Wenn das Volk das Staatsoberhaupt bestimmt, so gibt es diesem einen Teil der Staatsgewalt, nämlich die oberste Gewalt in dem Staate. Die Verfassung selbst, die das konstituiert, ist aber schon ein Teil der Staatsgewalt, weil in dem Moment in dem der Verfassungsstaat durch Inkrafttreten der Verfassung entsteht, diese gleichzeitig vorhanden ist. Das gibt zwar noch keine Antwort auf die Frage, ob in der Republik das Volk notwendig pouvoir constituant ist. Als pouvoir constituant ist die souveräne Gewalt nicht teilbar, denn die Verfassung ist kein Vertrag, sondern ein Gesetzgebungsakt. Ihr kann aber eine verfassungsgebende Versammlung vorausgehen; allein sie selbst ist am ehesten einer einseitigen Willenserklärung, vielleicht sogar einer einseitigen, empfangsbedürftigen Willenserklärung vergleichbar. Das gilt im Verhältnis zu anderen Staaten, weil die Verfassung öffentlich bekannt gemacht werden muß. Als Ausdruck, als Erklärung mit bindendem Charakter, wird sie auch dem Volke gegenüber bekannt gemacht,[34] obwohl sie selbst dem Volke entstammt oder jedenfalls entstammen kann.

Muß das Volk verfassungsgebende Gewalt sein, wenn in dem Staate das Volk herrschen soll? Die Herrschaft des Volkes ist eine mögliche Form der Herrschaft. Durch Verfassung wird nicht nur der Staat selbst konstituiert, sondern auch die Form, wie in ihm geherrscht wird. Die Staatsform ist die Organisation der souveränen Gewalt im Verhältnis zu allen anderen Gemeinschaften und den einzelnen Bürgern, aber auch allen anderen, die in dem Staate leben und außerhalb von ihm. Die Form der Herrschaft, die Herrschaftsform, organisiert die souveräne Gewalt in dem Staate selbst, sie ist quasi die Innenausstattung des Staates. Diese ist imperativisch gestaltet durch die Verfassung. Eine demokratische Herrschaft ist nicht notwendig auch zugleich Organisation der souveränen Gewalt an der Staatsspitze. Republik und Demokratie sind nicht identisch. Deshalb ist auch ihre Abstammung vom Volk nicht dieselbe.

Freilich sind viele westliche Staaten Republiken und zugleich Demokratien. Es können, wie zum Beispiel in Dänemark, Königreiche zugleich auch Demokratien sein. Darin wird der König zwar "gewählt", aber durch Verfassung konstituiert. Das Problem, wie die oberste Gewalt gebildet wird, zeigt sich darin, daß in einer Verfassung, die als Gesetz vom Volke abgestimmt oder von der Volksvertretung geschaffen worden ist, die konstitutionelle Monarchie gerade nicht durch die verfassungsgebende Gewalt des Monarchen geschaffen wird. Die Begrenzung der Macht durch Verfassungen ist üblich; ferner wie kann das Problem der Hierarchie in der Ausübung von Staatsgewalt gelöst werden, das darin liegt, daß der Staat ein Verband ist, dessen Zweck die Ausübung von Staatsgewalt sein kann,[35] die in der Form der Monarchie betätigt wird? Übt ein Einzelner, durch Tradition und Familie bestimmt, die Macht an der Spitze des Staates aus, so symbolisiert er das Band zwischen den Menschen im dem Staat, handelt es sich um einen Verfassungsstaat. Daß er die Macht erhält, beruht auf Erbfolge und der erste von ihnen, der eine durch Verfassung konstituierte Macht erhält, die vom Volke oder seiner Vertretung verabschiedet worden ist, erlangt sie aus den Händen derjenigen, die ihm unterworfen sind. Er wäre dann ein primus inter pares, eine Konstruktion, die das Wesen der Monarchie nicht enthält. Das besteht gerade darin, daß die Macht aus der Dynastie selbst stammt.[36]

Ist die Monarchie durch Verfassung konstituiert, die der Monarch selbst mit Bindungsmacht versehen hat, so kann ein solches Gesetz als Selbstbeschränkung oder Begrenzung von Macht verstanden werden und ist zugleich mit dem Wesen der Monarchie vereinbar.[37] Sieht eine solche Verfassung zugleich eine Volksvertretung und damit Volksherrschaft vor, handelt es sich um eine konstitutionelle Monarchie, in der demokratisch geherrscht wird. Nicht notwendig ist dafür die Volksabstimmung über die Verfassung oder die Legitimation durch die Volksvertretung. Denn das Volk leitet seine Macht zur Herrschaft von dem Monarchen ab. Sie ist eine eingeschränkte Demokratie. Anders aber die konstitutionelle Monarchie, in der die Verfassung wenigstens in irgendeiner Art und Weise durch das Volk legitimiert sein dürfte. Dort ist die Macht des Monarchen aus der Verfassung in dem Staate gebildet.

Das ist, wie schon beschrieben, bei der Republik anders. Dort bezieht das Staatsoberhaupt seine Macht nur von dem Volk. Aus diesem Grunde muß die Verfassung von dem Volke oder seiner Vertretung beschlossen werden.

Es könnte aber die Konstituierung der Verfassung das Volk wegen anderem naheliegend sein, ist darin Volksherrschaft vorgesehen. Daß der Begriff Republik bestimmt ist durch die Wahl des Staatsoberhauptes vom Volke, zeigt dessen de-

---

34 Z.B. Art. 145 GG.
35 H. Kelsen, Allgemeine Staatslehre, Berlin 1925, S. 320-368.
36 H. Kelsen, a.a.O., S. 337.
37 Anno 9 H. 3 Stat. 1:". . that we" (..) "have given" (..) "these liberties following, to be kept in our kingdom of England for ever."

mokratische Legitimation. Das Demokratische daran ist, daß die Wahl durch das Volk stattfindet und nicht durch andere mögliche Machtgeber. Es ist daher vielleicht auch Bestandteil des Begriffes Republik oder auch ein Unterbegriff.

2. Republik, Demokratie und Volk

Sollte es so sein, wie beschrieben, verhält es sich vielleicht in der Weise, daß das Volk selbst bestimmt, wer Oberhaupt des Staates ist. So treffen sich das Republikanische und das Demokratische dann, wenn die Frage beantwortet werden soll, in wessen Hand die Staatsgewalt liegt. In Demokratie und Republik liegt sie in der Hand des Volkes. Man wird vielleicht nicht davon sprechen können, daß Demokratie als Begriff in allen seinen Bestandteilen Inhalt oder Unterbegriff von Republik ist. Sie haben bloß die Gemeinsamkeit, daß die Staatsgewalt in der Hand des Volkes liegt. Das ist das gemeinsame Merkmal beider Begriffe. Diejenigen, die die Macht ausüben, sind also in beiden Fällen vom Volke legitimiert.

Es könnte als merkwürdige Inkonsequenz erscheinen, wenn man zwar zugleich für die Republik und die Demokratie Staatsgewalt als in der Hand des Volkes liegend versteht, für die Demokratie als verfaßte Herrschaftsform aber keine Legitimation durch das Volk vorsieht, jedoch für die Republik. dagegen könnte nämlich sprechen, daß die Staatsgewalt dann gerade nicht in der Hand des Volkes liegt, wenn es Demokratie nicht selbst durch die Verfassung konstituieren muß. Wird in dieser auch die Republik konstituiert, ergeben sich wegen der zwingenden Notwendigkeit durch Volk oder Volksvertretung bzw. verfassungsgebende Versammlung des Volkes, legitimiert zu werden, keine Probleme. Die Verfassung muß dann als ganze abgestimmt werden und zwar so, daß die Legitimation der bestimmenden auf das Volk zurückzuführen ist.

Das folgt aus dem Willen des Verfassungsgebers, dem Staat eine durch das Volk bestimmte Form zu geben und dieses in ihm herrschen zu lassen.

Dagegen leitet das Volk bei einer anderen Staatsform, nämlich Monarchie, in Verbindung mit Demokratie seine Macht von dem pouvoir constituant ab, der nicht das Volk ist. Bei der Monarchie ist pouvoir constituant der Monarch, der aber Macht abgeben kann, nämlich Staatsgewalt. Die Republik setzt die Staatsgewalt bloß in der Herrschaftsform fort, so daß die Aussage, daß alle Staatsgewalt vom Volke ausgeht und von diesem in besonderen Organen ausgeübt wird, es diese selbst aber innehält, auch konstruktiv zutreffend bleibt. Der Satz des Grundgesetzes, daß alle Staatsgewalt vom Volke ausgeht, trifft für die Monarchie als Staatsform nicht zu. Das ist auch einsichtig, denn die vom Volk ausgehende Staatsgewalt ist bei der Monarchie durch den Letztinhaber, nämlich den Monarchen, bestimmt. Man kann fragen, ob diese Unterordnung nicht gegen den Grundgedanken von Demokratie, nämlich Volksherrschaft, verstößt. Denn es konstituiert nicht selbst seine Herrschaft, sondern der pouvoir constituant ist nach der Staatsform bestimmt. Freilich ist der Staat ein Verband gegen die Tragik der Unvollkommenheit des Lebens, also eine Verbindung der Menschen miteinander, die Staatsgewalt als ihren Zweck bildet, wenn die Ursache der Unvollkommenheit in dem Schlechten des Menschen gesehen wird, das damit gebändigt werden soll. In welcher Form das geschieht, kann ein Einzelner bestimmen, wenn er die Macht dazu besitzt. Ob das legitim ist oder ob andere Staatsformen legitimer sind, kann dahinstehen. Die Macht des Einzelnen prägt selbstverständlich die Verbindung der Menschen, das Gemeinsame, nämlich das Gemeinwesen. Dieses geht zwar über das Interesse einzelner Menschen hinaus, ist also durch das Öffentliche, nämlich die öffentlichen Angelegenheiten charakterisiert, die den Schutz- und Trutzverband bilden. Wie und in welcher Weise ein Einzelner, nämlich der Monarch, Macht in diesem Verband der Menschen hat, spielt zunächst keine Rolle. Durch seine Macht kann aber die Staatsform bestimmt sein, wer nämlich an seiner Spitze steht oder wer sein Oberhaupt ist, gleichsam der Kopf des Staatskörpers. Von diesem ausgehend, ist die Herrschaft in dem Staate selbst nicht unabhängig zu sehen. Jedenfalls aber ist sie durch ihn begrenzt. Zwar beinhaltet der Begriff Herrschaft mehr als bloß solche Machtbetätigung in dem Staate, sie ist außerhalb desselben auch möglich. Aber in ihm ist sie jedenfalls begrenzt durch die Staatsform, weil nur innerhalb dieser Form Herrschaft ausgeübt werden kann.

Eine andere Begrenzung ist für die Herrschaftsform nicht vorgesehen. Das ist der Grund dafür, daß ihre Konstituierung in Verfassung diese selbst bestimmt. Weil die Verfassung ein Gesetz ist und zwar das höchste Gesetz und das Volk die Herrschaft in dem Staate haben soll, also die Staatsgewalt ausübt, müßte es sich auch bei der Entstehung und Verabschiedung der Verfassung betätigen.

Richtet sich die Antwort auf die Frage, ob in der Demokratie das Volk nicht nur pouvoir constitué ist, sondern auch pouvoir constituant, nach den Merkmalen des Begriffs, so kann aus dem bislang Gesagten nur folgendes festgehalten werden: Souveräne Gewalt ist das Volk in der Demokratie stets als pouvoir constitué, wenn in einer Verfassung diese gemeinsam mit der Republik als Form der Ausübung von Staatsgewalt geregelt werden soll. Auch sonst wird Demokratie, wenn die Souveränität des Volkes nicht durch theokratische Herrschaft eingeschränkt wird, von diesem in Verfassung konstituiert.

IV. Staatseinheit und Gewaltenteilung

1. Staatsbegriff und Staatseinheit

Die Einheit des Staates ist Merkmal des Staatsbegriffs. Das gilt für denjenigen, in dem das Volk herrscht, ebenso wie für jeden anderen Staat. Weniger ist von Bedeutung, daß im Staat als Herrschaftsform die Volksherrschaft bestimmt ist, denn jedenfalls ist die Rede von einem Staat in dem geherrscht wird, in dem Staatsgewalt vorgesehen ist. Herrschaft ist eine Handlung. Die Einheit des Staates ist das Handeln der Staatsgewalt als eine im Verhältnis oder in der Beziehung zu den Bürgern oder anderen Staaten oder Privaten.[38] Ein Staatsorgan soll nicht anders handeln als das andere; es soll kein Widerspruch zwischen staatlichen

Handlungen vorhanden sein. Eine Behörde soll nicht eine Erlaubnis geben, wenn eine andere sie versagt. An einem Ort in einem Staat soll in derselben Sache nicht anders entschieden werden als an einem anderen.[39]

Weniger die Zuständigkeit von unterschiedlichen Staatsorganen oder einzelnen Behörden als eher die Teilung der Gewalten könnte in der Demokratie die Einheit des Staates stören. Zuständigkeitsüberschneidungen könnten zwar zu widersprüchlichen Entscheidungen, auch doppelten, führen, sind aber durch Organisation zu ändern; sie sind also bloße Organisationsfehler. Die Gewaltenteilung nur als eine Art und Weise den Rechtsstaat zu verfassen, ist im Unterschied dazu eine Teilung der Staatsgewalt, die der Volksherrschaft nicht zwangsläufig entgegenstehen muß, wenn sich die Herrschaft des Volkes auch in diesen Gewalten zeigt, wie es z.b. im Grundgesetz und anderen Verfassungen vorgesehen ist. Art. 20 GG sieht das vor. Sie, die Gewaltenteilung, müßte, wenn man sich jede einzelne Handlung des Staates vergegenwärtigt, zu einer Zuordnung dieser jeden zu einer Gewalt führen. Dann ist die Staatseinheit auch gewahrt, denn man kann jede Handlung bei Einhaltung des Gleichheitssatzes für jeden gleichliegenden Sachverhalt überall in dem Staate auf dieselbe Art und Weise ausführen.

2. Gewaltenteilung und Volk

Es mag sein, daß wegen der Herrschaftsform im Staat, Besonderheiten vorhanden sind, denn in einer Demokratie müßte auch die Gewaltenteilung auf das Volk zurückzuführen sein oder mit ihm in Beziehung stehen. Das könnte jedenfalls dann gelten, wenn der Staat eine Republik ist, die demokratisch verfaßt sein soll. Denn beide Begriffe enthalten das Merkmal, daß sie vom Volk ausgehen müssen, daß das Volk pouvoir constitué ist. Als bloß organisatorische Regelung kann man das nicht auffassen, denn die Gewaltenteilung entspringt dem Rechtsstaatsprinzip. Der Rechtsstaat muß aber nicht notwendig Demokratie sein. Sind Demokratie und Republik durch Verfassung konstituiert, so könnte die Gewaltenteilung in diesem Staate in einem Verhältnis zu dem Gedanken der Demokratie stehen. Staats- und Herrschaftsform, Demokratie und Republik, enthalten als gemeinsames Merkmal die Legitimation durch das Volk.

Vielleicht gibt es wegen der Begründung der Gewaltenteilung als Beschränkung der Staatsgewalt, die der allgemeine Staatszweck ist, eine Verbindung zu diesem Gedanken. Denn auch Republik und Demokratie, sofern sie als Formen gemeinsam in einer Verfassung konstituiert sind, sollen die Staatsgewalt begrenzen, damit die Bändigung, weil ihre Notwendigkeit nicht bewiesen ist, jedenfalls nicht gegen diejenigen gerichtet sein soll, die in diesem Staate leben, der doch jeden

38 Schon W. Jellinek, Verwaltungsrecht, 2. Aufl., Berlin 1929, S. 47f., 224f. 225, 25f..
39 F.O.Kopp, VwVfG. Verwaltungsverfahrensgesetz mit Erläuterungen, 2. Aufl., München 1980, § 1 Rdnrn. 18ff, 23f, 37ff..

falls Verband gegen die Tragik der Unvollkommenheit der Welt ist.[40] Denn das Volk lebt in dem Staat. Darum muß dieser auch auf das Volk zurückzuführen sein. Freilich ist die Staatseinheit der dort lebenden Menschen aus dieser Sicht bloß der Verband, die Gemeinschaft, res publica, das Öffentliche als deren Ort, weil es eben dort bloß einen Staat gibt, wie es an einem Orte nicht mehr als einen einzigen geben kann.

3. Beschränkungsgedanke

Der Beschränkungsgedanke könnte auch die Gewaltenteilung in Demokratie bzw. Republik rechtfertigen. Ist aber schon durch den Rechtsstaat als Beschränkung absoluter Staatsgewalt die Gewaltenteilung begründet, muß ein zusätzlicher Grund für dieselbe, wenn es sich um eine Demokratie handeln soll, gar nicht gefunden werden. Wenn es sich um einen Verfassungsstaat handelt, ist es möglich, daß das Rechtsstaatliche darin enthalten ist. Sollte es anders sein, kann man aber jedenfalls festhalten, daß es der Beschränkungsgedanke ist, der auch die Gewaltenteilung begründet. Unterscheiden kann man vielleicht danach, wer die Staatsgewalt beschränkt: Die geteilten Gewalten beschränken einander, während in der Demokratie die Staatsgewalt etwa dadurch beschränkt wird, daß vom Volke ausgehend oder durch die Volksvertretung bestimmt z.B. ein Machtwechsel stattfinden kann. Das ist auch in der Republik so, in der das Staatsoberhaupt ausgetauscht werden kann.

Die Gewaltenteilung hat im Unterschied dazu etwas organisatorisches. Sie ist auch nicht auf das Volk zurückzuführen, weil der Rechtsstaat nicht durch das Volk legitimiert werden muß. Aber die Staatsgewalt als Ganze muß so begründet sein, wenn es sich um Demokratie handelt, denn sie muß vom Volk legitimiert sein. Die Demokratie begrenzt also den Rechtsstaat.[41]

Man könnte die Auffassung vertreten, daß die Demokratie den Rechtsstaat vielleicht doch nicht begrenzt, weil sie bloß bestimmt, daß das Volk pouvoir constitué ist. Ist Rechtsstaat der Begriff, in dem Gewaltenteilung Merkmal ist, während Demokratie freilich bloß Staatsgewalt zuzuordnen ist. Man wird aber den Satz, daß Demokratie den Rechtsstaat begrenzt, aufrechterhalten können, wenn man den Gedanken aufnimmt, daß es in der Demokratie, hat sie geteilte Gewalten, eine Wirkung von der durch das Volk beherrschten Staatsgewalt hin zu den einzelnen Gewalten gibt. Wenn nur die Abgeordneten von dem Volk durch Wahl bestimmt werden und damit eine Volksvertretung vorhanden ist, so ist doch auch die Exekutive, die die Gesetze der Volksvertretung ausführen muß, durch die Bestimmung der Legislative durch das Volk nicht ganz ohne dasselbe gedanklich zu erfassen. Denn es könnte sein, daß die Gesetze dann auch in der Weise gestaltet werden, daß sie geeignet sind, so die vollziehende Gewalt sie ausführt, den Wünschen des Volkes zu entsprechen. Jedenfalls entspricht es dem Begriff Volksherrschaft, das Volk auch durch die Volksvertretung leges, – das sind Ge-

---

40 Vgl. S. 65
41 Ausnahme ist Ewigkeitsklausel gem. Art. 79 Abs. 3 GG.

setze –, verabschiedet, Imperative setzt. In der Demokratie ist die Gewaltenteilung eben in dieser Art und Weise zu verstehen, daß die Gewalten, als Teilung von Staatsgewalt als dem Ganzen, durch das Volk bestimmt werden und nicht z.B. durch einen Einzelnen. Das gilt sogar unabhängig davon, ob das Volk den einzelnen Richter, Staatsanwalt oder auch Verwaltungsbeamten durch Wahl bestimmt oder durch Abstimmung eine Sachfrage entscheidet. Denn der Richter ist an die Gesetze gebunden, die die Volksvertretung verabschiedet hat, die vom Volke bestimmt worden sind. Das gilt für den Staatsanwalt auch, der sogar von Weisungen seines an die Gesetze gebundenen Vorgesetzten abhängig ist und für andere Behörden, nämlich Verwaltungsbeamte. Wie eng man die Nähe zum Volk verfaßt bzw. vorsieht, ist sicherlich bedeutungsvoll; für die Gewaltenteilung als Merkmal des Rechtsstaatsprinzips in einer Demokratie als Herrschaft des Volkes kann man sagen, daß sie jedenfalls auch von dem Wunsch oder den Wünschen des pouvoir constitué geprägt sein könnte, wenn sie auch ohne ihn möglich ist. Zwar muß das Volk in einer Demokratie als pouvoir constituant alle Teile der Verfassung legitimieren, auch die Gewaltenteilung. Ist es eine Demokratie, muß der Rechtsstaat durch das Volk begründet sein. Das hindert nicht die Erkenntnis, daß die Gewaltenteilung nicht Merkmal des Begriffs Demokratie, sondern des Begriffs Rechtsstaat ist.[42]

§ 24 Grundrechte

Der Kern des Begriffs Demokratie, das Wesen des Wortes Demokratie, könnte als ein Merkmal die Grundrechte enthalten. Das ist schon zuvor erwähnt worden. Die Grundrechte sind die Rechte, die in einem Verfassungsstaat durch Verfassung konstituiert und dem Einzelnen als Rechte gegenüber dem Staat gegeben sind. Auch von anderen Eigenschaften der Grundrechte war schon die Rede. Warum sind die Grundrechte Teil des Begriffs Demokratie?

I. Begründung von Grundrechten als Merkmal des Demokratiebegriffs

Demokratie ist eine Herrschaftsform, die den Staat gestaltet. Der Inhalt dieser Form ist die Herrschaftsgewalt und weil es der Staat ist, der gestaltet wird, ist es die Staatsgewalt. Diese wird aber auch durch die Staatsform bestimmt. Der Staat hat den allgemeinen Staatszweck, die Staatsgewalt auszubilden. Diese soll der Bändigung des Bösen im Menschen dienen, die Hobbes im Leviathan beschreibt. Damit die Staatsgewalt nicht übermächtig wird, könnten Grundrechte des einzelnen Menschen vorhanden sein müssen. Denn das Menschenbild in der Lehre von dem allgemeinen Staatszweck ist eines, das das Schlechte oder auch die "Schlechtigkeit", das Gemeinschaftsfeindliche im einzelnen Menschen verankert oder auch beherbergt, sieht. Gleichzeitig aber, weil nicht sicher ist, ob der Mensch wirklich schlecht ist und ob er nicht auch gut sein könnte, müssen ihm Mittel ge-

---

42 E. Forsthoff, Lehrbuch des Verwaltungsrechts Bd. I, München 1973, S. 126f.

gen die Gewalt des Staates zur Verfügung gestellt werden. Deswegen haben die Grundrechte eine auf den einzelnen Menschen als Abwehr dem Staat gegenüber gerichtete Seite. So die Demokratie als Herrschaftsform die Herrschaft des Volkes installiert, damit die Staatsgewalt dessen Freiheit als eine Gemeinschaft nicht verletzt, sollen die Grundrechte die Freiheit des Einzelnen dem Staate gegenüber sichern. Niemand soll die Bestimmungsmacht des Volkes übergehen dürfen. Denn das Wesen des Staates ist nicht die Staatsgewalt, sondern res publica, das Öffentliche.

Weil, wie gesagt, die Notwendigkeit der Bändigung des Schlechten durch Ausbildung von Staatsgewalt als allgemeiner Staatszweck besteht, die Ursache der Tragik der Unvollkommenheit der Welt bloß sein mag, bietet es sich an, wenn das Volk herrschen soll, einzelne Menschen, deren Summe das Volk, die Aktivbürgerschaft, bildet, Rechte dem Staat gegenüber zu geben. Das liegt vor allem daran, daß der allgemeine Staatszweck auf einem Menschenbild gründet, das im Menschen selbst, in seinem Inneren, seinem Charakter, womöglich seiner Psyche, seiner Physe oder seinem Geist einen sozialen Mangel sieht. Die Gemeinschaftsfeindlichkeit als Folge des Schlechten des Menschen ist kein Grund, diesen gänzlich dem Staatszweck zu unterwerfen. Deswegen müssen in einer Volksherrschaft jedenfalls dem Einzelnen gegenüber dem Staate grundlegende Rechte gegeben sein, die diesen zu einem Verhalten zwingen können, das die Freiheit des Menschen nicht beeinträchtigt. Denn dieser könnte ja auch gemeinschaftsfreundlich, also gut, handeln.

Diese, schon im Rechtsstaatsgedanken enthaltenen Rechte, müssen in der Volksherrschaft durch solche ergänzt werden, die nicht als bloße Pflichten des Staates formuliert sind, sondern als subjektive Rechte des Einzelnen mit der Möglichkeit, sich sogar z.B. durch Justizgewährung diesem gegenüber das Freiheitsrecht zu sichern. Es sind Abwehrrechte und zwar ausgestaltet als subjektiv-öffentliche Rechte. Verbindet sich der Rechtsstaat mit der Demokratie, so kann sogar die dritte Gewalt gegen die zweite vom Einzelnen gegen die Einschränkung der Freiheit eingesetzt werden.

1. Die Bedeutung der Grundrechte in der Demokratie

In Wahlen und Abstimmungen des Volkes ist es der pouvoir constitué, der seine Herrschaft ausübt, herrscht, damit alle oder fast alle Menschen im Staate in ihrer Gesamtheit herrschen. Es sind die Aktivbürger, die Staatsbürger. Der Einzelne erhält Grundrechte, damit er sich seine Freiheit dem Staat gegenüber sichern kann.[43] Sogar derjenige, der kein Staatsbürger ist, hat Grundrechte, wie es z.B.

---

43 J.Isensee, Grundrechte und Demokratie, in: Der Staat 1981, S. 162; K. Stern, Das Staatsrecht der Bundesrepublik Deutschland, Bd. I, S. 119f.; H.-R. Lipphardt, Grundrechte und Rechtsstaat, in: EuGRZ 1986, S. 149-162; P. Häberle, Die Menschenwürde als Grundlage der staatlichen Gemeinschaft, zu § 20, in: Isensee/Kirchhoff (Hg.), Handbuch des Staats-

im Grundgesetz immer dort geregelt ist, wo in dem Grundrechtskatalog nicht ausdrücklich von "Deutschen" die Rede ist.

Der Begriff "Demokratie" enthält ein Merkmal, daß die Zahl derjenigen, die herrschen sollen, die citoyen, möglichst hoch sein soll, damit niemand übergangen und das Volk, die Einheit von Menschen, die durch dieselbe Sprache, Kultur und Geburt an einem Ort verbunden sind, als Gemeinschaft über seine Geschicke bestimmen kann.

Die Grundrechte werden schon als Merkmal des Begriffs Rechtsstaat genannt, denn dieser ist ein Staat, der sich im Recht konstituiert.[44] Wenn das Recht als ein Imperativ, als bindende Sollvorschrift, im Staate vorhanden ist, so bleibt doch die Eigenschaft desselben, daß wegen des allgemeinen Staatszwecks Staatsgewalt ausgebildet wird. Das Recht in seiner Eigenschaft als Bindung an eine Regel, die Willkür ausschließt, weil seine Einhaltung erzwingbar ist, könnte nicht nur Teil dieser Gewalt sein. Dann ist es nur bloßes Bändigungsinstrument des Staates gegen die Bürger. Damit wäre es aber nicht von der Staatsgewalt selbst zu unterscheiden und seine Eigenschaft als Bindung an eine Regel, die Willkür ausschließt, käme nur gegen die Freiheit der Bürger in Betracht. Wenn das Recht aber einen Imperativ für den Staat, die Staatsgewalt, aufstellt und eine mögliche Willkür derselben einschränken soll, könnte es sich um Pflichten des Staates handeln, deren Grundlage das Recht der Bürger ist, nicht willkürlich behandelt zu werden. Ursache dafür ist, daß die Menschen nicht zwangsläufig gemeinschaftsfeindlich sein müssen und der Einzelne sich auf das Recht verlassen können soll. Damit ist bereits ein gewisser Grundrechtsschutz angesprochen.

Die dem Rechtsstaat innewohnende Abwehr der Willkür ist Folge der Eigenschaft von Staatsgewalt, auf dem allgemeinen Staatszweck zu beruhen. Dem Bürger soll willkürliche staatliche Gewalt nicht zugemutet werden, denn das Schlechte des Menschen, das von ihr begrenzt werden soll, ist als Ursache der Unvollkommenheit der Welt nicht bewiesen. Weil die Staatsgewalt von Menschen betätigt wird, muß für diese jedenfalls das Böse ausgeschlossen werden, zum Beispiel die Willkür.

Dagegen geht die Volksherrschaft weiter, wenn als Merkmal des Begriffs Demokratie Grundrechte angesprochen werden. Der allgemeine Wille (volonté générale), der sich in der Staatsgewalt ausdrücken könnte, ist der Wille aller (volonté de tous) nur dann, wenn alle auch das Recht haben, als Einzelne überschießende Staatsgewalt durch Recht abzuwehren. Darin zeigt sich dann die Herrschaft des Volkes erst gänzlich, weil sie nicht nur dieser Gemeinschaft, sondern auch dem Einzelnen, der ihr angehört, in dem höchst möglichen Maße die Freiheit, zu handeln wie er möchte, geben will. Denn Volksherrschaft wohnt der Gedanke inne,

---

rechts, Heidelberg u. a. 1987, S. 815-861; T. Maunz/G. Dürig u. a., Kommentar zum Grundgesetz, München 1990, zu Art. 1-19.
44 Vgl. R.Bäumlin, Die rechtsstaatliche Demokratie, Zürich, 1954, S. 61f..

daß diejenigen, die an einem Orte leben, in dem Staate auch herrschen sollen.[45] Damit wird die Staatsgewalt nicht bloß begrenzt auf den Ort derjenigen, die dort leben, sondern es sollen nicht weniger herrschen als alle. Es sind diejenigen, die den status activus besitzen. Diese Begrenzung der Staatsgewalt auf ein Gebiet ist eine solche, die auf der Befürchtung beruht, daß, wenn nicht das Volk herrscht, also alle, dessen Wohl und Wille nicht Eingang findet in die Staatsgewalt. Wird etwa in Form der Aristokratie geherrscht, sind es nicht alle, sondern nur wenige, die in dem Staate herrschen. Dagegen wird vorgebracht, daß viele, die dem Volk auch zugehörig sind, bei der Bestimmung der Staatsgewalt dann keine Rolle spielen und ihr Wunsch und Wille vielleicht übergangen würde. Gerade wenn die Staatsgewalt als nicht dem Kern und Wesen von Staat und Staatsbegriff angehörend erkannt ist, weil sie nur der Erkenntnis des möglichen Schlechten des Menschen geschuldet ist, von dem man keine Gewißheit hat, liegt es nahe, bei der Staatswillensbildung, die auf der Herrschaftsform beruht, niemanden zu übergehen. Es könnte sogar sein, daß die Staatsgewalt dann, wenn nicht alle herrschen oder an der Staatswillensbildung teilnehmen, in die Freiheit der Übergangenen oder der Nichtberücksichtigten eingreift. Allerdings besteht diese Möglichkeit auch in der Demokratie, denkt man an den Einzelnen.

Wie und ob sich in der Volksherrschaft die Staatsgewalt in allen ihren Formen auf den Einzelnen oder das Volk oder andere Gemeinschaft zurückführen läßt, kann noch dahinstehen. Jedenfalls, wenn die Volksherrschaft als Herrschaftsform mit Grundrechten konstituiert ist, könnte die Chance größer sein, daß weniger Wünsche übergangen, wenige Wille von Einzelnen unberücksichtigt bleibt und weniger in Freiheiten der Menschen eingegriffen würde.

2. Wirkung der Grundrechte zwischen den Menschen

Wird in dieser Weise, wie dargelegt, Staatsgewalt konstituiert und könnte deswegen die Chance zu ihrer Beschränkung durch Volksherrschaft zugunsten der Freiheit größer sein, so fragt sich noch, in welchem Verhältnis die Begrenzung der Staatsgewalt und die Grundrechte zueinander stehen. Die Freiheit des Einzelnen wird durch die Grundrechte als solche dem Staate gegenüber konstituiert. Damit ist dessen Gewalt begrenzt.

Die Grundrechte können unter Umständen Wirkung zwischen den Menschen in dem Staat selbst besitzen, sofern es sich etwa um Menschenrechte, wie die Menschenwürde nach Art. 1 GG, handelt.[46] Diese Rechte begrenzen zwar auch und

---

45 Aristoteles, Politika, 1253 b.
46 E. H. Riedel, Theorie der Menschenrechtsstandards: Funktion, Wirkungsweise und Begründung wirtschaftlicher und sozialer Menschenrechte mit exemplarischer Darstellung der Rechte auf Eigentum und Arbeit in verschiedenen Rechtsordnungen, Berlin 1986; M. Kriele, Menschenrechte und Gewaltenteilung, in: EuGRZ 1986, S. 602-605; P. Häberle, a.a.O..

in gewichtigem Maße die Staatsgewalt, aber sie tarieren auch die Freiheit der Menschen untereinander aus, sich gegenseitig z.B. die Menschenwürde zu rauben. In ihrer societas als Gemeinschaft regelnden Wirkungsrichtung sind sie zwar von der Staatsgewalt als Gesetzgebung geschaffen, aber sie können für die Rechtsverhältnisse der Menschen untereinander bedeutungsvoll sein.

3. Charakter der Grundrechte als zwischen den Bürgern geltende

Isensee schreibt, daß Grundrechte den Raum des Privaten sichern. Darin enthalten seien Gesellschaft und Volk. Die Gesellschaft wird von ihm als Ort realer Ungleichheit beschrieben, als das schlechthin Ungleiche, das sich der Repräsentation entzieht. Jedermann ist aber auch noch Bürger eines anderen Reiches, des Volkes, das einen rechtlich verfaßten, handlungsfähigen Verband bildet, der egalitär ist.[47]

Obwohl das Volk nur als Begriff beschrieben wird, dessen Merkmal Egalität ist und folglich die Grundrechte im Verhältnis zwischen dem Volk und dem Staate zur Sicherung seiner Freiheit dienen, denn es handelt sich um einen Verfassungsstaat, der Resultat des Rechtsstaates ist, können die Grundrechte zuweilen auch zwischen den Menschen als Teil einer Gemeinschaft von Ungleichen, jedenfalls grundsätzlich ungleichen, gelten. Der Rechtsstaat, wenn man ihn mit seiner Eigenschaft der Gleichbehandlung nicht schon selbst als Grundrechtsstaat versteht, enthält ferner die Egalität, dies ist die Gleichheit vor dem Gesetz. Weil in allen Menschen das Schlechte sein könnte, so sind auch alle Menschen vor der Staatsgewalt gleich. Sie sind alle Teil eines Volkes als ein Verband im Sinne des Völkerrechts. Sie sind eine Gemeinschaft, der das Völkerrecht, unabhängig von staatlicher und anderer Organisation, eigene Rechte gibt.

Das Volk als Begriff trifft Völkerrechtliches und Staatsrechtliches in seinem Merkmal der Gleichheit. Die Zugehörigkeit zu ihm macht den Menschen zu einem gleichen Subjekt unter anderen. Das rührt daher, daß der Staat jedenfalls in seinem Wesen das Öffentliche enthält. Dagegen trifft das Völkerrecht die Unterscheidung zwischen dem Privaten und dem Öffentlichen nicht. Deswegen kann in dem nichtöffentlichen Bereich das Verhältnis zwischen den Menschen auch ein grundrechtliches sein.

In ihrer Eigenschaft als drittwirkungsfähige interessieren sie hier aus einem Grunde. Sogar wenn nach Isensee die Gesellschaft als Merkmal die Ungleichheit enthielte, würde doch bloß besonders begründungsbedürftig die Drittwirkung als Geltung der Grundrechte zwischen den Einzelnen sein, die aber den Staat als mit Grundrechten ausgestattet, weil er demokratisch konstituiert ist, nicht im Kern seiner Herrschaftsform träfe. Grundrechte sind nicht schon von dem Begriff des Staates her ausschließlich für diesen reserviert, in dieser Eigenschaft aber auch nicht bedeutungsvoll für ihn.

Für die Demokratie bedeutsam könnte freilich sein, daß Geltung der Grundrechte

---

47 Isensee, Grundrechte und Demokratie, in: Der Staat 1981, S. 165.

auch zwischen den Einzelnen aus ihr entspringt; richtet man den Blick aber schon auf den Staat, so könnte das vielleicht eine untergeordnete Rolle spielen. Denn es interessiert für die Demokratie als Herrschaftsform im Staat weniger die Wirkung solcher Rechte über ihn hinaus als in ihm selbst. Einwenden kann man demgegenüber, daß die souveräne Gewalt als Staatsgewalt, die die Freiheit dem Einzelnen beläßt, die Vorstellung, das Bild des volonté générale, des allgemeinen Willen enthält, er sei nicht nur identisch mit dem volonté de tous. Es drücke sich darin auch die menschliche Vernunft aus, die, zu korrigieren, jedenfalls nicht begründbar oder notwendig sei.

II. Irrtumsmöglichkeit und Grundrechte

1. Grundrechte und allgemeiner Staatszweck

Nicht nur, daß der volonté de tous irren kann, dem der Einzelne zum Opfer fiele; entscheidend ist, daß der Staat nicht zwingend Staatsgewalt ausbilden und der Einzelne vor seiner Gewalt sogar durch ihn selbst geschützt werden muß. Nimmt man als Grund für die Entstehung von Staatsgewalt an, daß diese auf der dem Menschen innewohnenden Gemeinschaftsfeindlichkeit beruht, die zu Gemeinschaftsunfähigkeit führt, so könnte sich diese auch zwischen den Menschen auswirken, wenn sie außerhalb der staatlichen Gemeinschaft, in der societas, miteinander leben. Daher ist die Geltung der Grundrechte zwischen den Menschen nicht ohne weiteres von der Hand zu weisen, wenn auch die Ausbildung der Staatsgewalt nicht identisch ist mit dem Leben in der societas. Vielleicht gibt es daher eine Begründung für die Wirkung der Grundrechte auch zwischen den Menschen, die ihre Verhältnisse regelt. Unabhängig von der Staats- und Herrschaftsform könnte es deswegen sein, daß Grundrechte prinzipiell notwendig sind.[48] In jedem Falle aber sind sie es, wenn die Herrschaftsform eine Volksherrschaft sein soll, denn das Volk sind alle Menschen.

Im Verfassungsstaat, dessen Herrschaftsform Demokratie ist, liegt zwar schon wegen seiner Konstituierung der Gedanke nahe, daß dort die Freiheit der Menschen dem Staat gegenüber geschützt ist, denn schon die Confirmation of Liberties spricht von "free-men" und ihren Rechten und der Freiheit der Kirche.[49] Wenn deren Kern und Wesen und der Begriff der Grundrechte jedenfalls auf diese Freiheitsrechte zurückzuführen sind, so kann man für die Demokratie sagen, daß sie umso mehr und stärker diese Rechte erst schafft, weil in ihr das Volk herrschen soll. Der Schutz der Freiheit des Einzelnen ist naheliegend, wenn die Staatsgewalt auf dem Bändigungsgedanken beruht. Wenn aber das Volk im Staat sogar herrschen soll, gilt der Freiheitsgedanke umso mehr, weil es die Summe der Bürger bildet, die die Bestimmungsmacht haben.

2. Grundrechte als Minderheitenschutz

Für die Geltung der Grundrechte in der Demokratie spricht aber auch, daß die überstimmte Minderheit, und eine solche gibt es bei Wahlen und Abstimmungen

---

48 E. Klein, Grundrechtliche Schutzpflicht des des Staates, NJW 1989, S. 1633.
49 9 Hen. III 1125. Cap. I.

in den westlichen Demokratien regelmäßig, die Möglichkeit haben muß, auf einen Restbestand von Rechten zurückzugreifen, die sie auch gegenüber der Mehrheit noch durchsetzen kann. Diese dann von dem Staat garantierten Rechte, auch gegen die durch die legitimierte Legislative verkörperte oder gebundene Staatsgewalt, rühren daher, daß der überstimmte Einzelne aus Gründen des Minderheitenschutzes und weil immer die Gefahr besteht, daß die Mehrheitsentscheidung falsch ist, auf diese Rechte zurückgreifen soll. Denn das Volk soll herrschen, das sind alle Aktivbürger, diejenigen, die die Bürgerrechte in dem Staat, den status activus, besitzen.

Die Sicherung von Minderheitenrechten als Grundrechte ist auch konsequent, weil diese dem einzelnen Menschen zustehen, der sie der übermächtigen Staatsgewalt gegenüber geltend macht. Es sind ja in erster Linie Individualrechte, solche Rechte, die der Einzelne gegen Eingriffe der staatlichen Gewalt und nicht nur zur Abwehr derselben geltend machen kann. Daß es sich um Rechte von Einzelnen handelt, ist der Grund, sie zum Schutze von Minderheiten für geeignet zu halten, begreift man die Mehrheitsentscheidung als Bestandteil der Demokratie oder als Merkmal von Demokratie. Wenigstens als Entscheidungsregel ist sie für jede Herrschaftsform von Bedeutung, in der mehr als zwei Personen entscheiden.[50] Es ist wohl auch für die Begründung der Grundrechte als Rechte des Einzelnen in der Demokratie von Bedeutung, daß sie für den Fall, daß ein entgegenstehender Wille vorhanden ist, dessen Rechte soweit garantieren, daß die Staatsgewalt seine Freiheit nicht stärker beschneiden kann, als es der Grund für ihre Konstituierung rechtfertigt. Ist der Irrtum auch möglich, wenn die Mehrheit entscheidet und ist er es sogar dann, wenn alle dieselbe Auffassung vertreten und ein einhelliges Votum abgeben, so darf der Grundrechtsschutz nicht ausgesetzt werden.

§ 25 Volkssouveränität und Repräsentationsprinzip

Begreift man den Begriff "Demokratie" in allen seinen Merkmalen, so zeigt sich, daß seine Bedeutung als Volksherrschaft die beiden Worte erfassen kann, die dort enthalten sind.

I. Volk als Bestandteil des Begriffs Volkssouveränität

Das Volk ist jenes Merkmal des Begriffs, das in Staatsgewalt, Staatseinheit und Gewaltenteilung, aber auch zuvor, als Inhaber von Grundrechten, als Verfassungsgeber, herrschende Macht und Element der Dreielementenlehre des Jellinek über den Staat dargestellt worden ist.[51] Wer alles Teil des Volkes ist, ob etwa, wie es in jüngster Zeit verlangt wurde, auch Ausländer dem Volke angehören, könnte dann wichtig sein, wenn der Begriff nicht bereits in seinem Inhalt

---

50 C. Gusy, Das Mehrheitsprinzip im demokratischen Staat, in: AöR 1981, S. 337. Vgl. auch BVerfGE 1, 16 (Leitsatz 15.)
51 Vgl. S. 93 bis .97

schon gänzlich bestimmt wäre.[52] Die Rechtsprechung geht dahin, denjenigen, die die Staatsbürgerschaft nicht innehaben, die Zugehörigkeit zum Volke und daher auch das Wahlrecht zu versagen.[53] Denn der Inhalt des Wortes Volk ist nicht mehr umstritten. Es wird zwar im Sprachgebrauch gelegentlich, wie schon erwähnt, als Zugehörigkeit zu den niederen Schichten und Klassen bestimmt, aber im Rechtssinne bedeutet Volk die Angehörigkeit zu und Abstammung von einem gemeinsamen Ort der Geburt, der Kultur, der Sprache und des Elternhauses dort, wo die Stadt liegt, der der Einzelne zugehört, der dort geboren wurde oder dessen Eltern dorther stammen. Vergegenwärtigt man sich, daß der Staat nicht nur Schutz-, sondern auch Trutzverband ist, wird deutlich, daß die Zugehörigkeit zum Staatsvolke notwendig eine Grenze gegen diejenigen setzt, die ihm nicht angehören. So gesehen, ist eine Beteiligung an der Wahl in einem Staat nur möglich, wenn der Einzelne diesem angehört und dessen Staatsbürgerschaft besitzt. Einzig die Doppelstaatsangehörigkeit ist Ausnahme, gibt also das Wahlrecht in beiden Staaten. Selbst sie kann die Trutzverbandseigenschaft des Staates in der einzelnen Person nicht überwinden. Wegen dieser darf derjenige, der nicht Bürger des Staates ist, an der Wahl nicht beteiligt werden.

1. Volk als Gemeinschaft

Für die Erkenntnis, was Inhalt des Begriffs "Demokratie" sei, ist die Bedeutung des Wortes Volk aber in einer anderen Art und Weise wichtig. Das Volk ist ein Ganzes, es ist eine Gemeinschaft. Diese Gemeinschaft ist keine Gemeinschaft von zwei Personen, wie man es für die Ehe sagen kann, sondern es ist eine Gemeinschaft von Vielen. Die Besonderheit dieser Gemeinschaft ist, daß in ihr die Menschen an einem Ort verkörpert sind und man sie sogar zählen kann, wie es z.B. in den Volkszählungen getan wird, die Grundlage für die Bestimmung von Wahlkreisen usw. sind. Die Eigenschaft, die der Begriff Volk enthält, ein Ganzes zu sein, das in der Demokratie herrschen soll, prägt die Debatte über die Demokratie dann, wenn man fragt, wie dieses Ganze seinen Willen zum Ausdruck

52 H. Quaritsch, Staatsangehörigkeit und Wahlrecht, in: DÖV 1983, S. 1; H.-H. Schild, Kommunalwahlrecht für Ausländer?, in: DÖV 1985, S. 664; J. Isensee, Kommunalwahlrecht für Ausländer aus der Sicht der Landesverfassung Nordrhein-Westfalens und der Bundesverfassung, in: KritV 1987, S. 300; P. v. Kodolitsch/U.-K. Schuleri-Hartje, Teilnahme der Ausländer am kommunalen Geschehen, Z.f. Ausländerrecht 1987, 83; E. V. Heyen, Verfassungsaspekte einer Beteiligung von Ausländern an der Hamburger Bezirksversammlungswahl, in: DÖV1988, S.185; H. Rittstieg, Wanderarbeiter und Demokratie, Demokratie und Recht 1988, S. 14; Ders., in: InfAuslR 1988, S. 65; A. Schink, Kommunalrecht für Ausländer?, in: DVBl. 1988, S. 417; U. Karpen, Kommunalwahlrecht f. Ausländer, NJW 1989, 1012; H.Rittstieg, Juniorwahlrecht f. Inländer fremd. Staatsan. NJW89, 1018.
53 BVerfGE 1989, 3147.

bringen, wie es als das Ganze, als die besondere Gemeinschaft, in dem Staat herrschen kann.[54] Womöglich kommt die Eigenschaft des Volkes, ein Ganzes zu sein, eine Gemeinschaft, die den Staat konstituieren kann, dann zum tragen, wenn es seinen Willen durch Abstimmung der einzelnen Staatsbürger kund tut. Für das Volk selbst zeigt sich an dem Wahlergebnis, was der Wille des Staates sein soll. Durch die Abstimmung wird der Wille des Volkes zum Willen des Staates. In seiner Eigenschaft als Schutzverband der Menschen in dem Staate ist das Ergebnis von Wahl und Abstimmung bloß Summe aus dem Willen der Einzelnen, die Mehrheit oder sogar Einstimmigkeit erzielt haben. Das Ganze zeigt sich dann für den Schutzverband nur, wenn Staatsgewalt ausgebildet worden ist, um dem Einzelnen gegenüber Macht auszuüben.

2. Schutzverbandseigenschaft und Volksherrschaft

Die Schutzverbandseigenschaft des Staates ist geprägt von der Volksherrschaft, wenn als Ursache für die Unvollkommenheit der Welt das Schlechte des Menschen nach Hobbes gesehen wird,[55] dem der Schutzverband entgegentreten soll. Um in der möglichst hohen Übereinstimmung mit dem Volk selbst tätig zu werden, Staatsgewalt quasi durch dieses ausbilden zu können, sind Wahlen und Abstimmungen erforderlich. Erst in der Staatsgewalt zeigt sich dann das Ganze als eine Gemeinschaft, die inkarniert in dem Wahlergebnis, das mit Mehrheit oder sogar Einstimmigkeit festgestellt wird, mehr ist als die bloße Summe von Stimmen. Wird das Wahlergebnis amtlich festgestellt, ist es die Einrichtung in dem Staate, die Staatsgewalt, die direkt durch das Volk betätigt worden ist. In der amtlichen Feststellung zeigt sich, daß es die Staatsgewalt war, die in dieser Form gehandelt hat. Weil Volksherrschaft Herrschaft von mehr als zwei Personen ist, gilt das Mehrheitsprinzip als Entscheidungsregel. Es geht nämlich nicht nur darum, wer entscheidet, sondern auch wie entschieden wird. Sollen alle Glieder des Volkes dieses als ein Ganzes bilden, so müssen auch alle berücksichtigt werden, also alle an der Entscheidung beteiligt sein. Daß kein Unterschied zwischen den einzelnen Staatsbürgern dabei besteht, ergibt sich aus dem Begriff Demokratie. Es ist eines ihrer Merkmale.

In seiner Trutzverbandseigenschaft ist der Staat, wenn das Volk in ihm herrscht, in höherem Maße von dessen Merkmal bestimmt, ein Ganzes zu sein als in seiner Eigenschaft als ein Schutzverband, der Staatsgewalt ausgebildet hat. Denn die Summe der Einzelentscheidungen bildet eine Gesamtentscheidung, die gegen die anderen, die auswärtigen, die nicht an dem Orte lebenden Menschen gerichtet sein kann. Sind solche Belange betroffen, so zeigt sich in dem Moment der Feststellung derselben durch das Amt, daß ein Ganzes vorhanden ist, das als ein Besonderes verstanden werden kann, dessen Inhalt gewichtiger ist und aus der

---

54 A. M. Honoré, Die menschliche Gemeinschaft und das Prinzip der Mehrheitsregel, in: Festschrift f. Schelsky, S. 229-247.
55 T. Hobbes, Leviathan, Stuttgart 1970 (1651).

amtlichen Feststellung, dem Akt derselben folgt. Erst dieser zeigt das Ziel, teleos, das Teil des Begriffs ist. Das Ziel der einzelnen Wahlentscheidung, der Stimmabgabe, ist es, den Willen des Einzelnen über die Geschicke des Staates zum Ausdruck zu bringen. Durch die Feststellung wird der Wille des Volkes als ein Ganzes überhaupt erst gewonnen und dadurch Staatswille.

Man könnte nun die Auffassung vertreten, daß schon in Angelegenheiten des Schutzverbandes die Feststellung des Wahlergebnisses diese Aussage gestattet. Das mag vielleicht sogar der Fall sein, trifft aber wegen des Wesens der Demokratie als Volksherrschaft nicht die besondere Eigenart von Entscheidungen, die die res publica als Trutzverband angehen, weil dann solche ergehen, die die Belange von auswärtigen und anderen Staaten regeln, diese aber an der Entscheidung nicht beteiligt sind.

II. Souveräne Gewalt des Volkes und Volksherrschaft

Man kann in dem Begriff Volkssouveränität, die souveräne Gewalt des Volkes, Volksherrschaft inkarniert sehen. Daß das Volk Inhaber der souveränen Gewalt ist, heißt bloß, daß über ihm keiner Macht hat, in dem Staate niemand über ihm herrscht. Souveränität könnte auch eine andere Gemeinschaft haben, nicht zwingend ist es das Volk. Wenn eine andere Herrschaftsform in dem Staat konstituiert ist, so ist es dann auch eine andere Gemeinschaft oder ein Einzelner, der die souveräne Gewalt innehat.

Der Begriff Souveränität wird aber nicht nur für die Charakterisierung von Herrschaftsformen verwendet. Man spricht auch von souveränen Staaten und der Souveränität, die ein Staat erlangt, das ist die Unabhängigkeit von anderen Staaten. Diese kann von alters her existieren oder aber auch durch kriegerische Auseinandersetzungen oder Vertreibung und Inbesitznahme erworben werden, wenn dann ein Staat gegründet wird oder besteht, der die Voraussetzungen eines solchen Gebildes erfüllt und zugleich von anderen Staaten als solcher anerkannt worden ist. Das geschieht auch durch Aufnahme in die Staatengemeinschaft, z.B. die UNO.

1. Volk als ein Ganzes

Kehrt man zurück zu dem Gedanken, daß es für die Volksherrschaft bedeutsam ist, daß das Volk als Ganzes herrscht, so könnte der Begriff Souveränität diesen noch verstärken. Es ist gerade nicht der Einzelne, der über den anderen steht oder sie beherrscht, sondern es ist das Volk, diese besondere Gemeinschaft, die über allen in der gleichen Weise steht, aber auch über denjenigen, die nicht zu ihr gehören, die auswärtigen und diejenigen, die in dem anderen Staat, an dem dortigen Orte leben. Die souveräne Gewalt des Volkes gestattet es nicht, daß ein Einzelner über ihr steht oder ein anderes Volk sich seines Staates bemächtigt. Es ist seine Eigenschaft, daß es selbst und nicht bloß die Summe der Einzelnen die Macht in dem Staate hat. Seine Souveränität zeigt sich in den besonderen Symbolen des Staates und ihrer Verwendung anderen Staaten gegenüber. Nationalhymne, Flagge usw. symbolisieren nicht nur Staat, sondern auch Nation, deren Eigenschaft es ist, daß ihr sogar mehrere Völker angehören können. Die souveräne Gewalt des Volkes zeigt besonders deutlich, daß es über dem Einzelnen steht und dieser sich bis zu einem in der Demokratie notwendigen Freiheitsspielraum unter das Ganze zu stellen hat und darunter gestellt ist. Das ist eine Möglichkeit, die unumschränkte Herrschaft des Volkes zu beschreiben.

Allerdings ist im Verfassungsstaat auch das Volk an die Verfassung gebunden, es ist pouvoir constitué und als solche eine Gemeinschaft, die sich an die Konstitution zu halten hat. Souveräne Gewalt des Volkes bedeutet bloß, daß es das Volk ist, das im Staat herrschen solle und nicht etwa der Adel oder der König oder ein anderer Einzelner. Nach Kriele wird der Volksherrschaft die "rousseauistische Idee der Volkssouveränität" nur unterschoben.[56] Im Verfassungsstaat gebe es keinen Souverän. Es ist aber möglich, daß die Souveränität, die oberste Macht in dem Staat, in einem Verfassungsstaat nur als diejenige inkarniert ist, die dem Volke zukommt. Das heißt, das Volk kann entscheiden, wer im Staate regieren soll. Zwar ist es der Verfassung unterworfen, aber durch Wahlen und Abstimmungen oder in kleinen Staaten durch Innehalten aller Gewalten kann es die Geschicke bestimmen. Souveränität, so mag man Kriele jedenfalls auch verstehen, ist auf diese Art und Weise konstituierte Souveränität nach innen und außen und zwar Souveränität eines Staates.

Im Verfassungsstaat aber ist Willkür als eine mögliche Art und Weise, Herrschaft auszuüben, nicht vorgesehen, weil die höchste Macht dort keine Macht über sich hat und daher selbst bestimmen kann. Denn die Verfassung steht auch über dem Volk. So gesehen, ist Souveränität nicht als Allmacht zu begreifen, wie man Kriele auch versteht.[57] Die verfaßte Gewalt ist also um die Willkür beschnitten, weil sie gebunden ist in der Konstitution.[58] Der Begriff Staatssouveränität trifft vielleicht besser, denn ein souveräner Staat ist ein solcher, dessen Bestimmungsmacht nicht durch andere Staaten eingeschränkt ist. Sogar ein Verfassungsstaat ist, kann vor den Gerichten dieses Staates durch einen anderen, der von diesem angegriffen wird, und zwar gleichgültig in welcher Art und Weise das geschieht, nicht auf die Einhaltung der Verfassung verklagt werden. Dieser Staat hat keine Rechte nach der Verfassung des ersteren, es sei denn sie gesteht es ihm zu. Sie gilt nur auf dem Boden desjenigen Staates, den sie konstituiert und für diejenigen Bürger dieses Staates, die zwar in anderen Staaten leben, aber nicht dessen Staatsangehörige sind. Wenn andere aus ihr klagen wollen, muß das aus ihr her-

---

56 M.Kriele, Das demokratische Prinzip im Grundgesetz, S.55.
57 A. A. X. S. Combothecra, Der Begriff der Souveränität, in: H.Kurz, Volkssouveränität und Staatssouveränität, Darmstadt 1970, S.16.
58 H.Kelsen, Der Wandel des Souveränitätsbegriffs, in: H.Kurz (Hg.), Volkssouveränität und Staatssouveränität, S.178.

vorgehen, auszulegen sein. Staatssouveränität heißt, daß der Staat selbst es ist, der bestimmt und wenn in ihm das Volk herrscht, so ist es der an die Verfassung gebundene Souverän, wenn in dem Staate die hoheitliche Gewalt durch Verfassung konstituiert ist.

Man kann den Begriff "Volk" auch verstehen, wenn man den Blick auf den Einzelnen richtet. So schreibt Henke: "Volk ist im Rechtssinn die Gesamtheit der wahlberechtigten Bürger, sofern sie wählen oder abstimmen oder gemeinsam von ihren Grundrechten Gebrauch machen." [59]

Man könnte das Verhältnis vom Einzelnen zum Volke und umgekehrt in der Verbindung von beidem darstellen.

Wenn schon im Begriff Volk als einem Bestandteil des Wortes Volksherrschaft sein Merkmal als Gemeinschaft der Menschen an einem Orte, die souveräne Gewalt innezuhaben, beschrieben ist, so könnte das zu Repräsentationsprinzip und Parlamentarismus führen, die als Begriffe erwähnt worden sind. In ihnen soll sich die Herrschaft des Volkes, gerade das Herrschen selbst in dem Staat, ausdrücken.

Welche Möglichkeit liegt in dem Begriff Volksherrschaft, das Verhältnis des Einzelnen zur Gemeinschaft zu bestimmen und zwar zur staatlichen Gemeinschaft? Ist der Wille des Einzelnen in der Gemeinschaft der Stimmbürger und diese wiederum gänzlich aufgehoben im Staat, also im Willensausdruck der Volksvertretung? D.h., wie kann eine Identität des Willens des Einzelnen mit dem Willen der Aktivbürgerschaft und dem Willen des gewählten Organs erzielt werden? Was muß in einem Staate vorgesehen sein, damit die Menschen mit dem Irrtum als Abweichung von der richtigen Entscheidung leben können? Ist die richtige Entscheidung auch die gerechte oder die gerechteste? Wie wirken sich Änderungen der Auffassung der Aktivbürgerschaft bzw. des Einzelnen auf die Demokratie aus?

2. Wille der Gesamtheit und Volksherrschaft

In der Volksherrschaft als Herrschaftsform, die im Staate das Volk zum pouvoir constitué macht, zeigt sich Volkssouveränität. Diese Stellung des Volkes als derjenigen Gemeinschaft, die die Herrschaft in dem Staate ausüben soll, ist häufiger bei kleinen Völkern, die Staaten gebildet haben, z.B. Andorra, so gestaltet, daß, wie auch in der Schweiz, alle Menschen, die dort leben oder jedenfalls alle Staatsbürger, bestimmen, also die Entscheidungen treffen und ggfls. auch ausführen.[59a]

Der Wille des Einzelnen kann gelegentlich ein anderer sein als der Wille der Gemeinschaft, vergleicht man den Willen des Einzelnen mit deren Willen. Erwähnt

---

59 Henke, Staatsrecht, Politik und verfassungsgebende Gewalt, in: Der Staat 19, 181, S. 203.
59a J.-D. Kühne/F. Meissner, Züge unmittelbarer Demokratie in der Gemeindeverfassung, Göttingen 1977; D. Schefold, Volkssouveränität und repräsentative Demokratie, Basel u.a. 1966.

worden ist schon, daß der Wille der Gesamtheit oder auch der Gemeinschaft sich aus der Summe des Willens der Einzelnen bildet. Ist damit aber die Gesamtheit erfaßt, die Gemeinschaft in ihrem Kern, und ist das Wesen des Begriffs so bestimmt? Wissen muß man, will man diese Fragen beantworten, was der Wille im Rechtssinne bedeutet. Ob der Wille des Einzelnen vergleichbar ist mit dem der Gemeinschaft, ist dann vielleicht erkennbar.

III. Willenserklärung als Handlungsform in dem BGB

Um diese Fragen zu beantworten, könnte man den Aufbau des BGB vom 18. August 1896 [60] darlegen, dessen Erstes Buch den Allgemeinen Teil zum Inhalt hat, der in den sieben Abschnitten die Rechte konstituiert. Der erste Abschnitt enthält die Rechte der Personen, im ersten Titel die der natürlichen Personen und in dem zweiten Titel die der juristischen Personen. Im zweiten Abschnitt sind die "Sachen" geregelt. Der dritte Abschnitt enthält die Konstituierung der Rechtsgeschäfte und dort der zweite Titel die "Willenserklärung".[61] Sie wird, obwohl sie das gesamte Recht bestimmt und prägt, erst nach den juristischen Personen durch den Gesetzgeber des BGB dort eingefügt. Warum ist die Willenserklärung nicht schon früher geregelt, sondern erst im dritten Abschnitt? Wie soll die juristische oder natürliche Person ohne die Willenserklärung verstanden werden? Das könnte nur dann der Fall sein, wenn sie nicht Teil derselben wäre. Eigentlich ist sie in dieser Weise ihr Bestandteil, daß juristische und natürliche Personen durch ihre Willenserklärung tätig werden oder auch handeln, indem sie sich willentlich äußern. Dennoch ist es anzunehmen, daß der Staat oder auch die staatliche Gemeinschaft mehr ist als die bloße Willensbildung. Auch kommt hinzu, daß zunächst die Person geschaffen, vorhanden sein muß, und dann erst die Willensbildung oder Willensäußerung von dieser möglich ist. Daher gibt es Vorschriften für Personen, die aufgrund ihres Kindesalters noch nicht in der Lage sind, solche Erklärungen abzugeben. Eine Person ist aber wegen der zentralen Grundsätze des BGB bestimmt durch ihre Fähigkeit, den eigenen Willen zu erklären. Sie hat aber noch andere Äußerungsformen und -weisen, die das Geschehen, das Handeln, ebenfalls bestimmen.[62]

1. Willenserklärung als Handlungsform von natürlichen und juristischen Personen

Die anderen Arten, zum Ausdruck zu bringen, wie eine Person handeln soll, sind aber immer auf den Willen zurückzuführen. Daher ist die juristische und die natürliche Person nicht vorstellbar, wenn sie sich nicht willentlich äußert. Daß das bürgerliche Gesetzbuch die Willenserklärung nach der Person regelt, spricht dafür, daß der Gesetzgeber des BGB diese als grundlegendstes Institut verstanden wissen will. Dennoch ist sie ohne Willenserklärung nicht handlungsfähig. Denn

---

60 Vgl. RGBl. S. 195.
61 Vgl. Text.
62 Vgl. z.B. § 7 Abs. 1 und Abs. 2 BGB.

es wird ja auch in den Titeln, die die natürliche und die juristische Person regeln, von deren Entscheidungen gesprochen. Weil die Willenserklärung dort nicht inkorporiert ist, könnte man aus ihrer Regelung in dem späteren Teil des BGB den Schluß ziehen, daß die Person wesentlicher ist als die Willenserklärung. Denn durch wen sollte eine Willenserklärung abgegeben werden, wenn nicht durch eine Person? Willenserklärung und Person stehen also in einem engen Zusammenhang. Weil die Willenserklärung aus sich heraus, aus dem Inhalt der Worte, dem Text, aus den Begriffen zu verstehen ist und die Person dabei gänzlich zurücktritt, weil sie im Rechtsverkehr als bloße Willenserklärung er-scheint, hätte der historische Gesetzgeber sie auch umgekehrt konstituieren können, nämlich zunächst Willenserklärung und später Person. So gesehen, ist die Willenserklärung etwas anderes oder auch gewichtigem Verhältnis zu der Person. Zwar bedarf es dieser, um sie auszusprechen, aber sie hat die größere Bedeutung für den Rechtsverkehr. Sie könnte sogar die Person als eine Form begreifbar machen in der Willenserklärungen abgegeben werden, ihr Mittel, zu handeln. Die Willenserklärung trägt doch zur Konstituierung der Person bei oder jedenfalls bedarf es Willenserklärungen, um die juristische Person zu konstituieren. Ist aber die Willenserklärung ein solches Mittel zur Konstituierung der juristischen Person, so ist die systematische Stellung derselben im BGB nach wie vor bedeutungsvoll für die Staatswillensbildung. Der Staat und damit die juristische Person Staat ist mehr als die Summe der Einzelwillen der Menschen, die in dem Staat leben oder auch der Staatsbürger.

2. Unterschiede zwischen natürlicher und juristischer Person und das Verhältnis zu der Gemeinschaftsbildung

Die Reihenfolge der im BGB geregelten Abschnitte und Titel zu Beginn des Allgemeinen Teils, in dem zunächst die Person, die natürliche und später die juristische konstituiert ist, deutet darauf hin, daß die Willenserklärung als die grundlegende Form, die im Rechtsverkehr zum Zwecke der Bindung gewählt wird, jedenfalls nicht systematische Voraussetzung für die Person ist. Das ist allerdings schwer verständlich, denn die juristische Person kann erst durch Willenserklärungen ihrer Mitglieder zu dieser werden. Erklären kann man die Stellung dieses Titels des Bürgerlichen Gesetzbuches sicherlich auf andere Art Weise. Vielleicht ist das BGB stärker eher von dem Gedanken geleitet, daß die natürliche Person Vorbild sein soll oder eben die Person überhaupt es ist, die das Rechtsgeschehen bestimmen soll. Diese Person ist der Mensch selbst.

Während die Rechtsfähigkeit des Menschen mit der Vollendung der Geburt beginnt, gibt es eine altersmäßig gestufte Geschäftsfähigkeit bis hin zur Mündigkeit. Ausnahme von dem Rechtssatz, daß die Rechtsfähigkeit mit Vollendung der Geburt beginnt, ist die Erbfähigkeit, die bereits der nasciturus besitzt. Auch nach der Geburt aber erlangt der Mensch nicht sogleich die volle Geschäftsfähigkeit, weil er noch nicht als unbedingt willensfähig verstanden wird. Jedenfalls anerkennt die Rechtsordnung das Kind und später den Jugendlichen erst als bedingt

geschäftsfähig an. Die Willenserklärung der unter 6jährigen oder unter 14jährigen oder unter 18jährigen hat daher unterschiedliche Geltungskraft. Diese ist an die Entwicklung des Menschen im Zeitablauf angepaßt. Beginnt man mit dem Menschen als natürliche Person, so regelt dieser Titel des BGB die entscheidenden Dinge: die Rechtsfähigkeit, die Geschäftsfähigkeit, den Wohnsitz und das Namensrecht. Die Eigenschaft, Rechtssubjekt sein zu können oder die Fähigkeit des Menschen, Träger von Rechten und Pflichten zu sein, ist das Wesen der natürlichen Person oder auch der Kern dieses Rechtsbegriffs.[63]
Diese Eigenschaft teilt sie mit der juristischen Person, die allerdings durch einen Konstituierungsakt entsteht, durch die Eintragung in das Vereinsregister nach § 21 BGB (Publizität). Dieser, der Verein, ist in seinem Wesen einer Geburt aber nicht vergleichbar. Denn die Geburt ist das nicht durch den Willen bestimmte, sondern durch natürliche Entwicklung. Das, was nicht durch den Willen bestimmt ist, sondern hervorgebracht durch einen natürlichen Vorgang, wird von dem durch den Willen bestimmten verschieden. Schon in der Gründung des Vereins durch Beschluß und die Erlangung der Rechtsfähigkeit durch Eintragung in das Vereinsregister liegt der Unterschied. Das zeigt sich auch in den anderen Regelungen zur juristischen Person, die von denen über die natürliche bloß Ausstrahlungswirkungen empfängt. Z.B. ist zu denken an § 24 BGB, den Sitz des Vereins, und § 43 BGB, die Entziehung der Rechtsfähigkeit.

Ist aber das Ereignis, wodurch das Bürgerliche Gesetzbuch die Rechtsfähigkeit entstehen läßt, bei natürlicher und juristischer Person wegen ihrer Eigenschaften, ihres Wesens, als Vorgang nicht kongruent, obwohl die von dem Gesetz vorgesehenen Rechtswirkungen der Rechtsfähigkeit davon ausgehen oder jedenfalls bei beiden Titeln, die die Person regeln, der Begriff dieselbe Bedeutung hat, so könnte zweifelhaft sein, ob die Gemeinschaft in ihrer Rechtsform, die auch und mit dem Willen konstituiert wird, dem Einzelnen oder jedenfalls dem Willen des Einzelnen vergleichbar ist. Es könnte möglich sein, daß für die Frage, ob der übereinstimmende Wille aller eine Gemeinschaft konstituiert und ob der Wille des Einzelnen mit dem Willen der Gemeinschaft vergleichbar sei, ein Gedanke für die Antwort, ein Schritt getan ist. Denn wenn die Konstituierung der Rechtsfähigkeit bei der natürlichen Person eine andere ist als bei der juristischen, so mag das auch Bedeutung für den Willen des Einzelnen und den der Gemeinschaft haben. Schon an dem Konstituierungsakt könnte sich zeigen, daß die Gemeinschaft, etwa z.B. bei dem Verein, anders zu verstehen ist als der Einzelne, die natürliche Person. Und nicht nur daran, sondern auch an dem Aufbau der einzelnen Vorschriften über die juristische Person, ist das sichtbar. Rechtsfähigkeit, Sitz und Name bei der natürlichen sind so konstituiert, daß der Mensch als Person in seiner Eigenschaft als Rechtssubjekt vollständig beschrieben wurde. Die juristische Person ist, wie schon ausgeführt, in einer etwas anderen Weise konstituiert.

63 Fahse, in: Soergel, BGB 12. Aufl., 1987, Rz. 5 Vor § 1 spricht von der "Qualität als Rechtspersönlichkeit".

Ihre Handlungsfähigkeit durch Organe ist dort in dem Gesetz beschrieben. Am deutlichsten wird es beim nichtrechtsfähigen Verein. Wie es in § 54 geregelt ist, haftet dort der Handelnde persönlich und wenn mehrere handeln, haften sie gemeinsam. Die juristische Person setzt also voraus, daß Einzelne, natürliche Personen, tätig werden. Wenn für den nichtrechtsfähigen Verein ein Rechtsgeschäft vorgenommen worden ist, so hat dies einen anderen Charakter, als wenn der Personensorgeberechtigte für den Minderjährigen handelt. Im letzten Fall sind es natürliche Personen, von denen die eine wegen ihrer biologischen Entwicklung nicht in dem Zustand der Geschäftsfähigkeit, ist, gleichwohl der Rechtsfähigkeit, während die andere sie bloß vertritt. Beide aber sind natürliche Personen. Handelt der nichtrechtsfähige Verein, so wird bloß eine natürliche Person verpflichtet, diejenige, die handelt. Daran zeigt sich, daß Voraussetzung für die juristische immer die natürliche Person ist, während das Umgekehrte nicht notwendig der Fall sein muß. Freilich sind die Vorschriften über die juristische Person, z.b. der nichtrechtsfähige Verein, denen der natürlichen nachgebildet. Sitz und Name sind in diesen Vorschriften auch geregelt. Weil die juristische Person die natürliche voraussetzt, enthält sie als Begriff Merkmale, die die andere nicht enthalten kann. Deswegen ist der Begriff der natürlichen Person auch anders bestimmt. Daß die natürliche Person als Rechtsbegriff alle Eigenschaften des Menschen als eine Person zum Inhalt hat, kann für die juristische Person nicht so ohne weiteres gesagt werden. Denn diese, wenn sie nicht rechtsfähig ist, kann vertreten werden, während der nichtrechtsfähige Mensch nur in Ausnahmefällen überhaupt vertreten wird, weil die Rechtsordnung nur das vorsieht. Dies deutet darauf hin, daß wegen der Eigenschaft, Gemeinschaft zu sein, die Rechtsform hat, juristische Person ist, diese als Rechtsbegriff andere Merkmale enthält als die natürliche. Jene ist als Person der Mensch in seiner körperlichen und geistigen Beschaffenheit, ein willensbestimmt Handelnder. Daß eine juristische Person einen Körper hat, daß sie einen Geist besitzt, ist jedenfalls von der Anschauung her nicht unmittelbar zu erkennen.

Daß es bloß der Mensch sein kann, der natürliche Person ist, leuchtet dagegen unmittelbar ein. Nicht, daß dieser in den Vorschriften über die natürliche Person vollständig enthalten oder beschrieben sei; der entscheidende Punkt ist die von der unmittelbaren Anschauung gewonnene Erkenntnis, daß die natürliche Person der Mensch und nichts anderes sein kann. Das entspricht ja auch dem im Gesetz selbst festgelegten Inhalt. Im Unterschied dazu ist eine Erkenntnis über die juristische Person, nicht nur wegen der vorgesehenen Formenvielfalt, sondern auch wegen ihrer Entfernung vom einzelnen Menschen, schwer zu gewinnen. Daß die Zahl, die Anzahl der Menschen, die eine solche Gemeinschaft bilden, von Bedeutung sein könnte, wäre nur möglich, wenn man von der Zahl auf den Begriff der juristischen Person selbst zu schließen vermag. Das dürfte aber wegen der Vielfalt der Formen derselben nur sehr schwer möglich sein.

Auch der Schluß von der Gemeinschaft auf die juristische Person ist nur bedingt möglich. Fest steht nur, daß Gemeinschaften juristische Personen bilden können.

Wie Isensee den Unterschied von foedus zu conferatio beschreibt, so kann man auch denjenigen zwischen der natürlichen und der juristischen Person beschreiben.[64] Über die juristische Person kann jetzt schon gesagt werden, daß sie bei einer an den dafür vorgesehenen gesetzlichen Bestimmungen ausgerichteten Betrachtungsweise gekennzeichnet ist durch die Eigenschaft, in der Lage zu sein, die Haftung des Einzelnen entweder vollständig oder teilweise zu vermindern. Dieses Wissen freilich ist aber nicht der Anschauung entnommen, dem Leben, sondern dem Gesetz, dem Sollen.

IV. Der Einzelne und sein Wille

1. Staatliche Gemeinschaft

Das Verhältnis des Einzelnen zur Gemeinschaft ist in den Vorschriften über die juristische Person zwar beschrieben, aber der Einzelne, die natürliche Person, ist in seiner Eigenschaft als Mitglied nur auf Grundlage der Bestimmungen über die natürliche Person beschrieben. Die natürliche Person ist nicht gänzlich aufgehoben in der Gemeinschaft der Stimmbürger und so auch nicht in der Gemeinschaft, die den Staat bildet, sogar nicht in der Volksvertretung, die von allen Stimmbürgern gewählt wird. Die Merkmale, die der Begriff natürliche Person als Rechtsbegriff enthält, sind nicht alle in der juristischen Person vorfindbar. Ihre Entstehung ist auch anders als die der letzteren, so daß man von einer ganz unterschiedlichen Konstituierung, von einer anders geschaffenen Person, nämlich ihrer Rechtsfähigkeit, sprechen kann.

Daher könnte es sein, daß der Wille des Einzelnen in der Gemeinschaft der Stimmbürger nicht gänzlich aufgehoben ist, die staatliche Gemeinschaft freilich zwar Willensausdruck der Volksvertretung sein mag, aber die Gemeinschaft der Stimmbürger nicht gänzlich im Staat aufgehoben sein müsse, der ja in der Volksherrschaft Willensausdruck der Volksvertretung ist.

Der Wille des Einzelnen mag, wie man nach der von Kant in der Grundlegung der Methapysik der Sitten beschriebenen Vorrede zur Kenntnis nimmt, entsprechend den Möglichkeiten, die Welt zu erkennen, der Ethik, also dem Gesetz der Freiheit, zuzuordnen sein.[65] Das ist die Sittenlehre, nicht die Naturlehre, sondern eine Methaphysik der Sitten. Der Wille des Menschen wird demnach so begriffen, daß er frei ist in seiner Ausübung. Diese Fähigkeit, entscheiden zu können, in Alternativen zu denken, umfaßt die Freiheit des Menschen. Die natürliche Person, wie sie das Bürgerliche Gesetzbuch kennt, ist aber eine solche, die durch andere maßgebliche Begriffe geprägt und konstituiert ist, als durch den Willen.

---

64 Isensee, AöR 1990, S. 248.
65 Kant, Grundlegung zur Methaphysik der Sitten, Stuttgart 1961(1785), S.19.

Ihre Entstehung wird von dem Willen gerade als nicht abhängig verstanden, sondern von einem Naturvorgang. Die natürliche Person, der Einzelne, kann deswegen nicht in toto aufgehoben sein in der Gemeinschaft der Stimmbürger, wohl aber in der Rechtsgemeinschaft. Man könnte allerdings sogleich einwenden, daß die Verfassung ein anderes Bild des Menschen kennen mag als z.b. das Bürgerliche Gesetzbuch, als die Privatperson oder das bürgerliche Recht. Das mag wohl sein, daß Verfassungen unterschiedliche Menschenbilder innewohnen. Problem ist dann aber, welche Verfassung die maßgebliche ist und ob, wenn sie im Verlaufe einer langen Zeit an demselben Ort häufiger gewechselt hat, ebenso die in ihnen konstituierte Staats- und Herrschaftsform, nur die derzeitige ein vollständiges Bild dessen entwirft, was Demokratie als Volksherrschaft bedeutet. Selbst wenn auch der Verfassung ein anderes Menschenbild innewohnt, die ja die an dem Ort konstituierte Gemeinschaft der Bürger als res publica mit einer rechtlichen Ordnung versieht, so ist zum Beispiel in der Bundesrepublik Deutschland wegen des Grundgesetzes eine Harmonie zwischen den diesem Gesetz zeitlich vorhergehenden Gesetzen und demselben geschaffen. Denn das BGB wurde in seiner Geltung durch die Verfassung der Bundesrepublik Deutschland bestätigt. Es hat aber eine Geltungsdauer, die sich über vier Verfassungen hinweg erstreckt. Gerade deswegen könnte die dort vorfindbare Konstituierung der Person als eine natürliche und juristische aufschlußreich sein, vor allem, weil in den Vorschriften über die juristische Person auch solche enthalten sind, die die juristischen Personen des öffentlichen Rechts regeln. Die Rechtsgemeinschaft ist also diese Gemeinschaft in der die natürliche Person aufgehoben sein kann und zwar in ihrer Gesamtheit.

2. Der freie Wille und die Gemeinschaft der Stimmbürger

Es könnte aber sein, daß die natürliche Person, das Individuum als willensfähiges Geschöpf, aufgehoben ist in der Gemeinschaft der Stimmbürger, als Mensch, dem die Freiheit der Entscheidung in geistiger Hinsicht gegeben ist. Diese Fähigkeit macht den Menschen zu demjenigen, der entscheiden kann und der, so meint Kant, einem Sittengesetz zu folgen in der Lage ist.[66] Denn nach seiner Auffassung gibt es eine vernünftige Lösung oder auch Alternative, der zu folgen das Sittengesetz ist.[67] Eine solche Methaphysik der Sitten beruht darauf, daß der Einzelne seine Maxime daran überprüfen mag, ob diese auch für alle anderen richtungsgebend sein kann.

Diese Möglichkeit, daß der Einzelne eine Maxime entwickelt, die auch für andere maßgeblich sein könnte, beruht darauf, daß er der vernünftigen Erkenntnis fähig ist. So gesehen, ist der kategorische Imperativ ein Gedanke, der den Einzelnen und die Gemeinschaft verbindet. Diese Verbindung des Einzelnen mit der

---

66 Kant, Grundlegung zur Methaphysik der Sitten, Stuttgart 1961, (1785), S. 38ff; 113f..
67 Ders. S. 68.

Gemeinschaft, die auf der Grundlage existiert, daß er ein vernunftbegabtes Wesen sei, könnte auch das in der Gemeinschaft der Stimmbürger Vorhandene prägen. Wenn der Einzelne in der Lage ist, sich zu entscheiden und dies nicht willkürlich, sondern auf der Grundlage einer Erkenntnis stattfindet, was vernünftig sei, so könnte seine Entscheidung auch für andere Maxime sein, dann ist die Chance gegeben, daß tatsächlich die Summe gleichlautender Entscheidungen für diejenigen, die sie getroffen haben, vernünftig sein mag. Vielleicht wäre das auf dieser Einsicht gründende Handeln richtig und ein Schritt auf dem Weg gegen das Schlechte in den Menschen, das durch die Staatsgewalt gebändigt werden soll. Es könnte auch sein, daß man damit der Tragik der Unvollkommenheit der Welt begegnet, deren Erkenntnis erst zu dem Handeln drängt, den Staat als Sicherungsverband dagegen zu schaffen.

Ob diese Entscheidung des Einzelnen, die auch von dem Willen der anderen getragen wird, tatsächlich das Böse im Menschen hindert, ein Schritt dagegen ist, durchaus möglich ist. Denn hat der Staat Staatsgewalt ausgebildet, ist eine res publica vorhanden, die diese enthält, so ist der Wille des Einzelnen vielleicht Teil dieser Staatsgewalt, wenn im Staat das Volk herrscht. Ferner ist die Volksherrschaft dann als Form der Herrschaft in dem Staat eingebettet in den allgemeinen Staatszweck. Dieser rührt jedoch gerade daher, daß als Ursache der Unvollkommenheit der Welt das Schlechte im Menschen erkannt worden ist.

Diese Erkenntnis muß nicht den wirklichen Verhältnissen nahekommen. Der Staat braucht nicht notwendig Staatsgewalt auszubilden, denn das Öffentliche oder die res publica verlangt nur, daß ein Sicherungsverband gegen die Tragik der Unvollkommenheit der Welt entsteht. Die Trauer darüber, daß die Welt unvollkommen ist, drängt zu dieser Bildung einer Gemeinschaft, die eine öffentliche ist, und das macht sie erst zur res publica, zu einer Gemeinschaft, die mehr als zwei Personen enthält. Das ist auch einleuchtend, denn der tragende Gedanke des Zivilrechts ist der Vertrag, gleichlautende Willenserklärungen von zwei Personen, da das Synallagma ihn charakterisiert. Für das Öffentliche aber ist entscheidend, daß mehr als zwei beteiligt sind, Privatmensch, weniger als drei heißt "idiotes" oder auch abgesondert, also der Unwissende, der nichts von der Welt weiß, darum ihre Tragik nicht erkennen kann oder jedenfalls nicht erkennt.[68]
Sogar wenn keine Staatsgewalt aus Gründen des allgemeinen Staatszwecks erforderlich wäre, weil die Ursache der Tragik der Unvollkommenheit der Welt nicht das Schlechte,[69] sondern irgendetwas anderes ist, ein anderer Grund vorhanden, eine andere Ursache, so könnte doch die Erkenntnis, die das Handeln bestimmt und bestimmen darf, die Unvollkommenheit der Welt mindern und daher die Tragik verkleinern. Weniger bedeutsam dürfte sein, ob die Erkenntnis richtig oder falsch sei, ob sie vernünftig ist oder unvernünftig. Nur, daß sie vernünftig sein kann, daß sie aus diesem Grunde richtungsweisend für die Allgemeinheit ist,

68 E. v. Kahler, Das Schicksal der Demokratie, S. 38.
69 Cicero, De officiis, I 26, 4.

eine Maxime für die anderen, würde schon dazu führen, daß die Tragik der Erkenntnis von der Unvollkommenheit der Welt vermindert würde, weil die Welt vollkommener werden könnte, wenn der Mensch von seiner Fähigkeit Gebrauch macht. Wäre aber die Welt vollkommener, so erkennt man sie als eine weniger unvollkommene. Das macht die Erkenntnis zu einer weniger tragischen.

Weiß man nun, daß die Möglichkeit einer vernünftigen Entscheidung, die dem Menschen gegeben ist und auf die sich sein freier Wille richten kann, ein Schritt gegen das Schlechte in der Welt bedeutet, weil die Vernunft die richtige Entscheidung als eine Chance hat, Wirklichkeit zu werden und der Gemeinschaft freundlich ist, dem Schlechten entgegengesetzt, könnte in der staatlichen Gemeinschaft jedenfalls der Wille des Einzelnen aufgehoben sein.

Ob das auch für den Staat gilt, der keine Staatsgewalt ausbildet, weil das Wesen des Staates nicht zwingend Staatsgewalt erfordert, aber die Maxime des Einzelnen, so zu handeln, daß sich auch die Gemeinschaft danach richten könnte, der Tragik der Erkenntnis entgegengerichtetsei, mag wohl ohne Belang sein. Denn dann ist vielleicht gar nicht von Interesse, ob der Wille des Einzelnen sich in der Gemeinschaft aufgehoben fühlt, denn die Erkenntnis, so handeln zu sollen, daß auch andere es ebenfalls tun könnten, vermindert bereits die Tragik der Erkenntnis. Der Wille ist zwar von Bedeutung, aber schon das Wissen, was zu tun sei, die Maxime, mindert die Tragik.

Anders dagegen bei Staaten, die Staatsgewalt ausgebildet haben. Denn in diesen ist der Wille in seiner Betätigung, bei Wahlen und Abstimmungen, entscheidend. Erst diese, die schon die Entscheidung voraussetzt, so zu handeln, daß sie zugleich auch für die Allgemeinheit richtungsweisend sein kann, stellt den Willen in den Mittelpunkt des staatlichen Geschehens. Gerade dann, wenn das Volk herrschen soll, kommt es auf die Richtung des Willens und seine Betätigung durch die Aktivbürgerschaft, den citoyen, den Staatsbürger, an. Damit erhebt sich der Mensch, so sagt Kant, über die Natur hinaus, über die Naturlehre, die Physik, und trägt zu der Methaphysik der Sitten, der Ethik, bei.[70]

3. Der Wille des Einzelnen und die Vernunft a priori

Weil es sich bei dem Willen der Aktivbürger in einer Demokratie um den des Souveräns handelt, ist es nicht nur bloße Ethik, sondern es hat ein über diese hinausgehendes, verbindliches Element, weil der Staat durch Verfassung in seiner Herrschaftsform darauf verpflichtet ist, diesem Willen zu folgen. Die Abgabe der Stimme bei der Wahl, d.h. der Moment, in dem der Briefumschlag mit dem Wahlzettel in die Urne geworfen wird, ist die bindende Entscheidung, die Bestimmung, was sein soll, des einzelnen Bürgers, denn die Summe der Wil-lensäußerungen auf den Wahlzetteln ist der Wille des Souveräns, d.h. rechtswirksame Handlungsanweisung. Die Rechtsnatur der Stimmabgabe ist als Willens-

---

70 Kant, Grundlegung zur Methaphysik der Sitten, S. 19.

erklärung einzuordnen und versteht man sie als ein Teil in der Pyramide der Sollenssätze mit Rechtsbindung, die öffentlich-rechtliches Handeln beschreibt, so ist sie dem Gesetze am ehesten vergleichbar. Das braucht hier aber nicht abschließend beschrieben zu werden. Entscheidender Grund, weshalb der Wille des Einzelnen in der Gemeinschaft aufgehoben sein könnte, mag die Verallgemeinerungsfähigkeit des Willens des Einzelnen sein. Ist er so gerichtet, daß er Maxime für die anderen sein kann, so fragt sich, weswegen. Grund dafür ist, daß der Mensch die Fähigkeit zur Erkenntnis der Vernunft haben könnte und sich für diese entscheidet.[71] Das setzt aber voraus, daß die Vernunft ein A priori hat.[72] Sie muß demnach schon vorausgesetzt sein, d.h. sie ist dem Menschen vorausgesetzt, der sie bloß noch erkennen muß. D.h. aber, daß nicht nur der Einzelne, sondern auch alle anderen dazu fähig sein müssen. Dieser Gedanke macht es möglich, daß der Einzelne sein Handeln an einer Maxime ausrichtet, die zugleich richtungsweisend für alle anderen sein könnte. Das beruht darauf, daß auch alle anderen dieselbe Erkenntnis, die vernünftige, gewinnen. Deswegen rechtfertigt sich ein Handeln an einer solchen Richtschnur.

Das Vorausgesetzte, das ist die Vernunft a priori, wird von Kant als etwas dargelegt, das in den Begriffen der reinen Vernunft vorhanden ist.[73] Weil es keine Erkenntnis auf der Grundlage einer Erfahrung ist, sondern in dem Begriffe enthalten und deswegen durch das Denken gewonnen wird, kann sie nicht von allen gemacht werden, sondern sie ist dem Erfahrungswissen, auch den auf der Erfahrung gründenden Prinzipien deswegen überlegen, weil sie dem Begriffe entnommen werden muß. Darum nennt Kant sie die reine Vernunft.[74]

Ihre Existenz, die es erlaubt, sie als moralisches Gesetz, als einen Wertmaßstab, als Sittengesetz, zu begreifen, rührt von der Vorstellung her, daß dem Begriff die Erkenntnis entnommen wird. Damit wird gesagt, daß diese in demselben enthalten ist. Und nicht nur das. Kant meint, daß der Grund für die Verbindlichkeit nicht in der Natur des Menschen, noch in den Umständen der Welt, liegt, sondern darin, daß in den Begriffen der reinen Vernunft etwas vorausgesetzt ist.[75] Ob es sich um Prinzipien handelt oder nicht, spielt vielleicht eine geringere Rolle, weil die Unabgeschlossenheit der Ideenlehre, der die Prinzipienlehre entstammt, dann, wenn die Erkenntnis aus dem Begriffe gewonnen wird und es sich um eine vorausgesetzte handelt, eine solche, die man bloß entnehmen muß, doch wieder die Vollständigkeit der Merkmale erhält.

A priori ist wie das Ding an sich. Kant behandelt damit Begriffe wie Gegenstände,

---

71 Ders., a.a.O., S. 105.
72 Ders., a.a.O., S. 54.
73 Ders., Kritik der reinen Vernunft, Stuttgart 1966 (1877)
74 Ders., a.a.O., S. 52, 22.
75 Ders., a.a.O., S. 391.

wie Sachen der materiellen Welt.[76] Es ist deswegen auch möglich, zu einer falschen Erkenntnis zu kommen. Eine solche kann aber, wenn sie dem Begriff nur in falscher Weise entnommen worden ist, widerlegt werden. Weil der Mensch frei ist und zu dem Denken fähig, kann er die Erkenntnis a priori aus dem Begriff entnehmen. Moralischer Wert oder auch Verbindlichkeit als ein Maßstab, eine Maxime für das Handeln, besitzt die Erkenntnis nur deswegen, weil sie in dem Begriffe a priori enthalten und das vernünftig ist. Daß sie das ist, gibt die Möglichkeit, sie zu erfassen.

V. Wille des Stimmbürgers und die Vernunft als Grund für sein Aufgehobensein in der Gemeinschaft

1. Der Wille und die Volksherrschaft

Solange die einzelne Erkenntnis sich nicht als falsch herausgestellt hat, könnte man sie zum Beispiel als eine solche behandeln, die eine a priori ist, in den Begriffen der reinen Vernunft enthalten. Obwohl sie, wenn eine Entscheidung wegen ihr getroffen wird, zu einem Handeln, z.B. Abstimmung oder Wahl, werden kann, zu einem rechtlichen Handeln, also ihre Verbindlichkeit aus dem staatlichen Gesetz nimmt, wohnt ihr doch als eine Erkenntnis, die dem Entscheiden und Handeln vorausgesetzt ist, das Sollen als Merkmal inne. Dieses Sollen ist kein rechtliches, sondern ein moralisches, weil es seine Bindungswirkung nicht aus dem Staate und dem staatlichen Gesetz entnimmt, sondern aus der Vernunft als einer Erkenntnis a priori.

Folgt man dem zuvor dargestellten Gedanken, zeigt sich, daß der Einzelne aufgehoben sein kann in der Gemeinschaft der Stimmbürger, aber nur in seiner Eigenschaft als ein Lebewesen, das fähig ist, einen Willen zu haben und nach diesem Willen zu entscheiden. So ist er in dieser als Mensch, das bedeutet mit der Fähigkeit versehen, frei entscheiden zu können, ein Teil der Gemeinschaft; es ist die Gemeinschaft der Stimmbürger. Diese Gemeinschaft ist die diejenige, der citoyen oder auch das Volk.

In dieser Eigenschaft als willensfähiges Geschöpf ist der Mensch aber nicht in jedem Staat und in allen Staaten verfaßt. Es könnte die Demokratie, Volksherrschaft sein, die die Gemeinschaft der Stimmbürger, das Volk, als Rechts- oder Verfassungsbegriff kennt. Es mag dem Begriff Demokratie innewohnen, daß der Mensch als willensfähiges Geschöpf eine Gemeinschaft bildet, das Volk, das dann herrschen kann.

Weil die Demokratie Volksherrschaft ist und eine Herrschaftsform, so wird in dem Staat vom Volk geherrscht. Dieses ist eine Gemeinschaft, die Gemeinschaft

---

76 Vgl. U. Klug, Juristische Logik, 3. Aufl., Berlin u. a. 1966, S. 86; K. Engisch, Die Idee der Konkretisierung in Recht und Rechtswissenschaft unserer Zeit, 2. Aufl., Heidelberg 1968, S. 41.

der Stimmbürger. Das zeigt sich vor allem daran, daß z.B. das Strafgesetzbuch den Verlust der bürgerlichen Ehrenrechte in § 45 StGB vorsieht. In dem Staat, ist er eine Demokratie, sei der Einzelne folglich aufgehoben in der Gemeinschaft, die das Volk bildet. Das gilt nur soweit, wie es sich um die Eigenschaft des Menschen als willensbestimmtes Wesen handelt. Dies heißt aber auch, daß der Mensch mit seinem Willen in der Gemeinschaft der Stimmbürger aufgehoben ist. Man könnte freilich meinen, daß der Staat, wenn in ihm geherrscht werden soll, nicht bloß die Herrschaft als Wille kennt, auch nicht als Wille von Vielen oder allen oder dem Volk als der Summe der Staatsbürger. Es könnte auch noch andere oder viele Formen von Herrschaft im einzelnen geben, solche, die sich nicht bloß im Willen ausdrücken, sondern im Handeln, solche, die auch sichtbares Tun in unterschiedlicher Art und Weise sind.

Das mag wohl sein. Staaten aber in denen Recht existiert, die bindende gesetzliche Regelung, die für alle eine allgemeine Handlungsanweisung konstituiert, eine bindende Sollregelung, deren Verletzung Ansprüche der Geschädigten eröffnet, die notfalls mit staatlicher Gewalt durchgesetzt werden können, ist in dem Gesetz der Wille des Souveräns gegeben, handelt es sich um eine Demokratie. Denn das Volk ist in der Demokratie der Souverän, d.h. seine oberste Herrschaftsmacht. Was also das Volk will, muß geschehen. Daß man das auch souveräne Gewalt nennt, rührt daher, daß das Volk über allen anderen steht und ihm deshalb die oberste Macht im Staat zukommt. Dies aber ist zuallererst die Bestimmungsmacht. Wer das, was des Volkes Wille ist, ausführen muß, wer dann als Teil der Staatsgewalt tätig wird, ist eine zweite, weitere Frage.

2. Volk als souveräne Gewalt und Willensfreiheit

Jedoch der Begriff Gewalt drückt den bereits verwirklichten Willen aus und nicht immer ist eindeutig, ob es sich um einen solchen handelt. Man könnte meinen, daß die Gewalt nicht immer willensbestimmt ist. Dann aber wäre auch ein Tier, das bloß instinktiv reagiert, oder ein Reflex, schon Gewalt. Dagegen spricht, daß die Gewalt auf der Macht, der Fähigkeit, dem Handlungsvermögen beruht, das im Staate von dem Sollen und daher willensbestimmt ist. So sagt auch Cicero: "Doppelt ist nämlich das Wesen der Seele und der Natur: der eine Teil ruht im Trieb, (..) der den Menschen hierhin und dorthin reißt, der andere in der Vernunft, die lehrt und darlegt, was man tun und vermeiden muß." [76a] Man würde den Menschen seiner Verantwortung für das Geschehene, für sein Handeln, sein Tun, das Böse in ihm entheben. Das abendländische Denken, die westliche Zivilisation und ihre geistesgeschichtliche Grundlage, ist aber geprägt von dem Gedanken, daß der Mensch einen Willen hat, daß er Verantwortung tragen und sich als eine freie Person für oder gegen etwas entscheiden kann. Der Gedanke der Verantwortung, der möglichen Schuld an einem Geschehen, beruht gerade auf der Freiheit

---

76a Cicero, De officiis liber 1, 101.

des Menschen, der sich für oder gegen das Gute oder das Schlechte entscheiden kann. Mit der Vorstellung vom Menschen als willensfähigem und freien, der als das einzige Lebewesen in der Lage ist, frei zu sein und über das bloß der Natur Zugehörige auch zu denken, der sich mit seinem Geist von dem nur im Körperlichen verhafteten Instinkt befreit, wird der Mensch dem Reich der Natur als lediglich in Teilen zugehörig begriffen. Das, was ihn zum Menschen macht, ist das Denken, das ihm die Freiheit gibt, die Alternativen überhaupt zu erkennen, um dann zu handeln.

Zwar ist in dem Begriff Gewalt auch das Unwillkürliche enthalten, aber das hindert nicht, den Willen des Volkes als in der Demokratie bestimmend zu begreifen. Souveräne Gewalt bedeutet zwar mehr, z.B. daß in der Schweiz nach Art. 18 Abs. 3 S. 2 Bundesverfassung der Wehrmann sogar die Waffe behält, aber daß er sie behalten darf und soll ist Folge einer Willensäußerung des Souveräns.[77] Wenn sie in den Händen des Wehrmannes bleibt, so geschieht das deswegen, weil dem Volke die Bewaffnung als Teil seiner souveränen Gewalt vorbehalten geblieben ist. Diese Gewalt ist wegen der Trutzverbundseigenschaft des Staates Waffengewalt. Ist aber der Wille des Volkes die höchste Ausdrucksform des Souveräns, weil in einem Verfassungsstaat nach ihm gehandelt werden soll, denn die Verfassung ist das höchste Gesetz, so ist dieser Wesen des Wortes und der Kern des Begriffs souveräne Gewalt und damit auch sein Merkmal, die Bestimmungsmacht, die Macht zu bestimmen, was in dem Staate geschieht. Daß der Wille betätigt werden muß, um diese Macht auszuüben, eben zu bestimmen, ist unmittelbar einleuchtend. Die Waffengewalt ist demnach bloß Mittel, um die Bestimmungsmacht auch auszuüben, also den Willen des Volkes durchzusetzen, zu verwirklichen.

Zwar kann danach die Herrschaft des Volkes in unterschiedlicher Weise ausgeübt werden, aber sie ist eine vom Willen bestimmte und geleitete. Das liegt daran, daß der Wille von der Vernunft bestimmt sein kann, wie Kant es sagt.[78] Weil es eine Entscheidung treffen und in dieser Weise seinen Willen betätigen kann, ist es die souveräne Gewalt, die begründet worden ist. Weil sie der Vernunft entstammt, kann sie dazu dienen, die Herrschaft des Volkes als eine Herrschaft des Willens des Volkes zu begründen. Es ist so möglich, den Begriff Vernunft von anderen Begriffen zu unterscheiden. Dort, wo der Wille des Einzelnen nicht mehr sein Handeln bestimmt, sondern anderes in seiner Person, z.B. Reflexe oder Instinkte, die ihn mit dem Tier als einem anderen Lebewesen ver-binden, ihn selbst beherrschen, kann nicht mehr von Vernunft gesprochen werden.

Die staatliche Gewalt ist eine solche, die nur dann begründet ist, wenn sie auf dem Willen des Menschen beruht. Denn sie selbst wird bloß ausgebildet, wenn

---

77 Vgl. Wortlaut.
78 Kant, Kritik der reinen Vernunft, S. 35-37.

man von dem möglichen Schlechten des Menschen ausgeht, das gebändigt werden soll, der Gemeinschaft freundlich gestaltet und damit selbst zurückgedrängt: "Das Gute als bonum commune, das Schlechte das Gegenteil davon".[79] Das dieser Vorstellung zugrundeliegende Menschenbild ist eines, das von dem Menschen als einem freien geprägt ist. In der Herrschaft des Volkes, die die Herrschaftsform im Staat ist, übt das Volk also Staatsgewalt in der Art der Willensherrschaft aus. Das Vernünftige ist zugleich das Gemeinschaftsfreundliche. Die "souveräne Gewalt des Volkes", wie Fleiner-Gerster Demokratie beschreibt, ist aus diesem Grunde eine solche, die auf der Vernunft beruht.[80] Sie ist die vom Willen des Menschen geschaffene, damit das Schlechte besiegt werde. Die Vorstellung von dem, was diese Gewalt sei, ist vom Sollen bestimmt, das nicht aus dem Instinkt geboren, sondern aus dem Geist geschaffen worden ist. Die Erkenntnis dessen, was sein soll, die Entnahme des Sollens aus dem Begriff, schafft erst die Maxime, die geeignet ist, auch für andere zu gelten. Auf diese Art und Weise wird die Tragik der Erkenntnis der Unvollkommenheit der Welt verringert, denn da der Mensch der Vernunft fähig ist, kann er sich auch für das Vernünftige entscheiden, denn er ist frei, das zu tun. Daß die Tragik geringer werde, ist Bestreben des Menschen, das seiner Natur innewohnt. Dieses Streben nach Glückseligkeit, das der Mensch in sich trägt, steht der Tragik der Erkenntnis der Unvollkommenheit der Welt entgegen.[81] Denn so wird die Welt vollkommener.

VI. Repräsentationsprinzip und Wille des Einzelnen

1. Wille des Einzelnen, Gemeinschaft und die Volksvertretung

Will man die Herrschaft des Volkes gänzlich erfassen, den Begriff Demokratie in allen seinen Merkmalen erkennen, so ist das Wissen, daß der Wille des Einzelnen in der Gemeinschaft der Stimmbürger aufgehoben ist, ein solches, das mehr Erkenntnisse verschafft, als wenn man es nicht erhalten hätte. Daß der Wille des Einzelnen in der Gemeinschaft der Stimmbürger aufgehoben ist, wirft aber die Frage auf, ob eine solche Gemeinschaft noch dann aufrechterhalten bleibt, wenn der Wille des Einzelnen in eine andere Richtung geht als der Wille der anderen, die in dem Staat wählen oder abstimmen. Wie kann eine Gemeinschaft, die auf dem Willen beruht, d.h. auf der Willensfähigkeit und der wirklichen Möglichkeit, den Willen zu betätigen, bestehen bleiben, wenn der Einzelne, durch ein anderes Denken veranlaßt, anders als die anderen abstimmt oder eine andere Wahl trifft als die anderen? Ist diese Gemeinschaft der Stimmbürger, die auf ihrer aller Fähigkeit beruht, Entscheidungen treffen zu können, dadurch bereits zerstört oder wodurch wird diese Gemeinschaft gebildet und in ihrem Bestehen, ihrer Kontinuität bestimmt? Zwar beruht die Gemeinschaft der Stimmbürger, derjenigen, die den status activus besitzen, darauf, daß sie willensfähig sind und ihren

---

79 Cicero, De officiis liber 2.5 und 2.18.
80 T. Fleiner-Gerster, Allgemeine Staatslehre, Berlin u. a. 1980, § 16.
81 Kant, Grundlegung zur Methaphysik der Sitten, Stuttgart 1988 (1785), S. 60.

Willen betätigen können. Allerdings sind sie das auch, wenn keine staatliche Gemeinschaft vorhanden wäre, denn entweder ein freier Wille ist in dem Menschenbild vorgesehen oder er ist es nicht. Die Gemeinschaft der Stimmbürger setzt ein solches Menschenbild bloß voraus, ohne daß damit gesagt worden wäre, daß der Mensch auschließlich in dieser Gemeinschaft ein willensfähiger sei. Es kann die Gemeinschaft der Stimmbürger nur deswegen geben, weil in dem Menschenbild der freie Wille vorgesehen ist. Sie ist aber eine staatliche Gemeinschaft, d.h. die bloße Fähigkeit, entscheiden zu können, ist nicht ausreichend, um sie zu einem Verband zu machen. Ein solcher Verband ergibt sich erst dann, wenn die Menschen mehr eint als diese. Erst wenn die Menschen die Möglichkeit bekommen, von dieser Fähigkeit Gebrauch zu machen, das aktive und das passive Wahlrecht, macht aus ihnen die Gemeinschaft der Stimmbürger, den Staatsbürger.

Die Möglichkeit, an Wahlen und Abstimmungen teilzunehmen, auch gewählt zu werden, ist nur dem Staatsbürger gegeben und schafft eine Gemeinschaft zwischen denen, die dieses Recht besitzen. Erst das Recht und im Verfassungsstaat das durch die Verfassung konstituierte Recht verbindet diejenigen, die die Gemeinschaft der Stimmbürger bilden. Sie sind durch ein für sie alle geltendes Recht miteinander verbunden, unabhängig davon, ob sie dieses Recht ausüben oder nicht. Allerdings gibt es Staaten, in denen der Staatsbürger verpflichtet ist, von diesem Recht auch Gebrauch zu machen. Dem liegt der Gedanke zugrunde, daß der Staat in der Demokratie die Inkarnation des Volkes ist. Wenn das Volk aber nicht wählt, d.h. der einzelne Staatsbürger nicht zur Wahl geht, besteht die Gefahr, daß ein Wahlergebnis erzielt wird, das nicht dem Willen des Volkes entspricht. Wenn z.B. die Wahlbeteiligung geringer als 50% ist, so besteht die Gefahr, daß die Staatswillensbildung nicht mehr auf dem Willen des Volkes beruht, sondern auf einer Zahl von Menschen, deren Summe von derjenigen übertroffen wird, die sich nicht geäußert haben. Dann kann man aber nicht mehr von dem Willen des Volkes sprechen, es sei denn man versteht das Nichtwählen als vorweggenommene Zustimmung zu dem Wahlergebnis oder auch jedenfalls als Billigung oder als etwas, das respektiert werden könnte. Mindestens könnte man es als das verstehen, gegen das kein Recht geltend gemacht werden kann oder würde. Cicero schreibt in "De re publica": "Esse quasdam res servatas iudicio voluntatique multitudinis", d.h., daß "bestimmte Dinge dem Urteil und dem Willen der Menge vorbehalten sind".[82] Dieses Recht, über die Geschicke des Staates zu entscheiden, ohne daß es eine Macht gebe, die höher stünde, die dieses Votum übergehen könnte oder es zunichte machen dürfte, ist ein solches, das die communitas der Staatsbürger begründet. Cicero spricht zwar von der Königsherrschaft und von dem dem Volke bloß vorbehaltenen Teil der Bestimmungsmacht.[83] Aber auch dieser Äußerung ist zu entnehmen, daß in dem Staate

---

82 I, 45.
83 Cicero, De re publica, I, 42.

eine Bestimmung darüber getroffen worden ist, daß das Volk einen Teil der Staatsmacht in seinen Händen hält. In der Demokratie ist das Volk diejenige Gemeinschaft, die diese Macht gänzlich innehat. Wenn der Wille des Einzelnen sich in dieser Gemeinschaft der Stimmbürger gänzlich aufgehoben fühlt, weil er, wie alle anderen, das Recht hat, zu stimmen, dann ist das Nichtwählen nicht von vornherein eine Ablehnung des Wahlergebnisses oder eine Ablehnung des Rechtes, zu wählen. Denn dieses Rechtes kann man sich nicht begeben. Wenn auch aus der Sicht des Staates dessen Legitimation für die getroffene Entscheidung geringer sein mag, so kann daraus kein Schluß auf die Stellung des Einzelnen in der Gemeinschaft der Stimmbürger gezogen werden.

Hat aber der Einzelne von seinem Wahlrecht Gebrauch gemacht, so kann es sein, daß er eine andere Entscheidung traf als alle anderen oder daß er so entschied, wie nur eine kleine Zahl anderer Bürger in dem Staate. Sollte eine solche Lage vorhanden sein, so könnte der Einzelne nicht mehr in der Gemeinschaft der Stimmbürger aufgehoben sein. Minderheitenrechte, wie sie der Gesetzgeber, aber auch das Bundesverfassungsgericht für diejenigen Bürger vorsehen, die anders stimmen als die anderen oder die Mehrheit der anderen Berechtigten, sind der Versuch, diejenigen, die ihren Willen dann nicht durchsetzen können, mit Rechten auszustatten, die diese Niederlage ausgleichen sollen oder jedenfalls eine Beteiligung dieser sichern könnten. Sollte eine solche Beteiligung möglich sein, obgleich der Einzelne anders als die anderen gestimmt hat, spricht gegen sein Aufgehobensein in der Gemeinschaft der Stimmbürger nichts. Zum Beispiel ist eine Einrichtung eines Untersuchungsausschusses im Parlament durch die Minderheit vorgesehen; auch ohne eine Partei oder eine andere Organisation ist eine Aufstellung zur Wahl möglich. Der einzelne Abgeordnete kann z.B. auch eine Partei verlassen und ohne Parteizugehörigkeit oder Fraktionszugehörigkeit im Parlament tätig sein. Der einzelne Stimmbürger vermag unter Umständen die anderen nach der Wahl oder Abstimmung von seiner Auffassung überzeugen, so daß diese bei der nächsten seiner Meinung folgen und dasselbe Votum abgeben wie er. Vielleicht ist die Entscheidung, die gegen den Willen des Einzelnen getroffen worden ist, nicht zwingend, so daß dieser ein Verhalten bevorzugt oder ein Handeln, das er gutheißt auch zukünftig haben oder durchführen kann.

Allein diese und auch andere vorgesehene Regelungen vermögen den Gedanken, daß eine Entscheidung getroffen worden ist, die mindestens zwei Möglichkeiten enthielt, von denen der Einzelne eine solche gewählt hat, die nicht dieselbe war, wie die der anderen, nicht in seiner grundrechtsberührenden Art und Weise aufnehmen. Im Grunde sind diese Mittel bloß solche, die für den Fall des Dissenses Verfahren im Wahl-, Abstimmungs- und Parlamentsrecht vorsehen, die der Vervollständigung des tatsächlichen Mehrheitswillens in einer Wahl oder Abstimmung durch Formen der Beteiligung hin zu dem wirklichen Willen aller vorsehen. Man könnte meinen, daß wegen der ständigen Gefahr des Irrtums solche Verfahren vorgesehen sein müssen, damit die einzelne Entscheidung gerechtfertigt, eben legitimiert ist. Weil sie ihren Widerspruch in sich trägt, kann sie revidiert werden und vielleicht wird sie auch revidiert.

Weil in der Bundesrepublik die die Wahl regelnden Rechte nach der ständigen Rechtsprechung des Bundesverfassungsgerichts, wie z.B. der Grundsatz der Gleichheit der Wahl als Grundrecht des Einzelnen in Art. 3 Abs. 1 GG,[84] aber auch die Freiheit der Wahl und ihre Allgemeinheit,[85] als durch den formalen Charakter bestimmt, verstanden werden, muß man wohl das Bestreben des Verfassungsgebers sehen, daß eine möglichst an der Chance zur wirklichen Beteiligung geleitete Ausgestaltung des Wahl- und Abstimmungsverfahrens gewollt ist. Wie man den Begriff Form im einzelnen über das bislang Gesagte, erfassen kann, ist über das Wort Verfahren als einem zuvor festgelegten Ablauf einzelner Handlungsschritte, anzudeuten und muß nicht weiter erörtert werden. Jedenfalls ist in der einzelnen Wahl oder Abstimmung wegen ihrer Form, die eine Zählung der Stimmen und Feststellung ihres Ergebnisses für die eine, andere oder dritte Variante vorsieht, die Unterscheidung der verschiedenen Willensrichtungen möglich. Daher dienen die genannten Verfahren der Beteiligung der Minderheit bis hin zum Detail der rechtlichen Begründung, d.h. der Legitimation der Entscheidung. Nicht, weil keine einhellige Auffassung vorhanden ist, kann man von Volksherrschaft sprechen, sondern weil für diejenigen, die die Mehrheitsmeinung nicht tragen, zusätzliche und besondere Verfahren vorgesehen sind, damit nicht auf Dauer und ohne Korrektur eine vielleicht falsche Mehrheitsmeinung praktiziert wird.

Das könnte aber mit Blick auf die Gemeinschaft und das Aufgehobensein des abweichenden Einzelnen noch keine Beteiligung sein, die dieses garantiert. Und zwar mag das nicht nur an Verfahren derselben liegen, die in anderen Staaten etwa plebiszitärer ausgestaltet sind und sogar erneute Abstimmungen, gesetzlich vorgesehene Mehrheitsfestlegungen und sogar recall in Form von Volksabstimmungen oder -initiativen zulassen.[86] Es könnte sein, daß ein Aufgehobensein in der wirklichen Abstimmungsgemeinschaft für den anders stimmenden Bürger deswegen nicht möglich ist, weil vielleicht seine Auffassung die richtige ist, vielleicht alle Alternativen, die zur Abstimmung gestellt sind, zutreffen oder auch alle falsch sind. Für den Fall, daß zwischen a und b entschieden werden muß und beide richtig sind, kann man von dem für b Stimmenden eigentlich keine Loyalität zu denjenigen erwarten, die für a stimmten, denn a setzt sich durch und der Verband, den die Stimmbürger nicht nur als Rechtsgemeinschaft bilden, sondern

---

84 BVerfGE 57, 56.
85 BVerfGE 58, 205.
86 M. Silagi, Direkte Demokratie in den US-Staaten, in: Jahrbuch des öffentlichen Rechts der Gegenwart, Bd. 31, 1982, S. 271; W. Berger, Die unmittelbare Teilnahme des Volkes an staatlichen Entscheidungen durch Volksbegehren und Volksentscheid, Freiburg 1978; C.-H. Obst, Chancen direkter Demokratie in der Bundesrepublik Deutschland, Köln 1986; A.Greifeld, Volksentscheid durch Parlamente, Berlin 1983.

als citoyen, die die Geschicke des Staates bestimmen, ist nicht mehr vorhanden. So schreibt Henke:"Volk ist im Rechtssinne die Gesamtheit der wahlberechtigten Bürger, sofern sie wählen oder abstimmen oder gemeinsam von ihren Grundrechten Gebrauch machen." [87] Stellt man auf den Volkswillen ab, weil Demokratie als Herrschaftsform gemeint ist, tritt das Gesagte noch viel deutlicher hervor. Denn es ist ein entgegenstehender Wille im Volke vorhanden und eben keine Einstimmigkeit.

Rousseau schreibt in "Du contrat social", daß man zwischen dem Gemeinwillen und dem Gesamtwillen unterscheiden müsse.[88] Der Gemeinwille (volonté générale) sei immer auf dem rechten Weg und ziele ab auf das öffentliche Wohl. Der Gemeinwille sehe nur auf das Gemeininteresse. Er sagt von dem Willen des Volkskörpers, daß er entweder allgemein ist oder nicht, aber für seine Eigenschaft als ein allgemeiner es nicht immer nötig sei, daß er einstimmig ist, jedoch nötig, daß alle Stimmen gezählt werden. Er schließt also aus der Allgemeinheit der Wahl auf eine Eigenschaft, die das Ergebnis haben soll. Wer aber kann beweisen, daß wegen der Allgemeinheit der Wahl das Ergebnis immer dem öffentlichen Wohle entsprechen müsse? Er schreibt, daß solange sich mehrere Menschen vereint als eine Körperschaft betrachten, sie nur einen einzigen Willen haben, der sich auf die gemeinsame Erhaltung und auf das gemeinsame Wohlergehen bezieht.[89] Die Allgemeinheit der Wahl soll bloß sichern, daß auch jeder, der wählt, mit seiner Stimme berücksichtigt wird, damit das Wahlergebnis bzw. das Resultat der Abstimmung dem wirklich geäußerten Willen entspräche und nicht etwa ein solches amtlich festgestellt würde, das zu einem anderen Ergebnis als dem tatsächlichen führe. Das Bundesverfassungsgericht hat zwar in seiner Entscheidung über eine Wahlprüfungsbeschwerde festgestellt, daß ein Strafgefangener, der über seine Wahlmöglichkeit unzureichend informiert ist, mit seiner Beschwerde nicht durchdringt, weil selbst die Berücksichtigung seiner Stimme, in welche Richtung auch immer votierend, nicht zu einer anderen Mandatsverteilung geführt hatte;[90] aber dann schon ist der Hinweis zu ersehen, daß die einzelne Stimme von Bedeutung ist.

Der allgemeine Staatszweck, nämlich die Bändigung des Schlechten des Menschen und seiner Gemeinschaftsfeindlichkeit, ist in der Staatsgewalt inkarniert, d.h. bildet sie aus. Des Volkes Wille, wie er bei Abstimmungen und Wahlen, regelmäßig in legislativen Funktionen von dem Souverän kundgetan wird, erhält seine Legitimation dadurch, daß nicht nur jeder Aktivbürger wählen darf, sondern auch, daß wegen der Allgemeinheit der Wahl jede Stimme auch gezählt wird.[91] Daß die Wahl eine allgemeine ist, wird von dem Gedanken geleitet, der

---

87 Staatsrecht, Politik und verfassungsgebende Gewalt, Der Staat 1980, S. 203.
88 J.-J. Rousseau, Du contract social: ou principes du droit politique, Stuttgart 1977 (Amsterdam 1762, S. 31)
89 Ders., a.a.O., S. 112.
90 BVerfGE 35, 300.
91 Z.B. BVerfGE 59, 124f.; 58, 205.

Wille des Volkes ist dann nur wirklich festgestellt, wenn alle Stimmen gezählt werden. Dieser Wille aber ist der höchste in der Demokratie. Dem allgemeinen Wohl muß er schon deswegen nicht entsprechen, weil sogar die Staatsgewalt als Resultat des allgemeinen Staatszwecks nicht zwingend für einen Staat, sondern bloß der Vorstellung entnommen ist, daß Ursache der Unvollkommenheit der Welt des Menschen Böses und Gemeinschaftsfeindlichkeit sei. Daß der allgemeine Staatszweck und aus ihm die Staatsgewalt der Gemeinschaft und ihrem einander gut gesonnenen Handeln dienen soll, kann noch nicht zu der Folgerung führen, es werde auch tatsächlich zu diesem und auch, daß für den Fall, es ergebe sich so, muß damit noch nicht die Unvollkommenheit der Welt verringert werden.

Die Demokratie, in der das Volk als höchste Macht herrschen soll, vervollständigt diese Vorstellung von einem Staate, der Staatsgewalt ausgebildet hat, in diese Richtung. Wenn alle in ihm lebenden, dem Volke angehörenden Einzelnen gemeinschaftsfeindlich und dem anderen schlecht gesonnen sein könnten, ist deren Ausübung von Staatsgewalt jedenfalls die beste Möglichkeit, um alle diejenigen, von denen Gefahr für das Gemeinwesen ausgeht, in ihrer Möglichkeit, dieser entgegenzutreten, zu fördern?

Die Vorstellung, man müsse einen Gesamtwillen und einen Gemeinwillen unterscheiden, führt zu dem Gedanken, daß der Gemeinwille ein solcher ist, der die Staatsgewalt schafft. Gemeinsame Erhaltung, gemeinsames Wohlergehen, das Gemeinwohl, sollen durch die Ausbildung der Staatsgewalt errungen werden. Daß das dem Gemeinwillen des Rousseau entspricht, liegt auf der Hand.[92] Wird aber in einem Staate der wirkliche Wille des Volkes festgestellt, so können Einzelne unterschiedliche Auffassungen darüber haben, was das Gemeinwohl sei. Daß ihre Wahlentscheidung rechtliche Qualität besitzt, als eine Willenserklärung öffentlich-rechtlicher Art verstanden werden kann, verstärkt die Vorstellung noch, daß der Wille des Volkes aus der Summe der Einzelwillen gebildet wird. Das erinnert zwar eher an den Begriff des Gesamtwillens, die Summe der privaten Willen oder Sonderinteressen, ist aber nach Rousseau doch noch im Gemeinwillen enthalten, der sich bildet als Kompromiß zwischen verschiedenen Auffassungen. Dies löst noch nicht das Problem der nach wie vor anderen Auffassung eines Einzelnen und auch nicht, daß zwar der gemeinsam auf die Ausbildung von Staatsgewalt gerichtete Wille dem Gemeinwohl entspricht; letzteres aber nicht der Demokratie als Herrschaftsform, sondern der Bildung des Staates, dem Staatsbegriff, innewohnt. Gemeinwille beschreibt daher das Ergebnis einer Wahl oder Abstimmung auch nur sehr begrenzt, obwohl auch Rousseau es in dem Sinne meint, daß das Volk wirklich in einer Sache abstimmt.[93] Unter Berufung auf Montesquieu bevorzugt auch er das Los als Form der Bestimmung über die Besetzung von Ämtern, das im Unterschied zu der Wahl das der Demokratie

---

92 J.-J. Rousseau, a.a.O., S. 112.
93 Ders. S. 30f..

eher entsprechende Verfahren sei. Das Los ist ein Mittel in dem Verfahren der Besetzung von Ämtern, das im Unterschied zu der Wahl das der Demokratie eher gemäße Verfahren sei.[94] Das Los ist ein Mittel in dem Verfahren der Besetzung, das alle möglichen Kandidaten als gleiche versteht, trägt dem Merkmal des Begriffs Demokratie Rechnung, daß das Volk herrscht, also alle, und damit jeder die Chance haben soll, Staatsgewalt z.B. in Form eines Amtes, etwa als ein Teil der Exekutive, auszuüben.[95]
Betätigen von Staatsgewalt durch Legislative ist in der Verfassung als passives Wahlrecht verankert.[96] Das Zufallsprinzip, das sich im Losverfahren verwirklicht, ersetzt die Wahl. Der Wahlbürger trifft seine Entscheidung nach Überlegungen und Meinungen, die zwischen den zu Wählenden Unterschiede machen. Dasselbe kann man sicherlich auch vom Parlament sagen, das die Regierung bestimmt oder von Kollegialorganen wie z.B. dem Gemeinderat, Richteräten etc.. Selbst dort, wo ein Einzelner Überlegungen trifft, in welcher Weise das Amt besetzt werden soll, kann man sicher von einem ähnlichen Entscheidungsvorgang sprechen, der allerdings nicht mit anderen gemeinsam getroffenen Entscheidungen aus der Sicht der Verfahrensform gleichzusetzen ist. Das Los dagegen entscheidet ohne Ansehen der Person nur nach dem Zufall und enthält als Verfahren das Merkmal in seinem Begriffe, daß jeder geeignet und befähigt sei, dem das Recht zusteht, ein Staatsamt zu bekleiden.

Diese Gleichheit der Menschen in der Demokratie greift zurück auf ein Menschenbild, das jeden als willensbestimmt und vernunftbegabt versteht. Dennoch gibt es Unterschiede zwischen den Menschen, die durch das Losverfahren nicht zur Kenntnis genommen werden, weil alle in Betracht kommenden Kandidaten über eine Eigenschaft verfügen, die sie geeignet erscheinen lassen. Als ein gemeinsames Merkmal könnte deswegen der Begriff des Gemeinwillens ebenso wie der des Losverfahrens etwas enthalten, das von dem Wirklichen absieht. Der Gemeinwille als der wirkliche Wille des Volkes, wie er in einer Abstimmung oder Wahl zutage tritt, ist meistens kein solcher, das man von ihm sagen kann, es spräche in ihm mit einer Stimme. Versteht man ihn nicht auf die Bildung der Staatsgewalt in einem Staate gerichtet, sondern auf das durch Abstimmungen und Wahlen erzielte Willensergebnis in einer Sache oder Personenentscheidung, wie es in der Demokratie vorgesehen ist, muß er nicht in jedem Falle dem Gemeinwohl folgen. Das liegt daran, daß die Möglichkeit des Irrtums besteht, aber auch die Möglichkeit, daß vielleicht gar keine Lösung gefunden werden kann. Auch Rousseau schreibt, daß die Entscheidung des Volkes nicht immer richtig sein müsse, immer aber auf das Gemeinwohl abziele.[97] Dieses enthält in seinem Wortinhalt

---

94 Ders. S. 118.
95 BVerfGE 7, 164, 165; BVerfGE 14, 282f. (für die Aktiengesellschaft).
96 Art. 38 Abs. 2 GG.
97 Rousseau, a. a. O., S. 30, 31.

die Eigenschaft, auf das Wohlergehen aller gerichtet zu sein. Das muß aber nicht Bestandteil des Begriffs Gemeinwille sein. Rousseau verknüpft das Wort Gemeinwille mit einem imperativischen Element, das vielleicht auch als Abstraktion einzuordnen ist. Es wird von dem wirklichen Willen abgesehen, der bei dem Einzelnen zwar auf das Gemeinwohl gerichtet ist. Ob er diesem aber entspricht, tatsächlich das Gemeinwohl verkörpert, weiß man nicht zu sagen. Zwar schreibt auch Kant, daß der Einzelne dazu fähig sei und sein Handeln an einer solchen Maxime ausrichten soll,[98] die ebenso für alle anderen maßgeblich sein könnte, ob es aber tatsächlich das gemeine Wohl enthält, kann erst im Rückblick oder vielleicht gar nicht beurteilt werden. Das imperativische Element, daß im Gemeinwillen zugleich Gemeinwohl enthalten sei, ist daher ein Gedanke, von dem von vornherein gesagt werden kann, daß er eine Vorstellung enthält, ein Absehen von dem wirklichen Willen aller Gegner und Nichtwähler.

Das Losverfahren dagegen enthält als Merkmal im Begriff, daß alle anderen Eigenschaften der Passivlegitimierten, außer diejenige, das zu sein, nicht von Belang sind. Es wird also von den Unterschieden abgesehen, die zwischen den Menschen vorhanden sind.

Beim Losverfahren ist dieses Merkmal Grund dafür, es vielleicht nicht in allen Entscheidungen über die Besetzung von Ämtern anzuwenden. Jedoch bleibt es dessen begriffliches Merkmal.

Die Gemeinwohlbedeutung des Gemeinwillens ist im Unterschied dazu zwar eine in Betracht kommende Folge des Gemeinwillens. Sie ist aber nicht Merkmal des Begriffs in dem Sinne, daß Gemeinwohl zwangsläufige Folge des Gemeinwillens ist. Während nämlich die Wirklichkeit der Eigenschaften von Personen, die ein Amt ausüben könnten, vielfältig sein mag, das aber für das Losverfahren keine Rolle zu spielen braucht, ist der Inhalt der Entscheidung des Volkes immer von Bedeutung. Denn er könnte dem Gemeinwohl entsprechen.

Betrachtet man zusätzlich ein Wort, den volonté de tous, also den Gesamtwillen, so ist der Gemeinwille dem Gemeinwohl näher, weil der Gesamtwille die Summe der Einzelwillen ist, die staatliche, gemeinschaftliche Belange gar nicht berühren. Weil Rousseau sagt, daß der Gesamtwille nicht identisch ist mit dem Gemeinwillen, aber die Summe der Unterschiede zwischen den Einzelwillen, die den Gesamtwillen bilden als Resultat den Gemeinwillen ergeben, aus dem das Gemeinwohl folgen mag, besteht eine Beziehung zwischen beiden Begriffen.[99] Es heißt, dort, wo sich der Egoismus der Menschen nicht überschneidet, zwischen ihren Sonderinteressen keine Kongruenz besteht, Gemeinwohl zu finden ist.[100]

Wenn der Gemeinwille dem Gemeinwohl näher ist als der Gesamtwille, so könnte er jedenfalls als ein Begriff zu der Antwort auf die Frage beitragen, ob der

---

98 Kant, Grundlegung zur Methaphysik der Sitten, S. 68.
99 Rousseau, a.a.O., S. 30f..
100 Ders., a.a.O.

Einzelne noch in der Gemeinschaft aufgehoben ist, wenn er anders als die anderen abgestimmt hat. Diese Differenz zwischen Mehrheit und Minderheit könnte, staatsrechtlich verstanden, nicht problematisch sein, wohl aber für die Volksherrschaft. Denn der Einzelne ist dann nicht in der Gemeinschaft der Stimmbürger aufgehoben. Wenn man nicht abgestimmt hat, ist der einzige Wille, von dem Rousseau spricht, den eine Körperschaft bildet, bloß das Ergebnis der Abstimmung bzw. Wahl in dem Sinne, daß dann so gehandelt wird, z.b. ein solches Gesetz geschaffen oder diese bzw. jene gewählt sind.[101] Es ist der Wille nach außen hin, bei dem die Nichteinstimmigkeit keine Rolle spielt. Die Gemeinschaft allerdings ist eine solche der Mehrheit oder eben derjenigen, die ihre Auffassung durchgesetzt haben. Die Minderheit oder der Einzelne, der anders als die anderen abgestimmt hat, stehen deswegen vielleicht außerhalb des Staates. Auch existieren sie nicht mehr innerhalb derjenigen, die die konkrete Gemeinschaft der Stimmbürger bilden, die diese Entscheidung tragen oder sie gefällt haben. Weil also kein Aufgehobensein des Einzelnen dieser Art vorhanden ist, könnte in der Einstimmigkeit gerade diese Folge erreicht werden. Jedoch wenn keine Einstimmigkeit vorhanden ist, könnte das Indiz dafür sein, daß es mehrere Entscheidungen gibt, die der Vernunft gerecht werden, vernünftig sind. Es mag dann mehrere Alternativen geben, die das Gemeinwohl enthalten. Aus der Sicht der Gemeinschaft ist es das Gemeinwohl, das eine Entscheidung zu einer richtigen macht.

2. Die Gemeinschaft und ihre Repräsentation

Aristoteles schreibt in seinen Schriften zur Staatstheorie: "Da es offenbar ist, aus welchen Teilen ein Staat besteht, muß man zunächst über die Hausverwaltung reden. Jeder Staate setzt sich nämlich aus Häusern zusammen." [102]
Dieses Bild von dem Staate geht von der Vorstellung aus, die sich bietet, wenn man einen Ort betritt, der ein Gemeinwesen ist, eine Gemeinde. Res publica, die öffentlichen Angelegenheiten, sind das, was das Gemeinwesen an dem Ort charakterisiert, ein Schutzverband derjenigen, die dort leben. Sie bilden eine Gemeinschaft.
Aber auch der Ort, der Platz, das Land, wo der Ort angesiedelt, der das Gemeinwesen ist, bildet eine Gemeinschaft, die Gemeinschaft der Häuser oder auch eine Ansammlung von Häusern.
Das Haus ist für den Menschen die Unterkunft und damit der Grund und Boden auf dem das Haus steht. Man kann das Gemeinwesen so verstehen, daß es als Hausverwaltung, als Verwaltung der an dem Orte angesiedelten Häuser tätig ist. Dieses Gemeinwesen ist der Staat. Die Vorstellung geht von dem Bild aus, das jedem sichtbar ist, der einen Ort sieht und sich dort aufhält. Auf den ersten Blick stellt er sich nicht als Ansammlung von Menschen, sondern als solche der Häuser

---

101 Ders., a.a.O., S. 112.
102 Aristoteles, Politik 3 [1253b]1.

dar. Die Menschen sind es, die in diesen Häusern leben, das aber, was diesen Ort charakterisiert, sind die Häuser. Setzt der Staat sich aus Häusern zusammen, so ist die Verwaltung der Häuser die Aufgabe des Staates. Daß es sich um seine handelt, leuchtet deshalb unmittelbar ein, weil die Häuser verwaltet werden müssen, denn die in den menschlichen Gemeinschaften auftretenden Phänomene, die zu der Gründung von Staaten, aber auch zur Ausbildung von Staatsgewalt führen, sind charakteristisch für die Menschen, die in den Häusern wohnen. Die Verwaltung dieser Häuser ist zugleich die Verwaltung der Gemeinschaften von Menschen, die in den Häusern leben.

Daß die Menschen, weil sie an einem Orte leben und das Dasein als Normade die Ausnahme ist, in der Gemeinschaft ihres Hauses durch den Staat verwaltet werden, dieses selbst verwaltet wird und zwar mit Blick auf andere Häuser, ist ein Zeichen für die Bedeutung, die das Haus für den Menschen hat. In gewisser Weise ist es sein Gehäuse, das Dach über seinem Kopf, ohne das er schutzlos ist, den Widrigkeiten der Natur und der Feindschaft der anderen an dem Ort und von anderen Orten ausgeliefert. Daß dieses Haus verwaltet, daß alle Häuser an dem Orte verwaltet werden und zwar durch den Staat, ist aus diesem Grunde verständlich und einsichtig.

In den Häusern, in denen die Menschen leben, bilden sie Gemeinschaften mit den anderen Menschen. Weil sie den Schutz des Hauses, seiner Mauern, seines Daches brauchen, können sie solche Gemeinschaften bilden und sind nicht der Natur und ihren Katastrophen ausgesetzt. Daher ist es naheliegend, das Wort Haus in allen seinen begrifflichen Merkmalen zu erfassen und seine Bedeutung für den Staat als Ganzes zu erkennen. In den "Statutes" schon findet sich zu einem sehr frühen Zeitpunkt der Begriff "house" in Verbindung mit dem Staate. Als ein Begriff, der den Staat angeht, wird er etwa so verwendet: "..granted for an additional building, and more commodious passages to the house of commons." [103]
"All persons holding contracts for public service, incapable of being elected, or sitting in the house of commons, same year."[104]
"If any person, so disqualified, be elected, the election is void; and disabled persons sitting in the house of commons, to forfeit 500l. per day".[105] "Speaker of the House of Commons.[106] "
"Commissioners for auditing the public accounts, incapable of sitting as members in the house of commons." [107]
"Returning officers liable to prosecution for offences against this act, whereon no nolle prosequi, or cessiat processus to be granted; and he may be sued for ne-

---

103 7 G. 3. c. 32. vol. 27.
104 22 G. 3. c. 45. §1.
105 Same act, § 9.
106 Par 238.
107 25 G. 3. 53. v. 5.

glecting to return persons duly elected, but must be within a year, or in six months next after conclusion of proceedings in, the house." [108]

Daß das Parlament im dem Vereinigten Königreich von Großbritannien in zwei Häusern existiert, dem House of Lords und dem House of Commons und daß der "Speaker of the House", ebenso wie in den Vereinigten Staaten von Amerika, für ein Haus spricht, zeigt die Bedeutung des Begriffs für das Staats- und Verfassungsrecht. Die Vertretung des Volkes ist damit nicht schutzlos, sie ist geschützt durch ein Haus und vielleicht kann man von ihr sagen, sie sei ein Haus. Die Zusammensetzung des Begriffs, "House of Commons" und "House of Lords" spricht dafür, daß "ein Haus" als ein Begriff des Staats- und Verfassungsrechts gemeint ist. Das zeigt sich daran, daß sie über eine eigene Gewalt als Haus verfügen. Allerdings ist das Haus mehr als der Sitz einer Institution. Es ist selbst die Institution und es hat ein Haus. Dahingestellt kann aber bleiben, wie man den Begriff Institution bestimmt. Denn es ist möglich, schon aus dem Begriff des Hauses in allen seinen Merkmalen und dem Wort Haus, dessen Wesen, zu Aussagen über das Parlament zu kommen, denn sonst würde er nicht zur Bezeichnung des Parlaments gebraucht werden.[109]

In dem Hause, also dem House of Lords oder dem House of Commons, ist das Parlament verkörpert. Jedes ist jeweils ein eigenes Haus. Die Volksvertretung als beides ist in ihnen enthalten. Bleibt man bei dem Haus als einem auf dem Boden, mit dem Land fest verankerten, zu dem Zwecke des Schutzes vor Dritten und Naturwidrigkeiten geschaffenen Schutzraum, der nach außen hin abgegrenzt ist, so ist das Haus geeignet, der Vertretung des Volkes zu dienen oder auch das Volk zu vertreten. Denn das Volk lebt selbst in Häusern.

Das Haus, z.B. das House of Commons oder das House of Lords, enthält alles, was ein Haus charakterisiert, was das Besondere eines Hauses ist und was es geeignet sein läßt, das Volk zu repräsentieren. Beide Häuser sind es. Ihre Eigenschaft kann man in der Weise beschreiben, daß sie in ihrer Schutzeigenschaft den Willen des Volkes hüten und verkörpern sollen. In diesen Häusern soll das Volk in seinem Wünschen und in seinem Willen dargestellt, also repräsentiert sein. Das, was Kern des Begriffs Haus und zugleich Wesen des Wortes ist, liegt auf der Hand: Man kann in einem Haus wohnen. Es ist nur dann ein Haus, wenn es be-wohnbar ist. Diese Beherbergungseigenschaft des Hauses, dieses Merkmal, das das Haus entscheidend kennzeichnet, erlaubt es vielleicht, es als geeignet zu begreifen, das Volk zu repräsentieren.

---

108 Same act § 13.
109 Ähnlich Frankreich: Die Charte constitutionnelle du 14 août 1830 enthält als Überschrift "De la chambre des Pairs" und "De la Chambre des Députés" ab dem Art. 20 und ab dem Art. 30. Die Constitution du 14 janvier 1852 nennt den Titre 3 V "Du corps legislatif". Art. 20 lautet:"La chambre de Pairs est une portion essentielle de la puissance legislative. "Art. 30 lautet:"La chambre des Députés sera composée des députés élus par les collèges electoraux dont l'organisation sera déterminée par les lois. "Art. 34 lautet: "L'élection a pour base la population". Art. 35:"Il y a aura un député au Corps législatif à raison de trente-cinq mille électeurs."

Wenn man bereits weiß, daß der Einzelne oder auch der einzelne Staatsbürger in der Gemeinschaft derjenigen, die den Status activus besitzen, nicht mehr aufgehoben ist, vertritt er eine andere Auffassung als sie oder anders stimmt, so könnte es vielleicht dennoch möglich sein, das Volk als ein Ganzes oder auch alle Stimmbürger, wenngleich sie nicht dieselbe Auffassung vertreten, zu repräsentieren. Es ist möglich, daß, gerade weil es ein Haus ist, darin das Volk repräsentiert. Selbst, wenn es zwei Häuser sind, das House of Lords und das House of Commons, so ist es doch das Volk, "people", das aus der Summe von Lords und Commons gebildet wird.

Das zeigt sich auch in einigen Statutes:

"The lords and the commons in parliament promise the King to defend the liberties of his crown against all foreign subjection".[110]

"No legislative power in either or both houses of parliament without the King; and all orders or ordinances of both either houses for raising taxes, arms &c. without royal assent, are void, and saying that the parliament 16 Car. I. is in being, shall incur premunire." [111]

"This shall not extend to deprive members of either house of ancient privilege of debating at commitees, &c. or of alternation of laws, redreffing grievances, &c.".[112]

"Not to extend to any address to the King, by all or any members of both or either houses of parliament".[113]

"Both nor either of the houses of parliament cannot nor ought to pretend to the command of the militia".[114]

"Peers and members of parliament disabled from sitting in either houses, until taking the oaths of supremacy and allegiance, and declaration against transsubstantiation, &c.".[115]

"No person having any pension from the crown, for any term of years, disable of being a member of the house, &c. to forfeit 20. 1 per diem, &c.".[116]

An dem Begriff "Speaker of the house" oder auch "member of the house" wird deutlich, aber auch an dem Wort "house" in Verbindung mit "lords" und "commons", daß dort Menschen, Personen mit bestimmten Eigenschaften leben bzw. tätig sind. Es sind nicht die Kammern eines Hauses, die Volksvertretung, gemeint, die unter einem Dache zwei Räume dieses Hauses bewohnen und geeint sind durch ihre Aufgabe, das Volk zu vertreten. Es sind zwei getrennte Häuser, so wie man auch das House of Representatives und den Senate unterscheiden

110 12 R. 2. c. 12. vol. 2.
111 13Car. 2. c. I. §2, 3. vol. 8.
112 13Car. 2. c. I. §6. vol. 8.
113 13Car. 2. c. 5. §3. vol. 8.
114 13Car. 2. c. 6 vol. 8.
115 30 Car. 2. St. 2 c. I. § 8 vol. 8.
116 1 Geo. I. St. 2. c. 56. vol. 13.

kann. Dieser zuletzt genannte ist zwar auch Teil des Kongresses, aber er ist kein eigenes Haus. Das beruht darauf, daß bloß die Abgeordneten als direkte Volksvertretung in einem Haus residieren oder auch die Einrichtung derselben den Charakter eines Hauses trägt.
Daß die Volksvertretung als House of Representatives, als House of Lords und House of Commons, eine Bedeutung hat, die alle Merkmale des Begriffes Haus enthält, unterscheidet sie von dem Senat oder auch dem Bundesrat. Wesentliches Kennzeichen ist die direkte Vertretung des Volkes, die es nahelegt, von einem Haus als Zusammenfassung, als besondere Gemeinschaft derjenigen zu sprechen, die das Volk vertreten. Dem liegt der Gedanke zugrunde, daß sie selbst das Volk seien.
Ebenso möglich ist die Vorstellung, daß der Staat die Volksvertretung sei und er aus zwei Häusern besteht. Findet sich die Volksvertretung in einem Haus oder in Häusern aufgehoben, so fragt es sich, welche Eigenschaften und Besonderheiten ihr zukommen.

In dem Repräsentationsgedanken liegt der Versuch, daß eine möglichst enge Verbindung zwischen dem Volk und seiner Vertretung vorhanden, ja, diese sogar das Volk sei. Die Legitimationskraft dieses Gedankens liegt darin, daß in der Demokratie das Volk durch seine Vertretung herrscht.[117] Es ist die Gemeinschaft, die das Volk als Herrschaftsmacht bildet. Von dieser ist bekannt, daß sie durch Wahlen und Abstimmungen ihren Willen kund tut.

In den Wahlen werden Personen gewählt, Menschen, die Teil des Volkes sind und es vertreten sollen. Das kann für alle Aufgaben im Staat der Fall sein.
Wirft man den Blick auf die Gesetzgebung als in einem gewaltenteiligen Staate oberste Gewalt, so kann diese in dem Staate, der eine Demokratie ist, durch Vertreter des Volkes ausgeübt werden. Allerdings kann die Gesetzgebung auch durch das Volk selbst stattfinden. Wenn die Gesetzgebung durch die Volksvertretung bewirkt wird und diese auch noch andere Aufgaben in dem Staate übernommen hat, so kann das viele, ganz unterschiedliche Gründe haben. Jedenfalls muß eine Demokratie nicht notwendig so beschaffen sein.

Ist sie es aber, dürfte man die Repräsentation des Volkes durch eine Vertretung nur dann zulassen, wenn das Volk darin wirklich inkarniert ist. Nur dann sind die Merkmale des Begriffs Volksherrschaft möglicherweise erfüllt oder jedenfalls nach dem bisher Gesagten vorhanden. Der Begriff selbst spricht dafür, daß es das Volk als ein Ganzes ist, die Aktivbürgerschaft, die herrschen soll. Das kann heißen, wie es das Bundesverfassungsgericht formuliert hat, daß eine ununter-

---

[117] Std. Deputation des Deutschen Juristentages (Hg.), Herausforderungen an die parlamentarische Demokratie, Bd. II, München 1984; H. Kurz, Volkssouveränität und Volksrepräsentation, Köln u. a. 1965; I. Ebsen, Bürgerbeteiligung durch die Gemeindevertretung und repräsentative Demokratie, in: DVBl. 1984, S. 1107.

brochene Legitimationskette vom Volk hin zu seiner Vertretungskörperschaft vorhanden sein muß.[118] Ohne weiteres ist es aber auch so zu verstehen, daß das Volk wirklich jede Entscheidung trifft, also als ein Ganzes herrschen soll.

Bereits durch den Gedanken, daß der Einzelne in der Gemeinschaft der Aktivbürger nicht gänzlich aufgehoben ist, wenn er sich anders entscheidet als die Mehrheit, denn die Gemeinschaft bildet sich als eine Besondere auch in jeder Abstimmung und Wahl, zeigt man, daß der Begriff Volksherrschaft als über Wahl und Abstimmung gebildet auf gewisse Zweifel stößt. Findet sich der Einzelne nicht gänzlich in der Gemeinschaft der Stimmbürger, so ist es nicht das Volk als ein Ganzes, das herrscht. Das hindert nicht daran, daß die getroffenen Entscheidungen dem Gemeinwohl entsprechen, ihm aber ebensogut nicht entsprechen könnten. Weil die Richtigkeit der Entscheidung sich danach bestimmt, ob sie dem Gemeinwohl entspricht und sich dieses vielleicht in Sekunden ändern kann und es auch tut, gibt es nicht nur Zweifel an dem Aufgehobensein des Einzelnen in dem Staat, der Gemeinschaft der Stimmbürger, sondern auch daran, ob es überhaupt Entscheidungen geben kann, die Bestand haben, weil sie das Gemeinwohl enthalten.

Dieses Problem der Staatstheorie stellt sich, wenn man den Begriff "Demokratie" erfassen will, noch einmal mit besonderer Wirkungskraft, weil die Volksherrschaft gerade den Mangel anderer Herrschaftsformen, die nicht alle in dem Staat lebenden Bürger als herrschende vorsehen, ausgleichen soll. Gerade weil in der Demokratie alle herrschen sollen, wegen des allgemeinen Staatszwecks die Staatsgewalt in ihrer Betätigung legitimieren müssen, wird man wohl sagen, daß schon die Chance oder auch Möglichkeit einer falschen Entscheidung grundsätzlich an der Staatsgewalt zweifeln läßt. Da in der Volksherrschaft alle herrschen sollen, könnte jedenfalls die Möglichkeit bestehen, daß irgendeine richtige Entscheidung gefällt wird, weil die Zahl der Beteiligten dafür spricht, daß nicht alle eine falsche treffen; denn diese Zahl ist sehr hoch, es sind alle.

Weil sich diese vielleicht richtige Entscheidung nicht durchzusetzen vermag, denn es könnte eine solche sein, die zu der Minderheitenmeinung gehört, gibt es grundsätzliche Zweifel an der staatlichen Gewalt als Folge des allgemeinen Staatszwecks. Sie sind in der Demokratie aber geringer als in allen anderen Herrschaftsformen. Das ändert nichts daran, daß es nicht das Volk als Ganzes ist, das herrscht, es sei denn alle sind einer Meinung. Es stört bloß, daß auch in diesem Fall die Entscheidung ggfls. nicht dem Gemeinwohl entspricht, sondern gerade dann, wenn nicht alle einer Meinung sind, die Möglichkeit größer sei, daß die richtige Entscheidung dabei ist, eine, die dem Gemeinwohl entspricht.

Sind aber alle als Stimmbürger Personen mit dem status activus und daher berechtigt, Entscheidungen über Wohl und Wehe des Staates zu treffen, so kann

---

118 BVerfGE 47, 275.

schon aus dieser Berechtigung heraus der Repräsentationsgedanke folgen. Wenn aber schon die einzelne Wahl oder Abstimmung nicht die Gemeinschaft des Volkes in sich birgt, könnte das Ergebnis von Wahlen, damit die Gewählten die Wählenden repräsentieren, zwar zu dem Erfolg der Wahl führen, im Zweifel aber sogar eine (zwei) Stimme/n Mehrheit die Folge haben, daß der eine gewählt und der andere nicht gewählt ist.

Bilden schon die Stimmbürger bloß als solche den Verband, also die Gemeinschaft der Stimmbürger, so wird man von den Volksvertretern dasselbe sagen können, aber aus anderem Grunde. Wenn schon die Richtigkeit der Entscheidung nicht eindeutig ist, bloß ihre Mehrheitseigenschaft, so ist es nicht das ganze Volk, das sie gewählt hat, sondern im Zweifel nur – nimmt man Stimmbezirke und Wahlkreise – ein Teil desselben.[119] Sie sollen zwar das Stimmvolk als solches vertreten, alle diejenigen, die dort leben und wählen durften, denn sie sind zu diesem Zwecke gewählt worden und auch diejenigen, die sie nicht gewählt haben, sollen von ihnen vertreten werden, denn es ist niemand anderes da, der sie sonst vertritt. Das ist begründet aus dem Wahlrecht für alle Bürger. Die Zulassung zur Wahl und die Gemeinschaft der Wahlberechtigten enthält die Vorstellung, daß die Gewählten jedenfalls diejenigen, die sie gewählt haben, vertreten könnten.

Wenn der Einzelne anders stimmt oder wählt als die anderen, ist er nicht mehr in der Gemeinschaft der Stimmbürger aufgehoben. Die Gemeinschaft als ein Ganzes ist nicht mehr in derselben Art und Weise vorhanden wie zuvor als die Möglichkeit, zu wählen als ein gleiches Recht zum Urnengang nicht nur existent war, sondern auch als status activus wahrgenommen werden konnte. Diese Lage, in der sich der Einzelne in der Minderheit befindet, erfährt auch keine Änderung oder Veränderung dadurch, daß z.B. durch eine Wahl der Einzelne dann von einem Abgeordneten repräsentiert wird, den er nicht gewählt hat. Gerade weil er dies nicht tat, wird er von ihm nicht repräsentiert. Allerdings ist der Abgeordnete oder ein anderer Gewählter nicht daran gehindert, ihn dennoch zu vertreten; diese Chance und Möglichkeit, das zu tun, ist vergleichbar mit derjenigen, die die Staatsbürger haben, zu wählen und dieselbe Wahlentscheidung zu treffen. Nicht, daß der Inhalt der möglichen Alternativen derselbe ist, sondern es ist nur die Möglichkeit, daß der Einzelne zur Wahl gehen und eine Entscheidung treffen kann mit der er im Ergebnis zur Mehrheit gehört. Ebenso kann der Abgeordnete Entscheidungen treffen mit denen er dem Willen des nicht von ihm Gewählten entspricht (Ausnahme: Imperatives Mandat), aber auch solche, die dem Willen desjenigen folgen. Grundsätzlich aber ist er als Vertreter des Volkes in diesem Wahlbezirk Repräsentant der gesamten Bevölkerung, der Wahlbürger, weil kein anderer diese vertritt und weil das Recht es so vorsieht. Weder kann aus der Mehrheitsentscheidung geschlossen werden, daß sie richtig ist, noch kann aus dem Minderheitenvotum entnommen werden, daß diese Minderheitentscheidung eine falsche ist.

119 Zur Mehrheitsbildung vgl. BVerfGE 70, 324.

In der Vorstellung von dem Gewählten als Vertreter des Volkes, als Repräsentant (passives Wahlrecht), liegt der Gedanke, daß eine solche Repräsentation deswegen möglich sei, weil die Entscheidung des Gewählten womöglich eine richtige sein könnte. Denn wenn sie eine richtige ist, entspricht sie dem Gemeinwohl. Dann aber ist der Bürger immer auch vertreten, allerdings nicht in seiner Eigenschaft als Stimmbürger, sondern als Staatsbürger. Die Volksherrschaft, Demokratie, stellt nur die Herrschaftsform dar, von der angenommen wird, weil alle in ihr herrschen sollen, ist sie diejenige, die dem Gemeinwohl am besten Rechnung trägt, denn wegen der Beteiligung möglichst vieler besteht die Möglichkeit, daß nicht alle Entscheidungen falsch sind. Es ist deswegen die Eigenschaft als Staatsbürger, weil in einem Staate, der Staatsgewalt ausgebildet hat, und nur in einem solchen wird geherrscht, die Herrschaftsform dazu dient, den allgemeinen Staatszweck zu erfüllen, nämlich das Unsoziale, Gesellschaftsfeindliche im Menschen, das Schlechte als mögliche Ursache der Unvollkommenheit der Welt darin bekämpft wird. Das Gemeinwohl ist deswegen die Entscheidung, die die richtige ist.

Ist der Einzelne nicht in seiner Eigenschaft als Stimmbürger, sondern als Staatsbürger vertreten, so richtet sich seine Repräsentation, in welcher Art und Weise seinem Willen entsprechend gehandelt wird, danach, ob und wie der Gewählte davon Gebrauch macht. Entspricht sie seinem Willen, so wird er im einzelnen vertreten und zwar in seiner Eigenschaft als Stimmbürger; entspricht sie seinem Willen nicht, so ist er als Staatsbürger vertreten. Das, also das zuletzt Gesagte, ist immer der Fall, sogar dann, wenn er ihn nicht gewählt hat. Daß er als Staatsbürger vertreten ist, liegt daran, daß der Gewählte das Volk in dem Wahlbezirk vertreten soll. Trifft der Gewählte eine Entscheidung, die dem Gemeinwohl entspricht, so vertritt er den Einzelnen in seiner Eigenschaft als Staatsbürger. Denn derjenige ist Staatsbürger dieses Staates, der als Folge des allgemeinen Staatszwecks Staatsgewalt ausgebildet hat.

3. Staatsbürger und Stimmbürger

Man könnte nun einwenden, daß Volksherrschaft gerade darin besteht, nicht bloß den Staatsbürger, sondern den Stimmbürger durch den Abgeordneten als seinen Vertreter repräsentieren zu lassen. Volksherrschaft heißt Herrschaft des Volkes und wenn es das ganze Volk ist, das in seiner Eigenschaft als Aktivbürgerschaft vertreten sein soll, könnte man meinen, nicht bloß der Mensch als ein Staatsbürger muß vertreten sein, sondern auch als ein Stimmbürger. Als ein Staatsbürger ist er derjenige, der als Teil des Volkes die staatlichen Geschicke beeinflußt, ja, in dem Staate herrschen soll. Denn selbst wenn die Staatsgewalt auf dem allgemeinen Staatszweck beruht, der den Staat als einen Verband gegen die Schlechtigkeit des Menschen, gegen das Unsoziale, Gemeinschaftsfeindliche begreift, so besteht doch die Möglichkeit, daß es etwa mehrere Entscheidungen geben könnte, die dagegen gerichtet sind. Solche, dem Gemeinwohl entsprechenden,

Entscheidungen können aber vielleicht auch diejenigen sein, von denen eine durch den Einzelnen geteilt wird. Volksherrschaft ist dann auch so zu verstehen, daß der Einzelne gerade mit dieser Auffassung vertreten wird, die, ebenso wie eine andere, dem Gemeinwohl entspricht. Eine solche Entscheidung ist dann diejenige, die auf Zustimmung desjenigen treffen würde, der als Einzelner durch die Volksvertretung vertreten werden soll. Die Volksvertretung ist ihrem Wesen nach eine Einrichtung, die wegen der hohen Zahl der Aktivbürger dafür sorgt, daß viele Entscheidungen in kurzer Zeit getroffen werden und der Kreis der Entscheidenden möglichst überschaubar ist.[120] Dem Wesen der Demokratie ist das Repräsentationsprinzips und die Existenz einer Volksvertretung nicht notwendig beigegeben. Diese ist vorhanden, damit in großen Staaten in einer Gemeinschaft der Gewählten entschieden werden kann.

Von der Volksherrschaft selbst als Herrschaft aller verspricht man sich, weil alle entscheiden, daß möglichst unter den Entscheidungen auch solche sind, die demGemeinwohl entsprechen und daher richtig sind.[121] Daß diejenigen, die nach dieser Herrschaftform gewählt worden sind, ebenfalls solche Entscheidungen treffen könnten, liegt jedenfalls eher in dem Bereich des Möglichen als wenn es nur wenige wären, die sie gewählt hätten.

Ist der Einzelne in seiner Eigenschaft als Stimmbürger nicht vertreten, so ändert das nichts daran, daß er als Staatsbürger vertreten ist. Weil die Demokratie diejenigen, die beherrscht werden und diejenigen, die herrschen, deckungsgleich sein läßt, ist die Legitimation dieser Herrschaftsform die höchste und außerdem die Gewähr, daß die Entscheidung richtig sein könnte, denn an der Entscheidung sind viele beteiligt.

Wenn die Entscheidung wegen der Zahl der Entscheidenden dem Gemeinwohl entsprechen und so richtig sein mag, so ist das Merkmal der Staatsgewalt als das, dem allgemeinen Staatszweck dienlich zu sein, erfüllt. Aus diesem Grunde ist die Repräsentation des Einzelnen als Staatsbürger schon wegen der Vertretung durch den Volksvertreter möglich. Die Demokratie enthält darin ein Verfahren, das den Staat als einen solchen verwirklicht, der Staatsgewalt ausgebildet hat.

Weil der Einzelne in der Chance einer richtigen, dem Gemeinwohl entsprechenden Entscheidung repräsentiert wird, kann man diese Aussagen treffen. Es ist

---

120 R. Zippelius, Die rechtsstaatl. Demokratie als Ergebnis geschichtlicher Lehren, JuS 1987; S. 687; P. Badura, Die parlamentarische Volksvertretung und die Aufgabe der Gesetzgebung, ZG 1987, S. 300; W. Frotscher, Die parteienstaatl. Demokratie – Krisenzeichen und Zukunftsperspektiven, DVBl. 1985, S. 917; W. Henke, Das demokrat. Amt der Parlamentsmitglieder, DVBl. 1973, S. 554; A. Greifeld, Das WahlR d. Bürgers vor der Unabhängigkeit des Abgeordneten, Der Staat Bd. 23, S. 501.

121 O.E. Kempen, Zwischen Gemeinwohlpostulat und demokratischen Verfahrensgarantien, Der Staat 1979, S. 81.

deswegen eine Demokratie, weil es alle sind, die vertreten werden sollen, denn alle hatten die Möglichkeit, zu wählen.

Es könnte aber sein, daß die Legitimation der Entscheidung des Abgeordneten dann geringer ist, wenn er den Einzelnen nur als Staatsbürger und nicht als Stimmbürger vertritt. Trifft der Volksvertreter eine Entscheidung oder wird diese von der Volksvertretung im Wege der Mehrheitsentscheidung getroffen und mag diese zwar dem Gemeinwohl entsprechen und damit eine richtige sein können, so ist der Staatsbürger als Stimmbürger dann mit ihr vertreten, ist er einverstanden. Weil die Entscheidung nicht diejenige ist, die er selbst getroffen hätte, kann man nicht von einer Gleichheit, Identität, Kongruenz von Herrschenden und Beherrschten sprechen. In der repräsentativen Demokratie findet sich so ausschließlich der Gedanke der Staatsgewalt aufgehoben, die darin ihre Begründung als Begriff des Staatsrechts und dort der Herrschaftsform als ein Merkmal von ihr selbst als Begriff findet.

Wenn der Volksvertreter im Parlament anders stimmt als der Einzelne das möchte, handelt er wie ein Vertreter ohne Vertretungsmacht. Die Rechtfertigung der Entscheidung ergibt sich daher nicht daraus, daß der Einzelne mit ihr vertreten wird. Ihre Legitimation ist deswegen geringer als wenn der Volksvertreter so gestimmt hätte wie der Einzelne es gewollt hat. Die Herrschaft im Staate leidet daher an einem Mangel. Das gilt sogar dann, wenn der Einzelne eine andere Entscheidung, die nicht dem Gemeinwohl entsprochen hätte, getroffen, aber der Abgeordnete eine richtige Entscheidung vorgezogen hat. Die Eigenart der Demokratie als Herrschaftsform in dem Staat ist es gerade, daß wegen der Form die falsche Entscheidung, eine solche, die nicht dem Gemeinwohl entspricht, dieselbe Chance haben muß, sich durchzusetzen. Unabhängig davon, ob der Einzelne selbst entscheidet oder vertreten wird, jedenfalls muß die Entscheidung seinem wirklichen, im Zweifel seinem geäußerten Willen entsprechen, damit Volksherrschaft als Herrschaftsform vorhanden ist. Aus diesem Grunde gibt es z.B. Verfassungen, die Demokratie konstituieren, die es vermeiden alle oder möglichst viele oder auch die wichtigsten Entscheidungen in die Hand des Parlaments, der Volksvertretung zu legen.[122] Denn diejenigen Entscheidungen, die die Aktivbürgerschaft selbst trifft, sind jedenfalls solche, die dadurch gekennzeichnet sind, daß die Herrschenden genau dieselben sind wie die Beherrschten, also dieselben Personen. Wenn man von ihren Entscheidungen sagen kann, daß wegen der hohen Zahl der Beteiligten, die Chance, daß wenigstens einige unter ihnen richtig sein könnten, relativ hoch sein mag, so dürfte man auch von denjenigen der Volksvertretung sagen, daß auch sie die Möglichkeit enthalten, richtig zu sein, weil sie auf den Wahlakt durch das Volk zurückzuführen sind. Die Eigenschaft, dem Gemeinwohl zu entsprechen, bedarf bei Wahlen, Personalentscheidungen, das sind noch einer gesonderten Begründung, aber die Chance

---

122 Z.B. in der Schweiz. Siehe Art. 89 Abs. 2 und 3; Art. 89a Abs. 2.

zu einer richtigen Entscheidung der Volksvertretung dürfte schon deswegen vorhanden sein, weil sie durch das Volk gewählt worden sind, durch alle oder jedenfalls alle, die dazu berechtigt waren, sie zu wählen. Zwar könnte die Entscheidung, die gefällt wird, auch dann nicht dem Gemeinwohl folgen, weil der Irrtum immer möglich ist, aber die Chance, daß wenigstens einige Entscheidungen richtig sind, ist höher, wenn sie, legt man die indirekte Legitimation zugrunde, auf viele oder alle zurückzuführen ist.

Trifft aber der Einzelne eine andere Entscheidung als der Abgeordnete, so ist er in seiner Eigenschaft als ein Stimmbürger nicht vertreten. Man könnte deswegen meinen, daß auf diese Art und Weise Volksherrschaft widerlegt würde, weil der Einzelne nicht vertreten worden ist. Kann man von dem Volk als Ganzen, das durch die Abgeordneten vertreten wird, nur sprechen, weil so das Wahlvolk in den Stimmbezirken vertreten werden soll, so ist vielleicht nicht dasselbe für die einzelne Entscheidung eines Abgeordneten zu sagen, also für einen Repräsentanten. Trifft das aber zu, weil der Abgeordnete in jeder seiner Entscheidungen diese Aufgabe hat, so ist, wenn er in seinem Stimmverhalten nicht an eine Vorgabe aus seinem Wahlkreis gebunden ist, der Einzelne nicht vertreten. Es ist dann nicht der Einzelne, der sich in der Abstimmung des Abgeordneten findet, sondern derjenige hat seinem eigenen Willen folgend, entschieden. Die Ab-wahl des Abgeordneten bei der nächsten Wahl ist das deutlichste Zeichen dafür, daß er auch die Mehrheit nicht vertreten hat. Aus diesem Grunde sind die schon erwähnten direkten Formen der Demokratie, in denen das Volk selbst entscheidet, dem Begriffe Demokratie, also Volksherrschaft, näher. Entscheidet nicht das Volk, sondern seine Repräsentanten, so ist jede Entscheidung in der Mehrheit und Minderheit gebildet werden, selbst wenn sie das Volk in seiner Mehrheits- und Minderheitsmeinung widerspiegelt, eine solche, die der Herrschaft des Volkes als Herrschaft der Staatsbürger entspricht. Diese müßte in jedem Abgeordneten das sicherlich immer oder jedenfalls fast immer kontroverse Meinungsbild im Abstimmungsverhalten abbilden, eine Vorstellung, die gar nicht möglich ist.

Rechtfertigen läßt sich das Repräsentationsprinzip, das auch in anderen Herrschaftsformen praktiziert wird, damit, daß eine von dem Volke getroffene oder jedenfalls von ihm legitimierte Grundentscheidung, die Verfassung des Staates, eine Repräsentation des Volkes vorsieht. Ist das Volk pouvoir constituant, so hat es seine Repräsentation konstituiert und damit auch seine Zustimmung zu der dargestellten Art und Weise seiner Vertretung. Jedoch wird man trotz dieser Legitimation von einer eingeschränkten Demokratie, einer unvollkommenen Volksherrschaft, sprechen müssen.

Versteht man die Eigenart der Demokratie als Herrschaftsform im Staat darin, daß jeder Wille eines Staatsbürgers dieselbe Chance haben muß wie ein anderer, sich durchzusetzen, auch wenn er nicht dem Gemeinwohl entsprechen mag oder ihm jedenfalls weniger entspricht als ein anderer, so wirft das einen Blick auf die Herrschaft des Volkes selber. Diese Chance muß in dem Staate vorhanden sein.

Es ist nicht nur, daß der Wille des Einzelnen die Möglichkeit haben soll, sich durchzusetzen, sondern es muß jeder Wille sein. Wenn im Staat z.B. nicht vorgesehen ist, daß das Volk Sachentscheidungen selber trifft, so ist es vielleicht notwendig, daß andere Formen vorhanden sind, die diese Chance eröffnen. Zu denken ist an Meinungsfreiheit, Freiheit, einer Partei beizutreten, Pressefreiheit, Freiheit der Lehre etc.. Damit sind alle Vorformen der Entscheidung gemeint, der Verbindlichkeit, also die Politik.

Die Chance, den eigenen Willen durchzusetzen, läßt den Einzelnen teilnehmen an der Herrschaft in dem Staate. Herrschen heißt in der Demokratie, den Willen des Volkes durchzusetzen; ist dieser kein einheitlicher Wille, wird der Wille des Einzelnen nicht von allen anderen geteilt, so kann nur der vorhandene, uneinheitliche, mehrheitlich vertreten werden. Herrschen, den eigenen Willen durchzusetzen, ist deswegen nur begrenzt möglich.

Die Chance, zu herrschen, ist eine solche, die für alle gleich sein soll. An den Verfahren und in der Art und Weise wie der Staat als eine Gemeinschaft beschaffen ist, welches einzelne Procedere zur Verfügung gestellt wird, welche Verfahren vorgesehen sind, kann man vielleicht erkennen, ob Volksherrschaft konstituiert worden ist oder nicht. In der Chance, der Möglichkeit, den eigenen Willen zu äußern und diesen durchzusetzen, so daß es möglich ist und auch geschieht, daß er sich in dem Staate durchsetzt, liegt die Besonderheit der Herrschaft. Wenn es eine Volksherrschaft ist, so soll diese Chance das Volk, jeder Einzelne, jeder Staatsbürger, jeder haben, der den status activus besitzt. Je mehr Gelegenheiten vorhanden sind, das zu tun, desto stärker ist das Recht der Volksherrschaft ausgebildet.

In der gleichen Chance aller Einzelnen im Staate, der Staatsbürger, liegt die Form der Volksherrschaft, also der Demokratie. Es ist nicht die bloße Hülle, die äußere Gestalt, sondern es ist die gleiche Chance als eine Möglichkeit, die unterschiedslos allen zur Verfügung gestellt wird. In der Rechtsprechung des Bundesverfassungsgerichts finden sich Beispiele dazu, wie diese Gleichheit und Allgemeinheit, z.B. der Wahl, zu verstehen ist. In der Entscheidung vom 23. Januar 1957 hat das Gericht judiziert, daß der Grundsatz der Gleichheit der Wahl ein Anwendungsfall des allgemeinen Gleichheitssatzes ist, als Grundrecht des Einzelnen in Art. 3 Abs. 1 GG garantiert, aber darüber hinaus als "selbstverständlicher ungeschriebener Verfassungsgrundsatz in allen Bereichen und für alle Personengemeinschaften gilt." [123] Weiter heißt es dort:"Die Bevorzugung der Parteien mit drei Direktmandaten beim Verhältnisausgleich ist aus den Grundlagen des Wahlsystems des Bundeswahlgesetzes – der mit der Personenwahl verbundenen Verhältniswahl – heraus zu rechtfertigen und verstößt darum nicht gegen den Grundsatz der gleichen Wahl. "Später heißt es in der Entscheidung vom 3. Juli 1957, daß das System der starren Liste im Bundeswahlgesetz vom 7. Mai 1956 mit den in Art. 38 GG enthaltenen Wahlrechtsgrundsätzen der Unmittelbarkeit,

---

123 BVerfGE 6, 84f..

der freien Wahl und der Wahlrechtsgleichheit vereinbar ist".[124] Wenn auch nicht die Wahl berührend, sondern bloß das Vorfeld, die politischen Parteien, so ist die Entscheidung vom 24. 6. 1958 diejenige, die den allgemeinen Gleichheitssatz für die politischen Rechte konkretisiert:"Eine durch ein Gesetz geschaffene unterschiedliche steuerliche Behandlung der Einflußnahme des Bürgers auf die politische Willensbildung je nach Höhe des Einkommens durch Gewährung von Steuervorteilen für Spenden an politische Parteien verträgt sich nicht mit dem Grundsatz der formalen Gleichheit, der die Ausübung politischer Rechte in der Demokratie beherrscht".[125] Die Grundsätze der Allgemeinheit und Gleichheit der Wahl beziehen sich, so entschieden in dem Urteil v. 12. 7. 1960, auch auf das Wahlvorschlagsrecht.[126] Für kommunale Interessen verfolgende Wählergruppen folgt das aus der Garantie der kommunalen Selbstverwaltung. "Nimmt ein Landesgesetzgeber die festgefügte Organisationsform und die zentrale verfassungsrechtliche Bedeutung der Parteien im Verfassungsleben zum Anlaß, die politischen Parteien auch im kommunalen Raum von einem Unterschriftenquorum für Wahlvorschläge auszunehmen, wenn sie im Bundes- oder Landesparlament vertreten sind, so ist er durch den Grundsatz der Wahl gehalten, diese Vergünstigung auch solchen Parteien und Wählergruppen zu gewähren, die die Vermutung für die Ernsthaftigkeit ihres Wahlvorschlags bereits durch den Wahlerfolg in der vorhergehenden Kommunalwahl begründet haben".[127] Das hat das Bundesverfassungsgericht am 15.11.1960 entschieden. Auch auf die Größe der Wahlgebiete hat die Gleichheit der Wahl als ein Wahlrechtsgrundsatz Einfluß. So hat das Gericht am 6.12.1961 bestimmt, daß der Gesetzgeber durch das Gebot des grundsätzlich gleichen Erfolgswertes jeder Wählerstimme nicht daran gehindert wird, im Rahmen eines Kommunalwahlgesetzes der verschiedenen Größe der Wahlgebiete durch eine unterschiedliche Gestaltung des Wahlrechts in gewissem Umfange Rechnung zu tragen, wenn in jedem Wahlgebiet allen Stimmberechtigten das gleiche Stimmrecht gewährleistet bleibt und ungerechtfertigte Differenzierungen zwischen Wahlgebieten gleicher Größenordnung vermieden werden.[128] Wieder für das Vorfeld der Wahl oder Abstimmung selbst judizierte das Gericht am 19.7.1966, daß der Grundgesetzgeber sich, indem er die freiheitliche, demokratische Grundordnung geschaffen hat, für einen freien und offenen Prozeß der Meinungs- und Willensbildung des Volkes entschieden hat. Dieser Prozeß muß sich vom Volk zu den Staatsorganen, nicht umgekehrt von den Staatsorganen zum Volk, vollziehen. Vereinbar mit dem Grundsatz der freien und offenen Meinungs- und Willensbildung vom Volk zu den Staatsorganen ist es nicht, den Par

---

124 BVerfGE 7, 63.
125 BVerfGE 8, 51.
126 BVerfGE 12, 266.
127 BVerfGE 12, 10.
128 BVerfGE 13, 243.

teien Zuschüsse aus Haushaltsmitteln des Bundes für ihre gesamte Tätigkeit im Bereich der politischen Meinungs- und Willensbildung zu gewähren.[129]
In seiner Entscheidung v. 15.2.67 hat das Bundesverfassungsgericht entschieden, daß die Zuziehung einer Vertrauensperson bei der Wahl, sind die Voraussetzungen des Bundeswahlgesetzes erfüllt, verfassungsgemäß ist, weil der Wahlberechtigte sonst nicht in der Lage sei, sein Wahlrecht auszuüben: "Wenn das Grundgesetz dem Gesetzgeber gestattet, dafür zu sorgen, daß nach Möglichkeit alle Wahlberechtigten ihr Wahlrecht ausüben, muß demgegenüber die Wahrung des Wahlgeheimnisses zurücktreten." [130] "Der Grundsatz der Allgemeinheit und Gleichheit der Wahl verlangt nicht, daß bei einem Volksentscheid nach Art. 29 Abs. 3 GG abstimmungsberechtigt auch derjenige ist, der nur im Abstimmungsgebiet geboren ist".[131] Auf die Wahlen zu Richtervertretungen können die für die allgemeinen politischen Wahlen zu den Parlamenten geltenden Grundsätze nicht übertragen werden.[132] Auf eine Wahlprüfungsbeschwerde hin entschied das Bundesverfassungsgericht am 23.Oktober 1973, daß Auslandsdeutsche kein Wahlrecht, kein aktives Wahlrecht haben.[133] Die Formalisierung im Bereich des Wahlrechts sei nicht mit einem Verbot jeglicher Differenzierung ver-bunden, wenn "zwingende Gründe", wie z.B. Unterschreitung des Mindestalters, vorhanden sind. Das Gericht nennt aber auch "Entmündigung", "vorläufige Vormundschaft" und "geistige Gebrechen" oder Nichtbesitz wegen Richterspruchs als "traditionelle Begrenzungen" und zählt zu diesen auch die Nichtseßhaftigkeit im Geltungsbereich des Grundgesetzes.[134]

Wenn im Rahmen einer Sitzverteilung nach dem Wahlschlüsselverfahren der Wahlschlüssel bei der Zweitverteilung nach Reststimmen eine über die 5 v. H. - Sperrklausel hinausreichende absolute Sperrwirkung entfaltet, ist der Grundsatz der gleichen Wahl verletzt.[135]
Die Wahlrechtsgleichheit ist nicht verletzt, wenn die Reihenfolge der Bewerber auf dem Stimmzettel bestimmt wird nach ihrem Wahlerfolg bei der letzten Wahl, entschied das Bundesverfassungsgericht am 6. Oktober 1970.[136] Die in Art. 28 Abs. 1 Satz 2 und 38 Abs. 1 Satz 1 GG umschriebenen Grundsätze der Wahl gelten als allgemeine Rechtsprinzipien für Wahlen zu allen Volksvertretungen im staatlichen und kommunalen Bereich. Dazu gehört auch die freie Wahl. Die unabdingbaren Voraussetzungen einer solchen enthalten das Gebot einer freien

---

129 BVerfGE 20, 56.
130 BVerfGE 21, 207.
131 BVerfGE 28, 220.
132 BVerfGE 41, 1.
133 BVerfGE 36, 141, 142.
134 BVerfGE a.a.O.
135 BVerfGE 34, 81.
136 BVerfGE 29,1, 63.

Kandidatenaufstellung und ihr Nachweis, der die Beachtung dieses Gebotes sicherstellt.[137]

In seiner Entscheidung vom 24. 11. 1981 begründet das Bundesverfassungsgericht die Verfassungsmäßigkeit der Briefwahl damit, daß diese auch solchen Wahlberechtigten, die sich sonst aus gesundheitlichen oder anderen wichtigen Gründen gehindert sähen, ihre Stimme im Wahllokal abzugeben, die Teilnahme an der Wahl eröffnet. Dadurch wird dem Grundsatz der Allgemeinheit der Wahl Rechnung getragen, der besagt, daß grundsätzlich alle Bürger an der Wahl sollen teilnehmen können.[138]

Das Verhältnis Bürger zu Parteien und diese zum Staat wurde in der Entscheidung vom 14.7.1986 beurteilt: "Das Recht des Bürgers, im Rahmen seiner Teilhabe an der politischen Willensbildung frei zu entscheiden, welche Partei er finanziell unterstützen will, wird durch die Chancenausgleichsregelung, die den Vorteil ausgleichen soll, der Parteien mit relativ hohem Spenden- und Beitragsaufkommen erwächst, nicht in verfassungswidriger Weise beeinträchtigt. Die Freiheit der politischen Betätigung der Bürger umfaßt nicht einen Anspruch darauf, daß vom Staat gewährte Steuervergünstigungen für Beiträge und Spenden an politische Parteien unter Verletzung des Grundsatzes der Chancengleichheit nur der Partei mittelbar zugute kommen, die der Bürger unterstützt."[138a]

Aus Art. 38 GG, der die allgemeine, unmittelbare, freie, gleiche und geheime Wahl gewährleistet, läßt sich kein Recht des einzelnen Wählers darauf herleiten, daß der Deutsche Bundestag nicht in Anwendung des Art. 68 GG vorzeitig aufgelöst wird.[139]

Das Gericht hat auch entschieden, daß der völlige Ausschluß der kommunalen Wählervereinigung von steuerlichen Entlastungen gemäß §10 b und §34 g des Einkommensteuergesetzes i. d. F. des Gesetzes zur Änderung des Parteiengesetzes und anderer Gesetze vom 22. Dezember 1983 (BGBl. I S. 1577) mit dem Grundgesetz nicht vereinbar ist.[140]

Wenn die Zweitstimme desjenigen Wählers, der schon mit der Erststimme für einen solchen Kandidaten votiert hatte, der keiner Vereinigung angehört, für die eine Landesliste zugelassen ist, nicht gezählt wird, so verstößt das nicht gegen Art. 38 Abs. 1 Satz 1 GG.[141]

Schon in Yarborough, Ex parte, The Klu-Klux Cases entschied der amerikanische Supreme Court, daß der Kongress "same Election Laws" konstituieren darf:"The

---

137 BVerfGE 47, 253, 284.
138 BVerfGE 59, 125, auch BVerfGE 63, 75.
138a BVerfGE 73, 40.
139 BVerfGE 63, 75.
140 BVerfGE 78, 350.
141 BVerfGE 79, 166f.

constitution of the United States is binding, not by force of its express words only, but by its necessary implication as well. Therefore, the fourth section of article 1 of that instrument gives to the national congress the power to legislate for the protection of all persons in their right to vote in national elections. [142]

Charakteristisch ist auch die Entscheidung U.S. v. Brewer, in der es um die Art und Weise der Sicherung der Gleichheit der Wahl geht: "..when the election is finished the returning officer and judges shall in the presence of such of the electors as many choose to attend, open the box and read aloud the names of the persons which shall appear in each ballot, does not require that the box shall be opened at the place where the election is held, or that it shall not be removed there from until the votes cast are counted".[143]

Auch in Ball v. James entschied der Supreme Court zur Gleichheit und Allgemeinheit der Wahl, zu dem One-person, one-vote principle als Voting eligibility based on property ownership:" Under facts of case, one person, one vote principle under Equal Protection Clause does not invalidate Arizona law whereby voting eligibility for election directors of Salt River Project Agricultural Improvement and Power District – a governmental entity that stores and delivers untreated water to certain landowners – is limited to landowners and whereby voting power is apportioned according to acreage owned, even though District, to subsidize its water operations, sells electricity to approximately half of State's population and exercises certain governmental power so as to affect all District residents, regardless of property ownership." [144]

In der englischen Rechtsprechung des vorigen Jahrhunderts findet man Beispiele über die Ausgestaltung von Wahlrechten, die die Chance, zu wählen, an Bedingungen knüpft: In Abel v. Lee wurde eine Entscheidung gefällt zu Vote for Parliament, Borough Vote, Description of Nature of Qualification, "House", Necessity by being rated, Payment of Rent by Landlord, Estate for Life, Shares in Bridge, Right to Tolls, Insufficient Local Description of Qualification, "Rateable

---

142 152 U.S. 651; ähnlich 116 U.S. 252, Ex parte Coy et al., 1263 Vol. 8, 1887.
143 11 S. ct. 538.
144 451 U.S. 355; 465 U.S. 236; für die Präsidentenwahl McPherson v. Blader, 13 S. ct. 3; Blitz v. U.S. 153 U.S. 308; Sherman v. U.S. 15 S. ct. 234; 15 U.S. 951; 109 U.S. 65; Pope v. Williams 193 U.S. 621; U.S. v. Morgan 307 U.S. 183; U.S. vs. Saylor 322 U.S. 385; MacDougall v. Green 335 U.S. 281; Democratic Party of U.S. v. La Follette, 450 U.S. 107; Rogers v. Lodge 458 U.S. 613; Blanding v. DuBree 454 U.S. 393; California Medi-cal Ass. v. FEC 453 U.S. 182; Kullmann v. Wilson 477 U.S. 436; Murro v. Socialist Workers Party 479 U.S. 189; Uphan v. Seamon 456 U.S. 37; Briscoe v. Bell 432 U.S. 404; Morris v. Gressette 432 U.S. 491.

Value"[145] County vote-Freehold Interest of uncertain Duration-Rent Charge-Power of Sale-Resulting Trust geht in ähnliche Richtung.[146]

In dieser Zeit sind viele Entscheidungen zu den "qualifications" ergangen.[146a] Die Beispiele aus der Rechtsprechung zeigen, wie die gleiche Chance für alle oder nicht alle Staatsbürger, ihre Auffassung durchzusetzen, garantiert worden ist. Welcher Gedanke maßgeblich war, den einen das Wahlrecht zu geben und sie so mit der Möglichkeit, Stimmbürger zu werden, auszustatten und den anderen das zu versagen, ist darin entschieden. Man hat den Kreis enger oder auch weiter gezogen; die Entwicklung der Rechtsprechung ist aber so zu verstehen, daß dieser immer mehr ausgeweitet wird. Das hat seine Ursache in dem Begriff der Demokratie, der die gleiche Einflußnahme aller auf das staatliche Geschehen als Merkmal in sich trägt. Weil es alle sind, ist die Chance, daß nicht jede Entscheidung falsch ist, höher, als wenn es nur wenige sind.

Ist aber diese Chance, daß jeder Staatsbürger die gleiche Möglichkeit haben muß, seinen Willen durchzusetzen, bloß Allgemeinheit und Gleichheit staatsbürgerlicher Rechte und Pflichten, vor allem die des Wahlrechts? Der Begriff Form, besser Herrschaftsform, legt nahe, in diesem Gedanken nicht nur Verfahren oder auch procedere enthalten, zu verstehen, in denen sich die Allgemeinheit und Gleichheit solcher Rechte zeigt. Entscheidend dürfte sein, daß sie so ausgestaltet sein müssen, daß sich die Chance auch zu einer Wirklichkeit entwickelt, daß die bloße Möglichkeit zur Wirklichkeit werden kann.

Der Begriff Form ist also nicht nur Verfahren, procedere mit einem Regelungsinhalt, der Allgemeinheit und Gleichheit der Rechte in ihrem Tatbestand erkennen läßt. Die Chance muß eine tatsächliche sein, eine solche, die jederzeit wahrgenommen und damit Wirklichkeit werden kann. Keineswegs ist Merkmal des Begriffs "Form" der gelegentlich zugesprochene Bedeutungsgehalt des "Formalen" als bloßes Gerüst oder als nur äußerliche Gestalt ohne Merkmale, Kern und Wesen, die auf die Wirklichkeit, die aus der Möglichkeit erwächst, gerichtet sind. Es genügt dann nicht, diesen Begriff von dem des Inhaltes zu unterscheiden, der zwar im Gegensatz zu dem Begriff "Form" steht, ihm aber keines von seiner auf diesen Gedanken abgestellten Merkmale nimmt.

Schon wegen der Zusammensetzung des Volkes aus Einzelnen, die dieser Chance bedürfen, damit Volksherrschaft sei, kommt es zu diesen Merkmalen. Es bedarf ihrer aber auch, weil die Volksherrschaft ihre Begründung als Herrschaftsform darin findet, daß wegen der Beteiligung aller die Chance besteht, daß nicht jede

---

145 Law. Re. 6 C. P. 365.
146 1 C. D. P. 178.
146a Gainsford v. Freeman 1 L. R. 129; Harris v. Amery 1 L. R.

Entscheidung falsch ist. Wenn in dieser Herrschaftsform die Möglichkeit am höchsten ist, so müßten, damit die richtige Entscheidung getroffen wird, die, die dem Gemeinwohl entspricht, die Bedingungen dafür geschaffen werden, damit die Chance, daß eine solche Entscheidung getroffen wird, verwirklicht ist. Gerade weil in der Demokratie die hohe Zahl der Entscheidenden die Möglichkeit in sich birgt, daß nicht alle Entscheidungen falsch. sein mögen, soll das Entscheidungsrecht selbst stark ausgestaltet sein.

§ 26 Richtigkeit des Mehrheitsprinzips

"Sie (die Demokratie) ist – scheint es – eine angenehme, herrenlose und bunte Verfassung, die ohne Unterschied Gleichen und Ungleichen dieselbe Gleichheit zuteilt", schreibt Platon im achten Buch der Politeia".[147] "Eine Demokratie entsteht also, wenn die Armen siegen und ihre Gegner töten oder verbannen, alle übrigen aber nach gleichem Recht an Verfassung und Ämtern teilnehmen lassen und die Ämter möglichst nach dem Lose vergeben"[148], schreibt er zuvor. Die Vergabe der Ämter erwähnt auch Rousseau, der sich auf Montesquieu beruft: "Die Bestimmung durch das Los entspricht der Natur der Demokratie."[149] Aristoteles meint, daß die Definition der Demokratie in der Freiheit liegt, "doch das, was die Mehr-

(Borough Vote); Morish v. Harris 1 L. R. 155 (Borough Vote); Smith v. James 1 L. R. 138 (County Vote); Jones v. Jones 1 L. R. 140 (County Vote Registration act); Smith v. Holloway a. O. 1 L. R. 145 (County Vote); Barlow v. Mumford 2 L. R. 81; Cotton v. Prall 2 P. R. 86; Proudfoot v. Barnes 2 L. R. 88; Mills v. Cobb 2 L. R. 95; Bright v. Devenish 2 L. R. 102; Hinde v. Chorlton 2 L. R. 104 (Pour-Rate-Representation of the People Act, 1867); Pegler v. Gurney 4 L. R. 235 (Southampton Election Petition); Beal Smith 4 L. R. 145; 4 L. R. 361; Hill v. Peel; Broad v. Fowler; Pegler v. Gurney 5 C. P. 172; Tillett v. Stracey 5 C. P. 185; Hughes v. Meyrick 5 C. P. 407; Kirton v. Dear 5 C. P. 217; Wallis v. Birks 5 C. P. 222; Brumfitt v. Roberts 5 C. P. 224; Greenway v. Hockin 5 C. P. 235; Brewer v. Mcgowen 5 C. P. 239; Smith v. Lancaster 5 C. P. 246; Piercy v. Maclean 5 C. P. 252; Durant v. Kennett 5 C. P. 262; Ford v. Harington 5 C. P. 282; Allen v. Geddes 5 C. P. 291; Carter v. Mills 6 C. P. 117; Marshall v. Sir Henry James 6 C. P. 702; Stowe v. Jolliffe 6 C. P. 734; Yates y Leach 9 C. P. 605; Malcolm y Parry 9 C. P. 610; Boon v. Howard 9 C. P. 277; Lord Rendlesham v. Hawad 9 C.P. 252; Stevens v. Tillett 6 C. P. 147; C. Taylor v. The Overseers of St. Mary Abbott 6 C. P. 309; Bond v. The Overseers of St. Georde 6 C. P. 312; Thompson v. Ward 6 C.P. 327; Abel v. Lee 6 C. P. 365; Ashworth v. Hopper 1 C. D. P. 178.

147 558 11 c f.
148 557 a 49 f.
149 J.-J. Rousseau, Du contract social; ou principes du droit politique, Stuttgart 1986 S. 118 (Amsterdam 1762).

zahl beschließt, ist allen gemeinsam". Denn auch in der Oligarchie, der Aristokratie und der Demokratie bedeutet das die entscheidende Instanz, was der überwiegende Teil derer beschließt, die an der Staatsverfassung Anteil haben".[150]

Wenn in allen Formen von Herrschaft im Staat, aber auch in den Formen, die der Staat annimmt, geherrscht wird, könnte dort, wo mehr als zwei Personen herrschen, mit der Mehrheitsregel entschieden werden. Man mag denken, daß schon bei zweien, die herrschen, eine Mehrheit vorhanden ist, weil dann Zwei gegen Null herrschen. Mehrheit ist zwar auch diejenige Zahl, die alle bedeutet, aber es muß in der Zahl derjenigen, die herrschen, die Möglichkeit von Mehrheits- und Minderheitsbildung geben. Null ist aber kein Minderheit, sondern Nichts, sie ist keine Zahl. Wenn nicht die Chance zu einer Minderheitenbildung besteht und das bei zweien der Fall ist, so muß die Zahl der Herrschenden größer als zwei sein, damit Mehrheit und Minderheit gebildet werden können.

In der Demokratie herrscht das Volk, also mehr als zwei. Aus diesem Grunde ist die Demokratie eine Form der Herrschaft, in der Mehrheiten gebildet werden können. Ist die Demokratie eine solche Form, so weiß man noch nicht, wer die Mehrheiten bildet. Ist es das Volk oder vielleicht eine Vertretung des Volkes oder die durch das Volk legitimierte Regierung?
Man wird wohl davon ausgehen können, daß es zunächst das Volk selbst sein könnte, das Mehrheiten und Minderheiten bildet und wenn es von dem Parlament vertreten wird, so werden dort ebenfalls diese entstehen. So heißt es in Art. 121 GG:"Mehrheit der Mitglieder des Bundestages und der Bundesversammlung i. S. des Grundgesetzes ist die Mehrheit ihrer gesetzlichen Mitgliederzahl." Wenn das Volk herrschen soll, ist es dieses als solches, in dem Mehrheiten und Minderheiten vorhanden sind.

I. Theorien der Demokratie

1. Herrschaft durch alle

Daß die Bestimmung dessen, was Demokratie sei mit dem Worte Freiheit erfolgt, könnte seine Ursache darin haben, daß es das Volk ist, das herrscht. Die Macht sollen alle haben.

Wenn es so ist, daß alle herrschen, so könnte dies besondere Voraussetzungen oder Folgen haben, jedenfalls andere Merkmale für den Begriff Volksherrschaft mit sich bringen, als für andere Herrschaftsformen. Alle heißt, daß niemand davon ausgeschlossen ist. Dieser Ausschluß Einzelner oder auch von Teilen hindert, von Demokratie zu sprechen.

Daß es alle sind und niemand nicht herrscht, bedeutet, daß von niemandem gesagt werden kann, er herrsche nicht. Daß allerdings auch über ihn geherrscht wird, z.B. durch Mehrheiten, denen er nicht angehört hat oder denen er jedenfalls

---

150 Politik 1294, 196.

nicht mehr zum Zeitpunkt der Anwendung angehört, dürfte für die Frage, ob der Einzelne herrscht, nicht unbedingt von Bedeutung sein. Gehört der Einzelne zu den überstimmten, könnte man meinen, er herrsche nicht. Daß er aber nicht herrscht, hat seine Ursache darin, daß er eine andere Auffassung vertritt als die Mehrheit.[151] Jedenfalls hätte er, wäre sein Votum anders ausgefallen, zu der herrschenden Mehrheit gehören können. Daher ist der in der Demokratie bei einer Abstimmung Unterlegene einer, der als zu der Herrschaft fähig anerkannt ist. Anders derjenige, der Ausländer, Geschäftsunfähiger oder der von den staatsbürgerlichen Rechten ausgeschlossen ist. Freiheit nun, sich zu entscheiden, d.h. überhaupt eine Entscheidung dem eigenen Willen nach fällen zu dürfen, ist nicht allein Merkmal des Begriffs Demokratie. Auch dort, wo nicht alle entscheiden, könnten diese frei in der Entscheidung sein. Ist es ein Rechtsstaat, so sind sie frei im Rahmen der Gesetze oder wie Art. 20 GG sagt "an Gesetz und Recht gebunden". Vielleicht liegt die Freiheit aber darin, daß niemand nach einer Entscheidung sagen kann, er habe nicht die Möglichkeit gehabt, sich an dieser zu beteiligen. Der Einzelne darf also kraft seiner Eigenschaft, Stimmbürger zu sein, eine Entscheidung fällen, von der im Moment des Entschlusses oder auch seiner Dokumentierung auf dem Stimmzettel oder dem Heben der Hand noch nicht unbedingt gesagt werden kann, ob sie sich durchsetzt. Es ist demnach die Freiheit, wie jeder andere auch, entscheiden zu dürfen. Selbst wenn die Chance, der Minderheit anzugehören, vorhanden ist, so ist dieselbe, der Mehrheit zuzugehören, es auch. Das Recht, die Geschicke des Staates durch Wahlen und Abstimmungen, zu bestimmen, ist ein Freiheitsrecht. Freie Bürger sind solche, die die Freiheit haben, sich vielleicht auch gegen das zu entscheiden, was z.B. Auffassung von Regierung, Parteien, früheren Mehrheiten usw. ist.

Solche Entscheidungen bringen zum Ausdruck, daß über den Staatsbürgern niemand steht, der das Recht hat, ihr Votum abzuändern. Selbst wenn der Einzelne der Minderheit angehört und also nicht der herrschenden Mehrheit, so kann nur

---

151 A. M. Honoré, Die menschliche Gemeinschaft und das Prinzip der Mehrheitsregel, Festschrift f. Schelsky, S. 230; C. Gusy, Das Mehrheitsprinzip im demokratischen Staat, AöR 1981, 329; P. Häberle, Das Mehrheitsprinzip als Strukturelement der freiheitlich-demokratischen Grundordnung, JZ 1977, 241; H. Krüger, Die Entscheidungsbefugnis in der demokratischen Ordnung des Grundgesetzes, BayVBl. 1988, 353; W. Heun, Das Mehrheitsprinzip in der Demokratie: Grundlagen – Struktur – Begrenzungen, Berlin 1983; H. Dreier, Das Majoritätsprinzip im demokratischen Verfassungsstaat, ZParl 1986, S.94; T. Saretzki, Mehrheitsprinzip und Grundkonsens – eine Frage der Betonung? ZParl 1985, 256; W. Steffani, Mehrheitsentscheidungen und Minderheiten in der pluralistischen Verfassungsdemokratie, ZParl 1986; 569; R. Laun, Mehrheitsprinzip, Fraktionszwang und Zweiparteiensystem, Gedächnisschrift f. W. Jellinek 1954, S. 175; A. F. Utz, Das Mehrheitsprinzip in der Demokratie, ARSP 87,526.

die Mehrheit der anderen Stimmbürger, aber niemand anderes über ihm stehen. Er muß sich keiner anderen Macht als der der anderen Bürger unterwerfen. Seine Chance, dieser Gemeinschaft anzugehören, ist genauso groß wie die der anderen. Er ist deswegen ihnen gegenüber nicht im Nachteil. Das ist der Kern der Demokratie als Volksherrschaft, daß niemand über dem Volke steht, weil sie gerade vermeiden soll, daß der Einzelne sich einem Votum unterzuordnen hat, welches das Volk, dessen Teil er ist, nicht legitimierte.

In der Möglichkeit, an Wahlen und Abstimmungen teilzunehmen, liegt die Chance, in dem Staat zu herrschen wie jeder andere auch. Selbst in der christlichen Demokratie[152] oder der Monarchie, die in ihrer Herrschaftsform als Demokratie ausgestaltet ist, gibt es einen dem Volk vorbehaltenen Entscheidungsbereich. Weil es sich um weltliche Herrschaft handelt, steht in diesen dort zu entscheidenden Punkten, seien es Wahlen, seien es Abstimmungen, dieser Raum dem in dem Staate lebenden Volke zu. Welches Ausmaß, welcher Sachbereich und welche Frage, welche Entscheidungen dem Volk vorbehalten bleiben müssen, ist noch nicht entschieden und auch noch nicht gedacht worden.[153] Andernfalls gibt es einen der Entscheidung des Volkes vorbehaltenen Raum und die Freiheit des Einzelnen bei der Entscheidung, wie diese lauten soll.

2. Herrschaft durch Repräsentation

Wenn in dem Staat alle herrschen und man einen dem Volk vorbehaltenen Entscheidungsspielraum in der Demokratie orten kann, in dem es seine souveräne Gewalt ausübt, so könnte sich das in unterschiedlichen Erklärungen und Formen der Demokratie zeigen.[154]

In den Demokratien, durch die moderne Verfassungsstaaten ausgestaltet sind, kann man nicht nur die Repräsentation des Volkes durch die Volksvertretung fest-

152 A. Gnägi, Katholische Kirche und Demokratie. Ein dogmengeschichtlicher Überblick über das grundsätzliche Verhältnis der katholischen Kirche zur demokratischen Staatsform, Zürich u. a. 1970; H. Albertz/J. Thomsen (Hg.), Christen in der Demokratie, Wuppertal 1978.
153 W. Schürmann, Die unmittelbare Demokratie in Bayern und im Bund im Vergleich zur Schweiz, München 1961; P. Stolz, Politische Entscheidungen in der Versammlungsdemokratie, Bern 1968; R. Bäumlin, Die rechtsstaatliche Demokratie, Zürich 1959; H.-P. Gasser, Die Volksrechte in der Zürcher Verfassung. Die Funktion der direkt-demokratischen Institutionen im modernen kleinräumigen Verfassungsstaat, Winterthur 1966; R. Geilinger, Die Institutionen der direkten Demokratie im Kanton Zürich, Zürich 1947; P. J. Bratschi, Die Bedeutung der Verfassungsinitiative in der Sozialgesetzgebung der Schweiz, Bern 1969; L. Briner, Grundsatzentscheide (zweistufiges demokrat. Beschlußverfahren) am Beispiel der Zürischen Gemeinden, Zürich 1974.
154 Grundsätzlich: H. Dreier, Demokratische Repräsentation und vernünftiger Allgemeinwille, AöR Bd. 113, S. 450f.

stellen, sondern auch, daß es, um seinen Willen in der Ausübung von Herrschaft zu betätigen und betätigen zu können, durch die Parteien als dem Volke entstammende Vereine vorbereitet wird und "der moderne Parteienstaat seinem Wesen wie seiner Form nach nichts anderes wie eine rationalisierte Erscheinungsform der plebiszitären Demokratie oder ein Surrogat der direkten Demokratie im modernen Flächenstaat ist." [155] Es könnte sein, daß Art. 21 I GG deswegen sagt, daß die Parteien bei der politischen Willensbildung des Volkes mitwirken. "Ihre Gründung ist frei. Ihre innere Ordnung muß demokratischen Grundsätzen entsprechen." Dieser Satz 3 von Abs. 1 trägt dem Gedanken Rechnung, den das Bundesverfassungsgericht in seiner Rechtsprechung zur Parteienfinanzierung dargelegt hat.[156] Danach soll dem Volke bekannt sein, wer die Parteien finanziert, damit über einen möglichen Zusammenhang von den Auffassungen der Partei und der Finanzierung Wissen vorhanden ist und das Volk deswegen weiß, wen es unterstützt und unterstützen will.

In dem Satz, daß die Ordnung der Parteien demokratischen Grundsätzen entsprechen muß, könnte sich die Auffassung von Leibholz zeigen, der die Parteien in ihrer Bedeutung für die Ausgestaltung der Demokratie im modernen Flächenstaat begründet hat. In den beiden Parteiverbotsurteilen des Bundesverfassungsgerichts ist gesagt, was eine politische Partei ist.[157]
Wenn man die Parteien als Einrichtungen versteht, die als Vereine die politischen Auffassungen bilden und in dieser Form auch an die Öffentlichkeit treten, so wird auf diese Art und Weise eine Möglichkeit geschaffen, daß der Einzelne, von dem viele existieren, Einfluß auf die Entscheidungen im Staat nimmt. Wenn er sie nicht selbst durch Wahlen und Abstimmungen trifft, so kann er seine eigene Auffassung durch die Parteien äußern lassen.

Es ist zwar wegen des Repräsentationsprinzips gewährleistet, daß in Staaten, in denen viele Menschen leben, diese vertreten werden können. Der Unterschied

155 G. Leibholz, Strukturprobleme der modernen Demokratie, Frankfurt/M. 3. Aufl. 1974, S. 93.
156 BVerfGE 1, 208; BVerfGE 3, 19; 3, 383; BVerfGE 4, 27;4,31;4,142;BVerfGE 7, 77; 7, 99; BVerfGE 8, 51; BVerfGE 11, 239; 11, 266; BVerfGE 12, 10; 12, 132; 12, 135; 12, 200; 12, 276; 12, 296; BVerfGE 13, 123; 13, 204; BVerfGE 14, 121; 14, 190; BVerfGE 18, 34; 18, 151; BVerfGE 20, 56; 20, 119; 20, 134; BVerfGE 23, 33; 33, 42; BVerfGE 24, 252; 24, 260; 24, 299; 24, 300; BVerfGE 47, 130; 47, 198; BVerfGE 48, 271; BVerfGE 51, 222; BVerfGE 52, 63; BVerfGE 58, 169; 58,176; BVerfGE 60, 53; BVerfGE 60, 251; 60, 254; BVerfGE 66, 107; BVerfGE 67, 65; 67, 149; BVerfGE69, 92; 67, 257; BVerfGE 70, 173; 70, 271; BVerfGE 73, 1; 73, 40; BVerfGE 74, 44; 74, 96; BVerfGE 75, 34; BVerfGE 6, 84; 6, 273.
157 BVerfGE 2, 1; BVerfGE 5, 66. Im Anschluß daran BVerfGE 6, 300; 6, 445; BVerfGE 7, 61; BVerfGE 16, 130; BVerfGE 25, 44; 25, 64; 25, 69; 25, 79; 25, 88.

zwischen der Volksvertretung als einer Einrichtung des Staates, einer staatlichen Einrichtung und den Parteien als Einrichtungen in dem Staate, liegt darin, daß die Parteien nur in diesem wirken, selbst aber nicht staatlich sind.
Weil es aber nichtstaatliche Einrichtungen sind, stehen sie dem Volk näher. Aus diesem Grunde formuliert Art. 21 Abs. 1 S. 1 GG die dienende Funktion der Parteien für das Volk. Weil aber das Volk in dem Staate herrschen soll, muß es auch in den Parteien, als Parteivolk, herrschen, weil in dieser Herrschaft der Parteimitglieder als Verein, dessen Gründung frei ist, die Chance enthalten sein könnte, daß, wie im Staat selbst, man dort zu Meinungen und Auffassungen gelangt, die die größere Möglichkeit in sich tragen, richtig zu sein. Wenn aus der Summe von Zielen und Denkweisen über den Staat von den Gründern der Partei für diese gesonderte ausgewählt werden, so also wegen dieser Begrenzung auch eine geringere Zahl von Zielen und Meinungen gebildet werden müssen, kann erwartet werden, daß das damit einverstandene Mitglied und in der Summe alle Mitglieder in diesem Bereich nicht falsch entscheiden werden. Das gilt für die Partei in noch höherem Maße als für den Staat, weil die Staatsangehörigkeit i. d. R. durch Geburt und also nicht freiwillig erworben, während die Parteizugehörigkeit durch Beitritt oder Gründung erlangt wird.
Wenn auch die Nähe der Parteien zum Staat groß sein mag, sogar so groß, daß über ihre Einschränkung judiziert worden ist, so ist die Partei selbst doch keine staatliche Einrichtung, allerdings immer auf die Belange der staatlichen Gemeinschaft gerichtet.[158]
Weil sie diese Ausrichtung besitzt, ist es möglich, daß damit das Problem der hohen Zahl auf großer Fläche als für die Verwirklichung der Demokratie vielleicht hinderlich, bewältigt wird. Denn Staaten werden an einem Ort gebildet, an dem die Menschen leben; die Grundformen sind die der antiken Städten.[159] Parteien aber bilden eine andere Art und Weise der Gemeinschaft, die mit dem Gemeinwesen, als an einem Orte, nicht in Verbindung steht. Wenn auch die demokratische Ordnung eine Gliederung von unten (Ortsverband, Kreisverband) nach oben verlangt, wie eine Pyramide der Partei aufgebaut ist und eine Spitze in der Parteiführung, also im Parteivorsitz, hat, die Entscheidungen aber umgekehrt, wie bei einer auf den Kopf gestellten Pyramide geordnet sein müssen, so entspringt das nicht dem Gemeinschaftsgedanken, es ist Folge der demokratischen Ordnung der Parteien.

3. Parteien und Herrschaft

Der Gedanke, daß wegen der hohen Zahl auf großer Fläche der Wille des Volkes nicht genügend berücksichtigt wird und auch auch die Parteien, gerade, weil

---

158 BVerfGE 60, 62-67; früher schon krit. C. Schmitt, Die Hüter der Verfassung, 1985(1931) S. 147.
159 Siehe z.B. bei Platon, Die Gesetze III, 700 E.

sie dem Staate nahe sind, den Einzelnen in seinen Auffassungen, ist er nicht Mitglied, nicht erreichen und er sich ihnen auch nicht verbunden fühlt, muß nicht Formen direkter Demokratie nahelegen. Das Aufkommen von Einzelkandidaten, nichtparteigebundenen Listen etc. ist Anhaltspunkt dafür, daß in dem modernen Flächenstaat eine Richtung vorhanden ist, die den Leibholzschen Gedanken noch bestätigt. Darin wird das Problem der hohen Zahl und großen Fläche nur nicht durch Parteien, sondern durch andere Art und Weise der Beteiligung gelöst.[160] Ob die Einführung von häufigeren Formen von Demokratie, die das Volk direkt ausübt, ein Mittel sein kann, um das Gewicht der Parteien in dem Staate nicht erhöhen zu müssen, ist fraglich. Die Verstärkung des Gewichts der Parteien führt vielleicht zu einem höheren Wissen der Bevölkerung. Dasjenige von ihnen im Staate kann, weil das Volk herrschen soll, niemals direkte Formen von Demokratie, Abstimmungen und Wahlen, ersetzen.[161]

II. Einzelne Verfassungen und Mehrheitsbegriff

1. Länderverfassungen

In der Verfassung des Landes Baden-Württemberg ist in Art. 92 der Begriff der Mehrheit und der der Minderheit geregelt. Dort heißt es: "Mehrheiten oder Minderheiten der "Mitglieder des Landtags" im Sinne dieser Verfassung werden nach der gesetzlichen Zahl der Mitglieder des Landtags berechnet." Die gesetzliche Zahl der Mitglieder des Landtags ergibt sich nicht aus der Verfassung, sondern aus Art. 1 des Landtagswahlgesetzes.[162]

In der Verfassung von Niedersachsen regelt Art. 57 Mehrheiten und Minderheiten der Abgeordneten:"Mehrheiten oder Minderheiten "der Abgeordneten" im Sinne dieser Verfassung werden nach der gesetzlichen Zahl der Mitglieder des Landtags berechnet."

Für das Land Schleswig-Holstein bestimmte die frühere Landessatzung in Art. 51: "Mehrheit der Mitglieder des Landtages im Sinne dieser Landessatzung ist die Mehrheit seiner gesetzlichen Mitgliederzahl. "

160 R. Zippelius, Die rechtsstaatl. parlamentarische Demokratie als Ergebnis geschichtlicher Lehren, JuS 1987, 69lf.; B. Bender, Die Verbandsbeteiligung, DVBl. 1977, 708; U.Barschel, Bürgerinitiativen und parl. Parteiendemokratie, ZRP 1977, 130; N. Achterberg, Die parl. Demokratie als Entfaltungsraum für Bürgerinitiativen, NJW 1978, 1993; W. Röhl, Der Parteienstaat der Bundesrepublik Deutschland, NJW 1981, 2674; E. Schmidt-Jortzig, Frühzeitige Bürgerbeteiligung bei Planungen, DÖV 1981, 371; R. Hendler, Partizipationsdemontage im Städtebaurecht? ZRP 1979, 137; R. Scholz, Krise der parteienstaatl. Demokratie?, Berlin 1983; W. Schmitt Glaeser, Stärkung der polit. Mitwirkungsrechte der Bürger, DÖV 1977, 544.
161 C. Pestalozza, Der Popularvorbehalt, Berlin u. a. 1981l.
162 LandtagswahlG v. 10. 11. 1975 (GVBl. S. 801).

Daß der Begriff der Mehrheit in den Landesverfassungen geregelt ist, beruht auf dem Gedanken, daß man, soll diese im Gesetzgebungs- und anderen Abstimmungsverfahren entscheidend sein, wissen muß, welche Zahl zugrundegelegt wird. Darum kann Jacobs schreiben, daß ein Antrag verworfen ist, wenn Stimmengleichheit vorhanden, keine Mehrheit festgestellt wird.[163] Denn die Mehrheit muß immer als solche festgestellt werden, immer müssen die Stimmen gezählt werden. Die Feststellung, daß eine Stimme Mehrheit vorhanden ist, damit ein Antrag angenommen wurde, setzt voraus, daß die Stimmen gezählt worden sind und man wußte, wieviele als diejenigen, von denen aus die Mehrheit gebildet wird, zugrundegelegt werden müssen. Denn weder weniger noch Stimmengleichheit führen zu einer Annahme des Antrags.

Es ist in den Landesverfassungen die Mehrheit der Mitglieder als ein Rechtsbzw. Verfassungsbegriff deswegen von hoher Bedeutung, weil die grundsätzlichen Entscheidungen, Gesetzgebung und Bestimmung der Regierung, nur damit verabschiedet werden. Damit beugt man einem möglichen Mißbrauch vor, der darin liegt, daß die zufällig Zahl anwesender Abgeordneter die staatlichen Belange bestimmen kann. Ist schon die Repräsentation des Volkes als die Summe einzelner Staatsbürger als Stimmbürger durch den einzelnen Abgeordneten und das Parlament nur in eingeschränkter Art und Weise möglich, so verstärkt sich diese Einschränkung noch dadurch, daß nur zufällig anwesende Volksvertreter stimmen. Die ununterbrochene Legitimationskette als Grund dafür, die parlamentarische Demokratie überhaupt als Form von Demokratie begreifen zu können, ist dann um ein entscheidendes Glied verringert, so daß der Begriff Volksherrschaft in seinem Kern berührt sein mag.

2. Deutsche Bundesverfassungen

In der Verfassung des Deutschen Reichs vom 11. August 1919, die gem. Art. 178 die Verfassung des Deutschen Reichs vom 16. April 1871 und das Gesetz über die vorläufige Reichsgewalt vom 10. Februar 1919 abgelöst hatte, wird der Begriff Mehrheit nicht besonders geregelt.[164]

Erst das Grundgesetz der Bundesrepublik Deutschland[165] hat in Art. 121 GG geregelt, daß Mehrheit der Mitglieder des Bundestages und der Bundesversammlung im Sinne dieses Grundgesetzes die Mehrheit ihrer gesetzlichen Mitgliederzahl ist. Der Grund dafür, warum das Grundgesetz eine solche Vorschrift enthält, ist derselbe wie er für die Länderverfassungen gilt. Z.B. sieht Art. 63 Abs. 2 S.1 GG die "Mehrheit der Mitglieder des Bundestages" als diejenige Zahl vor, mit

---

163 U. K. Jacobs, "Man soll die Stimmen wägen und nicht zählen." – Über fragwürdige Begrenzungen des Mehrheitsprinzips NJW 1989, 3205.
164 RGBl. 1383. Vgl. BVerfGE 1, 16 (Leitsatz 15.)
165 v. 23. Mai 1949, BGBl. l. Zum Begriff "Grundgesetz" siehe C. Schmitt, Verfassungslehre, 5. Aufl., Berlin 1970 (1928), S. 42.

der der Bundeskanzler als Regierungschef gewählt wird. Im Grundgesetz ist in Art. 42 Abs. 2 S.1 GG das Mehrheitsprinzip als Entscheidungsregel verankert. Dort nennt der Verfassungsgeber "die Mehrheit der abgegebenen Stimmen". § 48 GeschO BT konkretisiert dies durch die dort genannten Abstimmungsregeln. In Absatz 2 Satz 1 wird die "einfache Mehrheit" als diejenige benannt, die bei einer Entscheidung durch Abstimmung zu deren Verwirklichung führt, soweit in anderen Gesetzen nicht etwas anderes vorgesehen ist. Deutlich wird in dem Satz, was jedenfalls keine Mehrheit ist, die Stimmengleichheit. Für die Feststellung der Mehrheit bedarf es also nicht nur des Wissens über die Zahl der Abstimmungsberechtigten, derjenigen, die abgestimmt haben und derjenigen, die für oder gegen das eine oder das andere gestimmt haben. Es ist auch notwendig, zu wissen, welche Mehrheit notwendig ist, damit ein Beschluß zu der Folge führt, daß eine gültige Entscheidung zustandegekommen ist.

Im Bundestag, dessen Geschäfte durch eine Geschäftsordnung nach Art. 40 Abs. 1 S.2 GG geregelt werden, ist für die Beschlüsse, d.h. für alle Entscheidungen, auch in Angelegenheiten der Geschäftsordnung, nach § 45 Abs. 1 GeschO BT, die Mehrheit der Mitglieder des Bundestages als anwesende Personen erforderlich. Sind weniger anwesend, so ist der Bundestag nicht beschlußfähig. Zwar kann der Bundestagspräsident in eigener Verantwortung die Tagesordnung ändern, z.B. wegen Ordnungsangelegenheiten, aber die Beschlußfähigkeit soll garantieren, daß auch bei einer nicht ausdrücklich vorgeschriebenen Mehrheitsklausel jedenfalls eine Entscheidung nur gefällt werden kann, wenn mindestens ein Mitglied des Bundestages und ein Viertel seiner gesetzlichen Mitgliederzahl für den Antrag gestimmt hat.

Durch diese Regelungen soll gewährleistet sein, daß eine Entscheidung durch die Volksvertretung nur dann zustandekommt, wenn diejenigen, die bereit sind, sie zu tragen, nicht von geringerer Zahl sind als diejenigen, die dagegen sind. Denn wer und wie sollte sonst die Entscheidung legitimiert sein, wenn man von dem Gedanken her Entscheidungen durch mehr als eine Person damit begründet, daß die Irrtumsmöglichkeit durch die hohe Zahl geringer ist?! Sogar dann, wenn die Zahl der Abstimmenden gering sein mag, ist die Möglichkeit größer, daß der Irrtum vermieden wurde, wenn sich die Mehrheit für einen Antrag ausspricht. Jedoch kann die Entscheidung dennoch falsch sein, das kann sie aber auch, wenn alle abstimmen, alle Staatsbürger Stimmbürger werden und z.B. nur eine Gegenstimme vorhanden ist.

2. Abschnitt: In- und ausländische Verfassungen und ihre Gestaltung als demokratische

§ 27 Angelsächsischer Rechtskreis

I. Vereinigtes Königreich von Großbritannien

1. Machtausübung durch das Volk

Die Machtausübung durch das Volk findet in England durch Wahlen der Mitglieder des Parlamentes, nämlich des Unterhauses statt.[166] Es sind allgemeine

---

166 Representation of the People Act 1979, P. G. A. 1979, II, c. 40, 1037.

Wahlen an denen jeder teilnehmen darf. Die Wahl der Abgeordneten zum Unterhaus findet nach dem Mehrheitswahlrecht statt. Der einzelne Abgeordnete ist gewählt, wenn er die Mehrheit der Stimmen derjenigen erhält, die in dem Wahlkreis gewählt haben. Dieses Mehrheitswahlsystem bindet die Wahl des einzelnen Abgeordneten ausschließlich an den Wahlerfolg in seinem Wahlkreis. Derjenige Kandidat, der sein Ziel erreicht, die Mehrheit erhält, ist Mitglied des Unterhauses und vergleichbar dem Direktkandidaten, dem es nach §5 BWG gelingt, die Mehrheit der Stimmen auf sich zu vereinigen.

Das englische Wahlrecht kennt keine Landesliste, also kein Verhältnisausgleich zwischen den Parteien. Man könnte meinen, daß diejenigen, die nicht den erfolgreichen Kandidaten gewählt hatten, sondern den unterlegenen, nicht im Parlament repräsentiert sind und deswegen ein Verhältnisausgleich notwendig ist. Sieht man von den grundsätzlichen Bedenken ab, die das Repräsentationsverfahren auf sich zieht und die schon genannt worden sind, so kann auch der Verhältnisausgleich über die Landesliste daran nicht viel ändern. Der Wähler, dessen Kandidat unterlegen ist, erhält dann für seine Wahlentscheidung über die Landesliste eine Vertretung durch einen anderen, derselben Partei angehörenden Abgeordneten, der nur deswegen in das Parlament kommt, weil er aus der Summe der Stimmen, die in den Wahlkreisen nicht berücksichtigt worden sind, die Legitimation für seinen Sitz erhält.

Weil die Abgeordneten, die über die Landesliste in das Parlament kommen, denselben Status haben wie diejenigen, die direkt gewählt worden sind, ist aus der Sicht der Parteien der Unterschied geringfügig. Für den Wähler aber fehlt der Zusammenhang zwischen seiner Stimme und dem über die Landesliste in das Parlament einziehenden Abgeordneten. Von der Summe der Zweitstimmen wird sogar die Summe der Erststimmen abgezogen.

Im Unterschied dazu beruht das englische Mehrheitswahlrecht auf dem Gedanken von "confidence" d.h. der Beziehung zwischen der Wählerstimme und dem gewählten Abgeordneten. Daß diejenige Stimme, die einen anderen als den erfolgreichen Kandidaten gewählt hat, fortfällt, dieser Wähler nicht repräsentiert ist, wird demgegenüber hingenommen. Der Abgeordnete, der von der Mehrheit gewählt worden ist, kann zwar dem Willen des Nichtwählers folgen, er kann aber auch den Willen des Wählers befolgen. Bloß die Wiederwahl könnte davon abhängig sein, ob er Entscheidungen gefällt hat, die das Vertrauen seiner Wähler genießen oder auch, ob er neue Wähler deswegen hinzugewinnt. Das Mehrheitswahlrecht ist stärker als das Verhältniswahlrecht ein Personenwahlrecht. Es ist auch, gibt es, wie in Großbritannien oder den Vereinigten Staaten, zwei große Parteien, ausgerichtet an dem Gedanken, daß sich an den Personen die Entscheidung orientieren kann. Dem Mehrheitswahlrecht liegt deswegen eher ein wettbewerbliches Moment zugrunde, daß die beiden Kandidaten gegeneinander antreten läßt. Daß der "Bessere" gewinnen möge, jeder aber als eine seiner Eigenschaften von vielen die Zugehörigkeit zu einer Partei vorweisen kann, spielt dabei eine große Rolle.

Geht man bloß von der Summe aller Stimmen aus, bleibt für ein Wahlsystem des Verhältnisausgleichs nur der Proportionalitätsgedanke. Vernachlässigt wird demgegenüber, wer das höhere Vertrauen in der Bevölkerung genießt. Darum gibt es in der Bundesrepublik Deutschland ein gemischtes Wahlrecht, das beide Möglichkeiten enthält.

Notwendig für die Volksherrschaft, wenn man die Repräsentation des Volkes durch eine Vertretung überhaupt zuläßt, ist jedenfalls die Wahl von Vertretern durch diejenigen, die das aktive Wahlrecht besitzen. Daß es mindestens die Mehrheit der Wählenden sein muß, die den Volksvertreter wählen, liegt daran, daß sonst die Zahl seiner möglichen Gegner höher wäre als diejenige seiner Befürworter. Wenn diese Sachlage vorliegt, reicht die Unterstützung aber nicht aus, um ihn als Vertreter zu legitimieren. Man kann dann nicht mehr davon sprechen, daß das Volk herrschen soll, diejenigen, die als Bürger in dem Wahlbezirk leben, durch den Abgeordneten vertreten werden.
Es wäre jedenfalls nicht dieser Abgeordnete, durch den das Volk dort herrscht.

2. Volksvertretung

In England gibt es, anders als in anderen Staaten, ein Zweikammerprinzip, das nicht auf der Unterscheidung zwischen der Vertretung von Landesteilen (Bundesstaaten oder Bundesländern) beruht, sondern auf derjenigen der Tradition, die auf Geburt und Herkunft beruht. In den Parlamentsgesetzen von 1911 und von 1949 ist das Verhältnis von Ober- und Unterhaus zueinander und ihre Beziehung zur Krone geregelt.[166a] Grundsätzlich wird davon ausgegangen, daß das Gesetz die Zustimmung beider Kammern erhält und dann im Gesetzblatt mit der folgenden, vorangestellten Formel veröffentlicht wird, nachdem das Staatsoberhaupt zugestimmt hat: "Be it enacted by the Queen's most Excellent Majesty, by and with the advice and consent of the Lords Spiritual and Temporal, and Commons, in this present Parliament assembled, and by the authority of the same, as follows:-" [167]. Die Eigenart, daß es sich nicht um eine Republik handelt, das Staatsoberhaupt nicht von der Bevölkerung gewählt, sondern durch Geburt bestimmt ist, zeigt sich darin, daß die Staatsform Monarchie mit der der Demokratie in dieser Formel verbunden ist.
Diese Art und Weise, einen Staat zu gestalten, hat ihren Ursprung schon in der frühen englischen Geschichte, blickt man bloß auf die Verfassungs- und Gesetzesgeschichte. In "A Statute 30 die Octobris, Anno 7 Edward I. Stat. I. and Anno

166a A. Kimmel (Hg.), Die Verfassungen der EG-Mitgliedsstaaten, 2. Aufl., München 1990, S. 427, 429.
167 Vgl. in: The public general acts, laufende Folge, London.

Dom. 1279" [168] ist enthalten: "And now in our next Parliament at Westminister, after the said Treaties, the Prelates, Earls, Barons, and the Commonalty of our Realm." Das Besondere schon dieser frühen Volksvertretung ist, daß sie keinen ständischen Charakter hat und "Commons", nämlich "Commonalty" ein jeder ist, der Bürger, also die Allgemeinheit. Daraus ergibt sich auch "confidence" als übergreifender Gedanke der Regelung der Wahl, das Mehrheitswahlrecht.

3. Parteien, Zweikammerprinzip, Commonwealth

Die Charakteristika der englischen Demokratie liegen in mehreren Eigenschaften, die begründet sind in der Tradition des angelsächsischen Rechtskreises. Die Parteien in Großbritannien sind diejenigen beiden, die die großen politischen Richtungen des Denkens der westlichen Demokratien in sich tragen. Eine dritte Partei hat sich nicht durchsetzen können, eine Entwicklung, die sich unterscheidet vor der Kontinentaleuropas. Daß die Liberalen sich in England nicht als dritte politische Kraft durchsetzen konnten, liegt daran, daß das politische Leben in England durch Liberalität geprägt ist, d.h. durch die Freiheit der Meinungsäußerung in der Öffentlichkeit für den Einzelnen und das selbstverständliche "fair play" als Grundlage der Beziehungen der Menschen in der Öffentlichkeit. Aus diesem Grunde ist im Liberalismus kein Ziel verkörpert, sondern eine Wirklichkeit, die womöglich der Konstituierung als mehrheitsstiftende Parlamentspartei nicht oder in nur sehr geringem Maße bedarf.

Das Zweikammerprinzip für das Parlament teilt es in zwei Kammern, die unterschiedlich besetzt sind und denen unterschiedliche Aufgaben im Gesetzgebungsverfahren zukommen. Ihr Verhältnis zueinander ist geregelt durch Gesetze, die der zweiten Kammer, nämlich dem Oberhaus, Kontrollbefugnisse zuweisen, die es ermöglichen, die erste Kammer zu kontrollieren, aber auch Initiativen an dieselbe zu richten. Es ist jedoch z.B. möglich, daß das Unterhaus mit Zustimmung "Seiner Majestät" Gesetze gegen den Willen des Oberhauses entstehen läßt. Auch kann das Oberhaus durch seine Ablehnung eines Gesetzesentwurfs nicht verhindern, daß er zum Zwecke der königlichen Zustimmung vorgelegt wird.
Als eine dritte Besonderheit der englischen Demokratie wird man das Commonwealth begreifen dürfen, das das Empire abgelöst hat. Dieses erlaubt es dem britischen Königshaus in seiner Eigenschaft als erbliches Staatsoberhaupt gewisse Funktionen desselben im Rahmen dieses Zusammenschlusses auszuüben. Auch beurteilt das House of Lords als Gericht Verfassungen von Commonwealthstaaten, wenn es zum Streite kommt wegen ihrer Eigenschaften als demokratische und ihrer Gültigkeit im Verhältnis zur Krone.[169]
Dieses zuletzt genannte Gericht und seine Judikatur sind Indiz dafür, daß die

---

168 7 Edward I. Stat. 1.
169 Z.B. Kabaka's Govt. v. Att-Gen. of Uganda [1966] A. C. 1; R. Goode v. Murray Newton Scott [1979] J (H. L. (E.)) 186.

Auffassung, Großbritannien habe gar keine Verfassung, nicht zutreffend sein könnte. Blumenwitz behauptet z.b., daß die "einzige geschriebene Verfassung, die England je besaß," die vom "Rat der Offiziere" entworfene Cromwell'sche Protektoratsverfassung ist, die 1653 so in Kraft war.[170] Daß die Verfassung nicht in einem einzigen Dokument vorliegt, spricht aber nicht dagegen, daß sie als Verfassung vorhanden ist, wenn auch in mehreren Gesetzen. Seiner Auffassung nach sei das Parlament in Großbritannien souverän und nicht gebunden durch die genannten Gesetze i. S. eines Verfassungsvorrangs, nur die Gerichte seien gebunden. Das ist aber schon deswegen de lege lata nicht richtig, weil sich das englische Parlamentsleben nach diesen Gesetzen richtet und an sie auch gebunden ist, sie, ihre Einhaltung auch eingeklagt werden kann. Der Vorrang dieser Gesetze ergibt sich aus ihrer Spezialität und aus dem Regelungsgegenstand. Angesichts des Systems von "checks and balances" zwischen Demokratie und Monarchie ist die Einordnung als Parlamentssouveränität fraglich. Es liegt auch gar kein Fall vor, an dem das Parlament gegen ein grundlegendes Gesetz für sein eigenes Handeln verstoßen hätte und nichts anderes als ein solches ist die Verfassung.

II. USA

1. Volk und Herrschaftsausübung

An der Staatsspitze steht in den Vereinigten Staaten von Amerika der Präsident, der die exekutive Macht gem. Art. II Sec. 1 in seinen Händen hält. Das Volk wählt den Präsidenten nicht direkt, sondern es bestimmt, durch Gesetzgebung jedes Einzelstaates vorgesehen (Art. II Sec. 1, 2), die Wahlmänner, die ihrerseits den Präsidenten wählen. Der Präsident ist Staatsoberhaupt und Regierungschef zugleich und auch Oberbefehlshaber nicht bloß im politischen, sondern im militärischen Sinne. Diese Konstituierung ist Zeichen dafür, daß die Vereinigten Staaten von Amerika eine Republik sein sollen. Weil der Präsident nicht nur Staatsoberhaupt, sondern auch Regierungschef ist, leitet er seine Macht zur Führung des Staates aus dem Volke her, er führt also die Gesetze und die Staatsgeschäfte vom Volk her aus. Damit ist eine über die Eigenschaft als Republik hinausstrebende Einrichtung des Staates als ein demokratisches Staatswesen vorgesehen. In parlamentarischen Demokratien ist der Regierungschef häufig vom Parlament gewählt, das seinerseits vom Volk bestimmt worden ist. In den Vereinigten Staaten ist der Präsident wegen der vom Volke bestimmten Wahlmänner als Regierungschef direkt demokratisch legitimiert. So sind in diesem Staat Republik und Demokratie verbunden worden.

Das Volk bestimmt aber nicht nur auf diese Art und Weise den Präsidenten. Es wählt seine Repräsentanten selbst (Art. I. Sec. 2, 1), die im House of Representatives gemeinsam mit dem Senat "all legislative Powers" (Art. I. Sec. 2, 1) ausüben. Der Senat wird durch die Senatoren gebildet, die von den Abgeordneten

---

170 D. Blumenwitz, Einführung in das anglo-amerikanische Recht, 3. Auflage, München 1987, 15f.

der Parlamente der Einzelstaaten gewählt werden (Art. I. Sec. 3, Sec. 4). Nach 15th amendment Sec. 1 darf niemand wegen seiner Rasse, Hautfarbe oder früherer Dienstknechtschaft bei der Ausübung seines Stimmrecht behindert werden. Es darf aus diesen Gründen weder versagt noch verkürzt werden (1870).

Der US-amerikanische Supreme Court hat zur Sicherung der Rechte auf Wahl für die Verfassungsorgane der Vereinigten Staaten von Amerika in seiner Geschichte wegen der Rechte der Bürger häufig judiziert. Z.B. ist das Verfahren der Präsidentenwahl schon recht früh stärker formalisiert worden,[171] auch die Bürgerrechte, z.B. das Recht auf politische Versammlung Schutz der "rights and immunities"[172] der Verfassung durch den Kongreß,[173] Rechte der schwarzen Bevölkerung,[174] Regularien für die Wahl zum Kongreß,[175] Vorrang des Schutzes privater Rechte durch die Verfassung der Vereinigten Staaten selbst,[176] Staatsbürgerschaft,[177] Recht, Mitglieder des Kongresses zu wählen,[178] Kautelen von "primary elections",[179] Rechte aus dem Voting Rights Act of 1965,[180] Zulässigkeit von Beiträgen für Wahlvereinigungen,[181] "general election ballots,"[182] Rechte aus dem "Ethics in Government Act of 1978".[183]

Die neueren Entscheidungen suchen das Recht der Bürger aus den Vereinigten Staaten durch Auslegung zu vervollständigen: freedom of Association,[184] freedom of Speech,[185] freedom of the press.[186]

2. Vertretung des Volkes

In den Vereinigten Staaten wird das Volk durch den Kongreß vertreten. Stärker als in anderen demokratischen Staaten ist die Rolle des Kongresses als gesetzge-

171 McPherson v. Bladew 13 S. Ct. 3.
172 United States v. Cruikshank et al. S. Ct. 542.
173 United States v. Reese et. al. 17 S. Ct. 214.
174 Dred Scott, Plaintiff in Error, v. John F. A. Sandford 60 U.S. 19; Strauder v. East Virginia (1880), S. Ct. 303;
175 Ex parte Siebold, 1880, S. Ct. 371.
176 "The Ku-Klux Cases", Ex parte Yarbrough and others 4 S. Ct. 152.
177 Spencer v. Duplan silk company 191 U.S. 526.
178 Pope v. Williams 193 U.S. 621.
179 United States v. Classic 313 US. 300.
180 377 U.S. 533. United States v. Board of commissioners of Sheffield, Alabama, et al. 435 U.S. 109.
181 California Medical Association et al. v. Federal Election Commission et al. 453 U.S. 181.
182 Anderson et al. Celebrezze, Secretary of State of Ohio 460 U.S. 779.
183 Morrison, Independent Counsel v. Olson et al. 487 U.S. 654.
184 Munro v. Socialist Workers Party 479 U.S. 189.
185 476 U.S. 488; 481 U.S. 465; 482 U.S. 78; 483 U.S. 378; 483 U.S. 522; 484 U.S. 260; 485 U.S. 312; 486 U.S. 414; 487 U.S. 474.
186 481 U.S. 221; 485 U.S. 46; 486 U.S. 750.

bende Macht und als Kontrolle des Präsidenten, insbesondere auch in Haushaltsfragen, ausgestaltet, weil dessen Macht im Vergleich zu der in den anderen westlichen Staaten für den Präsidenten vorgesehenen groß ist.[187]
Der Kongreß setzt sich zusammen aus dem House of Representatives und dem Senat. Den Willen des Volkes, wenn Angelegenheiten der res publica in Bundesfragen betroffen sind, vertritt der Senat. Stärker noch vertritt dieser die Regierungsmacht der einzelnen Bundesstaaten.[188] Aus diesem Grunde kann er Entscheidungen des House of Representatives korrigieren, das alle Bürger der Vereinigten Staaten von Amerika als Staatsvolk vertritt.[189] Gemeinsam repräsentieren sie dasselbe in seiner Eigenschaft als Volk der Vereinigten Staaten von Amerika und als Volk der einzelnen Bundesstaaten. Sie sind deswegen zwei Kammern eines Hauses. Die Konflikte, die bei der Vertretung des Volkes entstehen, sind solche, die die Verteilung von Befugnissen zwischen den Kammern, im Verhältnis zu dem Präsidenten, zu den Bundesstaaten und zu ausländischen Staaten als Streit um das Ausmaß der Rechte der Beteiligten austragen.[190] Eine solche Repräsentation versucht die unterschiedlichen Belange im Staate durch die Vertretung des Volkes in zwei Kammern als Einrichtungen des Staates, die Verfassungsorgan sind, nach dem Willen des Volkes zu gestalten. Das zeigt sich z.B. in der Bestimmung, daß die Mitglieder des House of Representatives alle zwei Jahre vom Volk der einzelnen Staaten gewählt werden, also ein recht kurzer Zeitraum die Kontrollmöglichkeit des Volkes verstärkt, denn die Abgeordneten müssen damit rechnen, schnell wieder abgewählt zu werden, wenn sie nicht so entscheiden wie die Mehrheit der Wähler es wünscht. Die Statuierungsrechte der Bundesstaaten der Vereinigten Staaten von Amerika in ihrem Verhältnis zu denen des Kongresses, die Rechte, wenn Gruppen von einzelnen Menschen politisch repräsentiert sein sollen und vor allem die Bestimmungsmacht über "public land"[191] beschäftigte den Supreme Court häufig.
So entschied er: "Legislatures", in Constitution, means the deliberative, representative bodies that make laws for people of the States; Constitution makes no provision for action upon such proposals by people directly. It is not an act of legislation, but the expressive of the assent of the State to the proposed amendment."[192] Auch das Verhältnis zwischen dem Kongreß und den Bundesstaaten ist häufig umstritten gewesen, z.B. entschied das Gericht: "It has been the policy of

187 Art. I, Sec. 2, 3, 7, 8.
188 Art. I, Sec. 3.
189 Art. I, Sec. 7.
190 245 U.S. 366; 243 U.S. 521; 239 U.S. 199; 228 U.S. 115; 230 U.S. 126.
191 179 U.S. 58; 190 U.S. 127; 216 U.S. 1; 220 U.S. 523; 227 U.S. 248; 233 U.S. 642; 233 U.S. 211; 233 U.S. 195; 233 U.S. 87; 233 U.S. 685; 232 U.S. 516; 232 U.S. 531; 230 U.S. 324; 228 U.S. 559; 228 U.S. 115; 239 U.S. 199; Brush v. Ware 14 U.S. 34.
192 253 U.S. 221.

Congress not to interfere with elections within a State except by clear and specific provisions."[193]

Über die Rechte der Indianer entschied der Supreme Court so: "Congres, in its planary control over Indians, had power to pass act of June 25, 1910, vesting in Secretary of Interior determination of heirs of allotte Indians dying within trust period."[194] "Congress may not bring a community or body of people within range of its power by arbitrarily them Indians; but in respect of distinctly Indians Communities the questions wether and far how long they shall be recognized as requiring protection of the United States are to be determined by Congress and not by the courts."[195]

3. Präsident

Der Präsident der Vereinigten Staaten von Amerika ist – so ist es schon beschrieben worden – mit den exekutiven Gewalten der Staatsspitze ausgestattet, zugleich Regierungschef und Oberbefehlshaber über die Streitkräfte des Landes. Die Vereinigten Staaten sind eine Republik, weil der Präsident vom Volk über die Wahlmänner bestimmt ist. Aber wegen der Einheit von Staatsoberhaupt und Regierungschef in dem Amt des Präsidenten, der militärischer Chef ist, kann man die Machtposition desjenigen, der dieses Amt innehat mit derjenigen eines Monarchen vergleichen. Aus diesem Grunde sind die Wahlen, in denen der Präsident bestimmt wird, für die Verwirklichung der Entscheidung der Verfassung, daß die USA eine Republik sein sollen, sehr bedeutungsvoll. Denn darin wird zum Ausdruck gebracht, daß der amerikanische Präsident vom Volk durch Wahlmänner bestimmt wird und daher den Willen des Volkes als Staatsmann verkörpern soll. Deutlich wird das auch in der Bestimmung, daß der amerikanische Präsident nur ein einziges Mal wiedergewählt werden darf, denn so beugt man einem dynastischen Element vor.[196] Diese Entscheidung des US-amerikanischen Verfassungsgebers in bewußter Abkehr vom europäischen Denken bedeutet auch, daß dieser Verfassung der Gedanke innewohnt, grundsätzlich jeder könne dieses Amt ausüben oder jedenfalls solle es niemand zu lange innehaben, damit die Staatsgeschäfte nicht an die Person, an eine Person, gebunden werden; sie sollen nicht abhängig von einer Persönlichkeit sein. Damit der Präsident nicht nur durch Wahlen und in den laufenden Amtsgeschäften durch den Kongreß kontrolliert wird, sondern auch neben der demokratischen diejenige des Rechtsstaates, der der Republik wesensverwandt ist, hinzugefügt wird, gibt es die Präsidentenanklage, von der in den USA bereits Gebrauch gemacht worden ist.[197]

193 246 U.S. 220.
194 239 U.S. 506.
195 231 U.S. 28.
196 22nd amendment (1951) Sec. 1.
197 341 U.S. 1; 433 U.S. 425.

III. Besonderheiten

1. Case law

Das case law als das Staats- und Verfassungsrecht in den angelsächsischen Ländern entstammt dem common law und der equity. Es gründet auf der Vorstellung, allgemeine Gesetze nur durch ein wohldurchdachtes System von Fällen auszufüllen, die einzelnen Teile von Rechtsprinzipien als Rechtssätze auf die unterschiedlichen Rechtsstreitigkeiten anwenden zu können.[198] Auch das case law, ursprünglich nur zivilrechtlich, war nicht auf einer bloß dem Gedanken des Richters entsprungenen Streitentscheidung gegründet, sondern auf dem Rechtssatz. Charakteristisch ist, daß dieser häufig sehr altes Recht war und ist und aus diesem Grunde eine große Zahl von Fällen seinen Inhalt für die Lösung der Staats- und Verfassungsprobleme erschloß.

Es entstand zwischen den beiden Polen common law und equity, die begrifflich den Unterschied zwischen dem Buchstaben des Gesetzes und dem Inhalt des Wortes in allen seinen Merkmalen markieren. Equity gestattet das Recht auf den Streitfall durch die Person und das Wissen des Richters anzuwenden und jedes Wissen desselben kann in die Regelung dieses Streites eingehen. Das Urteil ist dann Rechtsanwendung im konkreten Fall in die alles verfügbare Wissen des Richters eingeht. Daher rührt die hohe Autorität des Richters als ein Teil der Staatsgewalt in den angelsächsischen Landern.[199]

In Großbritannien gilt diese Eigenart des case law aus alter Tradition in allen Rechtsgebieten und sie hat sich erhalten bis zum heutigen Tage gerade im Staats- und Verfassungsrecht.

Das case law gestattet es, jeden vorliegenden Rechtsfall mit denjenigen, die zuvor entschieden worden waren, zu vergleichen und bloß bei einem anders liegenden Sachverhalt auch anders zu entscheiden als in den früheren Fällen. Weil eine so große Zahl von Fällen vorliegt, kann meistens auf diese zurückgegriffen werden. Wenn in anderen Rechtskreisen eine solche Entwicklung nicht vollzogen worden ist, zwingt das nicht zu der Erkenntnis, daß die von den Gerichten in angelsächsischen Ländern entschiedenen Fälle für die Entscheidungstätigkeit in der Bundesrepublik Deutschland herangezogen werden können.[200] Wegen der stare decisis als eine Methode, die Bindung der Entscheidung solange zu sichern, wie sie nicht von einem höheren Gericht abgeändert oder von dem Gericht selbst re-

---

198 Z.B. Tennessee v. Davis S. Ct. 257 (1879); Ex Parte: In the Matter of Williams Wells, on a Petition for a writ of habeas corpus 59 U.S. 18; 60 U.S. 19; Kilbourn v. Thompson 103 US 168 (1880). Vgl. auch M. Rheinstein, Einführung in die Rechtsvergleichung, 2. Aufl., München 1981, S. 96-103.
199 Historisch: D. Blumenwitz, Einführung in das anglo-amerikanische Recht, S. 7.
200 E. Rabel, Aufgabe und Notwendigkeit der Rechtsvergleichung, in: E. Rabel, Gesammelte Aufsätze III, S. 1.

vidiert wird, enthält das angelsächsische Recht die Möglichkeit, ändert sich nicht das Gesetz, den tragenden Entscheidungssatz mit bindender Wirkung über den einzelnen Fall hinaus zu versehen. Sehr selten dürfte es vorkommen, daß gleichliegende Sachverhalte von demselben Gericht unterschiedlich entschieden werden. Das nämlich würde Änderung der Rechtsmeinung aufgrund eines bloßen Erkenntnisgewinns voraussetzen. Ein solcher könnte die Rechtssicherheit berühren.

2. Unvollständigkeit von Gesetzen im Öffentlichen Recht

Während die US-amerikanische Verfassung sich in bewußter Abkehr von dem englischen Recht, als durch die Monarchie geprägt, entwickelt hat und einen Kompromiß mit dem kontinentaleuropäischen Denken zu finden suchte, ist die Tradition des öffentlichen Rechts in Großbritannien bis zum heutigen Tage erhalten geblieben.

Wegen der gelegentlich geäußerten Auffassung, daß Großbritannien keine geschriebene, auch vollständige Verfassung habe, jedenfalls ein einheitliches Verfassungsdokument fehle, könnte man das als Besonderheit, vielleicht sogar als Problem des angelsächsischen Rechtskreises begreifen. Daß kein Verfassungsdokument im Sinne eines einzelnen, abgeschlossenen Gesetzbuches, eines Verfassungsgesetzbuches, vorliegt, hindert nicht die Eigenschaft der Verfassung als Gesetz, eine solche zu sein. Wo und zu welcher Zeit die Teile der Verfassung vorzufinden sind, spielt für die Einordnung als Verfassung keine Rolle. Die Verfassung ist Gesetz, sogar höchstes Gesetz. Sogar wenn in dem Begriff "Verfassung" mehr enthalten ist als bloß das Merkmal, höchstes Gesetz zu sein, und die Konstituierung des Staates in seiner Staats- und Herrschaftsform durch diese verlangt, und auch die Rechte der in dem Staate Lebenden darin enthalten sein müssen, so bestehen für das Vereinigte Königreich dagegen keine Bedenken. Schon sehr früh ist dort solches geregelt worden.[201] Auch das Dynastische ist verbrieft.

3. Kontinuität der Verfassungstradition

In den angelsächsischen Ländern, d.h. innewohnend dem angelsächsischen Denken, ist es Tradition, daß die Verfassung über einen langen Zeitraum währt. Die Kontinuität ist das Merkmal, der Kern des angelsächsischen Verfassungsbegriffs. Ob es eine gewachsene Verfassung ist, wie die in Großbritannien, die noch auf die Zeit vor der Magna Charta 1315 zurückgeht oder eine solche, die als eine einzige Verfassungsurkunde, ein einziges Schriftstück, wie die us-amerikanische (mit Zusätzen) geschaffen worden ist, ändert nichts daran, daß auf diesen Grundlagen das staatliche Leben stattfindet und aus den so konstituierten Verfassungssätzen Verfassungsrecht entstanden ist. Das einheitliche Staatsgebilde, das die judikative Kontrolle dem Supreme Court und den Gerichten in Großbritannien überantwortet hat, erhielt dadurch eine Vervollkommnung seines Verfassungsrechts. Während in den Vereinigten Staaten von Amerika der Supreme Court

---

201 Z.B. 9 H. 3 C. I.

bereits dabei ist, die Rechte der Minderheiten und Frauen als Grundrechte bzw. Menschenrechte (civil rights) auszulegen, ist es in England gelungen, die Demokratie als eine Herrschaftsform in dem Staate auf das Commonwealth auszudehnen.[202] Die darin innewohnenden Gedanken der Freiheit und auch der Gleichheit haben auf diese Art und Weise immer mehr Verbreitung gefunden.[203]

§ 28 Romanischer Rechtskreis

I. Frankreich

1. Herrschaft des Volkes

Der Begriff der Herrschaft des Volkes hat in Frankreich seine Ursprünge in einer alten Tradition. Schon in der "Déclaration des Droits de l'Homme et du Citoyen du 26 août 1789" heißt es in Art. 6 S. 1 und 2: "La Loi est l'expression de la volonté générale. Tous les citoyens ont droit de concourir personnellement, ou par leurs représentants, à sa formation. "Wenn das Gesetz Ausdruck des allgemeinen Willens ist und alle Bürger seine Gestalt bestimmen sollen, so ist auf diese Art und Weise die Herrschaft des Volkes in dem Staate konstituiert.

Diese Anfänge einer Volksherrschaft im Verfassungsstaat in Frankreich sind über mehrere Konstituionen tradiert worden,[204] z.B. auch in der "Constitution du 5 fructidor an (22 août 1795)", eine "Déclaration des Droits et des Devoirs de l'Homme et du Citoyen", die unter "Droits" in Art. 6 den Satz enthält: "La loi est la volonté générale, éxprimée par la majorité ou ses citoyens ou de leurs réprésentants." Die "Constitution du 24 juin 1793", das ist die "Déclaration des Droits de l'Homme et du Citoyen", konstituiert in Art. 4:"La loi est l'expression libre et solennelle et la volonté générale; elle est la même pour tous, soit qu'elle protège, soit qu'elle punisse; elle ne peut ordonner que ce qui est juste et utile à la société; elle ne peut défendre que ce qui lui est nuisible."

In der Verfassung der Republik Frankreich vom 4. Oktober 1958, wie sie heute geltendes Recht in der jeweils geltenden Fassung ist, hat man die Herrschaft des Volkes in mehreren Artikeln konstituiert. Art. 3 sagt:"Die nationale Souveränität liegt beim Volk, das sie durch seine Vertreter und durch den Volksentscheid ausübt." Die Wahl ist "immer allgemein, gleich und geheim." Die politische Parteien und Gruppen "haben die Grundsätze der Volkssouveränität und der Demokratie zu achten" (Art. 4 S. 3) . Daß die Volksherrschaft als mittelbare Demokratie ausgestaltet ist und das Prinzip "One man one vote" gilt, zeigt sich in Art. 27: "Je-

---

202 Z.B. EEOC v. Federal labor relations authority et. al. 476 U.S. 19; und ab U.S. Bd. 485. Corporation of the city of Toronto v. Consumers Gas Company 1916 2A. C. 618; Mungoni v. Attorney-General of Northern Rhodesia 1960 A. C. 336; 1978 Reg. v. Manners (C. A.) 43.

203 Kabaka's Govt. v. Att.-Gen. of Uganda 1966 A. C. 1. Für die USA vgl. G. Frankenberg, Von der Volkssouveränität zum Minderheitenschutz, Frankfurt/M. 1981, S. 32f., 34 f., 246f..

des imperative Mandat ist nichtig. Die Mitglieder des Parlaments dürfen ihr Stimmrecht nur persönlich ausüben. Das Organgesetz kann ausnahmsweise die Übertragung des Stimmrechts gestatten. In diesem Fall darf niemandem mehr als ein Mandat übertragen werden."

Charakteristisch für das staatliche Gefüge in Frankreich ist der Versuch, Ende des 18. Jahrhunderts und später immer wieder bis heute, das Volk als oberste Herrschaftsmacht in dem Staate zu konstituieren. Das Volk als Herrscher und als Souverän, über dem niemand steht, als gewollter Akt der Macht in dem Staate gegen die Herrschaft von Königen und dem Adel sollte Republik und Demokratie errichten.

Diese Bestimmung des Volkes zum Träger oberster Herrschaftsmacht verkörpert nicht nur das Streben, alle an der Herrschaft zu beteiligen, so daß niemand an ihr keinen Anteil hat, sondern auch den Wunsch, keine Herrschaftsmacht möge über ihm stehen.

Diesem Gedanken der Volksherrschaft, wie er sich im Begriff Volkssouveränität zeigt, der wegen seiner Verwendung in der französischen Verfassung Verfassungsbegriff ist, wohnt die Vorstellung inne, daß in diesem Gebiete, wo man den Staat errichtet hat, niemand über dem Volke steht und es das Volk ist, das darin herrscht. Es ist Inhaber der Hoheitsgewalt über das Land. Weder ein anderes Volk, noch ein Einzelner, noch eine Familie hält sie in den Händen. Deswegen spricht man von nationaler Souveränität, die bei dem Volke liegt, das dort lebt.[205]

In der geltenden Verfassung ist die Souveränität der Nation, dieses Staates als von Menschen gegründeter Verband, dem Volk zugesprochen. Es soll nicht nur in dem Staat herrschen und dort soll niemand über ihm stehen, sondern auch in der Eigenschaft des Staates als Trutzverbund ist das Volk die höchste Macht in ihm. Ursache ist, daß die Zugehörigkeit zu dem Staat auf der Abstammung beruht, spricht man dem Volke die nationale Souveränität zu. Auch dann, wenn die Staatsangehörigkeit nicht durch Geburt erworben wurde, sondern in anderer Weise, richtet sich das nicht gegen diesen Gedanken. Denn dieser Erwerb der Zugehörigkeit ist die Ausnahme und weil das Volk alle sind, die an diesem Ort leben, haben diese die Souveränität der Nation in ihrer Hand. Sie sind quasi die Nation, begreift man den Begriff des Volkes in der Jellinekschen Dreielementenlehre als durch Abstammung erworbene Zugehörigkeit.

Zweifel könnten aufkommen, weil die französische Tradition das Volk als Herrscher gegen die Macht von Adel und Monarchen errichtet hat. Das mag wohl sein, aber Ziel dieser Bemühungen waren Republik und Demokratie und der Gedanke, die Aristokratie und den König als Teil des Volkes zu begreifen. Darum wurde auch das allgemeine und gleiche Wahlrecht gefordert.

204 M. Duverger, Constitutions et documents politiques, Paris 1957.
205 Art. 3 Déclaration 1789: "Le principe de toute souveraineté réside essentiellement dans la Nation." D.h. "Der Ursprung aller Souveränität liegt wesenhaft in der Nation."

2. Repräsentation des Volkes

Wenn schon die Déclaration des Droits de l'Homme et du Citoyen du 26 août 1789 das Gesetz als Ausdruck des allgemeinen Willens versteht, der nicht der Wille aller sein muß, dann geht aus dem folgenden Satz hervor, daß alle Bürger das Recht haben, persönlich oder durch ihre Vertreter an seiner Gestaltung mitzuwirken, wie man das Gesetz verstehen kann. Jedenfalls ist es nicht als unabhängig von dem Willen der Menschen zu begreifen. Man könnte sogar meinen, in ihm sind die Menschen repräsentiert, sie sind mit ihrem Willen in ihm verkörpert oder in ihm aufgehoben. Das Gesetz als Imperativ soll gerade so gestaltet sein, daß sich in ihm die Mitwirkung der Bürger zeigt. Es sind Art. 10 und Art. 11, die die Menschen- und Bürgerrechte auf Äußerung der eigenen Meinung in jeder Form festlegen. Nicht nur, daß die Menschen ihre Meinung äußern können sollen, sie sollen deswegen auch nicht "belästigt werden". Um einen solchen Willen zu bilden, sogar dann, wenn es nicht der Wille aller sein muß, aber an seiner Gestaltung alle Bürger das Recht haben, mitzuwirken, ist das "forum" notwendig, die Öffentlichkeit, d.h. der Ort, an dem man seine Meinung äußern und sie mit den anderen besprechen kann.

Weiß niemand etwas von dieser Meinung, so kann der Wille weder des Einzelnen noch der Gemeinschaft gebildet werden.
Gelingt die Mitwirkung, so ist in dem Gesetz der Wille der Bürger verkörpert.
Aber in dem Satz ist auch der Gedanke enthalten, daß es nicht nur die Bürger selbst sind, die bei der Gestaltung des Gesetzes teilhaben das Recht haben, sondern auch, daß sie durch ihre Vertreter mitwirken können. Der Begriff "Vertreter" deutet auf die Repräsentation des Volkes, die Aktivbürgerschaft hin. Die Vertretung des Volkes ist also seit der Déclaration des Droits 1789 durch Volksvertreter als seine Repräsentanten vorgesehen.
Auch in der geltenden Verfassung der Republik Frankreich ist die Repräsentation des Volkes konstituiert. In Art. 3 Satz 1, Art. 4 S. 3 und Art. 27, aber auch in Art. 24 S. 2 ist eine Volksvertretung vorgesehen.
Zwar werden die Abgeordneten gewählt, aber sie sind nicht an den Willen der Wähler gebunden, müssen demnach nicht das tun, was in einem Verfahren des imperativen Mandats vorgesehen ist. Aus diesem Grunde wird nach dem geltenden Recht in Frankreich das Volk in der Weise repräsentiert, daß in dem Akt der Wahl der Repräsentanten das demokratische Bestimmungsrecht, die Volkssouveränität als Demokratie, liegt. Im Grunde ist damit die Vorstellung von "confidence" in der Organisation von Herrschaft in dem Staate verwirklicht, denn aus dem Wahlakt, der mit Mehrheit einen Kandidaten bestimmt, wird geschlossen auf eine mögliche Identität von Herrschenden und Beherrschten. Denn darin besteht Volksherrschaft.[206] Zwar ist dann, wenn kein imperatives Mandat vorgese-

---

206 R. Bäumlin, Die rechtsstaatliche Demokratie, Zürich 1954, S. 17, 28.

hen ist, die Chance besonders hoch, daß der Wille des Kandidaten oder des Gewählten nicht identisch ist mit dem Willen der Mehrheit der Wähler. Aber selbst, wenn der Mehrheitswille sich in ihm oder seinem Handeln zeigt, ist der Einzelne nicht zwingend in ihm repräsentiert, weicht er mit seiner Meinung ab von derjenigen des gewählten Repräsentanten. Er wird also nicht repräsentiert. Das gilt zwar unabhängig davon, ob es ein imperatives Mandat gibt oder nicht, aber ist ein solches nicht vorgesehen, gibt es kein Verfahren mit dem der Wille der Aktivbürgerschaft mit dem Willen der Repräsentanten verbunden ist, bloß die Wahl selbst. Mag man das angesichts der starken Stellung des Volkes im Verfassungssystem von Frankreich für erstaunlich halten, so spricht für eine Repräsentation des Volkes im Staat aber zusätzlich die Wahl des Staatsoberhauptes, des Präsidenten, durch das Volk auf die Dauer von 7 Jahren. Der Präsident ist Staatsoberhaupt und er wacht über die Einhaltung der Verfassung (Art. S. 1), er ist Oberbefehlshaber der Streitkräfte (Art. 15), hält das Notstandsrecht in seinen Händen (Art. 16), übt das Begnadigungsrecht aus (Art. 17) und führt nach Art. 9 den Vorsitz im Ministerrat. Er ernennt auch den Premierminister (Art. 8) und ernennt und entläßt Mitglieder der Regierung (Art. 8), verkündet Gesetze (Art. 10), übt das Recht der Auflösung des Parlaments aus (Art. 12), kann das Volk zum Volksentscheid aufrufen (Art. 11), unterzeichnet Verordnungen (Art. 13) und akkreditiert Botschafter usw. (Art. 14).

Der Aufruf zum Volksentscheid und die Oberfehlshaberschaft, auch das Notstandsrecht sind Rechte, die für eine starke Stellung als Präsident charakteristisch sind. Weil Gesetzen durch Volksentscheid, die durch die Macht des Präsidenten in Gang gesetzt werden, Legitimation durch das Volk selbst verschafft worden ist, wird die Stellung des Volkes als Herrschaftsträger und Staatsorgan gestärkt. Ebenso ist die starke Stellung des Präsidenten, der vom Volke bestimmt wird, Zeichen ausgeprägter Republik, deren Verfahren zu ihrer Entstehung ein demokratisches ist. Es könnte sein, daß der Ausschluß des imperativen Mandats, wie ihn die Verfassung vorsieht, ersetzt worden ist durch stärkere republikanische Prägung des Staates. Wegen der Verfassungstradition Frankreichs, die auch die Tyrannenherrschaft kennt, ist das eine konstitutionelle Besonderheit der Verfassung von Frankreich heute. So ist eine Rechtslage geschaffen worden, die die Volksherrschaft durch Repräsentation im Parlament und durch das Staatsoberhaupt gewährleisten soll.

3. Zentralstaat, Präsident, Conseil d'état und d'administration

Die Begriffe Zentralstaat, Präsident und Conseil d'état und d'administration, also Verwaltung, charakterisieren die Gestaltung der Verfassung und des Staates Frankreich als demokratisch.

Der Zentralstaat als Zeichen für eine starke Zentralgewalt ist von vornherein keine Besonderheit der Demokratie. Man mag zunächst sogar meinen, daß je kleiner die Einheit sei, die gesondert repräsentiert wird, desto höher die Mitwirkung und die Chance für den Einzelnen, sie in Anspruch zu nehmen. Das muß aber nicht bedeuten, daß die Verhältnisse in einem Staate, der eine einzige Hoheitsgewalt und so auch staatliche Gewalt auf seinem Gebiete besitzt, weniger demokratisch sind als diejenigen z.b. in Bundesstaaten. Aus staatsrechtlicher Sicht ist eine starke Zentralgewalt nicht von vornherein der Herrschaftsform Demokratie entgegengesetzt, wenn z.b. der Wille des Volkes sich auch direkt, etwa durch Volksentscheid durchsetzen kann. Auch ist es möglich, daß die Abgeordneten aus den unterschiedlichen Regionen die landsmannschaftlichen Wünsche und Besonderheiten vertreten, sie deshalb gewählt werden und mit solchen Programmpunkten auch hervortreten. Man kann vielleicht nach verschiedenen Regionen unterschiedliche Auffassungen in den Parteien feststellen, die dann in den Gemeinden vertreten werden. In diesen und den Departements ist eine Selbstverwaltung vorgesehen wie sie in Art. 72 der Verfassung konstituiert ist. Allerdings ist für die Departements ein Regierungsbeauftragter zuständig, der die Belange des Staates Frankreich wahren soll.

Grundsätzlich wird man sagen dürfen, daß der Zentralstaat nicht von vornherein demokratiefördernd ist, weil keine zweite Kammer die Belange der Regionen bei der Gesetzgebung vertritt. Das mag vielleicht ausgeglichen sein durch den Volksentscheid, weil dort aber jede Stimme gleich zählt, das gleiche Gewicht hat, führt das nicht zur Repräsentation der Region. Allerdings wird so das Gewicht des Parlaments und des Präsidenten gestärkt, deren demokratische Legitimation nicht anzuzweifeln sind. Die zentralstaatliche Konstituierung ist jedenfalls für den Staat Frankreich charakteristisch.

Das zeigt sich auch in der Rolle des Präsidenten, der die Einheit der Nation in seiner Person deswegen verkörpern kann, weil er vom Volk gewählt ist. Auf diese Art und Weise wird das Staatsoberhaupt zum Repräsentanten des gesamten Staates und wegen der konstituierten Volkssouveränität zu dem des Volkes. Womöglich könnte man wegen der starken Volkssouveränität die Auffassung vertreten, daß das Volk der Staat sei und es im Staatsoberhaupt inkarniert ist.

Das spricht aber dafür, daß ein Staat gewollt ist, der als Staat von vornherein eine starke Macht verkörpert. Dieser "Etatismus" kann auch in der Rolle nachgewiesen werden, die der Conseil d'état in der Geschichte Frankreichs spielt. Schon Mitte des 19. Jahrhunderts entschied dieses Gericht in Streitigkeiten zwischen der Verwaltung und den Bürgern grundsätzliche Fragen der Beteiligung am staatlichen Geschehen und des Wahlverfahrens.[207] Bis zur Gründung des Conseil Constitutionnel im Jahre 1954 war es das einzige Gericht, das in Streitigkeiten zwischen dem Staat und den Bürgern zuständig war. Wegen seiner langen Tradition

---

207 Jurisprudence du Conseil d'état statuant au contentieux pendant les dix dernières Anneés. Au Table du aceueil périodique des Arrêtes du Conseils d'état du 1 Janvier 1849 au 31 Décembre 1859, M. Félix Lelou, M. Hallags-Dabot, Paris 1859. Par example p. 388; Tribunal de conflits, 50, p. 831; 1932 p. 115; 1908 p. 830; 1952 p. 184; 1923 p. 1079.

und der deswegen umfangreichen Rechtsprechung konnte sich eine Kontinuität im Setzen von Maßstäben für die Verwaltung herausbilden, die über die Zeit unterschiedlicher Verfassungen hinweg Bestand hatte. Die dritte Gewalt war in Frankreich also im conseil d'état verkörpert, der die Freiheit der Bürger und ihre Gleichheit vor dem Gesetz gegenüber der vollziehenden Gewalt und ihrem Bestreben, die staatliche Ordnung zu garantieren, abwägen konnte.

II. Italien

1. Ausübung der Herrschaft durch das Volk

Schon der erste Artikel der Verfassung von Italien vom 27. Dezember 1947 enthält den Satz, daß Italien eine demokratische, auf die Arbeit gegründete Republik ist. Die Souveränität liegt beim Volk, so konstituiert Satz 2, von dem sie in Formen und den Grenzen der Verfassung ausgeübt wird. In Italien herrscht daher das Volk nicht nur, sondern weil bei ihm die Souveränität liegt, steht niemand über seiner Macht.
Nach Art. 56 S. 1 wird die Abgeordnetenkammer nach "allgemeinem und unmittelbaren Wahlrecht" gewählt. Die zweite Kammer ist die Abgeordnetenkammer, der Senat, der nach Art. 58 in unmittelbarer und allgemeiner Wahl von den Wahlberechtigten gewählt wird. Der Senat wird auf regionaler Basis gewählt, wie Art. 57 das vorschreibt. In Italien ist also auch die Vertretung der Landesteile in dem Staat durch die direkte Bestimmung der Vertreter durch die Aktivbürgerschaft gesichert. Es sind nicht nur die Abgeordneten, die so bestimmt, sondern auch die Senatoren, die man in dieser Weise gewählt hat. Damit ist durch Bestimmung der Repräsentanten vom Volk die Ausübung von Herrschaft im Repräsentationsverfahren vorgesehen.

Das Wahlrecht selbst ist in Art. 48, die Parteifreiheit in Art. 49, das Petitionsrecht in Art. 50, die Ausübung staatsbürgerlicher Ämter in Art. 51 und die Teilnahme am Aufbau von Streitkräften im demokratischen Geist in Art. 52 geregelt. Die Wahlfreiheit als ein Recht des Bürgers, das Stimmrecht nach seinem Willen auszuüben, wird nicht ergänzt durch negative Wahlfreiheit, es überhaupt nicht zu betätigen. Nach Art. 48 Abs. 2 S.2 ist seine Ausübung staatsbürgerliche Pflicht. Art. 49 enthält die positive und negative Parteigründungsfreiheit und Betätigungsfreiheit. Zwar ist das Petitionsrecht des Art. 50 ein Recht, das grundsätzlich in jedem Staate, gerade dem, der keine demokratische Herrschaftsform kennt, als ein durch den Rechtsstaat gefordertes Recht vorgesehen ist, will man einen solchen, so daß es hier womöglich als ein Recht, das Demokratie als Ausübung von Herrschaft durch das Volk beschreiben soll, nicht genannt werden muß; es ist aber unter dem Titel 4 "Politische Beziehungen" konstituiert und im Lichte der Grundprinzipien auszulegen, die zu Beginn der Verfassung geschaffen worden sind. Also ist die Betätigung und Bedeutung des Petitionsrechts nicht unabhängig von der demokratischen Verfaßtheit des Staates Italien zu verstehen.
In Art. 51 Abs. 2 ist sogar die Möglichkeit eröffnet, daß das passive Wahlrecht

und der Zugang zu öffentlichen Ämtern, die keine Wahlämter sind, auch für solche Personen offenstellen, die nicht die italienische Staatsangehörigkeit besitzen.
Durch die Direktwahl zu beiden Kammern und die Konstituierung von Volksentscheid und Gesetzesinitiative nach Art. 71, 75 ist die Herrschaft des Volkes in Italien verfassungsmäßig verankert.

2. Vertretung des Volkes

Das Volk wird in den beiden Kammern vertreten, die die gesetzgebende Macht ausüben, wenn nicht durch Gesetzesinitiative und Volksentscheid dies durch das Volk selbst geschieht.
Art. 70 bestimmt, daß die gesetzgebende Gewalt von beiden Kammern ausgeübt wird. Bei der Gesetzgebung wird das Volk daher vertreten, ist es nicht selbst Gesetzgeber.
Auch der Präsident der Republik leitet seine Macht vom Volk ab. Das geschieht in indirekter Form. Er wird vom Parlament gewählt und zwar mit der Stimmenmehrheit von zwei Dritteln der Stimmen der Parlamentarier. Zwar ist der Präsident kein vom Volke selbst gewähltes Staatsoberhaupt, wegen der Herkunft seiner Macht aus der Wahl durch die Volksvertreter aber kann man ihn vom Volke aus legitimiert verstehen. Das rührt daher, daß nach Art. 67 jedes Mitglied des Parlaments die Nation vertritt. Souveräne Macht in dieser ist aber das Volk, so daß das Volk in dem einzelnen Abgeordneten und seiner Entscheidung inkarniert ist. Deswegen wird man den von den Parlamentariern gewählten Präsidenten als vom Volk in mittelbarer Art und Weise gerechtfertigt begreifen dürfen. Es ist also auch durch den Präsidenten der Republik vertreten, aber das Wesen des Republikanischen ist durch die indirekte Bestimmung des Staatsoberhauptes vom Volke weniger ausgeprägt.
Damit die Vertretung des Volkes durch seine Repräsentanten gesichert ist, wurde nach Nr. 12 der Übergangs- und Schlußbestimmungen die Reorganisation der Faschistischen Partei verboten, nach Nr. 13. und 14., Reste der Monarchie und des Adels als Zeichen und Beweis für Macht im Staate abgeschafft und ihre Vermögen eingezogen und ihr Aufenthalt beschränkt; der Vermögenseinzug und die Aufenthaltsbeschränkung gelten bloß für Mitglieder und Nachkommen des Hauses Savoyen.
Ergänzt werden kann die Darstellung der Vertretung des Volkes durch seine Repräsentanten in der Regierung. Auch diese ist gemäß Art. 94 durch die Kammern des Parlaments bestimmt. In namentlicher Abstimmung, d.h. mit der höchst möglichen Genauigkeit im Verfahren und der darin verkörperten Sicherung der Pflicht zur verantwortlichen Stimmabgabe, geschieht dies. Es ist so auch eine Vertretung des Volkes durch die Regierung vorgesehen.

3. Zusammenspiel der Staatsorgane

Die Zugehörigkeit von Italien zum kontinental-europäischen Rechtskreis zeigt sich dort heute vorwiegend im Zusammenspiel der Staatsorgane als Verfassungsorgane. Die Staatsorgane Parlament, Regierung und Präsident der Republik gründen auf unterschiedlicher Nähe zum Wahlakt durch das Volk. Entscheidend dürfte sein, daß es zwischen den Staatsgewalten zu einer gegenseitigen Kontrolle und zur Machtbegrenzung kommt. Daß sie gerade in Italien so stark ausgeprägt ist, gründet auf der Tradition des politischen Gefüges, dem starken Interesse an der Aufrechterhaltung des Staates, wie man es aus dem alten Rom kennt.[208] Die unterschiedliche Nähe zum Souverän stärkt die demokratische Legitimation des Parlamentes und damit die Eigenschaft des Staates Italien, Demokratie zu sein. Daß davon die Regierung und ihre Tätigkeit, aber auch der Präsident abhängig sind, spricht dafür, daß sich in diesem Zusammenspiel die Herrschaft des Volkes verwirklichen soll. Diese zeigt sich in der starken Stellung des Parlamentes und des Volkes selbst, das es gewählt hat und das durch Volksentscheid Gesetzes- und Verfassungsfragen entscheiden kann.

Das Auflösungsrecht des Präsidenten nach Art. 88, aber auch die Anklage nach Art. 90 gegen ihn, die Wahl desselben nach Art. 83 durch die Volksvertretung und auch die Wahl der Regierung nach Art. 94, die Installierung des Parlamentes durch den Präsidenten gem. Art. 87 und die der Regierung nach Art. 92 und 93 schaffen ein Gefüge, das auf die gegenseitige Begrenzung von Macht und Kontrolle, aber auch auf die Vertretung des Souveräns gerichtet ist. Deswegen gibt es die Anklage gegen Mitglieder der Regierung nach Art. 98, aber auch das Mißtrauensvotum nach Art. 94.

Volksentscheid und Verfassungsentscheid sind als Minderheitenrechte ausgestaltet, aber auch die zusätzliche Beteiligung von Delegierten der Regionen an der Wahl des Präsidenten nach Art. 83. Das zeigt, daß man über die bloße Repräsentation des Volkes hinaus das Volk selbst als Staatsorgan tätig sein lassen möchte und zwar auch Teile des Volkes, die aus Gründen, die die Verfassung bei der Wahl des Präsidenten nennt, gesondert vertreten sein sollen. Das gilt auch für die Vertretung des Volkes bei Volks- und Verfassungsentscheid als Staatsorgan, das sich selbst vertritt, seinen Willen äußert. In diesem Falle wird nicht das ganze Volk tätig, sondern bloß Teile, die eine Sachfrage abstimmen.

III. Besonderheiten

1. Ursprünge

Der romanische Rechtskreis, für den beispielhaft Frankreich und Italien dargestellt worden sind, umfaßt noch andere Staaten und die demokratische Ausgestaltung ihrer Verfassungen. Ihr Ursprünge liegen historisch im alten Rom und seinen rechtlichen und politischen Verhältnissen.[209]

---

208 Henke, siehe auch Forsthoff zum späteren jus politique, S. 23.
209 M. Rheinstein, Einführung in die Rechtsvergleichung, 2. Aufl. München 1987, S. 77, 83.

Der Staatsverfassung und ihren Veränderungen, wie man sie aus dem alten Rom kennt, liegt der Gedanke der Erhaltung zugrunde.[210] Es ist die Erhaltung des Staatswesens, das Widerstreben gegen den Untergang und das Aufrechterhalten einer staatlichen Ordnung auf großen Flächen Europas und seiner Nachbarkontinente. In dieser Zeit gab es ein großes Staatswesen, das gegen den Widerstand von Teilen der Bevölkerung, aber auch von Außenfeinden erhalten bleiben sollte und zwar über Generationen und Gruppen von Personen hinweg, die Macht in ihren Händen hielten.[211]

Aus der Sicht der Geistesgeschichte kann man das alte Rom als Verwirklichung des aristotelischen Denkens verstehen. Die Ideenlehre des Platon, die auf der Unvollständigkeit, der Idee, nicht dem Begriff beruht, drängte in der Lehre des Aristoteles zur Vollständigkeit, zum Begriff. Das zeigt sich z.B. in dem Wort Buch oder Gesetzbuch, etwa corpus juris, das von dem Ganzen, dem Vollständigen geprägt ist.[212] Man kann daher die Vollständigkeit als Verwirklichung des aristotelischen Denkens begreifen.

Die Gründung des Staates Rom und seine Aufrechterhaltung aus den geistigen Wurzeln der Antike beruhten auf dem griechische Denken, den Gedanken der Griechen. Die Staatsauffassung des Aristoteles, der die des Platons zu vollenden suchte, wurde im alten Griechenland nicht verwirklicht. Es war der Versuch, das Denken der Antike in die Tat umzusetzen und dieser Versuch gelang, weil es über lange Zeit hinweg ein römisches Reich gab.

In welchem Maße sich diese Wirklichkeit und das ihr zugrundeliegende Denken im romanischen Rechtskreis niedergeschlagen hat, kann nach Nationen, Staaten und Ländern unterschiedlich sein. Unverkennbar jedenfalls ist das Bestreben nach territorialer Integrität und eine Konstituierung wechselnder Verfassungen in denen Staats- und Herrschaftsformen nicht dieselben blieben.

2. Bedeutung

Die romanischen Länder haben in ihrer Geschichte häufige Wechsel in Staats- und Herrschaftsformen erlebt. Die Geschichte der Neuzeit, vor allem seit der großen französischen Revolution, ist geprägt durch die Tradition der Herrschaft des Volkes in den Grenzen der Aufrechterhaltung des Staates und seiner gebietsmäßigen Ausdehnung. Dem folgt auch die französische Unterscheidung von gouvernement und administration,[213] die gewisse Handlungen der judikativen Kontrolle entzieht, damit Einschränkung des Rechtsstaates bedeutet. Dort, wo es keine direkte demokratische oder nur eine unzureichende Kontrolle geben kann und der Einzelne sich nicht in jeder Situation mit dem Schutz durch die Gerichte staatlicher Gewalt zu erwehren vermag, greift nur noch das Parlament als Legis

---

210 Vgl. Cicero, De re publica, I, 3.
211 Cicero, Rede für Marcus Marcellus (7) (8).
212 R. Sohm, Institutionen, S. 13, 17-22.
213 E. Forsthoff, Lehrbuch des Verwaltungsrechts, Bd. I, München 1973, S.18.

lative mit dem Mittel des Gesetzes ein. Dieses dann letzte Mittel, Volksherrschaft mit dem Interesse an der Aufrechterhaltung des Sicherungsverbandes Staat in seinen territorialen Grenzen zu verbinden, gestattet, dem Gedanken zu folgen, das Wesen des romanischen Rechtskreises zu verbinden mit dem Versuch, Identität des volonté générale mit dem volonté de tous zu erzielen.

Aber auch in den Zeiten, in denen weder Republik noch Demokratie in den romanischen Ländern Teil staatlicher Verfassung waren, sondern andere Staats- und Herrschaftsformen, auch etwa wegen der Trutzverbandseigenschaft des Staates, denselben organisierten, wird man das Kontinuum möglicher Formen wegen dieser Besonderheit erkennen können.

Feststellen kann man aus diesem Grunde, daß die Staaten im romanischen Rechtskreis sich wegen ihres Merkmals, Territorialgrenzen zu verteidigen und zwar sogar mittels unterschiedlicher Staats- und Herrschaftsformen, von anderen Rechtskreisen unterscheiden. Ihre Zugehörigkeit zum kontinental-europäischen wird bestätigt durch das Bestreben, die Trutzverbands- mit der Sicherungsverbandseigenschaft zu verbinden, im Zweifel aber den Trutzverband sogar auf Kosten von Staats- und Herrschaftsformen zu erhalten und anderen gegenüber durchzusetzen, die die Geschichte der Moderne in der Staatenentwicklung erst Mitte des 18. Jahrhunderts geschaffen hatten, d.h. Herrschaft des ganzen Volkes und Bestimmung des Staatsoberhauptes durch das ganze Volk, alle Staatsbürger, die zugleich nahezu identisch mit der Gesamtbevölkerung in dem Staate waren. Solche Staats- und Herrschaftsformen mußten also zurücktreten hinter das Streben, den Trutzverband aufrechtzuerhalten.

3. Diskontinuität der Verfassungen

Den Wechsel der Verfassungen und die Ungleichmäßigkeit der Entwicklung von Staats- und Herrschaftsform können für den romanischen Rechtskreis als Charakteristikum benannt werden. Das läßt sich zum Beispiel zeigen an den Unterschieden zwischen der Constitution du 4 novembre 1848, deren Art. 18 und 19 die Bindung der "pouvoirs publics" und ihre Teilung vorsieht und der Constitution du 14 janvier 1852 sowie der Sénatus-Consulte du 7 novembre 1852 und Sénatus-consulte fixant la Constitution de l'Empire du 21 mars 1870. Die "dignité impériale", die Art. 2 konstituiert, steht, weil auf eine Person und sogar eine Familie gerichtet, als Regierungs- und Herrschaftsmacht im Gegensatz zu der zuerst genannten Verfassung, die Volksherrschaft und Republik konstituiert.

Der durch Plebiszit bestimmte Imperator, dessen Konstituierung als Verfassungsbegriff an das alte Rom erinnert, ist kein Monarch, sondern seine Einordnung in die Herrschaftsformen läßt es zu, diese Herrschaft als Tyrannenherrschaft zu bezeichnen. Monarchie eben beruht nicht auf einem Plebiszit. Selbst dann, wenn eine Mehrzahl von Personen jemanden zum König bestimmt, z.B. die Aristokraten, so ist es nicht das Volk in seiner Gesamtheit. Herausgehoben wird der Einzelne als König wegen seiner Abstammung und der Macht seiner Familie, die das Königtum begründet und aufrechterhält. Genus als Grund für Herrschaft steht aber im Gegensatz zu Staatsangehörigkeit oder Volkszugehörigkeit, sogar dann, wenn diese auf der Abstammung derjenigen beruht, die an einem Orte leben.

Die Diskontinuität der Verfassungen als Merkmal des romanischen Rechtskreises kennzeichnet diesen gerade im Verhältnis zu den anderen, deren Verfassungskontinuität als Beibehaltung einer Staats- und Herrschaftsform, ggfls. mit gewissen Abweichungen, ihre besondere Eigenschaft ist.

Man mag die Frage stellen, welche Bedeutung Verfassungen zukommt, die im Zeitlauf schnellen Veränderungen unterliegen und sich in kurzer Zeit möglicherweise fast in Richtung des Gegenteils entwickeln. Trotz der Diskontinuität steht ihr Merkmal, den Staat zu konstituieren, nicht infrage. Die staatsrechtliche Qualität derselben wird dadurch nicht herabgesetzt. Im Verhältnis zu Dritten müßten allerdings Verbindlichkeiten Bestandsschutz genießen, den man nicht von vornherein auch für das Leben in dem Staat selbst annehmen kann. Jedenfalls müßte eine solche verfassungsrechtliche Qualität des Vertrauens- oder Bestandsschutzes gesondert ermittelt werden.

§ 29 Schweiz

I. Geltende Verfassung

1. Grundlegende Eigenschaften

Die geltende Verfassung der Schweiz ist die Bundesverfassung der Schweizerischen Eidgenossenschaft vom 29. Mai 1874, die bereits in ihrem Vorspruch andeutet, daß ein Staat konstituiert werden könnte, der eine Demokratie sein soll. Das zeigt sich in dem Wort "Eidgenossenschaft" und "Eidgenossen". Die Genossenschaft ist ein Zusammenschluß von Genossen, das sind Menschen, die Rechtsfähigkeit besitzen. Sie sind in ihrer Eigenschaft als Genossen gleich. Das könnte auf moderne Demokratie hindeuten, die die Gleichheit der Menschen als Wahlbürger zum Inhalt hat, weil jeder Stimme dasselbe Gewicht zukommt.

Nach Art. 43 Abs. 2 kann jeder Schweizer Bürger an Wahlen und Abstimmungen teilnehmen. Sogar die kirchlichen und religiösen Rechte werden nach Art. 49 Abs. 4 in die Richtung begrenzt, daß sie politische Rechte nicht beschränken dürfen. Das allgemeine Wahlrecht ist Grundlage von Demokratie und Republik. Diese ist in Art. 71 (Bundesversammlung als Summe von Ständerat, d.h. Kantonsvertretung und Nationalrat, d.h. Parlament) geregelt, und auch in ihrer direkten Form, die im nichtrepräsentativen Volksentscheid besteht, der durch Art. 89 Abs. 2 geregelt ist. Der Bundesrat, die Regierung, und der Präsident werden von der Bundesversammlung bestimmt (Art. 96, 98).

Neben den repräsentativen Möglichkeiten der Volksherrschaft, die man genannt hat, sind von noch höherer Bedeutung die direkten. Diese Verfahren sind in Art. 89 und Art. 89a und Art. 90 festgelegt. Ein Quorum von 30 000 stimmberechtigten Bürgern oder 8 Kantone können verlangen, daß Gesetze des Bundes oder allgemeinverbindliche Bundesbeschlüsse durch das Volk abzustimmen sind. Das gilt auch für Staatsverträge. Schon das Verlangen nach einer Volksabstimmung, wie es Art. 89a Abs. 2 vorsieht, setzt gefaßte Beschlüsse der Bundesversammlung außer Kraft, wenn sie nicht ein Jahr nach Inkrafttreten durch das Volk bestätigt werden. Gem. Art. 90 ist durch Bundesgesetz Form und Frist von Volksabstimmung durch Bundesgesetz festzulegen. Dieser "recall" gibt dem Volke oder auch Teilen des Volkes die Möglichkeit, solche Gesetze und Verträge mit dem Ausland zu verhindern, die dem Willen der Mehrheit der Aktivbürgerschaft nicht entsprechen. Aus diesem Grunde ist die Möglichkeit für die Verwirklichung von Volksherrschaft wohl sehr geeignet, denn es kann verhindert werden, daß das Repräsentationsprinzip zu einem starken Auseinanderklaffen des Willens der Bevölkerung mit dem Willen seines Repräsentationsorgans führt. Sogar dann, wenn bloß das Ergebnis von Abstimmungen der Repräsentanten und der Aktivbürgerschaft in den Blick genommen, das zahlenmäßige Ergebnis verglichen wird und danach festzustellen ist, daß ein Unterschied, wenn auch bloß ein geringer besteht, ist der "recall" als Mittel geeignet, den wirklichen Willen des Volkes durchzusetzen. Auf diese Art und Weise stimmt das Volk selbst ab und ermittelt so die Auffassung der Aktivbürgerschaft zu dem infrage stehenden Sachproblem.

2. Regelungsschwerpunkte

Die Verfassung der Schweiz von 1874 kennt vier Schwerpunkte mit Regelungen über die Volksherrschaft.

Als den ersten und wichtigsten wird man die Vorschriften zu direkter Demokratie nennen dürfen. Alle Regelungen, die Abstimmungen des Bundesvolkes zum Inhalt haben, gehören in diesen ersten Schwerpunkt.

Als zweiter Schwerpunkt sind die Grundrechte der Schweizer, die die Verfassung festlegt, Teil der Regelungen zur Demokratie. Es sind solche Grundrechte, die die Ausübung der Herrschaft durch das Volk erst ermöglichen und die res publica bilden. Es sind das Stimmrecht, das der Kantonsbürger als Schweizer Bürger besitzt, der Schutz vor Ausweisung, das Niederlassungsrecht, Glaubens- und Gewissensfreiheit, Religionsfreiheit, Schranke für religiöse und kirchliche Betätigung in politischen Rechten, Pressefreiheit, Vereinsfreiheit, Petitionsrecht.

In der Verfassung sind auch Vorschriften über die Ausübung von indirekter Demokratie enthalten, solche Regelungen, die nach dem Repräsentationsprinzip die Rechte des Volkes festzulegen, um Repräsentanten zu bestimmen. Die Wahl zum Parlament, aber auch die Regelungen über die Bestimmung der Regierung und des Präsidenten sind damit gemeint. In diesem dritten Regelungsschwerpunkt sind solche Verfassungsvorschriften enthalten, die das Verhältnis des Volkes zu seinen Repräsentanten konstituieren.

Als vierten und letzten Teil der Regelungen wird man die Vorschriften über den Zusammenhang und die Kompetenzen und Funktionen der Staatsorgane nennen müssen, die in ihrem organisatorischen Gehalt das Verhältnis zwischen den unterschiedlichen Staats- und Verfassungsorganen ordnen. Man wird vielleicht nicht so ohne weiteres von vornherein von Vorschriften sprechen können, die die Demokratie als Volksherrschaft in den Händen des Volkes selbst konstituieren. Aber sie sind unerläßlich, um Demokratie als eine Herrschaftsform in dem Staate zu verwirklichen. Dazu gehört die Kompetenzabgrenzung; die unterschiedlichen Funktionen von den einzelnen Staats- und Verfassungsorganen sind auch Teil dieser Verzahnung der Gewalten als vom Volk legitimiert und durch Organe ausgeübt. Es mag dahinstehen, ob der Begriff des Organs bei einem Staat, der sich als Genossenschaft konstituiert, wegen der zugrundeliegenden Körpervorstellung zutrifft oder nicht, denn die Genossenschaft ist eine Form des Verbandes, also einer mitgliedschaftlich organisierten Rechtsform. Jedenfalls sind es die Institutionen des Staates, die mit gewaltenteiligen Funktionen befaßt sind, deren Kompetenzen in solchen Vorschriften geregelt werden.

3. Veränderungen

Die Schweiz kann auf eine Verfassungskontinuität seit dem Jahre 1874 zurückblicken. Die Tradition des Rechtes und seiner Verwirklichung in dem Staat ist daher schon deswegen gewahrt, weil die Verfassung in ihren Grundlagen dieselbe geblieben ist. Allerdings sind im III. Abschnitt Vorschriften über die Revision der Bundesverfassung enthalten, die in den Artikeln 118 bis 123 deren Durchführung ermöglichen sollen.
Schon Art. 118 bestimmt, daß "die Bundesverfassung ganz oder teilweise revidiert werden" kann. Nach Art. 119 ist vorgeschrieben, daß die "Totalrevision" auf dem Wege der "Bundesgesetzgebung" geschieht. Es ist eine Besonderheit der Verfassung der Schweiz, daß eine solche grundsätzliche Änderung der Verfassung in der Konstitution selbst vorgesehen ist. Das höchste Gesetz, das die Verfassung ist, wird auf diese Art und Weise ständig zur Disposition gestellt; d.h. nicht, daß es in seiner Geltung infrage steht, aber seine Bewährung in seiner Eigenschaft als das höchste Gesetz dürfte Grund für seine Beibehaltung sein. Diese Eigenschaft der Verfassung, jederzeit totalrevidiert zu werden wie jedes andere Bundesgesetz, wenn auch die Art. 119 bis 123 Bestimmungen über das besondere Verfahren enthalten, um die demokratische Legitimation zu sichern, ist darauf angelegt, ihre Geltung als Imperativ für das Geschehen in dem Staate zu sichern. Werden ihre Vorschriften nämlich nicht befolgt oder ergeben sich Alternativen als passender für Sicherungs- und Trutzverbund wegen des Bändigungszwecks, so sind sie bloß abhängig von dem Willen, sie beizubehalten oder zu verändern. Allein die demokratische Legitimation, vor allem die Volksinitiative und die Volksabstimmung, sichern den Bestand der Verfassung als eine demokratische selbst dann, wenn ihr Inhalt in anderen Teilen total revidiert werden soll. Man wird also festhalten dürfen, daß das Merkmal, Demokratie zu sein, das ist der Inhalt der Verfassung und damit die Herrschaftsform im Staate, konstituierend für die Eidgenossenschaft Schweiz ist. Das könnte seine Ursache darin haben, daß

die Eidgenossenschaft als Rechtsform wie jede Genossenschaft verbandsförmigen Charakter hat und daher der Wille der Mitglieder für sie charakteristisches Merkmal ist.

II. Zugehörigkeit zu welchem Rechtskreis?

1. Romanischer Rechtskreis

Es ist fraglich, welchem Rechtskreis die Verfassung der Eidgenossenschaft Schweiz angehört, weil das von vornherein nicht ersichtlich ist. Nimmt man das Merkmal Sprache, so sagt Art. 116, daß das "Deutsche, Französische, Italienische und Rätoromanische" Nationalsprachen der Schweiz sind. Diese Sprachen werden nicht nur dort gesprochen, sondern alle drei Sprachen sind Amtssprachen, weil sie Nationalsprachen sind. In dieser Eigenschaft Nationalsprachen zu sein, charakterisieren sie die Nation. Weil es mehrere Sprachen sind, weiß man nicht nach dem Merkmal Sprache, welchem Rechtskreis die Schweiz angehört und wie aus diesem Grunde ihre Verfassung einzuordnen ist. Jedenfalls könnte die Schweiz dem kontinental-europäischen Rechtskreis angehören, denn sie liegt auf dem europäischen Kontinent.

Weil das Französische und das Rätoromanische Nationalsprachen der Schweiz sind, ist es so, daß die Zugehörigkeit zu dem kontinentaleuropäischen Rechtskreis sich darin zeigt, daß Merkmale des romanischen Rechtskreises vorzufinden sind, denn der romanische Rechtskreis gehört dem kontinentaleuropäischen Rechtskreis an. Die Volkssouveränität, wie man sie als Bestandteil des romanischen Rechtskreises begreifen kann, der die Souveränität des Volkes als einen Pol oder einen Endpunkt einer Linie enthält, könnte auch in der Schweiz als ein Merkmal der Verfassung und der durch sie konstituierten Rechte vorzufinden sein.

Das Wort "Volkssouveränität" wird in der Verfassung nicht gebraucht. Aus diesem Grunde mag man meinen, daß diese auch nicht vorgesehen ist. Aber auch dann, wenn Volkssouveränität nicht Verfassungsbegriff ist, könnte sie durch die Verfassung konstituiert sein, wenn ihre Merkmal dort vorzufinden sind. Schon in Art. 1 sagt die Verfassung, daß die Völkerschaften der zweiundzwanzig Kantone als ein Bund vereinigt sind und daß diese, wie auch Art. 3 bestimmt, souverän sein sollen. Es sind die Völkerschaften, wie es Art. 1 vorsieht, die die Eidgenossenschaft bilden. Daraus ergibt sich zunächst, daß die Kantone souverän sind, die Genossenschaft aber durch die Völkerschaften gebildet werden. Vielleicht ist es möglich, daß der Begriff "Volkssouveränität" als Rechtsbegriff eine Eigenschaft beschreiben kann, die so Teil der schweizerischen Konstitution ist.

Diese könnte darin bestehen, daß die Völkerschaften und jeder einzelne Schweizer eine Genossenschaft bilden, die der Staat Schweiz ist. Das allein mag den Begriff Volkssouveränität im Unterschied zu Staatssouveränität noch nicht rechtfertigen. Selbst wenn man an dem Inhalt des Begriffs Volkssouveränität zweifelt und behauptet, daß nur Staaten souverän sind und nicht Völker, so könnte er doch, ähnlich wie in den romanischen Ländern, auch in der Schweiz vorfindbar sein. Bindeglied zwischen der Schweiz als Bund der Eidgenossen und der Souveränität der Kantone könnte die stark verankere direkte Demokratie sein. Die mitgliedschaftliche Organisation geht so weit, daß die Aktivbürgerschaft die Geschicke des Staates durch Gesetzgebung entscheiden kann. Diese Formen von Demokratie sind nicht als die Ausnahme, sondern als mögliche Regel oder zumindest als Teil eines Verfahrens der ständigen Bundesgesetzgebung vorgesehen. Diese stark mitgliedschaftliche Verfassung bringt den Gedanken zum Ausdruck, daß das Volk es sein soll, das herrscht und jeder einzelne Aktivbürger, der die Herrschaft in dem Staate ausübt.

Wird man also von einer Staatssouveränität der Schweiz als in den Kantonen angesiedelt sprechen dürfen, so ist der Bund der Völkerschaften als Eidgenossenschaft Zeichen dafür, daß über dem Volk niemand stehen und es selbst es sein soll, das die Geschicke des Staates zu leiten hat. Daher wird man noch stärker als im romanischen Rechtskreis von einer auf das Element Volk abgestellten Staatsorganisation schließen können. Ist also zwar keine Volkssouveränität als Teil der staatlichen Verfassung vorgesehen, so ist das Merkmal, daß das Volk die höchste Macht in dem Staate ausüben und niemand über ihm stehen soll, doch sehr stark ausgebildet. Das hat seine Ursache darin, daß Verfahren existieren, die geeignet sind, dies zu garantieren.

2. Angelsächsischer Rechtskreis

Die Zugehörigkeit der Schweiz zum kontinental-europäischen Rechtskreis zeigt sich daran, daß trotz der Totalrevisionsbestimmung die Verfassung als ein Kodex ausgestaltet ist und daher dem kontinental-europäischen Rechtskreis verhaftet sein mag.[214] Dessen Ursprünge liegen in der Kodifizierung durch Gesetzbücher wie sie charakteristisch ist für das römische Reich. Die Vollständigkeit ist darin zwar gewahrt, aber wegen der ausdrücklichen Bestimmung für die Kantone, souverän sein zu sollen, die diese zwar verpflichtet, nach Art. 6 die "Gewährleistung" des Bundes für ihre Verfassung nachzusuchen, aber für den Fall, daß der Bund die Gewährleistung wegen des Zuwiderlaufens gegen die Verfassung nicht erhält, diese womöglich bestehen bleiben können, mag man geringe Zweifel äußern dürfen: Wegen der Souveränität der Kantone ist vielleicht von einer Regelungslücke zu sprechen, die, weil die Souveränität den höchsten Machthaber oder Herrscher in dem Staate bezeichnet, sogar die Vollständigkeit, möglicherweise den Kodex berühren könnte. Denn es mag sein, daß damit den Kantonen die Möglichkeit eröffnet ist, eigenes Recht zu setzen, ohne auf die Bundesverfassung Rücksicht nehmen zu müssen. Weil Art. 6 bloß als Verfahrensvorschrift formuliert ist, tritt diese Folge vielleicht ein.

Der angelsächsische Rechtskreis allerdings ist aus dem Grunde Teil des schwei-

---

214 Siehe S. 451.

zerischen Verfassungsdenkens, weil sein besonderes Merkmal die Kontinuität der Verfassungstradition ist. Zwar sind die Änderungsmöglichkeiten für die Verfassung der Schweiz bis hin zur Totalrevision in der Verfassung selbst vorgesehen, aber die Konstitution der Schweizerischen Eidgenossenschaft ist seit ihren Anfängen im Jahre 1874 in den entscheidenden Vorschriften erhalten geblieben. Die Verfassung der Schweiz teilt also mit denen der angelsächsischen Länder die Eigenschaft, lange zu bestehen. Aus diesem Grunde wird man sagen können, daß die Schweiz jedenfalls nicht unbeeinflußt vom angelsächsischen Rechtskreis existiert.

3. Sui generis

Einen Rechtskreis der Schweiz oder auch einen gesonderten schweizerischen Rechtskreis in der Konstitution und dem Rechte der Schweiz zu sehen, stößt auf gewisse Schwierigkeiten. Geht man von dem Rätoromanischen als Sprache aus, wäre es eine Unterart des romanischen Rechtskreises.
Man wird aber wegen der unterschiedlichen Merkmale, die die Schweiz mit dem romanischen, dem angelsächsischen und dem kontinentaleuropäischen Rechtskreis insgesamt teilt, eine Mischform annehmen oder es gibt eine Gemeinsamkeit zwischen diesen Merkmalen, die es rechtfertigt, von einem Rechtskreis sui generis zu sprechen.

Das Merkmal, Genossenschaft zu sein, sogar Eidgenossenschaft, mit der höchsten Bekräftigung auf eine Gemeinschaft eingeschworen, enthält als Bestandteil auch Kontinuität und Vollständigkeit, weil diese höchste Bekräftigung einer Gemeinschaft als Staat den Zusammenhalt der Bürger zum Ausdruck bringt. In Verbindung mit dem ausgeprägten direktdemokratischen Element könnte man die Eigenschaft, rätoromanisch zu sein, so charakterisieren. Diese Einordnung befriedigt aber nicht, weil der Kodexgedanke darin nicht aufgehoben ist. Zwar ist das rätoromanische Merkmal sicher sehr bedeutungsvoll, aber die anderen Eigenschaften der Verfassung eventuell nicht weniger gewichtig. Aus diesem Grunde wird man sagen dürfen, daß als Beschreibung der Verfassunglage in der Eidgenossenschaft Schweiz die Rechtslage nicht vollständig mit dem Begriff des Rätoromanischen beschrieben ist und daher in Betracht kommt, als Rechtskreis sui generis benannt zu werden. Rätoromanischer Rechtskreis wird der Eigenschaft der Verfassung, eine Tradition der Kontinuität zu verkörpern, begrifflich vielleicht nicht ganz gerecht. Die Kontinuität, die dem angelsächsischen Rechtskreis entstammt, spricht dafür, eine Mischform anzunehmen und das Rätoromanische nicht von vornherein als eigenen Rechtskreis in diesem Land zu bezeichnen, weil dem Gedanken, daß nicht nur Rätoromanen in der Schweiz leben durch den bundesstaatlichen Charakter in hohem Maße Rechnung getragen worden ist. So kann man, weil die Nation durch das Zusammenwirken der Merkmale geprägt ist, wohl zunächst eher von einem Rechtskreis sui generis sprechen, der dem kontinentaleuropäischen Rechtskreis in den meisten Merkmalen unterzuordnen ist.

III. Direkte Demokratie und Volksrechte

1. Bund

Die Rechte der Schweizer, ihre Geschicke selbst zu bestimmen, zeigen sich auf Bundesebene in den Vorschriften, die die Verfassung zur Verfügung stellt, um direkt die Herrschaft des Volkes zu sichern.

Die Bundesgesetzgebung wird in den Art. 89, 89 a und 90 durch Bestimmungen gestaltet, die direkte Demokratie zum Inhalt haben. Art. 89 bestimmt, daß "Bundesgesetze, sowie allgemeinverbindliche Bundesbeschlüsse" "dem Volke zur Annahme oder Verwerfung vorzulegen" sind, "wenn es von 30 000 stimmberechtigten Schweizerbürgern oder von 8 Kantonen verlangt wird." Dieser recall ermöglicht nicht nur bei Einhaltung des Quorums der Bevölkerung die Abstimmung über Gesetze des Bundes, sondern auch den Kantonen, die souverän sind und selbst direkt demokratisch ausgestaltet, die Bundesgesetzgebung im nachhinein zu bestimmen. Es können auch die Kantone sein, die die Abstimmung über Gesetz ermöglichen, weil sie diejenigen Teile des Staates sind, die die Eigenarten der einzelnen Regionen in besonderem Maße zum Ausdruck bringen. Weil sich die Schweiz in den Völkerschaften der Kantone verbündet, ist es konsequent, die Volksherrschaft durch eine Anrufung des Volkes von den Kantonen zu ermöglichen.

Der Art. 89a enthält eine Eilfallregelung, die Inkrafttreten allgemeinverbindlicher Bundesbeschlüsse regelt. Nach Absatz 2 dieser Vorschrift können 30 000 stimmberechtigte Schweizer Bürger oder acht Kantone verlangen, daß die Beschlüsse außer Kraft gesetzt werden, wenn das Volk ihnen nicht zustimmt. Werden sie in der Jahresfrist nicht gutgeheißen, so können sie nicht erneuert werden. Die Bundesbeschlüsse – so bestimmt Art. 89 a Abs. 3 –, die "sich nicht auf die Verfassung stützen", müssen durch Volksabstimmung genehmigt werden, weil sie andernfalls außer Kraft gesetzt werden.

Der Halbsatz "welche sich nicht auf die Verfassung stützen" bedeutet zwar die Ausnahme von dem Vollständigkeits- und Kodexdenken, aber wegen der direktdemokratischen Legitimation, die auch für die Totalrevision vorgesehen ist, befindet sich die Vorschrift im Einklang mit den Merkmalen des Begriffs Demokratie.

Art. 90, der vorsieht, daß die Bundesgesetzgebung wegen der Formen und Fristen für eine Volksabstimmung das Erforderliche feststellen wird, regelt das Verfahren, das die direkt-demokratische Ausübung von Rechten garantieren soll.

Wegen einer Revision der Bundesverfassung sind die Art. 118 bis 123 geschaffen worden, die die grundlegenden Bestimmungen für Volksinitiative und Volksabstimmung enthalten. Sie sind ähnlich denjenigen gestaltet, die für die Bundesgesetzgebung vorgesehen sind.

2. Kantone

Nach Art. 6 der Bundesverfassung übernimmt nach Abs. 2 a) der Bund die Gewährleistung dafür, daß die Verfassungen der Kantone "die Ausübung der politi-

schen Rechte nach republikanischen (repräsentativen oder demokratischen) Formen sichern. "Demokratische Formen sind also die von der Bevölkerung direkt ausgeübten. Repräsentative Formen sind die indirekten, die durch die Repräsentationsorgane betätigt werden. Es wird garantiert, daß von den Kantonen solche Formen einzuhalten sind, soweit der Bund nicht zuständig ist.
Auch die Vorschriften über die Vertretung des Volkes durch die Bundesversammlung sind so gestaltet, daß die Sitze der Abgeordneten gem. Art. 72 nach den Kantonen verteilt werden, die selbst auch im Ständerat nach Art. 80 der Verfassung vertreten sind. Jeder Kanton wählt nach Art. 80 S.2 zwei Abgeordnete.

Das ist aber nicht die demokratische Verfassung der Kantone selbst, wie sie zuerst angedeutet worden ist.

Auch in den Vorschriften über die Revision der Bundesverfassung und über die Kompetenzverteilung in der Gesetzgebung findet man nur solche Vorschriften, die die Kompetenzen des Bundes von denen der Kantone abgrenzen und die die Möglichkeiten, Herrschaft auszuüben, für die Kantonsbürger konstituieren.

Das allerdings ist in der Weise zu erklären, daß die Kantone ein über das z.B. aus den USA und der Bundesrepublik Deutschland bekannten Grad hinausgehendes Maß an Unabhängigkeit besitzen, denn sie sind souverän. Deswegen können sie ihre demokratischen Vertretungsrechte eigenständig in der Verfassung formulieren. Dies ist von den Kantonen auch in unterschiedlicher Weise vorgenommen worden. Gemeinsam ist den dort konstituierten Rechten allerdings, daß sie direkte und repräsentative Möglichkeiten von Volksherrschaft kombinieren und so die Schweiz als einen Staat errichten, der auch in den Regionen die Ausübung von Volksrechten als wesentliche Eigenschaft enthält.

3. Gemeinden

Die Schweiz wird gelegentlich als ein Land charakterisiert, in dem die historisch fundierte Versammlungsdemokratie erhalten ist.[215] Volksrechte sollten einen Ausgleich zur bloßen Repräsentativverfassung schaffen. Der Begriff "Versammlungsdemokratie" findet wohl am ehesten seine Berechtigung bei der Beschreibung von Entscheidungen über die politischen Geschicke der Gemeinden. Versammlungsdemokratie bedeutet, daß in den Gemeinden die Aktivbürgerschaft sich versammelt und nach einer gemeinsamen Aussprache über die zur Entscheidung gestellten Fragen abstimmt. Dieses Votum, das Mehrheit und Minderheit der Stimmen enthält, ist die Entscheidung nach der in der Gemeinde gehandelt wird. Es ist demnach eine direkte Art und Weise, Demokratie zu gestalten, schließlich die Abstimmung des Volkes selbst über Sachfragen, die entschieden werden müssen. Der Begriff Versammlungsdemokratie sagt aber

---

215 J.-D. Kühne/F. Meissner, Züge unmittelbarer Demokratie in der Gemeindeverfassung, Göttingen, S. 25, 47.

nicht nur etwas über das Abstimmen von Sachfragen, wer abstimmt und wie abgestimmt wird, sondern er sagt auch etwas über das Verfahren. Weil eine Versammlung stattfindet, auf der alle abstimmen, die dem Orte angehören, ist die Versammlungsdemokratie eine solche, die Öffentlichkeit auf dem forum erfordert. Nicht nur der öffentliche Ort, sondern auch die Versammlung der Menschen als eine Gemeinschaft der Aktivbürger, die dort das Wort ergreifen, weil sonst die Versammlung obsolet wäre, ist Merkmal dieser Art von Demokratie. Sie unterscheidet sich also vorwiegend dadurch von anderen Möglichkeiten, demokratische Entscheidungen zu organisieren, daß mit ihr ein Verfahren zur Verfügung gestellt wird, das die Herrschaft des Volkes an dem Orte durch dieses selbst gestattet.

§ 30 Staatengemeinschaften

I. United Nations Organisations

1. Geschichte der Vereinten Nationen

Die Charta der Vereinten Nationen vom 26. Juni 1945 ist nach dem 2. Weltkrieg geschaffen worden, damit die Menschheit vor dem Krieg bewahrt wird, die Grundrechte der Menschen gewahrt, Bedingungen für Gerechtigkeit und Achtung für die Verpflichtung zur Einhaltung von Verträgen und anderen Quellen des Völkerrechts geschaffen und sozialer Fortschritt und besserer Lebensstandard in größerer Freiheit gefördert werden. Die Vereinten Nationen sind also eine internationale Organisation, die die genannten Zwecke verwirklichen soll. Sie ist ausgestattet mit verschiedenen Einrichtungen, die durch die Charta der Vereinten Nationen vorgesehen sind, wie z.B. die Generalversammlung und den Sicherheitsrat.

Seit ihrer Konstituierung sind der Charta 159 Mitglieder beigetreten, die diese nach Maßgabe ihres Verfassungsrechts unterzeichnet haben, eine Ratifizierung im Sinne des Art. 110 UNO vornahmen. Ab 1946 haben die Vereinten Nationen fünf unterschiedliche Präsidenten gehabt, die verschiedenen Nationen angehörten.

Die Zwecke, die genannt worden sind, wurden zu Beginn der Präambel konstituiert. Nach dem Vorspruch folgen im ersten Kapitel Ziele und Grundsätze der Vereinten Nationen. Es sind in Art. 1 vier Ziele aufgeführt, die die Vereinten Nationen charakterisieren: Es sind der Weltfrieden, die Völkerverständigung, die internationale Zusammenarbeit und die Absicht, Mittelpunkt zu sein, um die Bemühungen zur Verwirklichung dieser Ziele aufeinander abzustimmen.

Wegen seiner Aufgabe, den Weltfrieden zu sichern, wird man wohl nach Art. 11, 12 den Sicherheitsrat als die wichtigste Einrichtung der Vereinten Nationen begreifen dürfen.

2. Demokratie und UNO

Schon in der Präambel werden Rechte angesprochen, die mit der Demokratie in

Verbindung stehen. Grundrechte des Menschen, Würde und Wert der menschlichen Persönlichkeit sind dort genannt. Allerdings ist das Wort Demokratie weder in der Präambel noch im Text der Charta der Vereinten Nationen zu finden. Grundrechte des Menschen sind aber auch solche Rechte wie z.b. Meinungsfreiheit, Versammlungsfreiheit, Demonstrationsfreiheit, Religionsfreiheit als Voraussetzungen, um Volksherrschaft auszuüben.

Würde und Wert der menschlichen Persönlichkeit, die Menschenwürde, sind Voraussetzung für Demokratie. Der Volksherrschaft als Form von Herrschaft liegt ein Menschenbild zugrunde, das den Menschen als willensfähig und willensfrei versteht, der in der Lage ist, seine Angelegenheiten selbst zu regeln und sich durch die Fähigkeit zum Denken in Alternativen und zur freien Entscheidung von allen anderen Lebewesen unterscheidet. Das Wissen und die Fähigkeit zum Denken geben dem Menschen die Würde, weil er so als mit einem Geist ausgestattet begriffen wird. Seine Fähigkeit, eine eigene, unverwechselbare Persönlichkeit zu sein, Individualität zu besitzen, gestatte es, ihn als mit Menschenwürde versehen, zu begreifen.

In Art. 1 Nr. 2 ist von dem Selbstbestimmungsrecht der Völker die Rede. Man könnte der Auffassung sein, daß damit die Volksherrschaft gemeint ist, wird aber wegen des Zusammenhangs in dem dieser Begriff steht ihn eher als einen solchen begreifen müssen, der das Verhältnis der Völker untereinander beschreibt. Es sollen die Völker einander nicht ihr Recht auf Selbstbestimmung nehmen.

In Art. 1 Nr. 3 wird die "Achtung vor den Menschenrechten und Grundfreiheiten für alle" festgelegt. Die Menschenrechte und Grundfreiheiten, die nicht bloß die Freiheit von staatlichem Einfluß abwehren und einen Spielraum für den Einzelnen schaffen, sondern die Öffentlichkeit angehen und das Leben in der res publica gestalten, mögen solche sein, die Volksherrschaft erschaffen oder auch zu dem unerläßlichen Bestand dessen gehören, was die Öffentlichkeit als Teil des Staatlichen schafft. Damit sind sie womöglich Bestandteil von Demokratie oder mindestens geeignet, Demokratie zu erreichen.

3. UN-Charta und Rechtswirkungen

Nach Art. 110 UNO müssen die beitretenden Staaten die Charta nach Unterzeichnung ratifizieren. Diese Bestätigung des Beitritts zur Charta erfolgt gem. Abs. 1 "nach Maßgabe ihres Verfassungsrechts". Die Wirkung der Charta so als wäre sie das Recht, das der Einzelstaat sich selbst gibt, könnte durch diese Bestimmung eingeschränkt sein. Sieht Verfassungsrecht des Einzelstaates vor, daß solche völkerrechtlichen Verbindlichkeiten nicht dieselbe Rechtswirkung im Staate entfalten wie das Recht, das er sich gegeben hat, so können diese Wirkungen eingeschränkt sein. Wenn z.B. die individualrechtliche Verbindlichkeit, die Eigenschaft subjektives Recht des Bürgers in dem einzelnen Staat zu sein, für die Vorschriften der UN-Charta nicht vorgesehen ist, wenn es durch das Recht der einzelnen Staates so bestimmt wurde, dann sind die Rechtswirkungen schwächer sieht man solche Wirkungen für das Recht, das der Staat sich selber gibt, vor. Die völkerrechtliche Verbindlichkeit ist eine solche, die nur die Staaten selbst verpflichtet. Sie sind im völkerrechtlichen Verkehr an die Regelungen der Charta gebunden und müssen sich nach ihnen richten. Diese Bedeutung der Charta teilt sie jedenfalls mit internationalen Verträgen. Denn grundsätzlich muß dem Einzelstaat freigestellt sein, wie er seine Verbindlichkeiten im Verhältnis zu den Bürgern seines Staates erfüllt.[216]

II. Europäische Gemeinschaft

1. Verträge

Der Vertrag zur Gründung der Europäischen Wirtschaftsgemeinschaft vom 25. März 1957 enthält Bestimmungen, die die Grundlagen für einen immer engeren Zusammenschluß der europäischen Völker schaffen sollen. Er wurde von den Belgiern, der Bundesrepublik Deutschland, den Franzosen, den Italienern, den Luxemburgern und den Niederländern abgeschlossen und ihm sind andere europäische Staaten beigetreten. Dieser Vertrag regelt in fünf Teilen die Beziehungen zwischen den Staaten, die ihn miteinander abgeschlossen haben und schafft auf diese Art und Weise eine verbindliche Grundlage dafür, daß es zu einer wirtschaftlichen Zusammenarbeit kommt.

Die Verträge regeln nicht die Herrschaftsform der Einzelstaaten, sondern bestimmen bloß für die eigenen Angelegenheiten der Gemeinschaft demokratische Verfahren. Die Versammlung der EG besteht aus den Abgeordneten, die von der Aktivbürgerschaft der Mitgliedstaaten gewählt werden. Es gilt das allgemeine und gleiche Wahlrecht. Jede Stimme erhält dasselbe Gewicht. Es ist also das Repräsentationsprinzip für die Europäische Gemeinschaft als in dem Organ Versammlung enthalten konstituiert. Nach Art. 140, 141 wird der Präsident aus der Mitte der Versammlung gewählt und diese entscheidet mit der absoluten Mehrheit der abgegebenen Stimmen. Der Rat der EG beschließt nach Art. 148 mit qualifizierter Mehrheit. Die Stimmen werden gewogen und zwar im Verhältnis wie es in Art. 148 bestimmt ist. Das Wiegen der Stimmen und das Festlegen einer Mindeststimmenzahl, damit ein Beschluß zustande kommt, könnte mit Volksherrschaft womöglich unvereinbar sein. Die Zahl der Stimmen für jedes Land folgt zwar ungefähr den Größenverhältnissen, aber es sind die Regierungen, die in dem Rat Mitglieder sein können und daher sind bloß die Regierungen der Staaten gewichtet nach der in Art. 148 festgelegten Zahl der Stimmen vertreten. Ob also eine demokratische Legitimation vorhanden ist, entscheidet innerstaatliches Recht und nicht die EG.

Ob die Staaten demokratisch vertreten sind, wenn ihr Gewicht bei der Stimmabgabe nach der Größe des Landes, das ist die Bevölkerungszahl, bestimmt wird, ist dann fraglich, wenn das Gewicht nicht genau festgelegt ist, sondern bloß An-

216 BGH NJW 1989, 1437

näherungswerte gebildet werden. Jedenfalls könnte bei einer Einrichtung, in denen die Staaten als Vertragspartner vertreten sind, die Auffassung geäußert werden, daß die Gewichtung der Stimmen die Aktivbürgerschaft dann sogar eher vertritt als bei einem Abstimmungsmodus, der festlegt, daß jedes Land eine Stimme hat. Das Gewicht des Vertragspartners ist zwar nicht abhängig von der Größe seines Landes, wenn er einen Vertrag abschließt, wie auch die Art. 247ff EWG für die Ratifizierung vorsehen, aber der Aktivbürger in seiner Bedeutung und seiner Eigenschaft als Träger der Herrschaft, wenn in dem Staate Volksherrschaft konstituiert ist, wohl eher vertreten ist, wenn die indirekte demokratische Legitimation ergänzt wird durch eine Berücksichtigung der Bevölkerung des jeweiligen Landes, dessen Staat den Vertrag abgeschlossen hat. Das Wiegen der Stimmen nach der Bevölkerungszahl ist vielleicht ein geeignetes Mittel, um die Repräsentation des Volkes in der Entscheidung erreichen zu können. Denn ist die Zahl der Aktivbürger unterschiedlich hoch, so dürfte ihr auch eine dieser Zahl angemessene Bedeutung zukommen, geht man von einer EG-Bürgerschaft, allen Menschen aus, die in der Europäischen Gemeinschaft leben. Man muß demnach prüfen, ob die Repräsentation der Völker in der EG durch ein Wiegen der Stimmen möglich oder jedenfalls eher tunlich ist, als wenn die Regierungen bloß eine Stimme in dem Rat haben. Ist die Bevölkerungszahl in der Stimmenzahl nicht repräsentiert, so ist das nicht der Fall. Was gilt aber dann, wenn sie in ihr repräsentiert wäre?

Jacobs meint, daß das Wägen der Stimmen eine fragwürdige Begrenzung des Mehrheitsprinzips sei, weil es am "demokratischen Prinzip der völligen Gleichheit aller Stimmen respektive der (formalen) Gleichheit aller Abstimmenden" rüttelt.[217] Die Beispiele, die Jacobs gewählt hat, den Aufsichtsratspräsidenten, den Senatsvorsitzenden, den Präsidenten des Bundesrates, deren Stimmen doppelt zählen oder den Ausschlag bei Stimmengleichheit geben, sind Fallgruppen, die nicht das Repräsentationsprinzip berühren. Die völlige Gleichheit aller Stimmen soll dazu führen, daß es wirklich das Volk ist, das herrscht, die Summe aller Bürger und die Stimme des einen nicht mehr zählt als die des anderen. Wenn aber Regierungen das Volk repräsentieren und einen Vertrag abschließen, so ist es in indirekter Art und Weise vertreten. Erhält die eine Regierung mehr Stimmen als die andere und zwar nach dem Maß der Bevölkerungszahl, so geht man von der Vorstellung ab, daß das Volk in der Regierung von vornherein vertreten ist und zwar so, daß es im Verhältnis zu den anderen Völkern die gleiche Chance hat, seinen Willen durchzusetzen. Nimmt man das Merkmal Bevölkerungszahl und wiegt danach die Stimmen, so sind nicht mehr alle Völker der EG, vertreten durch ihre Regierungen, gleich, sondern es wird von einem EG-Volk ausgegangen, das vertreten werden soll. Konsequent ist es dann, dem Vereinigten Königreich mehr Stimmen zu geben als der Republik Irland, Spanien mehr als Luxem-

---

217 U. Jacobs, "Man soll die Stimmen wägen und nicht zählen" Über fragwürdige Begrenzungen des Mehrheitsprinzips, NJW 1989, S. 3206.

burg. Die formale Gleichheit, die Jacobs meint, wird hergestellt bei der Chance der Aktivbürgerschaft, sich durchzusetzen, vertreten durch ihre Regierungen. Auch die Wahlkreise werden nach der Bevölkerungszahl gebildet oder auch diejenigen Gebiete, die eine höhere Bevölkerungsdichte besitzen, erhalten mehr Abgeordnete. Aus dieser Sicht mag man gegen das Wiegen der Stimmen nach Art. 148 nichts einzuwenden haben. Allerdings haben die Regierungen als die vertragsschließenden Parteien, also die Staaten, nicht dasselbe Gewicht. Ihre formale Gleichheit ist aufgehoben worden, um die Aktivbürgerschaft ihrer Länder in dem Rat als dem Exekutivorgan der Europäischen Gemeinschaft zu vertreten.

Es waren aber die Staaten, vertreten durch ihre Regierungen oder auch die Staatsoberhäupter, die den Vertrag abgeschlossen hatten oder ihm beigetreten waren. Wenn diese Staaten als demokratische konstituiert sind, sie Volksherrschaft als Herrschaftsform vorgesehen hatten, so ist ihre direkte Vertretung durch die Zahl der Stimmen, die für das einzelne Landesvolk abgegeben werden, möglich und Zeichen für die demokratische Konstituierung der Europäischen Gemeinschaft. Denn die Regierungen oder Staatsoberhäupter selbst, die in einer Republik vom Volke bestimmt sind, vertreten das Volk nur in einer Demokratie. Ihre Legitimation wird gestärkt durch die Gewichtung ihrer Stimmen nach der Bevölkerungszahl allerdings unter Aufgabe ihrer formalen Gleichheit.
Auf diese Art und Weise zeigt sich die demokratische Organisation der Europäischen Gemeinschaft als ein Verband von Staaten, deren Bevölkerung, ist sie in ihnen selbst demokratisch vertreten, auch in ihr demokratisch repräsentiert werden soll. Der Rat kann demnach, wenn Volksherrschaft in den Einzelstaaten existiert, legitimiert durch die Aktivbürgerschaft der vertragsschließenden Parteien, die ihm durch den Vertrag zugewiesenen Aufgaben erfüllen. Wird so nicht aber an der Legitimation der Regierungen jedes einzelnen Staates im Verhältnis zum anderen als einem gleichen eine Einschränkung vorgenommen? Die Legitimation der Regierung des Einzelstaates selbst wird zwar nicht infrage gestellt; sie ist jedoch korrigiert zugunsten der Vertretungslegitimation, die von der Aktivbürgerschaft ausgeht.

2. Reichweite und Verbindlichkeit

Die Reichweite der Geltung des Vertrages und seiner Ausführung durch die in ihm in Art. 89 vorgesehenen Vorschriften ergibt sich aus dem Charakter des Vertrages selbst.
Seine Vorschriften sind in den Einzelstaaten unmittelbar geltendes Recht. Sie sind für diejenigen verbindlich, die sie angehen und es kann aus ihnen geklagt werden, wenn ein Recht verletzt ist, das sie konstituieren.[218] Die Verbindlichkeit

218 Z.B. EuGH NJW 1990, 3066 (Wurmser); EuGH NJW 1990, 3068 (Wisselink u.a. Staatssecretaris van Financien, EuGH NJW 1990, 3069 (Alluè und Coonan/Università degli Studi Venezia); EuGH NJW 1990, 3069 (Mario Lopes da Veigá Staatssecretaris van Justitie); EuGH NJW 1990, 3071 (Costanzo/Stadt Mailand); EuGH NJW 1990, 3071 (Enichem Base u.a., Comune di Cinisello Balsamo).

im Einzelstaat ist auch begründet durch die Legitimation des Vertrages durch die Regierungen dieser Staaten, die ihn geschlossen haben. Aus Art. 189 ergibt sich, daß die Regelungen des Vertrages unmittelbare Geltung genießen. In Absatz 2 steht, daß die Verordnung unmittelbare Geltung hat. Diese ergeht aufgrund des Vertrages und wird nach Absatz 1 von Rat und Kommission erlassen. Gilt schon die Verordnung unmittelbar, so muß das umso mehr für ihre Grundlage zutreffen, die Regelungen des Vertrages. Reichweite des Vertrages gilt also inter partes, aber auch in dem Einzelstaat selbst. Aufgrund des Vertrages können Verordnungen mit allgemeiner Geltung erlassen werden, die in allen Teilen verbindlich sind und unmittelbar in jedem Mitgliedstaat gelten. Das bestimmt Art. 189 Abs. 2.

Die Richtlinie ist, so sagt Art. 189 Abs. 3, für jeden Mitgliedstaat, an den sie gerichtet ist, verbindlich wegen des zu erreichenden Zieles, den staatlichen Stellen sind jedoch die Mittel und die Form überlassen, wie man sie erreichen kann. Sie ist also in ihrer Reichweite beschränkt, weil bloß das Ziel verbindlich ist. Art. 189 enthält auch eine Regelung zu der "Entscheidung". Es ist die Einzelfallentscheidung oder auch die Ausführung vom Vertrag und der Verordnung in mehreren Fällen. Sie ist in allen ihren Teilen für diejenigen verbindlich, die sie bezeichnet. Die Adressaten erhalten also eine imperativische Regelung mit einer Rechtsfolge nach der sie sich zu richten haben. Zuletzt bestimmt diese Vorschrift, daß Stellungnahmen und Empfehlungen unverbindlich sind, ihnen eben die Sanktionsdrohung bei Nichteinhaltung fehlt.

3. Verbindlichkeit für das Recht in dem Staate

Problem ist, was im Kollisionsfalle geschieht. Dieser liegt dann vor, wenn innerstaatliches Recht anders ausgerichtet ist, einen anderen Inhalt hat als das Recht der europäischen Gemeinschaft. Der Vertrag über die Gründung der Europäischen Gemeinschaft für Kohle und Stahl vom 18. April 1951, der EWG-Vertrag und die Einheitliche Europäische Akte schaffen noch keine Gemeinschaftsverfassung, enthalten keine Grundrechtsbestimmungen. Nimmt man eine unmittelbare Geltung gewisser Vorschriften, auch solcher aus Bestimmungen auf Grundlage der Verträge usw. an, so ist der Kollisionsfall nicht geregelt. Der individuelle Schutz oder auch die rechtliche Bindungswirkung für den Einzelnen ergibt sich erst aus innerstaatlichen Grundrechtsbestimmungen, es sei denn es würden solche auch für die EG geregelt sein.[219] Das ist aber nicht geschehen. Verpflichtet eine Richtlinie den Staat zur Umsetzung und er tut das nicht, widerspricht eine Bestimmung oder Einzelfallregelung dem Wesensgehalt der Grundrechte, so kann nach dem Recht der Bundesrepublik Deutschland die Umsetzung bis hin zur Geltung der Richtlinie unmittelbar verlangt, im zweiten Fall aber auch die Geltung der Grundrechte gegen das EG-Recht erklagt werden.[220]

219 BVerfGE 37, 271; EuGH NJW 1989, 3080; BVerfGE 73, 339.
220 BVerfGE 75, 244 (Vorrang des Gemeinschaftsrechts; Costa/ ENEL); EuGHE 1974, 491 (507); BVerfGE 73, 339 (Solange II).

III. Commonwealth

1. Konstituierung und Geschichte

Im Anhang zu dem Vertrag zur Gründung der Europäischen Wirtschaftsgemeinschaft vom 25. März 1957 Nr. IV ist unter Punkt 5. die Liste der Länder aufgeführt, die besondere Beziehungen zum Vereinigten Königreich Großbritanniern und Nordirland unterhalten. Es sind Anguilla, Kaimaninseln, Falklandinseln, Südgeorgien und die Südlichen Sandwich-Inseln, Motserrat, Pitcairn, St. Helena und Nebengebiete, Britisches Antarktis-Territorium, Britische Territorien im Indischen Ozean, Turks- und Caicos-Inseln, Britische Jungferninseln. Die früheren Gebiete des britischen Weltreiches, die jetzt größtenteils Mitglieder des Commonwealth sind, Malawi, Sambia, Tansania, Kenia, Uganda, Nigeria, Ghana, Fidschi, Westindien, Jamaica, Malaysia, Burma, Bangladesh, Pakistan und Indien gehören zu dem Gebiete des englischen Rechts.[221]

Die Geschichte des Commonwealth beginnt mit seiner Konstituierung und der Weltmachtpolitik des britischen Königreiches und ist Beispiel für die Bemühung, Zivilisation und das westliche Denken in diesen Gebieten der Welt zu verbreiten. Die Vorstellung und der Grundgedanke, der damit verbunden war, richtete sich nach dem Ziel, die Errungenschaften der westlichen Zivilisation weiterzugeben. Nicht nur die technischen, sondern auch andere, nämliche geistige, sollten in diese Gebiete getragen und dort zum Allgemeingut werden. Auch wirtschaftliche Gründe spielten eine Rolle, die Belieferung mit Rohstoffen und anderen Naturschätzen.

2. Charakter des Commonwealth

Das Commonwealth ist gekennzeichnet durch die Funktion und Rolle, die der britische Monarch in seiner Eigenschaft als Staatsoberhaupt spielt. Die britische Krone erfüllt noch heute Funktionen des Staatsoberhauptes in den Staaten des Commonwealth; aber auch in solchen Ländern, die in einem engeren Verhältnis zu dem Vereinigten Königreich stehen, ist sie für die Beziehung kennzeichnend. Zu den einzelnen Ländern des Commonwealth unterhält die britische Krone unterschiedliche vertragliche Beziehungen. Einige Länder werden in ihrer Eigenschaft als Hoheitsgebiete von der britischen Krone vertreten. In der Regel ist bei den Staaten des Commonwealth mit ihrer Zugehörigkeit zu dieser Gemeinschaft keine Souveränitätseinschränkung als Einschränkung von Herrschaftsmacht in dem Staate verbunden. Die Gemeinsamkeiten, die das Commonwealth unter dem Dach des britischen Königreiches geschaffen hat, liegen auf wirtschaftlichem, rechtlichem und kulturellem Gebiet. Zentriert auf das angelsächsisch-europäische Denken, Fortschritt in Gefolgschaft zu erzielen und das Wohl der Menschen so zu befördern, wurde im Commonwealth Recht geschaffen, das

---

221 M. Rheinstein, Einführung in die Rechtsvergleichung, 2. Aufl., München 1987, S. 80.

die Beziehungen untereinander regeln konnte. Problem ist, ob das Commonwealth eine Gemeinschaft mit Rechtsform im internationalen Recht oder im Völkerrecht ist oder ob wegen der Souveränitätseinschränkungen nicht von einer Gemeinschaft sui generis gesprochen werden müßte. Wegen der Geschichte des britischen Weltreiches und der Eigenschaft des Commonwealth, die Tradition des angelsächsisch-westlichen und europäischen Denkens zu verkörpern, dürfte man von einer Gemeinschaft sprechen, die zwar im Völkerrecht verankert ist, aber wegen dieser Besonderheiten als eine Gemeinschaft eigener Art bezeichnet werden darf.

3. Geltung von dessen Recht

Das Commonwealth kann als Verbindung von Staaten und Ländern verstanden werden, das dritten Staaten, Staatengemeinschaften, internationalen Organisation und den Privaten gegenüber handelt und also im Rechtsverkehr als Rechtssubjekt tätig wird. Über seine Grenzen hinaus ist es damit bloß ein Rechtssubjekt wie jedes andere auch.

Das Recht des Commonwealth besteht aus einem Geflecht von Beziehungen dieser Staaten untereinander und im Verhältnis zu Großbritannien.

3. Abschnitt: Ausgestaltung des Grundgesetzes der Bundesrepublik Deutschland und der Länderverfassungen als Demokratie

§ 31 Grundgesetz

I. Demokratie als Begriff im Grundgesetz

Das Grundgesetz der Bundesrepublik Deutschland vom 23. Mai 1949 enthält einige Vorschriften, die Demokratie konstituieren. Es sind zunächst solche Artikel des Grundgesetzes in denen das Wort "Demokratie" oder seine Abwandlungen vorkommen oder solche, die darauf verweisen.

1. Grundsätzliche Vorschriften

In Art. 20 Abs. 1 GG heißt es: "Die Bundesrepublik ist ein demokratischer (...) Bundesstaat."

Art. 21 Abs. 1 S. 3 GG hat den Wortlaut: "Ihre (Parteien, Erg. durch Verf.) innere Ordnung muß demokratischen Grundsätzen entsprechen." Art. 21 Abs. 2 S. 1 hat folgenden Inhalt: "Parteien, die nach ihren Zielen oder nach dem Verhalten ihrer Anhänger darauf ausgehen, die freiheitlich-demokratische Grundordnung zu beseitigen oder den Bestand der Bundesrepublik Deutschland zu gefährden, sind verfassungswidrig."

Art. 28 Abs. 1 S. 1 GG sagt: "Die verfassungsmäßige Ordnung in den Ländern muß den Grundsätzen des republikanischen, demokratischen (...) Rechtsstaates im Sinne dieses Grundgesetzes entsprechen."

2. Vorschriften gegen Gefahren für die innere und äußere Sicherheit

Art. 87 a Abs. 4 S. 1 GG hat zum Inhalt: "Zur Abwehr einer drohenden Gefahr für den Bestand oder die freiheitliche demokratische Grundordnung des Bundes oder eines Landes kann die Bundesregierung, wenn die Voraussetzungen des Art. 91 Abs. 2 vorliegen und die Polizeikräfte sowie der Bundesgrenzschutz nicht ausreichen, Streitkräfte zur Unterstützung der Polizei und des Bundesgrenzschutzes beim Schutze von zivilen Objekten und bei der Bekämpfung organisierter und militärisch bewaffneter Aufständischer einsetzen. Der Einsatz von Streitkräften ist einzustellen, wenn der Bundestag oder der Bundesrat es verlangen."

Art. 91 Abs. 1 GG lautet: "Zur Abwehr einer drohenden Gefahr für den Bestand oder die freiheitliche demokratische Grundordnung des Bundes oder eines Landes kann ein Land Polizeikräfte anderer Länder sowie Kräfte und Einrichtungen anderer Verwaltungen und des Bundesgrenzschutzes anfordern."

3. Bestandschutzvorschriften

Art. 79 Abs. 3 GG lautet: "Eine Änderung dieses Grundgesetzes durch welche die Gliederung des Bundes in Länder, die grundsätzliche Mitwirkung der Länder bei der Gesetzgebung oder die in den Artikeln 1 und 20 niedergelegten Grundsätze berührt werden, ist unzulässig."

Art. 28 Abs. 3 enthält folgenden Inhalt: "Der Bund gewährleistet, daß die verfassungsmäßige Ordnung der Länder den Grundrechten und den Bestimmungen der Absätze 1 und 2 entspricht."

Alle diese Vorschriften des Grundgesetzes in denen Demokratie ausdrücklich genannt worden ist, konstituieren die Bundesrepublik Deutschland als mit demokratischer Herrschaftsform ausgestatteten, zu verteidigenden Staat und in seinem Bestande zu erhalten. Dieser Erhalt der Bundesrepublik als eine Demokratie im Verfassungsstaat ist Merkmal der Verwendung jenes Begriffs im Grundgesetz.

II. Merkmale des Begriffs Demokratie im Grundgesetz

Auch andere Artikel im Grundgesetz, die Volksherrschaft konstituieren oder jedenfalls konstituieren könnten, sind zu nennen.

1. Präambel der Verfassung

Der Satz der Präambel des Grundgesetzes lautet: "Im Bewußtsein seiner Verantwortung vor Gott und den Menschen, von dem Willen beseelt, seine nationale und staatliche Einheit zu wahren und als gleichberechtigtes Glied in einem vereinten Europa dem Frieden der Welt zu dienen, hat das Deutsche Volk in den Ländern (...) kraft seiner verfassungsgebenden Gewalt dieses Grundgesetz der Bundesrepublik Deutschland beschlossen." Daß das Volk als diejenige Kraft genannt wird, die dieses Grundgesetz kraft seiner verfassungsgebenden Gewalt beschlossen hat, spricht dafür, daß die Bundesrepublik eine Demokratie sein soll. Denn es ist das Volk, das das höchste Gesetz beschließt. Aus diesem Grunde ist hier das Merkmal, daß das Volk Gesetzgebungsmacht innehält, Zeichen für die

Eigenschaft der Bundesrepublik Deutschland, als Demokratie konstituiert zu sein.

2. Grundsätzliche Bestimmungen

Ähnlich wie die Präambel, bloß ohne die Länder zu nennen, ist Art. 20 Abs. 2 GG konstituiert: "Alle Staatsgewalt geht vom Volke aus. Sie wird vom Volke in Wahlen und Abstimmungen durch besondere Organe der Gesetzgebung, der vollziehenden Gewalt und der Rechtsprechung ausgeübt." In dieser Regelung des Grundgesetzes wird Demokratie und Gewaltenteilung konstituiert. Die Volksherrschaft als Herrschaftsform im Staat zeigt sich daran, daß alle Staatsgewalt vom Volke ausgeht, es die Bevölkerung ist, die die Macht in dem Staate in seinen Händen hält. Ohne den Begriff Demokratie zu erwähnen, ist das Merkmal erfüllt, daß es das Volk ist, das herrschen soll.

3. Selbstverwaltungsrecht der Gemeinden

Art. 28 Abs. 1 S. 2, 3 enthält die Bestimmmungen: "In den Ländern, Kreisen und Gemeinden muß das Volk eine Vertretung haben, die aus allgemeinen, unmittelbaren, freien, gleichen und geheimen Wahlen hervorgegangen ist. In Gemeinden kann an die Stelle einer gewählten Körperschaft die Gemeindeversammlung treten." Es mag sein, daß auch Art. 28 Abs. 2 GG Demokratie im Grundgesetz konstituiert: "Den Gemeinden muß das Recht gewährleistet sein, alle Angelegenheiten der örtlichen Gemeinschaft im Rahmen der Gesetze in eigener Verantwortung zu regeln. Auch die Gemeindeverbände haben im Rahmen ihres gesetzlichen Aufgabenbereichs nach Maßgabe der Gesetze das Recht der Selbstverwaltung." Nach wie vor ist der Charakter des Rechts auf Selbstverwaltung der Gemeinden ungeklärt. Die Rechtsnatur der gemeindlichen Selbstverwaltung im Vergleich zu der des Bundes und der Länder ist vielleicht noch zu unbestimmt dargestellt worden.[221a]

Bereits in der Magna Charta (The Great Charter) 1225, Cap. IX., wird diese erwähnt: "The city of London shall have all the old liberties and customs, which it hath been used to have. Moreover we will and grant, that all other Cities, Boroughs, Towns, and the Barons of the Five Ports, and all other Ports, shall have all their liberties and free customs." Betrachtet man dieses Gesetz, so ist es auf den ersten Blick als eine Botschaft zu verstehen, die ein Freiheitsrecht der Städte der Krone gegenüber formuliert. Es ist staatsrechtlich so zu verstehen, daß die Stadt die althergebrachten Freiheitsrechte behalten soll. Es wird nichts gesagt über die Art und Weise der Herrschaft, die Herrschaftsform. Wie die Stadt

---

[221a] G. Leibholz DVBl. 1973, 715; K.-U. Meyn DVBl. 1977, 594; V. Unruh DVBl. 1973, 2; Ders. DÖV 1986, 217; Ders. DöV 1972, 16; H. Thierfelder VerwArch 1970, 385; P. Oberndorfer, Wirtschaft und Verwaltung 1979, 129; H.H. Klein, Demokratie und Selbstverwaltung FS. Forsthoff, S. 165; H.H. v. Arnim AöR 1988, 1; W. Berg BayVBl. 1982, 552.

verfaßt ist, wie in ihr geherrscht werden soll, bleibt unerwähnt. Sie ist also von der Bestätigung des Freiheitsvorbehalts oder der Freiheitsgewährung umfaßt. Es ist demnach zuallerst die Konstituierung von Selbstbestimmung.[222]

Aus Art. 28 Abs. 2 S.1 und 2 GG ist ersichtlich, daß den Gemeinden das Recht auf Selbstverwaltung gegeben sein soll. Das heißt Gewährleistung, eigene Angelegenheiten im Rahmen der Gesetze des Bundes und der Länder zu regeln und Satzungshoheit. So gesehen, eben in diesen Angelegenheiten, ist die Gemeinde eine Gebietskörperschaft, deren Regelungskompetenz durch die von Bund und Ländern begrenzt und die deren Rechtsaufsicht ausgesetzt ist. Aus diesem Grunde ist Art. 28 Abs. 2 GG nur als ein Abwehrrecht der Gemeinde dem Bund gegenüber zu verstehen. Das gilt nicht für Art. 28 Abs. 1 S. 2 und 3 GG. Hier bestimmt die Bundesverfassung, daß in den Gemeinden die ihnen durch die Gesetze vorbehaltenen Rechte, sind sie nicht ausführender, sondern allgemein bestimmender Natur, demokratisch durch ein Repräsentationsorgan oder durch die Aktivbürgerschaft der Gemeinde selbst auszuüben sind, durch die Gemeindeversammlung.

III. Einzelheiten demokratischen Vorgehens

1. Volksabstimmung und Volksbegehren

Art. 29 GG enthält in den Absätzen 2 bis 6 Vorschriften über Volksabstimmungen und Volksbegehren. Diese Regelungen gelten für Sachabstimmungen über die Neugliederung des Bundesgebietes. Art. 29 Abs. 2 S. 1 sagt, daß Maßnahmen zur Neugliederung des Bundesgebietes durch Gesetz ergehen und der Bestätigung durch Volksentscheid bedürfen. In Absatz 3 wird festgelegt, wo der Volksentscheid stattfindet, worüber abgestimmt wird und daß die Mehrheit der Änderung zustimmen muß. Lehnt sie ab, so kommt die Änderung nicht zustande. Es genügt, wenn die Mehrheit in einem Gebiet der betroffenen Länder zustimmt. Lehnt die Zweidrittelmehrheit im Gesamtgebiet des betroffenen Landes ab, das Gebiet zu ändern, bleibt es bei den bisherigen Landesgrenzen auch dann, wenn in einem Gebietsteil, dessen Zugehörigkeit geändert werden soll, eine Zweidrittelmehrheit zustimmt.

Absatz 4 bestimmt, daß ein Zehntel der zum Bundestag Wahlberechtigten durch Volksbegehren fordern kann, durch Bundesgesetz zu bestimmen, ob die Landeszugehörigkeit geändert wird oder in den betroffenen Ländern eine Volksbefragung zuzulassen, wenn ein zusammenhängender, abgegrenzter Siedlungs- und Wirtschaftsraum, dessen Teile in mehreren Ländern liegen und der mindestens eine Million Einwohner hat, geändert wird.

---

222 J. W. Hidien, Politologische und rechtliche Aspekte der Kommunalreform in Frankreich ZRP 1989, 214; W. Blümel DVBl. 1973, 436; H. Bethge, Die Verwaltung Bd. 15, 205.

In Absatz 5 werden die näheren Einzelheiten für die Durchführung des Verfahrens bestimmt: was Inhalt des Volksbefragungsgesetzes ist, was die Volksbefragung erfragt, welche Rechtsfolgen die Mehrheit für eine vorgeschlagene Änderung der Landeszugehörigkeit auslöst. Wenn diese angenommen worden ist, so wird innerhalb von zwei Jahren nach Durchführung der Volksbefragung ein Bundesgesetz zur Bildung des vorgeschlagenen Landes erlassen. Die Volksbefragung des Absatzes 4 ist konstituiert worden, damit man sich des Willens des Volkes versichert, ob also die Mehrheit eine solche Änderung wünscht. Diese zusätzliche Legitimation ist eine Verstärkung von direkter Demokratie, weil sie dem Plebiszit vorgeschaltet ist.

Der Absatz 6 konstituiert in Satz 1 eine Mindeststimmenzahl. Die Mehrheit der abgegebenen Stimmen führt nur dann zur Entscheidung für die Gebietsänderung, wenn mindestens ein Viertel der zum Bundestag Wahlberechtigten ihre Stimme abgegeben haben. Das ist der Mehrheitsbegriff für direkte Demokratie in dem Grundgesetz der Bundesrepublik Deutschland. Es müssen also mindestens 12,5% aller Wahlberechtigten oder 12,5% der Aktivbürgerschaft für eine solche Änderung der Landeszugehörigkeit stimmen. Als Anreiz für eine hohe Wahlbeteiligung formulierte Regelung sichert diese, daß nicht die bloße Mehrzahl der Stimmen entscheidet, sondern ein Quorum vorhanden sein muß, das eine Mindestbeteiligung der Bevölkerung garantiert. Das in Absatz 6 genannte Bundesgesetz zur Regelung von Volksentscheid, Volksbegehren und Volksbefragung kann vorsehen, daß Volksbegehren innerhalb eines Zeitraumes von fünf Jahren nicht wiederholt werden können. Zu Lasten der möglichen Irrtumskorrektur wird die Bedeutung und Bestandssicherung des vorangegangenen Volksbegehrens herausgestellt.

Bei nicht mehr als 10 000 Einwohnern können nach Absatz 7 sonstige Änderungen der Gebietsbestandes der Länder durch Staatsverträge oder Bundesgesetz mit Zustimmung des Bundesrates erfolgen. Das regelt ein Bundesgesetz, das die Anhörung der betroffenen Gemeinden und Kreise vorsieht.
Diese Vorschriften in Art. 29 GG sind die einzigen, die plebiszitäre Demokratie zulassen. Nur in Fragen der Neugliederung des Bundesgebietes ist direkte Demokratie vorgesehen, die Abstimmung einer Sachfrage.[223]

2. Staatsbürgerliche Rechte und Pflichten

Art. 33 Abs. 1 GG sagt, daß jeder Deutsche in jedem Lande die gleichen staatsbürgerlichen Rechte und Pflichten hat. Die Unabhängigkeit dieser Rechte von dem religiösen Bekenntnis ist in Absatz 3 S. 1 und 2 geregelt. Absatz 2 sagt, daß jeder Deutsche nach seiner Eignung, Befähigung und fachlichen Leistung gleichen Zugang zu jedem öffentlichen Amte hat. Die Tätigkeit in der Exekutive

---

223 C. Pestalozza, Der Popularvorbehalt. Direkte Demokratie in Deutschland, Berlin u.a. 1981, S. 11.

wird denjenigen, die der Aktivbürgerschaft angehören und so jedem einzelnen Staatsbürger ermöglicht. Betrachtet man den Staat als einen ganzen, so soll allen Staatsbürgern die gleiche Chance gegeben sein, seine Geschicke zu bestimmen, auch die Vollziehung der Gesetze. Wenn nicht jeder Staatsbürger die gleiche Chance hat, so käme das einer Wahlrechtsregelung gleich, die vorsieht, daß nicht jede Stimme dasselbe Gewicht hat. Dann herrscht aber nicht das Volk, denn dieses ist bloß die Summe aller Staatsbürger. Volksherrschaft heißt gerade, daß alle herrschen und nicht der eine es tut und der andere nicht oder weniger als der erste. Daß man keine Unterschiede macht, wenn es um die Chance der Betätigung in dem Staate geht, daß die res publica von allen herrührt, ist Merkmal von Demokratie.

Art. 38 Abs. 1 bestimmt: "Die Abgeordneten des Deutschen Bundestages werden in allgemeiner, unmittelbarer, freier, gleicher und geheimer Wahl gewählt. Sie sind Vertreter des ganzen Volkes, an Aufträge und Weisungen nicht gebunden und nur ihrem Gewissen unterworfen." Satz 2 schließt das imperative Mandat aus. Der erste Teil von Satz 2, daß sie Vertreter des ganzen Volkes sind, jeder Einzelne und alle, enthält eine Konstituierung des Repräsentationsgedankens. Die Abgeordneten vertreten das Volk als Summe der Einzelnen in ihrer Eigenschaft als Staatsbürger. Sie sind also in den Abgeordneten inkarniert.

Art. 48 Abs. 2 GG sagt, daß niemand gehindert werden darf, das Amt eines Abgeordneten zu übernehmen und auszuüben. Eine Kündigung aus diesem Grunde ist nicht zulässig. In dieser Vorschrift des Grundgesetzes wird bestimmt, daß die Ausübung der Tätigkeit als Repräsentant des Volkes, die legislative Tätigkeit im Parlament, nicht behindert werden darf. Es ist eine staatsbürgerliche Betätigung und der Staat als Sicherungsverband kann nur existieren, wenn eine solche Abgeordnetentätigkeit möglich ist. Darum darf niemand davon abgehalten werden.

3. Grundrechte

Wegen der Chance, daß auch in der Demokratie Entscheidungen nicht richtig sind und der Einzelne in der Minderheit ist, obwohl er vielleicht die richtige Auffassung vertritt, gehören Grundrechte zu der Demokratie. Das sind die Art. 1 bis 20 GG. Art. 17 GG (Petitionsrecht) ist gerade kein Recht, das für die Demokratie charakteristisch ist. Wenn den Einzelnen eine hoheitliche Maßnahme trifft, die ihn weder in der Gemeinschaft der Stimmbürger, noch in derjenigen der Staatsbürger sich aufgehoben fühlen läßt, so kann er ein Recht auf Bitte und Beschwerde wahrnehmen. Daß er bitten oder sich beschweren muß, zeigt aber, daß der Wille des Einzelnen nicht repräsentiert ist.

Dennoch ist das Petitionsrecht kein für die Demokratie charakteristisches Recht. Auch in anderen Herrschaftsformen gibt es die Möglichkeit, zu petitieren. Gerade dort, wo es nicht das Volk ist, das herrschen soll und nicht alle an der Herrschaft beteiligt werden, hat das Petitionsrecht den Zweck, denjenigen, der die Staatsgewalt in seinen Händen hält, die Angelegenheit zu unterbreiten. Petition ist auch kein Zeichen für den Rechtsstaat, denn die Petition ist ähnlich wie das Gnadengesuch bloß Bitte oder Beschwerde und nicht Recht. Allein, daß das Petitionsrecht in der Verfassung verankert ist, zeigt, daß es als eine Bestimmung des höchsten Gesetzes verfaßt ist und daher als eine Rechtsvorschrift Teil hat am Rechtsstaat des Art. 20 GG.

Behält man die durch Verfassung gesicherte Demokratie im Auge, so ist auch für die anderen Grundrechte zu sagen, daß sie für den Fall, daß der Einzelne sich nicht in Übereinstimmung mit der Mehrheit befindet, Rechte sichern soll. Auch die Rechte in den Art. 102 bis 104 GG sind solche, die man als Grundrechte verstehen kann. Gemeint ist die Übereinstimmung mit der Entscheidung, die zu dem Gesetz geführt hat, mit dem der Einzelne nicht einverstanden ist. Auch dann, wenn die Verwaltung, das Gericht oder sogar das Parlament gegen das Gesetz verstößt, sollen die Grundrechte als Abwehrrechte gegen diese staatlichen Eingriffe den Bürgern die Möglichkeiten geben, sich Rechtsschutz zu verschaffen und auf die Einhaltung des Gesetzes zu pochen.

Das Grundgesetz konstituiert eine repräsentative Demokratie, die durch den Bundesstaat als noch stärkere Verfassungsvorschrift begrenzt bzw. geprägt ist. Weil die 2. Kammer, so wie es in den Vereinigten Staaten von Amerika geregelt ist, die Länder repräsentiert, die wegen Zustimmungsbedürftigkeit auch bei der Bundesgesetzgebung mitwirken, ist der Bundesstaat stark ausgestaltet, denn die Länder sind zusätzlich noch zur eigenen Gesetzgebung nach dem Grundgesetz und ihren Landesverfassungen befugt. Charakteristisch ist die bloß geringe Konstituierung direkt demokratischer Möglichkeiten des Volkes. Abstimmungen, Plebiszite über Sachfragen, die beantwortet und damit entschieden werden müssen, sind nur bei Neugliederung des Bundesgebietes nach Art. 29 Abs.1 S. 2 GG vorgesehen. Daß eine solche direkt demokratische Ausgestaltung durch den Volksentscheid vorgesehen ist, hat seine Ursache darin, daß die Frage, welche Teile, also Länder, nämlich Gebiete, zu dem Staate gehören, auch für alle anderen Gebietsteile von großer Bedeutung ist. Denn dort leben die Staatsbürger, das Staatsvolk. Von der Zustimmung hängt die Neugliederung deswegen ab, weil sonst vielleicht sogar gegen den Willen der Mehrheit eine staatliche Zugehörigkeit geschaffen wird, obwohl es die Bevölkerung ist, die herrschen soll.

§ 32 Länderverfassungen

I. Bayern

I. Grundlegende Bestimmungen

Die Verfassung des Freistaates Bayern vom 2. Dezember 1946 bestimmt in Art. 1 Abs. 1 und 2, daß Bayern ein Freistaat ist. Träger der Staatsgewalt ist das Volk. Der Begriff "Freistaat" deutet auf die Unabhängigkeit dieses Gemeinwesens von anderen hin, die Unabhängigkeit der Bayern von der Herrschaft oder Macht anderer Staaten. Er zeigt an, daß das Volk der Bayern frei sein möchte von dem Ein-

fluß anderer Staaten, deren Bestimmungsmacht dort nicht geduldet wird. Der Absatz 2 sagt, daß das Volk seinen Willen durch Wahlen und Abstimmungen kund tut. Es ist die Mehrheit, die in dem Staate Bayern entscheidet.
Wenn auch das Mehrheitsprinzip nicht Zeichen von Demokratie ist, weil überall dort, wo nicht ein Einzelner entscheidet, sondern mehrere, es eine Entscheidungsregel ist, so sagt es doch als Regelung in der Verfassung, daß bei der Ausübung der Staatsgewalt, wenn das Volk seinen Willen durch Wahlen und Abstimmungen kund tut, die Mehrheit entscheidet. Es könnte sein, daß das Mehrheitsprinzip diejenige Entscheidungsregel ist, die in der Demokratie verwendet werden muß, damit es eine solche ist. Wenn Einstimmigkeit herrscht, alle einer Meinung sind und diese Entscheidung in der einstimmigen Auffassung liegt, ist es möglich, von der Herrschaft des Volkes sprechen zu können. Denn es sind dann alle, die herrschen und alle müssen bloß so handeln wie sie es bestimmt haben.
Beschäftigt man sich nicht mit dem Problem der Änderung der Meinung im nächst folgenden Moment, so muß man trennen zwischen der Einstimmigkeit der Meinung in der Entscheidung und ihren Folgen. Wenn der Einzelne eine Entscheidung als richtungsweisend für die Allgemeinheit erkennt und sie deswegen trifft,[224] so hat er nicht in jedem Falle eine Anwendung auf ihn selbst zu wünschen. Der Staat als Sicherungsverband gegen die Tragik der Erkenntnis der Unvollkommenheit der Welt, die dem Schlechten des Menschen geschuldet sein mag, soll gerade diese bändigen. Das ist sein Zweck. Hat der Einzelne die Entscheidung als eine richtige, diesem Zweck unterzuordnende erkannt, so ist es womöglich durch das Böse in ihm bedingt, daß er nicht selbst dem Gesetz untergeordnet sein möchte. Dieser innere Vorbehalt aber ist unbeachtlich, weil die Entscheidung als Gesetz gewollt ist. Ist also eine einstimmige Entscheidung getroffen worden, herrscht das Volk. Es ist möglich, daß eine Mehrheitsentscheidung vielleicht Ähnlichkeiten hat mit einer einstimmigen Entscheidung. Jedenfalls sind mehr Stimmberechtigte dafür als dagegen gewesen. Aus diesem Grunde ist die Entscheidung der Mehrheit legitimer als die der Minderheit. Darum kann man auch von der Mehrheitsentscheidung sagen, daß sie der Volksherrschaft nicht fern steht und Zeichen von Demokratie sein könnte.
Das gilt sicher dann, wenn nach Art. 4 die Staatsgewalt ausgeübt wird durch die stimmberechtigten Staatsbürger selbst, durch die von ihnen gewählte Volksvertretung und durch die mittelbar oder unmittelbar von ihr bestellten Vollzugsbehörden und Richter. Auch Art. 5 Abs. 1 deutet darauf hin: "Die gesetzgebende Gewalt steht ausschließlich dem Volk und der Volksvertretung zu."
Art. 7 Abs. 2 konstituiert Volksherrschaft als Herrschaftsform in dem Staat aus der Sicht des einzelnen Aktivbürgers: "Der Staatsbürger übt seine Rechte aus durch Teilnahme an Wahlen, Volksbegehren und Volksentscheidungen."

---

224 I. Kant, Grundlegung zur Methaphysik der Sitten, (1785) S. 68.

Parallel zum Selbstverwaltungsrecht der Gemeinden, wie es das Grundgesetz kennt, formuliert auch die Verfassung von Bayern ein solches für die Gemeinden in Bayern. Es ist allerdings nicht als ein Ausschluß des Einflusses des Landes auf die Gemeinden konstituiert: "Die Selbstverwaltung der Gemeinden dient dem Aufbau der Demokratie in Bayern von unten nach oben."

Die mittelbare Demokratie ist in Art. 13 Abs. 1 und Abs. 2 und Art. 14 Abs. 1 und Art. 15 VerfBay konstituiert. Darin sind die Wahl der Abgeordneten und die Volksvertretung selbst geschaffen.

Direkte Formen der Demokratie sind in den Art. 71 bis 74 VerfBay geschaffen worden, die Volksbegehren und Volksentscheid regeln. Ein Volksentscheid über das Budget ist nicht vorgesehen.

In den Art. 98 bis 177 sind Grundrechte und Grundpflichten enthalten, die für Demokratie aus Gründen des Minderheitenschutzes von Bedeutung sind.

Der Senat ist die 2. Kammer, die die sozialen, wirtschaftlichen, kulturellen und gemeindlichen Körperschaften vertritt. Das ist in Art. 34 bis 42 VerfBay geregelt. Der Landtag beschließt Gesetze und kann gegen die Einwendungen der 2. Kammer sein Gesetz bestätigen. Die 2. Kammer ist also beteiligt.

2. Merkmale der Verfassung von Bayern

Die dargestellten Bestimmungen der Verfassung von Bayern fügen sich zu einem konstituierten Staat, in dem Demokratie als Herrschaftsform vorgesehen ist. Zeichen dafür ist, daß der Aktivbürger und das Volk Summe derjenigen ist, die die Staatsgewalt ausüben. Das Volk übt in dem Staat die höchste Macht aus; das zeigt sich an der gesetzgebenden Gewalt, die nach Art. 5 Abs. 1 ausschließlich dem Volke selbst und der Volksvertretung zusteht.

3. Besonderheiten der bayrischen Demokratie

In dem Land Bayern sind durch Verfassung drei Besonderheiten konstituiert, die die Demokratie dort kennzeichnen und die für ihre Eigenschaft als Herrschaftsform charakteristisch sind.

Die Eigenschaft, Freistaat zu sein, sagt zunächst nichts über die Herrschaftsform, aber wegen ihrer gegen die Selbstbestimmung und für die Unabhängigkeit ausgerichteten Merkmale ist dieser Begriff auch im Verhältnis zu dem der Demokratie zu verstehen. Mit diesem teilt er die Eigenschaft, über sich die Macht keines anderen zu dulden. Daß das Volk in dem Staate herrscht, heißt auch, daß kein anderes und auch sonst niemand über diesem steht.

Die Art. 71ff VerfBay sind Bestimmungen geschaffen worden, die direkte Demokratie als Ausübung von Gesetzgebungsmacht vorsehen. Diese Bestimmungen sind uneingeschränkt formuliert und daher weitergehender als das

Grundgesetz. Man dürfte insofern sagen, daß die Verfassung von Bayern plebiszitär angelegt ist.

Dritte Besonderheit ist die Ausnahme von dem Budgetrecht, das nach Art. 73 VerfBay nicht vom Volk, sondern vom Parlament ausgeübt wird. Über den Staatshaushalt findet kein Volksentscheid statt. Grund dafür ist, daß das Budget notwendig ist, damit ein Staat überhaupt existiert und ein direkt-demokratisches Verfahren häufig langwierig sein könnte und den Bestand des Staates selbst zu berühren vermag. Die Entscheidung, ein Staat zu sein, soll stärkeres Gewicht haben als die Entscheidung, die Herrschaftsform Demokratie in diesem Staate in der gewichtigsten Art und Weise auszuüben, als direkte Demokratie. Die Herrschaftsform wird also begrenzt durch die Existenz des Staates selber, die durch eine Abstimmung über den Staatshaushalt durch das Volk selbst beeinträchtigt sein mag. Braucht der Staat die Mittel, so kann die repräsentative Demokratie, ist sie in der Lage, das Volk jedenfalls in seiner Eigenschaft als Summe von Staatsbürgern zu vertreten, das Volk herrschen lassen. Das ist wie bei jedem anderen Gesetz, das von einem Parlament verabschiedet wird.

Daß die direkten Verfahren nicht vorgesehen sind, läßt nicht den Schluß zu, daß keine Demokratie vorgesehen ist, der Staatshaushalt also nicht durch das Volk beschlossen wird, sondern nur, daß das nicht durch es selbst, sondern durch seine Vertreter geschieht.

Man wird also für diese dritte Besonderheit feststellen müssen, daß sie die Demokratie bloß begrenzt, aber nicht gänzlich zunichte macht. Läßt man die Repräsentation des Volkes als mögliches Merkmal von Demokratie zu, so genügt eine solche auch für die Verabschiedung des Staatshaushaltes. Ist aber für andere Gesetze direkte Demokratie vorgesehen, so ist die mittelbare Demokratie als Ausnahme von ihr eine Begrenzung von Volksherrschaft, die nur wegen der Nähe des Staatshaushaltes zu dem Bestand des Staates selber konstituiert ist. [225]

II. Baden-Württemberg

I. Grundlagen

Die Verfassung des Landes Baden-Württemberg vom 11. November 1953 enthält 94 Artikel und es wird bereits in ihrem Vorspruch gesagt, daß in ihr ein "neues demokratisches Bundesland" konstituiert, sogar gestaltet wird. Gibt man dem

---

[225] Für die Regierung selbst vgl. M. Friedrich, Das Parlamentarische Regierungssystem in den deutschen Bundesländern, JöR N.F. Bd. 30, 1979, S. 197; E. Stein, Staatsrecht, 9. Aufl., Tübingen 1984, S. 72. Aus hist. Sicht G.-C. v. Unruh, Die Legitimation der hoheitlichen Gewalt als konstitutionelles Verfassungsproblem, FS. Forsthoff, S. 434. T. Maunz/R. Maunz, Deutsches Staatsrecht, 26. Aufl., München 1984, S. 73. Anno 9 Hen. III. Stat.1, Cap. XVIII. (The King's Debtor dying, the King shall be first paid). M. Silagi, Direkte Demokratie in den US-Staaten, JöR N.F. 31, 1982, S. 271.

Vorspruch Bindungskraft, ob nun zwingende oder bloß deklaratorische, so ist damit schon der Staat Baden-Württemberg als ein demokratischer konstituiert.
Art. 2 der Verfassung von Baden-Württemberg legt fest, daß die im Grundgesetz für die Bundesrepublik Deutschland vom 23. Mai 1949 festgelegten Grundrechte und staatsbürgerlichen Rechte Bestandteil der Verfassung und unmittelbar geltendes Recht sind. Weil die Inkorporation durch die Bestimmung erfolgt, daß die in der Bundesverfassung festgelegten Grundrechte und staatsbürgerlichen Rechte Teil der Verfassung sind, gelten sie in der Art und Weise wie in der Bundesverfassung und sind auch so auszulegen. Weil sie aber auch "unmittelbar geltendes Recht sind", legt man sie mit Blick auf den Inhalt der Verfassung von Baden-Württemberg aus.

Nach dem Absatz 2 bekennt sich das Volk von Baden-Württemberg zu "dem unveräußerlichen Menschenrecht auf Heimat". Das Recht auf Heimat als ein Menschenrecht ist der Volksherrschaft nahe, weil es das Volk sein soll, das herrscht. Das Volk sind die in dem Orte lebenden Menschen. Ist ein Mensch dort geboren und bleibt er dort, so erstarkt das Recht deswegen zu einem Heimatrecht, weil er dort geboren ist und sein Leben dort verbracht hat. Er genießt zwar das Wahlrecht nur wegen der Staatsbürgerschaft und nicht wegen seiner Geburt an dem Orte. Lebt er aber in seiner Heimat, so erhält er das Wahlrecht durch Erreichen der Altersgrenze für die Wahlfähigkeit.

Das Heimatrecht, an dem Orte zu leben an dem man geboren ist und dort an den Geschicken des staatlichen Lebens teilzunehmen, ist als ein Menschenrecht verbürgt und das Leben in dem Staate an dem Ort der Geburt beinhaltet in einer Demokratie, das Recht zu wählen. Nicht das Wahlrecht selbst ist es, das Art. 2 Abs. 2 VerfBad-Württ. schützt, sondern an diesem Ort der Heimat zu leben und an dem Leben im Staat teilzunehmen. Ist es die Demokratie als Form der Herrschaft in dem Staat, so darf der, der das Heimatrecht genießt, an diesem Ort jedenfalls nicht von ihr ausgeschlossen werden.

In dem ersten Hauptteil "Vom Mensch und seinen Ordnungen" in dem 2. Titel oder Abschnitt "Religion und Religionsgemeinschaften" sind die Rechte der Kirche installiert. Es sind Abwehrrechte, daß nach Art. 4 Abs.1 VerfBad-Württ. die Kirchen und die anerkannten Religions- und Weltanschauungsgemeinschaften frei von staatlichen Eingriffen ihre Aufgaben erfüllen können.

Nach Art. 5 VerfBad-Württ. gilt Art. 140 GG als Bestandteil dieser Verfassung, der auf die Bestimmungen der Artikel 136, 137, 138, 139 und 141 der Deutschen Verfassung vom 11. August 1919 verweist. In diesen Bestimmungen der Weimarer Reichsverfassung wird die Religionsfreiheit konstituiert. Staatsbürgerliche Rechte sind unabhängig von dem religiösen Bekenntnis und die religiöse Überzeugung muß nicht offenbart werden. Zu kirchlichen Handlungen oder Teilnahme an religiösen Übungen darf nicht gezwungen werden. Weil keine Staatskirche besteht, die Kirchen aber wegen Art. 137 Abs. 4-7 WeimVerf Kör-

perschaften des öffentlichen Rechts sein können, muß dies erwähnt werden. Auch die Sonntagsruhe und die Freitagsruhe (Art. 139 WeimVerf) werden darin geschützt (Art. 139 WeimVerf; das Recht zur Teilnahme an religiösen Handlungen nach Art. 141 WeimVerf. in Anstalten usw. sind dort enthalten.
Im ersten Hauptteil unter "III. Erziehung und Unterricht" sind die Art. 11 bis 22 VerfBad-Württ. konstituiert. Dort hat man die Verhältnisse des Schul- und Hochschulwesens und die Erziehung als eine Aufgabe des Staates geregelt.

Die Begabung als Grundlage für Erziehung und Ausbildung ohne Rücksicht auf Herkunft und wirtschaftliche Lage wird im Recht auf Erziehung und Ausbildung des Art. 11 Abs. 1 VerfBadWürtt. erwähnt. Danach ist auch das öffentliche Schulwesen zu gestalten. Das sagt Art. 11 Abs. 2 VerfBad-Württ.. Eine Ermächtigung, das Nähere durch Gesetz zu regeln, ist in Art. 11 Abs. 4 VerfBadWürtt. enthalten.

Art. 12 Abs. 1 VerfBad-Württ. enthält ein Erziehungsziel. Es ist die Ehrfurcht der Jugend vor Gott, der Geist der christlichen Nächstenliebe, die Brüderlichkeit aller Menschen und die Friedensliebe, die Liebe zu Volk und Heimat, sittlicher und politischer Verantwortung, berufliche und soziale Bewährung und demokratische Gesinnung.
Die einzelnen Teile des Erziehungszieles nehmen in unterschiedlicher Weise an der Demokratie in dem Staat teil. Es ist die demokratische Gesinnung als Merkmal in welche Richtung hin erzogen werden soll. Die Brüderlichkeit aller Menschen als Überwindung des Bösen ist geschaffen worden, damit dieses gebändigt werde.
Liebe zu Volk und Heimat soll den Staat stärken, damit der Einzelne befähigt wird, als Teil des Ganzen zu herrschen. Die sittliche Verantwortung ist dem Schlechten entgegengesetzt und die politische Verantwortung und soziale Bewährung sollen seine Fähigkeit stärken, an dem Leben im Staate teilzunehmen, damit er darin herrschen kann.

Der Jugendschutz ist in Art. 13 VerfBad-Württ. geregelt. Die Jugend ist gegen Ausbeutung und Gefährdung zu schützen, damit sie dem Leben im Staat gewachsen sein wird und nicht von vornherein in ihrer Leistungsfähigkeit so stark gemindert ist, daß sie unfähig werden könnte, richtige Entscheidungen zu fällen. Auch Art. 14 VerfBad-Württ. dient diesem Ziel.

Das Elternrecht als das natürliche Rechte der Eltern, Erziehung und Bildung der Kinder mitzubestimmen, muß bei der Gestaltung des Erziehungs- und Bildungswesens berücksichtigt werden.

Die christliche Gemeinschaftsschule wird in Art. 16 VerfBad-Württ. konstituiert. Die christlichen und abendländischen Bildungs- und Kulturwerte sind hier Grundlage. Das könnte ggfls. eine Ergänzung, Erweiterung, aber auch Einengung des Gedankens der Demokratie bedeuten.

Zwar ist der Religionsunterricht an öffentlichen Schulen als ordentliches Lehrfach eingerichtet. Das sagt Art. 18 S. 1 VerfBad-Württ.. Der Staat behält sich ein allgemeines Aufsichtsrecht vor.

Art. 20 VerfBad-Württ. konstituiert die Hochschulfreiheit. Die Hochschulen sind in Forschung und Lehre frei. Es wird so nicht nur die Hochschule als Einrichtung des Staates konstituiert, sondern ihr als Körperschaft des öffentlichen Rechts in Forschung und Lehre, aber auch in Verwaltungsangelegenheiten, die diese zu ihrem Inhalt haben bis hin zu Personalfragen, Freiheit zugestanden. Das ist der Fall eines Grundrechts einer juristischen Person.

Freiheit, Verantwortungsfreude und Mitbestimmung in der Schule werden in Art. 21 VerfBad-Württ. konstituiert.

In dem zweiten Hauptteil unter I. sind die Grundlagen des Staates beschrieben. Art. 23 Abs. 1, 25 Abs. 1, 26, 27, 28 VerfBad-Württ., von denen die beiden letzten schon Hauptteil II. angehören, sind ebenfalls Grundlagen.

Der Art. 23 VerfBad-Württ. schafft Staatsfundamentalnormen und konstituiert Baden-Württemberg als Gliedstaat der Bundesrepublik Deutschland. Das Land ist ein republikanischer, demokratischer und sozialer Rechtsstaat. Er ist also als Demokratie konstituiert.

Art. 25 VerfBad-Württ. ist Art. 20 Abs. 2 GG nachgebildet. Darin sind Demokratie und Gewaltenteilung festgeschrieben.

Art. 26 VerfBad-Württ. stellt Wahlgrundsätze auf und bestimmt, wer wahlberechtigt ist. Nach Abs. 3 ist die Ausübung des Wahl- und Stimmrechts Bürgerpflicht. Nach Absatz 4 sind die Wahlen, die das Volk vornimmt, allgemein, frei, gleich, unmittelbar und geheim. Nach Absatz 5 wird bei Volksabstimmungen mit Ja oder mit Nein gestimmt. Der Wahl- oder Abstimmungstag muß nach Absatz 6 ein Sonntag sein. Die Volksabstimmung als Mittel direkter Demokratie ist schon durch den genannten Absatz als ein Institut vorgesehen. Der Sonntag ist Wahl- oder Abstimmungstag, weil an diesem Tage arbeitsfrei ist und deswegen die Staatsbürger leichter von ihrem Stimmrecht Gebrauch machen können.

Nach Art. 27 VerfBad-Württ. ist der Landtag die gewählte Vertretung des Volkes und die Abgeordneten sind Vertreter des ganzen Volkes und nur ihrem Gewissen unterworfen. Es gilt nach Absatz Art. 28 Abs. 1 VerfBad-Württ. das Persönlichkeitswahlrecht in Verbindung mit dem Verhältniswahlrecht. Die Persönlichkeitswahl führt zu Direktmandaten und die Verhältniswahl zu Sitzen im Landtag über die Landesliste. Jeder, der aktiv wahlberechtigt ist, besitzt nach Abs. 2 auch das passive Wahlrecht. Absatz 3 konstituiert die Fünfprozentklausel und ermächtigt zu einfacher Gesetzgebung, die Wahlsystem und Wählbarkeit regeln. In Art. 60 VerfBad-Württ. ist die Volksabstimmung über Gesetze vorgeschrieben.

Auch der Mehrheitsbegriff ist in der Verfassung von Baden-Württemberg geregelt. Danach sind Mehrheiten oder Minderheiten im Sinne der Verfassung, meint man die "Mitglieder des Landtags", diejenigen der gesetzlichen Zahl der Mitglieder.

2. Merkmale der Verfassung von Baden-Württemberg

Das Land Baden-Württemberg ist eine Demokratie, die durch Verfassung Herrschaftsform in dem Staate ist. Vorgesehen sind Verfahren der direkten und der indirekten Demokratie. Das sagt Art. 59 Abs. 3 VerfBad-Württ., der vorsieht, daß Gesetze vom Landtag oder durch Volksabstimmung beschlossen werden.

3. Besonderheiten der baden-württembergischen Demokratie

Die Demokratie in Baden-Württemberg hat drei Eigenarten, die sie von anderen Demokratien der Länder der Bundesrepublik Deutschland unterscheidet.

Die erste Besonderheit ist die Inkorporation staatsbürgerlicher Rechte der Bundesverfassung in die Landesverfassung durch Art. 2 Abs. 1 VerfBad-Württ.. Auf diese Art und Weise werden die staatsbürgerlichen Rechte, die für den Bundesstaat gelten sollen, auch in dem Land Baden-Württemberg Geltung besitzen. Durch diese Rechte ist auch die Demokratie als Herrschaftsform geprägt, denn der Art. 33 GG gewährt Zugang zu jedem öffentlichen Amt.

Zweite Besonderheit der Verfassung dieses Bundeslandes ist die Eigenschaft, direkte und indirekte Demokratie zu sein. Repräsentative Merkmale (Art. 46, 59 VerfBad-Württ.) und plebiszitäre (Art. 60, 59 Abs. 3, 64 Abs. 3 VerfBad-Württ.) sind in der Demokratie von Baden-Württemberg vorhanden. Ähnlich wie die Verfassung von Bayern ist auch diese Verfassung plebiszitär angelegt.

Das ergibt sich auch aus Art. 58 VerfBad-Württ.. Darin heißt es, daß niemand zu einer Handlung, Duldung oder Unterlassung gezwungen werden darf, wenn nicht ein Gesetz oder eine auf Gesetz beruhende Bestimmung es verlangt oder zuläßt. Dieser allgemeine Vorbehalt des Gesetzes bei Belastungen des Bürgers schützt diese vor Eingriffen des Staates nicht bloß wegen der Möglichkeit, daß sich der eingreifende Staat irrt, sondern auch weil der Staat eine Demokratie ist, das Volk in ihm herrschen soll. Das zeigt sich darin, daß die Gesetze entweder von der Bevölkerung selbst oder seinen Repräsentanten stammen. Die Legitimationskette der staatlichen Handlungen soll gerade auf ihrer Ableitung von dem Volk herrühren. Für das Gesetz ist wegen der Gewaltenteilung die höchste Position in der Hierarchie der Gewalten vorgesehen. Zugleich ist seine Abstammung vom Volke in der Demokratie am deutlichsten. Weil das Volk herrschen soll, darf die Bändigungsmacht des Staates, die hoheitliche Gewalt nur dann eingreifen, wenn die Handlung, Duldung oder Unterlassung vom Volk herrührt. Die Verfassung von Baden-Württemberg läßt zwar in der zweiten Alternative eine Bestimmung ausreichen, die bloß auf dem Gesetz beruht, aber der Artikel ist als der erste in IV. Gesetzgebung konstituiert. Begreift man ihn als ein Abwehr- und damit ein Grundrecht gegen staatliche Gewalt, so sagt das nicht alles über ihn aus. Der allgemeine Vorbehalt des Gesetzes zeigt auch an, daß es der Bürger oder eben das Volk ist, das die Herrschaft innehat und das daher nicht belastet werden darf, übt es nicht selbst die Herrschaft aus. Weil das Volk der Souverän ist, müssen Handlungen des Staates von ihm legitimiert sein. Es muß also Leitlinie für die Gesetzgebung sein, Ermächtigungsgrundlagen für staatliches Handeln zu schaffen. Der Vorbehalt des Gesetzes als Besonderheit der Verfassung des Landes Baden-Württemberg ist daher nicht als Teil des Rechtsstaates formuliert, sondern als ein solcher der Demokratie. Das ergibt sich daraus, daß dies der erste Artikel dieses Abschnitte in dem zweiten Hauptteil ist, der vom Staat und seinen Ordnungen berichtet und nicht von der Rechten des Volkes oder der Bürger. Der Staat muß demokratisch organisiert sein, damit der Bürger seine Rechte wahrnehmen kann.

III. Saarland

1. Begriffliche Konstituierung

Die Verfassung des Saarlandes vom 15. Dezember 1947 [226] ist konstituiert in seinem 1. Hauptteil, den Grundrechten und Grundpflichten der Art. 1 bis 59 VerfSaar, aber auch in Art. 60, 61, 63, 64, 65, 99 und 100. Im 1. Hauptteil der Grundrechte und Grundpflichten sind in dem 1. Abschnitt diejenigen der Einzelperson, in dem 2. Abschnitt diejenigen der Ehe und Familie, in dem dritten Abschnitt Erziehung, Unterricht, Volksbildung und Kulturpflege, in dem 4. Abschnitt die der Kirchen und Religionsgemeinschaften und im 5. Abschnitt die Wirtschafts- und Sozialordnung geregelt. Das Recht der freien Meinungsäußerung in Art. 5, die Versammlungsfreiheit des Art. 6, die Vereinigungsfreiheit des Art. 7, die Parteiverbote des Art. 8, die Freizügigkeit des Art. 9, das Auslieferungsverbot des Art. 11 und die Rechtsverbindlichkeit der Grundrechte nach Art. 21 sind Voraussetzung für die Teilnahme an der Volksherrschaft. Aber auch Art. 1 bis Art. 4 bleiben notwendig, damit ein Staat demokratisch konstituiert sein kann.

Im 2. Abschnitt sind Rechte und Pflichten geschaffen worden, die dem Staat und seiner Herrschaftsform ferner stehen. Der Schutz der Jugend des Art. 25 VerfSaar ist die Bedingung dafür, daß sie an dem Leben in dem Staate teilhaben und sich in der Öffentlichkeit bestimmend verhalten kann. Aber auch der Schutz von Ehe und Familie, der Mutterschaft und das Elternrecht sollen die Grundlagen des Gemeinschaftslebens schützen. Weil ebenso der Staat eine Gemeinschaft ist und sich aus der Bevölkerung an dem Orte und in dem Lande zusammensetzt, das sich durch den Generationenwechsel erneuert, ist die Festlegung solcher Rechte und Pflichten durch Verfassung bewirkt worden. Weil die Volksherrschaft nicht diejenige weniger, sondern aller sein soll, mögen auch alle an dem Staate teilhaben und für seine Gemeinschaftsbildung befähigt werden. Dafür könnte Familie Voraussetzung sein.

Der 3. Abschnitt bestimmt in Art. 26 VerfSaar, daß die jungen Menschen so heranzubilden sind, daß sie ihre Aufgabe in der Gemeinschaft erfüllen können.

---

226 BS Saar 100-1 in der Fassung des Gesetzes Nr. 1183 vom 25. 1. 1985 (ABl. S. 106).

Die ungestörte Religionsausübung steht nach Art. 35 unter staatlichem Schutz. Bis zum Art. 42 VerfSaar sind die Kirchen und Religionsgemeinschaften in ihren Rechten und Pflichten geregelt.

Die Wahrnehmung staatsbürgerlicher Rechte nach Art. 49 darf nicht durch ein Dienst- oder Arbeitsverhältnis gestört oder behindert werden.

Art. 60 VerfSaar als der erste Artikel in dem II. Hauptteil über die Aufgaben und den Aufbau des Staates im 1. Abschnitt über die Grundlagen bestimmt, daß das Saarland eine freiheitliche Demokratie ist. Art. 61, der die Volkssouveränität vorsieht, ist Art. 20 GG nachgebildet.

Die Wahlrechtsgrundsätze des Art. 63 schreiben vor, daß Wahlen und Volksentscheide allgemein, gleich, unmittelbar, geheim und frei sind und daß der Tag der Stimmabgabe ein Sonntag oder ein öffentlicher Ruhetag sein muß.

Soweit sie nicht durch Verfassung unmittelbar dem Volke vorbehalten ist, übt der Landtag die gesetzgebende Gewalt aus, so sagt Art. 65 Abs. 2 Satz 1.

Volksentscheid und Volksbegehren nach Art. 99 und Art. 100 VerfSaar konstituieren direkte Demokratie.

2. Merkmale

Das Saarland ist als Demokratie verfaßt und zeigt nach der vorgesehenen Herrschaftsform alle ihre Merkmale. Das konnte soeben beschrieben werden. In dem Staat sind als Herrschaftsform direkte und indirekte Verfahren vorgesehen. Es sind nicht nur die Vorschriften, die bestimmen, daß das Saarland eine Demokratie sein soll, sondern auch solche, die Wahlen und Volksabstimmungen vorsehen und die Modalitäten dafür festlegen.

3. Eigenheiten

In der Verfassung des Saarlandes findet man keine sie heraushebenden Bestimmungen, die sie von den anderen Verfassungen unterscheidet, außer einer einzigen, die auf den ersten Blick nicht ins Auge fällt. Es ist Art. 65 Abs. 2 S. 2 Verf-Saar. Darin heißt es, daß sich der Landtag der gesetzgebenden Gewalt nicht entäußern kann. Das wird verständlich aus der Überschrift des 2. Abschnitts, die von Organen des Volkswillens berichtet. Der Landtag darf sich der Gesetzgebungsmacht nicht entledigen, weil er ein Organ des Volkswillens ist. Darin liegt der Gedanke verborgen, daß der Wille des Volkes zu herrschen und dieses, verkörpert im Repräsentationsprinzip, durch sein Organ Landtag auch geschieht, zur Folge hat, daß er sich nicht nicht funktionslos machen darf, sondern handeln muß. Hat er nämlich diese Gewalt und darf er sich dieser nicht entledigen, so muß er sie ausüben. Zwar kann die Verfassung geändert werden, aber auf ihrer Grundlage als geltendes Recht ist dieser Satz eine stärkere Garantie, tatsächlich die Geschäfte des Staates zu betreiben, die sich im Verabschieden von Gesetzen zeigen. Nicht nur, daß das Volk herrschen soll, damit es herrscht und zwar durch sein Organe und so in dem Staat überhaupt in der Hierarchie der Gewaltenteilung geherrscht wird, ist diese Vorschrift in die Verfassung eingefügt worden. Würde sich der Landtag der gesetzgebenden Gewalt entäußern, so herrschte nicht mehr das Volk, es existierte keine Demokratie mehr. Deswegen kann man Art. 65 Abs. 2 S. 2 VerfSaar als Bestandserhaltung der Demokratie verstehen. Auch liegt darin eine solche Gewaltenteilung. Es ist eine institutionelle Sicherung der Funktion als Staatsorgan.

IV. Rheinland-Pfalz

1. Grundlagen

Die Verfassung von Rheinland-Pfalz vom 18. Mai 1947 regelt die rechtlichen Grundlagen des Staates in dem Land Rheinland-Pfalz.

Art. 1 bis 48 VerfRheinlPfalz schafft Grundrechte und Grundpflichten. Im 1. Abschnitt die der Einzelperson, im 2. Abschnitt die von Ehe und Familie, die im dritten die von Schule, Bildung, Kulturpflege, die im vierten die der Kirchen und Religionsgemeinschaften.

Im ersten Abschnitt sind Freiheitsrechte konstituiert, danach folgen unter Nr. 2 die Gleichheitsrechte, dann unter 3. die öffentlichen Pflichten. Gleichheitsrechte und öffentliche Pflichten sind solche, die den Staat und seine Herrschaftsform berühren.

In Art. 18 sind die öffentlich-rechtlichen Vorrechte aufgehoben und in Art. 19 ist der Zugang zu öffentlichen Ämtern für alle Staatsbürger konstituiert. Nach Art. 20 gilt die Treuepflicht des Staatsbürgers als eine öffentliche Pflicht. Nach Abschnitt II. Ehe und Familie folgt Abschnitt III. Schule, Bildung und Kulturpflege. In dem Abschnitt IV. sind Kirchen und Religionsgemeinschaften geregelt.

Art. 49f VerfRheinlPfalz regelt die Selbstverwaltung der Gemeinden und Gemeindeverbände.

Die Art. 51 bis 73 VerfRheinlPfalz regeln zusätzliche Grundrechte, die Wirtschafts- und Sozialordnung, u.a. die in Art. 52 konstituierte wirtschaftliche Freiheit. Diese ist eine Konkretisierung der allgemeinen Handlungsfreiheit, die es dem Menschen gestattet auch im Bereich des Staate das zu tun, was er will, damit es möglich ist, an der Herrschaft des Volkes teilzunehmen.

In dem 2. Hauptteil ist der Aufbau des Staates konstituiert und seine Aufgaben sind beschrieben. Im 1. Abschnitt sind es die Grundlagen des Staates. Das ist nach Art. 74 VerfRheinlPfalz die Staatsform, darin auch die Herrschaftsform bestimmt ist. Rheinland-Pfalz ist ein demokratischer und sozialer Gliedstaat Deutschlands. Die Repräsentation des Volkes ist dort eingeführt, aber auch, daß das Volk durch seine Staatsbürger handelt, also selbst (Art. 75 VerfRheinlPfalz). Diese direkte und indirekte Demokratie kann nur geschaffen werden, wenn das Volk Träger der Staatsgewalt ist, wie es durch Art. 74 S. 2 bestimmt wird. In Art. 76 VerfRheinlPfalz sind Wahlrechtsgrundsätze enthalten. Zugleich konstituiert

Art. 76 Volksabstimmungen, so wie sie dort definiert sind und zwar als Wahlen, Volksbegehren und Volksentscheid.

Art. 80 VerfRheinl-Pfalz bestimmt, daß die Abgeordneten nach den Grundsätzen der Verhältniswahl gewählt werden. Nach Art. 81 VerfRheinlPfalz ist ein Verzicht auf das Abgeordnetenmandat jederzeit möglich.

Nach Art. 107 sind Organe der Gesetzgebung das Volk im Wege des Volksentscheids und der Landtag. Volksbegehren und Volksentscheid nach Art. 109 VerfRheinl-Pfalz sind Verfahren direkter Demokratie.

2. Merkmale

Daß Rheinland-Pfalz eine demokratische Herrschaftsform besitzt, zeigt sich daran, daß in Art. 107 bestimmt wird, daß die Gesetzgebung durch das Volk im Wege des Volksentscheids oder durch den Landtag erfolgt. Auch die Gesetzesvorlagen können im Wege des Volksbegehrens, durch die Landesregierung oder aus der Mitte des Landtags eingebracht werden. Das sagt Art. 108 VerfRheinl-Pfalz. In Art. 109 VerfRheinl-Pfalz ist von dem Volksbegehren und dem Volksentscheid die Rede. Weil das Volk als Gesetzgeber zuerst erwähnt wird, darf man wohl davon ausgehen, daß Rheinland-Pfalz eine Demokratie ist, die von ihrer Anlage her das Plebiszitäre stark betont.

3. Eigenheiten

Die Eigenheiten der Verfassung von Rheinland-Pfalz liegen bei den Grundrechten und dort in Art. 1 und Art. 18 VerfRheinl-Pfalz. Die freie Entfaltung der Persönlichkeit und die Feststellung in dem ersten Satz der Verfassung, daß der Mensch frei sei, zeigt, daß die Verfassung die Freiheit des Menschen in den Mittelpunkt stellt und sie das höchste Gut ist, das der einzelne Mensch erhalten soll. Weil der Mensch frei ist, ist er fähig, sich zu entscheiden; er soll also Alternativen wahrnehmen dürfen. Die Freiheit des Menschen als erstes Recht in der Verfassung will dem Menschen die Chance geben, auch solche Entscheidungen richtig zu treffen, die seine öffentliche Rolle zum Inhalt haben. Res publica heißt, daß die Freiheit des Menschen soweit gehen muß, daß er als ein Wesen vorhanden ist, das sich in die Öffentlichkeit begibt. Dort entscheidet er, ist Volksherrschaft als Herrschaftsform vorgesehen, nach seinem Denken und seinem Sollen. Die Vernunftbegabtheit des Menschen ist Voraussetzung dafür, daß er die Geschicke des Staates bestimmen und den Bändigungszweck durch richtige Entscheidungen erfüllen kann. Weil die Freiheit die Bedeutung durch Konstituierung an erster Stelle in der Verfassung erhält, ist es möglich, davon zu sprechen, daß der Staat die Aufgabe hat, die persönliche Freiheit und Selbständigkeit des Menschen zu schützen.

Art. 18 VerfRheinl-Pfalz hebt die öffentlich-rechtlichen Vorteile und Nachteile der Geburt oder des Standes auf. Adelsbezeichnungen gelten nur als Bestandteil des Namens und dürfen nicht mehr verliehen werden.

Die Gleichheit, wie sie in anderen Verfassung konstituiert ist, enthält auch ein Merkmal, das gegen Bevorzugung und Benachteiligung gerichtet ist. öffentlich-rechtliche Vor- oder Nachteile wegen Geburt oder Stand sind geeignet die Volksherrschaft, die jedem einzelnen Staatsbürger den status activus in derselben Weise gibt und jeder Stimme dasselbe Gewicht, zu zerstören. Die Gleichheit der Bürger macht es möglich, die Summe von ihnen als das Volk zu begreifen. Wegen der Aufhebung von solchen Vor- und Nachteilen wie sie genannt worden sind, ist es möglich, daß sie an der Volksherrschaft teilhaben und als Teil des Volkes herrschen. Daß eine solche Bestimmung ausdrücklich erfolgt, hat zur Folge, daß der Gleichheit in der Öffentlichkeit und bei der Wahrnehmung öffentlicher Rechte besonderes Gewicht beigemessen wird. Der Adel und damit seine Rolle im staatlichen Leben, die besonders hervorgehoben war, sind damit abgeschafft. Adelsbezeichnungen gelten nur als Teil des Namens.

Neben der Freiheit der Menschen in dem Staate, ist die Verfassung auch darauf angelegt, daß sie untereinander gleich sein und historische oder tradtionelle Unterschiede keine Bedeutung haben dürfen.

V. Bremen

1. Grundlegende Bestimmungen

Die Landesverfassung von Bremen vom 21. Oktober 1947 [227] enthält in ihrem ersten Hauptteil Grundrechte und Grundpflichten. Die ersten fünf Artikel sind solche, die vorwiegend auf die Geschicke des Staates und auf die Möglichkeit, Volksherrschaft auszuüben, gerichtet sind. Es sind die Gebote der Sittlichkeit und Menschlichkeit, die Gleichheit vor dem Gesetz, die Handlungsfreiheit, die Glaubens- und Gewissensfreiheit, die Menschenwürde und die Freiheit der Person.

Die Würde der menschlichen Persönlichkeit wird anerkannt und vom Staate geachtet, weil sie Voraussetzung für die Freiheit des Menschen ist, sich zu entscheiden. Die Würde wird ihm verliehen, weil er vernunftbegabt ist und fähig, zu entscheiden. Der Geist des Menschen ist es, der ihm, die Würde gibt.

Glaubens- und Gewissensfreiheit sind Voraussetzung dafür, daß der Mensch Auffassungen bilden und vertreten kann, damit er an der Herrschaft im Staat teilnimmt.

Die Gleichheit vor dem Gesetz gibt dem Menschen das Gewicht im Staate, also auch ihrer Möglichkeit, von ihren gesetzlichen Rechten Gebrauch zu machen.

Die Handlungsfreiheit ist geeignet, den Menschen frei bestimmen zu lassen, in welche Richtung sein Wille geht.

In dem zweiten Hauptteil sind vier Abschnitte geregelt. Es sind die Familie, Erziehung und Unterricht, Arbeit und Wirtschaft, Kirchen und Religionsgesellschaften.

227 SaBremR 100-a-1

Art. 65 enthält die Staatsziele. Das ist das Bekenntnis der freien Hansestadt Bremen zu Demokratie, sozialer Gerechtigkeit, Freiheit, Schutz der natürlichen Umwelt, Frieden und Völkerverständigung.

In Art. 66 ist die Volkssouveränität konstituiert. Die Staatsgewalt geht vom Volke aus. Sie wird nach Maßgabe der Verfassung und der auf Grund der Verfassung erlassenen Gesetze ausgeübt und zwar unmittelbar durch die Gesamtheit der stimmberechtigten Bürger, die ihren Willen durch Abstimmung und durch Wahl zur Volksvertretung äußern, aber auch mittelbar durch den Landtag und die Landesregierung.

In dem 2. Abschnitt sind Volksentscheid, Landtag und Landesregierung geregelt und dort in den Art. 69 bis 74 der Volksentscheid. Art. 75 VerfBrem setzt den Landtag als Bürgerschaft ein.

2. Merkmale

Auch die Verfassung von Bremen sieht für dieses Bundesland eine Demokratie vor. Dem Volksentscheid wird nach dem Wortlaut der Verfassung in Art. 66 Abs. 2a), Art. 67 und Art. 69, 70 VerfBrem eine große Bedeutung gegeben. Gesetzgebung in jeder Art und Weise kann durch diesen stattfinden. Unmittelbare Demokratie ist also vorgesehen.

Auch Art. 67 sagt in seinem ersten Satz, daß die gesetzgebende Gewalt ausschließlich dem Volk und der Bürgerschaft zusteht.

3. Besonderheiten

Der Vorspruch der Verfassung von Bremen nennt zwar nicht ausdrücklich Demokratie als Herrschaftsform, aber er enthält Aussagen und Bestimmungen, die diese berühren. Es wird von der autoritären Regierung der Nationalsozialisten gesprochen, die unter Mißachtung der persönlichen Freiheit und der Würde des Menschen Vernichtung in der jahrhundertealten Freien Hansestadt Bremen verursacht hat. Die Mißachtung der Freiheit der Person und der Menschenwürde, die Folge einer autoritären Regierung sind, stehen gerade dem demokratischen Gedanken entgegen, der das Volk herrschen läßt. Voraussetzung dafür könnten Freiheit und Menschenwürde sein, weil der freie Mensch in Alternativen entscheiden kann und in der Vernunft und Vernunftbegabtheit sich seine Würde zeigt. Der Geist des Menschen, der ihn in der Gattungshierarchie heraushebt, erlaubt es, von seiner Würde zu sprechen. Weil es sich um eine Freie Hansestadt handelt, steht sie einer autoritären Regierung von vornherein entgegen.

Soziale Gerechtigkeit, Menschlichkeit und Friede, die gepflegt werden sollen, enthalten als Begriffe Merkmale, die auch dem der Demokratie innewohnen. Gerechtigkeit könnte der Gleichheit verwandt sein, die Teil von Demokratie ist. Menschlichkeit ist Teil von Menschenwürde. Schutz der wirtschaftlich Schwachen vor Ausbeutung fördert die Herrschaft des Volkes, weil sie so eher an dem Leben in dem Staate teilnehmen können.

VI. Hamburg

1. Grundlegende Bestimmungen

Die Verfassung der Freien und Hansestadt Hamburg vom 6. Juni 1952 enthält in dem Vorspruch im 4. Absatz eine Bestimmung, daß sich die "politische Demokratie mit den Ideen der wirtschaftlichen Demokratie" verbindet. Auf diese Art und Weise sagt schon die Präambel, daß Hamburg ein demokratisches Staatswesen erhalten soll und die Idee der wirtschaftlichen Demokratie, die Herrschaft des Volkes in der Wirtschaft vorgesehen ist, die damit verbunden politische, soziale und wirtschaftliche Gleichberechtigung verwirklichen soll. Daß Hamburg eine Demokratie ist, geht aber erst zweifelsfrei aus der Bestimmung des Art. 3 Abs. 1 VerfHam hervor. Dort heißt es, daß die Freie und Hansestadt Hamburg ein demokratischer und sozialer Rechtsstaat ist. Der Absatz 2 dieser Vorschrift sagt, daß alle Staatsgewalt vom Volke ausgeht. Das ist Zeichen für einen Staat in dem das Volk herrscht.

Nach Art. 6 Abs. 1 VerfHam ist die Bürgerschaft das Landesparlament. Sie besteht nach Absatz 2 aus mindestens 120 Abgeordneten, die in allgemeiner, unmittelbarer, freier, gleicher und geheimer Wahl gewählt werden. Wahltag muß ein Sonntag oder ein öffentlicher Feiertag sein. In Absatz 4 ist die Ermächtigung enthalten, das Nähere über die Wahl der Abgeordneten gesetzlich zu regeln. Nach Absatz 5 ist niemand verpflichtet, die Wahl anzunehmen und die Gewählten können jederzeit aus der Bürgerschaft ausscheiden.

Daß die Demokratie in Hamburg eine repräsentative ist, geht aus dem Wortlaut von Art. 7 VerfHam hervor.

Die Opposition als "ein wesentlicher Bestandteil der parlamentarischen Demokratie" ist in Art. 23 a Verf Ham konstituiert.

Direkte Demokratie ist in der Verfassung von Hamburg nicht vorgesehen.

2. Merkmale

Hamburg ist ein Stadtstaat, der Volksherrschaft als indirekte Herrschaftsform in seiner Verfassung konstituiert hat. Nicht nur, daß der Staat als solcher bezeichnet worden ist, auch die Wahl der Repräsentanten und das Landesparlament sind darin erwähnt.

Hamburg ist ebenso wie die anderen Bundesländer der Bundesrepublik Deutschland eine repräsentative Demokratie.

3. Charakteristische Bestimmungen

Die einzige Verfassung bundesdeutscher Länder außer Schleswig-Holstein, die Opposition erwähnt, ist die der Freien und Hansestadt Hamburg. Es könnte sein, daß Opposition nicht nur Teil der parlamentarischen Demokratie sein soll, wie es

Art. 23 a VerfHamb bestimmt, sondern auch Teil des Demokratiebegriffs.[228] Wenn die Freiheit der Entscheidung dem Volk als Herrschaftsmacht zukommt, ist es möglich, daß sich der Einzelne als Teil des Volkes anders entscheidet als es die Mehrheit getan hat. Deswegen kann es Minderheit und Mehrheit geben und die Minderheit ist die Opposition im Parlament gegen die Mehrheit. Ob bloß die Chance, Mehrheit und Minderheit zu bilden, Teil des Demokratiebegriffs ist oder Opposition als Institution, mit derselben Bedeutung versehen wie der Begriff Minderheit, muß nicht an dieser Stelle entschieden werden. Jedenfalls ist ausschließlich für den Stadtstaat Hamburg und sonst nirgendwo in der Bundesrepublik die Opposition als Institution eingerichtet.

Das mag deswegen konstituiert worden sein, weil keine unmittelbaren Formen der Demokratie, z.B. Sachabstimmungen durch Volksentscheid, vorgesehen sind.

Solche Entscheidungen durch plebiszitäre Demokratie, die durch das Volk selbst, d.h. die Summe der Staatsbürger getroffen werden, haben in Hamburg keine verfassungsmäßige Grundlage. Es könnte sein, daß aus diesem Grunde eine Opposition im Landesparlament ausdrücklich konstituiert worden ist. Denn vielleicht wird so in höherem Maße der Wille des Volkes repräsentiert als ohne durch Verfassung vorgesehene Alternative zur Regierungsmehrheit.

VII. Berlin

1. Grundlagen

Die Verfassung von Berlin vom 1. September 1950 [229] enthält einen Vorspruch, der bereits von dem Willen spricht, Gemeinschaft und Wirtschaft demokratisch zu ordnen.

Art. 2 Abs. 1 VerfBerl sagt, daß Träger der öffentlichen Gewalt die Gesamtheit der Deutschen ist, die in Berlin ihren Wohnsitz haben. Unmittelbar durch Wahl zur Volksvertretung und durch Volksentscheid, mittelbar durch die Volksvertretung üben sie ihren Willen aus.

In dem zweiten Abschnitt folgen die Grundrechte. Es sind die freie Ausübung staatsbürgerlicher Rechte nach Art. 7 VerfBerl, Recht der freien Meinungsäußerung nach Art. 8, der Zugang zu öffentlichen Ämtern nach Art. 13, die Versammlungsfreiheit nach Art. 18 GG und Art. 4 GG die Glaubensfreiheit, die die Herrschaftsform Demokratie eng berühren.

In Art. 25 und Art. 26 ist die Volksvertretung konstituiert. Art. 25 sagt, daß das Abgeordnetenhaus die von den wahlberechtigten Deutschen gewählte Volksvertretung ist.

Art. 26 bestimmt, daß die Abgeordneten in allgemeiner, gleicher, geheimer und

228 Siehe S. 420 dieser Arbeit.
229 VBl. I S. 433.

direkter Wahl gewählt werden. Abs. 2 dieses Artikels der Verfassung enthält eine Fünfprozentklausel. Entweder der Kandidat einer Partei erhält ein Direktmandat in seinem Wahlkreis oder die Partei erlangt mindestens fünf Prozent der Sitze, sonst ist sie in dem Landesparlament nicht vertreten.

Eine Beendigung der Wahlperiode durch Volksentscheid ist nach Art. 39 Abs. 3 S. 1 VerfBerl. vorgesehen.

2. Merkmale

Eigenschaft der Verfassung von Berlin ist es, daß sie eine Demokratie konstituiert, die für die Gesetzgebung das repräsentative Verfahren vorsieht. Die Abgeordneten vertreten das Volk und in seiner Eigenschaft als Herrschaftsmacht ist es nur tätig bei der Wahl der Volkesvertretung nach Art. 25 Abs. 1 VerfBerl und dann, wenn die Wahlperiode vorzeitig durch Volksentscheid, dem ein Volksbegehren vorausgeht, beendet wird, wie in es Art. 39 Abs. 3 VerfBerl vorgesehen ist.

Diese zuletzt genannte direkte Möglichkeit, die Geschicke des Staates zu bestimmen, ist ein Mittel, um eine Regierung und auch die Zusammensetzung des Parlaments zu ändern. Grundsätzlich ist die Regierung abhängig von der Unterstützung durch die Mehrheit der Stimmen der Abgeordneten und nur im Ausnahmefall ist ein Minderheitensenat vorgesehen.

Aus diesem Grunde gibt es Volksbegehren und Volksentscheid, denn so ist die Legitimation der Repräsentanten und der Regierung Teil eines Verfahrens, das die Rückkoppelung des Willens der Bevölkerung mit dem seiner Vertreter gewährleisten könnte.

3. Eigenheiten

Die Verfassung von Berlin hat, abgesehen von der Beendigung der Wahlperiode durch Volksentscheid und damit eine eingeschränkte Verwendung direkter Demokratie, als Herrschaftsform keine Besonderheiten aufzuweisen.

VIII. Schleswig-Holstein

1. Grundlagen

Die Verfassung von Schleswig-Holstein vom 13. Juni 1990 [230] enthält in ihrem Artikel 2 Abs. 1 die Bestimmung, daß alle Staatsgewalt vom Volke ausgeht. Nach Absatz 2 bekundet das Volk seinen Willen durch Wahlen und Abstimmungen und es handelt durch seine gewählten Vertretungen und durch Abstimmungen.

Die näheren Einzelheiten von Wahlen und Abstimmungen sind in Art. 3 und 4 VerfSchlesHol geregelt. Absatz 1 von Art. 3 VerfSchlesHol sagt, daß die Wahlen zu den Volksvertretungen im Lande, in den Gemeinden und Gemeindeverbänden und die Abstimmungen allgemein, unmittelbar, frei, gleich und geheim sind. Sie

---

230 GVBl. 1990, 391.

finden nach Absatz 2 an einem Sonntag oder öffentlichen Ruhetag statt. Der Absatz 3 sagt, daß die Wahlprüfung und die Abstimmungsprüfung den Volksvertretungen jeweils für ihr Wahlgebiet zustehen. Das Verwaltungsgericht prüft ihre Entscheidungen nach. Nach Absatz 4 wird das Nähere durch Gesetz geregelt. Der einfache Gesetzgeber ist also ermächtigt, dies zu regeln. In Art. 4 ist konstituiert, daß niemand daran gehindert werden darf, ein Abgeordnetenmandat zu übernehmen, Kündigung oder Entlassung aus diesem Grunde unzulässig sind und der Bewerber Anspruch auf den zur Vorbereitung seiner Wahl erforderlichen Urlaub hat.

Art. 5 Abs. 1 VerfSchlesHol bestimmt, daß das Bekenntnis zu einer nationalen Minderheit frei ist. Von den allgemeinen staatsbürgerlichen Pflichten entbindet es nicht. Absatz 2 S. 2 bestimmt, daß die nationale dänische Minderheit und die friesische Volksgruppe Anspruch auf Schutz und Förderung genießen.

Art. 10 Abs. 1 sagt, daß der Landtag das vom Volk gewählte oberste Organ der politischen Willensbildung ist. Er übt die gesetzgebende Gewalt aus und kontrolliert die vollziehende. Außerdem behandelt er öffentliche Angelegenheiten. Nach Art. 11 Abs. 1 VerfBrem vertreten die Abgeordneten das ganze Volk. Es gilt also das Repräsentationsprinzip.

In Art. 12 ist, ebenso wie in Hamburg, die parlamentarische Opposition konstituiert. Abschnitt V enthält Bestimmungen zu indirekter Demokratie.

2. Merkmale

Die Verfassung von Schleswig-Holstein enthält Vorschriften, die sie zu einer Demokratie machen, in der direkte und plebiszitäre Elemente eine Rolle spielen. Nach den Art. 2, 3, 10, 41f. VerfSchlesHol ist dieses Bundesland eine repräsentative Demokratie, in der das Volk selbst oder durch seine Vertreter herrscht.

3. Eigenheiten

Die Verfassung von Schleswig-Holstein hat drei Eigenarten, die sie von anderen unterscheidet.

Erstens ist es der Schutz der nationalen Minderheiten und Volksgruppen, der für ihre politische Mitwirkung nach Art. 5 Abs. 2 S.1 VerfSchlesHol gilt. Danach wird in Schleswig-Holstein Wert darauf gelegt, daß die nationalen Minderheiten und Volksgruppen nicht nur an dem staatlichen Geschehen teilhaben, sondern auch, daß ihre Mitwirkung geschützt wird, diese also garantiert. Das gilt für die Repräsentation der Minderheit und Volksgruppe durch das Parlament ebenso wie für die direkte Mitwirkung dieser Gruppen der Aktivbürgerschaft.

Zweites hervorstechendes Merkmal ist die Ausgestaltung der Verfassung von Schleswig-Holstein mit Elementen direkter Demokratie in Art. 41, 42 VerfSchleswHol. Es ist dort festgelegt, daß die Bürger den Landtag mit bestimmten Gegenständen der politischen Willensbildung befassen können und selbst Gesetzgebung initiieren und durchführen können. Die Befassungsinitiative erlaubt es, das Repräsentationsprinzip zu durchbrechen und seine Vertreter mit bestimmten Fragen zu befassen, für die er zuständig ist. Ausgenommen sind das Budgetrecht und Dienst- und Versorgungsbezüge.

Der Volksentscheid kann alle Arten von Gesetzen zu seinem Inhalt haben. Aus diesem Grunde wird man davon ausgehen dürfen, daß es in Schleswig-Holstein Gesetzgebung durch den Landtag, aber auch durch die Aktivbürgerschaft selbst geben soll.

Anders als in Hamburg, wo man die ausdrückliche Konstituierung der Opposition als Möglichkeit verstehen kann, unterschiedliche Auffassungen wie sie in dem Volke vorhanden sind, auch durch die Volksvertretung zu Worte kommen zu lassen, weil eine direkte Demokratie nicht vorgesehen ist, wird man die ausdrückliche Konstituierung einer Opposition in Schleswig-Holstein anders verstehen dürfen. Ihre Chancengleichheit im Verhältnis zur Regierung, auf die sie nach Art. 12 Abs. 1 S. 4 VerfSchlesHol ein Recht hat, gründet auf der Vorstellung, daß die Mehrheit irren kann und aus diesem Grunde der Minderheit, wenn sie Opposition im Parlament ist, die gleiche Chance gegeben wird.

IX. Niedersachsen

1. Begriff

Die Verfassung von Niedersachsen (Vorläufige Niedersächsische Verfassung) vom 13. April 1951 i. d. F. des Gesetzes vom 23. Dezember 1958 [231] ist als Demokratie schon in Art. 1 Abs. 1 VerfNieders konstituiert. Das Land Niedersachsen ist danach ein republikanischer, demokratischer und sozialer Rechtsstaat in der Bundesrepublik Deutschland.

Der Art. 2 bestimmt, daß alle Staatsgewalt vom Volke ausgehen soll. In Wahlen wird sie vom Volk selbst und durch besondere Organe der Rechtsprechung, der vollziehenden Gewalt und der Rechtsprechung ausgeübt. Dieser Absatz ist Art. 20 Abs. 2 GG nachgebildet.

In Art. 3 VerfNieders ist festgelegt, daß der Landtag aus von dem Volk gewählten Abgeordneten besteht. Sie sind Vertreter des ganzen Volkes, an Aufträge und Weisungen nicht gebunden und nur ihrem Gewissen unterworfen. Die gesetzgebende Gewalt wird vom Landtag ausgeübt und nach Maßgabe der Verfassung soll die vollziehende Gewalt überwacht werden.

Art. 4 VerfNieders bestimmt, wie die Abgeordneten gewählt werden und wer wahlberechtigt ist. Das Nähere wird durch Gesetz bestimmt, so sagt Art. 4 Abs. 3 S. 1 VerfNieders. Eine Ermächtigung zur Gesetzgebung ist also vorhanden. Das Gesetz kann bestimmen, daß auf Wahlvorschläge keine Sitze entfallen, für

---

231 Nieders. GVBl. Sb I 100.

die weniger als 10 vom Hundert der Stimmen abgegeben werden.
Nach Art. 32 VerfNieders bedürfen allgemein verbindliche Anordnungen der Staatsgewalt der Form des Gesetzes, wenn durch diese Rechte oder Pflichten begründet werden.

2. Merkmale

Die Verfassung von Niedersachsen konstituiert Demokratie als eine Herrschaftsform im Staat, die in indirekter Art und Weise, unter Zuhilfenahme des Repräsentationsprinzips, das Volk herrschen läßt. Die Vertretung des Volkes durch die Abgeordneten soll zur Durchsetzung des Willens des Volkes führen, das in ihnen als ein Ganzes vertreten ist.

3. Eigenschaften

Die Verfassung, die für das Bundesland Niedersachsen Demokratie konstituiert, hat zwei Besonderheiten. Es ist eine Zehnprozentklausel in Art. 4 Abs. 3 Verf-Nieders. eingefügt. Dort heißt es in S. 3, daß ein Gesetz bestimmen kann, daß auf Wahlvorschläge, für die weniger als 10 % der Stimmen abgegeben werden, keine Sitze entfallen. In anderen Verfassungen ist die 5 % Klausel verankert, wie z.B. in Art. 80 Abs. 4 S. 2 VerfRheinl-Pfalz. Der vergleichsweise hohe Prozentsatz, den die Verfassung bestimmt, ist Zeichen dafür, daß man die Repräsentation einer großen Zahl von Stimmen für erwünschter hält als die einer kleineren, die unter 10 % liegt.

Neben dieser Eigenschaft der Demokratie des Bundesland Niedersachsen, gibt es als zweite Besonderheit diejenige der repräsentativen Demokratie, die auf plebiszitäre Elemente gänzlich verzichtet. Dieser Verzicht in Verbindung mit der 10% Klausel zeigt an, daß vielleicht eine Herrschaftsform gewollt ist, die in einer geringeren Zahl von Merkmalen den Begriff Volksherrschaft beschreibt und andere hinzukommen. Man mag argumentieren, daß die Zehnprozentklausel den dann in dem Landtag tätigen Abgeordneten eine höhere Legitimation verschafft, weil die Chance, überhaupt in den Landtag zu kommen, deswegen geringer, das Erreichen dieses Zieles aber durch eine höhere Zahl von Stimmen, mehr Zustimmung, gesichert ist. Diese erhöhte Legitimation durch Zahl der Stimmen, sogar dann, wenn bloß z.B. Parteien gemeint sind, die gewählt werden, kann zu einer überschaubaren Mehrheitsbildung im Parlament führen, möglicherweise sogar die Regierungsbildung erleichtern, aber das Parlament als ein Ganzes, das ist die Volksvertretung als Ganze, genießt geringere Legitimation. In ihr könnten nämlich nach dem Wortlaut der Verfassung gewisse Summen von Stimmen, die höher als in anderen Länderparlamenten sind, gänzlich unberücksichtigt bleiben. Bewerben sich viele Kandidaten und sind viele unterschiedliche Auffassungen vorhanden in der Aktivbürgerschaft, so könnten wegen dieser Grenze mehr von ihnen unberücksichtigt bleiben als anderswo.

Auch der Verzicht auf direkte Demokratie durch Volksentscheid zeigt an, daß die Legitimation der Endentscheidung durch eine Begrenzung der Zahl der Berechtigen und ihrer Einrichtung verringert wird zugunsten von erhöhter Verfahrenssicherheit.

X. Hessen

1. Grundlegende Bestimmungen

Die Verfassung von Hessen vom 1. Dezember 1946 [232] enthält in ihrem ersten Hauptteil die Rechte der Menschen, die Grundrechte. Es sind die Art. 1 bis 63, die Gleichheit und Freiheit, Grenzen und Sicherung der Menschenrechte, soziale und wirtschaftliche Rechte und Pflichten, Vorschriften zu Staat, Kirchen, Religions-und Weltanschauungsgemeinschaften, Erziehung und Schule und die Unantastbarkeit dieser Rechte in Art. 63 VerfHess..

Aber bereits in der Präambel und in Art. 65 VerfHess. ist Hessen als eine Demokratie beschrieben. Im Vorspruch heißt es, daß sich Hessen als Gliedstaat der Deutschen Republik die Verfassung in der Überzeugung gab, daß Deutschland nur als demokratisches Gemeinwesen eine Gegenwart und Zukunft haben kann. Wenn auch nicht ausdrücklich damit gesagt wird, daß Hessen eine Demokratie ist, so kann man aus der Bedeutung, die die Präambel der Demokratie gibt, schließen, daß diese auch Hessen als Bundesland prägen und dort Herrschaftsform sein soll. Das bestätigt auch Art. 65 VerfHess., der sagt, daß Hessen eine demokratische Republik ist.

Daß die Staatsgewalt unveräußerlich beim Volke liegt, sagt Art. 70 VerfHess..
Art. 71 VerfHess. bestimmt, daß das Volk unmittelbar durch Volksabstimmung, Volkswahl, Volksbegehren und Volksentscheid handelt und mittelbar durch die verfassungsmäßig bestellten Organe.
Nach Art. 72 werden Abstimmungsfreiheit und Abstimmungsgeheimnis gewährleistet. In Art. 73 VerfHess. ist die Stimmberechtigung geregelt.
Nach Art. 75 VerfHess. besteht der Landtag aus den vom Volke gewählten Abgeordneten. Wählbar ist, wer das Wahlrecht hat. Eine Mindeststimmenzahl darf nicht höher als 5 % betragen, wenn ein Wahlgesetz eine solche festlegen sollte.
Nach Art. 77 VerfHess. sind die Abgeordneten Vertreter des ganzen Volkes.

Im zweiten Hauptteil ist der Aufbau des Landes geregelt.
Nach Art. 116 VerfHess. wird die Gesetzgebung durch das Volk im Wege des Volksentscheids und durch den Landtag ausübt.

2. Merkmale

Das Bundesland Hessen ist als Staat demokratisch verfaßt und zwar in direkter und indirekter Art und Weise. Die direkte Demokratie steht nach dem Willen der Verfassungsgeber im Vordergrund. Das sagt Art. 116 S. 1a) VerfHess..

[232] GVBl. S.229.

Diese Herrschaftsform ist durch die Verfassung in ihrem Vorspruch und in den Art. 65, 70, 75, 77 und 124 VerfHess. vorgesehen.

3. Eigenheiten

Die Demokratie, so wie sie durch Verfassung für das Land Hessen festgelegt worden ist, hat zwei besondere Eigenschaften, die sie kennzeichnen.

Erstens ist es die Bedeutung, die der Demokratie als einer Herrschaftsform in dem Staate zugesprochen wird und die in Hessen größer ist als in anderen Bundesländern. Das zeigt sich in dem Vorspruch zur Verfassung, dort in dem Satz, daß Deutschland nur als demokratisches Gemeinwesen eine Gegenwart und Zukunft haben kann. Die Eigenschaft, Demokratie zu sein, ist demnach so wichtig, daß die Zukunft als abhängig von ihr verstanden wird. Sie genießt also die höchste Bedeutung in dem Staat.

Nicht nur, daß der Vorspruch bereits eine Aussage zu Demokratie enthält, es ist auch die Konstituierung von direkter und indirekter Demokratie in ihr selbst. Am deutlichsten zeigt sich aber das Gewicht der Volksherrschaft im Staat konkret in Art. 123 Abs. 2 VerfHess.. Für eine Verfassungsänderung ist vorgeschrieben, daß sie nur dadurch zustandekommt, daß das Volk mit der Mehrheit der Abstimmenden zustimmt. Die Verfassung soll also durch Plebiszit legitimiert sein und das zeigt, daß man die Rolle des Volkes in der Demokratie als pouvoir constituant für die Konstituierung des Staatswesens in den Mittelpunkt stellt.

XI. Nordrhein-Westfalen [233]

1. Grundlagen

In Art. 2 VerfNRW ist bestimmt, daß das Volk seinen Willen durch Wahl, Volksbegehren und Volksentscheid bekundet. Es ist also eine Herrschaft des Volkes vorgesehen wie sie sich auch in Art. 3 Abs. 1 VerfNRW zeigt, der sagt, daß die Gesetzgebung dem Volk und der Volksvertretung zusteht.

Art. 4 VerfNRW legt fest, daß die im Grundgesetz für die Bundesrepublik Deutschland bestimmten Grundrechte und staatsbürgerlichen Rechte Bestandteil der Verfassung und unmittelbar geltendes Recht sind. In Absatz 2 ist der Schutz personalbezogener Daten geregelt.

Auch in den Art. 4 bis 29 VerfNRW sind Grundrechte vorgesehen, solche der Familie, der Schule, Kunst und Wissenschaft, Religion und Religionsgemeinschaften, Arbeit, Wirtschaft und Umwelt.

Art. 30 regelt, daß der Landtag aus den von der Bevölkerung gewählten Abgeordneten besteht. Ein imperatives Mandat existiert nicht. Im Art. 31 VerfNRW ist die Wahl geregelt und welche Eigenschaften sie haben soll.

---

[233] Verfassung v. 28. Juni 1950 (GS. NW. 100 S. 3)

Zwar sagt Art. 65 VerfNRW, daß Gesetzesentwürfe nur von der Landesregierung oder aus der Mitte des Landtags eingebracht werden.

Nach Art. 68 VerfNRW kann das Volksbegehren darauf gerichtet sein, daß Gesetze erlassen, geändert oder aufgehoben werden.

Wenn dem Volksbegehren durch den Landtag nicht entsprochen wird, ist nach Art. 68 Abs. 2 S. 2 VerfNRW ein Volksentscheid herbeizuführen. Kommt die Mehrheit für eine Verfassungsänderung im Landtag nicht zustande, so soll sowohl der Landtag als auch die Regierung die Zustimmung zu der begehrten Änderung der Verfassung durch Volksentscheid einholen. Das sagt Art. 69 Verf NRW.

2. Merkmale

Zwar sagt schon Art. 2 VerfNRW, daß das Volk seinen Willen durch Wahl, Volksbegehren und Volksentscheid bekundet, und Art. 3 Abs. 1 VerfNRW bestimmt, daß die Gesetzgebung dem Volk und der Volksvertretung zusteht, die Gesetzgebungsinitiative steht aber der Landesregierung zu oder auch den Mitgliedern des Landtags, aus dessen Mitte sie eingebracht werden können. Das sagt Art. 65 VerfNRW. Zwar kann auch ein Volksbegehren auf Gesetzgebung als Erlaß von Gesetzen, Änderung oder Aufhebung gerichtet sein, wie Art. 68 Abs. 1 S.1 VerfNRW es bestimmt. Daß aber die Gesetzgebungsinitiative ausdrücklich dem Landtag und der Landesregierung zugewiesen ist und in Art. 2 nicht als erste Form der Willensbekundung Volksbegehren und Volksentscheid vorgesehen ist, sondern Wahl, spricht für eine stärkere Gewichtung zugunsten der indirekten Demokratie im Verhältnis zu der direkten.

3. Eigenheiten

Wenn auch die Gewichtung zugunsten mittelbarer Volksherrschaft stärker ist als zu der der unmittelbaren, so wird man die Rolle der direkten Demokratie in der Verfassung von Nordrhein-Westfalen nicht unterschätzen dürfen. Denn vor der Präambel wird berichtet, daß die Verfassung, eben das Verfassungsgesetz, durch Volksentscheid von der Mehrheit der Abstimmenden bejaht worden ist. Auch die Möglichkeit, daß das Volk eine nicht zustandegekommene Verfassungsänderung zugunsten derjenigen, die sie wollen, korrigieren kann und Volksbegehren und Volksentscheid als Möglichkeit für Gesetzgebung überhaupt vorgesehen sind, sprechen für eine nicht unerhebliche Bedeutung. Das sagt auch Art. 3 VerfNRW, der die Gewaltenteilung regelt. Nach Absatz 1 steht sie dem Volk zu und zwar ist dieses als Gesetzgeber noch vor der Volksvertretung genannt.

§ 33 Gemeindeordnungen

I. Bayern

Die Gemeindeordnung von Bayern vom 31. 5. 1978 enthält Bestimmungen über die Rechte, die Selbstverwaltungsrechte der Gemeinde als solche, die die Herr-

schaft des Volkes in der Gemeinde, die der Gemeindebürger sichern sollen.[234]
Schon Art. 1GOBay setzt die Gemeindehoheit. Sein Satz 2 sagt: "Sie bilden die Grundlage des Staates und des demokratischen Lebens."

Art. 15 bis 21 GOBay enthält Rechte und Pflichten der Gemeindeangehörigen. In Art. 17 GOBay ist das Wahlrecht für den Gemeinderat und den Bürgermeister geschaffen worden.

Art. 51 GOBay gibt Auskunft zu der Form der Beschlußfassung und den Wahlen in sonstiger Weise. Auch Art. 22 und 23 GOBay sind zu beachten.

II. Nordrhein-Westfalen [235]

Die Gemeindeordnung von Nordrhein-Westfalen vom 19. 12. 1974 [235] regelt in § 6 Rechte der Gemeinde, in § 28 GONRW Zuständigkeit des Gemeinderates, in § 29 GONRW Ratsmitgliederwahl und § 35 GONRW Abstimmungen und Wahlen.

III. Baden-Württemberg

In Baden-Württemberg regelt die Gemeindeordnung vom 3. 10. 83 in § 4 die Satzungshoheit, die die Gemeinden des Landes haben sollen.[236]

In § 12 GOBad-Würt. ist das Bürgerrecht konstituiert, § 14 GOBad-Würt. legt das Wahlrecht für die Bürger der Gemeinde fest.

Die Bürgerversammlung ist in dem § 20a GOBad-Würt. vorgesehen. Anders als in anderen Bundesländern ist in der Gemeindeordnung dieses Staates nicht nur ein Bürgerrecht geschaffen worden, sondern auch direkte Demokratie durch Bürgerbegehren nach § 21 GOBad-Würt..

IV. Hessen

Die Gemeindeordnung von Hessen vom 30. 8. 1976 enthält Vorschriften über die Eigenschaft der Gemeinden von Hessen, demokratisch aufgebaut sein zu sollen.[237]

Nach § 1 Abs. 1 GOHess. sind die Gemeinden Grundlage des demokratischen Staates. In § 5 GOHess. ist die Satzungshoheit der Gemeinde geregelt. Der § 6 GOHess. bestimmt die Hauptsatzung.

Die §§ 8, 8a, 8b GOHess. bestimmen den Begriff des Bürgers und des Einwohners, die Bürgerversammlung und das Bürgerbegehren. Wahlvoraussetzungen und Wahlrecht sind in § 29 GOHess. und § 30 GOHess. geregelt.

234 Vgl. Wortlaut.
235 Vgl. Wortlaut.
236 Vgl. Wortlaut.
237 Vgl. Wortlaut.

Wahl und Amtszeit der Bürgermeister und Beigeordneten sind Sachbereiche, die in § 39 GO Hess. festgelegt sind.

Ausschließliche Zuständigkeit, Abstimmung und Wahl sind in §§ 51, 54 und 55 GO Hess. enthalten.

V. Niedersachsen

Die Gemeindeordnung von Niedersachsen vom 7. Januar 1974 [238] bestimmt in ihrem § 1 Abs. 1 S. 1 GONieders, daß die Gemeinde Grundlage des demokratischen Staates ist. Ihr steht ein eigener, übertragener Wirkungskreis nach §§ 4, 5 GONieders zu.

Die Gemeinden von Niedersachsen haben Satzungsgewalt nach Maßgabe des § 6 GONieders. Zu dem Inhalt der Satzung und zu der Hauptsatzung enthalten §§ 6, 7 GONieders. Bestimmungen.

Die Rechte der Einwohner sind in §§ 21f GONieders. geregelt. Die Bürgerversammlung, das Wahlrecht und die Abstimmung hat man durch Vorschriften in den §§ 22a, 34 und 47 GONieders. vorgesehen.

VI. Zusammenfassung

1. Satzungshoheit

In der Bundesrepublik Deutschland ist durch Art. 28 Abs. 1 S. 2 und 3 GG und Art. 28 Abs. 2 GG die Satzungshoheit der Gemeinden ggfls. gewährleistet. Es könnten dagegen zwei Argumente geltend gemacht werden.
Es ist in Art. 28 Abs. 2 S. 1 GG gesagt, daß "im Rahmen der Gesetze" die Angelegenheiten der Gemeinde in eigener Verantwortung geregelt werden können. Die Schranke für die Satzunghoheit ist also nach dem Wortlaut des Grundgesetzes das Gesetz. Bethge meint, daß als allgemeine staatliche Eingriffskautelen, d.h. Schrankenschranken, Gemeinwohlbezug und Übermaßverbot gelten.[239] Diese sind Inhalt von Gesetzen, aber Bethge schreibt, daß sie auch Grenze für die Regelung der eigenen Angelegenheiten sind, wenn es um den gesetzgeberischen Zugriff geht.

Man könnte einwenden, daß die Regelung der Angelegenheiten der örtlichen Gemeinschaft durch sie selbst in eigener Verantwortung gehindert würde durch ihren Charakter als bloß örtliches Gemeinwesen, das keine Fähigkeit zur Konstituierung zu besitzen vermag, weil es überlagert ist von anderen Gemeinschaften und eine eigene Konstituierung davon überwuchert ist.

Einschränkung der Möglichkeit, in eigenen Angelegenheiten zu regeln und vielleicht der Mangel, eventuell nicht selbst konstituiert zu sein, führen zu dem Problem, daß die Satzungshoheit der Gemeinden in der Bundesrepublik Deutsch-

---

238 Vgl. Wortlaut.
239 H. Bethge, Aktuelle Aspekte der Verfassungsgarantie der kommunalen Selbstverwaltung, Die Verwaltung Bd. 15, 205, 212.

land durch Verfassung dieses Bundesstaates und durch die Gemeindeordnungen der Länder verliehen ist. Versteht man das als eine Anerkennung originärer Rechte oder erkennt man den Gemeinden dieses Recht zu, verleiht man ihnen dieses Recht?
In dem Begriff der "Hoheit" ist das Staatliche aus eigener Macht enthalten. In der Bundesrepublik allerdings trägt sogar der Dorfpolizist die Uniform des Bundeslandes. Das zeigt, daß die Gemeinde wohl nur über eine eingeschränkte Hoheitsgewalt verfügen können mag, unabhängig von der Antwort auf die Frage, ob durch Verfassung ursprüngliche Rechte anerkannt oder neue Rechte verliehen worden sind. Dieser Gedanke fügt sich auch in die Überlegungen von Leibholz, der vertritt, daß den Gemeinden dort, wo sie existieren, das Recht auf Selbstverwaltung zusteht.[240] Es wird insofern auf die Existenz der Gemeinde als Voraussetzung dafür, sich selbst zu verwalten, abgestellt.
Gründe für diese eingeschränkte Staatlichkeit und eingeschränkte Satzungshoheit mögen zu finden sein. In dem genannten Beispiel ist der Gedanke enthalten, daß die Trutzverbundseigenschaft der Gemeinde fehlt und Gesetzgebungsmacht nach der Kompetenzverteilung zwischen Bund und Ländern diesen in den meisten Bereichen zusteht. In der Bundesrepublik wird wohl der Begriff des Hoheitlichen als Eigenschaft der Gemeinde nicht in allen seinen Merkmalen erfüllt. Allerdings muß das nicht zu der Konsequenz führen, die Bethge zieht. Als Gebietskörperschaft erfüllt die Gemeinde stärker als andere Körperschaften, – daher ähnelt sie dem Land und gleicht auch in seiner Entstehung diesem, – die Voraussetzungen dafür, ein Staat sein zu können und sich als ein solcher auch zu konstituieren.[241] Aus diesem Grunde ist es nicht zwingend, daß zusätzlich neben den Gesetzen als Rahmen für die gemeindliche Satzungsgewalt noch Gemeinwohlbezug und Übermaßverbot gelten. Solche Schrankenschranken sind nach dem Wortlaut der Verfassung nicht vorgesehen. Das Gemeinwohl hat seinen Platz als Gesetzesbegriff, ebenso wie das Übermaßverbot. Allerdings könnten beide im Rechtsstaatsprinzip enthalten sein.
Ist dieses nicht ausdrücklich in der Gemeindesatzung inkorporiert, so gilt es lediglich als Begriff der Verfassung und findet dann Anwendung, wenn Gemeinwohl und Übermaßverbot in dem Rechtsstaatsprinzip enthalten sind. Jedenfalls ist der Rahmen der Gesetze, der von der Bundesverfassung vorgeschrieben worden ist, eine Einschränkung der Satzungshoheit der Gemeinde selbst dann, läßt man Schrankenschranken nicht gelten. Das vermag aber nicht das zweite Argument kräftigen, die Konstituierungsfähigkeit der Gemeinde wegen ihres Charakters als ausschließlich örtliche Gemeinschaft für gering zu erachten.
Besinnt man sich auf den Begriff des Staates als Sicherungsverband gegen die Erkenntnis der Tragik der Unvollkommenheit der Welt, so stellt man fest, daß res

---

[240] G.Leibholz, Das Prinzip der Selbstverwaltung und der Art. 28 Abs. 2 Grundgesetz, DVBl. 1973, 715.
[241] Siehe S. 528.

publica als das Öffentliche in einer Gemeinde an eine Orte vorhanden sein kann. Blickt man aus dieser Sicht auf das Argument, so muß jedenfalls keine Überlagerung oder Überwucherung stattfinden.

2. Satzungsgewalt

Zwar ist die Satzungsgewalt durch die von den Ländern geschaffenen Gemeindeordnungen geregelt, aber die Satzungsgewalt ist als ein Rechtsbegriff Folge der Satzungshoheit. Die Hoheitsgewalt ist die Staatsgewalt und aus ihr ergibt sich die Gewalt, eine Satzung zu erlassen.

Die Gemeinde als ein Ort, der die Voraussetzungen erfüllen kann, ein Staat zu sein, ist grundsätzlich in der Lage Satzungsgewalt in ihren Händen halten. Nicht nur aus der durch die Gemeindeordnung vorgesehenen Kompetenz folgt das oder aus der Bundesverfassung. Sie selbst erfüllt diese Voraussetzungen und ist dann auch fähig dazu, wenn die Menschen an dem Orte einen Verband bilden können, eben eine Gemeinschaft. Der Begriff des pouvoir municipal, der ethymologisch dem Wort munitio und dem munio ähnelt, die Befestigung, Verschanzung, Feste gründen bedeuten, bezeichnet die Macht, die in der Lage ist, ein municium zu schaffen, Bürgerschaft in einer Gemeinde zu begründen. Von Unruh bestreitet dessen Existenz nicht, sagt aber, daß dieser nicht in jedem Falle durch gemeindliche Selbstverwaltung einer anderen Regelungsbefugnis entzogen wäre.[242] Gerade jedoch der Ursprung des pouvoir municipal ist die Macht, nicht nur in den Grenzen einer durch Bund und Länder geschaffene Satzungsgewalt, diese auszuüben und deren von ihnen vorgesehene Grenzen zu beachten, sondern selbst zu setzen, ursprüngliche Macht, die Geschicke des Gemeinwesens in den Händen zu halten.

Ist aber eine solche Macht vorgesehen, so kann die Gemeinde Satzungsgewalt als Hoheitsgewalt ausüben, die eigene Angelegenheiten regelt. Diese, wie sie z.B. durch das Grundgesetz und die Gemeindeordnungen vorgesehen ist, hat nicht denselben Umfang wie der pouvoir municipal, weil sie aber weniger Rechte enthält, die der unvollständigen Satzungshoheit geschuldet sind, ist sie in ihrer Existenz unbestritten.

3. Satzungsausübung

Gibt die Gemeinde sich durch Gemeindeversammlung eine Satzung und leiten diejenigen dort ihre Macht von der Bevölkerung in der Gemeinde ab, so kann die demokratische Legitimation einer solchen Hauptsatzung nicht bestritten werden. Nicht nur diejenige durch die Bundesverfassung, durch die Landesverfassung und die Gemeindeordnung, die indirekt demokratisch legitimiert sind, gestattet eine solche Einordnung, sondern auch die Konstituierung in ihr, die einer Gemeindeverfassung gleichkommt. Es ist auch die Handlung selbst, die Wahl und die Abstimmung in solchen Einrichtungen der Gemeinde oder die Wahl durch

---

242 V. Unruh, Demokratie und kommunale Selbstverwaltung, DÖV 1986, 223.

durch die Gemeindebürger, die demokratische Legitimation schafft. Volksherrschaft in der Gemeinde scheitert daher nicht an der Körperschaftseigenschaft der Gemeinde, demnach der Gebietskörperschaftseigenschaft. Die Kompetenz- und Funktionstrennung, der gegliederte Aufbau wie er in der Bundesrepublik vorgesehen ist, teilt die Kompetenzen im Bundesstaat und beläßt dennoch Ländern und Gemeinden Teile staatlicher Macht.[240]

---

[240] Bedeutung von Demokratie als erste Gewalt im Bundesstaat beschreibt BVerfGE 68, 1.

Viertes Kapitel

Recht der Volksherrschaft

Der Begriff Demokratie ist in seinen Merkmalen beschrieben. Eines dieser ist dasjenige, welches man Grundrechte des Einzelnen dem Staat gegenüber nennt. Diese Abwehrrechte sind als Rechte gekennzeichnet worden, die der Einzelne erhält, weil die Unvollkommenheit der Welt vielleicht doch nicht auf dem Schlechten im Menschen beruht, das aber die Ursache der Ausbildung von Staatsgewalt ist.

Weil es möglich ist, daß die Staatsgewalt sonst übermäßig bändigen würde, braucht man die Grundrechte als Abwehrrechte. Das ist die Begründung für Grundrechte als Bestandteil des Rechtsstaates, die wegen der Legitimation von Demokratie als eine Herrschaftsform in dem und für den Staat auch hier gewichtig ist. Denn wenn das Volk in dem Staat herrschen soll, den Staat als souveräne Gewalt beherrschen, rührt das daher, daß es alle sind, die herrschen sollen, damit die Ungewißheit, auf der die Staatsgewalt fußt, jedenfalls mit einer möglichst hohen Chance zur richtigen Ausübung von Staatsgewalt, den Einzelnen nicht dort irrtümlich treffen möge, wo diese Ursache gar nicht existiert oder doch in anderer Weise vorhanden ist, als zuvor erkannt.

Das aber ist eine Begründung, die den Kern des Begriffs Demokratie und das Wesen des Wortes bloß hinzunimmt und daraus für den Staat selbst eine Schlußfolgerung zieht, hin zu der Notwendigkeit der Grundrechte. Dieses argumentum a majore ad minus ist vielleicht der Grund, weswegen Fikentscher Demokratie als die einzige Form zulassen will, in der in dem Staat geherrscht werden darf.[1]

Damit ist man bei dem Recht der Volksherrschaft angelangt. Selbst dann, wenn der Einzelne bei einer Abstimmung sogar den Inhalt eines Gesetzes bestimmt hat, alle anderen dieses auch taten, könnte man nicht unbedingt von einer Zustimmung für die Unterwerfung unter dieses Gesetz ausgehen. Sie ergibt sich nicht selbstverständlich, weil der Trank aus dem Schierlingsbecher durch den Sokrates sogar das Recht, den Einzelnen zu töten, dem Staate gab, obwohl dieses, wie jedes Recht, auf der Staatsgewalt beruht, deren Begründung mit einer Unsicherheit, einer Ungewißheit, behaftet ist.

Ist er nämlich nicht einverstanden, obwohl er dem Gesetz zugestimmt hat, ergibt sich die Frage, welches Recht für ihn spricht. Dann könnte der Rechtsstaat die Demokratie begrenzen, z.B. durch Verbot der Todesstrafe.

Ist er aber einverstanden, so könnte auch und gerade hier wegen der Möglichkeit, daß alle und auch der Einzelne geirrt haben, ein Recht vorhanden sein, das seine Tötung verbietet. Das würde die Grenze von Herrschaft in dem Staate beschreiben.

1 W. Fikentscher, Methoden des Rechts, Tübingen 1975, Bd. I, S. 300f., 160f.; Bd. IV 5. 406, 421, 468f., 485, 617-621, 625.

1. Abschnitt: Grundproblematik: Sein und Sollen

Unmittelbar einleuchtend ist, daß das Recht der Demokratie als Begriff zu unterscheiden ist von dem Begriff Demokratie, der das Wort Recht nicht enthält. Sind alle Begriffe, die im Gesetz auftauchen, Rechtsbegriffe, so ist doch das Recht der Demokratie vielleicht nicht dasselbe wie Demokratie als Rechtsbegriff. Darauf deutet die Formulierung "Recht und Gesetz", wie sie in Art. 20 GG gebraucht worden ist.

Für die beiden genannten Möglichkeiten der Zustimmung oder Nichtzustimmung könnte das bedeutsam sein. Ist der Einzelne nicht einverstanden, ist möglicherweise ein Recht als Folge des Rechtsstaates geboten, das die Tötung verbietet und das Leben erhält. Das wäre ein Grundrecht, das mit dem Rechtsbegriff Demokratie als einem solchen, wie er in dem Gesetz geschaffen worden ist, nicht notwendig in Verbindung stehen müßte.

Noch deutlicher wird das, wenn der Einzelne zwar dem Gesetz zustimmt, seiner Unterwerfung unter dasselbe aber nicht und am stärksten zeigt es sich, wenn er weder dem Gesetz noch seiner eigenen Unterworfenheit darunter zustimmt. Müßte nicht, bedenkt man die Ungewißheit mit der die Ausbildung von Staatsgewalt grundsätzlich behaftet ist, aber auch dann, wenn ein Gesetz geschaffen und dieses im Einzelfall angewendet wird, ein Recht für den Nichtzustimmenden vorhanden sein? Könnte die Unterscheidung von Recht und Gesetz darauf hindeuten?

Dem Begriff Recht, auch in Verbindung mit Demokratie, müßte das nicht als Gesetz Konstituierte zu eigen sein. Denn der Begriff Recht ist selbst dann Rechtsbegriff, wenn er nicht Bestandteil des Gesetzes ist. Damit ist auch nicht in seinem Kern und Wesen das untergesetzliche Recht oder das Richterrecht gemeint. Das sind bloß Merkmale, die den Begriff noch nicht genügend beschreiben. Vielleicht ist es etwas Seiendes,[1a] so wie der Begriff selbst, jeder Begriff existiert und daher etwas Seiendes ist, wenn es ein Rechtsbegriff ist, er imperativischen Charakter trägt.[2] In dem Rechtsbegriff könnte die Unterscheidung von Sein und Sollen aufgehoben sein, weil Recht immer einen Imperativ enthält, schließlich aus spricht, sagt, wie etwas und was zu geschehen hat. Es kann sein, daß dieser genannte Imperativ in dem Recht der Demokratie nicht festgelegt ist, weil der Begriff Recht als Rechtsbegriff nicht Bestandteil des Gesetzes ist.

§ 34 Kodifikation und Imperativ

Wenn das Recht der Demokratie nicht durch Gesetz festgelegt ist, könnte Recht als Maßstab der Macht und auch ein Vorrang des Rechts vor dem Gesetz nur

---

1a R. v. Jhering, Theorie der juristischen Technik, in: W. Krawitz (Hg.), Theorie und Technik der Begriffsjurisprudenz, Darmstadt 1976, S. 56.

2 Ders. S. 50f; 56; I. Kant, Grundlegung zur Methaphysik der Sitten, (1785), Stuttgart 1984, S. 57.

dann vorgesehen sein, wenn dieses Recht dem Seienden entnommen oder entnehmbar ist. Zufällig, mutwillig oder ohne Chance dazu, ist es vielleicht nicht Gesetz geworden.
Das setzt ein Zweifaches voraus: Der Mensch muß zu der richtigen Erkenntnis fähig sein und eine richtige Erkenntnis muß grundsätzlich möglich sein, sie muß also existieren. Diese Existenz ist das Seiende.
Daß der Mensch zu der Erkenntnis fähig, nämlich ein vernunftbegabtes, auch entscheidungsfähiges Wesen ist, er also die Fähigkeit hat, seinen Geist zu betätigen, zu erkennen, ist Bestandteil dieses Menschenbildes.

Nicht nur, daß er eine solche Vernunftbegabtheit besitzt, kann man zur Kenntnis nehmen; die richtige Erkenntnis, eben die Wahrheit, das Richtige existiert. Ist die Erkenntnis nicht der Anschauung zu entnehmen, ist sie in re. Diese Existenz ist aber eine geistige, sie ist zuerst einmal eine solche, kann aber auch eine z.B. durch Gesetz zu einer für einen Staat und die staatliche Gemeinschaft als eigenes Recht verbindlichen werden. Das Geistige ist nur existent in Begriffen, in Sätzen, in Gedanken. Die Form des Begriffs spielt dabei keine Rolle, d.h. die Sprache oder auch, ob es sich um Zahlen, Chiffren, Symbole handelt, wenn bloß der Gedanke sich darin ausdrückt. Daß der Gedanke etwas imperativisches enthält, darin eine Bestimmung getroffen wird, liegt daran, daß in dem Menschen eine Kraft wohnt, aus der bloßen Entscheidung ein Sollen zu machen. Das ist die sittliche Kraft. Die sittliche Kraft rechtfertigt es, von einem Wesen zu sprechen. Das Wesen enthält ein teleos, eine zielgerichtete Seite, es ist Seele und Geist zugleich. In dem Wort Wesen treffen sich Geist und Seele.

Hier interessiert Geist. Denn der Wille setzt den Geist voraus.[3]
Dieser Geist des Menschen, seine Fähigkeit, zu denken, wie sie seit dem Altertum immer wieder als Teil von Menschenbildern vorkommt, befähigt den Menschen, die richtige Erkenntnis zu gewinnen und zwar aus dem Begriff, in dem sich sein Geist schon zeigt, im Augenblick in dem er ausgesprochen ist.

Die Erkenntnis a priori von der Kant spricht ist Voraussetzung dafür, daß der Mensch zu Entscheidungen gelangt, die seinem Willen folgen. A priori, also zuvor, bedeutet nicht Prognose oder Wahrsagung, auch nicht Antizipation. Es ist die Erkenntnis als eine Voraussetzung. Etwas kann gedacht werden, auch wenn es nur aus dem Begriff entsteht und neu ist, bevor es durch den setzenden Willen eines Subjektes zum Gesetz wird. Der Kant'sche kategorische Imperativ bedeutet keine Antizipation als Vorwegnahme möglicher Wirklichkeit, sondern die gedankliche Erkenntnis der Ordnung der Dinge, die in den Begriffen gefaßt ist. Daß ein solcher Imperativ geeignet sein sollte, auch für die Allgemeinheit Maßstab zu sein, also beliebig viele Fälle regeln könnte oder jedenfalls eine hohe, bestimmbare

---

3   E. Kaufmann, Zur Problematik des Volkswillens, in: U. Matz (Hg.), Grundprobleme der Demokratie, Darmstadt 1973, S. 20.

Zahl, um für den Einzelnen als Maßstab zu gelten, ist eine Eigenschaft des Denkens. Dabei ist "Ordnung der Dinge" bloß als Anordnung, als Zusammenfügung von Merkmalen oder Elementen einer Reihe zu verstehen, die in dem Begriff zusammengefaßt sind. Der Begriff "Tisch" enthält Merkmale, er hat einen Kern, das Wort ein Wesen. Es ist nicht bloß der Name eines Gegenstandes, sondern erklärt ihn und sein Wesen.[4] Es ist die willkürliche Bestimmung dieses Gegenstandes.

I. Begriff

1. Bedeutung des Begriffs

In dem Begriffe ist die Welt aufgehoben. Sie ist in ihm beschrieben. Das Leben, wenn es in Gedanken erfaßt wird, findet man in den Erkenntnissen über die Welt. Es werden Gedanken in Sätzen formuliert, die aus Begriffen bestehen. Schon diese Gedanken, wenn sie das Sein beschreiben, können, richten sie sich auf die Ordnung der Dinge, bedeutsam sein, wenn von dem Recht gesprochen wird. Der Begriff ist die Form des Denkens eines Gegenstandes und enthält eine abschließende, bestimmbare Zahl von Merkmalen, nicht Null und nicht unendlich. Spricht Kaufmann von der größeren "Seinsdichte" des Rechtes im Verhältnis zum Gesetz, so deutet das auf die Geborgenheit des Rechtes in dem Sein hin.[5] Denn es ist konkret, es ist gerichtet auf das Einzelne, den einzelnen Menschen.

Gegen das der Vorstellung von dem Begriff zugrundeliegende aristotelische Prinzip der vollständigen Reihung von Merkmalen, deren Sinn jedenfalls den Begriff ergibt, könnten Bedenken geäußert werden. Nach dem Übersummenprinzip ist das Ganze mehr als die Summe seiner Teile. Ob das richtig ist oder nicht, muß gar nicht entschieden werden. Mindestens ist es nämlich die Summe seiner Teile, sollte es noch mehr sein, so ist es für den Begriff als ein Ganzes nur von Belang, wenn neue Begriffe entstehen, damit man diese von den alten unterscheiden kann. Wenn überhaupt, ist für das Denken doch bloß die Vollständigkeit der Merkmale des Begriffs entscheidend. Das liegt nicht daran, daß nach dem platonischen Denken die unvollständige Reihung Grundlage des Übersummenprinzips ist. Danach ist das Ganze mehr als die Summe seiner Teile. Das beschreibt aber nicht den Begriff als ein Ganzes, nämlich die Summe seiner Merkmale.

2. Begriff und Ideenlehre

Die unvollständige Reihung ruht auf der Ideenlehre.[6] Die Ideenlehre ist eine Art und Weise des Denkens, die den Irrtum nicht nur als Möglichkeit, als eine Fehlerquelle zur Kenntnis nimmt, sondern die behauptet, daß die unvollständige Rei-

---

4   U. Klug, Juristische Logik, 3. Aufl. Berlin u.a. 1966, S. 86.
5   A. Kaufmann, Recht als Maß der Macht, in: Ders. (Hg.), Rechtsphilosophie im Wandel, 2. Aufl., Köln u.a. 1984, S. 47.
6   Platon, Der Staat, Stuttgart 1982.

hung das Ganze ergibt. Es ist das Denken in Schlüssen, für das sogar nur einige Merkmale des Begriffs, also eine sehr unvollständige Erkenntnisquelle vorliegen muß, um das Wort in seinem Kern und Wesen zu erfassen. Der Irrtum hindert auch nicht die Erkenntnis.[6a]

Um aber einen Begriff zu erfassen, muß bereits Wissen vorhanden sein, weil sonst wenige Merkmale eher geeignet sind, das nicht zu vermögen. Denn im Verhältnis zu dem Begriff ist die Idee unvollständig.

Daß die Seinsdichte beim Recht größer ist als bei dem Gesetz, das Recht im Sein fußt, spricht nicht unbedingt gegen das Kant'sche Denken des kategorischen Imperativs als Begründung für Recht. Wenn der Einzelne so handeln soll, wie alle anderen auch handeln können sollten, ist das Maßstab des imperativischen Denkens.

Das Denken als Verallgemeinerung ist allerdings entfernt von dem Denken über den Einzelnen, wenn man nicht das Sollen in der Art und Weise versteht wie Kant das formuliert hat.[7] Die Verallgemeinerung ist der Versuch, alle Merkmale eines Begriffes zu finden, auf den etwas zu bringen ist. Im aristotelischen Denken liegt das Wissen, daß eine richtige Erkenntnis eben auch möglich und diese vollständig ist. Neben anderen Eigenschaften besitzt sie diese.

Die Ideenlehre verzichtet dagegen auf Vollständigkeit. Wenn das Ganze aber bloß, wie einfache Rechenbeispiele – (5 + 4 = 9 und 4 + 2 ≠ 9 und 4 + 20 # 9) – zeigen, die Summe seiner Teile ist, enthält die Ideenlehre die höhere Wahrscheinlichkeit, daß keine richtige Erkenntnis gewonnen werden kann oder Fehler gemacht werden. Denn die Ideenlehre behauptet ja mit dem Mehr als die Summe der Teile, daß diese Vollständigkeit noch nicht das Ganze sei. Versteht man jedoch das Ganze selbst als das Vollständige, bleibt im Unterschied zu der aristotelischen Reihung ein Rest, der nicht in die Summe eingeht.

Es könnte möglich sein, diesen Rest als den Teil, das Mehr, zu bezeichnen, das auf der Möglichkeit des Irrtums beruht. Gerade weil der Irrtum nie ausgeschlossen werden kann, soll vielleicht ein solcher mitgedacht, in der Idee beheimatet sein. Allein aber die Chance, die Möglichkeit, daß Irrtümer vorkommen, kann noch nicht rechtfertigen, sie als in jedem Gedanken vorhanden, von vornherein zu begreifen. Weder wird so ein Irrtum vermieden, noch dürfte die Möglichkeit, einen solchen zu erkennen, größer sein, jedenfalls liegt es nicht von vornherein auf der Hand. Bloß das Wissen um den Irrtum als Teil des Wortes, führt vielleicht zu einem stärkeren Drang, das Richtige erkennen zu wollen. Allerdings nämlich, ist ein solcher auch bei dem aristotelischen Denken, sogar bei jedem anderen Denken möglich.

6a Das Wort gehört der Ideenlehre an, der Begriff dem aristotelischen Denken.
7   I. Kant, Grundlegung zur Methaphysik der Sitten (1785), Stuttgart 1984, S. 57.

3. Recht, Natur und Anschauung

Das Denken über das Einzelne, in dem Recht bedeutsam ist, wird dem Sein und damit der höheren Seinsdichte zugewiesen. Recht wird daher gelegentlich mit Naturrecht gleichgesetzt. Man spricht vom Naturrecht als demjenigen, das dem Sein am nächsten ist; es erwachse aus dem Sein. Anders als das Gesetz, das aus dem Willen einer Autorität kommt, ist, so schreibt Kaufmann, Recht ursprünglich seinshaft: "Daß mit dem Sein zugleich auch das Recht gegeben ist, ist der älteste Gedanke des Abendlandes." [8] Er zitiert den Anaximander, der sagt: "Alles, was ist, ist auch als Seiendes in Ordnung". [9] Damit wird behauptet, daß alles in dem Sein enthalten ist, also auch das Recht darin vorhanden. Alles das, was ist, sei gut.

Es wird bestätigt durch das Alte Testament und dort die Genesis 1, 31 in der es heißt:" Und Gott sah alles, was er gemacht hatte, und siehe es war sehr gut."
Dies geht zurück auf die Anschauung, die ein Element der Erkenntnis ist. Die Anschauung führt häufig zu der Idee und diese zu dem Begriff. Die Anschauung ist kein Gedanke, sie ruft Empfindungen hervor und ist sinnlicher Art. Der Mensch ist aber fähig, den Gegenstand sinnlicher Anschauung zu denken.

Die Anschauung nimmt zunächst zur Kenntnis. Sie sieht hin. Der Blick zeigt das was ist. Diese Anschauung ist eine Erfahrung. Durch sie wird demjenigen, der anschaut, das Angeschaute gegeben, was häufig Empfindungen auslöst. Es ist vielleicht das rechte Handeln, das richtige Handeln, das Gute. Es fügt sich damit ein in das, was ist.

Wenn auch das Recht im Sein wurzelt, so wurzelt es weniger darin und verbleibt in diesem geringer als alles andere, das ebenfalls in diesem seinen Ursprung hat. Denn es gibt nichts außer dem Nichts, das nicht dem Sein entspringt.

Das Recht aber entfernt sich schnell in die Richtung des Sollens, wenn es zum Streit kommt. Meistens kommt es dazu nicht, weil die Ordnung der Dinge aus dem Naturgesetze gespeist wird. Die Ordnung der Gemeinschaft der Menschen aber ist kein Naturgesetz, wenn auch die Natur und ihre Gesetze eine Bedeutung haben. Die Erkenntnis von der Unvollständigkeit der Welt kann zu der Bildung von Staatsgewalt führen, wenn man ihre Ursache im Schlechten des Menschen sieht. Das ist Voraussetzung für Recht.

Die Erkenntnis jedoch ist von der Natur ebenso wie ihr Ziel, die Vernunft, zu unterscheiden. Sie ist nicht aus der Natur, sondern aus dem Geist gewonnen. Dieser entstammt zwar der Natur, ist ihr aber nicht unterworfen. Das Naturgesetz ist weder Gesetz als staatlich gesetztes Recht, noch ist es Recht als in der Ordnung der Dinge erkannt. Die Erkenntnis kann dem Naturgesetz sogar widersprechen,

---

8 A. Kaufmann, Die ontologische Struktur des Rechts, in: Ders., Rechtsphilosophie im Wandel, Köln u.a. 2. Aufl. 1984, S. 126.
9 S. 126, F. 89.

z.B. wenn sich die Lemminge ins Meer stürzen. Vernünftig ist dieser todbringende Akt gewiß nicht.

Um der Unvollkommenheit der Welt entgegenzutreten, gibt es das Recht als Gesetz, als Recht des Staates, das Staatsgewalt bricht. Es gibt Recht aber auch, um den Einzelnen gegen die Möglichkeit zu schützen, daß die Unvollkommenheit der Welt weder auf dem Bösen im Menschen, noch auf seiner eigenen Schlechtigkeit beruht, die Staatsgewalt fehlgeleitet oder durch falsche Gesetze geleitet ist.

II. Lehre vom Typus

1. Typus und Ideenlehre

Der Typus, in der Mehrzahl die Topoi, ist ein unvollständiger Unterbegriff. Er ist der Ideenlehre näher als der Lehre von dem Begriff oder auch dem reihenden Denken. Im Unterbegriff ist zwar das besondere Merkmal des Begriffs enthalten, aber nicht alle seine Merkmale. Er ist also gekennzeichnet durch seine Unvollständigkeit. Larenz[10] spricht davon, daß der Umfang eines Begriffs durch die seine Definition bildenden Merkmale abschließend festgelegt ist, der des Typus dagegen nicht. Er spricht sogar von einem "Gesamtbild".[11] Auch sei die typologische Betrachtung gegenüber der rein begrifflichen viel flexibler.[12]
Passen also Typus und Ideenlehre wegen ihrer Unvollständigkeit zusammen, so fragt sich, ob er nicht weniger erfaßt als der Begriff oder ob er mehr erfaßt als dieser. Ist das Mehr, das er erfassen könnte, die Chance zum Irrtum, so enthält er ein Element der Unsicherheit, das dem Imperativischen im Recht vielleicht entgegenstehen könnte. Denn sogar dann, wenn man mit der Chance, falsch zu denken, immer rechnen muß, enthält noch nicht jedes Denken einen Fehler. Es könnte sein, daß gerade wegen der Chance, richtig denken zu können, das Imperativische überhaupt begründbar ist. Versteht man dieses Mehr als ein Weniger, ein Weniger an Sicherheit oder sogar ständige Unsicherheit und sind im Typus im Unterschied zu der Idee auch nicht alle Teile enthalten, sondern bloß das Besondere und womöglich noch einige andere, so ist auch dann seine Fähigkeit zweifelhaft, ein Imperativ zu sein oder ein Sollen auszudrücken. Denn jetzt ist das Bestimmende am Recht nicht begründbar, weil sogar die Vollständigkeit der Merkmale fehlt.

2. Begriff und Typus

Der Typus charakterisiert vielleicht den Begriff. Das könnte deswegen möglich sein, weil er ein besonders gewichtiges Merkmal enthält, ein solches, das seine Eigenschaft als Begriff im Unterschied zu anderen Begriffen festlegt. Diese ist sicher nicht immer diejenige, die bloß diesen Begriff kennzeichnet. Häufig

---

10 K. Larenz, Methodenlehre der Rechtswissenschaft, Berlin u.a. 1983, 180.
11 K. Larenz, Methodenlehre der Rechtswissenschaft, Berlin u.a. 1983, S.180.
12 K. Larenz, a. a. O., S. 181.

mag sie auch Merkmal eines anderen Begriffs sein. Nicht jeder Unterbegriff muß ein Typus sein, aber jeder Typus ist ein Unterbegriff, weil mit Blick auf den Oberbegriff die Vollständigkeit fehlt und er daher niemals das Ganze, sondern ein Teil von ihm sein kann.

Es ist auch möglich, daß mehrere Begriffe gemeinsame Unterbegriffe haben. Gilt das aber auch für den Unterbegriff, der Typus ist? Man wird sicher sagen können, daß ein Typus als Unterbegriff nicht nur in einem, sondern auch in anderen Begriffen zu finden sein mag, fraglich ist aber, ob er dann, als Merkmal eines anderen Begriffs, noch die Typuseigenschaft besitzt. Das Charakteristische, das Besondere, das dem Typus innewohnt, erinnert vielleicht an den Kern des Begriffs oder das Wesen des Wortes. Ob dies der Fall ist, kann deswegen unentschieden bleiben, weil es auch sein mag, daß die Typuseigenschaft verlorengeht, denn das Charakteristische ist ja gerade das, was den Begriff von einem anderen unterscheidet. Ein Typus ist zwar als Unterbegriff zu verstehen mit der Einschränkung aber, daß die Eigenschaft, die er enthält, eben die Vollständigkeit, also Reihung seiner Merkmale, auf den Typus gerade nicht zutrifft.

3. Merkmale des Begriffs und Topoi

In dem Typus ist ein Gedanke, mindestens jedoch die Idee, das Besondere enthalten. Es könnte aber sein, daß dieses Besondere nicht einzigartig ist und sich von dem Kern oder Wesen des Begriffs unterscheidet. Kern und Wesen charakterisieren den Begriff als das, was er im Unterschied zu anderen ist und was ihn einzigartig sein läßt. Der Typus aber ist nicht nur als das Besondere in dem einen Begriff vorfindbar und zwar als das Einzigartige, sondern das, was gemeinsam mit anderen einen Typ bildet. Dieses Besondere ist dann etwas, das für bestimmte Begriffe charakteristisch ist, aber nicht von vornherein ihren Kern oder ihr Wesen berührt. Nur dann kann es gemeinsam mit anderen vorhanden sein.

Anders als die Idee, setzt der Typus bereits einen gedanklichen Vorgang voraus; um ihn zu bilden, bedarf es der Überlegung, Gemeinsamkeiten von Merkmalen zu einem Typus zusammenzufassen, die unterschiedlichen Begriffen zugehören. So ist es möglich, daß durch Typenbildung Aussagen getroffen werden, die ggfls. nicht dasselbe Maß der Sicherheit besitzen, wie es dem Begriffe innewohnt, aber die über deren Gemeinsamkeiten Erkenntnisse bilden.

Diese Erkenntnisse können daran überprüft werden, ob man die Unschärfe und Unsicherheit des Typus zu überwinden vermag, wenn man ihn als Gedanken formuliert, der dann Eigenschaften von Begriffen zusammenzufassen geeignet sein müßte.Mehrere Topoi müßten dann in der Lage sein, den Begriff zu beschreiben und zwar nahezu vollständig.

III. Objektivität des Rechts

1. Objektive Maßstäbe

Kaufmann schreibt, daß er seinen Weg "mit der Hinwendung zu einem ontologischen Objektivismus begann, wonach sich das Recht als eine feststehende ob-

jektive, der Verfügbarkeit durch das Subjekt entzogene Größe darstellt."[13] In "Naturrecht und Geschichtlichkeit" fragt er: "Und wie kann man von Rechtsverbesserung sprechen ohne den objektiven Maßstab des richtigen Rechts"?[14]
Daß solche Frage von Bedeutung ist, zeigt sich daran, daß man eine Begründung für die Überpositivität grundlegender Normen im Bereich des einfachen Rechts finden möchte und dabei auf der Hand liegt, daß diese eventuell mit einem objektiven Maßstab richtigen Rechts wegen seiner Faßbarkeit kollidieren könnten.[15]
Recht wird also unterschieden danach, ob es einen subjektiven oder objektiven Maßstab als Imperativ enthält. Es können aber auch, und so werden bestimmte Begriffe im geltenden Recht verstanden, subjektive Rechte gesetzt sein, also solche aus denen Einzelne berechtigt werden, wie es im öffentlichen Recht üblich ist. Das spricht jedoch nicht gegen ihren Charakter als objektives Recht, ein eindeutiger Imperativ zu sein, sondern nur dafür, daß nicht jeder aus ihm berechtigt ist oder es für sich selbst geltend machen kann. Subjektives Recht heißt hier, daß derjenige, der es für sich in Anspruch nehmen kann, d.h. der Gemeinte, daraus berechtigt ist. Ist das Eigentum als ein Recht in der Verfassung oder dem einfachen Gesetz konstituiert, so kann derjenige, der Eigentümer ist, das Eigentumsrecht geltend machen. Es ist sein Recht. Blickt man in dieser Art und Weise darauf, so ist es ein subjektives, d.h. sein Recht. Es ist ihm und keinem anderen zugeordnet.

Nur dann, wenn ein anderer in seinem Namen dieses Recht geltend machen darf, könnte man meinen, es sei kein subjektives Recht mehr. Das ist aber nicht der Fall, weil diese besondere Situation nur zu verstehen ist aus der Ableitung des Rechtes von dem Eigentümer selbst. Es ist demnach nicht das Recht des anderen, sondern es wird nur in seinem Namen geltend gemacht. Weil der Inhaber des Eigentumsrechts es bleibt, wird dieses in seinem Namen geltend gemacht; so kann man weiterhin von einem subjektiven Recht sprechen. Es ist daher wohl eher nicht von einem subjektiven Recht als Maßstab zu sprechen, sondern zu fragen, wer der Inhaber des Rechts ist. Es gibt also ein Subjekt, dem das Recht gehört und so enthält ein jedes Recht Subjektseigenschaft in diesem Sinne.

Die Objektivität des Rechts könnte seine Eigenschaft sein, daß der Inhalt feststeht. Unabhängig davon, wer aus ihm Vorteile oder Nachteile zieht, wer berechtigt und wer verpflichtet ist, enthält es einen Geltungsanspruch gegen jeden, der in dem Rechtssatz gemeint ist. Wer es ist, spielt für diesen Gedanken keine Rolle.

13 A. Kaufmann, Rechtsphilosophie im Wandel, 2. Aufl. 1984, S. VII.
14 S. 10.
15 Z.B. P. Olivet, Rechtsverständnis im Wandel. Rechtspositivismus und Überpositivität des Rechts heute, NJW 1989, S. 3187, 3189.

jenigen, der es anwendet und anderen diesem selbst innewohnenden Gedanken Gegen die Eigenschaft des Rechts, objektiv zu sein, ebenvon der Sichtweise des nicht beeinflußt zu sein, wird häufig vorgebracht, eine Rechtsanwendung als objektive und damit richtige, die nicht von persönlichen Interessen und Sichtweisen geprägt sei, existiere nicht.[16]
Dieser Einwand ist sicher nicht von der Hand zu weisen, denn es könnte ohne weiteres sein, daß derjenige, der das Recht anwendet aus Gründen, die in seiner Person liegen, es anders anwendet als de lege lata vorgesehen.

Es kann auch sein, daß Fehler und Irrtümer vorkommen und das Gesetz als Grundlage des Rechtes im Verfassungsstaat bzw. Rechtsstaat ein fehlerhaftes, unrichtiges Gesetz ist. Damit ist aber nicht gesagt, daß es zu einer richtigen Rechtssetzung, richtigen Rechtserkenntnis gar nicht kommen kann, Recht also nicht von allen nicht bedeutsamen Umständen absieht, aber alle von Bedeutung einbezieht.[17] Warum sollte es mit dem Recht anders als mit anderer Erkenntnis sein, deren Autorität durch Vernunft legitimiert sein kann?[18] Die Mängel und Fehler, selbst wenn sie sehr häufig sein sollten, lassen nicht den Schluß zu, daß das Recht nicht objektiv sei. Die Objektivität des Rechts indiziert seine Richtigkeit. Es muß nicht richtig, aber es kann richtig sein.

Dagegen wird eingewendet, daß der Rechtssatz, das Gesetz, immer Interessen enthalte, deren Imperativ den einen mehr, den anderen weniger gebe. Daß der Rechtssatz die einen günstiger als die anderen stellt, wie die Interessenjurisprudenz andeutet, ist möglich. Ob es aber jeder Rechtssatz ist und ob das falsch oder richtig ist, wird nicht begründet. Das Interesse jedenfalls ist etwas, das dem Recht äußerlich ist; es muß – anders als der Begriff – diesem durch Auslegung entnommen werden und zeigt sich in unterschiedlichen Rechten und Pflichten.[19]
Diese Entnahme durch Deutung gilt aber auch für anderes. Die Frage nach dem Interesse ist diejenige danach, ob der Imperativ Rechte an Personen zuweist oder ob er ihnen Pflichten auferlegt oder Rechte nimmt. Wessen berücksichtigt werden und wessen nicht, kann dem Gesetz durch Auslegung entnommen werden.[20]

2. Richtigkeit und Objektivität

Die Objektivität des Rechts richtet sich danach, ob Recht richtig ist oder nicht. Wenn das Recht richtig sein kann, dann ist es objektiv, es sieht also von allem ab, was das nicht angeht, das im Gesetz geregelt werden soll.

16 K. Larenz, Methodenlehre der Rechtswissenschaft, Berlin u.a. 1983, S.181.
17 G. Rümlin, Juristische Begriffsbildung, in: W. Krawietz (Hg.), Theorie und Technik der Begriffsjurisprudenz, Darmstadt 1976, S. 93.
18 U. Wussow, Zum Problem der Autorität im demokratischen Staat, DÖV 1987, 245.
19 G. Ellscheid/W. Hassemer (Hg.), Interessenjurisprudenz, Darmstadt 1974.
20 P. Heck, Die Begriffsjurisprudenz, S. 197. Es könnte die Subsumtion unter einen gemeinsamen Oberbegriff oder Übereinstimmung der Interessenlage sein.

Man könnte einwenden, und das macht die Interessenjurisprudenz, daß wegen des imperativischen Charakters des Rechtes Objektivität gar nicht möglich und das Recht deswegen auch nicht mit jeder anderen Erkenntnis vergleichbar sei. Weil das Recht aber in dem Sein fußt und sich das Sollen erst aus der Entscheidung entwickelt, wer in dem Streit siegen möge, die beste, schließlich richtige Entscheidung über die Summe begrenzter Alternativen, so ist es möglich, auch das Recht als Sollen in seiner Eigenschaft, objektiv zu sein, zu verstehen.

Auch Erkenntnisse über die Natur, z.B. in Physik, Biologie oder Chemie, müssen nicht immer richtig, sondern können auch häufig falsch sein. Ihr Aussagewert ist oft begrenzt und der Fortschritt der Wissenschaft ermöglicht neue Erkenntnisse. Auch die Anwendung solcher Erkenntnisse führt gelegentlich zu Fehlentwicklungen, Produktionsfehlern und Irrtümern. Nichtausgereifte Produkte, z.B. die lange Entwicklung in der Geschichte der Technik bis der Mensch das Fliegen gelernt hatte durch den Bau von Fluggeräten und bis er sich mit Hilfe der Technik fortzubewegen lernte (Automobile), sind Beispiele, die diesen Satz anschaulich werden lassen.

Auch in der Technik gibt es Normen, nämlich technische.

Der Charakter des Rechts als ein Sollen entsteht erst, wenn die Entscheidung zwischen Alternativen für den Fall des Streits notwendig ist, wenn also gehandelt werden muß. Das Sein wird dann zum Sollen. In dem Handeln zeigt sich, welches Recht der Mensch sich nimmt.

Die Objektivität des Rechts ist nicht nur eine des Gesetzes. Dieses, das ist das Gesetz, ist nur Zeichen von Legalität des Rechts, während es selbst die Legitimität von Handlungen zum Ausdruck bringt. Man kann deswegen den Unterschied zwischen Recht und Gesetz, wenn er vorzufinden sein sollte, auch als denjenigen zwischen Legalität und Legitimität beschreiben.

Die Objektivität des Rechts ist in dem Begriff dann, wenn es ein Rechtsbegriff ist, Teil von ihm. Der Begriff Recht enthält als ein Merkmal, eine mögliche Eigenschaft, die Objektivität derselben. Weil seine Merkmale, seine Bestandteile feststehen, kann es objektiv sein.

Gewichtig könnte man die Geschichtlichkeit, die Historizität des Rechts, als ein Argument dagegen geltend machen. Das Recht mag dem geschichtlichen Wandel unterliegen, d.h. das Verständnis vom Inhalt des Begriffs müßte ein historisches sein. Vielleicht heißt es auch, daß neue Begriffe entstehen und alte verschwinden. Es heißt aber ebenfalls, daß die Merkmale des Begriffs ausgelegt werden, um den Wandel der Zeiten einzuordnen. Weniger der Inhalt des Begriffs im Sinne des Hinzukommens neuer Merkmale als eher die Ordnung der Bestandteile derselben reagiert auf diese Veränderung. In der durch maschinelle Mittel, – Datenverarbeitung –, geprägten Zeit, die Wählerlisten computerisiert erstellt, bei der Übermittlung von Daten, werden Mittel verwendet, die neu sind.

Sie müßten daher in den Begriff eingehen und zwar als seine Teile, z.B. als Bestandteil demokratischer Verfahren.

3. Subjektive Rechte und Objektivität des Rechts

Man könnte fragen, ob die Geschichtlichkeit des Rechts, seine Veränderung, wie man sie in der Fortentwicklung der Rechtsprechung, auch in der Änderung der Gesetze durch Novellierung derselben erkennen kann, seiner Subjektivität oder der Objektivität des Rechts innewohnt.

Zuvor wurde die Geschichtlichkeit des Rechts als Wandel im Verständnis vom Begriff oder Veränderung seines Inhalts im Zeitablauf verstanden. Man wird fragen müssen, ob das für den Rechtssatz, besteht er doch aus Begriffen, bedeutsam ist und auch für das Recht insgesamt. Ändert sich das Verständnis vom Begriff oder auch seine Bedeutung, so muß man fragen, ob das Recht nicht auf diese Weise geändert wird. Enthält die Eigenschaft des Rechts, objektiv zu sein, die Richtigkeit dessen, ist fraglich, ob diese Eigenschaft vereinbar ist mit der Wandelbarkeit. Schon die Chance, richtig zu sein, genügt, um den Gedanken als ein Argument aufnehmen zu müssen. Die Wandelbarkeit könnte nicht nur vielleicht zu einer Unsicherheit führen. Es ist auch möglich, daß durch die Änderung der Gesetze in Form von Novellierung das Recht selbst ein anderes ist als zuvor und auf diese Weise seine Eigenschaft, richtig zu sein, in Zweifel gezogen wird. Die Unsicherheit könnte darin liegen, daß man nicht weiß, welches Recht das richtige ist, wenn es geändert wird. Die Eigenschaft des Rechts, objektiv zu sein, mag gestört werden durch die Tatsache, daß es eventuell mehrere richtige Imperative gibt oder jedenfalls ein Imperativ nicht immer richtig bleibt und das Richtige selbst dadurch infrage gestellt wird.

Konzentriert man sich nur auf die Eigenschaft des Rechts, in Rechtssätzen formuliert zu sein, so könnte es sein, daß mit den neuen Begriffen etwas anderes erfaßt wird und alte Merkmale vielleicht nicht mehr enthalten sein mögen. Wenn auf diese Art und Weise etwas verloren geht, das ursprünglich oder bloß zuvor Teil des Rechts war, dann kann es nicht mehr objektiv sein, weil es nicht nur ausschließlich von den Rechtsinhabern geltend gemacht werden kann als ein subjektives, sondern sein feststehender Inhalt infrage steht.

Die Geschichtlichkeit des Rechts ist dann ein Problem, wenn es nicht durch Zeitablauf zu Vervollständigung kommt, sondern es tatsächlich realistisch wäre, daß der Inhalt weniger erfaßt würde als zuvor.

Man kann sich das gewiß vorstellen wie ein untergegangenes Reich, das nicht mehr existiert und für das es keine Beschreibung mehr gibt, weil niemand etwas von ihm weiß. Sind dann aber noch der Begriff oder seine Merkmale von Bedeutung und spielt dann Recht noch eine Rolle?

Es mag sein, daß diese Bedeutung der Merkmale des Begriffs, der Begriff und auch die Rolle des Rechts nicht mehr vorhanden sind, aber für die Entwicklung des Rechts wird seine Geschichtlichkeit deswegen dann auch nicht mehr als ein

Problem verstanden. Vielleicht ist es aber so, daß die Geschichte einen Gewinn an Merkmalen des Begriffes mit sich bringt, eine Vervollständigung derselben. Im Laufe der Zeit werden durch die Entwicklung und Veränderung dem Begriff Merkmale oder Teile von ihnen hinzugefügt. Diese Vervollständigung, die der Vorstellung von dem Weg und dem Ziel entnommen ist, verringerte aber nicht die Bedeutung des Rechts in seiner Eigenschaft, objektiv zu sein oder anwendungsfähig. Wenn durch neue Fälle, die entschieden werden oder durch Gesetzesänderung, insgesamt durch Zeitablauf, sich die Bedeutung eines Begriffes verändert, so wird man von einer Vervollständigung sprechen. Damit ist nicht behauptet worden, daß der Begriff zuvor unvollständig war, sondern bloß, daß neue Merkmale hinzukommen, die dem Begriff einen zusätzlichen Inhalt geben. Was z.B. eine Sache ist, wird man beschreiben und in jedem Moment, in dem eine neue Sache entsteht, ergibt sich eine Veränderung des Begriffsinhalts, etwa der Zahl der Beispiele. Es werden aber nicht weniger, sondern mehr Beispiele. Ist vorstellbar, daß künftig nicht mehr mit dem Zug gefahren, sondern nur noch geflogen wird oder man sich mit dem Automobil fortbewegt, so wird es das Wort Zug vielleicht irgendwann einmal nicht mehr geben. Es ist der Fall des Aussterbens eines Wortes. Das ist aber für die Verwendung des Wortes "Sache" nicht entscheidend, denn es kommen möglicherweise neue Fortbewegungsmittel hinzu. Deren Geschichte zeigt von dem Rad bis hin zu der Rakete, die zum Mond fliegt, daß dieser Begriff im Laufe der Geschichte neue Merkmale erhalten hat. Es könnte sein, daß alte Fortbewegungsmittel nicht mehr bekannt und daher nicht Teil des Begriffs sind. Wahrscheinlicher dürfte sein, weil es Überlieferungen aus alter Zeit gibt, daß der Begriff an Merkmalen hinzugewonnen hat. Noch mehr ist es der Fall für den Begriff "Sache". Dieser Komplettierungsgedanke muß als Ausnahme hinnehmen, daß der Untergang oder Nichtüberlieferung, das Aussterben eines Wortes, Ausnahme von ihm ist. Dann verliert das Wort eine Eigenschaft oder auch ein Merkmal.

Subjektive Rechte, nämlich solche aus denen der Einzelne berechtigt, während der andere, auch der Staat, daraus verpflichtet wird, stehen nicht im Widerspruch zu der Objektivität des Rechts.[21] Das ist schon erwähnt worden. Diese sagt bloß, daß es solches Recht gibt und geben kann, das von Umständen absieht, die das Geregelte nicht angehen. Richtiges Recht ist objektiv.
Diese Objektivität des Rechts hindert nicht daran, daß subjektive Rechte konstituiert werden. Es könnte auch eine Verbindung zwischen der Objektivität des Rechts und subjektiven Rechten bestehen, dann eben, wenn eine Gesetzesvorschrift, ein Rechtssatz, subjektive Rechte von Personen (bestimmter und bestimmbarer) enthalten muß, um die Eigenschaft der Objektivität zu erfüllen. Das ist dann der Fall, wenn ein Anspruch besteht.[22]

21 Vgl. S. 451., 467.
22 K. A. Schachtschneider, Anspruch auf Demokratie, JR 1970, S. 401.

In der Demokratie besteht ein Anspruch des Bürgers, ein subjektives Recht, auf Glaubens- und Bekenntnisfreiheit nach Art. 4 GG, Meinungs- und Pressefreiheit nach Art. 5 GG, Versammlungsfreiheit gemäß Art. 8 GG, aber auch Vereinigungsfreiheit nach Art. 9 GG, Parteigründungsfreiheit nach Art. 21 Abs. 1 S. 1 GG, die staatsbürgerliche Gleichstellung nach Art. 33 GG, das Wahlrecht des Art. 38 GG und das Petitionsrecht des Art. 17 GG.
Auch das Verbot, die deutsche Staatsangehörigkeit zu entziehen nach Art. 16 Abs. 1 S. 1 GG (evtl. auch Abs. 2 S.1) gehört dazu, denn damit würde auch das staatsbürgerliche Recht, nämlich das Wahlrecht, entzogen. Auch die Wahlprüfung nach Art. 41 Abs. 2 GG gehört dazu; gerade Wahlprüfungsbeschwerden, im besonderen ihre Zulassung bzw. Zulässigkeit vor dem Bundesverfassungsgericht als Rechtsbehelf (Klage), sind häufig judiziert worden.[23] Man wird wohl auch das Widerstandsrecht aus Art. 20 IV GG als einen Anspruch erwägen dürfen.

§ 35 Das juristische Denken

Das Denken in der Rechtswissenschaft ist ein solches, das in der Jurisprudenz beheimatet ist. Jurisprudenz heißt Auslegung von Rechtssätzen. Das Rechtssystem ist die Summe aller Rechtssätze der geltenden Gesetze in einem Staate.

I. Rechtssatz

1. Rechtssatz und Gesetz

Der Rechtssatz ist in einem staatlichen Gesetz enthalten. Er ist ein Satz wie jeder andere, ein vollständiger Satz, der alle Bestandteile eines Satzes enthält. Dieser Satz hat aber wegen seiner Eigenschaft, ein Rechtssatz zu sein, ein besonderes Merkmal. Er ist häufig imperativisch formuliert. Sogar dann, wenn er nicht als Imperativ formuliert ist, enthält er diesen.
Die Eigenschaft imperativisch zu sein, wenn auch nicht immer so formuliert, ist Merkmal von Rechtssätzen. Das Gesetz ist die Summe solcher Sätze. Der Rechtssatz selbst ist also Gesetz, ist er in sich abgeschlossen und bedarf es für sein Verständnis nicht zusätzlicher Sätze.
Der Rechtssatz mag vielleicht nicht der einzige Satz sein, der imperativisch gestaltet ist, eine Anweisung erhält. Sein bestimmender Charakter kann auch Merkmal solcher Sätze sein, die nicht im Rechtssinne anweisend sind, sondern in anderer Art und Weise, Moral Sitte oder andere Normen.
Der imperativische Charakter des Rechts könnte auch in seiner Gestaltung zum Ausdruck kommen.

23 Vgl. seit 1970 BVerfGE 29, 18; 29, 19; 29, 20; 29, 21. BVerfGE 34, 81, 201. BVerfGE 35, 300; 35, 302. BVerfGE 36, 139; 36, 144. BVerfGE 42, 53; 42, 133. BVerfGE 46, 200; 46, 201. BVerfGE 48, 64; 48, 271. BVerfGE 58, 169; 58, 170; 58, 172; 58, 174; 58, 175; 58, 176; 58, 177; 58, 202. BVerfGE 63, 73. BVerfGE 66, 232; 66, 311; 66, 369. BVerfGE 67, 146. BVerfGE 70, 271. BVerfGE 79, 47; 79, 49; 79, 50; 79, 161; 79, 169; 79, 173.

2. Tatbestand und Rechtsfolge

Die Eigenschaft des Rechts, imperativisch zu sein, zeigt sich auch daran, daß er in Tatbestand und Rechtsfolge geteilt ist. Der Tatbestand beschreibt das, was geregelt wird und die Rechtsfolge spricht den Inhalt der Regelung aus.

Der Inhalt der Regelung oder auch, wenn geregelt, d.h. so gehandelt wird, wie es die Regelung vorsieht, setzt voraus, daß ein Unterschied zwischen dem, was gerade ist und dem, was sein soll, vorhanden ist. In der Handlung fällt dieser Unterschied, diese Differenz, in sich zusammen. Sein und Sollen kann man nur durch die Zeitdifferenz des Vorher und Nachher unterscheiden, weil der Zustand, das zu Regelnde, vorher anders war als danach.

"Der gemeinen Jurisprudenz (..) liegt die Voraussetzung zugrunde, daß für jeden streitigen Rechtsfall ein Rechtssatz vorhanden sein müßte, der geeignet ist, diesen zu lösen." [23a] Das heißt, der Tatbestand in dem Rechtssatz oder auch alle Tatbestände kann man als Gesetz verstehen, wenn er Rechtsfolgen auslöst bzw. sie Rechtsfolgen auslösen. Der Vollständigkeitsgedanke der gemeinen Jurisprudenz versteht das Gesetz, obwohl dieser Begriff hier nicht aufgetaucht ist, als Summe von Rechtssätzen, die alle Rechtsfälle lösen können. Dieser Vorstellung mag man entnehmen, daß die Möglichkeit besteht, Rechtssätze zu schaffen, die diese Anforderungen erfüllen, Tatbestände setzen zu können, die in der Lage sind, alle möglichen Fälle zu erfassen, die also allgemein sind.

3. Beispiel für einen Rechtssatz: Pacta sunt servanda

Am Beispiel des Vertrages und des Satzes pacta sunt servanda kann gezeigt werden, daß von der mündlichen Absprache von Angesicht zu Angesicht bis hin zu der fernmündlichen oder der schriftlichen dieser Rechtssatz angewendet wird. Ursache dafür ist, daß es bloß auf die übereinstimmenden Willenserklärungen, den beiderseitigen Rechtsbindungswillen mit identisch gemeintem Inhalt, ankommt und dabei die Art und Weise nicht von Bedeutung für die Antwort auf die Frage ist, ob es ein Vertrag sei oder nicht.

Der Inhalt dieses Satzes lautet, daß bestimmt wird, daß Verträge einzuhalten sind. Es muß also ein Vertrag vorliegen. Das Vorhandensein eines Vertrages ist der Tatbestand dieses Rechtssatzes. Dann, wenn ein solcher existiert, ist es möglich, daß dieser eingehalten werden kann. Verträge, die nicht existieren oder solche, die noch nicht oder bloß existierten, aber jetzt nicht mehr vorhanden sind, können die Rechtsfolge, die in diesem Rechtssatz vorgesehen ist, nicht auslösen.

Die Rechtsfolge, die Einhaltung des Vertrages, ist ein Imperativ an diejenigen, einzuhalten. Die Bindung an den Vertrag, also die Rechtsfolge, die in ihm aus

---

23a E. Ehrlich, Die juristische Konstruktion, in: W. Krawietz, Theorie und Technik der Begriffsjurisprudenz, Darmstadt 1976, S. 208.

die ihn geschlossen haben, d.h. die vertragschließenden Parteien. Sie haben ihn gesprochen ist, liegt auf der Hand. Sie reicht so weit, wie in ihm selbst festgelegt worden ist. Dort ist auch ihr Inhalt bestimmt. Die Rechtsfolge knüpft an den Tatbestand eine Anweisung, nämlich eine Bestimmung ohne daß zusätzliche Voraussetzungen oder Bedingungen erfüllt oder die Beteiligten in besonderer Art und Weise ausgewählt sein müßten. Daß dieser Satz jeden meint, der einen Vertrag geschlossen hat, in ihm daher keine Ausnahme enthalten ist, wird von dem imperativischen Charakter des Rechtssatzes umfaßt.

Die Regelung, die in diesem Satz getroffen wird, lautet, daß die Verträge einzuhalten sind. Vorstellbar ist wohl auch ein anderer Satz. Man wird feststellen müssen, daß aus der Summe aller Möglichkeiten, an die Existenz von Verträgen Rechtsfolgen zu knüpfen, diese der Bindung gewählt worden ist.

II. Rechtssatz und Begriff

1. Begriffsmerkmale und Auslegung

Jeder einzelne Bestandteil des Rechtssatzes, jedes Wort und jeder dort geschaffene Begriff wird ausgelegt, auf seine Bedeutung hin untersucht. Die einzelnen Begriffe haben eine bestimmbare Zahl von Merkmalen, als solche ein Kern, als Worte ein Wesen. Selbst wenn die Erkenntnis, daß ein Begriff einen Kern hat, nicht identisch mit dem der Reihung von Merkmalen ist, so enthält der darin liegende Verdichtungsgedanke, der "Kern des Begriffs", doch etwas, das bei der Deutung des Begriffs weiterhelfen könnte. Wie in Atommodellen (Kernphysik), aber auch in der einfachen Vorstellung von dem aus der Natur Entnommenen (Kirschkern), werden so Aussagen über die Gewichtung von Merkmalen getroffen. Das spielt für die Rechtsauslegung deswegen eine geringere Rolle, weil alle Merkmale vorliegen müssen, damit der Sachverhalt unter den Tatbestand, genauer: Begriffe des Tatbestandes, subsumiert werden kann.

Um den Inhalt des Begriffs zu erfassen, kann es nützlich sein, seinen Kern zu erkennen. Dieser bezeichnet, was das Besondere an dem Begriffe ist. Es ist nicht nur das Eigene im Unterschied zu anderen Begriffen, sondern auch der Punkt, das Merkmal, das diesen Begriff in der Weise charakterisiert, daß seine Einzigartigkeit offen zutage tritt.

Ähnlich verhält es sich mit dem Wesen. Zwar ist dieser Gedanke des Wesens eines Wortes mit der Vorstellung verbunden, daß in ihm ein Geist und sogar eine Seele enthalten sei, aber auch dieser Begriff trifft das Innerste und bezeichnet dieses.

Der Rechtssatz selbst setzt sich aus Begriffen zusammen. Er ist auf diese Art und Weise zusammengesetzt worden. Der Tatbestand beschreibt nur und wenn die Beschreibung mit dem übereinstimmt, was der Rechtssatz in seinem Tatbestand aussagt, ein Einzelfall, der ein Anwendungsfall dieses allgemeinen Tatbestandes ist, so kann die Rechtsfolge eintreten. Es ist dann so zu handeln, wie es in der Rechtsfolge vorgesehen ist. Jeder der dort enthaltenen Begriffe wird in seiner Bedeutung in allen seinen Merkmalen erfaßt, weil auf diese Art und Weise der Inhalt der Rechtsfolge deutlich wird und durch dies eine Auslegung überhaupt erst ermöglicht wird.

2. Rechtssatz und Rechtsfolge[24]

In dem Rechtssatz gibt es demnach, anders als in anderen Sätzen, einen Automatismus. Ist der Tatbestand des Rechtssatzes einschlägig, tritt die Rechtsfolge ein. Der Eintritt der Rechtsfolge hängt von einer Bedingung ab. Es ist eine solche, die Teil des Rechtssatzes ist. Die Bedingung ist der Tatbestand als Teil von ihm.

Wenn ein Satz imperativischen Charakter hat, so enthält er immer eine solche Bestimmung. In ihm wird etwas bestimmt. Die Rechtsfolge ist das Wichtigste in dem Satz. In ihr wird eine Regelung getroffen, die eine Veränderung mit sich bringt. Diese Änderung ist das Ziel, so daß der Tatbestand, der vorliegt, nach Eintritt der Bedingung der Bestimmung der Rechtsfolge gemäß nicht mehr vorhanden ist. Das hat seine Ursache darin, daß der Sachverhalt, der durch den Eintritt der Rechtsfolge geschaffen worden ist, jetzt nicht mehr derselbe, sondern ein anderer ist.

Ist zuvor beschrieben worden, wie das Verhältnis zwischen Tatbestand und Rechtsfolge ist, ohne Bedingung in äußeren, nicht dem Rechtssatz angehörenden Umständen, so wird man über die Rechtsfolge als Teil des Rechtssatzes sagen dürfen, daß sie Bestimmungen trifft, die den Rechtssatz als Recht erst zum Ausdruck bringen. Es ist eben die Rechtsfolge, die zeigt, daß es ein Rechtssatz ist und dieser Teil des Rechts ist.

3. Anwendungsfälle und Rechtssatz

Wenn der Begriff in dem Gesetz alles erfassen kann, was seine mögliche Bedeutung ist, so ist er geeignet, eine große Zahl möglicher Anwendungsfälle zu lösen. Das konnte am Beispiel des Vertrages gezeigt werden.

Es könnte für jeden streitigen Rechtsfall ein Rechtssatz vorhanden sein, weil wegen der Streitigkeit des Rechtsverhältnisses ein solcher Rechtssatz schon aufgestellt sein dürfte, es sei denn, es entsteht zum ersten Mal darüber Streit. Dann gibt es ggfls. eine Lücke in der Gesetzgebung.

Ist eine solche vorhanden, kann diese ausgefüllt werden oder nicht. Es ist aber auch möglich, daß Rechtssätze existieren, die nicht angewendet werden oder die nur in wenigen Fällen als Obersatz der Subsumtion dienen.

In einem Rechtsstaat darf die Lücke im Strafrecht nicht ausgefüllt werden, aber

---

24 K. Larenz, Methodenlehre der Rechtswissenschaft, Berlin u.a. 2. Aufl. 1975, S. 255.

in den anderen Rechtsgebieten. Das sagt für die Bundesrepublik Deutschland Art. 103 GG i.V.m. dem Rechtsstaatsprinzip des Art. 20 GG. Die Analogie ist eine Methode der Rechtsfortbildung, die neues Recht schafft, weil Merkmale des Begriffs, die zuvor noch nicht erkannt worden waren, nun in die Anwendung des Rechts eingehen. Diese Merkmale liegen häufig dem Kern des Begriffs ferner als die zuvor in der Rechtsanwendung verwendeten Eigenschaften des Wortes oder Merkmale des Begriffs. Aus diesem Grunde mag man Zweifel daran haben, ob solche Merkmale, deren Erkenntnis darauf beruht, daß man den zu lösenden Fall mit einem solchen vergleicht, der durch einen anderen Rechtssatz entschieden werden kann, noch durch die Gesetzgebung legitimiert sind. Denn in einem Rechtsstaat muß die Entscheidung auf dem Gesetz beruhen.

Ist aber das Merkmal des Begriffs in einem Rechtssatz, der Teil eines Gesetzes ist, nicht von vornherein ersichtlich und beruht die Erkenntnis auf dem Vergleich zwischen einem zuvor noch nicht existenten Streitfall und einem bereits entschiedenen, so mag man Zweifel daran haben, ob diese Lösung auf Grundlage des Analogieschlusses noch durch das Gesetz legitimiert ist.[24]

Zwar beruht die Lösung auf einer Analogie des Gesetzes bzw. der Merkmale der Begriffe eines Rechtssatzes und der Ähnlichkeit der Fälle, so daß man zunächst zögern mag, ob diese Methode der Auslegung von Gesetzen nicht ohne jedes Problem ist. Allerdings spricht dagegen, daß in dem Wortlaut, also den Begriffen, die den Rechtssatz bilden, das Merkmal nicht unmittelbar erscheint und gelegentlich nur schwer das für die Lösung des Falles durch Analogie wichtige Merkmal einem Begriff zuzuordnen ist. Das mag in solchen Bereichen des Rechts, deren Sanktionsgewalt nicht die höchsten Güter berührt, weniger den Rechtsstaat angreifen, als dann, wenn es diese sind. Das ist sicherlich für das Strafrecht der Fall, in dem der Staat seinen Strafanspruch durchsetzt und Freiheit und Eigentum der Menschen in dem Staate durch hoheitliche Macht entzogen werden können.

Die Lücke im Gesetz kann durch Lückenfüllung geschlossen werden, entweder im Wege des Analogieschlusses oder es wird ein neues Gesetz geschaffen. Zuvor muß aber geprüft werden, ob kein Merkmal des Begriffs unter Berücksichtigung der früheren Anwendungsfälle den neuen Fall zu lösen imstande ist; dieser nicht schon durch den Rechtssatz, wie er selbst vorliegt, gelöst werden kann.

Wenn auch der Analogieschluß nicht möglich ist und kein neues Gesetz geschaffen wurde, könnte ein Rechtssatz vorstellbar sein, der den neuen Fall löst. Eine solche Lösung ist immer möglich, denn Kriterium für Recht ist Legitimität und

---

24 Grds. A. Kaufmann, Rechtspositivismus und Naturrecht, in: Ders. (Hg.), Rechtsphilosophie im Wandel, Köln 2. Aufl. 1984, S. 95. K. Larenz, Methodenlehre der Rechtswissenschaft, Berlin 1983, S. 244-278.

nicht Legalität. In einem Rechtsstaat als Gesetzesstaat ist aber Legitimität mit Legalität identisch, so daß das Gesetz einziger Maßstab des Rechts ist.[25]

III. Auslegung des Rechtssatzes

1. Begriff und Bedeutung

Wie wird der Rechtssatz ausgelegt, also zuerst der Tatbestand eines Gesetzes?

Zuerst wird jeder Begriff in seiner Bedeutung ganz erfaßt. Diese Deutung oder Auslegung dem Wortlaut nach, enthält aber auch diejenige, die sich in dem über den Inhalt des einzelnen Wortes hinaus vorhandenen Inhalt mehrerer Begriffe zeigt, eben des Satzes. Die einzelnen Bestandteile des Satzes, Begriffe und dann der Satz als Zusammenhang von Begriffen, werden gedeutet. Der Wortlaut ist mehr als der einzelne Begriff, er ist derjenige des Satzes. Zunächst ist der Begriff in den Mittelpunkt der Auslegung zu stellen und zwar ist es der einzelne Begriff. Diese Art und Weise der Auslegung ist die wörtliche oder auch grammatikalische. Der Rechtssatz kann aber auch systematisch ausgelegt werden, d.h. nach seiner Stellung im Gesetz. Aus dieser könnte sich ergeben, was ihn von den anderen Sätzen unterscheidet.[26]

Es ist auch möglich, den Rechtssatz teleologisch zu deuten, also nach dem in ihm enthaltenen Ziel. D.h. auf welches Ziel hin er formuliert ist, ob der Wortlaut, die Begriffe, in dem Satz, eine Richtung enthalten, die man erkennen kann und die z.B. den von dem Gesetzgeber gemeinten Inhalt deutlich macht. Es könnte sein, wenn ein Rechtssatz in der Weise formuliert ist, daß sein Wortlaut umfassender ist als der gewollte Inhalt. Diese Auslegung mag sogar ergeben, daß die Merkmale in den Begriffen des Tatbestandes nicht alle als Imperativ in ihm enthalten sein sollen, weil der Gesetzgeber einen anderen Inhalt, eine Unterschreitung der Wortlautgrenze, vorgesehen hat.

Die historische Auslegung macht es möglich, den Inhalt des Satzes, in dem Recht gesetzt ist, aus der Sicht seiner Entstehungsgeschichte zu verstehen. Seine Genese könnte als eine Eigenschaft des Begriffs seine Merkmale in ihrem Inhalt beschreiben.

---

25 Vgl. z.B. C. Schmitt, Legalität und Legitimität (1932), Berlin, 4. Aufl. 1988; U.K. Preuß, Legalität-Loyalität-Legitimität, in: Leviathan 1977, S. 450ff.

26 F. K.v. Savigny, System des römischen Rechts (1840), Aalen 1973, Bd. I, Viertes Kapitel; K. Engisch, Die Idee der Konkretisierung in Recht und Rechtswissenschaft unserer Zeit, Heidelberg 1968, 2. Aufl., S. 40f; W. Krawietz (Hg.), Theorie und Technik der Begriffsjurisprudenz, Darmstadt 1976; W. Maihofer (Hg.), Begriff und Wesen des Rechts, Darmstadt 1973; J. Esser, Grundsatz und Norm, Tübingen 1974; B. Rüthers, Die unbegrenzte Auslegung, Tübingen 1968 auch zu dem folgenden.

2. Der Rechtssatz und andere Sätze

Auf den ersten Blick mag man meinen, daß der Rechtssatz, sieht man von dem imperativischen Charakter ab, den er zwar mit anderen Sätzen teilt, der aber nicht Eigenschaft jeden Satzes ist, genauso verstanden und gedeutet werden kann wie alle anderen Sätze auch.

Das Bestimmende an dem Rechtssatz ist seine Besonderheit. Wie er aber verstanden werden kann, ist durch Deutung herauszufinden.

Grundsätzlich sind die Möglichkeiten, wie der Rechtssatz begriffen wird, dieselben, wie auch für andere Sätze der Sprache. Deren Verständnis ist nicht bloß geprägt von der Eigenschaft, imperativisch zu sein, es sei denn es sind Sollenssätze ohne Rechtscharakter. Auch andere Sätze könnte man womöglich deswegen genauso auslegen wie Rechtssätze.

Die besondere Eigenschaft des Rechtssatzes, aus dem Tatbestand und der Rechtssache zusammengesetzt zu sein, könnte auch seine Auslegung beeinflussen. Denn sie ist die Gestaltung des Rechtssatzes und jede Deutung muß von ihr ausgehen.

Gemeinsam ist dem Rechtssatz und anderen Sätzen, daß sie aus Begriffen zusammengesetzt sind. Die Begriffsjurisprudenz ist daher der Blick auf die Technik der Auslegung des Rechts, der vom Begriff in dem Satz ausgeht. Auch das Verständnis anderer Sätze kann durch den Begriff geprägt sein. Weil der Satz aus Rechtsbegriffen besteht, die einen Rechtssatz bilden, spricht von vornherein nichts dagegen, den Begriff in dem Satz selbst auszulegen.[27]

Grundsätzlich könnte aber ein Gedanke, der in dem Rechtssatz enthalten ist als in Tatbestand und Rechtsfolge geteilt, andere Sätze nicht berühren. Vielleicht ist es auch so, daß der Rechtssatz nur in dem Gedanken aufgehoben ist, der das Leben als Gang auf einem Weg zu einem Ziel versteht.[28] Sein und Sollen können mit Weg und Ziel verglichen werden. Das Sein ist der Weg und das Sollen das Ziel.[29]

3. Richtung des Rechtssatzes

Vielleicht ist die Richtung des Rechtssatzes im Tatbestand auffindbar. Es könnte die Rechtsfolge sein. Sie sagt, was sein soll.

Als Problem stellt sich, daß Sein und Sollen wegen der Eigenschaft des Seins, eben des Tatbestandes, das was ist, zu beschreiben, mit dem Wort "Weg" nicht

---

27 E. Bucher, Was ist "Begriffsjurisprudenz"?, in: W. Krawietz (Hg.), Theorie und Technik der Begriffsjurisprudenz, Darmstadt 1976, S. 358.
28 Platon, Politeia, 2. Buch, 361 c, d. Auch Parmenides, Die Lehre vom Seienden, in: Capelle (Hg.) Die Vorsokratiker, Stuttgart 1968, S. 163
29 Vgl. S. 465f. S.108.

von vornherein in Verbindung gebracht werden kann. Denn Weg ist ein Ort, der einen Anfang und ein Ende hat. In diesem Wort ist eine gewisse Dynamik enthalten. Den Weg kann man beschreiben, er ist begehbar. Der Weg ermöglicht einen Gang von einem Ort zu dem anderen. Könnte man aus diesem Grunde nicht sagen, daß Weg und Sein in keinem Zusammenhang zueinander stehen? Ist doch die Rechtsfolge mit dem Sollen deswegen in Verbindung zu verstehen, weil sie etwas bestimmt, das, was sein soll. Sie folgt schon aus dem Tatbestand und daher ist sie das vorgesehene Ziel. Dies ist zwar nicht ein zwingender Automatismus, sondern ein solcher, der durch denjenigen, der den Rechtssatz geschaffen hat, gesetzt worden ist. Der Satz "pacta sunt servanda" könnte möglicherweise auch einen anderen Inhalt haben. Daß an den Tatbestand des Vorliegens eines Vertrages die Folge geknüpft wird, daß dieser einzuhalten sei, zeigt, daß die Rechtsfolge Ziel ist. Wird der Vertrag eingehalten, ist dieses Ziel erreicht.

Noch besser als das Wort Ziel ist es aber das Sollen, das den Rechtssatz in seinem Bestandteil "Rechtsfolge" charakterisiert. Das was sein soll, ist gerade die Folge, die an den Tatbestand geknüpft ist.

Man kann jetzt von einer Richtung des Rechtssatzes sprechen, wenn diese eine seiner Eigenschaften beschreibt. Die Richtung desselben könnte der Weg sein oder eher auch die Orientierung auf dem Weg, wohin er gehen soll. Die Richtung des Rechtssatzes erinnert an die teleologische Auslegung, die den Sinn und Zweck – sein Ziel – zum Inhalt hat. Geschichte verbindet daher das Sein und den Weg.

4. Geschichte des Rechtssatzes

Es ist möglich, wie schon gezeigt, die Entstehungsgeschichte des Rechtssatzes zu seiner Deutung zu benutzen. Sie ist geeignet etwas über den Inhalt des Rechtssatzes sagen, z.B. wie der historische Gesetzgeber ihn gemeint hat oder auch verstanden wissen wollte. So könnte man vielleicht ein Redaktionsversehen erkennen oder eine Begrenzung des von dem Gesetzgeber gewollten Inhalts des Rechtssatzes, die gewisse Merkmale der Begriffe vermeidet. Dabei spielen auch teleologische Fragen eine Rolle. Die historische Auslegung würde bloß den damals gemeinten Sinn zutage treten lassen.

Die Geschichte des Rechtssatzes, seine Auslegung, geht in die Bestimmung des Begriffs, der Begriffe als seine Teile, ein. Man mag daher seine Auslegung, die des Begriffs und des Rechtssatzes nicht nur dem Worte nach, sondern auch nach seiner Geschichte vornehmen. Dagegen wendet man ein, daß man dem Begriff und auch mehreren von ihnen als Rechtssatz nicht von vornherein ansieht, wie ihre Geschichte aussieht und wie sie entstanden sind. Auch kann die Geschichte des Begriffs eine andere als die des Rechtsbegriffs sein. Allerdings ist das Merkmal der Historizität tatsächlich zu ermitteln, durch Auslegung mit Blick auf die Geschichte. Die Möglichkeit, den Inhalt von Rechtssätzen als mit einen geschichtlichen Merkmal versehen, zu verstehen, besteht deswegen, weil es Rechtssätze ohne Geschichte nicht gibt.[30]

Im Konfliktfall wird man sagen dürfen, daß eine Deutung des Rechtssatzes und seiner Begriffe möglich ist, die den Wortlaut unterschreitet, wenn es seine Geschichte und die dort vorgesehenen Ziele ergibt.
Eine Überschreitung dürfte nur im Wege der Analogie, bei Vorliegen einer Lücke möglich sein.
Aus welchem Grunde das Unterschreiten des Wortlautes bei Auslegung z.B. der Entstehungsgeschichte nach gestattet ist, während ein Überschreiten nur dann in Betracht kommt, wenn Lückenfüllung durch Analogie möglich ist, ergibt sich daraus, daß bei einer Überschreitung die Richtigkeit, also das Vermeiden der falschen Anwendung, in der Auslegung besonders gefährdet sein dürfte. Findet die Entstehungsgeschichte ihren Platz nicht im Gesetz, also in dem Rechtssatz, so gibt es keinen Grund sie als Teil von ihm zu begreifen. Es fehlt dann das Merkmal, das in dem Begriff den Ort für die Anwendung dieses Imperativ bilden würde. Daher ist sogar fraglich, ob die Analogiebildung als Methode der Rechtsfindung für die Auslegung eines Gesetzes geeignet ist, denn die Gefahr, daß Irrtümer entstehen und Fehler gemacht werden, ist größer als wenn in dem Gesetz selbst ein Rechtssatz dafür vorgesehen ist. Ohne Ort in dem Gesetz, ist eine Rechtsanwendung de lege lata nicht möglich, weil kein Rechtssatz vorhanden ist, der einen Imperativ setzt. Bloß das Finden eines anderen solchen Satzes läßt es zu, daß die Überschreitung des Wortlautes noch als Rechtsanwendung verstanden werden kann. Er ist nämlich Rechtsquelle wie jeder andere Satz des Gesetzes und aus ihm speist sich die Rechtsfindung auch für den Einzelfall, den der Gesetzgeber nicht vorausgesehen hat und auch nicht voraussehen konnte.

§ 36 Geltung des Rechts

Geltung des Rechts könnte man verstehen als seine Eigenschaft, erzwingbar zu sein. Im Unterschied zu anderen Sollvorschriften ist seine Einhaltung durch staatlichen Zwang durchsetzbar. Recht gehört der Staatsgewalt an, deren Ausbildung dem allgemeinen Staatszweck folgt, dem Bösen im Menschen entgegenzutreten. Aus diesem Grunde ist es, anders als andere Imperative, durch den Staat erzwingbar.
Dies kann durch Zwang jeder Art geschehen, z.B. Zwangsvollstreckung, Verwaltungszwang, hoheitlicher Zwang anderer Art. Das ist der Grund, von Erzwingbarkeit der Einhaltung des Imperativs zu sprechen.

I. Formeller und materieller Gesetzesbegriff

1. Erzwingbarkeit und Geltung

Die Erzwingbarkeit des Rechts könnte sich vielleicht unterscheiden von seiner Geltung.

---

30 Vgl. K. F. v. Savigny, System des heutigen römischen Rechts, Bd. I, (Berlin 1840), Neudruck Aalen 1973, S.13.

Das Recht gilt in dem Rechtsstaat als in einem Gesetzesstaat in Form von Gesetzen. Die einzelne Handlung, die Anwendung des Rechts, des Rechtssatzes, muß auf einem Gesetz beruhen. Das Gesetz ist im Rechtsstaat Grundlage des Rechts. Beruht die Rechtsanwendung auf einem Gesetz, ist seine Durchsetzung auch erzwingbar.

2. Gesetz im formellen Sinne

Weil die Erzwingbarkeit als eine Eigenschaft des Rechts, die es von anderen Imperativen unterscheidet, auf der Anwendung des Gesetzes, d.h. eines in ihm konstituierten Rechtssatzes, beruht, ist es von Bedeutung, zu wissen, ob ein Gesetz im formellen Sinne vorhanden ist oder nicht. Ist ein solches Gesetz verabschiedet, vom Gesetzgeber geschaffen und ordnungsgemäß verkündet, so ist ein Gesetz im formellen Sinne vorhanden.

In einem Verfassungsstaat muß es mit der Verfassung in Einklang stehen. Ursache für dieses Verhältnis zwischen Verfassung und Gesetz ist, daß die Verfassung die Grundlage der Rechtsordnung bildet und das Gesetz mit diesem höherrangigen Recht nicht in Widerspruch stehen darf.

Das ist aber für seine Geltung im formellen Sinne nicht erforderlich. Es ist formell gültig, auch wenn es nicht mit der Verfassung übereinstimmt. Sein Urheber ist der Gesetzgeber. Es ist bloß dann ungültig, wenn es nicht von der Autorität desjenigen herrührt, der der Gesetzgeber im Staat ist oder andere Voraussetzungen nicht erfüllt sind. Dann ist kein Gesetz im formellen Sinne zustandegekommen oder es hätte diese Eigenschaft verloren, weil sich im Nachhinein ein Fehler zeigt oder es ungültig geworden ist.

Der formelle Gesetzesbegriff ist derjenige, der die Geltung des Gesetzes als eines Imperativs angibt. Es gilt formell und muß deswegen eingehalten werden. Seine Wirksamkeit hängt in einem Verfassungsstaat davon ab, ob es mit der Verfassung übereinstimmt.[31]

3. Gesetz im materiellen Sinne

Der materielle Gesetzesbegriff will die Einhaltung des Gesetzes daran binden, daß es ein Gesetz im materiellen Sinne ist. Ein solches Gesetz muß nicht bloß formell rechtmäßig zustandegekommen sein, sondern auch materiell. Ist es ein Verfassungsstaat, so gehört zu der materiellen Rechtmäßigkeit die Übereinstimmung des Gesetzes mit der Verfassung oder jedenfalls ein Inhalt von ihm, der nicht im Gegensatz zum höchsten Gesetz in dem Staate steht.

---

31 Vgl. C.Schmitt, Legalität und Legitimität, Berlin (1932), Berlin 1988;Ders., Der Hüter der Verfassung, 3. Aufl., Berlin 1985 (1931); Ders. Verfassungslehre, (1928), S. Aufl., Berlin 1970.

Betrachtet man z.B. eine Verfassung oder ein Gesetz in einem Staat, der kein Verfassungsstaat ist, so ist zu fragen, wie man das materielle feststellt, die Grundlage, mit der zu übereinstimmen notwendig ist, damit der materielle Gesetzesbegriff erfüllt sein kann. Man könnte an das Naturrecht denken[32] oder an dem Staate übergeordnete Autoritäten oder Einrichtungen. Art. 20 Abs. 4 GG gibt dem Einzelnen eine Einschätzungsprärogative für die Einhaltung der Verfassung gerade durch den Staat, die ein Widerstandsrecht auf naturrechtlicher Grundlage begründen könnte.

Dem Staate übergeordnete Autoritäten mögen religiöser Art sein, z.B. Kirchen oder Glaubensgemeinschaften. Bei Einrichtungen ist an überstaatliche zu denken, an solche in denen sich Staaten oder Völker zusammengeschlossen haben, z.B. die Vereinten Nationen. In ihnen wird die Tradition der Menschenrechte als für alle Menschen und Staaten verbindliche gepflegt, die ihre Ursprünge im abendländischen Denken der Verbindlichkeit durch die Vernunft geschaffener Werte hat, aber auch in dem Teil dieses Denkens, das zurückgeht auf die christlichen Religionen.

Wegen ihrer hohen Zustimmung durch die Staaten der Welt, könnte man die Menschenrechte als verbindlichen Maßstab für den materiellen Gesetzesbegriff verstehen. Allein wegen dieser Zustimmung (auctoritas) ist aber noch kein Wahrheits- oder Richtigkeitskriterium eingeführt.[33] Das enthält aber das Naturrecht und auch das der Religionen und Glaubensgemeinschaften. Wenn sich Gesetz und Recht wie Potenz und Akt zueinander verhalten, dann ist in dem materiellen Gesetzesbegriff die Möglichkeit geborgen, daß Naturrecht Wirklichkeit werde. Solche materiellen Voraussetzungen sollen also erfüllt sein.

Diese sind vielleicht aber auch in dem überstaatlichen Recht, den Menschenrechten in hohem Maße enthalten, weil in sie naturrechtliche, aber auch auf den abendländischen Religionen fußende Gedanken eingegangen sind. Die hohe Zustimmung zu ihnen verbürgt nicht ihre Richtigkeit, aber die Chance ist deswegen höher als das Gegenteil. Die Menschenrechte sind ein Ergebnis der Erkenntnis des Menschen. Es könnte also sein, daß sie Maßstab für die Einhaltung des materiellen Gesetzesbegriffs sind, wenn kein höherrangiges Recht vorhanden ist.

II. Unterscheidung von Recht und Gesetz

1. Recht versus Gesetz

Es mag möglich sein, daß das Recht in einer wirklichen Situation, in einem konkreten Streitfall, im Widerspruch zu dem Gesetz steht, obwohl alle Vorausset-

---

32 A. Kaufmann, Gesetz und Recht, Rechtsphilosophie im Wandel, 2. Aufl. Köln 1984, S. 135.

33 Vgl. K. Doehring, Die Autorität des Rechts als Maßstab für die Widerstandsfähigkeit unserer Demokratie, DRiZ 1987, S. 5. A. Kaufmann, Gesetz und Recht, in: Rechtsphilosophie im Wandel, S. 139.

zungen für seine Anwendung vorliegen. Das Gesetz wäre dann ein falsches Gesetz. Es wäre nicht falsch, weil es Fehler enthalten müßte oder solche enthält, sondern weil dieser einzelne Fall nicht durch einen Rechtssatz gelöst werden kann, der Teil des Gesetzes ist.

Das wird hoffentlich nicht häufig der Fall sein. Von vornherein wird man vielleicht davon ausgehen können, daß das Gesetz richtig, also einschlägig ist und auch keine Fehler in ihm enthalten sein müssen. Um von diesem sagen zu dürfen, es sei falsch, muß es widerlegt werden, wie jede andere Erkenntnis.

Eine solche Widerlegung des Gesetzes mag auf unterschiedliche Art und Weise möglich sein. Sind in dem Gesetz zeitliche Begrenzungen, Fristen oder andere numerische Größen wie z.B. Zahlenangaben, z.B. Meßwerte o.ä. vorhanden, so ist das Gesetz vielleicht nicht mehr anwendbar, weil die Fristen abgelaufen sind oder Meßwerte wegen veränderter technischer Bedingungen oder solcher der Natur nicht mehr eingehalten werden oder werden können. Das Gesetz ist dann deswegen falsch, weil es mit den Mitteln der Auslegung nicht mehr anwendbar ist, aus den beschriebenen Gründen einen Fall nicht mehr lösen kann.

Es ist aber auch möglich, daß das Gesetz nicht einschlägig ist, weil es nicht für diesen Fall geschaffen wurde. Daß es ein falsches Gesetz für die Lösung des Falles ist, hat seine Ursache nicht in dem Gesetze, sondern darin, daß in der Wirklichkeit ein Fall gelöst werden muß, für den das Gesetz nicht vorgesehen oder jedenfalls kein einzelner Rechtssatz dafür bestimmt worden ist.

Es gibt auch die Möglichkeit, daß das Gesetz ein falsches Gesetz ist, ein solches, das durch eine Erkenntnis widerlegt wird, die dem Recht entspringt. Das kann nur durch das Recht selbst geschehen. Verhalten sich Recht und Gesetz wie Potenz und Akt zueinander, so ist das eine die Möglichkeit und das andere die Wirklichkeit. Es ist aber nur eine Wirklichkeit, neben anderen Teilen derselben. Jedenfalls hat der Gesetzespositivismus seine Grenze dort, wo seine Anwendung Unrecht bedeutet.

Würde die Wirklichkeit, die Recht in der einzelnen Entscheidung ist, nicht ein solches, sondern Unrecht sein, so ist in dem Gesetz selbst ein Fehler enthalten; es entstünde eine Wirklichkeit, die Unrecht ist. Was aber ist Unrecht? Man wird dem Gesetzgeber nicht anlasten dürfen, einen durch die Umstände und die Fortentwicklung der Natur bedingten Fall nicht beachtet oder – ist es ein altes Gesetz – zukünftige Rechtsentwicklungen durch Anwendung des Gesetzes nicht vorausgesehen zu haben. Wenn Unterbegriffe durch die Rechtsprechung gebildet werden, so wird man feststellen, daß das Recht, das dieser Merkmalsbildung folgt, gelegentlich vom Gesetzgeber nicht beabsichtigt war oder sogar seinen Absichten zuwiderlaufen könnte, so daß man an eine Novellierung denken mag.

Diese Überlegungen de lege ferenda führen aber nicht zu der Antwort auf die Frage, ob auf diese Weise in jedem Einzelfall Recht gesprochen wird. Es könnte auch in dem Gesetz selbst ein Fehler enthalten sein, dessen Anwendung im einzelnen Fall Unrecht entstehen ließe. Das Gesetz könnte falsch sein, weil in ihm eine Rechtsfolge enthalten oder ein Tatbestand gebildet wird, die einen Streit zu Lasten desjenigen entscheiden, der begünstigt und zugunsten desjenigen, der belastet werden soll.

Fraglich ist, wie solche außerhalb des Gesetzes liegenden Imperative festgestellt werden und in welchem Verhältnis sie zum Gesetz stehen. Vermieden werden soll, daß Unrecht und nicht Recht geschieht.

Sind es nicht die genannten Fehler, so könnten es Irrtümer, aber auch beabsichtigte fehlerhafte Gesetze sein. Solche Irrtümer, die vom Gesetzgeber nicht gewollt, die aber Teil des Gesetzes sind, weil die Möglichkeit, Fehler zu machen oder etwas nicht zu erkennen oder eine widerlegbare oder widerlegte Erkenntnis zu haben, immer besteht, würden dann, wenn das Gesetz angewendet wird und im Einzelfall entschieden ist, nicht zu solchen des Rechts führen, sondern zu denen des Unrechts. Es dürfte deswegen die Neigung bestehen, solche Fehler zu vermeiden; die Chance allerdings dazu besteht immer. Vielleicht stellt sich erst später, im Nachhinein oder sogar zu keinem Zeitpunkt heraus, ob ein Fehler vorhanden ist, der auf einem Irrtum beruht. Es ist auch möglich, daß solche Entscheidungen rückgängig gemacht würden, weil sie sich als falsche herausstellen oder sie bleiben vielleicht bestehen, weil sogar die Restitutionsklage erfolglos bleibt oder von niemandem angestrengt wird. Unrecht könnte aber schon in der ersten Instanz oder in der zweiten, in der dritten oder auch schon vorgerichtlich erkannt und durch eine Änderung der Entscheidung zu Recht gemacht werden. Das ist im Rechtsleben, das auf die Findung des Rechts ausgerichtet ist, ein Vorgang, der häufig sein mag. Schwieriger schon könnte es bei solchen Fehlern des Gesetzes sein, die beabsichtigt sind. Der Gesetzgeber hat dann Gesetze geschaffen, die falsch sind, um den einen zu begünstigen und einen anderen zu benachteiligen. Staatsrechtlich gesehen, ist es eine Legislative, die den allgemeinen Staatszweck nicht erfüllt, nämlich als Teil der Staatsgewalt, dem Schlechten in den Menschen entgegengesetzt zu sein. Das gemeinschaftstiftende Gute hat sich nicht verwirklicht. Ursache solchen Handelns kann sein, daß das Schlechte im Einzelnen von der gemeinschaftstiftenden Kraft des Guten und auch von dem Guten, das in der Gemeinschaft liegt und in den Staat als res publica konstituiert ist, nicht gebändigt wird und sich Einzelne zu einem solchen Tun zusammengeschlossen haben. Der Bändigungsgedanke wird also in einem solche Staate nicht verwirklicht. Die Entscheidung, die ergeht, um einen Streit zu schlichten, der in einem Staat stattfindet, in dessen Gesetz sich der Bändigungsgedanke nicht verwirklicht, weil Gemeinschaftsfeindlichkeit bei der Gesetzgebung überwiegt und das Gesetz Fehler enthält, die beabsichtigt sind, könnte aber Recht sein, wenn sie dem Gesetz nicht folgt, das dieses Unrecht schaffen würde. Recht steht hier gegen Gesetz. Es könnte sein, daß dieses dann richtig und die Richtigkeit seine Besonderheit ist.

2. Gesetzespositivismus

Die Geltung des Rechts zeigt sich nicht nur in dem formellen und materiellen Gesetzbegriff von denen der erste schon die Geltung erzwingt und der zweite sagt, was richtig ist. Sie ist auch aufgehoben in dem Ergebnis einer Subsumtion, d.h. der Rechtssatz als Teil des Gesetzes wird zum Obersatz, um einen Streitfall zu lösen. Das ist dann die Geltung des Rechts, denn in dieser Anwendung zeigt es sich.

Unterscheidet man Recht und Gesetz, so können, wie gezeigt, beide gegeneinander stehen. Diese Differenz von Recht und Gesetz rührt aus drei Gründen her: Zeitablauf, Irrtum und Absicht können Gesetze falsch machen oder von Anfang an sein lassen. Das Recht, das vielleicht mit dem materiellen Gesetzesbegriff in Verbindung steht, ist dann nur Wirklichkeit, wenn das Gesetz nicht angewendet wird, klaffen Recht und Gesetz auseinander und führt die Anwendung des Gesetzes nicht zu ihm, sondern zu Unrecht.

Gesetzespositivismus nun ist aber gerade die Anwendung des Gesetzes und er nimmt in Kauf, daß das Gesetz falsch sein könnte und mit den Mitteln der Auslegung das Ergebnis, das Recht wäre, nicht erzielt werden kann. Diese Chance, daß das Gesetz falsch ist, besteht aber immer. Ebenso kann es richtig sein.

Weil das Gesetz richtig sein könnte und Gesetz und Recht übereinstimmen, die Möglichkeit, die dann Wirklichkeit wird, diese speist und ihr nicht entgegengerichtet ist, kann das Gesetz als ein Buch, dessen Inhalt Rechtssätze sind, ausgelegt werden. Der Inhalt ist positiviert, d.h. in dem Gesetz sind die Rechtssätze zu lesen. Daß Rechtssätze auf diese Art und Weise gesetzt werden, ist Bestandteil des formellen Gesetzesbegriffes. Der Gesetzespositivismus enthält den Gedanken, daß ein solches Gesetz wegen seines festgehaltenen Wortlautes und seines darin verbürgten Inhaltes ausgelegt werden kann und daß diese Auslegung Recht sei. Daß die Anwendung des Rechts bloß auf das Gesetz gestützt wird und keine andere Rechtsquelle von Bedeutung ist, hat seinen Grund in dem Gedanken von der Vollständigkeit des Gesetzes als eines Buches, das ein Kodex ist und man aus ihm alle Rechtsfragen beantworten kann, die darin nach dem Willen des Gesetzgebers geregelt sein sollen. Weil der Text des Gesetzes vom Gesetzgeber festgelegt worden ist, ist der Wortlaut und der Inhalt des Gesetzes in sonstiger Weise entscheidend.

Aus der Sicht des Gesetzespositivismus gibt es keine Differenz zwischen Recht und Gesetz, sondern jede Rechtsfrage ist durch das Gesetz zu beantworten. Weil das Gesetz vom Gesetzgeber geschaffen worden ist, der seinen Inhalt festgelegt hat, der Teil der Staatsgewalt sei, ist von vornherein der Gedanke der Vollständigkeit des Gesetzes und des Gesetzes als alleinige Rechtsquelle nicht von der Hand zu weisen. Weil der Gesetzgeber im Staat den Inhalt des Gesetzes festlegt, geht sein Wille dahin, daß aus dem Gesetz das Recht werde, es nämlich als streitentscheidender Imperativ angewendet wird.

Das Bundesverfassungsgericht hat anläßlich der Formel des Art. 20 Abs. 3 GG, in der die Bindung der Rechtsprechung an Recht und Gesetz bestimmt wird, folgendes ausgeführt: "Die traditionelle Bindung des Richters an das Gesetz, ein tragender Bestandteil des Gewaltenteilungsgrundsatzes und damit der Rechtsstaatlichkeit, ist im Grundgesetz jedenfalls der Formulierung nach dahin abgewandelt, daß die Rechtsprechung an 'Gesetz und Recht' gebunden ist. Damit wird nach allgemeiner Meinung ein enger Gesetzespositivismus abgelehnt. Die Formel hält das Bewußtsein aufrecht, daß sich Gesetz und Recht zwar faktisch im allgemeinen, aber nicht notwendig immer decken. Das Recht ist nicht mit der Gesamtheit der geschriebenen Gesetze identisch. Gegenüber den positiven Satzungen der Staatsgewalt kann unter Umständen ein Mehr an Recht bestehen, das seine Quelle in der verfassungsmäßigen Rechtsordnung als einem Sinnganzen besitzt und dem geschriebenen Gesetz gegenüber als Korrektiv zu wirken vermag; es zu finden und in Entscheidungen zu verwirklichen, ist Aufgabe der Rechtsprechung." [34]

Die Gesamtheit der geschriebenen Ordnung ist nach Auffassung des Bundesverfassungsgerichts nicht identisch mit der verfassungsmäßigen Rechtsordnung als einem Sinnganzen. Der Unterschied zwischen Gesetz und Recht als Möglichkeit ist nach der Rechtsprechung also vorgesehen.

Aus diesem Grunde geht die Verfassung der Bundesrepublik Deutschland also von dem Gesetzespositivismus ab und sieht ein Korrektiv vor. Die Entscheidung des Gerichts versteht das Gesetz nicht als einzige Rechtsquelle und geht von dem Gedanken der positiven Satzung durch den Gesetzgeber als Geltungsvoraussetzung ab. Fraglich ist, was die verfassungsmäßige Rechtsordnung als ein Sinnganzes in ihrer Eigenschaft als Rechtsquelle ist. Ist sie mehr als die geschriebene Verfassung, nämlich das Grundgesetz, und alle Gesetze, Verordnungen und die Auslegung von ihnen durch die Gerichte? Man wird den Begriff des Sinnganzen sicherlich auch verstehen dürfen als die geistigen Grundlagen der Ziele dieser Rechtsordnung. Im Unterschied zu dem Ziel, das den Endpunkt eines Weges beschreibt, ist der Sinn das verstehende oder auch begründende. Er gibt die Antwort auf die Frage, warum etwas so sein soll wie bestimmt worden ist. Das Sinnganze beschreibt die Gesamtheit einer solchen Begründung, wirft den Blick auf die Ursachen.

Es könnte bei der Betrachtung dieses Begriffs, wendet man ihn an, vielleicht ein Problem sein, daß er weder durch den Gesetzgeber noch durch den Verfassungsgeber konstituiert ist.

Hat der Gesetzgeber es nicht bestimmt, gibt es keine nicht durch die erste Gewalt legitimierte Festlegung des Sinnganzen. Man mag es erkennen können, wie man auch dasjenige von anderem erkennt; es ist aber nicht als Rechtsbegriff in der Art des Gesetzesbegriffs konstituiert. Das könnte vielleicht die Rechtssicherheit beeinträchtigen. Ist sie auf den Gesetzesbegriff rückführbar, den Begriff im Gesetz, besteht durch die Verbriefung in ihm schon eine gewisse Sicherheit.

---

34 BVerfGE 34, 269, 287.

Erwägt man, für die Auslegung des Begriffs Recht im Unterschied zum Begriff Gesetz den materiellen Gesetzesbegriff zu betrachten, der auf höchste Gesetze, zum Teil ungeschriebene, aber jedenfalls nicht von staatlichen Gesetzgebern verfaßte, verweist, so kommt man zu dem Ergebnis, daß ein Gesetz materiell nicht gegen diese Imperative verstoßen darf, ohne seinen Widerspruch dazu mit seiner Gültigkeit zu bezahlen. Recht wäre dann Folge des Imperativs, der den Einzelfall entscheidet und als seine Quelle nicht das Gesetz hat, sondern die Natur oder religiöse Bestimmungen oder andere, auch allgemeinere Vorschriften wie etwa die Menschenrechte.

3. Recht als Wirklichkeit

Ist das Gesetz die Möglichkeit und das Recht die Wirklichkeit, so könnte wichtig sein, was das Recht in seinem Merkmal oder seiner Eigenschaft, Wirklichkeit zu sein, unterscheidet von anderem, das auch Wirklichkeit ist. Oder ist nichts anderes als das Recht Wirklichkeit?

Daß auch anderes und nicht bloß das Recht Wirklichkeit ist, bestimmt sich daraus, daß nicht bloß Recht imperativischen Charakter hat, sondern auch andere Sollensbegriffe.

Die Unterscheidung zwischen Gesetz und Recht als Möglichkeit und Wirklichkeit wird getroffen, weil das Gesetz den Rechtssatz enthält und das Recht dann Resultat der Subsumtion ist. In dieser Eigenschaft ist es Wirklichkeit. Auf diese Art und Weise wird deutlich, daß man das Gesetz nicht gleichsetzen kann mit seiner Anwendung und ihrem Ergebnis. Das Gesetz muß bloß richtig sein, damit seine Anwendung zu einem richtigen Ergebnis führt. Weniger wichtig als die Eigenschaft des Gesetzes, richtig zu sein, ist das Ergebnis der Anwendung, das richtig sein muß, damit der Bändigungszweck erfüllt wird, dem die Staatsgewalt folgt. Allerdings verwirklicht sich das Gesetz im Recht und es muß deswegen richtig sein. Die Chance, daß ein falsches Gesetz zu richtigem Recht führt, ist geringer als diejenige, daß ein richtiges Gesetz durch falsche Anwendung zu fehlerhaftem Recht führt.

Ist das Recht dann als Folge eines Sollens zum Sein geworden, kann man diese Aussage ebenfalls für andere Imperative treffen. Auch Sitte oder Moral sind Wirklichkeit, enthalten aber als ein Merkmal im Begriff das Sollen, den Imperativ, daß eben ein Tun oder Unterlassen gefordert wird. Das Recht ist also Wirklichkeit, wenn z.B. das Gesetz durch Anwendung verwirklicht worden ist und das richtige Ergebnis in der Wirklichkeit bei der Entscheidung eines Streites erzielt wurde.

Das Recht als Wirklichkeit beschreibt seine Geltung als Imperativ. Es ist aber als das Sein, die Wirklichkeit, auch Ergebnis der Anwendung des Gesetzes oder einer anderen Rechtsquelle. Man kann den Begriff Recht als Oberbegriff für den Rechtssatz verstehen, – Tatbestand und Rechtsfolge. Das Sein ist der Tatbestand und die Rechtsfolge ist das Sollen. Um von dem Sein zu dem Sollen zu kommen, muß ein Weg zurückgelegt werden. Es ist der Weg von dem Platon. spricht. Er beginnt bei dem Sein und führt zum Sollen, dem Ziel. Rechtsfolge, Sollen und Ziel bedeuten aber mit Blick auf das Recht dasselbe. Kommt es zu einer Subsumtion, ist nämlich der Tatbestand gegeben, das Sein vorhanden, so wird der Weg beschritten, der zum Ziel führt, die Rechtsfolge ergibt und das Sollen schafft.[35]

Daran ist für Recht als Wirklichkeit von Bedeutung, daß ein Weg beschritten worden ist, der zum Ziel der Rechtsfolge oder des Sollens führt. Das ist dann die Wirklichkeit. Rechtsfolge, Ziel und Sollen teilen mit Tatbestand und dem Sein bloß die Eigenschaft, ein anderer Teil der Wirklichkeit zu sein. Dieser Unterschied wird bezeichnet durch den Begriff des Weges. Das kann man sich ohne weiteres vorstellen als einen Punkt oder Ort, der mit einem anderen durch eine Linie, das ist der Weg, verbunden ist.

Das Recht als Wirklichkeit beschreibt die Geltung des Gesetzes als eines Imperativs in dem Staat. Unterscheiden kann man Recht und Gesetz dann, wenn das Gesetz Fehler enthält, die ein richtiges Ergebnis verhindern. Dieses könnte aus dem Begriff Gerechtigkeit folgen.

2. Abschnitt: Gerechtigkeit

Das Recht der Volksherrschaft ist dasjenige Recht, das Imperative setzt, daß und wie das Volk herrscht und herrschen soll. Es könnte sein, daß Sein und Sollen und die Wurzeln des Rechts im Sein und seine Bedeutung im Sollen diesen Begriff noch nicht genügend bestimmen.

Aus diesem Grunde wendet man sich Gerechtigkeit als einem Begriff zu, der das, was Sein und Sollen und die Aufhebung dieser Differenz angeht, genauer erfassen kann. Es ist gezeigt worden, daß auch der materielle Gesetzesbegriff, wenn nicht ein Maßstab für den in dem Gesetz enthaltenen Imperativ eingeführt wird, das Recht als solches nicht vollständig beschreibt.

Es mag sein, daß die Gerechtigkeit identisch ist mit der Richtigkeit des Rechts oder jedenfalls in Verbindung mit ihr steht. Der alte Streit über Recht und Gerechtigkeit dürfte hier eine Rolle spielen. Wenn eine Verbindung zwischen Recht und Gerechtigkeit vorhanden ist, so wird die letztere möglicherweise aus einer anderen Erkenntnis gewonnen, die einem anderen Vorgehen folgt als die Rechtsgewinnung. Zu Begriff und Wesen der Gerechtigkeit führt das Denken, das als personale und menschenrechtliche Grundlage in ihr vorgefunden wird.

§ 37 Richtigkeit und Gerechtigkeit

I. Recht und das Sollen

1. Sollen und Gerechtigkeit

Das Recht, wenn es sich von einem Gesetz unterscheidet, aber auch dann, wenn es dem Gesetz folgt, enthält einen Imperativ. Dieser Imperativ ist die Bestim-

---

35 Jehring, S. 56, "ist" in seiner Bedeutung als Seinsollen.

mung, wie etwas zu sein hat oder wie etwas sein soll. Kant spricht von dem "Willen des vernünftigen Wesens als eines allgemein gesetzgebenden Willens."[36] Der kategorische Imperativ fußt auf dem Gedanken, daß der Mensch einen freien Willen hat und daß dieser zur Maxime des Handelns werden kann. Der Wille des Menschen ist nicht nur das Streben in eine Richtung, sondern ihm wohnt die Fähigkeit, sich zu entscheiden, inne. Das Denken in Alternativen und das Verfolgen dieser Möglichkeiten ist charakteristisch für den Willen. Er kann in die eine oder in die andere Richtung gehen. Ihm kann eine richtige oder eine falsche Entscheidung zugrundeliegen.

Mit dem Gedanken vom freien Willen des Menschen ist der Begriff Vernunft verbunden. Die Fähigkeit des Menschen, denken zu können, enthält auch die Möglichkeit, daß dieses Denken vernünftig ist, also nicht von vornherein falsche Entscheidungen gefällt werden müssen. Das Sollen, das in dem Willen vorhanden ist, der den Imperativ in dem Staate als Gesetz gestaltet, mag auf diese Fähigkeit zurückzuführen sein.

Es liegt dem Recht, aber auch dem Gesetz, ein Sollen zugrunde, das ist die Richtung des Willens. Beschreibt man das Sollen und die Gerechtigkeit, so könnten sie gemeinsame Merkmale haben. Möglicherweise ist das der Wille.

Das Recht, wenn es sich von einem Gesetz unterscheidet, es sogar gegen das Gesetz oder anders als das Gesetz lautet, bedarf der Legitimation.

In der rechtsstaatlichen Demokratie enthält schon das Gesetz ein hohes Maß an Legitimation, das höchste vielleicht, das in einem Staate möglich ist.[37]

2. Recht und Volk

Weil es das Volk ist, das herrscht, also alle, vermag die Chance, daß die Gesetze, die auf die Herrschaft des Volkes zurückgehen, von ihm veranlaßt und womöglich durch das Parlament geschaffen worden (Wesentlichkeitstheorie), auch solche ohne Fehler, also richtige sind, am höchsten sein. Es könnte aber sein, daß das Gesetz einen Fehler hat; aus welchem Grunde mag zunächst keine Rolle spielen.

Wendet man sich den Ursachen zu, zeigt sich folgendes: Sollte dieser Fehler wegen eines Irrtums entstanden sein, so ist er mit den Mitteln der juristischen Auslegung zu beheben oder durch Wiederholung, z.B. der Verkündung des Gesetzes o.ä.. Sollte er auf falscher Erkenntnis beruhen, so muß die richtige Erkenntnis gewonnen werden. Es könnte aber sein, daß die richtige Erkenntnis nicht gewonnen werden kann, weil eine Erkenntnisentwicklung noch nicht so weit vorangeschritten ist. Der Untergang von Völkern beweist, daß sie nicht in

36 I. Kant, Grundlegung zur Methaphysik der Sitten (Riga, 1786), Stuttgart 1988, S. 82.
37 Vgl. z.B. R. Zippelius, Die rechtsstaatliche parlamentarische Demokratie als Ergebnis geschichtlicher Lehren, JuS 1987, S. 687.

der Lage waren, den Streit so beizulegen, daß sie weiterbestehen konnten.
Man kann diesen Gedanken an der Geschichte der Natur zeigen. Die Erfindungen des Menschen, die seine Fähigkeit zum Ausdruck bringen, technische Neuerungen zu schaffen, z.B. die Erfindung des Rades, hätten vielleicht zu einer anderen Entwicklung geführt, wären sie früher gemacht worden. Wären diese Erkenntnisse zuvor bekannt gewesen, so hätte man über die Wirklichkeit mehr gewußt und im Falle eines Streites wäre eventuell so entschieden worden, daß man Unheil hätte vermeiden können. Bei der Rechtsgewinnung wird also der Versuch gemacht, die falsche Erkenntnis zu vermeiden, d.h. Irrtümer zu unterlassen.

Die Chance, daß ein Fehler gemacht wird, dürfte wegen der Herrschaft des Volkes in einer Demokratie geringer sein als in anderen Formen der Herrschaft. Beruht der Fehler auf einer solchen Lage, so ist er vielleicht sogar unvermeidbar.[38]

3. Richtige Erkenntnis und Recht

Vielleicht kann aber eine richtige Erkenntnis gewonnen werden, die dann das Recht zum Inhalte hat. Daß das Recht richtig und nicht falsch sein muß, es aber mehrere richtige Lösungen geben kann, mehrere falsche, vielleicht gar keine richtige, bedarf keiner weiteren Begründung. Warum sollte das Recht falsch sein sollen?

Daß es falsch sein kann und vielleicht häufig falsch ist, läßt noch nicht den Schluß zu, daß es nicht richtig sein kann. In vielen Sprachen wird Recht und "richtig" als Eigenschaft mit demselben Wort bezeichnet, z.B. "right" in der englischen Sprache. Das ist ein Zeichen dafür, daß das Richtige mit dem Recht gemeinsame Merkmale hat oder sogar Teil desselben ist. Ob es richtig oder falsch ist, zeigt sich in dem Handeln selbst.

Nicht immer mag ein Fehler sofort festzustellen sein oder nicht gleich erweist sich ein Handeln als richtig. Die Erkenntnis ist nicht abhängig von der Zeit, aber nicht jede Erkenntnis ist zu jedem Zeitpunkt möglich. Wer es ist, der die Erkenntnis hat, ist weder von Bedeutung für ihre Eigenschaft, richtig, noch für ihre Eigenschaft, falsch zu sein. Die Chance, daß eine Erkenntnis richtig ist, wenn alle beteiligt sind, ist größer als wenn es bloß wenig sind. Aus diesem Grunde ist die Öffentlichkeit als Merkmal der res publica nicht nur staatsrechtlich von Bedeutung, sondern auch für die Herrschaftsform Demokratie.[39]

II. Rechtsstaat als Begrenzung der Demokratie

1. Gesetzmäßiges Handeln

Wenn das Recht gelegentlich das Gesetz widerlegt, so ist das Zeichen dafür, daß der Rechtsstaat die Demokratie begrenzt. Das Gesetz ist in der Demokratie nämlich auf das Volk zurückzuführen. Es ist vom Volke selbst oder seiner Ver-

---

38 F. Bydlinski, Juristische Methodenlehre und Rechtsbegriff, Wien u.a., 2. Aufl. 1991, S. 353.

tretung gemacht. Ist es falsch, weil seine Anwendung nicht Recht, sondern Unrecht bedeutet, so ist die Grenze der Herrschaft des Volkes, inkarniert im Gesetz, das Recht.
Das Recht hat die Eigenschaft anders als das Gesetz zu sein, wenn das Gesetz dem Naturrecht oder Menschenrecht, aber auch aus der Religion begründeten Recht entgegensteht. Das Bundesverfassungsgericht spricht von "überpositiven Rechtsgrundsätzen." [40]

Problem könnte die Rechtsquelle sein, die diese Rechte als Begrenzung des Gesetzes formuliert. Denn ist von dem Staat die Rede, müssen sie in Verbindung mit ihm stehen oder von ihm herrühren. Das Recht der Natur stammt aber von dieser ab; das des Menschen ergibt sich aus dem, was dieser als geistig-seelische und körperliche Einheit ist. Die Religion ist aus dem höheren Wesen begründet, das die Menschen und alles andere auf der Welt geschaffen hat. Welche Legitimation sie haben, dürfte weniger wichtig sein als ihre Eigenschaft, geeignet zu sein, Fehler zu begrenzen. Auch der Gedanke der Rechtssicherheit, der mit dem Rechtsstaat verbunden ist, spielt hier nicht die wichtigste Rolle. Entscheidend ist, daß das Recht als Widerlegung des Gesetzes oder Korrektur desselben, geeignet ist, dasjenige tatsächlich infrage zu stellen und gelegentlich passiert das auch. Wegen der Besonderheit der Demokratie als Herrschaftsform dürfte eine solche Widerlegung des Gesetzes durch das Recht nicht häufig der Fall sein, denn das in dem durch das Volk legitimierte Gesetzeshandeln verwirklicht Rechtsstaat und Demokratie.
Gesetzesmäßiges Handeln ist in der Demokratie rechtsstaatlich die Regel. Allerdings ist im Verfassungsstaat Richtschnur dafür die Verfassung und die dritte Gewalt, die Judikative als Teil der Staatsgewalt, die die Einhaltung der Gesetze bis hin zur Einhaltung der Verfassung überwacht.

Die Richtigkeit des Imperativs mag zugleich die Gerechtigkeit zum Inhalt haben. Jedenfalls aber könnte Gerechtigkeit als Maßstab und Inhalt des Rechts immer auch richtig sein.
Die Souveränität ist in der Weise von Bedeutung, daß der Begriff Demokratie als Abgrenzung zu anderen Herrschaftsformen Merkmale in sich trägt.

2. Souveränität und Recht

Kriele vertritt die Auffassung, daß es im angelsächsischen Rechtsdenken keinen Souverän geben konnte, weil auch der Monarch nur die ihm durch das Recht zu

---

39 Z.B. Verfassung als "öffentlicher Prozeß, als normative Gemeinwohlordnung" bei P. Häberle, Öffentliches Interesse als juristisches Problem, Bad Homburg, 1970, S. 718.
40 BVerfGE 1, 17

gewiesenen Kompetenzen hatte.[41] Das könnte darauf hindeuten, daß der Monarch bloß primus inter pares ist, ein Erster unter Gleichen. Denn es ist die Demokratie, die als Herrschaftsform eher als andere geeignet sei, die Freiheit zu verwirklichen, die Freiheit, nur einer solchen Staatsgewalt unterworfen zu sein, der man zustimmen, die man aber auch abzulehnen vermag; denn es liegt in dem Rechtsstaat, dem Recht, der Gerechtigkeit der Maßstab für die Verwirklichung der Gleichheit.

Überhaupt ein Recht zuzulassen, das ihm gegenüber geltend gemacht werden könnte, macht den König zu einem Gleichen. Er unterwirft sich einer Bindung. Daher konnte auch die Vorstellung, daß man das Verhältnis von Menschen untereinander zum Zwecke der Herrschaft als Vertrag bezeichnet, als contract social, entstehen. [42] Das Gesetz, dem sich der König unterwirft, ist aber kein Vertrag; es ist eine einseitige Bestimmung, ein Hoheitsakt, dem er sich selbst unterwirft. Daß der König sich selbst unter das Gesetz stellt oder bloß die durch das Recht zugewiesenen Kompetenzen hat, macht ihn zu einem Gleichen.

3. Gleichheit und Recht.

Die Gleichheit, die in dem Recht liegt, hat auch zum Inhalt, daß das Gesetz für alle gleich angewendet wird.

Höher als der König selbst steht das Recht, nämlich das Gesetz. Das trifft aber in dem Rechtsstaat auf jeden Staatsbürger zu. Denn jeder ist dem Gesetz unterworfen. Die Gerechtigkeit ist das Richtige, weil die Gleichheit des Menschen, so wie er geboren wird, erst seine Freiheit möglich macht. Der Rechtsstaat als in dem Öffentlichen, der res publica, vorhanden, liegt deswegen in der Geschichte der Entwicklung des Staates früher als die Demokratie.

Man mag fragen, aus welchem Grunde die Gleichheit den Rechtsstaat in sich verkörpern könnte. Ursache für die Gleichheit als Merkmal des Rechtsstaates ist es, daß der Fehler im Gesetz, sieht man sogar von seiner Wurzel ab, diejenigen, auf die es angewendet wird, unterschiedlich behandelt. Die einen erhalten Unrecht und die anderen erhalten Recht. Man magt insoweit, daß das Unrecht dann für alle gleich sei, wenn ein Gesetz auf alle angewendet wird und ihm ein Fehler innewohnt. Denn die Gleichheit vor dem Gesetz liege darin, daß es für den einen, der in derselben Lage ist, nicht zu einem anderen Ergebnis führe als für den anderen. Es ist aber nicht nur diese Gleichheit, sondern auch diejenige, daß der eine durch das Gesetz nicht Recht und der andere Unrecht erhalten darf, bloß weil der Fehler in dem einen Rechtssatz und das Richtige in dem anderen konstituiert ist. Dieses Merkmal der Gleichheit, nicht nur den einen Rechtssatz im Blick zu haben, dessen Anwendung für jeden gleich sei, sondern auch den zweiten, dritten

---

41 M. Kriele, in: Veröffentlichungen der Vereinigung der Deutschen Staatsrechtslehrer, Heft 29, Berlin u.a. 1971, S. 55.
42 J.-J. Rousseau, Gesellschaftsvertrag (Amsterdam 1762), Stuttgart 1977.

und dritten und vierten, nämlich alle Rechtssätze, die in einem Gesetz enthalten sind, gründet auf dem Gedanken, daß dann eine unterschiedliche Behandlung nicht auf dem Gesetz beruht, weil unterschiedliche Fälle vorliegen, die nicht unter einen Rechtssatz subsumiert werden können, sondern weil wegen eines Fehlers der eine Fall nicht unter den Rechtssatz subsumiert werden kann.

Daß die Menschen gleich sein können, ihre Fähigkeit dazu, ist ihnen angeboren. Sie sind gleich, weil sie gleich geboren werden. Ihre Abstammung spielt keine Rolle. Diese Fähigkeit hat zu ihrem Inhalt die Möglichkeit, daß das Gesetz auf sie als gleiche angewendet wird. Wären die Menschen nicht als gleiche geboren, so könnten sie auch vor dem Gesetz nicht gleich sein. Sie unterscheiden sich vom Tier durch ihre Eigenschaft, Mensch zu sein. Diese ist ihnen gemeinsam. Weil sie alle ohne Ausnahme diese Eigenschaft besitzen, kann das Gesetz für jeden von ihnen gelten und auf jeden angewendet werden.

Daß die Gerechtigkeit sich im Recht verwirklicht und Recht und Gerechtigkeit gelegentlich nicht dasselbe sind, resultiert aus der Unterscheidung zwischen richtiger und falscher Erkenntnis, zwischen dem Irrtum und der Wahrheit. Man weiß nicht sogleich, ob ein Irrtum vorliegt oder ob eine Erkenntnis die richtige ist. Vielleicht braucht man eine lange Zeit oder die Erkenntnis des Rechts ist gar nicht möglich. Ebenso kann sie aber auch möglich sein oder war schon möglich und ist auch gemacht worden.

Recht ist imperativisch, weil die Chance vorhanden ist, daß die richtige Erkenntnis gewonnen wird und in einem Staate seine Eigenschaft, dem Bändigungszweck anzugehören, dem Bösen entgegengesetzt zu sein, es begründet.

Worauf aber beruht die Richtigkeit des Rechts? Die Richtigkeit des Rechts ergibt sich aus der Vollständigkeit der Merkmale des Begriffs. Richtigkeit ist im Recht enthalten, inkarniert in dem Worte. In einem Staat, der Gesetze geschaffen hat, ist das Recht schon in dem Gesetz vorhanden, wenn nicht eine besondere Lage vorliegt. Die Gesetze sind die Summe der Rechtssätze. Ist ein Gesetz falsch, so ist in einem Rechtssatz möglicherweise ein Merkmal nicht enthalten, das benötigt wird oder er selbst ist nicht konstituiert worden.

Aber auch außerhalb des Gesetzes existieren Begriffe und sie werden in Sätzen formuliert. Es mag sein, daß in dem Gesetz ein Begriff fehlt, z.B. statt eines Oberbegriffs ein Unterbegriff verwendet wird. Es kann sein, daß der Begriff eingeschränkt wird durch eine Formulierung in dem Rechtssatz oder sich das aus anderen Rechtssätzen ergibt. Recht widerlegt dann das Gesetz, wenn die Entscheidung nicht auf ihm beruht, sondern auf zusätzlichen Merkmalen oder anderen, die nicht ihm, sondern anderem entspringen. Das Gesetz wird also von dem Recht begrenzt, das aus Merkmalen des Begriffs entstammt, die nicht in dem Gesetz konstituiert sind. Es kommt der Wille hinzu, der aus den Merkmalen des Begriffs in der imperativischen Gestaltung den Rechtssatz zum Rechte macht.[43] Dieses Sollen ist dann das des Rechts.

Kant spricht davon, daß die Formel des Gebots Imperativ heißt.[44]
Das Imperativische in dem Recht, also das Sollen, ist der Wille. Alle Imperative werden durch ein Sollen ausgedrückt. Kant geht sogar so weit, daß der Wille bestimmend ist für das vernünftige Wesen, eben den Menschen.[45] In ihm ist das Sollen enthalten. Erst auf diese Art und Weise gewinnt das Merkmal des Begriffs außerhalb des Gesetzes oder der Begriff selbst Bedeutung für das Recht.

In dem Staat ist die Auslegung des Gesetzes als der Willensausdruck des staatlichen Machthabers wichtig, weil die erste Gewalt die Geschicke des Staates bestimmt.

Das Gesetz ist auch Ausdruck der staatlichen Gemeinschaft, weil der Staat es geschaffen hat. Entweder ist es ein Einzelner oder es sind mehrere. Ihm unterworfen ist jedenfalls nie nur ein Einzelner. In einem Rechtsstaat sind es alle, die ihm unterworfen sind.[46] Daß das Gesetz in seiner Anwendung zu dem Recht führen soll, ist die Folge des Bändigungszwecks der staatlichen Gemeinschaft.

Der Staat wird geschaffen als Folge der Tragik der Erkenntnis der Unvollkommenheit der Welt. Es ist die Gemeinschaft der Menschen, die das Öffentliche konstituiert, nämlich die res publica, und so werden auch die Angelegenheiten bestimmt, die alle angehen, nicht nur den Einzelnen. Die Menschen bilden eine Gemeinschaft, wenn sie sich in die Öffentlichkeit begeben. Die Bildung des Staates kann darauf gründen, daß Ursache der Unvollkommenheit der Welt die Schlechtigkeit des Menschen ist, das Böse.[47]

Es ist eine Eigenschaft, die sich im Verhältnis zu anderen Menschen auswirkt. Dieses besteht aus dem Handeln der Menschen zueinander und gegeneinander. Die Gemeinschaft der Menschen, eben ihre Eigenschaft, mehrere zu sein, unterscheidet sich von derjenigen, daß der Mensch ein Einzelner ist. Der Einzelne kann einen anderen Willen haben als der andere oder mehrere oder auch als alle.[48]

43 Zum Verhältnis von Wille und Gesetz, vgl. bei I. Kant, Metaphysische Anfangsgründe der Rechtslehre (1794), Hamburg 1986, S. 15-25, insbes. S.23.
44 I. Kant, Grundlegung zur Methaphysik der Sitten, (1785), Stuttgart 1984, S. 57.
45 I. Kant, Grundlegung, S. 113.
46 R. Bäumlin, Die rechtsstaatliche Demokratie, Zürich 1954, S. 43.
47 Grundlegend Hobbes.
48 "Ein jedes Ding der Natur wächst nach Gesetzen. Nur ein vernünftiges Wesen hat das Vermögen nach der Vorstellung der Gesetze, d.h. nach Prinzipien, zu handeln oder oder einen Willen. Da zur Ableitung von Handlungen von den Gesetzen Vernunft erfordert ist, so ist der Wille nichts anderes als praktische Vernunft." Kant, Grundlegung, S.56.

Weniger wichtig als die Eigenschaft des Menschen, Teil einer Gemeinschaft zu sein, die denselben Willen hat wie er selber, eben einer Minderheit oder einer Mehrheit anzugehören, ist ihre Eigenschaft, ein Mensch zu sein und damit Teil der menschlichen Gemeinschaft, wenn er sich in die Gegenwart anderer Menschen begibt. Das Besondere an der Eigenschaft in Gemeinschaft mit anderen als ein Einzelner zu sein, ist es, daß der Wille des Einzelnen sich nicht immer durchsetzt, daß andere auch einen Willen haben, daß manchmal Mehrheiten gegen den eigenen Willen gebildet werden.[49] Jedenfalls muß der Mensch in der Gemeinschaft zur Kenntnis nehmen, daß nicht bloß er selbst, sondern auch andere einen Willen haben.[50]

Wird der Mensch über seinen Willen, also die Fähigkeit, einen eigenen Willen zu haben und auszuüben, bestimmt, der vernunftgetragen ist, so ist die Gemeinschaft der Menschen in der Öffentlichkeit der Ort, wo sie mit dem Willen des anderen oder der anderen bekannt gemacht werden. Die Begrenzung des Einzelnen und seines Willens durch den Anderen und die Gemeinschaft und deren Willen ist die Besonderheit der Öffentlichkeit in dem Staat.[51] Daß ein anderer Wille dem eigenen entgegensteht, daß sich der eigene Wille nicht durchgesetzt hat und die Gemeinschaft dem Einzelnen Grenzen setzt, charakterisiert das Verhältnis des

49 Kant, Grundlegung, S. 93: "Ein solches Reich der Zwecke würde nun durch Maximen, deren Regel der kategorische Imperativ allen vernünftigen Wesen vorschreibt, wirklich zustande kommen, wenn sie allgemein befolgt würden. Allein, obgleich das vernünftige Wesen darauf rechnen kann, daß, wenn es auch gleich diese Maxime pünktlich befolgte, darum jedes andere ebenderselben treu sein würde, ihm gleichen, daß das Reich der Natur und die zweckmäßige Anordnung desselben mit ihm, als einem schicklichen Gliede, zu einem durch ihn selbst möglichen Reiche der Zwecke zusammenstimmen, d.h. seine Erwartung begünstigen werde, so bleibt doch jenes Gesetz: handle nach Maximen eines allgemein gesetzgebenden Gliedes zu einem bloß möglichen Reiche der Zwecke, in seiner vollen Kraft, weil es eben kategorisch gebietend ist."

50 Kant, Grundlegung, S. 105: "Ich sage nun: Ein jedes Wesen, das nicht anders als unter der Idee der Freiheit handeln kann, ist eben darum in praktischer Rücksicht wirklich frei, d.h. es gelten für dasselbe alle Gesetze, die mit der Freiheit unzertrennlich verbunden sind, ebenso als ob sein Wille auch an sich selbst und in der theoretischen Philosophie gültig für frei erklärt würde."

51 Cicero, Der Staat, III, 32: "Was war denn damals die Sache der Athener, als nach dem berühmten peloponnesischen Kriege jene dreißig Männer der Stadt aufs ungerechteste geboten? Machten aus ihr etwa der alte Rom des Staates, der schöne Anblick der Stadt, das Theater, die Gymnasien, die Säulenhallen, die berühmten Propyläen, die Burg, die wunderbaren Werke des Phidias oder der prächtige Piräus ein Gemeinwesen? "Keineswegs,"

Einzelnen zu der Gemeinschaft.⁵² Es ist also die Gemeinschaft oder auch andere Individuen sind es, die dem einzelnen Menschen mit ihrem Willen entgegentreten und ihm übermächtig erscheinen können. Diese Übermacht ist in der res publica öffentlich.⁵³

Solche Eigenschaften des Staates sind nicht durch seine Form oder die Form der Herrschaft in ihm bestimmt. Wird in einem Staate geherrscht, so muß dieser nicht in jedem Fall Rechtsstaat sein. Die Selbstbindung derjenigen, die herrschen, an ihre eigenen Gesetze, ist nicht Eigenschaft des Staates sui generis, sondern eine solche des Rechtsstaates. Die Gleichheit vor dem Gesetz, das jeden erfaßt und

    sagte Laelius, "da es ja nicht die Sache des Volkes war." "Wie? Als die Zehn-Männer in Rom ohne Handlungsmöglichkeit herrschten, in jenem dritten Jahr, als die Freiheit selbst ihren Anspruch verloren hatte?" "Es war keine Sache des Volkes, vielmehr hat das Volk sich bemüht, seine Sache wiederzugewinnen." (...) "Wenn es heißt, daß alles durchs Volk betrieben wird und in der Macht des Volkes ruht, wenn die Menge, über wen sie will, den Tod verhängt, wenn sie treiben, rauben, festhalten, vergeuden, was sie wollen, kannst Du dann leugnen, Laelius, daß das ein Gemeinwesen ist? Da ja alles dem Volke gehört, und wir ja wollen, daß ein Gemeinwesen die Sache des Volkes sei."

52 Ders., 33: "Doch, und zwar würde ich bei keinem rascher bestreiten, daß es ein Gemeinwesen sei als bei dem, das einfach ganz in der Macht der Masse ist. Denn wenn wir entschieden, daß in Syrakrus nicht ein Gemeinwesen bestanden habe, noch in Agrigent und Athen, da die dreißig Tyrannen herrschten, noch hier, als die Zehn-Männer herrschten, sehe ich nicht, warum in der Herrschaft der Masse der Begriff des Gemeinwesens mehr in Erscheinung treten sollte; denn erstens ist mir nur das ein Volk, wie Du sehr gut umschrieben hast, Scipio, das durch die Anerkennung des Rechts zusammengehalten wird, aber diese Vereinigung ist genau so ein Tyrann, als ob einer wäre; sogar darum noch scheußlicher, weil nichts ungeheuerlicher ist als dieses Untier, das das Aussehen und den Namen eines Volkes nachahmt."

53 Cicero, De re publica, Liber I, 28: "Denn wer kann in Wahrheit glauben, daß Dionys damals, als er mit allen Mitteln seinen Mitbürgern die Freiheit entriß, mehr getan hätte als sein Mitbürger Archimedes, als er, während er nichts zu tun schien, eben diese Kugel anfertigte über die eben gesprochen wurde? Wer aber nicht, daß die mehr allein sind, die auf dem Forum und im Gemenge niemanden haben, mit dem sie sich unterhalten möchten als die, welche ohne Aufpasser mit sich selbst sprechen oder gleichsam in einer Versammlung der gelehrtesten Männer zugegen sind, wenn sie an ihren Funden und Schriften sich ergötzen?"

nicht einige ausschließt und andere zuläßt, ist nicht dem Staate innewohnend, sondern dem Rechtsstaat.[54]

Sie steht nicht von vornherein in Verbindung mit der Demokratie, denn die Volksherrschaft enthält als gemeinsames Merkmal mit dem Rechtsstaat bloß Gleichheit in der Weise, daß es das Volk ist, das herrscht; denn das sind alle. Daß es alle sind, für die das Gesetz gilt, ist die Gleichheit vor dem Gesetz. Die Möglichkeit, zu herrschen, hat in der Demokratie jeder und jeder ist vor dem Gesetz gleich. In der Demokratie wohnt also ein Teil des Rechtsstaates. Er ist ihm vorgängig, weil die Gleichheit bloß Merkmal der Demokratie ist, aber den Rechtsstaat in seinem Kern erfaßt.

§ 38 Grundsätze

I. Rechtssatz und Grundsatz

1. Sollen und Grundsatz

Der Grundsatz könnte dem Sollen, dem Imperativ vorausgehen. Er ist im Unterschied zu dem Bestimmenden in dem Sollen und dem Imperativ möglicherweise eine Beschreibung und Unterform des Prinzips.

Die Unvollständigkeit des Grundsatzes, seine Verbindlichkeit in der Begrenzung der Allgemeingültigkeit, konnten Verwandtschaft mit dem Typus aufweisen.[55] Seine Bedeutung für die Rechtspraxis wird man im anglo-amerikanischen Rechtskreis für besonders groß halten müssen, weil dort die Grundsätze als stare decisis-system die Auslegung des Rechts prägen.[56] Das zeigt sich z.B. an Entscheidungen des US-amerikanischen Supreme Courts und anderen Entscheidungen amerikanischer Gerichte aus früherer Zeit, die Verbindlichkeit der Vorentscheidung, des Präzedenzfalles oder Präjudiz zeigen. Ist der Präzedenzfall der Sachverhalt, so ist das Präjudiz der tragende Entscheidungssatz, d.h. der Rechtssatz für die Entscheidung.

Folgende Entscheidungen zeigen die Bedeutung des Grundsatzes im US-amerikanischen Recht: "By the Court. – The strict rules of law with regard to evidence, ought not to be extended to mercantile transactions. In this case, on proving the handwriting of the factor, let the account of sales be given in evidence; which was accordingly done." [57] In dieser Entscheidung bestimmt das oberste Gericht von Dallas schon im Jahre 1768, daß die strikten Rechtsregeln, das ius strictum, einzuhalten sind. Es ist also der Rechtssatz, der gilt und der auch in diesem Fall

---

54 Z.B. R. Bäumlin, Die rechtsstaatliche Demokratie, Zürich 1954, S. 42, 44, 45.
55 Vgl. grds. J. Esser, Grundsatz und Norm, 3. Aufl., Tübingen 1974; K. Larenz, Methodenlehre, 5. Aufl., Berlin u.a. 1983, S. 349.
56 1 Law Ed. U.S. 1-4 Dallas 1-4 Riche and Richards v. Broadfield Dall. 1 1768, 16.
57 B. N. Cardozo, The Nature of Juridicial Process, New Haven et. al. 1921. Grds. U. Wesel, Rhetorische Statuslehre, 1967.

nicht ausgedehnt werden darf. Eine Veränderung von ihm kommt nicht in Betracht.
"Bill in equity. This cause was again brought before the court, upon a motion by R a n d o l p h, to dissolve the injunction, which had been issued, and to dismiss the bill. He assigne two grounds in support of his motion:-1st. That the state of Georgia had no remedy at law to recover the debt in question; and 2d. That even if there was a remedy at law, there was not equitable right to justify the present form of proceding. The motion was opposed Ingersoll and Dallas; and after argument the opinions of the judges (...) were delivered as follows." [58]
In diesem Fall geht es darum, daß die Billigkeit, die equity, Vorrang vor dem Gesetz haben könnte, weil das Gesetz keine billige Lösung für ihn bereitstellt. Das ist zwar in diesem Zitat nicht direkt angesprochen, aber es wird gesagt, daß das Gesetz aus dem genannten Grunde nicht geeignet ist. Daß das Gesetz, nämlich der Rechtssatz in ihm oder mehrere Rechtssätze, nicht einschlägig ist, gibt Anlaß zu der Frage, nach welcher anderen Rechtsgrundlage entschieden werden kann, was Rechtsquelle ist. Vielleicht ist equity Rechtsquelle, der Grundsätze folgen, die hier zur Anwendung kommen könnten. Jedenfalls stellt das Gesetz keinen Rechtssatz bereit und eine Anwendung von Präjudizien scheint ebenfalls nicht möglich zu sein.

Auch die folgenden Entscheidungen beschreiben die Bedeutung des Rechtssatzes, allerdings in seinem Verhältnis zu dem Prinzip, dem principle.[59] Das principle könnte dem Rechtsgrundsatz ähneln und zwar wegen seiner Eigenschaft, grundlegend zu sein: "The Common law has established a principle, that no prohibitory act shall be without its vin dicatory quality; or, in other words, that the infraction of a prohibitory law, although an express penalty be omitted, is still punishable." [60]
"By the 14th section of the judicial act, the Supreme Court, as one of the courts of the United States, has power to issue writs, not specially provided for by the statute, which may be necessary for the exercise of their respective jurisdictions, and agreeable to the principles and usages of law.[61]
"The only principles of law, then, that can be regarded, are those common to all the states. I know of none such, which can affect this case, but those that are derived from what is properly "common law" a law which I presume is the groundwork of the laws in every state in the Union, and which I consider, so far as it is applicable to the peculier circumstances of the country, and where no special act of legislation controls it, to be inforce in each state, as it existed in England (un-

---

58 Dall. 2, 1793, State of Georgia versus Brailsford et. al..
59 Vgl. zur juristischen Prinzipienlehre E. R. Bierling, Der Begriff des Rechts, in: W. Maihofer (Hg.), Begriff und Wesen des Rechts, Darmstadt 1973, S. 97.
60 Chrisholm, Exr. vs. Georgia, Supreme Court, 1793, 418, 426.
61 p. 425.

altered by any statute) at the time of the first settlement of the country." [62]
"Whatever opinion may be entertained, upon the construction of the Constitution, as to the power of Congress to authorize such a one. Now I presume it will not be denied, that in every state in the Union, previous to the adoption of the Constitution, the common law principles in regard to suits that were in any manner admissible in respect to claims against the state, were those which in England apply to claims against the crown; there being certainly no other principles of the common law which, previous to the adoption of the Constitution could, in any manner, or upon any color, apply to the case of a claim against a state in its own courts, where it was solely and completely." [63]

"There is no other part of the common law, besides that which I have considered, which can by any person be pretended in any manner to apply to this case, but that which concerns corporations." [64]

Die Aussagen, die von den Gerichten über das Verhältnis von common law und principles getroffen werden, zeigen, daß Verfassung und common law sich nicht widersprechen müssen; die Prinzipien, die im common law vorhanden sind, beschreiben die Grundlagen dieses Rechts. Es schafft selbst Prinzipien, in denen es sich verwirklicht.

Dieser Gedanke, daß es Grundlagen des common law sind, die in den principles beschrieben werden, es aber auch in ihnen konkretisiert ist, findet sich auch in einigen anderen Entscheidungen, die die Bedeutung des common law als Summe von Rechtssätzen darstellen: "These examples from Great Britain I consider of very high authority, as they are taken from kingdom equally bound by the law of nations as we are; prossessing amixed form of government as we do; and, so far as common principles of legislation are concerned, being the very country form which we derive the rudiments of our legal ideas." [65]

"When process at common law, or in equity, shall issue against a state, it shall be served upon the governor, or chief executive magistrate, and the attorney general, of such state. Process of suboena, in equity, to be served 60 days before the return day, if defendant, duly served, does not appear on return day, complainant may proceed ex parte. The general rule prescribes to this court an adoption of the practice which is founded with custom and usage of courts of admirality and equity, constituted on similar principles; but with discretionary authority to deviate from that rule, where its application would be in jurious or impracticable." [66]

62 p. 434.
63 p. 486.
64 p. 446.
65 Ware vs. Hylton, Supreme Court of the United States, 1796, 568, 600.
66 1796, Supreme Court, 319, Grayson vs. Virginia.

Es wird zwischen common law und equity unterschieden. Die Billigkeitsentscheidung und diejenige aufgrund des common law sind nicht nur aus unterschiedlichen Rechtsquellen gespeist, sie bringen auch verschiedene Rechtssätze hervor, die als Grundlage der Entscheidungen dienen. Sie können auch dieselben Prinzipien hervorbringen.

Man kann aber auch zwischen Rechtssätzen und Prinzipien unterscheiden. So geschieht es in den folgenden Entscheidungen: "The rule of the common law is, that all persons may hold lands, except aliens." "It is a principle of the common law (..), that no man can put off his allegiance." [67]

"At the time of his birth, the King of England was the common sovereign of Daniel Coxe, and the other citizens of New Jersey; and by the principles and express rules of the common law, such persons never can be aliens, though a change of sovereigns should take place, and distinct governments be formed; for as on the one hand, the duty of natural allegiance accruing at birth, adheres to him through life; so on the other, the corresponding privileges, among which is the capacity to take and hold lands, must remain, unless forfeited by crime." [68]

"Was it from deference to the common law, that the objections urged against the treaty of London were, that it paved the way for British influence, by enabling aliens of that country to hold lands in the United States." "That common law of England, say Judge Tucker and Judge Wilson, was only so far adopted in the states, as it was proper and aplicable to the situation and the circumstances of that colonies, and was different in different colonies." [69] "If the common law introduced through the constitution, fails, what is the next prop by which it is attempted to support a claim in opposition to the language of our revolution." [70]

In den Entscheidungen wird deutlich, daß die Prinzipien des common law, die grundsätzlicher Art sind, in den einzelnen Rechtssätzen konkretisiert werden.

Auch in den folgenden kann man erkennen, daß Prinzipien im common law als aus der Rechtsprechung gebildete Fallpraxis, die verallgemeinert als Rechtsregel angewendet wird, in unterschiedlicher Weise grundsätzliche Merkmale des Rechts in den Vereinigten Staaten in sich enthalten: "The power granted to Congress by the constitution," "to make rules for the government of the land and naval forces," "mercely respects the military police of the army and navy, to be maintained by articles of war which form the military code." (..) "The principle that every power has exclusive jurisdiction over offenses committed on board their own public ships."[71]

67 McIvaine v. Coxe Lessee, Supreme Court 1804, 296f.
68 p. 307.
69 p. 327.
70 p. 331.
71 The United States v. Bevans 350 U.S. 1818.

"It would be a strange inconsistency to hold the states to be foreign powers in relation to the government of the United States, and to apply to them the principles of the cases cited, and to hold their courts to be judicatures existing under a foreign authority, when the judgments of those courts are not only treated here as judgements of the courts of the United States are treated, but when also Congress has referred to them the execution of many laws of the general government, and when appeals form their decision are constantly brought, in the provided cases, into this court by writ of error." [72]

"And not only must the common law be resorted to, for the interpretation of the technical terms and phrases of that science, as used in the constitution, but also for ascertaining the bounds intended to be set in the jurisdiction of other courts. In other words, the framers of the constitution must be supposed to have intended to establish courts of common law, of equity, and of admirality upon the same general foundations, and with similar powers, as the courts of the same descriptions respectively, in that system of jurisprudence with which they were acquainted.[73]

"The rule of the English common law is the same that material men and mechanics, furnishing reprairs to domestic ship, have no particular lien upon the ship itself, or its proceeds, in court, under a decree and sale, for the recovery of their demands, with the exception of the shipwright who has possession of ship." [74]

"Held, that the Association, not being incorporated at the testators desease, could not take this trust as a society. If, in England, the prerogative of the king, as parents patriae, would, independent of the statute of Elizabeth, extend to charitable bequests of this description. Quaere, Howe far this principle govern in the courts of the United States." [75]

Daß sich das Prinzip auf die Idee zurückführen läßt, beruht darauf, daß darin eine Bedingung genannt ist, d.h. eine Aussage formuliert wird, die sich eignet, ein Sollen zum Ausdruck zu bringen. Der Rechtssatz und die Rechtsregel können aus dem Prinzip entstehen und auch diesem kann eine Idee zugrundeliegen. Es bleibt noch die Frage zu beantworten, ob sich auch der Grundsatz auf eine Idee zurückführen läßt oder die Idee in einer anderen Verbindung zu ihm steht.

Die Idee ist der unvollständige Gedanke. Der Gedanke gründet häufig auf der Idee, die der Einzelne hat und die den Gedanken benennt. Es kann z.B. bloß ein Wort sein. Auf der Idee, die ein Wort ist, wird ein Gedanke aufgebaut und dann formuliert. Dieser Satz ist der ausgesprochene Gedanke.

72 p. 414.
73 p. 414.
74 p. 436.
75 4 L. ed. U.S. Supreme Court, The Trustees of the Philadelphia Baptist Association et al. v. Harts Executors 1810, 499.

In der Idee ist ein Teil der Welt geborgen. Sie beschreibt ihn. So konnte Platon die Ideenlehre schaffen, die die Ideen der Menschen über die Welt in Gesprächen formuliert.[76] An dem Fortgang der Gespräche, ihrem Ablauf, läßt sich zeigen, daß das Leben der Menschen in dem Staate vorhanden und eine Ordnung darin ist. D.h. bloß, daß dort in einer Weise gehandelt wird, die sich von anderen vielleicht möglichen, jedenfalls denkbaren, unterscheidet. Die Idee ist also nicht beliebig oder auszutauschen durch eine andere. Man kann fragen, ob der Grundsatz gemeinsame Merkmale mit dem Begriff Idee hat. In seiner Eigenschaft als Satz ist er nicht das gleiche wie der Begriff Idee. Dieses Merkmal teilt er mit dem Gedanken. Das Wort Grundsatz deutet an, daß etwas gemeint ist, das nicht die Oberfläche beschreibt, sondern einen Grund im Sinne einer Ursache oder der Wurzel.

Idee und Grundsatz sind vielleicht nicht unvereinbar miteinander. Es könnte der Grundsatz auf die Idee zurückgeführt werden. Dann müßte dem Begriff Idee die Eigenschaft innewohnen, an der Wurzel zu liegen. Von vornherein scheint das nicht unmöglich zu sein. Warum sollte ein Grundsatz nicht aus der Idee gespeist werden? Ist eine Entscheidung vom Gericht in dem Staat gefällt worden, so mag dem gefolgt werden. Bestätigt die Instanz darüber das Urteil nicht, muß ihm nicht gefolgt werden. Wird die Entscheidung aber bestätigt und folgen die anderen Gerichte ihr und erwächst dieses Urteil in Rechtskraft, so könnte der Entscheidungssatz Grundsatz werden. Er ist nämlich dann Ursache des Rechts, das gesprochen wird. Das liegt daran, daß er wegen seiner Eigenschaft, Grundlage gerichtlicher Entscheidung zu sein, die Ähnlichkeit mit dem Rechtssatz wegen seiner Bindungskraft erhält.

Allerdings mag die Entscheidung bloß Auslegung eines Rechtssatzes sein, so daß der Begriff "Grundsatz" entbehrlich ist. Ist aber die Auslegung eines Begriffs in dem Rechtssatz oder seiner Bedeutung nur möglich, wenn darin ein Gedanke formuliert wird, der sehr allgemein ist, so können darunter wegen gemeinsamer Merkmale des Begriffs Fallgruppen gebildet werden, die nach Unterbegriffen geordnet sind. Der Grundsatz ist dann der Gedanke, der die Unterbegriffe ordnet, eben die gemeinsamen Merkmale auf den Begriff bringt. Er dürfte gewisse Ähnlichkeiten mit dem Rechtssatz haben, wenn er auch nicht in jedem Falle imperativisch formuliert sein muß oder sich in ihm ein Imperativ zeigt.

Jedenfalls ist der Grundsatz ein Bedingungssatz; in ihm sind Bedingungen für die Anwendung des Rechtssatzes enthalten. Ein Rechtssatz kann sogar auf mehreren Grundsätzen beruhen und Gesetze können womöglich nach Grundsätzen aufgebaut sein. Ist der Rechtssatz allgemeiner, wäre der Grundsatz konkreter. Es kann aber auch ein alter Grundsatz in ein Gesetz eingefügt werden, z.B. der Vertrauensgrundsatz, nämlich Treu und Glauben nach §242 BGB.[77] Zuvor war er viel-

---

76 Platon, Der Staat (Politeia), Stuttgart 1958.
77 K. Larenz, Methodenlehre der Rechtswissenschaft, 5. Aufl., Berlin u.a. 1983, S. 348.

leicht nicht geschriebenes Recht oder bloß in einem Vorgängergesetz in dem Staat oder demjenigen, der ihm vorangegangen war. Er hat deswegen übergreifenden Charakter. Ein solcher Grundsatz kann aber auch, wie beschrieben, Unterbegriffe ordnen; es dürfte entscheidend sein, was Inhalt des Gesetzes sein soll. Mit der Idee hat der Grundsatz also nicht gemeinsam, daß er als Bedingungssatz formuliert ist. Das teilt er mit dem Rechtssatz.

Er teilt mit der Idee aber die Unvollständigkeit in der Weise, daß Grundsätze nebeneinander stehen können, so wie es auch möglich ist, daß Ideen nebeneinander stehen und miteinander nicht verbunden sein müssen. Auch der einzelne Grundsatz ist womöglich unvollständig, d.h. er kann es sein. In ihm ist ein Gedanke formuliert, der Worte enthält. Der Grundsatz ist wie das Prinzip gestaltet. In ihm ist die Chance, daß das Denken unvollständig ist, nicht bloß als eine Möglichkeit, sondern als Wirklichkeit vorweggenommen, also in dem Satz ein Teil von ihm.

Auch die Idee ist nicht verbindlich im Sinne der Geltung des Rechts; ihre Verbindlichkeit rührt daher, daß man sie ausspricht oder sie verwirklicht, enthält sie ein Sollen. Ist der Grundsatz wie ein Bedingungssatz formuliert, so liegt seine Verbindlichkeit bloß in dem Willen derjenigen, die ihn aufstellen. Anders ist das, wenn der Grundsatz Teil des Rechts ist. Das Aussprechen, die Verwirklichung und der Wille sind jedenfalls nicht von vornherein dasselbe wie die Geltung des Rechts, ist auch das Recht willensgetragen und willensbestimmt. Der Grundsatz ist auch außerhalb des Rechts vorhanden und es gibt ihn in dem Recht nur als Teil des Gesetzes, eben durch Inkorporation in ausdrücklich oder durch Deutung feststellbarer Weise. Die Idee hat also Ähnlichkeiten mit dem Begriff Grundsatz, aber das Wesen dieses Begriffs, daß darin ein Sollen formuliert ist, teilt sie nicht mit ihm.

Der Gedanke hat vielleicht Eigenschaften, die er mit dem Grundsatz teilt. Er ist ein Satz oder ein Halbsatz, der nicht unmittelbar der Anschauung entnommen ist, sondern diese z.B. verarbeitet, etwa durch einen Schluß.
Der Gedanke kann vollständig sein, muß es aber nicht. Weil der Gedanke nicht vollständig ist oder es jedenfalls nicht sein muß, unterscheidet er sich von der Idee. Der Gedanke muß aber kein Sollen innehaben, der Wille ist ihm nicht vorausgesetzt. Der Grundsatz kann in einem Gedanken enthalten sein.

Im Begriff "Imperativ" ist die Herrschaft, das Herrschen, enthalten. Dies fehlt im "Sollen". Es sagt nur, was das Ziel ist. So soll es sein oder auch, daß es so zu sein hat. Der Grundsatz hat als eines seiner begrifflichen Merkmale das Sollen. Er enthält ein Ziel, z.B. Treu und Glauben. Im Geschäftsverkehr sollen sich die Menschen nach Treu und Glauben verhalten. Der Grundsatz ist auf das Ziel hin formuliert.

2. Grundsatz als Imperativ?

Der Rechtssatz ist imperativisch, weil in ihm die Herrschaft des Staates verkörpert ist. Das Herrschen in dem Staate ergibt sich aus der Bändigungseigenschaft.

Die Gemeinschaftsfeindlichkeit des Menschen wird gebändigt im Staat, der aus diesem Grunde Staatsgewalt ausbildet. Denn es könnte sein, daß Ursache der Unvollkommenheit der Welt das Schlechte in den Menschen ist, dem durch den Staat entgegengetreten wird. Das Gute könnte und soll die Welt vollkommener machen.

Der Grundsatz ist nicht von vornherein oder in jedem Falle in ein Gesetz inkorporiert, etwa zur Formulierung des Gemeinsamen zwischen den Unterbegriffen oder übergreifend. Grundsätze existieren auch außerhalb des Rechts. Sie müssen als starre Regeln oder als Obersätze von Fallgruppen zwar als Teil des Gesetzes verstanden werden und entfalten auch seine Wirkung. Aber der Imperativ als Eigenschaft, also das Imperativische, ist nicht Begriffsmerkmal.

Der Grundsatz hat aber eine andere Eigenschaft, die ihn mit dem Imperativ verbindet. Auch er enthält ein Sollen, das Merkmal, daß etwas bestimmtes zu tun oder zu unterlassen ist. Zwar wird das nicht mit Herrschaftsmacht verknüpft, aber es ist eine gemeinsame Eigenschaft, die Imperativ und Grundsatz charakterisiert.

Dieses Sollen sagt, welches Ziel angestrebt wird. Der Grundsatz ist daher nicht imperativisch, weil nicht in jedem Falle Teil von Herrschaft, aber wie der Imperativ durch das Sollen gekennzeichnet. Ihm fehlt bloß die Bewegung, Dynamik.

Daß der Grundsatz nicht in jedem Falle imperativisch ist, beeinflußt seine Eigenschaft, ein Sollen zum Ausdruck zu bringen, nicht. Wenn gesagt wird, was zu tun oder zu unterlassen ist und das in einer Art und Weise geschieht, die nicht bloß einen einzelnen Fall, sondern viele angeht, eine allgemeine Bestimmung oder Regelung getroffen wird, so könnte der Grundsatz geeignet sein, als Rechtssatz formuliert zu werden oder übergreifend die Gemeinsamkeiten zwischen Rechtssätzen zu beschreiben und auch gemeinsame Merkmale von Unterbegriffen eines Rechtsbegriffs in einem Rechtssatz darzustellen. Diese Eignung des Grundsatzes könnte zweifelhaft sein, weil er dem Unvollständigkeitsdenken entnommen ist. Denn der Rechtssatz als Teil des Gesetzes hat diese Eigenschaft nicht. Allerdings erhält der Grundsatz als Rechtssatz, als Beschreibung übergreifender Gemeinsamkeiten von Rechtssätzen, aber auch als Zusammenfassung gemeinsamer Merkmale von Unterbegriffen eines Rechtsbegriffs, so Vollständigkeit. Grund dafür ist, daß auf diese Weise der Grundsatz Teil des Gesetzes wird, wenn auch nicht immer als ein Rechtssatz Teil seines Wortlautes, aber jedenfalls Teil von ihm in seinem Bedeutungsinhalt. Deswegen kann eine mögliche Unvollständigkeit mit den Methoden der juristischen Auslegung ergänzt werden. Auch im Rechtssatz ist nicht jeder Fall auf den ersten Blick enthalten. Dieser bedarf der Bedeutung, es muß subsumiert werden. Wegen der Eigenschaft des Gesetzes, ein Ganzes zu sein, ist eine solche Verwendung des Grundsatzes auch möglich. Wie der Gedanke muß auch der Grundsatz nicht in jedem Fall inkomplett sein. Ist er es aber, so kann er als Bestandteil des Gesetzes oder seiner Auslegung erweitert oder ergänzt werden. Man zieht dann z.B. noch einen zweiten Grundsatz heran oder legt den Grundsatz als Rechtssatz aus.

Ist der Grundsatz selbst Rechtssatz, etwa Wortlaut des Gesetzes, unterscheidet er sich von diesem nicht mehr. Er ist dann in derselben Weise und in demselben Maße imperativisch, es sei denn es ergibt sich etwas anderes. Die Herrschaftsmacht tritt hinzu.

Wenn der Grundsatz bloß übergreifend Gemeinsamkeiten beschreibt oder Unterbegriffe von Gesetzesbegriffen zusammenfaßt, so ist die Eigenschaft, in sich Herrschaft zu verkörpern, imperativisch zu sein, obsolet geworden. Läßt sich der Grundsatz allerdings als Teil des Gesetzes im Sinne der Summe von Rechtssätzen begreifen, so besitzt er dieselbe imperativische Kraft wie der Rechtssatz selbst, dann z.B., wenn er unter ihn zu subsumieren ist. Wird er Rechtssatz, erweitert er in diesen Richtung seine Grundsatzeigenschaft.

3. Beschreibung und Grundsatz

Ähnlich wie der Rechtssatz, enthält auch der Grundsatz stets eine Beschreibung. Im Rechtssatz ist es der Tatbestand und im Grundsatz ist es die Bedingung. Das zeigt z.B. der Grundsatz des Handelns nach Treu und Glauben oder auch der Verkehrssitte.

Diese Begriffe deuten nicht nur auf außerrechtliche Maßstäbe hin, die durch Inkorporation zu gesetzlichen werden, sondern sie zielen auf einen Bereich des menschlichen Lebens, z.B. den Geschäftsverkehr. Es wird damit ein Sachbereich angesprochen. Die Beschreibung als Darstellung von dem, was ist oder auch der Tatbestand, also die Bedingung in dem Bedingungssatz, ist im Grundsatz enthalten.

Weil der Grundsatz nicht imperativisch ist, sondern bloß ein Sollsatz, kann er vager sein als der Rechtssatz. Die Bestimmtheit des Rechtssatzes gilt für den Grundsatz nicht von vornherein, wird ihm aber zu eigen, wenn er Teil des Gesetzes oder seiner Deutung ist. Wenn der Grundsatz auch nicht denselben Bestimmtheitsanforderungen unterliegt wie der Rechtssatz, so muß die Eigenschaft von ihm, beschreibende Elemente zu haben, nicht widersprechen. Auch der Rechtssatz enthält im Tatbestand, der Teil von ihm ist, beschreibende Elemente. Dort wird beschrieben, was der Gesetzgeber als zu regelnden Teil der Wirklichkeit begreift. Ob er dieser entnommen oder bloß konstruiert ist, spielt keine Rolle.[78]

Die Beschreibung in dem Grundsatz enthält diejenigen Teile der Wirklichkeit, an deren Vorhandensein oder Abwesenheit als Bedingung die eine oder andere Zielbestimmung geknüpft wird. Der Grundsatz ist womöglich der Wirklichkeit näher,

---

78 K. Larenz, Methodenlehre der Rechtswissenschaft, Berlin u.a., 1983, 5.Aufl. S. 130.

weil er entweder bloß als Sollenssatz wie ein Rechtssatz oder als Zusammenfassung von Merkmalen von Unterbegriffen oder als übergreifende Gemeinsamkeit formuliert ist. Ursache mag sein, daß er nicht von vornherein das Imperativische innehat. Die Eigenschaft, nicht in dem staatlichen Gesetzgebungsverfahren entstanden zu sein, aus Erfahrung vielleicht tradiert, kann eine solche Einordnung rechtfertigen. Auch die Eigenschaft, Unterbegriffe in ihren Merkmalen zusammenzufassen, liegt eventuell der Wirklichkeit, also dem Sachverhalt, näher.

Die Beschreibung, die der Grundsatz enthält, unterscheidet sich von dem Sollen. Ihr Merkmal als Bedingung ähnelt derjenigen des Tatbestandes eines Rechtssatzes. In ihrer Beschaffenheit als übergreifende Sollenssätze konkretisieren sie die Gerechtigkeit und in dieser Eigenschaft sind sie geeignet, die Richtigkeit, die Kern der Gerechtigkeit ist, für das Recht und auch das Gesetz verwendungsfähig zu machen. Kaufmann spricht davon, daß der Werdegang des Rechts sich in drei Stufen vollzieht, in der ersten Stufe der "Grundsatznorm", in der zweiten, das ist das positive Gesetz und in der dritten Stufe, das ist die Entscheidung in der konkreten Situation.[79] Gemeint ist damit, daß Grundlage des Rechts oder auch sein Ausgangspunkt die Grundsatznorm sei. Wenn auch der Grundsatz als Begriff nicht denselben Bedeutungsinhalt hat wie die Grundsatznorm, so ist in beiden das Wort "Grundsatz" enthalten. Verwirklicht sich die Gerechtigkeit im Recht, so kann – wie schon beschrieben – es sich schon sogleich in seiner ersten Stufe zeigen. Denn auch darin und gerade in ihr zeigt sich die Gerechtigkeit. Häufig ist der Grundsatz jedoch nicht Recht, sondern Moral, Sitte, behaviour.

II. Prinzip und Grundsatz

1. Unvollständigkeitsdenken und Grundsatz

Spricht man über das Verhältnis von Prinzip und Grundsatz, so stellt man fest, daß aus dem Prinzip wie aus der Idee die Lehre, die Prinzipienlehre, entwickelt werden kann.

Das Prinzip kann man als eine Idee verstehen, die "wenn – dann" Beziehungen in sich trägt. Das mag auch ein Sollensmerkmal sein. In einer Prinzipienlehre sind die Prinzipien in diesen Eigenschaften zusammengefaßt und geordnet. Das Prinzip wird entdeckt.[79a]

In dem Grundsatz ist die Chance enthalten, daß Vollständigkeit des Denkens vorhanden sein könnte. Diese Möglichkeit, die der Grundsatz verwirklicht, teilt er mit dem Begriff dort, wo der Begriff dem Vollständigkeitsdenken erwächst. Denn der Begriff ist vollständig, es sei denn ein Fehler liegt vor, der auf dem Irr-

---

79 A. Kaufmann, Gesetz und Recht, in: Rechtsphilosophie im Wandel, 2. Aufl., Köln 1984, S. 156.

79a K. Larenz, Methodenlehre der Rechtswissenschaft, Berlin u.a. 5. Aufl. 1983, 26f.

tum beruht. Geht man von dieser Möglichkeit aus, dieser Chance zum Fehler, so zeigt sich in dem Prinzip ebenso wie in der Idee dieses Denken als ein Unvollständigkeitsdenken verwirklicht. Nimmt man den Grundsatz, so enthält er die Chance zur Vollständigkeit. Ist er auch abstrakter, so läßt er in sich Zeichen erkennen, daß er unvollständig ist, und daß das Unvollständigkeitsdenken auch Einfluß auf ihn hat.
Er ist in seiner Allgemeingültigkeit begrenzt. Der Grundsatz gilt nicht in jedem Fall. Er hat Ausnahmen und diese Ausnahmen grenzen seine Geltung ein. Ihm fehlt von vornherein die Geltung des Rechtssatzes in einer Rechtsordnung, der Bestandteil des Gesetzes ist. Durch Inkorporation kann er sie erwerben.
Das Prinzip ist ein Begriff, der – wie die Idee – die Möglichkeit, unvollständig zu sein, als ein Merkmal in sich trägt. Es hat mit der Idee nicht nur dieses Merkmal gemeinsam. Jedenfalls teilt er mit dem Grundsatz seine Eigenschaft, Sollen enthalten zu können. Entweder wird eine "wenn – dann"-Beziehung, ein Bedingungssatz, aufgestellt oder ein Ziel als Ergebnis eines Sollens, also ein Sollsatz.

Die Unvollständigkeit als Besonderheit der Idee ist für diese charakteristisch. Der Gedanke kann unvollständig, muß es aber nicht sein. Ideen- und Prinzipienlehre beruhen auf dem Unvollständigen, wenn auch nicht in derselben Weise. Es ist aber möglich, das Vollständige zu denken, so wie Aristoteles es beschrieben hat.[80] Die Unvollständigkeit ist nicht in jedem Falle vorhanden. Idee und Gedanke unterscheiden sich durch die Chance, vollständig sein zu können.
Im Vergleich mit dem Rechtssatz ist der Grundsatz aus dem Unvollständigen geboren. Seine Verbindlichkeit ist begrenzt und auch seine Anwendungsfähigkeit. Der Grundsatz ist bloß wichtig, weil er einen Inhalt hat, der sein soll. Seine Bindungskraft, seine Geltung usw., spielen keine entscheidende Rolle. Die Allgemeingültigkeit des Grundsatzes ist begrenzt. Ausnahmen könnten seine Geltung einschränken.

Gerade weil der Grundsatz unterschiedliche Rechtsordnungen überdauert und in verschiedenen zu finden ist, könnte seine Bedeutung für den Inhalt des Rechtes groß sein und gelegentlich vielleicht sogar diejenige der Verfassungen übersteigen.

2. Grundsatz und Typus

Die Vollständigkeit ist Eigenschaft des Begriffs. Er ist in seinen Merkmalen vollständig. Der Grundsatz könnte dem Typus verwandt sein. Beide sind unvollständig. Im Verhältnis zum Begriff sind beide zwar unvollständig, aber auch sie können in der Rechtsanwendung eine Rolle spielen.[81] Der Grundsatz neigt zu

---

80 Aristoteles, Nikomachische Ethik, Stuttgart 1969; ders., Politika, Stuttgart 1989.
81 Vgl. § 34 II. K. Larenz, Methodenlehre der Rechtswissenschaft, 5. Aufl. 1983, S. 23.

Vollständigkeit.
Im Typus findet man das charakteristische. Der Typus bezeichnet die Besonderheit einer Sache mit wenigen Merkmalen. Sie sind kennzeichnend für sie ohne sie vollständig in allen ihren Merkmalen zu beschreiben. Mit dem Typus verhält es sich wie mit dem Begriff, bloß daß er in ihm oder seinen Unterbegriffen enthalten ist. Man findet solche Merkmale in unterschiedlichen Rechtsbegriffen. Ihnen ist der Typus gemeinsam. Sie enthalten alle ein gemeinsames Merkmal.

Der Typus kann in unterschiedlichen Rechtsbegriffen und Rechtssätzen vorzufinden sein. Möglich ist es, daß eine Typenbildung in allen Arten von Rechtssätzen stattfinden könnte. Das ist anders bei dem Grundsatz. Der Grundsatz ist nur in solchen Rechtssätzen vorzufinden oder leitet diejenigen, die Begriffe enthalten, die von der Anschauung entfernte Merkmale in sich tragen.[82] Der Grundsatz gewinnt Verbindlichkeit in einer Rechtsordnung durch seine Anwendung als Merkmal von Gesetzesbegriffen oder in der systematischen Auslegung bei übergreifenden Grundsätzen, z.B. in dem Vertrauensgrundsatz.

Beschreibt man Demokratie, so ist der Begriff in seinen Merkmalen dazustellen. Aber auf diese Weise ist das Recht der Volksherrschaft noch nicht dargelegt. Wie Demokratie als Form der Herrschaft in einem Staate zu sein hat, findet man in ihrem Recht aufgehoben. Was aber ist das Sollen im Unterschied zum Sein? Wenn es das Ziel ist, was ist das Ziel?

Versteht man die Gerechtigkeit als Begriff, der Ziel des Rechts ist oder auch Teil des Rechts selbst, so ist es die Richtigkeit, die richtige Erkenntnis, die sein Merkmal ist.

Nur weil die Chance zur richtigen Erkenntnis besteht, die Möglichkeit, daß es nicht falsch ist, was gedacht wird, kann das Recht Legitimation für sich beanspruchen. Je höher die Chance dazu ist, desto vorzugswürdiger ist die eine Herrschaftsform der anderen gegenüber, desto mehr spricht für die eine Staatsform als für die andere.

Wenn gesagt wird, daß die Demokratie die einzige Herrschaftsform sei, die in einem Staat bestimmt sein dürfe oder auch die beste, so liegt darin der Gedanke, daß sie als in dem Begriff aufgehoben, in ihren Merkmalen geeignet ist, Gemeinschaftsfeindlichkeit des Menschen entgegenzutreten, die durch den Staat gebändigt werden soll. Ihre Eigenschaft als Herrschaftsform in dem Staat, der Staatsgewalt ausgebildet hat, wird auf diese Art und Weise begründet und bestätigt.

Dagegen spricht nicht, daß gelegentlich der Rechtsstaat die Demokratie begrenzt. Es zeigt sich darin bloß, daß die Richtigkeit, eben die Gerechtigkeit, das Recht der Demokratie bestimmt. Ist es das Recht der Demokratie, wird diese

---

82 Z.B. Kant, Kritik der reinen Vernunft (1877), Stuttgart 1973, S. 378f.,S. 207-303, 313.

durch den Rechtsstaat in ihrer Gestaltung geformt. Das kann auch eine Begrenzung der Demokratie bedeuten.

Auch in dem Grundsatz ist die Gerechtigkeit geborgen. Seine Richtigkeit als Sollenssatz entspringt nicht dem Imperativischen, wie man es wegen der Herrschaft aller in der Demokratie für diese in Anspruch nehmen kann, sondern seiner Eigenschaft, in Recht inkorporiert zu sein, weil man seine Geltung als Teil eines Gesetzes auf diese Art und Weise verankert hat. Das findet sich auch im Typus.

§ 39 Personale und menschenrechtliche Grundlagen

I. Menschenbild und Gerechtigkeit

1. Menschenbild und Imperativ

Sind Idee, Prinzip und Typus eher auf dem Unvollständigkeitsdenken gegründet, so fragt sich, ob sie deswegen nicht weniger an dem Richtigkeitsdenken teilnehmen als der Gedanke oder der Grundsatz.

Wenn sie in Recht inkorporiert sind, könnte wegen dessen Vollständigkeit kein Weniger an Gerechtigkeit festzustellen sein.

Ist der Mensch, dessen Bild dem Recht der Demokratie zugrundeliegt, fähig, gerecht zu sein oder welche Eigenschaften sind Teil des Menschenbildes in dem Recht der Demokratie?

Die Fähigkeit, eine Form der Herrschaft in dem Staate zu konstituieren, die das Volk ausübt, könnte an dem Vollständigkeitsdenken teilnehmen, das dem Recht innewohnt. Denn wenn es der Mensch ist, der in dem Staate herrscht, so ist das Recht dieser Herrschaft ein solches, das das Richtigkeitsdenken in sich trägt, wenn er dazu fähig ist.

Die Fähigkeit des Menschen, gerecht zu sein, könnte sich aus seiner Eigenschaft ergeben, ein vernunftbegabtes Wesen zu sein. Dieses Bild des Menschen, daß er einen Geist hat und wegen dieses Geistes in der Lage ist, zu denken und nicht dem Irrtum zu erliegen, sondern das Richtige zu denken, begründet das Imperativische in dem Staate. Recht ist imperativisch, d.h. es ist Sollen und auch Herrschaft in dem Staate. Die Eigenschaft des Menschen, mit dem Geist begabt zu sein, führt dazu, daß er zu vernünftigen Entscheidungen in der Lage ist. Das Denken ist Äußerung des Geistes, die richtig oder falsch sein ist.[83] Weil sie richtig sein kann, entspringt dem Geist die Vernunft.[84] Nicht die Vernunft selbst ist es, die zu der Möglichkeit und Fähigkeit führt, zu herrschen, sondern der Wille. Der Wille ist die Kraft des Geistes, die der Einzelne aktiviert, um das Vernünftige zu tun, um zu handeln.

83 Kant, Grundlegung zur Methaphysik der Sitten (1785), Stuttgart 1988,S.115.
84 Kant, Kritik der reinen Vernunft (1877), Stuttgart 1973, S.391.

Allerdings ist der Wille ohne den Geist bloß ohne sein Ziel für die Richtung des Handelns. Das Sein speist den Willen und gibt ihm den Antrieb zu dem Handeln. Das ist die Personeneigenschaft des Menschen.

Diese Eigenschaft macht es möglich, daß die Gerechtigkeit nicht bloß als Funktion eines höheren Wesens oder als dem Sein der Dinge von vornherein gegeben und ohne Zutun der Menschen vorhanden, sondern als von ihm gesteuert und hervorgebracht verstanden wird. Sie macht es möglich, den Menschen nicht bloß als leblose Materie, als Sein dieser Art zu verstehen, sondern sie gestattet, ihn als handelndes Subjekt zu begreifen, als einen Herrscher in dem Staate.

Personale Grundlage des Denkens von der Gerechtigkeit, die dem Rechte innewohnt, ist das Menschenbild, das es gestattet, daß der Mensch seine Aufgabe ausübt, zu herrschen, er überhaupt die Möglichkeit hat, eine solche Fähigkeit auszuüben.

Die Fähigkeit des Menschen, zu herrschen, ist Teil des Menschen selbst. Diese hat zum Inhalt nicht nur den Willen, sondern auch, daß dieser durchgesetzt werden kann. Das Innehaben der Staatsgewalt als Hoheitsgewalt setzt voraus, daß der Mensch den Willen praktisch durchsetzen kann. Die Autorität[85] und die Fähigkeit, sich durchzusetzen, zu handeln, sind Voraussetzung für die Fähigkeit zur Herrschaft.

Die Autorität ist nicht die Kraft des Geistes, die zuvor genannt worden war, sondern die Kraft des Willens, die in dem Staat mit der Herrschaftsgewalt, nämlich der Möglichkeit verbunden ist, Zwang auszuüben. Handeln heißt, daß getan werden kann, was Wille des Staates ist. Die Fähigkeit, sich durchzusetzen, diese auch wirklich einzusetzen und das zu bewirken, was bestimmt worden ist, charakterisiert den Imperativ.

2. Gerechtigkeit und Person

Im vierten Buch der Politeia schreibt Platon, daß man als eine der Eigenschaften in dem Staat die Gerechtigkeit erkennt.[86] Notwendige Grundlage jeder Staatsgründung sei die Gerechtigkeit.[87] Platon sagt, daß "wir, mein Glaukon, wie die Jäger einen Busch im Kreis umstellen und achtgeben, daß uns nicht die Gerechtigkeit entkomme und sich unsichtbar mache." [88] "Wir haben eine Spur! Sie wird uns also nicht ganz entwischen." [89]

Die Gerechtigkeit ist Ziel, das zu erreichen notwendig ist und es wird ein Weg beschritten, um dorthin zu kommen. Gerechtigkeit ist die richtige Lösung oder auch mehrere sind gerecht, wenn es mehrere richtige gibt.

Daß Platon von der Gerechtigkeit als notwendig für die Staatsgründung spricht, hat eine Ursache, die die Eigenschaft des Staates als Sicherungsverband gegen

85 Doehring, DRiZ 1939, S. 5.
86 Platon, Politeia, IV 432b 5; IV 427 e.
87 Platon, Politeia, IV 433 a.
88 Platon, Politeia, IV 432 b 6.
89 Platon, Politeia, IV 433 b d 3, 4.

die Tragik der Erkenntnis der Unvollkommenheit der Welt beschreibt. Worauf die Unvollkommenheit der Welt beruht, ist unklar. Jedenfalls besteht die Möglichkeit, daß sie auf der Gemeinschaftsfeindlichkeit beruht. Die Fähigkeit des Menschen, sich zwischen Gut und Böse zu entscheiden und auch das Böse zu wählen und das tatsächlich zu tun,[90] ist Teil des Menschenbildes. Könnnte also die Unvollkommenheit der Welt eine solche Ursache besitzen, so beruht die Gründung des Staates darauf, daß die Welt vollkommener werden soll. Denn ist die Erkenntnis der Unvollkommenheit der Welt richtig und das ist ganz offensichtlich, so kann man diese Tragik vielleicht mildern, wenn man einen Sicherungsverband gegen sie gründet. Gerechtigkeit als das Richtige oder auch die richtige Lösung ist die Chance, daß die Unvollkommenheit der Welt wirklich auf der Gemeinschaftsfeindlichkeit des Menschen beruht und der Staat als höchste Gewalt an dem Orte diese bändigen kann. Daß die Gerechtigkeit nicht entkommen möge, sich etwa unsichtbar mache und man sie daher wie die Jäger einen Busch umstellen müsse, hat seinen Grund darin, daß man nicht weiß, was Grund der Unvollkommenheit der Welt ist, d.h. es könnte sein, daß es nicht die Schlechtigkeit des Menschen, sondern etwas anderes ist. Auch dann, wenn es diese sein sollte, könnte es sein, daß die richtige Lösung nicht leicht zu finden ist. Diese Schwierigkeit, die großes Bemühen erfordert, das Richtige zu finden und das Falsche zu unterlassen, es quasi einzukreisen, zeigt sich in dem, was Platon sagt. Der Begriff "Kreis" deutet an, daß kein Anfang und kein Ende, sondern eine Linie vorhanden ist, die allerdings nicht die Merkmale des Weges besitzt. Jedenfalls wird gesagt, daß die Gerechtigkeit schwierig zu erlangen, daß es nicht einfach und leicht ist, sie zu finden, daß es sogar sein kann, daß man sie gefunden hatte und sie wieder verschwindet.

Die Unsicherheit, die die Ursache der Staatsgründung enthält, auf der Gemeinschaftsfeindlichkeit als Grund für die Unvollkommenheit der Welt zu beruhen, die einen solchen Sicherungsverband erforderlich macht, wird durch die Gerechtigkeit, die richtige Entscheidung, ausgeglichen.

Der Mensch muß aber fähig zu der richtigen Entscheidung sein. Diese Fähigkeit des Menschen, zu erkennen, was richtig und was falsch ist, mag auf den ersten Blick unterschieden werden von derjenigen, was der Gemeinschaft der Menschen zuträglich und was ihr abträglich sei. Weil aber der Mensch in seiner Negativität der Gemeinschaft feindlich gegenübersteht, sie durch diese beeinträchtigt, ist das Richtige auch das Gemeinschaftsfreundliche und das Falsche das Gemeinschaftsfeindliche. Die sittliche Erkenntnis beruht darauf, daß es möglich ist, die Vernunft zu betätigen und das Richtige zu erkennen, das für die Gemeinschaft der Menschen gut ist. Diese Fähigkeit, vernünftig zu sein, den Geist so zu betätigen, daß die Gemeinschaft gefördert und nicht geschädigt wird, ist Teil des Menschen als Vernunftwesen.[91] Die Vernunft verbindet also Gerechtigkeit und

90 T. Hobbes, Leviathan (1651), Stuttgart 1970, S. 115, 151.
91 I. Kant, Grundlegung zur Methaphysik der Sitten (1785), Stuttgart 188.

Person. Weil der Mensch mit einem Geist befähigt ist, der es ihm gestattet, vernünftig zu sein, kann er eine richtige Entscheidung fällen, zuvor ggfls. eine richtige Erkenntnis haben. Diese ist die Fähigkeit des Menschen, gerecht zu sein. Denn nur das mit dem Geist begabte Wesen ist fähig zu der richtigen Erkenntnis, die zur Gerechtigkeit führt. Recht und Gerechtigkeit könnten demnach ähnliche Begriffsmerkmale besitzen.

3. Der Mensch und das Sollen

Zu den personalen Grundlagen der Gerechtigkeit gehört die Möglichkeit, daß der Mensch etwas sollen kann und dieses Sollen in einem Verhältnis zur Gerechtigkeit steht.

A. Kaufmann schreibt über die Auffassung von Kontorowicz, daß nach ihm das Sollen nichts anderes ist als das Wollen.[92] Daß der Mensch ein Wesen ist, das einen Willen hat und der Antrieb dieses Willens das Wollen sei, ist eine der zentralen Aussagen von Kant.[93] Diese Eigenschaft, etwas wollen zu können, vielleicht einen Willen zu besitzen, begründet nicht nur das Imperativische, d.h. die Fähigkeit und Möglichkeit zu herrschen; sie ist auch Grundlage des Sollens.

Die Kraft des Geistes, die der Wille ist, gestattet es, daß ein Ziel angestrebt werden kann. Es zu denken, zu erkennen, ist die Voraussetzung dafür, daß es existiert. Es wird in dem Gedanken geboren. Dieses Ziel weist über die bloße Existenz, über das Vorhandene hinaus. Wenn das Ziel erkannt worden ist, hat man es gedacht, besteht die Möglichkeit, es zu verwirklichen. Man könnte allerdings die Auffassung vertreten, daß es nicht der Wille ist, der das Sollen prägt, sondern die Fähigkeit, zu denken, eben das Richtige zu erkennen. Dann wäre das Sollen unabhängig vom Willen des Menschen. Ein Ziel zu haben, setzt aber voraus, daß der Mensch über das hinausstreben kann, was ist. Sein Wille gestattet es, daß er über seine Existenz, das Leben wie es jetzt ist, hinausstrebt und Ziele festlegt. Das Sollen als Begriff enthält die Eigenschaft Ziel, aber auch das Merkmal des Anstrebens eines solchen. Sollen und Wollen stehen in dieser Weise in Verbindung, daß im Sollen das Anstreben eines Zieles enthalten ist. Daß der Mensch einen Willen hat, ist also Voraussetzung dafür, daß er sollen kann. Ohne diese Fähigkeit des Anstrebens gibt es kein Sollen. Sie ist Voraussetzung des Imperativischen.

Allerdings ist für das Sollen nicht nur das Wollen von Bedeutung, also seine Voraussetzung. Um zu wissen, was das Sollen ist und zwar als Teil eines Rechtssatzes oder als Bestandteil des Rechts in sonstiger Weise, bedarf es der Erkenntnis, also der Vernunft. Die Erkenntnis muß, weil Gerechtigkeit Teil des Rechts ist, von der Vernunft geleitet sein, weil bloß so die Chance besteht, daß sie richtig sein könnte. Es ist also in dem Begriff des Sollens auch die Vernunft, die Chance

---

92 A. Kaufmann, Freirechtsbewegung – lebendig oder tot?, a.a.O. S. 241.
93 I. Kant, Grundlegung zur Methaphysik der Sitten, S. 82, 105.

zu einer richtigen Erkenntnis enthalten. Grund für diese Eigenschaft ist aber nicht das Sollen als Begriff selbst, der eine vernünftige, aber auch eine unvernünftige Erkenntnis zuläßt, damit es etwas gibt, das sein soll. Es ist die Eigenschaft des Sollens als eines Begriffs, der im Verhältnis zur Gerechtigkeit oder sogar zum Rechtssatz selbst verstanden wird. Das Sollen kann auch begriffen werden als Teil des Imperativischen, der Sitte oder der Moral oder des bloßen Wunsches, des Befolgungswillens. Sitte, Moral, aber auch der Wunsch und gerade dieser und auch das imperativische, sieht man dabei vom Staat ab, müssen nicht von vornherein der Vernunft entspringen, die von einer Gerechtigkeitsvorstellung geleitet ist, die die Richtigkeit der Entscheidung verlangt. Sollen und Vernunft stehen in engem Zusammenhang, weil die Gerechtigkeit eine richtige Entscheidung erfordert.

Kaufmann spricht in "Recht und Sittlichkeit" von der Wertlehre, die Sein und Sollen diskutiert.[94] Welche Bedeutung hat der Wert und was ist sein Verhältnis. zum Sollen?
Man könnte unter dem Begriff Wert vielleicht das Sollen verstehen, aber das würde voraussetzen, daß man von der Eigenschaft des Begriffs Wert als eines solchen absieht, der ein Inhalt besitzt, den man nicht nur benennen kann, sondern der auch Kern dieses Begriffs ist. Das Sollen ist ein Begriff, der als Ziel jedes haben kann und dessen Inhalt beliebig ist, es sei denn er wird z.B. mit dem der Gerechtigkeit verknüpft und sein Kern sagt bloß, daß etwas angestrebt wird. Der Begriff Wert dagegen enthält in seinem Kern, daß es auf die Wichtigkeit ankommt, darauf, wie wichtig etwas und was wichtig ist. Man dürfte daher zu allererst sagen, daß der Wert Inhalt des Zieles ist.[95] Entscheidend könnte sein, daß die Wichtigkeit dieses Zieles, das Besondere seines Inhaltes durch den Begriff Wert beschrieben ist. Nahe kommen könnte seiner Bedeutung der Begriff "Ideal", der anstrebenswertes Ziel beinhaltet, das aber für den Begriff Wert das Merkmal der Wichtigkeit und zwar derjenigen im Verhältnis zu einer anderen hinzukommt. Ist also das Sollen nicht von vornherein an der Gerechtigkeitsvorstellung orientiert und ist die Wichtigkeit des Zieles, daß es bedeutungsvoll sein möge, nicht Teil seines Begriffes, so wird man dennoch feststellen können, daß das Sollen und der Wert gemeinsame Merkmale besitzen. Sie beschreiben beide ein Ziel.

Ist nun bekannt, daß Wert und Wille gemeinsame Merkmale mit dem Begriff des Sollen haben, so ist noch das Verhältnis von Mensch und Sollen darzulegen. In dem Menschenbild ist enthalten, daß der Mensch fähig ist, ein Ziel anzustreben. Das könnte auch heißen, daß er fähig ist, einen Wert zu erreichen. Voraussetzung

---

94 A. Kaufmann, Recht und Sittlichkeit, in: Rechtsphilosophie im Wandel, 2. Aufl., Köln u.a. 1984, S. 222f.; vgl. zur Wertbezogenheit des Rechtsstaates: R. Bäumlin, Die rechtsstaatliche Demokratie, Zürich 1954, S. 54.
95 K. Larenz, Methodenlehre der Rechtswissenschaft, Berlin u.a., 5. Aufl. 1983, S. 17.

dafür ist, daß der Wert gebildet wird. Der Mensch muß eben fähig sein, das Gewicht eines Zieles im Vergleich zu anderen einzuordnen und seine Bedeutung für die Gemeinschaft zu erfassen. Denn die Richtigkeit, die in der Gerechtigkeit liegt, ist nur zu erkennen, wenn das eine Ziel im Verhältnis zum anderen beurteilt wird. Dieser geistige Vorgang, dieses Nachdenken ermöglicht dem Menschen, einen Wert zu erkennen, nämlich das eine Ziel im Verhältnis zu den anderen mit Blick auf die Gemeinschaft für richtig oder für falsch zu halten. Den höchsten Wert hat die richtige Erkenntnis, die Gerechtigkeit.

II. Menschenrecht und Gerechtigkeit

1. Person und Menschenrecht

Wenn Richtigkeit und Gerechtigkeit in einem engen Zusammenhang zueinander stehen und die richtige Erkenntnis zum Recht führt und dann Teil von ihm wäre, kann gefragt werden, ob die Gerechtigkeit es verlangt, daß ein Recht des Menschen geschaffen wird, ein Menschenrecht oder ob vielleicht ein solches von vornherein existiert. Die richtige Erkenntnis ist dann diejenige des Menschenrechts, mag es zuvor schon existiert haben oder mit der Erkenntnis erst entstehen.

Man wird für das Menschenrecht auf den ersten Blick zunächst nichts anderes verlangen, ist es doch zuerst ein Recht wie jedes andere, weil es so genannt ist. Das zeigt z.B. die Déclaration des Droits de l'Homme et du Citoyen du 26 août, in der von solchen Rechten gesprochen wird. Dagegen könnte aber die Abstammung des Menschenrechtes sprechen. Ist das Menschenrecht ein solches, das in dem Staate gilt, so ist es das Recht des Staates. Dann steht es unter dem allgemeinen Staatszweck, die Bändigung der Gemeinschaftsfeindlichkeit des Menschen, der dieses Recht dienen soll. Weil das Schlechte zugleich das Gemeinschaftsfeindliche ist, ist das Recht des Menschen ein Recht darauf, daß das Gute verwirklicht wird, also das Gemeinschaftsfreundliche. Man mag einwenden, daß Grundrechte, die häufig mit Menschenrechten diskutiert und in ihnen als Verfassungsrechte verortet werden, als Individualrechte, als Rechte des Einzelnen gegen den Staat auf Schutz und als Abwehr gegen seine Eingriffe, eingeordnet werden.[96]

Aber solche Rechte, z.B. das Recht auf Leben nach Art. 2 Abs. 2 S. 1 GG, sind diejengen, die die Gemeinschaft sichern, denn ohne lebende Menschen kann keine solche existieren. Sind auch solche Individualrechte, nämlich Rechte des einzelnen Menschen, Grundrechte als Menschenrechte und ist das Menschenrecht von dem allgemeinen Staatszweck umfaßt, so muß diese Heimat des Menschenrechtes im Staate nicht auch seine Abstammung, sein Ursprung sein. Häufig stammt Recht aus Vorformen, z.B. Moral oder Sitte.

---

96 K. Stern, Das Staatsrecht der Bundesrepublik Deutschland, Bd. III/1 München 1988, § 58 IV. . Riedel, S. 21.

Es könnte z.B. sein, daß die Menschenrechte als Regeln und Sollbestimmungen für eine Gemeinschaft, z.B. auch aus Religionen stammen. Die zehn Gebote, die im Christentum Maßstab dafür sind, wie der Mensch sich verhalten, was er tun und unterlassen soll, enthalten Gedanken, die sich auch im allgemeinen Staatszweck und in den Menschenrechten finden, z.b. die Nächstenliebe. In Weltanschauungen könnten sich solche gemeinschaftsfreundlichen Bestimmungen finden lassen.
Allerdings wird man für die westliche Zivilisation und Kultur Christen- und Judentum, nämlich die Heilige Schrift des Alten und des Neuen Bundes, als prägend begreifen dürfen.[97] Aus diesem Grunde ist eine Abstammung der Menschenrechte daraus sicherlich nicht zu verleugnen. Die Allgemeine Erklärung der Menschenrechte bringt etwa zum Ausdruck, daß es sich um Rechte handeln soll, die allgemein, d.h. für alle, gelten. Schon in dem ersten Satz ist von der "menschlichen Familie" die Rede. Diese Eigenschaft, allgemein, eben für alle Menschen gelten zu sollen, könnte Bestandteil der Menschenrechte sein.
Daß es möglich ist, daß die Allgemeinheit der Geltung Teil des Menschenrechtes sein kann, – Merkmal des Begriffs, ist nicht selbstverständlich, weil es ein Recht ist. Zwar gilt das Gesetz in einem Staat für diejenigen, die ihm unterworfen sind; das ist aber nicht seine Eigenschaft, weil dort Menschen leben, sondern weil der Staat durch das Gesetz als Ausübung erster Gewalt, also höchster Gewalt, verwirklicht wird und die Allgemeinheit des Gesetzes in dem Staat bloß seine Geltung in ihm und nicht außerhalb von ihm beschreibt.
Die Allgemeinheit des Menschenrechts als Merkmal seines Begriffs ist nicht auf seine Eigenschaft von ihm zurückzuführen, Gesetz in dem Staate sein zu können oder dort als Recht anerkannt zu sein. Diese ergibt sich daraus, daß es das Recht des Menschen in seiner Eigenschaft als ein Gattungswesen ist. Wenn A. Kaufmann von der Natur des Menschen spricht und die Menschenrechte darin geborgen sieht,[98] so heißt das nichts weiter, als daß die Gattungseigenschaft des Menschen ihm dieses Recht gibt. Im Unterschied zu dem Tiere ist der Mensch befähigt und zwar durch seine biologische Konstitution und Beschaffenheit, geistig tätig zu sein und wegen seine Geistes frei entscheiden, d.h. vernünftig entscheiden, zu können. Die Vernunft, die die richtige Entscheidung zu ihrem Inhalt hat, gestattet es dem Menschen, gerecht zu sein. Weil diese Eigenschaft allgemein ist, nämlich dem Menschen als Gattungswesen innewohnt, ist auch das Menschenrecht als Recht des Menschen allgemein. So ist die Allgemeinheit des Menschenrechts begründet.

Die Abstammung des Menschenrechtes aus der Religion und vielleicht der Weltanschauung und seine Allgemeinheit könnten den Weg weisen zu der Antwort

97 Z.B. Ausgabe: A. Arenhoevel, A.Deißler, A. Vögtle (Hg.), Die Heilige Schrift des Alten Bundes, 4. Aufl., Freiburg i. Br. 1984.
98 A. Kaufmann, Der Mensch im Recht, in: Ders. (Hg.), Rechtsphilosophie im Wandel, 2. Aufl., Köln u.a. 1984, S. 24f.

auf die Frage, ob es die Gerechtigkeit ist, die verlangt, daß ein Menschenrecht geschaffen oder erkannt wird. Die Allgemeinheit des Menschenrechts, die auf der Eigenschaft des Menschen als Gattungswesen gründet, sagt bloß, daß das Menschenrecht als Recht allen Menschen zusteht. Sogar dann, wenn es in die staatliche Ordnung inkorporiert ist, spielt nicht nur der allgemeine Staatszweck eine Rolle, der der Gemeinschaftsfeindlichkeit widersteht, sondern die Begründung dieses Rechtes für alle Menschen aus ihrer Eigenschaft als Gattungswesen. Man mag einwenden, daß auch anderes Recht auf diese Fähigkeiten des Menschen gründet. Dennoch sind diese dem Menschen allein als Gattungswesen gegeben, während das Recht in dem einzelnen Staate aus dessen Konstituierung herrührt. Daß es auf unterschiedlichen Erdteilen verschiedene Staaten gibt, daß nicht jedes Volk und jeder Ort denselben Staat hat, führt dazu, daß das Recht unterschiedlich ist. Das Menschenrecht gründet allerdings in seiner Allgemeinheit darauf. Die Gerechtigkeit ist die richtige Entscheidung. Sie wird nicht vorgefunden, sondern sie wird erkannt in einem gedanklichen Vorgang. Aber ist es schon die bloße Fähigkeit des Menschen, vernünftig zu sein als Folge seines Geistes, die zu dem Menschenrecht führt? [99]

Man wird diese Fähigkeit, die den Menschen zu dem höchsten Gattungswesen macht, als Wegweiser dafür verstehen dürfen, daß es ihm möglich ist, gemeinschaftsfreundlich zu sein.

Diese Gemeinschaftsfreundlichkeit zeigt sich auch in dem allgemeinen Staatszweck. Aus diesem Grunde ist es der allgemeine Staatszweck, der das Menschenrecht erforderlich macht. Inhalt des Menschenrechtes ist es dann, daß die Gemeinschaftsfreundlichkeit grundsätzlich gesichert wird. Man kann sogar die Auffassung vertreten, daß das Menschenrecht für die Demokratie als Herrschaftsform notwendig ist, weil sonst der Wille der Mehrheit den Einzelnen vielleicht zerstören könnte.[100] Denn es besteht die Möglichkeit, daß die Entscheidung der Mehrheit vielleicht keine richtige, sondern eine falsche, im Ergebnis sogar schädliche ist.[101]

Sicherung der Menschenrechte in der Demokratie bedeutet, daß der Mensch vor staatlichen Eingriffe durch grundlegende Rechte geschützt und ihm die Freiheit erhalten bleibt, die Geschicke des Staates durch Ausübung staatsbürgerlicher Rechte zu sichern.

Der allgemeine Staatszweck, der auf die Gemeinschaftsfreundlichkeit hin ausgerichtet ist, umfaßt auch die Menschenrechte. In ihnen ist die Chance besonders hoch, daß der Mensch seine Gemeinschaftsfähigkeit als Gattungswesen verwirklicht.

Das ist auch die Verbindung zu dem Begriff Gerechtigkeit. Weil die Gerechtig-

---

99 Vgl. S. 394-395 dieser Arbeit.
100 Vgl. S. 452 dieser Arbeit.
101 Siehe S. 451 dieser Arbeit.

keit sich in der richtigen Entscheidung zeigt, deren Voraussetzung die richtige Erkenntnis ist, könnte die Nähe des Rechtes zu den grundlegenden Eigenschaften des Menschen, die ihn charakterisieren, diese stärker verwirklichen oder eher als andere Arten von Rechten.[102] Liegen also zwischen der Gerechtigkeit und den Menschenrechten gemeinsame Merkmale vor, die die grundlegenden Eigenschaften dieser Rechte beschreiben, gibt es ein besonderes Verhältnis zwischen beiden Begriffen.

Der allgemeine Staatszweck und die Eigenschaft der Menschenrechte, den Menschen mit grundlegenden Rechten auszustatten, erlauben es, davon zu sprechen, daß – anders als für andere Rechte – bei den Menschenrechten gesagt werden kann, sie müßten in jedem Staate gelten, damit der allgemeine Staatszweck erfüllt wird. Weil dieser überall derselbe ist, aber Menschen und Orte unterschiedlich, erfordert die Gerechtigkeit nicht, daß die Verfassungen und einfaches Recht überall gleich sind. Aber die Menschenrechte sind universell.[103]

Diese Charakterisierung läßt verstehen, weshalb die Geltungschance für die Menschenrechte, die nicht nur in einem Staate vorhanden sind, hoch sein kann und deswegen die Allgemeine Erklärung der Menschenrechte der Vereinten Nationen bloß das kodifiziert, was der Eigenschaft des Menschenrechtes Rechnung trägt, gemeinsame Merkmale mit dem allgemeinen Staatszweck zu haben und weshalb die Vereinten Nationen nicht natürliche Personen, sondern Staaten zu ihren Mitgliedern hat.

Dennoch wird man verneinen müssen, daß das Menschenrecht dem Menschen angeboren ist. Folgt man nicht einer theologischen Auffassung, die die Menschenrechte aus der Religion legitimiert und ihre Setzung durch Gott erklärt, so sind die Menschenrechte, ebenso wie der Staat, von den Menschen gemacht.[104] Sie existieren nicht von vornherein, sondern müssen geschaffen werden und können es erst dann, wenn eine Gemeinschaft existiert, ein öffentlicher Ort, res publica.[105] Ebenso wie anderes Recht, gelten sie deswegen nicht nur dort, aber sie können als solche erst erkannt werden, wenn eine Gemeinschaft von Bedeutung wird. Es ist daher bloß die Fähigkeit des Menschen, die angeboren ist, solche Erkenntnisse zu gewinnen und nicht das Menschenrecht selbst.

2. Menschenrecht und Richtigkeit

Sind das Menschenrecht und die darin enthaltenen Einzelheiten mit dem allgemeinen Staatzweck verbunden, kann daraus noch nicht gefolgert werden, daß es auch in jedem Staate Geltung besitzt, alle Staaten es als dort geltend begreifen und es wie jedes andere Recht in dem Staate als das seinige anerkennen.

---

102 431ff. dieser Arbeit.
103 Riedel, S. 21.
104 Vgl. S. 188ff., 120.
105 Siehe S. 108f, 112 dieser Arbeit.

Durch die vertragliche Bindung zwischen den Staaten in den Vereinten Nationen verpflichten sich diese untereinander, dieses Recht einzuhalten.[106] Häufig ist es auch in den Verfassungen als Grundrechte konstituiert.[107] Darin unterscheidet sich das Menschenrecht nicht von den Rechten, die sonst in den Staaten existieren.

Weil aber die besondere Beziehung zwischen dem allgemeinen Staatszweck und den Menschenrechten vorhanden ist, eignen sich diese in höherem Maße als andere für Einrichtungen, die überstaatlich sind. Man könnte sogar meinen, daß der Staat, der Menschenrechte verletzt oder solche Verletzungen auf seinem Gebiet geschehen läßt, schon dadurch in seinen Grundfesten erschüttert sein kann, weil dann eventuell der allgemeine Staatszweck betroffen ist.

Der Bändigungszweck des Staates umfaßt auch die Menschenrechte in der Weise, daß so die Gemeinschaft als das Gute entsteht und aufrechterhalten bleibt. Nur wenn die gemeinschaftsfreundlichen Möglichkeiten in dem Menschen durch das Recht gefördert und die anderen geschwächt werden, kann der allgemeine Staatszweck erfüllt werden.

Die Herrschaftsgewalt in dem Staate, die durch seine Hoheitsgewalt zum Ausdruck kommt, ist durch das Bestreben getragen, daß die Gemeinschaftsfreundlichkeit des Menschen gestärkt und die Gemeinschaftsfeindlichkeit vermindert wird. Die Menschenrechte tragen dem Rechnung, indem sie an den Staat gerichtet sind, den Einzelnen vor der Gewalt seiner Mitmenschen zu schützen, damit zwischen ihm und den anderen kein Krieg stattfindet, sondern Frieden.

Der Imperativ, der jedem Recht innewohnt, ist als Herrschaftsgewalt in dem Bändigungsgedanken schon enthalten und je höher das Recht steht, desto stärker zeigt sich die Herrschaftsgewalt in ihm.[108] Von diesem Imperativ, nämlich dem Imperativischen, dem Herrschaftsgedanken im Recht, sind die Menschenrechte umfaßt. Die Herrschaftsgewalt, sogar die Herrschaft selbst in dem Staate, ergibt sich aus dem Willen, zu herrschen. Dieser ist gespeist von dem Bestreben, das Gute zu wollen und das Schlechte von der Gemeinschaft fernzuhalten, damit diese bestehen bleibt und gestärkt wird. Aus diesem Grunde sind es auch die Menschenrechte, in denen sich die Herrschaftsgewalt des Staates zeigt.

Die Tatsache aber, daß es die allgemeine Menschenrechtserklärung gibt, die als Vertrag zwischen den Staaten gilt, ist Zeichen dafür, daß es auch der Staat selbst sein kann, der Menschenrechtsverletzungen begeht, z.B. durch rechtswidrige Entscheidungen seiner Organe. Solche Entscheidungen, die darin liegen können, daß der Staat selbst eine Menschenrechtswidrigkeit begeht, die z.B. zum Tode ei-

---

106 S. 322 ff.
107 Vgl. S. 316 ff, 329ff. dieser Arbeit.
106 Siehe S. 273, 275 dieser Arbeit.
108 S. 282 dieser Arbeit.

nes Menschen führt oder seine Würde verletzt, sollen durch die Menschenrechte verhindert werden, die diese Einflußmöglichkeiten des Staates auf seine Bürger begrenzen. Das sind die Menschenrechte, die dem Menschen Freiheiten zugestehen, die ihn der staatlichen Macht entziehen. Solche sind die Menschenrechte als Abwehrrecht.[109]

In der Rechtsordnung der Bundesrepublik Deutschland sind es die Grundrechte als Abwehrrechte dem Staate gegenüber. Zeigt sich auch in den Abwehrrechten, die Menschenrechte sind, die imperativische Gewalt des Staates? Worin liegt die Herrschaftsmacht des Staates in dem Abwehrrecht?

Zunächst zeigt sich die Herrschaftsgewalt des Staates deswegen auch in den Abwehrrechten, weil diese durch den Staat konstituiert werden. Sie sind also staatlich gesetztes Recht. Weil sie staatlich gesetztes Recht sind, umfaßt sie die Herrschaftsgewalt des Staates. Sie sind also imperativisch wie jedes andere Recht. Hat der Staat den Schutz unterlassen, kann die Menschenrechtsverletzung durch den anderen Menschen begangen werden.[110]

Begeht der Staat selbst Menschenrechtsverletzungen, verstößt er gegen seine Schutzpflicht, die auch ihm selbst gegenüber gilt und ihn in die Pflicht nimmt und deren Nichterfüllung zugleich ein Abwehrrecht verletzt.[110a] Eine solche Handlung ist auch möglich, denn der Staat kann sich in seinem Herrschaftsbereich und in seinem Einfluß auf die Menschen beschränken und einschränken. Diese Beschränkung richtet sich nach dem allgemeinen Staatszweck. Weil das Recht bloß dem allgemeinen Staatszweck entspringen und die Bändigung des Menschen in seiner Gemeinschaftsfeindlichkeit sichern darf, gilt das Abwehrrecht, um vor dem Irrtum und der falschen Entscheidung vorzubeugen, die einen Eingriff in das Menschenrecht sein könnte und daher nicht die Gemeinschaftsfähigkeit und das Gute in dem Menschen fördert, sondern das Negative und das Schlechte, das der Gemeinschaft entgegensteht. Die Selbstbeschränkung und das Zulassen von Freiheitsrechten ist möglich, weil die imperativische Gewalt des Staates nicht weiter reicht als es zur Sicherung der Gemeinschaft erforderlich ist.

Die Herrschaftsmacht des Staates in dem Abwehrrecht liegt darin, daß sich der Staat so schützt vor falschen Entscheidungen, daß auf diese Art und Weise Hindernisse für falsche Entscheidungen, auch für mögliche Irrtümer errichtet werden. Eine Verortung der Menschenrechte in der Verfassung ist daher auch konsequent, denn auf diese Weise sichert sich der Staat gegen mögliche Irrtümer und Fehlentscheidungen ab.[110b]

Bedeutsam dafür ist sicherlich, daß der Wille, der Grundlage des Rechts ist, als Wille des Staates, zu herrschen, nur soweit geht, wie die Gemeinschaftsfähigkeit

109 Siehe S. 268, 270 dieser Arbeit.
110 Siehe S. 271.
110a S. 271, 266.
110b S. 262, 267.

gesichert werden soll und das Gute soweit zu fördern ist. Daß der Wille der Menschen im Staat, auch Entscheidungen trägt und zu seinem Inhalt hat, die gegen die Gemeinschaft gerichtet sind und das Schlechte, den Eigennutz befördert, soll durch den Willen des Staates, in dem sich das Gute, d.h. Gemeinschaftsfreundlichkeit zeigt, zurückgedrängt werden. Das Wollen des Staates reicht durchaus nicht weiter als wie die Gemeinschaft der Menschen, die res publica, es erfordert.[110c]

3. Menschenrecht und das Bild des Menschen

Weil das Menschenrecht ein Recht ist, das die Menschen als Gattung schützt und jeden Einzelnen von ihnen vor der Gewalttätigkeit des anderen und seinen kriegerischen Absichten, ist es ein Recht, das dem Menschen in besonders hohem Maße dienlich ist in seiner Eigenschaft als Gemeinschaftswesen.[111]

Auf diese Weise ist in dem Menschenrecht die Gerechtigkeit in besonders deutlicher Weise verkörpert. Die Richtigkeit des Menschenrechts könnte von vornherein wegen seines besonderen Charakters näher liegen als die Möglichkeit, ungerecht, also falsch zu sein.

In der Gerechtigkeit ist das Ziel, die richtige Entscheidung aufgehoben.[112] Diese Entscheidung beruht auf der Erkenntnis, in der Gerechtigkeit der Mensch in seinem Wesen erfaßt wird.[113] Diese Erkenntnis wird zu seinem Sollen durch die Notwendigkeit zu dem Handeln, dem eine Entscheidung vorausgeht. Diese Entscheidung beruht auf der Gerechtigkeit, wenn sie richtig ist. Sie ist ein Menschenrecht, wenn der Mensch selbst als Einzelwesen und in seiner Eigenschaft als Gemeinschaftswesen berührt ist. Voraussetzung dafür sind seine charakteristischen Arteigenschaften, die ihn von dem Tiere unterscheiden. Die Menschenwürde kann als Gut nur dann geschützt werden, wenn erkannt wird, daß der Mensch, weil er einen Geist hat und sich frei entscheiden kann, die Krone der Schöpfung ist, weil die Hierarchie zwischen den Lebewesen sich darin zeigt.[114]

Diese Eigenschaft gestattet es, daß er Würde hat und diese Menschenwürde als Menschenrecht geschützt wird.

Es ist aber nicht nur die Richtigkeit, die in der Gerechtigkeit liegt, die wegen der Vernunftbegabtheit des Menschen diesem die Einhaltung der Menschenrechte ermöglicht und zuvor ihre Erkenntnis gestattet. Das Menschenrecht verkörpert deutlicher als andere Rechte in sich die Gleichheit des Menschen, weil er als Einzel- und Gemeinschaftswesen in seiner Eigenschaft als Gattungswesen berührt ist. Die Besonderheit des Menschen, mit dem Verstande begabt zu sein, erlaubt

110c §3 I. 1.
111 Ebenda.
112 Ebenda.
113 S. 650.
114 §3 I. 1 u. 2.

es, von ihm als Geisteswesen zu sprechen, das Würde besitzt. Das ist charakteristisch aber nicht nur für den einzelnen Menschen oder einige Menschen, sondern für alle Menschen. Es hat Bedeutung für den Menschen als Art und Gattung und ist Teil des Begriffs des Menschen. Darin zeigt sich seine Gleichheit. Sie ist auf diese Weise Teil der Gerechtigkeit, der Richtigkeit des Rechts und also auch des Menschenrechts.

§ 40 Begriff und Ontologie

I. Gerechtigkeit und Begriff

1. Erfassen der Gerechtigkeit

Kaufmann, Zippelius und auch Maihofer beschreiben das Recht ontologisch.[115] Es wird von A. Kaufmann unterschieden zwischen den zwei Seiten jedes real Seienden, zwischen dem Wesen und der Existenz der Realität des Rechts. Die bipolare Struktur zeigt, daß es Wesenheit und Dasein gibt. Das Wesen oder die Wesenheit beantwortet die Frage nach dem Wie des Rechts, wie es wirklich ist und das Dasein, nämlich die Existenz, ist Antwort auf die Frage, was ist. Begreift man bereits die Positivität des Rechts, d.h. mindestens sein Positiviertheit, also seine Geschriebenheit, als etwas real Seiendes, weil man von der Befolgung des Rechtssatzes ausgeht, so ist diese selbst vielleicht das Wesen des Rechts. In der Positivität des Rechts liegt dann seine Existenz als Recht selbst und auch als bestimmtes Recht, ein solches mit einem konkreten Inhalt.

Fraglich aber ist, ob der Rechtssatz selbst aus dem Grunde, weil er von dem Gesetzgeber geschaffen worden ist, schon in seiner Eigenschaft bloß geschrieben zu sein, das Wesen des Rechts bildet oder bilden kann. Es könnte stattdessen sein, daß die Positivität des Rechts bloß seine Geltung als Gesetz in dem Staate bedeutet. Vielleicht spricht A. Kaufmann aus diesem Grunde davon, daß dem Gesetzgeber nichts vorgegeben sei und was immer er in die Form des Rechts kleidet, seinem Wesen nach Recht sei, sogar dann, wenn es ein "verderbtes, ja unsittliches Gesetz ist."[116] Die Geltung des Rechts und sei es bloß diejenige, die durch den Buchstaben des Gesetzes bezeichnet wird, kann nicht zugleich die des Wesens des Rechts bilden.

Ein Rechtssatz muß nicht positiviert sein, womöglich ist er ungeschrieben. Daß er geschrieben sein mag, ist nur in der Weise sein Wesen, daß er als imperativische Sollnorm in dem Staate durch Begründung vom Gesetzgeber geschaffen ist und daher gilt. Seine Geschriebenheit trägt dem Umstand Rechnung, daß so Rechtssicherheit als Teil des Rechtsstaates eher möglich ist.

Kann man von dem Rechtssatz sagen, wenn er positiviert ist, daß sich sein Wesen darin zeigt, weil darin die Bindung und auch die Bindungskraft inkarniert ist?

---

115 S. 63.
116 A. Kaufmann, Die ontologische Struktur des Rechts, in: Ders. (Hg.), Rechtsphilosophie im Wandel. Stationen eines Weges, 2. Aufl., Köln u.a. 1984, S. 120.

Sie mag in dem nicht durch Gesetz geschaffenen Rechtssatz geringer sein, jedenfalls ist sie in dem Rechtssatz als Teil des Gesetzes enthalten.

Ist aber die bloße Bindung, die Geltung des Rechts schon sein Wesen? Bildet die Gerechtigkeit als Richtigkeit des Rechts nicht eher das Merkmal aus, das in der Lehre von der Ontologie Wesen des Rechtes ist? Man kann auch fragen, ob Ontologie überhaupt geeignet ist, Gerechtigkeit zu erfassen.

Der Begriff Ontologie bedeutet Wesen, d.h. eine Verbindung von Teilen des Geistes, eben Verstand und Seele. Weil sich die Herrschergewalt des Staates in dem Rechtssatz als ein Satz in dem Gesetz zeigt, könnte man meinen, daß dort das Wesen des Rechts inkarniert sei. Diese Inkarnation hieße, daß das Wesen des Rechts Herrschaft oder auch Herrschaftsgewalt ist.

Eine solche Betrachtung stößt auf Schwierigkeiten, weil das Wesen des Rechts, sein Geist, auf die Gerechtigkeit, nämlich die richtige Entscheidung, gerichtet sein muß. Das Wesen des Rechts besteht nicht darin, daß dem Einzelnen oder der Gemeinschaft aufgegeben wird, etwas zu tun. Diese Eigenschaft enthält bereits die Sollnorm. Daß sich darin die Herrschaft des Staates zeigt, die Macht das im Streitfalle auch durchzusetzen und seine Befolgung zu erzwingen, aber auch es zunächst einmal zu konstituieren, ist das Imperativische in dem Recht. Mit dieser Eigenschaft, imperativisch zu sein, könnte sein Merkmal, zu gelten, daher zu existieren, in Verbindung stehen.[117]

Der formelle Gesetzesbegriff bringt zum Ausdruck, daß Recht gilt, also erzwingbar ist. Das Imperativische im Recht hat sich also soweit verstärkt, daß der Herrschaftsanspruch des Staates, die Staatsgewalt, d.h. seine hoheitliche Gewalt, durchgesetzt werden kann und das wegen des staatlichen Gewaltmonopols auch geschieht. Der formelle Gesetzesbegriff, der Geltung erzwingt, ist aber nicht das Wesen des Rechts. Es ist sein Kern und in dieser Eigenschaft auch Merkmal, erzwingbar zu sein, sich durch Zwang, Geltung zu verschaffen.

Diese Eigenschaft des Rechts, die sich in dem formellen Gesetzesbegriff zeigt, unterscheidet von Gesetz Recht, wenn es dem Gesetz folgt, von anderen Sollbestimmungen. Auch die Imperativischen unter ihnen sind nicht zugleich solche, die auch erzwingbar sind. Die Herrschaft, die sich in Imperativen zeigt, hat nicht in jedem Falle zum Inhalt, daß der Befolgungsanspruch auch durchgesetzt werden kann und zwar mit Zwang. Das heißt, daß im Zweifel sogar Gewalt angewendet wird, damit das Recht verwirklicht ist.[118] Diese Erzwingbarkeit des Rechts ist seine Besonderheit. Wenn man das nach der aristotelischen Reihung auch bloß versteht als ein Merkmal unter anderen, so ist es doch aus dem Blickwinkel des Vergleichs der Begriffe, der platonischen Sichtweise, der Kern des

---

117 a.a.O. S. 128f.
118 Andeutend A. Kaufmann, a. a. O., S. 129.

Begriffs. Sogar dann, wenn bloß der Begriff Wesen diese am markantesten trifft, wird man sagen können, daß das Unvollständigkeitsdenken sich auch in diesem Begriff Kern zeigt. Denn in den Begriffen der aristotelischen Reihung ist die Erzwingbarkeit des Rechts nur ein Merkmal unter vielen und für dieses Denken selbst kommt es bloß auf diese Eigenschaft an, daß alle Merkmale vorliegen und wegen dieser Vollständigkeit der Begriff vorhanden ist.

Denn es ist der materielle Gesetzesbegriff, der sagt, was richtig, nämlich was Inhalt des Rechts ist, also das Sein des Rechts beschreibt. Das, was richtig ist, was Gerechtigkeit bedeutet, ist Wesen des Rechts, es ist sein Geist. Die Richtigkeit ist also Wesen des Rechts, d.h. ein Gesetz kann formell gelten, aber materiell falsch sein, es kann also falsch sein und dennoch von der Hoheitsgewalt des Staates erfaßt sein.

Ursache dafür ist, daß der Mensch irren kann, er demnach etwas nicht erkennt. Wenn eine Erkenntnis nicht gemacht ist oder ein Irrtum vorliegt, so ist das Gesetz falsch oder das Recht, wenn das richtige Gesetz angewendet wird.

Man mag nun fragen, aus welchem Grunde es gerade das Wesen des Rechts ist, gerecht zu sein, daher richtig. Diese Eigenschaft teilt das Recht mit anderen Sollsätzen. Der kategorische Imperativ in seiner Eigenschaft als Sollsatz, der also bestimmt, was getan werden muß, enthält den Gedanken, daß die Maxime nur wegen ihrer Möglichkeit, richtig zu sein, aufgestellt werden darf. Diese Chance, richtig und nicht falsch zu sein, gestattet es, einen Sollsatz aufzustellen.[119]
Weil das Recht diese Eigenschaft mit anderen Begriffen teilt und sie als Grund für seine Befolgung dient, ist das Wesen des Rechts die Gerechtigkeit, d.h. die Chance, richtig zu sein.

2. Erkennen des Rechts

Wenn das Wesen des Rechts die Gerechtigkeit ist, heißt das nicht, daß der Begriff des Rechts und auch der Gerechtigkeit so vollständig bestimmt sind. Das, was die Gerechtigkeit als Begriff ist, eben die Summe seiner Merkmale, ist mehr als die richtige Erkenntnis des Rechts oder auch darauf basierende Entscheidungen. Jedoch geht die Richtigkeit, die Chance, daß die Erkenntnis oder Entscheidung richtig sein könnte, in den Begriff als sein Merkmal ein. Die Richtigkeit ist nämlich Kern des Begriffs Gerechtigkeit.

Man kann aber fragen, ob das Wesen, die Ontologie, überhaupt geeignet ist, um Gerechtigkeit zu erfassen. Ist die Gerechtigkeit in ihrer Eigenschaft, die richtige Entscheidung zum Inhalt zu haben, Merkmal des Rechts, so gehört sie zu dem Begriff des Rechts. Die Ontologie, die Lehre von dem Wesen, erfaßt von der Gerechtigkeit ein Merkmal, also die Eigenschaft, Sollsätze zu formulieren, ein Sollen zu enthalten. Diese Eigenschaft charakterisiert den Begriff Gerechtigkeit

---

119 I. Kant, Grundlegung zur Methaphysik der Sitten (1785), Stuttgart 1988, S.68.

und es ist daher möglich, überhaupt Aussagen zu treffen.
Daß die Gerechtigkeit ein Sollen als ihr Wesen enthält, läßt die Aussage zu, daß die Lehre von dem Wesen geeignet ist, um Gerechtigkeit zwar nicht vollständig, aber in Teilen zu erfassen.

Ist die Ontologie, die Bestimmung des Wesens, geeignet, um das Recht der Volksherrschaft zu erkennen?
Nach dem zuvor gesagten, wird man festhalten dürfen, daß das Recht in seinem Wesen durch die Gerechtigkeit bestimmt ist. Es ist die Chance zur richtigen Entscheidung, die gewonnen wird auf der Grundlage einer richtigen Erkenntnis, die Kern der Gerechtigkeit ist. Durch diesen wird das Recht bestimmt und zwar beschrieben im materiellen Gesetzesbegriff, soweit das Gesetz Recht enthält. Das Wesen der Gerechtigkeit, ein Sollen in sich zu verkörpern und zwar auf Grundlage einer Erkenntnis, ist in dem Begriff Gerechtigkeit enthalten. Recht der Volksherrschaft heißt danach, daß die Herrschaft des Volkes mit der Chance zu der richtigen Entscheidung und dem Versuch, die falsche auszuschließen, ausgestattet ist und das bestimmt wird, d.h. in Sollsätzen formuliert ist. Ist das Wesen des Rechts der Volksherrschaft die Gerechtigkeit, so heißt das nichts anderes als Herrschaft des Volkes mit der Chance zu der richtigen Entscheidung, die sein soll. Wird schon die Volksherrschaft selbst begründet in ihrer Eigenschaft als Form der Herrschaft mit ihrem Merkmal, daß die Chance für die richtige Entscheidung dann am höchsten ist, wenn alle beteiligt sind und rührt daher ihr besonderer Vorzug vor anderen Herrschaftsformen, so komplettiert das Wesen des Rechts dies noch. Das Recht der Volksherrschaft nämlich enthält in sich die Chance zu der richtigen Entscheidung auf Grundlage der richtigen Erkenntnis nicht nur, weil der Mensch fähig ist zur Vernunft und als solcher in der Lage ist, richtig zu entscheiden, sondern auch aus dem Grunde, weil das Volk, eben alle, als diejenigen, die entscheiden, eher als eine geringere Zahl, in der Lage ist, die Chance zu der richtigen Entscheidung auch wahrzunehmen. Auch die Eigenschaft der Gerechtigkeit, ein Sollen in sich zu verkörpern, eben nicht nur bloße Erkenntnis zu sein, sondern auf ein Ziel hinzustreben, gestattet es, daß die Lehre von dem Wesen als Beschreibung des Rechts der Volksherrschaft verstanden wird als eine Möglichkeit, das Recht der Volksherrschaft zu erkennen.

Ist es ein Gesetzesstaat, ein solcher, in dem die Gesetze positiviert werden, so bietet die Ontologie die Möglichkeit, den materiellen Gesetzesbegriff auszufüllen.

II. Ontologie

1. Lehre von dem Wesen und dem Begriff

Der Begriff ist geeignet, die Gerechtigkeit zu erfassen, weil in ihm alle Merkmale der Gerechtigkeit vollständig aufgereiht sind. Damit kann erkannt werden, was Gerechtigkeit bedeutet. Sie enthält das Merkmal der Sollbestimmung, des Imperativischen, der Richtigkeit. Diese drei Merkmale bestimmen die Gerechtigkeit.

Im Unterschied dazu ist der Lehre von dem Wesen die Chance nicht gegeben worden, alle diese Merkmale zu erfassen. Die Lehre von dem Wesen, die den Geist der Gerechtigkeit, das, was ihn charakterisiert, beschreibt, vermag bloß zu sagen, daß diese, ihre Besonderheit, von ihr erfaßt wird, nämlich die Richtigkeit.

Daß es immer richtige Erkenntnisse sind, auf denen die Entscheidung beruht, wird man wohl nicht ernsthaft behaupten wollen. Daß aber eine richtige Entscheidung nicht möglich sei, also Recht gar nicht existieren könnte, heißt, daß Recht gar nicht existiere. Das ist aber nicht der Fall, denn es gibt das Recht ebenso wie es andere Begriffe gibt. Die Chance zu der richtigen Entscheidung, als Wesen der Gerechtigkeit, zu begreifen, nimmt Teil an dem Begriff selbst. Ihre Beschreibung als Wesen der Gerechtigkeit gestattet aber den Blick auf das zu werfen, was für die Gemeinschaft, also das Leben der Menschen in dem Staate, von größter Bedeutung ist.

Weil der Staat geschaffen wird, um der Gemeinschaftsfeindlichkeit der Menschen, ihren Bestrebungen, sich auf Kosten der anderen zu bereichern und durchzusetzen, entgegenzutreten, ist Gerechtigkeit ihrem Charakter nach gemeinschaftsfreundlich und den gemeinschaftsfeindlichen Bestrebungen entgegengesetzt. Denn das Richtige in dem Staat ist das Gemeinschaftsfreundliche.

Zwar ist der Begriff wegen seiner Eigenschaft der Vollständigkeit von Merkmalen dem Wesen aus diesem Grunde überlegen, denn die Lehre vom Begriff gestattet es, die Vollständigkeit des Begriffs zu formulieren und im Unterschied zu derjenigen vom Wesen das Ganze zu erfassen und nicht nur seine Teile.[120] Aber die Einzelheiten und das Besondere, das Wichtige, das Recht zu erkennen, in seiner Eigenschaft als Gerechtigkeit, richtig zu sein, werden durch das Wesen erfaßt.

Betrachtet man Wesen und Begriff auf diese Art und Weise, so ist es möglich, daß man zu der Erkenntnis kommt, daß sie sich zwar unterscheiden, sie aber beide – Wesen und Begriff –, geeignet sind, um Volksherrschaft zu erfassen.[121]

Die Gerechtigkeit als Wesen des Rechts kann man zunächst bestimmen und es ist dann möglich, daß sie als ein Merkmal des Begriffs "Recht" Wirkung entfaltet. Weil es nicht jedes Recht ist, sondern das Recht der Volksherrschaft als eine Herrschaftsform in dem Staate, die durch Recht geschaffen ist, kann man es für dieses dann bestimmen.

2. Ontologie und Gerechtigkeit

Die Lehre von dem Wesen, in das Verstand und Seele eingehen, wird verwendet, um Recht zu beschreiben. Die ontologische Differenz, über die z.B. Kaufmann

---

120 Siehe S. 449.
121 Vgl. zum: Begriff der Demokratie S. 499 dieser Arbeit; zum Rechtsbegriff S. 326.

schreibt[122], nach der Existenz und Wesen des Rechts auseinanderfallen, gestattet es, z.B. das Verfahren in dem das Recht etwa als Gesetz entsteht, als Existenz des Rechts oder auch als seine Existenzvoraussetzung zu begreifen, aber auch das Recht des Verfahrens wiederum unter den Begriff des Rechts zu subsumieren, ohne sein Wesen außer acht zu lassen.

Warum ist gerade die Lehre von dem Wesen geeignet, um Aussagen über Gerechtigkeit zu treffen? Auch H. L. A. Hart schreibt über die Gerechtigkeit, daß sie "ein gesonderter Teil der Sittlichkeit ist".[123] Deutlicher noch formuliert Engisch, der sagt, daß man Gerechtigkeit nicht so ohne weiteres mit Richtigkeit gleichsetzen möchte, "obwohl man" (..) "zu einer Deckung jener beiden Begriffe hinstreben und gelangen kann." [124] Die Gerechtigkeit ist "eine notwendige, aber keine hinreichende Bedingung der Richtigkeit rechtlicher Anordnungen.[125]

Perelman schreibt über Gerechtigkeit unter Hinweis auf Leibniz, daß sie die Nächstenliebe des Weisen sei und in ihr außer der Neigung, das Gute zu tun, auch die Vernunft enthalten ist.[126]

Für G. Jellinek ist das Recht nichts anderes als das ethische Minimum.[127]

Am Beispiel des Oedipus und der Antigone stellt Stammler die Frage, ob das positive Staatsgesetz auch in der Sache eine grundsätzliche Richtigkeit für sich in Anspruch nehmen kann.[128]

Wenn Hart Gerechtigkeit als Sittlichkeit, genauer: als einen Teil von ihr, begreift, so deutet er auf diese Art und Weise an, daß der Kern der Gerechtigkeit deren Richtigkeit ist, also die Richtigkeit der Erkenntnis oder auch die richtige Entscheidung. Aber es könnte nach dieser Auffassung auch ein Wesen vorhanden sein, andere Merkmale der Gerechtigkeit. Wenn die Gerechtigkeit keine hinreichende Bedingung für die Richtigkeit rechtlicher Anordnungen ist, so spricht das die Frage an, daß das Recht noch andere Merkmale enthält als diese. Selbst wenn es nämlich richtig i. S. der Gerechtigkeit ist, also des materiellen Gesetzesbegriffs und so den Kern der Begriffs Gerechtigkeit trifft, bedarf es für die Richtigkeit der rechtlichen Anordnung in dem Staate der Erzwingbarkeit, d.h. des

---

122 A. Kaufmann, Die ontologische Struktur des Rechts, in: Ders. (Hg.), Rechtsphilosophie im Wandel, 2. Aufl. Köln, Berlin u.a. 1984, S. 111, 113.
123 H. L. A. Hart, Der Begriff des Rechts, 1. Aufl. 1973, Frankfurt/M. 1973, S. 217.
124 K. Engisch, Auf der Suche nach der Gerechtigkeit, München 1971, S. 186.
125 Ders., a. a. O., S. 186.
126 C. Perelmann, Über die Gerechtigkeit, München 1967, S. 100.
127 G. Jellinek, Das Recht, in: W. Maihofer (Hg.), Begriff und Wesen des Rechts, Darmstadt, S. 209.
128 R. Stammler, Richtiges Recht, in: W. Maihofer (Hg.), Begriff und Wesen des Rechts, Darmstadt, 1973, S. 356.

formellen Gesetzesbegriffs. Mag diese Kern des Rechts sein, ist die Gerechtigkeit nicht das einzige Merkmal des Rechts.

Die Auffassung von Perelman, die die Nächstenliebe und das Gute als Bestandteile der Gerechtigkeit versteht, zeigt, daß man Gerechtigkeit in ihrer Bedeutung für das Recht mit Blick auf den Staat verstehen kann. Denn der allgemeine Staatszweck ist gerichtet auf die Gemeinschaft, darauf, daß das Gute erstrebt wird und das Schlechte, die Gemeinschaftsfeindlichkeit bekämpft und die Möglichkeiten der Menschen, sich gegenseitig zu unterstützen und füreinander dasselbe Gute zu wollen wie für sich selbst. Versteht man Perelman in dieser Weise, so wird deutlich, daß auch er den Kern der Gerechtigkeit, die Richtigkeit, in ihrem auf den Staat gerichteten Zweck beschrieben hat.[129]

Das ethische Minimum des Jellinek kann in derselben Weise verstanden werden.[129a] Die Richtigkeit, die den Kern der Gerechtigkeit beschreibt, ist in dem Rechtssatz nur dann enthalten, wenn er auf die Gemeinschaft gerichtet ist und dem allgemeinen Staatszweck Rechnung trägt, daß das Gute verwirklicht werden soll, weil es der Gemeinschaft dient.

129 Vgl. Rspr. des US-amerikanischen Supreme Court: Fletcher v. Peck 162 U.S. 9 13: "When a law is in its nature a contract, when absolute rights have vested under that contract, a repeal of the law cannot vested those rights." Chisholm, Ex'r versus Georgia, Dall. 2, 1791: "There is no other part of the common law, besides that which I have considered, which can by any person be pretended in any manner to apply to this case, but that which concerns corporations." Ware versus Hylton, Dall. 2, 1774, 588, 601: "These examples from Great Britain I consider of very high authority, as they are taken from a kingdom equally bound by the law of government as we do; and, so far as common principles of legislation are concerned, being the very country from which we derive the rudiments of our legal ideas." United States v. Cruikshank et al., 542: "The right of the people peaceably to assemble for lawful purposes, with the obligation on the part of the States to afford it protection, existed long before the adoption of the Constitution. The first amendment to the Constitution, prohibiting Congress from abridging the right to assemble and petition, was not intended to limit the action of the State governments in respect to their own citizens, but to operate upon the national government alone. " "The right of people, peaceably to assemble, for the purpose of petitioning Congress for a redress of grievances or for anything else connected with the powers or duties of the national government, is an attribute of national citizenship, and, as such, under the protection of, and guaranteed by, the United States." "Sovereignty, for the protection of the rights of life and personal liberty within the respective States, ests alone with the States. "
129a Vgl. Urteile des House of Lords: Toronto Corporation v. Consumers Gas

Die Aussagen, die die Lehre von der Ontologie trifft, charakterisieren die Gerechtigkeit, so daß es häufig möglich sein könnte, auf den ersten Blick zu erkennen, ob eine Entscheidung gerecht oder ungerecht oder ob ein Rechtssatz richtig oder falsch ist.[130]
In der Lehre von dem Wesen kann man also für die Gerechtigkeit charakteristische Aussagen treffen, die es ermöglichen, diese womöglich sofort oder auf den ersten Blick zu erkennen oder jedenfalls durch das Nachdenken einzuordnen, um sagen zu können, ob etwas gerecht oder ungerecht ist. Bäumlin z.B. sagt, daß das Wesen des Rechtsstaates darin besteht, daß dem Staat eine möglichst breit gezogene Individualphäre der Bürger vorenthalten bleibt.[131] In dieser Aussage ist ent-

    Company, 1916 J. c. 622:"Their Lordships are of opinion that there is no such doctrine of paramount right in the abstract, and that unless legislative authority, affirming it to the effect of displacing the rights acquired under statute as above described by the resondents, appears from the language of the Statute-book, such displacement or withdrawal of rights is not sanctioned by law. In this, as in similar cases, the rights of all parties stand to be measured by the Acts of the Legislature dealing therewith; it is not permissible to have any preferential interpretation or adjustment of rights flowing from statute; all parties are upon an equal footing in regard to such interpretation and adjustment; the question simply is, what do the Acts provide?" Mungoni v. Attorney-General of Northern Rhodesia, 1960 AC. 336, "Held, that the power and the duty under regulation 15 (1) were so interwoven that it was not possible to split the one from the other so as to put the duty on one person and the power in another; the regulation contained not so much a duty, but rather a power coupled with a duty, and he who exercised the power had to carry out the duty."
130 Vgl. Bundesverfassungsgericht zu Recht und Gerechtigkeit: BVerfGE 1, 18 Nr. 27-29: "Das Bundesverfassungsgericht erkennt die Existenz überpositiven, auch den Verfassungsgeber bindenden Rechts an und ist zuständig, das gesetzte Recht daran zu messen." "Zu den elementaren Grundsätzen des Grundgesetzes gehören das Prinzip der Demokratie, das bundesstaatliche Prinzip und das rechtsstaatliche Prinzip." "Dem demokratischen Prinzip ist nicht nur wesentlich, daß eine Volksvertretung vorhanden ist, sondern auch daß den Wahlberechtigten das Wahlrecht nicht auf einem in der Verfassung nicht vorgesehenen Wege entzogen wird." BVerfGE 40, 121: ".. die Mindestvoraussetzungen für ein menschenwürdiges Dasein" zu schaffen," ist staatliche Verpflichtung." BVerfGE 5, 85, 206: "Darüber hinaus entnimmt die freiheitliche demokratische Grundordnung dem Gedanken der Würde und Freiheit des Menschen die Aufgabe, auch im Verhältnis der Bürger untereinander für Gerechtigkeit und Menschlichkeit zu sorgen."
131 R. Bäumlin, Die rechtsstaatliche Demokratie, Zürich 1954, S. 87.

halten, daß es einen Freiheitsbereich des Bürgers gegenüber dem Staat geben muß, damit die Möglichkeit, daß der Staat über den Bändigungszweck hinaus in das Leben des einzelnen Menschen eingreift, durch die Verfassung ausgeschlossen wird. Denn auch der Staat kann irren, weil es Menschen sind, die in ihm herrschen und die Chance zu dem Irrtum nicht geringer ist als zu der Vernunft, eben der richtigen Erkenntnis. Diese Auffassung von Bäumlin trägt also dem Gedanken der Richtigkeit, der in der Gerechtigkeit liegt, in hohem Maße Rechnung. Er beschreibt damit ein Merkmal der Gerechtigkeit, das aus ihrem Kern folgen könnte. Es ist aber in der Art und Weise formuliert, daß Aussagen über das Sollen getroffen werden. Es ist nämlich das Sollen Wesen der Gerechtigkeit. Man kann es daher in Abgrenzung zu dem Kern, also dem Kern der Gerechtigkeit bestimmen. Entscheidend an der Aussage ist, daß es sein soll, der Staat also so zu handeln hat.

III. Wesen und Natur

1. Gerechtigkeit und Natur

Weiß man über die Gerechtigkeit, daß ihr Wesen das Sollen ist und ihr Kern die Richtigkeit, so sind Aussagen über sie gemacht, die es möglich machen könnten, daß man sie gänzlich erkennen kann.

Das Wesen der Gerechtigkeit, das Sollen, ist anders als ihr Kern, also die Richtigkeit. Der Kern ist das Entscheidende. Er sagt unverwechselbar, was das Wort kennzeichnet. Er ist sein Innerstes. Wenn das Wesen Gerechtigkeit charakterisiert, weiß man etwas über sie, was Merkmal des Begriffs ist und zugleich ein schnelles Erkennen ermöglicht. Nennt man den Kern der Gerechtigkeit, trifft man die entscheidende Aussage über sie. Es ist die Richtigkeit, die zugleich in das Wesen des Rechts eingeht.

In den Ausführungen von A. Kaufmann über den Rechtspositivismus und das Naturrecht, aber auch in denen über die ontologische Struktur des Rechts, zeigt sich die Richtung, daß er eine hermeneutische Ontologie bejaht, nämlich überpositive[132] Gehalte dem Gesetz vorgegeben sind und Naturrechtlichkeit und Positivität einander polar gegenüberstehen.[133] Es scheint so, als gehöre bloß das Wesen der Natur an und die Positivität sei ihr äußerlich.

2. Richtigkeit und Ontologie

Daß überpositive Gehalte dem Gesetz vorgegeben sein könnten, kann man nur begründen mit der Gerechtigkeit, deren Kern die Richtigkeit ist. Die Richtigkeit ist nicht abhängig vom Sollen und auch nicht von dem Imperativ. Selbst die Er-

---

132 A. Kaufmann, Rechtspositivismus und Naturrecht, in: Ders. (Hg.), Rechtsphilosophie im Wandel, 2. Aufl., Köln u.a. 1984, S. 98f..
133 A. Kaufmann, Die ontologische Struktur des Rechts, in: Ders. (Hg.), a.a.O., S. 108f..

zwingbarkeit ist nicht Teil der Richtigkeit und in der Erzwingbarkeit ist die Richtigkeit nicht enthalten, wenn auch für ihre Begründung diese notwendig sein mag. Der Unterschied zwischen Gesetz und Recht, wie man ihn z.b. in Art. 20 GG findet, aber auch eine Rechtsanwendung, die wegen der Irrtümer oder Fehler des Gesetzes Recht entstehen läßt, ohne daß eine Verfassung das Abgehen von der Gesetzesbindung gesondert gestattet, kann nur in dem Kern der Gerechtigkeit liegen, der Richtigkeit. Ist sie in dem Gesetz nicht enthalten, so ist die Anwendung des Gesetzes nicht Recht, sondern Unrecht.
So ist auch die Spannung von Wesenheit und Dasein, von Naturrechtlichkeit und Positivität zu erklären. Kern des Rechts ist die Erzwingbarkeit, die auf Positivität gründet. Wesenheit ist folglich Wesen, d.h. Natur oder auch die Gerechtigkeit.

Können aber Naturrecht und Positivität einander gegenüberstehen und auch Wesen und Kern, so gehört vielleicht die Positivität und auch der Kern nicht der Natur an. Das könnte auch für die Gerechtigkeit gelten.
Der Kern des Rechts ist seine Erzwingbarkeit. Weil diese vom Staat gemacht, durch seine Hoheitsgewalt bestimmt wird, könnte man meinen, daß sie ein gewollter Akt ist, während das Wesen des Rechts auf Gerechtigkeit, vorwiegend der Richtigkeit gründet. Die Richtigkeit ist bloße Erkenntnis, Vernunft, also kein Willensakt, sondern Gedanke. Aber die Gerechtigkeit enthält als ihr Wesen das Sollen und darin ist der Wille als Antrieb.
Ist also schon die Gegenüberstellung Naturrecht und Positivität problematisch, weil in das Naturrecht jedenfalls ein Sollen eingeht, das über den bloßen Gedanken hinausstrebt und seine Verwirklichung möchte, so kann das für die Gegenüberstellung gesagt werden, daß die Trennung von beiden zwar vorkommen kann, weil der Mensch irrt und vielleicht falsches setzen möchte, aber es ist noch ein weiteres Argument vorhanden. Auch der menschliche Wille entstammt der Natur, dem Sein. Er ist Sein ebenso wie die Richtigkeit der Erkenntnis. Die Natur kann daher das Wesen ebenso erfassen wie die Positivität. Es ist möglich für den Kern des Rechts, der durch die Positivität, d.h. die Geschriebenheit angedeutet wird, zu sagen, daß auch er wie das Wesen Teil der Natur sein kann. Die Differenz von Rechtspositivismus und Naturrecht, die Kaufmann erklärt, zeigt bloß, daß Gesetz und Recht auseinanderfallen können.

Das Wesen der Gerechtigkeit und ihr Kern bilden ihre Natur. Wesen und Natur stehen in der Weise im Verhältnis, daß der erstere die unbelebte Materie, der zweite Begriff die belebte zu seinem Inhalt hat.
Das Sollen sagt bloß etwas über die Richtung und das Ziel.[134] Das Imperativische ist die Herrschaft.

3. Abschnitt: Theorie der Gesetzesauslegung

§ 41 Gesetzgebung und Deutung de lege lata

I. Überzeitlichkeit von Gesetzen

Gesetze bedürfen der Auslegung, damit der einzelne Rechtssatz im Gesetz und die Gesetze in einem Rechtssystem in ihrer Bedeutung verstanden werden.[135] Die

---

134 Zu dem "Sollen" vgl. I. Kant, Grundlegung, S. 57.
135 S.250, 515, 519.

Begriffe in Gesetzen sind Gesetzesbegriffe. Jedenfalls sind sie dann auch Rechtsbegriffe. Als Rechtsbegriffe haben sie Bedeutung und in dem einzelnen Rechtssatz ist es möglich, diese zu erfassen.

Die Möglichkeit, zu erkennen, was Inhalt der Gesetze ist, könnte sich aus der Theorie der Gesetzesauslegung ergeben. Was hat die Theorie der Gesetzesauslegung für einen Inhalt? Eine Theorie faßt das Wissen über die Auslegung der Gesetze zusammen. Nicht nur, daß das Gesetz in unterschiedlicher Art und Weise ausgelegt werden kann, es gibt verschiedenartige Gesetze und so auch Recht, das sich voneinander unterscheidet. Weil es die Auslegung von Gesetzen ist, wird man sagen können, daß die Unterscheidung von Recht und Gesetz nur Bedeutung für die Grenzfälle hat, in denen Gesetzesauslegung nicht zum Recht führt. Die Auslegung des Gesetzes und deswegen auch ihre Theorie geht von dem Gesetz aus. Das Gesetz – und in ihm der Rechtssatz – ist das, was ausgelegt wird.

1. Ihre Allgemeinheit

Die Allgemeinheit der Gesetze hat die Bedeutung, daß das Gesetz nicht nur für den Einzelfall gilt, also für einen solchen verabschiedet wird, sondern für eine unbestimmte Vielzahl von Fällen.[136]

Der Grund für diese Eigenschaft ist, daß der Gesetzgeber die Regeln bloß mit bindender Kraft vorgeben soll und die Einzelentscheidung durch ihn gegen die Gewaltenteilung verstoßen würde.

Die Allgemeinheit der Gesetze kann aber zusätzlich auch so verstanden werden, daß ein Gesetz allgemein für alle, nicht bloß für eine bestimmte Zahl von Menschen gilt. Alle, die von dem Gesetz getroffen sind, sind diejenigen für die es gilt. Auch das ist die Allgemeinheit des Gesetzes, daß alle Menschen vor ihm gleich sind, das Gesetz also allgemein gilt. Das ist Teil des Rechtsstaates.

Daß das Gesetz für alle gilt und auch so beschaffen ist, daß nicht nur ein Fall, sondern viele, eine unbestimmte Zahl, in ihm geregelt sind, ist Inhalt des Begriffs der Allgemeinheit der Gesetze. Dieser Begriff ist auf das Gesetz selbst gerichtet. Er ist dem geltenden Recht, dem Gesetz, innewohnend.

Allerdings kann gefragt werden, ob die Überzeitlichkeit der Gesetze in Verbindung mit ihrer Allgemeinheit steht, man also diesen Begriff als einen Teil des ersteren verstehen kann. Eine solche Verbindung ist nur dann möglich, wenn die Allgemeinheit auch auf die Zeit ausgedehnt wird. Das hieße, daß die Überzeitlichkeit ein Begriff ist, der auch auf die Zeit ausgedehnt werden kann. Die Allgemeinheit des Gesetzes hat dann das Merkmal, daß es über der Zeit steht, jedenfalls nicht nur für einen begrenzten Zeitraum gilt.

---

136 Lex Rheinstahl, BVerfGE 25, 371.

Dafür kann man Beispiele anführen. Es sind z.B. übergreifende Rechtsgrundsätze, Menschen- oder Grundrechte, aber auch andere, aus Religionen hergeleitete Rechte, die man in ihrer Geltung über lange Zeiträume verfolgen kann. Die Überzeitlichkeit von Gesetzen sagt gerade, daß es nicht der Zeitpunkt sein muß, der von Bedeutung ist, sondern gerade die lange Geltungsdauer oder die Geltung seit alters her. Das ist z.b. der Fall bei solchen Gesetzen, deren Geltung in der einen oder anderen Art und Weise man als Zeichen von Zivilisation betrachten kann. Der Vertrauensgrundsatz etwa ist eine Rechtsregelung, die man im gesamten westlichen Denken und in der westlichen Rechtskultur findet.[137] Man kann also die Überzeitlichkeit so gesehen mit der Tradition vergleichen.

Die Geltung des Gewohnheitsrechtes wird sogar in seiner Eigenschaft als Rechtsquelle aus der Tradition der Anwendung gespeist. Das, was für das Gesetz die formelle Geltung ist, die Positiviertheit und das Verfahren des Zustandekommens, ist für das Gewohnheitsrecht die Tradition der Anwendung, also der lange Gebrauch.[138]

Die Allgemeinheit des Gesetzes kann neben der Bedeutung, daß in ihm nicht nur Einzelfälle geregelt werden und es von allen verwendet und auf alle angewendet werden kann, auch diejenige haben, daß sie über der Zeit stehen oder jedenfalls in Zeiten, in denen es Gesetze überhaupt gibt, gelten und gegolten haben.

2. Ihr Ursprung

Für die Auslegung der Gesetze bedeutet ihre Allgemeinheit, daß sie überhaupt deutungsbedürftig sind, weil sie auf nicht nur einen, sondern viele Fälle anwendbar angewendet werden müssen und sie in ihrer Bedeutung und Geltung nicht durch Hindernisse gehemmt werden, die außerhalb ihrer selbst liegen. Die Dauer der Geltung, ihre Überzeitlichkeit, ermöglicht einen Rückgriff auf vergangene Auslegungen. Daraus könnten sich Überlegungen ergeben, ob auch der Ursprung der Gesetze Bedeutung für ihre Auslegung hat.

Nimmt man die Gesetze für sich und behält nicht auch andere Arten des Rechts im Blick, so läßt sich das Gesetz immer auf einen Gesetzgeber zurückführen. Dieser ist nach der Herrschaftsform zu unterscheiden. Ist es eine Demokratie, gibt das Volk die Gesetze. Wenn eine andere Herrschaftsform vorhanden ist, ist es ein anderer Gesetzgeber.

Für die Bestimmung des Ursprungs allein genügt nicht das Wissen, daß gewisse Voraussetzungen erfüllt sein müssen damit es vorliegt, sondern auch, wer es geschaffen, woher es gekommen ist.

Es ist aber nicht nur die Kenntnis, wer Gesetzgeber ist, sondern auch die Antwort auf die Frage, woher das Gesetz stammt, woraus es gebildet ist. Dieser Ursprung

---

137 Vgl. S. 566.
138 M. Rheinstein, Einführung in die Rechtsvergleichung, 2. Aufl. München 1987, S. 106 - 108.

des Gesetzes aus dem Staate, dem allgemeinen Staatszweck, dem Bändigungsaspekt, begreift das Gesetz als Mittel, diesen zu erfüllen. Weil es mit Bindungskraft versehen, Geltung praktisch erzwingen kann, ist es eine Folge dieses Zwecks. Gesetze gründen daher auf den Ursprung des Staates. Es gibt deswegen keine Gesetze ohne Staat und ohne Staat keine Gesetze. Aus diesem Grunde kann man festhalten, daß der Ursprung der Gesetze in der Notwendigkeit liegt, erzwingbare Regeln zu errichten.

3. Anhaltende Geltung

Daß die Geltung der Gesetze anhält und sie nicht außer Kraft gesetzt werden, kann unterschiedliche Ursachen haben. Ist ein Gesetz nicht außer Kraft gesetzt worden durch Änderung aus der Hand des Gesetzgebers oder durch Außerkraftsetzen durch diesen in Form einer parlamentarischen Entscheidung oder durch gerichtliches Urteil, so besteht es weiter, seine Geltung nämlich hält an. Die anhaltende Geltung womöglich über lange Zeiträume hinweg wird man vielleicht sogar als Überzeitlichkeit verstehen dürfen. Die Inkorporation von Gesetzen in ein staatliches Gefüge, die bereits im Staate des Rechtsvorgängers galten, z.B. die Geltung des Bürgerlichen Gesetzbuches noch nach dem Kaiserreich in die Zeit der Weimarer Republik und bis heute, verschafft ihnen diese.

Mit dem Merkmal des Gewohnheitsrechts, Geltung überhaupt erst über lange Zeiträume hinweg zu erlangen, ist die anhaltende Geltung eines Gesetzes vergleichbar. Das Gewohnheitsrechts erhält seine Wirkung, die formellrechtliche Geltung dadurch, daß es lange Zeit über von der Rechtspraxis angenommen wird. Daß es gilt, also nach ihm gehandelt wird, ist seine formelle Legitimation.

Die anhaltende Geltung sagt nichts weiter als daß das Gesetz tatsächlich über einen längeren Zeitraum nicht geändert worden ist. Während das Gewohnheitsrecht Geltung erst durch langjährige Übung erhält, sagt die anhaltende Geltung des Gesetzes bloß, daß es sich in den Augen des Gesetzgebers wohl bewährt hat. Daß das Gesetz noch gilt und nicht geändert oder sogar ganz abgeschafft wurde, sagt bloß, daß man es anwenden darf. Gilt es nämlich nicht mehr, ist es auch nicht mehr anwendbar, weil ihm die formelle Legitimation fehlt. Es kann wegen des entgegenstehenden Willens des Gesetzgebers nicht als Gewohnheitsrecht weitergelten. Auch ist die Geltungskraft des Gewohnheitsrechts geringer als die des Gesetzes. Fraglich ist, ob das auch für die Verfassung gilt, denn sie ist zwar Gesetz, aber wegen ihrer Eigenschaft als höchstes Gesetz könnte ein anderes Merkmal sie genauer beschreiben.[139]

Die Verfassung ist nicht nur Gesetz, sondern auch lex fundamentalis. Als Fundamentalnorm, die grundlegende Vorschriften über die Art und Weise staatlicher Organisation enthält, könnte die Verfassung sogar auf einem Konsens beruhen,

---

139 C. Schmitt, Verfassungslehre, 5. Aufl. Berlin 1970, S.42.

eine Zustimmung außerhalb des gesetzgeberischen Verfahrens erhalten, die zeigt, daß sie über ihre Eigenschaft als Gesetz hinaus, das vielleicht mit höherer Stimmenzahl verabschiedet worden ist, von dem Volk im Staat gebilligt wird.

Ist die Verfassung aber nicht auf das Volk zurückzuführen, weil keine Demokratie herrscht, sondern in anderer Form Herrschaft ausgeübt wird, könnte der Fall eintreten, daß die Verfassung außer Kraft gesetzt oder eine neue Verfassung verabschiedet wird, die anders als durch das Volk legitimiert ist. Gilt keine andere Verfassung, ist die alte Verfassung aber außer Kraft gesetzt, so könnte es sein, daß mangels einer neuen Verfassung die alte befolgt wird, obwohl sie nicht mehr Gesetz ist. Allerdings ist auch hier der entgegenstehende Wille des Gesetzgebers ein Argument gegen die Geltung des früheren Verfassungsgesetzes als Recht. Jedoch schwächt sich die Wirkung mit der Zeit ab und wenn kein neues staatliches Gebilde durch Verfassung auf diesem Gebiet geschaffen wird, könnte es zu einer Geltung der früheren Verfassung als nichtstaatliche Regelung kommen, als Vorschrift und Sollnorm anderer Art. Ist die staatliche Konstituierung aber nicht geändert worden, außer in Teilen der Verfassung, so könnte das Gewicht des entgegenstehenden Willens des Verfassungsgebers abgeschwächt werden, wenn Zeit vergeht und diese Teile der Verfassung womöglich in das Handeln des Volkes oder im Rahmen von Handlungsfreiheit in das staatliche Handeln als eine frei gewählte Alternative unter vielen eingehen. Zwar würde die Verfassung ein solches Handeln noch legitimieren, aber nicht mehr ausdrücklich vorschreiben. Es wäre disponibel und würde dann zwischen Privaten frei vereinbar und nicht bloß Vorschrift oder Sollnorm nichtstaatlicher Direktive sein, vergleichbar der Sitte oder Moral, verpflichtete den Staat nicht mehr. Ist aber keine Verfassung als geschriebene Fundamentalnorm vorhanden, so findet das staatliche Geschehen vielleicht im Rahmen genau eingegrenzter Einzelgesetze statt und der entgegenstehende Wille des Gesetzgebers durch das Außerkraftsetzen spielt dann wegen des Zeitablaufs eines geringere Rolle. Allerdings sind die staatlichen Gerichte an diese Novellierung gebunden und dürfen daher ein solches Recht nicht mehr anwenden, es sei denn, es steht nicht im Gegensatz zu dem geäußerten Willen des Gesetzgebers und vorhandener Gesetze. Soll das Außerkraftsetzen nur mehr Handlungsmöglichkeiten eröffnen, so könnte es durch dauernde Übung im Rechtsleben zu eine Gestaltung im Rechtssinne und dann nicht nur zu einer Sollnorm oder Vorschrift anderer Art kommen, sondern zu einer Gewohnheit, die zu Recht erstarkt. Allerdings ist noch nicht die Frage beantwortet worden, warum es gerade die Verfassung ist, die als ein besonderes Gesetz die dargestellten Eigenschaften hat, welche Voraussetzungen die Entstehung von Gewohnheitsrecht besitzt und wann der Wille des Gesetzgebers, wenn eine Verfassung novelliert oder abgeschafft worden ist, die Entstehung dieses Rechtes verhindern kann.

Die Verfassung ist nicht nur das höchste Gesetz im Staat. Als Fundamentalnorm prägt sie das staatliche Geschehen auch grundlegend. Sie konstituiert den Staat. Wird sie geändert oder sogar abgeschafft oder in großen Teilen außer Kraft gesetzt, so kann es sein, daß diese gesetzgeberische Entscheidung nicht auf Zustimmung des Volkes stößt. Ist die Herrschaftsform nicht demokratisch, so ist an der Willensbildung und Entscheidung das Volk oder Teile des Volkes nicht beteiligt. Für die Geltung von Gesetzen spielt die Zustimmung und Ablehnung dann zwar keine Rolle, aber staatsrechtlich ist die mehrheitliche Ablehnung ein Problem. Lehnt das Volk ein Gesetz oder die Abschaffung eines Gesetzes ab, das das staatliche Geschehen grundlegend prägt, so könnte es wegen der Notwendigkeit, daß der Inhalt von Gesetzen möglichst richtig und nicht falsch sein soll, schwierig sein, die anhaltende Geltung über öffentliche, nichtstaatliche Regeln und spätere Ausbildung von Gewohnheitsrecht abzulehnen. Denn die Beteiligung aller an der Staatswillensbildung könnte zu einer richtigen Entscheidung führen. Jedenfalls ist die Chance größer, daß eine Entscheidung richtig ist, wenn alle an ihr beteiligt sind. Man würde also in einer Herrschaftsform, die nicht alle an der Staatswillensbildung beteiligt, zu der Lage kommen, daß gegen den Willen des staatlichen Gesetzgebers das Volk überkommene Regeln einhält. Es könnte sein, daß diese Regeln richtig sind. In den Staaten also, in denen nicht das Volk herrscht, könnte es sein, daß sich der Wille des Volkes im Einhalten überkommener Regeln zeigt, die vom Gesetzgeber abgeschafft wurden, obwohl sie richtig sind. Dann würde der allgemeine Staatszweck eher durch das Einhalten dieser Regeln erfüllt werden, als durch dem Folgen der Bestimmungen des Staates. Diese überkommenen Regeln würden also der Bändigung der Gemeinschaftsfeindlichkeit des Menschen mehr dienen als diejenigen, die neu geschaffen wurden oder der Zustand, daß kein Gesetz vorhanden ist. Die anhaltende Geltung oder die Entwicklung, Gewohnheitsrecht zu werden, ist gerade für die Verfassung wegen der staatsrechtlichen Besonderheit von Bedeutung, daß die Entscheidung aller eher richtig sein könnte als diejenige weniger, denn in Fragen grundsätzlicher Art könnte die Abweichung des Mehrheitswillens vom Staatswillen eher geäußert werden als in solchen, die durch einfaches Gesetz geregelt sind.

Daß der Gesetzgeber Teile der Verfassung außer Kraft setzt, deren Geltung als Recht im Rahmen der allgemeinen Handlungsfreiheit in das Belieben der Rechtsunterworfenen stellt, ist allerdings mit dem Rechtsstaatsprinzip, mit der Existenz eines Rechtsstaates, nicht von vornherein zu vereinbaren. Denn wegen des Bestimmtheitsgrundsatz darf der Gesetzgeber nicht Teile des Gesetzes zu unbestimmt halten, so daß eine Auslegung mit der Chance zu dem richtigen Ergebnis nicht wahrscheinlich ist oder möglich erscheint. Ist aber ein Teil der Verfassung außer Kraft gesetzt, um die allgemeine Handlungsfreiheit zu vergrößern, so steht der Wille des Gesetzgebers nicht gegen eine künftige Befolgung und unbestimmt ist das Gesetz nicht deswegen, weil einzelne Teil nicht mehr existieren. Hat aber der Gesetzgeber ausdrücklich bestimmt, daß dieses Gesetz nicht mehr gelten soll, so kann das als Willensäußerung verstanden werden, daß auch in Zukunft der Inhalt des abgeschafften Gesetzes nicht mehr Recht in dem Staat sein soll. Dann aber ist der Entstehung von Gewohnheitsrecht ein Riegel vorgeschoben worden, so daß es bei der Abschaffung des Gesetzes bleibt. Bei dem Gewohnheitsrecht kommt es auf die faktische Geltung an. Wird zwischen den im Rechtsleben handelnden Personen vereinbart, in der Weise zu handeln wie es in einem früheren Gesetz vorgesehen war und sagt die Rechtsordnung dazu nichts, das entgegensteht, so könnte dieses Verhalten dann zu Gewohnheitsrecht werden, wenn die Gerichte es auch für solche Fälle anerkennen würden, in denen es nicht vereinbart worden war, weil es zu dem im Rechtsverkehr üblichen Verhalten geworden ist. Der Vertrauensgrundsatz ist ein Beispiel dafür, daß das Verhalten, wie Sitte oder Moral es verlangt haben, zu Recht und dann zu Gesetz wird. Dieser Grundsatz ist auch in solchen Rechtsordnungen anerkannt, die ihn nicht in einer Verfassung verankert haben. Es ist auch möglich, daß er vor seiner Geltung als Sitte oder Moral im Gesetz verankert war und sich aus seiner Eigenschaft, Moral oder Sitte zu sein, die zu einer Anwendung als Maßstab für Verhalten führt, später in der Rechtspraxis Gewohnheitsrecht entwickelt. Der Gebrauch gleicht den Mangel formeller Geltung aus, wie sie das Gesetz schafft.

Vorgängiges Gewohnheitsrecht, dessen faktische Geltung auch nach Inkrafttreten eines neuen Gesetzes anhält, ist ein Recht contra legem und es wird in seiner Anerkennung durch die Rechtsordnung gebrochen durch die Geltung des Gesetzes.

Entscheidend für das Außerkraftsetzen ist, daß jedenfalls der Staat selbst dann nicht mehr daraus verpflichtet ist.

II. Überörtlichkeit von Gesetzen

1. Gesetzgeber und Überörtlichkeit

Die Theorie der Gesetzesauslegung ist in der Lage, die Gerechtigkeit im Gesetz zu finden, seine materiell-rechtliche Bedeutung, ist sie in ihr enthalten. Stellt man fest, daß das Gesetz gilt, weil es nicht außer Kraft gesetzt worden ist und ordnungsgemäß zustande kam, so kann das Gesetz in seinem Sinngehalt gedeutet werden.

Überzeitlichkeit von Gesetzen und ihre Überörtlichkeit, daß sie nämlich nicht nur zu einer bestimmten Zeit oder an einem Zeitpunkt gelten, erleichtern ihre Auslegung, weil so zwar nicht die Geltung verstärkt wird, aber der Umfang der Anwendung zunimmt. Man weiß dann mehr über den Inhalt des Gesetzes, wenn es häufig angewendet, also ausgelegt worden ist und man ist an die vorangegangene Auslegung gebunden. Die Veränderung der Zeit und die über die Grenzen des Ortes hinausgehende Geltung des Gesetzes sind ein Zeichen für die Allgemeinheit der Geltung des Gesetzes.

Die Überzeitlichkeit von Gesetzen ist ein Merkmal von ihnen, das ähnliche Eigenschaften wie das Gewohnheitsrecht enthält. Die lange Geltungsdauer als faktische Regel führt bei dem Gesetzesrecht zu einer Ausdifferenzierung seiner Bedeutung bei gleichem Regelungsinhalt, der so erschlossen wird. Beim Gewohnheitsrecht ist die Eigenschaft, Recht zu sein, erst durch die Gewohnheit des Gebrauchs in der Rechtspraxis erworben worden.

Überörtlichkeit von Gesetzen, ihre Geltung an unterschiedlichen Orten, setzt voraus, daß ein einzelner Gesetzgeber es für unterschiedliche Orte geschaffen hat oder verschiedene Gesetzgeber es übernommen haben, so daß es an unterschiedlichen Orten gilt. Gilt ein Gesetz als nationales Recht in unterschiedlichen Staaten, so zeigt das seine Wichtigkeit für die Aufgaben des Staates und die besonderen Staatszwecke, die aus dem allgemeinen Staatszweck erwachsen. Weil das Gesetz in unterschiedlichen Staaten gilt, ist es in dem Maß der Allgemeinheit, das sich in ihm zeigt, höher als ein solches, das bloß in einem Staate gilt. Wenn das Gesetz nicht bloß an einem Orte gilt, könnte sich in ihm zeigen, daß es geeigneter ist, den allgemeinen Staatszweck der Bändigung der Negativität des Menschen, eben seiner Gemeinschaftsfeindlichkeit, zu erfüllen als andere Gesetze, die nur an einem Ort und nicht an anderen gelten.[140]

Beispiele für die Konkretisierung dieses Gedankens lassen sich finden. Zum Beispiel ist in den Rechtsordnungen Westeuropas und den angloamerikanischen, dem westlichen Recht, im case law und den précedents, aber auch den Gesetzen, gelegentlich ein Rückgriff auf Regeln, d.h. Sollnormen, zu finden, die außerrechtlicher Art sind.[141] Die Generalklausel des § 138 Abs. 1 BGB, in der es heißt, daß ein Rechtsgeschäft, "das gegen die guten Sitten verstößt," nichtig ist und diejenige in § 1 UWG, die lautet:"Wer im geschäftlichen Verkehr zu Zwecken des Wettbewerbes Handlungen vornimmt, die gegen die guten Sitten verstoßen, kann auf Unterlassung und Schadensersatz in Anspruch genommen werden", zeigen, daß wegen des Begriffs "gute Sitten" auf einen Maßstab verwiesen wird, der nicht im Recht liegt. Man findet z.B. in Entscheidungen des US-amerikanischen Supreme Court solche Sollbestimmungen auch:"Requirement of vote of two-thirds of each house to pass bill over veto means two-Thirds of its members, not wo-thirds of all members of the body. The conclusion results from the context, proceedings in the convention and the practice of Congress, especially under similar provision for submission of constitutional amendments. It is further confirmed by practice of States before and since adoption of constitution." [142] Der Begriff "convention" enthält, anders als der der "practice", ein Sollen. In ihm gibt es Ziel und Weg. Die Konvention enthält als Merkmal das Übliche, so wie es meistens getan wird oder man es handhabt.

Ein solcher Maßstab ist ähnlich demjenigen der guten Sitten. Allerdings ist darin das Merkmal der Regel, der Bestimmung, wie gehandelt werden soll, in stärkerem Maße enthalten. Die gute Sitte schließlich bedeutet, daß so gehandelt werden soll, während die Konvention eher auf das Handeln, wie es üblicherweise stattfindet, abstellt. Kern der Sitte ist es, daß dem, was die meisten für richtig hal-

---

140 Siehe S. 308 dieser Arbeit.
141 M. Rheinstein, Einführung in die Rechtsvergleichung, 2. Aufl., München 1987, S. 109.
142 Missouri Pac. Ry. v. Kansas 248 U.S. 276.

ten, Genüge getan wird. In der Rechtsprechung wird deswegen von dem "Anstandsgefühl aller billig und gerecht Denkenden" gesprochen wird.[143]
Wenn in den Rechtsordnungen der westlichen Welt auf Sollbestimmungen zurückgegriffen wird, die nicht von vornherein dem Recht angehören, aber mit dem Recht das Sollen teilen, so werden sie durch ihre Inkorporation in das Recht zu bindenden Regeln gemacht, deren Übertretung der Staat sanktionieren kann.

Die Beispiele, die auf solche Sollbestimmungen in Gesetzen verweisen, die auch ohne ihre Einfügung in das Gesetz ein Sollen enthalten, zeigen auch, daß im westlichen Rechtskreis ein solcher Rückgriff gelegentlich stattfindet. Findet man dieselben Sollbestimmungen in Gesetzen unterschiedlicher Staaten, so zeigt das, daß sie überörtliche Geltung besitzen. Aber schon an dem Rückgriff auf Sollbestimmungen, die zunächst nicht rechtlich sind, kann man feststellen, daß sich die Gesetzgeber in verschiedenen Staaten von denselben Gedanken haben leiten lassen.

Man findet aber auch Vorschriften, die einander ähneln wie z.B. Art. 20 Abs. 2 S. 2 GG und Art. III § 1 S. 1 VerfUSA, in denen die Rechtsprechung als dritte Staatsgewalt eingerichtet wird.[144] Dort zeigt sich, daß die Gesetzgeber unterschiedlicher Staaten zu ähnlichen Ergebnissen gekommen sind.

Die Auslegung der Gesetze kann, weil sie nicht nur an einem Ort gelten, durch den Umfang der Fälle, die durch sie gelöst worden sind und wegen ihrer Geltung trotz unterschiedlicher Mentalität erleichtert sein. Die Methoden der Auslegung, die wörtliche, die systematische, die historische und die teleologische, können bei einer Anwendung von Rechtsgedanken, die sich übergreifend im Gesetz niederschlägt, auf mehr Möglichkeiten zurückgreifen, die den Inhalt des Gesetzes erschließen. Die rechtsvergleichenden Überlegungen können auf diese Art und Weise Platz greifen und die Bedeutung des Gesetzes in seinem Rechtskreis erschlossen werden.[145]

143 RG 80, 221. BGH 10, 232; 69, 297.
144 Art. 20 Abs. 2 S. 2 GG lautet: "Sie (alle Staatsgewalt, d. Verf.) wird vom Volke in Wahlen und Abstimmungen und durch besondere Organe der Gesetzgebung, der vollziehenden Gewalt und der Rechtsprechung ausgeübt." Art. III Sec. 1 hat den Wortlaut: "The juridical power of the United States shall be vested in one Supreme Court, and in such inferior courts as the Congress may from time to time ordain and establish. The judges, both of the supreme and inferior courts, shall hold their offices during good behavior, and shall, at stated times, receive for their services, a compensation, which shall not be diminished during their continuance in office."
145 E. Rabel, Aufgabe und Notwendigkeit der Rechtsvergleichung, in: E. Rabel, Gesammelte Aufsätze III, 1966, S. 1.

2. Geltungsraum

Welchen Raum die überörtliche Geltung von Gesetzen einnimmt, spielt für die Auslegung de lege lata eine Rolle. Ist es nicht bloß die Gemeinde, sondern auch das Land und der Staat, aber auch andere Staaten, wo das Gesetz gilt, kann man von einer umfassenden Geltung des Gesetzes, eines einzelnen Gesetzes, sprechen. Der Geltungsraum ist bei überstaatlichen Verbindlichkeiten des Rechts von Bedeutung, bei supranationalen Vorschriften und auch bei Verträgen zwischen Staaten, die diese binden, aber solchen auch, die diejenigen verpflichten, die in ihnen leben, denn es finden unterschiedliche zusätzliche Rechtsvorschriften regelmäßig Anwendung. Sind es Gesetze, die z.B. als Vorschriften der Verfassung gelten, so führt eine überstaatliche Verbindlichkeit zu dem Problem, daß diese an der Verfassung gemessen wird und auch Verträge, die die Staaten abschließen, wenn sie Verfassungsstaaten sind, der Verfassung als dem höchsten Gesetz nicht widersprechen dürfen, also entgegengesetzt sein sollen. Es kann also sein, daß überörtliche Geltung eines Gesetzes betrachtet werden kann im Verhältnis zu derjenigen, die an dem Orte sonst auch gilt. Es mag sein, daß die überörtliche der örtlichen Gesetzgebung vielleicht widerspricht oder jedenfalls im Zusammenhang mit ihr betrachtet werden muß.

Der Geltungsraum von Gesetzen rechnet mit der Vielzahl von Gesetzen, die einander überschneiden können und die in ihrer Bedeutung für das staatliche Gemeinwesen unterschiedlich sind. Ist überstaatlich z.B. das Patentrecht oder das Gewerberecht geregelt, wie man es etwa in Art. 225 EWG getan hat, so ist die Harmonisierung von innerstaatlichem und zwischenstaatlichem Recht, das also überstaatlich geregelt ist, durch Auslegung zu ermitteln.[146]

Der Geltungsraum ist auch nach Rechtskreisen zu bestimmen, die die Gebiete umfassen, die dasselbe Recht haben. Man unterscheidet z.B. den angloamerikanischen von dem kontinental-europäischen Rechtskreis. Ihre Bildung ist bestimmt durch gemeinsame Geschichte, eine grundsätzlich ähnliche Art der Regelung. Der Geltungsraum von Gesetzen kann also auch durch die Rechtskreise bestimmt werden. Über den einzelnen Staat hinaus ist es möglich, Grundsätze und Einzelvorschriften der Gesetze in einem Rechtskreis zu betrachten und sie mit den Methoden der Auslegung mit Blick auf diesen zu deuten.

§ 42 Rechtsanwendung und Rechtsquellenlehre

I. Rechtsquelle und Geltung von Gesetzen

1. Bedeutung der Rechtsquelle

Im Recht der Volksherrschaft ist seine Anwendung in der Weise wie in jedem anderen Recht enthalten. Das Recht kommt zur Anwendung, wenn ein Fall gelöst wird, der durch das Geschehen in dem Staat als ein Rechtsfall vorhanden ist. Die

---

146 Vgl. S. 450 bis 451.

Volksherrschaft mag Probleme aufwerfen, die durch die Anwendung des Rechtes gelöst werden. Voraussetzung für diese rechtliche Beurteilung ist die Existenz einer Rechtsquelle, aus der geschöpft werden kann.
Ist der Staat durch Verfassung konstituiert, ist dieses höchste Gesetz in dem Staate die Rechtsquelle, der alle anderen untergeordnet sind. Aber auch ein Staat, der keine Verfassung besitzt, ist rechtlich konstituiert, weil der allgemeine Staatszweck der Bändigung der Gemeinschaftsfeindlichkeit der Menschen ein Sollen enthält, das der Staat mit Zwangsgewalt durchsetzen kann.

Die hoheitliche Gewalt des Staates, die in der Staatsgewalt inkarniert ist, folgt diesem Zweck. Man kann fragen, ob es in jedem Staat Recht gibt oder ob das Recht und der Staat unabhängig voneinander sind. Jedenfalls kann das Recht in dem Staat Fehler als Resultat von Irrtümern oder schlechten Absichten enthalten. Recht ist dann Unrecht.[147]

Ist die Rechtsquelle ein Gesetz, so ist die Auslegung von ihm ein Teil seiner Geltung. Der formelle Gesetzesbegriff, wie ihn die Lehre von dem Gesetz kennt, betrachtet bloß die Bekanntmachung des Gesetzes als letzten Teil eines Verfahrens, in dem das Gesetz entstanden und verabschiedet worden ist, nämlich bestimmt, und dann durch Unterschrift, jedenfalls in späterer Zeit, bestätigt wurde.[148] Dieses Inkraftsetzen durch Veröffentlichung des fertigen Gesetzes hat zu seinem Inhalt aber auch die Chance, daß es angewendet wird. Solche Anwendung ist Auslegung des Gesetzes, weil ihr keine andere Bedeutung zukommt. Existiert Recht, so hat es auch immer eine Quelle. Findet man kein Gesetz in dem Staate, das Rechtsquelle ist, so gibt es andere, wie z.B. die Verkündung durch den Herold, die Verordnung, wie man sie in dem Verordnungsblatt findet oder den Vertrag, wie er von dem Staate abgeschlossen ist und wie er sein Handeln dem Staate gegenüber bindet.

Die Eigenschaft des Staates, mit Hoheitsgewalt ausgestattet zu sein, Zwangsgewalt zu besitzen, macht es möglich, daß der Staat Recht setzt. Denn das Merkmal des Rechtes, dem Sollen die Möglichkeit zwangsweiser Durchsetzung hinzuzufügen, erlaubt es, Rechtsquellen zu schaffen und aus ihnen Recht zu setzen.[149]

2. Auslegung der Rechtsquelle

Zwar ist der formelle Gesetzesbegriff[150] nicht gleichzusetzen mit der Rechtsquelle, aber ein Gesetz, das formell rechtmäßig zustandegekommen ist, kann man schon als Rechtsquelle im Sinne der Rechtsquellenlehre verstehen.

---

147 Z.B. A. Kaufmann, Gesetz und Recht, in: Ders. (Hg.), Rechtsphilosophie im Wandel, Köln u.a., 2. Aufl. 1984, S. 138.
148 So auch Art. 82 GG.
149 Vgl. entspr. Kap.
150 Ebenso.

Aber auch andere Rechtsquellen können in dem Staate vorhanden sein, aus denen das Recht geschöpft wird und die durch die Anwendung des Rechts gebraucht werden. In der Auslegung des Gesetzes nimmt man dieses als Beispiel einer üblichen Rechtsquelle, wird das Recht überhaupt erst geschaffen.
Es kann aber Problem sein, eine Rechtsquelle zu finden. In Staaten in denen vieles durch Gewohnheitsrecht erfaßt war, wo die Menschen sich nicht immer bewußt waren, daß sie Gewohnheitsrecht angewendet hatten oder sich nach ihm oder dagegen verhielten oder in denen es zu Kollisionen zwischen vorgängigem Gewohnheitsrecht und späterem Gesetzesrecht kam und z.b. dispositives Recht Gewohnheitsrecht blieb, ist das festzustellen. Auch die Errichtung neuer Gesetze, die geltendes Gewohnheitsrecht außer acht lassen oder es nicht berücksichtigen wollen, wird man diesem Bereich zuordnen dürfen. Überall dort, wo dispositives Recht herrscht, kann sich niemand auf das Gesetz berufen, wenn das Gesetz diese Freiheit läßt.[151]
Die Rechtsquelle bleibt dann das, was die Beteiligten bestimmt haben. Ändert aber der Gesetzgeber lange währendes Gewohnheitsrecht ab, weil er sich nicht bewußt war, daß es existierte oder weil er ein anderes wollte, so ist nach dem Bestandsschutz zu fragen, der eingreifen könnte, wenn der Rechtsstaatsgedanke verwirklicht werden soll. Es kann sein, daß Verträge dann weitergelten, obwohl neues Recht ihnen entgegensteht, weil in die Dispositionsfreiheit der Beteiligten nicht eingegriffen werden darf, wenn sie darauf vertrauen durften, daß das von ihnen gesetzte Recht weitergilt.
Man mag einwenden, daß die Weitergeltung nicht aus der Gewohnheit, sondern der Vertragsbindung herrührt, die der Gesetzgeber jedenfalls in gewissen Bereichen respektieren muß. Es gilt aber beides. Das Gewohnheitsrecht ohne vertragliche Vereinbarung gilt, weil die Gewohnheit der Menschen es wegen der Dauer der Einhaltung zu einem Recht hat erstarken lassen. Die vertragliche Bindung contra legem gilt allerdings auch aus Gründen des Vertrauensschutzes, der aus dem Bestandsschutzgedanken abgeleitet war.[152]

Es kann also Problem sein, welche die Rechtsquelle ist, die den Rechtssatz enthält, dessen Auslegung zu einer Lösung des Falles führt. Ist die Rechtsquelle das Gewohnheitsrecht, so mag man fragen, ob auch dieses, ebenso wie das Gesetz, Rechtssätze enthält, die ausgelegt werden können. Es ist wichtig, zu wissen, ob auch das Gewohnheitsrecht dieselben Merkmale trägt wie alle anderen Rechtsquellen. Es könnte sein, daß das Sollen, das sich in der Gewohnheit bildet, eher den Charakter eines Gedankens als den eines Imperativs enthält.

Aber schon in der Gewohnheit selbst, dem regelmäßigen Wiederholen desselben Verhaltens in derselben Situation, zeigt sich, daß diesem etwas bestimmendes zugrundeliegt. Man wird also den imperativischen Charakter des Gewohn-

---

151 Ebenso.
152 Ebenso.

heitsrechts nicht verleugnen können, denn erst die Allgemeinheit der Gewohnheit über einen längeren Zeitraum hinweg führt zu dem Erstarken der Gewohnheit zu Recht. Ist das Gewohnheitsrecht aber Recht wie jedes andere, so ist es in Rechtssätzen auszulegen. Der Imperativ, der der Gewohnheit zugrundeliegt, wie sie in den Rechtskreisen gepflegt wird, in denen der Fall beheimatet ist, gibt die Richtung an, in der gehandelt werden soll, liegt eine Sachlage vor, die so geregelt ist. Tatbestand und Rechtsfolge bilden sich im Gewohnheitsrecht durch die Gewohnheit aus, die über längere Zeit währt.[153]

II. Rechtsquelle und Rechtsbegriff

Dort, wo man das Recht findet, ist die Rechtsquelle. Ob es in einem Vertrag, in der Verfassung, im einfachen Gesetz, in der Verordnung oder Richtlinie, dem Richterrecht, den höchstrichterlichen Entscheidungen oder in dem Gewohnheitsrecht zu finden ist, spielt keine Rolle für die Zuordnung des Rechtes zur Rechtsquelle. Weil es kein Recht ohne diese gibt, muß sie gefunden werden. Auch die Richtlinie ist Rechtsquelle, obwohl sie keine Außenwirkung direkt auf den Bürger nach dem Verwaltungsrecht der Bundesrepublik genießt.[154] Denn die Verwaltung ist befugt, nach ihr zu entscheiden, wenn sie mit Gesetz und Recht nach Art. 20 GG in Einklang steht, diesem also nicht zuwiderläuft. Gesetzeswidrige Richtlinien, die zu rechtswidrigen Entscheidungen führen, müssen durch die vorgesetzte Behörde geändert werden. Die rechtswidrigen Entscheidungen, die auf solchen Richtlinien beruhen, müssen wie alle anderen Entscheidungen, die rechtswidrig sind, durch das Verwaltungsgericht aufgehoben werden. Für die Verwaltung kann die Richtlinie aber Grundlage ihres exekutiven Handelns sein und daher ist sie Rechtsquelle.

Wegen dieser Gleichsetzung von Rechtsquelle und rechtlicher Handlungsgrundlage könnte man die Meinung vertreten, daß jede Rechtsgrundlage zugleich Rechtsquelle ist, weil sie die bedeutsamen einschlägigen Rechtssätze enthält.[155] Das würde aber den Begriff der Rechtsquelle nicht in allen seinen Merkmalen erfassen.

1. Auslegung des Rechtsbegriffs und Rechtsquelle

Das Gefühl des Sollens, die subjektive Überzeugung der Handelnden, das Gefühl der Verpflichtung, sind für das Gewohnheitsrecht wichtig.[156]

Gewohnheitsrecht nimmt also teil an den Besonderheiten der Gewohnheit und des Rechts. Die Eigenschaft dessen, staatlich durchsetzbar zu sein, könnte zu sei-

---

153 Vgl. M. Rheinstein, Einführung in die Rechtsvergleichung, 2. Aufl. 1987, S. 106.
154 E. Forsthoff, Lehrbuch des Verwaltungsrechts, Bd. I, AT, München 1973, S. 11f.
155 E. Forsthoff, a.a.O., S. 125f.
156 Siehe §41f.

ner Ferne von den Menschen in dem Staat führen, die sich dem Bändigungszweck unterworfen fühlen und nicht einverstanden sind, sich ihm auszusetzen. Die Eigenschaft also, die die Gewohnheit kennzeichnet, ist zwar in der rechtlichen Handlungsgrundlage als dem Oberbegriff auch aufgehoben, aber der Begriff der Rechtsquelle bringt stärker zum Ausdruck, worin der Ursprung des Rechtes im Staate liegt.

Das zeigt sich auch in der Diskussion über die Frage, was der Rechtsquelle zugerechnet wird. Es wird vertreten, daß als Rechtsquellen bloß Gesetz und Gewohnheitsrecht betrachtet werden und andere sind der Auffassung, daß neben dem Gesetzesrecht und dem Gewohnheitsrecht noch das Richterrecht hinzukommt.[157] Daß die Unterscheidung zwischen Gesetzesrecht und dem aus der Gewohnheit entstandenen Recht notwendig ist, zeigt sich daran, daß der Begriff der Verortung für die Eigenschaft, als Recht vorfindbar zu sein, eine wesentliche Rolle spielt. Für das Gewohnheitsrecht ist kennzeichnend, daß es im Rechtsleben angewendet wird, z.B. als Sitte, Gerichtsgebrauch in der Praxis und in rechtlich bedeutsamen Urkunden auftaucht. Es ist der Volksüberzeugung näher.[158] Dagegen ist das Gesetz bestimmt durch seine Eigenschaft, in einem Verfahren rechtmäßig zustandegekommen zu sein und jedenfalls die Merkmale des formellen Gesetzesbegriffs nicht vermissen zu lassen.[159] Für die Entstehung von Recht und die Frage, welches Recht gilt und ob ein Gewohnheitsrecht als vorgängiges Recht vorhanden ist und Beachtung finden muß, spielt diese Unterscheidung eine große Rolle. Denn es könnte auch zum Streit über die Geltung des Rechts kommen, ob etwa dasjenige, das von dem Staate gesetzt wird, etwa dem König, der die Staatsgewalt in den Händen hält, sich durchsetzt gegen das örtliche Recht, das als Gewohnheitsrecht gebildet wurde. Häufig wird sogar der Ursprung des Rechts überhaupt im Gewohnheitsrecht gesehen, das durch die Staatsgewalt als Hoheitsgewalt übernommene Gewohnheit ist. Insbesondere dann, wenn die Ausübung der staatlichen Gewalt und ihre Inhaberschaft nicht in einer Hand liegen oder auch Streit über die Kompetenzen vorhanden ist, kann das – wie das genannte Beispiel zeigt – unklar sein und daher wird bei Entstehen solcher Geltungsfragen, die Rechtsquelle als Begriff hinzugezogen, um nach dem Ursprung des geltenden Rechts zu fragen.[160]

Betrachtet man etwa Art. 28 II, I S. 2 und 3 GG, so ist das dort verankerte Recht auf Selbstverwaltung, das die Satzungsgewalt umfaßt, ein Ergebnis solcher Auseinandersetzungen über die Möglichkeiten der Gemeinde, im Unterschied zu dem Bund oder dem Land, Recht zu schaffen. Es geht also um die Frage, wer die

---

157 So K. Larenz, Methodenlehre der Rechtswissenschaft, 5. Aufl. Berlin u.a. 1983, S. 303.
158 K. Larenz, Methodenlehre, S. 231f.
159 Ernst Forsthoff, Lehrbuch des Verwaltungsrechts I, S. 32ff.
160 Ders. , S. 123.

Hoheitsgewalt an dem Orte hat, jedenfalls in dem Bereich, der eine Regelung erfordert. Man könnte daher die Auffassung vertreten, daß die Einteilung der Rechtsquellen in gesetzliche und gewohnheitsrechtliche Merkmale des Begriffes erfüllt und andere solche nicht vorhanden sind. Beantwortet wird die Frage nach dem Ursprung des Rechts zwar genauer durch den Begriff der Rechtsquelle, aber die rechtliche Handlungsgrundlage faßt als Oberbegriff die Verortung der Rechtssätze zusammen.[161]

Es ist möglich, daß z.b. der Vertrag, die Verordnung oder Richtlinie oder sogar das Richterrecht und darin Präjudizien dem Begriff des Gesetzes zuzuschlagen seien, weil sie auf dieses zurückzuführen sein könnten. Das würde dann auch die Einordnung des Richterrechts als Gewohnheitsrecht überflüssig machen.

Für die Verordnung dürfte das nicht schwer zu bestimmen sein. Entweder gründet sie auf einem Gesetz, wie es z.B. Art. 80 Abs. 1 S. 2 GG ist. Dann ist das Gesetz die Rechtsquelle. Oder sie kann als Gesetz verstanden werden, ist die des Grundgesetzes nicht vorhanden. Denn sie besitzt alle Eigenschaften eines Gesetzes außer derjenigen, daß sie nicht von der Legislative, der gesetzgebenden Macht geschaffen worden ist, sondern von der Exekutive.[162] Noch stärker gilt das für die Richtlinie, die ausführend oder auslegend Anweisungen erteilt. Entweder bestimmt sie es, wie zu handeln oder sie sagt, wie auszulegen ist.[163]

Die Herkunft von der Exekutive könnte ein Problem sein, weil die gesetzgebende Macht nicht beteiligt ist, vielleicht nicht veranlaßt oder kontrolliert oder bestätigt hat. In Staaten ohne Teilung der Staatsgewalt spielt das keine Rolle, weil dort die Staatsgewalt in einer Hand ist.[164] Dort, wo eine Dreiteilung der Staatsgewalt vorhanden ist, ordnet man die Exekutive der Legislative unter.[165] Die Verordnung ist also rechtmäßig zustandegekommen, wenn sie mit der Gesetzgebung der Legislative nicht kollidiert und von dieser nicht abgelehnt wird. Man kann sie daher auch als ein Gesetz begreifen, weil sie die Voraussetzungen erfüllt, die ansonsten bei einem Gesetz vorliegen, z.B. seine Allgemeinheit (lex Rheinstahl).[166]

Bei dem Vertrag ist die Einordnung schon schwieriger. Daß ein Vertrag geschlossen werden darf und ob er geschlossen wurde, kann sich aus Gewohnheitsrecht oder Gesetz ergeben. Den Vertrag als Bindung von Rechtssubjekten aufgrund gleichlaufender Willenserklärungen findet man in allen Rechtsordnungen und zu allen Zeiten. Er ist neben den einseitigen Willenserklärungen die ursprünglichste Art und Weise in der Menschen Recht setzen. Dieses Rechtsver-

---

161 S. dazu in dieser Arbeit.
162 Z.B. nach Art. 80 GG.
163 Forsthoff, Lehrbuch, S. 11f.
164 Siehe entspr. Kap..
165 Ebenso.
166 BVerfGE 25, 371.

hältnis findet man daher auch in allen Rechtskulturen vor. Existiert aber kein Gewohnheitsrecht und kein Gesetz, kann dann dennoch ein Vertrag geschlossen werden?

Weil Recht auf der Gemeinschaft der Menschen als res publica beruht, das gesetzt wird, umfaßt von dem Bändigungszweck des Staates, mag man Recht und Staat für untrennbar miteinander verbunden halten.[167] Dann ist nämlich Recht eine Art und Weise des Handelns des Staates. Dagegen spricht nicht, daß in der res publica, auf dem forum, die Menschen Recht in Gemeinschaft schufen oder ein Einzelner es setzte, dessen Macht und Autorität anerkannt war. Denn erst die Gemeinschaftsbildung ermöglichte überhaupt das Recht. Die Menschen, wenn sie ein Paar bilden, zu zweit sind oder auch als eine Familie, also zu dritt, bilden noch keine öffentliche Gemeinschaft im Sinne der res publica. Erst die Öffentlichkeit muß vorhanden sein und die Menschen müssen sich dort treffen, damit es den Staat gibt. Auch das Recht gewinnt erst in dem Staate seine Gestalt, denn die Zwangsgewalt, die ihm innewohnt, ist gerade nicht die archaische Gewalt des Stärkeren über den Schwächeren, möglicherweise geleitet aus Eigennutz und ohne Gemeinschaftsfreundlichkeit, sondern diejenige, die der Gerechtigkeit entspringt.[168] Denn Recht muß richtig sein, gemeinschaftsfreundlich, sonst besitzt es keinen Geltungsgrund. Meinte man, daß Recht nicht gemeinschaftsfreundlich, demnach richtig sein muß, so verzichtete man auf die Richtigkeit des Rechts als Merkmal des Begriffs. Dann käme auch in Betracht, ein Recht, das dort herrschen würde, wo kein Staat existiert oder zu einer Zeit vorhanden war, wo noch kein Staat existierte, als solches zu begreifen.

Zwar kann der Staat aus Familien entstanden sein oder in anderer Weise;[169] allerdings ist er öffentliche Gemeinschaft und nicht bloß Familie oder eine Familie. Diese ist bestimmt durch das biologische Band der Generationen und der Gemeinschaft der Eltern. Um zu überleben, bedarf es der öffentlichen Gemeinschaft der Menschen als res publica, die sogar nichtseßhafte Völker wie die Normaden kannten oder Stämme wie die Indianer.[170] Der Staat ist also eine Gemeinschaft, die besondere Eigenschaften hat. Erst in ihm bildet sich Recht in der Weise, daß die Richtigkeit, nämlich die Gemeinschaftsfreundlichkeit, zum Mittelpunkt der Gemeinschaft gemacht wird.

Allerdings könnte man meinen, daß Recht vielleicht auch ohne Richtigkeit, nämlich Gemeinschaft, möglich wäre. Das würde aber das Überleben der Menschen gefährden, so daß auf die Richtigkeit nicht verzichtet werden kann, die Gemeinschaftsfreundlichkeit bedeutet.[171]

---

167 Siehe §26 II. 1.
168 Ebenso.
169 Vgl. Zur Entstehung des Staates.
170 Ebenda.
171 Vgl. zum Gerechtigkeitsbegriff.

Daß die Richtigkeit des Rechts sich nach der Gemeinschaftsfreundlichkeit bestimmt, ist Ergebnis der Gedanken über das Überleben des Menschen als Art. Dieses ist bloß dann möglich, wenn der Mensch in der Gemeinschaft lebt und ihr nicht feindlich gegenübersteht. Zwar mag ein einzelner Mensch, z.B. als Einsiedler, überleben können, das sichert aber nicht das Überleben der Art. Auch die Familie als eine durch die persönliche und biologische Bindung geprägte Gemeinschaft ist dazu zu solchen Zeiten nicht in der Lage, in der eine große Zahl von Menschen auf der Erde lebt und z.B. wegen Naturkatastrophen der Einzelne und kleinere Gemeinschaften wie Familien, diesen nicht genügend Möglichkeiten der Bekämpfung entgegensetzen können. Sogar dann, wenn Staaten von einer oder mehreren Familien beherrscht werden, wird man zu keinem anderen Resultat kommen können, denn auch weniger dicht besiedelte Gebiete sind zum Zwecke der Durchsetzung des allgemeinen Staatszwecks staatlich konstituiert. Recht und Staat sind also in der beschriebenen Weise untrennbar miteinander verbunden.

Aus diesem Grunde ist Rechtsquelle des Vertrages Gewohnheitsrecht, wie es häufig in Familienverbänden vorgekommen ist und nach wie vor[172] vorkommt – oder auch Gesetz, das Verträge als Möglichkeit, ein Rechtsverhältnis zu gestalten, zuläßt oder einschränkt.[173]

2. Rechtsquelle und Gerechtigkeit

Eigenständige Rechtsquelle ist der Vertrag also nicht, sondern er gründet auf dem Gesetz oder dem Gewohnheitsrecht. Weil der Vertrag die vielleicht älteste Art und Weise ist, ein Rechtsverhältnis zu gestalten, mag man auf die Idee kommen, daß er wegen seiner Ursprünglichkeit dem Gesetz vorgelagert ist oder vorgeht. Aber das Geltungsproblem, das die Zwangsgewalt auslöst, ist so nicht behoben, sondern das ist nur möglich, wenn der Vertrag in dem Gesetz oder dem Gewohnheitsrecht beheimatet ist.

Noch schwieriger ist die Lage bei dem Richterrecht. Das Richterrecht, sei es in den Präjudizien, den tragenden Sätzen der Entscheidung oder dem Entscheidungstenor, der in Rechtskraft erwächst, sei es die höchstrichterliche Entscheidung, die bei dem Bundesverfassungsgericht sogar Gesetzeskraft hat, könnte eigene Rechtsquelle sein. Für die Präjudizien als Auslegung des Gesetzes oder auch des Gewohnheitsrechtes wird man das nicht sagen können, weil sie bloß den Inhalt des Gesetzes bestimmen und nicht neues Recht selbst setzen.

Die Entscheidungen des deutschen Bundesverfassungsgerichts, die Gesetze außer Kraft setzen können und auf diese Weise die Legislative korrigieren, konnten eigene Rechtsquelle sein.[174] Wenn überhaupt, wird man das aber nur für dieses Gericht sagen können. Art.1 ZGB, der es dem schweizer Richter überläßt, eine

---

172 M. Rheinstein, Einführung in die Rechtsvergleichung, S. 104.
173 Vgl. §§ 145-157 BGB. Zweites Buch, Recht der Schuldverhältnisse.
174 K. Schlaich, Das Bundesverfassungsgericht, München 1985, S. 210-215.

Regel aufzustellen, die er als Gesetzgeber aufstellen würde, wenn er entscheidet, ohne im Gesetz einen einschlägigen Rechtssatz vorzufinden, gestattet zwar in engen Grenzen rechtsschöpferische Tätigkeiten, geht aber kaum über die Analogiebildung als Mittel der Rechtsfindung hinaus. Diese Tätigkeit hält sich im Rahmen der Gesetze; man wird daher sagen können, daß sie nicht gegen das Rechtsstaatsprinzip verstößt und sie ist auch nicht legislativ, weil sich der Richter an die Grenzen des Gesetzes halten muss.

Das gilt grundsätzlich auch für Entscheidungen des Bundesverfassungsgerichts. Während der Gesetzgeber selbst Gesetze schafft, darf dieses Gericht bloß sagen, ob ein Gesetz verfassungsmäßig ist oder nicht und ggfls. Übergangsregelungen schaffen. Rechtsquelle ist daher die Verfassung, die selbst Gesetz, nämlich höchstes Gesetz ist.

Vergleichbar ist der Richterspruch des Bundesverfassungsgerichts auch nicht mit dem Gewohnheitsrecht. Dessen Entstehung rührt aus der Gewohnheit her. Dagegen beruhen die Entscheidungen des Bundesverfassungsgerichts auf der Verfassung, dem höchsten Gesetz. Gewohnheitsrecht und Gesetzesrecht sind daher die einzigen Rechtsquellen.[175]

Man kann diese Einteilung der Rechtsquellen auch mit dem Rechtsbegriff begründen, der ausgelegt wird und der der Rechtsquellen entstammt.
Der Rechtsbegriff ist in dem Rechtssatz enthalten, der Rechtsgrundlage ist. Die Rechtsgrundlage entspringt der Rechtsquelle.[176] Der Rechtsbegriff schließlich kann ausgelegt werden, weil er vollständig alle Merkmale enthält, die er als Begriff hat. Rechtsbegriff ist er, weil er in einem Rechtssatz enthalten ist. Die Auslegung des Rechtssatzes mit den Mitteln der juristischen Auslegungskunst ist eine Deutung von Begriffen, genauer: von Rechtsbegriffen. Der einzelne Rechtsbegriff ist so auf eine Rechtsquelle zurückzuführen und diese speist ihn. Er ist also in Übereinstimmung mit ihr auszulegen, d.h. sein Inhalt ist geprägt von ihr. Wenn man alle Merkmale des Rechtsbegriffs vollständig erfaßt, so ist das Besondere der Rechtsquelle in dem Rechtsbegriff enthalten. Es ist zwar für die Eigenschaft eines Begriffes, Rechtsbegriff zu sein, nicht von Bedeutung, auf welche Rechtsquelle er zurückzuführen ist, aber die Merkmale des einen oder des anderen lassen das ersehen.
Ob der Rechtsbegriff konstituiert ist oder nicht, spielt deswegen eine Rolle, weil gewohnheitsrechtliche von gesetzesrechtlichen Regeln unterscheidbar sind. Die Nähe zu der Sitte und den Verhältnissen der Menschen untereinander wie sie durch das tägliche Leben geprägt sind, die Tradierung der Regel, sind Inhalt der Rechtsbegriffe, die dem Gewohnheitsrecht entstammen. Konstituierung durch einen Gesetzgeber und Öffentlichkeit des Gesetzes, also Veröffentlichung und

---

175 Zum Streitstand K. Larenz, Methodenlehre der Rechtswissenschaft, S. 304f.
176 Ebenda.

Kenntlichmachung des Urhebers, der dafür einsteht, z.B. durch Unterschrift unter das Gesetz, die Urkunde, kennzeichnen das Gesetz.

Sicherlich dürfte es schwieriger sein, gewohnheitsrechtliche Rechtssätze auszulegen als gesetzliche. Beides ist jedoch geltendes Recht. Gewohnheitsrechtliche Rechtssätze müssen zunächst als solche erkannt werden. Schwierig könnte sein, herauszufinden, wann die Gewohnheit als Recht verstanden werden kann. Die Anerkennung durch ein Gericht ist sicherlich Zeichen dafür, aber eindeutig ist es erst dann Gewohnheitsrecht, wenn unabhängig von der Gewohnheit nach dieser Regel entschieden wird, weil sie bereits in einem ähnlichen Fall durch ein Gericht angewendet worden war oder in einem allgemein anerkannten Buch schriftlich festgehalten ist, ohne zugleich Gesetz zu sein.[177]

Für die Einordnung als Gewohnheitsrecht ist entscheidend, daß die Anwendung durch ein Gericht sich wiederholt, weil der Fall schon zuvor nach derselben Regel gelöst worden ist. Die Verselbständigung von dem Anlaß und die Anwendung auf einen weiteren Fall bedeutet Bildung einer Kasuistik und richterrechtliche Bestätigung des Rechts. Ist es in einem Buch schriftlich festgehalten, so braucht im Unterschied zum Gesetz es nicht auf einen Gesetzgeber zurückzuführen sein. Jedenfalls muß dieser als solcher nicht zu erkennen sein, sondern bloß die Gewohnheit, auf die es zurückzuführen ist.

Blickt man auf die Rechtsquelle, so ist der Rechtsbegriff seine Konkretisierung. In der Rechtsquelle wird deutlicher als in anderen Beschreibungen des Rechts, daß es mit der Gerechtigkeit verbunden ist. Die Vorstellung von Recht als durch Gebrauch entstanden oder durch den Inhaber der legislativen Gewalt gesetzt steht in Verbindung mit der Gerechtigkeit. Sie ist bestimmt durch die Richtigkeit oder jedenfalls durch die Chance, richtig zu sein. Richtigkeit des Rechts ist Gerechtigkeit als Ergebnis der Auslegung von Rechtsbegriffen, die zu einer Entscheidung führt, die diese Eigenschaft hat.

Wegen der vorhandenen Chance, daß ein Irrtum zu einer Fehlentscheidung führt, also nicht die richtige, sondern die falsche Entscheidung gefällt wird und solche Fehler nicht ausgeschlossen werden können, weil der Mensch die Fähigkeit zur Vernunft besitzt, aber auch irren kann, ist das Recht nicht immer gerecht, sondern ungerecht, also Unrecht. Soll die Chance, daß Ungerechtigkeit entsteht, möglichst ausgeschlossen werden, so muß in das Recht die Chance zu Gerechtigkeit eingehen. Z.B. die Demokratie als Rechtsbegriff ist begründet darin, daß das Volk herrscht, also alle, und aus diesem Grunde die Chance, daß eine falsche Entscheidung getroffen wird, geringer ist als wenn nur wenige herrschen oder ein Einzelner herrscht.[178] Sogar dann, wenn man sagt, daß die Chance, daß 50% der Auffassungen falsch und 50% derselben richtig sein können, dieselbe bleibt, ob

---

177 K. Larenz, Methodenlehre, S. 231.
178 § 26 I..

es eine Person ist, die entscheidet, zwanzig oder alle, besteht die Möglichkeit bei der Entscheidung durch alle, daß aus der Summe aller überhaupt möglichen Entscheidungen wenigstens eine oder einige Alternativen die richtigen sein mögen. Zwar können ebenso viele neue falsche Alternativen gedacht werden, aber weil insgesamt mehr Alternativen vorhanden sind, ist die Chance für eine oder mehrere richtige höher. Darauf kann es im Zweifel ankommen.[179]

Bei dem Gewohnheitsrecht ist es die Gewohnheit, die zur Tradition wird oder jedenfalls über lange Zeiträume gepflegt und auch im Rechtsleben anerkannt und durch Mittel wie Gerichte oder das Aufschreiben in Büchern fixiert wird, die die Richtigkeit des Rechts, also seine Gerechtigkeit schafft. Der lange Gebrauch, die Übung im Rechtsleben, die auch die Änderung und Anpassung an neue Situationen zum Inhalt hat, können, weil viel Erfahrungswissen in sie eingeht, die Chance schaffen, daß die Gewohnheit zum Recht wird, das richtig ist oder jedenfalls die Chance beinhaltet, daß es richtig sein könnte.[180]

Beim Gesetz liegt die Chance zu seiner Richtigkeit oder auch der Entscheidung, die auf ihm fußt, in der Vernunft des Gesetzgebers, eben in seiner Fähigkeit, die Rechtssätze zu schaffen, die die Gemeinschaftsfreundlichkeit stärken und dem Wohl der Gemeinschaft auf diese Art und Weise dienen.[181]

Es mag unentschieden bleiben, welcher Rechtsquelle eine höhere Chance zur Gerechtigkeit innewohnt. Ob die Richtigkeit des Rechts aus der Gesetzgebung stärker erwächst als aus der Gewohnheit der Menschen, ihrer langewährenden Übung, könnte aber festgestellt werden.[182]

§ 43 Methodenlehre

Die Methodenlehre beschreibt die Methoden der Rechtswissenschaft, derer sie sich bedient, um zu entscheiden, was Recht ist.[183] Um Recht zu erkennen, muß eine Entscheidung getroffen werden, die ein streitiges Rechtsverhältnis regelt. Sogar dann, wenn es bloß ein prozessuales ist oder eines, das durch Gesetz bestimmt ist und nicht durch den Willen einer oder beider streitender Prozeßparteien, ist diese Entscheidung im Einzelfall zu treffen. Die Art und Weise, wie das geschieht, ist in der Lehre von den Methoden zu ersehen.

Diese Mittel, das Recht zu erkennen, sind in der Methodenlehre aufgehoben. Weil die Methoden diese Eigenschaft, Mittel zu sein, besitzen, ist der Ausgangspunkt von Überlegungen zu ihrer Erkenntnis die Rechtsquelle. Um zu einer Entscheidung zu kommen, bedarf es der Auslegung des Rechtssatzes, der wiederum auf einer Rechtsgrundlage basiert, die auf eine Rechtsquelle zurückzuführen ist.

179 § 37 I. 3.
180 Zur Historizität vgl. § 41 I..
181 Siehe dazu § 36 II. 1., § 41 I..
182 Siehe dazu § 33 VI. 1. dieser Studie.
183 Dazu I. Kant, Methaphysik der Sitten, S. 40.

Ist z.B. für einen Anspruch keine actio zu finden,[184] so muß die Klage abgewiesen werden, weil sie nicht schlüssig ist. Nicht immer ist es leicht, die actio für einen Anspruch zu finden. Schon die Entscheidung, welche Rechtsquelle es sein könnte, die am Anfang solcher Überlegungen steht, kann unter Umständen schwierig sein, weil der Rang der Rechtsquellen, ist Teilung der Gewalten vorhanden, zwar unterschiedlich ist, aber Qualität als Rechtsquellen dieselbe.

I. Auslegung im Öffentlichen Recht

Bei einer Teilung der Gewalten steht die legislative Gewalt an der Spitze, deren Bestimmung die exekutive Gewalt ausführen muß. Kontrolliert wird die Exekutive von der Judikative und unter Umständen kann sie in Verfassungsstaaten auch die legislative Gewalt kontrollieren. Mag man dann von einer unvollständigen, quasi legislativen Macht der Judikative sprechen, die in gewisser Weise die Gewaltenteilung durchbricht, ändert das nichts an der Möglichkeit, daß ein derogierendes Gesetz über dem Gewohnheitsrecht steht und es wie jedes anderes Recht, auch früheres Gesetzesrecht, abändert.

Das ist umgekehrt nicht möglich, denn das Gesetzesrecht geht dem Gewohnheitsrecht vor. Zwar kann es sein, daß sich Gewohnheitsrecht contra legem bildet, aber dieses ist ungesetzlich und muß nicht beachtet werden.

Anders in Staaten ohne Teilung der Gewalten. Dort ist es möglich, daß das Gewohnheitsrecht dem Gesetzesrecht vorgeht, eine Entscheidung gefällt wird, die das Gesetz abändert, wenn das Gericht sie in dieser Weise fällt. Hält z.B. ein König die Staatsgewalt in seiner Hand und ist so deren Einheit am stärksten verkörpert, kann er in einem Rechtsfall entscheiden, zugleich dabei einen Rechtssatz aufstellen, der zuvor Gewohnheit im Leben der Menschen durch Einhaltung der Regel war, z.B. eine Sitte, und so ein Gesetz abänderte und durch Richterspruch aus einer Gewohnheit ein Recht machen, vielleicht weil schon zuvor Gerichte, wo auch immer, dieselbe Entscheidung gefällt hatten, weil das Gesetz nicht galt, zu dem sich der König in Widerspruch setzte mit seiner Entscheidung, etwa, weil es gerade erst aufgestellt worden ist oder weil das Recht des Ortes ein anderes war.

1. Staatsrecht und Auslegung

In Staaten also mit Gewaltenteilung ist die Lage eine andere als in solchen, die keine Teilung derselben kennen. Jedenfalls aber muß die Rechtsquelle gefunden werden und dazu bedient man sich der Mittel der Methodenlehre.[185]

Welche Besonderheiten gibt es für die Auslegung der Rechtssätze im Öffentlichen Recht, also für die Methodenlehre des Öffentlichen Rechts? Solche könnten sich z.B. aus Gewohnheitsrecht als Rechtsquelle im öffentlichen Recht

---

184 R. Sohm, Institutionen, Leipzig 1911, S. 283.
185 Siehe dazu § 43.

ergeben, etwa eine Zusagenpraxis der Verwaltung oder Absprachen, wie sie vor dem Inkrafttreten des Verwaltungsverfahrensgesetzes üblich waren.[186] Sie sind dort aber wegen der Schriftlichkeit des öffentlich-rechtlichen Vertrages nicht vorgesehen und müssen auch wegen des nicht immer gegenseitigen Charakters solcher Zusagenpraxis, z.B. im Baurecht, im Kartellrecht, im Umweltrecht, vor allem dem Abfallrecht, im Anlagenrecht, eher als gewohnheitsrechtliche Art und Weise des öffentlich-rechtlichen Rechtsverhältnisses verstanden werden, denn als gesetzlich vorgesehene.

Wenn auch solches Verhalten der Verwaltung durch die allgemeine Handlungsfreiheit des Grundgesetzes gedeckt sein mag, weil es sich regelmäßig nicht um Eingriffe handelt, sondern um Milderungen gesetzlich vorgesehener Belastungen zugunsten des Bürgers, könnte man die Frage stellen, ob dann nicht doch eine gesetzliche Grundlage vorhanden ist, sei es auch nur diejenige aus Art. 20 GG.

Allerdings ist es zweifelhaft, ob dort, wo die Verwaltung hoheitlich handelt – und das tut sie bei Zusagenfällen regelmäßig – der Schutz der allgemeinen Handlungsfreiheit des Art. 20 GG ihr zukommt, weil die Grundrechte Abwehrrechte der Bürger dem Staate gegenüber sind, so daß man bei hoheitlichem Handeln eine gesetzliche Grundlage wenigstens als Einrichtungsgarantie des Art. 20 Abs. 2 S. 2 GG verlangen müßte.[187] Versteht man Art. 20 Abs. 2 S. 2 GG bloß als Einrichtungsgarantie und gibt ihm keine Geltung als Rechtsgrundlage für solche Zusagenpraxis, so kommt Gewohnheitsrecht in Betracht. Allerdings müßte es sich im Rahmen der gesetzlichen Vorschriften halten.
Ob man das immer wird feststellen können, ist zweifelhaft, jedenfalls ist § 38 VwVfG nur in geringem Umfang Rechtsgrundlage, weil dort die Schriftlichkeit vorgesehen ist und auch nur die Zusicherung geregelt ist.[188] Probleme bei der Auslegung im Öffentlichen Recht ergeben sich also vielleicht dann, wenn Gewohnheitsrecht als Rechtsquelle wegen der strengen Gesetzesbindung für Eingriffe nach Art. 20 Abs. 2 S. 2 GG nicht in Betracht kommt.[189]
Wenn allerdings kein Einzelgesetz vorhanden ist, wird man auf die Verfassung zurückgreifen müssen. Jedoch ist diese wegen des Bestimmtheitsgrundsatzes dann keine Rechtsgrundlage, wenn sie Eingriffe begründen soll, es sei denn solche sind ausdrücklich vorgesehen, wie es in Art. 12 a Abs. 1 GG für die Wehrpflicht geschehen ist.[190]
Im Verfassungsstaat ist Gewohnheitsrecht als Rechtsquelle im Unterschied oder

---

186 Siehe Teil III. VA und Teil IV ör Vertrag, Teil V Bes. Verfahrensarten, förml. Verwaltungsverfahren und Planfeststellungsverfahren.
187 Vgl. E. Forsthoff, Lehrbuch des Verwaltungsrechts, Teil I, 10. Aufl., München 1973, S. 171.
188 Vgl. Wortlaut.
189 Vgl. Wortlaut: Das Wort "Gesetz" ist vor dem Wort "Recht" konstituiert.
190 Vgl. Wortlaut.

in Konkurrenz zu dem Gesetzesrecht nur dann möglich, beruht es wenigstens auf der Verfassung als dem höchsten Gesetz. Denn das Rechtsstaatsprinzip wird berührt, wenn Entscheidungen des Staates, die sich als Eingriffe in die Sphäre der Bürger darstellen, nicht auf dem Gesetz beruhen, denn die Verfassung ist Gesetz und die gesetzgebende Macht ist die höchste Macht in dem Staate.[191]

Gewohnheitsrechtliche Eingriffe sind daher nicht verfassungsgemäß, allerdings könnte ein anderes Handeln des Staates darauf beruhen. Wenn der Drittwirkung von staatlichem Handeln, das sich nicht als Eingriff darstellt, aber auf andere Bürger als die Adressaten solche Wirkung hat, dieser Charakter zukommt, so müßte jedenfalls dieser Eingriff gesetzlich legitimiert sein.[192]

Gewohnheitsrecht müßte mindestens auf der Verfassung beruhen und dürfte nicht mit den Gesetzen kollidieren, in Widerspruch geraten.

Handelt es sich nicht um einen Verfassungsstaat, so kann die Auslegung von Vorschriften des öffentlichen Rechts ohne Berücksichtigung eines solchen höchsten Gesetzes stattfinden, an dem alle einfachen Gesetze gemessen werden. Die Einzelgesetze sind dann höchste Gesetze und bloß die Einheit von ihnen (Systemkongruenz) spielt eine Rolle.[193]

Im öffentlichen Recht ist also die Chance des Gewohnheitsrechtes, sich durchzusetzen, zu gelten, geringer als die des Privatrechts. Das Privatrecht regelt bloß die Verhältnisse der Menschen untereinander und das staatliche Handeln, ist es nicht ein solches, das im Gleichordnungsverhältnis stattfindet, auch privatrechtlich geregelt ist, findet in einem hoheitlichen Verhältnis statt.[194]

Daß der Staat Zwangsgewalt besitzt, die dem allgemeinen Staatszweck erwächst, zeigt sich in dem hoheitlichen Verhältnis zwischen Staat und Bürgern. Die Gesetzesgebundenheit, die Gewohnheitsrecht überformen kann, ist Zeichen dieser Zwangsgewalt, die den Staat auf das Gesetz verpflichtet, sein Handeln bindet, so daß der Bürger vor Eingriffen geschützt wird, wie es das Rechtsstaats-prinzip bestimmt, zugleich aber auf ein bestimmtes Handeln des Staates rechnen muß. Im Gleichordnungsverhältnis können deswegen eher gewohnheitsrechtliche Regelungen entstehen und Bestand haben, weil dieser Bereich häufig freier von staatlichen Gesetzen ist, etwa Handel, Familie usw., als die dem Staate näher liegenden Bereiche. Vertragsfreiheit, Gewerbefreiheit und allgemeine Handlungsfreiheit sind Zeichen dafür, daß der Staat das vorsieht.[195]

Es kann aber auch dort, wo keine Gesetze existieren und bloß nach Gewohnheitsrecht gehandelt wird, dazu kommen, daß die Angelegenheiten der res pu-

---

191 Vgl. im Text.
192 Zum Widerruf und zur Rücknahme vgl. §§ 48f. VwVfG.
193 Siehe auch zur "Einheit der Verfassung".
194 E. Forsthoff, Lehrbuch, S. 1f.
195 Vgl. Wortl. § 145 BGB, § 1 GewO, Art. 2 GG.

blica nach Gewohnheitsrecht geregelt sind. Allerdings entspricht es eher der historischen Entwicklung, daß der Staat zunächst in seinen eigenen Angelegenheiten Gesetze aufstellt.[196] Auch Vertragsfreiheit auf Grundlage eines Gesetzes oder Gewerbefreiheit auf dieser Basis sind nicht gewohnheitsrechtlich, wie alles, was auf dem Gesetz beruht.

2. Verfassungsrecht als höchstes Recht

Das Staatsrecht steht dem Gewohnheitsrecht nicht entgegen, denn als Rechtsquelle ist es aus seiner Sicht gleichrangig dem Gesetzesrecht.

Blickt man auf die Methoden der Auslegung mit verfassungsrechtlichen Augen, so ist auf diese Weise der Staat als Verfassungsstaat festgelegt. Höchstes Gesetz ist dort die Verfassung, die nicht durchbrochen werden darf. Alle Gewalten sind an sie gebunden und sie legt fest, welche Staats- und Herrschaftsform in dem Staate eingehalten werden soll. Auch ist in der Verfassung das Verhältnis von dem Staat zu dem Volk geregelt.[197]

Die Besonderheit des Verfassungsrechtes ist es, daß über ihm kein Recht steht und deswegen es nicht an einem noch höheren Gesetz ausgelegt werden kann. Es muß also die Verfassung selbst als Wille des Gesetzgebers verstanden werden, deren Wortlaut, Systematik und Geschichte interpretiert wird.

Das Ergebnis dieser verfassungsrechtlichen Deutung prägt die Auslegung der einfachen Gesetze im öffentlichen Recht, weil diese Gesetze dem höchsten Gesetz nicht widersprechen dürfen. Es müssen auch alle anderen unter ihm geltenden Rechtsvorschriften in seinem Sinne ausgelegt werden. Sie sind also nicht unabhängig.

Beim Verfassungsrecht selbst kommt hinzu, daß es wegen seines Charakters, höchstes Gesetz zu sein, keine "verfassungskonforme Auslegung" geben kann.[198] Allerdings hat dieser Begriff zum Inhalt, daß die Gesetze und andere Rechtsgrundlagen unterhalb der Verfassung in dem Geiste dieses höchsten Gesetzes ausgelegt werden müssen. Es ist begrenzt durch den Inhalt, den der Gesetzgeber in ihm festlegt.[199]

Die Verfassungsstaaten sind solche, in denen die Verfassung den Staat konstituiert.[200] Die Gründung des Staates selbst wird dann durch Verfassung vorgenommen. Aus diesem Grunde prägt das Staatsrecht verfassungsrechtliche Auslegung, denn staatsrechtliche Begriffe werden häufig als Begriffe der Verfassung verwendet.[201]

196 S. 103.
197 S. 229.
198 Siehe § 11 und § 12 dieser Arbeit.
199 Ebenda.
200 Vgl. 2. Kapitel, 2. und 3. Abschnitt.
201 Vgl. § 11.

Man könnte die Frage stellen, ob Verfassungen auch gewohnheitsrechtlich entstehen können oder ob Verfassungen immer Gesetz sind. Die Lex fundamentalis und die Auffassung von Carl Schmitt, daß die Verfassung jedenfalls Gesetz ist, spricht für die Eigenschaft der Verfassung, Gesetz zu sein, dafür, daß Merkmal des Begriffs Verfassung das Gesetz ist.[202]

Ist die Verfassung auf eine gewohnheitsrechtliche Entstehung zurückzuführen, kann sie Gesetz werden durch eine Verabschiedung als Gesetz durch den Gesetzgeber. Die Eigenschaft der Verfassung, Gesetz zu sein, ergibt sich nicht bloß aus den historischen Tatsachen, daß man gewohnheitsrechtliche Verfassungen nicht vorfindet. Sie ist auch geboren aus der Besonderheit, daß die Verfassung den Staat nicht nur im Verhältnis zu dem Volk konstituiert, sondern auch in demjenigen zu anderen Staaten.

II. Gerechtigkeit und Demokratie

1. Verfassung und Gerechtigkeitsdenken

In der Demokratie könnte Gerechtigkeit wegen ihrer Eigenschaft als Volksherrschaft entstehen. Wenn es das Volk ist, das herrscht, sind es alle, die an der Herrschaft teilhaben, diese ausüben. Die Herrschaft durch das Volk ist eine Herrschaft von allen, die staatsbürgerliche Rechte besitzen. In dem Staat sind es die Staatsbürger, die sie ausüben und weil es nicht bloß einer ist und nicht wenige, sondern alle, geht das Wissen von allen in die Findung der Entscheidung ein und womöglich zuvor schon in die öffentliche Diskussion.[203]

Auch die Entscheidung selbst wird im Grundsatz von allen getroffen, so daß niemand unberücksichtigt bleibt, außer Kindern, Entmündigten, Ausländern und denjenigen, die die bürgerlichen Ehrenrechte verloren haben. Sind es alle, die in dem Staate die Entscheidung treffen, so ist die Chance, daß sie richtig sein könnte höher als dann, wenn es nicht alle Staatsbürger sind.[204] Aus diesem Grunde kann man die Auffassung vertreten, daß dort, wo als Form der Herrschaft in dem Staate Demokratie konstituiert ist, man eher die Möglichkeit hat, zu richtigen Entscheidungen zu gelangen als dort, wo eine andere Form der Herrschaft geschaffen worden ist.[205]

So gesehen, ist womöglich die Demokratie die Herrschaftsform, die stärker als andere Gerechtigkeit mit sich bringt, der also Gerechtigkeit innewohnt.

Dieser Zusammenhang zwischen Demokratie und Gerechtigkeit könnte Auswirkungen auf das Geschehen in dem Staate haben. Die Gesetze, die der Souverän verabschiedet, beruhen auf einer Entscheidung und diese könnte ihnen einen In-

---

202 Vgl. S. 231.
203 Siehe S. 100.
204 Schon § 23 II. 1..
205 Vgl. zum Begriff der Demokratie schon S. 337ff..

halt verschafft haben, der richtiger ist als derjenige in anderen Herrschaftsformen. Aus diesem Grunde könnte man die Demokratie diesen vorziehen.[206] Die Gerechtigkeit könnte also wegen ihrer Eigenschaft, die richtige Entscheidung zu sein, zu einem Vorzug der Demokratie vor anderen Herrschaftsformen führen.

Das Gerechtigkeitsdenken geht aber möglicherweise noch weiter. In der Verfassung als der lex fundamentalis könnte sich dieses Denken zeigen. Daß eben überhaupt ein Verfassung geschaffen wird, um den Staat zu konstituieren, könnte dem Gedanken Rechnung tragen, daß das Recht in dem Gesetz enthalten oder auch durch seine Auslegung im Einzelfall Ergebnis ist. Dem Recht nämlich wohnt ein Sollen inne, das richtig sein kann. Die Konstituierung eines Staates in einem Gesetz, dem Verfassungsgesetz, führt möglicherweise zu mehr Gerechtigkeit.[207] Es gestattet, den Staat zu kontrollieren, weil man die Verfassung kennt und aus ihr Rechte geltend machen kann, aber auch um die Pflichten weiß.

Die Bindung des Staates an das Gesetz, wie sie aus dem Rechtsstaatsprinzip hervorgeht, wird am deutlichsten, wenn man die Verfassung als höchstes Gesetz betrachtet. Welchen Sinn eine Verfassung hat, bestimmt sich nach ihrer Eigenschaft, daß der Staat als res publica an sie gebunden ist. Allerdings ist der Verfassungsstaat nicht immer Rechtsstaat, weil auch der Gesetzesstaat nicht zugleich immer Rechtsstaat ist. Er ist ein solcher, wenn er in dieser Weise konstituiert worden ist und so handelt. Die Bindung an die eigenen Gesetze ist im Verfassungsstaat für diesen nicht bloß Organisationsprinzip, sondern es ist die Einhaltung der Verfassung und der einfachen Gesetze, die der Rechtsstaat verlangt.[208]

Es kann aber auch Staaten geben, die durch Verfassung konstituiert sind, denen die Rechtsstaatlichkeit fehlt und daher die Bindung an das Gesetz und aus diesem Grunde die Verfassung durchbrochen wird. Solche Staaten, vereinigen sie die Staatsgewalt in einer Hand, ändern die Verfassung entweder oder sie handeln entgegen derselben als eine Ausnahme oder bewußte Durchbrechung von ihr.[209]

2. Demokratie in der Verfassung

Gerade weil die Richtigkeit des Rechts seine Gemeinschaftsfreundlichkeit zum Inhalt hat, ist in vielen Verfassungen Gemeinschaftsfreundlichkeit konstituiert.[210] Denn es herrschen alle in ihr, so daß die größte mögliche Gemeinschaft in die staatliche Herrschaft einbezogen ist.

206 § 25 II. 2.
207 Zum Verfassungsbegriff S. 218ff.
208 Z.B. im entspr. Kap..
209 Siehe 1. Kapitel, 2. Abschnitt.
210 Vgl. § 14 bis § 18.

Es ist möglich, Demokratie in unterschiedlicher Art und Weise in der Verfassung zu konstituieren. Ist die Verfassung Rechtsquelle, so unterscheidet sie sich in ihrer Konstituierungseigenschaft nicht von anderen Gesetzen, außer durch ihren Rang. In ihr muß allerdings gewährleistet sein, daß das Volk auch wirklich herrschen kann.
Eine solche Herrschaft muß Mittel haben, sich durchzusetzen. Das geschieht, wenn in dem Verfassungsgesetz festgelegt ist, wie das Volk herrschen soll und kann.[211]
Schon dann, wenn das Wort "Demokratie" in der Verfassung erwähnt wird, ist sie auf diese Art und Weise durch den Text konstituiert. Mittels Auslegung dieses Verfassungsbegriffs, Bestimmung aller seiner Merkmale, ist die Volksherrschaft in dem Staate als Herrschaftsform festgelegt.[212]

Man mag Zweifel daran haben, ob eine solche Konstituierung der Herrschaftsform bloß durch Nennung eines Begriffs in dem Verfassungsdokument machbar ist, weil der Imperativ, den die Verfassung als Gesetz enthält, vielleicht nicht stark genug ist, um zu bestimmen, daß das Volk wirklich herrscht. Dieses Argument gilt allerdings für jedes Recht, das als Gesetz geschaffen worden ist und würde, wäre es richtig, das Gesetz selbst infragestellen. Dagegen spricht, daß der Gesetzesbegriff als Teil des Rechtssatzes auf seine Geltung hin angelegt wird. Die Verbriefung in dem Verfassungsdokument ist die Sicherheit, daß die Verfassung zur Kenntnis genommen werden kann und ihr Inhalt festgelegt ist. Aus dem Dokument geht hervor, daß sie die gesetzliche Grundlage staatlichen Handelns ist und sie gelten soll. Daß sie gelten mag, darauf ist im Rechtsstaat alle staatliche Gewalt verpflichtet. Daß der Staat auch tätig wird, kann wegen der Pflicht des Staates, die Bürger zu schützen, von den Verwaltungsgerichten erstritten werden, geht man vom Grundgesetz aus.[213] Hält der Staat sich nicht an die Verfassung, besitzt sie keine Geltung und daher existiert dort kein Rechtsstaat.

Daß die Konstituierung von "Demokratie" als Herrschaftsform aber durch Verfassung möglich ist, liegt an ihren beiden Eigenschaften, nämlich der Festlegung des Inhalts durch Verbriefung und der Kenntlichmachung, also Veröffentlichung. Diese Eigenschaften gestatten es, daß die Menschen den Begriff der Demokratie als Volksherrschaft in die Tat umsetzen.[214]

Man könnte überlegen, ob die Demokratie durch Gewohnheitsrecht entstehen kann, das dann in dieser Rechtsquelle enthalten wäre. Daß die Herrschaftsform durch Verfassung konstituiert wird und nicht durch Gewohnheitsrecht, hat seine Ursache in der Eigenschaft der Verfassung, ein Dokument zu sein, das dritten Staaten gegenüber als Konstituierungsverkörperung bedeutsam ist. Die Trutz-

211 §§ 27, 28, 29.
212 Z.B. Art. 20 Abs. 1 GG.
213 So Art. 19 Abs. 4 GG.
214 Vgl. § 36 dieser Untersuchung.

bundeigenschaft des Staates zeigt sich darin, daß er seine Konstituierung als Staat verbrieft hat und sie so zum Ausdruck bringt. Ist durch Gewohnheit Demokratie entstanden, so kann diese Gewohnheit zu Recht durch einen Gesetzgebungsvorgang werden. Eine Entstehung der Demokratie durch Gewohnheit, die dann zu Recht wird, muß nicht von vornherein ausgeschlossen sein.

III. Recht der Volksherrschaft

1. Kodex des Öffentlichen Rechts

Die Methodenlehre wird nicht bloß im öffentlichen Recht angewendet, dessen Teile etwa Staats- und Verfassungsrecht sind. Ihre Eigenschaften zeigen sich nicht nur bei der Auslegung des Rechtsbegriffs Demokratie, der die Gerechtigkeit wegen der Entscheidung durch alle in besonderer Weise zum Inhalt hat. Es ist auch das Recht der Volksherrschaft selbst, das durch die Methoden der Auslegung von Gesetzen betroffen ist, aber auch die der Findung des Gewohnheitsrechts.

Das Recht der Volksherrschaft ist Bestandteil des öffentlichen Rechts, des Kodex des öffentlichen Rechts. Der Kodex des Öffentlichen Rechts ist das Gesetzbuch. Es ist mehr als bloß ein einzelnes Gesetz oder auch die Verfassung als höchstes Gesetz. Es könnte das öffentliche Recht als ein System sein.

Dieser Gedanke entsteht aus dem Wissen, daß es im öffentlichen Recht kein Gesetzbuch gibt, das dem Bürgerlichen Gesetzbuch oder z.B. dem Code Civil vergleichbar ist.[215] Der Begriff des Kodex bezeichnet herkömmlicherweise das Buch, aber auch die zusammenfassende Regelung eines größeren Rechtsgebietes, die eine gemeinsame Ordnung enthält. Der äußere Eindruck eines Buches ist, daß darin ein gemeinsames zusammengefaßt ist.

2. Öffentliches Recht und Demokratie

Die Eigenschaft des Kodex, gemeinsame Ordnung eines größeren Gebietes zu sein, ist Grund dafür, auch dann, wenn kein einheitliches Gesetzbuch vorliegt, von einem Kodex zu sprechen. Ist das öffentliche Recht der Bundesrepublik Deutschland ein Kodex, so enthält es sogar als sein Bestandteil z.B. das Baugesetzbuch. Ein solches Gesetzbuch ist dann Teil eines größeren Ganzen, nämlich eines Gebietes. Man kann das vergleichen mit einem mehrbändigen Werk, das nicht nur ein einziges Buch, sondern zwei oder drei oder zwanzig oder vierzig enthält.

Die gemeinsame Ordnung des öffentlichen Rechts ist nicht sehr schwer als solche zu erkennen, denn sie wird geprägt durch die Verfassung, die als oberstes Ge-

---

215 Vgl. § 14.
216 W. Henke, Staatsrecht, Politik und Verfassungsgebende Gewalt, Der Staat 1980, S. 194.

setz an ihrer Spitze steht.[216] Der Verfassung sind alle anderen Gesetze und Rechtsvorschriften anderer Art, auch die Kasuistik, untergeordnet. Sie bildet das gemeinsame Band zwischen allen Teilen des Öffentlichen Rechts.[217] Allerdings fehlt die Aufgliederung in unterschiedliche Teile, die aufeinander bezogen und danach geordnet sind. Etwa der Allgemeine Teil des BGB ist auf alle anderen Teile anzuwenden. Er ist in allen anderen Teilen Grundlage des Rechts. Die Willenserklärung, wie man sie dort definiert hat, ist dieselbe, wie man sie im vierten Buch findet.

Dagegen ist der Charakter der Verfassung, daß sie höherrangiges Recht ist, also bei der Auslegung berücksichtigt werden muß und niemand gegen sie verstoßen darf. Sie ist folglich dann von Bedeutung, wenn das Gesetz oder eine andere Rechtsvorschrift auf ihre Gültigkeit befragt wird. Ist sie ungültig, weil sie der Verfassung entgegensteht, muß sie nicht beachtet werden.

Die Verfassung prägt im Verfassungsstaat das gesamte öffentliche Recht. In der Bundesrepublik ist aber nicht nur eine Verfassung vorhanden, der alle anderen Rechtsvorschriften des öffentlichen Rechts untergeordnet sind. Es ist auch so, daß man in einer mehr als vierzigjährigen Verfassungsgeschichte durch die Rechtsprechung des Bundesverfassungsgerichts und ihrer Beachtung im Rechtleben durch Gerichte, staatliche Einrichtungen und den Bürger, von einer Durchdringung der wichtigsten Verfassungsvorschriften durch diese Rechtsprechung sprechen kann.[218] Es sind die staatskonstituierenden Verfassungsvorschriften wie Demokratie, Rechtsstaat und Sozialstaat, aber auch die Institutionen des Staates, die auf diese Weise bestimmt worden sind und das Verhältnis zu dem Bürger.

Weil durch die Rechtsprechung eine solche Konkretisierung der Verfassung für das Rechtsleben es bereits in den Grundzügen gibt, ist – bedenkt man alle anderen Gründe – von einem Kodex des öffentlichen Rechts die Rede, den man als System bezeichnen kann, denn die Begriffe liegen vollständig vor.

3. Verfassung und Recht der Volksherrschaft

In der Verfassung kann Demokratie konstituiert werden. Sie ist die Herrschaftsform, die alle herrschen läßt. Das Recht, das die Geschicke des Staates bestimmt, ist das öffentliche Recht; nicht nur der Staat selbst, sondern auch das Verhältnis der Bürger zu ihm und umgekehrt und die unterschiedlichen Bereiche, in denen sich Staat und Bürger treffen, z.B. im Umweltrecht, im Baurecht, im Immissionsrecht, im Abgabenrecht und im Polizeirecht.

Ist Demokratie konstituiert, so werden die Regelungen auch in diesen Rechtsbe-

217 A.a.O.
218 Vgl. Nachweise in Kommentaren zum Grundgesetz, z.B. Maunz/Dürig/Herzog/Scholz, Kommentar zum GG; R. Wassermann (Hg.), Kommentar zum Grundgesetz für die Bundesrepublik Deutschland, 1984.

reichen durch das Volk bestimmt oder durch die von ihm bestellten Vertreter.[219] Die Verfassung bestimmt das Recht der Volksherrschaft in den wesentlichen Eigenschaften. Das ist je nach Konstitution unterschiedlich.[220] Bestimmt die Verfassung genauer, welche Formen der Volksherrschaft gewählt werden sollen, so wird man das als das Recht der Volksherrschaft schon einordnen können.[221]

Es mögen aber auch einzelne Gesetze geschaffen werden, die die Herrschaft des Volkes genauer beschreiben, z.B. Gesetze über Volksentscheide, Wahlgesetze, Parteiengesetze, Satzungen der Kommunen.[222]

Reicht für eine Verfassung schon das Wort "Volksherrschaft", um diese zu konstituieren, kann dennoch genauer beschrieben werden, wie diese im einzelnen ausgeübt werden soll.[223]

---

219 Vgl. z.B. die Wesentlichkeitstheorie: BVerfGE 49, 126 (std. Rspr.).
220 2. Abschnitt.
221 Siehe ebenda für die einzelnen Staaten.
222 Z.B. G Artikel 29 Abs. 6 v. 30. Juli 1979, BGBl. I, 1317; G Artikel 29 Abs. 7 v. 30. Juli 1979, BGBl. I, 1325.
223 § 23 bis § 26.

Besonderer Teil B

Folgerungen (Conclusio)

Die Grundlagen der Demokratie liegen in den Begründungen für den Staat. Begriff und Bedeutung des Staates und die Entwicklung des modernen Staatsbegriffs lassen es zu, den Staat als Rechtssubjekt zu verstehen, der Formen, nämlich Staatsformen, haben kann. Er ist auch Rechtsorganisation, wenn Staatsgewalt als Folge des allgemeinen Staatszwecks ausgebildet worden ist.

Die Verfassung konstituiert den Staat. Sie ist das höchste Gesetz. Es sind westliche, ausländische Verfassungen und bundesdeutsche als Beispiele dafür dargestellt worden, wie Staaten als Verfassungsstaaten begründet sind.

Demokratie als Begriff, aber auch die Ausgestaltung von Verfassungen mit seinem Inhalt, der die Herrschaftsform des Staates bestimmt, beschreiben die Grundlagen sui generis der Formen von Demokratie.

Wenn Demokratie das Recht in einem Staate sein soll, in dem demokratisch geherrscht werden kann, geschieht das durch das Recht der Volksherrschaft. Maßstab des Rechts ist die Gerechtigkeit. Das Recht der Volksherrschaft ist deswegen ein Recht, das sich aus der Gerechtigkeit ergibt.

Man kann daraus Folgerungen ziehen. Diese sind der Schluß aus der Beschreibung der Demokratie und ihrer Grundlagen.

Die Folgerungen mögen das Ergebnis der Begründung dafür sein, warum aus dem Staate als Grundlage der Demokratie und dem Recht der Demokratie Formen derselben resultieren können. Formen der Demokratie sind also immer solche, die dem Recht nicht entgegenstehen. Gesetze, in denen Formen von Demokratie konstituiert sind, müssen dem Maßstab der Gerechtigkeit entsprechen, also ihm nicht widersprechen.

Ein Beispiel dafür, in welchem Verhältnis Form und Recht zueinander stehen, ist dasjenige von den Formen in denen ein Vertrag abgeschlossen wird. Das Einverständnis von zwei Personen, die einander gegenüberstehen und sich über seinen Inhalt sprachlich verständigen, könnte zu unterscheiden sein von demjenigen, daß sie einander nicht ansehen, daß sie miteinander telefonieren, daß schriftlich einverständlich etwas geregelt wird, daß vor dem Notar eine Erklärung abgegeben wird.

Zu fragen ist zunächst, ob damit die Voraussetzungen für den Abschluß eines Vertrages vorliegen. Man mag z.B. einwenden, daß die telefonische Absprache, Telex, Telefax o.ä., gar nicht dem Erfordernis der Mündlich- oder Schriftlichkeit genügen. In dem Staate als einem demokratischen könnte es möglich sein, daß es für die Abstimmung, den Vorgang der Willensäußerung, die Stimmabgabe, vorgesehen sein muß, wie diese stattzufinden hat. Der Einwurf des Stimmzettels in die Urne oder die Akklamation, der Hammelsprung oder das namentliche Aufrufen der Abgeordneten tragen in sich einen möglichen Maßstab des Rechts. Das sind andere Vorgänge als wenn durch Blicke eine Verständigung unter den Anwesenden erfolgt und – ohne daß ein Wort gesprochen wird – das Ergebnis der Entscheidung in ein Protokoll eingetragen wird. Darf eine Abstimmung so erfolgen, daß nur wegen eines ausdrücklichen Votums eines Anwesenden oder Nichtanwesenden diese überhaupt stattgefunden hat, eben ein Vertrag oder eine andere Art der Entscheidung, bejaht man ein stillschweichendes Einverständnis im Rechtssinne oder ein schweigendes Votum, würden so nicht die Chancen, eine gegenteilige, zuwiderlaufende Auffassung zu äußern, herabgesetzt, die negative Abstimmung oder Akklamation daher mit höheren Anforderungen versehen als die zustimmende? Könnte es sein, daß jedenfalls die negative Akklamation deswegen die Abstimmung erst als solche zu erkennen gibt?

Unterscheidet man nun nach solchen Fällen in denen ein Handeln dem Recht entspricht, z.B. ein Vertrag vorliegt oder eine Abstimmung stattgefunden hat, so kann man nach der Wirksamkeit fragen, nach der Gültigkeit. Diese ist nur dann vorhanden, wenn eine Form eingehalten wird, die dafür vorgesehen ist und dem Rechte selbst folgt. Daß ein fernmündlicher Vertrag abgeschlossen werden kann, ist nur bei solchen Verträgen möglich, die aus anderen Gründen gar nicht mündlich abgeschlossen werden dürfen.

Hat man das Wissen über den Staat und über Möglichkeiten, wie im Staat geherrscht werden kann, weiß man etwas über das Recht der Art und Weise wie diese Herrschaft stattfindet. Es könnte Angelegenheiten der res publica geben in denen eine Form erforderlich ist, die anders ist als die, die zunächst durch das Recht in den Blick fällt. Nimmt man das Beispiel des Vertrages, so dienen unterschiedliche Formen in denen Verträge abgeschlossen werden der Regelung unterschiedlicher Sachverhalte, die häufig Tatbestände im Gesetz sind. Auch die öffentlichen Angelegenheiten könnten solche Rechtsformen erhalten.

Fünftes Kapitel: Formen der Demokratie

1. Abschnitt: Die allgemeinen Merkmale der Demokratieformen

§ 44 Staatswillensbildung und Demokratie

Spricht man von Formen der Demokratie, so ist nicht die Demokratie selbst als eine Herrschaftsform gemeint, sondern die Formen in denen Demokratie stattfindet. Die Formen von Demokratie sind nicht das Gehäuse in dem diese verwirklicht wird. Man kann bloß zwei Grundformen unterscheiden, diejenigen, die das Volk ausübt (direkte oder plebiszitäre Formen) von denjenigen, in denen das Volk repräsentiert wird (indirekte oder repräsentative Formen).

Es ist dargelegt worden, welche Bedeutung für die Staatswillensbildung diese Formen haben und welche in größerem Maße geeignet sind, den Begriff Demokratie in allen seinen Merkmalen zu erfüllen.

Auch die Herrschaftsform Demokratie kann, jedenfalls nach den bisherigen Überlegungen, den Mangel nicht heilen mit dem die Ausbildung jeder Staatsgewalt behaftet ist. Sie erscheint aber als Herrschaftsform für den Staat geeigneter als alle anderen, weil sie den Anforderungen der Vernunft am meisten entspricht.

Die mittelbaren Formen nehmen durch Parlamentsrecht und das Verhältnis von Volksvertretung und Regierungsrechten hier den größten Raum ein, weil in ihnen die meisten Entscheidungen getroffen und repräsentative Formen in den Staaten am häufigsten verwendet werden. Sie allerdings sind nicht nur wegen des repräsentativen, also des mittelbaren Charakters, weniger geeignet, den Begriff der Demokratie in allgemeinen Merkmalen zu beschreiben; auch nehmen sie von der besonderen Eignung der Demokratie als Herrschaftsform einen Teil dessen zurück, was diese zum Inhalt hat. Wenn alle abstimmen, so ist die Chance zum Irrtum geringer. Es könnte sein, daß am Beispiel der Willensbildung von juristischen Personen des Privatrechts, der confoederatio, die nicht die res publica beschreibt, aber durch staatlich gesetztes Recht, eben Privatrecht, gebunden ist, sich etwas anderes ergibt. Denn auch in den dafür vorgesehenen Willensbildungen finden Abstimmungen statt.

I. Wahlen und Abstimmungen.

1. Plebiszitäre Formen.

Pestalozza nennt die in der Demokratie dem Volke vorbehaltenen Entscheidungen den Popularvorbehalt.[1] Dieser ist, anders als der Parlamentsvorbehalt, den das Bundesverfassungsgericht mit der Wesentlichkeitstheorie begründet hat, nicht für die Volksvertretung vorgesehen. Es sind die dem Volke als dem Souverän vorbehaltenen Entscheidungen, weil es herrschen soll.

---

1 C. Pestalozza, Der Popularvorbehalt. Direkte Demokratie in Deutschland, Berlin/New York 1981.

bloß als Indiz für Demokratie, sondern als charakteristisch für diese verstanden wird und man die Wahl der Volksvertretung durch das Volk, wenn diese die Gesetze verabschiedet und die Regierung bestimmt, für ausreichend hält, um die Herrschaftsform als eine demokratische einzuordnen.

Wem die Repräsentation des Volkes es aber nicht gestattet, daß der Einzelne in seiner Eigenschaft als Stimmbürger repräsentiert ist, sondern bloß als Staatsbürger, reicht ununterbrochene Legitimationskette von der Einzelentscheidung zum Volke als Prüfstein für Demokratie nicht aus. Denn auch dann ist es nur der Staatsbürger, von dessen Legitimation gesprochen werden kann. Das Volk ist nämlich bloß die Summe von Einzelnen. Es ist das Verhältnis zwischen Staatsbürger und Stimmbürger als eines, das wie zwischen Potenz und Akt gestaltet ist, zwischen Möglichkeit und Wirklichkeit.

Nun könnte man daraus folgern, es müsse einen Zwang für den Staatsbürger geben, von seinem Recht als Bürger, seine Stimme abzugeben, Gebrauch zu machen. Das ist der Wahlzwang oder auch die Wahlpflicht wie sie z.B. in Art. 49 Abs. 2 VerfPortugal geregelt ist.[2] Die Wahlpflicht oder der Wahlzwang sind der Vorstellung von Freiheit entgegengesetzt, die man in der Demokratie sieht. Ob das notwendig ist, braucht nicht entschieden zu werden. Denn auch ohne Wahlzwang stellt sich die Frage, in welchen Bereichen denn der Bürger abstimmen können muß, damit das Volk herrscht. Es geht dabei weniger darum, ob er von dieser Möglichkeit Gebrauch macht bzw. dazu verpflichtet wird als um die Frage, wann er wenigstens das Recht haben muß, wirklich zu herrschen, also für oder gegen etwas zu stimmen, d.h. in welchen Angelegenheiten der res publica. Dieses Recht, wenn man zunächst das Wahlrecht betrachtet, umfaßt nicht bloß die Stimmabgabe, sondern alle mit der Wahl in Verbindung stehenden und davon abgeleiteten Rechte. Das bloße Ankreuzen garantiert noch nicht die Möglichkeit, zu herrschen hin zu ihrer Verwirklichung. Dazu gehört es auch, die Alternativen, über die abgestimmt wird, selbst beeinflussen zu können, auch Kandidatenaufstellung, Parteien etc.. Das ist aber nur das Recht, Repräsentanten zu bestimmen. Dieses Recht alleine kann also auch nicht ausreichen. Man könnte für den Popularvorbehalt an das Recht denken, pouvoir constitué zu sein. Das Volk wäre dann als Staatsorgan zugleich Verfassungsgeber und so Verfassungsorgan. Denn nur wer die Möglichkeit hat, das höchste Gesetz in dem Staate zu bestimmen, darüber abzustimmen, übt souveräne Macht aus.[3] Aus staatsrechtlicher Sicht spricht dieses Argument also für die Eigenschaft des Volkes, pouvoir constitué zu sein, bedenkt man, daß Demokratie geschaffen werden soll. Es gibt dann die Chance, gegen das Parlament zu entscheiden.

2   Vgl. Wortlaut: "Die Ausübung des Wahlrechts geschieht persönlich und ist eine Bürgerpflicht", in: A. Kimmel (Hg.), Die Verfassungen der EG-Mitgliedstaaten, 2. Aufl., München 1990, S. 294.
3   Vgl. Zu Demokratie und Republik.

Womöglich mag man auch verlangen können, daß das Volk pouvoir constituant sein müsse, weil ein Staat, der demokratisch beherrscht wird, auch vom Volk selbst geschaffen, d.h. seine Verfassung durch Abstimmung legitimiert sein muß. Das hieße aber, daß der Staat selbst mit seiner Herrschaftsform gleichgesetzt würde. Gegen eine solche plebiszitäre Legitimation durch Abstimmung spricht sicherlich nichts, bedenkt man die staatsrechtliche Konstituierung. Daß aber Demokratie bloß dort Herrschaftsform ist, wo die Verfassung vom Volke direkt abgestimmt worden ist, wird man wohl nicht von vornherein sagen dürfen. Ist die Abstimmung durch alle Staatsbürger eher geeignet, die richtige Entscheidung zu fällen als wenn es nur die Repräsentanten sind, die abstimmen, z.b. ein Verfassungsrat, ein Parlament oder Bundesländer eines Bundesstaates, eines nach Bund und Ländern organisierten Staatswesens, so ist dieses Verfahren der direkten Demokratie dem der mittelbaren vorzuziehen.

Es ist aber auch möglich, daß Sachentscheidungsbereiche dem Volke vorbehalten bleiben müßten.[4] Z.B. wird im Grundgesetz das Recht, Neugliederungen des Bundesgebietes vorzunehmen, also die Gebietsfrage, der Abstimmung durch das Volk überlassen. Dem liegt der Gedanke zugrunde, daß dies den Staat in seinem Bestande trifft.

Jedenfalls gehört zum Staat nicht bloß ein Gebiet, sondern ein Volk und unter gewissen Voraussetzungen die Staatsgewalt. Die Abstimmung ist Ausübung der höchsten Staatsgewalt, weil es um die Größe des Staates geht.

Weil Demokratie als Herrschaft des Volkes Herrschaft durch alle, eben alle Staatsbürger, ist, dient die unmittelbare Demokratie auch der Korrektur parlamentarischer Entscheidungen. Z.B. der Rückruf, also der recall von Entscheidungen, die den Bürgern nicht behagen, wie er in einigen Staaten möglich ist, trägt diesem Gedanken Rechnung. Denn auf diese Weise wird vielleicht die richtige Entscheidung gefunden.

2. Mittelbare Formen

Der Parlamentsvorbehalt gestattet es der Volksvertretung, alle wesentlichen Angelegenheiten der res publica durch Gesetz zu regeln. Damit wird die Verwaltung als ausführende Gewalt an Bestimmungen der Legislative gebunden, die den Inhalt der Gesetze schafft, weil sie ihre Legitimation unmittelbar vom Volk erhalten hat. Daß das alles Wesentliche sein muß, rührt vom Charakter der Herrschaftsform her, denn diese bestimmt, es ist das Volk, das herrschen muß und nicht die ausführende Gewalt. Diese hat bloß das zu tun, was das Volk selbst oder seine Vertreter bestimmen.

Zwar ist durch mittelbare Formen nur die Repräsentation des Volkes in seiner Eigenschaft gewährleistet, daß es die Gesamtheit der Staatsbürger ist, aber je-

---

4 Beispiele bei M. Silagi, Direkte Demokratie in den U.S. Staaten, in: JöR, N. F. Bd. 31, 1982, S. 271.

denfalls werden diese durch die Parlamentarier in der Volksvertretung vertreten. Ist es also nicht der Wille des Einzelnen, sondern ausschließlich seine Person mit dem Merkmal, Träger von Rechten und Pflichten in dem Staate zu sein, die bei der mittelbaren Demokratie zum Zuge kommt, so könnten sich aus dieser Indirektheit der Vertretung Besonderheiten ergeben, die darin liegen, daß den Abgeordneten besondere Pflichten oder Rechte aufgegeben sind, die aus ihrer Aufgabe, das Volk zu vertreten, herrühren. Das könnte an Art. 20 Abs. 2 und Abs. 3 GG und an Art. 38 Abs. 1 S. 2 GG zu prüfen sein.[5]

II. Parlamentsrecht

1. Rechte des Parlaments

Welche Rechte sind die des Parlamentes? Diese Frage ist in einer Demokratie wichtig, weil das Parlament die Volksvertretung ist, an Stelle des Volkes also herrscht, es vertritt.

Man wird die Rechte des Parlaments in drei unterschiedlichen Merkmalen beschreiben können. Diese Rechte sind diejenigen, die in einem Verfassungsstaat durch die Konstitution bestimmt sind, weil das die Grundlagen des Staatswesens regelt.

Zunächst sind es die Rechte der Volksvertretung, wesentliche Angelegenheiten der res publica zu regeln.[6] Daß es das Parlament ist, das diese Angelegenheiten ordnen muß und nicht die Exekutive quasi gesetzgebende Macht durch weitgehende Verordnungskompetenzen oder Richtlinienbefugnis erhält, bestimmt die vom Bundesverfassungsgericht bestätigte Wesentlichkeitstheorie.[7] Auch in anderen westlichen Staaten, wie z.B. in den USA und in England ist das der Fall.[8] Es muß das Parlament sein, wenn Gewaltenteilung herrscht, weil die Legislative zuständig ist für die Gesetzgebung und sie jedenfalls ihre Macht als Volksvertretung vom Volk ableiten kann, denn sie ist von dem Volke gewählt. Sogar dann, wenn nur eine Repräsentation des Einzelnen als Staatsbürger festgestellt werden kann und aus diesem Grunde das Repräsentationsprinzip diese Eigenschaft für Demokratie in dem Staate aufzuweisen hat, muß das Parlament von dem Volke gewählt sein, damit es sein Recht von ihm ableitet. Offen bleibt hier zunächst, ob aus der Tatsache, daß das Repräsentationsprinzip gilt im Sinne des Gedankens, von dem Einzelnen zu dem gesamten Parlament als Einrichtung oder bloß von dem einzelnen Wähler zu gewählten Abgeordneten eine Beziehung rechtlicher Art herzuleiten ist, denn aus der Befugnis und Pflicht des Parlaments, die wesentlichen Angelegenheiten zu regeln, also als Gesetzgeber tätig zu werden, er-

---

5 Vgl. Wortlaut.
6 Vgl. § 46 I. 2..
7 BVerfGE 49, 126 (std. Rspr).
8 Rules Publication Act 1893; Statutory instruments Act, 1946; Martindale-Hubbell, Law Directory (L. F.).

gibt sich ausschließlich seine Eigenschaft eine eigene, eben die erste Gewalt in dem Staat, zu sein. Der Gedanke, ob dem Volke etwa in der Art eines Selbstvorbehaltes für Sachfragen die Kompetenz zur Entscheidung belassen bleiben muß, weil der Stimmbürger in der Entscheidung des Parlamentes nicht repräsentiert ist, das Volk aber herrschen soll, ist durch dieses Merkmal nicht sogleich berührt.

Als zweites Merkmal der Rechte des Parlaments ist die Kontrolle der Regierung zu nennen. Dafür stellt das Recht in der Verfassung des Verfassungsstaates Rechte zur Verfügung, z.B. die Regierung zu bestimmen, ist es nicht das Volk selbst, das sie wählt. Außerdem gehört dazu das Recht, die Regierung abzuwählen oder auch, dem Volk gegenüber eine solche Empfehlung auszusprechen. Das Parlament hat auch das Recht, Kabinettsbeschlüsse, die ein Gesetz zur Annahme empfehlen, abzulehnen, so wie es überhaupt das Recht der Gesetzgebung hat. Es kann auch Untersuchungsausschüsse über Mißstände in eigenen Angelegenheiten, aber auch mit Blick auf die Regierungstätigkeit einrichten. Jederzeit darf das Parlament die Regierung befragen. Regierungsmitglieder müssen anwesend sein, wenn die Volksvertretung tagt. Sie ist auch zuständig in ihrer Eigenschaft als Gesetzgeber, um Petitionen zu prüfen und zu entscheiden, ob das Begehren rechtmäßig ist. Das kommt ihr zu, weil sie die höchste Gewalt in dem Staate ist. Staatsrechtlich gesehen, könnte der Petitionsbescheid womöglich sogar befolgt werden müssen, sei es durch Urteil erzwungen, sei es durch die parlamentarische Entscheidung selbst.

Drittes Merkmal der Rechte des Parlamentes sind die Rechte, die es selbst, also seine Einrichtung als Staatsorgan angehen, z.B. Geschäftsordnungsrecht, darin Amtsperiode, Rechte der Abgeordneten und Fraktionen usw..

2. Rechte von Einrichtungen des Parlaments

Die Rechte von Einrichtungen des Parlamentes können nur von denjenigen der Volksvertretung selbst herrühren. Solche sind genannt worden, Gesetzgebung, Kontrolle der Regierung und Regelung eigener Angelegenheiten.

Das Recht zur Regelung der wesentlichen Angelegenheiten der res publica kann zur Folge haben, daß das Parlament Ausschüsse bildet, um sich den unterschiedlichen Sachbereichen der Gesetzgebungstätigkeit zu widmen. Auch seine Eigenschaft, erste Gewalt zu sein, mag dazu führen, daß es sich eine Geschäftsordnung gibt, deren Einhaltung von einem Präsidenten überwacht wird. Der Präsident der Volksvertretung ist eine seiner Einrichtungen und hat Leitungsfunktion.

Die Ausschüsse, die das Parlament bildet, haben eine Bedeutung im Gesetzgebungsverfahren und bei sonstigen Vorhaben des Parlamentes. Der Präsident ist eine seiner Einrichtungen, die den Ablauf des parlamentarischen Geschehens re-

9 Rspr. z.B. BVerfGE 66, 26; 55, 107; 65, 101; 67, 100; 76, 363; 77, 1.

gelt. Im Unterschied zu den Fraktionen, die nicht Einrichtungen des Parlamentes sind, sondern der Abgeordneten, vertritt der Präsident der Volksvertretung diese als Institution des Staates.[10]
Ausschüsse und Präsidenten wird man in jeder parlamentarischen Institution finden, denn diese ist ein Gremium, eine meist recht hohe Zahl von Personen. Der Präsident führt den Vorsitz und zwar regelmäßig nach einer Geschäftsordnung, die institutio[11] jedes Gremiums ist, weil bestimmt werden muß, wie darin gehandelt werden darf.[12]

Auch die Ausschüsse, die kleineren Einheiten, sind wohl in jedem Parlament vorhanden. Es sind, ebenso wie der Präsident, notwendige Einrichtungen, weil zu Sachfragen eigene zur Regelung derselben vorhanden sein müssen, um die Funktionsfähigkeit des Parlamentes insgesamt zu sichern.

Man findet in unterschiedlichen Rechtsgrundlagen für das Parlament Bestimmungen über solche Einrichtungen. In Abschnitt III und dort den §§ 5 bis 9 GeschO BT sind für den Deutschen Bundestag Präsident und Präsidium geregelt. Die Ausschüsse sind enthalten in Abschnitt VII. § 54 bis § 74 GeschOBT. Gesondert ist der Petitionsausschuß in Abschnitt IX. unter den §§ 108 bis 112 Gescho BT geregelt. Für das englische Parlament sind solche Vorschriften schon sehr früh nachzuweisen, z.B.: "If before considering such petition, the speaker be informed by two members of the death of the sitting member, or of the death of any member upon a double return, or that any member is become a peer; or if the house have resolved that his seat become vacant, or that such member has declared in writing that he does not intend to defend his election; in every such case, the speaker is to send notice to the returning officer, and also insert notice in the Gazette; and within thirty days after, and voter may petition to be admitted a party, in the room of such member; but if such member gives notice not to defend such petition, he is not to[13] be party against it, nor sit in the house till decided."

3. Rechte von Abgeordneten

Aus der Sicht des Staatsrechts sind Fraktionen Zusammenschlüsse von Abgeordneten, die zwar im Organstreit wegen ihrer Eigenschaft, eigene Rechtspersönlichkeit zu besitzen, klagebefugt sind, aber keine notwendigen Einrichtungen des Parlamentes in seiner Eigenschaft als Volksvertretung. Zwar sagt das Bundesverfassungsgericht, daß Parlamentsfraktionen notwendige Einrichtungen des Verfassungslebens sind, damit ist aber das Verfassungsleben der Bundesrepublik Deutschland gemeint, das durch das Grundgesetz als lex fundamentalis bestimmt

---

10 Rspr. zu Fraktionsrechten vgl. BVerfGE 70, 324.
11 Grds.R.Sohm,Institutionen, Leipzig 1911, vor allem S. 25.
12 Vgl. BVerfGE 1, 115f. , 27, 152, 157.
13 28 G. 3. c. 52. § l. vol. 36.

ist.[14] Staatsrechtlich gesehen, braucht es keine Fraktionen zu geben, weil für die Repräsentation des Volkes eine Ordnung von Abgeordneten nach ihrer Zugehörigkeit zu politischen Auffassungen nicht notwendig ist.

Darauf spielt auch Art. 38 Abs. 1 S. 2 GG an, der sagt, daß die Abgeordneten "Vertreter des ganzen Volkes" sind, "an Aufträge und Weisungen nicht gebunden und nur ihrem Gewissen unterworfen. "Wenn gesagt worden ist, daß der Einzelne bloß in seiner Eigenschaft als Staatsbürger vertreten wird, so heißt das, daß wegen der Repräsentation immer mehrere durch einen vertreten werden und bei Dissens zwischen allen Vertretenen es zu einer Vertretung bloß derjenigen kommt, die die Meinung des Mandatsträger teilen. Das gilt auch für das imperative Mandat. Grundsätzlich also, wird durch die Repräsentation der Staatsbürger vertreten, vor allen wenn die Abgeordneten frei sind und als Vertreter des ganzen Volkes verstanden werden. Dann, wenn der Wille des Einzelnen mit demjenigen des Abgeordneten übereinstimmt, wird man von seiner Repräsentation als Stimmbürger sprechen können.

Daß die Abgeordneten Vertreter des ganzen Volkes sind, liegt daran, daß sie von dem ganzen Volk gewählt worden sind oder jedenfalls alle an der Wahl hätten teilnehmen können. Zwar hat nicht jeder Abgeordnete alle Stimmen des Volkes auf sich vereinigt und wegen der Landeslisten und der Kombination aus Mehrheits- und Verhältniswahlrecht kann nicht jeder Abgeordnete auf eine konkrete Stimme zurückgeführt werden, die seine Wahl wollte. Versteht man diese Vertretung im Sinne einer Vertretungsmacht, die auf das Volk zurückgeht, so kann aber davon gesprochen werden, daß wegen der Chance der Beteiligung aller an der Wahl der Abgeordneten eine solche Vertretungsbefugnis möglich erscheint. Meint man allerdings jeden einzelnen Abgeordneten, so wird man ohne eine Pflicht im Sinne des Imperativs, so handeln zu sollen, nicht auskommen. Weil es eine gesetzliche ist, dürfte auch die Freiheitsklausel in demselben Satz von Art. 38 Abs. 1 GG nicht berührt sein. Alle Abgeordneten können zwar das ganze Volk vertreten, weil alle Staatsbürger die Chance zur Wahl hatten, aber häufig haben nicht alle gewählt und es gibt auch keine Wahlpflicht. Weil es nicht alle müssen, ist die Chance zur richtigen Entscheidung durch Bestimmung der Abgeordneten kleiner oder jedenfalls nicht so hoch, wie wenn alle gewählt haben oder wählen müssen. Daß Demokratie als Herrschaftsform auch in der Weise ausgeübt werden könnte, daß das Volk repräsentiert wird, ohne daß Wahlpflicht existiert, spricht für eine Pflicht der Abgeordneten, die Belange des ganzen Volkes zu vertreten, weil so die Richtigkeit ihrer Entscheidung gewährleistet wird, die dem allgemeinen Staatszweck dient.

14 BVerfGE 70, 350; 60, 374; 61, 68; 64, 301. "All persons contracts for public service, incapable of being elected, or sitting in the house of commons", 22 G. 3. c. 31 vol. 34; vgl. auch BayVerfGH NJW 1989, 1918.

Weil Immunität des Abgeordneten vorhanden und diese Merkmal von Demokratie als Herrschaftsform ist, kann der Abgeordnete auch nicht für ein Handeln in dieser Eigenschaft belangt werden, so daß er dieser Pflicht folgen mag. Allerdings wird er bloß dann das ganze Volk vertreten, wenn alle einer Meinung sind, denn sonst bleibt ein Teil des Volkes unberücksichtigt. Selbst die Belange des Volkes, wie sie in Art. 38 Abs. 1 S. 2 GG genannt sind, werden dann nicht berücksichtigt, wenn gegenteilige Auffassungen in der Aktivbürgerschaft herrschen. Das liegt an der Irrtumschance, die bei den Abgeordneten, weil sie weniger sind als das ganze Volk, höher ist.[15]

III. Volksvertretung und Regierungsrechte

1. Wahl der Volksvertretung

Im Grundgesetz der Bundesrepublik Deutschland ist in Art. 38 Abs. 1 und Abs. 2 GG bestimmt, wie die Abgeordneten im Deutschen Bundestag gewählt werden, d.h. in allgemeiner, unmittelbarer, freier, gleicher und geheimer Wahl. Wahlberechtigt ist, wer das achtzehnte Lebensjahr vollendet hat und Wählbarkeit genießt, wer die Voraussetzungen erfüllt. Bundeswahlgesetz und Bundeswahlordnung bestimmen das Nähere.[16]

In der amerikanischen Verfassung ist nach § 2 S. 2 VerfUS bestimmt, daß niemand Abgeordneter sein darf, der nicht das Alter von fünfundzwanzig Jahren erreicht hat, seit sieben Jahren Bürger der Vereinigten Staaten ist, und zum Zeitpunkt seiner Wahl Einwohner des Staates ist, in dem gewählt wird. Nach § 3 Abs. 3 VerfUS darf Senator nur sein, wer das Alter von dreißig Jahren erreicht hat, seit neun Jahren Bürger der Vereinigten Staaten ist, und zum Zeitpunkt seiner Wahl Einwohner des Staates ist, für den er gewählt wird. Amendment XIV (1868) lautet, daß Abgeordnete unter den verschiedenen Staaten entsprechend ihrer Einwohnerzahl verteilt werden. Dabei wird in jedem Staat die Gesamtzahl der Bürger berechnet, außer unbesteuerten Indianern. Es folgen Bestimmungen, die die Benachteiligung der Staatsbürger aus verschiedenen Gründen verbieten. Amendment XV (1870) sagt, daß das Stimmrecht der Bürger der Vereinigten Staaten weder von den Vereinigten Staaten noch von einem anderen Staat auf Grund von Rasse, Farbe, oder früherer Dienstknechtschaft versagt oder verkürzt werden darf. Die Versagung oder Verkürzung des Stimmrechts der Bürger der Vereinigten Staaten darf weder von den Vereinigten Staaten noch von einem Staat auf Grund des Geschlechts bewirkt werden, bestimmt Amendment XIX (1920). Das Stimmrecht der Bürger der USA darf auch nicht bei der Wahl für den Präsidenten, Vizepräsidenten oder der Senatoren oder der Abgeordneten im Kongreß von den Vereinigten Staaten selber oder von einem Staat wegen Nichtzahlung einer Kopf- oder sonstigen Steuer versagt oder verkürzt werden, ist in Amendment

---

15 Vgl. zur Immunität Art. 46 GG.
16 Bundeswahlgesetz vom 1. September 1975 (BGBl. III 111-1), Bundeswahlordnung v. 7. Dezember 1989 (BGBl. III-1-5).

XXIV (1964) festgelegt. Amendment XXVI (1971) sagt, daß das Stimmrecht der Bürger der Vereinigten Staaten, die mindestens achtzehn Jahre alt sind, weder von den USA selbst noch von einem anderen Staat versagt oder verkürzt werden darf. Die Vorschriften ähneln der staatsbürgerlichen Gleichstellung aller Deutschen, die in Art. 33 Abs. 1, Abs. 2 und Abs. 3 GG geregelt ist. Jeder Deutsche hat danach die gleichen Rechte und Pflichten. Auch hat er gleichen Zugang zu jedem öffentlichen Amt. Aus einer Weltanschauung oder der Zugehörigkeit oder Nichtzugehörigkeit zu einem religiösen Bekenntnis darf kein Nachteil erwachsen.[17] Die Wahl der Volksvertretung, aber auch anderer Einrichtungen des Staates, hat also nach diesen Regeln zu erfolgen.

Allerdings sagen die Bestimmungen nicht konkret wie die Wahl vonstatten gehen soll, wie die Volksvertretung gewählt wird. Es müßte sich im Bundeswahlgesetz und der Bundeswahlordnung zeigen, daß der Verfassungsgeber eine allgemeine, unmittelbare, freie, gleiche und geheime Wahl vorgesehen hat. Es darf also niemand von der Wahl ausgeschlossen werden, der die Voraussetzungen für die Teilnahme am Wahlrecht erfüllt, weil die Wahl allgemein sein soll. Die Allgemeinheit der Wahl sichert, daß es das Volk ist, d.h. alle, die wählen, weil Demokratie Volksherrschaft heißt und die Chance zur richtigen Entscheidung höher ist, wenn alle beteiligt sind. Unmittelbarkeit der Wahl bedeutet, daß im Unterschied zu den Vereinigten Staaten keine Wahlmänner bestimmt werden. Ursache dafür ist, daß die Verkleinerung der Grundgesamtheit der Entscheidenden zu einer höheren Chance führt, daß die Entscheidung falsch sein könnte. Frei sind die Wahlen, weil die Freiheit der Wahl garantiert, daß der Einzelne eine Entscheidung treffen kann, die seinem Willen entspricht. Er kann also der Vernunft folgen, die er zu erkennen vermag. Die Gleichheit der Wahl wird garantiert, weil jede Stimme das gleiche Gewicht haben soll, denn von vornherein ist die Entscheidung des einen nicht wichtiger als die des anderen, denn alle Menschen sind mit Vernunft und einem freien Willen ausgestattet. Die geheime Wahl wird in der Verfassung gewährleistet, weil niemandem aus seiner Wahlentscheidung ein Nachteil erwachsen soll und wegen der Geheimhaltung das nicht möglich ist, denn wenn die Entscheidung nicht bekannt ist, kann aus ihr auch kein Nachteil für den Einzelnen entstehen.
In § 1 BWG werden diese Wahlrechtsgrundsätze wiederholt.[18]
Die Einteilung des Wahlgebietes in Wahlkreise, wie es § 1 Abs. 2, § 2, § 3, § 4, § 5, § 19, § 20, § 21, § 23 bis 26 BWG und § 3, § 12 (Wahlbezirke), § 34 bis 38 BWO vorsehen, erfolgt nach der Gleichheit der Wahl. Jede Stimme soll dieselbe Chance haben, einen Abgeordneten zu bestimmen. Ihr Gewicht ist also dasselbe und daher müssen die Wahlkreise so eingeteilt sein, daß ihre Größe gleich ist.[19]

17 Vgl. Wortlaut.
18 Vgl. Wortlaut.
19 Vgl. grds. BVerfGE 1, 14 Nr. 18, 38.

Bei den Bestimmungen über die Landeslisten, die die Verhältniswahl des § 1 Abs. 1 S. 2 BWG zu ihrer Voraussetzung haben und die in §§ 6, 7, 27 bis 29 BWG geregelt sind, hat sich der Gesetzgeber von der Vorstellung leiten lassen, daß der Einzelne nicht Personen, sondern Parteien wählt, also seine Stimme dazu beiträgt, daß ein Kandidat in das Parlament einzieht, der seine politischen Vorstellungen teilt und deswegen auf der Landesliste der Partei ist. Die Zweitstimme des § 4 BWG läßt sich auf keinen der in Art. 38 GG genannten und in § 1 BWG wiederholten Wahlrechtsgrundsätze zurückführen, wenn sie ihnen auch nicht unbedingt widersprechen muß. Sie ist der Volksherrschaft ferner, weil nach Art. 38 GG es der Abgeordnete als Person ist, der durch seine Mitgliedschaft im Deutschen Bundestag die Rechte des ganzen Volkes innehat. Sogar dann, wenn er die Fraktion seiner Partei verläßt oder auch aus dieser austritt, bleibt sein Status erhalten. Diese Personenbezogenheit ist in allen Demokratien vorhanden, so daß die Verhältniswahl in geringem Maße den Begriff der Volksherrschaft in allen seinen Merkmalen erfüllt als die Personenwahl. Der Gedanke des Leibholz, daß der moderne Parteienstaat "seinem Wesen wie seiner Form nach nichts anderes wie eine rationalisierte Erscheinungsform der plebiszitären Demokratie oder – wenn man will – ein Surrogat der direkten Demokratie im modernen Flächenstaat" ist,[20] hat sich womöglich in dieser Bestimmung niedergeschlagen, denn darin werden die Parteien präferiert, obwohl regelmäßig auch der Einzelbewerber im Wahlkreis Parteimitglied ist. Diese Bevorzugung der Parteien läßt sich aber nicht mit dem Surrogatsgedanken des Leibholz rechtfertigen. Denn die Personenwahl vereinigt eine Zahl von Stimmen auf einen einzelnen gewählten Bewerber. Dagegen wählt die Zweitstimme eine Partei, auch eine durch andere Zusammengehörigkeit gebildete Liste, ohne daß der Kandidat im Einzelnen bestimmt werden kann. Auf ihn fallen dann aber alle Rechte des Abgeordneten, ohne daß seine Eigenschaft, gewählt worden zu sein, auf eine direkt auf die Stimme des einzelnen Wählers rückführbare Entscheidung verortet werden kann, deren Folgen ihm bekannt sein müßten, bevor er wählt. Das ist zwar mit dem Repräsentationsgedanken vereinbar, aber steht der direkten Demokratie nicht nahe und ersetzt sie auch nicht.

Nach § 8 BWG sind die Wahlorgane gegliedert und die Briefwahl wird zugelassen. Damit dem Grundsatz der Gleichheit der Wahl Rechnung getragen wird, sind die Wahlorgane gegliedert und die Briefwahl wird erlaubt, weil so die Chance, daß der Staatsbürger sein Wahlrecht überhaupt wahrnehmen kann, erhöht wird, denn dann ist es auch möglich zu wählen, ist man z.B. auf Reisen. Die Bildung der Wahlorgane, die Tätigkeit der Wahlausschüsse und Wahlvorstände und die Ehrenämter (§§ 9, 10, 11 BWG) werden vorgenommen, damit eine möglichst große Kontrollchance vorhanden ist.

20 G. Leibholz, Strukturprobleme der modernen Demokratie, Frankfurt/Main 1967, S. 93f.

Dem Grundsatz der Allgemeinheit der Wahl dient auch § 12 BWG, der das aktive Wahlrecht genau regelt. Damit das Wahlrecht ausgeübt werden kann, muß man im Besitz eines Wählerscheines sein oder in das Wählerverzeichnis eingetragen. Das bestimmt § 14 BWG. So wird gewährleistet, daß alle wählen können, die wahlberechtigt sind und kein Unbefugter das versucht, aber auch kein Befugter davon abgehalten wird. Auch die Vorschriften über den Ausschluß vom Wahlrecht, wer wegen Richterspruchs nicht wählen darf, wem also die bürgerlichen Ehrenrechte aberkannt sind, wer entmündigt ist oder unter Pflegschaft steht oder wer im Zusammenhang mit Straftaten sich in einem psychiatrischen Krankenhaus befindet, dienen diesem Ziel. Der Allgemeinheit der Wahl sind auch die Vorschriften der Bundeswahlordnung zu verdanken, die das Wählerverzeichnis der §§ 14 bis 24 BWO regeln. Ebenso gilt das für die Vorschriften der §§ 25 bis 31 BWO.

Auch die Wählbarkeit ist in dem Bundeswahlgesetz geregelt. § 15 BWG bestimmt, wer wählbar ist.

Die Bestimmung über den Wahltag, daß es ein Sonn- oder Feiertrag sein muß, ist dem Grundsatz der Allgemeinheit der Wahl zu verdanken (§ 16 S. 2 BWG).

Die Allgemeinheit des passiven Wahlrechts sollen die Vorschriften der §§ 18 bis 26 BWG gewährleisten. Den §§ 27 bis 29 BWG über die Landeslisten ist dieses Ziel ebenfalls zu entnehmen, wenn sie auch bloß die Verhältniswahl regeln. Die Vorschrift des § 30 BWG, die die Stimmzettelgestaltung regelt, soll einer Wahlfälschung vorbeugen, die Auszählung erleichtern, das gleiche Wahlrecht sichern und die Wahl für alle überhaupt erst ermöglichen.[21]
Die Öffentlichkeit der Wahlhandlung, wie sie § 31 BWG und § 54 BWO vorsieht, dient der Sicherung der Freiheit und Allgemeinheit der Wahl. Es soll durch die Öffentlichkeit gesichert werden, daß niemand an der Ausübung seines Wahlrechts gehindert, aber auch niemand zur Stimmabgabe oder auch zu Abgabe der Stimme für einen nicht freiwillig ausgewählten Kandidaten gezwungen wird. Damit die Freiheit der Wahl gesichert ist, verbietet man unzulässige Wahlpropaganda und die unzulässige Veröffentlichung der Wählerbefragung ist verboten. Das bestimmt § 32 BWG. Das Wahlgeheimnis ist nach § 33 BWG zu wahren. Die Allgemeinheit der Wahl wird durch die Bestimmung bewirkt, wie man die Stimme auf dem Stimmzettel abgibt (§ 34 BWG) und wie eine Stimmabgabe mit Wahlgeräten vonstatten geht (§ 35 BWG). Das ist auch Ziel des § 36 BWG.[22]

21 Vgl. Wortlaut.
22 Vgl. z.B. Entscheidung d. BVerfG im 1. Bd. (BVerfGE 1, 19), Leitsätze: "Dem demokratischen Prinzip ist nicht nur wesentlich, daß eine Volksvertretung vorhanden ist, sondern auch daß den Wahlberechtigten das Wahlrecht nicht auf einem in der Verfassung nicht vorgesehenen Wege entzogen wird." "Zum Wesen einer Abstimmung gehört es, daß der Abstimmende jede gestellte Frage bejahen oder verneinen kann." "Das Abstim-

Die amtliche Feststellung des Wahlergebnisses muß dem Grundsatz der Gleichheit und Allgemeinheit der Wahl genügen. Das procedere dafür ist in dem sechsten Abschnitt, den Vorschriften der § 37 bis 42 BWG, geregelt.
Die besonderen Vorschriften des siebenten Abschnitts, also der §§ 43f BWG, für Nachwahlen und Wiederholungswahlen, dienen der Durchführung eines Wahlvorgangs überhaupt, der den Wahlgrundsätzen entspricht.

Dem passiven Wahlrecht, dem Erhalten des Mandats, dienen die Vorschriften im achten Abschnitt über den Erwerb und Verlust der Mitgliedschaft im Deutschen Bundestag (§ 45 bis § 48 BWG).

Auch die folgenden Vorschriften dienen der Allgemeinheit und Freiheit der Wahl: § 46 BWO über die Wahlräume, § 47 über die Wahlzeit, § 48 BWO über die Wahlbekanntmachung der Gemeindebehörden. Im dritten Abschnitt der Bundeswahlordnung sind Regelungen über die Wahlhandlung getroffen worden: Die allgemeinen Bestimmungen regeln die Ausstattung des Wahlvorstandes nach § 49 BWO, die Wahlzellen gem. § 50 BWO, die Wahlurnen nach § 51 BWO, den Wahltisch nach § 52 und die Eröffnung der Wahlhandlung nach § 53 BWO. Die Ordnung im Wahlraum ist in § 55 BWO bestimmt und die Stimmabgabe in § 56 BWO. Es folgen die Stimmabgabe behinderter Wähler nach § 57 BWO, der Vermerk über die Stimmabgabe gem. § 58 BWO, die Stimmabgabe von Inhabern eines Wahlscheines nach § 59 BWO und der Schluß der Wahlhandlung i. S. d. § 60 BWO.

In der Bundeswahlordnung ist zu der Wahlhandlung ein Unterabschnitt konstituiert, der besondere Regelungen festlegt. Darin enthalten sind Bestimmungen über die Wahl in Sonderwahlbezirken nach § 61 BWO, die Stimmabgabe in kleineren Krankenhäusern und kleineren Alten- oder Pflegeheimen gem. § 62 BWO. Die Stimmabgabe in Klöstern, in sozialtherapeutischen Anstalten und Justizvollzugsanstalten und die Briefwahl folgen in den §§ 63 bis 66 BWO.

Der fünfte Abschnitt der Bundeswahlordnung regelt die Nachwahl, Wiederholungswahl, Berufung von Listennachfolgern in den §§ 82 bis 84 BWO. Er dient der Durchführung eines Wahlvorgangs überhaupt, der den Wahlgrundsätzen entspricht.[23]

In dem vierten Abschnitt sind Vorschriften über die Ermittlung und Feststellung des Wahlergebnisses in den §§ 67 bis 81 BWO enthalten. Es sind Regelungen über die Ermittlung und Feststellung des Wahlbezirks enthalten, die die Zählung der Stimmen und die Zählung der Wähler angehen, die Bekanntgabe des Wahlergebnisses, Schnellmeldungen, Wahlniederschrift, Übergabe und Verwahrung

mungsgesetz, das willkürlich den Abstimmungsmodus so wählt, daß ein Teil der Stimmberechtigten benachteiligt oder der Ausgang der Abstimmung in einem bestimmten Sinne gesichert wird, ist nichtig."
23 Vgl. Wortlaut.

der Wahlunterlagen, die Behandlung der Wahlbriefe, Vorbereitung der Ermittlung und Feststellung des Briefwahlergebnisses, die Zulassung der Wahlbriefe, die Ermittlung und Feststellung des Wahlergebnisses im Wahlkreis, die des Zweitstimmenergebnisses im Land und die des Ergebnisses der Landeslistenwahl; die Bekanntmachung der endgültigen Wahlergebnisse und Benachrichtigung der gewählten Landeslistenbewerber und die Überprüfung der Wahl durch den Landes- und den Bundeswahlleiter sind auch enthalten, die die Allgemeinheit und Gleichheit der Wahl sichern sollen.

Der Representation of the People Act 1979 [24] ist "An Act to facilitate polling on the same day at a general election and district council elections; and to postpone certain parish or community council elections " [25] in Großbritannien. Er enthält Bestimmungen über den Wahltag, Fristen und Modalitäten der Wahl, z.B. "If the present Parliament is dissolved and a new Parliament summoned by a proclamation made on such date that the date of the Poll at the election of members for the new Parliament is the same as that of the poll at the next ordinary elections of district councillors to be held in England and Wales after the passing of this Act, the provisions (wether made by or under any Act) relating to- (a) the conduct, in England and Wales, of the parliamentary election; and (b) the conduct of the elections of district councillors; shall have effect subject to the provisions of the Schedule to this Act. "

Im "Schedule" sind Modifikationen der Wahlregeln ("Election Rules") enthalten:" Polling stations, presiding officers and clerks, Hours of poll, Notices to Voters, Appointment of polling agents, Absent voters, proxies and postal proxies, ballot papers"und Sonderbestimmungen für Parlamentswahlen und solche für den Bezirk ("District Council Election") . Es sind drei Regelungen: Ballot boxes, Procedure on close of poll, The count.

In die Wahl der Volksvertretung darf kein Fehler eingehen, der sich z.B. aus Regelungen und Entscheidungen im Vorfeld der Wahlentscheidung des Bürgers bewegt. Das bestimmt auch das Parteiengesetz, das Art.21 Abs.3 GG ausführt. In dem Urteil des Bundesgerichtshofes vom 28.11.1988 hat der 2.Senat entschieden, daß es rechtlich zulässig ist, wenn eine Listenwahl von Delegierten eines Ortsverbandes zum Kreisparteitag einer politischen Partei nach dem Mehrheitswahlrecht durchgeführt wird.[26]

Das Gericht zieht dabei eine Parallele zur Genossenschaft: "Anders als bei der Genossenschaft und auch im staatlichen Bereich in den Parlamenten vollzieht sich der Willenbildungsprozeß in einer politischen Partei nicht nur auf einer Ebene, sondern in einer Reihe aufeinander aufbauender Stufen. Auf jeder Stufe ist die Parteiversammlung das oberste Organ, die als Mitgliederversammlung oder auch als eine aus Delegierten zusammengesetzte Vertreterversammlung ge-

---

24 1979 Chapter 40 (p. l037) .
25 Vgl. Vorspruch c. 40 p. 1037 v. 4th April 1979.
26 BGHNJW 1989, 1212, 1214.

bildet werden kann (§ 9 I 2 ParteiG). Dabei wird auf jeder Stufe das Ergebnis des Willensbildungsprozesses durch Mehrheitsentscheidungen abschließend formuliert, das wiederum als Grundlage für den Willensbildungsprozeß und die darauf beruhenden Entscheidungen der nächst höheren Stufe dient. Demzufolge repräsentiert der Parteitag oder die Mitgliederversammlung der jeweils höheren Stufe nicht die Gesamtheit der Parteimitglieder als solche und die verschiedenen auf der darunter liegenden Stufe unter ihnen vorhandenen Strömungen und Richtungen, sondern schon die Mitglieder in ihrer gebietsverbandlichen Zusammenfassung und die Meinungen, die sich in den darunter liegenden Ortverbänden durchgesetzt haben. Im Rahmen der innerparteilichen Willensbildung läßt sich dabei vom Prinzip der "föderalen Repräsentation" sprechen (..). Die nächsthöhere und alle folgenden Stufen können (und regelmäßig sind sie es auch) dagegen bereits Repräsentationsorgane in Form von Vertreterversammlungen sein, auf denen sich die in der Partei vertretenen Meinungen und Richtungen nur noch in der Form widerspiegeln, in der sie sich auf der darunterliegenden Stufe mehrheitlich durchgesetzt haben."

Das Gericht bestätigte später die in § 15 Abs. 3 S. 2 PartG enthaltene Regelung, daß in den Versammlungen höherer Gebietsverbände mindestens den Vertretern der Gebietsverbände der beiden nächstniedrigeren Stufen ein Antragsrecht eingeräumt werden muß. Zuvor sagt diese Vorschrift, daß das Antragsrecht so zu gestalten ist, daß eine demokratische Willensbildung gewährleistet bleibt, insbesondere auch Minderheiten ihre Vorschläge ausreichend zur Erörterung bringen können.

Der Entscheidung des Gerichts kann nicht so ohne weiteres zugestimmt werden, weil die innere Ordnung der Parteien demokratischen Grundsätzen entsprechen muß. Das sagt Art. 21 Abs. 1 S. 3 GG. Neben dem Anwesenheitsrecht gehört das Rederecht zu den Voraussetzungen, an dem Geschehen in den Gebietsverbänden überhaupt beteiligt zu sein. Das darf daher nicht eingeschränkt werden. Mindestausstattung für die innerparteiliche Demokratie ist das Antragsrecht. Das sagt auch § 15 Abs. 1 PartG. Dazu gehört aber auch, daß nicht mindestens den Vertretern anderer Gebietsverbände der "Basis" ein Antragsrecht eingeräumt wird und das als Mindestklausel bestimmt wird, sondern daß die Minderheit in dem Verband selbst ein Antragsrecht besitzt. Das geht jedenfalls so ohne weiteres aus dem Wortlaut der Vorschrift nicht hervor. Wegen der Stellung des Wortes "mindestens" in § 15 Abs. 3 S. 2 PartG ist darauf zu schließen, daß Minderheiten der beiden nächstniedrigeren Stufen ein Antragsrecht erhalten müssen. Die Minderheit in den Versammlungen des höheren Gebietsverbandes, die aus ihm selber stammt, ist nicht erwähnt.

2. Zustandekommen der Regierung

In der Demokratie ist die Regierung die Spitze der Exekutive, die vollziehende Gewalt, wenn Gewaltenteilung konstituiert ist. So konstituiert Art. 20 Abs. 2 GG, daß alle Staatsgewalt vom Volke ausgeht und von diesem durch besondere Organe der vollziehenden Gewalt ausgeübt wird. Weil sich in der Dreiteilung der Staatsgewalt, deren zweite Gewalt die Regierung ist, nicht die Demokratie verwirklicht, mag man zunächst meinen, daß die erste Gewalt, die Legislative, von der Volksherrschaft als Herrschaftsform in dem Staate bestimmt ist. Dieser Gedanke vernachlässigt aber, daß die Herrschaft des Volkes jede Herrschaft im Staat, also die Staatsgewalt als ganze, meint. Jede Ausübung von Staatsgewalt muß auf den Willen des Volkes rückführbar sein. Wenn sich in der Volksherrschaft der Gedanke verwirklicht, daß der Wille aller der Wille der Allgemeinheit sein könnte, heißt das, daß dann, wenn alle entscheiden, die Chance am größten ist, daß die Entscheidung eine richtige ist, eine gemeinschaftsfreundliche.[27] Diese Gemeinschaftsfreundlichkeit, die das Gute für die Menschen in dem Staat ist, soll nicht nur eine Gewalt bestimmen, sondern alle staatliche Gewalt, denn der allgemeine Staatszweck ist auf die Staatsgewalt als ganze gerichtet.[28] So ist demnach auch die ausführende Gewalt, eben die Regierung, auf das Volk zurückzuführen, weil dann die Chance wegen der Beteiligung aller am höchsten ist, daß die Entscheidung richtig sein könnte. Bäumlin schreibt, daß die "Demokratie ein Machtaufbau von unter her" ist," der aber eine Regierung von mit echter Autorität ausgestatteten Einzelnen nicht ausschließt."[29] Die Regierung und so die einzelnen Regierungsmitglieder sollen also Macht erhalten, die vom Volk stammt.

Grundsätzlich gibt es zwei verschiedene Möglichkeiten, wie diese Beziehung zwischen dem Volk und der Regierung hergestellt werden kann, die den Willen des Volkes in der Konstituierung einer Regierung etabliert. Die eine Möglichkeit ist diejenige, daß das Volk die Regierung selbst bestimmt und zwar durch Wahl. Diese, z.B. in den Vereinigten Staaten von Amerika praktizierte Art und Weise, den Präsidenten zu bestimmen, ist indirekte auch mittelbare Form der Demokratie. Zwar ist in den USA die Unmittelbarkeit der Wahl wegen der Wahlmänner nicht gegeben, aber der Präsident wird vom Volke selbst gewählt und bezieht seine Autorität aus der von diesem verliehenen Macht, Regierungsgeschäfte auszuüben, die Staatsgeschäfte zu führen und Staatsoberhaupt zu sein. Daß die Wahlmänner bloß die Bedeutung haben, den Präsidenten zu bestimmen und ihnen – anders als etwa den Parlamenten, die Regierungen bestimmen – keine andere Aufgabe zukommt, ist Zeichen dafür, daß bloß die Unmittelbarkeit der Wahl zugunsten der Mittelbarkeit aufgegeben, aber nicht etwa eine andere Art der Demokratie geschaffen worden ist.

Diese mittelbare Form der Bestimmung der Regierung oder zunächst der Regierungsspitze ist vergleichbar derjenigen, die durch die Parlamente erfolgt, wie z.B. in der Bundesrepublik die nach Art. 63 GG.[30] Danach wird der Bundeskanz-

27 Vgl. § 25 VI..
28 Siehe 1. Teil.
29 R. Bäumlin, Die rechtsstaatliche Demokratie, Zürich 1954, S. 31f.
30 Vgl. Wortlaut.

ler auf Vorschlag des Bundespräsidenten ohne Aussprache gewählt. Allerdings ist hier die Mittelbarkeit der Wahl stärker ausgeprägt als dort, wo z.B. Wahlmänner den Regierungschef bestimmen, die vom Volk gewählt sind. Denn die Wahlmänner sind bloß mit der Wahl selbst betraut und man kann dann, wenn sie gewählt sind, schon sagen, wer Präsident wird, denn es sind die Kandidaten für das Präsidentschaftsamt, die den Wahlkampf bestimmen und deren Bedeutung und Gewicht in den primaries abgestimmt ist. Sie haben also bloß Bedeutung als Wahlmänner und diese Gestaltung wurde gewählt, damit der Präsident nicht nur die durch seine Person anziehenden Stimmen des Volkes auf sich vereinigt, sondern auch von dem Wissen und den Fähigkeiten derjenigen profitiert, die seine Auffassung in den einzelnen Staaten der USA und Regionen stützen und die dem lokalen und regionalen Gepräge entsprechende Vorstellungen verkörpern.

Die Mittelbarkeit dieser Art und Weise, den Regierungschef zu bestimmen, ist aber schwächer ausgeprägt als diejenige, in der der Präsident oder Kanzler durch das Parlament gewählt wird. Denn zwischen das Volk und den Regierungschef ist dann eine Einrichtung geschaltet, die bloß in einer ihrer Funktionen die Aufgabe hat, den Regierungschef zu bestimmen. Jedoch ist die Gestaltung der Wahlmänner vorzusehen, die den Regierungschef wählen und diejenige, daß das Parlament als Volksvertretung das macht, nicht die einzig mögliche.

Die direkte Form, wie eine Regierung zustande kommen kann, ist Wahl durch die Aktivbürgerschaft, das Volk. Jedenfalls gilt das für die Regierungsspitze, den Präsidenten. Man kann z.B. die Meinung vertreten, daß der Präsident von Frankreich auch Funktionen als Regierungschef hat und nicht nur als Staatsoberhaupt, etwa, daß er Oberbefehlshaber der Streitkräfte ist.[31] Nach Art. 6 VerfFrank wird er von dem Volke in unmittelbarer Wahl gewählt.

Die Wahl des Regierungschefs durch das Volk, die unmittelbare Form, wie eine Regierung in der Demokratie zustandekommt, kann mit der mittelbaren verglichen werden. Die mittelbare Wahl des Regierungschefs, die häufig noch mit der bloßen Ernennung der Minister verbunden ist, besitzt geringere demokratische Legitimation als diejenige, die direkt durch das Volk vonstatten geht. Denn es ist nicht das Volk selbst, das die Spitze der Regierung wählt, sondern bloß eine von ihm bestimmte Vertretung. Weil die Zahl derjenigen, die die Regierung bestimmen, geringer ist, wenn eine mittelbare Demokratie konstituiert wurde, ist die Chance zu der richtigen Entscheidung auch geringer. Aus diesem Grunde könnte eine unmittelbare Wahl des Regierungschefs und vielleicht sogar der gesamten Regierung derjenigen, die mittelbar ist, vorzuziehen sein.[32]

31 Vgl. Art. 15 VerfFrank.
32 Aristoteles, Politik, 1317 a 2.: "Wenn aber das alles zugrundeliegt und die Herrschaft eine solche ist, dann ist demokratisch alles folgender Art: der Umstand, daß alle Ämter von allen gewählt werden, daß alle über jeden herrschen und jeder wechselweise über alle, daß die Ämter durch das Los bestimmt sind, entweder alle oder nur die, die keiner Erfahrung und Fer-

Charakteristisch für das Zustandekommen einer Regierung ist nicht bloß, daß sie in mittelbarer oder unmittelbarer Art und Weise auf das Volk rückführbar ist. Es kennzeichnet sie auch, daß der Vorsitz von einem Kanzler oder Präsidenten geführt wird, der häufig anders gewählt wird als die Minister. Wenn die Minister bloß ernannt werden, z.B. vom Bundespräsidenten, wie es Art. 64 Abs. 1 GG vorsieht, so leitet sich ihre Macht aus der Ernennung durch den gewählten Präsidenten ab, die eben des Bundespräsidenten. Daß die Wahl des Bundespräsidenten nicht der Herrschaftsform Demokratie, sondern der Staatsform Republik entspringt, spielt dabei keine Rolle, denn beide haben die Eigenschaft, daß sie auf der Wahl durch das Volk, auf seinem Willen, beruhen. Wird der Bundespräsident auch bloß durch die Bundesversammlung nach Art. 54 GG bestimmt, so ist doch diese indirekte Art und Weise der Willensausübung durch das Volk ausreichend, um ihn durch das Volk bestimmt sein zu lassen.[33]

Weiter ist die Regierung ein Gremium, das die Aufgabe hat, die vollziehende Gewalt anzuleiten und sie in ihrem Handeln zu bestimmen. Der Begriff "Kabinett", der synonym für Regierung verwendet wird, der auf ein Zimmer, eine räumliche Einheit hinweist, zeigt, daß in einem Haus, einem Raum verhandelt wird. Diese Bezeichnung, die darauf hindeutet, daß fahrende Völker, Normaden, staatsrechtlich gesehen, keinen Staat bilden, weil sie kein Land haben, deutet auf ein zivilisatorisches Merkmal hin, nämlich die Fähigkeit, den Staat als ein Haus zu verstehen, das nicht einstürzt, sondern seiner Zweckbestimmung nach regiert werden kann.

Ursache solche Überlegungen ist der Gedanke, daß die Regierung in jeder Herrschaftsform die Verantwortung für die Geschicke des Staates selbst trägt, mögen es solche sein, in denen die Staatsgewalt in einer Hand liegt, mögen es solche sein, in denen sie dreigeteilt ist. Die administrativen Kompetenzen liegen in der Hand der Regierung. Sie kann bestimmen, wie die Verwaltung in den einzelnen Ressorts zu handeln hat. Verstößt die Verwaltung gegen ein Gesetz, so berührt das die Gewaltenteilung und den Rechtsstaat, aber auch die Volksherrschaft.

> tigkeit bedürfen, daß die Ämter von keiner oder doch nur von einer möglichst kleinen Vermögensklasse abhängen, daß nicht ein und derselbe zweimal ein Amt bekleidet, oder doch nur selten und oder nur wenige Ämter, ausgenommen die, die mit der Kriegführung in Verbindung stehen, daß die Ämter nur kurzfristig befristet sind, entweder alle oder nur die, bei denen es angeht, daß alle Richter sind, aus allen herausgenommen und über alle, oder doch über das Meiste, das Bedeutenste und das Entscheidenste, wie etwa über Rechenschaftsablegungen, über die Verfassung und über private Verträge, ferner der Umstand, daß die Volksvertretung die Entscheidung führt über alles oder zumindest über das Bedeutsamste, kein Amt aber über irgend etwas oder doch nur über möglichst Geringfügiges entscheidet."

33 Vgl. Wortlaut.

Denn ist sie als eine ausgestaltet, die drei Gewalten in einer enthält. Weil die gesetzgebende Macht stärker auf das Volk zurückgeführt werden kann, muß sie von den anderen Gewalten respektiert werden, so liegt ein Verstoß gegen das Recht der Volksherrschaft vor.

3. Unvereinbarkeit von Amt und Mandat

Die Inkompatibilität von Amt und Mandat, daß eine Tätigkeit in der Exekutive, die ausgeübt wird, Beamtentätigkeit oder Tätigkeit als Angestellter im öffentlichen Dienst, nicht vereinbar ist mit dem Mandat eines Abgeordneten, Vertreter im Parlament zu sein, regelt Art. 137 Abs. 1 GG.

Weil die Volksvertretung die Regierung und so die ganze Verwaltung kontrolliert, würde ein Amt in der Verwaltung und ein Mandat im Parlament zu einer Interessenkollision führen.

Man mag allerdings die Fragen stellen müssen, ob das Innehaben des Amtes als Regierungsmitglied, z.B. Minister oder Regierungschef, vereinbar ist mit dem Mandat eines Abgeordneten. Denn die Regierung ist die Spitze der Exekutive, die – anders als sonst die Verwaltung – nicht angewiesen wird. Sie muß bloß selbständig ausführen, was das Parlament wünscht. Dagegen könnte sprechen, daß der Abgeordnete nur seinem Gewissen verpflichtet ist und jede Anweisung in dieses eingreifen könnte.

Aber schon der Charakter von Positionen in der Exekutive als bloß ausführende könnte zu der Unvereinbarkeit führen. Denn sogar dann ist das Parlament die bestimmende Macht und die Regierung muß sich fügen.

§ 45 Willensbildung von juristischen Personen des Privatrechts

I. Staatliche und private Gemeinschaften

1. Unterschiede und Gemeinsamkeiten.

Der Staat wird geschaffen, weil es eine Gemeinschaft geben soll, die an einem Orte gebildet wird, der öffentlich ist. Res publica, die öffentliche Angelegenheit, ist bestimmt durch die Tragik der Erkenntnis der Unvollkommenheit der Welt, dem das Öffentliche, der Staat, entgegengesetzt ist. Der Staat wird deswegen als eine Gemeinschaft der Menschen gebildet. Aus diesem Grunde gibt es das öffentliche Recht, nämlich das Recht, das die öffentlichen Angelegenheiten regelt.

Das Privatrecht regelt nicht die öffentlichen Angelegenheiten, aber ist Teil der Staatsgewalt und regelt Rechtsverhältnisse von natürlichen und juristischen Personen. Es ist ein Recht, das wegen seiner Inkorporation in die von dem Staat geschaffenen Gesetze, seiner Auslegung durch die staatliche Gerichtsbarkeit und seiner von der staatlichen Hoheitsgewalt umfaßten Bindungswirkung zu dem Staate gehört.

Auch der Staat ist eine juristische Person, die hier als eine des öffentlichen Rechts verstanden wird. Juristische Personen des Privatrechts sind von dem öffentlichen Recht nicht unbedingt entfernt. Das forum, der Marktplatz, ist nicht nur der Ort der Versammlung, sondern es ist auch der Ort, wo z.B. Händler sich treffen, wo gehandelt wird.[34] Das Privatrecht ist zwar als Teil der Staatsgewalt von dem allgemeinen Staatszweck umfaßt, die Gemeinschaftsfeindlichkeit des Menschen zu bändigen; der Grund aber, weshalb es das Öffentliche gibt, gilt nicht in derselben Weise für einen Handelskonzern, einen Industriebetrieb, eine wohltätige Stiftung oder eine landwirtschaftliche Genossenschaft. Denn dies dient nur dem Überleben der Menschen; es werden dort Dinge hergestellt, die der Mensch vielleicht braucht, um zu überleben und die er in der Öffentlichkeit erwerben kann, auf dem Marktplatz, dem forum.

Ist das zwar nicht das Staatliche im engeren Sinne und mag es weniger nicht mit der Unvollkommenheit des Lebens in Verbindung stehen, so werden auch dort Entscheidungen getroffen, die wegen des durch den Staat geschaffenen Rechts Teil des Öffentlichen sind, das an diesem Orte stattfindet.

2. Gestaltungsweisen im Privatrecht

Die Entscheidung in dem Privatrecht liegen der Staatsgewalt ferner, weil das Private nicht vom allgemeinen Staatszweck umfaßt ist, Privatrecht nämlich bloß die Grenze des Erlaubten markiert, damit dort das mögliche Böse des Menschen die Unvollkommenheit der Welt nicht noch vergrößert.

Die Nähe zur Vernunft kann, wenn öffentliche Belange nicht betroffen sind, geringer sein. Das sieht man z.B. an der Sittenwidrigkeit wie sie im BGB geregelt ist und ähnlichen Klauseln des Zivilrechts.[35]
Im Privatrecht ist das Richtige, der richtige Gedanke, das richtige Denken, nicht zwangsläufig auf eine Vernunft gerichtet, die die Gemeinschaft der Menschen als eine im Auge hat, die dem Schlechten, seinem Egoismus, entgegensteht.
Es ist ein Denken, das sich mit dem Überleben des Menschen als Einzelnem beschäftigt, darauf gerichtet ist. Im Unterschied dazu ist das Denken in dem Staate auf das Wohl aller gerichtet, auf die Gemeinschaftsfreundlichkeit, also das Gute.

Weil nicht alle, wie in der Demokratie als einer Herrschaftsform in dem Staate, Entscheidungen treffen, ist die Chance größer, daß diese mehr Fehler enthalten. Vielleicht sind aber die Probleme des Überlebens des einzelnen Menschen leichter zu lösen, so daß deswegen mehr richtige Entscheidungen gefällt werden.

3. Eignung für den Vergleich

Die Gestaltungsweisen im Privatrecht unterscheiden sich nach den Möglichkeiten, die es für diejenigen, die handeln wollen, zur Verfügung stellt.

---

34 Vgl. Zum Gemeinschaftsbegriff.
35 Zur Sittlichkeit vgl. A. Kaufmann, Recht und Sittlichkeit, in: Ders. (Hg.), Rechtsphilosophie im Wandel, 2. Aufl., Köln 1984, 226f.

Man unterscheidet juristische und natürliche Personen. Im Bürgerlichen Gesetzbuch sind diese in unterschiedlichen Titeln geregelt. Zunächst findet man in §§ 1 bis 20 BGB die Regelungen über natürliche Personen und dann in §§ 21 bis 89 BGB diejenigen über juristische Personen.
Weil der Staat keine natürliche Person ist, sondern eine juristische, denn er ist keine einzelne Person, kein einzelner Mensch, finden auf ihn die Vorschriften über die natürliche keine Anwendung. Auch kann sie für einen Vergleich nicht geeignet sein, denn man müßte die juristische Person Staat und ihre Willensbildung mit der der natürlichen Person vergleichen. Das läßt aber außer acht, daß die staatliche Willensbildung, wenn nicht ein Einzelner herrscht, in Gemeinschaften, d.h. durch mehrere stattfindet. In der Demokratie, die eine Form ist, in der in dem Staate geherrscht werden kann und in der Republik, die die Form ist, die dem Staate gegeben werden kann, geht die Bestimmungsmacht von dem Volke aus, wenn das Volk sie auch nicht immer selbst ausübt, sondern Repräsentanten wählt, z.B. Abgeordnete oder das Staatsoberhaupt. Die Formulierung des Art. 20 Abs. 2 S. 2 GG geht sogar so weit, zu sagen, daß das Volk z.B. "durch besondere Organe der Gesetzgebung" die Staatsgewalt ausübt.[36]
Wird die Macht aber durch einen einzelnen Menschen ausgeübt, wie in der Monarchie, so könnte man an einen Vergleich mit der natürlichen Person denken. Dagegen aber spricht, daß auch dann der Staat juristische Person ist, denn in ihm sind natürliche Personen, nämlich die Menschen, als das Staatsvolk enthalten. Ohne ein Staatsvolk gibt es keinen Staat. Man wird also auch hier von einer Personenmehrheit sprechen müssen, selbst wenn diese für die Staatswillensbildung außer Betracht bleiben kann. Daß auch in der Monarchie der Staat juristische Person ist, hat seine Ursache darin, daß er wie jeder andere Staat konstituiert ist, in dem Personenmehrheiten die Herrschaft ausüben. Die Louis XIV. zugesprochene Äußerung: "L'état c'est moi" besagt bloß, daß er der Staat sei, weil in dem Staat des Absolutismus die Monarchie mit jeder Gewalt- und Machtausübung durch den Monarchen selbst bestand. Allerdings wird man an eine größeren Ähnlichkeit der Willensbildung der natürlichen Person mit der Staatswillensbildung denken können. Abzulehnen ist dieser Vergleich aber wegen der Eigenschaft des Staates, fortzubestehen, selbst dann, wenn der Monarch stirbt. Es sind auch die Merkmale der Willensbildung der natürlichen Person, die in die der juristischen eingehen könnten, z.B. bei der Einmann-GmbH. Ist der Gesellschafter und der Geschäftsführer einen Person, so könnte ein Vergleich bei der Willensbildung möglich sein, denn z.B. eine Einmanngesellschaft vor Erlangung der Rechtsfähigkeit kann nicht existieren.[37] Die Rechtssprechung verneinte sogar im ersten Stadium der Vorgesellschaft, in der die GmbH noch nicht entstanden und deswegen noch nicht eingetragen ist, überhaupt die Existenz einer Personengesell-

---

36 Vgl. Wortlaut.
37 § 11 Nr. 61, G. Roth, KommGmbHG.

schaft und ließ den Handelnden nach § 179 BGB haften.[38] Die neuere Rechtsprechung begreift auch schon die Vorgesellschaft als abstrakt in der Haftung und erkennt eine BGB- oder Personenhandelsgesellschaft in ihr.[39] Man wird also nicht die natürliche Person als Institut des Privatrechts für einen Vergleich mit dem Staate heranziehen, sondern sich auf die juristische Person konzentrieren dürfen. Diese ist sogar im BGB erwähnt, in § 89 BGB, der die Haftung für Organe, den Konkursfall der juristischen Personen des öffentlichen Rechst regelt. Es sind also grundsätzlich bloß die juristischen Personen des Privatrechts, die für einen Vergleich in Fragen der Willensbildung geeignet sind.

In Betracht kommen die Gesellschaft bürgerlichen Rechts, der Verein, die Stiftung, aber auch die Genossenschaft, die Gesellschaften des Handelsgesetzbuches wie Offene Handelsgesellschaft, die Kommanditgesellschaft und die stille Gesellschaft. Auch die Aktiengesellschaft ist eine juristische Person, die in ihrer Willensbildung mit der des Staates verglichen werden kann.

Man unterscheidet Personengesellschaften und Kapitalgesellschaften.[40] Personengesellschaften sind Zusammenschlüsse von mehreren Personen zu einer Gesellschaft. Die Mitgliedschaft ist auf die Person und die einzelnen Gesellschafter zugeschnitten. Wesentliche Eigenschaften der Personengesellschaft sind, daß die Mitgliedschaft nur übertragen und vererbt werden kann mit Zustimmung der anderen Gesellschafter, die Selbstorganschaft und persönliche Mitarbeit. Weil die Mitgliedschaft auf die einzelnen Gesellschafter zugeschnitten ist, existiert eine persönliche Haftung für die Schulden der Gesellschaft. Allerdings haften alle ihrem Anteil entsprechend.[41] Sinn und Zweck von Personengesellschaften ist derselbe wie der der Kapitalgesellschaften. Sie dienen der Haftungsbegrenzung und zwar auf unterschiedliche Weise. Bei den Personengesellschaften ist die Haftung auf die Personen beschränkt. Allerdings haften sie voll persönlich mit ihrem Privatvermögen. Die Gesellschaft mit beschränkter Haftung ist eine Zwischenform. Dort wird mit dem Gesellschaftsvermögen gehaftet. Das Stammkapital kann allerdings auf mindestens fünfzigtausend Deutsche Mark beschränkt sein, wie § S Abs. 1 GmbHG bestimmt. Mindestens fünfhundert Deutsche Mark muß die Stammeinlage jedes Gesellschafters betragen (§ 5 Abs. 1 GmbHG) . Das Risiko des Einzelnen ist also beschränkt und dasjenige der Gesellschaft ebenfalls. Dagegen sind die Kapitalgesellschaften sogar so beschaffen, daß dort Anteile z.B. als Aktien erworben werden können und der Einzelne als Hauptverpflichtung bloß die Leistung der Einlage hat, wie § 54 AktG sagt. Er kann wegen der Be-

38 BGH NJW, 1974, 1905.
39 BGHZ 69, 95; 70, 132; 76, 320.
40 Vgl. Gabler Wirtschaftslexikon, 11. Aufl., Wiesbaden 1983.
41 Man unterscheidet die Haftung nach außen und innen. Nach außen haftet bei Personengesellschaften i. d. R. die Gesellschaft. Nach innen haftet jeder anteilig. Personengesellschaften sind Gesamthandsgemeinschaften, ebenso wie die Erbengemeinschaft und sie haften zur gesamten Hand.

stimmungen im vierten Teil des vierten Abschnitts des Aktiengesetzes, wo die Rechte des Einzelnen in der Hauptversammlung genannt sind, keinen Anspruch auf eine persönliche Mitarbeit o.ä. geltend machen. Hier ist die Mitgliedschaft grundsätzlich nicht auf die Person zugeschnitten. Selbst die vinkulierte Namensaktie, die die Übertragung der Aktie auf einen anderen abhängig macht von der Zustimmung der Gesellschaft, ist nicht auf die Person zugeschnitten, sondern auf sachliche Gesichtspunkte, z.B. der Vermeidung der Streuung wegen Gesellschafts- oder Firmenzwecks, wirtschaftliche Gesichtspunkte, Tradition etc..

In Betracht kommt für den Vergleich nicht die Gesellschaft des Bürgerlichen Gesetzbuches und des Handelsgesetzbuches. Sie sind in ihrer Existenz abhängig von einzelnen konkreten Personen. Auch bei der Gesellschaft mit beschränkter Haftung besteht ein Gestaltungsspielraum in diese Richtung, obwohl es eine Kapitalgesellschaft ist.[42] Das ist bei der Genossenschaft nicht der Fall, bei der Aktiengesellschaft nicht, auch bei dem Verein und bei der Stiftung nicht. Sie kommen also deswegen in Betracht, weil sie abstrakt sind, nicht von der Existenz einzelner, konkreter bestimmter Menschen abhängig.

Man könnte Zweifel haben, ob es die juristischen Personen sein sollen, deren Willensbildung mit der Staatswillensbildung verglichen wird, die keine Personengesellschaften sind, sondern Kapitalgesellschaften, weil das Staatsvolk in dem einzelnen Staat Merkmal des Staatsbegriffs ist und daher von Bedeutung. Allerdings muß das Staatsvolk nicht in jedem Falle an der Willensbildung beteiligt sein und durch den Wechsel von der einen zur nächsten Generation und die Einbürgerung und Auswanderung ändert sich das Staatsvolk mindestens im Generationenwechsel, aber auch durch Änderungen des Staatsgebietes auf dem Menschen leben, die dann den status activus dieses Staates erhalten oder jedenfalls Teil des Staatsvolkes werden. Anders als die Personengesellschaften, deren Eigenschaft als juristische Personen zwar durch die Formenstrenge des Gesellschaftsrechts gekennzeichnet ist, die aber doch auf die damit tätigen Personen zugeschnitten sein wird, ist die Kapitalgesellschaft oder auch der Verein, der die Urform dieser Gesellschaften bildet, abstrakt von den Menschen, obwohl sie darin wirken können. Diese Gesellschaften, aber auch der Verein, die Stiftung und die Genossenschaft, sind vor allem einem Zweck untergeordnet. Das zeigt sich daran, daß alle diese juristischen Personen Satzungen oder Verfassungen als Grundlage haben, z.B. die Stiftung nach § 85 BGB, der Verein nach §§ 25, 57 BGB, nach § 23 AktG und nach §§ 5, 6, 17, 18 GenG. Dagegen entstehen Personengesellschaften, wie bereits in § 705 BGB beschrieben, durch Gesellschaftsvertrag, so auch in § 109 HGB für die offene Handelsgesellschaft, die Kommanditgesellschaft in § 163 HGB und die Gesellschaft mit beschränkter Haftung nach § 2 und § 3 GmbHG. Man wird sagen können, daß es also diese juristischen Personen sein mögen, die für einen Vergleich in ihrer Willensbildung mit der der Staatswillensbildung geeignet sind.

---

42 G. Roth, GmbHKomm, 2. Aufl., München 1987, S. 27-35.

Auch der Begriff "Gemeinschaft", wie man ihn in dem fünfzehnten Titel des siebenten Abschnitts als ein einzelnes Schuldverhältnis im zweiten Buch des Bürgerlichen Gesetzbuches findet, ist nicht weiterführend, weil es dabei bloß um ein Recht geht, das mehreren gemeinschaftlich zusteht.[43] Das ist aber bei der Gesellschaft als juristische Person nicht der Fall, obwohl eine Gemeinschaft als Gesellschaft tätig werden könnte, bildet sie eine solche.[44]

Der Unterschied zwischen einer juristischen Person, die durch Vertrag errichtet wird und einer solchen, die durch Satzung gegründet wird, vernachlässigt man hier die Konstituierung durch Eintragung in Register, notarielle Beurkundung und Publizitätspflichten, staatliche Erlaubnis etc., besteht darin, daß ein Vertrag kein Statut oder Satzung bzw. Verfassung ist. Diese sind, sieht man von ihren Unterschieden ab, als Gesetz einzuordnen oder jedenfalls einem Gesetz stark angenähert. Man wird sie als Gesetz einordnen dürfen und daher feststellen müssen, daß die juristischen Personen sich auch danach unterscheiden lassen, ob sie durch Satzung, Statut oder Satzung als Gesetz Gründungshandlungen vornehmen oder durch Vertrag.

Vertrag und Gesetz unterscheiden sich dadurch, daß dem Vertrage das kontradiktorische Merkmal innewohnt, nämlich die unterschiedlichen Interessen der verhandelnden Parteien. Nur dann, wenn aufeinander bezogene und einverständliche Willenserklärungen vorliegen, ist ein Vertrag abgeschlossen. Für Gesetze reichen meistens Mehrheiten, wenn nicht relative, so absolute oder Zweidrittelmehrheiten. Einstimmigkeit ist gerade nicht Kennzeichen der Abstimmung, wenn ein Gesetz verabschiedet wird; zwar schadet diese nicht, aber sie ist in keiner Verfassung, die existiert, als erforderlich vorgesehen. Zwar wird sie diskutiert als eine Möglichkeit der Staatswillensbildung, die möglichst alle Merkmale der Volksherrschaft als Begriff vollständig erfüllen könnte, aber aus staatsrechtlicher Sicht können Gesetze auch anders entstehen und entstehen anders. Z.B. in der Monarchie ist es das nichtgewählte, sondern geborene Staatsoberhaupt, das die Gesetze macht, weil alle Staatsgewalt in seiner Hand vereinigt ist. Es kann also auch durch einen Einzelnen ein Gesetz gemacht werden, eine Möglichkeit, die es für die Entstehung oder den Abschluß eines Vertrages nicht gibt. Denn das prinzipiell unterschiedliche Interesse der Vertragsparteien ist Merkmal, wenn nicht Teil des Wesens des Vertrages.

Dagegen ist das Gesetz durch eine körperschaftliche Einrichtung, eine Gemeinschaft, verabschiedet oder ggfls. von einem Einzelnen geschaffen. Sind auch deren Mitglieder Einzelne und haben sie Einzelinteressen, so spielen diese bei dem Gesetze keine Rolle, denn sie sind dem allgemeinen Staatszweck der Gemeinschaftsfreundlichkeit, der Bändigung der Gemeinschaftsfeindlichkeit, untergeordnet

---

43 Vgl. Wortlaut.
44 Siehe ab § 21 BGB.

Die Mitglieder, die ein Gesetz verabschieden, der status activus, finden sich nicht wegen ihrer Einzelinteressen zusammen, sondern wegen der Belange der Gemeinschaft, die das Überleben der Menschen, des Staatsvolkes, sichern sollen.

II. Einzelne juristische Personen des Privatrechts

Man mag gegen das Argument, das Gesetz könne im Unterschied zum Vertrag auch durch einen Einzelnen zustandekommen, einwenden, daß in der Demokratie das Volk und nicht der Einzelne herrscht und daher dieser Gedanke für die Staatswillensbildung in der Demokratie nicht von Bedeutung sein kann. Dieser Einwand verkennt aber, daß bloß der Vertrag von der Verfassung oder auch Satzung bzw. dem Statut unterschieden werden sollte. Dabei spielt es keine Rolle, ob letztendlich ein Vergleich der Staatswillensbildung in der Demokratie mit der in juristischen Personen des Privatrechts beabsichtigt wird, denn jedenfalls findet auch in der Demokratie die Konstituierung des Staates durch Verfassung statt, bzw. diese wird in ihr konstituiert, handelt es sich um einen Verfassungsstaat. Außerdem gibt es in jedem Staat Gesetze. Das ist das typische staatliche Handeln, so daß für einen Vergleich der Staatswillensbildung mit derjenigen in juristischen Personen des Privatrechts die juristischen Personen in Betracht kommen, die ebenfalls auf diese Weise handeln. Daß eine Aktiengesellschaft, eine Genossenschaft oder ein Verein auch Verträge abschließen kann, ist dabei nicht von Bedeutung, denn auch der Staat kann das tun.

Es sind also die juristischen Personen für einen Vergleich in ihrer Willensbildung mit der des Staates geeignet, die Gründungshandlungen durch Gesetz vornehmen und nicht abhängig sind von einzelnen Personen, keine Personengesellschaften.

1. Verein

Der Verein ist im Allgemeinen Teil des Bürgerlichen Gesetzbuches im zweiten Titel als juristische Person geregelt. Er besteht aus Mitgliedern, die den Vorstand bestimmen und er gibt sich eine Satzung, die seine Verfassung ist (§§ 25, 26, 32, 38 BGB). Rechtsfähigkeit erlangt der Verein durch Eintragung in das Vereinsregister des zuständigen Amtsgerichts (§ 21 BGB). Diese Vorschrift enthält auch, daß der Verein einen Zweck haben muß. Bei Selbstbeteiligung an einem Geschäft mit dem Verein ist das Mitglied nicht stimmberechtigt (§ 34 BGB). Die Mitgliederversammlung entscheidet. Es gilt das Mehrheitsprinzip. Es ist die Mehrheit der erschienenen Mitglieder, die den Beschluß faßt (§ 32 Abs. 1 S. 3 BGB). Nach Abs. 2 ist ein Beschluß auch ohne Versammlung gültig, wenn alle Mitglieder schriftlich zustimmen. Mitglied wird man in dem Verein durch Beitritt und man verliert die Mitgliedschaft durch Austritt oder Ausschluß.

Der Vorstand vertritt den Verein gem. § 26 Abs. 2 BGB. Das heißt, er handelt nach außen als sein gesetzlicher Vertreter.

Die Haftung für die Organe des Vereins ergibt sich aus § 31 BGB. Der Verein wird als Körperschaft verstanden, daher spricht man von Organen, parallel zu der natürlichen Person, die ein Körper ist, der Organe hat.

Der Verein verliert die Rechtsfähigkeit, wenn er nach Auflösung gem. § 41 BGB abgemeldet wird. Er kann diese aber auch durch Eröffnung des Konkurses verlieren (§ 42 BGB).

Die Mitgliedschaft in dem Verein ist nicht übertragbar und vererblich. Ausgeübt werden müssen die Mitgliedschaftsrechte selbst. Sie können keinem anderen überlassen werden (§ 38 BGB). Wenn zehn Prozent der Mitglieder es schriftlich verlangen und Gründe dafür nennen, muß die Mitgliederversammlung einberufen werden, es sei denn die Satzung trifft eine andere Bestimmung für die Einberufung (§§ 37, 36 BGB). Außerdem ist sie einzuberufen, wenn das Interesse des Vereines es bedarf.

2. Stiftung

Auch die Stiftung hat eine Verfassung. Sie wird durch das Stiftungsgeschäft bestimmt, so sagt § 85 BGB.

Entstehen kann die Stiftung bloß dann, wenn außer dem Stiftungsgeschäft die Genehmigung des Bundesstaats erteilt worden ist, in dem die Stiftung liegt (§ 80 BGB). Es steht bei der Stiftung der Stifterwille im Vordergrund. Das ergibt sich aus § 81 und § 83 BGB.

Aus § 87 BGB, der die Zweckänderung der Stiftung regelt, folgt, daß die Stiftung einen Zweck haben muß. Dieser dürfte in der Verfassung beschrieben sein, die auf dem Stiftungsgeschäft beruht, das den Zweck festlegt. Denn dieses Geschäft soll vollzogen werden. Das Stiftungsgeschäft ist die Widmung eines Vermögens zu einem bestimmten Zweck.[45]

Wegen der Verwaltung findet das Vereinsrecht weitgehend Anwendung, wie § 86 BGB bestimmt. Die Stiftung wird rechtsfähige Organisation durch den Vorstand, der für sie handelt.

Im Unterschied zu dem Verein ist die Stiftung keine Körperschaft, weil sie keine Mitglieder hat.

Die Organisation der Stiftung bestimmt sich nach ihrer Verfassung, die durch das Stiftungsgeschäft festgelegt wird. Dieses Geschäft ist eine einseitige Willenserklärung des Stifters, welchen Inhalt sie auch immer haben mag. Er legt deswegen auch die Verfassung der Stiftung fest. Sie ist darin konstituiert. An der Stiftung zeigt sich am stärksten, daß die Verfassung im Unterschied zu dem Vertrage bloß auf einem Willen beruht und man daher auch die Entstehung einer Verfassung durch Abstimmung und Mehrheitsbildung als einseitige Willenserklärung verstehen darf, denn die Mehrheitsstimmen haben alle denselben Inhalt.

---

45 § 81, 87 BGB.

3. Genossenschaft

Die Genossenschaft ist nach § 1 GenG eine Gesellschaft, die Erwerbs- oder Wirtschaftszwecke mittels gemeinschaftlichem Geschäftsbetrieb verfolgt, eine nicht geschlossene Mitgliederzahl hat und die gemäß § 10 GenG in das Genossenschaftsregister eingetragen sein muß. Zwar ist die Genossenschaft nach § 17 GenG einer Handelsgesellschaft als juristische Person gleichgestellt. Sie weist aber wegen der Art und Weise der Gründung (§§ 1 bis 16 GenG) größere Ähnlichkeiten zu dem Verein auf. Die Mindestzahl der Genossen ist sieben. Das Statut, die Satzung, muß schriftlich aufgestellt werden und sein Inhalt muß jedenfalls das in §§ 6, 7 GenG beschriebene enthalten. Das sind Firma und Sitz der Genossenschaft, Gegenstand des Unternehmens, Nachschußmöglichkeiten für den Konkursfall, Bestimmungen über Form der Berufung der Generalversammlung, Beurkundung ihrer Beschlüsse, Vorsitz der Versammlung, Bekanntmachung, Geschäftsanteil jedes Genossen und die Bildung einer gesetzlichen Rükklage.

Darin und in der Bestimmung, daß die Genossenschaft einen Vorstand und einen Aufsichtsrat haben muß (§ 9 GenG) wie die Aktiengesellschaft, zeigt sich die Nähe der Genossenschaft zu dem Verein.

Der Begriff "Statut" erinnert an eine öffentlich-rechtliche Konstituierung oder ein solches Element, das der res publica verwandt ist, in dem Genossenschaftszweck. Das wird man von den namentlich aufgeführten Vereinen sagen können.

Bei der Genossenschaft ist es vorgesehen, daß die Generalversammlung die Geschicke der Genossenschaft bestimmt (§ 43 GenG), aber bei einer Genossenschaft, die mehr als dreitausend Mitglieder hat, die Generalversammlung aus Vertretern der Genossen besteht (§ 43a GenG) und Vertreterversammlung heißt. Nach § 43 GenG beschließt die Generalversammlung mit der Mehrheit der abgegebenen Stimmen (einfache Stimmenmehrheit). Nach § 43 Abs. 3 S. 1 GenG hat jeder Genosse eine Stimme. Nach Satz 2 kann das Statut Mehrstimmrechte vorsehen. Satz 3 sagt, daß es solche Genossen sein sollen, "die den Geschäftsbetrieb besonders fördern". Mehr als drei Stimmen sind nach Satz 5 nicht zulässig. Bei einer nicht dispositiven Mehrheitsvorschrift für Beschlüsse sowie bei Beschlüssen über die Regelungen im Statut über Mehrstimmrechte hat jeder Genosse bloß eine Stimme. Auf Genossenschaftsholdings, solche Genossenschaften, deren Mitglieder wiederum Genossenschaften sind, wendet man Satz 3 bis 6 nicht an, das Stimmrecht kann nach Höhe des Geschäftsguthabens der Genossen oder einem anderen Maßstab abgestuft werden. Nach § 43 Abs. 3 S. 8 GenG bedarf es für Bestimmungen über das Mehrstimmrecht nicht der Zustimmung der betroffenen Genossen.

Nach § 43 Abs. 4 übt der Genosse sein Stimmrecht persönlich aus. Nach Absatz 5 ist eine Stimmvollmacht, also Vertretung möglich. Die Voraussetzungen dafür kann das Statut bestimmen. Nach Absatz 6 darf das Stimmrecht nicht bei Beschlüssen zur Entlastung der eigenen oder der vertretenen Person ausgeübt werden. Ein Berufungsrecht der Minderheit, ähnlich wie es für den Verein gilt, enthält § 45 GenG.

In § 43a GenG ist die Vertreterversammlung konstituiert. Der Vertreter muß ebenfalls Mitglied der Genossenschaft sein (§ 43 a Abs. 2 GenG) und darf nicht dem Vorstand oder dem Aufsichtsrat angehören.
Vertreter können nicht vertreten werden und sie haben keine Mehrstimmrechte (§ 43a Abs. 3 GenG) . Für jeden Vertreter ist ein Ersatzmann nach Absatz 5 zu wählen. Nach Absatz 6 ist die Liste der Vertreter zur Einsicht nach Bekanntmachung auszulegen. Nach Absatz 4 kann eine Wahlordnung erlassen werden.

Die Satzung bestimmt nach Absatz 4 auf wieviele Genossen ein Vertreter entfällt und die Amtszeit der Vertreter. Länger als bis zu dem Zeitpunkt der Entlastung von Vorstand und Aufsichtsrat für das vierte Geschäftsjahr nach Beginn der Amtszeit bis zum Ende der Vertreterversammlung kann kein Vertreter gewählt werden. Nach Absatz 4 Satz 1, 2. Halbsatz bleiben Mehrstimmrechte unberührt. Die Vertreter werden nach Absatz 4 Satz 1 in allgemeiner, unmittelbarer, gleicher und geheimer Wahl gewählt.

4. Aktiengesellschaft

Nach § 1 AktG ist die Aktiengesellschaft eine Gesellschaft mit eigener Rechtspersönlichkeit. Es haftet den Gläubigern das Gesellschaftsvermögen, das ist mindestens das in Aktien zerlegte Grundkapital.

In § 2 AktG heißt es, daß an der Feststellung des Gesellschaftsvertrages "(der Satzung)" sich mindestens fünf Personen beteiligen müssen. Daraus könnte der Schluß gezogen werden, daß die Satzung der Gesellschaftsvertrag sei, eben die in § 23 AktG festgestellte Satzung. § 2 AktG sagt aber nur, wieviele Personen erforderlich sind, um eine Aktiengesellschaft zu gründen. Sie müssen sich einigen, um den Mindestnennbetrag in Höhe von einhunderttausend Deutsche Mark, der in § 7 AktG festgelegt ist, beizubringen. Sie sind es auch, die die Bedingungen für den Zutritt zu der Aktiengesellschaft durch Kauf von Aktien bestimmen. Diese Einigung über das, was die Aktiengesellschaft werden soll, findet durch Vertrag statt, denn diese ist eine Handelsgesellschaft und betreibt eine Firma.

Das Stimmrecht in der Hauptversammlung, wie es in § 118 und § 119 AktG festgelegt ist, wird aus jeder Aktie gewährt, außer aus Vorzugsaktien (§ 12 Abs. 1 und Abs. 2 AktG). Mehrstimmrecht ist nach Absatz 2 Satz 1 unzulässig.

Die Aktionäre sind zur Leistung der Einlage verpflichtet (§ 54 AktG). Die Hauptversammlung ist nicht bloß in durch Satzung oder das Wohl der Gesellschaft bestimmten Fällen einzuberufen, sondern auch auf Verlangen einer Minderheit (§§ 121, 122 AktG). Es ist eine Einberufungsfrist einzuhalten, die Tagesordnung ist bekanntzumachen (§§ 123f AktG). Aktionäre können Anträge stellen (§ 126 AktG) , Wahlvorschläge machen (§ 127 AktG) und sich von Kreditinstituten, die ihnen die Aktien zum Kauf vermittelt haben (§ 128 AktG), in der Hauptversammlung vertreten lassen. Verzeichnis der Teilnehmer, Niederschrift und Auskunftsrecht der Aktionäre sind in §§ 129 bis 131 AktG geregelt.

Kreditinstitute können durch Vollmacht berechtigt werden, das Stimmrecht unter Benennung des Aktionärs in seinem Namen auszuüben (§ 135 AktG).

Es gilt der Grundsatz der einfachen Stimmenmehrheit (§ 133 AktG). Gesetz oder Satzung können für Beschlüsse der Hauptversammlung, insbesondere auch für Wahlen, andere Mehrheiten vorsehen (§ 133 AktG).

Für die Entlastung an der er selbst beteiligt ist, darf der Aktionär das Stimmrecht nicht ausüben. Das Stimmrecht ergibt sich nach dem Aktiennennbetrag (§ 134 Abs. 1 S. 1 AktG). Es kann für den Fall, daß einem Aktionär mehrere Aktien gehören, beschränkt werden (Satz 2). Es beginnt mit der vollständigen Leistung der Einlage (Absatz 2 Satz 1). Absatz 3 bestimmt, daß das Stimmrecht auch durch einen Bevollmächtigten ausgeübt werden kann. Die Form der Ausübung des Stimmrechts richtet sich nach der Satzung.

III. Staat und juristische Personen des Privatrechts

1. Vergleich

Die juristischen Personen, abgesehen von der Stiftung, haben Mitglieder. Im Zweifel müssen sie eine Willenserklärung persönlich abgeben. Grundsätzlich ist die Stellvertretung zulässig. Es haben alle Mitglieder das gleiche Stimmrecht. Ein Mehrstimmrecht ist aber zulässig, wie das Reichsgericht 1927 entschieden hat.[46] Dort ist für die GaslieferungsAG entschieden worden, daß ihre Inhaberin, die 51 % der Aktien hält, nicht verpflichtet ist, ihre Vertreter einheitlich stimmen zu lassen. Es können z.B. mehrere Vertreter, die verschiedenen Fraktionen der Stadtverordnetenversammlung angehören, auch unterschiedlich stimmen. Stimmbindungsverträge sind, außer bei Unentgeltlichkeit,[47] grundsätzlich zulässig. Sicherung durch Vertragsstrafe ist möglich, Schadensersatzklage ebenfalls, aber nicht Erfüllungsklage. Durch Satzung ist eine Änderung von § 38 BGB möglich. Vorstand, Leitung der Stiftung, des Vereins, der Aktiengesellschaft ist wie der Aufsichtsrat Verfassungsorgan, d.h. eigenes Vermögen, Haftungseinheit und Mitgliederunabhängigkeit.[48]

Minderheitenschutz existiert regelmäßig.[49] 10% der Stammkapitals oder der Gesellschafter oder Mitglieder können Einberufung verlangen, aber auch Punkte auf die Tagesordnung setzen. Ähnlich ist es auch in der Schweiz geregelt, wo nach Art. 108 II, III eine Anfechtbarkeit von Beschlüssen gegeben ist, die gegen

---

46 RGZ 118, 67.
47 Vgl. jedoch § 138 BGB.
48 Reuter-Müko S. 452f; 6 zu § 85.
49 GmbHG Komm, in: Hachenberg Einl Rdnr. 181.

den Minderheitenschutz verstoßen und auch die Klage aus wichtigem Grund. Was mit fehlerhaften Beschlüssen geschieht, ist in dem Vereins- und Stiftungsrecht nicht ausdrücklich geregelt. Im Aktienrecht ist für solche Beschlüsse nach §§ 214, 243 AktG Nichtigkeit oder Anfechtbarkeit vorgesehen. Art. 75 AktG sieht die Anfechtungsklage innerhalb eines Monats vor.

Für die Heilung formeller Mängel ist bei der private company Einstimmigkeit vorgesehen.

Ein Stimmrecht bei eigener Entlastung gibt es nicht. Für die Aktiengesellschaft ist nach § 136 Abs. 2 AktG Nichtigkeit von Stimmbindungsverträgen vorgesehen.

Ähnlichkeiten des Staates und der juristischen Personen, die beschrieben worden sind, kann man vor allem dort feststellen, wo Mitglieder die juristische Person bestimmen. Auch ist maßgeblich ein bestimmter Zweck, wie ihn Verein, Aktiengesellschaft, Genossenschaft und Stiftung kennen.

Das Stimmrecht mit seinen Vertretungsregeln ist ohne weiteres dem der staatlichen Willensbildung in der Volksherrschaft vergleichbar. Jedoch ist die Zahl der Personen kleiner. Mehrere Stimmen "(Mehrstimmrecht)" ist in der Staatswillensbildung als Willensbildung des Volkes, z.B. in Bayern, als "Häufeln" von Stimmen bekannt. Kennzeichnend für die Willensbildung in den beschriebenen juristischen Personen ist die Mehrheitsbildung als Erfordernis für einen wirksamen Beschluß. Allerdings ist sie auf den Zweck des Vereins, der Genossenschaft oder der Aktiengesellschaft begrenzt. Bei der Stiftung ist der Stifterwille, also derjenige eines Einzelnen, ausschlaggebend. Anliegen dieser juristischen Personen ist der Einzelne und seine Belange, im Zweifel dasjenige auf mehrere Personen begrenzte Interesse.

2. Unterschiede

"Verfahrensgerechtigkeit" wie Denninger sagt, bedeutet Gleichbehandlung aller in einem Verfahren.[50] Man findet diesen Grundsatz der Gleichbehandlung auch bei den juristischen Personen des Privatrechts, z.B. in § 53 a AktG, im Gegenschluß aus § 35 BGB.

Für die Staatswillensbildung in einer Demokratie ist Gleichbehandlung bei der Herrschaft des Volkes durch Abstimmung, daß nämlich jede Stimme dasselbe zählt und jeder das gleiche Stimmrecht hat, von Bedeutung, weil es sonst nicht das Volk als Summe von Einzelnen ist, das herrscht, sondern andere. Diese Gleichbehandlung, daß alle stimmen dürfen und jede Stimme dasselbe zählt, hat ihre Herkunft aus dem Rechtsstaat, der früher liegt als die Demokratie und in dieser Weise seine Voraussetzung ist.[51]

---

50 Der gebändigte Leviathan, Baden-Baden 1990.
51 Zum Rechtsstaat vgl. R. Bäumlin, Zürich 1954, S. 43.

Die juristischen Personen, die als solche des Privatrechts genannt worden sind, müssen den Einzelnen gleich behandeln, weil sein Anteil an der juristischen Person gleich dem der anderen ist. Die Staatswillensbildung folgt also ähnlichen Grundsätzen wie die der juristischen Personen des Privatrechts.
Auch das Ortsprinzip (Sitz) ist dem des Staates ähnlich.

Unterscheiden wird man den Staat von den genannten juristischen Personen an zwei Punkten, an der Zweckbestimmung und dem Typenzwang. Typenzwang bedeutet, daß ein bestimmter Typ der juristischen Person im Privatrecht gewählt werden muß, der dort festgelegt ist. Beim joint venture, take over oder Unternehmenskauf zeigen sich häufig praktische, aber auch zivilrechtliche oder öffentlich-rechtliche Probleme, die gelegentlich mit Umwandlung von Formen, aber auch flexibeler mit Leasing oder Mietkauf überwunden werden. Jedenfalls herrscht im Recht der juristischen Personen des Privatrechts Typenzwang, den es im Staatsrecht, insbesondere bei der Demokratie und auch in den Staats- und Herrschaftsformen, nicht gibt.

Außerdem ist die Zweckbestimmung des Staates die Bändigungsabsicht hin zur Gemeinschaftsfreundlichkeit, der allgemeine Staatszweck. Er ist auf das Überleben der Menschen als Gesamtheit, als Gemeinschaft, gerichtet. Dagegen ist die Zweckbestimmung der genannten juristischen Personen des Privatrechts konkret auf den Einzelnen, das Wirtschaftliche oder die Belange einer gewissen Zahl von Einzelnen gerichtet.

3. Staat als juristische Person

Der Vertrag bedarf der Zustimmung aller Vertragspartner. Anders ist es bei dem Gesetze. Die Mehrheit genügt, um ein Gesetz zu verabschieden, vielleicht eine qualifizierte Mehrheit. Man könnte allerdings die Auffassung vertreten, daß der Begriff Demokratie in allen seinen Merkmalen als Volksherrschaft verwirklicht ist, wenn alle zustimmen und das Gesetz mit der Zustimmung aller Staatsbürger verabschiedet worden ist. Stimmen alle dem Gesetz zu, so ist die Herrschaft des Volkes womöglich verwirklicht, die sich darin zeigt, daß alle, die Summe aller Staatsbürger, dieselbe Auffassung haben.

Ist also Volksherrschaft gerade dann vielleicht wirklich vorhanden, wenn alle zustimmen, so ist das aber nicht Voraussetzung für diese, denn sonst könnten häufig gar keine wirksamen Entscheidungen zustandekommen, denn meistens sind nicht alle einer Meinung und wegen der Irrtumschance muß die Möglichkeit, anders zu stimmen als die anderen, gegeben sein, denn die Richtigkeit der Entscheidung ist bloß an die Möglichkeit gebunden, daß alle abstimmen dürfen und daher die Chance, daß die Entscheidung richtig sein könnte, am höchsten ist. Ist die Abweichung von der Mehrheit, eben die Chance, daß eine Minderheit gebildet werden kann, notwendig und dennoch sollen gültige Entscheidungen gefällt werden können, so rührt das daher, daß die freie Entscheidung des Menschen, die man ihm gibt, weil er zu Vernunft befähigt ist, immer auch die Möglichkeit zum Inhalt hat, daß er anders denkt und daher entscheidet als die anderen und das vielleicht im Unterschied zu allen anderen auch die richtige Entscheidung ist.

Der Vertrag unterscheidet sich durch zwei Merkmale davon. Für ihn ist weder erforderlich, daß die Chance, eine richtige Entscheidung zum Inhalt zu haben, besonders hoch ist, denn in ihm geht es nicht um die Gemeinschaftsfreundlichkeit des Menschen, sondern um sein Einzelinteresse, noch ist eine Abweichung von der Mehrheit, also Bildung von Mehr- und Minderheiten, überhaupt möglich. Alle müssen zustimmen, sonst kommt kein Vertrag zustande. Wer nicht zustimmt, ist nicht Vertragspartner.

Die Demokratie in dem Staate aber lebt von der Chance, daß sich eine Minderheit bilden kann und daß im Zweifel auch die Einstimmigkeit nicht die richtige Entscheidung garantiert. Es ist im Unterschied die Möglichkeit, teilzunehmen, die die Richtigkeit der Entscheidung als mögliche Folge zu ihrem Inhalt hat. Auch ist das Einzelinteresse bei dem Vertrage das wichtigste, während bei dem Gesetz die Gemeinschaftsfreundlichkeit Merkmal ist. Weil die einzelnen konkreten Personen wichtig sind und ihr Einzelinteresse von Belang, führt dies gerade zu der Vertragsform und dem Zwang, daß sich alle einigen müssen. Vernachlässigt werden kann demgegenüber die Richtigkeit der Entscheidung, also ihre Gemeinschaftsfreundlichkeit, während die Beteiligung aller und die Chance zur Richtigkeit, zu dem Guten, im Vordergrund steht in der Gesetzgebung und die Demokratie als Herrschaftsform gewählt wird, weil dort diese Chance am höchsten ist. Den Vertrag charakterisiert der Ausschluß von anderen und eventuell hohe Zutrittsschranken. Allerdings ist der Einzelne in der Demokratie deswegen wichtig, weil an die Eigenschaft von ihm als Mensch, vernunftbegabt zu sein und richtige Entscheidungen treffen zu können, Folgen für das staatliche Geschehen und seine Gestaltung geknüpft sind. Das braucht aber für den Vertrag gar nicht der Fall zu sein. Dieser lebt bloß von der Einigung, mag sie der Gemeinschaft aller schaden oder nützen und sogar der Gemeinschaft der Vertragspartner braucht sie nicht zu nützen. Sie kann beiden schaden, beiden nützen oder auch einem von beiden.

Der Staat ist juristische Person wie andere solche auch und am ehesten den genannten des Privatrechts vergleichbar. Viel spricht dafür, seine Verwandtschaft mit dem Verein am stärksten zu betonen. Kehrt man zurück zu dem Begriff "Gemeinschaft", wie er in § 741 BGB genannt worden ist, so könnte man überlegen, ob ein Recht mehreren zusteht, so daß den Teilhabern nach § 742 BGB im Zweifel gleiche Anteile zustehen. Es werden Gesellschaften gebildet, um z.B. ein Recht, das mehreren zusteht, auszuüben. Für die unterschiedlichen Gesellschaftsformen könnte man vielleicht sagen, daß der Begriff "Gemeinschaft" ein Bindeglied zwischen ihnen ist. Denn die Gemeinschaft kann durch Rechtsgeschäft oder gesetzliche Regelung entstehen, z.B. durch letztwillige Verfügung oder Eintragung in das Register. So werden die Regelungen über die Gemeinschaft, die das Bürgerliche Gesetzbuch kennt, neben den besonderen Vorschriften über die Gesellschaft, die Gesamthandsgemeinschaft oder auch die Gesamtschuld oder Gesamtforderung angewendet. Denn die Gemeinschaft ist keine juristische Person, sondern ein Recht; sie kann sich bloß eine solche geben, d.h. jeder Teilhaber zusammen mit den anderen.

Richtet man den Blick auf den Staat, so fällt die Gemeinschaft der Menschen an dem Orte auf, die durch die Öffentlichkeit gebildet wird. Res publica ist die öffentliche Angelegenheit. Das Öffentliche schafft eine Gemeinschaft der Menschen. In diesem muß ihr Überleben gesichert werden und zwar nicht bloß dasjenige des Einzelnen, sondern aller dort lebenden. Wird das Überleben des Einzelnen, das nicht im Öffentlichen, sondern im Privaten stattfindet, gesichert, ist bloß das Privatrecht betroffen. Das Recht, zu überleben, entstammt der Natur.[52] Dann kann man es aber auch mit der Existenz eines Gottes begründen, der die Erde und die Menschen geschaffen hat und diese sollen deswegen überleben.[53]

Weil das Ganze nicht mehr ist als die Summe seiner Teile, ist die Gemeinschaft nicht mehr als die Summe der Menschen an dem Orte, der durch die Öffentlichkeit gebildet wird. Allerdings durch die Zusammenballung der Menschen an dem Orte entstehen besondere Probleme, die andere sind, als wenn bloß Einzelne oder Familien dort leben. Durch die große Zahl der Menschen entstehen diese, aber es können auch Überlebensprobleme gelöst werden, die der Einzelne oder eine Familie nicht zu bewältigen vermögen, die Bekämpfung von Naturkatastrophen und anderen Naturereignissen.

Der Staat ist also als juristische Person denkbar, ebenso wie andere juristische Personen.[54] Einwände, die darauf beruhen, daß gesagt wird, neben dem Menschen gibt es keine andere Person, die juristische Person sei z.B. bloß fiktiv, vernachlässigen, daß nicht nur ein einzelner Mensch entscheiden kann, sondern viele das vermögen, jeder Einzelne für sich und daher die Gemeinschaft auch Möglichkeiten findet, sich zu auszudrücken und zwar in rechtlicher Art und Weise. Weil durch die Gemeinschaft als Summe der Menschen an dem Orte Besonderheiten entstehen, ist die Gemeinschaft rechtsformfähig, also zunächst müßte sie fähig sein, Träger von Rechten und Pflichten zu sein. Das wird sie durch den Staat, der sie konstituiert. Eine solche Konstitution ist in unterschiedlicher Weise möglich. Weil die Menschen an einem Orte leben können und handeln, sind sie als Gemeinschaft fähig, sich eine Rechtsform zu geben oder ihnen wird eine solche erteilt oder ein Einzelner von ihnen oder eine gewisse Zahl von Menschen tut dies.

---

52 A. Kaufmann, Naturrecht und Geschichtlichkeit, in: Ders. (Hg), Rechtsphilosophie im Wandel, 1984, S. 1 zum Naturrecht grds.
53 Gen I 1.
54 H. Kelsen, Allgemeine Staatslehre, Berlin 1925, S. 66.

2. Abschnitt: Einzelne Tatbestände von Demokratieformen und ihr Zusammenspiel

§ 46 Funktion und Aufbau der einzelnen Tatbestände

I. Gesetzgebung

Man kann die allgemeinen Merkmale der Demokratieformen darlegen. Staatswillensbildung findet in mittelbaren und unmittelbaren Formen statt.

In Wahlen und Abstimmungen äußert das Volk seinen Willen. Das sind plebiszitäre Formen, solche, in denen das Volk selbst, also die Staatsbürgerschaft, Entscheidungen trifft, Sach- und Personalentscheidungen.

Es gibt auch mittelbare Formen. Das sind solche in denen, abgeleitet von der Staatsbürgerschaft, Vertreter des Volkes Entscheidungen treffen und für den Staat tätig werden und zwar im Namen des Volkes. Das kann bei der Staatswillensbildung und Entscheidung durch Gesetzgebung der Fall sein. Möglich ist das auch, wenn die vollziehende Gewalt durch Vertreter aus dem Volk bestimmt wird (Wahl der Staatsbeamten) oder auch die Richterschaft, die Judikative.

Ist in dem Staate Gewaltenteilung vorgesehen, so können die Rechte der Volksvertretung und die Regierungsrechte bei repräsentativer Demokratie dargestellt werden.

Staatswillensbildung und Demokratie ist vergleichbar mit Blick auf die Formen derjenigen von juristischen Personen des Privatrechts, schaut man auf den Staat als juristische Person. Weil das Gesetz am höchsten steht, wendet man sich diesem zunächst zu. Es ist zu unterscheiden von dem Vertrage und daher ist es möglich, diejenigen juristischen Personen des Privatrechts als in Betracht für einen Vergleich kommend, zu identifizieren, die auf einem Gesetz, der Verfassung, beruhen.

In der Gesetzgebung wird man einzelne Tatbestände nicht nur nach mittelbaren und unmittelbaren Formen zur Kenntnis nehmen müssen, wie sie im Grundgesetz in Art. 20 Abs. 2 S. 2 GG und in Art. 29 GG festgelegt sind.

Eine solche Unterscheidung findet aber nicht nur nach direkten und indirekten Formen der Volksherrschaft statt, sondern auch nach Sachbereichen. Es ist die Neugliederung des Bundesgebietes und keine andere Angelegenheit der res publica, die vom Grundgesetz in Art. 29 GG für unmittelbare Formen von Demokratie vorgesehen ist und die als einziger Sachbereich gesetzlicher Tatbestand ist.

Man findet aber in anderen Verfassungen auch andere Gestaltungen.

Wie die Verfassung der Bundesrepublik Deutschland es enthält, nämlich die unmittelbare Form der Volksherrschaft auf Abstimmungen zu beschränken, die ein Element oder Merkmal des Staates selber beschreiben, ist nicht durch den Begriff der Demokratie vorgegeben, sondern kann sich aus ihm ergeben. Man wird aber jedenfalls sagen, wann ein Tatbestand von einer Demokratieform herrührt und von welcher aus das passiert. Je näher dem Staat in seinen Merkmalen oder Elementen der Tatbestand kommt, desto eher wird man ihn als mit dem Demokratiebegriff vereinbar beschreiben können, ist er auf das Volk selbst hin formuliert. Die Gesetzgebung kann stattfinden unter Beteiligung von regionalen Vertretungskörperschaften oder landsmannschaftlichen Begrenzungen, wie z.b. der Bundesrat nach Art. 54 GG. Aber auch die Kompetenzverteilung mag in dieser Art und Weise aufgeteilt sein, so daß z.b. Gemeinden, Bundesländer oder Bundesstaaten Kompetenzen von dem Zentralstaat erhalten.

1. Gesetzgebung und Volk

In der Demokratie herrscht das Volk, wenn es selbst Gesetze abstimmt, verabschiedet. Sogar dann ist seine Herrschaft bloß bei Einstimmigkeit in dem Moment, in dem abgestimmt wird, eine solche, die alle Merkmale des Begriffs "Volksherrschaft" erfüllt, wenn der Wille des Volkes als derjenige, der die Geschicke des Staates bestimmen soll, keinen anderen Willen berücksichtigen muß und sich ihm kein Wille entgegenstellen darf. Ob aus diesem Grunde das Volk immer abstimmen muß und der Wille des Volkes dann auch noch erfüllt ist, wenn schon alle anderer Meinung sind oder jedenfalls einige nach Zeitablauf ihre Auffassung geändert haben, muß hier nicht entschieden werden. Jedenfalls ist das ein Gedanke, der als Argument für eine stärkere Beteiligung des Volkes oder sogar eine Alleinentscheidung spricht. Denn sollte wegen der Möglichkeit, daß die Meinungen sich ändern und das Richtige im nächsten Moment das Falsche sein kann, der Begriff "Demokratie" in allen seinen Merkmalen bloß gelegentlich erfüllt sein, so ist das kein Argument für eine Verminderung plebiszitärer Argumente. Eher spricht dies für eine Verstärkung, denn sonst sind noch weniger Merkmale von Volksherrschaft erfüllt.[55]

Zwei Gründe werden genannt, die für die Begrenzung plebiszitärer Elemente bei der Konstituierung eines Staatswesens sprechen: Es ist die Äußerung des Theodor Heuss im Parlamentarischen Rat, der sie als "Prämie für jeden Demagogen"

---

[55] Zu unmittelbarer Demokratie vgl.: D. Schefold, Volkssouveränität und repräsentative Demokratie in der schweizerischen Regeneration 1830-1848, Basel/Stuttgart 1966; M. Silagi, Direkte Demokratie in den US-Staaten, in: JöR, N. F. Bd. 31 (1982), S. 271; J.-D. Kühne/F. Meissner, Züge unmittelbarer Demokratie in der Gemeindeverfassung, Göttingen, S. 5, 17; R. Steinberg, Elemente volksunmittelbarer Demokratie im Verwaltungsstaat, in: DV 1983, S. 465; R. Streinz, Bürgerbegehren und Bürgerentscheid, in: Die Verwaltung Bd. 16, S. 293; J. Pietzcker, Mitverantwortung des Staates, Verantwortung des Bürgers, in: JZ 1985, S. 209; B. Huber, Formen direktdemokratischer Staatswillensbildung-eine Herausforderung an das parlamentarische System der Bundesrepublik Deutschland?, in: ZRP 1984, S. 245; K. Hernekamp, Mehr direkte Demokratie?, in: ZRP 1978, S. 232; K. Bugiel, Das Institut der Volksabstimmung im modernen Verfassungsstaat, in: ZParl 1987, 394.

bezeichnete.[56] In der Literatur wird vertreten, daß die "Teilnehmerdemokratie" im Grunde doch bloß Personalplebiszit sei, Vertrauensabstimmung über Personen.[57] Beide Argumente sind allerdings keine solchen, die aus dem Begriff "Demokratie" resultieren oder von ihm ausgehen oder eines seiner Merkmale beschreiben oder erläutern. Vielleicht entstammen sie dem Rechtsstaatsbegriff und versuchen, die Demokratie durch den Rechtsstaat zu begrenzen.[58] Die Fähigkeit desjenigen, der das Volk verführt, also in der Absicht, einen bestimmten Zustimmungseffekt auszulösen, das Volk mittels Wortgewandtheit ohne Überzeugung, also Wahrheitsbewußtsein und -anspruch, verleitet, mag ggfls. eine Prämie Wert sein, sie ist jedoch aus staatsrechtlicher Sicht ohne jede Bedeutung. Sozialpsychologisch gesehen, und so ist die Auffassung als Rückblick auf die Geschichte in Deutschland während der Weimarer Republik auch gemeint, besteht die Möglichkeit, daß das Volk als Summe der Staatsbürger geschickten Manipulationen zum Opfer fällt. Von vornherein spricht aus der Sicht der Demokratie allerdings dagegen, daß die Erkenntnis des Richtigen doch jedenfalls in einzelnen Staatsbürgern vorhanden ist. Irrt der Monarch oder einer von sieben, so irren alle oder jedenfalls viele von wenigen. Daß die Repräsentanten des Volkes vielleicht in Einzelfragen Kenntnisse haben, die nicht alle Staatsbürger besitzen, ist sicherlich der Fall. Andererseits wird nicht zu bestreiten sein, daß in Teilen des Volkes der Sachverstand höher ist als in der Volksvertretung, dort, wo Spezialisten, Befaßte oder Gebildete vorhanden sind. Eine nur auf die Volksvertretung angewendete Elitetheorie ist jedenfalls nicht stichhaltig gegen diesen Gedanken ins Feld zu führen. Daß nicht nach Recht und Gesetz entschieden, sondern jeder geschickte Volkstribun seine Auffassung durchsetzen könne, mag in Erinnerung an das Ende der Weimarer Republik vordergründig als richtig erscheinen, denkt man an den Beginn des Führerstaates, den Nationalsozialismus, denn die Tyrannenherrschaft wurde durch eine Volksabstimmung legitimiert.[59] Ob eine solche korrekt durchgeführt war, spielt weniger eine Rolle als die Unmöglichkeit zu späteren Zeitpunkten das Gegenteil, nämlich eine andere Auffassung zu bekunden. Vielleicht hätte es zu einem späteren Zeitpunkt einen "recall" gegeben, wäre er ermöglicht worden.[60] Selbst ein gekauftes, d.h. nicht

56 Parlamentarischer Rat, Stenographischer Bericht der 3. Sitzung v. 9. September 1948, S. 43.
57 K. Bugiel, A.a.O.
58 Wassermann, Die Zuschauerdemokratie, in: Z. Parl. 87, S. 154; R. Bäumlin, Die rechtsstaatliche Demokratie, Bern 1954, S. 90, 92.
59 Vgl. Bschl. d. Reichsregierung zur Herbeiführung einer Volksabstimmung v. 2. August 1934, RGBl. I S. 758.
60 V. Slupik, Plebiszitäre Demokratie und Minderheitenschutz in der Bundesrepublik Deutschland, in: KritV 1987, S. 287.

rechtsstaatlich durchgeführtes Abstimmungs-oder Wahlverfahren, könnte durch eine zweite oder dritte Abstimmung oder Wahl zu einem anderen Ergebnis führen.[61] Teilnehmerdemokratie muß auch nicht zu bloß auf Personen festgelegte Sachentscheidungen führen. Denn weder ist der Wähler sicher, daß derjenige die Sachentscheidung durchführt, der von ihm gewählt ist, es sei denn imperatives Mandat ist Grundlage, noch ist der Zusammenhang zwischen Person und Sache ohne weiteres gegeben. Nicht von vornherein auszuschließen ist, daß der Wähler eine bestimmte Person begünstigen möchte; daß er allerdings einer solchen das Vertrauen ausspricht, die gegen seinen Willen tätig sein wird, dürfte jedenfalls über längere Zeit hinweg eher unwahrscheinlich sein. Die direkte Demokratie ist im Gegenteil gerade auf Sachentscheidung ohne Zwischenschaltung von Personen angelegt.

2. Gesetzgebung durch Volksvertretung

Es wird wohl nicht von vornherein zu bestreiten sein, daß die Merkmale des Begriffs Demokratie dann vorliegen könnten, wenn direkte Bestimmung durch das Volk, Bekundung seines Willens als Aktivbürgerschaft und Innehaben der Herrschaftsmacht in dem Staate, ermöglicht wird.[62]

Daß die Gesetzgebung durch eine Volksvertretung getätigt wird, ist nur dann mit dem Begriff "Demokratie" im Einklang, wenn diese Vertretung durch das Volk legitimiert ist. Eine solche Legitimation ergibt sich nicht aus dem Sachver-

---

61 Vgl. C. Gusy, Das Mehrheitsprinzip im demokratischen Staat, in: AöR 1981, S. 343 J. Jekewitz, Der Grundsatz der Diskontinuität in der parlamentarischen Demokratie, JöR (N. F. Bd.27) S. 75.
62 R. Geitmann, Volksentscheide auch auf Bundesebene, in: ZRP 1988, S. 126; A. Weber, Direkte Demokratie im Landesverfassungsrecht, in: DÖV 1985, S. 178; H. Wettling, Bürgerentscheid und Bürgerbegehren, in: Bad. WVPr 1987, S. 151; W. Kadel, Mindestwahlbeteiligung als demokratisches Legitimationserfordernis?, in: JR 1988, S. 54; U. K. Preuß, Das Landesvolk als Gesetzgeber, in: DVBl. 1985, S. 710; C.-H. Obst, Chancen direkter Demokratie in der Bundesrepublik Deutschland, Köln 1986; G. Frankenberg, Ziviler Ungehorsam und rechtsstaatliche Demokratie, in: JZ 1984, S. 266; R. Wassermann, Zur Rechtsordnung des politischen Kampfes in der verfassungsstaatlichen Demokratie, in: JZ 1984, S. 263; R. Neidhart, Mehr demokratische Liberalität im Kommunalwahlrecht!, in: DÖV 1970, S. 623; W. Schmitt Glaeser, Stärkung der politischen Mitwirkungsrechte der Bürger, in: DÖV 1977, S. 544; H. Schneider, Volksabstimmungen in der rechtsstaatlichen Demokratie, Gedächnisschrift f. Jellinek, S. 155; T. Evers, Mehr Demokratie durch Volksentscheid?, in: KJ 1986, S. 424; W. Berger, Die unmittelbare Teilnahme des Volkes an staatl. Entscheidungen durch Volksbegehren und Volksentscheid, Freiburg i. Br. 1978.

stand oder der Vorauswahl durch Parteien, die ihre Kandidaten nach eigenen Vorstellungen aufstellen und auch nicht aus möglicher Beliebtheit und Gründen dieser Art. Es ist die Wahl durch das Volk, eine ununterbrochene Legitimationskette von der Entscheidung des Volksvertreters bis hin zu der Wahlentscheidung des Bürgers, die es gestattet, davon zu sprechen, daß der Repräsentant, der Mandatsträger oder auch Abgeordnete, das Volk vertritt und die Gesamtheit dieser die Volksvertretung ist, die als das Parlament das Recht zur Gesetzgebung hat. Im Grundgesetz heißt es deswegen in Art. 20 Abs. 2 GG, daß die Staatsgewalt vom Volke durch besondere Organe der Gesetzgebung ausgeübt wird. Es ist also das Volk selbst, das die Staatsgewalt als hoheitliche Gewalt in Form der Gesetzgebung in seinen Händen hält und diese durch seine Vertreter bloß ausübt.[63]

Weil es auch in anderen Bereichen des Rechts die Stellvertretung gibt, spricht von vornherein nichts gegen eine solche Vertretung des Volkes durch das Parlament. Allerdings ist der Begriff "Demokratie" durch die Repräsentation des Volkes, womöglich noch ohne Vorbehalt eigener Abstimmungsmöglichkeiten in Sachfragen, deswegen dann nicht in allen seinen Merkmalen erfüllt, weil an die Chance, daß alle eine Entscheidung treffen zugleich die Möglichkeit gebunden ist, daß jedenfalls einige von ihnen richtig entscheiden und nicht jedes Votum falsch sei. Aus diesem Grunde liegt hier weder ein Fall der höchstpersönlichen Handlung vor, wie etwa eine Willenserklärung, z.B. die Eheschließung, noch der Fall der normalen Stellvertretung wie sie das Bürgerliche Gesetzbuch kennt, nämlich die Vertretung bei einer vertretbaren Handlung, die nach Wille und Interesse des Vertretenen erfolgen muß und deren Richtigkeit sich danach bestimmt. Weil an das Votum aller eine bestimmte Möglichkeit bzw. Chance geknüpft ist, spielt der Stimmbürger in der Demokratie eine so große Rolle.

63 J. Link, Sperrklauseln im Wahlrecht, in: Jura 1986, S. 460; U. Wenner, Sperrklauseln im Wahlrecht der Bundesrepublik Deutschland, Frankfurt a. M. 1986; A. Greifeld, Volksentscheid durch Parlamente: Wahlen und Abstimmungen vor d. Grundgesetz d. Demokratie, Berlin 1983; A. v. Heyl, Wahlfreiheit und Wahlprüfung, Berlin 1975; O. E. Kempen, zwischen Gemeinwohlpostulat und demokratischen Verfahrensgarantien, in: Der Staat 1979, S. 81; J. Jekewitz, Parlamentarische Untersuchungsausschüsse und Minderheitenrechte, in: Recht und Politik 1987, S. 15; P. Häberle, Öffentlichkeitsarbeit der Regierung zwischen Parteien- und Bürgerdemokratie, in: JZ 1977, S. 361; W. Henke, Das demokratische Amt der Parlamentsmitglieder, in: DVBl. 1973, S. 554; A. Greifeld, Das Wahlrecht des Bürgers vor der Unabhängigkeit des Abgeordneten, in: Der Staat Bd. 23, S. 501; D. Bodenheim, Kollision parlamentarischer Kontrollrechte. Zum verfassungsrechtlichen Verhältnis von parlamentarischen Frage- und Untersuchungsrecht, Hamburg 1979; H. Borchert, Die Fraktion, in: AöR Bd. 102, S. 210; K. Stern, Bundesrechnungshof und Finanzkontrolle aus verfassungsrechtlicher Sicht, in: DÖV 1990, S. 262.

Die Eigenschaft, Staatsbürger als Teil der Aktivbürgerschaft zu sein, ist im Repräsentationsprinzip aufgehoben, weil der Abgeordnete die Wähler in ihrer Eigenschaft als Staatsbürger repräsentiert. Aus diesem Grunde gibt es eine gewisse Legitimation für die Repräsentation des Bürgers durch seine Stellvertreter.

Zwar kann der einzelne Bürger ohne weiteres von dem Mandatsträger in seiner Willensbestimmung vertreten werden, aber die besondere Folge, die von der Staatswillensbildung durch alle oder mindestens der Chance dazu ausgeht, liegt in der Stellvertretung nicht.

Aus diesem Grunde wird man die Stellvertretung der Aktivbürgerschaft im Parlament durch die Abgeordneten vor allem als eine Möglichkeit sehen, daß wegen des allgemeinen Wahlrechts eine gewisse Wirkung erfolgt, die vielleicht eine richtige Entscheidung möglich macht, zumindest sie nicht ausschließt.[64]

Wegen dieser Einschränkung der Demokratie, die die Repräsentation in einem Parlament mit sich bringt, wird man daran denken dürfen, daß der recall, der Rückruf von parlamentarischen Entscheidungen durch das Volk, eine Gelegenheit bietet, alle Merkmale des Begriffs "Demokratie" zu erfüllen, denn dann bestimmt das Volk selbst, ob ein Gesetz oder die Wahl der Regierung, die von dem Parlament bestimmt wird, seinem Willen entspricht oder nicht. Sogar dann, wenn der recall nicht sehr häufig stattfindet oder auch bloß ein Verfahren dieser Art eingeleitet wird, ist die Chance zur Ausübung dieser Rechte gegeben und aus diesem Grunde ist es wegen des Rechtes des Volkes selber dem Begriff "Demokratie" in allen seinen Merkmalen näher.

Einschränkungen, wie z.B. Wahlmänner ohne imperatives Mandat, die also nicht auf eine Entscheidung festgelegt sind, aber auch die 5 % Klausel, die als Sperrklausel eine Anzahl von Stimmen der Bürger ohne jedes Gewicht für die Entscheidung sein läßt, schmälern die Verwirklichung der Demokratie. Auch die Wahl nach dem Verhältniswahlrecht über die Landesliste hat ihre Besonderheiten. Je größer eine Partei und je höher ihre Chancen in den kleinsten Einheiten der Direktkandidaten zu obsiegen, desto geringer ist der Zusammenhang zwischen der Stimme des Einzelnen und dem Kandidaten, der über die Landesliste in das Parlament einzieht. Denn der Bürger weiß zuvor, ist ihm die Landesliste bekannt, daß seine Stimme wohl sicherlich auf den Landeslistenkandidaten fallen wird, während diese Prognose bei einer Partei, die hohe Stimmzahlen auf sich vereinigt, geringer ist.

64 H. Borghorst, Bürgerbeteiligung an Politik, Planung und Verwaltung von Berlin, Berlin 1980; A. Schleich, Das parlamentarische Untersuchungsrecht des Bundestages, Berlin 1985; J. Jekewitz, Der Grundsatz der Diskontinuität in der parlamentarischen Demokratie, in: JöR N. F. Bd. 27, S. 75; H. Troßmann, Das Parlamentsrecht des Bundestages, München 1977; M. Gralher, Ruhendes Mandat und demokratisches Repräsentationsverständnis, in: ZRP 1977, S. 156; H.-P. Schneider, Entscheidungsdefizite der Parlamente, in: AöR 1980, S. 4.

II. Regierung

1. Regierung und Volk

In der Demokratie herrscht das Volk nicht bloß in der Weise, daß es bestimmt, was Gesetz sein soll, nach welchen Sollsätzen der Staat zu handeln hat, sondern auch wie die Gesetze auszuführen sind, zu exekutieren.[65] Die ausführende Gewalt, die Exekutive, hat an ihrer Spitze die Regierung, die bestimmt, wie im einzelnen durch den Staat gehandelt werden soll, wie also die Gesetze durchzuführen sind. Die Nähe des Volkes zu der ausführenden Gewalt darf nicht geringer sein als zu der gesetzgebenden Gewalt. Das wird in der repräsentativen Demokratie, in der zugleich die Staatsbeamten, die in der Verwaltung tätigen, nicht von dem Volke selbst bestimmt sind, eben durch Wahl, nur zu erzielen sein, wenn die Ordnung nach der diese Tätigkeit und Rekrutierung erfolgt, durch Sätze objektiven Rechts auf eine Willensentschließung der vom Volke bestellten Gesetzgebungsorgane zurückzuführen ist. Dieses von dem Volke legitimierte Staatsorgan, das Parlament, wird im Rahmen seines Auftrags tätig und verabschiedet Gesetze, die wegen der Wahl der Volksvertreter durch das Volk von diesem legitimiert sind. Zwar ist die Legitimation indirekt und nicht sehr stark, aber man wird nicht bestreiten dürfen, daß eine solche vorhanden ist, die die Verwaltung selbst in ihrem Handeln und auch bei der Rekrutierung bindet. Man wird also als Glied zwischen dem Volk und der Exekutive die Gesetzesbindung hinnehmen müssen, damit diese auch das tut, was der Wille des Volkes ist. Allerdings ist ihre Nähe zu dem Volke, betrachtet man sie als Gesamtheit, geringer als die des Parlamentes, das von dem Volke selbst gewählt ist.[66]

Anders kann das sein, wenn die Regierung selbst oder der Regierungschef vom Volk gewählt ist, wie der Präsident der Vereinigten Staaten. Besonderheiten kommen hinzu, wenn neben den Volksvertretungen, die für parlamentarische Angelegenheiten oder für Selbstverwaltungsangelegenheiten auf Gemeindeebene zuständig sind, noch Vertretungskörperschaften dazukommen, die bei der Einstellung oder der Kündigung, der Ernennung und Entlassung beteiligt sind. Wenn diese direkt vom Volk gewählt werden, sind es Volksvertretungen wie die Parlamente, z.B. Beiräte, oder sie sind von den Parlamenten bestimmt, wie z.B. die Deputationen in Hamburg, dann sind es indirekt vom Volke legitimierte Gremien.

Geht man von der Einheit der Staatsgewalt als einem einheitlichen Handeln in dem Staate aus, so müßte auch die Staatsgewalt als Ganze von dem Volk legitimiert sein, d.h. auch jedes Verwaltungshandeln und jedes Handeln seiner Spitze, also der Regierung. Ist die Regierung oder jedenfalls der Regierungschef vom Volke bestimmt, so ist eine Legitimation vorhanden; die indirekte ist schwächer

---

65 BVerfGE 1, 41.
66 A.a.O.

als die direkte, aber wegen der Bindung der Regierung und der Verwaltung an das Gesetz ggfls. noch nicht unvereinbar mit dem Begriff "Demokratie". Allerdings muß diese Bindung existieren, also das Rechtsstaatsprinzip müßte vielleicht die Demokratie ergänzen. Das ist dann der Fall, wenn man die Gleichheit vor dem Gesetz, seine Einhaltung als allgemeiner Sollsatz und die Bindung an das Gesetz überhaupt, als Teil des Rechtsstaates versteht. Begreift man Staatswillensbildung durch das Volk auch als Befolgung des Volkswillens in der Weise, daß Gesetze eingehalten werden müssen, die das Volk legitimiert, so gehört auch die Gesetzmäßigkeit der Verwaltung und die Bindung der Regierung an das Gesetz dem Begriff "Demokratie" an.

2. Regierung durch parlamentarisch gewählte Kabinette

Den Unterschied zwischen direkter und indirekter Demokratie kann man in den verschiedenen Tatbeständen darstellen, die solche Formen konstituieren.

Unterschiedliche Regelungsbedürfnisse, ob es das Volk ist, das seine Herrschaft selbst ausübt oder seine Repräsentanten, schaffen unterschiedliche Tatbestände in den Rechtssätzen. Allerdings ist nicht jede Gestaltung zulässig. Ist z.B. eine Vertretungskörperschaft vom Volk gewählt, so wird man deren Handlungen, Gesetzgebung und Personenauswahl für Ämter, als legitimiert begreifen dürfen, während die Handlungen aufgrund des Gesetzes und die Regelungen, die Personen treffen, die nicht direkt vom Volk bestimmt sind, dem Begriff der Demokratie schon ferner liegen und der Rechtsstaat in der Hierarchie zwischen den Gewalten zutage tritt, die einander kontrollieren.

Die Regierung durch parlamentarisch gewählte Kabinette, sei es, daß das gesamte Kabinett einschließlich des Regierungschefs gewählt wird, sei es, daß man den Kabinettchef auf diese Weise bestimmt, ist eine solche, die auf den Willen des Volkes zwar zurückgeführt werden kann, die Chance zur Richtigkeit der Entscheidung in einer Volksherrschaft ist aber vergleichsweise kleiner als wenn das Volk selbst entscheidet, denn die Irrtumsmöglichkeit oder jedenfalls diejenige, daß nicht richtig entschieden wird, ist umso größer, je weniger entscheiden, also je ferner man dem Staatsvolk ist, d.h. der Aktivbürgerschaft.[67]

Nicht nur für die Frage, ob das Volk in dem Parlament und dort in seinen Abgeordneten vertreten ist, spielen Überlegungen zur Repräsentation eine Rolle. Es ist in der Demokratie nicht bloß die Volksvertretung, die den Einzelnen repräsentiert, sondern sein Wille muß auch in der Regierung zum Ausdruck kommen. Ein Mittel dazu ist die Wahl der Regierung durch das Parlament, wie man sie in der Bundesrepublik Deutschland nach Art. 63 GG vornimmt, in dem die Wahl des Bundeskanzlers vorgesehen ist. Er schlägt die Bundesminister bloß vor und sie werden von dem Bundespräsidenten nach Art. 64 GG ernannt und entlassen.

In der Verfassung der Freien und Hansestadt Hamburg heißt es in Art. 34 Abs. 1 HambVerf, daß die Senatoren von der Bürgerschaft, also dem Stadtparlament,

---

67 Siehe § 25 VI. 2. u. 3..

gewählt werden. Allerdings wird der Erste Bürgermeister und sein Stellvertreter nach Art. 41 HambVerf durch den Senat selbst bestimmt. Das ist aber unschädlich, weil er nicht die Richtlinien der Politik bestimmt wie der Bundeskanzler, sondern das der Senat als Gremium macht (Vgl. Art. 33 Abs. 1 HambVerf). Er ist bloß primus inter pares und bedarf daher nur der Wahl durch das Parlament wie jeder andere Senator. Anders ist es in Berlin, wo die Verfassung bestimmt, daß der Regierende Bürgermeister, der Bürgermeister und die Senatoren von dem Parlament in Einzelabstimmung gewählt werden. Das sagt Art. 41 BerlVerf.

Gelegentlich wird gegen einen solchen argumentiert, daß darin ein zu starres Repräsentationsverständnis enthalten sei. Gralher schreibt, daß nach dem modernen Demokratieverständnis die Legitimierung eines Mandatsträgers mittels Wahl als Akt zur Konstituierung eines Repräsentationsverhältnisses erfolgt:[68] "Wenn dieses Verhältnis konstituiert ist, ist dem Mandatar von seinem/n Mandanten ein Mandat anvertraut".[69] Diese aus dem römischen Recht stammende Rechtsfigur finde man auch heute noch in der modernen Repräsentation. Er beruft sich dafür auf das englische politische Leben und dort auf das Institut der Repräsentation des Anvertrauens, der Vertrauens, der Treue.[70]

Dieses Vertrauensverhältnis wird unterschieden von dem Vertragsverhältnis und dem Rechtsverhältnis, das auf Befehl und Gehorsam gründet.[71] Zweifellos findet man die zuletzt genannte Gestaltung im imperativen Mandat, das auf einem sachgebundenen Auftrag und der durch den Wähler vorgegebenen Willensrichtung beruht. Sie ist in der modernen Demokratie deswegen schwierig zu verwirklichen, weil in den Parlamenten eine hohe Zahl von Entscheidungen gefällt werden und z.B. die Gemeinde, das Land und der Zentralstaat unterschiedliche Kompetenzen in der Gesetzgebung oder auch anderem staatlichen Handeln haben. Jede Entscheidung eines Abgeordneten in einem Bundesparlament durch imperatives Mandat legitimieren zu wollen, ist praktisch schlecht durchzuführen und wegen der unterschiedlichen Auffassungen, die es geben könnte, wäre die legitimatorische Wirkung nicht vollständig. Denn man nimmt dem Vertreter die Chance, nach Beratung im parlamentarischen Verfahren eine freie Willensentscheidung zu treffen. Er wird also nicht als vernunftbegabtes Wesen verstanden, sondern bloß mit gebundener Vertretungsmacht versehen. Dagegen käme der Korrektur der Parlamentsentscheidung durch nachträgliche Zustimmung oder Ablehung durch das Volk selbst höhere Legitimation zu. Von dem Vertragsverhältnis ist das Repräsentationsverhältnis zu unterscheiden, weil der Abgeordnete durch einseitige Willenserklärung bestimmt wird. Allerdings hat er vorab seine

---

68 M. Gralher, Ruhendes Mandat und demokratisches Repräsentationsverständnis, in: ZRP 1977, S. 156.
69 A. a. O.
70 A. a. O.
71 A. a. O.

Zustimmung erteilt. Man wird also bloß eingeschränkt, wenn überhaupt, von einem vertraglichen Verhältnis sprechen.Allerdings ist diese Einschränkung oder auch die bloß einseitige Willenserklärung nicht problematisch, betrachtet man andere einseitige Willenserklärungen, wie z.b. das Testament, die auch auf dem Vertrauen oder dem Anvertrauen beruhen. Daher scheint das Vertrauen oder die Treue in einem solchen Repräsentationsverhältnis möglich zu sein.

Fraglich ist allerdings, ob ein solches Vertrauensverhältnis Grundlage oder Voraussetzung oder Bestandteil des Repräsentationsverhältnisses sein muß. Dieses Verhältnis kommt zustande durch Mehrheitsentscheidung bis hin zur Einstimmigkeit, wenn sich der passiv Wählbare zur Verfügung gestellt hat. Es kann beendet werden und das ist Merkmal der Begriffs Demokratie, wenn die Legislaturperiode zuende ist oder bei anderen Gestaltungen auch in andere Weise. Es ist Abwahl möglich und zwar direkt oder durch Neuwahl. Man wird aber auch den Gedanken zulassen müssen, daß die Entscheidungen der Abgeordneten nicht bloß durch personelle Veränderungen nach dem Willen des Volkes und aus der Sicht des Einzelnen nach seinem Willen geändert werden können, sondern auch durch Revision in der Sache. Diese Korrektur durch die Aktivbürgerschaft könnte eine Möglichkeit sein, daß das Volk selbst die Herrschaft ausübt. Der allgemeine Rechtsgrundsatz des Vertrauensschutzes ist nicht Merkmal von Demokratie. Das ist anders bei der Wahl der Regierung durch das Volk oder die Aktivbürgerschaft, denn es muß darauf vertraut werden, daß sie die Gesetze einzuhalten in der Lage ist. Zwar ist auch die Verfassung Gesetz und die Legislative daran gebunden, aber der Spielraum ist für das Parlament als höchste Gewalt in dem Staate ungleich größer. Es wird auch seine Bindung an die Verfassung i.d.R. durch diese selbst bestimmt. Selbst wenn die Gesetzesbindung der Regierung durch die Verfassung vorgesehen ist, bedarf es des Vertrauens, denn sie führt tatsächlich aus, d.h. sie ist verpflichtet dazu, zu handeln, im Sinne der Gesetze tätig zu werden. Der Bändigungszweck der Staatsgewalt, der möglicherweise zu Einschränkungen führt, wird also für den Einzelnen merkbar als Eingriff in seine Freiheit durch die Exekutive ausgeführt. Aus diesem Grunde wird man das Vertrauen als Rechtsfigur eher für die Regierungsbildung und die Exekutive bemühen müssen als für das Repräsentationsverständnis mit Blick auf die Legislative.

In seinem Urteil vom 2. März 1977 hat das Bundesverfassungsgericht grundsätzlich zum Verhältnis zwischen Volk und Regierung anläßlich der regierungsamtlichen Öffentlichkeitsarbeit Stellung genommen.[72] Kempen hat es in der Überschrift zu seinem Kommentar prononciert bezeichnet als "zwischen Gemeinwohlpostulat und demokratischen Verfahrensgarantien" [73] und meinte damit

---

72 BVerfGE 44, 125.
73 O. E. Kempen, Zwischen Gemeinwohlpostulat und demokratischen Verfahrensgarantien. Das Urteil des Bundesverfassungsgerichts zur regierungsamtlichen Öffentlichkeitsarbeit, in: Der Staat, Bd. 18, S. 81.

die Öffentlichkeitsarbeit der Regierung. Die Willensbildung des Volkes ist in Art. 21 Abs. 1 S. 1 GG und Art. 20 Abs. 2 S. 1 GG geschützt. Es findet also ein Staatswillensbildungprozess von unten nach oben statt. Aus diesem Grunde hat das Gericht judiziert, daß es den Staatsorganen durch die Verfassung versagt ist, sich in amtlicher Funktion im Hinblick auf Wahlen mit politischen Parteien zu identifizieren und sie "unter Einsatz staatlicher Mittel zu unterstützen oder zu bekämpfen, insbesondere durch Werbung die Entscheidung des Wählers zu beeinflussen." [74] Wegen des Verfassungsprinzips des bloß zeitlichen Auftrags von Bundestag und Bundesrat ist es nicht verfassungsgemäß, wenn eine im Amt befindliche Regierung als Verfassungorgan sich im Wahlkampf "gleichsam" zur Wiederwahl stellt und dafür wirbt als "Regierung wiedergewählt" zu werden.[75]

Das Recht der Parteien auf Chancengleichheit wird dadurch verletzt. Parteigreifendes Einwirken von Staatsorganen in die Wahlen zur Volksvertretung darf auch durch Öffentlichkeitarbeit geschehen, die ihre Grenze hat, wo die Wahlwerbung beginnt.[76]

Weil die Regierung das Gemeinwohl durch Ausführung des allgemeinen Staatszwecks verkörpern soll, hat sie die Verfahrensgarantien, die die Herrschaft des Volkes sichern, zu beachten. Wesentlich ist, dass die Staatswillensbildung von unten nach oben geht. Das Bundesverfassungsgericht hat also den Informationsanspruch geschützt, aber die Werbung verboten.

Die Möglichkeiten für das Staatsvolk, auf die Regierungsbildung Einfluß zu nehmen, bestehen bei der Wahl des Kabinetts durch das Parlament bloß darin, die Zusammensetzung der Regierung durch Wahl der Abgeordneten solcher Parteien zu beeinflussen, die der Wähler für geeignet hält, die Regierung zu übernehmen und die er dafür vorsehen möchte, handelt es sich um Staat, in dem Parteien tätig sind. Die Trennung des Staates von den Parteien ist dabei weniger von Bedeutung als eher die Chance für das Volk, alle Möglichkeiten zu erhalten, um diejenigen Kandidaten zu bestimmen, die in der Lage und willens sind, das zu tun, was die Wähler wünschen.

Die Nähe des Volkes zur Exekutive ist dann nicht geringer, wenn der Regierungschef durch das Volk bestimmt wird.

III. Rechtsprechung

1. Rechtsprechung und Volk

Betrachtet man Volksherrschaft im Staate als Herrschaftsform in der das Volk bestimmt was geschieht, so hat man die Einheit der Staatsgewalt zunächst im

---

74 BVerfGE 44, 125.
75 BVerfGE 44, 125.
76 BVerfGE 44, 125.

Blick.[77] Die dritte Gewalt, die Rechtsprechung, hat zur Aufgabe, die Rechtsstreitigkeiten zwischen den Bürgern zu befrieden und die Exekutive zu kontrollieren. Man mag bei dem Supreme Court oder dem bundesdeutschen Bundesverfassungsgericht die Auffassung vertreten, daß mit ihnen die Gewaltenteilung durchbrochen wird, denn sie können sogar über die Verfassungsmäßigkeit von Gesetzen judizieren und sie mit bindender Wirkung außer Kraft setzen. Allerdings dürfen sie selbst kein Gesetz rechtswirksam erstellen, nur für die Zeit des Übergangs, in der ein altes Gesetz wegen Verfassungswidrigkeit außer Kraft gesetzt worden ist, eine Regelung schaffen, die dann durch ein von dem Parlament geschaffenes neues Gesetz abgelöst wird. Zwar ist wegen der derogierenden Kraft des Gerichts eine Durchbrechung der Gewaltenteilung als die gesetzgebende Kraft der Legislative so begrenzt worden, daß nur für den Übergang Regelungen getroffen werden dürfen. Sie halten sich aber so stark in Grenzen, daß man von einer noch judiziellen Tätigkeit im Unterschied zu legislativer sprechen kann und daher bloß Ausstrahlungswirkungen zu verzeichnen sind.

Das Volk kann die erste ebenso wie die zweite und dritte Gewalt selbst übernehmen. Wahl von Richtern und Gerichtskörpern entspricht dem Merkmal der Demokratie, daß es das Volk ist, das alle Staatsgewalt ausübt und selbst herrscht.[78]

2. Rechtsprechung durch Gerichte

Man stellt fest, daß Gerichte in der Regel durch Richter besetzt werden, die durch die zuständige Spitze der Exekutive für diesen Sachbereich, das Justizministerium, besetzt werden. Es gibt aber auch die Besetzung der Gerichte durch Gemeinden, so daß nicht bloß Bundes- und Landesjustizministerien solche Stellen vergeben. Die stärkere Ferne der Rechtsprechung als dritte Gewalt rührt von der Aufgabe der Staatsgewalt her, Rechtsfrieden zwischen den Bürgern zu schaffen, aber auch durch Selbstkontrolle das Verhältnis zwischen Staat und Bürgern gegen Übergriffe des Staates, die überschießende Bändigung, zu schützen. Das allerdings sind eher Angelegenheiten der res publica, die in der Nähe des Rechtsstaates angesiedelt sind, aber auch Merkmale des Begriffs Demokratie erfüllen.[79] In der dritten Gewalt müssen die Gesetze ausgelegt werden, so daß zwischen den Bürgern das Recht sei, was der staatlichen Gesetzgebung entspricht. Die Staatswillensbildung, die in der Gesetzgebung den Willen des Volkes sieht, geht so weit, daß sich dieser dann auch in der Auslegung von ihnen zeigt und in den Streitigkeiten zwischen einzelnen Bürgern den Ausschlag gibt.[80] Auch dann, wenn die Verwaltungsgerichte in Streitigkeiten zwischen Staat und Bürgern Recht

77 Vgl. Seite zuvor.
78 Z.B. Schöffenwahl durch Volk.
79 Vgl. Zur Staatswillensbildung.
80 Siehe § 40 VwGO.

sprechen, ist es der wirkliche Wille des Volkes, das Gesetz selbst, wie es vom Volk legitimiert geschaffen worden ist, das die Entscheidung herbeiführt.[81]

§ 47 Gegenseitige Ergänzung der Staatsgewalten

Es ist dargestellt worden, daß indirekte Formen von Demokratie allein nicht geeignet sind, den Begriff Demokratie in seinen Merkmalen auszufüllen.

Sie ergänzen sich dort, wo wegen der hohen Zahl von Menschen und der Größe des Staates indirekte Formen von Demokratie die direkten mit Blick auf den Begriff Demokratie in allen seinen Merkmalen vervollständigen. Auch liegt der Repräsentation die Vorstellung zugrunde, daß besonders befähigte, geeignete oder solche, die durch Erfahrung ein besonderes Wissen erworben haben, diejenigen sein könnten, die, nach dem Volke am besten in der Lage sind die Gesetze zu schaffen. Jedenfalls wird man die Auswahl und damit mittelbare Formen von Demokratie nicht für unzulässig halten, d.h. dem Begriff Demokratie innewohnend verstehen dürfen.

Allerdings ist bei den mittelbaren Formen der Demokratie die Teilung der Gewalten und ihre Hierarchie und so die gegenseitige Kontrollmöglichkeit als Begrenzung von Macht eine Gestaltung, die es gestattet, daß die einzelnen Gewalten nicht den Staatszweck außer acht lassen und Eingriffe in das Leben der Gemeinschaft und das des Einzelnen bewirken oder tätigen, die mit dem Bändigungszweck unvereinbar sind. Durch Unterschreiten der Bändigungsabsicht soll vermieden werden, daß der Staat, anders als durch seinen Zweck vorgesehen, das Schlechte des Menschen, seine Gemeinschaftsfeindlichkeit, hinnimmt oder Zustände duldet, die eine Gemeinschaftsfähigkeit gar nicht erst ermöglichen. Versteht man die Staatsgewalt als eine einheitliche und spricht man von der Einheit der Staatsgewalt, so hat das jedes staatliche Handeln dem Bürger gegenüber zum Inhalt. Ist die Staatsgewalt in drei einzelnen Gewalten aus Gründen der Kontrolle untereinander organisiert, so ist ihr Handeln auch mit Blick auf den allgemeinen Staatszweck als gegenseitige Ergänzung begreifbar.

Man kann das an Beispielen sofort erläutern. Will z.B. der Eigentümer eines Grundstückes bauen, so ist er in seiner Eigenschaft als Eigentümer, als Bauherr, als Bürger und als Nachbar betroffen. Für die Streitigkeiten mit dem Nachbar sind die ordentlichen Gerichte, also die Judikative, zuständig. Ist etwa eine Überbauung geplant, wird es Baulärm geben, versperrt die Baustelle die Sicht, nimmt Licht und Sonne als Wärme fort. Wird ein schädlicher Schatten geworfen, gibt es im Erdreich negative Einflüsse auf das Nachbargrundstück und für seine Bebauung sind die ordentlichen Gerichte auch zuständig. Der Nachbar kann sich gegebenenfalls gegen die Baugenehmigung des Eigentümers wenden, die dieser bei der Behörde, der Exekutive, beantragt. Seine Belange sind zu beachten. Er kann dagegen sogar vor das Verwaltungsgericht gehen, wenn ihn das Bauen beein-

---

81 Vgl. zum Frieden zwischen den Bewohnern des Staates, M. Rheinstein, Einführung in die Rechtsvergleichung: 7 2. Aufl., München 1987, S. 158.

trächtigt. Allerdings ist der Bauherr ebenfalls befugt, gegen eine abschlägige Entscheidung der Bauverwaltung vor dem Verwaltungsgericht zu klagen. Hier sind Exekutive und Judikative betroffen. Anders ist die Lage, wenn wegen eines Baues der öffentlichen Hand, z.B. Straße, eine Enteignung durch Gesetz vorgenommen wird. Dieser Eingriff in das Eigentum durch ein Gesetz kann durch eine Klage vor dem Verwaltungsgericht abgewendet werden mit der Behauptung, daß eine solche Enteignung aus Rechtsgründen unzulässig ist. Es kann auch auf Unterlassung von Baumaßnahmen gegen die Verwaltung geklagt werden, wenn diese mit dem Straßenbau beginnen möchte. Dann sind alle drei Gewalten beteiligt.

I. Ergänzung aus Gründen der Legitimation

Sollen die drei Staatsgewalten mit Blick auf ihre Einheit als Erfüllung des allgemeinen Staatszwecks der Bändigung der Gemeinschaftsfeindlichkeit des Menschen sich gegenseitig ergänzen, so geschieht das in unterschiedlicher Weise, ausgerichtet an der durch die Verfassung vorgegebenen Staats- und Herrschaftsform.

In einer Demokratie, die durch die Herrschaft des Volkes bestimmt ist, wird jede Staatsgewalt durch das Volk als Aktivbürgerschaft ausgeübt. Das heißt, auch in allen drei Gewalten, nämlich als Gesetzgeber, als Verwaltung, also als ausführende Gewalt und als rechtsprechende Gewalt, ist das Volk tätig und übt darin seine Herrschaft aus.

In den modernen westlichen Demokratien ergänzen sich mittelbare und unmittelbare Formen von Volksherrschaft. Sachentscheidungen durch Abstimmungen des Bundes-, Landes- oder Gemeindevolkes werden vervollständigt durch Entscheidungen in Verwaltungsangelegenheiten, die z.B. in der Schweiz auch von dem Gemeindevolk getroffen werden. Bloß solche Entscheidungen, für die Gerichtsbarkeit, die Gerichte, zuständig sind, werden nicht durch das Volk selbst getroffen, obwohl eine solche Gestaltung dem Begriff Demokratie als Merkmal innewohnt.

Man findet aber auch mittelbare Formen, z.B. durch Wahl der Abgeordneten zum Parlament, durch Wahl der Richter und durch Bürgerbeteiligung bei Verwaltungsentscheidungen, zum Beispiel in Ausschüssen, die die Entscheidungen von Verwaltungen überprüfen oder in solchen, die die Einstellung von Staatsbeamten und Angestellten des öffentlichen Dienstes kontrollieren.

1. Begründung von Demokratieformen

Mittelbare und unmittelbare Formen und Demokratie ergänzen einander. Eine solche Ergänzung folgt dem Gedanken der Vollständigkeit. Die Staatsgewalt muß in unmittelbaren oder mittelbaren Formen vollständig vom Volk ausgeübt werden. Weder darf sie selbst unvollständig sein, noch ihre Ausübung durch das Volk.

Grundsätzlich gilt, daß der Begriff Demokratie in allen seinen Merkmalen dann erfüllt sei, wenn es das Volk selbst ist, das tätig wird. Die mittelbare Form bedarf einer Überprüfung in die Richtung, ob das Volk noch darin herrscht oder die Ferne von ihm so groß ist und keine ununterbrochene Legitimationskette vorhanden. Beispielsweise dürfen Ausschüsse des Parlamentes keine Entscheidungen fällen, die bloß das Parlament als ganzes treffen darf. Beauftragte des Parlamentes sind soweit befugt, wie das Gesetz es vorsieht. Tritt an die Stelle einer judiziellen Überprüfungsmöglichkeit, wie sie z.B. von Art. 19 IV GG vorgesehen ist ein Ausschuß des Parlamentes, wie Art. 10 Abs. 2 S. 2 GG es bei der Beschränkung des Brief-, Post- und Fernmeldegeheimnisses vorsieht, so ist das Recht dieses Ausschusses wegen der stärkeren Nähe zum Volk weit und nicht einschränkend auszulegen. Weil die Staatsgewalt hier ein außerordentliches Eingriffsrecht erhalten hat, müßte gerade seine Kontrolle durch Anrufung der Gerichtsbarkeit ermöglicht werden, denn der Bändigungszweck der Staatsgewalt geht dort sehr weit bis in das Leben des Einzelnen hinein. Wünscht man eine solche judizielle Überprüfungsmöglichkeit nicht, weil die Geheimhaltungspflicht aus Gründen der Staatserhaltung stärker wiegt, so daß der Überprüfte von der Überprüfung gar nichts weiß, das aber Voraussetzung für einen Gang zum Gericht sei, er also rechtlos gestellt ist, so ist als Ausgleich dafür das Recht des Ausschusses, die Tätigkeit der Verwaltung bei der Beschränkung dieser Freiheitsrechte zu überprüfen, weit auszulegen. Schon das Beschränkungsrecht selbst ist, wenn auch durch Gesetz bestimmt, eng auszulegen und an seine Überprüfbarkeit wegen der Gestaltung dieses Rechts muß man hohe Maßstabe anlegen.[82]

Das Tätigwerden eines Parlamentsausschusses anstelle der Gerichte ist mit Blick auf die Einheit der Staatsgewalt ohne weiteres möglich. Die Gewaltenteilung wird allerdings zugunsten einer Gestaltung durchbrochen, die eine Verstärkung der Parlamentsrechte vorsieht. Das ist immer dann aus dem Gedanken der Demokratie heraus möglich, wenn das Parlament und auch der Ausschuß durch Wahl direkt von dem Volke legitimiert sind und die Entscheidung des Parlamentes folglich mittelbare Form der Demokratie ist, die Entscheidung der Gerichte aber wegen ihrer Ferne von dem Volk, das in der Regel die Richter nicht wählt, jedenfalls in der Bundesrepublik Deutschland, in der nur die Bundesverfassungsrichter parlamentarisch legitimiert sind (Art. 94 Abs. 1 S. 2 GG), durch diese Gestaltung ersetzt werden kann.

Diese Zuweisung von Kompetenzen der unterschiedlichen Staatsgewalten und ihr Verhältnis zueinander kann sich nach dem Maßstab richten, je näher die einzelnen Gewalten dem Volk sind, desto höher ist ihre Legitimation. Werden der Richter und die Gerichte in der Regel nicht durch das Volk gewählt und trifft dasselbe auf die Verwaltung zu, so ist die erste Gewalt durch das Volk am stärksten legitimiert.

---

82 G 10 v. 13. August 1968 (BGBl. III 190-2).

Aus diesem Grunde aber muß gewährleistet sein, daß das Gesetz dem Willen des Volkes entspricht und zwar in der Weise, daß möglichst eine Übereinstimmung zwischen der gesetzgeberischen Entscheidung im Parlament und der Auffassung des Volkes erzielt wird. Die Inkarnationsvorstellung ist als Gedanke formuliert auf die geistige Übereinstimmung, die nicht bloß Annahme oder Möglichkeit ist, sondern der Kontrolle standhalten muß. Es ist nicht so, daß die bloße Möglichkeit, eine Entscheidung des Parlamentes könnte mit der des Volkes übereinstimmen, ausreicht, um den Inkarnationsgedanken auszufüllen. Es wird darin gerade nicht das Einverständnis des Volkes fingiert, weil dafür ein Gang zur Wahlurne alle vier Jahre nicht ausreicht. Aus diesem Grunde müßte man daran denken, daß eine Gestaltung, die in der Verfassung keine plebiszitären Elemente vorsieht, keine direkten Demokratieformen wenigstens für Existenzfragen des Staates oder deren Einzelbereiche enthält, den Begriff der Demokratie in allen seinen Merkmalen nicht ausfüllt.

Es ist aber bereits dargestellt worden, daß alle mittelbaren Formen von Demokratie an dem Mangel leiden, daß nicht das Volk selbst es ist, das tätig wird, sondern seine Vertretung, die Volksvertretung und die Inkarnation der Staatsgewalt des Volkes in den Entscheidungen der Verwaltung und der Judikative zum Inhalte hat, daß diese nach Gesetz und Recht entscheiden. Wegen der ununterbrochenen Legitimationskette kann im Grundgesetz davon gesprochen werden, daß die Staatsgewalt vom Volk in seiner Vertretung, der ausführenden und der rechtsprechenden Gewalt tätig wird. Allerdings sind diese Gewalten in unterschiedlicher Nähe zum Volk angesiedelt. Aus diesem Grunde ist die Gewichtigkeit der Legitimation nicht dieselbe und bloß durch das Hinzutreten der Hierarchie zwischen den Gewalten, die Teil des Rechtsstaates ist, für den Begriff Demokratie erträglich. Wäre eine solche Hierarchie nicht vorhanden, so müßten auch die ausführende und die rechtsprechende Gewalt in höherem Maße voms Volk durch Wahl oder direkte Formen des Zugriffs durch das Volk selber ausgeübt werden.[83]

Allerdings ist auch die Hierarchie zwischen den Gewalten noch kein Grund dafür, daß der Begriff Demokratie in allen seinen Merkmalen erfüllt ist, denn diese Ergänzung durch den Rechtsstaat mag die Tatsache ausgleichen, daß es nicht das Volk selbst ist, das seine Richter und Staatsbeamten bestimmt und in diesem Bereiche selbst meistens keine Entscheidungen fällt. Daß das Gesetz, der Wille der ersten Gewalt eingehalten wird, ist schon Teil der Demokratie, denn in ihm herrscht das Volk so als hätte es selbst das Gesetz verabschiedet.

Aus diesem Grunde gibt es in vielen Verfassungen, die eine Volksherrschaft als Herrschaftsform vorsehen, solche direkten Formen der Demokratie, z.B. Art. 29 GG, der die Neugliederung der Bundesrepublik an ein Plebiszit bindet, weil es eine Existenzfrage des Staates ist (Staatsgebiet) und der Bundesstaat in der Trias Demokratie, Sozialstaat und Bundesstaat, wie in Art. 20 Abs. 1 GG konstituiert,

---

83 Vgl. zu Demokratie und Repräsentation.

damit das größte Gewicht erhält.

In anderen Verfassungen sind andere Plebiszite vorgesehen.[84] Es ist bleibt hier offen, wie die Vollständigkeit aller Merkmale des Demokratiebegriffs durch Ergänzung unmittelbarer durch mittelbare Formen und umgekehrt erreicht werden kann.

2. Einschränkung

Folgt man dem Gedanken, der zuvor dargestellt worden ist, werden mittelbare Formen der Demokratie eingeschränkt durch unmittelbare. Das ist auch konsequent, denn Volksherrschaft als Herrschaft des Volke, bedeutet zunächst, daß es das Volk selbst als Aktivbürgerschaft ist, das in dem Staat herrscht. So gesehen, kann man in den mittelbaren Formen der Demokratie eine Einschränkung oder auch Beschränkung der unmittelbaren Formen begreifen.

Diese Einschränkung kann auf Gründe zurückgeführt werden, die mit der Organisation des Staates in Verbindung stehen, aber auch solche der Tradition, der Praktikabilität von Entscheidungen. Denkbar sind auch andere Gründe. Jedenfalls ist eine Kombination von beiden Formen in den meisten Verfassungen der westlichen Welt vorzufinden.[85]

Daß eine Legislaturperiode z.B. vier Jahre lang dauert, daß nicht jede Entscheidung sofort geändert werden kann und das Volk meistens nur mittelbar tätig wird, sind Einschränkungen der Demokratie zugunsten des Rechtsstaates und des Bestandes des Staates selber. Dieser Legitimationsgrund ist eher zurückhaltend zu

---

84 Vgl. § 27 bis § 29.
85 Vgl. z.B. William Marbury v. James Madison, 2 LawEd. 135 60 Cranch 1. (1803) February 1803:"The Supreme Court of the United States has not power to issue a mandamus to a Secretary of State of the United States, it being an exercise of original jurisdiction not warranted by the constitution. Congress has not power to give original jurisdiction to the Supreme Court in other cases than those described in the constitution. An act of congress repugnant to the constitution cannot become a law. The courts of the United States are bound to take notice of the constitution. A commission is not necessary to the appointment of an officer by the executive (..). A commission is only evidence of an appointment. Delivery is not necessary to the validity of letters patent. The president cannot authorizise a Secretary of State to omit the performance of those duties which are enjoined by law. A justice of peace in the District of Columbia is not removable at the will of the president. When a commission for an officer not holding his office at the will of the president, is by him signed and transmitted to the Secretary of State, to be sealed and recorded, it is irrevocable; the appointment is complete. A mandamus is the proper remedy to compel a Secretary of State to deliver a commission to which the party is entitled."

betrachten, denn er darf den Begriff Demokratie nicht in seinem Bestande treffen. Das gilt auch für den Rechtsstaat, der gemeinsame Merkmale mit der Demokratie hat, z.b. Gleichbehandlung vor dem Gesetz, d.h. Erfüllung des Willens des Volkes, der sich in dem Gesetze zeigt.

Solche Einschränkungen können auch vorgenommen werden, um eine gegenseitige Ergänzung der Staatsgewalten zu legitimieren, soll Volksherrschaft ausgeübt werden.

II. Ergänzung aus Gründen der Vernunft

1. Richtigkeit

Eine Ergänzung der Gewalten untereinander, ist Demokratie als Herrschaftsform konstituiert, kann aus Gründen der Vollständigkeit der Erfüllung der Merkmale des Begriffs Demokratie in Betracht kommen.[86]

Allerdings ist es auch möglich, daß eine Ergänzung vorgenommen wird oder vorzusehen ist, weil die Richtigkeit der Konstituierung von Demokratie als Herrschaftsform notwendiger Bestandteil einer solchen z.b. durch Verfassung ist. Als Beispiel dafür kann man die Gestaltung anführen, die gewählt worden ist, um den Konflikt zwischen dem Bestand des Staates und dem Eingriff in die Freiheit des Brief-, Post- und Fernmeldewesens zu lösen. Wenn eine Überwachung derselben möglich ist, die ihren Zweck nicht erfüllen kann, wenn der Überwachte von der Kontrolle weiß, so ist eine andere Gestaltung notwendig, z.B. die Überwachung durch einen Ausschuß des Parlamentes. Sogar dann, wenn man nach abgeschlossener Überwachung eine gesetzliche Pflicht zur Mitteilung schaffen würde, um eine judizielle Überprüfung durch die Gerichte im Nachhinein zu ermöglichen, wenn der Überprüfte das verlangt, ist eine solche aktuelle Kontrolle wegen der Beschränkung des Brief-, Post- und Fernmeldegeheimnisses notwendig, weil der davon betroffene Bürger von dieser Handlung nichts weiß. Ihm wird nämlich das Recht aus Art. 19 IV GG abgeschnitten, obwohl man nicht sicher sein kann, daß ihn die öffentliche Gewalt in seinen Rechten verletzt.

2. Begrenzung von Fehlern

Es existieren staatliche Einrichtungen im Rahmen der Gewaltenteilung, die dem Ziel der Begrenzung von Fehlern dienen. Z.B. der Supreme Court und das Bundesverfassungsgericht sind geschaffen worden, auch der conseil constitutionel, um die Auslegung der Verfassung zu betreiben und in Streitigkeiten zwischen Staatsorganen zu entscheiden. Damit bei der Anwendung des Gesetzes keine Fehler gemacht werden, können diese Gerichte die Entscheidungen des Parlamentes, der höchsten Instanzgerichte und der Regierung überprüfen und

---

86 A. Roßnagel, Kontrolle großtechnischer Anlagen durch Verwaltungsreferenda?, in: ZParl 1986, S. 587.

eine Korrektur mit bindender Wirkung gegen alle in dem Tenor des Urteils oder des Beschlusses festlegen. Auf diese Art und Weise sollen Fehler in dem Staate bei der Anwendung der Gesetze korrigiert werden. Dabei nimmt die Judikative gewisse Anleihen bei der Legislative vor.

Auch plebiszitäre Formen, wie z.B. Abstimmung über Gesetzesvorhaben, die durch das Parlament abgelehnt oder befürwortet worden sind, dienen der Begrenzung von Fehlern und so der Richtigkeit der Entscheidung. Weil die Chance, daß eine Entscheidung richtig sei, höher ist, wenn alle entscheiden und das die Besonderheit der Demokratie ist, können solche Formen, z.B. auch das Verwaltungsreferendum, in Betracht kommen.

III. Ergänzung wegen Einhaltung der Form

Kommt eine gegenseitige Ergänzung der einzelnen Tatbestände von Demokratieformen in Betracht, die mittelbare und unmittelbare Formen verbindet und auch die Dreiteilung der Staatsgewalt mit Blick auf ihre Einheit als Folge des Staatszwecks berücksichtigt, so kann eine solche aus Gründen der Legitimation erfolgen. Diese ist auf die Vollständigkeit der Merkmale des Begriffs Demokratie ausgerichtet, denn bloß dann, wenn alle vorliegen, ist der Begriff Demokratie vorhanden. Daraus ergibt sich die Begründung für Demokratieformen und zugleich auch ihre Einschränkung.

Aber nicht bloß eine Ergänzung einzelner Tatbestände von Demokratieformen aus diesem Grunde ist vorgesehen, sondern auch aus Gründen der Vernunft, nämlich der Richtigkeit und in deren Folge, um Fehler zu begrenzen.

Als dritter und letzter Grund ergänzen sich Demokratieformen gegenseitig als indirekte und direkte und auch in den drei Gewalten wegen der Einhaltung der Form.

Die Form sichert den Inhalt, z.B. sichert die Willenserklärung den Willen. Die Erklärung ist die Form. Sie sichert aber auch das Verfahren, denn in dem Begriff "Erklärung" ist das Verfahren enthalten, der Vorgang, sich zu erklären. Das Verfahren regelt den Ablauf und die Form sichert es.

Man mag ihm entgegenhalten, daß die Vollständigkeit der Merkmale des Begriffs Demokratie bereits die gegenseitige Ergänzung in der durch den Einzelstaat bestimmten Art und Weise bereits enthält. Wirft man aber aus der Sicht der Form einen Blick auf die Frage, wann eine gegenseitige Ergänzung solcher Tatbestände vorzusehen ist und welche Gestalt sie annehmen soll, werden die Tatbestände deutlicher ins Verhältnis zueinander gesetzt. Nähert man sich von diesem Argument aus der Ergänzungsfrage, so sollen direkte Formen der Demokratie mit indirekten, aber auch Ergänzungen der Gewaltenteilung als Vorgang, also als Verfahren, genauer bestimmt werden. Dann ist die Chance, sicher zu sein, daß alle Merkmale des Begriffs Demokratie vorhanden sind, höher als wenn die Einhaltung der Form nicht überprüft wird.[87]

Betrachtet man mittelbare und unmittelbare Formen von Demokratie, so kann eine Ergänzung von mittelbaren durch die unmittelbaren, also plebiszitären, Formen erforderlich oder zumindest bedenkenswert sein. In einem Staate, der durch Verfassung vorsieht, daß das Volk selbst in keiner Frage und auch nicht bei der Bestimmung der Regierung tätig wird, das Parlament alle Herrschaftsmacht in Vertretung des Volkes ausübt, nur durch periodische Wahlen des Volkes legitimiert, kann gefragt werden, ob eine solche Legitimation ausreicht, um den Begriff Demokratie in allen seinen Merkmalen zu erfüllen. Wenn die Legitimation auf eine Kette bis hin zum Volk zurückzuführen sein muß, so rechtfertigt das die Existenz mittelbarer Demokratieformen. Damit wird aber noch nicht gesagt, ob sie ausreichen, eine Herrschaftsform als Demokratie zu bezeichnen. Nicht fest steht auf diese Weise, ob das Vorhandensein dieser indirekten Formen der Demokratie allein es gestattet, von Demokratie als Herrschaftsform zu sprechen, in der es tatsächlich das Volk ist, das herrscht.[88]

Es kommt also in Betracht, schaut man auf die westlichen Demokratien in ihrer Gesamtheit, direkte Formen als Ergänzung der indirekten verstehen zu können. Denn man wird angesichts der Dominanz mittelbarer Formen, abgesehen von der Lage in der Schweiz, die Frage stellen müssen, ob dem Gedanken, daß es das Volk selber ist, das in der Demokratie herrscht, auf diese Weise genügend Rechnung getragen wird.[89] Das hat zwei Gründe. Der erste Grund ergibt sich aus dem Begriff Demokratie als Herrschaft des Volkes, dessen Eigenschaft als Herrschaftsform im Unterschied zu anderen sich daraus ergibt, daß die Herrschaft aller die Chance in sich birgt, wenigstens weniger falsche Entscheidungen, d.h. mehr richtige oder überhaupt eine richtige in der Summe aller Entscheidungen, nach dem Willen der Staatsbürger zu erhalten.[90] Gibt es keine direkte Form der Willensäußerung des Volkes als eben die Wahl der Volksvertreter, so verzichtet dieser Staat auf die größte Chance zur richtigen Entscheidung. Geht man von dem Begriff Demokratie als Volksherrschaft selbst aus, so sind die plebiszitären Formen von Demokratie diejenigen, deren Merkmale historisch und von der Bedeutung des Begriffs seinem Kern am nähesten kommen.[91] Wegen dieses zweiten Grundes kann man die Frage stellen, ob nicht aus dieser Sicht eher die indirekten Formen von Demokratie Ergänzungen der direkten sein müßten.

87 Vgl. S. 82.
88 Vgl. § 25 I. 2..
89 Vgl. z.B. f. d. Schweiz: J.-D. Kühne/F. Meissner, Züge unmittelbarer Demokratie in der Gemeindeverfassung, Göttingen 1986; f. Bundesrepublik Deutschland: C. Pestalozza, Der Popularvorbehalt, Berlin u. a. 1981.
90 Vgl. § 25 I. 2..
91 Vgl. S. 365 und Cicero, De re publica, i. 62. "Es ist also", sagt Africanus, "das Gemeinwesen die Sache des Volkes".

1. Form als Sicherheit

Begreift man Demokratie als Herrschaftsform in dem Staate, so kann das zu der Frage führen, ob in einem Staat die Verfahren eingehalten worden sind, die es gestatten, einen Staat als Demokratie zu verstehen. Wenn das geschieht, dient die Einhaltung der Form als Sicherheit dafür, daß der Begriff Demokratie in seinen Merkmalen vorliegt. Dabei spielen Ergänzungen zu diesem Zwecke eine Rolle.
Dieser Gedanken läßt sich an Beispielen anschaulich machen. Ohne Reversibilität oder mindestens Änderbarkeit durch zeitliche Begrenzung einer Tätigkeit des Parlamentes, d.h. turnusmäßige Wahlen, ist eine Herrschaft des Volkes selbst in indirekter Art und Weise nicht möglich. Daß eine Wahl zum Parlament stattfindet, und zwar in regelmäßigen Abständen, ist Teil der mittelbaren Demokratie. Alle Einzelheiten einer solchen Wahl, von der Aufstellung der Kandidaten bis hin zur Tätigkeit der Abgeordneten im Parlament, sind mit Blick auf die tatsächliche Ausübung der Herrschaft des Volkes durch dieses selbst zu verstehen. Weil die mittelbare Demokratie bloß ein unvollkommener Ersatz der direkten ist und darin eine Grenze liegt, die dann zu direkten Formen von Demokratie führen muß, sind alle Teile des Verfahrens hin zu dem Volke zu gestalten, unter dem Blickwinkel der möglichst ausgedehnten Inanspruchnahme von Rechten der Wahl der Volksvertretung.

Die Änderbarkeit gilt auch als Gedanke für die Einsetzung der Regierung, sei es durch das Volk selbst, sei es durch Wahl der Abgeordneten des Parlamentes. Auch für die Tätigkeit der Regierung sind begrenzte Zeiträume vorgesehen, die die Wahl einer neuen Regierung gestatten.

Daß die Judikative nicht auf die Änderbarkeit des Richteramtes angelegt ist, sieht man z.B. vom Bundesverfassungsgericht ab und von Gestaltungen wie etwa. in den USA, wo Richter auf Zeit gewählt werden, hat seinen Grund darin, daß es hier wegen der Instanzgerichte die Möglichkeit gibt, eine Entscheidung abzuändern. Aus diesem Grunde ist es nicht notwendig, daß die Änderbarkeit der Entscheidung durch zeitliche Begrenzung der Richterämter durchgesetzt wird.

Man findet neben der Änderbarkeit noch andere Beispiele, die zeigen, daß in Abwägung von Demokratie und Staatsrecht gewisse Formen als Sicherheit dienen. Die Änderbarkeit dient der Möglichkeit, daß falsche Entscheidungen korrigiert werden und sich in Personalfragen der Wille des Volkes durchsetzt. Ohne eine solche Änderbarkeit ist mittelbare Demokratie als Form der Volksherrschaft nicht möglich.[92] Weil sich der Wille des Volkes ständig ändern kann und es selbst es sein sollte, das die Entscheidung trifft, wird man die Turnusdauer und die Mittelbarkeit als rechtsstaatliche Gedanken verstehen dürfen, denn sie dienen der Möglichkeit, daß das staatliche Geschehen überhaupt stattfinden kann. Ließe man

---

92 Vgl. § 23 I und II.

eine ständige Änderung zu, so könnte der Staat eventuell gar nicht tätig werden, weil vor der Ausführung der Gesetze vielleicht schon wieder eine Änderung eingetreten ist.

2. Form als Garantie

Wenn z.B. in den bezirklichen Widerspruchsausschüssen des Landes Hamburg bloß der Vorsitzende von der Verwaltung gestellt wird, aber die Beisitzer Bürger des Bezirkes sind, so kann man in dieser Gestaltung eine indirekte Demokratieform sehen, die zur Kontrolle der Verwaltung, der ausführenden Gewalt, durch die Aktivbürgerschaft geeignet ist. Weil der Vorsitzende, eben derjenige, der Teil der Verwaltung ist, sogar überstimmt werden kann, ist die Widerspruchsentscheidung gegen eine behördliche Entscheidung auf Bezirksebene in der Hand der durch die Bezirksvertretung bestimmten Bürger.

Darin zeigt sich, daß eine mittelbare Demokratieform die Verwaltung kontrolliert und das Verfahren garantiert, daß diese eingehalten wird. Weil die Verwaltung des Bezirkes verpflichtet ist, die Gesetze einzuhalten, die das Volk durch seine Vertretung gemacht hat, müßte die rechtmäßige Entscheidung dem Willen des Volkes entsprechen. Sei sie nicht dem Gesetze nach getroffen worden, ist das nicht der Fall. Der beschwerte Bürger kann sich gegen die abschlägige Entscheidung der Bezirksbehörde nach dem Verwaltungsverfahrensgesetz und der Verwaltungsgerichtsordnung wehren, indem er Widerspruch einlegt.[93] Dem Widerspruch kann abgeholfen werden oder die Entscheidung der Behörde wird bestätigt.[94] Damit bereits im Rahmen des Verwaltungsverfahrens durch Personen, die nicht der Verwaltung angehören und die durch die Bezirksvertretung bestimmt sind, die Auffassung des Volkes zum Ausdruck kommt und sich gegebenenfalls durchsetzt, wird schon hier eine solche Beteiligung der Bürger vorgesehen. Es ist zwar nicht der Bezirksabgeordnete, sondern bloß der von der Bezirksversammlung bestimmte Bürger, der tätig wird, aber seine Legitimation rührt aus seiner Zugehörigkeit zur Aktivbürgerschaft des Bezirks. Die Legitimationskette Volk, Parlament, einzelner Bürger ist vorhanden.[95] Dieses Verfahren der Beteiligung der Bürger bei der Entscheidung der Verwaltung in Widerspruchsangelegenheiten kann aus drei Gründen Beispiel dafür sein, daß Ergänzungen wegen Einhaltung der Form stattfinden, um diese zu garantieren. Es ist nämlich so, daß auch die zweite, die ausführende, Gewalt, Teil des Staates ist, dessen Gewalt insgesamt vom Volke ausgeht. Trifft die Verwaltung Entscheidungen, so sind diese bei Erhaltung der Gesetze vom Volke legitimiert, denn in diesen zeigt sich der Wille des Volkes. Weil aber die Möglichkeit besteht, daß die Gesetze nicht eingehalten werden, z.B. wegen Irrtums oder Unwissenheit, so führt eine Beteiligung der vom Parlament bestimmten Bürger zu einer Kontrolle

---

93 § 79 VwVfG i. V. m. § 69 VwGO.
94 Siehe § 42 VwGO.
95 Vgl. zusätzlich BVerfGE 1, 14.

der Verwaltungstätigkeit. Weil die Staatsbeamten nicht direkt vom Volke bestimmt werden, ist diese Ergänzung der Verwaltung durch vom Parlament bestimmte Bürger ein Hinzutreten mittelbarer Demokratie, damit das auf dem Gesetz gründende Verfahren eingehalten wird und auf diese Art und Weise mittelbare Demokratie als Herrschaftsform garantiert ist.

Ähnlich ist die Stellung der Schöffen zu verstehen.

Man kann aber im Parlament als Volksvertretung Zeichen solcher Ergänzung wegen Einhaltung der Form feststellen, die als Garantie zu verstehen ist. Es ist zum Beispiel der Petitionsausschuß dessen durch Verfassung als Aussschuß des Parlamentes vorgesehene Existenz (Art. 17 GG) es garantiert, daß tatsächlich Demokratie, – die Herrschaft des Volkes –, vorhanden ist. Zwar ist es nicht bloß diese Konstituierung, die das garantiert, aber es ist ein Teil dieser. Das Petitionsrecht nämlich ist kein Recht, das aus dem Rechtsstaat oder der Republik oder der Demokratie erwächst. Petitionsrecht ist das Recht der Bürger oder Untertanen, sich an denjenigen zu wenden, der staatliche Herrschaftsmacht in den Händen hält. Das könnte, sieht man es staatsrechtlich, auch die Regierung sein, die nach der Verfassung der Bundesrepublik bloß dann die Petition erhält, wenn das Parlament vorschlägt, dieser abzuhelfen.[96]

Die Ergänzung von Tatbeständen der Demokratie wegen ihrer Einhaltung, die Garantie ist, mag mit den Mitteln des Rechtsstaates vonstatten gehen. Die Garantiefunktion bei der Beschreibung von Tatbeständen der Formen von Demokratie ergibt sich aus dem Recht der Demokratie.

---

[96] BVerfGE 2, 225

Sechstes Kapitel: Demokratie im System des Öffentlichen Rechts

Die Demokratie als Herrschaftsform ist nicht nur in dem Staate Form der Herrschaft. Sie kann als Volksherrschaft die Geschicke in dem Staate bestimmen, ist aber nicht bloß dort möglich.

Als Rechtsbegriff kann Demokratie im öffentlichen Recht verwendet werden und handelt es sich um Herrschaft des Volkes im Staat, kann es in einem Verfassungsstaat nur der Rechtsbegriff Demokratie öffentlich-rechtlicher Art sein.

Die Frage, welchen Platz Demokratie als Rechtsbegriff im öffentlichen Recht einnimmt, kann dann beantwortet werden, wenn man sich das System des öffentlichen Rechts vergegenwärtigt.

System im Savigny'schen Sinne bedeutet, daß die Begriffe in den Rechtssätzen und diese selbst in den Gesetzen und die Gesetze aufeinander abgestimmt sind und ihr Bedeutungsgehalt eindeutig festzustellen ist. [1]

Der Begriff System hat drei Merkmale: Ordnung, Gleichartigkeit und abschließende Reihung. Ordnung heißt, daß die Anordnung der vorgesehenen Rechtssätze so aufgebaut ist, daß von einem höchsten Gesetz ausgehend alle anderen gedeutet werden können und verstanden werden müssen. Die Ablehnung der Eintragung in die Wählerliste ist ein Verwaltungsakt, der so begründet sein muß, daß er mit dem Wahlgesetz und dieses mit der Verfassung übereinstimmen muß. Diese Ordnung ist nicht eine beliebige. Es ist die Rechtsordnung, die ein zweites Merkmal des Begriffs System ist. Rechtsordnung heißt eine Ordnung, die das Recht ist. Unter den Rechtssätzen gibt es einen Zusammenhang, einen Aufbau, der sie prägt. Nicht nur, daß sie als Rechtssätze gleich sind, sie stehen in einer imperativischen Ordnung und verdrängen einander, wenn die Voraussetzung für die Anwendung des einen nicht vorliegt, sind die Bedingungen dafür erfüllt, daß eine andere imperativische Gestaltung vorgesehen ist. Gleichartigkeit ist eine Eigenschaft des Begriffs System, weil die in diesem vorkommenden Begriffe in den Rechtssätzen und diese selbst eine gemeinsame Zahl von Merkmalen besitzen. Wenn es ein System des Rechts sei, ist Merkmal jedes Bestandteils von diesem das Imperativische. Ist es ein System des öffentlichen Rechts, so ist gemeinsames Merkmal das Imperativische und daß es Angelegenheiten der res publica sind. Abschließende Reihung als drittes Merkmal bedeutet, daß nicht beliebig viele Bestandteile vorhanden sind, sondern daß das System einen Anfang und ein Ende hat.

Was ist der Grund dafür, daß man von Demokratie im System des öffentlichen Rechts sprechen kann? Ursache könnte sein, daß die Systembildung im öffentlichen Recht in der Bundesrepublik wegen der weitgehenden Ausdifferenzierung der Bedeutung der Verfassungssätze des Grundgesetzes durch Auslegung des Bundesverfassungsgerichts so weit abgeschlossen ist, daß vielleicht von einem System gesprochen werden kann.

---

[1] F. K. v. Savigny, System des heutigen römischen Rechts, Bd. I, (1840), 1973.

Die Verfassung ist immer als Kodex verstanden worden, ein Gedanke, der dem Privatrecht entstammt. Die Kodifikation, also die Festlegung eines Kodex durch Gesetzgebung, ist orientiert an dem Buch, dem corpus, dem Gesetzbuch. Der Kodex ist ein Gesetzbuch. Weil es ein Buch ist, ist es etwas abgeschlossenes. Das könnte vielleicht noch nicht rechtfertigen, von einer abschließenden Reihung zu sprechen. Die Rechtsprechung als verbindliche Auslegung der Verfassung durch das Verfassungsgericht spielt bei der Antwort auf die Frage, ob eine abschließende Reihung vorhanden ist, deswegen eine Rolle, weil eine grundlegende Auslegung in ständiger Rechtsprechung oder jedenfalls derjenigen, die alle oder die tragenden Bestandteile oder grundlegenden Teile erfaßt, den Kodex, also das Gesetz als Recht, bereits hat verwirklichen können. Eingeschlossen ist, so verstanden, daß die Bedeutung der Rechtssätze als Teil des Verfassungsgesetzes für die Auslegung einer hohen Zahl möglicher Fälle weitgehend bekannt ist, und sich dafür eignet. Schon die Verfassung selbst bietet als höchstes Gesetz die Möglichkeit, von einer abschließenden Reihung zu sprechen. Erst recht aber ist es die Auslegung derselben als Grundlage des staatlichen Handelns in allen Bereichen der res publica.

1. Abschnitt: Dogmatische Selbständigkeit des Demokratietatbestandes als Rechtsform

§ 48 Res publica und Rechtsordnung

Das Öffentliche, nämlich die öffentlichen Angelegenheiten, umfasst auch die Antwort auf die Frage, wie in dem Staate geherrscht wird.

Wenn man Demokratie im System des öffentlichen Rechts als Form von Herrschaft begrifflich verorten kann, so gehört dazu zunächst, daß der Demokratietatbestand als Rechtsform selbständig ist in seinem imperativischen Aufbau, dem Gehalt und nicht abhängt von anderen Tatbeständen.

Die Rechtsform der Demokratie bringt ihren imperativischen Inhalt, diese bestimmende Ausrichtung, zum Ausdruck.

Wegen ihres besonderen, diesem einzelnen Begriff innewohnenden, Inhalts, könnte sie selbständig sein, denn diesen Inhalt hat kein anderer Begriff. Ihre Selbständigkeit gründet sich darauf, daß kein anderer Begriff denselben Inhalt hat und die Herrschaftsform in Rechtsform denkbar ist, ohne sie notwendig im Zusammenspiel mit anderen Teilen im System des öffentlichen Rechts zu sehen. Diese Selbständigkeit rührt daher, daß Aussagen mit ihr und aus ihr gemacht werden können, für die es nicht notwendig sein muß, andere Rechtsbegriffe hinzuzunehmen. Es könnte aber sein, daß der Rechtsstaat, weil er in der Entwicklung des Staates früher liegt, dieser Selbständigkeit hinderlich ist. Dann gibt es keine solche. Auch wenn die öffentlichen Angelegenheiten in der Rechtsordnung verfaßt und Demokratie die Herrschaftsform ist, in der diese geregelt werden, so ist der Demokratie als Rechtsbegriff der Rechtsstaat als Merkmal wegen des Imperativischen bereits beigegeben.

Die öffentlichen Angelegenheiten werden durch das Volk bestimmt.[2] Dieses ist es, das sagt, wie das Gemeinwesen geregelt sein soll. Herrschaft kann als diese besondere durch das Volk ausgeübt werden. Weil der Begriff Demokratie auch in anderen Bereichen die Form der Herrschaft bezeichnet, muß man ihn nicht in Abhängigkeit zu anderen auslegen, sondern er kann als solcher bestehen.

Es kann aber sein, daß er auch die Grundlage des Rechtsstaates oder auch in einem Auslegungszusammenhang die Herrschaftsform erst in allen ihren Wirkungsmöglichkeiten zum Ausdruck bringt. Das ist bei der Staatsform vielleicht noch in höherem Maße der Fall, denn diese ist dem Rechtsstaat näher.

Die öffentlichen Angelegenheiten sind in der Rechtsordnung und dort dem öffentlichen Recht geregelt. Es wird eine Gemeinschaft gegen die Tragik der Unvollkommenheit der Welt geschaffen.[3] Das ist das Ergebnis der Tragik der Erkenntnis oder auch Folgerung aus dieser Erkenntnis.

Diese Gemeinschaft, die durch die öffentlichen Angelegenheiten bestimmt ist, legt in der Rechtsordnung die Anforderungen an das fest, was Demokratie in ihrer Rechtsform erfüllt.

I. Öffentlichkeit

1. Ihre Eigenschaften

Wenn von res publica, den öffentlichen Angelegenheiten, die Rede ist, liegt auf der Hand, daß das Öffentliche, die Existenz von Öffentlichkeit, Teil von Demokratie ist.

Öffentlichkeit heißt für alle zugänglich, sichtbar und wahrnehmbar.[4] Das sind Rechte wie Öffentlichkeit der Parlamentssitzung, Informationsfreiheit, Öffentlichkeit der Gesetze, deren Veröffentlichung, und aller anderen den Staat angehenden Regelungen und Erklärungen.[5]

Wenn eine Angelegenheit nicht öffentlich ist, auch der Öffentlichkeit, nämlich dem Volk, nicht zugänglich gemacht wird, ist Demokratie unmöglich. Aus diesem Grunde hat Art. 5 GG nicht nur die Freiheit zum Inhalt, die eigene Meinung zu sagen, sondern auch, sie auf öffentlichen Straßen und Plätzen, z.B. Hyde park corner, mitzuteilen, aber auch in öffentlichen Gebäuden. Die Pressefreiheit (Privat- und andere Medien) ist nicht nur Verleger- und Herstellerfreiheit, Freiheit,

---

2 Siehe entspr. Kapitel.
3 Vgl. Zur Gemeinschaftsbildung.
4 Siehe S. 108.
5 Vgl. Art. 42 I S. 1, 5, 81 GG. Siehe auch: P. Häberle, Verfassung als öffentlicher Prozeß, Berlin 1980.

das Presseorgan öffentlich zum Verkauf anzubieten, sondern auch, die Information oder Meinung mit diesem Medium der Öffentlichkeit zugänglich zu machen. Gewerbefreiheit, Bereitstellen von Sendefrequenzen u.a. gehören dazu.[6]

Art. 4 gibt auch die Freiheit, den Glauben und das Bekenntnis, also Religionszugehörigkeit und solche zu einer Glaubensgemeinschaft, öffentlich mitzuteilen und Glaube und Bekenntnis öffentlich zum Ausdruck zu bringen.[7]

Die Öffentlichkeit in der Bundesrepublik Deutschland wird auch konstituiert durch das Recht auf Widerstand des Art. 20 Abs. 4 GG. Das Recht auf Widerstand ist ein solches, das einen Widerstand des Einzelnen nach Art. 20 Abs. 4 GG legitimiert. Dort heißt es:"Gegen jeden, der es unternimmt, diese Ordnung zu beseitigen, haben alle Deutschen das Recht zum Widerstand, wenn andere Abhilfe nicht möglich ist." [8] Widerstand ist ein öffentlicher Akt, denn er ist auf den Erhalt der Ordnung des Grundgesetzes gerichtet. Weil das Grundgesetz die Verfassung ist, die das staatliche Leben, das ein öffentliches Leben ist, regelt, ist der zulässige Widerstand öffentlich.

Auch das Petitionsrecht ist ein Recht, das in der Öffentlichkeit ausgeübt wird. Dieses Recht nach Art. 17 GG ist ein Recht, sich öffentlich mit Bitten und Beschwerden an die Volksvertretung zu wenden. Wenn auch nur die Volksvertretung als Staatsorgan oder Einrichtung im Staat betroffen ist, so erhält doch der Petitionsausschuß als eine Einrichtung in dem Staate Kenntnis und zwar als Teil des Parlaments. Das ist die Öffentlichkeit staatlicher Gemeinschaft der ersten Gewalt, denn der Petitionsausschuß ist dem Parlament verpflichtet. Es ist allerdings nicht die Öffentlichkeit als die Gemeinschaft der Menschen, die sich auf dem Marktplatz treffen, sondern diejenige, die vom Staat als Einrichtung geschaffen worden ist.

Die Ausübung staatsbürgerlicher Rechte nach Art. 33, 38 GG, z.B. die Wahl, ist hier von Bedeutung. Die Wahl selbst ist zwar geheim, aber das Wahllokal, die Informationen, der Ort sind öffentlich. Niemand darf daran gehindert werden, das Wahllokal zu betreten oder sich aus dem Haus auf die Straße zu begeben, um zu wählen. Es ist auch nicht verboten, zu sagen, wen man wählt und darüber zu debattieren, dazu ist aber auch niemand gezwungen. Die Wahlhandlung ist gem. § 31 S. 1 BWahlG öffentlich. Zugang zum öffentlichen Amte nach Art. 33 Abs. 2 GG (öffentlicher Dienst) hat jeder Deutsche.

Versammlungsfreiheit gestattet die Versammlung im Haus ohne jede Beschränkung (Art. 8 Abs. 1 GG), während sie für solche unter freiem Himmel beschränkt werden kann.

Auch die Vereinigungsfreiheit nach Art. 9 GG ist ein Recht, in dem das Öffentli-

---

6 Grundlage sind die Rundfunk-und Fernsehurteile des BVerfG.
7 Vgl. Wortlaut.
8 Art. 20 Abs. 4 GG.

che zum Ausdruck kommt, denn der Verein wird in das Vereinsregister eingetragen. Diese Eintragung hat konstitutive Wirkung. Das Vereinsregister ist öffentlich.[8a]

Auch Freizügigkeit nach Art. 11 GG ist ein solches Recht, denn man darf sich an allen Orten in der Bundesrepublik aufhalten.

Art. 21 Abs. 1 S. 4 GG bestimmt zu den Parteien: "Sie müssen über die Herkunft und Verwendung ihrer Mittel sowie über ihr Vermögen öffentlich Rechenschaft geben."[9] Auf diese Art und Weise sollen die Parteien vom Volke in dem Staat kontrolliert werden, so daß nicht nur Mitglieder, sondern auch andere Personen, die Staatsbürger darüber Kenntnisse erwerben können.

2. Ihre Folgen

Die Folgen der Öffentlichkeit sind für die Konstituierung des Staates in seiner Herrschaftsform wichtig, weil der Staat nicht nur als res publica Sache der Öffentlichkeit ist, sondern auch Angelegenheit der Allgemeinheit. Das heißt für die Möglichkeit, Einfluß auf staatliches Geschehen zu nehmen, daß es ein öffentliches Leben geben muß, wo sich die staatliche Gemeinschaft bildet. Allgemeinheit heißt, daß dieser Ort, wo die staatliche Gemeinschaft lebt, ein Platz ist, der für alle Staatsbürger zugänglich ist. Diese Zugänglichkeit ist für die staatliche Gemeinschaft deswegen wichtig, damit es ein öffentliches Leben gibt. Ist es eine Demokratie, die die Form der Herrschaft ist, wie sie von Art. 20 Abs. 1 und Abs. 2 GG konstituiert wird, so ist die Öffentlichkeit von Bedeutung, weil Demokratie Herrschaft des Volkes ist und das Volk sind alle Staatsbürger, fast alle Menschen, die in dem Staat leben. Um das staatliche Geschehen bestimmen zu können, müssen die Staatsbürger miteinander in Verbindung treten und über Debatten oder andere Arten der Mitteilung ihren eigenen Willen bilden, um dann die Geschicke der staatlichen Gemeinschaft zu bestimmen.

II. Meinungsfreiheit

1. Inhalt

Der zentrale Inhalt der Meinungsfreiheit ist das Äußern der eigenen Meinung zu dem Geschehen in dem Staate ohne daß daraus demjenigen, der seine Auffassung frei äußert, ein Nachteil erwachsen darf, es sei denn er verstößt gegen Strafgesetze oder andere Vorschriften des Art. 5 Abs. 2 GG.[10]

Zwar werden auch andere Inhalte jeder Meinungsfreiheit geschützt, ihr Kern in einem Staate, dessen Herrschaftsform als Demokratie konstituiert wird, ist allerdings das Äußern der eigenen Meinung, weil es bloß auf diese Art und Weise dazu kommt, daß die Staatsbürger in der Debatte ihre Auffassung zu der Meinung

---

8a Vgl. § 79 BGB.
9 Vgl. Wortlaut.
10 Vgl. Wortlaut.

des anderen sagen und überhaupt erst bilden können.[11] Ohne die Äußerung der eigenen Meinung besteht keine Chance, daß andere im Staat von ihr Kenntnis erhalten. Aus diesem Grunde muß die Öffentlichkeit als Ort, an dem die eigene Meinung gesagt werden kann und darf, existieren und erhalten werden. Das gilt auch für alle Mittel, derer man sich bedient, um in der Öffentlichkeit Gehör zu finden.

Dieses Individualgrundrecht, das jedem einzelnen Staatsbürger zusteht, wird ergänzt durch die Pressefreiheit, die es der Presse erlaubt, sich frei zu äußern. Die Kenntnisnahme nach Art. 5 Abs. 1 S. 1 GG ist ebenfalls grundrechtlich geschützt.

2. Grenzen

Die Grenzen der Meinungsfreiheit werden in Art. 5 Abs. 2 GG beschrieben: "Diese Rechte finden ihre Schranken in den Vorschriften der allgemeinen Gesetze, den gesetzlichen Bestimmungen zum Schutze der Jugend und in dem Recht der persönlichen Ehre."
Die allgemeinen Gesetze sind solche Gesetze, die nicht die Meinungsfreiheit selbst zu ihrem Inhalt haben.[12] Niemand kann allerdings verbieten, daß ein Bestand an Meinungsausübungsfreiheit gewährt wird, denn die Schranke des Grundrechts ist in seinem Lichte auszulegen.[13]

III. Religions- und Bekenntnisfreiheit

1. Reichweite des Rechts

Die in Art. 4 geschützte Freiheit des Glaubens, des Gewissens und die Freiheit des religiösen und weltanschaulichen Bekenntnisses sind unverletzlich und die ungestörte Religionsausübung wird gewährleistet. Das Grundrecht hat keine Schranken. Es ist ein ursprüngliches Freiheitsrecht.[14]

Seine Bedeutung für den Staat und konkret die Bundesrepublik Deutschland aber ist geringer als die der Meinungsfreiheit, obgleich die Glaubens- und Bekenntnisfreiheit auch das Kundtun der eigenen Auffassung in religiösen Dingen und Bekenntnisfragen zum Inhalt hat.

2. Konsequenzen

Die Glaubens- und Bekenntnisfreiheit steht im Grundrechtskatalog noch vor der Meinungsfreiheit, weil der Verfassungsgeber sie für so bedeutungsvoll gehalten hat.
Aus der Sicht des Staates ist das zu verstehen als Blick auf die mögliche Herkunft des Staates aus der Religion und die Ableitung der staatlichen Gewalt aus einer

11 Art. 5 Rz. 3 und 4, in: GG-KommSeifert/Hömig, Baden-Baden 1982.
12 In st. Rspr. seit BVerfGE 7, 209f.
13 BVerfGE 7, 208ff.
14 Vgl. Wortlaut.

göttlichen, überirdischen, die das staatliche Geschehen aus dem Verständnis des einzelnen Staatsbürgers prägen könnte. Nimmt man den Staat nicht bloß für sich, sondern begreift ihn als eine Gemeinschaft über der religiöse Dinge stehen, so ist das religiöse Verständnis und aus diesem Grunde auch die Äußerung desselben dem Staate vorangestellt. Das gilt auch für die negative Bekenntnisfreiheit und Freiheit, ungläubig zu sein und jedenfalls keinen Gott über dem Menschen zu sehen.

Begreift man die Glaubens- und Bekenntnisfreiheit aus der Sicht der Herrschaftsform, so geht ihr die Meinungsfreiheit vor, handelt es sich um eine Demokratie. Daß im Grundgesetz die Meinungsfreiheit erst nach der Glaubensfreiheit geregelt ist, zeigt, daß zunächst überhaupt ein Staat konstituiert wird. In der Demokratie geht die Meinungsfreiheit der Glaubens- und Bekenntnisfreiheit vor, weil sie umfassender ist. Das Wort Meinung kann auch die Auffassung zur Religion zu seinem Inhalt haben, die für die Demokratie wichtig ist, um die Willensbildung für die Bestimmung des staatlichen Geschehens zu ermöglichen. Für die Demokratie hat die Glaubens- und Bekenntnisfreiheit von vornherein gar keine Bedeutung, weil es darin um das Praktizieren des Glaubens geht und die Einrichtungen der Kirchen und Glaubensgemeinschaften anderer Art geschützt, weil sie Orte des Bekenntnisses sind. Soweit aber religiöse und andere Glaubensüberzeugungen als Meinung geäußert werden, sind sie durch Art. 5 Abs. 1 S. 1 GG geschützt. Ihr Inhalt dagegen darf das Recht aus Art. 4 GG in Anspruch nehmen.[15]

IV. Versammlungs- und Vereinigungsfreiheit, Freizügigkeit.

1. Versammlungsfreiheit

Die Versammlungsfreiheit, die Versammlungen in geschlossenen Räumen ohne jede Schranke des Grundrechts nach Art. 8 Abs. 1 GG gestattet und bloß die Rechtsordnung in sonstiger Weise währenddessen beachten muß, eröffnet die Öffentlichkeit überhaupt erst für das Volk, die Aktivbürgerschaft und auch andere, die es an der Meinungsbildung beteiligen möchte, ihren Willen bilden können, um die Geschicke in dem Staate zu bestimmen.[16]

Selbst die Meinungsfreiheit ist ohne Versammlungsfreiheit nicht auszuüben. Das zeigt sich gerade an der Freiheit, sich unter freiem Himmel zu versammeln, die nur durch Gesetz oder aufgrund eines Gesetzes beschränkt werden darf. Im Versammlungsgesetz ist deswegen für die öffentliche Versammlung in geschlossenen Räumen keine Anmeldepflicht vorgesehen, jedoch für solche unter freiem

---

15 Abgrenzung kann z.B. nach prakt. Konkordanz erfolgen. Zur Auffassung des Bundesverfassungsgerichts, vgl. BVerfGEBO, 423; 44, 49.
16 Vgl. Wortlaut.

Himmel und Aufzüge sieht § 14 VersammlG eine solche vor.[17]
In geschlossenen Räumen ist eine Versammlung frei abzuhalten, weil die in der Öffentlichkeit sonst stattfindenden Belange, z.B. Handel und Verkehr, nicht beeinträchtigt werden.[18] Jede Versammlung unter freiem Himmel oder in geschlossenen Räumen ist auch geschützt in der Weise, daß der Weg dorthin von niemandem behindert werden darf. So erst zeigt sich die hohe Bedeutung der Öffentlichkeit für die Demokratie. Ist die Meinung gar nicht wahrnehmbar zu äußern, so kann es nicht zu der Staatswillensbildung kommen, weil das Volk nicht die Möglichkeit hat, sich seine Meinung zu bilden und auf diese Weise vorbereitet, seine Vertreter zu wählen oder selbst in der Sache abzustimmen. Hat man die Vertreter des Volkes nicht nach der Chance zu umfassender Meinungsbildung gewählt, so sind es nicht diejenigen, die das Volk bestimmt hätte, wäre es in dieser Weise informiert worden. Jedenfalls dürfte die Möglichkeit, daß nicht alle Volksvertreter dieselben wie nach umfassender Meinungsbildung sind, recht groß sein. Soll aber das Volk herrschen, so ist gerade das Gegenteil zu bewirken, also Information und Meinungsbildung des Volkes zu stärken, damit der Wille des einzelnen Bürgers aus allem zur Verfügung stehenden Wissen gebildet wird und die Chance, daß es zu einer richtigen Entscheidung kommt sich so erhöht.

Die Versammlungsfreiheit ist aber auch aus der Sicht des Staatsrechts wichtig, weil der Staat öffentlich ist. Sogar dann, wenn in dem Staate nur wenige herrschen oder nur ein Einzelner herrscht, ist die staatliche Gemeinschaft an dem öffentlichen Orte durch die Menschen gebildet.[19]

2. Vereinigungsfreiheit

Der Art. 9 GG bestimmt, daß in der Bundesrepublik alle Deutschen das Recht haben, Vereine und Gesellschaften zu bilden. Solche Vereine können politische Ziele und Aufgaben haben und niemand darf Zusammenschlüssen von Bürgern oder Gruppen, die sich aus solchen bilden, die Konstituierung als Verein nach dem Vereinsgesetz versagen, wenn nicht das Strafgesetz, die verfassungsmäßige Ordnung oder die Gedanken der Völkerverständigung berührt sind. Das bestimmt Art. 9 Abs. 2 GG.

Neben dem Recht, gem. Art. 21 GG Parteien zu gründen, ist das Recht, sich zu Vereinen zusammenzuschließen, für die Menschen im Staat von nahezu ähnlich hoher Bedeutung wie die Meinungsfreiheit und die Versammlungsfreiheit. Beide bilden die Grundlage für Staatswillensbildung in der Demokratie. Weil der einzelne Bürger seinen Willen betätigt, sind die Rechte, die nicht nur ihn selbst, sondern seine Zusammenschlüsse berühren, weit weniger gewichtig, aber unerläßlich, um den Willen des Staates zu bilden. Durch die Konstituierung von Zusammen-

17 Vgl. Wortl.
18 § 5 bis 13 VersammlG.
19 Vgl. S. 100.

schlüssen und ihre öffentliche Anerkennung wird deutlich, daß gleichgesinnte Bürger oder jedenfalls solche, die in grundsätzlichen Punkten, die den Zusammenschluß markieren, dieselbe Auffassung vertreten, sich der Öffentlichkeit aussetzen und selbst Öffentlichkeit schaffen über ihre Meinungen zu streitigen Problemen, die im Staate gelöst werden sollen.

3. Freizügigkeit

Ohne das Recht, sich im ganzen Bundesgebiet aufhalten zu dürfen, wie es für alle Deutschen nach Art. 11 Abs. 1 GG gilt, kann keine Öffentlichkeit entstehen. Das gilt in geringerem Maße für die Ausreisefreiheit, die in der allgemeinen Handlungsfreiheit des Art. 2 GG aufgehoben ist.[20] Denn in dem Staat selbst ist der freie Aufenthalt und der Wechsel des Aufenthaltsortes Voraussetzung für eine Bildung der eigenen Meinung und ein Kundtun derselben an jedem Ort.

V. Widerstandsrecht

1. Bedeutung

Das Widerstandsrecht des Art. 20 Abs. 4 GG ist ein Recht, das allen Deutschen zur Abwehr gegen die Beseitigung der grundgesetzlichen Ordnung zusteht. Nicht nur der Bestand der Demokratie ist geschützt, wie man sie in Art. 20 Abs. 1 und Abs. 2 GG konstituiert hat, sondern auch der der Republik und der Bestand des Sozialstaates.

Der Charakter dieses Rechts ist in der Herrschaft des Volkes begründet. Weil die Bundesrepublik Deutschland eine Demokratie ist, soll das Volk herrschen. Jeder einzelne Bürger ist an der Herrschaft des Volkes beteiligt. Diese Beteiligung an der Herrschaft wird durch Wahl oder Abstimmung, aber auch durch Äußerung der eigenen Meinung und ein Handeln nach ihr kundgetan und ein Beitritt zu Vereinen und Verbänden, die gemeinsame Auffassungen zum Staate und seinem Wohlergehen und den besten Wegen für die Fortentwicklung des staatlichen Geschehens hin zu einem Gemeinwesen, das dem Bändigungszweck entspricht. Weil der Mensch mit Vernunft begabt und es ihm möglich ist, das Richtige zu denken und das Falsche zu unterlassen, die vernünftige Entscheidung zu fällen, die es gestattet, daß die Gemeinschaftsfreundlichkeit gestärkt wird und die Gemeinschaftsfeindlichkeit sich verringert, soll es jedem Einzelnen von ihm gestattet sein, Widerstand gegen die Beseitigung der Ordnung des Staates zu leisten.

2. Folgen

Die Folgen der Existenz des Widerstandsrechtes nach Art. 20 Abs. 4 GG bewegen sich in zwei Bereichen. Es ist zunächst der Bürger selbst, dessen Eigenschaft Staatsbürger zu sein, selbst über die Richtung des Staates bestimmen zu dürfen, gestärkt wird und zwar in ähnlicher Art und Weise, wie wenn man direkte

---

20 Vgl. Wortlaut der Vorschriften.

Formen von Demokratie als verfassungsmäßige Rechte zuläßt, wie sie z.B. in Art. 29 GG bekannt sind. Der Bürger selbst ist auf diesem Wege verantwortlich für den Bestand der Demokratie in der Bundesrepublik Deutschland. Dieses Recht hat z.b. zum Inhalt, daß gegen staatliche Organe, die den Verfassungsgrundsätzen des Art. 20 GG nicht mehr folgen und eine Ordnung bilden, die diesem Artikel des Grundgesetzes entgegensteht, praktisch Widerstand geleistet werden darf, weil das Gewaltmonopol in den Händen des Staates nicht mehr seinen Konstitutionsvoraussetzungen folgt.

Es ist die staatliche Ordnung oder auch die einzelne Handlung oder das Handeln einzelner Personen, das Widerstand hervorruft, denn nicht der Bestand des Staates als einer Ordnung ist von dieser Vorschrift berührt, sondern der Staat wie ihn Art. 79 Abs. 3 GG meint, derjenige, der den in Art. 1 und Art. 20 GG festgelegten Grundsätzen entspricht. Widerstand ist also dann zulässig, wenn der Staat den Vorstellungen dieser Verfassungsvorschriften nicht mehr gemäß ist und nicht dann, wenn jede staatliche Ordnung in Gefahr ist. Art. 20 Abs. 4 GG schützt nicht den Bestand irgendeines Staates, sondern den des in Art. 20 und Art. 1 GG gemeinten.

VI. Verfahrensgarantien

1. Verfahren und Formen

Ein Verfahren zu garantieren, ist die Aufgabe von Formen. Damit das Verfahren, z.B. das Wahlverfahren eingehalten wird, sind Formen vorgesehen, die dieses Verfahren sichern. Die Wahl soll gewisse Eigenschaften haben. Sie muß allgemein, unmittelbar, frei, gleich und geheim sein.

Das Wahlgeheimnis ist die Möglichkeit, zu wählen, ohne daß ein anderer den Inhalt der Wahlentscheidung kennen muß. Damit soll die freie Entscheidung geschützt werden, denn wenn geheim bleibt, wie gewählt worden ist, können daraus keine Nachteile erwachsen. Es sollen aber auch keine solchen für den Stimmbürger entstehen. Die freie Entscheidung soll überhaupt nicht zu Nachteilen führen, weil sonst keine Herrschaft des Volkes vorhanden ist. Ist der Einzelne vor möglichen Nachteilen nicht gefeit, so herrscht das Volk nicht.

Das ist eine Verfahrensgarantie, diejenige, daß die Wahl so stattzufinden hat, daß die Abstimmung geheim bleibt. Geheimhaltung ist also eine Verfahrenseigenschaft. Es müssen Formen gefunden werden, die die Geheimhaltung sichern, z.B. die Wahlkabine, schließbare Umschläge, Wahlurnen, Wahlgeräte, die das sichern etc.. Das meint auch die Vorschrift des § 33 BWahlG, der die Wahrung des Wahlgeheimnisses vorschreibt. [21]

Die Gleichheit der Wahl nach Art. 38 Abs. 1 S. 1 GG ist eine Verfahrensgarantie, die in der Demokratie die Form der Herrschaft sichern soll.

21 Vgl. Wortlaut.

Die Chance, daß die Abgeordneten Vertreter des ganzen Volkes sein mögen, könnte nur dann gegeben sein, wenn diese in gleicher Wahl gewählt werden. Das ist nur dann der Fall, wenn die Stimme des Einzelnen dasselbe Gewicht besitzt. Die Möglichkeit, mit seiner Stimme genau wie jeder andere das Wahlergebnis beeinflussen zu können, ist eine solche, die nicht immer zur Folge hat und zur Folge haben muß, daß es gerade auf diese Stimme in einem einzelnen Fall ankommt, aber das Verfahren muß so gestaltet sein, daß diese Chance von vornherein für jeden Einzelnen vorhanden ist.

Die Chance für einen Wahlberechtigten in einem Wahlkreis, dessen Bevölkerungszahl um 30% geringer ist als der Durchschnitt und diejenige für einen in einem Wahlkreis, dessen Bevölkerungszahl um 30% höher ist als der Durchschnitt, einen Direktkandidaten zu bestimmen, ist nicht dieselbe. Die einzelne Stimme wiegt weniger, weil es in dem ersten Wahlkreis einer sehr viel kleineren Zahl von Stimmen bedarf als in dem zweiten, um seinem Kandidaten die Mehrheit zu verschaffen. Damit könnte der einzelne Stimmbürger unterschiedlich hohe Chancen besitzen, den Direktkandidaten nach § 5 BWahlG zu bestimmen.

Die Gleichheit der Wahl zeigt sich auch darin, daß die Möglichkeit in das Wählerverzeichnis aufgenommen zu werden, für jeden dieselbe ist. Das ist der Grund, warum nach § 17 Abs. 1 S. 2 BWahlG das Wählerverzeichnis zur allgemeinen Ansicht öffentlich ausgelegt wird. Es ist der Öffentlichkeit zugänglich zu machen, damit geprüft werden kann, ob der Einzelne eingetragen ist oder nicht.

Er selbst kann, aber auch andere, können das überprüfen. Die Eintragung in das Wählerverzeichnis ist Voraussetzung dafür, wählen zu dürfen (§ 14 I BWahlG) . Wer nicht in das Wählerverzeichnis eingetragen ist, kann sein Wahlrecht ausüben, wenn er einen Wahlschein hat.

Das Wahlrecht ist in Art. 38 Abs. 2 GG geregelt und in § 12 BWahlG wiederholt. Alle Deutschen, die das achtzehnte Lebensjahr vollenden und sich mindestens gewöhnlich im Geltungsbereich des Bundeswahlgesetzes aufhalten, sind in das Wählerverzeichnis einzutragen, das die Gemeindebehörden nach § 17 Abs. 1 S. 1 BWahlG führen. Es dürfen keine anderen Voraussetzungen oder Bedingungen für die Eintragung gemacht werden als die. der Volljährigkeit, weil das die Verfassung selbst so vorschreibt. Der gewöhnliche Aufenthalt oder die Wohnung nach § 12 I S. 2 BWahlG sind notwendig, weil es sich um das Staatsvolk handelt, dasjenige, das in diesem Gebiet lebt.

2. Verfahren und Demokratie

Verfahrensgarantien sind diejenigen Sicherungen, die Demokratie als Recht der Volksherrschaft zu ihrer Voraussetzung haben. Wenn die einzelnen notwendigen Teile des Verfahrens nicht garantiert sind, so ist keine Volksherrschaft vorhanden.

Es ist deutlich geworden, daß alle Merkmale des Begriffs als Recht mit allen Unterbegriffen nur ausnahmsweise erfüllt sind, man also nicht von Demokratie sprechen kann, weil ein Merkmal fehlt. Verfahrensgarantien korrespondieren also nicht notwendig mit Minderheitenschutz als ein in der Demokratie vorhandenes Merkmal der Beteiligung aller Menschen Denn Verfahrensgarantien gelten immer für alle, d.h. sie sind einschlägig für alle, die wählen dürfen. Minderheitenschutz ist aber nur dort vorhanden und notwendig, wo eine Minderheit existiert, also abweichende Auffassungen geäußert werden. Wenn eben nicht alle einer Meinung sind oder nicht alle eine Meinung geäußert haben, braucht man Minderheitenschutz als Sicherung von Demokratie.

3. Garantie und Form

Die Verfahrensgarantie zeigt sich in der Form. Es wird nichts anderes als die Einhaltung der Form durch das Recht garantiert.
Die Beispiele aus der englischen Gesetzgebung, die zitiert werden, bringen diesen Gedanken, daß die Form das Verfahren garantiert, zum Ausdruck:
"No legislative power in either or both houses of parliament without the King; and all orders or ordinances of both or either houses for raising boxes, arms, &c. without royal assent, are void, and saying that the parliament 16 Car. I. is in being, shall in cur pre munire." [22]

"Election of members of parliament ought to be free: the freedom of speech, and debates or proceedings in parliament, ought not to be questioned in any court, &c. out of parliament, and for preserving the laws, &c. parliaments ought to be held frequently." [23]

"No parliament to continue longer than three years." [24]
"Parliament to sit for six months after the King's death, unless sooner dissolved by the successor." [25]
"None under 21 years to vote, or to elected members." [26]

"When any new parliament is summoned, there shall to be forty days between the teste and return of the writ; the wirts to be issued out with all expedition, and delivered to the proper officer, who is to indorne the day when received, and make out the precept; precept to be delivered in three days after receipt of the writ, officer to indorne the day of receipt, and give four days notice of the time of election in eight days after." [27]

"None to vote in election of members by reason of trust estate, or mortage, unless such trustee or mortage be in actual possession, &c. but the mortgagor or

22 16 Car. 2 c. I. § 2, 3 vol. 8.
23 1 W. & M. Sess. 2 c. 2; 2 W. &. W. Sess. I. c. 7 vol. 9.
24 6 W. &. M. c. 2. § 3. vol. 9.
25 7 & 8W. 3. c. I 5. vol. 9; 4An. c. 8.; 6 An. c. 7. § 7. &. c. vol. 11.
26 7 & 8 W. 3. c. 25. § 8 vol. 9.
27 7 & 8 W. 3. c. 25. § l. vol. 9. 10 & 11 W. 3. c. 7. § 2 vol. 10.

c e s t u y q u e t r u s t in possession: all conveyance in order to multiply voices, &c. shall be of the effect; but one vote for one house." [28]

"Parliaments shall have continuance for seven years, unless sooner dissolved by the King." [29]

"In case of invasion or rebellion, the parliament may be summoned to meet by proclamation &c. on such day as his Majesty shall appoint, giving fourteen days notice." [30]

"The speaker to issue his warrant during the recess of parliament, to elect a member in the rom of any dying, or becoming peers of Great Britain, on receiving a certificate of such vacancy signed by two members, and notified in the Gazette."[31]

VII. Minderheitenschutz

1. Im Staatsvolk

In der Verfassung findet man Vorschriften, die Minderheitenschutz dieser Art vorsehen. Das Ingangsetzen des Volksbegehrens, wie es z.B. in Art. 29 GG vorgesehen ist, läßt gem. Art. 29 Abs. 4 GG bei einem Gebiet in dem mindestens eine Million Einwohner liegen ein Zehntel der zum Bundestag Wahlberechtigten genügen. Der Schutz der Minderheit ist auch in Art. 20 Abs. 2 S. 3 BWahlG vorgesehen. Für Kreiswahlvorschläge werden dann nicht 200 Unterschriften gebraucht, wenn es solche nationaler Minderheiten sind.

Das Wahlvorschlagsrecht ist nicht nur ein solches der Parteien, sondern auch einzelne Bürger können von ihm nach §§ 18 Abs. l, 20 Abs. 3 BWahlG Gebrauch machen. Fraglich ist, ob es mindestens 200 Wahlberechtigte sein müssen, die den Kreiswahlvorschlag persönlich und handschriftlich zu unterzeichnen haben. Wenn in einem Wahlkreis weniger als 200 Berechtigte einen Vorschlag machen, wird der Bewerber nicht zugelassen. In § 3 Abs. 2 S. 3 Nr. 2 BWahlG ist festgelegt, daß von der Durchschnittszahl der Bevölkerung diejenige des einzelnen Wahlkreises nicht mehr als 25 nach oben oder 25 nach unten betragen darf. Imperativ für eine Neuabgrenzung ist 33 1/3. Wenn die Durchschnittszahl 100 ist und in einem Wahlkreis ist sie 1330 und in einem anderen ist sie 670, so sind in dem ersteren fast doppelt soviele Wahlberechtigte wie in dem zweiten. Trotzdem ist die Zahl der für den Wahlvorschlag notwendigen Personen dieselbe, d.h. obwohl der zweite Wahlkreis nur halb so groß ist, braucht er dieselbe Zahl für einen Wahlvorschlag.

---

28 W. 3. c. 25. § 7 vol. 9; 10. An. c. 23 § 1 vol. 12.
29 1 Geo. I St. 2 c. 38 vol. 13.
30 30 Geo. 2 c. 25. § 46. vol. 22.
31 10G. 3. c. 41. vol. 28.

Der Vorgeschlagene ist aber in diesem viel höher repräsentiert als in dem ersterem. Die Zustimmung zu ihm ist fast doppelt so hoch. Begründet kann dieser Spielraum, diese Bandbreite, werden, wo es möglich ist, de lege lata einen Wahlkreis für sich zu erhalten mit Blick auf die gleiche Zahl 200 für die Zustimmung zu einem Wahlkreisvorschlag dadurch, daß das Volk nur dort herrscht, wo es möglich ist, daß die Chance besteht, jeden Kandidaten zu wählen, der zur Verfügung stehen möchte. Es spielt daher keine Rolle, ob es ein Kandidat ist, der hinter sich 200 Wahlberechtigte als Vorschlagende hat, die mit doppelt so hoher Zahl von Bürgern in einem Wahlkreis die Gesamtzahl der dort in einem Wahlkreis lebenden Bevölkerung bilden oder wenn es eine halb so große Zahl ist.

2. Im Parlament

Es ist z.B. in Art. 44 Abs. 1 S. 1 GG konstituiert, daß schon auf Antrag eines Viertels der Mitglieder ein Untersuchungsausschuß in dem Deutschen Bundestag eingesetzt werden kann. [33]

Fraktionsrechte sind in der Verfassung nicht vorgesehen, aber durch die Rechtsprechung anerkannt.[34] Sie sind zwar in der Geschäftsordnung des Deutschen Bundestages gem. §§ 10-12GeschO BT geregelt, aber ebenso wie die Rechte, die aus dem Abgeordnetenstatus erwachsen, sind es keine solchen Rechte, die ursprünglich für Minderheiten konstituiert worden sind.

3. Sonstige

Man kann im Staatsvolk wegen der Quoren Minderheitenrechte als solche verstehen, die auch kleinen Gruppen des Volkes, die Möglichkeit geben, Rechte auf Repräsentation und Sachabstimmung zu geben. Zum Beispiel ist das über die Größe der Wahlkreise zu steuern.

Es ist aber auch möglich, Gruppen des Volkes oder auch solche der Parlamentarier in besonderer Weise mit Bestimmungsrechten zu versehen. Z.B. können Beratungsgremien oder sonstige Beteiligungseinrichtungen geschaffen werden, die Gruppen von Einzelnen, z.B. Kinder, Senioren, landsmannschaftliche oder religiöse Minderheiten und andere Personengruppen, die eine Gemeinsamkeit besitzen, wegen ihrer Eigenschaft, dieser Minderheit anzugehören, repräsentieren. Zwei Argumente sprechen dafür, solche Gremien zu schaffen. Das Wissen über die Lage dieser Gruppe könnte geringer sein als dasjenige über Mehrheiten, weil vieles vielleicht unbekannt ist. Auch die Vertretung der Belange mag unter dem übergreifenden Gemeinwohlgedanken vielleicht verschwinden.

VIII. Grundrechte, die nicht zu dem Minderheitenschutz gehören

1. Eigentumsfreiheit

Die Eigentumsfreiheit ist in Art. 14 Abs. 1 S. 1 GG geregelt. darin heißt es, daß das Eigentum gewährleistet wird. Die Vorstellung, die diesem Begriff zugrunde

---

33 D. Bodenheim, Kollision parlamentarischer Kontrollrechte, S. 123ff..
34 BVerfGE 1, 378; 2, 160; 20, 104; 45, 28.

liegt, ist bereits im Bürgerlichen Gesetzbuch in § 903 BGB geregelt. Danach kann der Eigentümer mit der Sache verfahren wie er möchte und andere von jeder Einwirkung ausschließen. Die Eigentumsgewährleistung ist eine solche, die Rechtsstellung gewährleistet, zugleich Institutsgarantie ist und auch subjektive Rechte, z.b. Vermögensrechte, umfaßt. Grundsätzlich geht Art. 14 GG aber immer noch von der Sacheigentumsvorstellung und dem eingerichteten und ausgeübten Gewerbebetrieb aus.[35]

2. Allgemeines Persönlichkeitsrecht

Im Elfes-Urteil hat das Bundesverfassungsgericht beschrieben, was das allgemeine Persönlichkeitsrecht ist und diese [36] Tendenz später im 34. Band bestätigt. Danach ist das allgemeine Persönlichkeitsrecht ein absolutes Recht als Abwehrrecht mit Drittwirkung, die sich daran zeigt, daß es in § 823 Abs. 1 BGB als Teil der actio berücksichtigt wird.

Im Elfes-Urteil sagt das Gericht, daß Art. 2 Abs. 1 GG ein selbständiges Grundrecht garantiert, das die allgemeine menschliche Handlungsfreiheit gewährleistet. Ist kein anderes Grundrecht betroffen, so wird die Handlungsfreiheit hier gewährleistet, ist sie nicht durch die Schrankentrias eingeschränkt. Allgemeine Rechtsordnung, soweit sie formell und materiell mit der Verfassung übereinstimmt, ist die verfassungsmäßige Ordnung im Sinne der Schrankentrias.

3. Recht auf körperliche Unversehrtheit

Das Recht auf körperliche Unversehrtheit ergibt sich aus Art. 2 Abs. 2 GG. Grundrechtsträger ist jeder Mensch. Diese genießt absoluten Schutz, ist also nicht bloß Abwehrrecht dem Staate gegenüber, sondern es besteht auch eine Pflicht der Rechtsordnung, sie zu schützen und zwar jedem gegenüber.

Schutzgut ist die Beschaffenheit des Körpers, seiner äußeren Erscheinungsform und der körperlich bedingten seelischen Zustände. Das Bundesverfassungsgericht hat vier Komponenten festgestellt: Freiheit vor Verunstaltungen, vor Unfruchtbarmachung, vor Verletzung der körperlichen Gesundheit im biologisch-medizinischen Sinne und vor psychischer Deformation. [37]

IX. Mehrheitswechselchance

1. Überprüfbarkeit der Entscheidung

In der Demokratie, wenn sie als eine parlamentarische oder repräsentative ausgestaltet ist, gibt es zwei unterschiedliche Bereiche für die Tätigkeit der Staats-

---

35 BVerfGE 58, 300; 24, 367, 389; 21, 73; 31, 229; 52, 1; 24, 367, 389.
36 BVerfGE 6, 32; BVerfGE 34, 269, 281f.
37 BVerfGE 52, 214, 220f; 56, 54, 74ff..

organe. Es sind die des Volkes in seiner Eigenschaft als Souverän. Staatsrechtlich gesehen, ist es ein Staatsorgan, das handelt. Und es sind die Einrichtungen des Staates. Für die des Staates gelten andere Regelungen als für die des Volkes. Dem Volk muß die Volksherrschaft gegeben werden, z.b. durch Informations- und andere Rechte, etwa Öffentlichkeit der Tätigkeit von Staatsorganen. Es ist die Öffentlichkeit, versteht man den Begriff personal.
Es müssen Chancen für die Staatsorgane vorgesehen sein, die eigene Auffassung zu revidieren, also zu ändern. Das ist z.B. die Novellierung von Gesetzen. Die Wahlperiode muß zeitlich so angesetzt sein, daß ein Turnus des Wechsels ermöglicht wird, der neuen Vorstellungen und Veränderungen ihre Durchsetzung durch Neuwahl ermöglicht.
Auch das Parlament muß die Möglichkeit haben, die Auffassung, die sich z.B. in einem Gesetz konstituiert hat, zu ändern.

Diese Revidierbarkeit der Entscheidung ist notwendig, damit die Chance, einen Irrtum zu korrigieren, tatsächlich besteht und wahrgenommen wird. Es können daran hohe Anforderungen gestellt werden, solche, wie man sie vom Bundesverfassungericht z.B. für den Prognosespielraum des Gesetzgebers formuliert hat.[38] Das ist ein Fehler, den der Gesetzgeber womöglich gemacht hat und wenn er das tat, muß er ihn ändern.

2. Revidierbarkeit der Entscheidung

Voraussetzung für die Revidierbarkeit der Entscheidung ist die Möglichkeit, Wissen und Kenntnisse zu erhalten, um die Entscheidung, die das Volk selbst oder seine parlamentarische Vertretung gefällt hat, überprüfen zu können. Diese Kontrolle ist notwendig, damit das Volk als der Souverän in dem Staat, der die Herrschaft ausüben soll, dazu in der Lage ist, eine einmal getroffene Entscheidung wieder rückgängig zu machen, sie abzuändern oder ganz durch eine andere zu ersetzen. Die Rechte, die in der Verfassung Öffentlichkeit konstituieren, sind aus diesem Grunde geschaffen worden.[39] Die Öffentlichkeit dient nicht nur der Mitteilung der eigenen Meinung, sondern auch der Weitergabe des Wissens, um die Entscheidung zu überprüfen, damit sie gegebenenfalls bestätigt oder abgeändert wird. Akteneinsichtsrecht, Mitteilungs- und Veröffentlichungspflichten sind Beispiele dafür.[40]

Die Kontrollchance muß aber auch das Parlament haben, weil wegen der eingeschränkten Demokratie, die sich in der Ausübung von parlamentarischen Rechten zeigt, vergleicht man diese mit der unmittelbaren Herrschaft durch das Volk selbst, die Möglichkeit, Exekutive und in Teilen Judikative zu kontrollieren, besonders groß sein muß, denn sonst könnte das Parlament seinem Auftrag nicht gerecht werden.

---

38 BVerfGE 8, 71, 80; 50, 290, 341.
39 Vgl. Art. 5 GG Wortlaut.
40 AK-GG-Schneider Art. 44 Rz. 7.

2. Abschnitt: Eigenschaften von Demokratie im Verfassungsstaat
§ 49 Zusammenfassung der Grundlagen
I. Der Staat

Wenn man die Eigenschaften von Demokratie im Verfassungsstaat erkennen will, muß man zunächst die Frage beantworten, was der Staat ist. Das ist eine Grundlage der Formen von Demokratie.

Sind die Merkmale dessen, was der Staat ist, dargestellt, folgt daraus die Frage, wie der Staat tätig wird. Wenn man die Tätigkeit des Staates, sein Handeln, bestimmt hat, kann man ggfls. die Frage beantworten, wie der Staat rechtlich konstituiert ist.

Eine Möglichkeit, den Staat durch Recht zu konstituieren, ist die Verfassung. Aus diesem Grunde wird beschrieben, was eine Verfassung ist und wie man diese auslegt. Die Besonderheiten geltender Verfassungen zeigt man dann.

Sind die Grundlagen der Eigenschaften von Demokratie im Verfassungsstaat dargestellt, kann man die Demokratieformen zusammenfassen. Voraussetzung ist es, Demokratie als Begriff zu bestimmen, das Recht der Demokratie zu beschreiben und dann die Formen von Demokratie darzustellen, die in dem Verfassungsstaat möglich sind.

Es ist Voraussetzung für die Herrschaftsform Demokratie, daß ein Staat vorhanden ist. Allerdings gibt es nicht bloß in dem Staate Herrschaftsformen, sondern auch in anderen Gemeinschaften. Man mag daher Teile des Begriffs Demokratie dort vorfinden können, z.B. in der Familie, der Horde oder der Sippe. Weil Demokratie "Volksherrschaft" heißt, ein Volk aber nur in einem Staate vorzufinden ist, wird man bei solchen Gemeinschaften überlegen müssen, wer Subjekt dieser Herrschaft sein kann, das vergleichbar dem Volke ist.

Ist der Staat Grundlage für eine Darstellung der Merkmale von Demokratie als einer Herrschaftsform von ihm, so muß man sich zunächst darüber im klaren sein, was eine Herrschaftsform im Unterschied zur Staatsform ist.
Ist die Staatsform diejenige Art und Weise wie das Staatsoberhaupt in dem Staate bestimmt wird, so könnte es sein, daß für die Herrschaftsform kein Raum mehr bliebe, Staats- und Herrschaftsform dasselbe seien, wenn durch die Bestimmung des Staatsoberhauptes, das vielleicht alle Staatsgewalt in den Händen hielte, die Form der Herrschaft zugleich bestimmt ist. Das ist z.B. bei der Monarchie der Fall.
Die Frage nach der Herrschaftsform taucht dann auf, wenn das Staatsoberhaupt selbst nicht alle Macht, also hoheitliche Gewalt, in sich vereinigt, sondern wegen Gewaltenteilung und unterschiedlichen Handlungskompetenzen sich diese vom Oberhaupt auf die Glieder verteilt. Es kann sogar sein, daß Staatsoberhaupt und

die Glieder des Staates, seine Einrichtungen, seine Organe, mit diesem nicht in einer gleichgerichteten Verbindung stehen. Ist z.B. Staatsform Monarchie und Herrschaftsform Demokratie, so unterscheiden sich beide und man muß fragen, wie weit die hoheitliche Gewalt sich in dem Staatsoberhaupte vereinigt und welche es ist, die sich in den sonstigen Teilen des Staates zeigt. Ähnlich ist das Problem bei der Republik und der Demokratie. Weil bei beiden die Herrschaft und Staatsgewalt als hoheitliche von dem Volke ausgeht, auch das Staatsoberhaupt häufig in mittelbarer Art und Weise von dem Volke bestimmt ist, kann gefragt werden, begreift man die Staatsgewalt als eine einheitliche, wer diese ausübt, ist es nicht das Volk selbst, sondern seine Repräsentanten.

Man mag Staats- und Herrschaftsform vom Begriffe her danach unterscheiden, daß die erstere sagt, welche Form der Staat hat und die zweite, welche Form von Herrschaft in ihm ausgeübt wird, zuerst also der Staat selbst in seiner Form errichtet wird und dann die Art und Weise wie man in ihm tätig wird und wer das tut.

Staats- und Herrschaftsform lassen sich nach unterschiedlichen Handlungskompetenzen im formellen und materiellen Sinne abgrenzen. Die Staatsform hat gegenüber der Herrschaftsform ergänzende Bedeutung. Das hat seine Ursache in der Trutzbundeigenschaft des Staates, daß es ihn überhaupt gibt, weil nicht bloß er, sondern auch noch andere, vielleicht ihm gegenüber feindlich gesinnte, existieren.[41]

Dies führt zu der Unterscheidung zwischen Staats- und Herrschaftsform, daß die Staatsform das Staatsoberhaupt beschreibt und dieses es ist, das den Staat anderen Staaten gegenüber vertritt. Es ist also ermächtigt, für den Staat zu zeichnen. In Art. 59 GG ist daher von völkerrechtlicher Vertretungsmacht die Rede.

1. Was ist der Staat?

Der Staat ist res publica, öffentliche Gemeinschaft der Menschen. Er hat das Merkmal, Schutzbund zu sein und auch Trutzbund.[42]

Der Mensch ist in der Regel kein Einsiedler und gegen Gefahren der Natur und andere Menschen und Familien kann er sich bloß durch Gemeinschaftsbildung durchsetzen und behaupten. Er ist daher auf politische Gemeinschaft angelegt, die Gemeinschaft in der polis, d.h. dem Ort, dort dem forum. Mag gegen die Gefahren der Natur oder andere Familien auch eine Gemeinschaft sich durchsetzen können, die nicht res publica ist, obwohl jedenfalls die Gefahren der Natur öffentliche Angelegenheiten sind, so ist die staatliche Gemeinschaft gebildet gegen die Erkenntnis der Tragik der Unvollkommenheit der Welt, wie sie sich zeigt z.B. in Naturkatastrophen, Kriegen und dem Streit der Menschen untereinander. Worauf die Unvollkommenheit der Welt zurückgeführt werden kann, ist nicht gewiß.

---

41 Vgl. S. 102.
42 Vgl. S. 100f..

Möglich ist es, daß es nicht das Gute im Menschen ist, sondern das Böse, Gemeinschaftsfeindliche, das seinen Egoismus beschreibt, der sich auf Kosten einer Gemeinschaft durchsetzen will, obwohl er doch auf diese angewiesen ist. Ist der Mensch durch seine Eigenschaft, Gut und Böse zu unterscheiden, einen freien Willen zu haben und mit Vernunft begabt zu sein, fähig, das Streben gegen die Gemeinschaft zu bändigen, so ist er fähig dazu, einen Staat, eine staatliche Gemeinschaft, zu schaffen. Unabhängig von einer möglichen Transzendenz, ist die Gemeinschaft bestimmt durch Gut und Böse, Freundschaft und Feindschaft und durch die Zielstrebigkeit mit der sie zu ihrer Erhaltung das Böse bändigt.

Weil der Mensch fähig ist zur Freiheit, kann er Sollensvorschriften einhalten und seine Vernunft betätigen, um sie zu errichten. Sie müssen nicht falsch, sondern sie können richtig sein. Falsch sind sie, wenn sie der Gemeinschaft entgegengesetzt sind; richtig sind sie, streben sie auf Erhaltung und Entwicklung der Gemeinschaft.

Weil der Mensch die Fähigkeit zur Vernunft besitzt und nicht immer bekannt ist, was richtig und falsch ist und das zugleich die Möglichkeit beinhaltet, daß jeder sich irren kann, muß man dem Menschen die Freiheit belassen, damit er selbst entscheiden kann. Bloß so besteht die Chance, daß vernünftig, nämlich richtig, entschieden wird. Dem Bändigungsaspekt ist also die Freiheit des Menschen dann entgegengesetzt, wenn die Bändigung überschießend ist, demnach der Mensch nicht mehr entscheiden darf. Das kann zu falschen Entscheidungen führen, die dem allgemeinen Staatszweck entgegengerichtet und die durch den Staatszweck nicht gedeckt sind.

Auch die Möglichkeit oder sogar Wahrscheinlichkeit einer Transzendenz, eben die Existenz eines höheren Wesens, darf das nicht. Der Fall des Galilei zeigt, daß das Wissen, d.h. die Wahrheit über die Welt und ihre Kenntnis, dem Staate nicht entgegengesetzt ist, blickt man zurück und daher niemand in seiner Freiheit im Staat gänzlich beschnitten werden soll. Die Forderung nach Abschaffung der Todesstrafe gründet auf der Eigenschaft des Menschen, irren zu können und daher keine irreversibelen Entscheidungen in dem Staate treffen zu dürfen.

Es kommt hinzu, daß die Unvollkommenheit der Welt Ursache für die res publica als Gemeinschaft der Menschen an einem öffentlichen Orte ist. Das sagt noch nichts über die Bändigung von ihm. Die Bändigung, also die Staatsgewalt oder staatliche Hoheitsgewalt, ist zwar allgemeiner Staatszweck; es kann aber auch Staaten geben, die dieses Element aus der Elementenlehre des Jellinek nicht enthalten, sondern bloß Volk und Land, bzw. Ort. Denn dort, wo man es bei der tragischen Erkenntnis der Unvollkommenheit der Welt beläßt, gehen die Menschen eine Gemeinschaft ein, sei es, um sich im Gespräch zu trösten oder dadurch neue Erkenntnisse über die Ursache der Unvollkommenheit zu erhalten oder diese so auszugleichen.[43] Auf diese Art und Weise wird die tragische Erkenntnis der Un-

43 Vgl. S. 104.

vollkommenheit auch bekämpft, ebenso wie durch Rauschmittel und Kampf gegeneinander.

Es ist aber möglich, daß man den Gedanken des möglichen Schlechten des Menschen als Ursache der Unvollkommenheit der Welt nimmt und diese tragische Erkenntnis bekämpft durch Ausbildung einer Staatsgewalt, sicher zum Zwecke ihrer Bändigung. Das könnte die Welt vollkommener machen, denn dann hat man eine Ursache für die Unvollkommenheit, die man bekämpfen kann. Wegen der Unsicherheit des möglichen Irrtums und der Chance, nicht zu irren, wenn der Mensch frei ist und frei entscheiden darf, ist der Bändigungszweck bereits als Teil des Staatsbegriffs begrenzt.

2. Wie wird der Staat tätig?

Der Staat handelt einheitlich dem Bürger oder Untertan gegenüber. Das geschieht auch dann, wenn derjenige, der in dem Staate wohnt, zwar Teil des Staatsvolkes ist, aber ihm gegenüber keine Rechte besitzt.

Die Einheit der Staatsgewalt ist ein Begriff, auf den die Dreiteilungslehre zurückgeführt werden kann, die die Staatsgewalt zum Zwecke der gegenseitigen Kontrolle der Einrichtungen des Staates in drei Gewalten teilt. Es sind die Legislative, die Exekutive und die Judikative.

Die Einheit der Staatsgewalt bedeutet, daß der Staat dem Bürger gegenüber einheitlich handelt, also die Staatsgewalt in einer Hand liegt und ist das nicht der Fall, so dürfen staatliche Entscheidungen im hoheitlichen Verhältnis einander nicht widersprechen. Allerdings kann die Judikative eine Entscheidung der Exekutive aufheben oder ändern, ggfls. sogar Gesetze aufheben, die Legislative kann Gesetze machen, die Bibliotheken zu Makulatur werden lassen. Das heißt bloß, daß die Zuständigkeiten im Rahmen einer Gewalt sich nicht widersprechen, wegen ihrer Kontrolle untereinander es aber zu solchen Korrekturen kommt. Die Einheit der Staatsgewalt ist staatstheoretisch gespeist aus dem allgemeinen Staatszweck, dem Bändigungszweck.

Der Staat handelt durch seine Organe. Er tut dies nicht nur dem Einzelnen, der Gemeinschaft und anderen Gemeinschaften gegenüber, sondern auch im Verhältnis zu anderen Staaten. .

3. In welchen Formen ist der Staat rechtlich konstituiert?

Der Staat ist in seiner Eigenschaft als res publica in unterschiedlichen Formen gegründet. Solche Formen können durch geschriebene oder ungeschriebene Verfassung geschaffen werden.[44]

Die Gründung eines Staates ist rechtlich aber auch in anderer Weise möglich als durch Verfassung. Einzelgesetze, Einzelentscheidungen und Gewohnheitsrecht

---

44 S. 282.

können ebenso Rechtsquelle für die Gründung eines Staates sein, denn eine Konstituierung mag auch in dieser Weise geschehen. Durch Einzelgesetz kann man dem Staat einen Namen geben, das Staatsgebiet bestimmen und die staatliche Hoheitsgewalt beschreiben. Auch Einzelentscheidungen, z.B. ein Volksabstimmungsergebnis und seine Veröffentlichung, können Staatsgründungsakt sein. Dasselbe gilt auch für Gesetze. Wenn Gewohnheitsrecht entsteht, geht dem Recht die Gewohnheit voraus. Wird in einer Gemeinschaft eine Gewohnheit gepflegt, so kann diese zu Recht erstarken. Aus einer Gemeinschaft, die Familie ist, mag ein Staat werden, wenn die Voraussetzungen dafür erfüllt sind. Das kann durch Gewohnheit entstehen, die zu Recht wird. Ist sie es geworden, so ist auf diese Weise zugleich der Staat gegründet.

Man wird die Frage stellen, ob diese neben der Verfassung genannten Möglichkeiten der Staatsgründung, nicht in dieser aufgehoben sind, begreift man die Verfassung als grundlegendes Gesetz. Das gilt, ist eine solche geschaffen. Das Gewohnheitsrecht ist gewiß nicht betroffen, denn Gesetz und Gewohnheitsrecht unterscheiden sich als Rechtsquelle gerade. Sogar dann, wenn materiell, so dem Inhalte nach, ähnlicher Teile konstituiert worden ist, wird man nicht sagen können, daß Gesetz und Gewohnheitsrecht identisch miteinander sind und in dem Begriff der Verfassung dieses aufgehoben sei.

Das Einzelgesetz kann Ähnlichkeiten mit der Verfassung aufweisen, wenn es grundsätzliche Eigenschaften der res publica regelt, z.B. ein Flaggengesetz, das die Staatsflagge bestimmt. Der Unterschied liegt darin, daß es bloß einzelne Angelegenheiten sind, während die Verfassung das gesamte Staatswesen in seinen wesentlichen und grundlegenden Merkmalen bestimmt.[45]

Auch die Einzelentscheidung, etwa die des Souveräns, kann der Verfassung ähnlich sein. In ihr ist womöglich ebenso eine Konstituierung verbürgt. Aber auch diese ist eine einzelne, ein einzelner Bestandteil und als dieser nicht der Rechtsquelle Verfassung ähnlich. Außerdem ist die veröffentlichte Einzelentscheidung kein Gesetz und daher ist die eine Möglichkeit der Konstituierung nicht dieselbe wie die andere.

Ist es nun möglich, zu sagen, daß der Staat in unterschiedlicher Weise konstituiert werden kann, so wendet man sich den Formen zu, die für ihn geschaffen sind. Es ist die Staatsform und die Herrschaftsform, in denen der Staat gründet, der Staatsgewalt ausbilden soll.[46]

Die Staatsform ist bestimmt durch ihre Eigenschaft, die Vertretung des Staates anderen Gemeinschaften gegenüber außerhalb seines Gebietes zu gewährleisten. Sie folgt aus der Trutzbundeigenschaft des Staates.[47]

Die Herrschaftsform wird bestimmt durch das Merkmal, die Bändigungseigen-

---

45 Zur Geltung des Rechts vgl. Zum Rechtsstaat.
46 1. Kap. 2. Abschnitt.
47 S. 104.

schaft auszubilden. Sie ist zurückzuführen auf die Besonderheit des Staates, Schutzbund zu sein und zwar in der Weise, daß ein Schutz gegen die Gemeinschaftsfeindlichkeit als möglicher Grund der Unvollkommenheit der Welt geschaffen wird. Gemeinschaftsfeindlichkeit als das Böse im Menschen und seinem Handeln ist damit gemeint.

Die Staatsform und die Herrschaftsform sind nicht conditio sine qua non des Staates. Es kann auch Staaten ohne Staatsgewalt, ohne hoheitliche Gewalt, geben.

Ist der Staat aber mit Staatsgewalt ausgestattet, so existieren Staats- und Herrschaftform. Diese beide Formen, die Staatsgewalt begründen, gestatten unterschiedliche Konkretisierungen. Je nachdem, wer das Staatsoberhaupt bestimmt, ist derjenige, der der Souverän in dem Staate ist.

In einer Monarchie z.B. ist das Staatsoberhaupt durch Dynastie bestimmt. Es ist die dynastische Erbfolge einer Familie. Souverän ist also das monarchische Staatsoberhaupt als Teil der Dynastie. Es wird zwischen Monarchie und Republik unterschieden.[48]

In einem Staate, der Staatsgewalt ausbildet, gibt es eine Herrschaftsform, die die Staatsgewalt als Herrschaftsgewalt, vorzugsweise und jedenfalls der inneren Angelegenheiten des Staates, aber eventuell darüber hinausgehend, organisiert.[49] Man unterscheidet zwischen Demokratie und Aristokratie.[50]

Die Konstituierung der Herrschafts- und der Staatsform läßt eine genauere Festlegung der Einzelheiten der Herrschafts- und der Staatsform zu. Auch ist es möglich, daß Staats- und Herrschaftsformen miteinander verbunden werden.[51] Ist ein Staat eine Demokratie und zugleich eine Republik, so bestimmt das Volk nicht nur das Staatsoberhaupt, sondern auch die Geschicke in dem Staat selbst, sei es durch eigene Ausübung der Staatsgewalt, sei es durch Vertreter.[52]

Auch ist zwischen den unterschiedlichen Formen der Herrschaft und des Staates genau das einzelne Merkmal abzugrenzen. Tyrannenherrschaft kann z.B. durch Wahl sogar zunächst demokratisch legitimiert sein, wird es aber dann nicht mehr sein können, wenn eine Herrschaft auf Lebenszeit vorgesehen und eine Abwahl nicht mehr möglich ist.[53]

Es kann sein, daß derjenige, der den Staat konstituiert, nicht derselbe ist wie derjenige, der aus seiner Gründung berechtigt wird, der also dann die Staatsgewalt in den Händen halten soll.[54] So wählt z.B. das Volk einen Staatsmann, der mit der

---

48 Vgl. S. 200.
49 Siehe S. 205.
50 S. 209.
51 S. 202.
52 Z.B. für die Bundesrepublik Art. 20 I GG.
53 Siehe S. 235.
54 Vgl. zur Konstituierung des Staates durch Verfassung.

Befugnis ausgestattet wird, die Geschicke des Staatswesens zu bestimmen und ist dieser nicht abwählbar, so hat es nicht bloß die konstituierende Gewalt verloren, sondern auch die Staatsgewalt selbst.[55] Immer dann, wenn mehrere einen Einzelnen legitimieren, kommt es zu diesem Übergang der konstituierenden Gewalt in dem Staate auf die konstituierte Gewalt. Das kann auch in der Weise geschehen, daß ein Einzelner mehrere legitimiert.[56]

Die Frage, auf welche Art und Weise in diesen Formen Staatsmacht oder Herrschaftmacht ausgeübt wird, ist nicht allein beantwortet durch die Beschreibung dieser selbst.[57] Ist etwa eine repräsentative Ausübung der Herrschaft vorgesehen oder eine solche der Staatsmacht, so kommen zusätzliche Merkmale hinzu, die die einzelne Form nicht verändern dürfen, wenn in ihr nach der Verfassung Staatsmacht und Herrschaft ausgeübt wird.[58]

II. Die Verfassung

1. Was ist die Verfassung?

Die Verfassung ist das Gesetz, das den Staat konstituiert, diesen also gründet. Deswegen kann man die Verfassung auch als ein Dokument, als einen Staatsgründungsakt, verstehen, wenn man den Begriff des Rechtsaktes auf das Gesetz anwenden möchte und ihn nicht bloß für andere Rechtshandlungen reserviert.[59]

Die Gründung des Staates durch Verfassung ist deswegen möglich, weil die Verfassung ein Gesetz ist und das Gesetz den Willen des den Staat bestimmenden Rechtssubjektes, der hoheitlichen Gewalt, zum Ausdruck bringt.[60] Die Staatsgewalt drückt sich in dem Gesetze aus und dann, wenn die konstituierende Gewalt nicht dieselbe ist wie die konstituierte, so ist die entstehende Staatsgewalt bereits Gründer des Staates, sogar dann, wenn sie in der Verfassung selbst einen anderen Träger erhält. Die Unterscheidung von konstituierender Gewalt und konstituierter Gewalt tritt nämlich zutage, wenn in der Verfassung als eine Urkunde die geschaffene Gewalt anders bezeichnet wird, d.h. eine andere ist als diejenige Gewalt, die sie schuf.[61]

---

55 Vgl. S. 205 Diktaturbeispiel.
56 Schon die Abgabe von Rechten, wie sie durch Zulassung eines Parlamentes in England sehr früh, bereits mit der Magna Charta 1215, verstanden wurde, kann man als Übergabe oder Teilnehmenlassen an konstituierter Gewalt begreifen.
57 Zur Staatsgewalt vgl. S. 222, 226.
58 Zu mittelbaren Formen § 25.
59 Zur Verfassung vgl. S. 217.
60 Ebenda.
61 S. 300 Zur konstituierenden Gewalt.

Man kann das z.B. in der Geschichte des Grundgesetzes, der Verfassung der Bundesrepublik Deutschland, zeigen. Das Grundgesetz, zugleich Name der Verfassung der Bundesrepublik und Bestimmung des Begriffs Verfassung, wurde von dem Parlamentarischen Rat geschaffen. Zwar ratifizierten es die Volksvertretungen der deutschen Länder nach Art. 144 GG, d.h. es ist legitimiert in seiner Geltung durch die Ratifikation und vorherige Annahme durch die Volksvertretungen dieser Länder, aber erst die Verkündigung des Grundgesetzes nach Feststellung der Annahme und Ausfertigung verschaffte ihm Geltung. Art. 145 GG beschreibt dies.[62]

In dem Parlamentarischen Rat waren die Volksvertreter vereinigt, die das Grundgesetz verhandelt und zur Annahme und Ratifikation vorgelegt hatten.[63] In ihrer Funktion als konstituierende Gewalt wurden sie aber quasi wie ein Staatsoberhaupt tätig, also nach Art. 145 GG. Das ist eine notarielle Funktion. Es bedurfte der Feststellung der Annahme, der Ausfertigung und Verkündung, d.h. in diesem Falle der Veröffentlichung im Bundesgesetzblatte nach Art. 145 Abs. 3 GG, denn allein die Ratifizierung nach Verabschiedung durch die Volksvertretungen der Länder nach Art. 144 Abs. 1 GG machte aus dem Verfassungsdokument noch keine gültige Verfassung, weil durch das Verfahren der Annahme durch Volksvertretungen der Länder und Ratifizierung es den Charakter eines Staatsvertrages erhielt.[64] Dieses Verfahren ist nämlich das für Staatsverträge vorgesehene. Weder sind aber die Länder pouvoir constitué, noch sind sie pouvoir constituant. Es ist das "Deutsche Volk in den Ländern", wie die Präambel des Grundgesetz in Satz 1 sagt.[65] So ist auch in Art. 20 Abs. 2 S. 2 GG davon die Rede, daß die Staatsgewalt "vom Volke in Wahlen und Abstimmungen und durch besondere Organe der Gesetzgebung, der vollziehenden Gewalt und der Rechtsprechung ausgeübt" wird. Es ist also nicht die Exekutive oder die Legislative, sondern diese sind nur Mittel des Volkes, seine Staatsgewalt, da diese von ihm ausgeht nach Art. 20 Abs. 2 S. 1 GG, zu betätigen.

Die Annahme und Ratifizierung macht das Grundgesetz daher noch nicht zur gültigen Verfassung. Erst der Parlamentarische Rat als Vertretung des Volkes wird in seiner Eigenschaft, die Staatsgewalt auch als hoheitliche Gewalt in notarieller Funktion auszuüben, in dieser Weise tätig und gründet so in diesem Gesetze die Bundesrepublik Deutschland als ein Verfassungsstaat.

Trotz der Kritik des Aristoteles an der Staatseinheit des Platon, wird man von dem Staat als einem Ganzen und der Staatsgewalt als einer einheitlichen, der Einheit der Staatsgewalt, ausgehen dürfen. Platon schreibt in der Politeia: "Bindet nun nicht die Gemeinschaft von Freude und Leid zusammen, wenn möglichst alle Bürger bei Werden und Vergehen derselben Dinge gleiche Freude und glei-

---

62 Vgl. Wortlaut.
63 Siehe vor der Präambel.
64 Vgl. BVerfGE 1, 18 (Nr. 31).
65 Vgl. Wortlaut.

chen Schmerz empfinden?" "Ganz richtig!" "Jede Sonderung in diesen Dinge trennt, wenn die einen voll Freude, die andern voll Schmerz sind über dieselben Erlebnisse von Staat und Bürgern." "Natürlich!" "Das tritt wohl dann ein, wenn im Staat Worte wie mein oder nicht mein oder ebenso fremd nicht von den selben Dingen gebraucht werden?" "Allerdings!" "Jener Staat, in dem die meisten Leute bei gleicher Sprache in gleicher Weise von mein und nicht mein sprechen, ist doch am besten verwaltet?" "Gewiß!" "Und jener somit, der am nächsten der Einheit eines Menschen kommt. Wenn uns zum Beispiel ein Finger verletzt wird, so merkt das die ganze Gemeinschaft vom Leib bis hinein zur Seele, die einheitliche geordnet ist im Dienst des einen Herrn, und leidet mit als ganze mit dem Schmerz eines Teiles; wir sagen daher: der Mensch hat einen Schmerz am Finger. Und dasselbe gilt auch sonst beim Menschen, ob nun ein Teil von ihm unter Schmerzen leidet oder unter einer Freude sich erleichtert." [66] Nimmt man diesen Gedanken der Begründung der Staatseinheit auf, so kann Staatsgewalt Teil des Staates sein und sie selbst ist als Einheit zu verstehen.

Daher ist auch die Tätigkeit und Bedeutung des Staatsoberhauptes, einschließlich seiner notariellen Funktion, Teil der Staatsgewalt, weil sie eine Einheit ist. Ist der Parlamentarische Rat die Vertretung des Volkes zu dem Zwecke, eine Verfassung zu schaffen, einen Staat dieses Volkes zu gründen, so kann er notarielle Funktion, Staatsmacht eines Staatsoberhauptes, ausüben. Weil eine republikanische und demokratische Form für den Staat vorgesehen war und das Verfahren seiner Entstehung schon so organisiert wurde, ist dies als Vorwirkung davon auch möglich. Denn das Staatsoberhaupt wird in der Republik vom Volk bestimmt und dasselbe ist es, das die Herrschaftsmacht in der Demokratie durch die Staatsgewalten ausübt. In dem Staatsoberhaupt ist ein Teil der Staatsgewalt enthalten, so daß derselbe Souverän tätig wird.

Es ist auch aus Art. 82 Abs. 1 GG i. V. m. Art. 145 Abs. 1 GG zu ersehen, daß das Grundgesetz nicht nur ausgefertigt und verkündet worden ist, sondern es wird auch festgestellt vom Parlamentarischen Rat und zwar in öffentlicher Sitzung. Diese Vorgang, daß der Parlamentarische Rat es feststellt, ist eine Legitimation. Sie erfolgt durch Abstimmung der Abgeordneten, denn der Parlamentarische Rat war eine Volksvertretung, d.h. die Art und Weise der Willensbildung erfolgt durch Abstimmung.[67]

2. Wie legt man eine Verfassung aus?

Die Verfassung unterscheidet sich von dem einfachen Recht dadurch, daß es kein höherrangiges Recht in dem Staate gibt als dieses. Es könnte daher sein, daß die Auslegungsmöglichkeiten, die sonst angewendet werden, dann versagen, wenn die Vereinbarkeit mit höherrangigem Recht geprüft wird.

66 Platon, Politeia 462 b-d.
67 BVerfGE 1, 17 (Nr. 21).

In seiner Entscheidung vom 23. Oktober 1953 hat der zweite Senat des Bundesverfassungsgerichts entschieden, daß das Gericht die Existenz überpositiven, auch den Verfassungsgeber bindenden Rechts anerkennt und zuständig ist, das gesetzte Recht daran zu messen.[68] Es können sich bei dieser Auffassung zwei Probleme ergeben. Wenn das Vorhandensein von Recht anerkannt wird und seine Bindungskraft feststeht, das nicht positiviert, also in Gesetzesform vorliegt, so stellt sich die Frage nach der demokratischen Legitimation dieses Rechts. Denn in der Volksherrschaft muß alles Recht auf den Souverän, das Volk, zurückgeführt werden können und liegt eine Verfassung vor, die von diesem bestimmt ist, so schließt diese die Geltung solchen Rechts, das nicht von ihr umfaßt ist, zunächst aus. Ist der Verfassungsgeber das Volk, der Souverän in der Demokratie, so ist dieses staatsrechtlich gesehen – pouvoir constituant und bloß seinem Willen unterworfen. Woraus sich seine Bindung ergibt, scheint jedenfalls von vornherein nicht dem Begriff der Demokratie oder einer anderen Herrschaftsform oder Staatsform zu entnehmen zu sein. Daher ist zu fragen, woraus sich die Bindung ergibt und welche Bindung an was es ist.

Die Fragen könnten zu beantworten sein aus dem Begriff des Rechts. Eine Verfassung ist ein Gesetz, also die Grundlage oder eine Grundlage von Recht. Will man einen Staat durch Recht konstituieren, d.h. durch Verfassungsgesetz, ist man an das gebunden, was Recht ist. Jeder Verfassungsgeber, sei es der demokratische, oligarchische, autokratische, monarchische oder aristokratische, ist gebunden an den Begriff des Rechts, will er eine Verfassung schaffen. Daher kann an dem Begriff des Rechts die Verfassung überprüft werden. Aus diesem Grunde ist es wohl möglich, daß man von einem Verfassungsgeber spricht, der die Existenz überpositiven Rechts, eben nicht in der Verfassung beschriebenen, anerkennt, denn das gestattet eine Überprüfung der Verfassung und des Rechts, das auf dieser Grundlage geschaffen wird.

Die Legitimation und daher die Bindungskraft rührt aus dem Begriff des Rechtsstaates, denn es wird eine Verfassung geschaffen, also Recht gesetzt, und es bedarf wegen der Tatsache, daß es eine Verfassung gibt, keiner ausdrücklichen Erwähnung der Grundlage der Verfassung, nämlich des Rechts.

Man mag dagegen einwenden, daß bloß das Recht ist in dem Staate, was durch den Verfassungsgeber gesetzt ist, und nichts anderes daneben Platz hat. Dieser Gedanke enthält aber schon die Bedingung der Entstehung von Verfassung, daß es sich um Recht handelt. Aus diesem Grunde kann geprüft werden, ob es Recht ist oder nicht. Zwar ist der Verfassungsgeber frei, den Inhalt des Rechts zu bestimmen, was aber Recht ist und was es nicht ist, kann an dem Begriff des Rechts überprüft werden. Vielleicht kann das Gesetz sogar soweit gehen, daß in ihm die Bindung an sich abgelehnt wird. Jedenfalls ist der Begriff des Rechts maßgeblich und zwar sogar dann, wenn man von der strengen Gesetzesbindung, dem Positi-

---

68 BVerfGE 1, 18.

vismus, ausgeht. Weitere Bindungen treten ein, wenn Staats- und Herrschaftsform in der Verfassung festgelegt werden sollen. Denn die Verfassung kann auch falsch sein, z.B. wenn sie einen Begriff falsch verwendet oder etwas nicht richtig festlegt.

In welchem Verhältnis steht die Verfassung zu zwischenstaatlichen Verbindlichkeiten, völkerrechtlichen bzw. internationalen Verträgen und Abkommen, denen der Einzelstaat beigetreten ist?
Die Verbindlichkeiten, die der einzelne Verfassungsstaat eingeht, müssen wie jede andere Handlung auf der Verfassung beruhen, d.h. sie dürfen ihr nicht widersprechen und ihr entgegengesetzt sein. Ob es sich um innerstaatliche Handlungen, Verträge, oder um zwischenstaatliche, handelt, spielt für die Einordnung keine Rolle. Für den einzelnen Staat ist als das oberste Gesetz die Verfassung maßgeblich.[69] Mit dieser müssen die zwischenstaatlichen Verbindlichkeiten in Einklang stehen.[70] Diese stehen aus der Sicht des Einzelstaats, der Verfassungsstaat ist, unter der Verfassung. Der einzelne Staat hat daher darauf zu achten, daß diese Verträge in Übereinstimmung mit der Verfassung stehen. Denn sonst könnte er möglicherweise durch innerstaatliche Gerichte gezwungen werden, die Verträge zu ändern, weil er sie aus der Sicht der Verfassung nicht einhalten kann oder darf.[71]

Die Differenz zwischen Verfassung und zwischenstaatlicher Verbindlichkeit spielt für die Beteiligten allerdings keine Rolle.[72] Aus der Sicht der anderen Staaten und der überstaatlichen Gemeinschaft, der suprastaatlichen Organisation, muß der Vertrag als Verbindlichkeit inter partes eingehalten werden.[73]
Umstritten und nach den Gesetzen der Einzelstaaten unterschiedlich geregelt könnte sein, wie weit die Geltungskraft der zwischenstaatlichen Verbindlichkeiten in den einzelnen Staaten reicht.[74] Zwar ist diese, wie z.B. bei der Europäischen Gemeinschaft durch das EG-Recht des EG-Vertrages in seiner Auslegung durch den Europäischen Gerichtshof festgelegt, aber die Verfassungen der Einzelstaaten und die Rechtsprechung geben den Verträgen eine unterschiedliche Geltungsweite für das nationale Recht.[75]

---

69 Vgl. S. 272 bis 273.
70 Vgl. § 30.
71 Zur Verfassungsauslegung vgl. S. 300.
72 Vgl. Art. 59, 60 GG.
73 Siehe § 35 I. 3..
74 Vgl. BVerfGE 31, 145, 178; 4, 157, 168; 52, 391, 406; 31, 58, 75. BGH NJW 1969, 1428.
75 BVerfGE 51, 1, 27ff.; 14, 221, 337; 16, 27, 34, 61; 46, 342, 264.

3. Besonderheiten geltender Verfassungen

Man wird die Besonderheiten geltender Verfassungen zusammenfassen dürfen.Sie sind bestimmt durch die Verfassungshoheit des Verfassungsgebers, die verfassungsgebende Gewalt und die Ausübung derselben. [76]

Die Verfassungshoheit ist ein Begriff, der als seinen Inhalt die souveräne Gewalt des Verfassungsgebers beschreibt. Die Staatsgewalt wird konstituiert durch Verfassung. Um diese Konstituierung, die Gründung des Staates durch Verfassung und in der Verfassung, vornehmen zu können, muß der Verfassungsgeber im Besitze der Verfassungshoheit sein. Sie ist nahe der hoheitlichen Gewalt in dem zu gründenden Staate.[77] Dieser ist in der Gründungsphase in statu nascendi. Die Gewalt als Staatsgewalt ist also zuvor schon vorhanden und zeigt sich als Macht, die Verfassung zu schaffen. Es ist eine hoheitliche Gewalt, weil sie die Herrschaftsmacht über das Gebiet ist, in dem der Staat gegründet wird.[78]

Die verfassungsgebende Gewalt ist Folge der Verfassungshoheit. Ist diese vorhanden, so kann die verfassungsgebende Gewalt betätigt, eben ausgeübt, werden, d.h. die Verfassung wird geschaffen.[79] Ist die Verfassungshoheit vorhanden, heißt das auch, daß der Geltungsbereich der Verfassung sich auf dieses Gebiet und diesen Personenkreis, der von der Verfassung ergriffen wird, erstreckt.[80]

Für die Bestimmung, wer die verfassungsgebende Gewalt ist, muß man wissen, wer sie ausübt. Das Bundesverfassungsgericht hat dazu für die Beurteilung der Verhältnisse in der Bundesrepublik Deutschland ausgeführt: "Eine verfassungegebende Versammlung hat einen höheren Rang als die auf Grund der erlassenen Verfassung gewählte Volksvertretung. Sie ist im Besitz des "pouvoir constituant". Mit dieser besonderen Stellung ist es unverträglich, daß ihr von außen Beschränkungen auferlegt werden. a) Sie ist nur gebunden an die jedem geschrie-

76 Vgl. Begr. im entspr. Kap..
77 Vg. Zur Staatsgründung.
78 S. 212, vgl. zu Staat und Herrschaft.
79 Vgl. z.B. Vorspruch vor Präambel des Grundgesetzes: "Der Parlamentarische Rat hat am 23. Mai 1949 in Bonn am Rhein in öffentlicher Sitzung festgestellt, daß das am 8. Mai des Jahres 1949 vom Parlamentarischen Rat beschlossene Grundgesetz für die Bundesrepublik Deutschland in der Woche vom 16. - 22. Mai 1949 durch die Volksvertretungen von mehr als Zweidritteln der beteiligten Länder angenommen worden ist." Im Vorspruch der Constitution of the United States heißt es: "We the people of the United States, in order to form a more perfect union, establish justice, insure domestic tranquility, provide for the common defense, promote the general welfare, and secure the blessings of liberty to ourselves and our posterity, do ordain and establish this Constitution for the United States of America."
80 Z.B. Lamberts Lessie v. Paine, Cranch 1, 377 (1805); William Marbury v. Jane Madison, Cranch 1, 135 (1803); The Trustees of the Philadelphia Baptist Association et. al. v. Harts Exekutors 4 Law. Ed. 499 (1819).

benen Recht vorausliegenden überpositiven Rechtsgrundsätze und – als verfassungsgebende Versammlung eines werdenden Gliedes des Bundesstaates – an die Schranken, die die Bundesverfassung für den Inhalt der Landesverfassungen enthält. Im übrigen ist sie ihrem Wesen nach unabhängig. Sie kann sich nur selbst Schranken auferlegen. b) Ihr Auftrag ist gegenständlich beschränkt. Sie ist nur berufen, die Verfassung des neuen Staates und die Gesetze zu schaffen, die notwendig sind, damit der Staat durch seine Verfassungsorgane wirksam handeln und funktionieren kann." [81]

Der Begriff, den das Bundesverfassungsgericht für die Bindung des Verfassungsgebers wählt, diejenige an die "überpositiven Rechtsgrundsätze", kann durch einen Gedanken kritisch angegriffen werden. Es ist die Überlegung, daß schon in dem Begriff Verfassung, der Teil derselben ist, oder für die Bundesrepublik Deutschland in der Überschrift: "Grundgesetz der Bundesrepublik Deutschland", diese enthalten sind, weil Grundgesetz der konkrete Name und zugleich die Bestimmung des Begriffs "Verfassung" ist.

Da die Verfassung aber erst entsteht, an eine Bindung an diese noch nicht zu denken ist, wird man bloß von einer Vorwirkung sprechen können. Diese ergibt sich auch aus der Bezeichnung der verfassungsgebenden Versammlung wie sie von dem Gericht schon genannt worden ist.[82]

Die Ausübung der verfassungsgebenden Gewalt, wie man sie in dem Urteil des Bundesverfassungsgerichts beschrieben hat, ist auch noch möglich, wenn eine Verfassung bereits existiert und diese geändert, d.h. novelliert, werden soll. Die einzelnen Verfassungen sehen unterschiedliche Verfahren und Regelungen dafür vor, wenn die Verfassung geändert wird.[83]

In der Regel verlangt die Änderung der Verfassung eine höhere Mehrheit der Abstimmenden in den Parlamenten als die Novellierung einfacher Gesetze.

Es können auch zusätzliche Beratungsschritte vorgesehen sein, d.h. Lesungen im Parlament und ähnliche Verfahrensbesonderheiten für Verfassungsänderungen. Weil der Verfassungsgeber häufig nicht dieselbe Einrichtung in dem Staate ist

---

81 Vgl. BVerfGE 1, 17. Weiter zu der Stellung der verfassungsgebenden Versammlung als "pouvoir constituant": "Ihre Unabhängigkeit bei der Erfüllung dieses Auftrages besteht nicht nur hinsichtlich der Entscheidung über den Inhalt der künftigen Verfassung, sondern auch hinsichtlich des Verfahrens, in dem die Verfassung erarbeitet wird."
82 Vgl. BVerfGE 1, 14.
83 Art. 131, 131 bis VerfBel; Art. 79 GG; § 42 und § 88 VerfDän; Art. 89 VerfFrank; Art. 110 VerfGriechenl; Art. 138, 139 VerfItal; Art. 46, 47 VerfIrl; Art. 114 VerfLuxemb; Art. 137-142 VerfNiederl; Art. 284-289 VerfPort; Art. 166-169 VerfSpan. Alle in: A. Kimmel (Hg.), Die Verfassungen der EG-Mitgliedstaaten, 2. Aufl. München 1990.

wie das Parlament, wird man die Frage stellen, ob es bei der Verfassungsänderung zum Problem werden kann, wenn das Parlament, das jetzt die Verfassung novelliert, nicht verfassungsgebende Versammlung war oder vielleicht sogar das Volk jetzt und nicht damals abstimmt oder umgekehrt.

Um die Änderung der Verfassung für staatsrechtlich unbedenklich zu halten, wird man auf einer Legitimation für diese bestehen müssen, die nicht schwächer ist als die der Verfassungsgebung selbst.[84]

§ 50 Zusammenfassung der Demokratieformen

I. Demokratie als Begriff

Der Begriff Demokratie hat wie jeder andere Begriff eine bestimmbare Zahl von Merkmalen, deren vollständiges Vorliegen den Begriff definiert.[85]
Bedingen deswegen System, Zeit, Rechtsfortbildung und Demokratie einander? Nimmt man das System als ein Wort für sich, so kann man seinen Inhalt beschreiben. Es heißt Ordnung, d.h. die einzelnen Teile stehen untereinander in Verbindung miteinander. Das System ist also ein Wort, das Vollständigkeit als seinen Inhalt hat. Die Ordnung beruht darauf, daß das dort enthaltene wiederholt werden kann, nicht zufällig ist. Man spricht daher von dem System des Rechts oder von anderen Systemen.

Betrachtet man den Begriff, so teilen beide die Vollständigkeit miteinander. Jeder Begriff enthält eine bestimmte, deswegen auch bestimmbare Zahl von Merkmalen. Diese, liegen alle Merkmale vor, ist vollständig. Man kann sie zählen und nebeneinanderstellen, den Kern und das Wesen desselben bestimmen. Damit ist man bereits bei dem System. Das ist die Ordnung.

Der Begriff Demokratie nun hat wie jeder andere Begriff eine feststehende, bestimmbare Zahl von Merkmalen. Diese sind bereits beschrieben worden. Es ist das Volk, das herrscht. Das sind alle Bürger in dem Staate.
Die Sachabstimmung, in der alle einer Meinung sind, ist Herrschaft des Volkes. Das wird als direkte Demokratie bezeichnet und kommt in Streitfragen wohl nicht vor. Dann, wenn alle einer Meinung sind, ist die Chance am größten, daß keine falsche, sondern eine richtige Entscheidung gefällt worden ist. Auch das ist nicht sicher. Später kann die Entscheidung sich als falsch herausstellen, weil alle geirrt haben. Die Chance, daß eine richtige Entscheidung gefällt wird, ist in diesem Fall der Übereinstimmung aller Staatsbürger am höchsten, weil der Zufall, die Möglichkeit, daß auf diese Weise eine richtige Entscheidung zustandekommt, in der Herrschaft des Volkes erhöht ist. Weil alle beteiligt sind und alle übereinstimmen, denn alle stimmen ab und votieren für dasselbe, ist diese Chance hö-

---

84 Vgl. S. 300.
85 Vgl. U. Klug, Juristische Logik, 3. Aufl., Berlin u.a. 1966, S. 82; F. K. v. Savigny, System des heutigen römischen Rechts, Bd. I, (Berlin 1840), Aalen 1973, S. 206, 212.

her, denn jeder Staatsbürger ist wegen seiner Vernunftbegabtheit und Willensfreiheit in der Lage, zu entscheiden, d.h. auch eine richtige Entscheidung zu treffen. Man mag diesen Fall der Sachabstimmung aller mit einstimmigem Ergebnis für außergewöhnlich halten. Jedenfalls ist er derjenige, der den Begriff der Demokratie in allen seinen Merkmalen verwirklicht.[86]

Man könnte auf die Idee kommen, diese Beschreibung für idealtypisch zu halten. Das ist deswegen nicht die zutreffende Charakterisierung, weil damit nicht gemeint ist, daß ein seltener Fall den Begriff der Demokratie in allen seinen Merkmalen realisiert. Denn es ist die Demokratie als Begriff, in dem sein Inhalt enthalten und der deswegen darin auch vorfindbar ist in allen oder nicht in allen seinen Merkmalen.

Aber auch dann, wenn nicht alle einer Meinung sind, sondern bloß eine Mehrheit der Stimmberechtigten oder der stimmenden Staatsbürger entscheidet, wird man von Demokratie sprechen dürfen. Denn eine solche Sachabstimmung zeigt den Willen des Volkes. Wenn auch dieser Wille nicht der Wille des Volkes als Wille aller Staatsbürger oder Stimmbürger ist, so spricht die Mehrheitsmeinung dafür, daß wenigstens die Möglichkeit besteht, daß die Entscheidung richtig sein könnte. Diese Chance ist höher als wenn bloß ein Einzelner oder eine kleine Gemeinschaft entscheidet.[87]

Anders kann es sich verhalten, wenn nicht über eine Sache durch das Volk abgestimmt wird, sondern Vertreter z.B. für Parlament, Regierung oder als Staatsoberhaupt gewählt werden. Diese indirekte Art und Weise, die Geschicke des Staates zu bestimmen, ist als einzige Form der Willensäußerung des Volkes nicht ausreichend, um den Begriff Demokratie zu verwirklichen. Die Chance, daß in der Sache Entscheidungen gefällt werden, die zwar durch eine ununterbrochene Legitimationskette durch das Volk gesichert sind, aber bei der die Möglichkeit, daß der Wille aller als Grundlage für die Richtigkeitschance in der Sachentscheidung sich durchsetzt, nicht höher ist als bei anderen Herrschaftsformen, kann bloß durch die Ergänzung mit unmittelbaren Sachentscheidungsmöglichkeiten für das Volk in grundsätzlichen Fragen verbessert werden.

1. Staatsgewalt und Volk

Der Gedanke, daß es das Volk ist, das die Staatsgewalt ausübt, muß nicht dazu führen, die Ausübung dieser hoheitlichen Gewalt, die auf dem Bändigungszweck beruht, in den Mittelpunkt der Überlegungen zu stellen. Denn für den Staat ist die Staatsgewalt nicht notwendige Voraussetzung seiner Existenz; allerdings ist sie Merkmal des Staates in der Demokratie, denn diese ist eine Herrschaftsform, d.h. es wird überhaupt geherrscht, sogar dann, wenn es das Volk ist.

86 Vgl. entspr. Kap..
87 Vgl. § 26.

Dennoch ist es nicht die Staatsgewalt, die die Diskussion über Demokratie bestimmt, sondern der Gedanke, daß diese nicht nur möglichst richtig ausgeübt, sondern auch Schutz vor ihren Fehlern und Irrtümern gegeben wird. Die überschießende Bändigung durch die Staatsgewalt wird durch die dem Volke zustehenden Grundrechte selbst zurückgedrängt. Das Volk ist also nicht bloß Inhaber der souveränen Gewalt, sondern auch als Summe von Einzelnen berechtigt, sich als jeder einzelne Staatsbürger seines eigenen Freiheitsspielraumes zu versichern.[88]

Die Staatsgewalt ist nicht nur die souveräne Gewalt des Volkes als Möglichkeit, seine Vertreter durch Wahlen zu bestimmen, sondern auch Sachentscheidungen durch Gesetze oder im Einzelfall zu treffen. Nimmt man den Demokratiebegriff, so ist aus dieser Sicht kein Unterschied zwischen einer Verwaltungsentscheidung im Einzelfall (z.B. Verwaltungsakt) und derjenigen, die allgemein ist (Gesetz) . Es ist die Hierarchie zwischen den Gewalten betroffen, denn diese erlaubt bei Einhaltung der Gesetze eine Verwaltungsentscheidung, die der ersten Gewalt folgt, so daß dann eine gesonderte des Volkes nicht mehr notwendig ist.

In der repräsentativen Demokratie wird die Staatsgewalt zwar vom Volk ausgeübt, aber nicht unmittelbar, sondern mittelbar durch seine Stellvertreter, die es selbst bestimmt hat. Es ist also Inhaber der Staatsgewalt, aber wegen der Stellvertretung, die nicht den Regeln der zivilrechtlichen Stellvertretung folgt, kommt es zu Unterschieden. Aus diesem Grunde wird man wohl von einer Ausübung der Staatsgewalt durch das Volk in der repräsentativen Demokratie sprechen können.

Entgegen dem Begriff der Demokratie, der in allen seinen Merkmalen in der unmittelbaren Demokratie verwirklicht ist, sind die meisten Verfassungen auf die repräsentative Form hin gestaltet. Sie ist die Art und Weise wie Demokratie verwirklicht werden soll, um staatsrechtliche Belange, die Sicherheit der Entscheidung und ihren Bestand, in Abwägung mit dem Demokratiebegriff, durchzusetzen. Daß eine Abstimmung durch das Volk in allen Sachfragen möglich ist, die dann zu einem einstimmigen Ergebnis führt oder führen kann, dürfte für die Verhältnisse in den Staaten, die die Demokratie hervorgebracht haben, eher unwahrscheinlich sein.[89] Findet das Mehrheitsprinzip als Entscheidungsregel Platz in den Gedanken über die Staatsgewalt und das Volk?[90]
Man wird das Mehrheitsprinzip als eine Entscheidungsregel für die Entscheidungen von mehr als einer Person nicht unabhängig davon sehen dürfen, wer sich seiner bedient, um eine Entscheidung fällen zu können. Ist es das Volk, dessen Mehrheit Entscheidungen fällt, dann sagt das, daß nicht der Einzelne, die Ge

---

88 Fleiner-Gerster, Allgemeine Staatslehre, Berlin u. a. S. 170.
89 Vgl. zur Herrschaft durch alle.
90 Siehe § 26 zu den Voraussetzungen.

meinschaft weniger oder alle die Entscheidung fällen müssen, sondern daß es-
reicht, wenn die Mehrheit der Stimmenden dieser Meinung ist.

Es könnte problematisch sein, das Mehrheitsprinzip als Entscheidungsregel als
Teil demokratischer Verfahren zu begreifen, wenn es sich auf eine andere Personenmehrheit bezieht, als auf alle, nämlich das Volk. Denn bloß die Rückführung
auf das Volk als Gesamtheit ermöglicht die Kette ununterbrochener demokratischer Legitimation und die Chance einer richtigen Entscheidung in höherem
Maße als in anderen Herrschaftsformen.[91]

Die Mehrheit kann auch heißen 50% + 1 der abgegebenen Stimmen z.B. in einem Parlament.

Relative Mehrheiten sind solche, die bloß für die Einzelentscheidung, in dem
Moment in dem sie gefällt worden sind, von Bedeutung. Das ist aus der Sicht des
Begriffs Demokratie ein Problem, weil die Änderbarkeit der Entscheidung zwar
jederzeit möglich sein muß, denn eine Entscheidung kann sich schon in dem Moment in dem sie gefällt worden ist, als falsch herausstellen.[92] Aber für den Bestand des Staates und die Bedeutung der Mehrheitsregel als Methode der Entscheidung spielt das keine Rolle, denn das macht die Entscheidung schon in dem
Moment, in dem sie gefällt worden ist, angreifbar.[93]

Grundsätzlich ist jede Entscheidung mit der Mehrheitsregeln zu treffen, wenn
mehr als eine Person entscheidet. Sie kann in allen drei Staatsgewalten, in der
Legislative, der Judikative und der Exekutive, angewendet werden. Die Staatsgewalt mag auf diese Weise ausgeübt werden, wenn es ein Staat ist, der eine
Herrschaftsform besitzt, die die Herrschaft für mehr als eine Person vorsieht. Es
ist also nicht bloß die Demokratie, in der mit der Entscheidungsregel der Mehrheit als bestimmende Größe entschieden wird, sondern auch die genannten anderen Staatsformen.[94] Man wird zwischen der Herrschaftsform Demokratie und
dem Mehrheitsprinzip daher keinen besonders engen Zusammenhang sehen.[95]

2. Repräsentation und Volkssouveränität

Zweifellos begrenzt die Repräsentation die Volkssouveränität. Volkssouveränität
bedeutet, daß das Volk es ist, das die Souveränität in dem Staate innehat. Weil
zum Staat das Volk gehört, besitzt er nicht losgelöst von ihm Souveränität, sondern diese besitzt einen Träger, nämlich das Volk.

Es wird von Staats- und von Volkssouveränität gesprochen. Der Staat ist souverän, wenn keine Macht über ihm steht, z.B. kein anderer Staat. Diese Staatssouveränität, die der Existenz jedes Staates normalerweise beigegeben ist, kann
unterschieden werden von der Volkssouveränität. Volkssouveränität ist kein Be-

---

91 BVerfGE 8, 104, 113; 13, 15; 20, 56, 98 (grundlegend) .
92 Siehe § 25 V..
93 Vgl. zu einzelnen Verfassungen und Mehrheitsbegriff.
94 Vgl. dazu schon § 26.
95 Vgl. § 23.

griff der Staatslehre oder der Staatsrechtslehre. Dieser Begriff sagt nur, daß in der Herrschaftsform Demokratie das Volk Träger der Staatsgewalt ist und keine Macht über ihm steht.

Die Volkssouveränität in dem Staate bedeutet, daß das Volk die Macht innehalt und niemand Bestimmungen treffen kann, die diese angreifen oder ihr zuwider handeln. Weil es die Macht besitzt, mag es auch Regelungen treffen, die seine Vertretung vorsieht, z.B. bei der Gesetzgebung, in der Rechtsprechung oder als ausführende Gewalt. Maßgeblich bleibt, daß das Volk sich nicht seiner Macht begibt, sondern selbst die Herrschaft ausübt und sich dabei höchstens vertreten läßt. Daß es zum Beispiel seit Beginn des demokratischen Denkens die Legislaturperiode gibt, die die Regierungs- bzw. Parlamentszeit beendet und eine neue beginnen läßt, ist Zeichen dafür, daß sogar dann, wenn das Volk sich in Regierung und Gesetzgebung vertreten läßt, es in periodischen Abständen neue Bestimmungen darüber trifft, ob diejenigen, die es bisher in der Regierung oder der Gesetzgebung vertreten, auch in Zukunft dieselben sein werden wie zuvor.

Die Repräsentation begrenzt die Souveränität des Volkes deswegen, weil es nicht jede Entscheidung durch eigene Sachabstimmung trifft und jede staatliche Handlung selbst ausführt, sondern das durch Repräsentanten geschieht. Zwar ist das Volk die Macht im Staat über die keine Entscheidung hinweggehen darf, aber die Sicherheit, daß in jeder Entscheidung der Wille des Volkes aufgehoben ist, mag geringer sein als wenn das Volk diese Entscheidung in einem direkt demokratischen Verfahren selbst trifft. Bloß dann, wenn ein imperatives Mandat festgelegt ist, das den einzelnen Abgeordneten bindet, wird man von einer der echten zivilrechtlichen Stellvertretung angenäherten Bindung sprechen können. Aber auch dann existiert das Problem, daß das Wahlvolk, das den Abgeordneten gewählt hat und dem er verpflichtet ist, nicht einer Meinung sein muß, daß unterschiedliche Auffassungen in ihm vorhanden sein können und gerade seine Einstimmigkeit im Verbindung mit dem imperativen Mandat die Stellvertretung als Ergebnis des Repräsentationsgedankens der unmittelbaren Demokratie annähert. Denkbar sind auch andere Formen, wie z.B. der recall, der die Repräsentation der direkten Demokratie annähert.

3. Herrschaft

Der Repräsentationsgedanke beruht auf der Überlegung, daß das Volk im Staat herrscht und dafür eine Form gefunden werden kann, die gestattet, davon zu sprechen, daß es auch noch dann herrscht, wenn es in den Staatsgewalten durch Repräsentanten vertreten wird.

Die Formulierung des Art. 20 Abs. 2 S. 1 GG lautet, daß alle Staatsgewalt vom Volk ausgeht. Satz 2 bestimmt, daß sie vom Volke in Wahlen und Abstimmungen und durch besondere Organe der Gesetzgebung, der vollziehenden Gewalt und der Rechtsprechung ausgeübt wird.

Die Herrschaft des Volkes ist in diesen Verfassungsvorschriften beschrieben. Daß

sie vom Volk in Wahlen und Abstimmungen ausgeübt wird, bestimmt der 1. Halbsatz von Art. 20 Abs. 2 S. 2 GG und der zweite spricht von den besonderen Organen, die sie ausüben.[96]
Das Volk wird als Körper verstanden, der Organe hat, die handeln. Das heißt, eine Selbständigkeit ist nicht vorgesehen, sondern eine bloße Körperfunktion, die vom Volk als dem Kopf ausgeht. Diese indirekte Demokratie wird man also verstehen dürfen als Handlungsmacht von den drei Staatsgewalten in denen das Volk inkarniert ist. Die ununterbrochene Legitimationskette zwischen Volk und seinen Organen, den Staatsgewalten, erlaubt es, von der Herrschaft des Volkes zu sprechen. Weil die Unmittelbarkeit von Demokratie sich in der Sachabstimmung durch das Volk selbst zeigt, wird man davon ausgehen dürfen, daß andere Formen der Volksherrschaft sich an dieser Art und Weise von Herrschaft messen lassen müssen. Es gehört dazu nicht bloß die Sachabstimmung, sondern auch die Ausführung dessen, was abgestimmt worden ist.

Die mittelbare Demokratie ist eine Art und Weise von Herrschaft bei der Teile derselben ausgeübt werden durch die Organe des Volkes. Die Gesetzesbindung, die ein Ergebnis der Hierarchie zwischen den Staatsgewalten ist, gestattet es, von Herrschaft des Volkes durch seine Organe zu sprechen. Denn es ist das Volk, das seine Vertreter im Parlament bestimmt. Diese verabschieden die Gesetze. Die ausführende und rechtsprechende Gewalt sind an diese gebunden.[97] Man mag einwenden, daß sie die Gesetze vielleicht nicht einhalten mögen oder auch das Parlament sich nicht an die Verfassung hält. Das ist aber nach dem Grundgesetz nicht vorgesehen. Auch der Begriff der Demokratie als repräsentativer Volksherrschaft läßt das nicht zu. Die Hierarchie zwischen den Staatsgewalten und so die Bindung der zweiten Gewalt an die Entscheidung der ersten und die Bindung der dritten Gewalt an die der vorangegangenen und die Bindung aller an die Verfassung ist unverzichtbar für mittelbare Demokratie.

Wenn ein Einzelner herrscht, wird man nicht daran zweifeln können, daß sein Wille Gesetz sein kann. Anders ist es, wenn das Volk, eben alle, herrschen. Die Summe der Einzelwillen ist der Wille des Volkes insgesamt. Das Problem der Mehrheitsentscheidung ist nicht nur, daß nicht alle einer Meinung sind und daher der Begriff der Volksherrschaft schon von seinen Merkmalen her in anderer Weise betroffen ist, sondern daß überhaupt ein Mehrheitswille gebildet werden kann und daß er gegebenenfalls sogar gebildet werden muß.[98] Es hat also ein Vorgang der Staatswillensbildung für alle Beteiligten stattzufinden, der res publica als Öffentlichkeit, einschließlich Informationsfreiheit, garantiert. Nicht ausschließlich die Staatswillensbildung allgemein, sondern diejenige, die den Willen aus der Debatte, der Diskussion speist und entwickelt, gehören dazu.

96 Vgl. Wortlaut.
97 Zur Dreiteilung der Staatsgewalt S. 93.
98 Zur Mehrheitsentscheidung § 26.

Dieses Merkmal der Staatswillensbildung existiert allerdings dort, wo es eine Gemeinschaft gibt, deren Votum den Staat bestimmt. Herrscht ein Einzelner, ist das nicht notwendig.

II. Recht der Demokratie

1. Kodifiziertes Recht

Spricht man von Volksherrschaft, so ist auf den ersten Blick nicht einleuchtend, daß die Entscheidung des Volkes, ist sie eine Mehrheitsentscheidung und sogar eine einstimmige Entscheidung, sogar dann, wenn sie eine Mehrheit auf Zeit ist, unentziehbaren Rechten entgegensteht, die sie begrenzen. [99]
Man mag die Auffassung vertreten, daß Demokratie, die Herrschaft des Volkes ist, nicht in jedem Fall durch Rechte von Einzelnen begrenzt sein muß. Denn es kann das Volk durch Sachabstimmung als Souverän tätig werden oder auch durch Wahl seine Vertreter bestimmen. Dann werden Entscheidungen gefällt, die seine Eigenschaft als Herrscher in dem Staate zeigen. Weil das Volk alle sind und alle die Chance haben, die Entscheidung zu fällen, ist niemand ausgeschlossen, so daß der Begriff Volksherrschaft verwirklicht scheint. [100]

Man könnte sogar meinen, daß die Merkmale des Begriffs Volksherrschaft nicht die Grundrechte enthalten, denn die Rechte des Einzelnen sind nicht dem Wort Volksherrschaft von vornherein sichtbar. Es ist gerade das Volk, das herrschen soll und nicht der Einzelne.

Demokratie als Herrschaftsform liegt aber ein Gedanke zugrunde, der diese allen anderen als vorzugswürdig erscheinen läßt. Es ist derjenige, daß die Chance zu der richtigen Entscheidung oder jedenfalls zur Vermeidung der falschen größer ist, wenn alle herrschen als wenn wenige oder bloß ein Einzelner das tut. Soll die Herrschaftsform aber vollständig sein, so könnte das Vorhandensein von Grundrechten dazu führen, daß der Einzelne vor falschen Entscheidungen des Staates geschützt ist und ihm ein Freiheitsspielraum verbleibt, der der Bändigung durch die Staat widersteht. Man könnte meinen, daß dieser staatsrechtliche Gedanke die Grundrechte in anderen Herrschaftsformen noch besser begründet. Das mag wohl sein, bedenkt man die staatsrechtliche Problematik. Aber aus der Sicht der Herrschaftsformen geht es um die Grenze von Herrschaft wegen der Irrtumsmöglichkeit. Diese erfordert Reversibilität, aber auch Begrenzung der Wirkungsmöglichkeiten womöglich der Natur der Sache nach irreversibeler oder zumindest schwer rückgängig zu machender Entscheidungen.

2. Geltendes Recht

Die Unterscheidung von geltendem und kodifizierten Recht trifft man, um die Anwendung der Gesetze, die Kodex sind, zum geltenden Recht zu machen, es gelten zu lassen durch konkrete Rechtsanwendung. [101]

99 S. 270.
100 3. Kap..
101 § 35 III..

Der Begriff des geltenden Rechts hat zum Inhalt, daß es das Recht selbst ist, das gilt. Dieses ist das Ergebnis von Rechtsanwendung im konkreten Fall. Es ist nicht nur oder auch nicht an erster Stelle das Gesetz als geltendes Recht zu nennen, weil es nach dem formellen Gesetzesbegriff alle Voraussetzungen erfüllt,[102] gelten zu können und daher gilt, sondern die Entscheidung, die einen Rechtsstreit befriedet oder eine Rechtsfrage im Einzelfall beantwortet, die ein im Rechtsverkehr wichtiges Problem löst.

Aus diesem Grunde ist gelegentlich die Unterscheidung von der konkreten Rechtsanwendung und dem schlichten Vorhandensein eines Gesetzes sinnvoll, weil sie zeigt, daß die Kodifikation noch nicht bedeutet, daß Recht angewendet wird und daß der Kodex überhaupt von Bedeutung ist.
Das markiert auch die Beschreibung vom Verhältnis zwischen Gewohnheitsrecht und Gesetzesrecht, weil die Anwendung des ersten und überhaupt der Gebrauch dieses sich vor seiner Entstehung von dem Gesetzesrecht unterscheidet.[103]
In der Einzelfallentscheidung erst zeigt sich, was ein Gesetz zu regeln imstande ist.

3. Gerechtes Recht

Man könnte meinen, daß Demokratie kaum mehr ist als auf Fortschritt angelegtes Recht, d.h. die verfaßte Möglichkeit der Reveländerung.[104]
Den Staat als Rechtsorganisation kennzeichnet Legalität und Legitimität. Bindung an das Gesetz, Rechtsordnung und Rechtsstaat, der Gesetze hervorbringt und der Gesetzespositivismus und seine Kritik beschreiben das.[105]

Man wird aber auch die Bindung an den materiellen Rechtsstaat nicht verkennen dürfen, spricht man von Recht. Es mag zwar Gesetze geben, die nicht Recht, sondern Unrecht sind, aber der Begriff Recht weist auf den Rechtsstaat hin.

Die Grundproblematik von Sein und Sollen zeigt sich in der Darstellung der Kodifikation, die imperativischen Charakter hat und zugleich Beschreibung ist.

Während der Typus bloß Ideen ordnet und die Lehre von dem Begriff als Summe von vollständigen Merkmale womöglich sogar ohne ihn auskommen könnte, steht die Objektivität des Rechts in Verbindung mit seiner Richtigkeit oder je-

---

102 Zum formellen Gesetzesbegriff vgl. § 39 II..
103 M. Rheinstein, Einführung in die Rechtsvergleichung, 2. Aufl. München 1987, S. 37.
104 Zur Gesetzesauslegung vgl. 3. Abschnitt.
105 Dazu schon § 46 II. 2. Zum Problem, R. Bäumlin, Die rechtsstaatliche Demokratie, Zürich 1954, S. 60ff; E. Forsthoff, Lehrbuch des Verwaltungsrechts, Bd. I, München 1973, S. 425.

denfalls seiner möglichen Richtigkeit.[106]
Auf die Richtigkeit kann man im Begriff der Gerechtigkeit überhaupt nicht verzichten.

Das Sollen als das, was die Rechtsfolge enthält und das Sein, was in dem Tatbestand beschrieben ist, umfaßt den Rechtssatz. Die Chance zu der richtigen Erkenntnis rechtfertigt das Recht. Je größer die Chance, desto legitimer das Recht.

In der Lehre vom Begriff sind auch Kern und Wesen als Beschreibung desselben aufgehoben. Die ontologische Betrachtungsweise muß nicht im Widerspruch zu dem Vollständigkeitsdenken stehen, denn Kern und Wesen sind aus dieser Sicht der Reihung von Merkmalen bloß solche.[107] Eine Gewichtung von Merkmalen, die aus der Ideenlehre herrührt, kann den Begriff beschreiben, ohne daß ihm die Vollständigkeit verlorengeht.

Kehrt man nun zu dem Gedanken zu Beginn zurück, so wird klar, daß Demokratie darin als Recht und zwar als ein bestimmtes Recht bezeichnet worden.[108] Es ist das auf Fortschritt angelegte Recht, eine verfaßte Möglichkeit der Regeländerung.

Ob es zu dem Rechtsbegriff gehört, daß das konkrete Recht oder auch das Gesetz verändert werden kann, muß hier nicht entschieden werden.[109] Jedenfalls trägt der Gedanke, daß Demokratie die verfaßte Möglichkeit der Regeländerung sei, dazu bei, daß der Irrtumsmöglichkeit auf diese Weise begegnet wird. Wenn Irrtümer durch erneute Entscheidung, z.B. Zweitverwaltungsakte oder Novellierungen von Gesetzen, hin zu der Richtigkeit der Entscheidung verändert werden, so schaltet man die Möglichkeit aus, daß eine falsche Entscheidung bestehen bleibt. Man mag zwar meinen, daß wegen eines Irrtums auch eine richtige Entscheidung zu einer falschen werden kann, aber die Chance, daß zukünftige Entscheidungen richtiger sein können, ist höher als umgekehrt, weil der Mensch ein vernunftbegabtes Wesen ist und in dieser Eigenschaft auch über ein Gedächnis verfügen kann.[110]

---

106 A. Kaufmann, Recht und Sittlichkeit, in: Ders. (Hg.), Rechtsphilosophie im Wandel, 2. Aufl. Köln u. a. S. 224. K. Larenz, Methodenlehre der Rechtswissenschaft, Berlin u. a. 1983, S. Aufl. , S. 209, 249. Vgl. zur Richtigkeit auch W. Naucke, Rechtsphilosophische Grundbegriffe, 2. Aufl. Frankfurt a. M. 1986, S. 168f..
107 Vgl. die Darstellung der Lehre des Aristoteles, Politik, bei W. Naucke, Rechtsphilosophische Grundbegriffe, 2. Aufl. Frankfurt a. Main, 1986, S. 46f..
108 § 50 II..
109 § 9 II..
110 Die Autorität des Gesetzgebers rührt daher, daß die Chance zu der richtigen Entscheidung möglichst hoch, vergleichsweise am höchsten, ist.

Aus staatsrechtlicher Sicht und aus derjenigen von der Einteilung der Herrschaftsformen mag diese Erkenntnis von Bedeutung sein. Für den Begriff Demokratie allerdings ist sie weniger wichtig. Das Volk gerade ist nicht verpflichtet, Entscheidungen zu treffen, die den Gesetzen oder der Verfassung entsprechen und diese einhalten. Es kann als Teil seiner Herrschaft gerade auch solche Entscheidungen fällen, die dem Recht nicht entsprechen. Das ist zwar gerade das Gegenteil von dem, was für die Konstituierung von Demokratie in dem Staate spricht, aber durch den Begriff nicht ausgeschlossen, es sei denn ein Verfassungsstaat existiert in rechtsstaatlicher Form.

Aus diesem Grunde ist in dem Begriff der Demokratie zugleich auch seine eigene Begrenzung als Merkmal enthalten, wenn man von dem Rechtsbegriff Demokratie berichtet. Die Grundrechte sind also Bestandteil des Begriffs Demokratie, wenn man ihn als einen Rechtsbegriff beschreibt.

III. Demokratieformen

1. Unmittelbare Formen

Die Formen in denen Demokratie ausgeübt wird sind solche unmittelbarer und solche mittelbarer Art. In direkter Art und Weise wird Demokratie dann praktiziert, wenn es das Volk selbst ist, das durch seine eigenen Handlungen tätig wird. Diese Form der Demokratie ist Volksherrschaft, die auf die Repräsentation verzichtet.[111] Es wird also kein Vertreter, kein Volksvertreter gewählt, sondern das Volk selbst wird tätig.

Diese Ausübung der Herrschaft durch das Volk selbst muß zunächst die Einheit der Staatsgewalt berücksichtigen.[112] Das heißt, daß diese als hoheitliche Gewalt in allen ihren Teilen betätigt wird. Geht man von einer nicht geteilten Staatsgewalt aus, so kann das Volk als ganzes diese in der Weise ausüben, daß es selbst die Gesetze schafft. Zum Beispiel in Demokratien wie in der Schweiz ist der Fall, die gerade in den Gemeinden, aber auch auf Bundesebene die Möglichkeit vorsehen, daß der Volk selbst die Gesetze abstimmt.[113]

Aber nicht nur die Gesetze können durch das Volk selbst geschaffen werden. Es ist beispielsweise auch möglich, Rechtsverordnungen und Richtlinien auf diese Art und Weise zu legitimieren.

Man wird auch nicht bei dem legislativen Teil der Staatsgewalt stehenbleiben dürfen. Die Möglichkeit, Verwaltungsentscheidungen zu treffen, einen Verwaltungsakt zu erlassen, der auf einem Gesetz gründet oder auch nicht, wird dem

---

111 Vgl. zum Repräsentationsprinzip § 25 VI..
112 Siehe S. 195.
113 Vgl. J.-D. Kühner/F. Meissner, Züge unmittelbarer Demokratie?, in: NJW 1972, S. 618.

Volke nicht vorzuenthalten sein, existiert eine demokratische Herrschaftsform in dem Staate.[114]

Die Bindung an das Gesetz ergibt sich nur aus der Hierarchie der Gewalten im gewaltenteiligen Staat. Nimmt man einzig die Demokratie als Herrschaftsform in den Blick, so bedarf es dieser nicht.

Das spielt allerdings keine Rolle für die Frage, ob und wie es möglich ist, daß das Volk in dem Staate selbst, d.h. ohne Vertretung, herrscht und diese Herrschaft in dem Bereich der Staatsgewalt angesiedelt ist, die verwaltet, d.h. in exekutiver Funktion. Es ist also nicht nur der Verwaltungsakt, sondern auch die Allgemeinverfügung und das fiskalische Handeln des Staates gemeint.

Es können Probleme bei der Ausübung der Staatsmacht durch die Exekutive auftauchen, wenn Handlungen erforderlich sind, die das Volk als Ganzes nicht vollziehen kann, z.B. bei polizeilichem Tätigwerden oder ähnlichen Handlungen. Blickt man auf solche einzelnen Tätigkeiten, so ist es aber möglich, daß die Vertretung des Volkes in seiner Anwesenheit stattfindet, vergleichbar der Organisation von Verfahrensschritten im Abstimmungsprocedere. Dort werden z.B. die Stimmen gezählt, das Ergebnis aufgeschrieben, die Wahlurne getragen und Handlungen gleicher Art. Das geschieht auch durch Einzelne, die als Teil des Volkes solche Aufgaben übernehmen, wie z.B. Wahlhelfer.

Die Problematik ist ähnlich, vergleicht man mit dem Richterspruch, der z.B. von dem ganzen Volke gefällt wird. Es müssen auch hier die Stimmen gezählt, es muß das Urteil verkündet werden. Der Vollzug von Gesetzen oder auch staatliches Handeln anderer Art im Sinne der ausführenden Gewalt verkörpert in sich noch stärker den Begriff der Handlung.[115]

Man wird dabei nicht unterscheiden müssen zwischen den zusätzlichen Handlungen im Verfahren bei Abstimmungen, d.h. Entscheidungen des Volkes, seinen Willen zum Ausdruck zu bringen und den notwendigen Handlungen, dieses Ergebnis zu sichern. Es stellt sich als Annex dar und findet in Anwesenheit des Volkes statt, das die Einhaltung des Verfahrens sofort sichern kann. Möglich wäre es, das durch Maschinen, z.B. Abstimmungscomputer oder Abstimmungsapparate zu sichern, die diese Handlungen, z.B. das Auszählen, übernehmen und deswegen auch keine Wahlurne mehr existiert.[116]

Hat man einen gewaltenteiligen Staat im Auge, so ist es möglich die Handlung, etwa der Ausführung eines belastenden Verwaltungsaktes, das Aufstellen eines Straßenschildes oder auch die Ausübung der Verkehrssicherungspflicht z.B. durch Fegen des öffentlichen Platzes bei Schneedecke im Winter, die auf Grundlage des Gesetzes, das die erste Gewalt geschaffen hat, dem Volke in der Weise

---

114 A. Roßnagel, Kontrolle großtechnischer Anlagen durch Verwaltungsreferenda? in: ZParl 1986, S. 587.
115 C. Creifelds, Rechtswörterbuch, 10. Aufl., München 1990.
116 Vgl. § 35 BWG.

zuzurechnen, daß es selbst tätig wird, wenn es anwesend ist und jederzeit dagegen einschreiten könnte. Man wird deswegen nicht von einer Stellvertretung sprechen können, weil es unmöglich ist, daß alle Aktivbürger selbst diese Handlungen ausführen, sondern es Einzelne sein müssen. Bei jederzeitiger Korrekturmöglichkeit und einer Handlung, die ihrer Natur nach nicht von allen ausgeübt werden kann, wird man also auch von unmittelbarer Demokratie sprechen dürfen. Daß diese Handlungen auf Grundlage von Gesetzen oder Verwaltungsakten stattfinden, spricht für ihre lediglich ausführende Bedeutung ohne eigene Handlungsmacht, ersetzbar eventuell durch Technologien.
Man könnte auch daran denken, daß sogar dann, wenn ein gewaltenteiliger Staat nicht vorhanden ist, wegen der Anwesenheit des Volkes insgesamt der Einzelne bloß als unselbständiges Glied tätig wird.

2. Mittelbare Formen

Die indirekte Art und Weise, in der das Volk herrscht, muß die Repräsentation, also seine Stellvertretung, zur Kenntnis nehmen.
Ist es nicht das Volk als Summe der Staatsbürger, das durch Abstimmung oder in anderer Weise tätig wird, so müssen Entscheidungen auf andere Art zustandekommen und Handlungen nicht durch das Volk als Rechtssubjekt, sondern durch andere solche begangen werden. Damit ist die Frage angesprochen, wie weit und ob das Volk sich überhaupt vertreten lassen kann, ob das die gesamte Staatsgewalt umfaßt oder bloß Teile derselben.[117]

Hat man einen gewaltenteiligen Staat, einen Rechtsstaat vor sich, so wird es vertreten in Organen der Legislative, der Exekutive und der Judikative, und die beiden nachgeordneten Staatsgewalten fügen sich dem von dem Volke gewählten Parlament. Das wäre eine Möglichkeit, daß der Wille des Volkes wie er durch seine Vertretung in Gestalt des Parlamentes ausgedrückt ist, sich auch in der Verwaltungsentscheidung durchsetzt. Der Verwaltungsakt oder die Allgemeinverfügung, das Gerichtsurteil oder der Beschluß müssen auf den Willen des Volkes zurückgeführt werden können. Man könnte sogar bedenken, ob nicht auch die Personen, die in diesem Rahmen Entscheidungen fällen, in irgendeiner Weise vom Volk legitimiert sein müssen.

Für die Entscheidung des Parlamentes wird gesagt, daß "sovereignity of parliament" "freedom from jurisdical control" bedeutet und "in law nothing absolutely binding which parliament may not do if it chooses to do it by the full formality of a legislative act".[118]
Diese Auffassung enthält eine sehr starke Stellung des Parlamentes als einer demokratischen Institution. Die Souveränität von ihm und die Freiheit von rechtlicher Kontrolle sind begrifflich in allen Merkmalen, z.B. in der Bundesrepublik,

---

117 Zur Unteilbarkeit der Staatsgewalt vgl. S. 195
118 Halsbury's Laws of England, 4. Ed. , London 1974, Vol. 1974, p. 734.

aber auch anderen westeuropäischen Staaten, nicht vorhanden. Die Existenz des Bundesverfassungsgerichts und z.b. des Conseil constitutionnel ist gerade darauf gerichtet, daß die Gesetzgebung in dem Staate durch diese Verfassungsgerichte kontrolliert werden dürfen und auf Antrag auch werden. Von Souveränität des Parlaments wird man wohl nur im Verhältnis zu anderen Einrichtungen des Staates sprechen dürfen und nicht in dem zu dem Volke.

Die staatsrechtliche Sicht, die beschrieben worden ist, sagt nichts über die mögliche Bindung des Parlamentes durch die Verfassung oder eine Sachabstimmung durch das Volk.[119] Allerdings ist Demokratie auch in ihrer mittelbaren Form vorstellbar, ohne daß eine Verfassung existiert.[120] Jedoch ist dann das Parlament nicht an ein Gesetz gebunden, an das es sich halten muß und wenn keine Möglichkeit existiert, das Gesetz, das das Parlament verabschiedet hat, zurückzurufen und selbst ein neues zu verabschieden oder das abgestimmte außer Kraft zu setzen oder zu verändern, entsteht die Frage, ob auf diese Weise alle Merkmale des Begriffs Volksherrschaft geschaffen werden oder ob nicht einige verlorengehen.[121]

Man wird wohl den Gedanken hinzufügen müssen, daß sogar, wenn das Volk selbst abstimmt, wegen der Irrtumschance und der der Unmöglichkeit, daß die Entscheidung sich ständig ändern kann und auch, daß immer alle einer Meinung sind, der Begriff Volksherrschaft fast unvollständig vorliegt, viele Gestaltungen also eine reduzierte Demokratie hinnehmen müssen. Allerdings ist das nicht für alle Möglichkeiten in derselben Weise festzuhalten.

Existiert keine Verfassung und gibt es keinen "recall" in dem Staat, so wird man davon sprechen müssen, daß die demokratische Legitimation der Entscheidung des Parlamentes zu gering ist.

Dagegen könnte eingewendet werden, daß die Bindung an die Verfassung selbst noch nicht demokratische Merkmale bildet oder verstärkt. Dieses Argument aber verkennt, daß das Volk als Herrscher in der Verfassung erwähnt sein muß, auch sein Wille und daß das Parlament nur das Volk vertritt, dessen Wille also beachtet werden muß. Sogar dann, wenn dieser Anspruch nicht einklagbar wäre und sich ausschließlich als Willensentscheidung des Wählers bei den Wahlen nach einer Legislaturperiode zeigte, wird man wegen der Bindung des Parlamentes an die Verfassung eine stärkere Legitimation in Richtung Volksherrschaft darin erblicken müssen. Das gilt gerade, wenn das Volk es war, das die Verfassung geschaffen hat oder ein Rat oder eine andere Volksvertretung dies tat. Fraglich aber ist, ob diese Legitimation ausreicht, die in der bloßen Existenz einer Verfassung liegt.

---

119 §§ 7, 8, 9 und 10.
120 § 44 I..
121 Vgl. § 23.

Mittelbare Formen der Demokratie können auch möglich sein bei Entscheidungen von Verwaltung und Gerichten. Das Urteil ergeht "Im Namen des Volkes" und der Richter ist entweder als Laienrichter bestimmt oder durch den Minister eingestellt, der wiederum von dem Parlament gewählt ist oder von dem Regierungschef bestimmt. Ist der Regierungschef es, der den Minister bestimmt und stellt dieser den Richter ein, so kann man der Auffassung sein, daß die demokratische Legitimation der Art und Weise, wie der Richter bestimmt ist, zu gering war. Daß es also dieser Einzelne ist, der Recht spricht, mag nicht demokratisch legitimiert sein.

Anders sieht es allerdings aus, wenn eine Gestaltung vorhanden ist, wie sie zuvor beschrieben wurde. Wegen der durch Verfassung vorgegebenen Bindung an Recht und Gesetz könnte es zulässig sein, daß ein nur ernannter und nicht vom Parlament gewählter Minister einen Richter bestimmt, der dann Recht im Namen des Volkes spricht. Es liegt an der erhöhten Irrtumschance, je weiter vom Volke weg Entscheidungen gefällt werden, daß man daran zweifeln kann.

3. Gemeinsame Merkmale

In der klassischen Literatur wird neben die Möglichkeit, daß Vertreter des Volkes durch Wahl von diesem bestimmt werden, auch erwogen, daß es Teil des Demokratiebegriffs sein könnte, wenn derjenige, der ein öffentliches Amt bekleidet, dieses nicht durch Wahl erhält, sondern durch das Los.[122]
Es wird sogar gesagt, daß das Losverfahren der Demokratie näher sei als das Wahlverfahren. [123]

122 Platon, der Staat, VIII. Buch, 557a: "Eine Demokratie entsteht also, wenn die Armen siegen und ihre Gegner töten und verbannen, alle übrigen aber nach gleichem Recht an Verfassung und Ämtern teilnehmen lassen und die Ämter möglichst nach dem Lose vergeben. " 561 b:"Nun lebt dieser Mensch und opfert sein Geld, dazu Mühe und Zeit den nutzlosen Freuden mehr als den notwendigen. Doch hat er Glück und verliert sich im Taumel nicht allzuweit, nimmt er – wenn er auch älter geworden und der Most sich geklärt hat – einen Teil der verbrannten Triebe wieder auf und ergibt sich somit nicht ganz den eingedrungenen –, denn lebt er im Gleichgewicht seiner Freuden, überläßt der Lust, die ihn eben befällt, als ob er sie's erlöst, die Macht über ihn bis sie gesättigt, und dann wieder einer anderen – und keine verschmäht er, denn sie alle ehrt er nach gleichem Teile."
123 J.-J. Rousseau, Gesellschaftsvertrag, S. 118f.: "Die Bestimmung durch das Los, sagt Montesquieu, entspricht der Natur der Demokratie. Damit stimme ich überein, aber warum? Das Los, fährt er fort, ist eine Art der Wahl, die niemanden verletzt; es läßt jedem Bürger die berechtigte Hoffnung, dem Vaterland dienen zu dürfen. Dies sind aber nicht die Gründe. Wenn man beachtet, daß die Wahl der Oberhäupter, eine Aufgabe der Re-

Obwohl diese Frage bloß beantwortet werden muß, um die mittelbare Demokratie genauer zu bestimmen, wirft doch der Gedanke, der ihr zugrundeliegt, einen Blick auf den Begriff Demokratie selbst und seine einzelnen Merkmale.

Das Losverfahren überläßt die Entscheidungen über denjenigen, durch den das Volk herrscht, dem Zufall. Es ist also möglich, daß jeder Bürger ein Amt erhält, d.h. Staatsgewalt ausübt. Keiner ist ausgeschlossen, aber keiner ist von dem Volke selbst bestimmt. Man könnte also von vornherein die Möglichkeit verwerfen, daß das Volk durch denjenigen, auf den das Los fällt, repräsentiert wird, denn ein Losverfahren ist immer möglich, in jeder Herrschaftsform. Seine Legitimation erhält der Geloste gerade nicht vom Volke, sondern aus dem Verfahren, daß jeder es sein könnte, der zur Verfügung steht.

Diese Gleichheit des Losverfahrens, die es dem Zufall überläßt, wer das Amt erhält, ist nicht dieselbe wie diejenige der Wahl. Es müssen nicht alle zur Verfügung stehen und sogar dann, wenn sie es tun, sind die Entscheidungen, die zu ihrer Bestimmung führen, nicht auf den Zufall zurückzuführen oder jedenfalls müssen sie darauf nicht zurückzuführen sein. Sie sind es, schaut man auf das Menschenbild, das der Demokratie in der westlichen Zivilisation zugrundeliegt, jedenfalls dann nicht, wenn man die Vernunft mit ins Spiel bringt. Danach kann der eine Kandidat abgelehnt und der andere gewählt werden, weil man den einen für geeigneter hält als den anderen oder auch von vornherein wegen der Parteizugehörigkeit feststeht oder mindestens anzunehmen ist, daß er die eigene Auffassung teilt, die man für richtiger hält als die andere. Es könnte sein, daß die Chance, daß durch Wahl derjenige das Amt erhält, der richtige Entscheidungen fällt, größer ist, als wenn durch das Los der Zufall einen Kandidaten bestimmt. Geht man davon aus, daß alle die Fähigkeit haben, richtige, d.h. vernünftige Entscheidungen zu fällen und die größte Chance fortfällt, daß der Irrtum bei den Sachentscheidungen vermieden wird, weil es nicht das Volk ist, das entscheiden darf, sondern derjenige, der das Amt erhält,[124] so spricht von vornherein nichts

> gierung und nicht der Souveränität ist, wird man sehen, warum der Weg durch das Los mehr der Natur der Demokratie entspricht, in der die Regierung in dem Maß besser ist, als ihre Akte weniger vielfältig sind. In jeder wahren Demokratie ist ein Amt weniger ein Vorteil als eine Bürde, die man gerechterweise nicht dem einen eher als dem anderen auferlegen kann. Einzig das Gesetz kann diese Bürde demjenigen auferlegen, auf den das Los fällt. Dann ist nämlich die Ausgangsbedingung für alle gleich, die Wahl hängt nicht von irgendeinem menschlichen Willen ab, keine besondere Anwendung schränkt so die Allgemeingültigkeit des Gesetzes ein."
>
> 124 Rousseau, Der Gesellschaftsvertrag, S. 119: "Die Bestimmung durch das Los hätte in einer wahren Demokratie wenig Nachteile, wo die Wahl nahezu gleichgültig würde, da in allem, sowohl in Sitte und Talent als auch in Grundsätzen und Vermögen, Gleichheit herrscht. Aber ich habe schon gesagt, daß es keine wahre Demokratie gibt."

gegen das Los. Aber auch die Wahl durch das Volk besticht durch den ihr innewohnenden Repräsentationsgedanken. Es könnte die richtige Personalentscheidung sein, die von dem Volke getroffen wird und die Möglichkeit, daß derjenige, der dann im Amt ist, ebenfalls richtige Entscheidungen trifft, könnte so größer sein.

Man wird vielleicht erwägen müssen, daß verschiedene Merkmale in beiden Verfahren aufgehoben sind. Bei der Wahl kommt es auf die Unterschiede zwischen den Kandidaten an ‚zwischen denen abgewogen wird. Sogar dann, wenn die Vorausauswahl z.B. nach Eignungs- und Fähigkeitsvoraussetzungen getroffen wurde, ist entscheidend, welche Unterschiede zwischen ihnen vorhanden sind, z.B. solche der Parteizugehörigkeit, der Persönlichkeit, des Alters, der Ausbildung und anderes mehr. Zwar mag die einzelne Verfassung wie z.B. das Grundgesetz in Art. 33 GG solche Auswahlkriterien einschränken, aber bei der Wahlentscheidung ist der Einzelne frei und kann nicht gezwungen werden, die eine oder andere Person oder Partei zu präferieren.

Bei dem Losverfahren steht die Gleichheit im Mittelpunkt der Entscheidung. Weil das Losverfahren alle zu Gleichen macht, kann jeder gewählt werden.[125]

Bei der Wahl steht wegen des Repräsentationsgedankens außer Frage, daß sie geeignet ist, Vertretung des Volkes zu ermöglichen, wenn auch eine solche Repräsentation bloß eingeschränkt ist, eben in die Richtung der Vertretung des Staatsbürgers im Unterschied zu dem Stimmbürger.

Man kann aber sagen, daß die Repräsentation des Volkes als Legitimationgedanke bloß beschränkt ist. Die Gleichheit des Losverfahrens nimmt den Gedanken auf, daß das Volk als Ganzes herrscht, d.h. alle, also die Summe von Einzelnen. Weil jeder die Fähigkeit hat, die Geschicke des Staates zu bestimmen und jeder darin gleich dem anderen ist, läßt man die Überlegung zu, daß jeder in der Lage ist, ein Amt auszuüben. Denn jeder kann auch eine Sachentscheidung treffen. In der Gleichheit, die in dem Menschenbild liegt, ist daher auch das Losverfahren gerechtfertigt. Wenn ein Einzelner durch das Los bestimmt wird, besteht bei ihm die Chance, daß er richtige Entscheidungen trifft grundsätzlich in nicht geringerem Maße als bei einem anderen. Allerdings muß das Ergebnis der Losentscheidung nicht dem Willen des Volkes entsprechen. Vielleicht werden im Ergebnis andere Staatsämter erhalten, weil das Losverfahren zu anderen Ergebnissen führt als das Wahlverfahren. Eine Übereinstimmung mit dem Willen des Volkes auch in Sachfragen dürfte daher weniger wahrscheinlich sein. Denn die durch das Los bestimmten Personen mögen andere sein als diejenigen, die gewählt würden und auch andere Entscheidungen in Sachfragen treffen.

Zu bedenken ist aber, daß auch der Repräsentationsgedanke nicht weiter führt als zu der Vertretung des Volkes in ihrer Eigenschaft als Bürger, also als Staats-

125 Rousseau, Gesellschaftsvertrag, S. 118.

bürger und nicht als Stimmbürger. Jedenfalls gilt das, wenn man das imperative Mandat nicht berücksichtigt. Eine solche Vertretung, selbst wenn sie nicht durch Wahl erfolgt, ist möglich, aber erreicht nicht dieselbe Bedeutung als Merkmal von Demokratie wie die Sachabstimmung.

Zwar kann derjenige, der durch das Volk, möglicherweise sogar mit allen seinen Stimmen, gewählt worden ist, sich auf diese Legitimation berufen und so als Vertreter des Volkes tätig werden, aber ohne imperatives Mandat ist er nicht verpflichtet, dem Willen des Volkes in der Sachabstimmung zu folgen, den er vielleicht auch gar nicht kennt. Er ist deswegen aus der Sicht des Volkes nicht näher an dessen Willen bei der einzelnen Sachabstimmung im Parlament als der durch das Los bestimmte Vertreter. Einziger Unterschied besteht darin, daß z.B. die Parteizugehörigkeit als Indiz für übereinstimmende Auffassung in Sachfragen Grund ist, einen Kandidaten zu wählen oder nicht zu wählen. Daher kann der Stimmbürger meinen, daß seiner Meinung gefolgt wird, wählt er einen Abgeordneten, der in der Partei Mitglied ist, deren Auffassung der Stimmbürgers teilt. Sicher kann er aber wegen des freien Mandats nicht sein.

Aus diesem Grunde ist aus der Sicht des Staatsbürgers das Los eine nicht weniger geeignete Methode der Bestimmung von Vertretern als die Wahl. In ihm ist der Gedanke verwirklicht, daß jeder Staatsbürger, weil er das aktive und passive Wahlrecht besitzt, nicht bloß Stimmbürger, sondern auch Repräsentant und Regierungsmitglied sein kann. Die Chance, daß auf diese Weise eine richtige Entscheidung gefällt wird, daß der Geloste richtig oder nicht richtig handelt, ist vielleicht nicht geringer als bei dem Gewählten. Bei der Sachentscheidung ist die Chance, daß richtig entschieden wird, in der Demokratie höher, weil alle entscheiden dürfen. Wird ein Mitglied der Exekutive, die Regierung, das Staatsoberhaupt etc. von dem Volke bestimmt, so könnte es ebenso sein; jedoch die Chance, daß auf Dauer eine solche Entscheidung richtig ist, mag schmaler wirken als bei der Sachentscheidung, wenn nicht die Gesetze direkt oder jedenfalls in hohem Maße von dem Volke legitimiert sind und der Gewählte sich daran hält und das Volk die Möglichkeit hat, das zu kontrollieren. Man wird also unterscheiden müssen zwischen solchen Gewählten, die das Volk in seiner Eigenschaft als Gesetzgeber vertreten und solchen, die das Volk in seiner Eigenschaft als ausführende Gewalt angehen. Die Erfüllung der Merkmale der Demokratie ist bei der Wahl derjenigen, die die Staatsgewalt ausführen, höher als bei dem Los und der Wahl der Abgeordneten (Legislative).Die gemeinsamen Merkmale der Demokratieformen, wenn man sie in dem Demokratiebegriff aufgehoben sieht, ist dann auch in der Eigenschaft des Volkes als Subjekt des Staates, in dem alle Staatsgewalt inkarniert ist, enthalten.

Daß es ein Volk sei, das Rechtssubjekt des Staates ist, diesen schafft, ist aus der Sicht des Staats- und Völkerrechtes unverzichtbar. Es müssen also alle Voraussetzungen vorliegen, die es gestatten, von einer Mehrzahl von Personen als Volk zu sprechen. Nicht jede Gemeinschaft ist ein solches; gemeinsamer Ort, dieselbe

Kultur und Tradition, die gleiche Sprache und Geschichte können Anhaltspunkte sein.

Man wird den Begriff Volk nicht mit dem der Familie oder des Stammes gleichsetzen dürfen, sondern viele Familien, womöglich auch aus denselben Wurzeln stammend, darin aufgehoben sehen. Kultur und Tradition, ein gemeinsames Erbe als Gemeinschaft, das über dasjenige der Familie hinausgeht und das Teil öffentlicher Gemeinschaft ist, vielleicht sogar der res publica, spielen eine wichtige Rolle.

Die gleiche Sprache wird häufig als Teil dessen, sogar als entscheidender Teil des Begriffs Volk, verstanden. Man wird hier unterscheiden dürfen zwischen der Sprache als Teil der Kultur, dem Dialekt, eine Art örtliche Intimsprache und slang, der Sprache von Gruppen in dem Volke. Es ist die Sprache als Teil der Kultur und nicht der Dialekt, z.B. platt oder etwa das "Berlinern", die Teil des Begriffs "Volk" ist. So ist zu erklären, daß Voraussetzung für die Teilnahme an einer Wahl, z.B. in den USA, die Fähigkeit war, selbst schreiben, nämlich unterschreiben zu können, denn die Unterschrift dokumentiert für jeden anderen Staatsbürger die Zugehörigkeit zu dem Volke.[126]

Die Fähigkeit des Volkes, zu herrschen, ist Teil des Menschenbildes der Demokratie, das auf der gleichen Beschaffenheit der Menschen beruht. Es ist die Gleichheit, daß der eine dem anderen gleicht und alle von vornherein diese Fähigkeit besitzen, mögen sie sich auch als Personen unterscheiden.

Zu dieser Fähigkeit gehört nicht von vornherein die Macht, stärker zu sein als andere, sondern die Möglichkeit, solche Eigenschaften ausbilden zu können, die gestatten, das zu sein.

Es ist die Vernunft des Menschen, also die Fähigkeit, zu denken, die garantiert, daß der Mensch nicht falsche Entscheidungen treffen muß, sondern richtige fällen kann. Ist der Mensch nicht in der Lage, in Alternativen zu denken, kann er nicht entscheiden. Das Denken in Alternativen ist bereits Voraussetzung, den eigenen Willen betätigen zu können, der dann die Entscheidung selbst ist. Eine Entscheidung ohne den Willen ist nicht möglich. Dieser ist die Kraft, die es ermöglicht, die eine oder andere Entscheidung auch wirklich zu fällen und nicht bei dem bloßen Darlegen von Alternativen, also Möglichkeiten stehenzubleiben. Das Durchsetzen einer gedanklichen Alternative und ihre praktische Durchführung ist nur möglich, wenn Vernunft und Wille zusammenkommen. Die Stärke des Willens spielt eine Rolle für die Kraft der Durchsetzung dessen, was als das Richtige erkannt worden ist. Dieses kann z.B. dann eher verwirklicht werden, wenn es nicht ausschließlich der Wille eines Menschen ist, sondern mehrere, auch viele, sich zusammenschließen undes gemeinsam wollen.

---

126 Siehe Texas v. White et. al., 1868 Sup. Ct. 700f; U.S. v. Cruiksbank et. al. 1868
Sup. Ct. 542; U.S. v. Reese et. al. 1875 Sup. Ct. 214.

Man mag die Eigenschaft der Menschen als Einzelne, herrschen zu können, nicht bestreiten wollen. Besonderheiten ergeben sich, weil die Menschen im Volke eine Gesamtheit bilden. Das zeigt sich nicht nur an dem Volke als eine Gemeinschaft, sondern auch an anderen, z.B. auch anderen juristischen Personen. Der Wille des Einzelnen mag sich von der einen Sekunde zu der anderen ändern, er kann in die falsche Richtung gehen und das erstreben, was sich zuvor schon als falsch herausgestellt hatte, sich später als unrichtig zeigt oder dessen Richtigkeit niemals zweifelsfrei erwiesen ist, er könnte auch schwierig zu bilden und von Zweifeln abgelenkt sein. Jedenfalls ist es möglich, daß der Einzelne einen Willen hat und ihn äußert. Die Gemeinschaft unterliegt anderen Bedingungen als der Einzelne. Es ist die Summe der Einzelnen, die die Gemeinschaft bilden. Jeder Einzelne kann seinen Willen ändern und die Mehrheit als Summe derjenigen, die höher ist als die Minderheit, ist weder vor dem Irrtum gefeit, noch muß sie bei ihrer Meinung bleiben. Es kann wechselnde Mehrheiten geben und auch diese können auf Fehlern beruhen. Der Wille der Gemeinschaft ist dem des Einzelnen bloß dann ähnlich, wenn es der Wille aller ist. Die eine Stimme ist der vielen vergleichbar, wenn sie denselben Ton hat und dasselbe sagt, also alle dasselbe sagen. Dieser Fall ist für die Gemeinschaft aber derjenige, der in grundsätzlichen Fragen der seltenste ist. In diesen gibt es häufig unterschiedliche Auffassungen, sogar gegensätzliche, die unvereinbar miteinander sind. In den meisten Abstimmungsfragen, so zeigt die Vereinspraxis, wird Einstimmigkeit erzielt. In den wichtigsten und grundsätzlichsten allerdings nicht. Dort sind häufig, nahezu immer, die Auffassungen divergierend. Aus diesem Grunde ist die Staatswillensbildung, wie auch diejenige anderer Gemeinschaften in besonderer Weise zu unterscheiden von der des Einzelnen.

Die Eigenschaft, Staatsbürger zu sein, kann man in der Demokratie nach drei Seiten hin formulieren: Es ist der status activus, der status positivus und der status negativus.

Der status activus ist die Eigenschaft des Staatsbürgers, das passive und aktive Wahlrecht zu besitzen, die Geschicke des Staates durch Sachabstimmungen leiten zu können, also überhaupt ein Staatsbürger zu sein, Teil des Volkes in dem Staate. Dieses grundlegende Merkmal ist in dem Staat, dessen Herrschaftsform die Volksherrschaft ist, Basis für die Ausübung derselben.

Man mag fragen, was denn neben dem status activus noch in der Demokratie die Volksherrschaft als Herrschaftsform bestimmen mag, blickt man aus der Sicht des Einzelnen. Es ist der status positivus, nämlich die Verfahrensrechte mit der Erfolgschance, die den status activus garantieren. Es sind die Rechte, die die Teilnahme, d.h. den Schritt von der bloßen Inhaberschaft des Rechts hin zu der Ausübung desselben ermöglichen. Das gestattet, nicht bloß Staatsbürger, sondern Stimmbürger zu sein.

Das Recht aus der Aktivbürgerschaft ist die Position des Staatsbürgers, der als Teil des Volkes die Möglichkeit hat, zu herrschen. Schon diese muß in der Ver-

Teil des Volkes die Möglichkeit hat, zu herrschen. Schon diese muß in der Verfassung des Staates konstituiert sein und reicht in den Bereich der Teilhabe dann hinüber, wenn es über die bloß staatsbürgerlichen Rechte, wie sie etwa Art. 33 GG kennt, hinausgeht. Dann, wenn Verfahrensgarantien für diese gesetzlich vorgesehen sind und die Teilnahme an Verwaltungsentscheidungen, z.B. durch Verwaltungsreferenda oder Beisitzertätigkeit in der Verwaltung oder Wahlmöglichkeit der in der Verwaltung und vor allem der Regierung tätigen Personen festgelegt ist, wird man von dem status positivus, der Teilhabe, sprechen können. Die Aktivbürgerschaft, die Gemeinschaft der Aktivbürger, hat das Recht auf Teilhabe an dem Staate, weil sie in ihm herrscht und seine Geschicke bestimmt. Dieses Recht geht so weit, daß auch die Ausführung der von dem Souverän geschaffenen Gesetze durch diesen selbst vorgenommen wird.

Der status negativus ist das Recht des Bürgers, daß er im Rahmen eines Freiheitsraumes selbst bestimmen kann, was er möchte. Das wird durch die Grundrechte gesichert. Die Nichteinmischung des Staates, die durch diese verankert wird, beruht auf dem Gedanken, daß der Leviathan, der Staat als Bändigungseinrichtung, in der Ausübung seiner Staatsgewalt irrt oder jedenfalls irren kann. Die Irrtumschance ist der Grund dafür, daß der status negativus als Abwehrrecht des Einzelnen dem Staat gegenüber existieren muß. Bedenkt man, daß der Begriff Demokratie die wirkliche Herrschaft des Volkes zu seinem Inhalt hat, so gehört der status negativus zu seinen Voraussetzungen, wenn nicht sogar zu denen des Staates überhaupt. Denn die Irrtumschance erfordert nicht nur eine Reversibilität staatlicher Entscheidungen und die Möglichkeit dazu, sondern sie braucht die Chance, daß es Bereiche gibt, die dem Staat und seinem Bändigungswillen, selbst entzogen sind. Das ist der Freiheitsspielraum, der durch Grundrechte, den status negativus, gesichert ist.

Guido Thiemeyer / Hartmut Ullrich (Hrsg.)

Europäische Perspektiven der Demokratie

Historische Prämissen und aktuelle Wandlungsprozesse in der EU und ausgewählten Nationalstaaten

Frankfurt am Main, Berlin, Bern, Bruxelles, New York, Oxford, Wien, 2005.
331 S., zahlr. Tab.
ISBN 3-631-39755-0 · br. € 56.50*

Demokratische Regierungssysteme sind nicht statisch, sondern in permanenter Veränderung. Auch die theoretischen Grundlagen der Demokratie unterliegen daher einem Wandel. Ziel des Bandes ist es, neue Entwicklungen in demokratischen Systemen ausgewählter europäischer Staaten und der Europäischen Union nach der *Dritten Demokratisierungswelle* ebenso wie die theoretischen Prämissen dieser Regierungsform zu untersuchen.

Aus dem Inhalt: *H. Dippel*: Republikanismus und Liberalismus · *J. Leonhard*: Sprache der Revolution – Revolution der Sprache. Die Anfänge des politischen Etiketts liberal in europäischer Perspektive · *E. Richter*: Demokratietheorie und europäische Integration · *G. Thiemeyer*: Die Entstehung des Demokratiedefizits der EU. Die Bedeutung der Gemeinsamen Versammlung des Europäischen Parlaments in den Verhandlungen über Montanunion und EWG · *A. Jünemann*: Zur Rolle der Demokratisierung in den Außenbeziehungen der EU · *M. Große Hüttmann*: Europa im Ideenwettbewerb. Die öffentliche Debatte um Demokratie, Verfassung und Regieren in der Europäischen Union · *M. Gehler*: Demokratie – Enforcement? Die EU 14 und der Fall Österreich 2000. Vom Paternalismus zum Neoliberalismus · *K.-O. Lang*: Polen und Ungarn · *E. Schneider*: Die Entwicklung des demokratischen Systems in Russland · *J. Schweizer*: Neue Konzepte der direkten Demokratie – Die Schweiz

Frankfurt am Main · Berlin · Bern · Bruxelles · New York · Oxford · Wien
Auslieferung: Verlag Peter Lang AG
Moosstr. 1, CH-2542 Pieterlen
Telefax 00 41 (0) 32 / 376 17 27

*inklusive der in Deutschland gültigen Mehrwertsteuer
Preisänderungen vorbehalten
Homepage http://www.peterlang.de